21 世纪远程教育精品教材·法学系列

# 刑法学（第二版）

主　编　黄京平

撰稿人　（以姓氏笔画为序）

邓宇琼　王炳宽　石　磊

朱云三　杜　强　李　翔

李富友　赵　剑　赵　微

黄京平

中国人民大学出版社

·北京·

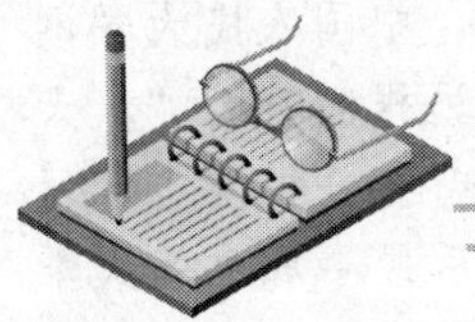

# 总　序

我们正处在教育史，尤其是高等教育史上的一个重大的转型期。在全球范围内，包括在我们中华大地，以校园课堂面授为特征的工业化社会的近代学校教育体制，正在向基于校园课堂面授的学校教育与基于信息通信技术的远程教育相互补充、相互整合的现代终身教育体制发展。一次性学校教育的理念已经被持续性终身学习的理念所替代。在高等教育领域，从1088年欧洲创立博洛尼亚（Bologna）大学以来，21世纪以前的各国高等教育基本是沿着精英教育的路线发展的，这也包括自19世纪末创办京师大学堂以来我国高等教育短短一百多年的发展史。然而，自20世纪下半叶起，尤其在迈进21世纪时，以多媒体计算机和互联网为主要标志的电子信息通信技术正在引发教育界的一场深刻的革命。高等教育正在从精英教育走向大众化、普及化教育，学校教育体系正在向终身教育体系和学习型社会转变。在我国，党的十六大明确了全面建设小康社会的目标之一就是构建学习型社会，即要构建由国民教育体系和终身教育体系共同组成的有中国特色的现代教育体系。

教育史上的这次革命性转型绝不仅仅是科学技术进步推动的。诚然，以电子信息通信技术为主要代表的现代科学技术的进步，为实现从校园课堂面授向开放远程学习、从近代学校教育体制向现代终身教育体制和学习型社会的转型提供了物质技术基础。但是，教育形态演变的深层次原因在于人类社会经济发展和社会生活变革的需求。恰在这次世纪之交，人类社会开始进入基于知识经济的信息社会。知识创新与传播及应用、人力资源开发与人才培养已经成为各国提高经济实力、综合国力和国际竞争力的关键和基础。而这些是仅仅依靠传统学校校园面授教育体制所无法满足的。此外，国际社会面临的能源、环境与生态危机，气候异常，数字鸿沟与文明冲突，对物种多样性与文化多样性的威胁等多重全球性挑战，也只有依靠世界各国进一步深化教育改革与创新，促进人与自然的和谐发展才能得到解决。正因为如此，我国党和政府提出了“科教兴国”、“可持续发展”、“西部大开发”、“缩小数字鸿沟”以及“人与自然和谐发展”的“科学发展观”等基本国策。其中，对教育作为经济建设的重要战略地位和基础性、全局性、前瞻性产业的确认，对高等教育对于知识创新与传播及应用、人力资源开发与人才培养的重大意义的关注，以及对发展现代教育技术、现代远程教育和教育信息化并进而推动国民教育体系现代化，构建终身教育体系和学习型社会的决策更得到了教育界和全社会的共识。

在上述教育转型与变革时期，中国人民大学一直走在我国大学的前列。中国人民大学是一所以人文、社会科学和经济管理为主，兼有信息科学、环境科学等的综合性、研究型大学。长期以来，中国人民大学充分利用自身的教育资源优势，在办好全日制高等教育的同时，一直积极开展远程教育和继续教育。中国人民大学在我国首创函授高等教育。1952年，校长吴玉章和成仿吾创办函授教育的报告得到了刘少奇的批复，并于1953年率先招生授课，为新建的共和国培养了一大批急需的专门人才。在20世纪90年代末，中国人民大学成立了网络教育学院，成为我国首批现代远程教育试点高校之一。经过短短几年的探索和发展，中国人民大学网络教育学院创建的“网上人大”品牌，被远程教育界、媒体和社会誉为网络远程教育的“人大模式”，即“面向在职成人，利用网络学习资源和虚拟学习社区，支持分布式学习和协作学习的现代远程教育模式”。成立于1955年的中国人民大学出版社是新中国建立后最早成立的大学出版社之一，是教育部指定的全国高等学校文科教材出版中心。在过去的几年中，中国人民大学出版社与中国人民大学网络教育学院合作创作、设计、出版了国内第一套极富特色的“21世纪远程教育精品教材”。这些凝聚了中国人民大学、北京大学、北京师范大学等北京知名高校学者教授、教育技术专家、软件工程师、教学设计师和编辑们广博才智的精品课程系列教材，以印刷版、光盘版和网络版立体化教材的范式探索构建全新的远程学习优质教育资源，实现先进的教育教学理念与现代信息通信技术的有效结合。这些教材已经被国内其他高校和众多网络教育学院所选用。中国人民大学出版社基于“出教材学术精品，育人文社科英才”理念的努力探索及其初步成果已经得到了我国远程教育界的广泛认同，是值得肯定的。

2005年4月，我被邀请出席《中国远程教育》杂志与中国人民大学出版社联合主办的“远程教育教材的共建共享与一体化设计开发”研讨会并做主旨发言，会后受中国人民大学出版社的委托为“21世纪远程教育精品教材”撰写“总序”，这是我的荣幸。近几年来，我一直关注包括中国人民大学网络教育学院在内的我国高校现代远程教育试点工程。这次更有机会全面了解和近距离接触中国人民大学出版社推出的“21世纪远程教育精品教材”及其编创人员。我想将我在上述研讨会上发言的主旨做进一步的发挥，并概括为若干原则作为我对包括中国人民大学出版社、中国人民大学网络教育学院在内的我国网络远程教育优质教育资源建设的期待和展望：

● 21世纪远程教育精品教材的教学内容要更加适应大众化高等教育面对在职成人、定位在应用型人才培养上的需要。

● 21世纪远程教育精品教材的教学设计要更加适应地域分散、特征多样的远程学生自主学习的需要，培养适应学习型社会的终身学习者。

● 在我国网络教学环境渐趋完善之前，印刷教材及其配套教学光盘依然是远程教材的主体，是多种媒体教材的基础和纽带，其教学设计应该给予充分的重视。要在印刷教材的显要部位对课程教学目标和要求做明确、具体、可操作的陈述，要清晰地指导远程学生如何利用多种媒体教材进行自主学习和协作学习。

● 应组织相关人员对多种媒体的远程教材进行一体化设计和开发，要注重发挥多种媒体教材各自独特的教学功能，实现优势互补。要特别注重对学生学习活动、教学交互、学习评价及其反馈的设计和实现。

● 要将对多种媒体远程教材的创作纳入对整个远程教育课程教学系统的一体化设计和开发中，以便使优质的教材资源在优化的教学系统、平台和环境中，在有效的教学模式、学习策略和学习支助服务的支撑下获得最佳的学习成效。

● 要充分发挥现代远程教育工程试点高校各自的学科资源优势，积极探索网络远程教育优质教材资源共建共享的机制和途径。

**中华人民共和国教育部远程教育专家顾问**
**丁兴富**

# 修订说明

本教材自2003年面世以来，我国刑事立法以及司法解释均发生了较大变化，这其中最重要的当属第十届全国人民代表大会常务委员会于2006年6月29日通过的《中华人民共和国刑法修正案（六)》对刑法所进行的补充和修改，以及全国人民代表大会常务委员会所作出的相关立法解释和最高人民法院、最高人民检察院所制定的司法解释。与此相应，刑法学研究和刑事司法实践也在不断发展。在此背景下，在中国人民大学出版社的大力支持下，依据教材编写的规律，我们决定利用再版机会对本书进行全面的修订、补充和完善。本次修订、补充具体包括以下三方面内容：

1. 结合近年来刑事立法及司法解释的最新发展变化，对原有内容进行调整、补充，以全面反映最新法律的规定。

2. 借鉴刑法理论研究的新进展、新成果，在保持第一版教材完整的体系结构和稳定成熟的理论知识的基础上，对部分内容进行了修改、完善，以使观点更趋科学、论证更富说服力。

3. 注意反映刑事司法实践中的新问题、新经验、新情况，力求使本教材具有更高的教学参考价值。

此外，我们还对第一版的内容进行了认真的检视，对其中的不当之处加以更正，使之更加规范。

本教材由黄京平（中国人民大学法学院教授、博士生导师、法学博士，中国人民大学刑事法律科学研究中心执行主任，兼任中国法学会刑法研究会副会长，北京市人民检察院第二分院副检察长）担任主编，其他参与编写的人员有：朱云三（山东省高级人民法院法官、法学博士)，石磊（最高人民检察院检察理论研究所副研究员、法学博士)，杜强（最高人民法院应用法学研究所助理研究员、法学博士)，李富友（中国人民武装警察部队学院副教授、法学博士)，邓宇琼（中国人民公安大学讲师、法学博士)，赵微（大连海事大学法学院教授、法学博士)，李翔（华东政法大学副教授、硕士研究生导师、法学博士，兼任上海市杨浦区人民检察院副检察长)，王炳宽（法学博士、执业律师)，赵剑（中国人民大学法学院博士研究生)。

本次修订工作由黄京平、赵剑具体负责。在修订程序上，先由主编确定修订原则和拟修订的具体内容及要求，再由具体参与修订者分别撰写稿件，最后由主编统稿并定稿。尽管我们对修订工作倾注了必要的精力，不敢有丝毫的懈怠，但限于对法律规范的理解能力和对刑法理论的掌握程度，教材中的不足与谬误之处仍然难免，诚望诸位同仁不吝赐教，广大读者批评指正。

本书第二版的出版得到了中国人民大学网络学院和中国人民大学出版社的鼎力支持，有关工作人员付出了辛勤的劳动，在此谨致衷心的谢忱。

最后需要表示谢意的对象，是选用本教材的诸位课程主讲教师和众多的读者。你们的选择，正是我们始终认真工作的精神支撑。

**黄京平**

# 目　录

# 第一章

# 刑法概述

## 第一节　刑法的概念和任务

### 刑法的概念

关于刑法的概念，我国理论界存在三种基本观点：第一种观点认为，刑法是规定犯罪与刑罚的法律，“犯罪与刑罚构成刑法的基本内容”①。第二种观点认为，“刑法是规定犯罪、刑事责任和刑罚的法律”②，具体而言，即掌握政权的阶级（统治阶级）为了维护本阶级政治上的统治和经济上的利益，根据其阶级意志，规定哪些行为是犯罪和应负刑事责任，并给予犯罪人何种刑罚的法律。第三种观点认为，刑法是“规定犯罪及其刑事责任的法律规范的总和”③。本书的基本观点为，“罪—责—刑”是刑法总论的基本框架。第二种观点完整地揭示了刑法的阶级本质与法律特征，表明了刑法的内容和范围，因而较为科学。据此，我国刑法是指为了维护国家与人民利益，根据工人阶级和广大人民群众的意志，以国家名义颁布的，规定犯罪、刑事责任及刑罚的法律规范的总和。

刑法有广义与狭义之分。广义刑法指一切规定犯罪、刑事责任和刑罚的法律规范的总和，包括刑法典、单行刑法以及非刑事法律中的刑事责任条款（又称附属刑法规范）。单行刑法是国家以决定、规定、补充规定、条例等名称颁布的，规定某一类犯罪及其后果或者刑法的某一事项的法律。在我国，目前有效的单行刑法为九届全国人大常委会第六次会议于1998年12月29日通过的《关于惩治骗购外汇、逃汇和非法买卖外汇犯罪的决定》。附属刑法，是指附带规定于经济法、行政法等非刑事法律中的罪刑规范。狭义刑法即指刑法典。我国现行刑法是指1979年7月1日第五届全国人民代表大会第二次会议通过，1997年3月14日第八届全国人民代表大会第五次会议修订的《中华人民共和国刑法》，其于1997年10月1日生效，之后，全国人大常委会又分别于1999年12月15日、2001年8月31日、2001年12月29日、2002年12月28日、2005年2月28日、2006年6月29日、2009年2月28日先后七次以刑法修正案的方式，对《中华人民共和国刑法》进行了修订。所谓刑法修正案，是指最高立法机关在保留刑法典原有体系结构的基础上，集中针对某些刑法条文作出的修改

---

① 高铭暄主编：《中国刑法学》，1页，北京，中国人民大学出版社，1989。

② 高铭暄、马克昌主编：《刑法学》（上编），3页，北京，中国法制出版社，1999。

③ 苏惠渔主编：《刑法学》，13页，北京，中国政法大学出版社，1994。

补充法案。

在上述各项中，刑法典（含刑法修正案）是普通刑法，单行刑法与附属刑法是特别刑法。当一个行为同时触犯普通刑法条文与特别刑法条文时，应适用特别刑法优于普通刑法的原则；当一个行为同时触犯两个特别刑法的条文时，应适用新法优于旧法的原则。

## 刑法的性质

刑法的性质包括两种含义，一为刑法的阶级性质，二为刑法的法律性质。

刑法并非自古就有，也不会永恒存在，它仅仅是同一定历史范畴相联系的阶级社会的产物。刑法是由掌握政权的统治阶级根据自身意志和利益制定的，是统治阶级意志的反映；刑法规定的基本内容是犯罪、刑事责任和刑罚，维护的是统治阶级的利益，作为统治阶级专政工具而存在。刑法的阶级本质由国家的阶级本质决定。存在什么性质的国家，就会有什么阶级性质的刑法。一切剥削阶级国家，包括奴隶制国家、封建制国家和资本主义国家，因国家类型不同，其刑法内容和形式各有差异。然而，一切剥削阶级国家的刑法存在共同阶级本质，即都是以生产资料私有制为基础，反映剥削阶级意志并为剥削阶级利益服务的镇压人民的专政工具。我国是社会主义国家，我国刑法建立在以生产资料公有制为主体的经济基础上，反映工人阶级和广大人民群众的意志，维护社会主义国家和广大人民群众的根本利益，因而与剥削阶级刑法存在本质区别。

作为法律体系的重要组成部分，刑法与其他部门法如民法、经济法、行政法等比较起来，呈现两个显著的不同点：其一，刑法调控范围的广泛性。其他部门法都只是调整和保护某一方面的社会关系。比如说，民法调整的只能是一定范围的财产关系与人身关系，婚姻法则只调整和保护婚姻家庭关系，经济法调整的仅是一定的经济关系，行政法只能调整和保护行政关系。刑法调整的范围是所有受到犯罪侵害的社会关系，这些社会关系涉及社会生活的方方面面，如政治、经济、婚姻家庭、人身、社会秩序等各个领域。需要明确的是，其他部门法调整和保护的社会关系，需要刑法的“后盾立法”进行调整和保护。其二，刑法强制手段的严厉性。强制性是国家法律的基本特征之一。任何侵犯法律所保护的社会关系的行为人，都必须承担相应的法律后果，受到国家的制裁，比如说赔偿损失、恢复原状，赔礼道歉、警告、行政拘留等。这些强制手段显然并不严厉，且在许多情况下当事人可以自行和解。刑法的强制手段主要是刑罚，刑罚是国家最为严厉的强制方法。不仅如此，在绝大多数情况下，犯罪人与被害人之间不得自行协商“私了”刑事案件。

## 刑法的任务

刑法的任务是指刑法承担的打击谁、保护谁的历史和现实使命。我国《刑法》第 2 条规定：中华人民共和国刑法的任务，是用刑罚同一切犯罪行为作斗争，以保卫国家安全，保卫人民民主专政的政权和社会主义制度，保护国有财产和劳动群众集体所有的财产，保护公民私人所有的财产，保护公民的人身权利、民主权利和其他权利，维护社会秩序、经济秩序，保障社会主义建设事业的顺利进行。由此可见，我国刑法的任务包括两个方面：一是惩罚方面；二是保护方面。二者密切联系、有机统一。惩罚犯罪是手段，保护人民是目的。

《刑法》第 2 条规定惩罚方面的任务表明，刑法惩罚的对象只能是犯罪行为。我国是人民民主专政的社会主义国家，这就决定了我国刑法的打击锋芒必然指向那些危害社会主义国家安全的犯罪和其他刑事犯罪。对于严重危害国家安全的犯罪以及放火、投毒、爆炸、杀人、抢劫、强奸等严重危害社会治安的犯罪以及贪污、受贿、走私骗购外汇等严重破坏经济的犯罪，刑法规定了较重的刑罚，对危害特别严重、情节特别恶劣的，甚至可以处以死刑，这就使我们能运用刑罚武器有效地惩罚犯罪，保护人民。

《刑法》第 2 条规定的保护方面的任务，概括而言，包括保护国家和人民的利益、保护社会主义社会关系、保护社会主义现代化建设事业的顺利进行。具体可以从四个方面予以把握：

1. 保卫国家安全、人民民主专政政权和社会主义制度。国家安全、人民民主专政政权和社会主义制度，是国家和人民利益的根本保证。国家安全是国家生存和发展的根本前提，人民民主专政的政权和社会主义制度是我国人民根本利益的集中体现。为了保卫人民民主专政的政权和社会主义制度，我国刑法将危害国家安全罪列为各类犯罪之首，置于分则第一章，对其规定了特别严厉的刑罚。

2. 保护社会主义的经济基础。社会主义经济基础是进行社会主义市场经济建设、提高人民群众物质文化生活水平的物质保障。经济基础决定上层建筑，上层建筑必须为经济基础服务，这是历史唯物主义的基本原理。我国刑法是社会主义上层建筑的一个重要组成部分。它必然地负有保护社会经济基础的任务。经济基础的内涵包括生产资料所有制形式以及与其相联系的生产、分配、流通的形式。现阶段，我国实行的是以生产资料公有制为主体、多种所有制并存的所有制形式。在此基础上，进行社会主义市场经济建设。因此，我国刑法对经济基础的保护即是对以公有制为主体的所有制形式和社会主义市场经济的保护。

3. 保护公民的各项权利。保护公民的人身权利、民主权利和其他权利不受非法侵犯，是人民民主专政国家的根本任务之一，高度体现社会主义制度民主性、优越性。我国《宪法》第 2 条规定：中华人民共和国的一切权力属于人民。人民依照法律规定，通过各种途径和形式，管理国家事务，管理经济和文化事务，管理社会事务。我国以宪法为指导，坚决保护公民所享有的各项权利，运用刑罚武器严厉制裁各种侵犯人身权利、民主权利和其他权利的犯罪。

4. 维护良好的社会秩序与安定的政治局面。良好的社会秩序与安定的政治局面表现为社会关系的稳定性、有序性和连续性。当前，我国以经济建设为中心，一方面坚持四项基本原则，另一方面坚持改革开放。改革、发展和稳定的关系的正确处理，是各项工作的大局。稳定的政治环境和良好的社会秩序是社会主义现代化建设事业顺利进行的前提。正如邓小平同志所强调指出的，中国的问题，压倒一切的是需要稳定。没有稳定的环境，什么都搞不成，已经取得的成果也会失掉。因此，运用刑罚武器维护社会秩序，稳定社会环境是改革开放和现代化建设各项事业的重要保障。

总而言之，我国刑法的任务可以概括为一句话：惩治犯罪，保护人民。我们要充分发挥刑法的各项功能，努力实现刑法的任务，使刑法能更好地为建设中国特色的社会主义事业服务。

## 第二节　刑法的创制和完善

### ■ 我国刑法的创制

我国刑法的创制，经历了一个长期而曲折的过程。早在建国之初，国家在明令废除以“六法全书”为代表的国民党政府全部法律的同时，即根据革命和建设的需要，先后制定了一系列单行刑法。例如 1950 年的《关于严禁鸦片烟毒的通令》、《禁止珍贵文物图书出口暂行办法》，1951年的《中华人民共和国禁止国家货币出入国境办法》、《妨害国家货币治罪暂行条例》、《中华人民共和国惩治反革命条例》、《保守国家机密暂行条例》，1952年的《中华人民共和国惩治贪污条例》、《管制反革命分子暂行办法》等。在颁布实施单行刑法的同时，我国开始了刑法典的起草工作。

刑法典的最初起草准备工作，是由当时的中央人民政府法制委员会主持进行的。自1950年至1954年9月，法制委员会写出两个稿本：一是《中华人民共和国刑法大纲草案》（共157条）；二是《中华人民共和国刑法指导原则草案（初稿）》（共76条）。这两个稿本由于不成熟而未予公布。1954年9月召开的第一届全国人民代表大会第一次会议，通过了我国的第一部宪法和《中华人民共和国人民法院组织法》、《中华人民共和国人民检察院组织法》等5部组织法，标志着我国法制建设进入了一个新阶段，极大地推动了刑法典的起草工作。自此，刑法典的起草工作改为由全国人大常委会办公厅法律室负责。法律从1954年10月至1956年11月共有13稿。1956年中国共产党第八次全国代表大会召开，由于党中央非常重视刑法的起草，极大地推动了刑法典的起草工作。到1957年6月28日，已经写出22稿。这个稿本经过中共中央法律委员会、中央书记处审查修改，又经过全国人大法案委员会审议，发给参加一届人大四次会议的全体代表征求意见。这次会议曾作出决议：授权全国人大常委会根据人大代表和其他方面所提的意见将22稿进行修改后，作为草案公布试行。但是，由于1957年“反右”斗争的开始和法律虚无主义思潮的抬头，刑法草案没有公布，并在此后的三四年时间内，刑法起草工作完全停止。

一直到1961年10月，才又开始对刑法草案进行研究。1962年3月22日，毛泽东主席明确指示要制定刑法典。1962年5月开始，全国人大常委会法律室在有关部门的协同下，对刑法草案第22稿进行了全面的修改。经过多次的重大修改和征求意见，到1963年10月9日刑法第33稿写出。这个稿本本来考虑向社会公布，但是由于随后开始的“四清”、“文化大革命”等政治运动导致刑法第33稿最终没有公布。1976年粉碎“四人帮”之后，党和国家对法制建设非常重视。1978年10月开始，国家组成刑法草案的修订班子，对第33稿进行修订，并先后写出数个稿本。其间，中共中央召开了具有历史意义的十一届三中全会。十一届三中全会的精神，有力地推动了刑法的起草工作，并起了重要的指导作用。1979年2月，全国人大常委会法制委员会宣告成立，从当年3月开始，起草班子以刑法草案第33稿为基础，根据新经验、新情况和新问题，征求了最高人民法院、最高人民检察院、公安部和中央其他有关部门的意见，对草案作了较大的修改，先后写出三个稿本。第二个稿本于5月29日获得中央政治局原则通过，接着又在法制委员会全体会议和第五届人大二次会议上进行审议，最后《中华人民共和国刑法》（以下简称《刑法》）于1979年7月1日获得一致通过，7月6日正式公布，1980年1月1日起施行。至此，新中国第一部系统的刑法典正式诞生。它的诞生，是我国刑法规范基本具备的标志，我国刑事法治从此也步入了一个新的阶段。

### 刑法典的完善

1979年刑法典施行以后，为适应国家改革开放中新情况、新问题和惩治防范犯罪的实际需要，国家立法机关又不断对刑法典进行修改和补充，使之逐步完善。对刑法典的修改和补充，主要采用单行刑法和附属刑法的方式来实现。1981—1995年间，全国人大常委会陆续通过了24部单行刑法，它们是：（1）1981年6月10日《中华人民共和国惩治军人违反职责罪暂行条例》；（2）1981年6月10日《关于处理逃跑或者重新犯罪的劳改犯和劳教人员的决定》；（3）1982 年 3 月 8 日《关于严惩严重破坏经济的罪犯的决定》；（4）1983 年 9 月 2 日《关于严惩严重危害社会治安的犯罪分子的决定》；（5）1987 年 6 月 23 日《关于对中华人民共和国缔结或者参加的国际条约所规定的罪行行使刑事管辖权的决定》；（6）1988 年 1 月 21 日《关于惩治走私罪的补充规定》；（7）1988 年 1 月 21 日《关于惩治贪污罪贿赂罪的补充规定》；（8）1988 年 9 月 5 日《关于惩治泄露国家秘密犯罪的补充规定》；（9）1988年 11 月 8 日《关于惩治捕杀国家重点保护的珍贵、濒危野生动物犯罪的补充规定》；（10）1990 年 6 月 28 日《关于惩治侮辱中华人民共和国国旗国徽罪的决定》；（11）1990 年 12 月 28 日《关于禁毒的决定》；（12）1990 年 12 月 28 日《关于惩治走私、制作、贩卖、传播淫秽物品的犯罪分子的决定》；（13）1991 年 6 月 29 日《关于惩治盗掘古文化遗址古墓葬犯罪的补充规定》；（14）1991 年 9 月 4 日《关于严禁卖淫嫖娼的决定》；（15）1991年 9 月 4 日《关于严惩拐卖、绑架妇女、儿童的犯罪分子的决定》；（16）1992 年 9 月 4 日《关于惩治偷税、抗税犯罪的补充规定》；（17）1992 年 12 月 28 日《关于惩治劫持航空器犯罪分子的决定》；（18）1993 年 2 月 22 日《关于惩治假冒注册商标犯罪的补充规定》；（19）1993 年 7 月 2 日《关于惩治生产、销售伪劣商品犯罪的决定》；（20）1994 年 3 月 5 日《关于严惩组织、运送他人偷越国（边）境犯罪的补充规定》；（21）1994 年 7 月 5 日《关于惩治侵犯著作权的犯罪的决定》；（22）1995 年 2 月 28 日《关于惩治违反公司法的犯罪的决定》；（23）1995 年 6 月 30 日《关于惩治破坏金融秩序犯罪的决定》；（24）1995 年 10 月 30 日《关于惩治虚开、伪造和非法出售增值税专用发票犯罪的决定》。此外，全国人大常委会十多年间还在百余部非刑事法律中设置了大量的附属刑法规范，如《专利法》第 63 条，《兵役法》第 61 条第 2 款，《森林法》第 36 条，《计量法》第 29 条，《野生动物保护法》第 37 条第 2 款，等等。

上述单行刑法和附属刑法对 1979 年刑法典作了一系列的补充和修改。概括而言，大致有以下几方面：（1）在刑法的空间效力上，除了 1979 年刑法典规定的属地原则、属人原则和保护原则外，增加了普遍管辖权原则。（2）在刑法溯及力问题上，有个别单行刑法采取了与 1979 年《刑法》第 9 条从旧兼从轻原则不同的原则——有条件的从新原则或从新原则。（3）在犯罪主体上，增加了某些犯罪的单位犯罪的规定。（4）在共同犯罪定罪和处罚原则上作了一定的补充。比如，身份犯与非身份犯共同犯罪时，按身份犯的犯罪性质定罪；在经济性、财产性犯罪中，对犯罪的总数额负责的不仅是犯罪集团的首要分子，而且还有其他情节严重的主犯。（5）在刑罚种类上，除了 1979 年刑法典规定的 9 个刑种外，对危害重大的犯罪军人，增加了剥夺勋章、奖章和荣誉称号作为附加刑；对被判处剥夺政治权利或者 3 年以上有期徒刑的军官，还附加剥夺军衔。（6）在量刑制度上，除了 1979 年刑法典规定的从重处罚、从轻处罚、减轻处罚、免除处罚外，对个别情节增加了加重处罚的规定。同时，增加了不少从重处罚的情节，也增加了个别从轻、减轻或者免除处罚的情节。（7）在一罪与数罪问题上，明确规定了某些情况要依照数罪并罚的规定处罚，从而排除了按牵连犯、吸收犯处理的可能；但对有的牵连犯罪情况却不规定数罪并罚，而坚持按其中重的罪从重处罚，有时还同时规定适用轻罪的附加刑——罚金（1992 年《关于惩治偷税、抗税犯罪的补充规定》第 6 条第 2 款）。（8）在缓刑制度上，增设了战时缓刑制度。（9）在刑法分则的罪名上，1979 年刑法典原来只有 110 多个罪名，经过单行刑法和附属刑法不断补充，增加到 240 多个罪名。（10）在罪状（具体犯罪构成）上，对某些罪补充规定了概念、特征，使构成要件更加明确、具体；有的适当分别情节、数量（数额）档次，使法定刑更加具体化，便于司法实务操作。（11）在法定刑上，提高了不少罪的法定刑，其中有的罪增加了死刑。（12）在罚金刑的适用上，对某些罪开始规定罚金的数额。有的采用上下限固定数额形式，如 5 万元以上50万元以下，2万元以上20万元以下，1万元以上10万元以下。有的仅规定上限数额，如1万元以下，20万元以下。有的则采用倍比、比例罚金制的形式，如偷税数额5倍以下，抗缴税款5倍以下，违法所得1倍以上5倍以下，××金额10%以下，××金额5%以下等。规定罚金的数额，增强了罚金刑的可操作性。(13) 在法条适用上，通过“比照”的立法方式扩大了刑法分则某些条文所规定的犯罪，如玩忽职守罪、徇私枉法罪的适用范围。上述补充和修改，对司法实践起了有力的指导和规范作用。但是，它们不可能从根本上解决刑事立法不完善的问题。尤其是党的十四大以来，为了建立社会主义市场经济体制，为了实现体制转轨，各方面都发生了许多深刻变化，在犯罪现象上也出现了许多新情况、新问题。对市场经济中出现的不轨行为，哪些应规定为犯罪，罪与非罪界限如何划分，如何对这些犯罪进行科学的分类，这些都需要作通盘考虑，而不是通过几个单行刑法修修补补能够解决的。因此，司法实际部门和刑法学界都一致要求全面修改刑法，也即通过全面修改，制定出一部新的刑法典。

刑法典的全面修订工作自1982年决定研究修改刑法始，至1997年，历经15年。1997年3月14日，八届全国人大第五次会议通过了修订后的《中华人民共和国刑法》；同日《中华人民共和国国家主席令》(第83号) 予以公布，1997年3月18日新华社、中新社将修订后的《中华人民共和国刑法》公之于世。至此，一部崭新的、统一的、比较完备的、具有重大改革和多方面显著进展的《中华人民共和国刑法》正式诞生。这部新刑法典共有总则、分则和附则三个部分，分15章，计452条。根据新《刑法》第452条第1款的规定和第83号国家主席令，新刑法典自1997年10月1日起施行。

## ■ 刑法典的再完善

刑法典通过后，为了使刑法典能够适应我国政治经济形势的一系列新变化，我国的立法机关又对刑法典的不足之处进行了一定的修改。

(一)《关于惩治骗购外汇、逃汇和非法买卖外汇的犯罪的决定》

1998年12月29日，全国人大常委会通过了新刑法典施行之后的第一部单行刑法——《关于惩治骗购外汇、逃汇和非法买卖外汇的犯罪的决定》。这一单行刑法的基本内容为：增设骗购外汇罪，对逃汇罪、非法经营罪等予以补充、修改。

《关于惩治骗购外汇、逃汇和非法买卖外汇的犯罪的决定》的具体内容如下：

1. 有下列情形之一，骗购外汇，数额较大的，处5年以下有期徒刑或者拘役，并处骗购外汇数额5%以上30%以下罚金；数额巨大或者有其他严重情节的，处5年以上10年以下有期徒刑，并处骗购外汇数额5%以上30%以下罚金；数额特别巨大或者有其他特别严重情节的，处10年以上有期徒刑或者无期徒刑，并处骗购外汇数额5%以上30%以下罚金或者没收财产：

(1) 使用伪造、变造的海关签发的报关单、进口证明、外汇管理部门核准件等凭证和单据的；

(2) 重复使用海关签发的报关单、进口证明、外汇管理部门核准件等凭证和单据的；

(3) 以其他方式骗购外汇的。

伪造、变造海关签发的报关单、进口证明、外汇管理部门核准件等凭证和单据，并用于骗购外汇的，依照前款的规定从重处罚。

明知用于骗购外汇而提供人民币资金的，以共犯论处。

单位犯前3款罪的，对单位依照第1款的规定判处罚金，并对其直接负责的主管人员和其他直接责任人员，处5年以下有期徒刑或者拘役；数额巨大或者有其他严重情节的，处5年以上10年以下有期徒刑；数额特别巨大或者有其他特别严重情节的，处10年以上有期徒刑或者无期徒刑。

2. 买卖伪造、变造的海关签发的报关单、进口证明、外汇管理部门核准件等凭证和单据或者国家机关的其他公文、证件、印章的，依照《刑法》第280条的规定定罪处罚。

3. 将《刑法》第190条修改为：公司、企业或者其他单位，违反国家规定，擅自将外汇存放境外，或者将境内的外汇非法转移到境外，数额较大的，对单位判处逃汇数额5%以上30%以下罚金，并对其直接负责的主管人员和其他直接责任人员处5年以下有期徒刑或者拘役；数额巨大或者有其他严重情节的，对单位判处逃汇数额5%以上30%以下罚金，并对其直接负责的主管人员和其他直接责任人员处5年以上有期徒刑。

4. 在国家规定的交易场所以外非法买卖外汇，扰乱市场秩序，情节严重的，依照《刑法》第225条的规定定罪处罚。

单位犯前款罪的，依照《刑法》第231条的规定处罚。

5. 海关、外汇管理部门以及金融机构、从事对外贸易经营活动的公司、企业或者其他单位的工作人员与骗购外汇或者逃汇的行为人通谋，为其提供购买外汇的有关凭证或者其他便利的，或者明知是伪造、变造的凭证和单据而售汇、付汇的，以共犯论，依照本决定从重处罚。

6. 海关、外汇管理部门的工作人员严重不负责任，造成大量外汇被骗购或者逃汇，致使国家利益遭受重大损失的，依照《刑法》第396条的规定定罪处罚。

7. 金融机构、从事对外贸易经营活动的公司、企业的工作人员严重不负责任，造成大量外汇被骗购或者逃汇，致使国家利益遭受重大损失的，依照《刑法》第167条的规定定罪处罚。

8. 犯本决定规定之罪，依法被追缴、没收的财物和罚金，一律上缴国库。

（二）《中华人民共和国刑法修正案》

1999年12月25日，全国人大常委会通过了《中华人民共和国刑法修正案》（以下简称《刑法修正案》)。《刑法修正案》主要对徇私舞弊造成破产、亏损罪，擅自设立金融机构罪，伪造、变造、转让金融机构经营许可证罪，内幕交易、泄露内幕信息罪，变造并传播证券交易虚假信息罪，诱骗投资者买卖证券罪，操纵证券交易价格罪，挪用资金罪，挪用公款罪，非法经营罪进行了修改。

《刑法修正案》的具体内容如下：

1. 第162条后增加一条，作为第162条之一：隐匿或者故意销毁依法应当保存的会计凭证、会计账簿、财务会计报告，情节严重的，处5年以下有期徒刑或者拘役，并处或者单处2万元以上20万元以下罚金。

单位犯前款罪的，对单位判处罚金，并对其直接负责的主管人员和其他直接责任人员，依照前款的规定处罚。

2. 将《刑法》第168条修改为：国有公司、企业的工作人员，由于严重不负责任或者滥用职权，造成国有公司、企业破产或者严重损失，致使国家利益遭受重大损失的，处3年以下有期徒刑或者拘役；致使国家利益遭受特别重大损失的，处3年以上7年以下有期徒刑。

国有事业单位的工作人员有前款行为，致使国家利益遭受重大损失的，依照前款的规定处罚。

国有公司、企业、事业单位的工作人员，徇私舞弊，犯前两款罪的，依照第1款的规定从重处罚。

3. 将《刑法》第174条修改为：未经国家有关主管部门批准，擅自设立商业银行、证券交易所、期货交易所、证券公司、期货经纪公司、保险公司或者其他金融机构的，处3年以下有期徒刑或者拘役，并处或者单处2万元以上20万元以下罚金；情节严重的，处3年以上10年以下有期徒刑，并处5万元以上50万元以下罚金。

伪造、变造、转让商业银行、证券交易所、期货交易所、证券公司、期货经纪公司、保险公司或者其他金融机构的经营许可证或者批准文件的，依照前款的规定处罚。

单位犯前两款罪的，对单位判处罚金，并对其直接负责的主管人员和其他直接责任人员，依照第1款的规定处罚。

4. 将《刑法》第180条修改为：证券、期货交易内幕信息的知情人员或者非法获取证券、期货交易内幕信息的人员，在涉及证券的发行，证券、期货交易或者其他对证券、期货交易价格有重大影响的信息尚未公开前，买入或者卖出该证券，或者从事与该内幕信息有关的期货交易，或者泄露该信息，情节严重的，处5年以下有期徒刑或者拘役，并处或者单处违法所得1倍以上5倍以下罚金；情节特别严重的，处5年以上10年以下有期徒刑，并处违法所得1倍以上5倍以下罚金。

单位犯前款罪的，对单位判处罚金，并对其直接负责的主管人员和其他直接责任人员，处5年以下有期徒刑或者拘役。

内幕信息、知情人员的范围，依照法律、行政法规的规定确定。

5. 将《刑法》第181条修改为：编造并且传播影响证券、期货交易的虚假信息，扰乱证券、期货交易市场，造成严重后果的，处5年以下有期徒刑或者拘役，并处或者单处1万元以上10万元以下罚金。

证券交易所、期货交易所、证券公司、期货经纪公司的从业人员，证券业协会、期货业协会或者证券期货监督管理部门的工作人员，故意提供虚假信息或者伪造、变造、销毁交易记录，诱骗投资者买卖证券、期货合约，造成严重后果的，处5年以下有期徒刑或者拘役，并处或者单处1万元以上10万元以下罚金；情节特别恶劣的，处5年以上10年以下有期徒刑，并处2万元以上20万元以下罚金。

单位犯前两款罪的，对单位判处罚金，并对其直接负责的主管人员和其他直接责任人员，处5年以下有期徒刑或者拘役。

6. 将《刑法》第182条修改为：有下列情形之一，操纵证券、期货交易价格，获取不正当利益或者转嫁风险，情节严重的，处5年以下有期徒刑或者拘役，并处或者单处违法所得1倍以上5倍以下罚金：

(1) 单独或者合谋，集中资金优势、持股或者持仓优势或者利用信息优势联合或者连续买卖，操纵证券、期货交易价格的；

(2) 与他人串通，以事先约定的时间、价格和方式相互进行证券、期货交易，或者相互买卖并不持有的证券，影响证券、期货交易价格或者证券、期货交易量的；

(3) 以自己为交易对象，进行不转移证券所有权的自买自卖，或者以自己为交易对象，自买自卖期货合约，影响证券、期货交易价格或者证券、期货交易量的；

(4) 以其他方法操纵证券、期货交易价格的。

单位犯前款罪的，对单位判处罚金，并对其直接负责的主管人员和其他直接责任人员，处5年以下有期徒刑或者拘役。

7. 将《刑法》第 185 条修改为：商业银行、证券交易所、期货交易所、证券公司、期货经纪公司、保险公司或者其他金融机构的工作人员利用职务上的便利，挪用本单位或者客户资金的，依照本法第 272 条的规定定罪处罚。

国有商业银行、证券交易所、期货交易所、证券公司、期货经纪公司、保险公司或者其他国有金融机构的工作人员和国有商业银行、证券交易所、期货交易所、证券公司、期货经纪公司、保险公司或者其他国有金融机构委派到前款规定中的非国有机构从事公务的人员有前款行为的，依照本法第 384 条的规定定罪处罚。

8.《刑法》第 225 条增加一项，作为第 3 项：未经国家有关主管部门批准，非法经营证券、期货或者保险业务的；原第 3 项改为第 4 项。

（三）《中华人民共和国刑法修正案（二）》

2001 年 8 月 31 日，全国人大常委会通过了《中华人民共和国刑法修正案（二）》（以下简称《刑法修正案（二）》），对非法占有耕地罪进行了修改。

《刑法修正案（二）》的具体内容如下：

为了惩治毁林开垦和乱占滥用林地的犯罪，切实保护森林资源，将《刑法》第 342 条修改为：违反土地管理法规，非法占用耕地、林地等农用地，改变被占用土地用途，数量较大，造成耕地、林地等农用地大量毁坏的，处 5 年以下有期徒刑或者拘役，并处或者单处罚金。

（四）《中华人民共和国刑法修正案（三）》

2001 年 12 月 29 日，全国人大常委会通过了《中华人民共和国刑法修正案（三）》（以下简称《刑法修正案（三）》）。《刑法修正案（三）》主要是为了惩治恐怖活动犯罪，对《刑法》第 114 条、第 115 条第 1 款、第 120 条、第 125 条第 2 款、第 127 条、第 191 条、第 291 条作了修改。

《刑法修正案（三）》的具体内容如下：

1. 将《刑法》第 114 条修改为：放火、决水、爆炸以及投放毒害性、放射性、传染病病原体等物质或者以其他危险方法危害公共安全，尚未造成严重后果的，处 3 年以上 10 年以下有期徒刑。

2. 将《刑法》第 115 条第 1 款修改为：放火、决水、爆炸以及投放毒害性、放射性、传染病病原体等物质或者以其他危险方法致人重伤、死亡或者使公私财产遭受重大损失的，处 10 年以上有期徒刑、无期徒刑或者死刑。

3. 将《刑法》第 120 条第 1 款修改为：组织、领导恐怖活动组织的，处 10 年以上有期徒刑或者无期徒刑；积极参加的，处 3 年以上 10 年以下有期徒刑；其他参加的，处 3 年以下有期徒刑、拘役、管制或者剥夺政治权利。

4.《刑法》第 120 条后增加一条，作为第 120 条之一：资助恐怖活动组织或者实施恐怖活动的个人的，处 5 年以下有期徒刑、拘役、管制或者剥夺政治权利，并处罚金；情节严重的，处 5 年以上有期徒刑，并处罚金或者没收财产。

单位犯前款罪的，对单位判处罚金，并对其直接负责的主管人员和其他直接责任人员，依照前款的规定处罚。

5. 将《刑法》第 125 条第 2 款修改为：非法制造、买卖、运输、储存毒害性、放射性、传染病病原体等物质，危害公共安全的，依照前款的规定处罚。

6. 将《刑法》第 127 条修改为：盗窃、抢夺枪支、弹药、爆炸物的，或者盗窃、抢夺毒害性、放射性、传染病病原体等物质，危害公共安全的，处 3 年以上 10 年以下有期徒刑；

情节严重的，处10年以上有期徒刑、无期徒刑或者死刑。

抢劫枪支、弹药、爆炸物的，或者抢劫毒害性、放射性、传染病病原体等物质，危害公共安全的，或者盗窃、抢夺国家机关、军警人员、民兵的枪支、弹药、爆炸物的，处10年以上有期徒刑、无期徒刑或者死刑。

7. 将《刑法》第191条修改为：明知是毒品犯罪、黑社会性质的组织犯罪、恐怖活动犯罪、走私犯罪的违法所得及其产生的收益，为掩饰、隐瞒其来源和性质，有下列行为之一的，没收实施以上犯罪的违法所得及其产生的收益，处5年以下有期徒刑或者拘役，并处或者单处洗钱数额5%以上20%以下罚金；情节严重的，处5年以上10年以下有期徒刑，并处洗钱数额5%以上20%以下罚金：(1) 提供资金账户的；(2) 协助将财产转换为现金或者金融票据的；(3) 通过转账或者其他结算方式协助资金转移的；(4) 协助将资金汇往境外的；(5) 以其他方法掩饰、隐瞒犯罪的违法所得及其收益的来源和性质的。

单位犯前款罪的，对单位判处罚金，并对其直接负责的主管人员和其他直接责任人员，处5年以下有期徒刑或者拘役；情节严重的，处5年以上10年以下有期徒刑。

8.《刑法》第291条后增加一条，作为第291条之一：投放虚假的爆炸性、毒害性、放射性、传染病病原体等物质，或者编造爆炸威胁、生化威胁、放射威胁等恐怖信息，或者明知是编造的恐怖信息而故意传播，严重扰乱社会秩序的，处5年以下有期徒刑、拘役或者管制；造成严重后果的，处5年以上有期徒刑。

(五)《中华人民共和国刑法修正案（四）》

2002年12月28日全国人大常委会通过了《中华人民共和国刑法修正案（四）》（以下简称《刑法修正案（四）》）。《刑法修正案（四）》主要修改了《刑法》第145条、第152条、第155条、第244条、第339条、第344条、第345条、第399条。

《刑法修正案（四）》的具体内容如下：

1. 将《刑法》第145条修改为：生产不符合保障人体健康的国家标准、行业标准的医疗器械、医用卫生材料，或者销售明知是不符合保障人体健康的国家标准、行业标准的医疗器械、医用卫生材料，足以严重危害人体健康的，处3年以下有期徒刑或者拘役，并处销售金额50%以上2倍以下罚金；对人体健康造成严重危害的，处3年以上10年以下有期徒刑，并处销售金额50%以上2倍以下罚金；后果特别严重的，处10年以上有期徒刑或者无期徒刑，并处销售金额50%以上2倍以下罚金或者没收财产。

2. 在第152条中增加一款作为第2款：逃避海关监管将境外固体废物、液态废物和气态废物运输进境，情节严重的，处5年以下有期徒刑，并处或者单处罚金；情节特别严重的，处5年以上有期徒刑，并处罚金。

第152条原第2款作为第3款，修改为：单位犯前两款罪的，对单位判处罚金，并对其直接负责的主管人员和其他直接责任人员，依照前两款的规定处罚。

3. 将《刑法》第155条修改为：下列行为，以走私罪论处，依照本节的有关规定处罚：(1) 直接向走私人非法收购国家禁止进口物品的，或者直接向走私人非法收购走私进口的其他货物、物品，数额较大的；(2) 在内海、领海、界河、界湖运输、收购、贩卖国家禁止进出口物品的，或者运输、收购、贩卖国家限制进出口货物、物品，数额较大，没有合法证明的。

4.《刑法》第244条后增加一条，作为第244条之一：违反劳动管理法规，雇用未满16周岁的未成年人从事超强度体力劳动的，或者从事高空、井下作业的，或者在爆炸性、易燃性、放射性、毒害性等危险环境下从事劳动，情节严重的，对直接责任人员，处3年以下有期徒刑或者拘役，并处罚金；情节特别严重的，处 3 年以上 7 年以下有期徒刑，并处罚金。

有前款行为，造成事故，又构成其他犯罪的，依照数罪并罚的规定处罚。

5. 将《刑法》第 339 条第 3 款修改为：以原料利用为名，进口不能用作原料的固体废物、液态废物和气态废物的，依照本法第 152 条第 2 款、第 3 款的规定定罪处罚。

6. 将《刑法》第 344 条修改为：违反国家规定，非法采伐、毁坏珍贵树木或者国家重点保护的其他植物的，或者非法收购、运输、加工、出售珍贵树木或者国家重点保护的其他植物及其制品的，处 3 年以下有期徒刑、拘役或者管制，并处罚金；情节严重的，处 3 年以上 7 年以下有期徒刑，并处罚金。

7. 将《刑法》第 345 条修改为：盗伐森林或者其他林木，数量较大的，处 3 年以下有期徒刑、拘役或者管制，并处或者单处罚金；数量巨大的，处 3 年以上 7 年以下有期徒刑，并处罚金；数量特别巨大的，处 7 年以上有期徒刑，并处罚金。

违反森林法的规定，滥伐森林或者其他林木，数量较大的，处 3 年以下有期徒刑、拘役或者管制，并处或者单处罚金；数量巨大的，处 3 年以上 7 年以下有期徒刑，并处罚金。

非法收购、运输明知是盗伐、滥伐的林木，情节严重的，处 3 年以下有期徒刑、拘役或者管制，并处或者单处罚金；情节特别严重的，处 3 年以上 7 年以下有期徒刑，并处罚金。

盗伐、滥伐国家级自然保护区内的森林或者其他林木的，从重处罚。

8. 将《刑法》第 399 条修改为：司法工作人员徇私枉法、徇情枉法，对明知是无罪的人而使他受追诉、对明知是有罪的人而故意包庇不使他受追诉，或者在刑事审判活动中故意违背事实和法律作枉法裁判的，处 5 年以下有期徒刑或者拘役；情节严重的，处 5 年以上 10 年以下有期徒刑；情节特别严重的，处 10 年以上有期徒刑。

在民事、行政审判活动中故意违背事实和法律作枉法裁判，情节严重的，处 5 年以下有期徒刑或者拘役；情节特别严重的，处 5 年以上 10 年以下有期徒刑。

在执行判决、裁定活动中，严重不负责任或者滥用职权，不依法采取诉讼保全措施、不履行法定执行职责，或者违法采取诉讼保全措施、强制执行措施，致使当事人或者其他人的利益遭受重大损失的，处 5 年以下有期徒刑或者拘役；致使当事人或者其他人的利益遭受特别重大损失的，处 5 年以上 10 年以下有期徒刑。

司法工作人员收受贿赂，有前 3 款行为的，同时又构成本法第 385 条规定之罪的，依照处罚较重的规定定罪处罚。

（六）《中华人民共和国刑法修正案（五）》

2005 年 2 月 28 日，全国人大常委会通过了《中华人民共和国刑法修正案（五）》（以下简称《刑法修正案（五）》）。《刑法修正案（五）》主要修改了刑法第 177 条、第 196 条、第 369 条。

《刑法修正案（五）》的具体内容如下：

1. 在《刑法》第 177 条后增加一条，作为第 177 条之一：有下列情形之一，妨害信用卡管理的，处 3 年以下有期徒刑或者拘役，并处或者单处 1 万元以上 10 万元以下罚金；数量巨大或者有其他严重情节的，处 3 年以上 10 年以下有期徒刑，并处 2 万元以上 20 万元以下罚金：

（1）明知是伪造的信用卡而持有、运输的，或者明知是伪造的空白信用卡而持有、运输，数量较大的；

（2）非法持有他人信用卡，数量较大的；

(3) 使用虚假的身份证明骗领信用卡的；

(4) 出售、购买、为他人提供伪造的信用卡或者以虚假的身份证明骗领信用卡的。

窃取、收买或者非法提供他人信用卡信息资料的，依照前款规定处罚。

银行或者其他金融机构的工作人员利用职务上的便利，犯第二款罪的，从重处罚。

2. 将《刑法》第196条修改为：有下列情形之一，进行信用卡诈骗活动，数额较大的，处5年以下有期徒刑或者拘役，并处2万元以上20万元以下罚金；数额巨大或者有其他严重情节的，处5年以上10年以下有期徒刑，并处5万元以上50万元以下罚金；数额特别巨大或者有其他特别严重情节的，处10年以上有期徒刑或者无期徒刑，并处5万元以上50万元以下罚金或者没收财产：

(1) 使用伪造的信用卡，或者使用以虚假的身份证明骗领信用卡的；

(2) 使用作废的信用卡的；

(3) 冒用他人信用卡的；

(4) 恶意透支的。

前款所称恶意透支，是指持卡人以非法占有为目的，超过规定限额或者规定期限透支，并且经发卡银行催收后仍不归还的行为。

盗窃信用卡并使用的，依照本法第264条的规定定罪处罚。

3. 在《刑法》第369条中增加一款作为第2款，将该条修改为：破坏武器装备、军事设施、军事通信的，处3年以下有期徒刑、拘役或者管制；破坏重要武器装备、军事设施、军事通信的，处3年以上10年以下有期徒刑；情节特别严重的，处10年以上有期徒刑、无期徒刑或者死刑。

过失犯前款罪，造成严重后果的，处3年以下有期徒刑或者拘役；造成特别严重后果的，处3年以上7年以下有期徒刑。

战时犯前两款罪的，从重处罚。

(七)《中华人民共和国刑法修正案（六)》

2006年6月29日，全国人大常委会通过了《中华人民共和国刑法修正案（六)》(以下简称《刑法修正案（六)》)。《刑法修正案（六)》主要修改了刑法第134条、第135条、第139条、第161条、第162条、第163条、第164条、第169条、第175条、第182条、第185条、第186条、第187条、第188条、第191条、第262条、第303条、第312条、第399条。

《刑法修正案（六)》的具体内容如下：

1. 将《刑法》第134条修改为：在生产、作业中违反有关安全管理的规定，因而发生重大伤亡事故或者造成其他严重后果的，处3年以下有期徒刑或者拘役；情节特别恶劣的，处3年以上7年以下有期徒刑。

强令他人违章冒险作业，因而发生重大伤亡事故或者造成其他严重后果的，处5年以下有期徒刑或者拘役；情节特别恶劣的，处5年以上有期徒刑。

2. 将《刑法》第135条修改为：安全生产设施或者安全生产条件不符合国家规定，因而发生重大伤亡事故或者造成其他严重后果的，对直接负责的主管人员和其他直接责任人员，处3年以下有期徒刑或者拘役；情节特别恶劣的，处3年以上7年以下有期徒刑。

3. 在《刑法》第135条后增加一条，作为第135条之一：举办大型群众性活动违反安全管理规定，因而发生重大伤亡事故或者造成其他严重后果的，对直接负责的主管人员和其他直接责任人员，处3年以下有期徒刑或者拘役；情节特别恶劣的，处3年以上7年以下有期徒刑。

4. 在《刑法》第 139 条后增加一条，作为第 139 条之一：在安全事故发生后，负有报告职责的人员不报或者谎报事故情况，贻误事故抢救，情节严重的，处 3 年以下有期徒刑或者拘役；情节特别严重的，处 3 年以上 7 年以下有期徒刑。

5. 将《刑法》第 161 条修改为：依法负有信息披露义务的公司、企业向股东和社会公众提供虚假的或者隐瞒重要事实的财务会计报告，或者对依法应当披露的其他重要信息不按照规定披露，严重损害股东或者其他人利益，或者有其他严重情节的，对其直接负责的主管人员和其他直接责任人员，处 3 年以下有期徒刑或者拘役，并处或者单处 2 万元以上 20 万元以下罚金。

6. 在《刑法》第 162 条之一后增加一条，作为第 162 条之二：公司、企业通过隐匿财产、承担虚构的债务或者以其他方法转移、处分财产，实施虚假破产，严重损害债权人或者其他人利益的，对其直接负责的主管人员和其他直接责任人员，处 5 年以下有期徒刑或者拘役，并处或者单处 2 万元以上 20 万元以下罚金。

7. 将《刑法》第 163 条修改为：公司、企业或者其他单位的工作人员利用职务上的便利，索取他人财物或者非法收受他人财物，为他人谋取利益，数额较大的，处 5 年以下有期徒刑或者拘役；数额巨大的，处 5 年以上有期徒刑，可以并处没收财产。

公司、企业或者其他单位的工作人员在经济往来中，利用职务上的便利，违反国家规定，收受各种名义的回扣、手续费，归个人所有的，依照前款的规定处罚。

国有公司、企业或者其他国有单位中从事公务的人员和国有公司、企业或者其他国有单位委派到非国有公司、企业以及其他单位从事公务的人员有前两款行为的，依照本法第 385 条、第 386 条的规定定罪处罚。

8. 将《刑法》第 164 条第 1 款修改为：为谋取不正当利益，给予公司、企业或者其他单位的工作人员以财物，数额较大的，处 3 年以下有期徒刑或者拘役；数额巨大的，处 3 年以上 10 年以下有期徒刑，并处罚金。

9. 在《刑法》第 169 条后增加一条，作为第 169 条之一：上市公司的董事、监事、高级管理人员违背对公司的忠实义务，利用职务便利，操纵上市公司从事下列行为之一，致使上市公司利益遭受重大损失的，处 3 年以下有期徒刑或者拘役，并处或者单处罚金；致使上市公司利益遭受特别重大损失的，处 3 年以上 7 年以下有期徒刑，并处罚金：

(1) 无偿向其他单位或者个人提供资金、商品、服务或者其他资产的；

(2) 以明显不公平的条件，提供或者接受资金、商品、服务或者其他资产的；

(3) 向明显不具有清偿能力的单位或者个人提供资金、商品、服务或者其他资产的；

(4) 为明显不具有清偿能力的单位或者个人提供担保，或者无正当理由为其他单位或者个人提供担保的；

(5) 无正当理由放弃债权、承担债务的；

(6) 采用其他方式损害上市公司利益的。

上市公司的控股股东或者实际控制人，指使上市公司董事、监事、高级管理人员实施前款行为的，依照前款的规定处罚。

犯前款罪的上市公司的控股股东或者实际控制人是单位的，对单位判处罚金，并对其直接负责的主管人员和其他直接责任人员，依照第一款的规定处罚。

10. 在《刑法》第 175 条后增加一条，作为第 175 条之一：以欺骗手段取得银行或者其他金融机构贷款、票据承兑、信用证、保函等，给银行或者其他金融机构造成重大损失或者有其他严重情节的，处 3 年以下有期徒刑或者拘役，并处或者单处罚金；给银行或者其他金融机构造成特别重大损失或者有其他特别严重情节的，处 3 年以上 7 年以下有期徒刑，并处罚金。

单位犯前款罪的，对单位判处罚金，并对其直接负责的主管人员和其他直接责任人员，依照前款的规定处罚。

11. 将《刑法》第 182 条修改为：有下列情形之一，操纵证券、期货市场，情节严重的，处 5 年以下有期徒刑或者拘役，并处或者单处罚金；情节特别严重的，处 5 年以上 10 年以下有期徒刑，并处罚金：

（1）单独或者合谋，集中资金优势、持股或者持仓优势或者利用信息优势联合或者连续买卖，操纵证券、期货交易价格或者证券、期货交易量的；

（2）与他人串通，以事先约定的时间、价格和方式相互进行证券、期货交易，影响证券、期货交易价格或者证券、期货交易量的；

（3）在自己实际控制的账户之间进行证券交易，或者以自己为交易对象，自买自卖期货合约，影响证券、期货交易价格或者证券、期货交易量的；

（4）以其他方法操纵证券、期货市场的。

单位犯前款罪的，对单位判处罚金，并对其直接负责的主管人员和其他直接责任人员，依照前款的规定处罚。

12. 在《刑法》第 185 条后增加一条，作为第 185 条之一：商业银行、证券交易所、期货交易所、证券公司、期货经纪公司、保险公司或者其他金融机构，违背受托义务，擅自运用客户资金或者其他委托、信托的财产，情节严重的，对单位判处罚金，并对其直接负责的主管人员和其他直接责任人员，处 3 年以下有期徒刑或者拘役，并处 3 万元以上 30 万元以下罚金；情节特别严重的，处 3 年以上 10 年以下有期徒刑，并处 5 万元以上 50 万元以下罚金。

社会保障基金管理机构、住房公积金管理机构等公众资金管理机构，以及保险公司、保险资产管理公司、证券投资基金管理公司，违反国家规定运用资金的，对其直接负责的主管人员和其他直接责任人员，依照前款的规定处罚。

13. 将《刑法》第 186 条第 1 款、第 2 款修改为：银行或者其他金融机构的工作人员违反国家规定发放贷款，数额巨大或者造成重大损失的，处 5 年以下有期徒刑或者拘役，并处 1 万元以上 10 万元以下罚金；数额特别巨大或者造成特别重大损失的，处 5 年以上有期徒刑，并处 2 万元以上 20 万元以下罚金。

银行或者其他金融机构的工作人员违反国家规定，向关系人发放贷款的，依照前款的规定从重处罚。

14. 将《刑法》第 187 条第 1 款修改为：银行或者其他金融机构的工作人员吸收客户资金不入账，数额巨大或者造成重大损失的，处 5 年以下有期徒刑或者拘役，并处 2 万元以上 20 万元以下罚金；数额特别巨大或者造成特别重大损失的，处 5 年以上有期徒刑，并处 5 万元以上 50 万元以下罚金。

15. 将《刑法》第 188 条第 1 款修改为：银行或者其他金融机构的工作人员违反规定，为他人出具信用证或者其他保函、票据、存单、资信证明，情节严重的，处 5 年以下有期徒刑或者拘役；情节特别严重的，处 5 年以上有期徒刑。

16. 将《刑法》第 191 条第 1 款修改为：明知是毒品犯罪、黑社会性质的组织犯罪、恐怖活动犯罪、走私犯罪、贪污贿赂犯罪、破坏金融管理秩序犯罪、金融诈骗犯罪的所得及其产生的收益，为掩饰、隐瞒其来源和性质，有下列行为之一的，没收实施以上犯罪的所得及其产生的收益，处5年以下有期徒刑或者拘役，并处或者单处洗钱数额5%以上20%以下罚金；情节严重的，处5年以上10年以下有期徒刑，并处洗钱数额5%以上20%以下罚金：

（1）提供资金账户的；

（2）协助将财产转换为现金、金融票据、有价证券的；

（3）通过转账或者其他结算方式协助资金转移的；

（4）协助将资金汇往境外的；

（5）以其他方法掩饰、隐瞒犯罪所得及其收益的来源和性质的。

17. 在《刑法》第262条后增加一条，作为第262条之一：以暴力、胁迫手段组织残疾人或者不满14周岁的未成年人乞讨的，处3年以下有期徒刑或者拘役，并处罚金；情节严重的，处3年以上7年以下有期徒刑，并处罚金。

18. 将《刑法》第303条修改为：以营利为目的，聚众赌博或者以赌博为业的，处3年以下有期徒刑、拘役或者管制，并处罚金。

开设赌场的，处3年以下有期徒刑、拘役或者管制，并处罚金；情节严重的，处3年以上10年以下有期徒刑，并处罚金。

19. 将《刑法》第312条修改为：明知是犯罪所得及其产生的收益而予以窝藏、转移、收购、代为销售或者以其他方法掩饰、隐瞒的，处3年以下有期徒刑、拘役或者管制，并处或者单处罚金；情节严重的，处3年以上7年以下有期徒刑，并处罚金。

20. 在《刑法》第399条后增加一条，作为第399条之一：依法承担仲裁职责的人员，在仲裁活动中故意违背事实和法律作枉法裁决，情节严重的，处3年以下有期徒刑或者拘役；情节特别严重的，处3年以上7年以下有期徒刑。

（八）《中华人民共和国刑法修正案（七）》

2009年2月28日，第十一届全国人民代表大会常务委员会第七次会议通过《中华人民共和国刑法修正案（七）》（以下简称《刑法修正案（七）》），具体内容如下：

1. 将《刑法》第151条第3款修改为：走私珍稀植物及其制品等国家禁止进出口的其他货物、物品的，处五年以下有期徒刑或者拘役，并处或者单处罚金；情节严重的，处5年以上有期徒刑，并处罚金。

2. 将《刑法》第180条第1款修改为：证券、期货交易内幕信息的知情人员或者非法获取证券、期货交易内幕信息的人员，在涉及证券的发行，证券、期货交易或者其他对证券、期货交易价格有重大影响的信息尚未公开前，买入或者卖出该证券，或者从事与该内幕信息有关的期货交易，或者泄露该信息，或者明示、暗示他人从事上述交易活动，情节严重的，处5年以下有期徒刑或者拘役，并处或者单处违法所得一倍以上五倍以下罚金；情节特别严重的，处5年以上10年以下有期徒刑，并处违法所得一倍以上五倍以下罚金。

增加一款作为第4款：证券交易所、期货交易所、证券公司、期货经纪公司、基金管理公司、商业银行、保险公司等金融机构的从业人员以及有关监管部门或者行业协会的工作人员，利用因职务便利获取的内幕信息以外的其他未公开的信息，违反规定，从事与该信息相关的证券、期货交易活动，或者明示、暗示他人从事相关交易活动，情节严重的，依照第1款的规定处罚。

3. 将《刑法》第201条修改为：纳税人采取欺骗、隐瞒手段进行虚假纳税申报或者不申报，逃避缴纳税款数额较大并且占应纳税额10%以上的，处3年以下有期徒刑或者拘役，并处罚金；数额巨大并且占应纳税额30%以上的，处3年以上7年以下有期徒刑，并处罚金。

扣缴义务人采取前款所列手段，不缴或者少缴已扣、已收税款，数额较大的，依照前款的规定处罚。

对多次实施前两款行为，未经处理的，按照累计数额计算。

有第1款行为，经税务机关依法下达追缴通知后，补缴应纳税款，缴纳滞纳金，已受行政处罚的，不予追究刑事责任；但是，5年内因逃避缴纳税款受过刑事处罚或者被税务机关给予两次以上行政处罚的除外。

4. 在《刑法》第224条后增加一条，作为第224条之一：组织、领导以推销商品、提供服务等经营活动为名，要求参加者以缴纳费用或者购买商品、服务等方式获得加入资格，并按照一定顺序组成层级，直接或者间接以发展人员的数量作为计酬或者返利依据，引诱、胁迫参加者继续发展他人参加，骗取财物，扰乱经济社会秩序的传销活动的，处5年以下有期徒刑或者拘役，并处罚金；情节严重的，处5年以上有期徒刑，并处罚金。

5. 将《刑法》第225条第三项修改为：未经国家有关主管部门批准非法经营证券、期货、保险业务的，或者非法从事资金支付结算业务的。

6. 将《刑法》第239条修改为：以勒索财物为目的绑架他人的，或者绑架他人作为人质的，处10年以上有期徒刑或者无期徒刑，并处罚金或者没收财产；情节较轻的，处5年以上10年以下有期徒刑，并处罚金。

犯前款罪，致使被绑架人死亡或者杀害被绑架人的，处死刑，并处没收财产。

以勒索财物为目的偷盗婴幼儿的，依照前两款的规定处罚。

7. 在《刑法》第253条后增加一条，作为第253条之一：国家机关或者金融、电信、交通、教育、医疗等单位的工作人员，违反国家规定，将本单位在履行职责或者提供服务过程中获得的公民个人信息，出售或者非法提供给他人，情节严重的，处3年以下有期徒刑或者拘役，并处或者单处罚金。

窃取或者以其他方法非法获取上述信息，情节严重的，依照前款的规定处罚。

单位犯前两款罪的，对单位判处罚金，并对其直接负责的主管人员和其他直接责任人员，依照各该款的规定处罚。

8. 在《刑法》第262条之一后增加一条，作为第262条之二：组织未成年人进行盗窃、诈骗、抢夺、敲诈勒索等违反治安管理活动的，处3年以下有期徒刑或者拘役，并处罚金；情节严重的，处3年以上7年以下有期徒刑，并处罚金。

9. 在《刑法》第285条中增加两款作为第2款、第3款：违反国家规定，侵入前款规定以外的计算机信息系统或者采用其他技术手段，获取该计算机信息系统中存储、处理或者传输的数据，或者对该计算机信息系统实施非法控制，情节严重的，处3年以下有期徒刑或者拘役，并处或者单处罚金；情节特别严重的，处3年以上7年以下有期徒刑，并处罚金。

提供专门用于侵入、非法控制计算机信息系统的程序、工具，或者明知他人实施侵入、非法控制计算机信息系统的违法犯罪行为而为其提供程序、工具，情节严重的，依照前款的规定处罚。

10. 在《刑法》第312条中增加一款作为第2款：单位犯前款罪的，对单位判处罚金，并对其直接负责的主管人员和其他直接责任人员，依照前款的规定处罚。

11. 将《刑法》第337条第1款修改为：违反有关动植物防疫、检疫的国家规定，引起重大动植物疫情的，或者有引起重大动植物疫情危险，情节严重的，处3年以下有期徒刑或者拘役，并处或者单处罚金。

12. 将《刑法》第375条第2款修改为：非法生产、买卖武装部队制式服装，情节严重的，处3年以下有期徒刑、拘役或者管制，并处或者单处罚金。

增加一款作为第3款：伪造、盗窃、买卖或者非法提供、使用武装部队车辆号牌等专用标志，情节严重的，处3年以下有期徒刑、拘役或者管制，并处或者单处罚金；情节特别严重的，处3年以上7年以下有期徒刑，并处罚金。

原第3款作为第4款，修改为：单位犯第2款、第3款罪的，对单位判处罚金，并对其直接负责的主管人员和其他直接责任人员，依照各该款的规定处罚。

13. 在《刑法》第388条后增加一条，作为第388条之一：国家工作人员的近亲属或者其他与该国家工作人员关系密切的人，通过该国家工作人员职务上的行为，或者利用该国家工作人员职权或者地位形成的便利条件，通过其他国家工作人员职务上的行为，为请托人谋取不正当利益，索取请托人财物或者收受请托人财物，数额较大或者有其他较重情节的，处3年以下有期徒刑或者拘役，并处罚金；数额巨大或者有其他严重情节的，处3年以上7年以下有期徒刑，并处罚金；数额特别巨大或者有其他特别严重情节的，处7年以上有期徒刑，并处罚金或者没收财产。

离职的国家工作人员或者其近亲属以及其他与其关系密切的人，利用该离职的国家工作人员原职权或者地位形成的便利条件实施前款行为的，依照前款的规定定罪处罚。

14. 将《刑法》第395条第1款修改为：国家工作人员的财产、支出明显超过合法收入，差额巨大的，可以责令该国家工作人员说明来源，不能说明来源的，差额部分以非法所得论，处5年以下有期徒刑或者拘役；差额特别巨大的，处5年以上10年以下有期徒刑。财产的差额部分予以追缴。

## 第三节　刑法的体系和解释

### ■ 刑法的体系

广义的刑法体系，是指刑法的各种渊源及其相互关系；狭义的刑法体系是指刑法典的组成与结构。通常意义上，对刑法体系作狭义理解。我国的刑法典由总则、分则和附则三个部分组成。其中，总则、分则各为一编，编下设章、节、条、款、项等层次。

刑法典第一编为总则，共五章，分别为刑法的任务、基本原则和适用范围；犯罪；刑罚；刑罚的具体运用；其他规定。第二编为分则，共十章，分别规定了十类犯罪，依次为：危害国家安全罪，危害公共安全罪，破坏社会主义市场经济秩序罪，侵犯公民人身权利、民主权利罪，侵犯财产罪，妨害社会管理秩序罪，危害国防利益罪，贪污贿赂罪，渎职罪，军人违反职责罪。第三编为附则，仅一条，即《刑法》第452条。该条的意义在于：一是规定修订后的刑法典施行的日期；二是规定修订后的刑法典与以往单行刑法的关系。章下为节，但只是总则的第二、三、四章及分则的第三、六章之下设立节，总则的第一、五章及分则其他章下未设节。节下为条，条是刑法典的基本组成单位，是表达刑法规范的基本元素。刑法典全部条文以统一的序号编排，不受编、章、节划分的影响，条下为款，款无编号，其标记是另起一段。有些条文设有多款，而有些条文仅规定一款。款下为项，项是某些条或款之下设立的单位，其标记是另起一段且以括号内的基数号码编排。刑法条文采用条、款、项的结构是非常严谨的，不能随意更改，引用条文时必须绝对准确。

刑法条文可以在同一款里表达两个或两个以上意思。如《刑法》第29条第1款规定：教唆他人犯罪的，应当按照他在共同犯罪中所起的作用处罚。教唆不满18周岁的人犯罪的，应当从重处罚。该条文表达两个意思，以句号分隔。句号前称为“前段”，句号后称为“后段”。又如《刑法》第 67 条第 1 款规定：犯罪以后自动投案，如实供述自己的罪行的，是自首。对于自首的犯罪分子，可以从轻或者减轻处罚。其中，犯罪较轻的，可以免除处罚。该条文表达三个意思，以句号隔开，分别称为前段、中段、后段。在具有多段结构的条款中，如有用“但是”表示转折关系的，在学理上“但是”以后的这段文字称为“但书”。

我国刑法条款中的“但书”多是对前段内容的例外、限制、相反或补充规定。主要包括如下情况：(1) 与前段构成限制关系，如《刑法》第 73 条第 1、2 款的但书；(2) 与前段构成例外关系，如《刑法》第 13 条的但书；(3) 与前段构成补充关系，如《刑法》第 37 条的但书。由此可见，但书对刑法条款的设置和刑事立法意图的准确表达起着重要作用，在理解与适用刑法中均不应忽视。

## ■ 刑法解释

(一) 刑法解释的概念

简而言之，刑法解释即对刑法规定含义的阐明。刑法解释的对象是刑法规定，刑法又是以文字作出规定的，因而刑法解释不能超出刑法用语的本来含义。刑法解释具有重要意义，它有助于正确理解和把握刑法规定的含义与精神；有助于刑法的统一正确实施；有利于弥补刑法的某些漏洞与缺陷；有利于刑法的发展与完善。

(二) 刑法解释的效力

并非所有的刑法解释都具有法律效力。正式的刑法解释是被授权的国家机关在其职权范围内作出的解释，具有法律效力。非正式的刑法解释是由未经国家授权的机关、团体、社会组织、学术机构乃至公民个人对刑法规定所作的解释，此类解释不具有法律效力，但对刑事立法和刑事司法活动具有重要的参考价值。

1. 正式的刑法解释。

正式的刑法解释主要是指立法解释与司法解释。立法解释指国家最高立法机关即全国人大及其常委会对刑法的含义所作的解释。通常认为包括三种情况：(1) 在刑法中用条文对有关刑法术语所作的解释。例如《刑法》第 94 条规定：本法所称司法工作人员，是指有侦查、检察、审判、监管职责的工作人员。(2) 在法律的起草说明或者修订说明中所作的解释。(3) 在刑法施行过程中，立法机关对发生歧义的规定所作的解释。根据《宪法》第 67 条第 4 项的规定，解释法律是全国人大常委会的基本职权之一。第三种解释是标准的立法解释，而前两种解释是否属于立法解释，理论界存在争议。[①] 我们认为，广义而言，前两种解释可以说是立法解释的表现形式。

迄今为止，在刑法施行的过程中，全国人大常委会对刑法具体条文的含义作出的立法解释共有 9 个，分别涉及《刑法》第 93 条第 2 款、第 228 条、第 294 条第 1 款、第 313 条、第 384 条、第 342 条、第 410 条，《刑法》分则第 9 章渎职罪主体适用问题，《刑法》分则中“信用卡”的含义、“出口退税、抵扣税款的其他发票”的含义，以及《刑法》中有关文物的规定适用于具有科学价值的古脊椎动物化石、古人类化石等项解释。

司法解释指由国家最高司法机关对刑法规定含义所作的阐明。1981 年 6 月 10 日第五届全国人大常委会第十九次会议通过的《关于加强法律解释工作的决议》规定：凡属于法院审判工作中具体应用法律、法令的问题，由最高人民法院进行解释。凡属于检察院检察工作中

---

① 参见张明楷：《刑法学》(上)，32～33 页，北京，法律出版社，1997。

具体应用法律、法令的问题，由最高人民检察院进行解释。最高人民法院和最高人民检察院的解释如果有原则性的分歧，报请全国人民代表大会常务委员会解释或决定。由此可见，在我国具有普遍效力的司法解释，只能是最高人民法院和最高人民检察院就审判和检察工作中如何具体应用法律的问题所作的解释。

自1997年10月1日修订后的刑法生效以来，最高人民法院、最高人民检察院分别或者联合就审判和检察工作中关于《刑法》有关条文的具体适用问题作出了大量的司法解释。

2. 非正式的刑法解释。

在非正式的刑法解释中，学理解释极具研究价值。学理解释是指由国家宣传机构、社会组织、科研单位或专家学者从学理上对刑法含义所作的解释。例如刑法典释义、刑法教科书、论文、专著等，均属学理解释。学理解释无法律效力，但正确的学理解释有助于理解与把握刑法规定的含义，对刑事立法和司法都具有参考价值。

（三）刑法解释的方法

依解释的方法而论，刑法解释可分为文理解释与论理解释。

1. 文理解释。

文理解释指从刑法条款语义出发阐释刑法规定含义的解释方法。其主要根据是语词的含义、语法、标点及标题。文理解释是一种基本的但并非简单的解释方法。《刑法》总则第92条规定：本法所称公民私人所有的财产，是指下列财产：（1）公民的合法收入、储蓄、房屋和其他生活资料；（2）依法归个人、家庭所有的生产资料；（3）个体户和私营企业的合法财产；（4）依法归个人所有的股份、股票、债券和其他财产。第94条规定：本法所称司法工作人员，是指有侦查、检察、审判、监管职责的工作人员。这两条关于"公民私人所有的财产"、"司法工作人员"等规定就是采取文理解释的方法。

2. 论理解释。

论理解释指按照立法精神，联系刑法产生的缘由、沿革及其他相关事项，对刑法规定作逻辑分析，从而阐明其真实含义的解释方法。论理解释又分为当然解释、历史解释、扩张解释与限制解释。

（1）当然解释。当然解释是指刑法规定虽未明示某一事项，但依规范目的、事物属性的逻辑推理将该事项当然地解释为包括在该规定适用范围之内的解释方法。如《刑法》第201条规定，因偷税被税务机关给予二次行政处罚又偷税的，构成偷税罪。由此，认为因偷税被给予三次以上行政处罚又偷税的构成偷税罪，则是当然解释。

（2）历史解释。历史解释指根据刑法制定或修订的历史背景以及刑法发展的沿革，阐明刑法规定真实含义的解释方法。历史解释并不意味着仅仅是立法原意的探求，更多体现在根据立法文献史料得出科学的结论。

（3）扩张解释。扩张解释是指刑法条文的字面含义比刑法真实含义窄，于是扩张字面含义，使其符合刑法规定真实含义的解释方法。例如对《刑法》第116条中的"汽车"的含义，多解释为包括作为交通工具使用的大型拖拉机，这是一种扩张解释。扩张解释不能超出刑法用语可能具有的含义，否则便是类推解释，有违罪刑法定原则。

（4）限制解释。限制解释是指刑法条文的字面含义比刑法真实含义广，于是对字面含义加以限制，使之符合刑法规定真实含义的解释。如将《刑法》第20条第3款中的"行凶"限定为"严重的行凶，即可能造成重伤、死亡的行凶"，这是一种限制解释。

# 第二章

# 刑法的基本原则

## 第一节 刑法基本原则概述

### ■ 刑法基本原则的概念

刑法基本原则问题是刑事立法和刑事司法中一个具有全局性、根本性的问题。刑法基本原则是指刑法本身具有的贯穿全部刑法规范、体现我国刑事立法与司法基本精神、指导和制约全部刑事立法和刑事司法过程的基本准则。刑法基本原则与社会主义法制原则、各个部门法共同法则存在有机联系：刑法基本原则是社会主义法制原则在刑法中的具体体现，是各个部门法共同准则在刑法中的特殊表现。然而，刑法基本原则又具有不同于上述法制原则、共同准则的独特特征。

首先，刑法基本原则必须贯穿全部刑法规范始终，是有全局性、根本性的意义。刑事立法中，为解决定罪量刑问题，需要制定出不同的法律原则，刑事司法中也必须遵循。刑法中存在许多原则，但并非任何原则都是刑法基本原则。比如说，我国刑法规定的累犯从重处罚、区别对待、数罪并罚的原则等，虽然都是刑法中不可或缺的原则，但不具有全局性、根本性的意义，因而并非刑法基本原则。只有贯穿全部刑法规范始终，指导和制约刑事立法和司法，具有全局性、根本性意义的刑法原则才能成为刑法基本原则。

其次，刑法基本原则必须是刑法制定、解释与适用都必须遵循的准则。作为基本原则，必须得到普遍遵循。解释与适用刑法必须遵循刑法基本原则，这是不言而喻的，但不要因为刑法基本原则由刑法本身规定，而认为它不制约刑法的规定。实际上，立法者在制定刑法时也必须遵循刑法基本原则。

最后，刑法基本原则必须体现我国刑事法治的基本精神。刑事法治的内涵是：健全刑事法制，司法公正、反对徇私舞弊，坚持平等、反对特权。刑法基本原则应当体现这一蕴涵。

我国刑法明确规定了刑法的三个基本原则，即罪刑法定原则、罪责刑相适应原则和刑法面前人人平等原则。问题在于，除此三个法定基本原则外，是否还存在其他刑法基本原则？我们认为，上述三个法定原则无疑属于我国刑法的基本原则。此外，罪责自负原则、主客观相统一原则、惩罚与教育相结合原则，尽管刑法未予明文规定，但符合刑法基本原则的标准，因而也属于我国刑法的基本原则。

## 刑法基本原则的意义

刑法基本原则对刑事立法和刑事司法具有重大的指导意义，这是由它们作为贯穿于全部刑法规范和刑法适用中的准则地位所决定的。刑法基本原则的指导意义体现在：(1) 刑事立法工作中，必须遵照 1997 年刑法典确立和体现的刑法基本原则而不得违背；(2) 刑事司法工作中，要大力贯彻基本原则，强化法治意识和司法公正观念，反对特权思想和徇私舞弊。总之，刑法基本原则既有利于惩罚犯罪，又有利于保护人民；既有利于维护法律的公正形象，又有利于推进刑事法治进程；既有利于实现刑法预防犯罪的目的，又有利于达到刑罚的最佳效果。因此，它们必将完善我国的刑事立法、规范刑事司法，从而更好地为中国特色的社会主义事业保驾护航。

# 第二节　罪刑法定原则

## 罪刑法定原则的基本含义

罪刑法定原则的基本含义是：法无明文规定不为罪，法无明文规定不处罚。《刑法》第 3 条规定了罪刑法定原则：法律明文规定为犯罪行为的，依照法律定罪处刑；法律没有明文规定为犯罪行为的，不得定罪处刑。这一规定无疑是从刑法典的高度确立了罪刑法定原则，具有历史进步意义。

罪刑法定的最早思想渊源可以追溯到 1215 年英国《大宪章》第 39 条的规定："凡是自由民除经贵族依法判决或遵照国内法律之规定外，不得加以扣留、监禁、没收其财产，剥夺其法律保护权，或加以放逐、伤害、搜索或逮捕。"这一规定奠定了"罪刑法定"的思想基础。17 世纪、18 世纪，资产阶级启蒙思想家进一步提出了罪刑法定的主张，将罪刑法定的思想系统化成为学说。资产阶级革命胜利后，罪刑法定学说在资产阶级宪法和刑法中得以确认。1789 年法国《人权宣言》第 8 条规定："法律只应规定确实需要和显然不可少的刑罚，而且除非根据在犯罪前已制定和公布的且系依法施行的法律，不得处罚任何人。"在此指导下，1810 年法国刑法典第 4 条首次明确规定罪刑法定原则。尔后，大陆法系国家纷纷在宪法和刑法中确立罪刑法定原则。目前，这一原则已深深植根于现代各国的法治意识之中并成为不同社会制度各国刑法中最基本、最重要的一项准则。

罪刑法定原则的确立具有重大意义。它不仅有利于维护正常的社会秩序，而且有利于保障人权。罪刑法定原则的派生原则包括：排斥习惯法、排斥绝对不定期刑、禁止有罪类推、禁止重法溯及既往。

罪刑法定原则的基本要求是：(1) 罪刑法定化，即犯罪和刑罚必须由法律事先加以明文规定，不允许法官的擅断；(2) 罪刑实定化，即对构成犯罪的行为和犯罪的具体法律后果，刑法应作出实体性的规定；(3) 罪刑明确化，即刑法的条文必须文字表达确切、意思清楚，不得含糊其辞、模棱两可。

## 罪刑法定原则的立法体现

我国 1979 年刑法典没有明文规定罪刑法定原则，却在第 79 条规定了类推制度。对于当时我国刑法是否采用罪刑法定原则，理论上存在争议。事实上，我国 1997 年刑法典修订之前基本上实行的是罪刑法定原则，尽管对该原则的认识、重视和贯彻程度尚存在不足之处。新《刑法》第 3 条明文规定罪刑法定原则，这一原则的价值内涵和基本要求在 1997 年刑法典中得到了全面系统的体现：

1. 1997 年刑法典实现了犯罪的法定化和刑罚的法定化。犯罪法定化具体体现在：明确规定了犯罪的概念，明确规定了犯罪构成的共同要件，明确规定了各种具体犯罪的构成要件。刑罚的法定化具体体现在：明确规定刑罚的种类包括主刑和附加刑，明确规定量刑原则是以犯罪事实为根据、以法律为准绳，明确规定各种犯罪的法定刑种与刑度。

2. 1997 年刑法典废除了 1979 年刑法典第 79 条规定的类推制度，为罪刑法定原则得以彻底贯彻实施扫除了障碍。

3. 1997 年刑法典重申了 1979 年刑法典在刑法溯及力问题上采取的从旧兼从轻原则。

4. 1997 年刑法典在分则罪名规定上相当详备。分则条文在 1979 年刑法典的 103 条的基础上增加了 247 条，罪名个数由 1979 年刑法典的 130 个增加至 413 个。

5. 1997 年新刑法典在个罪的构成要件以及法定刑上增强了可操作性。在犯罪构成要件、罪状的表述上，尽量使用叙明罪状；在法定刑设置上，注重量刑情节的具体化，使立法更趋细密化、明确化。

### ■ 罪刑法定原则的司法适用

刑事立法中罪刑法定原则的实现，有赖于司法机关的执法活动。从我国司法实践来看，贯彻执行罪刑法定原则，应当注意以下两个问题：

1. 正确定罪和量刑。对于刑法明文规定的各种犯罪，司法机关必须以事实为根据，以法律为准绳，认真把握个罪的本质特征和具体构成要件，严格区分罪与非罪、此罪与彼罪的界限，做到定性准确，不枉不纵。对具体犯罪的量刑，必须严格依照个罪法定刑及法定情节，参考酌定情节准确量刑。

2. 正确进行司法解释。为弥补刑事立法之不足，统一规范和指导司法实务，最高司法机关应适时颁布司法解释，对刑法规定中不够具体、明确的犯罪进行解释，以指导具体的定罪量刑活动。但是，司法解释不能超越其应有的权限，不论是扩张解释，还是限制解释，都不能有违于刑事立法意图，更不能以司法解释替代刑事立法。否则，就会背离罪刑法定原则。

## 第三节　刑法面前人人平等原则

### ■ 刑法面前人人平等原则的基本含义

我国《刑法》第 4 条明文规定：对任何人犯罪，在适用法律上一律平等。不允许任何人有超越法律的特权。这就是刑法面前人人平等原则。

刑法面前人人平等的基本含义是：（1）任何人犯罪，都应当受到刑法的追究；（2）任何人不得享有超越刑法规定的特权；（3）对于一切犯罪行为，应一律平等适用刑法，定罪量刑时不得因犯罪人的社会地位、家庭出身、职业状况、财产状况、政治面貌、才能业绩的差异而有所区别；（4）任何人受到犯罪侵害，都应受到刑法的保护；（5）不同被害人的同等权益，应受到刑法的同样保护。

刑法面前人人平等原则是法律面前人人平等原则在刑法领域贯彻实施的表现。强调刑法面前人人平等是基于我国司法实践中刑法适用不平等的现象在现阶段还较为严重。当然，刑法面前人人平等原则并不否定犯罪人或被害人的特定个人情况对定罪量刑的合理影响。在刑事立法、司法上，犯罪分子的主体情况以及被害人的个人情况，如果对犯罪的客观社会危害及犯罪人的主观恶性大小有影响，则要求在适用刑法上有所区别和体现。例如，对累犯基于其主观恶性及人身危险性而从重处罚，对未成年人犯罪基于主体的个人情况而减免刑事责任。由此可见，刑法面前人人平等原则并非孤立、机械、单一化的刑事法准则，它必须与罪责刑相适应等刑法基本原则结合，共同指导刑法适用。

### ■ 刑法面前人人平等原则的立法体现

刑法面前人人平等原则在我国《刑法》总则与分则中均有体现。首先，我国《刑法》总则除了在第 4 条明文规定刑法面前人人平等原则外，这一原则的精神还体现在多个方面。例如，刑法对其适用范围的规定表明，凡在我国领域内实施犯罪的，除法律有特别规定外，都应适用我国刑法，而不论犯罪人具有何种身份。又如，刑法对单位犯罪的规定，只要是由单位实施的，被法律规定的犯罪行为，都应追究刑事责任，而不论单位是公司、企业、事业单位还是机关、团体。其次，刑法面前人人平等原则在我国《刑法》分则规定中亦有体现。例如，将刑法面前人人平等原则具体化到各类各种犯罪中，规定了危害国家安全罪、危害公共安全罪、破坏社会主义市场经济秩序罪、侵犯财产罪、妨害社会管理秩序罪、危害国家利益罪、贪污贿赂罪、渎职罪和军人违反职责罪。此外，刑法所增设罪名亦体现了刑法面前人人平等原则的基本精神。例如，《刑法》第 276 条规定的破坏生产经营罪是对 1979 年刑法典第 126 条破坏集体生产罪修改而成。该罪名的创设，体现了刑法平等地保护社会主义市场经济体制下各种经济成分的合法权益的精神。

### ■ 刑法面前人人平等原则的司法适用

刑法面前人人平等原则，具有两个方面的内容：一是立法上的平等，二是司法上的平等。两个方面相辅相成，缺一不可。没有立法上的平等，司法平等就根本没有存在的前提，只有立法上的平等而没有司法的切实贯彻执行，立法的平等也只能是形同虚设。在刑事司法实践中贯彻刑法面前人人平等原则，应当着重解决以下两个问题：其一，刑事司法公正。刑事司法公正包括定罪公正、量刑公正和行刑公正。刑事司法公正是刑法面前人人平等原则的必然要求，是刑事法治基本精神的体现。其二，反对特权。在我国，受封建等级观念影响滋生的特权思想在一部分人头脑中，特别是少数领导干部头脑中，较有市场。此外，现实生活中多方面因素如知识水平、法治意识和司法人员素质对司法公正不可避免地产生了极大干扰。应当承认，我国司法实践中有违司法公正的特权现象仍然存在，甚至在某些时间、某些地方、某些案件中表现较为突出。因此，坚持刑法面前人人平等原则，就必须反对形形色色的特权思想，切实做到司法公正。

## 第四节　罪责刑相适应原则

### ■ 罪责刑相适应原则的基本含义

罪责刑相适应原则的基本含义是：犯多大的罪，便应承担多大的刑事责任，法院也应判处其轻重相当的刑罚；做到重罪重罚，轻罪轻罚，罪刑相称，罚当其罪。分析罪轻罪重和刑事责任大小，应结合考虑犯罪的社会危害性和行为人的人身危险性，从而确定其刑事责任程度，适用相应轻重的刑罚。

罪责刑相适应原则的早期表现形式是罪刑相适应原则。罪刑相适应原则最早渊源于原始社会的同态复仇和奴隶社会的等量报复。“以眼还眼、以牙还牙、以血还血”是罪刑相适应原则的最古老、最朴素的表现形式。17 世纪、18 世纪的资产阶级思想启蒙家将这些原始的罪刑相适应观念发展为罪刑相适应的刑法基本原则。随着 19 世纪末以来刑事人类学派和刑事社会学派的崛起，行为人中心论和人身危险性论对传统罪刑相适应原则提出有力挑战，将之修正为现代的罪责刑相适应原则：既注重刑罚与犯罪行为相适应，又注重刑罚与犯罪人个人情况（包括主观恶性与人身危险性）相适应。

罪责刑相适应原则的基本要求是：首先，刑事立法对具体犯罪处罚的原则性规定，对刑罚裁量、执行制度及个罪法定刑的设置，不仅要考虑犯罪的社会危害性，而且要考虑行为人的人身危险性；其次，司法实践中刑罚裁量，不仅要考虑犯罪行为及其危害结果，而且应结合分析整个犯罪行为包括犯罪事实和犯罪分子各方面因素，力求刑罚个别化。

## 罪责刑相适应原则的立法体现

我国《刑法》第 5 条规定：刑罚的轻重，应当与犯罪分子所犯罪行和承担的刑事责任相适应。这一原则的价值内涵和基本要求在刑法中的具体体现如下所述。

（一）严密科学的刑罚体系

我国刑法确立了一个科学的刑罚体系。该刑罚体系依刑罚方法轻重次序加以排列，主刑包括管制、拘役、有期徒刑、无期徒刑、死刑，附加刑包括罚金、剥夺政治权利、没收财产以及针对犯罪的外国人适用的驱逐出境。各种刑罚方法既相互区别，又相互衔接，能够根据犯罪的不同情况灵活运用，这便为司法实践中罪责刑相适应原则奠定了坚实的基础。

（二）区别对待的处罚原则

我国刑法根据犯罪行为的社会危害性和人身危害性的大小，规定了轻重有别的处罚原则。例如对于防卫过当、避险过当而构成犯罪者应当减轻或者免除处罚。在共同犯罪中，刑法规定对组织、领导犯罪集团的首要分子应当按照集团所犯的全部罪行处罚；对于其他主犯应当按照其所参与的或者组织、指挥的全部犯罪处罚；对从犯应当从轻、减轻处罚或者免除处罚；对胁从犯应当按照他的犯罪情节减轻处罚或者免除处罚；教唆犯应当按照他在共同犯罪中所起的作用处罚。诸如此种规定，都体现了罪责刑相适应原则。此外，《刑法》总则还侧重于刑罚个别化的要求，规定了一系列刑罚裁量和执行制度，如自首制度、立功制度、缓刑制度、假释制度。

（三）轻重不同的量刑幅度

我国《刑法》分则不仅根据犯罪的性质和危害程度，建立了一个严密的罪名体系，还为具体个罪设置了具有弹性的、幅度较大的法定刑。例如，对侵占罪，构成基本犯的，处 2 年以下有期徒刑、拘役或者罚金；构成加重犯的，处 2 年以上 5 年以下有期徒刑，并处罚金。

## 罪责刑相适应原则的司法适用

贯彻罪责刑相适应原则，必须从罪责刑相适应原则的基本含义和要求出发，结合我国刑事司法实践，着重解决下述问题。

（一）定罪与量刑具有同等重要地位

长期以来，我国刑事审判机关一贯存在“重定罪、轻量刑”的错误倾向。许多审判人员对量刑的地位与作用存在错误认识，刑事案件定性准确是检验刑事审判工作质量的重要标准，至于多判几年或少判几年则无关紧要。基于此种错误认识，在处理上诉、申诉案件时，往往对确属定性错误或量刑畸轻畸重的才予改判，而对量刑偏轻偏重的，维持原判。只有把准确定性与合理量刑作为检验刑事审判工作质量好坏的统一标准，才能切实贯彻罪责刑相适应原则。

（二）强化量刑公正的执法观念

我国经历了长达两千多年的封建社会，而深受封建刑法观念的影响。重刑主义传统，作为封建刑法思想的重要表现，对我国的刑事立法与司法实践还产生着方方面面的影响。应当指出，重刑主义是一种野蛮落后的刑法思想，与罪责刑相适应的刑法基本原则背道而驰。重刑主义的盛行，必然影响到罪责刑相适应原则的切实贯彻。因此，我们必须排除重刑主义的干扰，强化量刑公正的执法观念，切实做到罚当其罪，不枉不纵。

（三）强调执法中的平衡与统一

罪责刑相适应原则在具体案件上的表现是：类似案件在处理轻重上应基本相当，不可差距过大。但在司法实践中，各级法官对类似案件的处理存在轻重悬殊的现象，并且相当普遍。究其原因，既有立法的粗疏，又有司法解释的不明确，同时还有法官个人素质和执法水平等多方面的因素。为解决执法不统一问题，可以考虑如下对策：(1) 及时完善刑事立法，健全刑事法制；(2) 进一步加强刑事司法解释工作，以明确司法实践中的若干具体问题；(3) 系统编纂刑事判例，发挥刑事判例在审判工作中的指导作用；(4) 改进量刑方法，实现量刑的规范化、科学化和现代化。

# 第三章

# 刑法的效力范围

## 第一节　刑法的空间效力

### ■ 刑法空间效力的概念和原则

刑法的空间效力，是指刑法对地域和对人的效力。它解决国家刑事管辖权的范围问题。刑事管辖权是国家主权的组成部分。刑法对地的效力和对人的效力不是截然分开的，二者既相互联系，又存在差异。构成刑法空间效力两个不同方面的内容。

一个独立自主的国家，无不在刑法中对刑法的空间效力即刑事管辖权的效力范围问题作出规定。基于各国社会政治情况和历史传统习惯的差异，在解决刑事管辖权范围问题上主张的原则不尽相同。概括而言，包括以下几种。

（一）属地原则

属地原则，亦称领土原则，即单纯以地域为标准，凡是发生在本国领域内的犯罪都适用本国刑法，无论犯罪人是本国人还是外国人；反之，发生在本国领域外的犯罪，均不适用本国刑法，这一原则多为英美法系国家所采用。

（二）属人原则

属人原则，亦称国籍原则，即单纯以人的国籍为标准，凡是本国人犯罪，无论是发生在本国领域内还是在本国领域外，都适用本国刑法；反之，外国人犯罪，即使发生在本国领域内，亦不适用本国刑法，这一原则多为大陆法系国家所采用。

（三）保护原则

保护原则，亦称自卫原则，即从保护本国利益出发，凡侵害本国国家或者公民利益的犯罪，不论犯罪人是本国人还是外国人，也不论犯罪地在本国领域内还是在本国领域外，都适用本国刑法。

（四）普遍原则

普遍原则，亦称世界原则，即从保护国际社会共同利益出发，凡侵害由国际公约、条约所保护的国际社会共同利益，无论犯罪人是本国人还是外国人，也无论犯罪地是在本国领域内还是在本国领域外，都适用本国刑法。

上述四项原则，孤立地看，既各具正确性又各有局限性。单纯实行属地原则，能直接维护国家领土主权，但一旦遇到本国人在本国领域外犯罪或者外国人在本国领域外侵害本国国家或公民利益的犯罪，则无法适用本国刑法。单纯实行属人原则，就对本国公民实行管辖而言，无可非议；但一旦遇到外国人在本国领域内犯罪，则不能适用本国刑法，有违国家主权原则。保护原则，能最大限度地保护本国利益，但如果犯罪人在国外，犯罪地也在国外，刑法的适用便会受到他国主权的限制，涉及国家之间的刑事法冲突问题。普遍原则的法律基础并非本国刑法，而是国际公约、条约；其针对对象限于劫持航空器、侵害外交人员、灭绝种族等有限的国际犯罪，这说明其适用范围本身是狭窄的，同时，各国的阶级利益与政治观点都可能导致国际犯罪界定范围的差异。

基于此，世界上大多数国家在刑事立法上对上述原则予以综合采纳。目前，多数国家的做法是采用属地原则为基础，以其他原则为补充。这种结合型的刑事管辖权体制的基本要求是：凡是在本国领域内犯罪的，不论本国人或外国人，都适用本国刑法；本国人或外国人在本国领域外犯罪的，在一定条件下，也适用本国刑法。我国刑法有关空间效力的规定，采用的就是这样的刑事管辖权体制。

## ■ 我国刑法的属地管辖权

我国《刑法》第 6 条第 1 款规定：凡在中华人民共和国领域内犯罪的，除法律有特别规定的以外，都适用本法。这是我国刑法关于刑法空间效力的基本原则，它涉及下述两个方面内容。

（一）"中华人民共和国领域内"的含义

中华人民共和国领域内，是指中华人民共和国国境以内的全部空间区域，具体包括：

1. 领陆，即国境线以内的陆地及其地下层。

2. 领水，即内水、领海及其地下层，内水包括内河、内湖、内海以及同外国之间界水的一部分（通常以河流中心线为界，如果是可通航的河道，则以主航道中心线为界）。领海，根据我国政府于 1958 年 9 月 4 日的声明，我国领海宽度为 12 海里。

3. 领空，即领陆、领水的上空。在实践中，人们通常将国家领土上空的范围分为空气空间和外层空间，空气空间受国家主权管辖，外层空间不受国家主权管辖。因而，领空应指领陆和领水上部的空气空间。

此外，根据国际条约和惯例，以下两部分属于我国领土的延伸，适用我国刑法。

1. 我国的船舶、飞机或其他航空器。我国《刑法》第 6 条第 2 款规定：凡在中华人民共和国船舶或者航空器内犯罪的，也适用本法。这里所说的船舶或者航空器，既可以是民用的，也可以是军用的；既可以处于停泊状态，也可以正处于航行途中；既可以是航行或停泊于我国领域内的，也可以是行驶或停泊于我国领域外的。总之，凡在我国船舶或者航空器内犯罪的，不论该船舶或者航空器航行或停泊在任何地点，均可以适用我国刑法。

2. 我国驻外使领馆。根据我国承认的 1961 年 4 月 18 日《维也纳外交关系公约》的规定，各国驻外大使馆、领事馆及其外交人员不受驻在国的司法管辖而受本国的司法管辖。因此，凡发生在我国驻外大使馆、领事馆内的犯罪，均适用我国刑法。

此外，我国《刑法》第 6 条第 3 款规定：犯罪的行为或者结果有一项发生在中华人民共和国领域内的，就认为是在中华人民共和国领域内犯罪。这一规定进一步明确了隔地犯（犯罪行为地与犯罪结果彼此脱离）属地管辖的具体标准。这里包括三种情况：（1）在我国境内实施犯罪行为，但犯罪结果发生在国外，如在境内开枪、射伤境外人员；（2）在国外实施犯罪行为，但结果发生在我国境内，如从境外向我国境内投掷炸药，投掷炸药行为发生在境外，而炸药爆炸，炸死、炸伤被害者的犯罪结果则发生在境内；（3）犯罪行为与犯罪结果均发生在我国境内。上述情况都属于在我国领域内犯罪，应适用我国刑法。

（二）"法律有特别规定"的含义

我国《刑法》第6条确立属地管辖的同时，提出了法律特别规定的例外情况，即发生在我国领域内的犯罪一旦存在法定的特殊情况，则排除我国刑法的适用。此处的我国刑法，应当指广义上的刑法，包括刑法典、单行刑法及附属刑法规范。司法实践中主要存在如下两种：

1. 享有外交特权和豁免权的外国人的刑事责任，通过外交途径解决。根据国际公约，在国家间互惠的基础上，为保证正常执行职务，驻在本国的外交机构及其工作人员享有外交特权和豁免权。外交特权和豁免权的法律基础是1961年的《维也纳外交关系公约》和1986年《中华人民共和国外交特权和豁免条例》。这里需要注意两个问题：（1）外交代表和非中国公民的与外交代表共同生活的配偶及未成年子女享有的豁免权，可以由派遣国政府明确表示放弃。如果这样，则可以适用我国刑法。（2）享有外交特权和豁免权的有关人员应当承担尊重我国法律法规的义务，并不能任意违法犯罪。一旦违法犯罪，便应通过外交途径予以解决，如要求派遣国召回、宣布其为不受欢迎的人、限期离境等。

2. 在香港特别行政区、澳门特别行政区内发生的绝大部分犯罪。我国香港特别行政区和澳门特别行政区的基本法规定，香港特别行政区、澳门特别行政区依法享有行政管理权、立法权、独立司法权和终审权。因此我国全国性刑法的效力原则上无法及于香港特别行政区和澳门特别行政区，这是对我国全国性刑法属地管辖权的事实限制。根据"一国两制"的构想和相应的法律规定，香港特别行政区、澳门特别行政区具有刑事立法权和刑事司法权，两个特别行政区均有自己的刑法。据此，对于发生在两个特别行政区内的犯罪，原则上均适用当地的刑法。但是，全国性的刑法仍然存在对发生在该两个特别行政区范围内的部分犯罪进行适用的可能性。例如，对于内地机构派驻两个特别行政区的人员利用职务实施的犯罪，仍然适用全国性的刑法，由内地司法机关予以管辖。①

除前述两种情形之外，我国刑法学界对于《刑法》第6条第1款中"除法律有特别规定的以外，都适用本法"的理解，大致有以下几种：（1）认为"法律有特别规定的"例外的情况包括：1）享有外交特权和豁免权的外国人在我国领域内犯罪的，不适用我国刑法。2）发生在香港、澳门特别行政区的犯罪，不适用全国性刑法。3）刑法典公布后又制定的特别刑法规定的犯罪。4）民族自治地方的变通性规定所规定的犯罪。（2）认为"法律有特别规定的"例外的情况仍然包括以上四种情况，但是进一步明确这些例外的情况是指不适用刑法典的情况，属于刑法典适用的例外。（3）将例外的情况分为不适用中国刑法（享有外交特权和豁免权的外国人在我国领域内犯罪的）、不适用全国性刑法（发生在香港、澳门特别行政区的犯罪）和不适用刑法典（特别刑法和民族自治地方的变通性规定）。② 此外，也有学者主张，若将《刑法》第6条第1款中的"本法"解释为《中华人民共和国刑法》，则"法律有特别规定的"情形还包括民族自治地方所制定的变通或者补充规定，以及国家立法机关制定的特别刑法规定。③ 我们认为，上述观点都是可以商榷的，基本理由主要在于，应当清楚、明确地将刑事管辖权中的属地管辖原则与刑法的法条关系予以准确界分，即民族自治地方所制定的变通或者补充规定和国家立法机关制定的特别刑法规定均属于广义刑法的范畴，均适

---

① 参见赫兴旺编著：《刑法》，12～13页，北京，中国人民大学出版社，2006。

② 参见赫兴旺：《我国刑法的属地管辖原则与法条关系的关系》，载http：//www.criminallaw.com.cn/article/default.asp？id=613。

③ 参见高铭暄、马克昌主编：《刑法》（上编），53～54页，北京，中国法制出版社，1999。

用我国刑法关于属地管辖原则的规定，不应作为关于属地管辖原则规定的例外情况。

### 我国刑法的属人管辖权

《刑法》第 7 条第 1 款规定：中华人民共和国公民在中华人民共和国领域外犯本法规定之罪的，适用本法，但是按本法规定的最高刑为 3 年以下有期徒刑的，可以不予追究。第 7 条第 2 款规定：中华人民共和国国家工作人员和军人在中华人民共和国领域外犯本法规定之罪的，适用本法。

根据上述规定，我国公民在我国领域外犯罪的，原则上都适用我国刑法；只是按我国刑法规定，其所犯之罪的法定最高刑为 3 年以下有期徒刑的，才可以不予追究。至于“可以不予追究”，并非绝对不追究，而是保留追究的可能性。此外，对于特殊主体即国家工作人员或军人在域外犯罪的，不论其所犯之罪的法定最高刑是否为 3 年以下有期徒刑，我国刑法一律追究刑事责任。

根据《刑法》第 10 条的规定，我国公民在我国领域外犯罪，依照该法应当负刑事责任，虽然经过外国审判，仍然可以依照该法追究，但是在外国已经受过刑罚处罚的，可以免除或者减轻处罚。这条规定不仅表明我国拥有司法主权，而且又从实际情况及国际合作角度出发避免使被告人员受过重的双重处罚，因而体现了原则性与灵活性的统一，较为合情合理。

### 我国刑法的保护管辖权

《刑法》第 8 条规定：外国人在中华人民共和国领域外对中华人民共和国国家或者公民犯罪，而按本法规定的最低刑为 3 年以上有期徒刑的，可以适用本法，但是按照犯罪地的法律不受处罚的除外。适用这条规定，需要明确我国刑法对外国人在我国领域外对我国国家或者公民犯罪的刑事管辖权存在两条限制：其一，这种犯罪按我国刑法规定的最低刑必须是 3 年以上有期徒刑；其二，按照犯罪地的法律应受刑罚处罚。作出这种规定，对于保护我国国家利益，保护我国驻外工作人员、访问考察人员、留学生、侨民的利益，是完全必要的。

### 我国刑法的普遍管辖权

《刑法》第 9 条规定：对于中华人民共和国缔结或者参加的国际条约所规定的罪行，中华人民共和国在所承担条约义务的范围内行使刑事管辖权的，适用本法。这条规定对国际犯罪确立了普遍管辖权原则。

适用普遍管辖权，应当注意把握我国缔结或加入的国际条约的相关内容，准确了解我国承担的义务。只要我国缔结或加入了某一规定有国际犯罪及其惩处的公约，我国便承担了对该国际犯罪进行刑事管辖的义务。当然，普遍管辖权的行使在实践中会受到一定限制。只有当犯有国际罪行的罪犯处于我国境内，我国刑法才可能对其适用。

## 第二节　刑法的时间效力

### 刑法的生效时间

关于刑法的生效时间，一般存在两种规定方式：一是从公布之日起生效。这种方式通常为单行刑法施行所采用。二是公布之后经过一段时间再施行。这样规定是考虑到人们对新法的学习与掌握需要一段时间的宣传、教育。例如，我国刑法典于 1979 年 7 月 1 日通过，7

月 6 日公布，自 1980 年 1 月 1 日起生效；1997 年 3 月 14 日修订通过的新刑法典，其第 452 条第 1 款专门规定自 1997 年 10 月 1 日起施行。

## 刑法的失效时间

关于刑法的失效时间，通常存在两种规定方式：一是由国家立法机关明确宣布某些法律失效。例如，新刑法典第 452 条第 2 款专门规定，列于附件一的《关于惩治走私罪的补充规定》等 15 部单行刑法，自 1997 年 10 月 1 日起予以废止。二是自然失效，即新法施行后代替了同类内容的旧法，或由于原来特殊的立法条件已经消失，旧法自行废止。例如 1998 年 12 月 29 日全国人大常委会通过的《关于惩治骗购外汇、逃汇和非法买卖外汇犯罪的决定》对新刑法典中相关内容的取代。

## 刑法的溯及力

刑法的溯及力，是指刑法生效后，对其生效以前未经审判或者判决尚未确定的行为是否适用的问题。如果适用，就是有溯及力；如果不适用，就是没有溯及力。对此，现代世界各国刑事立法例有不同的规定，概括而言，大致包括以下几种原则：

1. 从旧原则。即按照行为时的旧法处理，新法对其生效前的行为一律没有溯及力。

2. 从新原则。即对于生效前未经审判或判决尚未确定的行为，新法一律具有溯及力。

3. 从新兼从轻原则。即新法原则上具有溯及力，但旧法（行为时的法）不认为是犯罪或者处刑较轻的，应按旧法处理。

4. 从旧兼从轻原则。即新法原则上不具有溯及力，但新法不认为是犯罪或者处刑较轻的，应按新法处理。

上述关于刑法溯及力的诸原则中，从旧兼从轻原则既符合罪刑法定原则的要求，又适应实际需要，因而为绝大多数的刑事立法所采用。我国刑法关于溯及力问题即采用从旧兼从轻原则。

我国《刑法》第 12 条第 1 款规定：中华人民共和国成立以后本法施行以前的行为，如果当时的法律不认为是犯罪的，适用当时的法律；如果当时的法律认为是犯罪的，依照本法总则第 4 章第 8 节的规定应当追诉的，按照当时的法律追究刑事责任，但是如果本法不认为是犯罪或者处刑较轻的，适用本法。第 12 条第 2 款规定：本法施行以前，依照当时的法律已经作出的生效判决，继续有效。根据这一规定，对于 1949 年 10 月 1 日中华人民共和国成立至 1997 年 10 月 1 日新刑法典生效前这段时间内发生的行为，应按以下不同情况分别处理：

1. 当时的法律不认为是犯罪，而 1997 年刑法典认为是犯罪的，适用当时的法律。对于这种情况，不能因为现行刑法已经规定为犯罪而追究行为人的刑事责任。

2. 当时的法律认为是犯罪，但 1997 年刑法典不认为是犯罪的，如果未经审判或者判决尚未确定，就应当适用 1997 年刑法典。

3. 当时的法律和 1997 年刑法典都认为是犯罪，并按照 1997 年刑法典总则第 4 章第八节的规定应当追诉的，原则上按当时的法律追究刑事责任。但是，如果 1997 年刑法典比当时的法律处刑较轻的，则适用 1997 年刑法典，即 1997 年刑法典具有溯及力。关于如何认定“处刑较轻”的问题，最高人民法院曾做过如下司法解释：《刑法》第 12 条规定的处刑较轻，是指刑法对某种犯罪规定的刑罚即法定刑比修订前的刑法轻。法定刑较轻是指法定最高刑较轻；如果法定最高刑相同，则指法定最低刑较轻。如果刑法规定的某一犯罪只有一个法定刑幅度，法定最高刑或者最低刑是指该法定刑幅度的最高刑或者最低刑；如果刑法规定的某一犯罪有两个以上的法定刑幅度，法定最高刑或者最低刑是指具体犯罪行为应当适用的法定刑幅度的最高刑或者最低刑。①

4. 如果依照当时的法律已经对行为做出了生效判决，该判决继续有效。即使按 1997 年刑法典的规定，其行为不构成犯罪或处刑较当时的法律为轻，亦应如此。这主要是考虑到维护人民法院生效判决的严肃性和稳定性的缘故。

5. 罪数问题。

（1）继续犯。对于开始于 1997 年 9 月 30 日以前，继续到 1997 年 10 月 1 日以后终了的继续犯罪，应当适用修订后的刑法，一并进行追诉。

（2）连续犯。对于开始于 1997 年 9 月 30 日以前，连续到 1997 年 10 月 1 日以后的连续犯罪，如果其中的罪名、构成要件、情节以及法定刑均没有变化的，应当适用修订后的刑法，一并进行追诉。如果罪名、构成要件、情节以及法定刑已经变化了，也应当适用修订后的刑法，一并进行追诉，但是修订刑法比原刑法所规定的构成要件和情节较为严格，或者法定刑较重的，应当酌情从轻处理。

（3）同种数罪。对于在 1997 年 10 月 1 日前后分别实施同种类的数罪的，其处理方法参照连续犯。

6. 刑罚适用中的基本问题。

（1）法定刑以下判刑问题。犯罪分子于 1997 年 9 月 30 日以前犯罪，不具有法定减轻处罚情节，但是根据案件的具体情况需要在法定刑以下判处刑罚的，适用 1979 年《刑法》第 59 条第 2 款的规定，换言之，经过人民法院审判委员会的决定，就可以在法定刑以下判处刑罚，不必经过最高人民法院的核准。

（2）累犯问题。前罪判处的刑罚已经执行完毕或者赦免，在 1997 年 9 月 30 日以前又犯应当判处有期徒刑以上刑罚之罪，是否构成累犯，适用 1979 年《刑法》第 61 条的规定。1997 年 10 月 1 日以后又犯应当判处有期徒刑以上刑罚之罪，是否构成累犯，适用 1997 年《刑法》第 65 条的规定。

（3）自首问题。1997 年 9 月 30 日以前被采取强制措施的犯罪嫌疑人、被告人或者 1997 年 9 月 30 日以前犯罪，1997 年 10 月 1 日以后仍在服刑的罪犯，如实供述司法机关还未掌握的本人其他罪行的，适用 1997 年《刑法》第 67 条第 2 款的规定。

（4）立功问题。1997 年 9 月 30 日以前犯罪的犯罪分子，有揭发他人犯罪行为，或者提供重要线索，从而得以侦破其他案件等立功表现的，适用 1997 年《刑法》第 68 条的规定。

（5）缓刑问题。1997 年 9 月 30 日以前犯罪被宣告缓刑的犯罪分子，在 1997 年 10 月 1 日以后的缓刑考验期间又犯新罪、被发现漏罪或者违反法律、行政法规或者国务院公安部门有关缓刑的监督管理规定，情节严重的，适用 1997 年《刑法》第 77 条的规定，撤销缓刑。

（6）假释问题。1997 年 9 月 30 日以前犯罪，1997 年 10 月 1 日以后仍在服刑的犯罪分子，因特殊情况，需要不受执行刑期限制假释的，适用 1997 年《刑法》第 81 条第 1 款的规定，报经最高人民法院核准。

1997 年 9 月 30 日以前犯罪，1997 年 10 月 1 日以后仍在服刑的累犯以及因杀人、爆炸、抢劫、强奸、绑架等暴力性犯罪被判处 10 年以上有期徒刑、无期徒刑的犯罪分子，适用 1979 年《刑法》第 73 条的规定，可以假释。

---

① 最高人民法院《关于适用刑法第十二条几个问题的解释》，载《中华人民共和国最高人民法院公报》，1998（1）。

1997 年 9 月 30 日以前被假释的犯罪分子，在 1997 年 10 月 1 日以后的假释考验期内，又犯新罪、被发现漏罪或者违反法律、行政法规或者国务院公安部门有关假释的监督管理规定的，适用 1997 年《刑法》第 86 条的规定，撤销假释。

（7）追诉时效问题。对于行为人 1997 年 9 月 30 日以前实施的犯罪行为，在人民检察院、公安机关、国家安全机关立案侦查或者在人民法院受理案件以后，行为人逃避侦查或者审判，超过追诉期限或者被害人在追诉期限内提出控告，人民法院、人民检察院、公安机关应当立案而不予立案，超过追诉期限的，是否追究行为人的刑事责任，适用 1979 年《刑法》第 77 条的规定。

# 第四章

# 犯罪与犯罪构成

## 第一节　犯罪概念

### 一、犯罪概念的类型

犯罪概念，是犯罪内在特征与外在特征的高度抽象与概括。现代世界各国刑法关于犯罪概念，归纳起来存在以下三种类型。

（一）形式概念

犯罪的形式概念，是指对犯罪仅从法律特征上给予定义，而未涉及犯罪的本质特征。在西方国家刑法理论及刑事立法中，犯罪的形式概念较为普遍。例如，1810年法国刑法典第1条规定："法律以违警罚所处罚之犯罪，称违警罪。法律以惩治刑所处罚之犯罪，称轻罪。法律以身体刑或名誉刑所处罚之犯罪，称重罪。"犯罪的形式概念仅仅从形式上说明犯罪的刑事违法性和应受惩罚性，并未提及犯罪的阶级本质：为什么这种行为被规定为犯罪？为什么这种行为应受刑罚？规定犯罪的法律代表哪个阶级、哪些人的利益？

（二）实质概念

犯罪的实质概念，是指仅揭示犯罪的本质特征而不涉及其法律特征。例如，1922年苏俄刑法典第6条规定："威胁苏维埃制度的基础及工农政权向共产主义制度过渡时期所建立的法律秩序的一切危害社会的作为或不作为，都认为是犯罪。"在西方国家刑事立法中，从未有过犯罪实质概念的规定，但某些刑法学者曾试图提出关于犯罪实质概念的主张。例如，德国刑法学者康德提出："犯罪的本质就在于犯罪人为了实现个人的自由而实施侵害他人自由的行为。因此，犯罪是出于不道德的动机而实施侵害他人自由的行为。因此，犯罪是出于不道德的动机而实施的不道德的行为。"意大利著名刑法学家加罗伐洛认为："犯罪是违反社会的怜悯和诚实二道德情感的行为。"刑事社会学派代表人物、德国著名刑法学家李斯特则认为："犯罪的本质在于对社会共同法益的侵害。"从这些定义看来，一方面，它们并未揭示犯罪的阶级实质，而是把资产阶级的利益说成是全社会的利益；另一方面，这些定义多从道德角度出发界定犯罪，而不与刑法相联系，带有很大的任意性。这样，否定犯罪的法律属性，为司法擅断和非法专横开了方便之门，为资产阶级镇压劳动人民提供了理论根据。

（三）实质与形式相统一的概念

犯罪的实质与形式相统一的概念，是指从犯罪的本质特征和法律特征两个角度对犯罪进行界定。这种概念，至少从方法论上克服了单一角度（实质或形式）界定的片面性，有利于深刻揭示犯罪的本质，完整概括犯罪的特征。当然，能否科学定义犯罪，还取决于立法者代表的阶级属性及立法者的立法水平。

## 我国刑法中的犯罪概念

我国《刑法》第13条规定：一切危害国家主权、领土完整和安全，分裂国家、颠覆人民民主专政的政权和推翻社会主义制度，破坏社会秩序和经济秩序，侵犯国有财产或者劳动群众集体所有的财产，侵犯公民私有的财产，侵犯公民的人身权利、民主权利和其他权利，以及其他危害社会的行为，依照法律应受到刑罚处罚的，都是犯罪，但是情节显著轻微危害不大的，不认为是犯罪。这是我国刑法对犯罪的定义，这一定义是从实质和形式两个角度对我国社会上情况各异的犯罪的科学概括，是我们认定犯罪、划分罪与非罪界限的基本依据。

根据我国《刑法》第13条的规定，犯罪是指违反我国刑法、应受刑罚惩罚的严重危害社会的行为。它具有以下三个基本特征：

（一）严重社会危害性，即犯罪是严重危害社会的行为

社会危害性是犯罪最本质最基本的特征。所谓严重的社会危害性，是指行为对刑法所保护的社会关系造成损害的特性。在社会主义社会，人民当家做主，国家和人民的利益完全一致，因而，犯罪的严重社会危害性实质上是指对国家和人民利益的危害性。如果某种行为根本不可能给社会带来危害，法律便无必要将其规定为犯罪。某种行为虽然具有社会危害性，但情节显著轻微危害不大的，不认为是犯罪。由此可见，只有具备相当程度的社会危害性的行为才可能构成犯罪。

犯罪的严重社会危害性可以通过我国《刑法》第13条所列举的犯罪侵犯客体而表现。概括而言，主要表现在如下10个方面：(1) 对于国家安全的危害；(2) 对于社会公共安全的危害；(3) 对于社会主义市场经济秩序的危害；(4) 对于公民人身权利、民主权利的危害；(5) 对于社会主义制度下各种财产权利的危害；(6) 对于社会管理秩序的危害；(7) 对于国防利益的危害；(8) 对于国家机关行政、司法秩序以及对社会管理秩序的危害；(9) 对于国家公务活动廉洁性的危害；(10) 对于军事利益的危害。上述10个方面概括反映了我国刑法中犯罪的社会危害性的基本内容。危害其中任何一个方面，都是对我国社会主义社会关系的侵犯，都是不同程度地妨碍我国社会顺利向前发展。

决定犯罪的社会危害性大小的因素，主要包括：其一，行为侵犯的客体，即行为侵犯了什么样的社会关系。例如，放火罪、投放危险物质罪等犯罪侵犯的是公共安全，即不特定多数人的生命、健康和重大公私财产的安全，其社会危害性较盗窃罪、抢夺罪等侵犯财产罪要大。危害国家安全罪侵犯的是以人民民主专政政权和社会主义制度为核心的国家安全，因此危害国家安全罪比其他犯罪社会危害性要大。杀人罪危害人的生命，伤害罪危害人的健康，前者社会危害性明显较后者严重。其二，行为的手段、后果以及时间、地点。犯罪的手段是否残酷，是否具有暴力性，在很大程度上决定着犯罪的社会危害性。犯罪造成的后果状况以及犯罪所处时间、地点，也同样能影响到犯罪的社会危害性大小。其三，行为人的情况及主观因素。例如，是否未成年人，罪过形式为何，犯罪动机、目的的卑劣程度，等等。这些情况，在社会心理上的影响是不同的，因而对社会危害性大小的制约作用亦不可忽视。

那么，司法实践中如何考察社会危害性呢？我们认为，应当注意以下几个问题：其一，运用历史、发展的观点。社会危害性是一个历史范畴，随着社会经济条件的变化，某一行为是否具有社会危害性的评判结果亦会发生变化。过去具有社会危害性的行为现在已不具有社会危害性，甚至还可能对国家和人民的利益有利，反之亦然。例如，我国1979年《刑法》

规定了投机倒把罪，但随着我国由计划经济向社会主义市场经济的转变，所谓“投机倒把”行为不仅已经不具有社会危害性，而且从某种意义上讲，是市场经济的必然要求。其二，运用全面的观点。考察对象切忌片面化。社会危害性由多种因素决定。社会危害性大小的衡量，需全面综合各种主客观情况。不仅要看到有形的、物质性的危害结果，还要看到非物质性的危害结果，如对社会政治、人们社会心理带来的影响等。其三，透过现象抓住本质。本质决定现象，现象反映本质。认识事物是一个由现象到本质的过程，仅局限于现象的认识不能揭示事物的本来面貌。例如，考察杀人案件的社会危害性，便需注意是故意杀人还是过失杀人，抑或是正当防卫杀人，准确判明其社会危害性有无及大小。

（二）刑事违法性，即犯罪是触犯刑法的行为

违法行为有多种，包括民事违法行为、经济违法行为、行政违法行为、刑事违法行为。犯罪是一种违法行为，但不是一般意义上的违法行为，而是刑事违法行为即触犯刑法的行为。违法并不都是犯罪，只有违反刑法的才构成犯罪。例如，盗窃、敲诈和勒索少量财物，属于违反治安管理处罚条件的行为；只有盗窃、敲诈勒索较大数额公私财物的，才构成刑法规定的盗窃罪、敲诈勒索罪。

（三）应受刑罚惩罚性，即犯罪是应受刑罚处罚的行为

任何人违反法律，都应承担相应的法律后果。民事违法行为要承担民事法律责任，如赔偿损失、返还财产、赔礼道歉、支付违约金等。行政违法行为要受行政处罚或行政处分，如罚款、行政拘留、警告、记过、开除公职等。对犯罪行为而言，则应承担刑罚处罚的法律后果。犯罪是刑罚的前提，刑罚是犯罪的法律后果。因此，应受刑罚处罚性也是犯罪的一个基本特征。这个特征表明，如果某一行为不应当受刑罚处罚，就意味着它不是犯罪。

不应受刑罚并不等同于不需要刑罚。不应受刑罚，是指行为人的行为根本不构成犯罪，自然不存在应受刑罚的问题；而不需要刑罚，是指行为已经构成犯罪，但考虑行为人的主体情况、犯罪情节等诸多因素，从而免予刑事处罚。免予刑事处罚说明行为还是犯罪，只是不给予刑罚处罚，它与不应受刑罚不能等同。

犯罪的以上三个基本特征是相互联系、紧密结合的。严重的社会危害性是刑事违法性和应受刑罚惩罚性的基础，它是犯罪的最基本属性。刑事违法性是社会危害性在刑法上的表现，它与应受刑罚惩罚性一起构成社会危害性的度量。行为的社会危害性未达到违反刑法、应受刑罚惩罚的程度，则不构成犯罪。因此，这三个基本特征都是任何犯罪所不可或缺的，是区分罪与非罪的根本标准。

## 第二节　犯罪构成

### ■ 犯罪构成的概念和特征

犯罪构成与犯罪概念是两个既有联系又有区别的范畴，犯罪构成与犯罪概念的联系在于：犯罪概念是犯罪构成的基础，犯罪构成是犯罪概念的具体化。首先，作为犯罪基本特征的行为的社会危害性与刑事违法性，也是犯罪构成的基本特征。其次，犯罪构成又是犯罪概念及其基本特征的具体化，它通过一系列主客观要件具体而明确地体现犯罪的社会危害性，同时使犯罪概念的法律特征得以具体化，反映出犯罪行为的刑事违法性和应受刑罚惩罚性。犯罪构成与犯罪概念的最主要区别在于它们的功能相异：犯罪概念的功能是从整体上回答什么是犯罪，犯罪有哪些基本特征，揭示犯罪行为的社会、政治本质，从而使我们从原则上区

分罪与非罪的；而犯罪构成的功能是解决构成犯罪的具体规格和标准问题，进一步明确回答犯罪是怎样成立的，构成犯罪需要具备哪些要件。

犯罪构成是依照我国刑法的规定，决定某一具体行为的社会危害性及其程度而为该行为构成犯罪所必需的一切主观要件和客观要件的有机统一。犯罪构成具有以下三个特征：

第一，犯罪构成是一系列主客观要件的有机统一。

任何一个犯罪构成都包括许多要件，有的属于犯罪客观方面，有的属于犯罪主观方面，它们有机统一形成某种罪的犯罪构成。例如，依照我国《刑法》第303条（已根据《刑法修正案（六）》修订）的规定，赌博罪的构成要件是：（1）犯罪客体是社会风尚和社会管理秩序；（2）客观上必须实施聚众赌博或以赌博为业的行为；（3）犯罪主体为一般主体，即达到刑事责任年龄、具备刑事责任能力的自然人；（4）主观上出于直接故意，且具有营利的目的。我国《刑法》规定有400余种具体个罪，每一具体个罪都有其独特的犯罪构成，每一具体个罪的犯罪构成，都是一系列主客观要件的有机统一。

第二，犯罪构成要件，是指从同类案件形形色色的事实中经过抽象、概括出来的带有共性的，对于犯罪性质和危害性具有决定意义的事实。

任何一种犯罪，都可以用很多事实特征来说明，但并非每一个事实特征都是犯罪构成的要件。只有对行为的社会危害性及其程度具有决定意义而为该行为成立犯罪所必需的那些事实特征才是犯罪构成的要件。因此，必须将构成要件的事实同其他事实相区别。例如抢劫罪，在具体案件中存在各种事实，但构成要件的事实仅包括：（1）客体是他人的人身权利与财产权利；（2）客观上实施了以暴力、威胁或其他使受害人失去反抗力的手段强行夺取他人财物的行为；（3）犯罪主体为一般主体，即年满14周岁且具备刑事责任能力的自然人；（4）主观上具有抢劫的故意，且以非法占有他人财物为目的。至于其他事实，如抢劫的时间、地点等，均不属于抢劫罪的构成要件，并不影响抢劫罪的成立。

第三，犯罪构成要件具有法定性。

犯罪构成要件的法定性是指行为成立犯罪所需的构成要件，必须由我国刑法加以规定或包含。只有经过法律选择的案件事实特征才能成为犯罪构成要件。在立法者看来，某一行为成立犯罪的前提是构成要件缺一不可。犯罪构成要件的法定性与行为的刑事违法性是完全一致的。只有具备某一犯罪的全部构成要件，则行为才具有刑事违法性。需要指出的是，刑法对犯罪构成的规定，由《刑法》总则和《刑法》分则共同实现。因此，认定具体犯罪时，应以《刑法》总则规定为指导，根据《刑法》分则对案件事实逐一认定，以便得出正确的结论。

## 研究犯罪构成的意义

我国刑法中的犯罪构成，对于准确、合法、及时地惩罚犯罪，切实有效地保障公民的人身、民主及财产权利，保证无辜者不受非法追究，具有重要意义。具体而言，表现在如下两个方面：

（一）有助于区分罪与非罪、此罪与彼罪

犯罪构成为罪与非罪的区分，提供了明确而具体的法律标准。这些标准是由《刑法》总则和《刑法》分则共同加以规定的。司法实践中，只要根据刑法有关规定查明犯罪构成要件，就可以正确地将罪与非罪的界限加以区分。

犯罪构成不仅为罪与非罪的区分提供了法律依据，而且还为划分此罪与彼罪的界限提供了法律标准。因为一切犯罪虽然都必须具备共同的犯罪构成要件，但不同的犯罪存在相异的犯罪构成。因此，只要掌握了每个犯罪的犯罪构成要件，就可以正确区分此罪与彼罪。

（二）有助于正确量刑

犯罪构成的意义不仅仅在于为正确定罪提供法律标准，它对量刑的意义亦不可忽视。定罪是量刑的前提和基础，只有定性准确，才能量刑适当。尤其在加重构成与减轻构成的情况下，正确适用犯罪构成更具有直接意义。

## ■ 犯罪构成的共同要件

我国《刑法》分则共规定400余种犯罪，它们的具体犯罪构成都不一样，但亦不无共性。归纳各种犯罪的构成，每种犯罪都具有四个共同的构成要件：犯罪客体、犯罪客观方面、犯罪主体、犯罪主观方面。

犯罪客体是指我国刑法所保护而为犯罪所侵犯的社会主义社会关系。犯罪客观方面是指犯罪活动的客观外在表现，包括危害行为、危害结果以及危害行为与危害结果之间的因果关系等。犯罪主体是指实施危害社会的行为并且承担刑事责任的自然人或单位，有的犯罪构成还要求特殊主体，即具备特定职务或身份的自然人或性质有所限定的单位。犯罪主观方面是指犯罪主体对其实施的行为及其结果所持的心理态度，某些犯罪的犯罪构成还要求有特定的犯罪目的。

需要指出的是，上述依犯罪客体、犯罪客观方面、犯罪主体、犯罪主观方面的排序方式为传统犯罪构成理论所采用。有学者对该排序方式提出质疑，认为应当按照犯罪主体、犯罪主观方面、犯罪客观方面、犯罪客体的逻辑顺序进行排列。其基本理由是：犯罪主体是其他犯罪构成的共同要件的逻辑前提；犯罪主观方面是犯罪主体的一定罪过内容；犯罪行为是犯罪主体罪过心理的外化；犯罪行为必然侵犯一定的客体。因而形成一个犯罪实施的动态过程：符合犯罪主体条件的行为人，在其犯罪心理态度的支配下，实施一定的犯罪行为，侵犯了一定的客体，即一定的社会关系。① 我们认为，上述质疑具有一定逻辑根据，但并不符合人们认定犯罪的思维规律。犯罪构成要件要解决的是行为是否构成犯罪的问题，因而以认定犯罪的顺序来安排犯罪构成要件的顺序更为合理。作为认定犯罪的一般过程，首先进入人们认识视野的是犯罪客体，其次才是犯罪行为，再次便需要查明实施侵害的行为人是否符合犯罪主体要件，最后还必须确定行为人是否具有罪过心理。从上述认定犯罪的一般过程可以看出，依“犯罪客体—犯罪客观方面—犯罪主体—犯罪主观方面”的逻辑顺序符合人们认定犯罪的规律。

---

① 参见高铭暄主编：《刑法学原理》，第1卷，499～501页，北京，中国人民大学出版社，1993。

# 第五章

# 犯罪客体

## 第一节　犯罪客体概述

### ■ 犯罪客体的概念

犯罪客体是我国刑法所保护的、为犯罪行为所侵害的社会关系。犯罪客体是构成犯罪的必备要件之一。如果某一行为并未危害刑法所保护的社会关系，就不可能构成犯罪。

社会关系是人们在共同生产、生活中形成的人与人之间的相互关系，包括物质关系和思想关系。按《辞海》的解释，社会关系是人们在社会活动和交往过程中所形成的相互关系的总称。物质资料的生产是人类社会存在和发展的基础。人们在社会生产中所发生的相互关系即生产关系，是不以人们本身意志为转移的物质关系，是社会关系的基础。在此基础上，发生政治、法律、道德、艺术、宗教等各种关系。换言之，物质关系即生产关系，是社会的经济基础，政治、法律、道德、艺术、宗教等各种非物质关系（思想关系），是由生产关系决定的社会上层建筑。物质关系与思想关系构成社会关系的整体。社会关系决定了社会的政治、经济、思想、文化的基本形态和人们之间的基本关系。犯罪行为通过危害社会的基本形态和人们之间的基本关系，从而使该社会的社会关系受到危害。

社会关系涉及社会生活的方方面面、各个领域。为犯罪所侵害的、受我国刑法保护的社会关系仅仅是其中最重要的一部分。概括而言，这部分社会关系包括国家安全，公共安全，社会主义经济基础，公民的人身权利、民主权利和其他权利，社会主义社会管理秩序，国防利益，军事利益等；而其他一些社会关系如上下级关系、同志关系、朋友关系以及一般的民事、经济、行政关系则由其他法律、道德和其他社会规范调整。

### ■ 研究犯罪客体的意义

（一）有助于认识犯罪的本质特征

深入研究犯罪客体，可以揭示犯罪的危害本质，增强人们的社会责任感，自觉同犯罪行为作斗争，维护社会的稳定和安全。

（二）有助于准确定罪，分清此罪与彼罪的界限

侵犯客体的不同，决定了犯罪性质的不同，从而使此罪与彼罪得以区分。我国《刑法》分则将犯罪分为十大类，其依据即为犯罪侵犯客体的不同。司法实践中区分相近易混罪名，也往往借助犯罪客体确定此罪与彼罪的界限。

（三）有助于正确量刑

犯罪性质相同，但社会危害程度不可能完全一样。根据罪责刑相适应原则，犯罪的社会危害性和犯罪人的人身危险性大小不同，则行为人应承担的刑事责任大小和应受刑罚的轻重亦有异。分析、评估具体犯罪社会危害程度的一个重要方面，就是研究、考察具体社会关系的受危害情况。

## 第二节　犯罪客体的种类

按照犯罪行为侵害的社会关系的范围，刑法理论将犯罪客体划分为三类或三个层次：一般客体、同类客体、直接客体。

对犯罪客体进行分类具有重要意义。首先，通过分类可以进一步揭示各类犯罪客体的属性，正确认识犯罪客体在刑事司法中的作用，以解决司法实践中各种定罪量刑的难题；其次，通过分类可以揭示犯罪的共性与个性特征，从更深的层面上认识犯罪，总结规律，制定正确的刑事政策。

### ■ 犯罪的一般客体

犯罪的一般客体，是指我国刑法所保护的社会主义社会关系的整体。我国《刑法》第 2 条、第 13 条概括了犯罪一般客体的主要内容。犯罪的一般客体反映了一切犯罪客体的共性，它是刑法所保护客体的最高层次。因此，研究其他层次的犯罪客体应首先研究犯罪的一般客体。研究犯罪的一般客体，就是对刑法保护的所有生产关系作整体性研究，揭示一切犯罪的共同属性，认识犯罪的社会危害性，了解我国同犯罪作斗争的社会政治意义。

### ■ 犯罪的同类客体

犯罪的同类客体，是指某一类犯罪行为所共同侵害的我国刑法所保护的社会关系的某一部分或某一方面。划分犯罪的同类客体，是根据犯罪行为侵害的刑法所保护的社会关系的不同进行的科学分类。作为同一种类客体的社会关系，往往具有相同或相近的性质。例如生命权、健康权、妇女的人身权利以及人身权、名誉权等都属于人身权利的范畴，只要这些权利受到犯罪危害，人身权利就成了这些犯罪的同类客体。只有依据同类客体，才能对犯罪作科学的分类，建立严密、科学的刑法分则体系。我国《刑法》分则正是根据同类客体的原理，将犯罪分为十大类。值得注意的是，我国《刑法》分则“破坏社会主义市场经济秩序罪”和“妨害社会管理秩序罪”下分别设有八节、九节犯罪。因此，这两类犯罪的每一节犯罪，在同类客体之外还有一个“次层次”的同类客体。例如《刑法》分则第六章第四节“妨害文物管理罪”，其大同类客体为社会管理秩序，次层次的同类客体为文物管理秩序。

### ■ 犯罪的直接客体

犯罪的直接客体，是指某一犯罪行为所直接侵害的我国刑法所保护的社会关系，即我国刑法所保护的某种具体的社会关系。例如，故意伤害罪直接侵害的是他人的健康权利，强奸罪侵害的是妇女的性自由权利，因而，受故意伤害罪、强奸罪直接侵害的社会关系即这两种犯罪所侵害的直接客体。犯罪的直接客体揭示了具体犯罪所侵害社会关系的性质以及该犯罪的社会危害性的程度。犯罪的直接客体是研究犯罪客体的重点，也是司法实践中凭借客体借以区分罪与非罪、此罪与彼罪的界限的关键。为研究和应用方便，理论上可以对犯罪的直接客体作进一步分类。

（一）简单客体和复杂客体

根据具体犯罪行为危害具体社会关系数量的多少，可以划分为简单客体和复杂客体。简单客体，又称单一客体，是指某一种犯罪只直接侵害一种具体社会关系。例如，盗窃罪只危害公私财物所有权，伤害罪只侵害他人健康权。复杂客体，是指犯罪行为所直接侵害的客体包括两种以上的具体社会关系。例如抢劫罪，既直接侵害公私财产权，又直接侵害他人人身权。

（二）主要客体、次要客体和随机客体

在复杂客体中，各客体有主有次，不能等量齐观。根据直接客体在犯罪中受危害的程度、机遇以及受刑法保护的状况，可对复杂客体进行再分类，包括主要客体、次要客体和随机客体三种。

主要客体，是指某一具体犯罪所侵害的复杂客体中程度较严重的、刑法予以重点保护的社会关系。主要客体决定该具体犯罪的性质，从而也决定该犯罪在刑法分则中的归属。例如，抢劫罪的主要客体是公私财产所有权，因而应归入侵犯财产罪一章。在司法实践中，认定侵害多种客体的犯罪时，应从犯罪的主要客体入手。一旦确定了犯罪的主要客体，犯罪性质也就明确了。

次要客体，是指某一具体犯罪所侵害的复杂客体中程度较轻的、刑法予以一般保护的社会关系，也称辅助客体。次要客体虽不决定犯罪的性质，但也对某些犯罪的性质和主要特征产生重要影响。次要客体往往是确定此罪与彼罪的界限。因为要在同类犯罪中区分此罪与彼罪，次要客体往往起决定性的作用。例如，抢劫罪与抢夺罪的区别在于：抢劫罪既侵害他人财产权利，又侵犯他人人身权利；而抢夺罪只侵害他人财产权利，不侵害他人人身权利。

随机客体，是指在某一具体犯罪侵害的复杂客体中可能由于某种机遇而出现的客体，也称随意客体或选择客体。一般情况下，随机客体往往是加重刑事处罚的原因和依据。例如非法拘禁罪，侵害的主要客体是他人的人身自由权利，如果非法拘禁致他人重伤、死亡时，就危害到他人的健康权利、生命权利。随机客体也属于复杂客体的一种，但与主要客体、次要客体不同的是，主要客体、次要客体是某些犯罪的必备要件，而随机客体仅仅是选择要件，可能出现也可能不出现。一旦出现，它只影响量刑，不影响定罪。

（三）物质性犯罪客体和非物质性犯罪客体

以具体犯罪侵害的社会关系是否为物质性的为标准，可将直接客体分为物质性犯罪客体和非物质性犯罪客体。对物质性犯罪客体侵害的标志是产生物质性的损害或威胁，可能成为物质性犯罪客体的社会关系如经济关系、财产关系以及人的生命、健康权利等；对非物质性犯罪客体侵害的标志是不具有直接的物质损害的形式，可能成为非物质性犯罪客体的社会关系如政治制度、社会秩序、人格、名誉等。

## 第三节　犯罪对象

### ■ 犯罪对象的概念

犯罪对象是指刑法分则条文规定的犯罪行为所作用的客观存在的具体人或者具体物。每一种具体的犯罪行为，都直接或间接地作用于一定的具体人或具体物，从而使刑法所保护的社会关系受到损害，进而阻碍、影响社会的正常运行，对社会造成危害。人们对行为是否构成犯罪的过程，往往开始于对犯罪对象的感知，进而认识到犯罪对象所代表的、受刑法保护的社会关系受危害的情况，确定该行为是否构成犯罪和构成犯罪的性质。

犯罪对象的基本含义如下。

（一）犯罪对象是具体的人或物

传统刑法理论认为犯罪对象是具体的人或物。理论界有人提出质疑，部分论者认为，犯罪对象是一定的人及其行为，一定的物及其位置、状态；部分论者认为除人、物之外，犯罪对象还包括信息等。我们认为，认定犯罪对象应以刑法条文规定为依据，以利于司法实践中认定犯罪为宗旨。因此，传统观点较为妥当可行。例如《刑法》第 232 条规定的故意杀人罪，犯罪对象即人；第 264 条规定的盗窃罪，犯罪对象即公私财物。这样认定简单明了，没有必要解释为“财物的位置”、“信息”等，把简单问题复杂化。

（二）犯罪对象是犯罪行为直接作用的人或物

作为犯罪对象的具体的人或物，具有客观实在性，但在人或物未受犯罪行为侵害时，仅是可能的犯罪对象。只有犯罪行为直接作用于某人或某物时，具体的人或物才成为现实的犯罪对象。因此，犯罪对象只能是犯罪行为直接作用的人或物，否则便不是犯罪对象。据此可以将犯罪对象与犯罪所得之物、犯罪所用之物区分开来。犯罪所得之物，指犯罪人通过犯罪所获得的财产或物品，犯罪所用之物指犯罪人进行犯罪活动所使用的工具或物品，这些都不能认定为犯罪对象。

（三）犯罪对象是刑法规定的人或物

刑法分则条文大多数并不明确规定犯罪客体，而往往通过规定犯罪对象的方式来表明犯罪客体的存在。因此刑法条文或者规定作为犯罪对象的人，或者规定作为犯罪对象的物，用以表明犯罪客体。前者例如故意杀人罪、强奸罪等，后者例如盗窃罪、抢夺罪等。

犯罪对象可以从不同角度作不同的分类。从物质表现形式上看，犯罪对象包括物体和人体两种。物体指货币、物品等一切具有价值、归属关系的东西，按其归属关系又可分为国家所有物、集体所有物、混合所有物、个人所有物；按其作用又可分为生产资料、生活资料；按其存在形态又可分为动产、不动产。人体指人的身体，受犯罪行为作用主要表现在人的生命、健康、名誉受到损害或胁迫。从犯罪对象有无特殊限制来看，存在普遍犯罪对象与特定犯罪对象之分，前者是泛指人或物而不加任何限制，如“故意伤害罪”里的“人”；后者则指某种人或物，明确限制其范围，如盗窃、抢夺枪支、弹药、爆炸物罪，犯罪对象只能是枪支、弹药、爆炸物。

## ■ 犯罪对象与犯罪客体的联系与区别

犯罪对象与犯罪客体是两个既有联系又有区别的概念。

犯罪客体与犯罪对象的联系在于：作为犯罪对象的具体人是具体社会关系的主体或承担者，作为犯罪对象的具体物是具体社会关系的物质表现。犯罪行为作用于犯罪对象就是通过犯罪对象即具体的物或人来侵害一定的社会关系。但犯罪对象与犯罪客体存在明显区别：

1. 犯罪客体决定犯罪性质，犯罪对象则未必。仅从犯罪对象分析某一案件，并不能辨明犯罪性质。只有通过犯罪对象体现的社会关系即犯罪客体，才能确定某种行为性质。例如，同样是盗窃汽车零部件，甲盗窃的是修配厂里处于修理状态的汽车零部件，乙盗窃的是正在使用中的汽车零部件，甲可能构成盗窃罪，而乙可能构成破坏交通工具罪。二者的区别就在于犯罪对象体现的社会关系不同：一个是侵害公私财产所有权，另一个是侵害公共安全。

2. 犯罪客体是任何犯罪的必要构成要件，而犯罪对象则仅仅是某些犯罪的必要构成要件。例如《刑法》第328条第1款的盗掘古文化遗址、古墓葬罪，其犯罪对象只能是古文化遗址、古墓葬，否则便不可能构成此罪。而像妨害传染病防治罪，脱逃罪，偷越国境罪，非法集会、游行、示威罪等，则很难说有什么犯罪对象，但无疑这些犯罪都具有犯罪客体。

3. 任何犯罪都会使犯罪客体受到危害，而犯罪对象则不一定受到损害。例如，诈骗犯将他人的计算机骗走，侵犯了主人的财产权利，但作为犯罪对象的计算机本身则未必受到损害。一般情况下，犯罪分子往往把诈骗所得之物好好保存，以便自用或销赃。

4. 犯罪客体是犯罪分类的基础，犯罪对象则不是。犯罪客体是犯罪的必要构成要件，其性质和范围是确定的，因而它可以成为犯罪分类的基础。我国《刑法》分则规定的10类犯罪，主要是以犯罪同类客体为标准划分的。如果按犯罪对象则无法分类。犯罪对象并非犯罪的必要构成要件，它在不同的犯罪中可以是相同的，在同一犯罪中也可以是不同的。正因为犯罪对象在某些犯罪中具有不确定性，加之少数犯罪甚至没有犯罪对象，所以它不能成为犯罪分类的基础。

# 第六章

# 犯罪客观方面

## 第一节　犯罪客观方面概述

### ■ 犯罪客观方面的概念与特征

犯罪客观方面，又称犯罪客观要件、犯罪客观因素，是指刑法规定的构成犯罪的客观外在表现。人的犯罪活动可以分为主观和客观两个方面：一是主观方面有意识、有意志的思维活动，亦可称为形成犯罪的活动；二是将主观犯罪心理活动外化，即将形成的犯罪付诸实施，这就要求表现为某种特定的犯罪行为。前者属于犯罪的主观方面，后者属于犯罪的客观方面。二者紧密联系，为任何犯罪构成所不可或缺。归纳起来，犯罪客观方面具有如下特征。

（一）客观性

所谓犯罪客观方面的客观性，指犯罪活动是人的犯罪活动的外在表现形式，能被人们所直接感知。行为人的主观罪过，只有通过外化为犯罪行为时，才能认定为犯罪。我国刑法禁止“主观归罪”、禁止惩罚思想犯。只有在主观罪过通过外化成为不以人们意志而存在的客观范畴时，才能对其定罪量刑。

（二）具体性

我国刑法规定的犯罪客观方面要件，是具体的而不是抽象的。客观方面的要件具体表现为危害行为、危害结果、危害行为与危害结果之间的因果关系，以及犯罪的特定时间、地点、方法、手段等。以是否为构成犯罪必备为标准，这些要件可分为必备要件和选择要件。必备要件指一切犯罪构成在客观方面都必须具备的要件，即危害行为；选择要件指并非每一犯罪在客观方面都必备的要件，而只是某些犯罪的必备要件，例如犯罪的特定时间、地点、方法等。

（三）多样性

所谓犯罪客观方面的多样性，指犯罪客观方面的内容及其包含的要件复杂、多样。任何一种犯罪都有其独特的犯罪构成，尤其表现在犯罪客观方面即犯罪外在表现形式上。犯罪客观方面既可能是危害行为的方式、危害结果的表现形式，也可能是危害行为与危害结果的因果关系形式，甚至还可能是犯罪发生的时间、地点等。我国《刑法》分则规定的种种具体犯罪，在犯罪客观方面各有其特殊性，没有任何两种罪的外在表现形式完全一样。有时犯罪行为的方式及危害结果相同，但其客观方面仍有不同，如故意杀人罪还未发生他人死亡的结果的情况下自然可以构成故意杀人罪（未遂），而过失致人死亡罪则要求必须发生他人死亡的结果。换言之，有时从客观方面单个要件孤立地看相同的犯罪，因其对危害行为与危害结果之间因果关系形式的要求不同，它们在犯罪客观方面仍有所不同。

（四）法定性

所谓犯罪客观方面的法定性，指构成犯罪的各种客观要件必须是刑法条文明确规定的。犯罪通过各种各样的客观外在的事实予以表现，但并非犯罪表现出来的任何客观、外在的事实，都是构成犯罪的客观方面。只有那些刑法条文明确规定的、能够充分表现犯罪行为的社会危害性质及程度的客观事实，才是构成犯罪必须具备的客观方面。在《刑法》分则条文中，犯罪客观方面作为罪状的主要内容表现出来。犯罪客观方面的法定性，是罪刑法定原则在犯罪构成中的重要体现。

## ■ 研究犯罪客观方面的意义

在犯罪构成的诸要件中，犯罪客观方面处于核心地位，它既是直接犯罪主体与犯罪客体的纽带，也是认定犯罪主观方面的唯一客观依据。因此，研究犯罪客观方面，对定罪量刑具有极其重要的意义。

（一）区分罪与非罪的重要依据

如果不具备犯罪构成的客观方面，尤其是不具备危害行为这一最基本的要件，就失去了构成犯罪和承担刑事责任的客观基础。例如，故意杀人罪必须具有非法剥夺他人生命的行为（包括预备行为和实行行为）；非法捕捞水产品罪必须具备在禁渔区、禁渔期或使用禁用的工具、方法捕捞水产品的行为。

（二）区分此罪与彼罪的客观标准

我国刑法中此罪与彼罪的区分，有的主要以犯罪客体或者犯罪主体、犯罪主观方面不同为标准，有的则主要以犯罪客观方面不同为标准。许多犯罪在客观要件和主观要件上是相同的，在主观方面也是相同或基本相同的，因此，区分它们应主要基于犯罪客观方面的不同。例如，我国《刑法》分则第二章规定的放火罪、决水罪、投放危险物质罪、爆炸罪、以危险方法危害公共安全罪以及第五章规定的盗窃罪、诈骗罪、抢夺罪的区分，即是如此。

（三）正确分析和认定犯罪主观方面的客观基础

考察犯罪的客观要件，可以为正确地判定犯罪主观要件中的罪过、动机、目的等内容，提供可靠的客观基础。犯罪主观罪过具有内在性、隐蔽性，犯罪客观方面则具有外在性、直观性。犯罪主观方面支配犯罪客观方面，犯罪客观方面是犯罪主观方面的外化，犯罪意图只有通过犯罪行为才能实现。因此，通过对行为人客观外在活动的考察，可以确定行为人的主观意图。尤其在案发后，犯罪人为逃避或减轻罪责不愿真实供述自己的犯罪意图时，更应全面深入地考察犯罪客观方面以认定行为人的犯罪意图。

（四）影响正确量刑的重要因素

就不同的犯罪而言，其法定刑轻重不同的重要依据之一，是由于犯罪客观方面不同进而影响到它们的社会危害程度不同，如抢劫罪与抢夺罪，故意杀人罪与故意伤害罪，强奸罪与强制猥亵、侮辱妇女罪等即是如此。就同一种犯罪而言，从立法上看，刑法往往把是否具备某种危害结果作为加重处罚的根据。例如，故意伤害致人死亡的，刑法规定了较一般伤害结果更重的刑罚。从司法实践看，同一种犯罪可能因实施的方式、手段以及时间、地点、条件的不同而量刑有所不同。

## 第二节 危害行为

马克思曾经指出，“我”只是由于表现自己，只是由于踏入现实的领域，才进入受立法者支配的范围。对于法律来说，除了“我”的行为以外，“我”是根本不存在的，“我”根本不是法律的对象。马克思之所以强调行为在法律上的重要性，是因为法律从其性质和功能上讲，就是调整特定社会关系的行为规范。在刑法中，没有行为则没有犯罪、没有刑罚，已成为现代刑法的普遍原则。我国刑法所惩处的犯罪，首先是人的一种危害社会的行为。特定的危害社会行为，是我国刑法中犯罪客观方面首要的因素，是一切犯罪构成在客观方面的必备要件，在犯罪构成中居于核心地位。研究我国刑法中的危害行为，应当了解危害行为的内涵及基本形式。

### ■ 危害行为的概念和特征

我国刑法中的危害行为，是指犯罪构成客观方面的行为。即由行为人的意识、意志支配的违反刑法规定的危害社会的身体动静。它不同于犯罪行为，更不同于合法行为。

（一）危害行为的特征

危害行为具有如下基本特征。

1. 主体特定性。

危害行为是自然人或单位实施的行为。我国刑法排除动物、植物、物品或自然现象作为犯罪主体的可能性。因此，作为犯罪构成客观方面核心要件的危害行为，只能由自然人或单位实施。

2. 有意性。

从主观上看，刑法中的危害行为是表现人的意识或意志的行为。换言之，我国刑法中危害社会的行为，必须是受人的意识和意志支配的。人的意识、意志与人的身体动静存在因果关系，前者为因，后者为果。只有这种因果关系客观存在时，才能作为危害行为来加以研究。同时，也只有这样的身体外部动静即危害行为，才可能由刑法来调整并达到刑法调整所预期的目的。否则，只存在某种意识或意志，未通过身体动静的外化而呈现出来，或者只存在某种身体动静，而非处于行为人的意志、意识支配或控制之下，都不属于犯罪客观方面的行为。

3. 有害性。

危害行为是对社会有危害的行为。人的行为对社会的影响形形色色，各不相同，从性质上区分包括有害于社会的行为和无害于社会的行为两大类。我国刑法惩罚的行为，不是任何性质的行为，而只是危害社会的行为。因此，行为人的某种行为是否属于犯罪客观方面所研究的行为，关键在于其是否对社会有危害。行为的有害性，一般而言，不仅指客观上的社会危害，还同时包含行为人对这种社会危害的主观认识。

4. 刑事违法性。

危害行为是违反刑法规范的行为。这是危害行为的法律特征。由行为人的意识、意志支配的危害社会的身体动静，只有在违反刑法规范时，才能作为犯罪客观方面的危害行为。所谓违反刑法规范，既包括禁止性规范，如禁止伤害、禁止抢劫等，也包括命令性规范，如应当赡养父母、应当依法纳税等。违反命令性规范的，属于不作为的危害行为；违反禁止性规范的，属于作为的危害行为。因此，只有既具备社会有害性，又具备刑事违法性的行为，才属于刑法中的危害行为。

（二）危害行为的排除

根据危害行为的基本特征，下列行为不属于犯罪客观方面的危害行为。

1. 欠缺有意性的行为。

（1）反射动作。指人在受到外界刺激时，瞬间作出的身体本能反应。例如，正在驾车行驶的汽车司机，突遇强光刺激而闭上双眼，致使发生交通事故。这种情况下，尽管汽车司机有身体动作且造成了危害结果，但由于缺乏意识、意志因素，仍然不属于刑法中的危害行为。

（2）睡梦中或精神错乱状态下的举动。人在睡眠中，生理上出现意识丧失状态。意识丧失程度随睡眠程度深浅而异。但是，睡眠者仍可能具备知觉和运动能力，如说梦话、梦游。梦游，司法精神病学上称为"解离型歇斯底里精神官能症"，为睡眠障碍的一种。梦游者可能在睡眠时起身并实施多种行为，甚至实施严重危害社会的行为。精神病有多种，如外因性精神病（器质性精神病、中毒性精神病、癫痫等）、内因性精神病（精神分裂症、躁郁症等）。处于精神错乱状态下的行为人缺乏意识或意志能力，不能辨认或控制自己的行为。处于睡眠中或精神错乱状态下的举动，并非人的意志或意识的表现，因而即使在客观上对社会造成了一定的损害，也不能认定为刑法中的危害行为。

（3）身体受暴力强制情况下的行为。客观上，行为人对身体受强制状态无法排除；主观上，行为违背行为者主观愿望。因此，这种情况下的行为不能视为刑法意义上的危害行为。例如，某金库保卫人员被抢劫犯捆住手脚，无法保护现金不被劫走；某人被犯罪分子推挤以致压坏贵重财物等。上述情况下，因缺少意识和意志因素，故均不属于危害行为。

但是，如果行为人仅仅是精神上受到强制（如威胁、威吓等）而实施了或不实施某种行为，是否为刑法意义上的危害行为，则需具体情况具体分析。我们认为，符合紧急避险条件的，应按紧急避险处理。例如，犯罪分子以炸毁汽车相威胁，迫使驾驶员改变行驶路线，驾驶员为了众多乘客的人身安全，按照犯罪分子的要求改变行驶路线。这时，驾驶员的行为是紧急避险，属于合法行为。对其他不符合紧急避险条件而达到触犯刑律程度的行为，都应当认为是刑法意义上的危害行为，因为这时行为人的行为是受其意识和意志支配的。例如，甲对乙以揭发隐私相威胁，命令乙随同其一道去劫持银行运钞车，乙因为受到这种精神强制，便帮助甲一同实施抢劫行为。这种情况符合我国《刑法》第 28 条关于共同犯罪的胁从犯的规定，乙应当承担刑事责任，但"应当按照他的犯罪情节减轻处罚或者免除处罚"。

（4）不可抗力引起的行为。即不是出于行为人的意识、意志，而是由于不能抗拒的外力作用而实施的某种行为。这种情况下，行为人的身体动静并不表现人的意志，甚至往往是违背其意志的。因而这种举动即使对社会造成一定的损害，也不能视为刑法意义上的危害行为。消防队员在执行救火任务中，因唯一通道上的桥梁被毁，未能及时赶赴现场灭火，造成严重损失。这里，消防队员未履行救火义务的举动是由不可抗力（桥梁被毁、无法通行）造成的，违背其本欲救火的意愿，因而不能视为刑法意义上的危害行为。对不可抗力引起的行为，我国《刑法》第 16 条明确将其排除在危害行为之外。

2. 欠缺有害性的行为。

我国刑法中规定的正当防卫行为和紧急避险行为，即属这种情况。此外，还有正当业务行为、执行命令行为、自力救济行为、经被害人承诺行为、推定被害人承诺行为等。上述行为，因不具有社会危害性，故不属于犯罪客观方面的危害行为。

3. 欠缺刑事违法性的行为。

行为人的行为虽然具有社会危害性，但由于未达到应受刑罚惩罚的程度，因而不认为是犯罪行为，或者刑法未将其规定为犯罪。例如，我国《刑法》第 13 条规定的"情节显著轻微危害不大的"行为，不满 14 周岁的人实施的对社会有危害的行为，等等。

## ■ 危害行为的基本形式

刑法规定的危害社会犯罪行为，其表现形式多种多样。理论界依不同标准，对危害行为可以有不同的分类。例如，依与危害结果的关系分为广义行为与狭义行为、实行行为与危险行为；依行为人多寡分为单人行为与共同行为；依支配行为的罪过形式分为故意行为与过失行为；依身体动静分为作为与不作为；等等。如果从区分罪与非罪、此罪与彼罪的界限的角度出发，危害行为的基本形式应区分为作为与不作为两种。这是现代刑法理论的通说。

（一）作为

所谓作为，指犯罪人用积极的行为实施的刑法禁止的危害社会行为，即"不当为而为之"。作为在犯罪中较多见，并且有许多犯罪只能表现为作为形式。例如，抢劫罪、抢夺罪、盗窃罪、强奸罪、偷越国（边）境罪、脱逃罪等。作为是危害行为的一种基本形式。除具备危害行为的上述基本特征以外，其特殊性在于：（1）作为的外在表现是人的身体的积极动作，如持枪瞄准他人射击，按倒一名妇女实施强奸行为等。（2）作为不是仅指单个的举动，而是通常由一系列积极举动组成的。例如，抢劫行为，由接近被害人、实施暴力或威胁手段、夺走财物等一系列动作组成；入室盗窃行为，由从门进入室内、翻动物品、窃取财物等一系列动作组成。犯罪人要实现其犯罪意图，完成犯罪行为，只能通过一系列积极动作。（3）作为违反刑法禁止性规范。大多数刑法条文是禁止性规范，由危害社会的作为构成犯罪。例如"故意伤害他人身体的，处……"便包含了禁止实施故意伤害行为的意思。如果行为人违反刑法禁止性规范，即违反不当为的义务而实施某种行为的，就成为危害行为中的作为。

作为的实施方式主要包括两类：第一类是利用行为人自身条件下的作为。这包括三种情况：（1）利用自身身体条件，如四肢、嘴、头部等动作实施的作为。（2）利用自己的自然身份实施的作为，如在我国刑法中只有男性才能构成强奸罪的实行犯。（3）利用自己的法定身份实施的作为，如在我国刑法中只有国家工作人员利用职务之便才可能构成贪污罪。第二类是利用外力条件的作为。这包括下列几种情况：（1）利用他人的作为，即行为人利用无责任能力的人（包括精神病人、未成年人和主观上无罪过的人）实施的行为。例如，甲欲毒死前妻的儿子，让保姆喂其夹有毒药的饭菜（保姆不知情）。这种情形下，行为人应负完全刑事责任，刑法理论上通称为"间接正犯"。（2）利用动物的作为，即将动物作为犯罪工具，以达到犯罪目的。例如，唆使训练有素的猎犬咬伤或咬死被害人。（3）利用物质工具的作为。这在司法实践中最为常见。例如，利用枪弹、爆炸物、毒药、棍棒等杀人、伤人；利用书信、证件等实施招摇撞骗；等等。（4）利用自然力的作为。例如，故意将不知情者置于山洪即将暴发的地带，致其被洪水淹死。

（二）不作为

所谓不作为，是指犯罪人有义务实施且可能实施某种积极的行为而未实施的行为，即"当为而不为"。构成刑法中的不作为，客观方面必须具备三个条件。

1. 行为人负有实施某种积极行为的特定义务。这是构成犯罪的不作为的前提。特定义务不能只是普通的道德上的义务。如果不存在这种特定义务，则根本不可能构成刑法的不作为。例如，丙看见一个人在海滨浴场挣扎呼喊救命，站在一旁观望，不下水救人。在这种情况下，因为丙不是浴场救生员，他没有必须救人的特定义务，所以他不为救人的行为，不构成刑法中的不作为。特定义务一般有三个来源：

(1) 法律明文规定的特定义务。例如，税法规定的公民和法人向国家依法纳税的义务；婚姻法规定父母子女之间以及夫妻之间有相互扶养的义务；保密法规定的保护国家秘密的义务。并非法律规定的任何一种义务，都可以作为刑法中的不作为的根据。只有其他法律、法规所规定的义务且为刑法所承认，才是不作为的法律义务的根据。

(2) 职务上或业务上要求履行的义务。这一特定义务以行为人具有某种职务身份或从事某种业务并且正在执行为前提，否则，不发生履行该类义务的问题。例如，银行出纳员有保护现金的义务、医生负有救治病人的义务等。

(3) 行为人的先行行为产生的义务。由于行为人先前实施的行为（简称先行行为），使某种合法权益处于遭受严重损害的危害状态，该行为人产生采取积极行为阻止损害结果发生的义务，这就是由先行行为引起的作为义务。例如，成年人带孩子去深山打猎，他就有保护孩子生命和健康的义务；汽车司机交通肇事撞伤人，他就有立即送被害者去医院抢救的义务。若不履行这种义务，就可能构成犯罪的不作为。

2. 行为人有履行特定义务的实际可能性。行为人虽然具有实施某种积极行为的义务，但由于某种客观原因而不具备履行该项义务的实际可能性，则不构成犯罪的不作为。例如，仓库保管员被犯罪人捆绑，以致公共财产被抢走，不能认为该保管员构成不作为犯罪。同理，某人由于患重病而丧失劳动能力，无法赡养年迈父母，亦不属于刑法上的不作为。这一条件表明了我国刑法中不作为犯罪构成上的合理性。

3. 行为人未履行特定义务。在不作为犯罪中，虽然行为人有时也实施某些积极的动作，但其基本点是未履行特定的义务。这是区别作为与不作为的外在根本标志。例如，行为人负有救治他人的义务但未予救治，而是从事其他活动。这种情况下，并非行为人无所“作为”，而是未为当为之事。

作为和不作为在我国刑法中的表现形式多种多样，大多数犯罪只能由作为方式构成。除此之外，有一些犯罪只能由不作为方式构成，如《刑法》第 261 条的遗弃罪、《刑法》第 422 条的拒传军令罪、《刑法》第 429 条的拒不救援友邻部队罪等。对此，刑法理论上称为“纯正不作为犯”。另有一些犯罪既可以由作为方式构成，也可以由不作为方式构成，如故意杀人罪、放火罪、交通肇事罪等。刑法理论上称此为“不纯正不作为犯”。至于共同犯罪中情况更为复杂，有些犯罪为单个人实施时只能是作为方式，共同犯罪中则可以以不作为方式构成犯罪的共犯，如仓库保管员以离职的方式帮助他人实施盗窃，构成盗窃罪的共犯。

为正确理解犯罪的作为与不作为问题，还应注意以下两点：其一，正确认识作为犯罪与不作为犯罪的社会危害程度。司法实践中有人认为，凡不作为犯罪都比作为犯罪社会危害性小。这种看法偏颇。固然，不作为犯罪的危害在某些犯罪、某些场合下可能相对小些，但并非一切场合下不作为犯罪的危害程度都轻于作为犯罪。例如，在颠覆列车案件中，采用不扳道岔的不作为方式与采用破坏铁轨、路基的作为方式相比，二者危害程度很难说有什么差别。其二，正确认识研究犯罪的作为与不作为形式的重要意义。作为与不作为方式的不同，并不影响犯罪的性质。但是，作为与不作为是犯罪行为的两种基本形式，而且不作为犯罪具有其独特特征。因此，理论上研究犯罪的作为与不作为，有助于我们认识犯罪行为的复杂情况，正确认定不作为犯罪。

## 第三节　危害结果

### ■ 危害结果的含义

关于刑法中的危害结果即犯罪结果，刑法理论上存在着不同的见解。有人认为，犯罪结果是指犯罪行为已经造成的实际损害；有人认为，犯罪结果作为犯罪行为对客体的损害，是任何犯罪构成客观方面的必备要件之一，它既包括客观上已造成的危害结果，也包括可能造成的危害结果；还有人认为，有些行为一经实施即构成犯罪的情况，没有犯罪结果或者说没有物质性危害结果；有些犯罪情况，如犯罪的预备、未遂和中止形态，也没有犯罪结果。这样就形成了一些问题，犯罪结果是否是犯罪构成的必备要件？犯罪结果作为犯罪构成要件在认定犯罪时有无实际和独立的意义？侮辱罪、诽谤罪等犯罪到底有无犯罪结果？犯罪的预备、未遂、中止不具备的是什么犯罪结果？犯罪因果关系中研究的是什么性质的犯罪结果？等等。

我们认为，我国刑法理论界对危害结果的理解有广义和狭义之分。广义的危害结果，是指由被告人的危害行为引起的一切对社会的损害事实，它包括危害行为的直接结果与间接结果，属于构成要件的结果和不属于构成要件的结果。这种危害结果存在于各种形式的犯罪中，无论是实质犯罪，还是形式犯罪，也无论是既遂犯，还是预备犯、未遂犯。狭义的危害结果，是指作为犯罪客观方面构成要件的结果，通常也就是对直接客体造成的损害，其并非存在于任何犯罪之中。在行为犯、预备犯、未遂犯中，并不要求具备这种狭义的危害结果。狭义的危害结果是定罪的主要根据之一。我国刑法学界通常从狭义的角度去理解危害结果。

所谓危害结果，是指危害行为对犯罪直接客体造成的法定的实际损害或现实危险状态。其含义是：

第一，危害结果可以是实际损害，也可以是现实危险状态。

危害结果同犯罪直接客体具有紧密的内在联系。犯罪行为的社会危害性及程度，主要是通过危害行为对直接客体的侵犯体现出来。这种侵犯的客观表现形式，就是犯罪结果。它既包括对犯罪直接客体的实际损害，如使被害人财产受到损失，侵犯被害人的身体健康权利；也包括对犯罪直接客体造成的现实的危险状态，如交通工具或交通设施被破坏后出现的“足以使火车、汽车、电车、船只、航空器发生倾覆、毁坏危险”。这种危险状态是一种客观存在的状态，具有现实可能性。它有具体的事实可以考察，而非人们主观的任意推定。

第二，产生危害结果的原因只能是危害行为。

原因和结果是相对而言的，它是现象普遍联系中的特定环节。在刑法中，引起危害结果的只能是危害行为（作为或不作为）。非危害行为所造成的危害事实，如自然力、动物引起的损害，以及正当行为、人的非意志支配行为所引起的结果，都不属于危害结果的范畴。

第三，危害结果具有客观性，它是一种客观存在的事实。

危害结果属于犯罪客观方面的一个要件，它一经产生就成为不以人的主观意志为转移的客观事实。危害结果与行为人希望达到的结果是两个不同的范畴，前者属于客观范畴，后者属于主观范畴，即行为人的犯罪目的。在刑事案件中，二者并不完全一致。例如，甲故意杀害乙，即甲的犯罪目的是剥夺乙的生命权利，但却仅造成乙受到伤害的结果。此案中，甲希望达到的结果与实际发生的结果并不一致。因此，司法实践应严格区分二者，不可混淆。

第四，危害结果具有法定性。

危害结果是刑法意义上的、因行为人实施的危害行为引起的危害社会结果。由于刑法条文对危害结果予以不同罪状表述，因此危害结果呈现多样性。

## 我国刑法对危害结果的规定

危害结果是犯罪构成客观方面要件中的一个重要概念，我国《刑法》在总则和分则中分别不同情况对其加以规定。概括而言，包括如下几种情况：

1. 在故意犯罪和过失犯罪的概念中明确规定危害结果。我国《刑法》第 14 条第 1 款规定：明知自己的行为会发生危害社会的结果，并且希望或者放任这种结果发生，因而构成犯罪的，是故意犯罪。第 15 条第 1 款规定：应当预见自己的行为可能发生危害社会的结果，因为疏忽大意而没有预见，或者已经预见而轻信能够避免，以致发生这种结果的，是过失犯罪。由此可见，无论是故意犯罪还是过失犯罪，都存在危害结果，只不过前者不一定要求实际发生危害结果，后者则要求必须发生。

2. 以对直接客体造成某种有形的、物质性危害结果作为某些故意犯罪既遂的标准。例如，故意杀人罪以被害人的死亡结果作为既遂标准；盗窃罪、诈骗罪、抢夺罪、敲诈勒索罪等以非法占有公私财物作为既遂标准。如果实施了上述犯罪行为而未能造成特定结果的，构成犯罪未遂。

3. 以发生某种特定的现实危险状态作为某些故意犯罪既遂的标准。例如，我国《刑法》第 117 条规定，破坏交通设施，足以使火车、汽车、电车、船只、航空器发生倾覆、毁坏危险，尚未造成严重后果的，构成破坏交通设施罪既遂；如果“造成严重后果”，则根据《刑法》第 119 条处以较重的刑罚。《刑法》第 114 条、第 116 条、第 118 条以及第 124 条前半段规定的犯罪，均属此种情况。这种情况下，犯罪构成要件里并未直接要求犯罪结果，而是借助于特定的物质性危害结果来阐明其犯罪构成要件的客观内容。危害作为一种客观状态，虽不是物质性的，但却具有现实性。

4. 以发生严重的物质性危害结果作为罪与非罪的标准。我国刑法对过失犯罪的构成采取慎重态度，以是否发生法定的严重危害社会的结果为标准。例如，只有过失致人重伤或死亡的，才以过失伤害或过失致人死亡罪论处。《刑法》第 134 条规定，在生产、作业中违反有关安全管理的规定，因而发生重大伤亡事故或者造成其他严重后果的，才构成重大责任事故罪。强令他人违章冒险作业，因而发生重大伤亡事故或者造成其他严重后果的，才构成强令违章冒险作业罪。

5. 以发生某种特定的严重危害结果作为此罪与彼罪区分的界限。例如，我国《刑法》第 238 条第 1 款规定：非法拘禁他人或者以其他方法非法剥夺他人人身自由的，处三年以下有期徒刑、拘役、管制或者剥夺政治权利。具有殴打、侮辱情节的，从重处罚。该条第 2 款规定：使用暴力致人伤残、死亡的，依照本法第二百三十四条、第二百三十二条的规定定罪处罚。这就是说，如果行为人非法拘禁他人，构成非法拘禁罪时，又使用暴力致被拘禁人伤残、死亡的，应以故意伤害罪或故意杀人罪论处。类似此种情况的还有《刑法》第 247 条规定的刑讯逼供致人伤残、死亡，第 248 条规定的殴打、体罚被监管人，致人伤残、死亡的，等等。

6. 以造成物质性危害结果的轻重程度作为适用轻重不同的法定刑幅度的标准。例如，《刑法》第 234 条规定的故意伤害罪，依伤害的结果分为一般伤害、重伤、致人死亡和以特别残忍手段致人重伤造成严重残疾四种情况，并分别规定了轻重不同的量刑幅度。类似此种情况的还有《刑法》第 131 条规定的重大飞行事故罪、第 132 条规定的铁路运营安全事故罪、第 238 条规定的非法拘禁罪等。

总而言之，危害结果在犯罪构成客观方面要件中占据重要地位，对定罪和量刑具有重要意义。因此，必须加强对危害结果的研究。

## 第四节　危害行为与危害结果之间的因果关系

危害行为与危害结果之间的因果关系，是指犯罪构成客观方面要件中的危害行为同危害结果之间存在的引起与被引起的关系。我国刑法罪责自负的基本原则要求，一个人只能对自己的危害行为及其造成的危害结果承担刑事责任。因此，当危害结果发生时，要确定某人应否对该结果负责任，就必须查明他所实施的危害行为与该结果之间是否具有因果关系。查明因果关系，是在危害结果发生时使行为人负刑事责任的必要前提。简言之，因果关系的查明，对解决责任（定罪和量刑）问题具有极其重要的意义。刑法因果关系问题，既是刑法理论中的重要问题，也是司法实践中较为棘手的难题。研究刑法因果关系，应当以辩证唯物主义因果关系理论为指导，对刑法因果关系的基本观点和基本问题系统了解并进行探讨。

### ■ 因果关系的客观性

辩证唯物主义认为，因果关系作为客观现象之间引起与被引起的关系，它是客观存在的，并不以人们主观是否认识为准。坚持因果关系的客观性，是划分唯心主义因果观和唯物主义因果观的分水岭。因此，在刑事案件中查明因果关系，就要求司法人员从案件事实出发，客观地加以判断和认定，而不能主观武断地予以臆测。例如，甲、乙两个青年在公共汽车上侮辱、谩骂一位批评他们不遵守秩序的老人，致使老人心脏病突发当场死亡。这里，老人的犯病死亡结果是由甲、乙的侮辱行为引起的，即二者之间具有因果关系，绝不能以甲、乙不知道老人有心脏病或未预见到侮辱会有此严重后果为借口，来否认其因果关系的存在。司法实践中，有些司法工作人员常常把犯罪的动机、起因与犯罪的行为、结果之间的关系，认定为案件的因果关系，这是对刑法因果关系的误解。刑法理论上通常所说的刑法因果关系，是指危害行为与危害结果之间客观的联系，并不涉及行为人主观心理态度的内容。

### ■ 因果关系的相对性

原因与结果是哲学上的一对范畴。在辩证唯物主义因果论看来，引起一定现象发生的现象是原因；被一定现象引起的现象是结果。二者对立统一地存在于因果关系之中。“为了了解单个的现象，我们就必须把它们从普遍的联系中抽出来，孤立地考察它们，而且在这里不断更替的运动就显现出来，一个为原因，另一个为结果。”① 由此可见，原因与结果的客观存在是相对的，不具有绝对性。刑法因果关系与哲学因果关系具有个性与共性、特殊与普遍、个别与一般的关系。研究刑法因果关系的目的，是要解决行为人对所发生的危害结果应否负刑事责任的问题。因此，刑法因果关系的特定性表现在它只能是人的危害行为与危害结果之间的因果联系。

理解刑法因果关系的特定性需要注意的是：

1. 刑法因果关系中的原因，是指危害社会的行为。因此，如果查明某人的行为是正当、合法的行为而不具有危害社会的性质，那么即使该行为与危害结果之间具有某种联系，也不

---

① 李秀林主编：《辩证唯物主义新探》，218页，北京，中国人民大学出版社，1998。

能认为是刑法意义上的因果关系。

2. 作为刑法因果关系中的结果，是指法律所要求的已经造成的有形的、可被具体测量确定的物质性危害结果。只有这样的结果才能被查明和确定，才能作为具体把握的由危害行为引起的现象，才能据此确定因果关系是否存在。因此，犯罪构成中不包含物质性危害结果的犯罪，以及尚未出现法定危害结果的犯罪的预备、未遂和中止等犯罪的未完成形态，一般不存在解决刑法因果关系的问题。

## ■ 因果关系的时间序列性

时间序列性，是指原因一定先于结果而出现，原因是作用于结果并引起结果发生的现象。换言之，即从发生时间上看，原因必定在先，结果只能在后，二者的时间顺序不能颠倒。因此，在刑事案件中，只能从危害结果发生以前的危害行为中去查找原因。某人的行为如果是在危害结果发生之后实施的，行为与这一危害结果之间没有因果关系。当然，先于危害结果出现的危害行为，也不一定就是该结果的原因；在结果之前的行为只有起了引起和决定结果的发生作用，才能证明是结果发生的原因。

## ■ 因果关系的条件性和具体性

刑法因果关系是具体的、有条件的。在刑事案件中，危害行为能引起什么样的危害结果，没有一个固定不变的模式。因此，查明因果关系时，一定要从实施危害行为的时间、地点、条件等具体情况出发作具体分析。例如，甲、乙二人因口角发生纠纷，甲愤怒之下打了乙一拳，乙当时倒地死亡。尸体解剖表明乙患有高血压，在遭外力打击时极易发生脑溢血。在这个案件中，如果乙未患高血压，在一般情况下一拳不会造成太大伤害甚至死亡。但并不能由此否定甲的拳击行为与乙的死亡之间的因果关系，因为正是甲的拳击行为发生在乙这个特异体质的对象上造成了乙的死亡。

## ■ 因果关系的复杂性

辩证唯物主义认为，客观事物之间联系的多样性决定了因果联系的复杂性。社会生活中，事物或过程相互联系相互作用，使得原因与结果的联系形式更为复杂多样，表现为直接的或间接的、内在的或外在的、必然的或偶然的，等等。刑法中的因果关系形式亦概莫能外。这是由危害行为和危害结果的表现形式以及二者相互作用的方式多样性决定的。刑法中的因果关系形式，可以概括地归纳为以下几种。

（一）一因一果

这是最简单的因果关系形式。指一个危害行为直接地或间接地引起一个危害结果。司法实践中，这种因果关系形式较为容易认定。

（二）一因多果

一因多果是指一个危害行为可以同时引起多种结果的情形，例如，甲诽谤了乙，不但损害了乙的名誉、人格，还导致乙自杀身亡；丙放火烧毁了大片房屋，还烧死、烧伤多人。在一行为引起的多种结果中，要分析主要结果与次要结果、直接结果与间接结果，这对于定罪量刑是有意义的。

（三）多因一果

多因一果是指某一危害结果是由多个危害行为造成的。这最明显地表现在两种情况下：(1) 责任事故。责任事故的发生往往涉及许多人的过失，而且往往还是主客观原因交织在一起，情况非常复杂。确定这类案件的因果关系，就必须分清主要原因和次要原因、主观原因和客观原因等情况，这样才能正确解决刑事责任问题。(2) 共同犯罪。共同犯罪中各个共犯危害行为的总和作为造成犯罪结果的总原因而与之有因果关系，但是根据我国刑法的规定，在分析案件时应该分清主次原因，即分清每个共犯在共同犯罪中所起作用的大小，并进而确定各个共犯刑事责任的大小。

(四) 多因多果

多因多果是指多个危害行为同时或先后引起多个危害结果。典型表现形式存在于集团犯罪中。例如，甲、乙、丙、丁组成一个盗窃犯罪集团，先后实施多起盗窃。集团盗窃行为由多个盗窃行为组成，集团盗窃结果由多个盗窃结果组成。集团盗窃行为与集团盗窃结果存在因果关系。

## ■ 因果关系的必然联系与偶然联系

因果关系的必然联系与偶然联系问题，实际上就是必然因果关系与偶然因果关系的问题。关于这一问题，刑法界争议已久，至今未达成共识。秉持传统观点的学者坚持必然因果关系说，否认偶然因果关系的存在；另有学者主张，应当摒弃偶然与必然因果关系的争论，另寻解决问题的途径。我们认为，社会现象是十分复杂的，因果关系的表现也不例外，除大量存在的必然联系的因果关系之外，在客观上还可能发生偶然联系的因果关系（通常简称偶然因果关系）。后者所指的情况是某种行为本身不包含产生某种危害结果的必然性（内在根据），但是在其发展过程中，偶然又有其他原因加入其中，即偶然地同另一原因的展开过程相交错，由后来介入的这一原因合乎规律地引起了这种危害结果。

关于必然因果关系与偶然因果关系的区分，涉及对原因、结果和必然性、偶然性两对哲学范畴关系的理解问题。机械唯物主义将偶然性排除在因果性之外。霍尔巴赫认为，偶然是个没有意义的词，像神这个词一样，只是说明对真正原因的无知。辩证唯物主义认为，原因与结果，必然性与偶然性是两个不同的认识范畴，二者存在紧密联系。无论是必然性还是偶然性都有自己的因果联系，因而我们可以把因果联系分为两类，一类是必然性的因果联系，一类是偶然性的因果联系。① 由此可见，事物内部的、对结果发生起根本的、决定性作用的原因同结果之间是必然因果联系；事物外部的、对结果发生起非根本的、非决定作用的原因同结果之间是偶然因果联系。因而，不能把因果性与必然性混为一谈。

刑法中的因果关系，应当是必然联系与偶然联系的统一。刑法中的偶然因果关系，是指危害行为对危害结果的发生起非根本性、非决定性作用，二者之间存在着外在的、偶然的联系。通常表现为两种情况：一是出现在两个正在进行的必然发展过程的交叉点上。例如，甲欲伤害乙，乙逃跑时被丙开车撞死。甲的行为同乙的死亡结果存在偶然因果关系。二是出现在两个前后发生的必然过程的汇合点上。例如，甲重伤乙，致乙昏倒在马路上，后乙被丙开车轧死。甲的行为与乙的死亡结果之间也是一种偶然因果关系。一般情况下，偶然因果关系对量刑具有意义，某些特殊情况下亦可能对定罪与否产生影响。

## ■ 不作为犯罪中的因果关系

刑法理论界对不作为犯罪的因果关系问题存在不同学说。持“否定论”者认为，不作为

---

① 参见高铭暄主编：《刑法学原理》，第1卷，620页。

是人的消极静止的行为，对外界事物不起任何变更作用，是"无"，"无中不能生有"，因此在不作为犯罪中不存在因果关系问题；持"准因果关系说"者认为，不作为犯罪在客观事实上不存在因果关系，但在法律上将不作为看做引起危害结果的原因，与作为犯罪同等看待，它是一种法律拟制的因果关系。

我们认为，不作为的危害行为与危害结果的因果关系是客观存在的，并非法律拟制。不作为的原因力，在于它应该阻止而没有阻止事物向危险方向发展，从而引起危害结果的发生。不作为犯罪因果关系的特殊性在于：它以行为人负有特定的义务为前提。除此以外，它的因果关系问题应与作为犯罪一样解决。否认不作为犯罪因果关系的客观性，实质上也就是否认了不作为犯罪负刑事责任的客观基础。

### ■ 刑法因果关系与刑事责任

解决刑法因果关系是否确认了刑事责任，值得研究。对于行为犯、危险犯来说，一般不存在解决刑法因果关系的问题，但实害犯不同。构成实害犯既遂必须以实害结果的发生为要件，并且这一实害结果必须与危害行为之间存在着因果关系。然而，刑法因果关系只是犯罪构成客观方面的一个选择要件，查明刑法因果关系仅仅为追究行为人的刑事责任提供了客观基础。而确立了行为人对特定危害结果负刑事责任的客观基础，并不等于解决了其刑事责任问题。要使行为人对自己的行为造成的危害结果负刑事责任，行为人还必须具备主观上的故意或过失。即使具备因果关系，如果行为人缺乏故意或过失，仍不能构成犯罪和使其负刑事责任。认为具备因果关系就应负刑事责任的观点是错误的，是客观归罪的观点。因而，不能将刑法因果关系与刑事责任混为一谈。

## 第五节　犯罪的其他客观要件

犯罪的其他客观要件，是指刑法规定的构成某些犯罪必须具备的特定的时间、地点和方法（手段）等客观条件。任何犯罪都是在一定的时间、地点，采取一定的方法实施的，但大多数犯罪并没有把它们作为构成犯罪的必备条件而加以规定。

### ■ 构成要件的时间、地点、方法

构成要件的时间，指刑法规定的某些犯罪构成必须具备的特定时间。例如，《刑法》第340条规定的非法捕捞水产品罪，第341条第2款规定的非法狩猎罪，其构成条件之一，就是违反有关规定，在"禁渔期"或者"禁猎期"实施捕捞水产品或者狩猎的行为。再如，《刑法》分则第十章规定的战时违抗命令罪、战时临阵脱逃罪、战时造谣惑众罪、战时自伤罪等，必须在"战时"才能构成，等等。犯罪行为在什么时间内实施，或犯罪结果在什么时间发生，通常对认定犯罪没有影响。但是，对于某些犯罪来说，时间问题具有区分罪与非罪的意义。这些特定的时间便属于构成要件的时间。

构成要件的地点，指刑法规定的某些犯罪构成必须具备的特定场所。例如，非法捕捞水产品罪和非法狩猎罪，刑法将"禁渔区"、"禁猎区"规定为这两种罪的构成要件之一。又如，《刑法》第444条规定的遗弃伤病军人罪，必须发生在"战场上"；《刑法》第446条规定的战时残害居民、掠夺居民财物罪，必须发生在"军事行动地区"，等等。通常情况下，犯罪在什么场所发生，对认定犯罪没有什么影响。但是，对于某些犯罪来说，行为人的行为在什么地点实施，对定罪有决定性作用。这些特定场所便属于构成要件的地点。

构成要件的方法，指刑法规定的某些犯罪构成必须具备的实施危害行为的特定方式。例如，《刑法》第 277 条规定的妨害公务罪，必须“以暴力、威胁方法”实施。此外，有时特定的方法（手段），还是区分此罪与彼罪的标准，如抢劫罪、盗窃罪、诈骗罪的区分，主要以实施犯罪的方法作为标准。用什么方法实施犯罪行为，通常不影响犯罪的成立。但对某些犯罪来说，使用特定的方法是构成犯罪的必备条件之一。这些特定的实施危害行为的方式便属于构成要件的方法。

### ■ 犯罪的时间、地点、方法对定罪量刑的意义

在法律把特定的时间、地点和方法明文规定为某些犯罪构成必备的要件时，即构成要件的时间、地点、方法对某些行为是否构成该种犯罪具有决定性作用。例如，《刑法》第 340 条和第 341 条的非法捕捞水产品罪和非法狩猎罪，把“禁渔期”、“禁猎期”、“禁渔区”、“禁猎区”、“禁用的工具、方法”等规定为构成这些犯罪的必备要件，因而实施的行为是否具备这些因素，便成为区分罪与非罪的重要条件。再如，《刑法》第 257 条规定，只有用暴力方法干涉他人婚姻自由，才构成暴力干涉婚姻自由罪。在这里，是否使用暴力方法干涉，就成为区分罪与非罪的标志。

应当指出，虽然对大多数犯罪来说，犯罪的时间、地点、方法等并非犯罪构成要件，但是往往影响到犯罪行为本身社会危害程度的大小，因而对正确量刑具有重要意义。例如故意杀人罪，时间、地点、方法等因素并不影响犯罪的成立，但是，战时、社会治安状况不好时期与正常时期相比，公共场合与偏僻地方相比，以残酷方法杀害与采用一刀杀死、一枪打死的方法相比，前者的社会危害性显然大于后者，因而刑罚的轻重程度应有一定的影响。此外，在刑法条文中，有的犯罪是直接而明确地把特定的方法、地点作为加重刑罚的条件。例如，《刑法》第 237 条第 2 款规定，聚众或者在公共场所当众强制猥亵妇女、侮辱妇女的，应当在更高的量刑幅度内裁量刑罚。

# 第七章

# 犯罪主体

## 第一节　犯罪主体的概念和分类

### ■ 犯罪主体概述

（一）犯罪主体的含义

现代世界各国刑法，都对犯罪主体作出过不同的规定，涉及刑事责任年龄、刑事责任能力诸问题，但均未对犯罪主体的法定概念作过界定。刑法理论上，学者们也多对刑事立法上关于犯罪主体的具体规定加以抽象概括而形成犯罪主体概念。

通常认为，我国刑法中的犯罪主体是指实施危害社会的行为，依法应当负刑事责任的自然人和单位。《刑法》第30条规定：公司、企业、事业单位、机关、团体实施的危害社会的行为，法律规定为单位犯罪的，应当负刑事责任。这一条规定的是单位犯罪的范围，即单位成为犯罪主体，以《刑法》分则规定的为限。由此可见：自然人主体是我国刑法中最基本的、具有普遍意义的犯罪主体，单位主体在我国刑法中则不具有普遍意义。

由于自然人主体和单位主体的内容与特征各不相同，而自然人主体是我国刑法中具有普遍意义的主体。本章第五节专门对单位犯罪加以阐述，其余各节均限于研究自然人犯罪主体问题。

自然人犯罪主体，是指具备刑事责任能力，实施危害社会的行为并且依法应负刑事责任的自然人。

（二）犯罪主体的共同要件

犯罪主体的概念并不等同于犯罪主体的要件。前者概括地揭示犯罪主体的本质特征，后者则具体地反映其本质特征。因此，犯罪主体的要件依犯罪主体的概念而定，犯罪主体概念是确立犯罪主体要件的基本依据。然而，并非犯罪主体概念的所有内容都是犯罪主体的要件，只有主体人身特征才属于犯罪主体要件的范畴；至于实施严重危害社会行为的内容，则属于犯罪客观要件的研究范围。一般而言，中外刑法中的自然人犯罪主体要件，都可以区分为两个不同的层次。第一层次即基本层次，是指任何犯罪的主体都必须具备的要件或特征。现代世界各国刑法中的大多数犯罪具备基本层次的要件，即可构成犯罪并承担刑事责任。刑法理论上往往称此为犯罪的一般主体。第二层次即特殊层次，是指某些犯罪要求在具备犯罪主体的共同要件的基础上附加特殊身份条件。这里专门探讨基本层次的犯罪主体要件，即一般主体的共同要件。我国刑法中犯罪主体（仅就自然人犯罪主体而言）的共同要件有两个：

1. 犯罪主体必须是自然人。

所谓自然人，是指有生命存在的人类独立的个体。自然人的人格即资格，始于出生，终于死亡。在古代中外刑法或刑事司法实践中，曾存在把人类以外之物作为犯罪主体，刑及禽兽、昆虫，罚及风雨、物品，并对尸体施以鞭尸、戮尸之刑的情况。这是由古代刑法的刑罚威慑目的所决定的，而且与古代刑法中刑事责任的客观结果原则、株连原则及古代立法者的认识水平密切相关。在近现代各国刑法中，随着罪责自负原则、主客观相统一原则的确立和立法者认识水平的提高，较为普遍地将自然现象、动植物、物品和尸体排除在犯罪主体的范围之外，认为犯罪主体只限于有生命的人。

我国《刑法》第 7 条、第 8 条、第 11 条、第 17 条、第 18 条以及第 19 条表明，我国刑法中的犯罪主体仅限于人，而绝非人以外之物。其主要原因是：其一，犯罪是主客观要件的统一，而主观心理态度和客观行为都是人类所独有的功能，人类以外之物不可能具备犯罪的主客观要件。其二，刑罚的目的是预防犯罪，对人类以外之物施加刑罚，根本不能达到预防犯罪的刑罚目的。

因此，犯罪主体只能是人而不能是人以外的物。如果人利用动物实施其犯罪意图，犯罪主体应为利用者本人，动物则只是利用者的犯罪工具。

2. 作为自然人的犯罪主体必须具备刑事责任能力。

刑事责任能力是人辨认和控制自己行为的能力，这种能力与犯罪的成立和刑罚的适用密切相关。刑事责任能力不是任何自然人都具备的，其具备受到自然人的年龄和精神状况等多种因素的制约与影响。因此，并非有生命的人类个体都能够成为犯罪主体，而只有那些达到一定年龄、精神正常的自然人，才能够成为犯罪的主体。刑事责任能力是犯罪主体的核心和关键要件。

（三）研究犯罪主体的意义

研究犯罪主体要件，对于司法实践中正确定罪量刑，具有重要的意义。

1. 定罪方面。

犯罪主体是犯罪构成必备要件之一。任何犯罪都有主体，即任何犯罪都有犯罪行为的实施者和刑事责任的承担者。就犯罪主体自身而言，并非任何人实施了刑法所禁止的危害社会的行为，都能构成犯罪并承担刑事责任，而只有具备法律所要求的犯罪主体要件的人，才能构成犯罪并被处以刑罚，不具备犯罪主体要件的人，即使实施了刑法所禁止的危害社会的行为，也不构成犯罪。犯罪主体要件的具备，是行为人具备犯罪主观要件的前提，也是对犯罪人适用刑罚的基础。因此，研究我国刑法中关于犯罪主体要件的规定，对于正确认定犯罪，划清罪与非罪以及此罪与彼罪的界限，具有重要意义。

2. 量刑方面。

犯罪主体除具有区分罪与非罪、此罪与彼罪界限的意义之外，还影响到量刑。这是因为，在具备犯罪主体要件的同样情况下，犯罪主体的具体情况也可能不同，而不同的具体情况又影响到刑事责任的大小程度。我国刑法对于未成年人犯罪、又聋又哑的人和盲人犯罪、限制责任能力的精神病人犯罪、国家机关的工作人员犯罪的处罚问题等，都规定了有别于一般人的刑罚。因此，探析我国刑事立法与司法中有关犯罪主体的问题，对理论争议的澄清、刑罚的正确适用，极具理论意义与实践价值。

## ■ 犯罪主体的分类

（一）自然人主体和单位主体

我国刑法已经明确将单位规定为犯罪的主体之一，因此，我国刑法中的犯罪主体包括自然人主体和单位主体。但是我国刑法以处罚自然人犯罪为原则，而以处罚单位犯罪为例外。我国刑法对单位犯罪存在两个限制：首先，只有在《刑法》分则明确将单位规定为犯罪主体的，单位才能构成犯罪。其次，根据《刑法》第 30 条的规定，成为单位犯罪主体的，只能是公司、企业、事业单位、机关、团体，除此之外其他的社会组织不能成为单位犯罪的主体。

（二）一般主体和特殊主体

这是对自然人主体的进一步分类。一般主体是自然人犯罪主体的一般要件，即任何自然人犯罪主体必须具备两个条件：达到刑事法定年龄，具有辨认和控制自己行为的能力。特殊主体是自然人犯罪主体的特殊要件，即除了具备一般要件之外还必须具备特殊身份。

我国刑法中所规定的特殊身份，大致可以概括为以下几种类型：

1. 具有特定职务的人。我国刑法规定的由具有特定职务的人构成的犯罪，其中具有特定职务的人主要是指公务员和军人。

2. 从事特定职业的人。例如，《刑法》第 335 条规定的医疗事故罪的犯罪主体只能是医务人员。

3. 具有特定法律地位的人。例如，《刑法》第 305 条规定的伪证罪的犯罪主体只能是证人、鉴定人、记录人、翻译人。

4. 具有特定人身关系的人。例如，《刑法》第 260 条规定的虐待罪的犯罪主体只能是具有赡养、扶养或者抚养义务的家庭成员。

5. 被逮捕或者被关押的犯罪嫌疑人或者犯罪分子。例如，《刑法》第 316 条规定的脱逃罪的犯罪主体只能是被依法关押的罪犯、被告人、犯罪嫌疑人。

## 第二节 刑事责任能力

### ■ 刑事责任能力的概念和内容

（一）刑事责任能力的概念

刑事责任能力，是指行为人构成犯罪和承担刑事责任所必须具备的刑法意义上辨认和控制自己行为的能力。简言之，刑事责任能力就是行为人辨认和控制自己行为的能力。

我国刑法理论界认为，刑事责任能力的本质，是人行为时具备的相对自由意志能力，即行为人实施刑法所禁止的严重危害社会的行为时具备的相对自由的认识和抉择行为的能力。因此，刑事责任能力是行为人犯罪能力与承担刑事责任能力的统一，是辨认能力与控制能力的统一。通常而言，一定年龄的人，只要智力发育正常，就自然具备了刑事责任能力。当然，因年龄原因或精神状况、生理功能缺陷的原因可能导致刑事责任能力不具备、丧失或者减弱。不具备刑事责任能力者即使实施了客观上危害社会的行为，也不能成为犯罪主体，不能被追究刑事责任；刑事责任能力减弱者，其刑事责任相应的适当减轻。刑事责任能力作为犯罪主体的核心和关键要件，对于犯罪主体的成立与否以及行为人罪刑轻重，具有至关重要的作用和意义。

（二）刑事责任能力的内容

刑事责任能力的内容，是行为人对自己行为所具备的刑法意义上的辨认能力与控制能力。明确二者的含义及相互关系，是正确把握刑事责任能力概念的需要。

刑事责任能力的辨认能力与控制能力之间，存在着不可分割的有机联系。一方面，辨认能力是刑事责任能力的基础。只有对自己行为的刑法意义有认识，才能自觉有效地选择和决定自己是否实施触犯刑法的行为的控制能力。控制能力的具备以辨认能力的存在为前提条件，只要确认没有辨认能力，控制能力即不存在。另一方面，控制能力是刑事责任能力的关键。在具有辨认能力的基础上，还需要有控制能力才能具备刑事责任能力，只要人具备了控制能力就一定具备辨认能力。换言之，人虽然有辨认能力，但也可能不具有控制能力而并不具备刑事责任能力。例如，因受身体强制的铁路扳道员，受不可抗力阻止的消防队员，即使他们未履行自己的职务行为并因此造成了严重的危害结果，也不能追究他们的刑事责任，其直接原因当然是他们不存在犯罪的主观心理态度。进一步言之，他们之所以不具备犯罪的主观条件，是因为他们虽有辨认能力但却丧失了当时控制自己行为的能力，因而也就根本没有刑事责任能力。总之，刑事责任能力的存在，要求辨认能力与控制能力必须齐备，不可或缺。

## 刑事责任能力的程度

概括地说，影响和决定人的刑事责任能力程度即人在刑法意义上的辨认和控制自己行为的能力，有两个方面的因素：一是知识和智力成熟程度。知识和智力成熟与否，主要受到年龄因素的制约，此外也会受到人学习知识、发展智力的某些重要生理器官的制约。二是精神即人的大脑功能正常与否。它受到人是否患精神疾病及所患精神疾病的种类、程度和特点的影响。只有知识和智力成熟且精神正常的人，才具有刑事责任能力，才在刑法意义上有能力辨认和控制自己的行为。鉴于此，各国刑法都以一定的年龄为标志，规定了正常自然人具备刑事责任能力的界限。同时，刑法还对某些重要器官生理功能丧失者和精神病患者的刑事责任能力具备与否的问题，作出了专门规定。

根据年龄、精神状况等因素影响刑事责任能力有无和大小的实际情况，各国刑事立法对刑法责任能力程度采用三分法或四分法。三分法即将刑事责任能力分为完全刑事责任能力、完全无刑事责任能力和限定（减轻）刑事责任能力三种情况。四分法是除上述三种情况外，还有相对无刑事责任能力的情况。无论是三分法还是四分法，都承认在刑事责任能力的有无之间存在着中间状态的限定（减轻）刑事责任能力的情况。[①] 下面依据我国刑法采取的四分法，对刑事责任能力程度问题予以研究。

（一）完全刑事责任能力

各国刑事立法对完全刑事责任能力的概念和内容一般未予规定，而是由刑法理论和司法实践结合刑法中关于责任能力和限制责任能力的规定来加以概括。从外延看，凡不属刑法规定的无责任能力的人及限制责任能力的人，皆属完全刑事责任能力人。例如，在我国刑法看来，凡年满 18 周岁、精神和生理功能健全且智力与知识发展正常的人，都是完全刑事责任能力人。完全责任能力人实施了犯罪行为的，应当依法负全部的刑事责任，不能因其责任能力因素减免刑事责任。

（二）完全无刑事责任能力

完全无刑事责任能力是指行为人没有刑法意义上的辨认或者控制自己行为的能力。根据现代刑事立法的规定，完全无刑事责任能力人包括：其一，未达责任年龄的幼年人；其二，因精神疾病而不具备辨认或控制能力的人。根据我国《刑法》第 17 条、第 18 条的规定，完全无责任能力人，为不满 14 周岁的人和行为时因精神疾病而不能辨认或者不能控制自己行

---

① 参见高铭暄主编：《刑法学原理》，第 1 卷，620 页。

为的人。

（三）相对无刑事责任能力

相对无刑事责任能力是指行为人仅限于对刑法所明确限定的某些严重犯罪具有刑事责任能力，而对未明确限定的其他犯罪行为无刑事责任能力的情况，也称相对有责任能力。考察关于相对无刑事责任能力的立法例，这种相对无责任能力人都是已超过完全无责任能力尚未达到成年的一定年龄段的未成年人。例如，我国《刑法》第 17 条第 2 款规定：已满十四周岁不满十六周岁的人，犯故意杀人、故意伤害致人重伤或者死亡、强奸、抢劫、贩卖毒品、放火、爆炸、投毒罪的，应当负刑事责任。这说明，我国刑法中相对无刑事责任能力人是已满 14 周岁未满 16 周岁的未成年人。

（四）减轻刑事责任能力

减轻刑事责任能力是完全刑事责任能力和完全无刑事责任能力的中间状态，指因年龄、精神状况、生理功能缺陷等原因，而使行为人实施刑法所禁止的危害行为时，虽然具有责任能力，但其辨认或者控制自己行为的能力较完全责任能力有一定程度的减弱、降低的情况，又称限定刑事责任能力、限制刑事责任能力、部分刑事责任能力。现代各国刑法中，较为普遍地规定有减轻刑事责任能力的人，其外延主要为达到一定年龄的未成年人、聋哑人、盲人、辨认或控制能力有所减弱的精神障碍人。各国刑法一般都认为，限制责任能力人实施刑法所禁止的危害行为的，构成犯罪，应负刑事责任，但是其刑事责任因其责任能力的减弱而有所减轻，应当或者可以从宽处罚或免予处罚。① 我国刑法明文规定的限制责任能力人有四种情况：（1）已满 14 周岁不满 18 周岁的未成年人；（2）又聋又哑的人；（3）盲人；（4）尚未完全丧失辨认或者控制能力的精神病人。

需要指出的是，仅就年龄因素而言，现代世界各国（地区）刑法一般只规定达到一定年龄的未成年人为限制责任能力人，对老年人犯罪多不设减免刑事责任的规定。我国台湾地区现行“刑法”第 18 条第 3 项则规定，“满 80 岁之行为，得减轻其刑”，从而将满 80 岁的老年人亦纳入减轻刑事责任能力的范畴。② 这种规定有一定的合理根据。

## 第三节　决定和影响刑事责任能力的因素

### ■ 刑事责任年龄

（一）刑事责任年龄的概念和意义

刑事责任年龄，是指法律所规定的行为人对自己实施的刑法所禁止的危害社会行为负刑事责任必须达到的年龄。

犯罪是具备辨认和控制能力者在其主观意识和意志支配下实施的危害社会的行为，而辨认和控制能力决定于行为人智力和社会知识的发展程度，因而它必然受到行为人年龄的制约。只有达到一定年龄，能够辨认和控制自己的行为，并具有刑罚适应能力的人，才能够要求他们对自己的危害行为承担刑事责任。因而，刑事立法根据年龄因素与责任能力的关系，确立了刑事责任年龄制度。可以说，达到刑事责任年龄，是自然人具备责任能力、作为犯罪主体的前提条件。

---

① 参见高铭暄主编：《刑法学原理》，第 1 卷，622 页。

② 参见赵秉志：《犯罪主体论》，155 页，北京，中国人民大学出版社，1989。

我国刑法中的刑事责任年龄制度，主要解决不同年龄阶段人刑事责任的有无问题，同时还规定了对未成年犯的从宽处罚原则。司法实践中，必须严格遵守这些规定。可见研究刑事责任年龄问题，对于从理论上认识责任年龄与责任能力的关系，把握犯罪主体要件的本质，以及司法实践中正确定罪量刑，都具有重要的意义。

（二）刑事责任年龄阶段的划分

现代世界各国刑事立法一般根据刑事责任能力随年龄因素的逐步发展过程，结合本国少年儿童的实际情况和同犯罪作斗争的现实需要，把刑事责任年龄划分为几个阶段。不过，在划分的方法上不完全相同。采取两分制的国家将其划分为绝对无责任年龄和完全负责任年龄，如 1954 年《格陵兰刑法典》第 10 条规定："凡 15 岁以下儿童实施的行为，本法典不适用。"《土耳其刑法典》规定，凡行为时未满 12 岁的不起诉、不罚。采取四分制的国家将其划分为绝对无责任年龄、相对责任年龄、减轻责任年龄、完全负责任年龄，如 1929 年《西班牙刑法典》规定，未满 7 岁的人实施任何危害行为都不负刑事责任；已满 7 岁不满 15 岁的人只有犯该法明文规定科处刑罚的犯罪行为时才负刑事责任；已满 15 岁未满 18 岁的人对所实施的刑法所禁止的行为，构成犯罪，应当负刑事责任，但应当减轻刑事责任；已满 18 岁的人为完全负刑事责任年龄时期，行为人的年龄对定罪和量刑不发生任何影响。目前多数国家刑法中，责任年龄制度都采用三分制或四分制。我国刑法以教育为主、惩罚为辅的刑事政策为指导，从我国政治、经济、文化教育状况和少年儿童的成长过程以及各类犯罪等实际情况出发，并适当借鉴国外立法例，顺应刑法的世界发展趋势，在《刑法》第 17 条里对责任年龄作了较为集中的规定，把刑事责任年龄划分为完全不负刑事责任、相对负刑事责任与完全负刑事责任三个年龄阶段。

1. 完全不负刑事责任年龄阶段。根据我国《刑法》第 17 条的规定，不满 14 周岁，完全不负刑事责任。不满 14 周岁的人尚处于幼年时期，受生理和智力条件限制，还不具备辨认和控制自己行为的能力，因而不具备责任能力。应当注意，对于因不满 14 周岁不予刑事处罚的实施了危害社会行为的人，应依法责令其家长或监护人加以管教，也可视需要对接近 14 周岁，如 12～13 周岁的人由政府收容教养。

2. 相对负刑事责任年龄阶段。根据我国《刑法》第 17 条第 2 款的规定，已满 14 周岁不满 16 周岁，是相对负刑事责任年龄阶段，也称相对无刑事责任年龄阶段。处于相对刑事责任年龄阶段的人，已经具备一定的认识和控制能力，即对某些严重危害社会的行为具备一定的辨认和控制能力。因此，法律要求他们对自己实施的严重危害社会的行为即"故意杀人、故意伤害致人重伤或者死亡、强奸、贩卖毒品、放火、爆炸、投毒罪[①]"负刑事责任。同样，对因不满 16 周岁而不予刑事处罚的实施了危害社会行为的未成年人，应依法责令其家长或者监护人加以管教，在必要的时候也可以由政府收容教养。

3. 完全负刑事责任年龄阶段。我国《刑法》第 17 条第 1 款规定："已满十六周岁的人犯罪，应当负刑事责任。"由于已满 16 周岁的未成年人的生理和智力已有相当的发展，具有一定的社会知识，是非观念和法制观念的增长已经达到一定的程度，一般已能够根据国家法律和社会道德规范的要求来约束自己。这说明他们已经具备了刑法意义上的辨认和控制能力。因此，我国刑法规定要求已满 16 周岁的人对自己实施的违反刑法的一切危害行为承担

---

① 1997 年刑法规定的投毒罪，《刑法修正案（三）》已加以修订，而且最高人民法院、最高人民检察院根据修订后的条文内容，已将此罪罪名概括为"投放危险物质罪"，但《刑法》第 17 条第 2 款尚未修改，因此，为保持与刑法条文的一致，我们在此处仍引用《刑法》第 17 条第 2 款的原文，事实上，此处的"投毒罪"即为"投放危险物质罪"。

刑事责任。

（三）未成年人犯罪案件的处理

我国刑法中刑事责任年龄制度，主要解决的是认定犯罪方面的问题。基于未成年人的生理、心理特征，既有容易被影响、被引诱走上犯罪道路的一面，又有可塑性大、容易接受教育和改造的一面，我国刑法从刑罚根本目的出发并结合未成年人违法犯罪的特点对未成年人犯罪案件的处理采取了两条重要而特殊的处理原则。

1. 从宽处罚的原则。我国《刑法》第 17 条第 3 款规定：已满十四周岁不满十八周岁的人犯罪，应当从轻或者减轻处罚。这是对未成年人犯罪从宽处罚原则的规定。这一原则是基于未成年人责任能力不完备的特点而确立的，反映了罪责刑相一致的刑法基本原则以及刑罚目的的要求。正确理解对未成年人犯罪应当从轻或者减轻处罚这一原则的含义，是正确执行该原则的前提和基础。所谓"应当"，是指凡是未成年人犯罪都必须予以从宽处罚。从宽处罚是相对成年人犯罪而言的，即在犯罪性质和其他犯罪情节相同或基本相同的情况下，对未成年人犯罪要比照对成年人犯罪的处罚予以从轻或减轻处罚。至于是从轻还是减轻以及从轻、减轻的幅度，则由司法机关根据具体案件确定。

2. 排除死刑适用的原则。我国《刑法》第 49 条规定：犯罪的时候不满十八周岁的人和审判的时候怀孕的妇女，不适用死刑。这里所说的"不适用死刑"是一个原则性的要求，指不允许判处死刑（包括不允许判处死刑宣告缓期 2 年执行），而不是说"不执行死刑"，也不是说等满 18 周岁再判决、执行死刑。司法实践中有三个问题较为棘手，值得研究。

其一，关于刑事责任年龄的计算。首先，刑事责任年龄是指周岁即实足年龄，对此我国《刑法》第 17 条已明确作了规定。其次，周岁应当怎样计算。根据最高人民法院《关于审理未成年人刑事案件具体应用法律若干问题的解释》，周岁计算方法为：（1）周岁应当一律按照公历的年、月、日计算。（2）1 周岁以 12 个月计。每满 12 个月即为满 1 周岁。（3）每满 12 个月即满 1 周岁应以日计算，从生日第 2 天起，才认为已满几周岁。例如，行为人于 1986 年 9 月 17 日出生，至 2000 年 9 月 18 日为已满 14 周岁，至 2002 年 9 月 18 日为已满 16 周岁，至 2004 年 9 月 18 日为已满 18 周岁。因此，对 14 周岁生日当天实施危害行为的，应视为不满 14 周岁，不能追究刑事责任；对 16 周岁生日当天实施危害行为的，除非是法定的 8 种犯罪，否则不负刑事责任；对 18 周岁生日当天犯罪的，应视为不满 18 周岁，对其适用"从轻或者减轻处罚"的原则。

其二，关于未成年人犯罪和处罚的法定年龄界限问题。例如，对即将满 14 周岁，甚至差几天就满 14 周岁的人实施了故意杀人、故意伤害致人重伤或者死亡等行为，甚至造成了非常严重的危害结果，可否视为犯罪？对于即将满 18 周岁的人所犯罪行极其严重的，可否判处死刑？对此，最高人民法院 2006 年 1 月 11 日《关于审理未成年人刑事案件具体应用法律若干问题的解释》第 12 条第 1 款规定：行为人在达到法定刑事责任年龄前后均实施了危害社会的行为，只能依法追究其达到法定刑事责任年龄后实施的危害社会行为的刑事责任。这是因为，法律规定的刑事责任年龄界限，不容许存在任何弹性，这是罪刑法定原则的必然要求。

其三，关于跨年龄段危害行为的刑事责任问题。主要包括：（1）行为人已满 16 周岁后实施了某种犯罪，并在已满 14 周岁不满 16 周岁期间也实施过相同的行为，应否一并追究刑事责任，应当具体情况具体分析。如果实施的是法定的 8 种犯罪，则应一并追究刑事责任；否则，便只能追究已满 16 周岁以后犯罪的刑事责任。已满 14 周岁不满 16 周岁期间所实施的行为，如果与已满 16 周岁后实施的犯罪行为具有密切联系，则说明行为人的人身危害性较大，可以作为量刑情节加以考虑。(2) 行为人已满 14 周岁不满 16 周岁期间，实施了法定的 8 种犯罪，并在未满 14 周岁时也实施过相同行为，对此不能一并追究刑事责任，而只能追究已满 14 周岁后实施的特定严重犯罪的刑事责任。同样，如果未满 14 周岁时实施的行为与已满 14 周岁后实施的犯罪行为具有密切联系，则表明行为人的人身危险性较大，可以作为量刑情节加以考虑。对此，最高人民法院 2006 年 1 月 11 日《关于审理未成年人刑事案件具体应用法律若干问题的解释》第 12 条第 2 款规定：行为人在年满 18 周岁前后实施了不同种犯罪行为，对其年满 18 周岁以前实施的犯罪应当依法从轻或者减轻处罚。行为人在年满 18 周岁前后实施了同种犯罪行为，在量刑时应当考虑对年满 18 周岁以前实施的犯罪，适当给予从轻或者减轻处罚。

## ■ 精神障碍

达到一定年龄而精神健全的人，由于其知识和智力得到一定程度的发展，因而其刑事责任能力即辨认和控制自己行为的能力就开始具备。一般而言，达到刑事责任年龄标志着刑事责任能力的完备。但是，如果存在精神障碍尤其是存在精神病性精神障碍，则可能影响刑事责任能力。我国《刑法》第 18 条专门规定了精神病人的刑事责任问题，这为我国司法实践解决实施危害行为的精神病人和其他精神障碍人的刑事责任提供了基本依据。

（一）完全无刑事责任的精神病人

我国《刑法》第 18 条第 1 款规定：精神病人在不能辨认或者不能控制自己行为的时候造成危害结果，经法定程序鉴定确认的，不负刑事责任，但是应当责令他的家属或者监护人严加看管和医疗；在必要的时候，由政府强制医疗。由此可见，认定精神障碍者为无责任能力，必须同时具备以下两个标准：

1. 生物学标准。从医学上看，行为人是基于精神病理的作用而实施特定危害社会行为的精神病人，包含以下几层含义：(1) 行为人须是精神病人。应注意从两个方面加以正确理解：一方面，对“精神病”应作广义的理解，包含多种多样的慢性和急性的严重精神障碍。另一方面，“精神病”不同于非精神病性神经障碍，如神经官能症、人格障碍、性变态等。(2) 精神病人必须实施了特定的危害社会的行为，即实施了刑法所禁止的犯罪行为，如果这些危害行为是精神健全者实施的，就会构成犯罪和应负刑事责任。(3) 精神病人实施刑法所禁止的危害行为须是基于精神病理的作用。这意味着，行为人的精神病于行为实施时须处于发病期，而不是缓解或间歇期。只有精神病人于行为时发病，才谈得上因精神病理的作用而致危害行为的实施。

2. 心理学标准。从心理学、法学的角度看，患有精神病的行为人的危害行为，不但是由精神病理机制直接引起的，而且是由于精神病理的作用，使其行为时丧失了辨认或者控制自己实施刑法行为的能力。

（二）完全负刑事责任的精神障碍人

责任能力完备而应完全负刑事责任的精神障碍人包括以下两类：

1. 精神正常时期的“间歇性精神病人”。我国《刑法》第 18 条第 2 款规定：间歇性的精神病人在精神正常的时候犯罪，应当负刑事责任。司法精神病学一般认为，“间歇性精神病”是指具有间歇发作特点的精神病，包括精神分裂症、躁狂症、抑郁症、癫痫性精神病、周期精神病、分裂情感性精神病、癔症性精神病等。所谓“间歇性精神病人的精神正常时期”，包括上述某些精神病（如癫痫性精神病）的非发病期。“间歇性精神病人”在精神正常的时候实施刑法所禁止的危害行为的，其辨认和控制自己行为的能力即责任能力完全具备，不符合无责任能力和限制能力所要求的心理学（法学）标准，因而法律要求行为人对其危害行为依法负完全的刑事责任。

2. 大多数非精神病性精神障碍人。司法精神病学一般认为，非精神病性精神障碍包括：(1) 神经官能症，如癔症、神经衰弱、焦虑症、疑病症、强迫症、神经症性抑郁、人体解体性神经症等，但癔症性精神错乱除外；(2) 人格障碍式变态人格（包括器质性人格障碍）；(3) 性变态，如同性恋、露阴癖、恋物癖、恋童癖、性虐待癖等；(4) 情绪反应（未达到精神病程度的反应性精神障碍）；(5) 未达到精神病程度的成瘾药物中毒与戒断反应；(6) 轻躁狂与轻性抑郁症；(7) 生理性醉酒与单纯慢性酒精中毒；(8) 脑震荡后遗症、癫痫性心境恶劣以及其他未达到精神病程度的精神疾患；(9) 轻微精神发育不全等。非精神病性精神障碍人，大多数并不因精神障碍使其辨认或者控制自己行为的能力丧失或减弱，而是具有完备的责任能力，因而应在原则上令行为人对其危害行为依法负完全的刑事责任。需要指出的是，在少数情况下，非精神病性精神障碍人也可成为限制责任能力人甚至无责任能力人，从而影响到刑事责任的减免。

（三）限制刑事责任的精神障碍人

我国《刑法》第 18 条第 3 款规定：尚未完全丧失辨认或者控制自己行为能力的精神病人犯罪的，应当负刑事责任，但是可以从轻或者减轻处罚。限制刑事责任的精神障碍人，是介于无刑事责任的精神病人与完全刑事责任的精神障碍人中间状态的精神障碍人。这里的"精神病人"，一般认为包括以下两类：一是处于早期（发作前趋期）或部分缓解期的精神病（如精神分裂症等）患者；二是某些非精神病性精神障碍人。根据《刑法》第 18 条第 3 款的规定，限制刑事责任的精神病人犯罪的，只是"可以"从轻或者减轻处罚，而不是应当从轻或者减轻处罚。

## 生理功能丧失

一般说来，达到刑事责任年龄即标志着刑事责任能力的完备。但是，行为人可能因为重要的生理功能丧失而影响到其刑法意义上的辨认或控制行为能力的不完备。我国刑法中对生理功能缺陷者即聋哑人、盲人的刑事责任作了特殊规定，聋哑人、盲人实施刑法禁止的危害行为，构成犯罪的，应当负刑事责任，但可以从轻、减轻或者免除处罚。

从理论与实践的结合上看，正确适用我国刑法关于聋哑人、盲人犯罪的刑事责任规定，应当注意：其一，适用对象限于既聋又哑的人和盲人。其二，对聋哑人、盲人犯罪坚持应当负刑事责任与适当从宽处罚相结合的原则，原则上要予以从宽处罚，只是对于极少数知识和智力水平不低于正常人，犯罪时具备完全能力的犯罪聋哑人、盲人（多为成年后的聋哑人和盲人），可以考虑不予从宽处罚。

## 生理醉酒

生理醉酒，指因饮酒过量而致精神过度兴奋甚至神志不清的情况。通常多发生于一次性大量饮酒后。生理醉酒的发生及表现与血液中酒精浓度及个体对酒精的耐受力关系密切。在生理醉酒状态下，人的生理、心理和精神变化大致可分为兴奋期、共济运动失调期和昏睡期三个时期。现代医学司法精神病学认为，生理醉酒不是精神病。司法实践表明，生理醉酒的上述前两个时期，醉酒者对作为或不作为方式的危害行为均有能力实施，而且一般容易实施作为方式的危害行为。

我国刑法把生理醉酒人与精神病人明确加以区分。《刑法》第 18 条第 4 款规定：醉酒的人犯罪，应当负刑事责任。对醉酒人犯罪案件处罚时，应当注意到行为人在醉酒前有无犯罪预谋，行为人对醉酒有无罪过心理，醉酒犯罪与行为人一贯品行的关系等予以轻重不同的处罚，以使刑罚与犯罪的醉酒人的责任能力程度及犯罪的社会危害性相适应。

## 第四节　犯罪主体的特殊身份

### ■ 犯罪主体特殊身份的概念

一般而言，身份是指人的出身、地位和资格。刑法理论通说认为，犯罪主体的特殊身份是指刑法所规定的影响行为人刑事责任的行为人人身方面特定的资格、地位或状态。这些特殊身份不是自然人犯罪主体的一般要件，而只是某些犯罪的自然人主体必须具备的要件。

以主体是否要求以特定身份为要件，自然人犯罪主体可分为一般主体与特殊主体。刑法规定不要求以特殊身份作为要件的主体，称为一般主体；刑法规定以特殊身份作为要件的主体，称为特殊主体。在刑法理论上，通常还将以特殊身份作为主体构成要件或者刑罚加减根据的犯罪称为身份犯。身份犯可以分为真正身份犯与不真正身份犯。真正身份犯是指以特殊身份作为主体要件，无此特殊身份该犯罪则根本不可成立的犯罪。例如，《刑法》第 382 条贪污罪的主体必须是国家工作人员，因此，如果行为人不是国家工作人员，其行为就不可能成立贪污罪。不真正身份犯，是指特殊身份不影响定罪但影响量刑的犯罪。如果行为人不具有特殊身份，犯罪也成立；如果行为人具有这种身份，则刑罚的科处就比不具有身份的人要加重或减轻。

### ■ 犯罪主体特殊身份的分类

犯罪主体的特殊身份，可以从不同角度进行分类。理论上认为存在以下两种分类：

（一）自然身份与法定身份

自然身份，是指人因自然因素赋予而形成的身份。例如，基于性别形成的事实可有男女之分，有的犯罪如强奸罪仅男性可以成为犯罪的主体。法定身份，是指人基于法律赋予而形成的身份。如军人、国家机关工作人员、司法工作人员、依法被关押的罪犯等。自然身份和法定身份要成为犯罪主体的特殊身份，一般需要刑法加以明确规定。这种分类的意义，并不在于直接说明犯罪主体特殊身份与刑事责任的关系，而在于通过对犯罪主体特殊身份的了解，进而准确而深刻地把握刑事立法原意。

（二）定罪身份与量刑身份

定罪身份，是指决定刑事责任存在的身份，又称犯罪构成要件身份。此种身份是某些具体犯罪构成中犯罪主体要件的必备要素。缺此身份，犯罪主体要件就不具备，因而也就没有该具体犯罪构成，不构成该种犯罪，不存在行为人应负该罪之刑事责任的问题。量刑身份，是指影响刑事责任程度的身份，又称刑罚加减身份。此种身份虽然不影响刑事责任的存在与否，但影响刑事责任的大小，表现为是从重、从轻、减轻甚至免除处罚的根据。

### ■ 研究犯罪主体特殊身份的意义

刑法设立犯罪主体特殊身份规定的目的，在于从犯罪主体角度调整危害行为与刑事责任的关系，以便更加准确有效地打击犯罪，从根本上维护统治阶级的利益。根据我国刑法的规定和司法实践经验，研究犯罪主体的特殊身份对正确定罪量刑具有重要意义。

（一）犯罪主体特殊身份影响行为的定罪

影响行为的定罪是犯罪主体特殊身份的首要功能。（1）特殊身份的具备与否，可以区分罪与非罪。刑法规定某些犯罪的成立必须具备特殊身份的主体，其立法精神就是要通过犯罪主体特殊身份的限定来限制追究刑事责任的范围。（2）特殊身份的具备与否，可以区分和认定某些犯罪的此罪与彼罪。例如，同是隐匿、毁弃或者非法开拆他人信件的行为，具有邮政工作人员身份并利用其职务便利实施者构成《刑法》第253规定的私自开拆、隐匿、毁弃邮件、电报罪，一般公民则构成第252条的侵犯通信自由罪。（3）具有特殊身份者影响无特殊身份者的定罪。这主要是无特定身份者与有特定身份者共同实施要求主体具备特殊身份的犯罪的情况。例如，一般公民可以与国家工作人员一起构成贪污罪的共同犯罪。

（二）犯罪主体特殊身份影响行为的量刑

犯罪主体的特殊身份对量刑也有一定的影响，主要表现在：（1）分则性规范中，通常对行为类似的特殊主体的犯罪都较一般主体的犯罪规定的刑罚相对重一些。例如，军人战时造谣扰乱军心罪的刑罚，重于非军人战时造谣扰乱军心罪的刑罚。主体的特殊身份，无疑是影响行为社会危害程度并进而影响其刑罚轻重的重要原因之一。（2）总则性规范中，规定因犯罪主体的身份可以影响刑罚轻重。因主体身份影响刑罚从严的，例如《刑法》第65条关于一般累犯以及第66条关于危害国家安全罪累犯的规定。犯罪分子具有法定累犯身份的，对其新的犯罪就要从重处罚，且不得适用缓刑，也不得适用假释；因主体身份影响刑罚从宽的，例如《刑法》第49条关于“审判的时候怀孕的妇女，不适用死刑”的规定。

## 第五节　单位犯罪

### 单位犯罪的立法沿革

单位犯罪，又称法人犯罪，是与自然人犯罪相对应的一个范畴。考察现代世界各国刑事立法例，英美法系国家和地区普遍确认了法人刑事责任制度。大陆法系国家在刑法理论上坚持“法人或社团不能犯罪”的原则，但不少国家在单行刑法、附属刑法中规定了法人犯罪并追究其刑事责任。至今，法国、日本、德国、荷兰、瑞士、韩国、泰国、土耳其、古巴等国，在立法上均确立了法人刑事责任制度。

在中华人民共和国成立后至20世纪70年代末，我国一直对法人犯罪持否定态度。这是与当时计划经济体制下，法人组织数量少、性质单一、参与社会活动的影响广度和深度都不大密切相关的。随着80年代以来改革开放政策的贯彻实施，我国社会上各种法人或非法人组织日益增多，它们参与社会活动尤其是经济活动的领域亦愈来愈广泛。与此同时，法人或非法人组织实施的危害社会的行为也越来越严重。针对法人或非法人组织（统称为单位）能否成为犯罪主体的问题，理论界和实务界展开了长期的热烈讨论。1987年1月22日通过的《中华人民共和国海关法》第47条第4款规定：企业事业单位、国家机关、社会团体犯走私罪的，由司法机关对其主管人员和直接责任人员依法追究刑事责任；对该单位判处罚金，判处没收走私货物、物品、走私运输工具和违法所得。从而首次在我国法律中以附属刑法规范的形式明确了单位可以成为犯罪主体。1988年全国人大常委会《关于惩治贪污罪贿赂罪的补充规定》和《关于惩治走私罪的补充规定》，分别规定企业、事业单位、机关、团体可以成为受贿罪、行贿罪、走私罪、逃汇套汇和投机倒把罪等罪的主体，第一次以单行刑法的形式确认了单位犯罪。此后，在由全国人大常委会通过的《中华人民共和国铁路法》等10余部附属刑法中纷纷确立了单位犯罪的立法例。

在修订刑法的讨论中，单位犯罪问题一直是一个争议的焦点。就单位犯罪的立法完善问题，刑法理论界和实务界主张各异。分歧主要表现为两个问题：其一，如何在刑法中完整地概括法人和非法人的组织犯罪？其二，应否对法人和非法人组织作总则性规定？修订后的《刑法》，采用总则与分则相结合的方式确立了单位犯罪及其刑事责任。总则第二章第四节“单位犯罪”用两个条文规定了单位犯罪的总则性问题。采用这种立法模式的原因在于：(1) 使用“单位犯罪”一词，而不使用“法人犯罪”一词，能更完整地概括法人犯罪和非法人组织犯罪的外延。因为“单位”一词并不限于具有民法意义上的法人组织，还包括非法人组织在内，这样规定更符合我国司法实践中除法人犯罪外还有非法人犯罪的现实情况。(2) 在总则中设立“单位犯罪”专节，对单位负刑事责任的范围、单位犯罪的处罚原则等内容作出概括性规定。这种立法例有利于单位犯罪立法和司法的系统化、成熟化，并与自然人犯罪的总则性规定相协调，同时也符合世界各国采用总则与分则相结合规定法人（单位）犯罪之立法模式的通常做法。

## 单位犯罪的概念和特征

我国《刑法》第 30 条规定：公司、企业、事业单位、机关、团体实施的危害社会的行为，法律规定为单位犯罪的，应当负刑事责任。这是对单位犯罪成立范围的一般性规定。根据这一规定，所谓单位犯罪，是指由公司、企业、事业单位、机关、团体实施的依法应当承担刑事责任的危害社会的行为。单位犯罪具有如下基本特征：

第一，单位犯罪的主体包括公司、企业、事业单位、机关、团体。

公司，是指以营利为目的的从事生产和经济活动的经济组织，在我国，公司包括有限责任公司和股份有限公司。企业，是指公司以外的，以从事生产、流通等活动为内容，以获取赢利和增加积累、创造社会财富为目的的营利性社会经济组织。事业单位，是指依法成立的从事各种社会公益活动的组织。机关，是指执行党和国家的领导、管理职能和保卫国家安全职能的机构，包括国家各级权力机关、行政机关、审判机关、检察机关、军队。在我国，中国共产党的组织也视为机关。团体，主要是指人民团体和社会团体。有人提出，机关不应成为单位犯罪的主体，这一问题尚待进一步研究。

根据 1999 年 6 月 18 日最高人民法院《关于审理单位犯罪案件具体应用法律有关问题的解释》第 1 条的规定，“公司、企业、事业单位”，既包括国有、集体所有的公司、企业、事业单位，也包括依法设立的合资经营、合作经营企业和具有法人资格的独资、私营等公司、企业、事业单位。

第二，单位犯罪必须是在单位意志支配下由单位内部成员实施的犯罪，即单位作为一个整体、一个“拟制”的人的犯罪。

单位犯罪必须经单位集体研究决定或由其负责人员决定实施，单位集体研究决定或由其负责人员决定是单位整体犯罪意志的体现形式。所谓“单位集体研究决定”，是指经过根据法律和章程规定有权代表单位的机构研究决定，如职工代表大会、董事会、股东大会等；“负责人员决定”是经过根据法律或章程规定有权代表单位的个人决定，如企业的厂长、公司的董事长或经理。如果单位内部人员未经单位授权擅用单位名义实施犯罪，除非事后得到单位认可，否则只能是个人犯罪而非单位犯罪。我国的司法解释也承认了这一点。根据 1999 年 6 月 18 日最高人民法院《关于审理单位犯罪案件具体应用法律有关问题的解释》第 3 条的规定，盗用单位名义实施犯罪，违法所得由实施犯罪的个人私分的，依照刑法有关自然人犯罪的规定定罪处罚。

另外，单位犯罪中的单位必须是在实质意义上是合法的单位。如果单位的设立是为了实施犯罪或者主要为了实施犯罪，那么也不认定为单位犯罪。根据1999年6月18日最高人民法院《关于审理单位犯罪案件具体应用法律有关问题的解释》第2条的规定，个人为进行违法犯罪活动而设立的公司、企业、事业单位实施犯罪的，或者公司、企业、事业单位设立后，以实施犯罪为主要活动的，不以单位犯罪论处。

第三，单位犯罪必须由刑法分则性条文明确规定。

刑法分则性条文，包括《刑法》分则及其颁行后国家最高立法机关又根据实际需要制定的单行刑法及有关附属刑法规范。从我国《刑法》分则的规定来看，单位犯罪主要存在于危害公共安全罪，破坏社会主义市场经济秩序罪，侵犯公民人身权利、民主权利罪，妨害社会管理秩序罪，危害国防利益罪和贪污贿赂罪等章中，具体罪种有120种左右。① 这些单位犯罪多数是故意犯罪，但也有少数属于过失犯罪。1997年刑法典颁行后通过的唯一一部单行刑法《关于惩治骗购外汇、逃汇、非法买卖外汇犯罪的决定》增设了骗购外汇罪，同时规定该罪可由单位主体构成。

如果《刑法》的分则条文没有将该罪规定为单位犯罪，即使单位的有关人员为谋取单位利益而实施《刑法》分则的犯罪，也不能认定为单位犯罪。例如，2002年7月8日最高人民检察院《关于单位有关人员组织实施盗窃行为如何适用法律问题的批复》中明确规定，单位有关人员为谋取单位利益组织实施盗窃行为，情节严重的，应当依照《刑法》第264条的规定（盗窃罪）追究直接责任人的刑事责任，即只是认为存在自然人犯盗窃罪的情形，而不存在单位犯盗窃罪的情形。

## 单位犯罪的处罚原则

对单位犯罪的处罚，世界各国刑事立法和刑法理论上存在三种立法例：一是双罚制，即单位犯罪的，对单位和单位直接责任人员（代表人、主管人员及其他有关人员）均处以刑罚；二是转嫁制，即单位犯罪的，只处罚单位而对直接责任人员不予处罚；三是代罚制，即单位犯罪的，只处罚直接责任人员而不处罚单位。转嫁制和代罚制可统称为单罚制。

我国《刑法》第31条规定：单位犯罪的，对单位判处罚金，并对其直接负责的主管人员和其他直接责任人员判处刑罚。本法分则和其他法律另有规定的，依照规定。这是我国刑法关于单位犯罪处罚原则的规定。根据这一规定，对单位犯罪，一般采取双罚制原则，即单位犯罪的，对单位判处罚金，同时对单位直接负责的主管人员和其他直接责任人员判处刑罚。但是，当《刑法》分则和其他法律（单行刑法或附属刑法规范）另有规定不采取双罚制而采取单罚制的，则属例外。这是因为，单位犯罪的情况具有复杂性，其社会危害程度差别很大，一律采取双罚制的原则，并不能全面准确地体现罪责刑相适应原则，亦难达到对单位犯罪施以刑罚的目的。在我国《刑法》分则中，有少数几种单位犯罪采取单罚制，如第244条规定的强迫职工劳动罪，只处罚用人单位的直接责任人员；第161条规定的提供虚假财会报告罪和第162条规定的妨碍清算罪，只处罚其直接责任人员，而不处罚作为犯罪主体的公司、企业。

在单位犯罪的处罚问题上，还有一个问题值得注意：对单位犯罪中的直接主管人员和其他直接责任人员进行处罚时是否适用《刑法》总则关于共同犯罪的规定。从某种意义上

---

① 参见高铭暄、刘远：《论新刑法规定的单位犯罪》，载《法治研究》，1997年卷。

讲，单位犯罪中的直接主管人员和其他直接责任人员在实施单位犯罪时，确实存在着共同犯罪的故意。但是我国的司法实践认为，对单位犯罪中的直接主管人员和其他直接责任人员不适用《刑法》总则关于共同犯罪的规定。根据 2000 年 9 月 28 日最高人民法院《关于审理单位犯罪案件对其直接主管人员和其他直接责任人员是否区分主犯、从犯问题的批复》的规定，在审理单位故意犯罪案件时，对其直接主管人员和其他直接责任人员，可以不区分主犯、从犯，按照其在单位犯罪中所起的作用判处刑罚。最高人民法院《关于审理单位犯罪案件对其直接主管人员和其他直接责任人员是否区分主犯、从犯问题的批复》具有法律效力，在司法实践中应当按照这一批复的规定解决单位犯罪的刑罚适用问题。

# 第八章

# 犯罪主观方面

## 第一节　犯罪主观方面概述

犯罪主观方面，亦称犯罪的主观要件，按照刑法理论界的通说，是指行为人对自己所实施的危害社会行为及其危害结果所持的心理态度。[①] 我们认为，根据我国《刑法》第 14 条至第 16 条的规定，犯罪的主观方面应当是行为人对其行为引起的危害结果所持的心理态度，而不是行为人对其行为本身所持的心理态度，也不是行为人对其行为及其危害结果所持的心理态度。同时，根据主客观相一致的原则，犯罪的主观方面还应当是行为人在实施危害行为时对其危害行为将要造成的危害结果所持的心理态度，而不是行为人在实施危害行为前对其所预想的危害结果所持的心理态度，或者在危害行为实施完毕后对已经发生的危害结果所持的心理态度。例如，行为人实施了杀人行为，将被害人杀死以后，感到非常后悔，在心里也想如果这个后果要是不发生该有多好，但是这个后悔的心理态度是事后的心理态度，不能作为他行为时的心理态度，不属于犯罪的主观方面的内容。因此，犯罪的主观方面，应当是指行为人在实施危害行为时对其危害行为将造成的危害结果所持的心理态度。

一般认为，犯罪的主观方面包括罪过（即犯罪的故意和犯罪的过失）以及犯罪的目的和动机这几种因素。[②] 其中，行为人的罪过是一切犯罪构成都必须具备的主观要件，所以被称为必要要件；犯罪的目的只是某些犯罪的犯罪构成所必备的主观要件，所以也称为选择性主观要件；犯罪动机不是犯罪构成必备的主观要件，它一般不影响定罪，而影响量刑。此外，意外事件与刑法上的认识错误，作为犯罪的主观方面的相关问题，由于它们对行为人的行为是否构成犯罪以及构成何罪有一定的影响，因此，也有必要在犯罪的主观方面中予以讨论。

根据我国刑法的规定，犯罪的主观方面作为犯罪构成的重要组成部分，具有以下两个方面的特征：第一，它是行为人的心理态度，这是犯罪的主观方面的表现形式。第二，它以一定的危害行为所造成的危害结果为内容，这是犯罪的主观方面的法律含义。为正确理解和深入把握犯罪主观方面的概念，应当明确下述几个问题。

---

① 参见马克昌主编：《刑法通论》，304 页，武汉，武汉大学出版社，1999。

② 参见高铭暄主编：《中国刑法学》，122 页。

## 罪过是行为人负刑事责任的主观根据

根据我国《刑法》第 14 条和第 15 条的规定，特定的行为构成犯罪在主观方面必须具备犯罪的故意或者犯罪的过失。同时，根据《刑法》第 16 条的规定，如果行为人的某种行为不是出于故意或者过失的心理态度，即使在客观上造成了危害社会的结果，也不构成犯罪。这就从正反两个方面，从法律上确认了犯罪的故意与过失，是认定行为人构成犯罪的主观依据，是行为人对自己所实施的犯罪负刑事责任的主观基础。

我国刑法之所以规定犯罪的故意与过失是认定行为人构成犯罪并应对犯罪负刑事责任的主观依据，是因为以辩证唯物主义原理为指导的刑事责任理论认为，对于是否实施危害社会的犯罪行为，任何正常人都具有进行选择的相对自由。实施或者不实施某一危害社会的犯罪行为，都是通过人的意识和意志的积极作用，通过相对自由意志的选择和支配来实现的。行为人在相对自由的意识和意志的支配下，选择实施危害统治阶级利益的犯罪行为，不仅从客观方面危害了社会，而且在主观上也具有犯罪的故意或过失的心理态度，这就使他对国家产生了罪责。国家据此对行为人认定有罪并追究他的刑事责任，是合乎情理的，也是非常必要的。与此同时，通过对行为人定罪处刑，还可以进一步促使行为人在以后能够正确地进行意志选择，不再选择实施危害社会的行为，进而起到预防犯罪的效果。相反，如果一个人所实施的特定行为虽然在客观上造成了危害社会的结果，但是，从主观上看，行为人对这一危害社会的结果的发生既没有故意也没有过失，而是由于其意识和意志以外的原因造成的，认定他的行为构成犯罪和追究其刑事责任就失去了合理的根据，定罪量刑自然也就难以起到预防犯罪的效果。

## 犯罪主观方面与犯罪客观方面在定罪中的关系

尽管刑法理论把犯罪的主观方面和客观方面分开研究，但二者的联系在事实上是非常紧密的。这种紧密联系表现在两个方面：（1）任何的犯罪行为都是受行为人的主观罪过支配或影响的，如果某个行为不受主观罪过的支配和影响，即使这个行为在客观上对社会造成了损害，也不是犯罪行为，比如在身体受强制的情况下实施的行为、梦游和先天性的条件反射的举动就属于这种情况。（2）某种心理状态，不论是故意还是过失，如果不是表现在刑法所禁止的危害行为上，这种心理状态就不具有刑法上的意义，不属于犯罪的故意或过失。比如在公共场所随地吐痰或者抽烟的行为，虽然行为人是出于故意，但是由于这些行为不是刑法上的危害行为，因而这种故意就不属于刑法意义上的故意。由此可见，犯罪的主观方面和客观方面是不可分割的，犯罪的主观方面是客观存在并通过客观活动表现出来的，应当而且也只能根据犯罪人实施行为的客观存在的全部情况来查明和认定。离开了任何一方面，另一方面就不存在，从而也就没有了整个犯罪构成的存在，更谈不上定罪和追究刑事责任的问题。因此，刑法在对待刑事责任问题上，应始终坚持主客观相一致的原则，既反对不考虑行为人的主观罪过，仅仅根据危害后果定罪的客观归罪，也反对仅仅根据行为人的思想定罪的主观归罪。

## 罪过在刑法规定的犯罪中不同的结合方式及其意义

我国刑法中所规定的犯罪，从罪过形式的角度看，包括故意和过失两种基本类型。从其与具体犯罪的结合方式来考察，具体表现为如下两种情况：一是由故意构成的犯罪。故意犯罪占我国刑法规定的犯罪数量的大多数。例如，我国《刑法》分则第 1 章所规定的所有的危害国家安全的犯罪，《刑法》分则第 5 章规定的所有的侵犯财产的犯罪以及第 8 章规定的所有的贪污贿赂犯罪都属于故意犯罪。二是由过失构成的犯罪。过失犯罪占我国刑法规定的犯罪数量的少数。例如，我国《刑法》分则第 2 章规定的危害公共安全罪中的责任事故类型的犯罪都是属于过失犯罪。

值得注意的是，有的论著指出，在我国现行刑法所规定的犯罪中，存在数量不多的既可由故意构成，也可由过失构成的犯罪，即所谓的“复合罪过”，并认为《刑法》第 168 条（根据 1999 年 12 月 25 日的《刑法修正案》修订）规定的国有公司、企业、事业单位人员滥用职权罪属于此种犯罪的典型。[①] 应当说，这种认识，和我国刑法传统理论关于决定某一种犯罪的性质的主观要件，只能表现为故意或者过失一种形式，不可能同时包括故意和过失两种形式的论断[②]，是不相吻合的，是否科学有待于进一步研究。

犯罪在主观方面表现为故意还是过失，能够反映犯罪人主观恶性的不同，并进而直接影响到犯罪的社会危害性大小和实现刑罚目的的难易程度，由此所决定，现代社会的刑法以处罚故意犯罪为原则，以处罚过失犯罪为例外，而且即使是对于法律明确规定予以处罚的过失犯罪，刑法对其规定的刑罚（法定刑）也与对故意犯罪规定的法定刑有着明显的差别，一般而言，故意犯罪的法定刑应当重于过失犯罪的法定刑。以我国《刑法》分则第 2 章规定的危害公共安全犯罪为例，同样是“致人重伤、死亡或者使公私财产遭受重大损失”，《刑法》第 115 条第 1 款规定的放火罪的法定刑为 10 年以上有期徒刑、无期徒刑或者死刑，而《刑法》第 115 条第 2 款规定的失火罪的法定刑则为 3 年以上 7 年以下有期徒刑，情节较轻的，更是应当在 3 年以下有期徒刑或者拘役的法定刑幅度内裁量刑罚。当然，刑法对故意犯罪和过失犯罪也有规定相同的法定刑的情况，比如《刑法》第 398 条第 1 款规定的故意泄露国家秘密罪和过失泄露国家秘密罪的法定刑都是“三年以下有期徒刑或者拘役；情节特别严重的，处三年以上七年以下有期徒刑”。同样的情况也存在于《刑法》第 397 条第 1 款所规定的滥用职权罪和玩忽职守罪中。但是，这种情况只是例外，而且法律在同一条文中规定故意犯罪和过失犯罪，并对二者规定完全相同的法定刑，其合理性和科学性也是值得斟酌的。

## 第二节　犯罪的故意

### ■ 犯罪故意的概念和构成因素

对于犯罪故意的概念，刑法理论上有不同的认识，归纳起来主要有主张只要认识犯罪行为的事实或者预见结果发生就成立犯罪故意的认识说、主张认识犯罪事实并有意使结果发生方可成立犯罪故意的希望说和主张认识犯罪事实并希望或者容认犯罪结果发生即成立犯罪故意的容认说等三种学说。[③] 我国《刑法》第 14 条规定：明知自己的行为会发生危害社会的结果，并且希望或者放任这种结果发生，因而构成犯罪的，是故意犯罪。这是故意犯罪的法定概念。根据故意犯罪的这一法定概念，犯罪的故意，是指明知自己的行为会发生危害社会的结果，并且希望或者放任这种结果发生的一种心理状态。因此，我国刑法对犯罪故意的概念实际上是借鉴了容认说的观点。

故意犯罪和犯罪故意是两个既有密切联系又有本质区别的概念。犯罪故意是一种罪过心

---

① 参见高铭暄主编：《新编中国刑法学》（上册），168 页，北京，中国人民大学出版社，1998。
② 参见王作富：《中国刑法研究》，156 页，北京，中国人民大学出版社，1988。
③ 参见高铭暄主编：《中国刑法学》，124～125 页。

理，属于主观范畴的东西，故意犯罪则是行为人在故意的罪过心理支配下实施的构成犯罪的行为，属于客观范畴的东西。

犯罪故意也不同于日常生活意义上的故意。日常生活意义上的故意，是指有意识地（那样做）。而犯罪的故意则是行为人对自己所实施的危害行为所造成的危害结果的心理态度。如果实施的行为不会发生危害社会的结果，不属于危害行为，即使行为人是有意实施的，那也不是犯罪的故意，而是属于我们日常生活意义上的故意。比如，对任何人来说，合法的结婚行为都是他有意识地选择的行为，由于结婚行为不会发生危害社会的结果，是合法的行为，这种结婚的故意就绝对不能说是犯罪的故意。

根据犯罪故意的定义，从内涵上分析，犯罪的故意包括两个因素：一是意识因素，即行为人明知自己的行为会发生危害社会的结果；二是意志因素，即行为人希望或者放任自己行为的危害社会的结果发生。两者缺一，犯罪的故意就不能成立。下面分别对犯罪故意的这两个因素加以阐述。

（一）犯罪故意的认识因素

行为人明知自己的行为会发生危害社会的结果，是构成犯罪故意的认识因素，同时也是一切故意犯罪在主观认识方面都必须具备的特征。虽然一个人的行为在客观上发生了危害社会的结果，但如果其在行为时并不知道自己的行为会发生这种结果，就不构成犯罪的故意。关于犯罪故意的认识因素，要注意把握以下两个方面的问题。

1. 犯罪故意的认识的内容。犯罪故意的认识内容，就是“明知”的内容。根据我国刑法理论界的通说[①]，犯罪故意的认识因素中的“明知”，主要包含以下三个方面的内容：

（1）对行为本身的认识，即对刑法规定的危害社会行为的内容及性质的认识。因为，一个人要明知自己的行为会发生危害社会的结果，首先必须对行为本身的性质、内容与作用有所认识，否则就无法认识到其行为会产生的结果。例如，甲到乙经营的食杂店购买杨梅干一包，结果乙误将其丈夫准备用来毒老鼠的一包拌有老鼠药的杨梅干卖给了甲，结果致使甲食用后中毒死亡。在这里，乙就没有认识到其行为的实际性质，误把杀人行为作为销售行为，自然也就无法认识到顾客死亡的结果，因而也就不具有犯罪故意。

（2）对行为结果的认识，即行为产生或将要产生的危害社会结果的内容与性质的认识。例如，故意杀人罪的行为人认识到自己的行为会发生致使他人死亡的结果，非法拘禁罪的行为人认识到自己的行为会使他人的人身自由受限制。如果行为人没有对行为结果的认识，也不成立犯罪故意。比如，甲乙二人因琐事斗殴，甲将乙打倒在地后，仍感觉气愤难平，决定给乙留一个教训，遂掏出随身携带的三棱刀朝乙的大腿根部刺了一刀，结果刺中了乙的股动脉，致使乙因失血性休克而死亡。在这里，甲只是认识到了自己的行为会产生乙受伤害的结果，但是没有认识到会产生乙死亡的结果，因而甲只有伤害的犯罪故意，而没有杀人的犯罪故意。需要说明的是，由于具体犯罪中的危害结果就是对直接客体的侵害，因而这种对危害结果的明确认识，实际上也就包含了对犯罪直接客体的认识。比如，行为人实施故意伤害行为，他在主观上就应当认识到他的行为会损害他人的身体健康。

需要说明的是，作为犯罪故意认识因素的内容的危害结果，是指危害行为对犯罪客体造成的损害，属于广义上的危害结果，并不限于作为犯罪构成要件事实的危害结果。从这个意义上讲，任何犯罪都应当有危害结果。如果将作为犯罪故意认识因素的内容的危害结果仅仅理解为作为犯罪构成要件事实的危害结果，行为犯、危险犯和举动犯等类型的故意犯罪就会

---

① 参见高铭暄主编：《刑法学原理》，第2卷，18～38页，北京，中国人民大学出版社，1993。

因为认识因素和意志因素失去了对象而无法认定。

（3）对危害行为和危害结果相联系的其他构成要件事实的认识，这一方面的认识主要包括行为人对法定的犯罪对象、时间、地点和方法等因素的认识。因为，当犯罪对象、犯罪的时间、地点和方法等因素作为某种犯罪的构成要件事实的时候，如果行为人对这些事实因素没有认识，就会影响其对行为结果及性质的认识。例如，《刑法》第 341 条第 1 款规定的非法猎捕、杀害珍贵、濒危野生动物罪的犯罪对象是珍贵、濒危野生动物，如果行为人确实不知道自己猎捕、杀害的是珍贵、濒危野生动物，就不能认为行为人对其“危害行为”明知故犯，行为人也不会认识到自己的行为会发生危害社会的结果，自然也就不具有犯罪的故意。需要强调说明的是，犯罪的对象以及犯罪的时间、地点和方法等因素，只有在被刑法明确规定为特定犯罪的构成要件事实时，行为人对这些因素的认识才影响犯罪故意的成立与否。如果这些事实或者因素没有被刑法规定为特定犯罪的构成要件，则行为人对这些事实或者因素的认识与否，都不会影响犯罪故意的成立。例如，犯罪的地点不是故意杀人罪的构成要件事实，因而行为人对犯罪地点的认识与否就不影响其故意杀人罪犯罪故意的成立。

此外，明知的内容是否包括行为人对其行为的违法性的认识，在刑法理论界是一个有争议的问题。我国刑法理论界的通说认为，认识行为的违法性一般说来并不是犯罪故意的内容。因为，我国刑法规定，故意的认识因素是明知自己的行为会发生危害社会的结果，而没有提出明知行为违法性的条件。在司法实践中，对于所谓“大义灭亲”的案件，即使行为人误认为自己的行为被法律所允许，仍然认为其行为构成故意杀人罪，只要行为人明知符合该种犯罪构成要件的一切事实情况就够了。这是因为，行为的社会危害性与违法性是互为表里的，认识行为的社会危害性，自然也会知道这种行为是为法律所禁止的，不需要将违法性的认识专门列为故意的内容，以免被人借口不懂法律而逃避应负的刑事责任。但是在这个问题上，也不能绝对化。如果原来并非法律所禁止的行为，一旦被特别法规定为犯罪，在这个法律实施的初期，行为人不知道有这种法律，从而没有认识到自己行为的违法性，是可能发生的。根据行为人的具体情况，如果行为人确实不知道有这种法律，而认为自己的行为是合法的，那就不应认为具有犯罪故意。①

我们认为，通说的立论基础在于认为行为的社会危害性和违法性互为表里，认识到行为的社会危害性就是认识到行为的违法性。但是，这种论断是否合理是值得考虑的。仍然以司法实践中常见的所谓“为民除害”、“大义灭亲”类型的案件为例，行为人在更多的时候是认为自己的行为没有社会危害性，但是却往往都能认识到自己的行为是为法律所不允许的。这种现象在确信犯中表现得尤为明显。也就是说，行为人对自己的行为的社会危害性认识和违法性认识并不总是一致的。所以，我们认为，违法性认识和社会危害性认识并不是可以相互置换的两个概念。基于此，我们更倾向于赞同有的学者提出的观点，即在犯罪故意的认识内容中应当包括行为人对构成要件事实的评价性认识，这里的评价性认识，既可以是社会危害性认识，也可以是违法性认识，只要二者具备其一，就可以认为成立犯罪故意。因为无论是社会危害性认识，还是违法性认识，都是表明行为人主观上具有反社会的主观恶性或者罪过，对这种主观罪过支配下的行为予以惩罚，是完全符合主客观相统一的追究刑事责任的原则的。②

2. 犯罪故意的认识的程度。犯罪故意的认识程度，实际上就是指明知自己的行为“会

---

① 参见王作富：《中国刑法研究》，160～161 页；高铭暄主编：《中国刑法学》，127 页。

② 参见高铭暄主编：《刑法专论》（上编），269～270 页，北京，高等教育出版社，2002。

发生”危害社会结果的含义。所谓的“会发生”，包括如下两种情况：

第一种是行为人明知自己的行为必然发生某种特定的危害结果。例如，甲意图杀死乙，就用枪口顶在乙的脑袋上射击，这种情况就属于明知自己的行为必然发生某种危害结果。

第二种是行为人明知自己的行为可能发生某种特定的危害结果，但是这种危害结果究竟是否能够实际发生，行为人没有确切的把握。例如，甲意图枪杀乙，但枪法不佳，又没办法接近乙，只好在远距离开枪射杀，甲明知开枪可能打死乙，也可能打不死乙。这种情况就属于明知自己的行为可能发生危害社会的结果。

需要说明的是，这里的“明知必然发生”和“明知可能发生”，都是刑法意义上的必然性认识和可能性认识，只是行为人的一种主观判断，反映行为人对其行为与危害结果之间的联系程度的具体认识，不同于哲学意义上的对客观事物的实际发展规律的必然性认识。例如，行为人捡到某剧组遗失的一把道具枪，误认为是真枪，拿着它近距离对着自己仇人的脑袋扣动扳机。在这里，就不能因为客观上不会发生被害人死亡的结果而否认行为人对自己实施的杀人行为会导致他人死亡具有必然性认识。

（二）犯罪故意的意志因素

犯罪故意的意志因素，是指行为人希望或者放任危害结果发生的心理态度。这是成立犯罪故意的决定性条件。所谓“希望危害结果发生”，是指行为人对危害结果抱有积极追求，并通过一系列犯罪活动促使这种结果发生而努力的心理态度。例如，在诈骗罪中，诈骗犯希望把他人的财物骗归自己所有，在伪证罪中，行为人希望通过虚假陈述、鉴定或者记录来包庇或者陷害他人。所谓“放任危害结果发生”，是指行为人虽然不是希望危害结果发生，但也不阻止和避免危害结果发生，而是顺其自然，任凭其发生的心理态度，不论危害结果发生与否，都不违背行为人的意愿。例如，交通肇事致人重伤的情况下，行为人明知如果不对被害人予以积极的救护，可能会发生被害人死亡的结果，但是行为人为了逃避法律追究，置被害人的安危于不顾而逃跑，结果致使被害人因没有得到及时的救助而死亡。在这里，行为人对于被害人死亡结果的发生实际上就是持一种放任的态度。

（三）犯罪故意的认识因素与意志因素的关系

犯罪故意的认识因素与意志因素之间具有密切的关系，对犯罪故意的成立具有各自不同的重要作用。首先，认识因素是意志因素存在的前提和基础，也是犯罪故意成立的基础。行为人只有在对其危害行为所造成的危害结果有了明确的认识的情况下，才谈得上对危害结果的发生是持希望还是放任的态度。其次，意志因素又是认识因素的发展，是犯罪故意中具有决定作用的因素。如果仅仅有认识因素而没有意志因素，即行为人在主观上对危害结果的发生既不是希望也不是放任，就不存在犯罪的故意，也不会有故意犯罪的行为。因为，危害结果只能是由危害行为造成的，危害行为的实施过程实际上就是行为人意志因素逐渐表现出来的过程。同时，犯罪的意志因素也只能通过危害行为的实施表现出来，否则，我们所谓的犯罪的认识因素和意志因素就只能是停留在思想上的东西。

## ■ 犯罪故意的类型

在刑法理论上，按照行为人对危害结果所持有心理态度即故意的意志因素的不同，可以把犯罪故意区分为直接故意与间接故意两种类型。

（一）直接故意

犯罪的直接故意，是指行为人明知自己的行为必然或者可能发生危害社会的结果，并且希望这种结果发生的心理态度。直接故意的构成因素是：在认识因素上表现为，行为人明知自己的行为必然或者可能发生危害社会的结果；在意志因素上表现为，行为人希望危害结果发生。据此，根据行为人对危害结果发生的可能性的认识程度不同，犯罪的直接故意相应的具有以下两种表现形式：（1）行为人明知自己的行为必然发生危害社会的结果，并且希望这种结果发生的心理态度；（2）行为人明知自己的行为可能发生危害社会的结果，并且希望这种结果发生的心理态度。

（二）间接故意

犯罪的间接故意，是指行为人明知自己的行为可能发生危害社会的结果，并且放任这种结果发生的心理态度。间接故意具有如下特征：

1. 在认识因素上，表现为行为人认识到自己的行为可能发生危害社会结果的心理态度。即行为人通过对自身犯罪能力、犯罪对象、犯罪工具或者犯罪的时间、地点、环境等情况的了解，认识到行为导致危害结果的发生只是具有或然性、可能性，而不是具有必然性。但是，也有的学者认为，间接故意的认识因素也包括明知自己的行会必然会发生危害社会的结果的情形。[①] 这一理论认识上的分歧必然导致对具体案件在确定犯罪故意类型上的差别。比如，建筑工人甲意图杀害乙，发现乙和丙正共用一根保险绳在一高层建筑上悬空工作，甲明知砍断保险绳必然导致乙摔死，同时，由于乙和丙共用一根保险绳，乙死亡则丙也必然死亡，但仍然用刀砍断了保险绳，结果致使乙丙二人坠楼身亡。在这里，甲对乙的死亡是直接故意，大家在认识上没有异议。但是甲对丙的死亡是直接故意还是间接故意，则有不同认识。有的论著认为是间接故意[②]，有的论著则认为是直接故意[③]。我们认为，后一种认识是正确的。因为，如果行为人明知自己的行为必然造成某种危害结果发生而仍然决定实施该行为，就超出了间接故意认识因素的范围，其在意志因素上对危害结果的发生就只能表现为希望，属于直接故意。

2. 在意志因素上，表现为行为人放任行为危害结果发生的心理态度。所谓放任，是指不希望、不是积极的追求，而是行为人在明知自己的行为可能发生特定危害结果的情况下，仍然决意实施这种行为，对阻碍危害结果发生的障碍不去排除，也不设法阻止危害结果的发生，听之任之，任凭危害结果的发生。在这里尤其需要注意的是，间接故意在意志因素上表现为放任危害结果的发生，而不是放任其不发生。间接故意意志因素的这一特点表明，危害结果的发生并不违反间接故意犯罪人的本意，他只是不像直接故意那样积极追求危害结果的发生。从这个角度来分析，间接故意犯罪分子的主观恶性也得到了更加清晰的反映。一般认为，在司法实践中，犯罪的间接故意大致分为如下三种情况：

（1）行为人追求某一个犯罪目的而放任另一个危害结果的发生。例如，甲男与乙女恋爱不成分手，甲男遂对乙女怀恨在心，并产生杀死乙女的歹念。某日，甲男听说乙女要与他人结婚，就在探知举行婚礼的时间和地点后，携带爆炸物赶到现场，并在接近乙女后引爆，致使包括乙女在内的多人被炸死、炸伤。在这里，甲男追求的是乙女的死亡结果发生，对他人的死伤后果则是持放任的心理态度，属于间接故意。

（2）行为人追求一个非犯罪的目的而放任某种危害结果的发生。例如，张某在农闲时节到野外打野兔，正准备举枪射击时，发现野兔已经逃至一个在田地里捡柴的小孩附近，张某

---

① 参见马克昌主编：《犯罪通论》，3版，339、342～344页，武汉，武汉大学出版社，1999。

② 参见高铭暄主编：《刑法学原理》，第2卷，114页。

③ 参见高铭暄主编：《中国刑法学》，128～129页；陈兴良、曲新久：《案例刑法教程》，上卷，137～138页，北京，中国政法大学出版社，1994。

明知如果枪打偏了，可能把小孩打死，但是他又不愿意看到快到手的猎物逃跑，就打了一枪，结果真的打偏了，将小孩打死。在这里，张某打野兔并不违法，但他放任了小孩的死亡的危害结果的发生，在主观上属于间接故意。

（3）在突发性的犯罪中，行为人不计后果，放任严重结果的发生。例如，甲伙同他人在公共汽车上抢劫，在抢劫完毕逃离时，最后离开公共汽车的甲的衣服被乘客乙扯住，甲急于摆脱抓捕，遂掏出随身携带的匕首向乙的胸部刺去，结果刺中乙的心脏并致其死亡。在这里，甲对乙的死亡结果的发生在主观上就属于间接故意。

（三）直接故意与间接故意的关系

直接故意与间接故意均属故意的范畴，二者在认识因素上对自己的行为发生危害结果都有明确的认识，在意志因素上对危害结果的发生都不是排斥、反对的态度，这是两者的相同点。

直接故意和间接故意的区别主要体现在如下几个方面：

（1）在认识因素上，直接故意的行为人对危害结果的认识有必然性认识和可能性认识两种情形，而间接故意的行为人对危害结果的认识则只有可能性认识一种。

（2）在意志因素上，直接故意的行为人是希望危害结果的发生，而间接故意的行为人则是放任危害结果的发生。

（3）在成立条件上，在直接故意的情况下，特定的危害结果是否发生，并不影响犯罪的成立；而在间接故意的情况下，只有发生了特定的危害结果，才能构成犯罪。对于二者之所以在构成条件上存在如此的差别，有的论著指出，对于直接故意来说，其行为性质和结果性质是同一的，其结果也是特定的，根据主客观相统一的定罪原则，只要行为人在主观上有犯罪的直接故意，在客观上有相应的行为，就构成特定的故意犯罪，危害结果的发生与否只是以危害结果的发生作为既遂要件的犯罪区分既遂与未遂的标志。对于间接故意而言，特定的危害结果可能发生，也可能不发生，结果发生与否都不违背行为人的意志，都包含在其本意之中，因而根据主客观相统一的原则，仅有行为而无危害结果时，尚不能认定行为人构成此种犯罪（包括其未遂形态），只有发生了特定危害结果才能认定构成特定犯罪。[①] 也有的论著指出，特定的危害结果发生与否之所以决定间接故意的成立与否，是因为，在间接故意犯罪的场合，行为人实施某种行为，是为了追求某一目的而放任了危害结果的发生，对于所放任的危害结果来说，并没有独立的犯罪行为，只有在行为人所放任的危害结果已经实际发生的情况下，为了追求某一目的而实施的某种行为才能与放任的危害结果相结合，构成间接故意犯罪，如果所放任的危害结果没有实际发生，间接故意犯罪并无从认定。也正是因为这个原因，在行为人同时放任可能发生的两种以上危害结果的情况下，只能是以实际发生的危害结果作为定罪的根据。[②]

区分直接故意与间接故意的意义在于，一般说来，直接故意的主观恶性大于间接故意，因而在其他条件相同的情况下，对直接故意犯罪的判刑一般应重于间接故意犯罪。但这也不是绝对的。在实践中，有的间接故意犯罪案件所表现的主观恶性也很严重，因而对间接故意犯罪判处的刑罚并非都一定要比直接故意犯罪轻。需要注意的是，无论是直接故意犯罪还是间接故意犯罪，由于它们同属于故意犯罪范畴，属于罪质相同的犯罪，因此在确定罪名时无需做出区分。

---

① 参见高铭暄主编：《新编中国刑法学》（上册），191页。

② 同上书，178页。

## 第三节　犯罪的过失

### 犯罪过失的概念

根据我国《刑法》第 15 条第 1 款的规定，犯罪过失，是指应当预见自己的行为可能发生危害社会的结果，因为疏忽大意而没有预见，或者已经预见而轻信能够避免，以致发生这种结果的一种心理态度。据此，犯罪过失作为行为人对其行为所造成的危害结果的一种心理态度，它应当是同危害结果的发生联系在一起的，没有危害结果的发生，就谈不上对危害结果的心理态度，犯罪过失自然也就无从谈起。

根据《刑法》第 15 条第 2 款的规定，过失犯罪，法律有规定的才负刑事责任。因此，即使发生了一定的危害结果，如果立法者认为发生的危害结果的社会危害性程度尚未达到需要作为犯罪给予惩治的地步，因而没有把这种过失行为规定为犯罪，那么，这种过失也就不能说是犯罪的过失。

犯罪过失不同于犯罪故意。两者有三个重要的区别：(1) 从认识因素上看，犯罪故意表现为行为人明知行为必然或者可能发生危害结果，而犯罪过失则表现为行为人对危害结果的发生应当预见但实际并未预见到，或者只是预见到在他看来并非现实的可能性。(2) 从意志因素上看，犯罪故意是希望或者放任危害结果发生，而犯罪过失则是对危害结果的发生既不希望也不放任，而是持排斥和反对的心理态度，只是由于缺乏必要的谨慎，在疏忽大意或者轻信能够避免危害结果发生的错误认识的支配的情况下，实施了过失行为而导致了危害结果的发生。因此，犯罪故意所表明的行为人的主观恶性要明显地大于犯罪过失。(3) 从客观上看，根据我国刑法的规定，过失行为只有造成危害结果时，才构成犯罪，如果只有过失行为，没有造成严重危害后果的，不能定罪。对于故意犯罪而言，则要区分情况，对于直接故意犯罪，危害结果的发生与否不影响犯罪的成立，间接故意犯罪的成立则要求行为人所放任发生的危害结果的实际发生。

通过对犯罪过失概念的考察，我们可以看出，在过失犯罪的情况下，行为人所实施的危害社会的行为并非自觉自愿，那么，追究行为人的刑事责任的根据是什么呢？我国刑法理论认为，一切具有刑事责任能力的人，其意志具有相对的自由，他可以凭借自己对客观事物的正确认识，在客观条件许可的范围内自由选择自己的行为。过失犯罪也不例外。在过失犯罪的情况下，行为人本来能够通过对客观事物的认识，慎重从事，正确选择自己的行为，从而避免危害结果的发生。但是行为人却在自己的意志支配下，对社会利益和群众的安危采取了严重不负责任的态度，从而造成严重危害社会的结果。因此，国家有充分的理由要求行为人对自己这种严重不负责的态度支配下的行为造成的危害结果承担刑事责任。

### 犯罪过失的类型

我国刑法按照犯罪过失心理态度的不同内容，把犯罪的过失区分为疏忽大意的过失与过于自信的过失两种类型。

（一）疏忽大意的过失

疏忽大意的过失，又叫无认识的过失，是指行为人应当预见到自己的行为可能发生危害社会的结果，因为疏忽大意而没有预见，以致发生这种结果的心理态度。它具有如下两个基本特征。

1. 行为人应当预见自己的行为可能发生危害社会的结果。应当预见，是指行为人在行为时对危害结果的发生既有预见的义务，又有预见的能力。这是疏忽大意的过失区别于意外事件的关键所在。所谓预见的义务，是指行为人在行为时对危害结果的发生负有预见的责任。预见的义务一般由法律或者规章、制度规定，在没有相应的法律或者规章时，一般应根据共同生活准则或生活经验来确定。比如，生活在高层居民住宅小区的居民就应当预见到随意向楼下抛掷杂物可能会砸伤他人。所谓预见的能力，则是指行为人在实施行为时，对危害结果的发生有预见的现实条件和实际可能性。一般来讲，预见义务与预见能力是有机的统一，法律只对有条件、可能预见的人才会提出预见的义务。因此，即使行为人对危害结果的发生负有预见义务，但在当时的情况下不具有预见的条件，不存在预见的能力，即使发生严重的损害结果，也不能要求行为人对此负刑事责任。

关于判断能否预见的标准问题，刑法理论界尚未达成共识，主要有以下三种观点：一为客观标准说，即主张以社会上一般人的水平来衡量；二为主观标准说，即在当时的具体条件下以行为人本身的能力和水平来衡量；三为以主观标准为根据、以客观标准作参照的观点。第三种观点是我国刑法理论界较为通行的主张。我们也赞同这一观点。据此，一般理智正常的人能够预见到的危害结果，理智正常的行为人在正常条件下也应当能够预见到。但是，判定行为人能否预见的具有决定性意义的标准，只能是行为人的实际认识能力和行为时的具体条件。这就是说，要根据行为人本身的年龄状况、智力发育、文化知识水平、业务技术水平和工作生活经验等因素判定其实际认识能力，以及行为当时的客观环境和条件，来具体分析他在当时的具体情况下，对行为发生这种危害结果能否预见。按照这个标准，一般人在普通条件下能够预见的，行为人可以因为自身认识能力较低或行为时的特殊条件而不能预见；反之，一般人在普通条件下不能预见的，行为人也可以因为自身认识能力较高（如具有相关的专业知识或者经验等），或者行为时的特殊条件而能够预见。因此，既不应无视行为人的实际认识能力，而单纯拿一般人的认识能力来衡量行为人能否预见，也不宜脱离行为当时的具体条件，而按普通情况来判断行为人能否预见，而只能按照行为人的实际认识能力和行为当时的具体客观条件，来分析、判定行为人能否预见。

2. 行为人由于疏忽大意，而没有预见到危害结果的发生。所谓没有预见到，是指行为人在行为时没有想到自己的行为可能发生危害社会的结果，而不是说行为人从来就不知道某种行为会发生某种结果。例如，李某驾驶小货车在一空地由南往北倒车时，由于没有仔细探明路况，小货车的右后部将在该场地上玩耍的一女孩撞倒在地，致使该小女孩因头部遭受挤压致颅脑外伤而死亡。在这里，李某身为司机，是应当知道在汽车起步时如不观察车辆周围的情况可能会发生危险的，但是李某由于疏忽大意，恰恰在这次开车的时候没有预见到这一点，因而他的行为属于疏忽大意的过失犯罪。在我国刑法理论中，构成犯罪的假想防卫都是属于疏忽大意的过失犯罪。

所谓疏忽大意，就是粗心、马虎，不留意、不负责任。[①] 例如，公安人员蔡某，于2002年4月5日下午2时许，携带一支“七七”式手枪，与同宗族的100多人一起拜祭祖坟。他为了助兴，便走到坟前，拔出所佩带的“七七”式手枪，上膛后即向天鸣枪。发射4发子弹后，蔡某用右手握枪放回腰部，此间无意中扣动扳机，致使手枪内一发子弹击发，当场击中参与扫墓的一名7岁的蔡姓小女孩，该女孩经抢救无效死亡。在这里，蔡姓小女孩的死亡结果的发生就是由于蔡某疏忽大意造成的。在过失犯罪中，疏忽大意是导致没有预见危害结果

① 参见高铭暄主编：《新编中国刑法学》（上册），195页。

发生的根本原因，它既是此种过失的重要心理特征，也是行为人承担过失责任的根据。

（二）过于自信的过失

过于自信的过失，也称有认识过失，是指行为人预见到自己的行为可能发生危害社会的结果，但轻信能够避免，以致发生这种结果的心理态度。过于自信的过失具有如下两个特征：

1. 行为人已经预见到自己的行为可能发生危害社会的结果。在过于自信的过失的场合，行为人对自己行为的危害社会结果的预见，只能是预见这种结果可能发生，而不能是预见这种结果必然发生。这是因为，过于自信的过失的根本特征是轻信能够避免危害结果的发生，而只有在预见到危害社会结果仅仅是可能发生的条件下，才会轻信能够避免这种结果发生。否则，如果行为人预见到危害结果不可避免地要发生，那就不会产生能够避免这种危害结果发生的错误认识了。而且，在谈到犯罪的直接故意时，我们也指出，如果行为人明知自己的行为必然发生危害结果，而仍然实施该行为的，他在意志因素上只能表现为希望危害结果发生，在主观上属于直接故意。

需要说明的是，行为人已经预见到危害结果可能发生，只能是行为人自己的认识，而不是他人的认识，而且这种认识的有或者无是客观的，不能根据一般经验认为某种行为具有发生危害结果的可能性，就推断行为人一定也有相同的认识。因为每个人的知识、经验等具体情况是不同的，不能用一般标准代替个体标准。而且，经验和知识也不是判断行为人是否已经认识到危害结果发生的可能性的标准。同样的可能导致危害社会的结果发生的过失行为，在发生实际危害结果情况下，对有的人来讲，是疏忽大意的过失造成的，对有的人则是过于自信的过失造成的，即使对同一个人来讲，在不同的情境和场合下，也会基于不同类型的过失心理实施相同性质的过失犯罪。

2. 行为人轻信能够避免但未能避免，以致发生了危害结果。所谓轻信能够避免，一般包含着以下三个方面的意思：(1) 行为人相信危害结果不会发生，即对危害结果的发生，行为人是持排斥、否定的态度的。(2) 相信能够避免危害结果的发生有一定的实际根据。这就是说，行为人不是毫无根据地认为不会发生危害社会的结果，而是有实际的根据才相信危害结果的发生可以避免，例如，行为人本人的熟练技巧或较强的体力，行为人对客观环境或自然规律的熟悉等。(3) 相信能够避免危害结果发生的根据并不可靠。这就是说，行为人过高地估计了能够避免危害结果发生的根据，以致最终还是发生了危害结果。正因为如此，这种过失才叫做过于自信的过失。

过于自信的过失作为过失犯罪的主观罪过形式之一，与疏忽大意的过失在意志因素上对危害结果的发生均持反对、排斥的态度，因此，两者有相似之处。它们之间的区别在于认识因素不同。过于自信的过失在认识因素上对危害结果的发生是已经有所预见，而疏忽大意的过失对危害结果的发生则是应当预见但实际上没有预见。

过于自信的过失与间接故意有相似之处。二者在认识因素上对危害结果的发生均有认识，在意志因素上对危害结果的发生均持不希望的态度。但它们是性质截然不同的两种罪过形式，在认识因素和意志因素上都有着重要的区别。它们之间的区别主要表现在：

1. 对危害结果的认识程度不同。过于自信的过失的行为人仅仅是预见到危害结果可能发生，认识程度相对较低；而间接故意的行为人则是明知危害结果的现实可能发生，认识程度相对较高。

2. 对危害结果的发生所持的意志因素不同。对可能发生的危害结果的意志因素的不同，是区别过于自信的过失和间接故意的关键。对于过于自信的过失来讲，行为人在主观上对危害结果的发生不仅不存在希望的心理，而且轻信能够避免危害结果的发生，因此，危害结果的发生是违背行为人的本意的；对于间接故意来讲，行为人虽然也不是希望危害结果的发生，但却放任了危害结果的发生，危害结果的发生并不违背行为人的本意。

在实践中，判断行为人对危害结果的发生在意志因素上究竟是轻信能够避免还是放任，一个较为行之有效的方法是，如果行为人在已经认识到可能发生危害结果的情况下，他虽然不是希望这个危害结果发生，但又没有采取任何措施，也不是依靠任何条件去防止它发生，一般就可以认定其在主观上对危害结果的发生持放任的心理态度，是间接故意。如果行为人已经认识到危害结果发生的可能性，但是他为了防止这一危害结果的发生采取了一定的措施，或者依靠自己的经验、水平或者当时、当地的条件，自信能够避免危害结果的实际发生，但是结果最终还是发生了，就属于过于自信的过失。

## 第四节　意外事件

### ■ 意外事件的概念和特征

在现实生活中，不仅有罪过实施的犯罪会产生危害社会的结果，无罪过实施的行为同样也会造成损害社会的结果。根据我国《刑法》第 16 条的规定，行为虽然在客观上造成了损害结果，但不是出于行为人的故意或者过失，而是由于不能抗拒或者不能预见的原因所引起的，不认为是犯罪。这种情况就是刑法理论中所说的意外事件。

我国刑法中的意外事件具有以下特征：（1）行为人的行为在客观上造成了损害结果；（2）行为人对自己行为所造成的损害结果，主观上既无故意也无过失；（3）损害结果的发生是由于不能预见的原因所引起的。其中，对造成损害结果的原因“不能预见”是意外事件最本质的特征。这也是意外事件区别于犯罪行为的最重要的标志。所谓“不能预见的原因”，就是指行为人在其行为引起损害结果发生的当时，根据客观环境和主观条件，他根本没有也不可能预见这种损害结果，即没有预见能力。例如，农民涂某，秋季某日午夜，拿着锯子到村子外集体所有的树林中偷锯槐树。涂某在树林中锯树的声音被护林员李某听见。因月色暗淡，看不见锯树人，李某便向发出锯树声音的地方蹑手蹑脚地走去，试图当场抓获偷树人。当李某走到涂某锯树处两丈远时，树正好锯断倒下，打中李某的头部，致李某当即死亡。根据当时的情况，涂某不可能预见到锯断树会将人打死。因而，致李某死亡对涂某来讲就是意外事件。

值得注意的是，根据我国《刑法》第 16 条的规定，在无罪过的情况下导致损害结果发生的原因有两种，一个是无法预见的原因，即意外事件，另一个是不能抗拒的原因。有的论著认为这两种情况都属于意外事件。前一种称为不能抗拒的意外事件，后一种称为不能预见的意外事件。① 我们认为这种认识是不妥的。意外事件，顾名思义，应当是指行为人对损害结果的发生无法预见。而刑法将不能预见的原因和不能抗拒的力量并列规定为引起损害结果的两种原因，就说明在不能抗拒的原因引起损害结果的情况下，行为人是认识到了自己的行为将发生危害社会的结果的，只是由于他遭遇到了不可抗拒的力量，没有能力去避免这种损害结果的发生。把这种意料之中的事件也包括到意外事件中，很明显是不恰当的。也正是基于这种考虑，有的论著把我国《刑法》第 16 条规定的引起损害结果发生的两种原因通称为

---

① 参见王作富：《中国刑法研究》，188 页。

无罪过事件。我们认为这种称谓是较为准确的。

意外事件不被认为是犯罪，是我国刑法所坚持的主客观相统一的定罪原则所决定的。在这种情况下，虽然行为人在客观上造成了损害结果，但主观上既不存在犯罪的故意，也不存在犯罪的过失，因而缺乏构成犯罪和负刑事责任的主观根据，不能认定为犯罪和追究刑事责任。如果这时对行为人予以定罪和追究刑事责任，就是“客观归罪”，有悖于主客观相统一的追究刑事责任原则的要求。

### ■ 意外事件与疏忽大意的过失犯罪的区别

意外事件与疏忽大意的过失犯罪有相似之处，二者都是行为人对有损害结果的发生没有预见，并因此而发生了这种结果。但是，它们有着原则的区别，即导致危害结果或者损害结果发生的原因不同。意外事件是因为行为人对损害结果的发生不能预见而没有预见，以至于导致损害结果发生，而疏忽大意的过失犯罪则是行为人对危害结果的发生应当预见，但是因为疏忽大意而没有预见，因而导致危害结果的发生。这一区别也是为什么缺乏认识因素的意外事件不认为是犯罪，而疏忽大意的过失行为却是犯罪的根本原因所在。例如，据 2000 年 12 月 16 日的《北京晚报》报道，瑞士因特拉肯地方法院于 2000 年 12 月 14 日，判处两名效力于“冒险世界”旅游公司的导游 5 个月监禁。原因在于这两名导游在 2000 年 5 月的一次蹦极活动中，因“严重疏忽”使用了一根过长的弹力绳，导致一名 21 岁的美国游客意外丧生。在这个案例中，使用过长的弹力绳会导致蹦极的游客伤亡的结果，对于导游而言就应当是可以预见的，他们由于疏忽大意而没有预见到这一危害结果发生，并最终导致蹦极游客的死亡，就成立疏忽大意的过失犯罪，而不是意外事件。

危害结果的发生是否可以预见，作为疏忽大意的过失犯罪区别于意外事件的标准，是划分罪与非罪的界限。正确划清、严格区别这一界限，不仅可以防止将那些工作草率马虎、敷衍了事，因而给国家造成损失的过失犯罪行为误认为是意外事件，放纵犯罪分子，又可以避免在认定犯罪问题上出现“客观归罪”的错误，将意外事件误认为过失犯罪，使无辜者负担刑事责任。

## 第五节 犯罪目的与犯罪动机

### ■ 犯罪目的和犯罪动机的概念

人的任何故意实施的行为，都是在一定的动机的支配下，去追求一定的目的的。一般来讲，动机是指推动人以行为去追求某种目的的内在动力或内心起因，目的是在一定动机的推动下希望通过实施某种行为达到某种结果的心理态度。刑法学研究的动机和目的，不是人的一般故意行为的动机和目的，而是作为行为人故意犯罪活动主观因素的犯罪动机和目的。

（一）犯罪目的的概念

所谓犯罪目的，是指犯罪人希望通过自己实施的犯罪行为达到某种危害社会的结果的心理态度。例如，盗窃犯在实施盗窃行为时，就是以非法占有他人财物为目的，杀人犯在实施故意杀人行为时，就是以剥夺被害人的生命为目的。由犯罪目的的概念可以看出，行为人对犯罪目的的实现，持一种追求或者说希望的心理态度，并且是通过犯罪行为来实现的。而在过失犯罪中，由于行为人对危害结果的发生持排斥的心理态度，因而在过失犯罪中不可能存在犯罪目的。对于故意犯罪，根据我国刑法理论的通说，犯罪目的一般只存在于直接故意犯罪的过程中，在间接故意犯罪的情况下，由于行为人对危害结果的发生是放任而不是希望，不存在犯罪目的。①

由于在直接故意犯罪中，行为人对某种危害结果所持的希望、追求的心理，实际上往往就是犯罪目的的内容，即直接故意犯罪的主观方面都包含着犯罪目的的内容，因此，分析或者查明了这些犯罪的构成要件，就可以明确行为人所追求的犯罪目的。例如，只要行为人违背被害妇女的意志，强行与之发生性关系，其行为就符合了强奸罪的构成要件，其在主观上就只能是强行奸淫的目的。我国刑法对绝大多数直接故意犯罪没有特别规定犯罪的目的，其道理就在于此。

但是，对有的直接故意犯罪，仅仅从罪过的内容和行为的性质尚难以决定其是否构成犯罪，例如，在仅仅查明被依法指定、确定的枪支制造企业故意实施了制造无号、重号、假号的枪支的行为的情况下，就不能确定其行为是否构成《刑法》第 126 条规定的违规制造、销售枪支罪。在这种情况下，或者是为了区分此罪与彼罪，或者是为了缩小打击面，刑法对一些直接故意犯罪的主观目的作了明文规定。例如，在行为人传播淫秽物品的情况下，是否以牟利为目的是区分《刑法》第 363 条第 1 款规定的制作、复制、出版、贩卖、传播淫秽物品牟利罪和第 364 条第 1 款规定的传播淫秽物品罪的关键；《刑法》第 389 条第 1 款所规定的行贿罪之所以规定犯罪的成立以“谋取不正当利益”为目的，则是出于缩小打击面的考虑。对于这些刑法明确规定以某种犯罪目的作为犯罪构成的必要要件的犯罪，查明是否具备该种犯罪目的，是划清此罪与彼罪以及罪与非罪的界限的关键。

（二）犯罪动机的概念

所谓犯罪动机，是指刺激犯罪人实施犯罪行为以达到犯罪目的的内心冲动或起因。心理学告诉我们，动机是激励人去行动的主观原因，它激励人确立某种目的，推动人去达到某种目的。犯罪动机当然也具有心理学上的动机的特点，但它与一般动机的不同之处在于，它是刺激人去实施犯罪行为，推动人确立和去达到犯罪目的的主观原因。例如，对于强奸罪的实行犯来讲，非法强行与妇女发生性关系是其犯罪目的，而促使行为人确定这种犯罪目的的内心起因即犯罪动机，可以是贪色、仇恨、报复甚至极端的嫉妒心理等。查清行为人的犯罪动机，有助于我们真正了解犯罪人为何去追求某种犯罪目的，进而准确认定犯罪目的。

我国刑法理论通说认为，由于犯罪动机和犯罪目的是密切联系而存在的，行为人基于某种需要而形成犯罪动机，在犯罪动机的指引和推动下又进而确定了犯罪目的，因而在间接故意中同样也不存在脱离于犯罪目的的犯罪动机。②

### 犯罪目的与犯罪动机的关系

犯罪目的与犯罪动机既密切联系，又互相区别。二者的密切联系表现在：(1) 二者都是犯罪人实施犯罪行为过程中存在的主观心理活动，它们的形成和作用都反映了行为人的主观恶性程度及行为的社会危害性程度。(2) 犯罪目的以犯罪动机为前提和基础，犯罪目的来源于犯罪动机，犯罪动机促成犯罪目的。(3) 二者有时表现为直接的联系，即它们所反映的需要是一致的，如出于贪利动机实施的以非法占有为目的的侵犯财产犯罪即是如此。

犯罪目的与犯罪动机的区别在于：(1) 二者形成的时间先后不同。犯罪动机是促使犯罪人实施犯罪行为以达到犯罪目的的内心冲动或者内心起因，它产生于犯罪目的之前；而犯罪

---

① 参见马克昌主编：《犯罪通论》，339 页。

② 参见陈兴良、曲新久：《案例刑法教程》，183～184 页。

的目的是犯罪人通过实施某种犯罪行为所希望达到的结果，它只能形成于犯罪动机之后。（2）同一种犯罪的目的相同，而犯罪动机则可能有所不同。例如，同样是强奸罪，犯罪动机可以是为了满足性欲，也可以是为了逼婚，还可以是为了报复。（3）一种犯罪动机可以导致几种不同的犯罪目的。例如，行为人出于复仇的动机可以去实施以非法剥夺他人生命为目的的故意杀人行为，也可以去实施以毁损他人财物为目的的故意毁坏财物罪，还可以去实施以让他人受到刑事追究为目的的诬告陷害罪。（4）犯罪目的与犯罪动机在定罪量刑中的作用不同。一般来讲，犯罪目的的作用偏重于影响定罪，犯罪动机则偏重于影响量刑。

## ■ 研究犯罪目的和犯罪动机的意义

犯罪目的和犯罪动机存在于直接故意犯罪中，并对其定罪量刑具有重要的意义。

（一）研究犯罪目的的意义

犯罪目的突出影响直接故意犯罪的定罪的问题，主要表现为以下两种情况：

1. 在法律标明犯罪目的的犯罪中，特定的犯罪目的是犯罪构成的必备要件。对于这些犯罪来说，特定的犯罪目的的作用在于，或是作为区分罪与非罪的标准，或是作为区分此罪与彼罪的标准。

2. 对法律未标明犯罪目的的直接故意犯罪来说，犯罪目的是其犯罪故意中必然存在的一个重要内容。由于每种直接故意犯罪都有其特定的犯罪目的，因而在剖析具体犯罪构成的主观要件时，明确其犯罪目的的内涵并予以确切查明，无疑对定罪具有重大作用。例如，抢劫、盗窃、抢夺犯罪都是以非法占有公私财物为目的，行为人虽有客观上相应的行为，但如果不具有这些特定的目的，就不构成犯罪或者不构成此种犯罪。可见，查清这些直接故意犯罪的犯罪目的，有助于正确区分罪与非罪、此罪与彼罪的界限。

另外，由于定罪正确是量刑适当的前提，而犯罪目的影响定罪，因而也可以说它对正确适用刑罚也具有一定的作用。

（二）研究犯罪动机的意义

我国刑法理论通常认为，我国刑法虽然没有对犯罪动机作明文规定，犯罪动机一般不是犯罪的构成要件，但是作为犯罪主观方面的构成因素，犯罪动机对于定罪、特别是量刑在某种程度上也有一定的影响。

1. 犯罪动机对定罪的影响。根据我国《刑法》总则第 13 条规定的“但书”的内容以及刑法所规定的对某些“情节犯”的要求，某些行为是否构成犯罪，除了要考察其是否已经具备犯罪构成要件外，还要视其情节是否严重或者是否显著轻微。比如，《刑法》第 246 条规定的侮辱罪和诽谤罪即以“情节严重”作为成立犯罪的条件。这样，作为犯罪重要情节之一的犯罪动机，自然在一定程度上成为可以影响犯罪成立与否的一个因素，也就是说，犯罪动机在一定条件下也间接地影响定罪。

2. 犯罪动机对量刑的影响。在我国刑法中，不同的犯罪情节对于量刑有着非常重要的影响。比如，《刑法》第 133 条规定的交通肇事罪，应当判处 3 年以下有期徒刑或者拘役，但是如果交通肇事后逃逸或者有其他特别恶劣情节的，则应当在 3 年以上 7 年以下判处刑罚。再如，《刑法》第 240 条规定的拐卖妇女、儿童罪，在具备法定的 8 种情形的基础上，如果情节特别严重的，应当判处死刑。而犯罪动机是犯罪的重要情节之一，因此不同的犯罪动机在司法实践中对量刑的轻重必然会产生不同的影响。

## 第六节　认识错误

人的认识是对客观现实的反映，因而判断人的认识是正确或错误，就应当看这种认识是否正确地反映了客观实际。所谓认识错误，就是对客观实际的不正确反映或认识。刑法上的认识错误，在性质上与一般的认识错误有着根本的不同，它是指行为人对自己的行为在法律上的意义或是否影响犯罪成立的事实上的不正确认识。刑法上的认识错误可以分为两类：一类是行为人在法律上认识的错误，另一类是行为人在事实上认识的错误。

### ■ 法律的认识错误

法律的认识错误，即行为人在法律上认识的错误，是指行为人对自己的行为在法律上是否构成犯罪、构成何种犯罪或者应当受到什么样的刑事处罚的不正确的理解。法律的认识错误，通常表现为如下三种情况。

（一）假想的犯罪

所谓假想的犯罪，是指行为人的行为，依照法律并不构成犯罪，但行为人误认为是犯罪。这种认识错误不影响行为的性质。因为行为是否构成犯罪，应当以法律的规定为准绳，而不是以个人的评价为标准。刑法既然规定这种行为不是犯罪，就不能因为行为人误认为是犯罪而让他承担刑事责任。例如，甲与到其家中入户抢劫的歹徒乙搏斗，并在搏斗过程中使用擀面杖将乙打死。甲认为自己的行为构成了故意杀人罪，并到当地派出所“自首”。公安机关在到现场勘查后，认为甲的行为成立正当防卫，不负刑事责任。在这里，甲的正当防卫行为并不因为他认为是故意杀人罪而改变了性质，司法机关也不会因为他认为自己构成犯罪而追究他的刑事责任。

（二）假想的不犯罪

所谓假想的不犯罪，是指行为人的行为构成犯罪，但行为人误认为不是犯罪。在这种情况下，行为人对自己行为的事实特征本身并没有产生错误认识，只是对自己的行为性质的评价产生了错误认识。在这种情况下，原则上不能因为行为人对自己的行为在法律上的性质有误解而不追究其刑事责任。例如，张某带着邻居的孩子孙某（5 岁）到水库去钓鱼，到达水库后，张某遇到了棋友胡某，就让孙某独自在水库的堤岸边玩耍，自己和胡某到树阴处下棋，结果孙某在玩耍时不慎坠入水库，溺水身亡。在这里，张某将仅有 5 岁的孙某带到水库后，就负有照顾、看护好孙某的义务，同时也应当预见到将孙某独自留在水库堤岸边玩耍可能会发生危险，但是，张某由于疏忽大意而没有预见到这种危险，疏于行使看护义务，结果导致孙某溺水身亡，其行为已经构成过失致人死亡罪。此案在开庭审理过程中，尽管张某辩称孙某是自己溺水身亡的，他没有责任，不构成犯罪，但是人民法院仍以张某犯过失致人死亡罪，判处他有期徒刑 2 年，并没有因为张某认为自己的行为不构成犯罪而宣告其无罪。再如，甲到某宾馆嫖娼，在和妓女乙商谈价格时，没有达成一致，遂使用暴力将乙强奸。尽管甲认为乙是妓女，发生性关系不存在违背其意志的问题，人民法院仍以甲犯强奸罪判处其有期徒刑 3 年。

需要说明的是，在某些特殊情况下，如果行为人因为确实不了解国家刑事法律的某种禁令，从而也不知道其实施的特定行为具有社会危害性的，不宜认定其行为构成犯罪，也不能让其承担刑事责任。

（三）对定罪量刑的误解

所谓对定罪量刑的误解，就是指行为人认识到自己的行为构成犯罪，但对自己的行为触犯了刑法规定的何种罪名，以及应当判处什么样的刑罚，存在不正确的认识。由于这种认识错误所涉及的情况不影响犯罪构成和行为的社会危害性，因而不影响行为人的罪过，也不影响其刑事责任。例如，被告人陈某，在 2001 年 9 月至 11 月期间，对到他家玩的 7 名幼女先后进行了 10 多次奸淫和猥亵，每次奸淫和猥亵完后，陈某给被害幼女 5 角至 5 元不等的钱物。尽管陈某认为自己只是和小女孩睡睡觉，不会判得很重，人民法院仍以强奸罪从重判处其死刑，缓期两年执行。

## 事实的认识错误

事实的认识错误，是指行为人对与自己的行为有关的事实情况所产生的不正确的认识。这类认识错误是否影响行为人的刑事责任，要区别情况具体对待。总的来讲，如果行为人对属于犯罪构成要件方面的事实情况认识错误，则影响行为人的刑事责任；如果行为人对属于犯罪构成要件以外的事实情况认识错误，则不影响行为人的刑事责任。行为人对事实的认识错误，主要有以下几种情况。

（一）客体的认识错误

即行为人意图侵犯一种客体，而实际上侵犯了另一种客体。对于客体认识错误的案件，有的论著认为应当按照行为人意图侵犯的客体定罪。[①] 我们认为这种认识是不全面的。在客体错误的情况下，如果行为人实际侵犯的客体不符合特定的犯罪构成要件，自然应当按照行为人所意图侵犯的客体定罪。例如，甲在某火车站候车室盗窃，将到外地执行任务的警察乙的皮包窃走，发现包里面除了一把“六四式”手枪和几份公文外，别无他物。在这里，甲意图侵犯的是他人的财产权利，实际上侵犯的是公共安全和国家对枪支的管理制度，但是对于盗窃枪支来讲，他在主观上或者是过失，或者是意外，不能构成盗窃枪支罪，因而对他只能以盗窃罪定罪处罚。但是，如果在行为人实际侵害的客体能够成立过失犯罪的情况下，则行为人所意图实施的故意犯罪和他因实际侵犯的客体而构成的过失犯罪成立想象竞合，应当选择处罚较重的犯罪定罪处刑。比如，行为人意图杀害大熊猫，结果误将上山砍柴的一个农民打死了。在这里，被害农民的生命权利受刑法保护没有疑问，但是大熊猫也是受国家保护的珍贵动物，非法杀害大熊猫的行为构成《刑法》第 341 条第 1 款规定的非法杀害珍贵、濒危野生动物罪。在这种情况下，如果行为人确实难以预见到自己的行为会造成他人的死亡，那么对于被害人的死亡来讲，属于意外事件，不负刑事责任，但是，行为人仍然应当承担非法杀害珍贵、濒危野生动物罪未遂的刑事责任。如果行为人对被害人的死亡有过失，则他的行为就同时符合了过失致人死亡罪和非法杀害珍贵、濒危野生动物罪（未遂），成立想象竞合，应当选择处罚较重的犯罪定罪处罚。

（二）对象的认识错误

行为人对对象的认识错误，通常表现为如下情况：

1. 具体的犯罪对象不存在，行为人误以为存在而实施侵害行为。这种情况下，因犯罪不能得逞，应定为犯罪未遂。例如，行为人误将野兽、牲畜、物品、尸体等看作人而实施杀害行为的，就应当让其承担故意杀人罪未遂的刑事责任。

---

① 参见王作富：《中国刑法研究》，176～177 页。

2. 行为人误把犯罪对象当做非犯罪对象加以损害。这里所谓的犯罪对象，是指受刑法保护的社会关系的主体或者载体。比如，人是生命权的主体，一台彩电则是财产权的载体。所谓的非犯罪对象，是指不体现刑法所保护的社会关系的物。比如，被人丢弃的旧彩电、一块普通的石头，在这些物体上并不体现刑法所保护的社会关系。

在行为人误把犯罪对象当做非犯罪对象加以损害的情况下，显然不成立故意犯罪，应根据实际情况判定是过失犯罪还是意外事件。在实践中，行为人以人为兽而实施杀伤行为的，就属于这种情况。例如，汤某，59 岁，系某村村民。由于汤某居住的村子后山上经常有野猪出没，爱好狩猎的他便私制了一支猎枪。2002 年 11 月的一天下午，汤某带上火药悄悄溜到后山，当其走到山脚一个转弯处时，发现前方 20 米处的草丛中有一黑影晃动，兴奋的汤某以为是只大野猪，赶紧装药上膛，并特意在枪筒里装上了几个长达寸余的钢钉。结果在开枪后才发现，被击中的目标是正趴在草丛中张弓捕猎的另一村民。公安机关以汤某涉嫌过失致人死亡罪将其刑事拘留。

需要说明的是，我们在这里谈到的对象错误的情形，行为人意图侵害的对象是不受刑法保护的对象，如果意图侵害的对象是受刑法保护的对象，则应当按照前述的客体错误的第二种情况的处理原则处理。

3. 具体目标的认识错误。在这种情况下，行为人对其所要侵犯的客体没有认识错误，只是对犯罪对象发生了认识错误，错把甲对象当做乙对象加以侵害。在具体目标的错误的情况下，由于行为人实际侵害的目标和他意图侵害的目标都体现了刑法所保护的相同的社会关系，犯罪对象的差异不影响特定犯罪的成立，因而对行为人的刑事责任不发生任何影响。比如，甲误把乙当做丙予以杀害。在这里，无论乙还是丙被杀害，都是人的生命权利被剥夺，而且甲在实施杀害行为时，明知自己的行为会造成他人死亡的结果，并且希望这种结果发生，其行为就符合了故意杀人罪的构成要件，对象的差别对杀人行为的性质没有影响，不影响故意杀人罪的成立。

在司法实践中，有的行为人在实施危害行为时，对其所要侵犯的客体没有认识错误，对犯罪对象的认识也没有错误，但是由于其他原因，行为的方向偏了，损害了其他目标。比如，甲和乙二人因琐事发生争吵，继而厮打在一起，甲的儿子丙看见了，就手持木棍准备打乙，结果由于甲乙二人位置的变化，丙用木棍打伤了自己的父亲甲。对于这种情况，有的论著称为行为偏差，也有的称为行为误差。[①] 有的论著认为在发生行为误差的情况下，对行为人实际损害的目标不能认定为故意犯罪，如果行为人应当预见到这种危害结果，他就要对此负过失责任，如果是不可能预见的，就不负刑事责任。[②] 我们认为这种处理原则是不妥当的。行为误差固然有不同于具体目标错误的地方，比如，具体目标错误是由于行为人对犯罪对象发生错误认识的原因造成的，而在行为误差的情况下，行为人对犯罪对象并没有发生错误认识，只是由于特定的原因而造成了目标上的误差，但是二者在本质上并没有差别，因而可以采用相同的处理原则。例如，蔡某和温某私通已有 10 年时间，2001 年 5 月底，两人在一次私通时打算毒死蔡某的丈夫，并购买“毒鼠强”药水 4 瓶。2001 年 8 月 3 日，蔡某发现自己已经怀孕，由于蔡某丈夫已经结扎，奸情势必败露。于是蔡某和温某加紧密谋杀害蔡某的丈夫。蔡某知道丈夫夜间和早上起身都有喝水的习惯，便同温某约定 8 月 6 日凌晨 3 时投毒。当晚，当蔡某的家人熟睡后，温某偷偷来到蔡家后门，将 4 瓶“毒鼠强”从门缝里递

① 参见高铭暄主编：《中国刑法学》，137～138 页。

② 参见王作富：《中国刑法研究》，189 页。

给蔡某，蔡某将4瓶“毒鼠强”倒进两个热水瓶中，然后将空瓶交给温某带走。8月6日早上，由于蔡某的丈夫起床较晚，没有喝水，蔡某毫不知情的4个儿子起床后饮用了热水瓶中的水，造成两人死亡。在这里，蔡某意图杀害的是其丈夫，实际杀害的却是自己的两个儿子，尽管这种错误不是认识上的错误造成的，不是说蔡某错把自己的儿子当做丈夫予以杀害，而是由于蔡某的丈夫没有喝水和晚起床等偶然因素造成的，但是，这种情况实际上和具体目标错误没有本质的差别，仍然应当让蔡某承担杀人罪既遂的刑事责任。

（三）行为实际性质的认识错误

行为实际性质的认识错误，是指行为人对自己行为的实际性质发生了错误认识。在司法实践中，行为的实际性质错误比较常见地表现为行为人把对社会有害的行为当做无害于或者有利于社会的行为加以实施。在这种情况下，如果行为人应当能够预见危害后果的发生，应对所造成的损害负过失犯罪的责任；如果不能预见时，属于意外事件，不负刑事责任。例如，甲误将前往其家里维修暖气的管道工当做入室盗窃的犯罪分子予以打伤，在这种情况下，甲在实施打击行为时认为自己的行为属于正当防卫，是合法的，但是由于实际上并不存在不法侵害，因而他的行为属于假想防卫，这就是对行为性质的认识错误。在这种情况下，如果甲对管道工的死亡有过失，他就应当负过失致人死亡的刑事责任；如果没有过失，则不负刑事责任。

行为性质的认识错误和假想的不犯罪相比较，其区别在于，在假想的不犯罪的情况下，行为人对行为的实际性质并没有发生错误认识，对于自己的行为所产生的危害结果在主观上可以是故意也可以是过失，只是对行为在法律上的规范性评价发生了错误认识，而且这种错误认识往往是出于对法律的不理解而造成的，比如，甲在明知乙为不满14岁的幼女的情况下而与之发生性关系，但是他错误地认为自己已经征得了乙的同意，因而不构成强奸罪。而在发生行为性质的认识错误的情况下，行为人对其行为所产生的危害结果可以有过失，也可以是意外事件，但是不能是故意，因为行为导致危害结果的发生，是行为人事前没有预料到的，与行为人对法律的理解没有关系，这也是在刑法理论上为什么将行为性质的认识错误作为事实的认识错误的原因所在。

（四）工具、手段的认识错误

工具、手段的认识错误，主要是指行为人企图造成某种危害结果，但是由于其对自己所采用的工具、手段或方法能否造成危害结果有不正确认识，使用了无效的工具或者手段。在这种情况下，行为人显然不能完成犯罪，因而应当对他以犯罪未遂追究刑事责任。例如，甲企图枪杀乙，但是他拿了一支不能发射子弹的坏枪去实施杀害行为，因此其杀人行为自然无法完成，甲也因此应当负担故意杀人罪未遂的刑事责任。工具、手段的认识错误还可能表现为因为愚昧而使用根本不可能导致危害结果发生的迷信手段，但行为人误认为可以导致危害结果发生的情形。例如，甲意图杀害乙，就请人按照乙的样子雕了一个小木头人，并在上面刻上了乙的名字，每天用针扎小木头人，诅咒乙死亡，以为这样经过一段时间，乙就会死亡。这种情况属迷信犯，行为本身毫无危险性可言，因而不宜认定为犯罪。

有的论著认为，工具的认识错误也可能表现为行为人所采用的手段足以造成危害结果，行为人误认为不能造成危害结果的情形；并认为在这种情况下，如果行为人应该并能够预见危害后果的发生时，构成过失犯罪。[①] 言外之意，如果不能预见危害结果的发生时，属于意外事件，不负刑事责任。我们认为，这种情况看起来似乎是行为人对工具或者手段选择的错

① 参见马克昌主编：《犯罪通论》，380页。

误，但是实际上应当是行为性质的认识错误，应当按照行为性质的错误的处理原则来对待。因为行为人虽然发生了对工具或者手段的错误认识，但是他在主观上并没有实施危害行为的意图，危害结果的实际发生是违背行为人的意志的。如果把这种情况当做工具或者手段的认识错误，容易让人对行为性质的认识错误和工具、手段的认识错误产生模糊认识。

（五）因果关系的认识错误

所谓因果关系的认识错误，是指行为人对自己所实施的行为和所造成的结果之间的因果关系的实际发展有错误认识。对此应按照主客观相统一的刑事责任原则的要求，分析这种错误认识是否影响行为人的刑事责任。因果关系的错误主要包括以下几种情况：

1. 行为人误认为自己的行为已经达到了预期的犯罪结果，事实上并没有发生这种结果。在这种情况下，由于特定的危害结果事实上没有发生，不能因为行为人认为发生了危害结果，就以他认为产生的结果追究其刑事负责。例如，甲为了杀害乙而用木棍打击乙的头部，致乙当场昏迷，甲误认为乙已经死亡，遂逃离现场，乙苏醒后向公安机关报案。在这里，对甲就应当按照故意杀人罪未遂处罚。再比如，甲意图将乙打残废，遂用刀将乙的脚部跟腱砍断后离开，但是由于抢救及时，乙的跟腱被连接好了，乙并没有残废。在这里，由于甲所预期的乙残废的结果没有发生，只能让他承担故意伤害罪（致人重伤）的刑事责任，在3年以上10年以下量刑，而不能让他承担以特别残忍的手段致人重伤并造成严重残疾的刑事责任，在10年以上有期徒刑、无期徒刑或者死刑的法定刑幅度内裁量刑罚。

2. 行为人所追求的结果事实上是由于其他原因造成的，行为人误认为是自己的行为造成的。在这种情况下，由于危害结果的发生与行为人的行为事实上没有因果关系，也不能让行为人对这一结果承担责任。比如甲意图杀害乙，用刀向乙的胸部猛刺数下后离开，乙因失血过多而休克，恰在此时，乙的另一个仇人丙路过，遂用绳子将乙勒死。在这里，对甲只能以故意杀人未遂追究其刑事责任。

3. 行为人的行为没有朝他预想的方向发展及他预想的目的停止，而是发生了行为人所预见、追求的目标以外的结果。这种错误不影响行为人原有的故意心理，但对实际发生的超出故意范围的结果要排除故意，只应负过失的责任。在司法实践中发生的故意伤害致人死亡的案件就是这种情况。

4. 行为人实施了甲、乙两个行为，危害结果是由乙行为造成的，行为人误认为是由甲行为造成的。这种情况属于对因果关系进程的错误认识，不属于犯罪故意的内容，因而对行为人定罪量刑不产生影响。例如，甲企图杀害乙，遂用绳子猛勒乙的脖子，致乙昏迷，甲认为乙已经死亡，就将乙的身体绑上石块沉入水塘，结果导致乙被淹死。在这种情况下，乙的死亡结果最终是由甲的行为造成的，甲对这一结果的发生也是持追求的心理态度，因而对其应当以故意杀人既遂追究刑事责任。

# 第九章 故意犯罪停止形态

## 第一节 故意犯罪停止形态概述

### 一 故意犯罪停止形态的概念、类型和特征

故意犯罪是主体的有意识活动，它发生在由心理到行为，主观见之于客观的实践过程中。与过失犯罪不同，故意犯罪行为人主体对犯罪行为的实施具有一定程度上的心理准备，在认识因素上，犯罪人预见到自己行为所造成的社会危害性的必然性与可能性；在意志因素上，行为人希望并追求危害社会结果的发生（由此得出故意犯罪的停止形态只能存在于直接故意犯罪中），上述两种心理内容直接导致行为人对犯罪结果表现出积极的主观内心倾向和积极的客观外部行为（或不作为）。但是，由于客观世界的复杂性及主观认识的局限性，犯罪活动从其发生、发展到结束的过程中往往会出现一系列主、客观条件的变化，直接导致犯罪形态的凝结，即犯罪停止在某种形态上而至终局。在这种情况下，一方面，犯罪活动已经结束而不会再继续进行下去，另一方面，无论停止在何种形态上，该犯罪都会给社会造成不同程度的危害。所以，我们需要对这些停止形态的犯罪进行充分的研究，以期针对不同形态的犯罪人给予不同的刑事制裁，实现罪刑法定和罪责刑相适应的原则。

所谓故意犯罪的停止形态，是指故意犯罪在其产生、发展和完成犯罪的过程及阶段中，因主客观原因而停止下来的各种犯罪状态。

故意犯罪的停止形态按照其停止下来时犯罪是否已经完成为标准，可分为两种基本类型：一种是犯罪的完成形态，即犯罪的既遂形态，是指故意犯罪在其发展过程中顺利地进行到终点，行为人完成了犯罪的情形。另一种是犯罪的未完成形态，即故意犯罪在其发展过程中于中途停止下来，犯罪未进行到终点，行为人没有完成犯罪的情形。这类犯罪情形根据其停止下来的缘由及犯罪的进展程度的不同，具体还可划分为：预备形态、未遂形态和中止形态。

故意犯罪的停止形态具有如下特征：

1. 故意犯罪的停止形态只能发生在犯罪的实施过程之中。故意犯罪的未完成停止形态限定在犯罪活动已经开始且尚未结束这一过程之中，完成形态发生在犯罪行为已经具备了刑法分则某一犯罪的具体构成要件的时刻。

所谓犯罪活动已经开始，存在两种不同的情况：其一，对于有预谋、有准备的犯罪来讲，犯罪活动已经开始是指犯罪人已经开始对所预谋之罪实施预备性行为，如准备工具、制造条件；其二，对于突发性的激情犯罪等，犯罪活动已经开始是指行为人已经开始着手实施犯罪构成要件的行为（因为激情犯罪没有事前的预谋和准备）。在犯罪理论中，之所以对第二种情况的预备阶段忽略不计，是因为突发性的激情犯罪等大多发生在行为人受外界的强烈刺激而突如其来地爆发出的一种情绪化的攻击性行为，在一段时间内行为人完全受情绪控制，意识范围狭窄，生理和心理急剧变化，毁物伤人是必然的反应，没有心理上的其他准备，所以不存在预备阶段便直接切入主题着手实施犯罪。这种突发性犯罪是否存在犯罪的停止形态在理论界尚存争议，但是，“对于无预谋的突发性犯罪而言，在犯意产生后就着手实行犯罪，其间往往没有什么犯罪的预备活动”①。这一理论基本上得到了认可。

所谓犯罪活动尚未结束，是指犯罪正在进行之中，没有完成犯罪客观方面的全部要件，没有达到法定的既遂形态。犯罪活动未结束而停止下来终结了犯罪，可能出现犯罪预备、犯罪中止和犯罪未遂三种未完成形态。

所谓犯罪活动已经结束，是指行为人所实施的犯罪行为已经包含有某一犯罪构成的全部要件，应当认定为犯罪既遂，这是犯罪停止形态的一种完成状态，我国《刑法》分则条文对每一个罪的量刑标准都是以犯罪既遂形态为前提设定的，由于犯罪的其他停止形态相对既遂形态的社会危害性要小，必然导致量刑幅度的差异。

犯罪的停止形态只能发生在犯罪活动已经开始之后，如果犯罪尚未开始，意味着危害社会的行为尚没有真正地实施，便不会对社会有任何危害，没有开始也就不会有停止和结束。例如甲每天都在家里大骂仇人乙，扬言要置乙于死地，但他根本就没打算去伤害乙，只不过是发泄心中的愤懑，甲的行为就属于犯罪尚未开始的情形，不能认定为犯罪，所谓的犯罪停止形态也就无从谈起。从理论上看，这种行为只是一种犯意的表示，只存在于心理过程之中，并没有付诸实践，由于我们不能惩罚人的思想，因而也就不能追究思想者的刑事责任。相反，如果甲在大骂乙的同时准备了作为犯罪工具的刀、枪、斧、棒等，意味着犯罪活动已经开始，如果在这一过程之中由于行为人意志以外的原因导致犯罪停止在预备阶段，则属于犯罪预备。

2. 故意犯罪的停止形态只能发生在直接故意犯罪中。此问题涉及故意犯罪停止形态存在的范围，即在什么样的犯罪中可以出现犯罪的停止形态。理论界能够认同的是，过失犯罪不存在犯罪的停止形态，因为，我国《刑法》第 15 条第 2 款规定，过失犯罪，法律有规定的才负刑事责任。这条规定说明，一方面，过失行为发生严重后果的，才能构成犯罪并追究刑事责任，过失行为发生严重的危害后果是过失犯罪所必须具备的基本要件；另一方面，严重的危害结果也是过失犯罪成立的标志，没有危害社会的结果的发生，便不会构成犯罪，有了犯罪结果就已经完成了犯罪，没有其他停止形态的凝结，因而也不可能出现犯罪的预备、中止和未遂的问题。概言之，过失犯罪只有成立与否的问题，而没有既遂与未遂或中止的问题。

间接故意犯罪也不能存在犯罪的停止形态，这是刑法理论界的通说。但是，在中外刑法理论和司法实践中都存在不同的主张，争议的焦点集中在间接故意犯罪有无犯罪未遂这一问题上。据有关资料介绍，荷兰、挪威、德国等国的法律解释中主张间接故意犯罪有未遂，德国刑法学者李斯特，日本刑法学者大场茂马、泉二新熊等都主张间接故意犯罪有未遂，苏联的刑法理论基本上倾向于否定间接故意犯罪有未遂的说法。②

---

① 赵秉志主编：《刑法新教程》，209 页，北京，中国人民大学出版社，2001。

② 转引自高铭暄主编：《刑法学原理》，第 2 卷，270 页。

我们认为，间接故意犯罪只能是结果犯，同样不会出现犯罪的停止形态。只要从间接故意犯罪人的主观心理特征上分析其在整个犯罪过程中的认识与意志因素，便会顺理成章地得出该结论。首先，在认识因素上，间接故意犯罪的主观心理态度是，认识到自己行为对危害社会结果发生的可能性，但这种认识不是十分清晰和明确。间接故意往往是在追求其他目的或发泄不满情绪过程中轻视或无视本罪的危害结果的可能性及紧迫性。其次，危害社会的结果发生与否在行为人的心理上并不会产生特别的影响，与行为人的切身利益关系不大，所以，行为人对这种危害结果无须动用意志努力而加以阻止或者是向前推进，行为人在实施自己的其他行为（也可能是其他犯罪行为）过程中听之任之地放任了危害社会结果的发生。所以，在间接故意犯罪的主体内心中不存在意志努力，没有目标追求，也没有克服困难，更没有失落或失望。基于这种主观心理状态下的犯罪，不会有着手前的犯罪预备和着手后的犯罪中止或犯罪未遂。从上述主观方面的特征，就可以得出间接故意犯罪不存在犯罪的停止形态的结论，可以不再去考虑其他客观方面的要件，因为间接故意犯罪的客观行为针对的是其他犯罪目标而不是本罪所放任的危害结果，突发性的激情犯罪主体的目的也是不明确的，只是在情绪的支配下盲目地攻击，一旦发生了犯罪的结果，就已经是完成形态的犯罪。所以，间接故意犯罪与过失犯罪一样，危害社会结果的发生是犯罪成立的标志，而不是既遂与未遂的界限。

综上，故意犯罪的停止形态只能发生在直接故意犯罪中，犯罪主体内心存在一个“犯意形成—动机斗争—犯罪决意”的心理发动过程，在客观方面存在一个“犯罪预备—犯罪实施—犯罪完成”的犯罪不同阶段。正因为如此，行为人在主观犯罪动机的驱使下希望、追求某种犯罪结果的发生，如果在犯罪的过程中能够顺利地完成每一阶段的任务，便会进入犯罪的既遂形态，如果在这一过程中因主客观因素而停止犯罪，便形成了犯罪的预备、未遂或中止形态。但是，并非一切直接故意犯罪都可以存在未完成的形态。从罪种方面分析，有几类直接故意犯罪不存在犯罪的未完成形态：一是依法一着手实施即告完成的举动犯不可能存在犯罪未遂，如煽动分裂国家罪（第 103 条第 2 款）、煽动颠覆国家政权罪（第 105 条第 2 款）、传授犯罪方法罪（第 295 条）等；二是我国刑法中将“情节严重”、“情节恶劣”规定为构成犯罪限制性要件的情节犯，不可能存在犯罪未遂；三是结果加重犯和情节加重犯由其构成特征所决定，不存在犯罪既遂与未遂之分，而只有构成一种状态，即只有是否成立加重构成犯之分。

3. 故意犯罪的停止形态表明犯罪的终结而并非暂时的停止。故意犯罪的停止形态表明犯罪最终停止在某种形态上，而不是伺机再将犯罪继续进行下去。对于中止犯，犯罪的动机已经熄灭而不会再由于其他主客观因素的出现而激活；对于预备犯或未遂犯，有利于犯罪的各种因素已经不复存在，甚至犯罪人自身已经暴露无遗，没有继续犯罪的可能性。例如，张某在举刀杀人的过程中被受害人李某所制伏而送到公安部门，张某当即就被剥夺了继续犯罪的可能性，不会将本罪进行下去，他的这次杀人犯罪已经告终，停止在未遂形态上。如果说张某还会再次寻找机会杀李某，将是另外一次犯罪，与已经未遂的犯罪不是同一个犯罪，不是前一罪的继续，而是另一个犯罪的开始。再如，甲在开枪射杀乙的过程中第一枪未打中，当甲举起枪准备第二次射击时突然发现乙的学龄前的女儿向乙跑了过来，甲当即受到了触动，不忍心刺激其女儿的幼小心灵，决意等到其女儿离开后再开枪，甲刚刚坐下来便被公安人员捕获。针对本案，很明显不是犯罪中止，虽然甲在第一枪之后没有补第二枪，但他并非出于永久地放弃犯罪的意念，而是伺机再行动，所以仍然是犯罪未遂。但是，如果甲在打第一枪之后没有补第二枪是出于对乙及其女儿的怜悯，不想让女儿失去父亲，最终放弃了犯罪，这种情况便可以认定为犯罪中止，因为犯罪人自动停止了犯罪，犯罪动机已经消灭，不会再将本罪进行下去。

总之，故意犯罪的每一种停止形态都是独立于其他形态而存在的，彼此之间不具有延续性，并非犯罪停止在一种形态上还会重新启动而又会停止在另一种形态上，犯罪预备形态不会再转化为犯罪中止形态或犯罪未遂形态，更不可能转化为犯罪既遂形态。无论是哪一种犯罪形态都在凝结之后而固定下来，永远没有再行转化成他种形态的机会，这一特征也正是犯罪的停止形态与犯罪的不同阶段和过程的区别所在。

## ■ 故意犯罪停止形态与故意犯罪阶段的关系

故意犯罪的停止形态与故意犯罪的阶段是两个不同的概念，故意犯罪的停止形态是指犯罪的预备、未遂、中止和既遂等不同的犯罪状况，而故意犯罪的阶段包括犯罪预备阶段、犯罪实行阶段和犯罪完成阶段，是一个动态的发展过程。

在中外刑法理论中，对犯罪的预备、未遂、中止和既遂等现象是称作“故意犯罪的停止形态”还是称作“故意犯罪的不同阶段”存在着争议。我国刑法理论在这一问题上深受苏联刑法理论的影响，长期用“故意犯罪的阶段”来定位犯罪的预备、未遂、中止和既遂。如有著作称：“故意犯罪的阶段是指故意犯罪在活动过程中可能停顿的阶段。这就是犯罪的预备、未遂和既遂，以及与此相关的犯罪中止。”[①] 还有些学者认为，故意犯罪的发展阶段是表明犯罪程度的各种已经停顿的行为状态。故意犯罪的发展应当分为犯罪的预备、犯罪的未遂、犯罪的既遂三个阶段。[②] 时至今日，俄罗斯刑法理论仍然坚持其一贯的主张，把故意犯罪的四个停止形态称作“犯罪实行的阶段”。

实际上，我国刑法理论从20世纪50年代起就对犯罪的预备、未遂、中止和既遂等现象有过不同的认识，如有学者也曾主张称作“故意犯罪的停顿状态”，还有学者主张称作“故意犯罪的停止形态”，时至今日，“故意犯罪的停止形态”在我国学界已经成为通说。

不能否认，故意犯罪的停止形态与故意犯罪的阶段是相伴而生的，故意犯罪的停止形态要依赖故意犯罪的阶段而产生，没有故意犯罪的阶段，也就没有犯罪的开始、发展与完成，也不会有故意犯罪的停止形态。相反，故意犯罪的停止形态使故意犯罪的阶段更加界限分明，通过故意犯罪停止的不同状态，我们可以确定故意犯罪进行到了何种阶段，社会危害性程度有多大，进而决定犯罪人的刑罚尺度。故意犯罪的停止形态是故意犯罪在发展过程中由于某些主客观原因而使犯罪进入终局所呈现的特殊形态，包括犯罪的预备形态、犯罪的未遂形态、犯罪的中止形态和犯罪的既遂形态。这几种形态中犯罪既遂形态相对是比较典型的、常见的形态，称作犯罪的完成形态，其他三种形态都是犯罪的未完成形态，它们的出现都是缘于某个或某几个特别的主客观原因而出现在犯罪的不同阶段中的。理论上讲，故意犯罪一般都会具有犯罪的预备和犯罪的实施两个阶段，而这两个阶段在实际的案件中并没有明确的界限，只是为了理论研究的方便才人为地分出犯罪的不同阶段。犯罪的预备阶段在我国《刑法》第22条明文规定为：“为了犯罪，准备工具、制造条件的，是犯罪预备。”可见，犯罪预备阶段的客观方面行为就是准备工具和制造条件。在这一阶段中可能出现的犯罪停止形态有：故意犯罪的预备形态和故意犯罪的中止形态。而故意犯罪的实施阶段是指行为人已经着手实施了犯罪构成要件的行为，其行为直接危害到刑法所保护的权益，在这一阶段中可能出

① 高铭暄主编：《刑法学》，172页，北京，法律出版社，1982。

② 参见赵秉志主编：《刑法争议问题研究》，上卷，395页，郑州，河南人民出版社，1996。

现的犯罪停止状态有：故意犯罪的未遂形态、故意犯罪的中止形态。故意犯罪的完成阶段只有犯罪既遂形态一种。

### 故意犯罪停止形态的意义

刑法理论研究故意犯罪停止形态的目的就在于给予不同形态的犯罪人以不同的刑罚惩罚，这种研究既具有一定的理论意义，也具有一定的实践意义。

从理论方面讲，对故意犯罪不同停止形态的具体划分能够使刑法理论走向完善，在区分不同形态犯罪的前提下认清在不同阶段中同种犯罪社会危害性程度的具体差别及同种犯罪停止形态背后可能存在的不同犯罪性质，有助于刑法理论针对不同形态的犯罪制定不同的刑事政策，设置不同的刑罚幅度，有助于区分此罪与彼罪，真正实现罪刑法定和罪责刑相适应的原则。

从实践方面讲，司法人员对不同形态的犯罪人及其社会危害性程度有不同的理解与认识，能够更加准确地把握犯罪人的犯罪性质，更准确地给犯罪人裁量刑罚。同时，通过司法实例对中止犯的宽缓刑罚，有助于教育犯罪人在犯罪的道路上及时改过。

## 第二节　犯罪既遂

### 犯罪既遂的概念和特征

所谓犯罪既遂，也就是指犯罪的完成形态，它是由刑法分则条文规定的常见的、规范的、典型的犯罪形态。世界上大多数国家的立法例并没有给既遂犯一个法定的概念，我国刑法典也是如此，这一问题的解决留给了刑法理论。中外刑法理论对犯罪既遂的理论解释大体上有三种理论学说：一是既遂的结果说。这种理论认为，犯罪既遂是指故意实施犯罪行为并且造成了法律规定的犯罪结果的情况。其实质就是以是否发生了法定的犯罪结果作为区分犯罪既遂与犯罪未遂的标准。实施了故意犯罪并发生了犯罪结果的是犯罪既遂，未能发生犯罪结果的是犯罪未遂。二是既遂的目的说。这种理论认为，犯罪既遂是指行为人故意实行犯罪行为并达到了其犯罪目的的情况。其实质就是以犯罪目的是否达到作为区分犯罪既遂与犯罪未遂的标准，如果达到了犯罪目的，就是犯罪既遂，如果没有达到犯罪目的，则是犯罪未遂。三是既遂的构成要件说。这种理论认为，犯罪既遂是指着手实行的犯罪行为具备了具体犯罪构成的全部要件的情况。其实质就是以犯罪实行行为是否具备了犯罪构成的全部要件作为区分既遂与未遂的标准，实行行为具备了某一犯罪构成的全部要件的是犯罪既遂，实行行为不具备某一犯罪构成的全部要件的就是犯罪未遂。

上述三种学说能够得到广泛认同的是构成要件说，所以，犯罪既遂，是指行为人故意实施的行为已经具备了某一犯罪构成的全部要件。其他两种学说虽然也有一定的道理，但却都不能充分地将我国《刑法》分则的所有犯罪的既遂与未遂区分开来。基于结果说，行为犯就永远也达不到既遂，我国《刑法》分则的一些罪名是以实施了某种法定的行为作为既遂犯的标准的，只要实施了法定的行为，尽管没有物质性的、有形的犯罪结果的出现，也认定为既遂。如脱逃罪，只要行为人逃离羁押场所设定的警戒线，无论其是否真正脱离了监管与控制都视为脱逃罪的既遂犯。基于目的说，危害国家安全罪和危害公共安全罪中的许多罪名也将永远没有既遂犯，因为行为人没有达到犯罪目的或者没有真正给公共安全造成物质性的、有形的危害结果。如颠覆国家政权罪，行为人不可能达到自己的犯罪目的，再如放火罪、爆炸罪、破坏交通工具罪等，只要着手实施了犯罪行为，使刑法保护的权益面临危险的威胁，没有达到物质性的、有形的危害结果的，也是犯罪的既遂形态，这种情况被称为危险犯。

我国刑法理论确认了构成要件说，只要行为人的危害行为符合《刑法》分则某个罪名的构成要件，就构成该罪的既遂犯。这种学说的合理之处在于它能够以划一的标准来把握犯罪既遂的标准，使司法工作者能够准确地从复杂多样的犯罪行为中按照法定的构成要件的完备与否区分出犯罪的既遂与未遂。我国《刑法》分则条文的罪状与法定刑恰恰是以既遂犯的标准设定的，只有肯定构成要件说才能与之吻合与协调起来。

## 犯罪既遂的类型

既然我国刑法理论肯定了既遂犯的标准系某行为具备某一犯罪构成的全部要件，那么，我国《刑法》分则条文中犯罪构成的充足条件的类型恰恰就是犯罪既遂的类型，有多少种犯罪构成的充足条件类型，就有多少个犯罪既遂的类型。综观我国《刑法》分则的犯罪构成，应当存在以下四种犯罪构成的充足条件类型，即犯罪既遂的类型有四种。

（一）结果犯

结果犯，是指行为人不仅要实施具体犯罪构成客观要件的行为，而且必须发生法定的犯罪结果才构成既遂的犯罪，即以法定的犯罪结果是否发生作为犯罪既遂与犯罪未遂区别标准的犯罪。所谓法定的犯罪结果，是指犯罪行为通过对犯罪对象的作用给犯罪客体造成的物质性的、可测量的、有形的损害结果。这类犯罪在我国《刑法》分则中占绝大多数，如盗窃罪、诈骗罪、故意杀人罪、故意伤害罪等。

（二）行为犯

行为犯，是指以法定的犯罪行为的完成作为既遂标准的犯罪。该类犯罪以行为人实施了法定的行为作为犯罪既遂的标志，而不考虑其行为是否造成了物质性的和有形的犯罪结果。行为犯的本质特征是，只要实施了《刑法》分则规定的某些犯罪行为即构成犯罪既遂，其犯罪的成立条件也正是犯罪既遂的条件。当然，行为犯所指的行为不是简单的一个动作，更不是一着手便告完成，而是要有一个过程，要达到一定危害性程度，才能视为行为的完成，如诬告陷害罪，要求以行为人向有关部门实施了诬告陷害的行为且情节严重的（达到一定的危害程度）作为犯罪成立及犯罪既遂的标志，如果没有实施法定的行为或者没有达到一定程度的社会危害性，既不能定罪，也不会成立犯罪既遂。

（三）危险犯

危险犯，是指以行为人实施的危害行为造成法律规定的发生某种危害结果的危险状态作为既遂标准的犯罪。我国《刑法》分则“危害公共安全罪”一章里就有很多危险犯，如放火罪、决水罪、爆炸罪及投放危险物质罪、破坏交通工具罪、破坏交通设施罪、破坏电力设备罪、破坏易燃易爆设备罪等，这些犯罪的本质特征是，行为人的行为造成了法定危害结果的危险出现，无论在客观上是否真正形成了物质性的、可测量的、有形的损害，都构成犯罪既遂。

（四）举动犯

举动犯，也称作即时犯，是指按照法律规定，行为人一着手实行法定的行为即告犯罪完成和完全符合构成要件，从而构成既遂的犯罪。从本质特征来看，举动犯大致包括两种构成情况：一是理论上系某一犯罪的预备性行为，由于其预备行为本身的社会危害性较大，一旦着手实施该犯罪构成要件的行为就会造成很大的社会危害，所以刑法分则将预备行为本身规定为既遂的犯罪，以严厉打击这种犯罪，如我国《刑法》分则中的组织、领导、参加恐怖活动组织罪，组织、领导、参加黑社会性质组织罪等，这些犯罪本来是为具体实施恐怖犯罪或黑社会性质犯罪创设条件的，法律却将这种行为提升为犯罪构成中的实行行为，一经着手实施法定的举动行为即成立犯罪，同时也构成犯罪的既遂。二是教唆、煽动性质的犯罪构成，如我国《刑法》规定的煽动民族仇恨、民族歧视罪，传授犯罪方法罪等，它们的实行行为都是教唆性、煽动性的行为，由于这种犯罪必须针对多人实施，并意图激起多人的不满情绪进而实施犯罪行为，这类犯罪不但社会危害性很大，而且犯罪行为实施后的危害后果往往是不可估量且后患无穷的。因而，我国刑法直接将这种举动规定为犯罪的成立条件，并作为既遂犯罪的标志。

### ■ 既遂犯的处罚原则

从各国的刑法理论和刑事立法来看，刑法分则条文的罪状和法定刑都是为故意犯罪既遂所设置的，因而，各个国家都没有再为既遂犯的处罚另行设定量刑的原则和量刑的幅度，只要根据刑法分则的具体条文定罪量刑就可以了，我国也不例外。但是在具体适用分则条文时应当注意以下三点：

1. 关于定罪和法条引用问题。为了实现司法操作上的规范化与简单化，只要按照刑法分则具体条文的罪刑规格定罪量刑并在司法文书中的叙述部分说明行为人已经完成犯罪就足够了，不需要在罪名上标明“既遂犯”的字样，因为既遂犯是常见的、典型的犯罪形态，无须特别强调它的特殊性。

2. 对同种犯罪要区别危害程度的不同而给予不同的量刑。我国刑法分则虽然都是以犯罪的既遂为标准设定的法定刑，但是同种罪的犯罪既遂之间也是有差别的，有情节严重程度之分的，对于可计算数额的犯罪，还有数额大小的不同差别，在量刑时应当充分给予考虑而不能一概而论。

3. 当既遂犯同时又具备其他法定和酌定的量刑情节时应当予以充分的重视，注意引用相关的法条，全面地考虑犯罪人的主观恶性大小和客观危害程度，裁量适当的刑罚。

## 第三节　犯罪预备

### ■ 犯罪预备的概念和特征

（一）犯罪预备的概念

犯罪预备作为犯罪的一种未完成形态，在我国刑法典中没有明确的定义，《刑法》第 22 条规定的：为了犯罪，准备工具、制造条件的，是犯罪预备，这只是对犯罪预备行为的主客观描述，而并非是对犯罪预备形态的具体揭示。

根据我国刑法的规定和有关的刑法理论，所谓犯罪预备形态，是指行为人在为实施犯罪而开始创造条件的过程中，由于其意志以外的原因而未能着手犯罪实行行为的犯罪形态。

（二）犯罪预备的特征

犯罪预备的特征包括客观特征和主观特征两个方面。

1. 犯罪预备的客观特征。

（1）行为人已经开始实施犯罪的预备行为。即已经实施了为犯罪的顺利完成而创造便利条件的行为。如为入室盗窃而事先侦查出入的路线、购置撬门的工具等，为拦路抢劫而事先了解受害人的行踪、租借逃跑时用的车辆、购置匕首等。

犯罪预备的客观方面行为是外显性的、能够被人们发现和了解的外在客观动作表现，它不同于犯意表示。犯意表示是指以口头、文字或其他方式对犯罪意图的单纯表露，没有具体的主观犯罪动机和客观的行动准备。犯意表示属于思想意识的范畴，不能对社会造成现存的、直接的危害，犯意的表示者常常是出于一时的冲动，用恶言相告来发泄内心的气愤，其真正的用意是为了摆脱内心的不平衡状态，并非产生了犯罪动机，更不是犯罪的预备行为。在中外封建刑法中，曾经有过将犯意表示作为犯罪加以处罚的理论与实践。我国现行刑法坚决摒弃“思想犯罪”，严格区分犯意表示与犯罪预备的界限。犯罪预备行为，是为着手实施和完成犯罪创造条件的行为，具有一定的社会危害性，也符合特定的犯罪构成，我国刑法原则上要将其作为犯罪来处理；犯意表示，无论从行为人的主观真正意图上看，还是从行为人的客观表现来分析，都不是为犯罪而创设条件，不具有社会危害性。

(2) 行为人尚未着手实施犯罪构成要件的行为。在我国刑法理论中，实施了犯罪构成要件的行为才能够认定为着手实施了犯罪的实行行为，而犯罪的预备行为尚没有进入到具体的犯罪实行行为这一阶段，只是停留在为实施实行行为做准备的犯罪预备阶段。犯罪预备，实质上是指犯罪行为在预备过程中尚未着手之前，由于主客观的原因而停止下来并不再转化为其他形态的犯罪形态。

上述两个特征都是从客观方面限定了犯罪预备，从犯罪的过程或阶段上来界定，起始界限是行为人必须已经开始实施犯罪的预备行为，终点界限是行为人着手实施犯罪实行行为之前；从犯罪的性质上来界定，犯罪预备虽然没有着手实行构成要件的行为，但却朝犯罪的着手实施迈进了一步，已经对社会造成一定的危害或者存在危险的威胁。

2. 犯罪预备的主观特征。

(1) 明显的犯罪动机。由于行为人是在产生犯罪动机之后才进入犯罪的预备阶段，进而实施犯罪的预备行为的，所以，在犯罪动机的驱使下，行为人具有为犯罪的顺利实施而事先进行一系列的准备工作的明确意图，犯罪预备行为的发动、进行与完成都是与犯罪动机密不可分的，其预备行为的目的就是为了着手实施犯罪行为而做事前的准备。

(2) 意志以外的原因而使犯罪凝结在预备上。犯罪人在预备行为的进行之中尚没来得及着手实施犯罪的实行行为就停止下来，是由于其意志以外的原因所致，而并非出于行为人的主观意愿，因而对这样的犯罪主体，在刑法理论中称为“预备犯”。预备犯的主观心理恶性仍然存在，如果在犯罪的预备行为中不出现意外，他会将预备行为延伸至实行行为以实现犯罪目的。正是由于导致犯罪人不能将犯罪行为进行下去的原因是他所不希望的，但却无力避免的，所以其主观恶性不言而喻，对于预备犯，刑法规定应当作为犯罪来处理。但是如果行为人在预备阶段主动中止了犯罪行为的，在理论上属于预备阶段的中止犯，由于行为人主观上积极地改恶从善，客观上又没有太严重的社会危害性，司法实践中对这种情况一般不予追究。

犯罪预备应当同时具备上述主客观方面的特征，缺少其中的任何一个要素都不属于犯罪预备。

### 犯罪预备与犯罪预备行为及预备犯的关系

犯罪预备与犯罪预备行为和预备犯处于同一个犯罪平台上，即三者都发生在犯罪的预备阶段，而不是发生在犯罪的实行阶段。但这三个概念本质上的差别却很大，正确理解和认识犯罪预备，很有必要将它们之间的关系厘清。

首先，犯罪预备行为与犯罪预备在预备犯罪阶段中表现为动态与静态的关系。犯罪预备行为，是行为人在犯罪预备阶段的客观方面表现，其表现形式是，为了犯罪而“准备工具、制造条件”。犯罪预备行为体现为动态的发展过程，这一过程是犯罪人由浅入深地走向着手实施犯罪的过程，其核心内容是犯罪行为，由于这一阶段的犯罪行为表现只是为了犯罪而“准备工具和制造条件”，因而并没有达到着手实施犯罪的程度。犯罪预备，则是犯罪人在实施犯罪预备行为过程中由于意志以外的原因而被迫停止犯罪的现象，其实质是预备犯罪的停止状态，具有凝固的、静止的、法定的特征。

其次，犯罪预备与预备犯是同一预备犯罪层面上的客观表现与主体属性的关系。预备犯，是刑法理论对实施了犯罪预备行为并由于意志以外的原因而没有着手实施犯罪的实行行为的犯罪主体的本质属性的概括。理论上提出预备犯的概念，是相对于未遂犯与中止犯而言的，其价值在于区别不同犯罪阶段中由于不同的主客观原因而使犯罪进入终局的犯罪主体的人身危险性程度，给予不同的刑事制裁，而并非要将“预备犯”的字样体现在司法文书之中。

总之，犯罪预备的本质特征：意志以外的原因而使犯罪处于终局的一种客观情况。犯罪预备行为的本质特征：实施犯罪预备活动的动态过程。预备犯的本质特征：实施犯罪预备过程中由于意志以外的原因导致犯罪停止下来的犯罪主体。它们三者是预备犯罪阶段中呈现出的“犯罪静态—犯罪动态—静态当中的犯罪主体”这样一组紧密联系的概念。

关于犯罪预备与犯罪预备行为和预备犯这三个概念在中外刑事立法和刑法理论中却存在着各种不同的主张，经常发生混乱。“中国的刑事立法与刑法理论在犯罪预备的概念上长期受苏联的影响，把犯罪的预备行为视为犯罪预备形态和预备犯。”① 我国 1979 年《刑法》第 19 条规定：为了犯罪，准备工具、制造条件的，是犯罪预备。此处所指的犯罪预备，也同时意味着犯罪预备形态的预备犯。直到 1984 年，马克昌教授首次对《刑法》第 19 条提出了不同的个人看法，认为《刑法》第 19 条“揭示了犯罪的本质特征，但还不能说是预备犯的概念”，而“已经实施犯罪的预备行为，由于行为人意志以外的原因而未着手实行犯罪的，是预备犯”②。从此以后，我国刑法理论才把犯罪预备和犯罪预备行为与预备犯区分开来。

## ■ 犯罪预备行为的类型

犯罪预备行为，就是为着手实施犯罪而进行的一系列事前准备活动，具体是指客观的准备工作。根据我国现行《刑法》第 22 条的规定，犯罪的预备行为可分为两种类型或称两种表现形式。

（一）为实施犯罪准备犯罪工具的行为

犯罪工具，是指犯罪人实施犯罪活动所需要的一切器械物品等。准备犯罪工具则包括制造犯罪工具、购买犯罪工具及寻找或盗窃、抢劫犯罪工具等，常见的犯罪工具包括：

1. 用于直接侵害被害人身体的犯罪工具，如枪弹、火种、刀棒、砖瓦、毒药、其他对人体具有杀伤力的物理性或化学性物品等。

2. 用于控制被害人身体活动自由的犯罪工具，如捆绑他人的绳索、手铐，使人丧失自控能力的麻醉药品，掩人耳目的毛巾等。

3. 用于控制或麻痹被害人精神世界的犯罪工具，如事先准备好的敲诈勒索或绑架勒索

---

① 高铭暄主编：《刑法学原理》，第 2 卷，301 页。

② 同上书，301～302 页。

的恐吓信，诈骗所用的假服装、假介绍信、假身份证、假工作证及假文凭等。

4. 用于到达或逃离犯罪现场而准备的犯罪工具，如运输人和物的交通工具，入室翻墙的梯子、绳索，排除障碍物的电钻、电焊枪，撬门用的刀锯、斧头、锤子等。

5. 用于犯罪人自身保护的犯罪工具，如作案时戴的假面具、逃跑时用的催泪弹、销赃灭迹用的化学药品等。

研究犯罪工具的目的，不仅仅局限于认定犯罪的预备行为，而且还要从犯罪工具的性质和性能中发现和了解犯罪人预备实施的犯罪的性质和社会危害性程度，以利于对预备犯裁量适当的刑罚。

（二）其他为实施犯罪创造便利条件的行为

为实施犯罪创造便利条件的行为相当广泛，通常可以概括为如下几类：

1. 为实施犯罪事先调查了解被害人的行踪，熟悉犯罪现场，寻找犯罪时机。

2. 培养和训练犯罪技能。如为实施技术性程度较高的犯罪，就要事先学习和掌握犯罪的技能，为驾车抢夺就要事先学会开车，为引爆雷管就要事先学会爆破技术，为入室盗窃就要学会翻墙等。

3. 事先排除实施犯罪的障碍，如事先将居民楼内的照明灯打碎以利于作案前隐身，将被害人的车胎扎破以利于接近被害人等。

4. 追踪被害人、守候被害人的到来或者接近犯罪对象的行为。

5. 前往犯罪场所或者欺骗被害人赶赴犯罪预定地点的行为。

6. 勾引、集结共同犯罪人进行犯罪预谋。

7. 拟定实施犯罪计划、犯罪分工及设定反侦查的措施等。

## ■ 预备犯的处罚原则

预备犯的人身危险性虽然相对其他犯罪形态犯罪人的人身危险性要小，但在本质上也是犯罪人的一种，对其进行惩罚的法律根据是我国《刑法》第 22 条第 2 款的规定：对于预备犯，可以比照既遂犯从轻、减轻处罚或者免除处罚。正确理解和适用预备犯的处罚原则应当注意如下几个问题：

1. 从主客观相统一的原则出发，考虑到预备犯在主观上具备为犯罪的实施创造便利条件的意图，在客观上实施了犯罪的预备行为，并没有直接触及刑法保护的权益，因而预备犯的社会危害性远远小于既遂犯的社会危害性，也轻于未遂犯的社会危害性。所以，我国刑法对预备犯规定了比照既遂犯从宽处罚且轻于未遂犯的处罚原则，符合我国刑法规定的罪责刑相适应原则及刑法理论中的主客观相统一的原则。

2. 对预备犯定罪量刑时，应当在引用《刑法》分则具体条文之外引用《刑法》总则第 22 条的内容，在量刑时全面考虑预备犯的刑事责任。根据有关刑法理论和司法实践，应当在罪名后加注括号标明预备的情况，如杀人罪（预备）。在追究预备犯的刑事责任和处罚原则的掌握上，对于多数预备犯，应当比照既遂犯从轻、减轻处罚或者免除处罚，因为从主、客观两个方面来宏观分析预备犯的社会危害性，明显地轻于既遂犯；同时，对于实施了预备犯中符合《刑法》第 13 条“但书”规定的“情节显著轻微危害不大的”情况的，应依法可以不认定为犯罪，对极少数危害严重、情节特别恶劣的预备犯也可以不考虑从宽处罚。

3. 对预备犯进行处理时，应综合考虑各种从宽处罚的情节予以全面考察，具体要考虑的情节有：

（1）行为人预备实施的犯罪的性质及社会危害性程度；

(2) 行为人在实施犯罪的预备行为时给社会造成的实际危害的性质及程度；

(3) 行为人未能着手实施犯罪的具体原因；

(4) 行为人的人身危险性程度大小，包括犯罪后的悔罪表现、再犯的可能性等。

## 第四节　犯罪未遂

### ■ 犯罪未遂的概念和特征

(一) 犯罪未遂的概念

世界各国对犯罪未遂的规定尽管出入很大，但不外乎有两种类型：第一种类型主张，犯罪未遂是指行为人已经着手实行犯罪，由于其意志以外的原因或障碍，而使犯罪未达到犯罪既遂的情况。这种类型的犯罪未遂由法国于 1804 年刑法典中首创，属于该种立法例的还有比利时、荷兰、西班牙、俄罗斯等国家，其特点是把犯罪未遂与犯罪中止区分开来。第二种类型主张，犯罪未遂是指行为人已经开始实施犯罪而未达到犯罪既遂的情况。这种类型的犯罪未遂由德国于 1871 年首创，属于该种立法例的国家还有保加利亚、朝鲜、瑞士、意大利等国。我国自 1979 年刑法典到 1997 年重新修订一贯坚持第一种主张，明确区分犯罪未遂与犯罪中止的问题。

犯罪未遂也是我国刑事立法及刑法理论中的一种未完成的犯罪形态，与犯罪预备不同，我国现行《刑法》第 23 条第 1 款明确规定：已经着手实行犯罪，由于犯罪分子意志以外的原因而未得逞的，是犯罪未遂，正是对犯罪未遂的主客观特征的描述。第 23 条中的“未得逞”曾经是刑法理论界争议的焦点问题，通说将其理解为“未能完成犯罪”，所以，从严格意义上讲，我国刑法中的犯罪未遂，是指行为人已经着手实施具体犯罪构成的实行行为，由于意志以外的原因而未能完成犯罪的一种犯罪停止形态。

(二) 犯罪未遂的特征

根据我国《刑法》第 23 条第 1 款关于犯罪未遂概念的规定，我国刑法中的犯罪未遂具有如下三个特征：

1. 行为人已经着手实行犯罪。这里要明确两个概念，即“着手”和“实行犯罪”。所谓着手，意味着犯罪活动已经由预备阶段进入到实行阶段，并且着手本身正是实行行为的客观表现之一。犯罪行为是否着手是犯罪未遂与犯罪预备的重要区别。

有学者认为，“着手标志着预备阶段已经结束，但着手不是预备阶段的终点，因为许多犯罪在预备行为实施终了后，由于某种原因还没有着手实行犯罪”[①]。这种观点有待于推敲，因为将预备阶段已经结束与预备阶段的终点视为不同的时间区域并不合理。如果犯罪预备阶段已经结束但却不是预备阶段的终点，在二者之间就会出现一段空白期间，这段期间也是犯罪人等待犯罪时机的过程，试想想，他没有着手实行犯罪行为，是因为遇到了阻力，在这一过程中犯罪人能够对其所要着手实施的犯罪不闻不问吗？绝对不会的，只要犯罪没有着手实施，犯罪人就不会间断对犯罪的准备，就没有结束犯罪预备，直到寻找到适当的机会着手实行犯罪为止。所以“着手”标志着预备阶段的结束和实行阶段的开始，这是能够成立的。

所谓实行犯罪，是指行为人已经开始实施刑法分则规范的具体犯罪构成要件中的犯罪行为。这种行为已经不同于犯罪预备行为，而是直接使刑法所保护的权益受到危害或者面临危

① 张明楷：《刑法学》(上)，253 页。

险的威胁。例如举刀杀人的行为是杀人罪的着手，要么致使受害人生命的结束，要么使受害人的生命受到危险的威胁。但预备行为只是为了能够顺利地完成犯罪而进行的准备。由于行为人在这一阶段没有形成犯罪的决意，所以这一阶段尽管犯罪人有时也能够直接接触到刑法保护的权益，但却不会构成直接的威胁。实行犯罪是犯罪人在犯罪决意的支配下发动的侵害性行为，从主观上看，行为人已经义无反顾地将内心的犯意暴露出来，调动全部的心理机能去实施犯罪行为，在行为人着手犯罪的时刻也是他最紧张、最兴奋的时刻，这时最能反映出偶犯与惯犯的差别。偶犯在紧张与兴奋期往往出现动作上的不协调，手脚不听指挥；惯犯却往往由于缺少心理的恐惧而在兴奋状态中高效地完成预定的行为并能够应对各种临场的变化。所以，偶犯在实行犯罪前后的思想波动比惯犯的要大，在各种因素的干扰下容易中止犯罪。从客观上看，行为人已经直接临近犯罪对象，对刑法保护的权益的侵害已经形成或者将要形成，因为不同犯罪的实施阶段的区间长短是不同的，有些犯罪可能一经着手便立刻完成，如杀人罪中举枪杀人、举刀砍人，盗窃罪中的秘密窃取行为，抢夺罪中的夺取行为等，但有些犯罪却需要一定的过程才能完成，如敲诈勒索罪需要先行的敲诈行为，之后才能勒索到财物，再如生产、销售伪劣产品罪，集资诈骗罪等都需要一定的过程才能够完成犯罪。无论过程长短，都有可能由于犯罪的技能方面的不足而使犯罪难以进行下去，从而导致未遂。

刑法理论与司法实践中经常遇到尾随被害人时而丢失目标或者守候被害人而扑空的案例，往往把握不住案件的停止形态属于犯罪的未遂还是犯罪的预备。只要我们从犯罪人主客观方面通盘分析就很快会发现，在类似的案件中，犯罪人都没有形成犯罪的最后决意，也没有直接接触犯罪对象，更谈不上着手实施犯罪，所以，都属于犯罪的预备。

2. 犯罪未完成而停止下来。所谓犯罪未完成，也就是《刑法》第 23 条第 1 款所指的犯罪“未得逞”，是犯罪未遂区别于犯罪既遂的重要标志。如何理解犯罪“未得逞”，在刑法理论界存在很大的争议：其一，认为犯罪未得逞是指犯罪行为没有具备刑法规定的某一犯罪构成的要件，或者说犯罪行为没有齐备具体犯罪构成的全部要件。[①] 其二，认为犯罪未得逞是指没有发生法律所规定的犯罪结果。[②] 其三，认为犯罪未得逞是指没有达到犯罪人主观上的犯罪目的，也就是经过犯罪的实行行为后行为人所追求的犯罪结果没有发生。[③] 上述第一种观点已经成为通说，即犯罪未得逞或者犯罪未完成，是指具体犯罪构成所包含的作为犯罪完成标志的客观要件尚不完备。此处没有涉及主观要件，因为主观要件是犯罪未遂的另一个重要特征。

犯罪未遂既然是相对犯罪既遂而言的，那么在认定犯罪未遂时就应当参照犯罪既遂的标准及类型。刑法理论将犯罪既遂的类型划分为四种，即结果犯、行为犯、危险犯和举动犯。对于不同类型的犯罪既遂，犯罪未遂的标准也有相应的变化，如结果犯的犯罪未遂标准是犯罪的结果没有出现；行为犯的未遂标准是作为构成要件的行为没有完成；危险犯的未遂标准是足以导致危险发生的行为没有实施完毕；而举动犯由于犯罪的成立与犯罪的既遂是同一标准，所以没有未遂的停止形态。

认定犯罪未完成这一特征时，需要明确以下几点：(1) 所谓犯罪未完成即具体犯罪构成要件不完备，是指具体犯罪构成所包含的作为犯罪完成标志的客观要件尚不齐全，而不是说没能发生任何具体的危害结果。如甲在杀乙的过程中用匕首刺伤了乙的肩膀，乙奋力反抗将

---

① 参见高铭暄主编：《中国刑法学》，175 页。

② 参见杨春洗等：《刑法总论》，186 页，北京，北京大学出版社，1981。

③ 参见刘之雄：《论犯罪既遂与未遂的区分标准》，载《法学评论》，1989 (3)。

甲制服，对于甲应当定性为杀人罪（未遂），但是乙却受到了伤害。(2) 犯罪的完成就是具体构成要件的完成，在时间上没有任何长短的限制，只要完成了某一犯罪的构成要件，就意味着犯罪的完成或称作构成犯罪既遂。不能从时间的长短上来划分犯罪的既遂与未遂。有些犯罪往往只需要几秒钟便构成既遂，如爆炸罪、决水罪及投放危险物质罪等；但有些犯罪却需要长时间的实施过程，如保险诈骗罪、合同诈骗罪等。(3) 犯罪既遂是犯罪完成的标志，是犯罪进入终局的表现形式之一，犯罪既遂后不可能再回头导致犯罪未完成形态的出现。

3. 犯罪未完成是犯罪分子意志以外的原因所致。所谓意志以外的原因，是指出乎犯罪人本意的原因，其中包括犯罪人预想不到的客观原因或者预想到但却无力避免和挽回的客观原因。意志以外的原因不是犯罪人所希望并追求的，犯罪在未完成阶段停止下来，不是犯罪人自愿自觉的，这一特征是犯罪未遂与犯罪中止的重要区别。

犯罪活动在着手进入实行阶段之后，行为人以自己的主客观努力来实现自己的犯罪目的，但是却由于某种主观意志以外的力量使犯罪不能正常进行下去而陷入了终局，这是犯罪未遂的最本质的特征。如张某入室盗窃时听见外面的大门有推动的声音，张以为是回来人了，于是仓皇逃跑而使犯罪停止在未完成形态。这种情形就是犯罪未遂，因为是否回来人是张某不能控制的意志外因素，并且张某主观上确认马上就要回来人了。在司法实践中具有阻碍犯罪意志和犯罪活动完成作用的“意志以外的原因”，可以划分为如下三类：一是犯罪人本人以外的客观影响，包括被害人、第三者、自然力、物质障碍、环境时机等方面对犯罪的进行具有阻碍作用的因素；二是行为人自身方面对犯罪的进行具有的不利影响，如体力不支、技能欠缺、经验不足等对犯罪的阻碍；三是行为人主观认识错误对犯罪的影响，如对犯罪对象的偏差认识、对犯罪工具的性能的错误理解、对犯罪结果出现与否的错误判断等。

意志以外的原因是相对意志因素而言的，在认定犯罪未遂时要牢牢地把握意志原因与意志以外的原因。“德国刑法学者提出了一个区别两者的标准，即‘欲达目的而不能’的是犯罪未遂，‘能达目的而不欲’的是犯罪中止，这就是著名的佛兰克公式”①。在实际案件中也常常发生表面看似意志以外的原因，但却是犯罪人意志内的原因而中止了犯罪的进行，这种情况就应当认定为犯罪的中止，而不能认定为犯罪未遂。如在抢劫案件或杀人案件中，被害人的惊叫的确能使犯罪人心跳，但这种反抗不足以制服和阻止犯罪人继续实施犯罪行为，犯罪行为完全可以继续下去，往往在这种情况下犯罪人出于对刑罚的恐惧或者是对被害人的同情而停止了犯罪。这就是出于意志内的原因而放弃了犯罪，属于犯罪的中止而不是犯罪未遂。

## 犯罪未遂的类型

根据不同的标准对犯罪未遂可以有不同的分类，我国刑法理论一般从两个角度根据两个不同的标准将未遂犯划分为两组类型，即实行终了的未遂与未实行终了的未遂；能犯未遂与不能犯未遂。

（一）实行终了的未遂与未实行终了的未遂

刑法理论以犯罪实行行为是否实施终了为标准，将犯罪未遂区分为实行终了的未遂与未实行终了的未遂。

犯罪实行行为是否实施终了的标准，不能以刑法分则规定的具体的犯罪构成要件是否实行完毕为标准，因为，行为人在客观上已经将某一具体犯罪的构成要件实施完毕，就意味着

① 何秉松主编：《刑法教科书》(上卷)，425页，北京，中国法制出版社，2000。

犯罪已经达到既遂或者将要达到既遂，就没有必要再研究犯罪未遂的问题了。所以，客观的标准在研究未遂犯的问题上不能够适用，只能在主观因素上寻求突破。从犯罪人主观心理来看，犯罪行为是否实施完毕应以行为人是否自认为实现犯罪意图所必要的全部行为都实行完了为标准。根据这一标准，未实行终了的未遂，是指在法定犯罪构成所包含的实行行为的范围内，犯罪行为未实施完毕，但行为人在实施犯罪的过程中因意志以外的原因的出现而使犯罪不能进行下去的犯罪未遂。例如，行为人甲正在追杀乙，途中遇到了见义勇为的丙，丙把甲按倒在地并将其送到公安机关。甲的杀人犯罪停止在未实行终了的未遂形态上。实行终了的未遂，是指行为人自认为犯罪行为已经实施完毕而自动停止了犯罪，或者在实行行为完成后至犯罪结果的出现尚有一段距离时，由于行为人意志以外的原因致使犯罪的结果被阻止而发生的未遂。例如，甲欲杀死乙，用绳子勒住乙的脖子，见乙几分钟后没有反应，自认为乙已经死亡便离开现场，事后乙被人发现并抢救过来。事实上，甲当时并没有致乙于死地，甲离开后乙就缓过来了，甲的行为就属于实行终了的未遂。再如，孙某向妻子的水杯中投放了毒药，其妻喝下去后便开始有反应，孙某便躲到外面等候动静，不料妻子的弟弟恰好路过此地发现了危急中的姐姐，送医院抢救过来，孙某的行为也属于实行终了的未遂。

（二）能犯未遂与不能犯未遂

刑法理论以行为的实施能否构成犯罪既遂为标准，将犯罪未遂划分为能犯未遂与不能犯未遂。

能犯未遂，是指犯罪行为有实际可能达到既遂，但由于行为人意志以外的原因未能达到既遂而停止下来的犯罪未遂。能犯未遂是司法实际中比较常见的未遂犯罪，如利用刀斧棍棒进行杀人或伤害，完全可以达到既遂，但却在犯罪没有实施完毕时被当场抓获而构成未遂犯。再如，用毒药杀人，如果受害人喝下去后没有他人救助，也能够达到犯罪既遂，但却意外地得到了他人的帮助而保住性命。

不能犯未遂，是指因犯罪人对有关犯罪事实的认识错误而使犯罪行为不能达到既遂的一种未遂情况。具体又可区分为工具不能犯未遂与对象不能犯未遂。工具不能犯未遂，是指犯罪人由于认识错误而使用了依据其客观性能不能实现行为人犯罪意图、不能构成犯罪既遂的犯罪工具，以致发生了犯罪未遂。如利用空枪去杀人，误把白糖当砒霜去杀人等等。对象不能犯未遂，是指由于行为人的错误认识，使得犯罪行为实施时其所指向的犯罪对象不在犯罪行为的有效作用范围内或者具有某种属性而使犯罪不能既遂的犯罪未遂。如误认尸体为活人而杀害、误认男人为女人而强奸、误认空钱包内有钱而盗窃等。在一般情况下，能犯未遂的危害性比不能犯未遂的危害性要大，处罚要从重考虑。

## ■ 未遂犯的处罚原则

对未遂犯的处罚应当比照既遂犯，这是由刑法分则条文的设定标准所决定的。如何比照既遂犯进行处罚，近现代各国刑法和刑法理论中主要有必减主义、不减主义、得减主义三种不同的主张。我国《刑法》第 23 条第 2 款规定：对于未遂犯，可以比照既遂犯从轻或者减轻处罚。这一规定说明我国刑法采取的是得减主义。具体适用这一原则时应当注意如下两个问题：

1. 对未遂犯裁量刑罚时应当在引用《刑法》第 23 条和分则具体条文的同时，在罪名的后面加括号标明未遂的情况，如“故意杀人罪（未遂）”。

2. 比照既遂犯从轻或者减轻处罚，只是法律的一种一般性倾向，不能绝对要求未遂犯一定要在量刑上轻于既遂犯，而要综合考虑案件的量刑情节，全面掌握既遂犯与未遂犯的程度差别。

## 第五节　犯罪中止

### 一、犯罪中止的概念和特征

（一）犯罪中止的概念

犯罪中止也是犯罪未完成的一种停止，与犯罪预备和犯罪未遂有相近之处，但却在主观因素上具有本质的差异。我国《刑法》第 24 条第 1 款规定：在犯罪过程中，自动放弃犯罪或者自动有效地防止犯罪结果发生的，是犯罪中止。根据刑法的规定，结合我国刑法理论，犯罪中止，是指在犯罪过程中，行为人自动放弃犯罪或者自动有效地防止犯罪结果发生，而未完成犯罪的一种犯罪停止形态。

（二）犯罪中止的特征

由于犯罪中止的本质属性是行为人自动放弃或防止犯罪结果的发生，体现了行为人主观上悔过自新、弃恶从善的心理特点。所以，犯罪中止的特征就应当着重体现在行为人在犯罪过程中如何以自己的行为（或不作为）放弃犯罪或阻止犯罪结果发生的这些表现上。犯罪中止包括两种：自动放弃犯罪的犯罪中止，自动有效地防止犯罪结果发生的犯罪中止。

1. 自动放弃犯罪的犯罪中止的特征。自动放弃犯罪的犯罪中止，必须同时具备以下三个特征：

（1）中止的时空性。自动放弃犯罪的中止必须发生在“犯罪过程中”，即犯罪活动开始实施至该犯罪构成要件完成为止的动态过程之中。这是自动放弃犯罪的犯罪中止的客观特征，从行为人开始犯罪预备行为，一直到犯罪既遂发生之前的一段时期内是自动放弃犯罪的有效时区。如果犯罪行为已经达到既遂程度或者由于意志以外的原因而使犯罪进入终局的，尽管行为人出于悔过心理而自动恢复原状的，也不能再视为中止，只能表明犯罪人的悔罪态度。如盗窃、抢夺、贪污犯罪既遂之后主动返赃的，便不能再认定为犯罪中止。同样，行为人在尚未实施犯罪预备行为之前，即自动放弃犯罪意图的，也不能认定为犯罪中止。自动放弃型的犯罪中止也可以细化为两种：其一是犯罪预备阶段的中止，这种类型的中止犯主观恶性和客观危害相对其他犯罪停止形态而言是最小的，在实际生活中很难被发现，我国刑法理论曾经对其忽略不计，现在一般也不予追究刑事责任；其二是犯罪实行阶段的中止，这是通常意义上的犯罪中止，较前种中止的主观恶性和客观危害都大。

（2）中止的自动性。要求行为人必须是自动地停止犯罪行为，这是中止犯最本质的属性，也是中止犯与预备犯和既遂犯的根本区别。所谓“自动性”，是指行为人出于自己的真实意志而自动放弃了自认为能够继续实施并完成的犯罪行为。这是自动性的两个要点。如果行为人放弃了自认为不能继续实施下去的犯罪，或者继续实施犯罪的风险性太大以至于不能完成的犯罪，不是犯罪中止，而应认定为犯罪未遂。如甲在抢劫过程中，由于被害人的厉声训斥及大声呼救而惊动了周围的住户，甲自认为马上将有人来阻止或抓捕自己，不能再继续实施下去，于是慌忙逃窜，这种情况一般不应认定为犯罪中止，而应考虑定犯罪未遂；相反，如果行为人自认为不可能会有人来救助，自己完全有能力继续实施犯罪，但见到受害人的惊恐状而放弃犯罪的，则应当认定为犯罪中止。

认定自动性的关键性因素，是犯罪人主观心理的认识问题，即行为人自以为自己能否再继续实施犯罪的问题。如果行为人自认为能够继续实施并完成犯罪行为而自动放弃了犯罪的，是犯罪中止；如果行为人自认为不能继续实施并完成犯罪行为而停止继续犯罪的，是犯罪未遂。上述两种情况绝对要以行为人的主观认识为标准，而不考虑客观实际是否能够再继续犯罪。

（3）中止的彻底性。中止犯罪必须具备彻底性的特征，即行为人彻底地打消了犯罪意图，永远地放弃了此犯罪，而不是将来寻找适当的时机再继续实施下去。如果行为人认为犯罪的条件不成熟或者犯罪的时机没到而暂时停止犯罪活动，等待以后条件具备、时机成熟时再继续实施犯罪的，不能认定为犯罪中止，而只能是暂时中断犯罪。当然，彻底放弃犯罪的意图只能是针对行为人所具体实施的犯罪，而不是指今后永远不再犯其他罪行。

与犯罪中止相关的还有一个自动放弃可重复的犯罪行为应认定为未遂犯还是中止犯的问题。自动停止或放弃可重复的犯罪行为，是指行为人实施了第一个侵害行为，因意志以外的原因未能造成危害结果，在其可以重复多次地实施同一侵害行为时自动停止了这种侵害的继续进行，因而没有发生犯罪既遂的情况。对这种情况的处理存在着"未遂论"、"中止论"和"折中论"三种不同的主张[①]，而目前能被大家接受的是"中止论"。如某些学者认为，自动放弃重复侵害行为是犯罪中止而不是犯罪未遂，主要理由是：其一，行为人对可能重复的侵害行为的放弃是发生在犯罪实行未了的过程中，而不是在犯罪行为已被迫停止的犯罪未遂，犯罪是否终了不是指犯罪活动中的某个具体行为或动作，应是某种罪的犯罪构成完备所要求的整个犯罪活动。其二，行为人对可能重复的侵害行为的放弃是自动的而不是被迫的。其三，由于行为人对可能重复的侵害行为自动而彻底的放弃，使犯罪结果没有发生，犯罪未达到既遂。[②] 还有一些学者举出实例，甲出于杀妻的故意，向其妻开枪未中或者只造成轻伤而未死，甲本来可以继续开枪，但因怀念旧情而停止射击。这就是自动停止可以重复的行为。甲第一枪未击中其妻也不能视为他已构成了杀人罪（未遂），因为杀人行为并未结束，他还可以连续开枪射击。但是他自动停止射击，放弃了杀妻的意图和行为，这是在实行犯罪过程中自动停止犯罪，完全具备犯罪中止的三个条件。[③]

2. 自动有效地防止犯罪结果发生的犯罪中止的特征。自动有效地防止犯罪结果发生的犯罪中止，是指在某些特殊犯罪中，当行为人的犯罪实行行为已经实施终了，但作为既遂标志的犯罪结果需要隔一段时间才能出现的情况下，行为人采取措施有效地阻止了犯罪结果的发生的犯罪中止。也可称为实行终了的中止或积极中止。

这种类型的犯罪中止除了要求具备上述普通犯罪中止应当具备的时空性、自动性、彻底性外，还必须具备有效性这一特征。由于这种类型的犯罪中止所触及的犯罪已经实行终了，如果不采取有效措施，犯罪的结果即将发生，所以对这种中止要求具备有效性的特征，即行为人必须有效防止了他已实施的犯罪之法定危害结果的发生，使犯罪未达到既遂而停止下来。如果行为人虽然采取了力所能及的措施防止法定的犯罪结果的发生，但实际上未能阻止既遂的犯罪结果的发生，或者犯罪结果未发生是由于其他原因所致，则不能认定为犯罪中止，而应认定为犯罪既遂或犯罪未遂。如甲欲杀死乙而给乙喝了毒药，甲离开乙的房间之后有些后悔便回来打算将乙送到医院，结果乙被他人抢先送往医院而得救，甲构成犯罪未遂。如果甲在回来后亲自将乙送到医院或者由他人将乙送往医院，但抢救无效，甲构成犯罪的

① 参见马克昌主编：《刑法通论》，451～452页。

② 参见赵秉志主编：《刑法新教程》，233～234页。

③ 参见何秉松主编：《刑法教科书》（上卷），433页。

既遂。

## 犯罪中止的类型

（一）预备中止、实行未终了中止（消极中止）与实行终了中止（积极中止）

根据犯罪中止出现的时空域限的不同，刑法理论上将犯罪中止区分为如下三种类型：

1. 预备中止。是指发生在犯罪预备阶段的犯罪中止，我们在前面已经提到过这种犯罪中止，是在犯罪预备行为开始到着手实施犯罪之前的这一段区间发生的，是危害性最小的一种犯罪未完成的停止形态。例如，行为人甲为报复自己的仇人乙准备了炸药包，但由于担心此炸药杀伤力太大会伤及无辜而放弃了犯罪。

2. 实行未终了中止。也称消极中止，是指发生在犯罪实行行为已经开始但尚未终了这一阶段的犯罪中止。其时空域限起始于犯罪实行行为的着手，终止于犯罪实行行为终了之前。与自动放弃犯罪的犯罪中止属于同一类，只需要行为人放弃犯罪行为、消极地不去继续实施犯罪就可以成立。

3. 实行终了中止。也称积极中止，是指发生在犯罪实行行为实施终了之后但未达到犯罪既遂之前的犯罪中止。其时空域限起始于犯罪实行行为终了之时，结束于犯罪既遂的犯罪结果发生之前。与自动有效地防止犯罪结果发生的犯罪中止属于同一类，行为人必须以积极的行为有效地防止了法定的既遂的犯罪结果的发生，才可以成立中止。

（二）造成一定损害的犯罪中止与没有损害结果的犯罪中止

根据犯罪中止是否已经给刑法保护的权益造成危害结果为标准，将犯罪中止区分为造成一定损害的犯罪中止与没有损害结果的犯罪中止两种类型。

1. 造成一定损害的犯罪中止，是指行为人的犯罪行为虽然在犯罪既遂之前已经停止，但却给刑法保护的权益造成了程度不同的损害，如杀人犯罪的中止，尽管在既遂之前停止，但却给受害人造成伤害，包括身体残疾、轻伤害等不同程度的损害。

2. 没有损害结果的中止，是指行为人在犯罪行为尚没有造成任何损害结果之前便停止，未给受害人造成任何不利的直接损失的犯罪中止。当然，间接的、无形的损害在所难免。例如，同样是杀人罪的犯罪中止，行为人在第一枪没有击中之后没有补第二枪便中止了犯罪，虽然没有物质的、有形的损害，但受害人所受到的心理刺激也是一种损害。不过刑法所关注的是物质的、有形的、可测量的损害，并据以决定是否给予刑罚处罚。

## 中止犯的处罚原则

关于中止犯的处罚原则，世界上存在“得减免制”和“必减免制”两种原则。我国采取了必减免制，我国《刑法》第 24 条第 2 款规定：对于中止犯，没有造成损害的，应当免除处罚；造成损害的，应当减轻处罚。由此，行为是否造成了损害，是对中止犯决定给予刑罚制裁与否的根据。正确理解和适用这一原则时应当注意如下两个问题：

1. 对中止犯，刑法规定“应当”免除处罚或减轻处罚，意味着必须执行免除处罚或减轻处罚的原则，体现必减免制。其中减轻处罚并不是说要比照既遂犯来减轻，实际上对中止犯的处罚比其他任何未完成形态的犯罪形态的处罚都要轻。

2. 对中止犯处罚时，应当引用《刑法》总则第 24 条和《刑法》分则的相关条款并充分考虑其他法定与酌定的量刑情节，特别是造成损害与否这一特殊情节，全面综合地裁量刑罚。

# 第十章

# 共同犯罪

## 第一节　共同犯罪概述

### ■ 共同犯罪的概念

共同犯罪，是故意犯罪的一种特殊形态，是相对于一人单独实施的故意犯罪而言的，也就是二人以上共同实施的故意犯罪。在刑法分则体系中，其各个个罪的犯罪构成，一般是以个人单独犯罪为标本的，二人以上共同实施犯罪，除极少数在有关条款中明文规定外，绝大多数都未在分则条文中予以规定，以免失之于烦琐。但是，共同犯罪并不是若干单独犯罪的简单相加，它比单独犯罪具有更大的社会危害性，所以世界各国刑法大多在刑法总则中设有对共同犯罪的专门条款，我国刑法亦不例外。根据我国《刑法》第 25 条第 1 款的规定，共同犯罪是指二人以上共同故意犯罪。这一定义科学地概括了共同犯罪的内在属性，体现了主客观相统一的基本原则，为有效地打击共同犯罪提供了法律依据。

共同犯罪是一种特殊的、复杂的犯罪现象，其具有个人单独犯罪所不具备的诸多特点。我们可以通过对以下几点的分析加深对共同犯罪的理解：首先，共同犯罪不是各犯罪人行为的简单相加，而是二人以上在共同故意支配下实施犯罪行为而形成的一个有机整体。其次，共同犯罪要求各犯罪人之间既有共同故意，又有共同行为，且二者之间具有辩证统一的关系。共同犯罪的定义特别强调了共同故意对共同犯罪构成的作用，《刑法》第 25 条第 2 款即对该定义作了补充性规定："二人以上共同过失犯罪，不以共同犯罪论处；应当负刑事责任的，按照他们所犯的罪分别处罚。"最后，在共同犯罪中，存在各个犯罪人在共同犯罪中的地位、分工和参与程度的不同，从而导致各个犯罪人在共同犯罪中所起的作用不同，各自行为的社会危害性也就不同，因此产生了各共同犯罪人的刑事责任分担问题。另外，由于共同犯罪的类型不同，也会使其社会危害性有所不同，如集团共同犯罪的社会危害性通常重于一般共同犯罪的社会危害性。

这里还应注意共同犯罪与犯罪构成的关系问题。与单独犯罪相一致，共同犯罪的成立仍须以行为符合犯罪构成为前提，即各个行为人的犯罪故意与犯罪行为必须是在同一犯罪构成的范围内。在符合同一犯罪构成的前提下，即使各个行为人的故意内容与客观行为在一般人看来并不一致，也不影响共同犯罪的成立。例如，甲教唆乙抢劫商店，而乙接受教唆后却抢劫了银行，虽然二者欲抢劫的对象并不一致，但甲与乙在抢劫罪的故意与犯罪行为这一点上是共同的，因而成立抢劫罪的共犯，但根据刑法规定，对二人适用的法定刑不同。

## 共同犯罪的成立条件

共同犯罪作为故意犯罪的一种特殊形态，除了必须具备故意犯罪的一般条件外，还有其本身特有的构成要件，这揭示了共同犯罪与单独犯罪的区别。根据我国刑法的规定，成立共同犯罪必须具备如下条件。

（一）共同犯罪的主体条件

共同犯罪的主体，必须是两个以上达到刑事责任年龄、具有刑事责任能力的人。由于刑法规定单位可以成为某些犯罪的主体，故两个以上的单位以及单位与自然人共同实施的犯罪，也可能构成共同犯罪。

首先，共同犯罪的主体必须是二人以上，一个人不存在也不可能发生共同犯罪问题。其次，二人以上必须都达到刑事责任年龄、具有刑事责任能力。如果一个达到刑事责任年龄、具有刑事责任能力的人，利用没有达到刑事责任年龄、不具有刑事责任能力的人实施犯罪行为，这在刑法理论上叫做间接正犯，不构成共同犯罪。所谓间接正犯，是西方刑法理论的概念，也就是间接实行犯。我国刑法理论没有间接正犯的概念，但在我国社会生活中却实际存在着这种犯罪现象。例如，甲教唆不满 14 周岁的儿童乙盗窃，而后将窃得赃物的大部分据为己有。在本案中，乙未达到刑事责任年龄，不能对其实施的盗窃行为承担刑事责任，而对行为人甲来说，其不过是把儿童乙作为自己盗窃财物的工具，应对甲依盗窃罪的实行犯定罪判刑。甲即为理论上的间接正犯。再次，二人以上必须是在相应犯罪上具备刑事责任能力的人。我国《刑法》第 17 条第 2 款规定，已满 14 周岁不满 16 周岁的人，只对故意杀人、故意伤害致人重伤或者死亡、强奸、抢劫、贩卖毒品、放火、爆炸、投毒罪八种犯罪负刑事责任，故两个已满 14 周岁不满 16 周岁的人，或者一个已满 16 周岁的人与一个已满 14 周岁不满 16 周岁的人，共同实施该八种犯罪之外的行为的，不成立共同犯罪。最后，两个以上具有不同身份的人可以成立共同犯罪。刑法中有些犯罪的主体是特殊主体，即要求行为人是具有特殊身份的人，如国家工作人员、司法工作人员等。在单独犯罪的情况下，只有具有身份的人才能构成要求特殊主体的犯罪，如必须是国家工作人员才能成立受贿罪等。但在共同犯罪的情况下，没有身份的人也可能构成要求主体身份的犯罪，如非国家工作人员教唆国家工作人员受贿，就与国家工作人员成立受贿罪的共同犯罪。

此外，还应注意，在单位犯罪中，直接负责的主管人员及其他直接责任人员，与该单位本身不成立共同犯罪。

（二）共同犯罪的客观条件

在客观方面，共同犯罪的成立必须是两个以上的人具有共同犯罪的行为。所谓共同犯罪行为，是指各共犯人的行为都指向同一犯罪，并相互联系、相互配合，成为一个有机的犯罪活动整体，各共犯人的行为都是共同犯罪行为这一整体的组成部分。在发生危害结果的场合，每个人的行为都与危害结果之间存在因果关系。

1. 各共同犯罪人实施的行为，必须是犯罪行为。如果行为人共同实施的不是犯罪行为，而是为保护正当权益而进行的正当防卫或紧急避险行为，其行为本身即不构成犯罪，故也无共同犯罪可言。如果行为人共同实施的危害行为属于情节显著轻微危害不大的，也不成立共同犯罪。

2. 由共同犯罪的复杂性决定，共同犯罪的行为可以表现为不同的方式、阶段与分工。

从行为方式角度说，共同犯罪行为可以表现为三种形式：一是共同作为，如甲乙二人共同持刀将丙杀死，这是共同犯罪行为的主要形式；二是共同的不作为，如父母共同遗弃子女，致子女饥寒而死；三是作为与不作为的结合，如守夜人甲与乙合谋窃取本单位财物，在乙行窃时，甲佯装熟睡，听任乙将财物窃走。这里，乙的行为是作为，甲的行为是不作为，属于作为与不作为结合形式的共同犯罪行为。

从行为阶段角度说，共同犯罪行为可能出现三种情况：一是共同实行行为，如甲与乙共同动手抢劫丙的财物，大多数共同犯罪都属于此种情况；二是共同预备行为，如甲与乙为毒杀丙而共同去商店购买剧毒农药；三是预备行为与实行行为相结合，即一方仅实施了预备行为，另一方实施了实行行为。这里值得探讨的一个问题是：仅仅参与共谋，而未参与犯罪实行行为的，是否与实行犯构成共同犯罪？所谓共谋，是指二人以上就准备实施犯罪进行谋议。例如，甲乙二人共谋相约于某日晚十时共同将丙杀死。届时，乙因害怕未前往杀丙，甲独自一人将丙杀死。在本案中，甲、乙二人是否构成共同犯罪呢？对此，学界有两种不同的意见：一种持肯定说，认为应构成共同犯罪；另一种持否定说，认为不构成共同犯罪。我们同意第一种肯定的意见，理由是：共同犯罪行为不仅指共同实行行为，也包括共同预备行为，参与共谋即是共同犯罪预备行为。因此，在参与共谋而未实行犯罪的情况下，行为人不仅有共同犯罪的故意，而且具有共同犯罪的行为，应当成立共同犯罪。

从行为分工角度来说，共同犯罪行为可能表现为四种情况：一是实行行为，即实施刑法分则所规定的犯罪构成客观方面要件的行为；二是组织行为，即组织、领导、策划、指挥共同犯罪的行为；三是教唆行为，即故意劝说、收买、威胁、命令或以其他方法唆使他人犯罪的行为；四是帮助行为，即提供信息、工具或者排除障碍等对实行犯罪起辅助作用的行为。共同犯罪的共同行为，既可能是行为人共同实施实行行为，也可能是分别实施不同的行为，如有人实施实行行为，有人实施组织行为、教唆行为或者帮助行为。无论行为人之间是怎样分工组合的，都是共同犯罪。

3. 在共同实施的犯罪是结果犯的场合，每个共同犯罪人的行为都与危害结果之间发生因果关系。与单独犯罪中一个人的行为与危害结果之间的因果关系相比，二人以上的共同犯罪与危害结果之间的因果关系具有特殊性。其特殊性表现在：共同犯罪行为是围绕着一个犯罪目标，互相配合、互为条件的犯罪活动整体。正是这个行为整体导致了危害结果的发生，而每个共同犯罪人的行为都是这个整体中不可割裂的一部分，其与危害结果之间都存在因果关系。例如，甲、乙合谋开枪杀丙，甲开枪未中，乙则打中了丙的要害部位，致丙死亡。在本案中，虽然只是乙的行为直接导致了丙的死亡，但甲也要负故意杀人罪既遂的刑事责任。因为，甲、乙的开枪行为在事实上形成了一个致丙死亡的共同犯罪行为整体，甲、乙的行为都是这个整体的不可分割的一部分，其与丙的死亡均有因果关系。在共同犯罪人之间存在分工的情况下，组织行为、教唆行为、帮助行为与实行犯的实行行为一起，构成了一个共同犯罪行为的有机整体，各个行为与危害结果之间都存在因果关系。

（三）共同犯罪的主观条件

从主观上讲，共同犯罪的成立必须是两个以上的行为人具有共同犯罪故意。所谓共同犯罪故意，是指各共犯人通过犯意联系，明知自己与他人配合共同实施犯罪会造成某种危害结果，并且希望或者放任这种危害结果发生的心理态度。具体来讲可以从认识因素与意志因素两个方面进行分析。

1. 从认识因素来看，共同犯罪的故意包括两方面的内容：其一，各共同犯罪人都认识到共同犯罪行为的性质和危害社会的结果，如果行为人没有认识到自己的行为将导致危害社会的后果，则其主观方面可能是过失或意外事件，也就不存在共同犯罪的可能。其二，各共同犯罪人主观上彼此沟通、互相联络，都认识到自己不是在孤立地实施犯罪，而是和他人一起共同实施犯罪，即共同犯罪人之间要存在意思联络。

2. 从意志因素来看，各共同犯罪人都是希望或者放任自己所参与的共同犯罪行为发生危害社会的结果。例如，甲与乙均持匕首向丙猛捅，二人都有杀害丙的故意。

这里还要指出，共同犯罪故意并不要求故意的形式与具体内容完全相同，而只需在刑法规定的范围内相同即可。从共同故意的形式来说，既可以表现为各行为人都有犯罪的直接故意，也可以表现为各行为人都有犯罪的间接故意，还可以表现为直接故意与间接故意的结合。例如，甲、乙均与丙有仇，遂共谋在丙家的水缸中投放农药毒杀丙。甲明知丙家还有丙的两个儿子与丙一起居住，但希望将其儿子一并毒死。乙则并非希望毒死丙的儿子，而是认为丙的儿子可能经常外出，也许不会饮水缸中的水，但如果毒死了丙的儿子也不违反乙的意志，即乙对丙的儿子的死亡持无所谓的放任态度。结果该日正好只有丙的两个儿子在家，二人均饮水中毒死亡。在此案中，虽然甲、乙二人对丙的儿子的死亡一个是直接故意，一个是间接故意，但仍然成立共同的杀人故意，构成故意杀人罪的共同犯罪。就故意的具体内容而言，只要求各共同犯罪人具有法定的认识因素和意志因素，即使故意的具体内容不完全相同，也可成立共同犯罪。例如，实行犯与教唆犯的故意，在具体内容上可能有所不同，但不影响共同犯罪的成立。

## ■ 共同犯罪的认定

### （一）不构成共同犯罪的几种情况

根据共同犯罪的成立条件，以下几种情况不构成共同犯罪：

1. 二人以上共同过失犯罪，不构成共同犯罪。我国《刑法》第 25 条第 2 款明确规定，二人以上共同过失犯罪，不以共同犯罪论处；应当负刑事责任的，按照他们所犯的罪分别处罚。共同过失犯罪，各行为人之间缺乏意思联络，不具有共同犯罪所要求的行为的有机整体性，并且也难以在各行为人之间划分出主犯、从犯、胁从犯及教唆犯，所以只需按照其过失责任的大小，将各行为人分别处罚就可以了。例如，医生甲对工作严重不负责任，开错处方，药剂师乙亦不认真核查，将药发给病人，结果造成病人服药后死亡。这里，虽然是甲、乙的行为共同导致了病人的死亡，但由于二人均属过失行为，没有共同犯罪的故意，所以不成立共同犯罪。

2. 二人以上共同实施危害行为，但一人是故意，一人是过失的，不构成共同犯罪。这表现为两种情况：一是过失地引起或帮助他人实施故意犯罪；二是故意地教唆或帮助他人实施过失犯罪。在这两种情况下，由于各行为人之间缺乏共同的犯罪故意，所以不成立共同犯罪，而应根据各人的罪过形式与行为形态分别处理。可能有的构成犯罪，有的不构成犯罪，也可能各自构成不同的犯罪。此外，故意（过失）行为与无罪过行为，更不可能成立共同犯罪。

3. 同时犯不成立共同犯罪。同时犯是指二人以上在同时，对同一犯罪对象实施同种犯罪，但主观上没有犯意联系的情况。由于同时犯之间没有犯意联络，所以缺乏共同的犯罪故意，不是共同犯罪。如甲、乙二人趁某商场失火之机，不约而同到该商场窃取物品。由于二人之间没有意思联络，故不成立共同犯罪，只需各自对自己的盗窃行为承担责任即可。

4. 二人以上实施犯罪时故意内容不同，不成立共同犯罪。共同犯罪故意是二人以上共同实施同种犯罪的故意，也就是同一犯罪构成范围内的故意。如果各犯罪人并非出于同种犯罪的故意而实施犯罪行为，则不构成共同犯罪。如一人出于伤害的故意，一人出于杀人的故意，即使是同时或者先后对同一对象实施杀伤行为，也不能视为共同犯罪。

5. 超出共同故意范围的犯罪，不是共同犯罪。二人以上在共同故意实施犯罪的过程中，个别共同犯罪人超出共同犯罪故意又犯其他罪的，应由其个人对该罪承担刑事责任，其他共同犯罪人对此不承担责任。也就是说，各共同犯罪人只就共同故意范围内的犯罪成立共同犯罪，对于个别犯罪人超出共同故意所实施的其他罪，则不成立共同犯罪。例如，甲、乙合谋盗窃丙家，甲进屋盗窃，乙在外望风，甲在实施盗窃的过程中又强奸了丙女，而乙却毫不知情。在这种情况下，甲、乙二人只成立盗窃罪的共同犯罪，而不成立强奸罪的共同犯罪，甲应独立承担强奸罪的刑事责任。这种情况在理论上又叫做实行犯过限。1996 年《俄罗斯联邦刑法典》第 36 条对此作出了规定，即“实行犯实施不属于其他共犯故意之内的犯罪，是实行犯的过度行为。对于实行犯的过度行为，其他共犯不负刑事责任”。这一规定值得参考。

6. 事前无通谋的窝藏、包庇行为，不构成共同犯罪。这是因为，事后的窝藏、包庇行为如果事先没有通谋，就对危害结果的发生不存在因果关系，因而不能构成共同犯罪。但事前通谋的窝藏、包庇行为，则支持和鼓励了实行犯的实行行为，通过实行行为引起危害结果的发生，因而与危害结果之间存在因果关系，并且具有共同的犯罪故意，应成立共同犯罪。故而，我国《刑法》第 310 条第 2 款规定，犯窝藏、包庇罪，“事前通谋的，以共同犯罪论处”。

（二）一个值得探讨的问题

单方面具有共同犯罪的故意，能否成立共同犯罪？这实际上是能否成立片面共犯的问题。所谓片面共犯，是指共同犯罪人的一方有与他人共同实施犯罪的意思，并加功于他人的犯罪行为，但他人不知道其给予加功的情况。[①] 例如，甲与丙有仇，某日持刀追杀丙。丙在逃跑过程中路遇乙，乙与丙也有仇，于是在路上设置障碍，致使丙被甲追上杀死。在本案中，甲并不知道乙在帮助他杀丙，而乙却有帮助甲杀丙的故意，甲与乙能否成立共同犯罪呢？对此，学界有肯定片面共犯和否定片面共犯两种意见。在肯定片面共犯的观点中，对片面共犯成立的范围也存在分歧：有的认为所有片面共犯，即片面实行犯、片面教唆犯和片面帮助犯都成立共同犯罪；有的认为片面教唆犯与片面帮助犯成立共同犯罪；还有的只承认片面帮助犯成立共同犯罪。我国刑法理论通说对片面共犯持否定意见，认为共同犯罪故意应是双向的、全面的，而不是单向的、片面的，片面共犯的提法于法无据、于理不符。

## 第二节　共同犯罪的形式

### ■ 共同犯罪形式的概念及划分的意义

共同犯罪的形式，是指二人以上共同犯罪的形成、结构或者共同犯罪人之间结合的方式。共同犯罪的形式不同，其社会危害性就不同。

在刑法理论上划分不同种类的共同犯罪形式，是为了针对共同犯罪的复杂性，从不同的角度、用不同的标准去认识各种不同类型的共同犯罪的性质及不同的社会危害程度，以便确定对共同犯罪的法律适用，打击社会危害性最大的共同犯罪形式。同时，也便于分清各个共同犯罪人在共同犯罪中的地位与作用，进而对他们实行区别对待，有效地同共同犯罪作斗争。

---

① 参见高铭暄、马克昌主编：《刑法学》，171 页，北京，北京大学出版社、高等教育出版社，2000。

## 共同犯罪形式的划分

根据刑法学界的通说，从不同的角度，按照不同的标准，可将共同犯罪的形式分为以下几种。

（一）任意的共同犯罪与必要的共同犯罪

这是根据共同犯罪能否任意形成而划分的共同犯罪形式。

所谓任意的共同犯罪，是指刑法分则规定的一人能够单独实施的犯罪，由二人以上共同故意实施的情况。如抢劫罪、盗窃罪、故意杀人罪、放火罪等，既可以由一人实施，也可由数人共同实施，当数人共同实施时，就构成任意的共同犯罪。司法实践中，绝大多数共同犯罪都是任意的共同犯罪。对这种共同犯罪，应当根据刑法总则规定的共同犯罪的条款和刑法分则规定的有关犯罪的条文结合起来定罪量刑。

所谓必要的共同犯罪，是指刑法分则明文规定必须由二人以上共同故意实施的犯罪。根据我国刑法的规定，必要共同犯罪分为以下两种形式：（1）聚众性共同犯罪。这是指以向着同一目标的多数人的聚合行为作为犯罪构成必要要件的共同犯罪，如《刑法》第 317 条规定的组织越狱罪、聚众持械劫狱罪等。这种共同犯罪的特点是：第一，人数较多；第二，参与犯罪者的行为方向相同；第三，参与的程度和形态可能不同，如有的是参与组织、策划、指挥，有的只是参与实行犯罪活动。应注意的是，并非所有罪名中包含“聚众”二字的犯罪就是属于必要共同犯罪，有的犯罪的名称中虽有“聚众”二字，但并不是必要的共同犯罪。如《刑法》第 291 条规定的聚众扰乱公共场所秩序、交通秩序罪，其主体仅限于聚众的首要分子，其他参加人员不构成犯罪，当该罪的首要分子只有一人时，就无所谓共同犯罪。因此，该罪不是必要的共同犯罪。（2）集团性共同犯罪。这是指以组织、领导或者参加某种犯罪集团为犯罪构成要件的犯罪，如《刑法》第 120 条规定的组织、领导、参加恐怖组织罪，第 294 条规定的组织、领导、参加黑社会性质组织罪等。对必要的共同犯罪，应根据刑法分则规定的有关犯罪的条文处理，不必适用刑法总则的共同犯罪条款。

（二）事前通谋的共同犯罪与事中通谋的共同犯罪

这是根据共同故意形成的时间划分的共同犯罪形式。

事前通谋的共同犯罪，是指各共同犯罪人在着手实行犯罪以前，就实行犯罪进行了策划和商议，已经形成了共同犯罪故意的共同犯罪。所谓通谋，一般是指二人以上为了实行特定的犯罪，以将各自的意思付诸实现为内容而进行互相联络和沟通。事前通谋的形式是多种多样的，可以是口头形式，也可以是书面方式，还可以是点头、做手势，甚至暗示默许。事前通谋的内容，可以是就犯罪的时间、地点、对象、手段进行全面的谋议，也可以是对犯罪的某一方面的问题进行沟通。事前通谋的形式与内容如何，不影响事前通谋共同犯罪的成立。事前通谋的共同犯罪在司法实践中较为常见，与事中通谋的共同犯罪相比，它是较为危险的共同犯罪形式。

事中通谋的共同犯罪，是指各共同犯罪人在刚着手犯罪时或在实行犯罪的过程中形成共同犯罪故意的共同犯罪。这种共同犯罪形式，通常也称为“事前无通谋的共同犯罪”。例如，甲刚刚着手抢劫丙，适逢乙路过，于是甲请乙帮忙，共同制服了丙的反抗，完成了抢劫行为。本案中甲与乙的共同犯罪即是事中通谋的共同犯罪。

这里应注意一个问题，在事中通谋的情况下，如果先行为人已实施一部分实行行为后，后行为人以共同犯罪的意思加入到犯罪实行行为中来，或者提供帮助，后行为人是否就其参与前的先行为人的行为负刑事责任呢？这须分清不同情况区别处理。下面举两个例子：例一，甲持刀对丙进行抢劫，在制止了丙的反抗后，乙正好从此经过，遂与甲一起将丙的财物劫走。在这种情况下，甲与乙一起构成了抢劫罪的共同犯罪。例二，甲为抢劫丙之财物，而用木棍将丙打成重伤。此时，乙从此经过，于是上前与甲一起抢走了丙的财物。在这种情况下，乙虽然与甲构成了抢劫罪的共犯，但不对造成丙重伤的加重结果承担责任，只有甲单独对丙的重伤承担刑事责任。

（三）简单的共同犯罪与复杂的共同犯罪

这是根据共同犯罪人之间有无分工而划分的共同犯罪形式。

简单的共同犯罪，是指二人以上共同故意直接实行某一具体犯罪客观方面要件行为的共同犯罪。在此情况下，各共犯人都是正犯，即实行犯，所以学理上又将此种场合下的共犯人称为共同正犯（共同实行犯）。成立简单共同犯罪须具备两个基本条件：一是有共同实行的意思；二是有共同实行的事实。

在简单的共同犯罪中，各共同犯罪人的行为可以表现为两种情况：一是共同实行同样的行为，即行为的表现形式完全相同。例如，甲、乙各捅一刀将丙杀死。共同实行同样的行为还可以表现为对不同的对象实施同样的行为，如甲、乙相约拦路抢劫丙、丁，甲抢劫了丙的财物，乙抢劫了丁的财物。二是各共同犯罪人实行不同的行为，即各人分别实施同属于某一犯罪客观要件但表现形式不同的行为。如甲、乙共谋实施抢劫，由甲用凶器对被害人进行威胁，乙搜身抢走被害人的财物。

在对简单的共同犯罪追究刑事责任时，应遵循以下原则：（1）部分实行全部责任原则。由于共同正犯的各行为人的行为结合成统一整体，彼此利用、相互补充，所以即使某行为人仅分担了部分实行行为，也要对共同实行行为造成的全部危害结果承担刑事责任。例如，甲乙二人共同故意持刀杀丙，即使只有甲的一刀造成了丙的死亡，乙只造成了丙的伤害，乙也应与甲共同承担杀人既遂的责任。再如，王某与李某共同伤害丁某，但案发后查不清到底是谁的行为造成了丁某的重伤。对此，王某、李某二人均应对丁某的重伤负刑事责任。（2）区别对待原则。在坚持部分实行全部责任的原则下，对各共犯人应区别对待，根据各犯罪人在共同犯罪中所起的作用，区分主犯、从犯、胁从犯，分别予以处罚。（3）罪责自负原则。各共犯人只对共同故意范围内实行的犯罪负责，对他人超出共同故意实行的犯罪不负刑事责任。

复杂的共同犯罪，是指各共同犯罪人之间存在分工的共同犯罪。在此情形下，共同犯罪人之间存在实行犯、组织犯、教唆犯、帮助犯之分，他们的行为以及故意的具体内容均有差异。复杂的共同犯罪与简单的共同犯罪的区别在于：简单的共同犯罪，各共同犯罪人都直接实行某一犯罪构成客观要件的行为，都是实行犯；而复杂的共同犯罪，在各共同犯罪人中，有的实行犯罪构成客观要件的行为，有的则实行非犯罪构成客观要件的行为，从而有的是实行犯，有的是组织犯、教唆犯或者帮助犯。根据刑法规定，对于复杂共同犯罪中的共同犯罪人，应按照其在共同犯罪中所起的作用大小，各自承担不同的刑事责任。

（四）一般的共同犯罪与特殊的共同犯罪

这是根据共同犯罪有无组织形式而划分的共同犯罪形式。

一般的共同犯罪，是指二人以上在结合程度上比较松散，没有特定组织形式的共同犯罪。此种共同犯罪形式的特点是：各共同犯罪人只是为了实施某一具体犯罪而临时纠合在一起，没有固定的组织，该具体犯罪一旦完成之后，这种犯罪的共同体也就不复存在。一般的共同犯罪可以是简单的共同犯罪，也可以是复杂的共同犯罪；可以是事前通谋的共同犯罪，也可以是事前无通谋的共同犯罪。属于什么形式的共同犯罪，就按什么形式的共同犯罪处理。

特殊的共同犯罪，是指共同犯罪人之间建立起组织形式的共同犯罪，也就是有组织的共同犯罪，或称犯罪集团。根据我国《刑法》第 26 条第 2 款的规定，犯罪集团是指三人以上为共同实施犯罪而组成的较为固定的犯罪组织。

成立犯罪集团，须具备以下条件：(1) 主体的多数性。犯罪集团必须是三人以上，这是对犯罪集团主体在量上的规定性。(2) 明确的目的性。犯罪集团是为了实施某种犯罪或某几种犯罪而组织起来的，具有明确的目的。这种犯罪目的可以是通过口头或者书面的形式确定的，也可以是通过共同犯罪活动逐渐形成的。这个特征是区分犯罪集团与基于低级趣味和封建习俗而形成的落后组织的基本标志。(3) 较强的组织性。犯罪集团的成员比较固定，而且内部存在着领导与被领导的关系。其中既有起组织、领导、指挥作用的首要分子，也有积极参加犯罪活动的骨干分子，还有集团的一般成员。通常，集团成员之间是通过一定的成文或不成文的约束维系在一起的。可以说，组织性是犯罪集团最本质的特征。(4) 相当的稳定性。犯罪集团是为了在较长时间内多次实施犯罪活动结合而成的，在实施一次犯罪后，其成员间的相互联系以及组织形式仍然存在，而不是实施一次犯罪后就散伙。当然，犯罪集团也可能在实施一次犯罪后即被破获，在这种情况下，只要查明各犯罪人是以实施多次犯罪为目的结合起来的，即可认为具备了组织结构稳定性的条件。

犯罪集团的上述特征是彼此联系、不可分割的，只有同时具备上述四个条件，才能成立犯罪集团。

我国刑法还规定有特殊形式的犯罪集团，如恐怖活动组织、黑社会性质组织等。这些组织当然具备一般犯罪集团的特征，但它们比一般犯罪集团的社会危害性更大，所以《刑法》分则对它们作了特别的规定。它们属于前述的必要的共同犯罪，即按照分则有关条款的规定处理就可以了。对于《刑法》分则没有规定的一般犯罪集团，则应按照《刑法》总则关于共同犯罪的规定，区分首要分子、首要分子以外的主犯、从犯、胁从犯，然后分别予以相应的处罚。

长期以来，我国司法实践中还经常使用犯罪团伙这一概念，但对于什么是犯罪团伙，理论界则认识不一。有的认为犯罪团伙就是犯罪集团，有的认为犯罪团伙是犯罪集团与犯罪结伙的合称，有的认为犯罪团伙是介于一般共同犯罪与犯罪集团之间的独立的共同犯罪形式，还有的认为犯罪团伙包括犯罪集团和一般共同犯罪。我们认为，犯罪团伙不是严格意义上的法律概念，我国刑法只规定了犯罪集团和一般共同犯罪，而没有规定犯罪团伙。因此，对于所谓的犯罪团伙案件的处理，应根据具体情况具体认定，符合犯罪集团成立条件的，按犯罪集团处理；不符合犯罪集团成立条件的，按一般的共同犯罪处理。注意，在处理这类案件的判决、裁定及其他法律文书中，应避免使用犯罪团伙的提法。

## 第三节　共同犯罪人的刑事责任

### ■ 共同犯罪人的分类标准

共同犯罪是二人以上共同故意犯罪，各个犯罪人在共同犯罪中的地位和作用可能是不同的，因此需要在处理时区别对待。为了正确地解决各共同犯罪人的刑事责任，就有必要对共同犯罪人进行分类。

从各国刑法关于共同犯罪的规定来看，对共同犯罪人的分类标准大致有两种：一是以共同犯罪人在共同犯罪中的分工为标准，对共同犯罪人进行分类。在采取这种分类标准的国家中，有的采用二分法，即将共同犯罪人分为正犯和从犯，其中从犯又包括教唆犯和帮助犯，如 1810 年《法国刑法典》；有的采用三分法，即分为实行犯、教唆犯和帮助犯，如 1922 年《苏俄刑法典》，或者分为正犯、教唆犯和帮助犯，如 1999 年《德国刑法典》；有的采用四分法，即分为组织犯、实行犯、教唆犯和帮助犯，如 1996 年《俄罗斯联邦刑法典》。二是以共同犯罪人在共同犯罪中所起的作用为标准，对共同犯罪人进行分类。在采用这种分类标准的刑法中，有的采用二分法，即分为主犯和从犯两种；有的采用三分法，即分为首要、从犯和胁从。

上述两种分类法各有利弊。以分工为标准的分类，比较客观地反映了各共同犯罪人在共同犯罪中的实际分工和相互间的联系，但没有揭示出各个犯罪人在共同犯罪中所起的作用，不利于正确解决各自的刑事责任。以作用为标准的分类，较为客观地反映出共同犯罪人在共同犯罪中所起作用的大小，便于对各个犯罪人的量刑，解决其刑事责任，但不能全面反映各共同犯罪人在共同犯罪活动中的分工，对有的犯罪人的定罪问题不好解决，如教唆他人犯罪而他人并未实行犯罪的情况。

我国刑法在上述两种分类法的基础上，总结实践经验，扬长避短，兼而采之，确定了以作用为主兼顾分工的分类原则，即在按共同犯罪人在共同犯罪中的作用将其分为主犯、从犯、胁从犯的同时，又根据共同犯罪人的分工标准，划分出教唆犯。虽然教唆犯与前三种共同犯罪人不是并列关系，但其具有特殊性和复杂性，需要独立地加以研究。这样，我国刑法学上研究的就是主犯、从犯、胁从犯和教唆犯这四种共同犯罪人。

## ■ 各种共同犯罪人的特征及刑事责任

### （一）主犯及其刑事责任

根据《刑法》第 26 条第 1 款的规定，主犯是指组织、领导犯罪集团进行犯罪活动或者在共同犯罪中起主要作用的犯罪分子。据此，主犯包括两类：

1. 组织、领导犯罪集团进行犯罪活动的犯罪分子，即犯罪集团的首要分子。这种主犯具有两个特征：一是必须是犯罪集团中的犯罪分子，犯罪集团不存在，就不可能有这种主犯。这是其成立的前提条件。二是必须实施了组织、领导犯罪集团进行犯罪活动的行为。这主要表现为：纠集组建犯罪集团，串联、网罗犯罪集团成员，制定犯罪活动计划，布置指派犯罪任务，指挥集团成员进行具体的犯罪活动等等。由于这种主犯是犯罪集团的核心，具有很大的社会危害性，因此是我国刑法打击的重中之重。

2. 其他在共同犯罪中起主要作用的犯罪分子，即除犯罪集团的首要分子以外的在共同犯罪中对共同犯罪的形成、实施与完成起决定或重要作用的犯罪分子。具体包括：(1) 犯罪集团的骨干分子。这类犯罪分子虽然在犯罪集团中不起组织、指挥作用，但是积极参与犯罪集团的犯罪活动，在集团犯罪中起主要作用，或者直接实行犯罪，罪行重大等，因此这类犯罪人也属于主犯。(2) 在一般共同犯罪中起主要作用的犯罪分子。这主要是指在一般共同犯罪中起主要作用的实行犯、教唆犯，如在共同犯罪中直接造成严重危害后果的，罪行重大或者情节特别严重的，威胁、强迫他人实施犯罪在共同犯罪中起关键作用的，等等。(3) 在某些聚众犯罪中起组织、策划、指挥作用的犯罪分子。这涉及聚众犯罪的首要分子与主犯的关系问题，下面将对此详述。

根据《刑法》第 97 条的规定，首要分子，是指在犯罪集团或者聚众犯罪中起组织、策划、指挥作用的犯罪分子。据此，我们可以将首要分子分为两类：一是在犯罪集团中起组织、策划、指挥作用的犯罪分子，即犯罪集团的首要分子；二是在聚众犯罪中起组织、策划、指挥作用的犯罪分子，即聚众犯罪的首要分子。

在犯罪集团中，首要分子一定是主犯，但主犯却不一定是首要分子。因为在犯罪集团中，除了首要分子以外，其他起主要作用的犯罪分子也是主犯。如前所述，犯罪集团中的骨干分子，虽然在集团中不起组织、指挥作用，但是积极参与犯罪集团的犯罪活动，是犯罪集团的得力成员，因而也属于主犯。

聚众犯罪则可分为三种情况：一是全部可罚的聚众犯罪，即参与犯罪活动的人均可构成犯罪的聚众犯罪，如《刑法》第 317 条规定的组织越狱罪、暴动越狱罪、聚众持械劫狱罪等；二是部分可罚的聚众犯罪，即参与违法犯罪活动的人只有首要分子和积极参加者构成犯罪，而一般参加者不构成犯罪的聚众犯罪，如《刑法》第 290 条规定的聚众扰乱社会秩序罪、聚众冲击国家机关罪，《刑法》第 292 条规定的聚众斗殴罪等；三是个别可罚的聚众犯罪，即只有首要分子才能构成犯罪的聚众犯罪，如《刑法》第 291 条规定的聚众扰乱公共场所秩序、交通秩序罪。对于前两种聚众犯罪，在犯罪中起组织、策划、指挥作用的首要分子当然属于主犯。但对个别可罚的聚众犯罪来说，由于其他参加者一律不构成犯罪，当首要分子只有一人时，就不存在共同犯罪，也就无所谓主犯。

关于主犯的刑事责任，我国刑法对于犯罪集团中的首要分子和其他主犯规定了不同的处罚原则。其一，根据《刑法》第 26 条第 3 款的规定，对组织、领导犯罪集团的首要分子，按照集团所犯的全部罪行处罚。这里所说的“集团所犯的全部罪行”，应理解为首要分子组织、领导的犯罪集团在预谋犯罪的范围内所犯的全部罪行。换言之，只要没有超出犯罪集团预谋犯罪或者犯罪计划的范围，即使是集团部分成员并未在首要分子的直接组织、指挥下实施的犯罪，也要由首要分子承担刑事责任。当然，对于集团个别成员所实施的超出首要分子组织、指挥范围的其他犯罪，则不能令首要分子对其负责，而应由实施该犯罪的集团成员单独承担刑事责任。其二，根据《刑法》第 26 条第 4 款的规定，对于犯罪集团首要分子以外的其他主犯，应当按照其所参与的或者组织、指挥的全部犯罪处罚。所谓参与，包括参与预备、参与实行等。

需要指出，当《刑法》分则对有些共同犯罪的主犯已经规定了具体的法定刑时，就不需要引述总则关于共同犯罪的条文，而直接按分则的有关条款处理即可。如《刑法》第 103 条规定的分裂国家罪、煽动分裂国家罪，第 104 条规定的武装叛乱、暴乱罪等。

（二）从犯及其刑事责任

根据《刑法》第 27 条第 1 款的规定，在共同犯罪中起次要或者辅助作用的，是从犯。据此，从犯也包括两种：

1. 在共同犯罪中起次要作用的犯罪分子，又称次要实行犯。所谓次要作用，是指行为人虽然直接实施了具体犯罪构成客观方面要件的行为，但在共同犯罪活动中较主犯所起的作用小。主要表现为：在犯罪集团中，在首要分子的领导下从事犯罪活动，罪行较轻或犯罪情节不严重；在一般共同犯罪中，虽然直接参加实行犯罪，但所起作用不大，没有造成严重的危害后果；在某些聚众犯罪中，积极参加或者参加犯罪活动。因此，在共同犯罪中，并非所有的实行犯都是主犯。

2. 在共同犯罪中起辅助作用的犯罪分子，又称帮助犯。所谓辅助作用，是指行为人不是直接实施具体犯罪构成客观方面要件的行为，而是为共同犯罪的实行和完成提供有利条件的犯罪分子。主要表现在：提供犯罪工具，排除犯罪障碍，指示犯罪目标，查看犯罪地点，协助拟定犯罪计划，为实行犯罪把门望风，事前通谋答应事后隐匿罪犯、窝藏赃物，等等。

在处理共同犯罪案件时，应注意从犯与主犯的区别。在共同犯罪案件中，可能共同犯罪人都是主犯，但不可能都是从犯，一般来说是有主有从。要正确解决从犯与主犯的区别问题，应注意以下几点：一是看行为人在共同犯罪中所处的地位。在共同犯罪中处主导、支配地位的是主犯，处从属、被支配地位的是从犯。二是看行为人在共同犯罪中的实际参与程度。主犯一般是积极主动地参与了整个犯罪过程，从犯则往往只参加了一部分犯罪，并缺乏积极主动的态度。三是看行为人具体罪行的大小。这主要是考察行为人对危害结果的发生所起作用的大小，还有是否具有严重或者恶劣的犯罪情节。

关于从犯的刑事责任，根据《刑法》第 27 条第 2 款的规定，对于从犯，应当从轻、减轻或者免除处罚。刑法之所以规定对从犯应当从轻、减轻或者免除处罚，是因为从犯在共同犯罪中所起的作用及所犯的罪行相对于主犯来说要小、要轻，也就是说，其人身危险性和行为的社会危害性没有主犯严重。按照罪责刑相适应的原则，应对其从轻、减轻或者免除处罚。至于在什么情况下从轻、减轻或者免除处罚，则需要考虑他所参加实施的犯罪性质、情节轻重、参与共同犯罪的程度等综合判定。这里还要注意，在司法实践中，并非所有从犯受到的实际处罚都一定比主犯轻，因为主犯本身可能具有从轻、减轻甚至免除处罚的情节（如自首、立功、未成年等），当从犯没有这些从宽的情节时，就不能随主犯从轻、减轻或者免除处罚，而要按其本身的社会危害性大小处罚，所以从犯最终的处罚结果有可能比主犯重。

（三）胁从犯及其刑事责任

根据《刑法》第 28 条的规定，胁从犯是指被胁迫参加犯罪的人，即在他人威胁下不完全自愿地参加共同犯罪，并且在共同犯罪中起较小作用的犯罪分子。胁从犯具有三个特征：一是行为人在客观上实施了犯罪行为。这里的犯罪行为可以是犯罪的实行行为，也可以是帮助行为或者教唆行为。二是行为人在主观上明知自己实施的行为是犯罪行为，在可以选择不实施犯罪的情况下，虽不情愿但仍最终实施了犯罪。也就是说，在实施犯罪行为时，行为人并未丧失意志自由。三是行为人是因受他人胁迫而参加犯罪的。以上三个特征必须同时具备，才成立胁从犯。

认定胁从犯，应注意以下问题：（1）胁迫的有无和强弱。胁迫，是指以剥夺生命、损害健康、揭发隐私、损毁财物等手段对行为人进行精神上的强制。如果是被金钱、女色等所引诱而参加犯罪的，或是受到轻微的精神要挟，被要挟者拥有完全的意志自由的，则不应视为被胁迫。另外，如果被胁迫人的身体完全受强制，完全丧失了意志自由，则标志着其主观上不具有故意和过失，其在此种情况下实施的行为不构成犯罪，当然也不成立胁从犯。（2）胁从犯的犯罪行为与紧急避险的界限。如果行为人受到的胁迫是一种直接威胁国家、公共利益、本人或者他人的人身权利、财产权利安全的危险，行为人为了保护较大的利益而被迫参与实施损害较小利益的行为，应当属于紧急避险，不构成胁从犯。（3）胁从犯的转化问题。司法实践中，有的犯罪人虽然第一次犯罪是被迫参加的，但在以后的共同犯罪中态度发生变化，成为积极卖力、冲锋陷阵的骨干分子，乃至成为犯罪活动的组织者、指挥者。这属于由胁从犯转化而成的主犯，应按主犯处理。

关于胁从犯的刑事责任，根据《刑法》第 28 条的规定，对于胁从犯，应当按照他的犯罪情节减轻处罚或者免除处罚。刑法之所以对胁从犯的处罚规定较从犯为轻，是因为胁从犯是被胁迫参加犯罪的，主观恶性小于从犯，在共同犯罪中的作用也小于从犯。至于对具体案件中的胁从犯是适用减轻处罚还是免除处罚，则应综合考虑他所参加犯罪的性质、受胁迫程度的轻重、行为对危害结果所起作用的大小等情况，然后予以确定。

（四）教唆犯及其刑事责任

根据《刑法》第 29 条的规定，教唆犯是指教唆他人犯罪的人。具体而言，就是指故意唆使他人实施犯罪行为的人。构成教唆犯，须具备以下条件：

1. 从客观方面讲，行为人必须实施了教唆他人犯罪的行为。所谓教唆，就是唆使没有犯罪故意的他人产生犯罪故意的行为。从教唆的内容看，行为人所教唆的必须是犯罪行为，如果教唆他人实施违法行为或者违反道德的行为，就不成立教唆犯。从教唆的方式看，教唆行为既可以是口头的，也可以是书面的，还可以是示意性的动作；既可以是明示，也可以是暗示。其方法也是多种多样的，如劝告、嘱托、指示、引诱、怂恿、命令、威胁、强迫等。教唆犯无论采取何种行为方式或方法，均不影响教唆犯的成立。

另外，教唆行为还具有一定的独立性。即对于直接故意的教唆犯来说，行为人只要实施了教唆行为，无论被教唆人是否接受教唆去实行犯罪，行为人均可成立教唆犯。在这种情况下，被教唆的人是否犯被教唆的罪，只对教唆犯的量刑产生影响。

2. 从主观方面讲，行为人必须具有教唆他人犯罪的故意。教唆犯只能由故意构成，过失不成立教唆犯。教唆犯一般具有明知自己的行为会使他人产生犯罪意图，进而实施犯罪造成一定的危害结果，并且希望或者放任这种结果发生的心理态度。

从认识因素看，行为人必须认识到自己在教唆什么人犯罪、犯什么样的罪，并认识到自己的教唆行为将引起他人的犯罪决意，导致危害社会的结果发生。如果行为人不是蓄意唆使，而是由于出言不慎引起他人的犯罪意图，即行为人不知道自己的行为会导致他人的犯罪，则该行为人不构成教唆犯。

从意志因素看，行为人对自己的教唆行为将引起他人的犯罪决意并进而导致危害社会的结果发生持希望或者放任的态度。一般来说，教唆犯通常是出于直接故意，即希望自己的行为引起他人的犯罪决意并进而导致危害结果发生，这是教唆犯的大多数情况。但是，也不排除有的教唆犯存在间接故意的可能，即对自己的教唆行为是否引起他人的犯罪决意持无所谓的放任态度。从我国《刑法》第 29 条对教唆犯的规定看，其第 1 款规定的教唆犯，通常是出于直接故意，但有可能出于间接故意。存在间接故意的前提是，被教唆的人犯了被教唆的罪行，在这种情况下，即使教唆人对被教唆人是否实施所教唆的罪采取放任态度，亦成立教唆犯。第 29 条第 2 款规定的教唆犯则只能出于直接故意，而不可能是间接故意。因为该款规定的教唆犯是在被教唆人没有犯被教唆的罪的情况下构成的，如果教唆人对被教唆人是否犯被教唆的罪采取放任的态度，那么被教唆人没有犯被教唆的罪也就不违背教唆人的意愿，所以也就不能构成教唆犯。

3. 从对象上讲，教唆犯的教唆对象必须是达到刑事责任年龄、具有刑事责任能力的人。这里需要注意的是，如果是教唆不满 14 周岁的人犯罪，或是教唆已满 14 周岁不满 16 周岁的人犯《刑法》第 17 条第 2 款所规定的故意杀人、故意伤害致人重伤或者死亡、强奸、抢劫等八种罪以外的犯罪的，应属于间接正犯（间接实行犯），不成立教唆犯。另外，教唆的对象必须是没有犯罪意图的人，已产生犯罪意图的人，不能成为教唆犯的对象。如果是对已经决定实施犯罪的人，再为其出谋划策，撑腰打气，壮胆助威，坚定其犯罪信念的，则该种行为不属于教唆行为，而应视为帮助行为，按帮助犯处理。如果教唆人将已有犯罪意图的被教唆人误认为没有犯罪意图的人进行教唆的，属于教唆犯的认识错误，仍应按教唆犯处理。

在对教唆犯进行认定的时候，还应注意以下问题：

其一，对于教唆犯，应按照他所教唆的罪定罪，而不能笼统地定教唆罪。教唆他人犯杀人罪的，定杀人罪；教唆他人犯抢劫罪的，定抢劫罪。但是，如果教唆犯教唆他人实行的是带有选择性的非特定的罪，而被教唆者又在其选择性的教唆中实行了某一种犯罪，则应按照被教唆者所实行的犯罪定罪。例如，甲与丙有仇，教唆乙对丙进行犯罪活动。至于乙实施何种危害行为，是盗抢丙的财产，还是杀伤丙的人身，则在教唆中未予明确。在这种情况下，乙伤害了丙，那么，甲应对乙的故意伤害罪负教唆责任。因为，本案中乙无论对丙实施哪种危害行为，都不违背甲的教唆故意。但是，如果行为人的教唆不具体，不仅罪种不具体，甚至犯罪对象也不具体，如只是笼统地说，“你去犯罪吧”，则不宜认定为教唆犯。另外，如果被教唆的人错误地理解被教唆的罪，而实施了其他犯罪，或者在犯罪时超出了被教唆之罪的范围，则教唆犯只对自己所教唆的犯罪承担刑事责任。

其二，当《刑法》分则条文将教唆他人实施特定犯罪的行为规定为独立犯罪时，则应直接依照《刑法》分则条文的规定定罪，而不再适用《刑法》总则关于教唆犯的规定。例如，《刑法》第 104 条第 2 款规定，策动、胁迫、勾引、收买国家机关工作人员、武装部队人员、人民警察、民兵进行武装叛乱或者武装暴乱的，以武装叛乱、暴乱罪从重处罚。这里的所谓“策动、胁迫、勾引、收买”，实际上就是教唆行为，但对实施这些行为的行为人，只依照该分则条文进行处理，而不再适用总则关于教唆犯的规定。

其三，对于间接教唆的也应按教唆犯处罚。间接教唆是指教唆他人去教唆其他人犯罪的情况。例如，甲教唆乙，让乙去教唆丙犯盗窃罪，甲的行为即是间接教唆。对于间接教唆，也应按教唆犯处罚，并以所教唆的罪定罪。

其四，教唆犯罪与传授犯罪方法罪的区别。二者区别的关键在于，传授犯罪方法罪是将犯罪方法传授给他人，而教唆犯则是使他人产生犯罪的决意。前者对传授犯罪方法具有故意；后者是对所教唆的犯罪具有故意。另外，从对象要求来看，传授犯罪方法罪对被传授的对象没有限定，而教唆犯的成立要求被教唆的对象是达到法定年龄、具有辨认控制能力的人。当然，实践中也存在教唆犯罪与传授犯罪方法相结合或相竞合的情况，对此应按照吸收原则，从一重论处。

关于教唆犯的刑事责任，根据《刑法》第 29 条的规定，应按照三种情况分别处理：

1. “教唆他人犯罪的，应当按照他在共同犯罪中所起的作用处罚”（第 29 条第 1 款）。与第 29 条第 2 款相对照，可知这里是指被教唆人犯了被教唆的罪的情况。所谓犯了被教唆的罪，是指被教唆人在教唆人的唆使下，实施了所教唆的罪的预备行为，或者已着手实行犯罪而未遂，或者已经完成犯罪而既遂。所谓“按照他在共同犯罪中所起的作用处罚”，是指根据教唆犯实际在共同犯罪中所起的主次作用处罚。起主要作用的，按主犯处罚；起次要作用的，按从犯处罚；如果是受胁迫而教唆他人犯罪，符合胁从犯成立条件的，则按胁从犯处罚。由于教唆犯是犯意的发起者，没有教唆犯的教唆，实行犯就没有犯罪故意，从而也就不会有该种犯罪的发生，所以教唆犯在共同犯罪中通常起主要作用，特别是以威胁、命令、强迫方法教唆他人犯罪的，更是如此。因此，审判实践中对于教唆犯，一般都作为主犯处罚。但在少数情况下，教唆犯也可能是起次要作用的，如教唆他人帮助别人犯罪等情形。正因为教唆犯在实践中存在的情况复杂多样，所以我国刑法没有规定教唆犯一律按主犯处罚，而是按其在共同犯罪中实际所起的作用处罚。

2. 教唆不满 18 周岁的人犯罪的，应当从重处罚。不满 18 周岁的人属于未成年人，他们的发育还不成熟，具有很大的可塑性，辨别是非的能力也较弱，容易受犯罪人的教唆而走上犯罪道路。因此，教唆不满 18 周岁的人犯罪具有更大的社会危害性，为了保护青少年的健康成长，应对这种教唆犯从重处罚。再者，犯罪人利用不满 18 周岁的人的自身弱点，选择其为教唆对象，说明其主观上恶性很大，在这个意义上亦应从重处罚。这里的所谓“不满 18 周岁的人”，应理解为可以与教唆犯构成共同犯罪的不满 18 周岁的人。教唆不满 14 周岁的人犯任何罪，或是教唆已满 14 周岁不满 16 周岁的人犯《刑法》第 17 条第 2 款所规定的八种罪以外的犯罪的，属于间接正犯，不适用本款规定。

3. 如果被教唆的人没有犯被教唆的罪，对于教唆犯，可以从轻或者减轻处罚。这种情况在刑法理论上称为教唆未遂，通常包括以下情形：（1）被教唆的人拒绝了教唆犯的教唆。（2）被教唆的人虽然当时接受了教唆，但随即打消了犯罪念头，实际上没有进行任何犯罪行为。（3）被教唆的人在接受教唆之前，已产生了实施被教唆之罪的决意，其实施犯罪并不是教唆犯的教唆行为所致。（4）被教唆的人虽然实施了犯罪，但所犯之罪的性质与教唆犯所教唆之罪的性质完全不同。如教唆他人犯抢劫罪，但他人实际上实施的却是强奸行为。在这些情况中，教唆犯的教唆行为或者没有引发他人的犯罪故意，或者没有发生实际的危害结果，或者虽然造成了危害结果，但却与该教唆行为不存在因果关系。所以《刑法》第 29 条第 2 款规定，对该种情形下的教唆犯，“可以从轻或者减轻处罚”。应注意，这里所说的是“可以”从轻或者减轻处罚，而不是必须从轻或者减轻处罚。对具体案件中的教唆犯，应根据其犯罪情节决定是否适用这一从宽处罚规定，以及是从轻还是减轻处罚。

# 第十一章

# 罪　数

## 第一节　罪数判断标准

### 一、罪数形态研究的意义

一罪与数罪形态，亦称罪数形态。研究罪数形态的理论，称为罪数形态论。罪数形态论的基本任务在于，从罪数之单复的角度描述行为人实施的危害行为构成犯罪的形态特征，阐明各种罪数形态的构成要件，揭示有关罪数形态的本质属性即实际罪数，剖析不同罪数形态的共有特征并科学界定其区别界限，进而确定对各种罪数形态应适用的处断原则。

罪数形态研究的意义主要表现为：

（一）罪数形态研究有助于准确定罪

准确定罪，是刑事审判活动最基本的质量标志。在刑事审判活动中，要想做到定罪准确，不仅需要认定行为人的行为是否构成犯罪，以及构成何种具体犯罪，而且必须判明行为人实施的危害行为所构成的犯罪形态。犯罪形态除犯罪的完成形态和未完成形态，以及共同犯罪形态之外，还包括犯罪的罪数形态。因而，离开了对罪数形态的认定，在许多情形下，刑事审判活动便难以完成准确定罪的任务。

（二）罪数形态研究是合理适用刑罚的必要前提

对犯罪分子裁量适当的刑罚，是罪刑相适应原则的最终体现。然而，要达到此目的，必须以判明行为人所构成的犯罪个数，准确评价不同罪数形态所体现的社会危害性程度和人身危险性程度作为基本的前提。由此可见，一旦罪数认定有误，便不可避免地会导致适用处断原则不当，并进而造成量刑畸重畸轻的结局。

（三）罪数形态研究与我国刑法中某些重要制度的适用紧密相关

在我国刑法中，某些罪数形态，如继续犯、连续犯、牵连犯、吸收犯的认定，与刑法的空间效力、时间效力、追诉时效等规定或制度的适用，存在着密切的、直接的关系，若不能从理论上对这些罪数形态的构成特征、本质属性和处罚原则作出合理的解释，便会在刑事管辖权、刑法溯及力和追究犯罪人刑事责任等方面，造成实际适用法律不当的结果。

（四）罪数形态研究对于保障刑事诉讼的顺利进行具有一定的积极作用

受某些罪数形态的构成特征、罪数性质、处断原则的制约，涉及此类罪数形态的刑事诉讼，在诉讼管辖、起诉范围和审判范围的确定等方面，具有区别于一般刑事案件诉讼的特殊性和复杂性。因而，只有在深刻理解、严格把握某些罪数形态的构成特征、罪数性质、处断原则的条件下，才能使具有一定特殊性和复杂程度的刑事诉讼得以顺利进行。

## 罪数判断标准的学说

在国外刑法学中，历来存在着许多有关罪数判断标准的学说。其中主要有：行为标准说（具体又分为自然行为说和法律行为说等）、法益标准说（又称结果标准说）、因果关系标准说、犯意标准说、目的标准说、法规标准说、构成要件标准说、广义法律要件说、折中主义标准说、混合标准说等。所有这些判断罪数的观点，存在着一个共同的缺陷，即仅以犯罪构成要件的某一要素或某一方面为标准区分罪数，故其实际均未超出客观主义或主观主义的局限性。运用这些以偏概全的标准，都无法对罪数问题作出合理的解释。

新中国的刑法学以辩证唯物主义为指导思想，在全面剖析国外学者关于罪数标准学说的优劣利弊，吸收某些学说的合理成分的基础上，普遍公认以犯罪构成标准说（主客观统一说）作为区分一罪与数罪的基本理论。我国的刑法学中的犯罪构成标准说，与前述构成要件标准说、混合标准说、折中主义标准说，具有本质的差别。因为，后者或者属于客观主义的罪数判断标准理论，或者是将客观主义和主观主义的罪数判断理论杂乱、无序地堆砌在一起，仍然无助于科学地区分一罪与数罪。

根据犯罪构成标准说的主张，确定或区分罪数之单复的标准，应是犯罪构成的个数，即行为人的犯罪事实具备一个犯罪构成的为一罪，行为人的犯罪事实具备数个犯罪构成的为数罪。

行为人的犯罪事实具备犯罪构成的数量，应以行为人的犯罪事实的最终形态（而不是某一犯罪行为尚在进行之中的过程形态）为基础，并结合犯罪构成的类型，经具体分析而确定。因为，犯罪构成依不同标准可作多种分类，其中，以单独犯的既遂状态为标准，可将犯罪构成分为基本的犯罪构成和修正的犯罪构成；以犯罪的危害性程度为标准，可将犯罪构成分为普通的犯罪构成和加重的犯罪构成或减轻的犯罪构成；以分则性刑法规范所规定的犯罪之结构为标准，可将犯罪构成分为单一的犯罪构成和复杂的犯罪构成（其中包括选择的犯罪构成）等。换言之，行为人的犯罪事实的最终形态，无论与前述何种类型的犯罪构成相符，均应视为具备犯罪构成；至于具备犯罪构成的数量，则应以行为人的犯罪事实具备犯罪构成的个数为准。

犯罪构成标准说的科学性，主要表现为以下几方面：

1. 犯罪构成标准说，在以我国刑事立法为根据的基础上，贯彻了罪刑法定的刑法基本原则。

我国刑事立法的总则性规范和分则性规范，全面、系统地确定了犯罪构成的要件，这是我国刑法所奉行的罪刑法定原则最突出的体现。以犯罪构成作为区分一罪与数罪的标准，可以在刑事诉讼中有效地避免罪数判定的随意性和非一致性，并在确保罪数判定的法定性、统一性和公正性的基础上，体现罪刑法定原则的基本要求。总之，犯罪构成标准说，是防止罪数判定过程中的“擅断”现象的有力保障。

2. 犯罪构成标准说，以犯罪现象的自身规律为出发点，贯彻了主客观相统一的原则。

首先，犯罪的自身规律决定了任何犯罪都是行为人主观上的要件和客观上的要件所构成的有机统一体。其次，依据我国刑事立法的规定，任何犯罪也都是犯罪主观要件和犯罪客观要件的有机统一。最后，由犯罪的自身规律和刑法对犯罪构成的规定所决定，任何认定犯罪（包括认定罪数）的活动，必须以主客观相统一的犯罪构成作为基准，除此之外的其他任何标准都是片面的和非科学的。因此，坚持以犯罪构成标准说作为判断罪数的基本理论，不仅克服了各种主观主义和客观主义罪数判断标准理论的片面性及任意割裂犯罪的主观方面与客观方面联系的弊端，而且在罪数形态论中和罪数判定的司法实践中，全面、彻底地贯彻了主客观相统一的原则。此外，正是基于犯罪构成标准说的科学性和全面性，这种判断标准也便于司法工作人员在实际工作中予以操作。

3. 犯罪构成标准说，不仅在罪数形态论领域贯彻了犯罪构成理论，而且为犯罪形态论的深入研究和健康发展提供了必要的保障。

一方面，犯罪构成理论是我国刑法学的核心理论，它贯穿于整个刑法学的始终，从这种意义上讲，犯罪构成标准说，既是犯罪构成理论在罪数形态论领域的自然延伸或必然体现，也是我国刑法学全面构建犯罪构成理论所不可忽视的重要组成部分。另一方面，坚持犯罪构成标准说，有助于我们自觉地依据犯罪构成理论，完善、发展罪数形态论的研究。

如上所述，罪数形态论的基本任务在于说明各种罪数形态的构成特征、本质属性、共有规律和区别界限以及应有的处断原则。所有这些任务的完成，除犯罪构成理论之外，任何其他理论均难以胜任。若依据主观主义或客观主义的罪数判断理论，便很难全面、科学地解释各种罪数形态的构成要件，势必在各种具体的罪数形态领域，造成受主观主义或客观主义束缚而难以自圆其说的理论困境。相反，只有自觉地坚持犯罪构成理论，才能有效而顺利地解决诸如继续犯的构成特征、想象竞合犯的本质属性、连续犯连续关系的判断标准、牵连犯的处断原则、牵连犯与吸收犯的区别界限等理论难题（参见后述有关内容），从而确保我国刑法学罪数形态研究朝着更加深入、全面、科学的方向发展。

## 第二节　一罪的类型

### 一、实质的一罪

实质的一罪，一般包括继续犯、想象竞合犯和结果加重犯。

（一）继续犯

1. 继续犯的概念。

所谓继续犯，亦称持续犯，是指犯罪行为自着手实行之时直至其构成既遂，且通常在既遂之后至犯罪行为终了的一定时间内该犯罪行为及其所引起的不法状态同时处于持续过程中的犯罪形态。其中，行为人所实施的犯罪行为自着手实行之时直至其构成既遂的一定时间，是该行为构成犯罪所必需的时间条件，可称为基本构成时间；而犯罪构成既遂之后直至犯罪行为终了的一定时间，则是作为量刑情节予以考虑的时间因素，可称为从重处罚或加重构成时间。我国《刑法》第238条规定的非法拘禁罪，就是颇为典型的具有继续犯特征的犯罪。在我国刑法所规定的犯罪当中，除非法拘禁罪外，窝藏罪、窝藏赃物罪、遗弃罪等也是典型的继续犯。

2. 继续犯的构成特征。

（1）继续犯必须是基于一个犯罪故意实施一个危害行为的犯罪。所谓一个危害行为，是指主观上出于一个犯罪故意（无论是单一的犯罪故意，还是概括的犯罪故意），为了完成同一犯罪意图所实施的一个犯罪行为。如果行为人并非实施一个危害行为，而是实施了数个危害行为，则不构成继续犯。必须明确的是，在继续犯的危害行为处于不间断的过程之中，行为人为实现其犯罪意图而采用的具体作案手段的数量和所利用的具体作案地点（环境）发生变更后使用的不同作案方式，只是其所实施的一个危害行为的组成部分或构成因素。也就是说，它们都属于一个危害行为的多种表现形式，不能因此而认定为数个危害行为，并进而否定一行为持续进行的属性。此外，应当注意的是，我国刑法所规定的多数继续犯通常由作为形式构成，少数继续犯（如遗弃罪）只能由不作为形式构成。在某些情况下，继续犯持续实施的一个危害行为，可以始于作为并在行为继续过程中转为不作为。

（2）继续犯是持续地侵犯同一或相同直接客体的犯罪。所谓“持续地侵犯同一直接客体”，是就特定犯罪的直接客体为复杂客体而言的。因而，若行为人持续实施的危害行为侵犯了作为某一犯罪必要要件之外的他种犯罪的直接客体，则不仅成立以继续犯为特征的具体犯罪，而且同时构成了另一犯罪。若行为人在持续犯罪的过程中，又以其他危害行为侵犯了另外的直接客体，则应当对其所构成的数罪实行并罚。

（3）继续犯是犯罪行为及其所引起的不法状态同时处于持续过程中的犯罪。继续犯的这一最为显著的特征，是它与即成犯、状态犯、连续犯等犯罪形态相区别的主要标志所在。对于继续犯的这一特征，可从以下几方面加以认识：首先，继续犯的犯罪行为必须具有持续性。它的典型表现是，自犯罪行为着手实行至犯罪行为实施终了的过程中，犯罪行为一直处于正在实施、不断进行的状态。其次，继续犯的犯罪行为及其所引起的不法状态必须同时处于持续状态。也就是说，继续犯不仅必须具有犯罪行为持续性的特征，而且由犯罪所引起的不法状态也必须呈现为一种持续存在的状态；继续犯的犯罪行为与其所引起的不法状态的发生、延续（即行为的持续实施和不法状态的持续存在）和完结，必须是同步的或基本同步的。最后，继续犯的犯罪行为及其所引起的不法状态必须同时处于持续过程之中。也就是说，如果犯罪行为及其所造成的不法状态的同步持续过程因犯罪行为一度或数次停顿而呈非连续状态，即在时间上有间断性，则不属于继续犯，而构成连续犯或其他犯罪形态。

（4）继续犯必须以持续一定时间或一定时间的持续性为成立条件。这是继续犯最显著的特征之一，也是它区别于其他犯罪形态的重要标志之一。

对于继续犯的时间持续性特征，可以从以下两方面加以理解：首先，继续犯的时间持续性，通常可以分解为作为成立继续犯必要要件的时间持续性和作为继续犯经常性特征的时间持续性。这两种时间持续性的性质和作用，是截然不同的。其次，继续犯的时间持续性，表现为基本构成时间和经常伴其存在的从重处罚或加重构成时间的不间断性。这是继续犯的犯罪行为及其所引起的不法状态同时处于持续状态的重要时间条件。

以上四个方面的基本构成特征是相互联系、彼此制约的，必须同时具备，才能构成继续犯。

3. 继续犯与相关罪数形态的区别。

（1）继续犯与即成犯的区别。继续犯是与即成犯相对而言的犯罪形态，二者的基本特征有所区别。所谓即成犯，亦称即时犯，是指侵犯一定客体或者引发一定危害结果的危害行为，一经实施终了，即齐备某种犯罪的构成要件，构成既遂的犯罪形态。换言之，即成犯的危害行为不具有时间持续性的特征，只要该危害行为实施终了或者危害行为实施终了并造成法定的危害结果，就具备某种犯罪的全部构成要件。例如，诬告陷害罪、伪证罪、故意伤害罪等。此类犯罪并非不能引起不法状态（仅指犯罪行为终止之后，客体仍然继续遭受侵犯的状态，下同）或实际危害结果，而是不以产生一定的不法状态或实际危害结果为犯罪构成的要件。由此可见，即成犯与继续犯的主要区别在于：

第一，继续犯必须是在一定的时间内，犯罪行为及其所引起的不法状态同时处于持续状态的犯罪形态；而即成犯的构成，并不要求危害行为必须具有一定时间的持续性。

第二，继续犯构成既遂之后，其危害行为及其所引起的不法状态仍可能在一定时间内同时处于持续状态之中；而即成犯达到犯罪既遂之后，其危害行为不再继续，只是危害行为可能引起的不法状态有可能继续存在。

第三，继续犯成立既遂之后，其危害行为可能仍然尚未实施终了；而即成犯必须是危害行为实施终了在前，犯罪构成既遂在后，危害行为实施终了是犯罪构成既遂的必备前提。

（2）继续犯与状态犯的区别。所谓状态犯，是指这样一种犯罪形态：犯罪行为一经实施，当即发生危害结果犯罪就已既遂，犯罪行为也随之结束或终了；但基于该犯罪行为所产生的不法状态仍继续存在。因此，继续犯与状态犯是完全不同的两种犯罪形态。其区别主要表现于：

第一，继续犯是犯罪行为一旦着手实施，必然随即引起相应的不法状态；而状态犯只是在犯罪行为实行终了以后，才有可能导致不法状态的产生。

第二，继续犯是在犯罪行为继续存在的同时，由犯罪行为所引起的不法状态也处于继续之中；而状态犯则是在犯罪行为结束之后，仅仅是犯罪行为所引起的不法状态有可能继续存在。

概而言之，继续犯的犯罪行为与其所引起的不法状态的产生、持续和终止，必然是同步的或基本同步的；而状态犯的犯罪行为与其所引起的不法状态的产生、持续和终止，则为非同步的。

4. 继续犯的处断原则。

由于我国《刑法》分则对属于继续犯的犯罪及其法定刑设置专条予以规定，即对属于继续犯形态的犯罪设置了独立原罪刑单位，故对于继续犯应按刑法规定以一罪论处，不实行数罪并罚。

（二）想象竞合犯

1. 想象竞合犯的概念。

想象竞合犯，亦称想象数罪，是指行为人基于数个不同的具体罪过，实施一个危害行为，而触犯两个以上异种罪名的犯罪形态。

2. 想象竞合犯的构成特征。

想象竞合犯作为一种在司法实践中时常发生的犯罪形态，具有以下基本构成特征或必备条件：

（1）行为人必须基于数个不同的具体罪过而实施犯罪行为。这是想象竞合犯的主观特征。所谓数个不同的具体罪过，既包括数个内容不同的犯罪故意，也包括数个内容有别的犯罪过失，而且也包括一个犯罪故意和一个犯罪过失。从一定程度上讲，数个不同的具体罪过，是受具体犯罪故意或犯罪过失制约的犯罪行为构成想象竞合犯的根本原因或基本前提，也是想象竞合犯其他构成特征的基础。

（2）行为人只实施一个危害行为。这是想象竞合犯的客观特征之一。如果行为人实施数个危害社会行为，便不可能构成想象竞合犯，只可能构成其他犯罪形态。也就是说，数个不同的具体罪过必须体现于一个危害社会行为之中，并借助于一个危害社会行为方能达到主观见之于客观即危害社会的结果。

（3）行为人所实施的一个危害社会行为，必须侵犯数个不同的直接客体。这是想象竞合犯的另一客观特征，也是此种犯罪形态触犯数个不同罪名的原因所在。需要强调的是，一般而言，想象竞合犯的这一构成特征突出表现为，行为人所实施的一个危害社会行为，同时直接作用于体现不同直接客体的数个犯罪对象。

（4）行为人实施的一个危害社会行为，必须同时触犯数个罪名。这是想象竞合犯的法律特征。所谓数个罪名，是指刑法分则规定的不同种的罪名。一个危害社会行为触犯数个同种罪名，不能构成想象竞合犯。

3. 想象竞合犯与法规竞合的区别。

法规竞合又称法条竞合，通常是指一种犯罪行为因刑事立法对法条的错综规定，导致数个法条规定的犯罪构成要件在其内容上发生重合或交叉的情形。法规竞合的基本特征在于：行为人以一个犯罪行为触犯的数个法条所规定的数个罪名之间存在重合或交叉关系。

想象竞合犯与法规竞合具有四个共同的特征：其一，两者都是行为人实施了一个犯罪行为；其二，行为人所实施的一个犯罪行为都触犯了规定不同罪名的数个法条；其三，两者的法律本质相同，法规竞合是单纯一罪，想象竞合犯是实质上的一罪，即两者的法律本质都是一罪，而非数罪；其四，对于想象竞合犯和法规竞合，最终都是适用一个法条并且按照一罪予以处罚。

但是，想象竞合犯与法规竞合之间也有根本的差别，即：当一个犯罪行为同时触犯的数个法条之间存在重合或交叉关系时，是法规竞合而非想象竞合犯；当一个犯罪行为同时触犯的数个法条之间不存在重合或交叉关系时，是想象竞合犯而非法规竞合。

在明确了想象竞合犯与法规竞合根本区别的基础上，我们可以将两者的具体差别进一步归纳为以下几点：

（1）想象竞合犯是犯罪行为或犯罪行为所触犯的不同罪名的竞合，属于罪数形态；法规竞合是法律条文的竞合，属于法条形态。

（2）想象竞合犯所触犯的规定不同种罪名的数个法条之间，不存在重合或交叉关系；法规竞合所涉及的规定不同种罪名的数个法条之间，必然存在重合或交叉关系。

（3）想象竞合犯中规定不同种罪名的数个法条发生关联，是以行为人实施特定的犯罪行为为前提或中介，法规竞合所涉及的规定不同种罪名的数个法条之间的重合或交叉关系，并不以犯罪行为的实际发生为转移。

（4）想象竞合犯是由于行为人实施了犯罪行为而触犯规定不同种罪名的数个法条，所以，数个法条均应适用于导致不同罪名竞合的犯罪行为，且应在比较数个罪名法定刑的轻重后择一重者处断之（但所触犯的轻罪仍然成立，其法条仍应引用）；法规竞合所涉及的规定不同种罪名的数个法条之间存在复合或交叉关系并不以犯罪行为的发生为前提，故在数个法条中只能选择适用一个法条而排斥其他相竞合的法条的适用。

（5）想象竞合犯是在数个不同的具体罪过支配下，实施一个危害行为；法规竞合是在一个具体罪过的支配下，实施一个危害行为。

（6）一般而言，想象竞合犯所实施的犯罪行为，同时直接作用于体现不同直接客体的数个犯罪对象；法规竞合的犯罪行为，仅直接作用于体现一个直接客体的单一犯罪对象。

4. 想象竞合犯的处断原则。

目前，在我国刑法学界和司法机构占统治地位的观点一般认为，对于想象竞合犯应采用“从一重处断”的原则予以论处。即：对想象竞合犯无须实施数罪并罚，而应按照其犯罪行为所触犯的数罪中最重的犯罪论处。

（三）结果加重犯

1. 结果加重犯的概念。

所谓结果加重犯，亦称加重结果犯，是指实施基本犯罪构成要件的行为，由于发生了刑法规定的基本犯罪构成要件以外的重结果，刑法对其规定加重法定刑的犯罪形态。

2. 结果加重犯的构成特征。

(1) 行为人所实施的基本犯罪构成要件的行为必须客观地引发了基本犯罪构成要件以外的重结果，也即符合基本犯罪构成要件的行为与加重结果之间具有因果联系。至于基本犯是否必须为结果犯，在理论上存在争论。有的学者认为，只有基本犯是结果犯，才能成立结果加重犯；还有的学者认为，在基本犯不是结果犯的场合，也可以成立结果加重犯。我们同意后一种意见。

(2) 基本犯罪构成要件以外的重结果或者加重结果，必须通过刑法明文规定的方式，成为依附于基本犯罪构成要件而存在的特定犯罪的有机组成部分，也即基本犯罪构成要件是成立结果加重犯的前提和基础，加重结果不能离开基本犯罪构成要件而独立存在。加重结果的这种法定性和非独立性的特征，是认定结果加重犯并将它与其他罪数形态相区别的重要标准。

(3) 行为人对所实施的基本犯罪构成要件的行为及其所引起的加重结果均有犯意。至于犯意的表现形式，在理论上颇多争议。首先，关于基本犯罪行为的罪过形式，有的学者认为只能是故意；有的学者则认为，也可以是过失。而从中外刑事立法上来看，两种立法例均存在。其次，关于对加重结果所持的主观罪过形式，在理论上也有不同主张。有的学者认为，只能出于过失；有的学者则认为，既可以基于过失，也可以基于故意。我们认为，结果加重犯的罪过形式可以划分为三种类型：一是基本犯为故意，对加重结果也是故意；二是基本犯是故意，对加重结果是出于过失；三是基本犯是过失，对加重结果也是出于过失。

3. 结果加重犯的处断原则。

由于结果加重犯是以刑法的明文规定为前提并通过刑法的明确规定加重其法定刑的犯罪形态，所以，对于结果加重犯，应当按照刑法分则条款所规定的加重法定刑处罚。

## ■ 法定的一罪

法定的一罪，包括结合犯和惯犯。

(一) 结合犯

1. 结合犯的概念。

所谓结合犯，是指基于刑法明文规定的具有独立构成要件且性质各异的数个犯罪（即原罪或被结合之罪）之间的客观联系，并依据刑事法律的明文规定，将其结合成为另一个包含与原罪相对应的且彼此相对独立的数个构成要件的犯罪（即新罪或结合之罪），而行为人以数个性质不同且能单独成罪的危害行为触犯这一新罪名的犯罪形态。

2. 结合犯的构成特征。

(1) 被结合之罪，必须是刑法明文规定的具有独立构成要件且性质各异的数罪。也即，现行刑法明文规定的独立犯罪的整体，是构成结合犯的基本要素，刑法明文规定的特定犯罪的构成要素之一，不能作为结合犯的基本构成因素之一而存在；并且，这种独立的犯罪，在客观方面既可由单一行为构成，也可由复合行为（包含方法行为和目的行为）构成。此为原罪或被结合之罪的特征，也是结合犯构成的基本前提。

结合犯的这一构成特征，具有以下几层含义：第一，被结合之数罪，必须是现行刑事法律明文规定的。第二，被结合之数罪，必须具有独立的构成要件。第三，被结合之数罪，必须是刑法明文规定的性质各异的犯罪。第四，被结合之数罪，必须是刑事法律明文规定的具体犯罪，而不是类罪。

(2) 由数个原罪结合而成的新罪，必须含有与原罪相对应的且彼此相对独立的数个犯罪的构成要件，在此基础上，数个原罪的构成要件又依刑法之规定，被融合为一个统一的独立于数个原罪的构成要素。此为新罪或结合之罪的特征，也是结合犯的内部结构特征和基本形态。

对于结合犯的这一构成特征，可从以下几方面加以把握：第一，结合之罪必须包含有与原罪相对应的、稳定不变的数个犯罪的构成要件（必要要件）。第二，依据刑法关于原罪之构成要件的规定（即以其作为标准），可将结合之罪的构成要件分离为相对独立的数个犯罪的构成要件（所言数罪与原罪相同）。第三，结合之罪的构成要件，虽然具有前述客观存在的相对性、稳定性和可分离性特征，但作为法律规定的一个新罪，结合之罪的构成要件又客观存在着体现新罪本质的整体性、统一性和独立性特征。

(3) 整个原罪必须是基于一定程度的客观联系，并根据刑事法律的明文规定而被结合为一个新罪。此为由被结合之罪转为结合之罪所必须具备的条件，也是结合犯形成的必由途径和基本形式。结合犯的这一特征，表现为关联性和法定性两个具体特征。

首先，决定结合犯形成的关联性特征，主要表现为作为结合犯基本构成要素的数个犯罪之间必须存在一定程度的客观联系，这是原罪结合成新罪的必要前提，没有一定客观联系的数个犯罪，根本不可能经由刑事法律的规定而转化为另一新的犯罪即结合之罪。

其次，制约结合犯形成的法定性特征，主要表现为数个原罪结合为新罪必须由刑事法律明文规定。这实际是由被结合之罪转化为结合之罪的形式条件和必经的法律途径。

(4) 必须以数个性质各异且足以单独构成犯罪的危害行为，触犯由原罪结合而成的新罪。此为结合犯动态的实际构成特征，也是结合犯成立不可缺少的重要条件之一。

3. 结合犯的处断原则。

结合犯的处断原则较易理解，即对触犯结合犯条款的数个性质有别、可独立成罪的犯罪行为，应按照刑法对结合犯所规定的相对较重的法定刑以一罪（即结合之罪）判处刑罚，不应实行数罪并罚或采用其他处断原则。

（二）惯犯

1. 惯犯的概念。

所谓惯犯，是指以某种犯罪为常业，或以犯罪所得为主要生活来源或腐化生活来源，或者犯罪已成习性，在较长时间内反复多次实施同种犯罪行为，刑法明文规定对其以一罪论处的犯罪形态。

在刑法理论上，依据主客观相统一的标准，即以导致或支配惯犯行为的主观意思倾向和惯犯行为的客观特征的统一性为标准，可将惯犯分为常习性惯犯和常业性惯犯两个基本种类。

2. 惯犯的构成特征。

(1) 惯犯必须是反复多次地侵犯同一或相同直接客体的犯罪形态。这是刑法规定对惯犯以一罪论处，不适用数罪并罚的主要根据之一。因而，若行为人在反复多次侵犯同一或相同直接客体的惯犯活动中，又以其他危害行为侵犯了他种犯罪的直接客体，则不仅构成特定的惯犯，还会构成其他犯罪。

(2) 构成惯犯，必须在主观上具有基于特定的心理倾向和目的而产生的反复多次实施犯罪的同一故意。惯犯的这一主观特征，具有以下两层含义：

第一，行为人具有极为顽固、难以矫正的心理倾向和主观目的。具体而言，常习性惯犯，在主观方面具有以某种犯罪所得为挥霍来源的心理定式或心理倾向；常业性惯犯，在主观方面具有非法营利的目的或以犯罪所得为生活的基本或补充来源的目的。惯犯者所具有的此种心理倾向和主观目的，是引起和确定行为人多次连续犯罪的故意的心理基础，并不断强化行为人连续多次犯罪的主观意念。此外，惯犯者所具有的此种特定的心理倾向和目的，也集中反映了行为人以犯罪所获不断满足非法需要的主观恶性，它具有根深蒂固、屡教不改、已成习性的特征，甚至已转化为行为人的人格特征或人格的重要成分，不断支配着行为人继续犯罪的主观意向和客观行为。

第二，无论是常习性惯犯还是常业性惯犯，主观上都具有反复多次地实施犯罪的故意。正是基于这种犯罪故意，行为人反复多次实施某种特定的犯罪。换言之，构成某种特定惯犯的数个犯罪行为，不仅在主观罪过形式上都表现为直接故意，而且故意的内容必须是同一的。

(3) 构成惯犯，必须在较长时间内反复多次实施同种犯罪行为。即犯罪在客观方面表现出时间的长期性、行为的多次性和行为的同一性，此为构成惯犯的客观条件。所谓时间的长期性，是指构成惯犯的危害行为，必须是在较长时间内实施的，但时间的长期性并非是以时间上的持续不断为特点的，而是以时间的间断性为特点的；所谓行为的多次性，是指行为人必须反复多次实施犯罪行为；所谓行为的同一性，是指行为人必须反复多次实施同种性质的犯罪行为，才能构成某种特定的惯犯。

(4) 惯犯必须是刑事法律明文规定以一罪论处的犯罪形态。我国刑法中的惯犯，是以刑事法律对其作出明文规定为基本特征的。刑事法律的明文规定，是我国刑法中惯犯的基本构成条件之一。

(5) 构成惯犯，必须以现行行为已经构成犯罪为前提。也即行为人的现实行为已构成犯罪，是行为人承担惯犯之刑事责任的基础和先决条件。所谓现行行为已构成犯罪，是指行为人所实施的未经处理的犯罪行为，必须同时符合特定犯罪的基本构成要件和以此为基础的某种惯犯的特定构成要件，只有在这种条件下，行为人的行为才能构成惯犯，否则，不能以惯犯论处。

3. 惯犯的处断原则。

我国刑法中的惯犯是法定的一罪，对于构成惯犯的犯罪行为，应按一罪及法律明文规定的相应的量刑幅度予以论处。对于惯犯所适用的这一处断原则，绝不能因构成惯犯的犯罪行为的罪数形态（即是否实际构成数罪）而有所改变，无论构成惯犯的危害行为是否构成数罪，基于刑法已有明文规定，对于惯犯仍应以一罪论处。对于惯犯以一罪论处，应当在法定的量刑幅度内酌情处以刑罚，绝不能将惯犯视为当然的从重处罚情节。

## ■ 处断的一罪

处断的一罪，包括连续犯、牵连犯和吸收犯。

(一) 连续犯

1. 连续犯的概念。

所谓连续犯，是指行为人基于数个同一的犯罪故意，连续多次实施数个性质相同的犯罪行为，触犯同一罪名的犯罪形态。

2. 连续犯的构成特征。

(1) 连续犯必须基于连续意图支配下的数个同一犯罪故意。这是构成连续犯的主观要件。连续犯的这一主观特征的含义如下：

第一，行为人的数个犯罪故意必须同一。所谓数个犯罪故意必须同一，是指行为人的数个呈连续状态的犯罪行为，是在数量对等的具体犯罪故意支配下实施的；这些支配数个危害社会行为的数个具体犯罪故意在性质上完全一致，属于同一种故意，即同属于刑法所规定的某种犯罪的故意。必须注意的是，构成连续犯的数个犯罪行为是否针对同一犯罪对象而实施，对于行为人的数个犯罪故意必须性质同一的特征并无任何影响。绝不能以行为人的数个危害行为的加害对象是否同一作为标准，去划分行为人具体犯罪故意的个数。

第二，行为人数个性质同一的犯罪故意，必须源于其连续实施某种犯罪的主观意图（简称连续意图）。这是构成连续犯的决定性要素之一。所谓连续意图，是指行为人在着手实施一系列犯罪行为之前，对于即将实行的数个性质相同的犯罪行为的连续性的认识，并基于此种认识决意追求数个相对独立的犯罪行为连续进行状态实际发生的心理态度。

第三，由于连续意图必须在一系列呈连续状态的犯罪行为开始实行之前形成，因而，特定连续意图所制约的各个具体犯罪故意实际都属于预谋故意。过失犯罪行为不能成立连续犯。

（2）连续犯必须实施数个足以单独构成犯罪的危害行为。这是连续犯成立的客观要件之一。也就是说，行为人实施的数个危害行为必须能够构成数个相对独立的犯罪，是成立连续犯的前提条件；如果数个危害行为在刑法上不能构成独立的犯罪，就不能成立连续犯；构成连续犯的数个危害行为既不是指数个一般违法行为或者数个自然举动，也不是指在法律上无独立意义的事实上的数个举动，而是指在刑法上能够单独构成犯罪的数个危害行为；相对独立的犯罪行为的数量，只取决于行为人实施的危害行为完全符合特定犯罪构成要件的个数。

（3）连续犯所构成的数个犯罪之间必须具有连续性。这是成立连续犯的主观要件与客观要件相互统一而形成的综合性构成标准。关于判断犯罪之间是否存在连续性的标准，刑法理论上存在着主观说和客观说两种截然不同的观点。主观说以行为人的主观意思为基准判断犯罪有无连续性。客观说以行为人所实施的危害行为的性质或特征为基准判断犯罪有无连续性。我们认为，认定数个犯罪之间是否具有连续性，应当坚持主观与客观相统一的刑法基本原则，以反映犯罪故意与犯罪行为对立统一特性的连续意图及其所支配的犯罪行为的连续性作为标准，即基于连续意图支配下的数个同一犯罪故意，在一定时期之内连续实施了性质相同的数个足以单独构成犯罪的危害行为，数个犯罪之间就存在连续性，否则，就无连续性可言。

（4）连续犯所实施的数个犯罪行为必须触犯同一罪名。这是连续犯的法律特征。该特征是由连续犯在主观上须基于连续意图制约下的数个同一故意，在客观上须实施数个性质相同的犯罪行为的构成要件所决定的。所谓同一罪名，是指犯罪性质完全相同的罪名即同质之罪。而决定犯罪性质的唯一根据，是法律规定的犯罪构成。所以，判断行为人连续实施的数个犯罪行为是否触犯同一罪名，只能以其是否符合相同的特定犯罪构成要件为标准。

3. 连续犯与相关罪数形态的异同。

（1）连续犯与继续犯的异同。连续犯与继续犯的相同或相近之处表现为：第一，连续犯的犯罪行为和继续犯的犯罪行为均在一段时间之内处于相当程度的进行状态。第二，连续犯的行为侵犯的必须是同一或相同的直接客体，继续犯的行为也必须持续侵犯同一或相同的直接客体。第三，虽然连续犯属于处断上的一罪，而继续犯属于实质的一罪，但对于两者都不实行数罪并罚。

连续犯与继续犯的主要区别表现为：

第一，连续犯是连续实施数个性质相同的犯罪行为，其特点是数个行为；继续犯是以一个行为持续地侵犯同一或相同客体，其特点是一个行为。

第二，连续犯的主观特征必须是基于连续意图所支配的数个同一的犯罪故意，即每一具体的犯罪行为都是在一个具体的犯罪故意支配下实施的，连续犯所实施的数个性质相同的犯罪行为在主观上有等量的具体犯罪故意与之相对应；而继续犯的犯罪行为是基于一个犯罪故意。

第三，连续犯多次实施的数个性质相同的犯罪行为虽然在一定时间之内具有连续进行的特征，但数个犯罪行为之间具有时间间隔性或以时间为标准的可分离性；而继续犯所实施的一个犯罪行为在一定时间之内处于不间断存在的状态，当然无时间间隔性的特征。

第四，连续犯所实施的具体犯罪行为必须终了之后，才可能使该行为单独构成的犯罪达到既遂，即每一具体犯罪行为实施终了在前，由每一具体犯罪行为独立构成的犯罪达到既遂在后；而继续犯则是犯罪构成既遂之后，犯罪行为及其所引起的不法状态，仍可能在一定时间内呈持续状态。

第五，连续犯的犯罪行为与其可能造成的不法状态的产生、持续、终止是不同步的；而继续犯的犯罪行为与其必然引起的不法状态的产生、持续、终止是同步的或基本同步的。

(2) 连续犯与惯犯的异同。在司法实践中，往往发生将惯犯和连续犯相互混淆的情况，这主要是因为这两种犯罪形态具有某些共同的特征：行为人均是在一定时间之内反复多次实施同种犯罪行为，且其主观方面都出于故意，所造成的危害都较为严重。但是，这两种犯罪形态之间的区别也是十分明显的，主要表现为：

第一，在我国刑法中，连续犯属于数行为在处理时被作为一罪的犯罪形态即处断上的一罪，而惯犯属于数行为在刑法上被规定为一罪的犯罪形态，即法律上的一罪。可以构成连续犯的犯罪并不受刑法规定的限制，从理论上讲，《刑法》分则所规定的各种故意犯罪都可以构成连续犯，而可以构成惯犯的犯罪仅限于《刑法》分则所明文规定的罪名，其他罪名不能构成惯犯。

第二，构成连续犯的数个犯罪行为，必须基于连续意图支配下的数个同一的犯罪故意；而构成惯犯的数个犯罪行为虽必须出自数个独立的犯罪故意，但其并不受连续意图所支配，即无连续意图贯穿于各个独立的犯罪故意之中。

第三，尽管从总体上看，连续犯和惯犯都是一行为人多次触犯同种罪名，但是，构成连续犯必须实施数个足以单独构成犯罪的危害行为，而构成惯犯的数个危害行为则未必均足以单独构成犯罪。

第四，构成连续犯的数个相对独立的犯罪之间必须具有特定的连续性；而构成惯犯的数个危害行为或犯罪行为之间一般并无严格或特定的连续性。

第五，连续犯是处断上的一罪，我国刑法对连续犯的处罚未作具体规定，但我国刑事司法实践和刑法理论一般遵循的连续犯处罚原则是，按一罪从重处罚或按一罪作为加重构成情节处罚；而惯犯是法律上的一罪，我国《刑法》分则对构成惯犯的犯罪行为一般都设立了相对较重的法定刑，对于惯犯应在法定刑的限度内酌情论处。

连续犯与惯犯虽然存在着以上差别，但它们之间也具有一定的联系。这种联系主要表现为：对于那些法定的可能构成惯犯的犯罪，连续犯通常是惯犯形成的一个必经阶段，而惯犯则是连续犯继续发展的必然结果。因此，惯犯是行为人在连续实施某种特定犯罪行为的基础上形成的，且惯犯的社会危害性较之一般连续犯更为严重。这也正是我国刑法明文规定惯犯为一罪并相应确定较重的法定刑的原因所在。

(3) 连续犯与徐行犯的异同。所谓徐行犯，亦称接续犯，是指行为人基于一个犯罪故意，连续实施数个在刑法上无独立意义的举动（动作）或危害行为，这些举动或危害行为的总和构成在刑法上具有独立意义的一个犯罪行为，因而触犯一个罪名的犯罪形态。构成徐行犯的原因主要可分为两种：一是行为人主观上有意将本可以一次性完成的犯罪行为分解为数个在刑法上无独立意义的举动或危害行为，其数个举动或危害行为的总和构成一个犯罪行为。二是由于客观因素或行为人意志以外的因素的影响，致使行为人只能以数个举动或危害行为构成一个完整的在刑法上具有独立意义的犯罪行为。

此外，从刑法规定的角度看，某些特定犯罪实际只能以徐行犯的形态构成，即属于特定犯罪客观要件的犯罪行为，实际只能由一系列在刑法上无独立意义的自然举动或危害行为的总和构成，对于这类犯罪刑法一般都明确规定为一罪。在司法实践中发生的大多数构成徐行犯的犯罪，并未被刑法明确规定为一罪，只能根据特定犯罪的构成要件和行为的危害特征，经分析加以确认。

在司法实践中或刑法理论上，经常会出现将连续犯与徐行犯相互混淆的情形。这是因为这两种犯罪形态具有某些相同或近似之处，其主要表现为：第一，连续犯和徐行犯在客观方面都存在着危害行为或自然举动连续进行的状态。第二，连续犯和徐行犯的行为人，在主观上对于犯罪客观方面的危害行为或自然举动的连续性都有所认识，并积极追求这种连续状态的发生。第三，连续犯是触犯同一罪名并按一罪论处的犯罪形态，徐行犯是构成一个犯罪并在刑法上规定为一罪或处理上作为一罪的犯罪形态。

但是，连续犯与徐行犯是存在本质差别的两种犯罪形态，其主要表现为：

第一，连续犯必须具备数个独立的犯罪行为，是数个足以单独构成犯罪的危害行为呈连续进行状态，即数个相对独立的犯罪呈连续状态的犯罪形态；而徐行犯只具备一个犯罪行为，是数个在刑法上无独立意义的自然举动或危害行为呈连续进行状态，即在刑法上具有独立意义的一个犯罪行为的各个组成要素（举动）之间呈连续状态的犯罪形态。

第二，构成连续犯在主观上必须基于连续意图支配下的数个同一的犯罪故意；而构成徐行犯在主观上是基于一个犯罪故意。

第三，连续犯的犯罪对象既可是同一的，也可是非同一的；而徐行犯的犯罪对象必须是同一的。

第四，连续犯是实质数罪；而徐行犯是单纯一罪。

第五，在我国，刑法未对连续犯作出明确规定，它属于处断上的一罪；而徐行犯虽然没有总则性刑法规范的明文规定，但存在着分则性刑法规范将其规定为一罪和处断上将其作为一罪的两种情形。

第六，我国刑法对连续犯的处理未作规定，目前我国刑法学界和司法机关普遍主张，对连续犯一般按一罪从重处罚或按一罪作为加重构成情节处罚；而徐行犯是单纯一罪，必须按一罪论处，并应在法定刑幅度内选择判处与犯罪情节相适应的刑罚。

（4）连续犯与同种数罪的异同。同种数罪，是指触犯同一罪名的数罪即性质相同的数罪，它是数罪的表现形式之一。连续犯与同种数罪的共同特征主要为，两者都是行为人实施数个犯罪行为并触犯同种罪名的犯罪形态。连续犯实际是广义同种数罪的表现形式之一，属于广义同种数罪的范畴。我们在此探讨的问题主要是，连续犯与狭义同种数罪（不包括连续犯的同种数罪）之间的界限。

第一，连续犯必须是基于连续意图支配下的数个同一的犯罪故意，即构成连续犯的数个相对独立的犯罪的罪过形式只能是故意；而构成同种数罪的各个具体犯罪的罪过形式虽必须一致，但既可以是同一的故意，也可以是同一的过失，并且不受连续意图所支配。

第二，构成连续犯的数个相对独立的犯罪之间必须是有特定的连续性；而构成同种数罪的各个犯罪之间并不存在特定的连续性。

第三，构成连续犯的数个相对独立的犯罪，必须是未经宣判的或在判决宣告之前实施的；而构成同种数罪的数个犯罪，则并非都是未经宣判的。

第四，连续犯属于处断上的一罪或无须并罚的数罪；而对同种数罪的处罚则有所不同，按照目前我国司法实践的通常做法，对于判决宣告以前一人所犯同种数罪原则上无须并罚，对于判决宣告以后，刑罚尚未执行完毕以前发现的同种漏罪和再犯的同种新罪应当实行并罚。

4. 连续犯的处断原则。

目前我国刑法学界和司法机构普遍接受或遵循的处断原则是，对连续犯一般按照一罪从重处罚。但是，对于是可以从重处罚还是应当从重处罚，以及除在法定的幅度内从重处罚之外，是否可以按照更重的法定刑幅度酌情量刑（即法定刑的升格）等问题，存在着不同的观点和做法。我们认为，对于连续犯应当适用按一罪从重处罚或按一罪的加重构成情节处罚的处断原则，即在对连续犯按一罪论处、不实行数罪并罚的前提下，应当按照行为人所触犯的罪名从重处罚或者作为加重构成情节酌情判处刑罚。

（二）牵连犯

1. 牵连犯的概念。

所谓牵连犯，是指行为人实施某种犯罪（即本罪），而方法行为或结果行为又触犯其他罪名（即他罪）的犯罪形态。

2. 牵连犯的构成特征。

（1）牵连犯必须基于一个最终犯罪目的。这是构成牵连犯的主观要件，而且是认定数个犯罪行为之间具有牵连关系的主要标准。这就是说，行为人是为了达到某一犯罪目的而实施犯罪行为（目的行为），在实施犯罪行为的过程中，其所采取的方法行为（或手段行为）或结果行为又构成另一个独立的犯罪；正是在这一犯罪目的的制约下形成了与牵连犯罪的目的行为、方法行为、结果行为相对应的数个犯罪故意，而在具体内容不同的数个犯罪故意支配下的目的行为、方法行为、结果行为，都是围绕着这一犯罪目的实施的。

（2）牵连犯必须具有两个以上的、相对独立的危害社会行为。这是牵连犯的客观外部特征。也就是说，行为人只有实施了数个相对独立并完全具备犯罪构成要件的危害社会行为，才可能构成牵连犯；若只实施了一个危害社会行为，则因行为之间的牵连关系无从谈起而根本不能构成牵连犯，这也是牵连犯与想象竞合犯相区别的重要标志之一；若行为人实施的数个危害社会行为中只有一个构成犯罪，则也因不存在数个犯罪之间的牵连关系而不能构成牵连犯。

（3）牵连犯所包含的数个危害社会行为之间必须具有牵连关系。所谓牵连关系，是指行为人实施的数个危害社会行为之间具有手段与目的或原因与结果的内在联系，亦即行为人数个危害社会行为分别表现为目的行为（或原因行为）、方法行为或结果行为，并相互依存形成一个有机整体。进而言之，以辩证唯物主义为哲学基础，以主、客观相统一的刑法基本原则为指导，牵连关系就是以牵连意图为主观形式，以因果关系为客观内容所构成的数个相对独立的犯罪的有机统一体。

（4）牵连犯的数个行为必须触犯不同的罪名。这是牵连犯的法律特征，也是确定牵连犯的标志。如果行为人实行的危害行为只能触犯一个罪名，就不能构成牵连犯。行为人的行为只有达到了某种犯罪构成的基本要求，才可谓触犯了该种罪名。若行为人的行为虽然具有某种犯罪的形式特征，并未符合该罪的构成的全部要件，就不能视为触犯了该项罪名。

3. 牵连犯与继续犯的区别。

（1）继续犯只能由一个犯罪行为构成；而牵连犯必须实施两个以上各自独立的犯罪行为。

（2）继续犯只持续地侵犯同一或相同直接客体，因而只触犯一个罪名，构成一罪；而牵连犯触犯两个罪名，目的行为与方法行为或结果行为都各自具备犯罪构成的全部要件，独立构成犯罪。

(3) 继续犯属于实质的一罪，对其应按《刑法》分则规定的相应罪名的法定刑处罚；牵连犯一般属于处断上的一罪，对其应按数罪中最重的一罪定罪，并在其法定刑以内酌情从重处罚；在法律有特别规定的情况下，对牵连犯所触犯的数罪则实施并罚。

4. 牵连犯的处断原则。

我们认为，在我国现行刑法规定的背景下，对于牵连犯的处断原则应当是：凡《刑法》分则条款对特定犯罪的牵连犯明确规定了相应处断原则的，无论其所规定的是何种处断原则，均应严格依照《刑法》分则条款的规定，对特定犯罪的牵连犯适用相应的原则予以处断；除此之外，对于其他牵连犯即《刑法》分则条款未明确规定处断原则的牵连犯，应当适用从一重处断原则定罪处刑，不实行数罪并罚。

(三) 吸收犯

1. 吸收犯的概念。

所谓吸收犯，是指行为人实施数个犯罪行为，因其所符合的犯罪构成之间具有特定的依附关系，从而导致其中一个不具有独立性的犯罪，被另一个具有独立性的犯罪所吸收，对行为人仅以吸收之罪论处，而对被吸收之罪置之不论的犯罪形态。

2. 吸收犯的构成特征。

(1) 行为人必须实施数个均符合犯罪构成要件的危害行为。这是构成吸收犯的前提性条件。该前提性条件具体表现为犯罪行为的复数性、危害行为的构成符合性、犯罪行为基本性质的一致性三个具体特征。

第一，吸收犯罪必须由数个犯罪行为构成。即犯罪行为的复数性，是成立吸收犯的事实前提。因为，若无数个犯罪行为，也就无从谈起无独立意义的犯罪行为被另一具有独立意义的犯罪行为所吸收。

第二，具有复数性的犯罪行为，必须是均符合犯罪构成要件的危害行为。此为吸收犯危害行为的构成符合性特征，也是成立吸收犯的事实基础。换言之，吸收犯必须是基于数个犯罪行为之间的吸收关系而成立的犯罪形态，而不是基于犯罪行为与违法行为或不法状态之间的吸收关系而成立的犯罪形态，也不是基于同属一个犯罪构成客观方面的复合行为的各个无独立性的行为（如手段行为与目的行为）之间的吸收关系而成立的犯罪形态。

第三，把握犯罪行为基本性质的一致性。关键是应明确，犯罪构成依据刑法的规定，可分为不同的类型，如基本的犯罪构成和修正的犯罪构成。无论符合何种类型犯罪构成的危害行为，都无疑是犯罪行为。对于某一特定犯罪来说，分别符合不同类型犯罪构成的数个犯罪行为，则因不同类型的犯罪构成具有共同的基本属性，其基本性质也当然是一致的。构成吸收犯的数个犯罪行为的基本性质应当是一致的。

(2) 行为人实施的数个犯罪行为，必须基于其内在的独立性与非独立性的对立统一特性，而彼此形成一种吸收关系。这是吸收犯作为一种罪数形态存在的基本原因，也是吸收犯区别于其他罪数形态的重要构成特征之一。对此，可以从以下几方面予以把握：

第一，在行为人实施的数个犯罪行为中（以下均以行为人实施两个犯罪行为为标准论述），一个犯罪行为不具有独立性，而另一个犯罪行为具有独立性，前者以不同的表现形式依附于后者而存在。这是数个犯罪行为构成吸收犯的最基本的原因。

第二，基于一个犯罪行为与另一个犯罪行为的依附关系而产生的数个犯罪行为的吸收关系，最终取决于类型不同、基本性质一致的犯罪构成所固有的特定联系，并应以此为基准而予以认定。

(3) 行为人实施的数个犯罪行为必须侵犯同一或相同的直接客体，并且指向同一的具体犯罪对象。这是吸收犯的基本构成特征之一。换言之，侵犯客体的同一性和作用对象的同一性，是构成吸收犯所必须具备的条件；此外，数个犯罪行为侵犯客体和作用对象的同一性，也是判断数个犯罪行为是否具有吸收关系的客观标准之一。

(4) 行为人必须基于一个犯意，为了实现一个具体的犯罪目的而实施数个犯罪行为。这是数个犯罪行为构成吸收犯必须具备的主观特征。

3. 吸收犯的形式。

吸收犯的形式也即吸收犯吸收关系的种类，是与吸收犯的构成特征密切相关的问题之一。在一定程度上，吸收犯的形式是吸收犯基本构成特征的具体化和表现形式。

依据以上关于吸收犯构成特征的分析，我们认为，吸收犯的形式主要可概括为以下几种：

(1) 既遂犯吸收预备犯或未遂犯。

(2) 未遂犯吸收预备犯。

(3) 实行阶段的中止犯吸收预备犯。但受重罪吸收轻罪的原则所制约，当实际发生的实行阶段的中止犯轻于预备犯，造成吸收不能的状态时，应将预备犯吸收实行阶段的中止犯，作为实行阶段的中止犯吸收预备犯的一种例外。

(4) 符合主犯条件的实行犯构成之罪，吸收教唆犯、帮助犯、次要实行犯构成之罪。

(5) 主犯构成之罪吸收从犯、胁从犯构成之罪。

(6) 符合加重犯罪构成之罪吸收符合普通犯罪构成之罪，或者符合普通犯罪构成之类罪吸收符合减轻犯罪构成之罪。

在了解上述吸收犯的主要形式之后，必须明确以下几点：

(1) 吸收犯的形式，必须以吸收之罪重于被吸收之罪为必要条件。

(2) 吸收关系的认定，必须以数个犯罪行为的主、客观方面完全符合前述吸收犯的基本构成特征为必要前提。

(3) 必须强调指出，成立吸收犯所必需的吸收关系，只能是罪的吸收关系，即行为人的数个危害行为已经分别构成犯罪，才能成立吸收关系。

4. 吸收犯与相关犯罪形态的区别。

(1) 吸收犯与想象竞合犯的区别。这两种犯罪形态的区别主要表现为：

第一，吸收犯以犯罪行为的复数性为必备构成特征；而想象竞合犯在客观上只是实施了一个犯罪行为。

第二，构成吸收犯的数个犯罪行为，必须触犯数个基本性质相同的具体罪名；而构成想象竞合犯的一个犯罪行为，必须触犯两个以上的不同种罪名。

第三，吸收犯在主观方面必须基于一个确定的犯罪故意；而想象竞合犯的主观特征表现为数个不同的具体罪过，而且具体的罪过既可以是故意，也可以是过失。

第四，吸收犯的犯罪行为必须侵犯同一或相同的直接客体，并且直接作用于同一的具体犯罪对象；而想象竞合犯的犯罪行为必须侵犯数个不同的直接客体，并且一般而言，同时直接作用于体现不同直接客体的数个犯罪对象。

第五，吸收犯的罪数本质为实质上的数罪、处断上的一罪，对行为人仅以吸收之罪论处，对被吸收之罪置之不论；而想象竞合犯的罪数本质上是实质上的一罪，对想象竞合犯应适用从一重处断的原则。

(2) 吸收犯与牵连犯的区别。吸收犯与牵连犯的主要区别可归纳为以下几个方面：

第一，主观方面的差别。吸收犯必须基于一个犯意，为了实现一个具体的犯罪目的而实施数个犯罪行为，犯意的同一性和单一性，是吸收犯的显著特征之一；而牵连犯虽然也必须基于一个犯罪目的实施数个犯罪行为，但行为人在一个犯罪目的的制约下，形成了与牵连犯罪的目的行为、方法行为、结果行为相对应的数个犯罪故意，故意的异质性和复数性，是牵连犯的构成特征之一。

第二，数个犯罪行为的特定联系的形成机制不同。成立吸收犯所必需的吸收关系，是以非独立性之罪依附于独立性之罪为表象，以数个犯罪行为所符合的种类不同、基本性质一致的犯罪构成之间固有的特定联系（即依附与被依附关系）为基本成因。其形成机制，以刑事法律规定的犯罪构成之间的特定关联性为条件；而成立牵连犯所必需的牵连关系，是以牵连意图为主观形式，以因果关系为客观内容所构成的数个相对独立的犯罪的有机统一作为形成根据的。其形成机制，并不以刑事法律规定的犯罪构成之间的特定关联性为条件。

第三，触犯罪名的性质不同。构成吸收犯的数个犯罪行为所触犯的罪名必须是一致的；而构成牵连犯的数个犯罪行为所触犯的罪名必须是不同的。

第四，侵犯的客体和作用的对象不同。构成吸收犯的数个犯罪行为必须侵犯同一或相同的直接客体，并且指向同一的具体犯罪对象；而构成牵连犯的数个犯罪行为侵犯的直接客体必然是不同的，也不必作用于同一的具体犯罪对象。

第五，处断原则的差别。吸收犯与牵连犯的罪数本质虽然均为实质上的数罪，但所适用的处断原则却有所不同。吸收犯的处断原则是仅以吸收之罪论处，对被吸收之罪置之不论；而牵连犯的处断原则一般为从一重处断，即按重的罪从重处罚。

（3）吸收犯与连续犯的区别。

第一，主观方面的区别。吸收犯必须基于一个犯意，其主观罪过以同一性和单一性为特征；而连续犯在主观方面必须是基于连续意图支配下的数个同一犯罪故意。其区别在于，前者无连续意图，后者必须受连续意图的支配；前者只是一个犯罪故意，后者必须是数个相同的犯罪故意。

第二，加害对象的区别。吸收犯的数个犯罪行为，必须作用于同一的具体犯罪对象；而连续犯的成立，并不以数个犯罪行为必须作用于同一的具体犯罪对象为必备条件。

第三，数个犯罪行为之间的关系属性有所不同。吸收犯的吸收关系，如前所述，根本取决于数个犯罪行为所符合的种类不同、基本性质一致的犯罪构成之间的依附与被依附的关系，其形成机制以刑事法律规定的犯罪构成之间的特定关联性为条件；而连续犯的连续关系，取决于行为人犯罪的连续意图及其所制约的犯罪故意与犯罪行为的连续状态的有机统一，其形成机制并不以刑事法律规定的犯罪构成之间的特定关联性为条件。

第四，处断原则的差别。吸收犯与连续犯的罪数本质虽然均为实质的数罪，但处断原则却有所区别。吸收犯的处断原则是仅以吸收之罪论处，对被吸收之罪置之不论；连续犯的处断原则，是按一罪的从重处罚情节或加重构成情节处罚。

5. 吸收犯的处断原则。

对于吸收犯，应当仅按吸收之罪处断，不实行数罪并罚。

## 第三节　数罪的类型

以科学的罪数判断标准界定数罪的范畴，是适用数罪并罚的前提。但是，对于数罪的认识，不能仅局限于对数罪的概念和基本特征的了解。要想使法律规定的数罪并罚制度，转化为具体的正确适用数罪并罚的操作过程及相应结果，还必须对数罪的类型有一定程度的认识。因为，在一定程度上，对数罪进行必要的分类，不仅有助于深化对数罪的概念、属性、特征的理解，而且便于在类型化的数罪概念的基础上，加深对数罪并罚适用对象的认识，有利于数罪并罚的实际操作。依据不同的标准，可对数罪进行多种分类，其中有助于适用数罪并罚的分类，主要有以下几种。

## ■ 异种数罪和同种数罪

异种数罪和同种数罪，是以行为人的犯罪事实充足符合的数个犯罪构成的性质是否一致为标准，对数罪所进行的分类。其中，异种数罪，是指行为人的犯罪事实充足符合数个性质不同的犯罪构成的犯罪形态。同种数罪，是指行为人的犯罪事实充足符合数个性质相同的犯罪构成的犯罪形态。行为人的犯罪事实所符合的数个犯罪构成的性质是否一致，表现在法律特征上，就是行为人实施的数个犯罪行为所触犯的罪名是否相同。数个犯罪行为触犯数个不同罪名，就是异种数罪；数个犯罪行为触犯相同罪名，就是同种数罪。

将数罪分为异种数罪与同种数罪的意义在于：首先，异种数罪和同种数罪，都是实质数罪的基本形式。不能因数罪的性质有别，而否认其中任何一种数罪作为实质数罪的法律地位。其次，无论是异种数罪，还是同种数罪，均可被分为并罚的数罪和非并罚的数罪。最后，尽管作为实质数罪的部分异种数罪和同种数罪，会引起对其予以并罚的法律后果，但是，在相同的法律条件下，异种数罪和同种数罪被纳入并罚范围的机会不是均等的。换言之，在一定的法律条件下，对于异种数罪必须予以并罚，而对于同种数罪则无须实行并罚。

## ■ 并罚的数罪和非并罚的数罪

并罚的数罪和非并罚的数罪，是以对行为人的犯罪事实已构成的实质数罪是否实行数罪并罚为标准，对数罪所进行的分类。其中，并罚的数罪，是指依照法律规定应当予以并罚的实质数罪。非并罚的数罪，是指无须予以并罚，而应对其适用相应处断原则的实质数罪。

数罪的这种分类所具有的主要意义为：明辨实质数罪中应予并罚的数罪范围，并在此基础上，针对非并罚的实质数罪，包括其中的异种数罪和同种数罪，如牵连犯、连续犯等犯罪形态，确定与之相应的处断原则。

## ■ 判决宣告以前的数罪和刑罚执行期间的数罪

判决宣告以前的数罪和刑罚执行期间的数罪，是以实质数罪发生的时间条件为标准，对数罪所进行的分类。其中，判决宣告以前的数罪，是指行为人在判决宣告以前实施并被发现的数罪。刑罚执行期间的数罪，是指在刑罚执行期间发现漏罪或再犯新罪而构成的数罪。

数罪的此种分类的意义在于：明确应予并罚的数罪实际发生的时间条件，并以此为基础，对发生于不同阶段或法律条件下的数罪，依法适用相应的法定并罚规则（包括并罚的数罪性质和并罚的具体方法），决定应予执行的刑罚。由于我国刑法对发生于不同时间条件下的数罪，规定了不同的并罚规则，所以，将数罪区分为判决宣告以前的数罪和刑罚执行期间的数罪，是正确适用不同法定并罚规则的必要前提。

# 第十二章

# 正当防卫与紧急避险

## 第一节　正当防卫

### 一、正当防卫的概念和意义

（一）正当防卫的概念

根据《刑法》第 20 条的规定，正当防卫是指为了使国家、公共利益、本人或者他人的人身、财产和其他权利免受正在进行的不法侵害，而对不法侵害者实施的制止其不法侵害且未明显超过必要限度的损害行为。

作为一种最重要的正当行为，正当防卫在近现代世界各国刑事立法中大多都有专门规定。但对正当防卫的性质、特征和适用条件，各国的刑事立法和刑法理论则存在差异。例如，日本《刑法》第 36 条规定：为了防卫自己或者他人的权利，对于急迫的不正当侵害不得已所实施的行为，不处罚。即强调正当防卫须出于“不得已”而实施。西方自然法学派代表人物、英国启蒙思想家洛克通过例证的方法论证了正当防卫的性质和条件，认为如果有谁盗窃了私有财产，哪怕被盗的东西微不足道，依据自然法，也有把小偷置之死地的权利。即强调正当防卫是天赋人权之一，对于正当防卫的强度没有任何限制。

我国刑法中的正当防卫制度则与它们都有所区别，理解我国刑法中正当防卫的概念应注意把握以下几点：

1. 正当防卫是法律赋予公民的一项权利。任何公民在面对公共利益、公民本人或他人的人身和其他权利遭到正在进行的不法侵害时，均有权对不法侵害者予以必要的损害。正当防卫作为公民的权利，并非制止不法侵害的最后手段。即使在公民有条件躲避非法侵害或求助于司法机关的情况下，公民仍有权实施正当防卫。换言之，我国刑法上的正当防卫不仅是一种“不得已”的应急措施，而是鼓励公民与违法犯罪行为作斗争的一种积极手段。

2. 正当防卫是针对不法侵害行为实施的正当、合法行为。它不仅不具有社会危害性，反而对社会有益，因而受国家法律的保护、支持和鼓励。

3. 正当防卫除在特定条件下可以对不法侵害人造成伤亡而不属超过必要限度外，一般情况下对不法侵害者的损害都不能明显超过必要限度。因此，公民在行使正当防卫权时，都必须符合法定的条件，不允许超越必要的限度，不允许滥用防卫权利。

（二）正当防卫的意义

我国刑法规定正当防卫，具有重要的意义。

1. 有利于及时有效地保障国家的、公共的、公民本人的或他人的合法权益免受正在进行的不法侵害。法律对不法侵害行为规定了各种处罚措施，但都是对于犯罪事后的处罚。当国家、公共利益和公民个人合法权益受到不法侵害，国家公力救济又难以及时制止时，采用正当防卫制止不法侵害，可以使国家、公共利益和公民个人合法权益得到及时保护。鼓励公民行使正当防卫权利，就可以在不法侵害行为正在进行的时候加以及时制止，因而正当防卫是各种合法权益的最直接、最有效的保障。

2. 有利于有效震慑犯罪分子，从而减少犯罪行为。法律提倡和保护公民为国家、公共利益及个人合法权益对正在进行不法侵害的人实施正当防卫，必要时可对不法侵害的人身、财产等利益造成一定的损害，甚至可以致伤或致死不法侵害人。这对潜在犯罪人和不法侵害者都是一种有效的威慑，使其不敢轻举妄动，从而有效地遏制其犯罪欲念，达到预防和减少犯罪的目的。

3. 有利于社会主义精神文明建设。与违法犯罪行为作斗争，人民群众是最基本的力量。我国刑法中的正当防卫制度不仅鼓励公民为本人的利益进行防卫，而且鼓励公民为国家、公共利益及他人合法权益进行防卫。这样可以培养广大公民互助互爱、见义勇为的良好社会道德风尚。

## 正当防卫的条件

公民享有正当防卫权，并不意味着公民可以任意实施防卫。正当防卫是采用损害不法侵害者的利益的方法实施的，法律为防止其滥用，严格规定了正当防卫的合法条件。只有合法的防卫行为，才属正当行为，不负刑事责任。

正当防卫的合法条件就是我国刑法说明某种行为是正当防卫的各种因素的统一。正当防卫的合法条件的实质就是确定某种防卫行为危害性具有社会有益性的根据。现代世界各国刑法都设置了正当防卫制度，但关于正当防卫合法条件各不一致。我国刑法理论通说认为，正当防卫的条件是主观意图与客观行为的统一。具体而言，我们认为可以从防卫意图、防卫起因、防卫对象、防卫时间、防卫限度等五个方面对正当防卫合法条件予以界定。

（一）防卫意图

我国刑法将为了使国家、公共利益、公民本人或者他人的人身、财产和其他权利免受正在进行的不法侵害，规定为公民实行正当防卫的首要前提条件，从而将正当防卫的主观条件即正当防卫意图置于显要位置。

1. 正当防卫意图的内容。正当防卫意图是指防卫人对正在进行的不法侵害有明确认识，并希望以防卫手段制止不法侵害，保护合法权益的心理状态。它包括防卫认识和防卫目的两方面的内容。

（1）防卫认识。即防卫人对正在进行的不法侵害的认识，它包括对不法侵害的诸多事实因素的认识，基本内容应当有：其一，明确认识侵害合法权益的不法行为的存在；其二，明确认识不法侵害正在进行；其三，明确认识不法侵害者；其四，明确认识不法侵害的紧迫性，且能够以防卫手段加以制止。此外，还应大体认识到防卫行为所需要的手段、强度及可能造成的必要损害后果。

（2）防卫目的。即防卫人以防卫手段制止不法侵害，以保护合法权益的心理愿望。凡正当的防卫意图都必须以保护合法权益、制止不法侵害为目的。防卫目的是确定防卫意图的关键。正当防卫意图包括两个层次：第一层次是制止不法侵害；第二层次是通过制止不法侵害，保护合法权益。

2. 不具备正当防卫意图的几种情况。正当防卫意图作为正当防卫的主观要件，对于正当防卫的成立具有十分重要的意义。某些行为，从形式上看似乎符合正当防卫的客观条件，但由于其主观上不具备正当的防卫意图，因而不能认定为正当防卫。这类行为有如下几种：

(1) 防卫挑拨。防卫挑拨又称挑拨防卫，指行为人出于侵害目的，以故意挑衅、引诱等方法促使对方进行不法侵害，而后借口防卫加害对方的行为。从形式上看，这种“防卫”行为可能完全符合正当防卫的客观条件，但因不法侵害由挑拨者故意诱发，挑拨者主观上不仅不具备正当的防卫意图，反而是出于侵害意图，因此其所谓的防卫实质上是有预谋的不法侵害行为。严重的侵害结果、故意的罪过形式、预谋的非法意图、挑拨的语言行动是防卫挑拨的基本特征。对防卫挑拨要予以依法惩处，构成犯罪的要追究其刑事责任。

(2) 相互的非法侵害行为。指双方都出于侵害对方的非法意图而发生的相互侵害行为，如相互殴打行为。在相互的非法侵害行为中，双方都有侵害对方的非法意图，都在积极地追求非法损害对方利益的结果，因而根本上不存在正当防卫的前提条件。尽管侵害行为在时间上可能有先后之序，侵害结果在程度上可能有轻重之分，但双方行为都不存在构成正当防卫的前提，双方都应当就自己的非法侵害行为承担法律责任。需要指出的是，如果非法侵害的一方已经放弃侵害，例如宣布不再斗殴或认输、求饶、逃跑，而非法侵害的另一方仍穷追不舍，继续加害，则已经放弃侵害的一方就具备了进行正当防卫的前提条件，他可以为制止对方的进一步加害而采取必要的反击措施。这种情形下的反击可以成立正当防卫。

(3) 为保护非法利益而实施的防卫。这类行为明显缺乏防卫意图的正当性，不能成立正当防卫。例如，在盗窃、诈骗、赌博时，以防卫手段保护其赌资、走私货物和赃款。因为他们所保护的利益不属于公民的合法权益，不具备正当防卫的主观条件。认定为保护非法利益而实施的防卫行为时，对侵害者和防卫者要分别追究其法律责任，构成犯罪的分别定罪量刑。

（二）防卫起因

正当防卫的起因条件是不法侵害的发生和存在。只能针对不法侵害实施，这是正当防卫的本质所在。如果不存在不法侵害，正当防卫就无从谈起。认定正当防卫的起因条件应注意以下三个方面：

1. 必须有不法侵害存在。即排除了对任何合法行为进行正当防卫的可能性。不法侵害必须是危害社会的行为，对于没有社会危害性的合法行为，即使从当事人的立场看具有某种侵害性也不允许当事人实行正当防卫。例如，公民依法扭送犯罪嫌疑人，不能借口防卫而对该公民施行暴力伤害或威胁；执法人员依法拘捕犯罪嫌疑人或依法搜查、扣押有关住宅、物品，被拘捕者、被搜查者、物品所有者或第三者不得借口其人身或财产受到“侵害”而进行防卫；正当防卫、紧急避险都是合法行为，正当防卫中遭到反击的不法侵害者或紧急避险中受到损害的一方，也不能借口保护自身权益而对正当防卫者、紧急避险者再进行防卫。

2. 不法侵害必须是违法行为。违法性是法律对达到一定程度的危害社会行为所作的主、客观综合评价。不法侵害是否仅限于犯罪行为，这曾在我国刑法学界引起过争议。目前的通说认为，正当防卫要求的只是不法侵害存在，并没有将其起因条件局限于犯罪行为。不法侵害的外延要比犯罪宽泛得多。只要是不法侵害行为，并不要求它已经达到或将要达到犯罪程度，防卫人都可以依法对不法侵害人实行正当防卫。这是因为：不法侵害在刚刚着手进行时，往往很难断定它是否已达到犯罪程度，而当不法侵害的性质能够明显地分为违法或犯罪时，不法侵害结果又大都已经出现，正当防卫已无意义。违法和犯罪之间并无不可逾越的鸿沟，如果不允许公民对尚未达到犯罪程度的不法侵害进行正当防卫，则是对不法侵害人的纵容，很可能使其得寸进尺，对受害人造成更大的损害。

3. 不法侵害的存在具有现实性。即不法侵害须客观真实地存在，而不是行为人所臆想或推测的。如果行为人反击了主观臆测的“正在进行不法侵害”的人，那它的行为就是假想防卫。假想防卫具有三个基本特征：其一，行为人主观存在防卫意图，以为自己是对不法侵害人实行的正当防卫。这是假想防卫的前提条件。其二，假想防卫客观上损害了未实施不法侵害或未正在实施不法侵害的人的人身权利和其他权利，具有社会危害性。这是假想防卫的本质特征。其三，行为人防卫认识产生了错误，使正当防卫意图造成了危害社会的结果。这是假想防卫的表现形式。假想防卫是由于行为人对事实认识的错误而发生的，因此在实践中应依事实认识错误的处理原则来解决，即如果行为人应当预见到对方可能不是不法侵害，那么他在主观上有过失，应对其假想防卫所造成的损害负过失犯罪的责任；如果行为人在当时情况下不能预见到对方不是不法侵害，那么他在主观上无罪过，其假想防卫造成的损害属于意外事件，不负刑事责任。

（三）防卫对象

正当防卫的对象是解决防卫人应当对什么人实施反击的问题。由于不法侵害是通过人的身体外部动作进行的，制止不法侵害就是要制止不法侵害人的行为能力。正当防卫的对象只能是不法侵害人，这是基于如下两点理由：（1）正当防卫的目的是及时有效地制止正在进行的不法侵害，而达到这一目的的最直接途径，就是对不法侵害人的人身、财产等权益造成必要的损害。（2）不法侵害人行为的非法性，是法律上允许防卫人反击的根据。因此，即使对第三者权益的反击有可能制止不法侵害行为，也不能对不法侵害者以外的第三者实施防卫。

刑法规定，不满 14 周岁的人不负刑事责任，已满 14 周岁不满 16 周岁的人除实施少数几种特定犯罪外不负刑事责任；因患精神病不具备认识和控制能力的人不负刑事责任。对于实施侵害行为的未达到刑事责任年龄的未成年人或无责任能力人，能否进行正当防卫，刑法学界的意见不尽一致。否定论者认为，不法侵害人除其行为在客观上危害社会、违反法律外，还必须具备责任能力和主观罪过。换言之，精神病人和未成年人的侵害行为不属于不法侵害，对其一般不能进行正当防卫。肯定论者认为，不法侵害中的违法不包括行为人主观方面及责任能力的内容，只要行为人的行为对法律所保护的权益有现实的危害性，就属于不法侵害，防卫人就有权对其进行正当防卫。即精神病人和未成年人的不法侵害，与有责任能力人的不法侵害并无本质区别，对之都可以进行正当防卫。我们认为，对无责任能力人的侵害行为原则上可以实行正当防卫，但需加以一定的限制。一方面，无责任能力人的侵害行为客观上也是危害社会的行为，属于不法侵害；另一方面，无责任能力人的侵害行为明显不能等同于有责任能力人的故意侵害。从立法精神和社会道义上看，应当尽一切努力避免对精神病人、未成年人造成不应有的身体或精神的损害。因此，在遇到无责任能力人的侵害时，如果明知侵害者是无责任能力的人并有条件用逃跑等其他方法避免侵害时，则不得实行正当防卫；不知侵害者是无责任能力人或不能用逃跑等其他方法避免侵害时，才可以实行正当防卫。

对动物的侵袭是否可以实施反击？反击动物侵袭的行为属于什么性质？对此问题，学界存在争议。我们认为，对动物的侵袭要做具体分析，不能一概而论。受到他人豢养的或野生的动物侵袭，自然可以进行打击，动物谈不上不法侵害，受害人的打击也只是紧急避险或民事上排除侵害的行为，谈不上正当防卫。但是，如果有人利用动物来达到侵害他人的目的，如驱使狂犬撕咬他人，则防卫人打击动物的行为属于正当防卫或紧急避险。

（四）防卫时间

正当防卫的时间条件，是指可以实施正当防卫的时间。通说认为不法侵害正处于已经开始并且尚未结束的进行阶段。法律基于正当防卫的立法目的是为了制止不法侵害、防止合法利益受到损害，故对防卫时间加以严格限定。

什么是不法侵害已经开始？一般而言，可以理解为不法侵害者侵害行为的着手实行。例如，杀人犯持刀向受害人砍击，强奸犯对妇女施以暴力或暴力威胁等等，不法侵害就已经开始。但是，实践中的具体案件十分复杂，需要具体情况具体分析。某些情况下，虽然不法侵害尚未着手实行，但合法权益已直接面临威胁，不实行正当防卫就可能丧失防卫的时机。处于此种情形，可以进行正当防卫。

不法侵害尚未结束，是指不法侵害行为或其导致的危害状态尚在继续中，防卫人可以用防卫手段予以制止或排除。具体而言，不法侵害尚未结束，可以是不法侵害行为本身正在进行中，例如杀人犯挥刀向受害者连续砍击；也可以是行为已经结束但危险状态尚未结束，例如抢劫犯已打昏物主抢得财物，但尚未离开现场。上述两种情况，防卫人的防卫行为均可有效地制止不法侵害行为，或排除不法侵害行为所致的危险状态。在有些情况下，虽然不法侵害所导致的危险状态尚在继续中，但正当防卫行为并不能将其排除，则应视为不法侵害已经结束。例如，纵火犯向目标物纵火后逃跑，已经造成了可能失火的危险状态，就无法通过杀死或伤害纵火犯的防卫手段来排除，对之采取防卫则不符合正当防卫的时间条件。

刑法理论上称不符合正当防卫的时间条件的防卫行为为防卫不适时。防卫不适时与正当防卫存在本质的区别，应分别不同的情况予以处理。根据防卫不适时发生的时间，我们将其分为两种形式：

1. 事前防卫。即在不法侵害尚处于预备阶段或犯意表示阶段即采取某种损害权益的行为。在事前防卫的情况下，不法侵害行为对合法权益的威胁未达现实状态，不法侵害人是否实施某种侵害还不确定，因而事前防卫实际上是一种“先下手为强”的非法侵害。如果事前防卫的社会危害性达到犯罪程度，应当追究刑事责任。

2. 事后防卫。即在不法侵害已经结束的情况下，对侵害人的某种权益进行打击的行为。在事后防卫的情况下，不法侵害已经结束，侵害行为或其导致的危险状态已经不能通过防卫来制止或排除，即丧失了正当防卫的时机条件。司法实践中，不法侵害的结束一般有下列四种情况：（1）不法侵害者自动中止不法侵害行为；（2）不法侵害者已经被制服；（3）不法侵害者已经丧失侵害能力；（4）侵害行为已经实施完毕，危害结果已经发生，无法挽回。事后防卫实际上大多是报复性的侵害，但也不排除防卫人出于认识错误的可能性。例如，不法侵害人在杀人过程中突发恻隐之心中止犯罪，但受害人误以为对方暂时停顿了犯罪，趁其不备予以反击，致其重伤。对于报复性的事后防卫构成犯罪的，应以故意犯罪论处；对于认识错误的事后防卫，则应按处理事实认识错误的原则，根据防卫人主观上是否有过失，分别按照过失犯罪或意外事件处理。

（五）防卫限度

正当防卫的限度条件，是指正当防卫不能明显超过必要限度且对不法侵害人造成重大损害。是否明显超过必要限度并造成重大损害，是区别防卫的合法与非法、正当与过当的标志之一。

我国刑法并未规定正当防卫必要限度的具体标准，正当防卫的必要限度是刑法理论应予解决的任务。在我国刑法学界主要存在三种观点。

1. 必需说。认为防卫强度是制止不法侵害所必需的，即使防卫在强度、后果等方面超过对方可能造成的损害，也不能认为是超过了必要限度。

2. 基本相适应说。认为正当防卫是否超过必要限度，应将防卫行为与不法侵害行为在方式、强度和后果等方面加以比较，看是否相适应。

3. 相当说。认为必要限度原则上应以制止不法侵害所必需为标准，同时要求防卫行为与不法侵害行为在手段、强度等方面，不存在悬殊的差异。

比较而言，“基本相适应说”提出了必要限度的具体标准，但它仅从防卫和侵害两方面的性质、强度等客观特征上加以权衡，没有考虑防卫者的主观目的，实践中易导致以牙还牙的“同态防卫”。“必需说”从防卫目的的正当性出发，抓住了理解必要限度的关键。但该说过分强调主观必需，而完全忽视防卫与侵害在客观上的相当性，没有对防卫者设定必要的约束。

“相当说”实际上是“必需说”和“基本相适应说”的折中，兼采二者之长，相互弥补。该说既抓住了理解必要限度的本质、关键的特征，有利于鼓励公民实行正当防卫，又提出了对防卫人的必要约束，有利于保障正当防卫的正确行使。因而“相当说”是合理可行的。根据“相当说”，防卫行为只要为制止不法侵害所必需，防卫行为的性质、手段、强度及造成的损害又不是明显超过不法侵害的性质、手段、强度，或者造成的损害明显不超过不法侵害的，均属于正当防卫的范围，不属于防卫过当。

需要指出，鉴于严重危及人身安全的暴力犯罪的严重社会危害性及对被害人的潜在性严重危害后果，我国《刑法》第 20 条第 3 款规定：对正在进行行凶、杀人、抢劫、强奸、绑架以及其他严重危及人身安全的暴力犯罪，采取防卫行为，造成不法侵害人伤亡的，不属于防卫过当，不负刑事责任。对此规定，有学者称为无限制防卫，有学者称为特殊防卫，还有学者称为无过当防卫。我们认为，称为特殊防卫较妥。这一规定是针对以往司法实践中将那些为制止正在进行行凶、杀人、抢劫、强奸、绑架以及其他严重危及人身安全的暴力犯罪而造成不法侵害人伤亡按防卫过当处理的情况作出的。据此规定，对正在进行的严重危及人身安全的暴力犯罪实行正当防卫，不存在过当情形。

## ■ 防卫过当及其刑事责任

### （一）防卫过当的概念

根据《刑法》第 20 条的规定，防卫过当是指防卫明显超过必要限度造成重大损害，应当负刑事责任的行为。防卫过当与正当防卫是两个既有本质区别又有密切联系的概念。首先，防卫过当是一种非法侵害行为，具有客观危害性和主观罪过性。这是它区别于正当防卫的本质特征，也是刑法规定防卫过当应当负刑事责任的根据。其次，防卫过当具有行为的防卫性。这是防卫过当与正当防卫的密切联系所在。防卫过当的成立必须是在不法侵害正在进行，防卫人为了制止不法侵害、保护合法权益的前提下，针对不法侵害人实施的。只是因为防卫明显超过必要限度造成了重大的损害，才使防卫由正当变为过当，由合法变为非法。正基于此，我国刑法规定对防卫过当行为应当减轻或者免除处罚。

### （二）防卫过当的罪过形式

追究防卫过当的刑事责任，首先要确定防卫过当的罪过形式，即行为人对防卫过当结果的主观心理态度。关于防卫过当的罪过形式，刑法理论界众说纷纭，莫衷一是。主要存在以下不同观点：

1. 全面过失说。认为防卫过当的罪过形式只能是过失（包括疏忽大意的过失与过于自信的过失）。

2. 疏忽大意过失说。认为防卫过当的罪过形式只能是疏忽大意的过失。

3. 排除直接故意说。认为防卫过当的罪过形式只能是间接故意或过失，而不可能是直接故意。

4. 排除过失说。认为防卫过当的罪过形式只能是故意，而不可能是过失。

5. 故意与过失说。认为防卫过当的罪过形式既可以是故意（包括直接故意和间接故意），也可以是过失（包括疏忽大意的过失和过失自信的过失）。

我们赞同排除直接故意说，认为在防卫过当的场合，行为人对于其过当行为及其结果，主观上不可能出于直接故意，因为正当防卫目的和犯罪目的不可能同时并存。疏忽大意的过失、过于自信的过失以及间接故意，都是没有犯罪目的的罪过形式，与防卫过当需要具备的目的正当性不矛盾，因而都可以成为防卫过当的罪过形式。

（三）防卫过当的刑事责任

防卫过当的刑事责任包括两方面的内容：一是防卫过当的定罪；二是防卫过当的量刑。

关于防卫过当的罪名确定，我国刑法没有具体规定，理论界的主张和司法实践中的具体做法也不完全统一。学界一致认为：防卫过当本身不是罪名，不能将防卫过当行为笼统地定为“防卫过当罪”。对防卫过当应根据防卫人主观上的罪过形式及客观上造成的具体危害结果来确定罪名。例如过失致死罪、过失重伤罪、故意杀人罪、故意伤害罪、故意毁坏财物罪等。有学者主张，应当在罪名前冠以防卫过当加以限制，如“防卫过当故意杀人罪”、“防卫过当过失致死罪”等。我们认为，这样限定并不必要，徒增累赘。司法文书在定罪的同时，必然会引用《刑法》总则有关防卫过当的规定，以说明行为的防卫性质。

对于防卫过当的量刑，我国刑法规定“应当减轻或者免除处罚”。这一刑罚减免事由是基于防卫过当的主客观因素决定了其社会危害性较通常犯罪的社会危害性要小。至于何种情况下减轻、减轻多少，在何种情况下免除处罚，应当综合考虑如下因素：

1. 过当程度。防卫过当造成的重大危害后果与必要限度的差距。轻微过当，则罪行轻微，处罚亦应轻微；严重过当，则罪行严重，处罚相对较重。

2. 权益性质。为保护重大权益而防卫过当，比之为保护较小权益而防卫过当，前者的处罚应当更轻。

3. 防卫目的。为保护国家、公共利益、他人合法利益，见义勇为而防卫过当的，比之为保护自己合法利益而防卫过当的，对前者的处罚应更轻。

4. 罪过形式。疏忽大意的过失、过于自信的过失、间接故意，从前到后，减轻处罚的幅度与可能性应当依次递减。

## 第二节　紧急避险

### ■ 紧急避险的概念和意义

（一）紧急避险的概念

根据《刑法》第 21 条的规定，紧急避险是指为了使国家、公共利益、本人或者他人的人身、财产和其他权利免受正在发生的危害，不得已而采取的损害另一较小合法权益的行为。

紧急避险与正当防卫一样，也是我国刑法明文规定的正当行为之一。在现代世界各国刑法中，普遍对紧急避险作出了明确的规定。但对于紧急避险的本质和重点，不同的刑法理论有着不同的解释。自然法学派认为，紧急避险是自然法赋予的权利，人为法不能剥夺，只能放任。因此，对紧急避险行为不处罚。功利学派认为，紧急避险是冲突法益不能两全时的客观上不得已措施，不存在谴责行为人的根据，不应处罚。自由意志论者认为，面对突如其来的危险，行为人往往丧失意志自由，其行为与无责任能力人行为性质相同。这些论断并没有揭示紧急避险的本质特征。

我们认为，紧急避险的本质在于，当两个合法权益相冲突，又不能两全的紧急状态下，法律允许为了保全较大的权益而牺牲较小的权益。虽然造成了较小的权益的损害，但从整体上说，它有益于社会的整体利益，不仅不应承担刑事责任，而且应当受到鼓励和支持。

（二）紧急避险的意义

刑法规定紧急避险不负刑事责任，赋予公民在合法权益遇到危险时有紧急避险权，具有重要的意义：

1. 有利于鼓励公民在必要的情况下，通过损害较小合法权益的手段，来保全较大的合法权益，尽一切可能减少自然灾害、不法侵害等危害带给社会的损害。

2. 有利于培养广大公民顾全大局、互助友爱的思想。它鼓励和支持公民树立公共利益、整体利益的观念，使人们在与自然灾害、不法侵害等危险的斗争中，培养集体主义精神，提高思想境界。

## ■ 紧急避险的条件

由于紧急避险是以损害某种合法权益的方法来保护另一种合法权益，为避免滥用紧急避险，法律规定了紧急避险的合法条件。只有符合一定的条件，紧急避险才有益于社会。

（一）避险意图

紧急避险的主观条件即行为人必须有正当的避险意图，它决定着紧急避险的无罪过性，因而对紧急避险的成立有着重要意义。正当避险意图，是指避险人对正在发生的危险有明确的认识，并希望以避险手段保护较大合法权益的心理状态。避险意图中包含有避险认识和避险目的两部分内容。

1. 避险认识。主要是对正在发生的危险的认识，应当包括：（1）认识到正在发生的危险的现实存在；（2）认识到危险只能以紧急避险的方法来排除；（3）认识到损害另一较小的合法权益可以达到避险目的。另外，避险人对自己避险行为的手段、强度、可能造成的后果等亦应有大体上的认识。

2. 避险目的。即行为人实施避险行为所希望达到的结果。根据刑法规定，行为人只能为了避免国家、公共利益、本人或他人的人身、财产或其他权利遭受正在发生的危险，才能进行紧急避险。

（二）避险起因

只有合法权益遭受损害危险时，才可以实施紧急避险。这是紧急避险的起因条件。所谓危险，是指某种有可能立即对合法权益造成危害的紧迫事实状态。危险的主要来源有四种：

1. 自然的力量。即由自然灾害造成的危险。如火灾、地震、山崩、海啸、水祸、风暴、塌方、泥石流等。凡是可以危及合法权益的自然灾害，都是可能引起紧急避险的危险。

2. 动物的侵袭。动物的侵袭也可能对人身、财产安全构成威胁。如恶狗咬人、野兽冲撞、毒蛇袭击等。如果打死的是一般的无主的动物，不构成紧急避险；只有打死、打伤属于特定人（国家、集体、个人）的动物时，才可能构成紧急避险。

3. 非法侵害行为。有责任能力的违法犯罪行为和无责任能力的危害社会行为，都会使某种合法权益处于危险状态，在不得已情况下，都可以采取紧急避险。

4. 人的生理、病理过程。即因生理、病理需要不能满足而威胁人的生命的危险。例如，饥渴难忍的旅行者，在物主不在的情况下私取路边房屋中的饮食；为了抢救重伤员，强行拦阻过往汽车送往医院。前者不能算偷窃，后者不能算抢劫，都属紧急避险。

危险存在客观现实性，而不是假想的、推测的存在。如果行为人因事实认识错误，误认为危险存在，因而实行所谓的紧急避险，刑法理论上称为假想避险。假想避险不是紧急避险，因此对他人的合法权益造成损害的，应根据处理事实认识错误的原则视行为人是否存在过失，分别按过失犯罪或意外事件处理。

（三）避险时间

紧急避险的时间条件，是损害危险正在发生或迫在眉睫，对合法权益形成了紧迫的、直接的危险。危险正在发生，是指已经发生的危险将立即损害或正在造成损害而尚未结束。紧急避险只能在危险已经出现而又尚未结束这一时间条件下进行，否则就不是紧急避险。危险的出现是这样一种状态，即由于某种事实的发生，合法权益直接面临迫在眉睫的危险。如果危险还处于潜在状态，其是否出现还不确定，公民可以采取某些防范措施，则法律不允许其实施紧急避险。危险尚未结束，是指危险出现后即将或者正在造成危害，此时若不实行紧急避险，合法权益也必将遭受损害或遭受进一步的损害。危险一旦结束，紧急避险也就失去了其时间条件，此时损害已经造成，实行紧急避险已不能保全合法权益，不实行紧急避险也不会使合法权益再遭损害或遭受进一步的损害。因此，不符合时间条件的紧急避险不具有保护合法权益的意义，为刑法所禁止。

行为人在危险尚未出现或者已经结束的情况下实施所谓避险，刑法理论上称为避险不适时。避险不适时不是紧急避险，行为人因此而对合法权益造成损害，达到犯罪程度的，应负刑事责任。

（四）避险对象

紧急避险针对的对象是第三者合法权益。紧急避险的本质特征，就是为保全一个较大的合法权益，而将其面临的危险转嫁给另一个较小的合法权益。因而，紧急避险行为所指向的对象不是危险的来源，而是第三者的合法权益。如果行为人的行为是对危险的直接对抗，那么该行为就不是紧急避险。例如，行为人通过损害不法侵害者的人身权利或财产权利，来排除遭受不法侵害的危险，其行为构成正当防卫而非紧急避险。

应该指出，作为紧急避险的第三者的合法权益，必须比所保全的合法权益次要，而且它的牺牲确实可以换来较大权益的安全。否则，对第三者合法权益的损害便会成为毫无价值的牺牲，从而违背法律规定紧急避险制度以保护较大合法权益的初衷。损害第三者的合法权益主要指财产权和住宅不可侵犯权等，不包括第三人的生命权和健康权。一般情况下，不允许用损害他人生命和健康的方法保护另一种合法权益。

（五）避险限度

紧急避险不能超过必要的限度，造成不必要的损害。这是紧急避险的限度条件。什么是紧急避险的必要限度？刑法对此没有明确的规定。但是，刑法理论界和司法实务界对紧急避险的必要限度达成了共识：紧急避险造成的损害必须小于所避免的损害。换言之，为了保护一个合法权益而损害的另一个合法权益，既不能等于、更不能大于所保护的权益。例如，不能为了保护一个人的健康权利，而去损害第三者的健康甚至生命权利；也不能为了保护某人的财产利益，而去损害国家、集体或他人同等价值或者更大价值的财产利益。

如何衡量两个合法权益的大小？一般而言，权衡合法权益大小的基本标准是：人身权利大于财产权利；人身权利中生命权为最高权利；财产权利的大小可以用财产的价值大小来衡量。但这并非绝对性的准则。如为保护个人生命损害数以亿计的国家和人民的财产，或者使数以百计的人身受重伤，便很难认为还在避险的必要限度之内。在处理具体案件时，应具体情况具体分析，作出切合实际的判断。

（六）避险限制

紧急避险只能在不得已的情况下才能实施，这是紧急避险的客观限制条件。紧急避险从总体上来说是有益于社会的行为，它保全了较大的合法权益。但它从局部上来说也不无消极意义，即它不可避免地要给无辜的第三者造成合法权益的损害。因此，刑法对紧急避险规定了特别的严格限制条件。即只能在“迫不得已”的情况下才能予以实施。换言之，只有在行为人找不到任何其他的方法排除危险的情况下，才允许选择损害第三者的合法利益的方法。如果当时尚有其他的方法可以排除危险，例如有条件逃跑、报警或者直接对抗危险、进行正当防卫等，行为人却不采取，而给无辜的第三者造成了不必要的损害，则其行为不能成立紧急避险，构成犯罪的还要追究其刑事责任。

刑法规定紧急避险“迫不得已”这一限制条件，是基于紧急避险的立法精神旨在牺牲较小的合法利益而保全更大的合法利益。在合法利益可以两全的情况下损害较小合法利益，对社会不但无益反而有害。当然，在考察行为人是否迫不得已时，一定要实事求是地分析危险发生时的客观情况（包括环境、时间、危险的紧急程度等)，结合行为人的自身生理和心理状况（包括年龄、经验、体格、主观认识条件等)，予以合理认定。

（七）避险禁止

根据我国刑法的规定，紧急避险中关于避免本人危险的规定，不适用于职务上、业务上负有特定责任的人。这是紧急避险的禁止条件。所谓在职务上、业务上负有特定的责任，是指某些人依法承担的职务或所从事的业务活动本身，就要求他们与一定的危险进行斗争。例如军人就必须服从命令参加战斗，面对战死沙场的危险；消防队员就必须奋勇扑火，面对烧伤的危险；民航客机发生故障，机组人员必须始终与乘客一起，面对死亡的危险；医生、护士在治疗疾病时，必须面对病菌感染的危险，等等。法律不允许职务上、业务上负有特定责任的人对个人面临的危险实行紧急避险，是基于如下理由：其一，负有特定责任的人的工作具有排险性质，涉及国家和人民重大利益。如果允许他们避险，这与排险工作背道而驰。其二，负有特定责任的人一般经过专门培训，具有与职责有关的专门知识和技能。只要他们运用专门技能，一般可以在不损害自己的条件下排除损害危险。如果不去排险，则会给社会带来重大损失。这不符合紧急避险的限度条件。需要指出的是，法律的这一禁止性规定并不意味着负有特定职责的人员一概不能避险。在排险过程中，负有特定职责的人为避免本人危险也可以采取一定的避险措施。

上述七个条件，是紧急避险成立的必备要件，缺一不可。

## 避险过当及其刑事责任

避险过当，是指避险行为超过必要限度造成不应有的损害的行为。紧急避险的意义在于损害较小的合法利益以保护较大的合法利益。如果避险人实际损害了较大的或者价值相等的利益，造成了不必要的损害，避险便失去了意义。根据我国刑法的规定，避险过当应当负刑事责任。

避险过当具备避险性与过当性两重性。构成避险过当，必须具备主客观两方面的要件。

1. 行为人在主观上对避险过当行为具有罪过。一般来说，避险过当的罪过形式通常是疏忽大意的过失，即行为人应当预见自己的避险行为所损害的权益可能等于或者大于所保全的权益，因为疏忽大意而没有预见，以致超过必要限度造成了不应有的损害。在少数情况下，也可能是间接故意或过于自信的过失。

2. 行为人在客观上实施了超过必要限度的避险行为，造成了合法权益的不应有损害。避险行为所损害的合法权益大于或等于所保全的合法权益时，该行为就超过了必要限度，属于过当行为。例如，为了保全本人的某种财产利益而牺牲了他人或公共的更大的财产利益，为了保全自己的健康或生命而牺牲他人的生命，都属于避险过当的行为。

避险过当不是独立的罪名，《刑法》分则也没有规定避险过当独立的法定刑。因此，在对避险过当确定罪名时，应当根据行为人的主观罪过形式及过当行为特征，按照《刑法》分则中的相应条款予以定罪。例如，过失致死罪、过失重伤罪等等。司法文书中应同时引用《刑法》总则关于避险过当的条款，以说明行为的避险性和过当性。

根据《刑法》第 21 条第 2 款的规定，对于避险过当，量刑时应当减轻或者免除处罚。在裁量何种情况下减轻、如何减轻，在何种情况下免除处罚时，要综合考虑避险目的、罪过形式、保护权益的性质、过当程度等诸因素。

## ■ 紧急避险与正当防卫的区别

紧急避险与正当防卫都是为了保护国家、公共利益、本人或者他人的人身、财产和其他权利，而给他人的某种权利或者利益造成一定的损害，都是正当行为。但是二者区别亦较为明显：紧急避险是两个合法权益之间的冲突，是“两害相权取其轻”的问题；而正当防卫则是合法权益与不法侵害之间的矛盾。具体而言，二者的区别表现在：

1. 危险来源不同。紧急避险的危险来源多种多样，除了人的不法侵害外，还包括自然的力量、动物的侵袭，以及人的生理、病理过程；而正当防卫的危险来源只限于人的不法侵害。

2. 损害对象不同。紧急避险是损害与造成危险无关的第三者的合法权益；而正当防卫则只能损害不法侵害者的利益。

3. 实施条件不同。紧急避险只能在无其他方法排险危险的迫不得已的情况下才能实施；而正当防卫则无此限制，公民只要面对正在进行的不法侵害就可以实施，而不论他是否有条件采取逃跑、报警、劝阻等方法制止不法侵害。

4. 限度标准不同。紧急避险造成的损害只能小于所避免的损害，不能等于甚至大于所避免的损害；而正当防卫的必要限度，则是制止不法侵害所必需，只要所造成的损害不明显超过不法侵害造成的损害即可。

5. 存在禁止条件与否。紧急避险存在禁止条件，即职务上、业务上负有特定责任的人，不适用避免本人危险的规定；正当防卫无禁止条件，任何主体在国家、公共利益、本人或他人的人身、财产和其他权利面临不法侵害时都有权实施正当防卫。

# 第十三章 刑事责任

## 第一节　刑事责任概述

### 一、刑事责任的概念和特征

（一）刑事责任的概念

与“犯罪”和“刑罚”这两个概念相比，刑事责任居于两者的中间环节，对于定罪和量刑具有重要的作用。我国刑法理论认为，刑事责任是犯罪的法律后果，是刑罚的前提条件。我国《刑法》452 个条文中有 13 个条文、21 处都出现了“刑事责任”这一法律术语，《刑法》总则第二章第一节的标题即为“犯罪和刑事责任”。可见，“刑事责任”这一概念在刑法中的地位愈来愈引起人们的重视。在犯罪、刑事责任与刑罚的关系中，犯罪只是刑事责任的一个必要前提，刑罚也只是刑事责任实现方式的一种，并不能涵盖刑事责任的全部。

关于刑事责任的概念，中外刑法理论有各种各样的观点，归纳起来主要有如下六种：

1. 法律责任说。认为刑事责任是行为人因实施了犯罪行为而应当承担的法律责任。如刑事责任是“实施刑事法律禁止的行为所必须承担的刑事法律规定的责任”。还有学者认为，“刑事责任是指行为人因其犯罪行为所应承受的、代表国家的司法机关根据刑事法律对该行为所作的否定评价和对行为人进行的谴责的责任”①。

2. 法律后果说。认为刑事责任是犯罪人因实施犯罪行为而必须承担的法律后果。如刑事责任是“依照刑事法律规定，行为人实施刑事法律禁止的行为所必须承担的法律后果”②。

3. 法律关系说。认为刑事责任是国家与犯罪人之间的一种刑事法律关系，是刑法、刑事诉讼法和刑事执行法等刑事法律关系的总和。③

4. 刑事义务说。认为刑事责任是犯罪人因犯罪行为而必须承担的刑事法律义务。如刑事责任“就是指犯罪人实施严重危害社会的犯罪而产生的依法承担刑事法律后果的义务”④。

5. 否定评价说，也称法律评价说、责难说、谴责说。认为刑事责任是国家根据刑事法律对犯罪人及其犯罪行为所作的否定性评价、责难或谴责。如“刑事责任是指犯罪人因实施

---

① 张智辉：《刑事责任通论》，70 页，北京，警官教育出版社，1995。

② 张令杰：《论刑事责任》，载《法学研究》，1986（5）。

③ 参见赵秉志主编：《刑法新教程》，292 页。

④ 杨春洗、苗生明：《论刑事责任的概念和根据》，载《中外法学》，1991（1）。

刑法禁止的行为而应承担的、代表国家的司法机关依照刑事法律对其犯罪行为及其本人的否定性评价和谴责”①。

6. 刑罚处罚说，也称刑罚制裁说。认为刑事责任是国家对犯罪人的刑罚处罚或制裁。如刑事责任就是“行为人对其犯罪行为引起的法律后果的承担，这种承担从国家方面看，表现为主要由国家审判机关依据刑法及其他刑事法律规范对犯罪人及犯罪行为的制裁”②。

以上这些理论各自从一定的角度出发对刑事责任的本质属性给予高度的概括，都具有一定的合理之处，并且相互之间并不矛盾和排斥，为我们研究刑事责任理论提供了理论基础。综合上述理论的长处，我们认为正确理解刑事责任应当以否定评价说为基础，兼收并蓄其他理论的合理成分。所谓刑事责任，是指依照刑事法律的规定，基于犯罪行为的社会危害性程度及犯罪人的人身危险性程度，犯罪人应当承担的来自国家司法机关的刑事法律上的否定评价（刑事责难）。犯罪人承担刑事责任的方式有：定罪判刑、定罪但予以非刑罚处罚、定罪免处。

（二）刑事责任的特征

根据上述刑事责任的定义，刑事责任主要有如下几个特征：

1. 刑事责任是对犯罪行为的社会危害性程度及行为人的人身危险性程度的综合评价。国家追究犯罪人的刑事责任，一方面是要惩罚犯罪人的犯罪行为，另一方面是要改造犯罪人的犯罪心理，使其早日回归社会，成为一个符合社会要求的人。这也是刑罚的双重任务。所以，衡量犯罪人刑事责任的大小，应当从犯罪行为给社会造成的负面影响出发，以犯罪的客观方面危害为前提，着重考虑犯罪人的主观恶性程度，其中包括犯罪的起因、有无动机斗争、犯罪后的悔罪表现、再犯的可能性等，同时还要考察犯罪人的个性缺陷等方面的因素以选择适当的刑事责任方式及具体期限。

上述两个衡量标准，应当有所侧重，过去刑法学界比较重视犯罪行为给受害人造成的客观方面的直接损害，并以此为主要根据而裁量刑事责任的大小，而现代刑法理论基于刑罚个别化原则，越来越重视犯罪人的人身危险性程度这一标准，把刑罚的裁量作为对犯罪人全面系统的考核过程，特别是“新社会防卫论”，倡导在给犯罪人量刑时除了考虑犯罪人的个性特征，还要考察他的家族遗传病史，以真正实现罪责相适应。从理论上讲，犯罪行为是犯罪心理的外化，任何能够作为犯罪行为的行为都是在犯罪心理的支配下实施的，虽然有些犯罪已经达到既遂，但其量刑却非常轻，相反，有些犯罪尽管只处于预备或未遂形态，但处罚却非常重，其理论根据就是主观心理恶性的差别。例如，大义灭亲情况下的杀人既遂最低可判3年有期徒刑，但组织、领导、参加恐怖组织罪虽然只是恐怖组织进行犯罪活动前的预备行为，但我国刑法却专门将该种预备行为设定了罪名，并且在2001年12月29日公布的《中华人民共和国刑法修正案（三）》中将法定最高刑由10年有期徒刑提高到无期徒刑，法定最低刑也相应地大幅度提高。

2. 刑事责任是法律性与社会性的统一。刑事责任是由刑法加以规定的，与其他法律责任一样，都是由相关的部门法律明文规定的。而刑事责任的法律性表明它的根据是刑事法律规范，而排除了其他法律的直接影响和作用，是否追究犯罪人的刑事责任完全依据刑事法律予以界定，裁量刑事责任的大小也完全依据刑事法律的规定。由于刑事法律是由国家基于社会发展的特殊阶段，即特殊的政治和经济背景而制定的，所以法律不可避免地打上社会的烙

① 中国法学会刑法学研究会编写：《全国刑法硕士论文荟萃》，40页，北京，中国人民公安大学出版社，1989。

② 马克昌等主编：《刑法学全书》，47页，上海，上海科学技术文献出版社，1993。

印，刑事责任不仅在表层上体现出刑事法律上的否定评价，而其实质上是国家和社会在政治上、伦理上、道德上对犯罪行为及犯罪人的否定评价与谴责。

3. 刑事责任具有不可避免性与平等性。刑事责任是国家司法机关给予犯罪人的一种评价与制裁。与民事责任不同，对犯罪人刑事责任的追诉，除个别的“告诉才处理”的犯罪之外，体现的是国家的意志，而不是原告人的告诉权，任何人没有权力放弃或阻止对犯罪人刑事责任的追究。所以，刑事责任不能像民事责任那样通过协议而化解，只能由国家司法机关通过法定程序以司法手段加以裁决，不允许私了。根据刑法面前人人平等的原则，任何人犯罪都要根据刑事法律确立与裁量刑事责任，不允许个别人搞特殊化。只要有犯罪，就应当严格按照刑事法律确定并裁量刑事责任。

4. 刑事责任具有强制性、严厉性、专属性。与民事责任及行政责任相比较，刑事责任是最严厉的法律责任，这种严厉性体现在刑事责任的承担方式上，即从限制自由、剥夺自由到剥夺生命，这种严厉的制裁性是其他任何法律责任所不及的。刑事责任的专属性，表现在刑事责任所针对的主体的特定性上。无论何种形式的刑事责任，只能由犯罪人或犯罪的单位来承担，不能转嫁、不能代位、不能接替。这一特点与民事责任中的连带责任有着本质的不同。

## 刑事责任的功能

刑事责任作为整个刑事法律的起点与归宿，在刑事立法与刑事司法活动中居于核心与主干的地位。

（一）刑事责任是刑事立法活动中确定罪与罚的标准

面对形形色色的危害社会的行为，立法者要以一定的标准加以犯罪化，并以刑罚制裁为手段实现社会控制。统治者为实现这一目的，就要建立一个标准，既能够作为犯罪化的尺度，又涵盖对犯罪人进行的刑事制裁手段的界限，这一标准就是刑事责任。在刑事立法上，立法者的刑事责任观是最上位的概念，它决定立法者对危害社会行为的容忍度，进而也决定立法者的犯罪观与刑罚观。具体而言，立法者把什么样的行为视为犯罪，取决于他的刑事责任观，同样，立法者把什么样的行为视为最轻的或最重的犯罪，也取决于他的刑事责任观。在此基础上立法者决定给予犯罪人以不同的刑事制裁。犯罪观是立法者对危害社会行为的否定评价，一切犯罪都是对社会有危害的，是社会所不允许的。刑罚观是立法者对危害社会行为的必要措施，通过刑罚的一般预防与特殊预防来稳定社会秩序。所以，刑事责任是刑事政策的起点与归宿，恰好能够说明刑事责任在刑事法律中同犯罪与刑罚的关系。

（二）刑事责任是刑事司法活动的中轴主线

根据罪责刑相适应的原则，刑事司法活动的整个过程是紧紧围绕刑事责任这一核心问题展开的。从刑事责任的确立、刑事责任的衡量到刑事责任的实现，始终都没有离开刑事责任这条主线。刑事责任的确立取决于犯罪的成立，即犯罪构成是我国刑法理论中刑事责任成立的基本条件，但刑事责任的大小就不仅仅局限于犯罪构成的各个因素，还要考虑犯罪构成以外的决定犯罪行为的社会危害性程度及行为人主观恶性程度的种种因素。刑罚只是刑事责任实现的主要方式，但不是唯一的方式，在刑罚之外还有非刑罚处理方法及定罪免处与其并存。刑事责任与犯罪行为相伴而生，有犯罪就有刑事责任，无犯罪就无刑事责任。所不同的是，犯罪是国家对形形色色犯罪活动的类型化与规范化，而刑事责任是国家对犯罪行为及犯罪人的抽象而现实的价值否定，因而刑事责任的实现方式便呈现出多样化以应对不同程度的犯罪。刑罚是刑事责任的后果，有刑罚就一定存在刑事责任，但刑罚只是刑事制裁的表现形式之一，有刑事责任不一定就会有刑罚。司法机关根据刑法的犯罪构成要件裁定行为人的行为是否构成犯罪，然后根据其他要素衡量刑事责任的大小，最后决定给予何种刑事制裁。所以，刑法理论认为，在司法上，刑事责任扮演的是以犯罪为前提然后决定刑事制裁的角色，由于刑事责任的存在，犯罪与刑罚并不是一一对应的关系，刑事责任是介于犯罪和刑罚之间对犯罪和刑罚的关系起调节作用的调节器。

## 第二节　刑事责任的形成和解决

### ■ 刑事责任的开始和终结

刑事责任的开始和终结是刑事责任的基本问题，涉及对犯罪人的刑事责任追诉起止问题。

（一）刑事责任的开始

关于刑事责任的起始时间或标志，在学界有以下四种观点：

1. 从犯罪人实施犯罪行为之时，也即着手实施犯罪之时，刑事责任便开始了。

2. 行为人被列入犯罪嫌疑人或被告人之时，刑事责任才开始发生。

3. 从对行为人提起公诉时开始，刑事责任便产生。

4. 从法院有罪判决确定之时，即刑罚开始执行时产生了刑事责任。

对刑事责任开始时间的争议，主要是由于混淆了刑事责任在现实生活中的开始与司法机关对刑事责任追诉的开始及犯罪人对刑事责任承担的开始这三个概念。上述第一种观点是指刑事责任在现实生活中的开始，第二种和第三种是指司法机关对刑事责任追诉的开始，第四种是犯罪人对刑事责任承担的开始。

刑事责任既然是国家对犯罪行为的一种否定评价，从其犯罪行为实施的开始就已经产生了。一般情况下，犯罪行为的实施与刑事责任的追诉是有一段间隔的，但并不能认为，司法机关没有追究的犯罪就对社会没有危害，就不应当予以否定。如果只有当司法机关追究犯罪嫌疑人的犯罪时才成立刑事责任，那么，犯罪嫌疑人在归案之前便不具有刑事责任，这种推理显然是错误的。

（二）刑事责任的终结

由于刑事责任的承担方式的不同，刑事责任的终结时间也是不同的，表现为以下几种形式：

1. 对于以刑罚（包括主刑、附加刑）为承担方式的刑事责任来讲，刑罚执行完毕或被免除、撤销之时，就是刑事责任的终结时间。如自由刑的服刑期已届满，财产刑的法定财产数额已如数上缴。但对于缓刑和假释这类特殊的刑罚方法，刑事责任的终结也应当是考验期届满，考验期内国家保留对刑事责任的追诉权。

2. 对于定罪免处，刑事责任终结时间就是法院作出免予刑事处罚的有罪判决生效之时。

3. 对于没有依照程序追诉刑事责任的犯罪，包括告诉才处理的犯罪尚没有告诉或已经撤回的，刑法规定的追诉时效届满时，就是刑事责任的终结之时。

4. 对于犯罪人死亡的，其死亡之时就是刑事责任的终结之时。

### ■ 刑事责任的解决方式

根据我国刑法规定，刑事责任的解决方式有如下几种：

1. 定罪判刑方式。这是刑事责任解决的最常见的、最一般的方式，是人民法院根据刑事诉讼法对犯罪人所作的有罪判决。

2. 定罪免刑方式。根据我国《刑法》第 37 条的规定：对于犯罪情节轻微不需要判处刑罚的，可以免予刑事处罚。但应当依法给予其他刑事制裁，如责令具结悔过、赔礼道歉、赔偿损失，或者由主管部门予以行政处罚或行政处分。

3. 消灭处理方式。根据刑事法律的规定，当客观上出现诸如超过追诉时效、特赦、犯罪人死亡等法律事件导致刑事责任归于消灭时，刑事责任即告终结。

4. 转移处理方式。根据我国《刑法》第 11 条的规定，享有外交特权和豁免权的外国人的刑事责任，通过外交途径解决。这便意味着对此类外国人的刑事责任的转移处理。

# 第十四章 刑罚概述

## 第一节　刑罚的概念和目的

### 一、刑罚的概念

刑罚是刑法规定的由国家审判机关依法对犯罪分子所适用的限制或剥夺其某种权益的最严厉的强制性法律制裁方法。

（一）刑罚权

刑罚权是与刑罚密切相关的一个概念。刑罚的正当行使必须以存在刑罚权为前提。刑罚权是国家对犯罪人实施刑罚惩罚的国家权力。刑罚权是国家主权的重要组成部分。刑罚权可以分为一般的刑罚权和个别的刑罚权。当发生具体的犯罪时，根据法律可以对具体犯罪人实行刑罚惩罚的权力，被称为个别的刑罚权。只要发生犯罪，国家就可以对犯罪人实行刑罚惩罚的这种抽象意义上的刑罚权，被称为一般的刑罚权。

刑罚权的内容包括制刑权、求刑权、量刑权和行刑权。所谓制刑权是指国家的立法机关创制刑罚的权力。在我国行使制刑权的只能是全国人民代表大会及其常务委员会。制刑权的权能主要包括制定刑罚的种类、刑罚的体系、刑罚裁量的原则、刑罚执行的方法以及具体犯罪的法定刑。所谓求刑权是指针对犯罪行为而提起刑事诉讼的权力。在我国，求刑权原则上由各级人民检察院行使，但是对于某些性质较轻的犯罪的求刑权，由刑事被害人行使。求刑权既包括提起刑事诉讼的权力，也包括不提起刑事诉讼的权力。所谓量刑权是指对犯罪分子科处刑罚的权力。在我国量刑权只能由各级人民法院行使。量刑权的内容包括，是否判处刑罚、判处何种刑罚、判处多重的刑罚、刑罚是否应当立即执行。所谓行刑权是指，特定机关将量刑机关判处的刑罚予以执行的权力。在我国，不同的刑罚由不同的行刑机关执行。死刑、罚金刑、没收财产由人民法院执行；管制、拘役由公安机关执行；有期徒刑、无期徒刑由监狱执行。

（二）刑罚的特征

1. 刑罚的属性在于对犯罪人权益的限制和剥夺。刑罚作为一种最严厉的法律制裁措施，表现在它是以限制和剥夺犯罪人的权利和利益为内容的。它不仅可以剥夺犯罪人的政治权利和财产权利，而且还可以限制或剥夺犯罪者的人身自由，甚至还可以剥夺犯罪人的生命。这种严厉性正是刑罚区别于其他法律制裁方法的本质特征。

2. 刑罚的对象只能是犯罪人。适用刑罚是以行为人的行为构成犯罪为前提的，刑罚是对犯罪行为所作出的否定评价，也是因犯罪所产生的当然的法律后果。故“无犯罪则无刑罚”。而刑罚处罚的对象只能是实施了犯罪行为的自然人或法人。因此，犯罪人既是犯罪行为的实施者，也是刑罚的物质承担者。刑罚既不能适用于动植物和其他非人的对象，也不能适用于与犯罪无关的无辜者。

3. 刑罚的根据在于刑法的明文规定。按照罪刑法定原则的要求，不仅犯罪需要由成文刑法事先作出明文规定，而且刑罚也必须由刑法明文载于法条。这就意味着，刑法总则要对刑罚的种类作出明文规定，刑法分则也要对各种具体犯罪所适用的刑罚作出明文规定。对刑法没有明文规定的制裁方法，不能以刑罚之名适用于犯罪分子。

4. 刑罚适用的主体只能是国家刑事审判机关。在我国，刑罚适用的主体只能是人民法院。任何个人、任何其他的国家机关、企业、事业单位、人民团体等，都无权对犯罪人适用刑罚。

（三）刑罚与犯罪的关系

刑罚与犯罪是一对矛盾，二者既是互相对立的，又是彼此统一的。

1. 刑罚与犯罪的对立。刑罚与犯罪的对立表现在两个方面：一是从国家方面来看，犯罪是孤立的个人反抗现行统治关系的斗争，是对统治秩序的威胁和破坏。而刑罚不外是社会对付违犯它的生存条件（不管是什么样的条件）的行为的一种自卫手段。这种破坏与反破坏、反抗与扼制的关系，使犯罪和刑罚处于一种对立的地位。二是从犯罪人方面来看，犯罪人之所以实施犯罪行为，其目的是为了满足其物质或精神上的需要。而刑罚的存在，则往往使这些欲望难以实现，甚至化为泡影。因此，犯罪人总是希望犯罪后能逃脱刑罚制裁。而事实上，刑罚却成为犯罪后所遭受的不可避免的结局。从这个意义上讲，刑罚与犯罪永远是一对不可调和的矛盾。

2. 刑罚与犯罪的统一。刑罚与犯罪的统一表现在三个方面：一是起源相同。犯罪和刑罚都是阶级社会特有的现象，是人类社会发展到一定阶段的产物。当统治阶级把危害统治利益的行为通过法律规定为犯罪时，也就出现了对付犯罪的法律手段——刑罚。犯罪现象的产生孕育了刑罚的诞生，刑罚正是犯罪的真正后果。二是互相依存。犯罪是刑罚的前提，刑罚是犯罪的结局。无犯罪就无刑罚，无刑罚则使刑法对犯罪的规定毫无意义。三是命运相同。刑罚不仅伴随着犯罪的产生而产生，而且最终将伴随着犯罪的消灭而消灭。二者共生共灭，这正是犯罪和刑罚产生、发展、演变和消亡的历史规律。

（四）刑罚与其他法律制裁的区别

一个国家的法律制裁体系，通常是由刑事制裁、民事制裁、行政制裁、经济制裁等制裁措施构成的。刑罚属于整个法律制裁体系中的一种，它与其他法律制裁的区别主要表现在以下几点：

1. 严厉程度不同。刑罚是一种最严厉的法律制裁，它涉及对人的生命、自由、财产、资格的限制或剥夺。这种严厉性是通过对犯罪人适用死刑、自由刑、财产刑和资格刑表现出来的。而其他法律制裁绝对排除对生命的剥夺。一般也不涉及剥夺人身自由的问题。例如，民事制裁方法仅限于停止侵害、排除妨碍、消除危险、返还财产、恢复原状、修理、重作、更换、赔偿损失、支付违约金、消除影响、恢复名誉；行政制裁只限于警告、记过、降级、撤职、留用察看、开除、罚款、拘留、没收、劳动教养等。这些制裁方法的严厉程度，都轻于刑罚处罚。

2. 适用对象不同。刑罚只适用于触犯刑法构成犯罪的人。而其他法律制裁方法则适用于仅有一般违法行为尚未构成犯罪的人。如果违法行为情节严重，依法应当定罪判刑，则不能处以其他的法律制裁措施。例如，同样是盗窃行为，如果盗窃数额不大，情节轻微，则属于一般的盗窃违法行为，应当给予治安行政处罚。如果盗窃数额较大，情节严重，则应当以盗窃罪对其定罪处罚。

3. 适用机关不同。刑罚只能由国家刑事审判机关适用，在我国只能由最高人民法院、地方各级人民法院和各专门人民法院的刑事审判部门适用。而民事制裁则由国家审判机关的民事审判部门适用，行政制裁则由国家行政机关适用。例如，罚金和罚款虽然都是要求行为人缴纳一定数量的金钱，但罚金作为一种刑罚，只能由人民法院裁决；而罚款作为一种行政处罚，则只能由国家行政执法机关裁决。

4. 适用根据不同。对犯罪分子适用刑罚的根据是刑法和刑事诉讼法；而对一般违法分子适用民事制裁和行政制裁，则分别依据民事实体法和民事诉讼法、行政实体法和行政诉讼法。法律根据的不同，在一定程度上也决定了处罚性质的差别。例如，劳动教养和管制、拘役相比，都有限制和剥夺人身自由的性质，而且就严厉程度而言，劳动教养要重于管制和拘役。但是，由于劳动教养是通过国务院制定的行政法规规定的，因而不具有刑罚的性质，而是一种最重的治安行政处罚方法。

5. 制定机关不同。刑罚只能由国家最高权力机关加以规定。根据我国立法法的规定，刑罚只能由全国人民代表大会制定，全国人民代表大会常务委员会只有部分修改的权力。而其他的法律制裁可能由其他的机关加以规定。例如，行政法规可以设立除限制人身自由以外的行政处罚。

（五）我国刑罚与其他剥削阶级国家刑罚的区别

刑罚具有历史性，它不是从来就有的，也不会永远存在，它是一定历史阶段的产物。刑罚体现着统治阶级的意志，具有鲜明的阶级性。我国是人民民主专政的社会主义国家，我国的刑罚与其他一切剥削阶级国家的刑罚相比，有着本质上的区别。

1. 代表的意志不同。我国是人民民主专政的社会主义国家。人民是国家的主人，因此，我国的刑罚只能代表我国最广大的人民的意志；而在剥削阶级占统治地位的国家中，刑罚是为了保护少数剥削阶级的利益，镇压广大人民群众的工具，是少数剥削阶级意志的体现。

2. 对社会的作用不同。我国的刑罚通过打击各种犯罪活动，维护良好的社会秩序，为社会主义生产关系的建立和完善、为社会主义生产力的解放和发展提供了动力。对我国社会的发展和进步起着积极的推动作用。剥削阶级国家的刑罚在其建立的初期对社会的进步也曾起着积极的促进作用，但是当这种剥削制度阻碍生产力的发展时，刑罚就成为维护腐朽的旧制度、镇压革命势力的重要工具，因而就对社会的发展起着阻碍的作用。

3. 在同犯罪作斗争中所占的地位不同。在我国，刑罚是预防犯罪、打击犯罪的重要的手段，但不是唯一的手段。我国控制和预防犯罪，主要是以实行包括刑罚惩罚在内的综合治理的方针，动员社会各方面的力量，采用各种方法，对犯罪现象进行综合治理。同时，通过建设高度的社会主义物质文明和精神文明，完善社会主义制度，从根本上消除犯罪产生的经济基础和社会基础。而在剥削阶级的国家中，由于其剥削的制度本身必然产生犯罪，因此其预防犯罪的社会手段是无效的，随着阶级矛盾的激化，犯罪现象增多，刑罚就成为他们对付犯罪的唯一手段。

4. 刑罚适用的效果不同。我国对犯罪分子适用刑罚，不是基于纯粹的报复主义或者惩罚主义，不是为了惩罚而惩罚，而是实行惩办与宽大相结合、惩罚与教育相结合的政策，贯彻社会主义人道主义的精神，把犯罪分子改造成为新人。因此，我国刑罚的适用不仅具有惩罚犯罪的作用，而且更主要的是具有教育改造犯罪分子的功能。剥削阶级国家的刑罚，作为维护剥削阶级制度的工具，对犯罪人实行惩罚和报复，具有强烈的野蛮性和残酷性。我国奴隶社会和封建社会中存在广泛的生命刑、肉刑和耻辱刑，对犯罪人的人格、精神和肉体进行折磨、摧残。这种刑罚是不可能产生对犯罪人的教育、改造的效果的。

## ■ 刑罚的目的

（一）刑罚目的的概念

什么是刑罚的目的？刑罚的目的包括哪些内容？这是中外刑法学者争论已久的问题。在西方刑法理论上，关于刑罚目的的论述，众说纷纭，莫衷一是。诸如报应刑论、教育刑论、目的刑论、社会防卫论、社会复归论等等，学派林立，十分复杂。在我国刑法学界，对刑罚目的问题的认识，也是仁者见仁，智者见智，观点各异。概括起来，主要有下列学说：

1. 广义目的说与狭义目的说。广义目的说认为，刑罚的目的是指国家制定、适用和执行刑罚所追求的效果，它包括了国家刑事立法、刑事审判和刑罚执行活动所期望达到的目的。狭义目的说则认为，刑罚的目的是指刑事审判机关通过对犯罪人适用刑罚所希望达到的效果，即只限于量刑活动所追求的目的。

2. 单一目的说与多重目的说。单一目的说认为，刑罚的目的在内容上是单一的、排他的，而不可能几个目的同时并存。有的认为，刑罚的目的是惩罚犯罪分子，使他们遭受痛苦，即所谓的惩罚说；有的认为，刑罚的目的是为了改造犯罪分子成为新人，即所谓的改造说；还有的认为，刑罚的目的是为了预防犯罪，即所谓的预防说。而多重目的说则认为，刑罚的目的在内容上是十分丰富的，它往往具有两个或两个以上的目的。有的认为刑罚的目的是惩罚和改造犯罪分子，即双重目的说；有的认为刑罚的目的是特殊预防和一般预防，即双面预防说；还有的认为，刑罚的目的是预防犯罪和消灭犯罪；等等。

3. 根本目的说与直接目的说。这种观点认为，刑罚的目的不是单一的，而是多层次的。在刑罚目的论体系中，可以区分为根本目的和直接目的。刑罚的根本目的是预防犯罪的直接目的，而刑罚的直接目的是实现根本目的的手段。刑罚的直接目的包括三个方面的内容：一是惩罚犯罪，伸张社会正义；二是威慑犯罪分子和社会上的不稳定分子，抑制其犯罪意念；三是改造犯罪分子，使其自觉遵守法律秩序。

我们认为刑罚的目的是指国家制定刑罚、适用刑罚和执行刑罚所希望达到的结果，其具体内容表现为特殊预防和一般预防。这是因为，第一，在一个国家中，创制、适用和执行刑罚的目的具有统一性，刑罚的目的应当贯穿于刑事立法、刑事审判和刑罚执行的各个环节。把刑罚的目的仅限于量刑阶段，或者仅限于量刑和行刑阶段，是没有根据的，而且也是十分有害的。第二，刑罚是作为犯罪的对立物而存在的。这里所说的“犯罪”，既包括已然之罪，也包括未然之罪。而由于预防的对象不同，故把刑罚的目的区分为特殊预防和一般预防。

（二）特殊预防

1. 特殊预防的概念和对象。所谓特殊预防，是指防止犯罪人重新犯罪。可见，特殊预防的对象只能是犯罪人。这里所说的犯罪人，是指实施了危害社会的行为，依法应当承担刑事责任的人。

2. 特殊预防的方式。防止已经犯罪的人重新犯罪，可以采取多种方式，而刑罚则是最重要的一种预防手段。

刑罚在特殊预防中的具体作用和方式表现在：（1）通过对极少数罪大恶极、怙恶不悛的犯罪分子适用和执行死刑，永远剥夺其重新犯罪的能力。这是一种最简单、最有效的特殊预防，但同时也是一种代价最为昂贵的特殊预防。它不应当成为实现特殊预防的主要刑罚方法。(2) 通过对绝大多数犯罪分子适用和执行自由刑，在一定期间内，使其与社会隔离。同时，在行刑期间对其进行教育改造，使他们成为对社会有用的新人。因此，自由刑在实现特殊预防中的作用表现在两个方面，一是消极的隔离排害作用，即对人身自由的剥夺；二是积极的教育改造作用，即对犯罪人进行教育改造。这两大作用是互相联系的，即剥夺人身自由是教育改造的必要条件，教育改造是执行自由刑的核心内容和最终目的。(3) 通过对经济犯罪、财产犯罪和其他贪财图利性犯罪的犯罪人适用和执行财产刑，剥夺其重新犯罪的物质条件，并对犯罪人起到一定的教育作用。值得注意的是，财产刑在特殊预防中的作用日益受到各国的重视。这是因为，财产刑的适用既经济又便利，它可以避免因执行自由刑所产生的各种弊端，因此，对罪行较轻、主观恶性不深、人身危险性不大的犯罪人，单独科处财产刑，更有利于达到特殊预防的目的。此外，对犯罪的法人来说，财产刑是实现特殊预防的唯一刑罚方法。(4) 通过对某些犯罪人适用和执行资格刑，剥夺其某种权利或资格，防止他们利用这些权利或资格进行新的犯罪活动。例如，对于职务犯罪来说，剥夺犯罪人的被选举权，不准其担任一定的公职，无疑具有特殊预防的作用。

3. 特殊预防的实现。犯罪是一种由多种原因聚合而成的复杂社会现象，犯罪的产生、蔓延和发展，是历史与现实、个人与社会、主观与客观、内部与外部各种因素相互影响相互作用的结果。因此，犯罪不是与生俱来的，根本不存在天生的犯罪人。犯罪作为一种病态的社会现象，只要方法得当，是可以得到治疗的。这就意味着，任何一个犯罪人都是可以改造并且能够改造成新人的。也正是从这个意义上讲，特殊预防的目的是可以实现的。

然而，在改造罪犯的实践中，我们却总是面对两种不同的现实：一是改造成新人的群体，对这一群体，特殊预防的目的已经达到；二是重新犯罪的群体。这两种群体代表了两种不同的行刑效果，反映了罪犯改造工作的成功与失败。针对重新犯罪现象，有的把原因归咎于行刑机关改造不力，还有的对刑罚在特殊预防中的作用产生怀疑。

这里必须指出，凡是犯罪人，都是可以改造的。但对犯罪人的改造，是一项巨大的社会工程。就某个具体犯罪人而言，能否将其改造成为新人，取决于多种条件。犯罪现象本身的特点决定了对重新犯罪的预防必须采取多种防治手段，依靠社会各方面的通力配合。因此，不能把刑罚当做实现特殊预防的唯一手段，也不能把特殊预防的责任完全推给司法机关。

从刑法学的角度来看，要实现特殊预防，必须从刑事立法、刑事审判、刑罚执行的各个环节，贯彻特殊预防的思想。首先，在刑事立法上，要对犯罪人进行必要的分类，对于难以改造的累犯、惯犯等，应当在规定刑罚处罚的同时，规定保安处分措施。其次，在刑事审判中，要贯彻刑罚个别化原则，在定罪量刑上，要考虑人身危险性的大小，做到量刑上的针对性和适当性。最后，在刑罚执行中，罪犯改造机关要切实贯彻“改造第一，生产第二”和“惩罚与改造相结合”的方针，把提高改造质量、防止重新犯罪作为其中心工作。要改变“重劳动生产、轻教育改造”的不正常局面。

(三) 一般预防

1. 一般预防的概念和对象。所谓一般预防，是指防止尚未犯罪的人走上犯罪道路。可见，一般预防的对象不是犯罪分子，而是没有犯罪的社会成员。这些社会成员包括：(1) 危险分子，即具有多次违法犯罪的历史，有犯罪危险的人。例如，尚未得到有效改造的刑满释放人员，因多次违法犯罪而受到劳动教养的人员。这些人主观恶性较深，人身危险性较大，是一般预防的重点对象。(2) 不稳定分子，即自我控制能力较差、免疫力较低、容易受犯罪诱惑或容易被犯罪分子教唆拉拢的人。这些人思想言行不稳，处在正义力量与邪恶势力争夺的夹缝中。一旦放松对他们的教育，就会使他们走上犯罪道路。这种不稳定分子主要存在于不良的青少年群体中。(3) 刑事被害人，即直接或间接受犯罪行为侵害的人。这些人既是犯罪的受害者，同时也是具有报复性倾向的复仇者。如果对刑事案件处理不当，就可能导致他们进行私刑报复，酿成新的犯罪。因此，他们也应当成为一般预防的对象。(4) 其他社会成员，即除上述三种人以外的广大公民。在我国，广大公民都能遵纪守法，他们是同犯罪作斗争、维护社会治安的主力军。但是，在普通公民中也有落后与先进之分，有知法守法者与不知法不懂法的法盲之别。因此，也存在着滋生违法犯罪的可能。正因为如此，所有公民都有一个接受法制教育的问题。通过刑罚教育功能的发挥，可以防止广大公民走上违法犯罪的道路。同时，通过发挥刑罚的鼓励功能，又可以激励广大公民同犯罪作斗争。因此，广大公民不仅可以成为一般预防的对象，而且必须成为一般预防的对象。否则，一般预防就不具有完整的社会意义。

2. 一般预防的方式。由于预防对象的不同，决定了实现特殊预防与一般预防的方式的差异。刑罚是直接施加于犯罪人的，因此，特殊预防的方式侧重于刑罚的物理性强制和由此而产生的精神威慑；而一般预防的对象并不是犯罪分子，所以一般预防的方式只能是对犯罪分子适用和执行刑罚的这一客观事实，对其他社会成员所造成的心理影响。具体来说，一般预防的方式主要是通过刑罚的威慑、教育和鼓励功能表现出来的：(1) 通过制定、适用和执行刑罚，威慑和教育社会上的危险分子和不稳定分子，抑制他们的犯罪意念，使他们不敢以身试法。(2) 通过制定、适用和执行刑罚，对广大公民进行法制教育，同时，鼓励广大公民同犯罪作斗争。(3) 通过适用和执行刑罚，表明国家对犯罪不能容忍，安抚被害人及其亲属，防止报复性犯罪活动的发生。

3. 一般预防的实现。理论和实证研究的结果表明，一般预防并非人们的幻想，而是客观存在的现实，然而，实现一般预防的过程，比实现特殊预防更为复杂。从刑罚学的角度来看，要达到一般预防的目的，应当着重处理好下列几对关系：

(1) 一般预防与刑罚的适当性。所谓刑罚的适当性，是指刑罚的轻重应当与犯罪的轻重相适应。其中包括两方面的内容：一是刑事立法上的罪刑相当，二是刑事审判中的罪刑相当。

如何处理一般预防与刑罚轻重的关系，在理论和实践上，存在两种不同观点。一是把重刑化作为实现一般预防的手段，认为刑罚愈重，其威慑效果愈强，愈有助于达到一般预防的目的。其具体表现是：在刑事立法上，提高犯罪的法定刑，大量增加死刑条款，强化立法威慑。二是把轻刑化作为一般预防的手段，认为推行严刑峻法的实践证明，重刑并不能有效地进行一般预防。从发展趋势来看，应当把轻刑化作为预防犯罪的手段。其具体表现是：在刑事立法上，降低犯罪的法定刑，控制、减少和逐步废除死刑，适当多用短期自由刑，扩大财产刑和资格刑的适用范围；在刑事审判中，不用或少用死刑，慎用长期自由刑，多用财产刑和资格刑。

我们认为，把轻刑化或重刑化作为一般预防的手段，是片面和错误的。如果刑罚过轻，很难产生应有的威慑和教育作用，不利于防止危险分子、不稳定分子、被害人或其他社会成员进行违法犯罪活动；如果刑罚过重，则会在公民中树立刑罚残酷不公的形象，使人们对犯罪人产生同情之心，这样也不利于一般预防。因此，只有坚持罪责刑相适应的原则，重罪重判、轻罪轻判、罚当其罪，才有助于达到一般预防的目的。

(2) 一般预防与刑罚的公开性。所谓刑罚的公开性，是指国家应当将刑罚公之于众，使全体社会成员知道刑罚、了解刑罚。这包括两个方面的内容：一是刑事立法上的刑罚公开；二是刑事审判上的刑罚公开。

如何处理一般预防与刑罚公开的关系，历史上曾经存在着两种不同主张。一是认为刑罚愈神秘，其威慑作用愈大，即所谓的“刑不可知则威不可测”，认为这样有利于对犯罪的一般预防。二是认为只有刑罚公开，人们才能感受到刑罚的威力，不敢轻易触犯刑律。从世界各国刑法的发展史来看，从刑法的秘而不宣到将刑法公之于众，代表了一种法律文化的发展进程，是人类文明的进步在立法上的体现。我国古代“铸刑书”、“铸刑鼎”，古罗马的“十二铜表法”，都是法律公开化的标志。

我们认为，刑罚的公开对实现一般预防有着重要意义。首先，在刑事立法上明文规定犯罪和刑罚，为人们提供了一个必要的行为规范，便于人们依法约束自己的言行，不致走上犯罪道路。其次，在刑事审判中，将审理过程和判决结果公开，一方面能够使广大公民对审判活动进行社会监督。另一方面也使广大公民受到了生动的法律教育，而这种教育作用正是一般预防所必需的。

(3) 一般预防与刑罚的必然性。所谓刑罚的必然性，是指不论何人犯了何罪，都必然要受到刑罚处罚。也就是说，刑罚是犯罪的必然后果。它包括两方面的内容：一是刑事立法上不允许存在有罪无罚的条款；二是刑事审判中除依法免除刑罚处罚者以外，必须对犯罪者科处刑罚。

有罪应罚和有罪必罚，表明了国家对犯罪绝不容忍姑息的严厉态度。任何人犯罪都不能逍遥法外。这种刑罚的必然性，可以破除欲犯罪者企图逃避法律制裁的侥幸和投机心理，使他们心怀恐惧，不敢贸然实施犯罪。因此，刑罚的必然性对于一般预防十分重要。

(4) 一般预防与刑罚的及时性。所谓刑罚的及时性，是指犯罪案件发生后，司法机关应当在尽可能短的时间内，将犯罪分子缉拿归案，交付审判，执行刑罚。它包括三个方面的内容：一是及时侦查、起诉；二是及时审查裁判；三是及时执行刑罚。

刑罚的及时与否，它所产生的效果大不相同。如果犯罪发生后，司法机关能迅速破案，及时起诉，尽快审判，就会使被害人的心理得以抚慰，广大公民的义愤得以平息。同时，还可以使人们在对罪案记忆犹新之时，受到震动和教育。相反，如果案件久拖不决，或者使犯罪人长期逍遥法外，则会失去公民对司法机关的信任和支持。即使犯罪人最终受到刑罚处罚，其威慑和教育作用也将大大降低。在某些场合，甚至会使刑罚毫无效果。因此，为了实现一般预防，必须及时侦查、起诉、审判和执行。

(四) 两个预防的关系

特殊预防和一般预防是刑罚目的的基本内容，是预防犯罪的两种手段，二者之间是一种既对立又统一的辩证关系。

1. 两个预防的对立。特殊预防与一般预防的对立，是以预防对象为前提展开的。由于预防对象的不同，决定了适用刑罚所追求的效果的差异。这种差异使特殊预防与一般预防处于矛盾的对立状态，似乎不能两全。首先，对于某些犯罪人来说，其再犯的可能性较大(如累犯、惯犯)，因而需要判处较重的刑罚，以达到特殊预防的目的。但是，就一般人而言，由于缺乏该犯罪人的类似情况，不可能实施类似犯罪，因此，对犯罪人判处重刑，对预防一般人犯罪是不必要的。在这种情况下，特殊预防的需要压倒一般预防。其次，对于某些犯罪人来说，其再犯的可能性不大，甚至根本不可能再犯(如过失犯罪、基于义愤的犯罪、不知法而犯罪)，但由于一般人具有实施类似犯罪的可能，就不得不依法判决，以达到一般预防的目的。在这种情况下，一般预防的需要压倒特殊预防。

2. 两个预防的统一。特殊预防和一般预防是因预防对象不同而作的区分，但二者的目的是完全一致的，即都是为了预防犯罪。同时，二者的方式和实现途径也是基本相同的，即都有赖于刑罚各种功能的充分发挥。因此，制定、适用和执行刑罚，既要考虑特殊预防，又要考虑一般预防，二者不可偏废。如果舍弃了其中任何一个方面，都将使刑罚的目的难以实现。

3. 两个预防的侧重。特殊预防与一般预防是相互依存、不可分割的，但这并不意味着不能根据具体情况的不同而对其中一个方面予以侧重。(1) 因刑法活动的阶段不同而有所侧重，即在刑事立法上侧重一般预防，在刑罚执行中侧重特殊预防，在刑事审判中两个预防并重。(2) 因犯罪人不同而有所侧重，即对累犯、惯犯等人身危险性较大的犯罪分子，应侧重于特殊预防；对初犯、偶犯等再犯可能性不大的犯罪人，侧重于一般预防。(3) 因犯罪种类的不同而有所侧重，即对稀有犯罪适用刑罚，要侧重于特殊预防；对常见多发性犯罪，则应侧重于一般预防。(4) 因社会治安形势的不同而有所侧重，即在社会治安形势稳定、犯罪率较低的时期，要侧重于特殊预防；在社会治安形势恶化、犯罪率较高的时期，则应侧重于一般预防。(5) 因犯罪地区的不同而有所侧重。即对于犯罪发案率较低的地区，要侧重于特殊预防；对犯罪活动猖獗，发案率较高的地区，则应侧重于一般预防，以收到“惩一儆百”的功效。

## 第二节　刑罚的体系和种类

### ■ 刑罚体系概述

刑罚体系，是指由刑法所规定的并按照一定次序排列的各种刑罚方法的总和。刑罚体系是刑法规定的各种刑罚方法构成的统一体，这些刑罚方法按一定顺序排列，具有严谨的内部结构，形成一个有机的整体，从而能够有效地发挥刑罚的功能，实现刑罚的目的。

刑罚方法的分类，在各国刑罚体系中根据不同的标准，基本上有两种方法。一是以刑罚所剥夺或者限制犯罪分子的权利和利益的性质为标准，将刑罚方法分为生命刑、自由刑、财产刑、资格刑四类。生命刑，即死刑，是剥夺犯罪分子生命的刑罚方法，是最重的一种刑罚。自由刑，是剥夺或限制犯罪分子人身自由的刑罚方法，如无期徒刑、有期徒刑、拘役等，是运用最广的一种刑罚。财产刑，是以剥夺犯罪分子财产（包括金钱和财物）为主要内容的刑罚方法。资格刑，是剥夺犯罪分子行使某些权利的资格的刑罚方法，如剥夺政治权利。刑罚方法的另一种分类是以某种刑罚方法只能单独适用还是可以附加适用为标准，将刑罚分为主刑与附加刑两类。根据我国《刑法》第 33 条、第 34 条的规定，刑罚分为主刑和附加刑两大类。主刑有管制、拘役、有期徒刑、无期徒刑、死刑五种；附加刑有罚金、剥夺政治权利、没收财产三种。此外，《刑法》第 35 条还规定，对于犯罪的外国人，可以独立适用或者附加适用驱逐出境。据此，驱逐出境，也是一种附加刑。

任何一个国家的刑罚体系，都是在同犯罪作斗争的过程中，随着对刑罚种类的选择确定而逐步形成的。我国刑罚体系的形成也经历了一个历史发展过程。在民主革命时期，各个革命根据地和解放区人民政府所制定的单行刑事法规中规定的刑罚方法有死刑、有期徒刑（或称有期监禁）、拘役、劳役、剥夺公民权、罚金、没收财产等，个别法规还规定了无期徒刑，不过由于当时处于战争环境，不便执行，所以在实践中很少适用。新中国成立初期，中央人民政府陆续颁布的一些全国性刑事法律，对刑罚种类的规定有了新的发展。1956 年，最高人民法院将各地使用过的刑罚整理归纳为十种：死刑、无期徒刑、有期徒刑、劳役、管制、逐出国境、剥夺政治权利、没收财产、罚金和公开训诫。这对统一各地人民法院使用刑罚方法起了重要作用，也为我国刑事立法确立刑罚体系打下了良好的基础。1979 年《刑法》对过去适用的刑罚进行了比较研究，参考了各国立法例，并根据同犯罪作斗争的实际需要，选择确定了刑罚的种类，形成了一个科学的刑罚体系。1997 年刑法典修订，继承了这一刑罚体系。可见，我国刑罚体系是在长期同犯罪作斗争中产生并逐步发展和完善的。在此过程中刑罚种类由少到多；由不统一到逐步统一；由不完备到比较完备；主刑和附加刑由不区分到明确区分；刑种的规定由分散于各个单行刑事法规到集中统一于刑法典。

我国刑罚体系具有以下特点：

1. 体系完整、结构严谨，适应同犯罪作斗争的需要。我国的刑罚由主刑与附加刑构成一个完整的体系，包括各种属性不同的刑罚方法，有生命刑、自由刑、财产刑、资格刑等，可以适应不同犯罪以及不同犯罪分子的状况，对各种犯罪都能给予有效、合适的制裁。我国刑罚体系中的刑罚方法全部都由轻至重排列，主次分明、轻重衔接。从主刑排列次序上看，管制属于限制自由的刑罚，拘役和有期徒刑、无期徒刑属于剥夺自由的刑罚，死刑属于剥夺生命的刑罚，逐步加重。从期限上看，拘役最高期限为 6 个月，与有期徒刑的最低期限相衔接；有期徒刑的最高期限为 15 年，数罪并罚时最高不超过 20 年，对更为严重的犯罪就适用无期徒刑和死刑。主刑只包括生命刑和自由刑，这就保持了主刑在性质上的严厉性，而附加刑包括财产刑和资格刑，可以单独适用或配合主刑使用，就使得主刑与附加刑互相补充、宽严相济，避免单一刑种的局限性，有利于和不同犯罪作斗争。

2. 方法人道、内容合理，体现社会主义人道主义精神。首先，我国刑罚体系以自由刑为核心，没有残酷的肉体刑和侮辱人格的羞辱刑，虽然保留了死刑，但对死刑的适用作了严格的限制，保证了刑罚方法上的人道主义。其次，从刑罚执行方法上看也合理进步。死刑用枪决或注射的方法，废弃了斩首、腰斩、凌迟等严酷的死刑执行方法；对被处剥夺自由刑的犯罪分子实行劳动改造，禁止对其体罚虐待、侮辱打骂；对判处管制的犯罪分子实行同工同酬；对判处拘役的犯罪分子允许他们每月回家 1 至 2 天，参加劳动的，可以酌情发给报酬。这些都是我国刑罚的社会主义人道主义精神的具体体现。

3. 宽严相济、目标统一，体现了惩办与宽大相结合、惩罚与教育改造相结合的政策。我国对罪犯适用刑罚，并非单纯为了惩办和报复，而是实行惩办与宽大相结合、惩罚与教育相结合的政策，把绝大多数的犯罪分子改造为新人。我国的刑罚体系就是依据这一政策而建立的。在我国刑法体系中，尽管保留死刑这一严厉的刑罚方法，以便惩罚少数罪大恶极的犯罪分子，但是法律对死刑的适用作出了严格的限制性规定。对于那些应当判处死刑，但不是必须立即执行的犯罪分子，可以缓期两年执行。对于不适用死刑的犯罪分子，根据其罪行严重程度和人身危险性程度，分别适用管制、拘役、有期徒刑、无期徒刑，对他们实行劳动改造。在刑罚的具体执行中，还实行减刑、假释等制度，鼓励犯罪分子弃恶从善，重新做人。这些都体现了我国刑罚体系的宽严相济、惩教结合，改造罪犯成为新人的政策精神。

## ■ 主刑

主刑，就是对犯罪分子适用的主要的刑罚方法。它的特点是只能独立适用，不能附加适用；既不能用来补充主刑，也不能用来补充附加刑。具体而言，对于一个犯罪，只能适用一个主刑，而不能适用两个以上主刑。主刑是我国刑罚方法的一大种类，它包括管制、拘役、有期徒刑、无期徒刑和死刑五种刑罚方法。

（一）管制

1. 管制的概念。管制是我国主刑中最轻的一种刑罚方法，属于限制自由刑。它是指对犯罪分子不予关押，但限制其一定自由，由公安机关予以执行的刑罚方法。

管制这一刑罚方法产生于民主革命时期，新中国成立之后继续采用。它最初适用于某些反革命分子和贪污分子，后来逐渐适用于其他刑事犯罪分子。1979 年刑法典将其规定为主刑之一，成为我国独创的刑罚方法。管制的存在完善了刑罚体系的整体结构，作为一个中间环节将剥夺自由刑与非自由刑联结起来。而且，由于它对犯罪分子不予关押，从而可以避免监狱生活带来的交叉感染，并可以调动社会力量参与对犯罪分子的改造，同时它也不致影响犯罪分子的劳动、工作和家庭生活，这对于犯罪分子的改造和社会秩序的安定，都有积极的意义。管制这一刑罚方法符合世界刑罚的基本发展趋势。

2. 管制的特征。根据《刑法》第 38 条至第 41 条的规定，管制具有以下特征：

(1) 对犯罪分子不予关押，即不将其羁押于一定的设施或者场所内。

(2) 限制犯罪分子一定的自由，即犯罪分子必须遵守《刑法》第 39 条的各项规定。根据该条的规定，被判处管制的犯罪分子，在执行期间应当遵守的规定有：第一，遵守法律、行政法规，服从监督；第二，未经执行机关批准，不得行使言论、出版、集会、结社、游行、示威自由的权利；第三，按照执行机关规定报告自己的活动情况；第四，遵守执行机关关于会客的规定；第五，离开所居住的市、县或者迁居，应当报经执行机关批准。

(3) 管制是有期限的刑罚方法。根据《刑法》第 38 条的规定，管制的期限为 3 个月以上 2 年以下。另外，根据《刑法》第 69 条的规定，数罪并罚时，管制刑的刑期最高不能超过 3 年。根据《刑法》第 78 条的规定，被判处管制的犯罪分子被减刑时，减刑以后实际执行的刑期，不能少于原判刑期的 1/2。

关于管制刑期的计算，《刑法》第 41 条规定：管制的刑期，从判决执行之日起计算；判决执行以前先行羁押的，羁押一日折抵刑期二日。所谓判决执行之日，应当指判决生效之日。根据《刑事诉讼法》第 208 条的规定，判决在发生法律效力后执行。生效的判决包括已过法定期限没有上诉、抗诉的判决以及终审的判决、裁定。所谓羁押，是指在判决以前对犯罪分子的暂时关押，完全限制其人身自由的一种措施。一般情况下，羁押是指刑事拘留和逮捕的情况。行政拘留、劳动教养因为是行政处罚方法，只适用一般行政违法行为，不适用于犯罪行为。所以，行政拘留、劳动教养原则上不是这里所说的羁押，不可以折抵管制刑期，但在司法实践中，如果犯罪分子被判处刑罚的犯罪行为和被行政拘留或劳动教养的行为系同一行为，该劳动教养或行政拘留的期间可以折抵刑期。

(4) 被判处管制的犯罪分子享有除被限制之外的各项权利，如未附加剥夺政治权利者仍然享有政治权利，在劳动中同工同酬等。

(5) 管制的执行机关是公安机关。《刑法》第 38 条规定，被判处管制的犯罪分子，由公安机关执行。第 40 条规定，被判处管制的犯罪分子，管制期满，执行机关应即向本人和其所在单位或者居住地的群众宣布解除管制。

(二) 拘役

1. 拘役的概念。拘役是短期剥夺犯罪分子的自由，就近执行并实行劳动改造的刑罚方法。它属于短期自由刑，是主刑中介于管制与有期徒刑之间的一种轻刑。

拘役与刑事拘留、民事拘留、行政拘留都是短期剥夺自由的强制方法，但它们之间存在着明显的区别：(1) 性质不同。拘役是属于司法性质的制裁；行政拘留属于治安行政处罚。(2) 适用的对象不同。拘役适用于犯罪分子；刑事拘留适用于《刑事诉讼法》第 61 条规定的七种情形之一的现行犯或者重大嫌疑分子；民事拘留适用于具有《民事诉讼法》第 102 条规定的六种行为之一，但又不构成犯罪的民事诉讼参与人或其他人；行政拘留适用于违反治安管理法规，尚未达到犯罪程度的行为人。(3) 适用机关不同。拘役和民事拘留由人民法院适用；刑事拘留和行政拘留由公安机关适用。

2. 拘役的特征。根据《刑法》第 42 条至第 44 条的规定，拘役具有以下特征：

(1) 剥夺罪犯的自由，即将罪犯羁押于特定的设施或者场所之中，剥夺其人身自由。

(2) 期限较短。《刑法》第 42 条规定拘役的期限为 1 个月以上 6 个月以下。根据《刑法》第 69 条的规定，数罪并罚时，拘役刑期最高不能超过 1 年。根据《刑法》第 78 条的规定，减刑后实际执行的刑期，判处拘役的，不能少于原判刑期的 1/2。

关于拘役的刑期计算，《刑法》第 44 条规定：拘役的刑期，从判决执行之日起计算；判决执行以前先行羁押的，羁押一日折抵刑期一日。

(3) 被判处拘役的犯罪分子有一些优于有期徒刑的待遇。根据《刑法》第 43 条的规定，在执行期间，被判处拘役的犯罪分子每月可以回家 1 至 2 天；参加劳动的，可以酌量发给报酬。

(4) 被判处拘役的犯罪分子，由公安机关就近执行。拘役的执行机关是公安机关。所谓就近执行，是指把犯罪分子放在由执行机关建立的拘役所里执行。对于没有条件设立拘役所的地方，可以把被判处拘役的犯罪分子放在就近的监狱执行。对于远离监狱的，可把犯罪分子放在看守所里执行。根据有关规定，在监狱或看守所执行拘役的，要对犯罪分子分管分押以避免交叉感染。对放在监狱执行拘役的犯罪分子，都要组织他们劳动。劳动是拘役刑的重要特点，正是通过劳动，才能发挥出拘役对于犯罪分子的惩罚与改造功能。对放在看守所执行的拘役犯，应积极创造条件，使他们能够在看守所内参加一些手工业、副业等生产劳动；也可与看守所驻地附近的生产劳动单位联系，吸收拘役犯参加一些生产劳动，并委托生产劳动单位对他们进行监督。采用这种方式参加劳动的拘役犯，仍在看守所住宿。

(三) 有期徒刑

1. 有期徒刑的概念。有期徒刑是剥夺犯罪分子一定期限的人身自由，并强制其进行劳动并接受教育改造的刑罚方法。

有期徒刑与拘役虽然都是剥夺犯罪分子人身自由的刑罚，但二者的区别在于：(1) 执行场所不同。拘役是就近执行，一般在拘役所、看守所中执行；有期徒刑主要在监狱中执行。(2) 执行机关不同。拘役的执行机关是公安机关，而有期徒刑的执行机关是监狱。(3) 执行期间犯罪分子待遇不同。被判处拘役的犯罪分子在服刑期间每月可以回家 1 至 2 天，参加劳动的，可以酌情发给报酬；而有期徒刑则没有这样的规定。(4) 根据《刑法》第 65 条的规定，被判处有期徒刑的犯罪分子有构成累犯的可能性；而拘役则不存在构成累犯的问题。

2. 有期徒刑的特征。根据《刑法》第 45 条至第 47 条的规定，有期徒刑具有以下特征：

(1) 剥夺犯罪分子的自由，即将犯罪分子羁押于特定的设施或者场所之中，包括监狱、少年犯管教所、看守所等。

(2) 具有一定期限。根据《刑法》第 45 条的规定，有期徒刑的刑期为 6 个月以上 15 年以下。根据《刑法》第 50 条的规定，被判处死刑缓期执行的犯罪分子，在死刑缓期执行期间，如果确有重大立功表现，2 年期满以后，减为 15 年以上 20 年以下有期徒刑。根据《刑法》第 69 条的规定，数罪并罚时有期徒刑最高不能超过 20 年。根据《刑法》第 78 条的规定，减刑以后实际执行的刑期，判处有期徒刑的，不能少于原判刑期的 1/2。

关于有期徒刑刑期的计算，《刑法》第 47 条规定：有期徒刑的刑期，从判决执行之日起计算；判决执行以前先行羁押的，羁押一日折抵刑期一日。

(3) 执行机关为监狱或其他执行场所。被判处有期徒刑的犯罪分子，往往罪行较重或者罪行严重，所以不能像拘役那样在看守所、拘役所执行，而且被判处有期徒刑的犯罪分子数量众多，也非公安机关有能力进行管理的，所以对这些罪犯应当专门为之设立执行机关。在我国，有期徒刑的执行场所有以下几种：第一，监狱。监狱是主要的执行有期徒刑的机关。根据《监狱法》第 2 条的规定，监狱是国家的刑罚执行机关，被判处死刑缓期两年执行、无期徒刑、有期徒刑的罪犯，在监狱内执行刑罚。监狱主要监管不适宜在监外劳动的严重刑事犯。被判处有期徒刑的外国人也在监狱内执行。第二，其他执行场所。其他执行场所是除监狱以外专门用来执行有期徒刑和无期徒刑的机关，它主要是少年犯管教所。少年犯管教所是以少年犯为监管对象的执行机关，关押 14 周岁以上不满 18 周岁的少年犯。另外，根据《刑事诉讼法》第 213 条的规定，对于被判处有期徒刑的罪犯，在被交付执行刑罚前，剩余刑期在 1 年以下的，由看守所代为执行。

（4）强制犯罪分子参加劳动，接受教育和改造。根据《刑法》第 46 条的规定，被判处有期徒刑的犯罪分子，无论在何种场所执行，凡有劳动能力的，都应当参加劳动，接受教育和改造。这说明我国对于判处有期徒刑的犯罪分子，不是消极地实行关押和监禁，也并非将执行机关当做专门从事生产的企业，而是通过劳动的方式，使犯罪分子接受教育和改造，以此来达到特殊预防的刑罚目的。犯罪分子应当参加劳动，是一种强制性规定。这种法律的强制性包括以下含义：第一，凡有劳动能力的罪犯，都必须参加劳动，不考虑罪犯是否愿意劳动的主观态度。第二，除法律另有规定的特殊情况以外，罪犯对劳动的场所、种类、形式和时间，必须无条件地服从执行机关的安排，没有自由选择的权利。第三，犯罪分子的劳动，是在严格的监督下进行的，即一方面是在严格的武装警戒下进行；另一方面，劳动状况作为罪犯认罪悔罪的表现，是法定的考核奖惩内容。执行机关在强制犯罪分子参加劳动的同时，还要对其进行充分的法制、道德、政策、前途等方面的教育，以提高罪犯对劳动意义的认识，启迪其劳动的主动性与自觉性，最终使强制性劳动转化为自觉劳动，从而矫正犯罪分子的世界观和人生观。

（四）无期徒刑

1. 无期徒刑的概念与特征。无期徒刑，是剥夺犯罪分子的终身自由，强制其参加劳动并接受教育改造的刑罚方法。它是仅次于死刑的一种严厉的刑罚。

无期徒刑的特征表现为以下几点：

（1）没有刑期限制，罪犯被剥夺终身自由。应当注意的是，无期徒刑固然是剥夺终身自由，关押没有期限，但是实际执行中，并不一定把犯罪分子关押到死，而是给其悔过自新、重新做人的机会。依照刑法规定，被判处无期徒刑的犯罪分子，在服刑期间如果符合法定条件，可予以减刑或假释。在国家发布特赦令的情况下，符合特赦条件的无期徒刑罪犯，也可以被特赦释放。实际上不少被判处无期徒刑的犯罪分子受到了上述的宽大处理。实践表明，判处无期徒刑并不意味着断绝了犯罪分子的自新之路。

（2）被判处无期徒刑的罪犯在判决执行以前的羁押时间不存在折抵刑期的问题。

（3）被判处无期徒刑的罪犯除了无劳动能力的以外，凡有劳动能力的，都要在监狱或其他执行场所中参加劳动，接受教育和改造。

（4）根据《刑法》第 57 条的规定，被判处无期徒刑的犯罪分子，必须剥夺政治权利终身。

2. 无期徒刑的适用对象和适用范围。无期徒刑适用于罪行严重、社会危险性及人身危险性均比较大的犯罪分子。

无期徒刑是一种适用范围较广的刑罚种类。作为减少死刑适用的刑罚方法，《刑法》分则中绝大部分规定有死刑条文的同时都规定了无期徒刑，除了第九章“渎职罪”以外，《刑法》分则其余各章都涉及无期徒刑。

（五）死刑

死刑，也称生命刑，即剥夺犯罪分子生命的刑罚方法。它的特点在于是对犯罪分子生命予以剥夺而不是对犯罪分子的自由予以剥夺，是最严厉的刑罚方法，因此也称为极刑。

自18世纪开始，死刑存废问题是西方刑法学界争论的热点。限制或废除死刑已成为国际刑法发展的趋势。但在我国当前以及今后相当一段时期内，废除死刑的社会物质生活条件尚不具备，运用死刑惩罚少数怙恶不悛、罪大恶极的犯罪分子，仍是切实保卫国家安全和人民利益、保障社会主义现代化建设顺利进行的必要手段。所以，我国目前还不能废除死刑。但是，我国对于死刑的适用，历来采取少杀、慎杀政策，通过《刑法》总则规定与《刑法》分则结合的方式来控制死刑数量，限制死刑适用。这些限制性规定主要表现在以下方面：

1. 从适用死刑的条件上加以限制。根据《刑法》第48条的规定，死刑只适用于罪行极其严重的犯罪分子。这是《刑法》总则对于适用死刑所作的条件性规定。所谓罪行极其严重，是指犯罪行为对国家和人民的利益危害特别严重，社会危害性极为巨大。死刑只适用于罪行极其严重的犯罪分子，可以从两方面加以理解：第一，死刑的适用要与犯罪行为所造成的客观危害相适应。客观危害就是犯罪行为给社会造成的实际损害。这种实际损害如果特别严重，依照罪刑相适应的原则，就需要用死刑对犯罪分子予以惩罚。第二，死刑的适用必须与犯罪分子的主观恶性相适应。主观恶性是犯罪分子主观上所具有的某种属性，如果犯罪分子的犯罪心理态度严重，背离社会公共生活准则和道德的程度已达到难以教育和改造的地步，就需要通过对犯罪分子的生命予以剥夺，使犯罪分子不能再实施危害社会的行为，从而以这种特殊的方式达到预防犯罪的目的。所以，判断犯罪是否属于“罪行极其严重”，应当坚持主观罪过和客观危害相统一的原则，全面衡量，慎重考虑。

“罪行极其严重”是一个抽象的概念，它反映在《刑法》分则的具体条文中往往表现为：第一，在危害国家安全罪中，罪行极其严重表现为“对国家和人民危害特别严重，情节特别恶劣”。第二，在其他重大刑事犯罪可以适用死刑的条文中，罪行极其严重往往表现为“情节特别严重”、“危害特别严重”、“造成后果特别严重”或“致人重伤、死亡”、“致使公私财产遭受重大损失”等。可以看出，在《刑法》分则中，死刑适用的限制条件有的强调危害，有的强调情节，有的强调后果，它们都共同地反映出犯罪分子的罪行极其严重这一适用死刑的原则性条件。

另外，在《刑法》分则中，除了极个别的例外，死刑都是作为选择刑来规定的，并不是绝对确定的法定刑，这就从死刑的规定方式上保证依法应当判处死刑的，只是极少数罪行极其严重、罪该处死的犯罪分子。

2. 从适用死刑的犯罪主体上加以限制。《刑法》第49条规定：犯罪的时候不满18周岁的人和审判的时候怀孕的妇女，不适用死刑。《刑事诉讼法》第211条规定：执行死刑前，发现罪犯正在怀孕，应当停止执行，并报请核准死刑的上级人民法院依法改判。这些规定表明，并不是对罪刑极其严重的犯罪分子都适用死刑。死刑的适用在犯罪主体上有两点限制：（1）犯罪的时候不满18周岁的人不适用死刑。这是指犯罪时是否已满18周岁，而不论犯罪分子在审判时是否已满18周岁。所谓“不适用死刑”，是指不能判处死刑，而不是暂不执行死刑，待年满18周岁以后再执行。而且，由于死刑缓期两年执行是死刑的执行制度，所以，不适用死刑，合乎逻辑的结论就是也不能判处死缓。（2）审判的时候怀孕的妇女不适用死刑。审判的时候怀孕的妇女，是指人民法院审判的时候，被告人是怀孕的妇女，也包括审判前被羁押时已是怀孕的妇女。对审判时怀孕的妇女不适用死刑，是指不能判处死刑，而不是暂不执行死刑，待分娩后再执行。应当注意的是，对于怀孕的妇女无论是在羁押还是在受审期间，都不应当为了要判处死刑而给她进行人工流产；已经人工流产的，仍应视为审判时怀孕的妇女，不能适用死刑。根据最高人民法院《关于对怀孕妇女在羁押期间自然流产审判时是否可以适用死刑问题的批复》（1998 年 8 月 13 日）规定，怀孕妇女因涉嫌犯罪在羁押期间自然流产后，又因同一事实被起诉、交付审判的，应当视为“审判的时候怀孕的妇女”，依法不适用死刑。另外，对怀孕的妇女不能适用死刑，也包括不能适用死缓。

3. 从死刑的核准程序上加以限制。《刑法》第 48 条第 2 款规定：死刑除依法由最高人民法院判决的以外，都应当报请最高人民法院核准。根据这一规定，死刑的核准权全部都由最高人民法院统一行使。但是在我国社会不同的时期，为了适应同严重刑事犯罪作斗争的需要，在我国的立法上又存在着部分死刑核准权下放到各高级人民法院的规定。这种死刑核准权的下放是从 1981 年 6 月全国人大常委会《关于死刑案件核准问题的决定》开始的。该决定第 1 条规定，1981 年至 1983 年内，因杀人、抢劫、强奸、爆炸、放火等罪行被判处死刑的案件，可由省、自治区、直辖市高级人民法院核准，不必报请最高人民法院核准。为将这一限时特别法的规定延续下去，1983 年全国人大常委会修改《中华人民共和国人民法院组织法》，对死刑核准权作了重大修改，规定：死刑案件除由最高人民法院判决的以外，应当报请最高人民法院核准。杀人、强奸、抢劫、爆炸以及其他严重危害公共安全和社会治安判处死刑的案件的核准权，最高人民法院在必要的时候，得授权省、自治区、直辖市高级人民法院行使。最高人民法院根据这一规定，在 1983 年 9 月 9 日发出了《关于授权高级人民法院核准部分死刑案件的通知》，将杀人、强奸、抢劫、爆炸以及其他严重危害公共安全和社会治安判处死刑的案件的核准权，交由省、自治区、直辖市高级人民法院和解放军军事法院行使。1991 年 6 月 6 日和 1993 年 8 月 18 日，最高人民法院分别发出通知，决定云南省和广东省的毒品犯罪死刑案件的核准权依法授权分别由云南省高级人民法院和广东省高级人民法院行使。

1997 年最高人民法院《关于授权高级人民法院和解放军军事法院核准部分死刑案件的通知》规定，自 1997 年《刑法》实施后，除最高人民法院判处的死刑案件外，各地对《刑法》分则第一章规定的危害国家安全罪，第三章规定的破坏社会主义市场经济秩序罪，第八章规定的贪污贿赂罪判处死刑的案件，高级人民法院、解放军军事法院二审或者复核同意后，仍然应报最高人民法院核准。对《刑法》分则第二章、第四章、第五章、第六章（毒品犯罪除外）、第七章、第十章规定的犯罪，判处死刑的案件（最高人民法院判决的和涉外的除外）的核准权，最高人民法院依据《中华人民共和国人民法院组织法》（以下简称《人民法院组织法》）第 13 条的规定，仍然授权由各省、自治区、直辖市高级人民法院和解放军军事法院行使。但是港澳台死刑案件在一审宣判前仍然须报最高人民法院内核。对于毒品犯罪死刑案件，除已经获得授权的高级人民法院可以行使部分死刑案件核准权外，其他高级人民法院和解放军军事法院在二审或者复核同意后，仍然应当报最高人民法院核准。

2006 年 10 月 31 日，全国人大常委会修订了《人民法院组织法》，修订后的《人民法院组织法》第 13 条规定：死刑除依法由最高人民法院判决的以外，应当报请最高人民法院核准。根据这一规定，最高人民法院发布《关于统一行使死刑案件核准权有关问题的决定》，明确废止过去依法发布的关于授权高级人民法院和解放军军事法院核准部分死刑案件的所有通知。该决定规定，根据全国人大常委会通过的《关于修改〈中华人民共和国人民法院组织法〉的决定》，自 2007 年 1 月 1 日起，死刑除依法由最高人民法院判决的以外，各高级人民法院和解放军军事法院依法判决和裁定的，应当报请最高人民法院核准。同时明确，自2007年1月1日起，最高人民法院根据全国人民代表大会常务委员会有关决定和《人民法院组织法》原第13条的规定发布的关于授权高级人民法院和解放军军事法院核准部分死刑案件的通知，一律予以废止。自2007年1月1日起，延续了二十余年的部分死刑案件由高级人民法院核准的历史终结。我国刑法关于死刑核准权由最高人民法院统一行使的规定最终得以落实，这对于贯彻我国控制死刑数量、限制死刑适用的死刑政策具有重大意义。

4. 从死刑的执行制度上加以限制。《刑法》第48条规定：对于应当判处死刑的犯罪分子，如果不是必须立即执行的，可以判处死刑同时宣告缓期两年执行。这是关于我国刑法中死刑缓期执行制度的规定。这一制度的实行，大大缩小了判处死刑立即执行的适用范围。

（1）死刑缓期执行适用的条件。根据《刑法》第48条第1款的规定，适用死刑缓期执行必须具备以下两个条件：第一，罪该处死。这是宣告死刑缓期执行的前提条件，它要求适用“死缓”，首先必须符合适用死刑的条件。凡是《刑法》分则条文没有设立死刑的，就不可能适用“死缓”；《刑法》分则条文虽然设有死刑条款，但所犯罪行不该适用死刑的，也不可能适用“死缓”。总之，“死缓”是死刑的执行制度，而不是轻于死刑的一个刑种，所以它的适用必须以犯罪分子被判处死刑为前提。第二，不是必须立即执行。这是宣告死刑缓期执行的实质条件。不是必须立即执行，是指以下几种情况：1）犯罪分子的行为客观危害十分严重，但其主观恶性并不大；2）犯罪分子虽然主观恶性较大，但其行为的客观危害性并不是特别严重；3）犯罪分子虽然主观恶性和行为的客观危害都比较大，但其具有从宽处理情节。

（2）死刑缓期执行的判决及其核准。为了保证“死缓”制度的正确执行，《刑法》第48条第2款对死刑缓期执行的判决及其核准作了明确规定：死刑缓期执行的，可以由高级人民法院判决或者核准。

（3）死刑缓期执行期满后的处理。根据《刑法》第50条的规定，对于被判处“死缓”的犯罪分子，在死刑缓期执行期满后，有三种处理办法：

第一，在死刑缓期执行期间，如果没有故意犯罪，2年期满以后减为无期徒刑。没有故意犯罪，是对被判处死刑缓期执行的犯罪分子裁定减为无期徒刑的实质条件。没有故意犯罪包含两层意思：其一，犯罪分子没有犯罪。即被判处“死缓”的犯罪分子即便抗拒改造，但其行为仅是违反监规，如果没有达到犯罪的程度，仍应对其减为无期徒刑。其二，犯罪分子没有故意犯罪。即被判处“死缓”的犯罪分子即使构成犯罪，但其所犯的是过失犯罪，而非故意犯罪，因其主观恶性较小，仍应对其减为无期徒刑。

第二，在死刑缓期执行期间，如果确有重大立功表现，2年期满以后，减为15年以上20年以下有期徒刑。被判处“死缓”的犯罪分子减为有期徒刑，必须具备的前提条件是2年期满而没有故意犯罪。在此前提下，如果犯罪分子又有重大立功表现，才减为15年以上20年以下有期徒刑。所谓“重大立功表现”，指的是以下情况：其一，阻止他人重大犯罪活动的；其二，检举监狱内外重大犯罪活动，经查证属实的；其三，有发明创造或者重大技术革新的；其四，在日常生产、生活中舍己救人的；其五，在抗御自然灾害或者排除重大事故中，有突出表现的；其六，对国家和社会有其他重大贡献的。

第三，在死刑缓期执行期间，如果故意犯罪，查证属实的，由最高人民法院核准，执行死刑。依法应当执行死刑的期限，不一定需要等到2年期满以后，这与对“死缓”裁定减刑必须是2年期满以后的规定是不同的。所以，只要犯罪分子在死刑缓期执行期间故意犯罪，无论何时都可以核准执行死刑。因此在死刑缓期执行期间故意犯罪，查证属实，这是“死缓”核准执行死刑的必要条件。它包含两层意思：其一，“死缓”执行期间又犯新罪。如果犯罪分子只是违反监规纪律，其行为尚不构成犯罪，就不能因这些行为而把“死缓”核准执行死刑。另外，所犯新罪必须发生在死刑缓期执行的2年期限内，如果在“死缓”2年期满以后又犯新罪，只能按数罪并罚处理，不能因该罪而对犯罪分子核准执行死刑。其二，所犯新罪必须是故意犯罪。如果犯罪分子所犯新罪为过失犯罪，就不能对其核准执行死刑。

（4）死刑缓期执行期间的计算。《刑法》第51条规定：死刑缓期执行的期间，从判决确定之日起计算。死刑缓期执行减为有期徒刑的刑期，从死刑缓期执行期满之日起算。根据最高人民法院2002年11月5日作出的《关于死刑缓期执行的期间如何确定问题的批复》的规定，死刑缓期执行的期间，从判决或者裁定核准死刑缓期2年执行的法律文书宣告或送达之日起计算。

可以看出，“死缓”判决确定以前的羁押时间，不计算在死刑缓期执行的2年期限内。这是由于羁押与死刑缓期执行具有不同的性质。“死缓”不是一个刑罚方法，而是死刑执行制度。“死缓”期间具有对犯罪分子进行考察的性质，并根据考察的结果决定对被判处“死缓”的犯罪分子的处理。如果允许判决确定以前的羁押时间折抵死刑缓期执行的期间，势必会缩短对犯罪分子的考察时间，这不利于作出符合犯罪分子实际情况的“死缓”处理决定。所以，“死缓”判决确定之日以前的羁押期间不计算在死刑缓期执行的2年期限内。

## ■ 附加刑

附加刑也称从刑，是补充主刑适用的刑罚方法，它的特点是既能独立适用，又能附加适用。当附加适用时，附加于已适用的主刑，而且对于同一犯罪和同一犯罪人可以同时适用两种以上的附加刑。附加刑是我国刑罚方法的另一大类，此类刑罚方法包括罚金、剥夺政治权利、没收财产。另外，驱逐出境也是附加刑体系中的内容，是特殊的附加刑。

（一）罚金

1. 罚金的概念。罚金是人民法院判处犯罪分子向国家缴纳一定金钱的刑罚方法，属于财产刑。在认识罚金刑时，要注意将罚金与行政罚款相区别。二者的区别在于：（1）性质不同。罚金是刑罚方法；罚款是行政处罚。（2）适用对象不同。罚金适用于触犯刑律的犯罪分子和犯罪的单位；罚款适用于一般违法分子和违法的单位。（3）适用机关不同。罚金只能由人民法院依照刑法的规定适用；罚款则由公安机关或海关、税务、工商行政管理等有关部门，依照有关行政法规的规定适用。

2. 罚金的适用范围与适用对象。罚金的适用在《刑法》分则中规定得较为广泛。罚金主要适用于贪财图利或与财产有关的犯罪，这些犯罪大都有非法牟利或非法占有的犯罪目的。除此以外，罚金刑还适用于少数妨害社会管理秩序的犯罪。根据最高人民法院2006年1月11日《关于审理未成年人刑事案件具体应用法律若干问题的解释》第15条的规定，对未成年罪犯实施刑法规定的“并处”没收财产或者罚金的犯罪，应当依法判处相应的财产刑；对未成年罪犯实施刑法规定的“可以并处”没收财产或者罚金的犯罪，一般不判处财产刑。对未成年罪犯判处罚金刑时，应当依法从轻或者减轻判处，并根据犯罪情节，综合考虑其缴纳罚金的能力，确定罚金数额，但罚金的最低数额不得少于500元。对被判处罚金刑的未成年罪犯，其监护人或者其他人自愿代为垫付罚金的，人民法院应当允许。

3. 罚金的适用方式。我国《刑法》分则中规定罚金的适用方式有四种：（1）选处罚金，即罚金作为一种选择的法定刑，只能独立适用而不能附加适用。（2）单处罚金，罚金只能单独判处。这种情况只对单位犯罪适用。（3）并处罚金，即罚金只能附加适用，不能单独适用。(4) 并处或者单处罚金，即罚金可以附加适用也可以独立适用。

根据2000年11月15日最高人民法院《关于适用财产刑若干问题的规定》第4条的规定，犯罪情节较轻，适用单处罚金不致再危害社会并具有下列情形之一的，可以依法单处罚金：(1) 偶犯或者初犯；(2) 自首或者有立功表现；(3) 犯罪时不满18周岁；(4) 犯罪预备、中止或者未遂；(5) 被胁迫参加犯罪；(6) 全部退赃并有悔罪表现；(7) 其他可以依法单处罚金的情形。

4. 罚金数额的确定。《刑法》第52条规定：判处罚金，应当根据犯罪情节决定罚金数额。一般来说，非法获利的数额大，情节严重的，罚金数额应当多些；反之，则应当少些。总之，不让犯罪分子在经济上占到便宜。当然，也要考虑犯罪分子的实际经济负担能力。《刑法》分则中对一些犯罪明确规定了罚金的下限和上限数额。对于这种规定了罚金数额幅度的情况，在适用罚金时，要注意应在该幅度内根据犯罪情节来决定对犯罪分子判处罚金的数额，不能因为强调犯罪情节而任意突破分则规定的罚金数额幅度。根据最高人民法院《关于适用财产刑若干问题的规定》第2条、第3条的规定，对于刑法没有明确规定罚金数额标准的，罚金的最低数额不能少于1 000元。对未成年人犯罪应当从轻或者减轻判处罚金，但罚金的最低数额不能少于500元。依法对犯罪分子所犯数罪分别并处罚金的，应当实行并罚，将所判处的罚金数额相加，执行总和数额。

5. 罚金的执行。根据《刑法》第53条的规定，罚金的执行，主要有以下几种方式：

(1) 一次缴纳。一次缴纳就是在判决所确定的期限内，强制犯罪分子一次性地将判决所确定的罚金额全部缴清。一次缴纳的执行方式主要适用于罚金数额不多，或者罚金数额虽然较多，但犯罪分子经济状况较好，缴纳并不困难的情况。根据最高人民法院《关于适用财产刑若干问题的规定》第5条的规定，判决所确定的期限，应从判决发生法律效力第二日起最长不超过3个月。

(2) 分期缴纳。分期缴纳是在判决所确定的期限内，分多次强制犯罪分子把判决所确定的罚金额全部缴清。分期缴纳主要适用于罚金数额较多，犯罪分子无力一次缴纳或者尽管罚金数额不多，但犯罪分子的经济能力较差而无力一次缴纳的情况。

(3) 强制缴纳。强制缴纳即强迫犯罪分子缴纳罚金。适用强制缴纳的条件是：第一，犯罪分子有能力缴纳罚金。这包括两种情况，一是犯罪分子拥有足以缴纳罚金的金钱，如银行存款等；二是犯罪分子虽然没有金钱，但拥有其他财产可以变卖以缴纳罚金。第二，犯罪分子拒不缴纳罚金。即犯罪分子有经济能力却拒绝向法院缴纳罚金。拒不缴纳的表现方式多种多样，有的是故意隐瞒自己的经济状况，借口无钱而拒不缴纳；有的则是积极地转移财产而拒不缴纳。第三，判决所确定的缴纳期限已过。根据最高人民法院《关于适用财产刑若干问题的规定》第11条的规定，自判决指定的期限届满第二日起，人民法院对于没有法定减免事由不缴纳罚金的，应当强制其缴纳。

(4) 随时追缴。随时追缴是指对于不能全部缴纳罚金的犯罪分子，人民法院在发现被执行人有可以执行的财产的任何时候，都可以强制要求犯罪分子缴纳罚金的执行方式。

随时追缴罚金应具备以下条件：第一，犯罪分子不能全部缴纳罚金。这是随时追缴罚金的前提条件。所谓不能全部缴纳，也就是说，无论是通过分期缴纳的方式还是强制缴纳的方式，在缴纳期满之后都无法使犯罪分子全部缴纳罚金。第二，犯罪分子不能全部缴纳罚金的原因，并不是由于遭遇不可抗拒的灾祸而使缴纳出现困难。如果是由于遭遇不可抗拒的灾祸而不能全部缴纳罚金的犯罪分子就可以适用减免罚金，而不是随时追缴罚金。在实践中，造成犯罪分子不能全部缴纳罚金的原因，往往是由于犯罪分子对其财产进行秘密而成功的转移变卖、隐瞒，从而使得犯罪分子表现出无力缴纳全部罚金，也使得人民法院无法对其采取强制缴纳的执行方式。第三，人民法院发现被执行人有可以执行的财产。这是对犯罪分子随时追缴罚金的实质条件。所谓可以执行的财产，一般是指犯罪分子的银行存款，或者犯罪分子隐藏或转移的可以变卖缴纳罚金的财物，或者是犯罪分子秘密隐藏的现金等等。这些财产暴露出来，被人民法院发现，就可对其进行追缴。

在判决所确定的缴纳期限以后，不受时间的限制，任何时候只要具备以上适用条件，就可对犯罪分子随时追缴罚金。

（5）减免缴纳。减免缴纳是指酌情减少或免除犯罪分子应缴纳的罚金数额的一种罚金执行方式。罚金的减免缴纳应具备以下条件：第一，犯罪分子遭遇不可抗拒的灾祸，这是减免缴纳罚金的前提条件。所谓不能抗拒的灾祸，根据最高人民法院《关于适用财产刑若干问题的规定》第 6 条的规定，主要是指因遭受水灾、火灾、地震等灾祸而丧失财产；罪犯因重病、伤残等而丧失劳动能力，或者需要罪犯抚养的近亲属患有重病，需支付巨额医药费等。如果灾祸不是不能抗拒的，如犯罪分子故意毁灭自己的财产而抗拒缴纳罚金，就不能减免其应缴纳的罚金。第二，由于不可抗拒的灾祸而使犯罪分子缴纳罚金有困难，这是减免罚金缴纳的实质条件。所谓缴纳罚金有困难，是指犯罪分子无力缴纳的情况。

罚金的减免缴纳，应当由人民法院根据实际情况决定是减少罚金数额，还是免除罚金缴纳，以及减少罚金数额的程度。对犯罪分子减免缴纳罚金时，应当认识到罚金的减免虽然体现了刑罚执行的人道主义原则，但这种减免并不是基于犯罪分子的悔过认罪而对其进行的刑罚减免。所以，在实际适用罚金的减免缴纳时，应严格执行罚金减免缴纳的条件，以有效地发挥罚金刑的刑罚功能，保证刑罚目的的实现。

根据最高人民法院《关于适用财产刑若干问题的规定》第 6 条的规定，罪犯减免缴纳罚金的，由罪犯本人、亲属或者犯罪单位向负责执行的人民法院提出书面申请，并提供相应的证明材料。人民法院审查以后，根据实际情况，裁定减少或者免除应当缴纳的罚金数额。

（二）剥夺政治权利

1. 剥夺政治权利的概念。剥夺政治权利是剥夺犯罪分子参加国家管理与政治活动权利的刑罚方法，属于资格刑。

剥夺政治权利的内容，根据《刑法》第 54 条的规定，是剥夺下列权利：（1）选举权和被选举权；（2）言论、出版、集会、结社、游行、示威自由的权利；（3）担任国家机关职务的权利；（4）担任国有公司、企业、事业单位和人民团体领导职务的权利。

2. 剥夺政治权利的适用范围与适用对象。剥夺政治权利依照其不同的适用方式，包括独立适用和附加适用两种，分别适用于不同性质的犯罪。当它附加适用时，是作为一种严厉的刑罚方法适用于重罪。剥夺政治权利的附加适用主要由总则加以规定，包括三种情况：（1）对于危害国家安全的犯罪分子应当附加剥夺政治权利（《刑法》第 56 条）。（2）对于故意杀人、强奸、放火、爆炸、投毒、抢劫等严重破坏社会秩序的犯罪分子，可以附加剥夺政治权利（《刑法》第 56 条）；根据 1997 年 12 月 23 日最高人民法院《关于对故意伤害、盗窃等严重破坏社会秩序的犯罪分子能否附加剥夺政治权利问题的批复》的规定，对于故意伤害、盗窃等其他严重破坏社会秩序的犯罪，犯罪分子主观恶性较深、犯罪情节恶劣、罪刑严重的，也可以依法附加剥夺政治权利。（3）对于被判处死刑、无期徒刑的犯罪分子，应当附加剥夺政治权利终身（《刑法》第 57 条）。之所以要对判处死刑、无期徒刑的犯罪分子附加剥夺政治权利终身，是考虑到：第一，对被判处死刑、无期徒刑的犯罪分子应当给予政治上的否定评价。政治权利是宪法赋予公民的基本权利。国家既然剥夺了罪犯的生命或终身自由，理应同时剥夺这些犯罪分子终身的政治权利，以表示政治上对其惩罚和否定。第二，死刑判决，从宣告核准到实际执行之间存在一定的时间间隔，在此期间，死刑罪犯可能遇到赦免而不执行死刑。无期徒刑的罪犯，可能因为假释而不被关押。如果不对这些罪犯剥夺政治权利终身，这些罪犯被赦免或者被假释以后仍享有政治权利，就有可能利用政治权利对国家和社会进行危害。第三，有些权利，即使罪犯的生命或终身自由被剥夺了，但却有可能被他人代为行使，比如罪犯被判刑以前的著作，他们的亲属还可以代其行使出版权。剥夺这些犯罪分子终身的政治权利，就避免了其亲属代行这些政治权利的情况。根据最高人民法院2006年1月11日《关于审理未成年人刑事案件具体应用法律若干问题的解释》第14条的规定，除刑法规定“应当”附加剥夺政治权利外，对未成年罪犯一般不判处附加剥夺政治权利。如果对未成年罪犯判处附加剥夺政治权利的，应当依法从轻判处。对实施被指控犯罪时未成年、审判时已成年的罪犯判处附加剥夺政治权利，适用前款的规定。

剥夺政治权利独立适用时，是作为一种不剥夺人身自由的轻刑适用于较轻的犯罪。根据《刑法》第56条第2款的规定，剥夺政治权利的独立适用由《刑法》分则加以规定，《刑法》分则中规定独立适用剥夺政治权利的，涉及第一章“危害国家安全罪”，第四章“侵犯公民人身权利、民主权利罪”以及第七章“危害国防利益罪”。《刑法》分则条文中没有规定独立适用剥夺政治权利的，不得独立适用剥夺政治权利。

剥夺政治权利只对中国公民适用，对外国人不宜适用。

3. 剥夺政治权利的期限。根据《刑法》第55条、第57条的规定，剥夺政治权利的期限有以下四种情况：（1）独立适用剥夺政治权利或者主刑是有期徒刑、拘役，附加剥夺政治权利的，期限为1年以上5年以下。（2）判处管制附加剥夺政治权利的期限与管制的期限相等。（3）判处死刑、无期徒刑的，应当剥夺政治权利终身。（4）死刑缓期执行减为有期徒刑或者无期徒刑减为有期徒刑的时候，应当把附加剥夺政治权利的期限相应地改为3年以上10年以下。

剥夺政治权利刑期的计算，根据《刑法》第58条以及第55条第2款的规定，随主刑的不同而有以下几种情况：（1）判处管制附加剥夺政治权利的，剥夺政治权利的刑期与管制的刑期相等，同时执行。（2）判处拘役附加剥夺政治权利的，剥夺政治权利的刑期从拘役执行完毕之日起计算；在拘役执行期间，当然不享有政治权利。（3）判处有期徒刑附加剥夺政治权利的，剥夺政治权利的刑期从有期徒刑执行完毕之日或者从假释之日起计算，在有期徒刑执行期间，当然不享有政治权利。（4）死刑缓期执行减为有期徒刑或者无期徒刑减为有期徒刑时，附加的剥夺政治权利终身减为3年以上10年以下，该剥夺政治权利的刑期，应从减刑以后的有期徒刑执行完毕之日或者从假释之日起计算，在主刑执行期间，当然不享有政治权利。

4. 剥夺政治权利的执行。剥夺政治权利由公安机关执行。根据《刑法》第58条第2款的规定，被剥夺政治权利的犯罪分子，在执行期间，应当遵守法律、行政法规和国务院公安部门有关监督管理的规定，服从监督，并且不得行使《刑法》第54条规定的各项权利。根据有关规定，剥夺政治权利执行期满，应当由执行机关通知本人，并向有关群众公开宣布恢复政治权利。罪犯在恢复了政治权利以后，就享有法律赋予公民的政治权利。但是，有的政治权利要受到一定的限制，如《人民法院组织法》规定，被剥夺过政治权利的人，不论是否再犯罪，或经过多少年，都不能被选举为人民法院院长、人民陪审员，或者被任命为副院长、庭长、副庭长、审判员和助理审判员等职务。

对于被判处有期徒刑、拘役而没有附加剥夺政治权利的犯罪分子，根据1983年3月全国人大常委会《关于县级以下人民代表大会代表直接选举的若干规定》，准予行使选举权。而对准予行使选举权的服刑罪犯的选举方式，经选举委员会和监狱选区共同决定，可以在原户口所在地参加选举，也可以在劳动场所参加选举；可以在流动票箱投票，也可以委托有选举权的亲属或者其他选民代为投票。

（三）没收财产

1. 没收财产的概念和特征。没收财产，是指将犯罪分子个人所有财产的一部或全部强制无偿地收归国有的刑罚方法。它是我国附加刑中较重的一种。

没收财产的特点可以从它与罚金刑的区别来认识。没收财产与罚金的区别在于：(1) 罚金刑是剥夺犯罪分子一定数额的金钱，没收财产除了可以没收金钱，还可以没收其他财物。(2) 没收财产是剥夺犯罪分子现有的财产，而罚金要求犯罪分子缴纳的金钱并不一定是犯罪分子现实所有的。(3) 罚金可以分期缴纳，特别情况下可以减免，而没收财产则是根据犯罪分子所有财产的实际情况，一次没收其一部或全部，不存在减免或分期缴纳的问题。

2. 没收财产的适用范围与适用对象。在《刑法》分则中规定适用没收财产较多的是第三章“破坏社会主义市场经济秩序罪”、第五章“侵犯财产罪”。

从没收财产的适用范围可以看出，没收财产的适用对象主要是贪利型犯罪和财产型犯罪，如《刑法》第 240 条规定的拐卖妇女、儿童罪，第 264 条规定的盗窃罪，第 363 条规定的制作、复制、出版、贩卖、传播淫秽物品牟利罪等。除此以外，没收财产还适用于危害国家安全罪等非贪利性或财产性犯罪。根据最高人民法院 2006 年 1 月 11 日《关于审理未成年人刑事案件具体应用法律若干问题的解释》第 15 条的规定，对未成年罪犯实施刑法规定的“并处”没收财产或者罚金的犯罪，应当依法判处相应的财产刑；对未成年罪犯实施刑法规定的“可以并处”没收财产或者罚金的犯罪，一般不判处财产刑。

3. 没收财产的适用方式。在《刑法》分则中规定的没收财产的适用方式有以下三种：(1) 并处没收财产，即应当附加适用没收财产，如《刑法》第 264 条规定的盗窃罪，数额特别巨大或者有其他特别严重情节的，处 10 年以上有期徒刑或者无期徒刑，并处没收财产。(2) 可以并处没收财产，这是指量刑时既可以附加没收财产，也可以不附加没收财产，审判人员应按实际情况作出选择。如第 271 条规定的职务侵占罪，数额巨大的，处 5 年以上有期徒刑，可以并处没收财产。(3) 并处罚金或者没收财产。在这种情况下，没收财产和罚金可以择一判处，而无论选择罚金还是没收财产，都只能附加使用，并且必须适用。如第 152 条规定的走私淫秽物品罪，情节严重的，处 10 年以上有期徒刑或者无期徒刑，并处罚金或者没收财产。

根据最高人民法院《关于适用财产刑若干问题的规定》第 3 条的规定，一人犯数罪依法同时并处罚金和没收财产的，应当合并执行；但并处没收全部财产的，只执行没收财产刑。

4. 没收财产的范围。《刑法》第 59 条规定：没收财产是没收犯罪分子个人所有财产的一部或者全部。没收全部财产的，应当对犯罪分子个人及其扶养的家属保留必需的生活费用。在判处没收财产的时候，不得没收属于犯罪分子家属所有或者应有的财产。界定没收财产的范围，包括两个层次的内容：一是确定犯罪分子个人所有的财产；二是对犯罪分子的财产决定是全部没收还是部分没收。

(1) 犯罪分子个人所有的财产。犯罪分子个人所有的财产，是指犯罪分子实际所有的一切财产及在共有财产中应得的份额。它包括两部分：第一，所有权已明确归属犯罪人的财产，如犯罪分子在婚姻关系成立前的退伍转业费或者其他收入；第二，犯罪分子家庭成员共有财产中属于犯罪分子应得的财产。

正确确定犯罪分子个人所有的财产，要注意将犯罪分子家属所有或者应有的财产与犯罪分子个人所有的财产区分开来。所谓家属所有的财产，是指所有权明确归属犯罪分子家属的财产，比如家属自己穿用的衣物。所谓家属应有的财产，是指在犯罪分子家庭成员的共有财产中，应当属于家属的那一部分财产。根据《刑法》第 59 条第 2 款的规定，在判处没收财产的时候，不得没收犯罪分子家属所有或者应有的财产。

（2）犯罪分子个人所有财产的没收范围。根据《刑法》第 59 条的规定，没收财产可以是没收犯罪分子所有的全部财产，也可以是没收犯罪分子所有的部分财产。是没收全部还是部分财产，应由人民法院根据犯罪的性质、情节以及罪犯的个人情况决定。在决定没收犯罪分子的全部财产还是部分财产时，人民法院要考虑犯罪分子家庭的经济状况。如果犯罪分子的家庭经济状况不佳，负担较重，就不宜没收全部财产，否则会使犯罪分子的家庭其他成员的生活遭到严重的困难，这就不利于对犯罪分子的教育改造和对其家属的争取。另外，人民法院决定对犯罪分子没收全部财产的，应当为犯罪分子个人及其扶养的家属保留必需的生活费用。

5. 没收财产的执行。没收财产的判决，无论是附加适用或是独立适用，均由人民法院执行；在必要的时候，可以会同公安机关执行。

值得注意的是，以没收的财产偿还债务问题，《刑法》第 60 条规定："没收财产以前犯罪分子所负的正当债务，需要以没收的财产偿还的，经债权人请求，应当偿还。"据此，在没收财产的执行中，以没收的财产偿还债务，应当具备以下的条件：（1）必须是犯罪分子在没收财产以前所负的债务。（2）必须是正当的债务。所谓正当债务，根据最高人民法院《关于适用财产刑若干问题的规定》第 7 条的规定，是指犯罪分子在判决生效前所负的合法债务。（3）该债务需要以没收的财产偿还。所谓需要以没收的财产偿还，往往是指犯罪分子个人所有的财产被全部没收，没有其他财产来偿还所负债务；或者犯罪分子尽管未被没收全部财产，但其家庭经济状况较差，如不以被没收的财产偿还所负债务，就会给其家庭其他成员带来严重的困难。在这些情况下，犯罪分子所负的正当债务应考虑以没收的财产偿还，是否需要以没收的财产偿还犯罪分子所负的正当债务，应由人民法院根据实际情况加以认定。（4）必须经债权人请求。

（四）驱逐出境

1. 驱逐出境的概念。驱逐出境是指强迫犯罪的外国人离开中国国（边）境的刑罚方法。它是一种专门适用于犯罪的外国人的特殊的附加刑，既可独立适用，又可附加适用。驱逐出境作为一种刑罚方法，是我国主权及司法自主权的体现。任何在我国境内的外国人都必须遵守我国的法律、法规，不得侵犯我国国家和人民的利益。外国人一旦在我国领域内犯罪，除享有外交特权和豁免权的通过外交途径解决以外，一律适用我国刑法。如果犯罪的外国人继续居留我国境内会损害国家和人民的利益，人民法院可以对其单处或附加判处驱逐出境，以消除其在我国境内的再犯可能性。正是具有上述意义和作用，驱逐出境作为专门对外国人适用的附加刑，具有其存在的根据。

刑法中规定的驱逐出境与《中华人民共和国外国人入境出境管理法》（以下简称《外国人入境出境管理法》）第 30 条规定的驱逐出境在处罚方式上具有相同的表现，都是强迫外国人离开中国国（边）境，但二者是不同性质的处罚，前者是一种刑事处罚，适用于在我国境内犯罪的外国人；后者是一种行政处罚，适用于违反《外国人入境出境管理法》的有关规定并且情节严重的外国人。由于性质的不同，这两种处罚还有两点区别：（1）适用的机关和程序不同。作为刑罚方法的驱逐出境，由人民法院依刑事诉讼法规定的程序进行判决；作为行政处罚的驱逐出境，由地方公安机关依照有关规定的程序报告公安部，由公安部作出决定。(2) 执行的时间不同。作为刑罚方法的驱逐出境，独立适用时，判决生效后立即执行，附加适用时，从主刑执行完毕之日起执行；作为行政处罚的驱逐出境，由公安部作出决定后立即执行。

2. 驱逐出境的适用对象。驱逐出境的适用对象是特定的，即犯罪的外国人。它具有两层含义：第一，驱逐出境只适用于外国人，不适用于中国公民。第二，驱逐出境只适用于犯罪的外国人，未构成犯罪的外国人不能成为驱逐出境的适用对象。

另外，应当注意，根据《刑法》第 35 条的规定，对于犯罪的外国人，是可以独立适用或者附加适用驱逐出境，而不是必须适用驱逐出境。

## ■ 非刑罚处理方法

非刑罚处理方法就是对犯罪分子所适用的刑罚之外的处理方法。根据《刑法》第 36 条、第 37 条的规定，我国刑法中的非刑罚处理方法包括以下两类：

(一) 刑事损害赔偿

1. 刑事损害赔偿的概念。根据《刑法》第 36 条的规定，刑事损害赔偿是非刑罚处理方法的一种，是就被害人的经济损失对受到刑罚处罚的犯罪分子判处给予被害人一定的经济赔偿。刑事损害赔偿属于刑事附带民事的强制处分。

2. 刑事损害赔偿的适用条件。

(1) 被害人遭受了实际的经济损失。这种经济损失是现实的损失。

(2) 被害人的经济损失必须是由被告人的犯罪行为造成的，即被害人的经济损失与被告人的犯罪行为之间存在着因果联系。

(3) 适用的对象必须是依法被判处刑罚的犯罪分子。犯罪分子被免予刑事处罚或对其不需要判处刑罚的，不适用《刑法》第 36 条规定的刑事损害赔偿，而应适用第 37 条的赔偿损失。

3. 刑事损害赔偿优先履行的条件。刑事损害赔偿优先履行，就是要求犯罪分子先履行民事赔偿责任，在被判处的对被害人的经济损失全部予以赔偿之后，再以其剩余的财产缴纳罚金，或者作为没收财产的执行对象。

《刑法》第 36 条第 2 款规定：承担民事责任的犯罪分子，同时被判处罚金，其财产不足以全部支付的，或者被判处没收财产的，应当先承担对被害人的民事赔偿责任。可见，损害赔偿优先履行的条件是：(1) 犯罪分子对被害人有赔偿经济损失的义务，即符合上述刑事损害赔偿的适用条件。(2) 犯罪分子被判处的刑罚中有罚金刑或者没收财产刑，无论是单独判处还是附加判处。(3) 犯罪分子的财产不足以全部支付所判处的罚金与损害赔偿，或者同时被判处没收财产与损害赔偿。

应当注意的是，刑事损害赔偿是刑事附带民事的强制处分，它应当通过刑事附带民事诉讼程序加以适用。如果被害人虽然由于被告人的犯罪行为遭受到实际的经济损失，但未提起附带民事诉讼，或者放弃附带民事诉讼的，审判人员不可自行对被告人判处损害赔偿。

(二) 教育或行政制裁措施

《刑法》第 37 条规定：对于犯罪情节轻微不需要判处刑罚的，可以免予刑事处罚，但是可以根据案件的不同情况，予以训诫或者责令具结悔过、赔礼道歉、赔偿损失，或者由主管部门予以行政处罚或者行政处分。本条所规定的非刑罚处理方法指的是教育或行政制裁措施，它包括以下六种：

1. 训诫。它是指人民法院对犯罪分子当庭予以批评或者谴责，责令其改正的一种非刑罚处理方法。

2. 责令具结悔过。它是指人民法院责令犯罪分子用书面方式保证悔改的一种非刑罚处理方法。

3. 赔礼道歉。它是人民法院责令犯罪分子向被害人承认错误、表示歉意的一种非刑罚处理方法。

4. 责令赔偿损失。它是人民法院根据犯罪行为对被害人造成的经济损失情况，责令犯罪分子给予被害人一定经济赔偿的一种非刑罚处理方法。

5. 由主管部门予以行政处罚。这是指人民法院建议主管部门对犯罪分子予以行政处罚，如罚款、行政拘留等。

6. 由主管部门予以行政处分。这是指人民法院建议主管部门对犯罪分子予以行政处分，如记过、开除等。

《刑法》第 37 条规定的非刑罚处理方法的适用应具备三个条件：第一，行为人必须构成犯罪。第二，犯罪分子被免予刑事处罚。这包括两种情况：一种是如该条所规定的犯罪情节轻微不需要判处刑罚的；另一种是具有刑法规定的免除处罚情节的，如又聋又哑的人或者盲人犯罪、预备犯等。第三，根据案件的情况又需要给予恰当的处理，并不是对所有由于犯罪情节轻微而免予刑事处罚的犯罪分子都应适用非刑罚处理方法。

在司法实践中，适用上述非刑罚处理方法应注意以下问题：第一，要把《刑法》第 37 条规定的责令赔偿损失与第 36 条规定的刑事损害赔偿区别开来。二者虽然都是刑事附带民事的强制处分，但责令赔偿损失适用于依法免予刑事处罚的犯罪分子，而刑事损害赔偿适用于依法被判处刑罚的犯罪分子。第二，对犯罪分子适用教育或行政制裁措施，应当根据案件的不同情况，采用不同的形式，要结合每一种非刑罚处理方法的具体特点适用于具体案件。第三，教育或行政制裁措施的每一种既可以单独适用，也可以与其他种类结合适用，比如训诫和赔礼道歉就可以合并适用。第四，对犯罪分子适用教育或行政制裁措施，应避免两种错误倾向：一是对于犯罪情节轻微，可以免予刑事处罚但又要作适当处理的犯罪分子，不使用教育或行政制裁措施，而是一放了之；二是对于罪该处刑的犯罪分子，以教育或行政制裁措施代替刑罚处罚，从而轻纵犯罪分子。

# 第十五章

# 刑罚裁量与刑罚裁量制度

## 第一节　刑罚裁量概述

### 一、刑罚裁量的概念和意义

（一）刑罚裁量的概念和特征

刑罚裁量，又称量刑，指人民法院依据刑事法律，对于构成犯罪的行为人，确定是否判处刑罚、判处何种刑罚以及是否适用某种刑罚制度的审判活动。

量刑作为司法机关一项重要的活动，具有以下主要特征：

1. 量刑的主体是国家的审判机关，在我国，就是人民法院。量刑权是国家刑罚权的一项重要内容，量刑是一项重要的司法活动，它与定罪一样，只有国家才有权实施。在具体运用时，必须由专门的审判机关来行使。在我国，人民法院作为审判机关，是唯一有权代表国家行使量刑权的司法机关，如果说公安机关、检察机关在一定程度上也具有定罪职能的话，那么它们是绝对没有量刑职能的。因此，人民法院的量刑权具有独断性和排他性。其他机关、团体和个人可以对法院的量刑结果提出意见，但是，都没有直接量刑的权力。

2. 量刑的前提是行为人的危害行为已被依法确定构成犯罪，量刑的对象则是犯罪分子。定罪是量刑的前提，量刑是定罪的结果，两者结合，共同构成刑事审判的基本内容，量刑对定罪具有明显的依赖关系。对没有依法确定构成犯罪的案件，是绝对不能以任何形式适用刑罚。如果说行为构成犯罪是量刑的前提，那么作为量刑的直接对象，则是犯罪分子本人，他是刑罚的实际承担者。这就决定了审判机关在对犯罪分子量刑时，不但要考虑犯罪行为本身的状况，还需要考虑犯罪分子本人的状况，使所判刑罚的种类及程度既与犯罪行为性质相适应，又与犯罪分子个人的情况相适应，也就是要考虑刑罚个别化。

3. 量刑是审判人员依法决定对所认定有罪的犯罪人如何处置的司法活动，这种活动的形式也是人的主观认识和评价，即根据案情衡量犯罪行为的社会危害程度，在法律规定的刑罚幅度内，决定如何适用刑罚。作为主观认识活动，每个审判者都有自己的判断和决定自由，但作为代表国家审判罪犯的审判人员，则必须克服主观判断方面的个人任意性，而应主动地将自己摆在代表国家进行裁决的地位，以国家的意志作为自己的意志，以国家的判断标准作为自己的判断标准，避免以个人主观的好恶左右量刑结果。

4. 量刑的内容是依据刑事法律，决定对犯罪分子是否判处刑罚、判处何种刑罚以及是否适用某种刑罚制度。具体来说，量刑的主要任务是：

（1）决定对犯罪分子是否适用刑罚。虽然应受刑罚处罚是犯罪的基本特征之一，而且通常情况下，对大多数被定罪的犯罪分子，都是以实际判刑为最终结局，但是，并不是对任何犯罪分子都必须适用刑罚。根据《刑法》第37条的规定，如果犯罪行为情节轻微，不需要判处刑罚的，可以免除刑罚。此外，刑法中规定了不少允许免除处罚的法定情节，具备这些情节的犯罪分子，也可能被免除刑罚。因此，审判机关在适用刑罚时，对于危害并不十分严重的犯罪分子，首先需要决定有无判刑的必要，决定是否判处刑罚。

（2）决定对犯罪分子判处何种刑罚。这是量刑活动的主要内容。对于不应当免除刑罚的犯罪分子而言，判刑是必然的结局，这是有罪必罚的当然要求。不过，由于不同犯罪行为的危害程度并不会完全相同，不同犯罪分子的主观恶性也会有很大差别，根据罪责刑相适应的原则，审判机关必须对每个案件的每个犯罪分子，都要判处与其客观危害与主观恶性相适应的刑罚。我国刑法规定了完善的刑罚体系，同时对不同的犯罪规定了不同幅度的法定刑，对不同的犯罪情节也规定了不同的处罚原则。因此，量刑时，人民法院必须根据公正、公平的要求，依法决定对需要判刑的犯罪人实际判处何种刑罚。实际判刑具体又包括两方面内容，一是决定适用何种刑种，例如判处何种主刑，是否需要判处附加刑；二是决定判处何种程度的刑罚，因为对自由刑、财产刑、资格刑而言，一般都有轻重程度之分，一旦决定适用其中某种刑种，就必须要确定判刑的程度。在我国，法定刑是相对确定的，而宣告刑则必须是绝对确定的。

（3）决定对被判刑的犯罪分子是否适用某种刑罚制度。我国刑法根据犯罪行为的不同情况，规定了不少特殊的刑罚制度，这些制度虽然不是刑种，不影响处罚的严厉程度，但是却能影响到所判刑罚的执行方式，因此，审判机关在作出量刑判决的同时，还必须决定是否适用这些制度。这些制度主要有两项：一是判处死刑，缓期2年执行制度；二是缓刑制度。它们直接影响到法院所判处刑罚执行的时间，是立即执行，还是缓期执行，与犯罪分子个人切身利益密切相关。法院在量刑时，对于符合法定的适用死缓、缓刑制度条件的犯罪分子，应当在判决中同时决定适用这些制度。它们也是量刑的重要内容。

此外，在一人犯数罪的情况下，审判机关在量刑时，在对各罪分别量刑的基础上，还需要根据法定的数罪并罚原则和方法，对所判的数刑进行并罚，决定执行的刑罚。

（二）刑罚裁量的意义

刑罚裁量的意义主要表现为：

1. 量刑是刑事诉讼活动的重要环节，并具有承前启后的作用。它前接定罪，是定罪后通常要跟随出现的后果。同时，它又是刑罚执行的前提，行刑是量刑的自然延伸和逻辑后果，因此，量刑质量如何，对于实现刑法价值具有重要意义。量刑轻重，直接表明犯罪危害程度的轻重，表明国家对犯罪行为所作否定评价的程度。如果说，定罪说明行为人犯了什么罪，那么，量刑则可表明犯罪分子犯了多么严重的罪。因此，量刑也能反过来说明定罪的正确性。正确定罪的重要意义是为恰当量刑奠定基础，如果量刑不公，即使定罪正确，判决仍然是不公正的，从而也会使正确定罪的意义大为减少。对于行刑来说，量刑决定着行刑的方向，只有正确量刑，才能为正确行刑奠定基础。如果量刑失当，越是严格执行所判刑罚，给社会造成的不公正的后果也就可能越严重。因此，量刑作为刑事审判活动的重要环节，它既连接着定罪与行刑，又在一定程度上影响着定罪，决定着行刑。因此，正确量刑，对于保证刑事诉讼活动的正常进行，维护刑事诉讼结果的公正性，都有重要的意义。

2. 量刑是保证刑法中所规定的法律上的罪刑关系，变成现实上的罪刑关系，使立法机关在立法中对一类犯罪所规定的刑罚，变成社会现实中对具体案件中的犯罪行为进行惩罚的现实刑罚的重要环节。只有通过审判机关的量刑活动，刑法中所规定的各种刑罚才能对具体犯罪行为发生效力。也就是说，法定刑必须通过宣告刑，才能真正成为现实的、具有强制执行效力的制裁措施。因此，立法机关通过制定刑法所意欲实现的种种价值能否真正实现，也深受量刑活动的影响。量刑不公，刑法价值就会受到损害，同时它也会使法律的尊严遭到损害，使人民法院判决的严肃性受到损害。

3. 量刑是实现刑罚目的的重要途径。刑罚的目的是预防犯罪，但这种预防目的能否实现，在很大程度上，取决于量刑质量的好坏。如果量刑得当，使犯罪分子罪有应得，罪犯心服，社会满意，对于实现一般预防与特殊预防都将十分有利。如果量刑失当，无论是过宽还是过严，都会有碍于刑罚预防犯罪目的的实现。因此，正确量刑，也是实现刑罚目的不可缺少的。

正因为量刑具有上述重要意义，因此，人民法院应当十分重视量刑活动的质量，真正做到定罪准确、量刑适当。

## ■ 刑罚裁量原则

量刑是一项事关国家法律尊严和公民个人重要权益的审判活动，具有非常重要的意义，必须确保量刑的适当性。同时，量刑作为一项经常性的审判工作，其自身也有其内部的规律性，只有遵守这种规律性，才能使量刑正常进行。我国《刑法》为了保证量刑公正，根据量刑规律，明确规定了规范量刑活动的基本原则："对于犯罪分子决定刑罚的时候，应当根据犯罪的事实、犯罪的性质、情节和对于社会的危害程度，依照本法的有关规定判处。"根据《刑法》第 61 条的规定，量刑原则可概括为：量刑必须以犯罪事实为根据，以刑事法律为准绳。各级法院必须严格遵守这些原则。

### （一）量刑必须以犯罪事实为根据

量刑的事实依据是犯罪行为自身的社会危害性，我国《刑法》总则第 5 条也明确规定，刑罚的轻重，应当与犯罪分子所犯的罪行及所承担的刑事责任相适应。而罪行的轻重和责任的大小，都存在于犯罪事实之中。因此，只有客观地深入案情，弄清犯罪事实的全部面貌，才能够正确评价罪行的大小和责任的轻重。如果事实认识错误，量刑就失去了适当的基础。

所谓犯罪事实，有广义和狭义之分。狭义上的犯罪事实，一般是指犯罪构成事实，即据以认定行为构成犯罪的事实；广义上的犯罪事实，则指案件中客观存在的能够表明犯罪成立和罪行轻重、责任大小的一切事实，也就是能够说明行为客观危害性和行为人主观恶性的一切事实。作为量刑根据的犯罪事实，当然指的是广义上的全部犯罪事实，也就是《刑法》第 61 条中所指明的"犯罪的事实、犯罪的性质、情节和对于社会的危害程度"等方面。遵守以犯罪事实为根据的量刑原则，必须做到以下几个方面：

1. 全面查清犯罪事实。这里所说的犯罪事实，是指案件本身所包含的，对定罪量刑有意义的各种客观事实，包括能说明犯罪成立的构成要件事实，也就是犯罪客体、犯罪客观方面、犯罪主体和犯罪主观方面诸要件事实；也包括犯罪行为本身所涉及，虽与定罪无关，但却能反映行为社会危害性和主观恶性程度的各种客观事实，例如行为动机、手段、对象、时间、地点、后果等因素。此外，能够说明行为人主观恶性的行为前的表现及行为后的态度等事实，也属于犯罪事实的范畴。犯罪事实是定罪量刑的基础，只有查清所有事实，才能正确认识案情，才能够对行为性质、情节、危害情况作出正确的判断，也才能正确适用刑罚。对犯罪事实了解不清，量刑就缺乏明确的事实根据，无法保证适当量刑。因此，全面查清犯罪事实是正确量刑的必备前提，至关重要。

2. 正确认定犯罪性质。正确认定犯罪的性质，也就是要正确定罪。犯罪性质在一定程度上直接表现犯罪的危害程度。不同的罪名反映着不同的犯罪危害性，在刑法上，不同犯罪的法定刑往往有很大的差别，有的较轻，有的较重，有的甚至最高可处死刑。因此，确定行为构成何种犯罪，直接关系着对该种行为适用《刑法》分则何条所规定的何种法定刑，这又直接关系到判刑结果。同一行为，如果被认定为不同的罪名，由于法定刑的差异，完全可能导致量刑结果的不同。例如，有时司法人员对公然夺取数额较大的公私财物的行为，是定抢劫罪，还是定抢夺罪，往往会有不同看法，然而这些不同看法的后果差别却是很大的。如果定抢劫罪，最高可处死刑，最低刑可处3年有期徒刑；而如果认定为抢夺罪，则最高只能处无期徒刑，最低则可处以管制。可见，定性是否准确，对量刑也非常重要，定性失当，量刑往往很难适当。只有正确认定犯罪性质，严格区分不同犯罪之间的界限，才能为恰当量刑奠定可靠的法律基础。

3. 认真考察各种犯罪情节。犯罪情节，就是指犯罪构成基本事实以外，与犯罪行为或犯罪人有关，能够影响犯罪行为的社会危害性程度或行为人主观恶性程度的各种情况。犯罪构成事实是决定行为可罚性的基础事实，也是量刑的基础事实，不过远不是量刑的全部依据。量刑的根本依据是犯罪行为的社会危害性程度和行为人刑事责任的大小，而影响社会危害性程度和责任大小的因素，除了犯罪构成事实之外，还有很多其他事实，它们同样具有重要的量刑意义，因此又称为量刑情节。这些情节包括罪前、罪中、罪后多方面，有的影响着罪行及责任的加重，因而对量刑具有加重作用，有的影响着罪行及责任的减轻，因而对量刑具有减轻作用。同一种犯罪，犯罪情节不同，罪行轻重和责任大小就会有所差别，甚至有很大差别，量刑结果当然也会有所差别。同是杀人，有的可处死刑，有的则可能只处有期徒刑。

需要指出，一般认为，《刑法》第61条所说的犯罪“情节”，只限指犯罪行为本身所包括的，属于犯罪构成要件以外的种种事实，而不包括犯罪分子罪前、罪后表现等情节，虽然这些情节在量刑时也要考虑，但量刑原则中是没有包含这些内容的。我们认为，这种观点值得商榷。犯罪情节也有广义与狭义之分，罪前、罪后情节虽然不存在于犯罪行为之中，但是却与犯罪人的主观恶性明显相关，而主观恶性也是犯罪社会危害性的重要内容，因此，这些情节广义上也当然属于犯罪情节范畴。《刑法》第61条规定的是规范整个量刑活动的基本原则，那么它在规定量刑必须以犯罪事实为根据时，不可能要求司法人员在考察量刑情节时只注意罪中情节，而将罪前、罪后情节排除在外，因为立法者对这些情节也是很重视的，例如刑法对累犯、自首、立功都作了专门的规定，这些已作为法定情节规定于法律之中的罪前情节、罪后情节，是不可能不被包括在第61条规定作为量刑根据的“犯罪情节”之中的。虽然刑法学上通常将这些情节称为“量刑情节”，但刑法上并没有明确使用这一概念，因此，可以认为，第61条所讲的犯罪情节，与刑法学上所说的“量刑情节”是同一概念，泛指能够说明犯罪行为的社会危害性程度，又不属于犯罪构成要件事实的一切情节。

在我国刑法中，犯罪情节具有重要的作用，很多地方都有具体的表现。例如，《刑法》总则规定了多种情节的量刑意义；《刑法》分则也对一些犯罪规定了特殊的量刑情节。特别是《刑法》分则对各罪规定的法定刑不少都有两个以上幅度，而适用不同幅度法定刑的条件就是具备法定的各种犯罪情节。例如，根据《刑法》第263条的规定，犯抢劫罪，处3年以上10年以下有期徒刑，并处罚金；但是，如果构成抢劫罪，同时又具备该条所规定的8种加重情节的，则要判处10年以上有期徒刑、无期徒刑或者死刑，并处罚金或者没收财产。类似这种因犯罪情节不同而规定适用不同幅度法定刑的情况在我国《刑法》分则中很常见。此外，除极个别情况外，刑法对各罪规定的法定刑都是相对确定的，其原因就在于使司法机关在处理具有不同情节的同一种犯罪时，掌握一定的自由裁量权，以使量刑上能够区别对待，更好地贯彻罪责刑相一致原则。因此，审判人员在量刑时，除了准确定罪外，还必须认真地考察、分析各种犯罪情节，根据这种分析，确定适用何种幅度的法定刑，在此种法定刑幅度内，判处合适的刑罚。

考察犯罪情节，一要全面考察，不能漏掉任何能够影响量刑的情况；二要准确分析，能够对各种情况对犯罪社会危害性及犯罪人主观恶性所起影响作用的性质和程度进行准确的分析；三要综合判断，将案件所有情节联系起来观察，将作用相同的结合在一起，与作用不同的相互比较，然后综合判断它们对量刑的作用；四要客观认定，即要从案情事实出发分析判断各个情节的真实意义，不能先入为主，不能以个人或其他某些人的好恶，影响甚至左右对犯罪情节价值的判断。

4. 准确评价犯罪的社会危害程度。犯罪的社会危害程度，指犯罪行为对社会已经造成或者可能造成的损害程度，它既指客观上对社会关系的现实损害或损害的危害性，也指行为人通过犯罪行为所表现出的与现行统治关系的对立程度，也就是反社会性的大小。犯罪的社会危害性，既是犯罪的本质特征，又是量刑最基本的依据，它并不是孤立于前述的犯罪事实、犯罪性质、犯罪情节之外的另一种特殊的犯罪情况，而是通过犯罪事实、性质、情节表现出来的犯罪行为的社会本质属性，即反社会的属性。因此，一般来说，全面查清犯罪事实、正确认定犯罪性质、认真考察犯罪情节，都是为了最终准确评价社会危害性，而且也只有在做好前三项工作的基础上，犯罪的社会危害性才可能准确地得到评价。不过，评价行为的社会危害性，不仅需要查清事实，认定性质，考察情节，还需要对国家评价行为社会价值的标准，也就是评价行为是否危害社会及其程度的标准有清楚的了解。因此，不能以对案件事实、性质、情节的了解，代替对行为危害本质及程度的评价。

要准确掌握国家评价行为的标准，还必须注意党和国家在一个时期的工作重心、基本政策、政治形势、经济形势、社会治安等因素对评价标准的影响，学会从宏观上、从根本上把握评价标准，而不能就事论事，更不能以个人的评价标准代替国家评价标准，以保证评价结论与国家的要求真正相符合。

（二）量刑必须以刑事法律为准绳

《刑法》第 61 条规定，对犯罪分子决定刑罚时，应当“依照本法的有关规定”判处，这就要求量刑必须以刑事法律为准绳，这是“有法必依、执法必严”的社会主义法制原则在量刑原则方面的具体体现。量刑作为国家的一种司法活动，必须体现国家的意志。国家对犯罪行为判刑的意志，抽象上通过所制定的刑事法律表现出来，具体通过司法机关的审判活动表现出来，要保证这种具体表现与抽象表现相一致，从而使量刑结果真正体现出国家意志，就必须要求审判人员在量刑时，严格遵守已有的各种刑事法律规范。这必然要求以刑法为根据进行量刑。如果抛开刑事法律，任意由司法人员主观随意用刑，必然使量刑变成个人的任意行为，不但无法保证量刑公正，而且还必然导致同罪异罚现象大量产生，从而发生量刑的严重不平衡，损害法律尊严，破坏法制统一，最终瓦解法制基础。这是国家绝对不能允许出现的情况。因此，任何审判机关在量刑时，都必须遵守以刑事法律为准绳的原则。

所谓量刑以刑事法律为准绳，指在裁量决定刑罚的时候，司法人员必须严格遵照刑法中有关量刑的各种规定，依法量刑。具体而言，包括以下几方面内容：

1. 量刑必须依照《刑法》总则所规定的刑罚体系的内容，正确运用各种刑罚种类；依照《刑法》分则各条对于各种犯罪规定的法定刑，根据不同犯罪情节，决定适用与犯罪行为危害性相适应的法定刑幅度；在不具有任何法定量刑情节的情况下，根据行为自身的危害程度和酌定量刑情节，在法定刑幅度内，选择合适的宣告刑。这时，要特别注意《刑法》分则各条对不同法定刑幅度适用条件的具体要求，不能随意适用；同时还要注意不同法条规定的允许适用附加刑的条件、要求的方式及允许处罚的程度。现行刑法大大扩大了罚金、没收财产等财产刑的适用范围，但对各罪在什么情况下适用、是应当适用还是可以适用、具体处罚程度等等，规定有所区别，适用时，必须认真分析、严格执行。

2. 量刑遵照《刑法》总则及分则有关各种法定量刑情节的规定。例如，规定了哪些量刑情节、各种量刑情节成立的条件是什么、各种情节的量刑意义如何，是从严的、加重刑罚的，还是从宽的、起减轻刑罚作用的，这些情节是在量刑时必须加以考虑的，还是可以考虑的，法律允许这些情节对量刑起影响作用的程度有多大。就从宽处罚情节而论，是从轻处罚、减轻处罚，还是免除处罚，还是两种或三种方式并存，何者在先，何者在后，等等，司法人员都要认真分析，真正理解法律对各种情节所作规定的本意，然后根据不同案件的情况严格遵照执行。对于具备法定量刑情节的犯罪，在根据基本犯罪确定应适用的法定刑幅度的基础上，需要根据法律对这些量刑情节的规定，对实际适用的法定刑幅度进行调整，对需要减轻处罚的，应适用低一等法定刑幅度；不需要减轻处罚的，仍然适用原已确定的法定刑幅度。应适用的法定刑确定后，根据对犯罪行为危害程度的综合评价，在该法定刑幅度以内，选择合适的宣告刑。

3. 量刑应遵照《刑法》总则对各种刑罚制度的规定。例如，判处死刑缓期 2 年执行的制度；对于被判处拘役、3 年以下有期徒刑的犯罪分子，在确实不会危害社会时，允许适用缓刑的制度；对虽不具有法定的减轻处罚情节，但是判处法定最低刑仍然过重时，经最高人民法院核准，允许减轻处罚的制度；对犯罪时不满 18 岁的，或审判时怀孕的妇女，不适用死刑的规定；等等。由于这些制度或规定都需要在判刑时适用，因此，在量刑时，也应分析案件中是否具备适用这些制度或规定的条件，如果具备，就应该在量刑时加以适用。

需要指出，这里要求量刑必须遵守的刑事法律，是指整个刑事法律规范，包括《刑法》，也包括国家颁布而且正在生效的一切刑法规范。在当前，主要是指《刑法》以及一系列的刑法修正案及单行刑法。如果今后由于形势变化，立法机关又颁布新的刑法规范，无论是单行法规，还是在其他法律中规定一些刑法条文，都属于我国刑法规范范畴，量刑时都应遵守。现在审理 1997 年 10 月 1 日前发生的案件，按照从旧兼从轻的原则，需要适用原来的刑法判处刑罚时，则应根据行为时有效的各种刑法规范之间的关系，决定适用何种具体法律规定。

## ■ 刑罚裁量情节

### （一）刑罚裁量情节的概念和类型

刑罚裁量情节，简称量刑情节，指人民法院在依法对犯罪分子裁量决定刑罚时所需要考虑的，据以决定刑罚轻重或者免予刑罚处罚的各种事实情况。在实际生活中，量刑情节往往是比较多地出现在案件之中，与犯罪行为或者犯罪人有关，能够表明犯罪行为危害程度，能够影响刑事责任程度的所有事实，只要不属于犯罪构成要件，都属于量刑情节的范围。为了对繁多的量刑情节的内容有系统的了解，通常在刑法学上要对犯罪情节进行分类。常见的分类主要有以下几种：

1. 法定情节与酌定情节。以刑法是否有明文规定为标准，通常将量刑情节分为法定情节与酌定情节。

法定情节是指刑法明文规定在量刑时必须予以考虑的各种犯罪事实情况。根据这些情节在刑法各编中所处的位置或应处的位置，法定情节又分为总则性情节与分则性情节。前者指规定在《刑法》总则编中的量刑情节，适用于分则各种犯罪；后者指为《刑法》分则条文所规定的量刑情节，只对该条所规定的犯罪适用。

酌定情节是指刑法中没有明文规定，但是根据刑事立法精神和有关刑事政策，由司法机关根据审判实践概括出来，在裁量刑罚时也需要予以考虑的各种犯罪事实情况。由于法律没有明文规定，强制性较弱，因此，它的量刑作用也弱于法定情节。不过，根据罪责刑相适应原则的要求，人民法院要判处适当的刑罚，是不能忽略这些酌定情节的。

2. 从宽情节与从严情节。以量刑情节对于量刑起作用的形式，可以将量刑情节区分为从宽情节和从严情节。

从宽情节是指具有减轻犯罪人的刑事责任，适当降低应判刑罚的情节，其中包括从轻处罚、减轻处罚和免除处罚的情节三种类型。

从严情节是指具有加重犯罪人的刑事责任，适当增加应判刑罚作用的情节。根据我国现行刑法规定，从严情节只有“从重处罚”情节一种类型。

这种分类不但在法定情节中存在，在酌定情节中也存在。司法机关对于具有不同量刑作用的情节，应当根据法律规定，对犯罪人作出不同的处理。

3. 应当型情节与可以型情节。在法定情节中，根据法律规定量刑情节是否必然要对量刑起作用，可以分为应当型情节和可以型情节。

应当型情节是指刑法明确规定，司法机关在量刑时，必须考虑并予以适用，据以作出相应处理的情节。这种情节的特点在于法律对情节的量刑作用作了刚性规定，适用这一情节是司法机关的义务，司法人员只有根据这一情节决定适用何种程度的权力，而没有酌定决定适用不适用的自由。如果不适用这一情节所作判决就违反了法律规定。法律对这种情节通常以“应当……”来表示，但是并不以明确规定“应当”一词为必要形式。只要法律规定了某种情节，没有以“可以”进行限定的，都属于“应当”适用的应当型情节。

可以型情节是指刑法明确规定的，允许司法机关根据案件的具体情况，酌情决定是否在量刑时予以考虑适用的情节。其特点是，法律对情节的适用只是一种倾向性规定，具有一定的弹性，司法机关在是否适用上具有一定的自由裁量权。如果司法机关在判刑时不予以考虑适用，也不违反法律。这种情节，在刑法上都用“可以……”进行限定。不过，需要说明的是，尽管可以型情节的适用具有一定的灵活性，司法机关并没有必然适用这种情节的义务，但是也不能将这种情节规定完全看做是无任何强制性，完全由司法机关自由掌握的弹性规定，既然法律明确将某种情节予以规定，就表明了立法者对这一情节量刑作用的倾向性意见，也就是通常情况下，量刑时还是应当考虑并适用的。只有在特殊情况下，适用这一情节可能严重损害刑法的基本价值，导致判刑结果明显失当时，才可以不予考虑。因此，司法机关不能将这种可以型情节完全等同于酌定情节，在一般情况下，量刑时适用这种可以型情节也是司法机关的一种义务。如果决定不适用这一情节，则必须说明不适用的明显理由。

4. 单功能情节与多功能情节。在法定情节中，以法律规定一种情节对量刑结果所能起作用的程度，可以分为单功能情节与多功能情节。

单功能情节是指根据法律规定，在量刑时只能对量刑结果起一种程度作用的情节。例如，法律规定，累犯情节对量刑所起的作用，只有从重处罚一种。这种情节的适用相对比较简单，司法人员没有在不同功能之间进行选择的困难。

多功能情节是指法律规定的量刑情节对量刑能够产生的作用并不限于一种程度，而是有两个以上程度可以选择。例如，刑法规定对于犯罪后自首的，可以从轻或者减轻处罚；罪行较轻的，可以免除处罚。因此，司法机关对于具有自首情节的犯罪分子量刑时，既可以考虑从轻处罚，也可以考虑减轻处罚，如果所犯罪行不重，还可以免除处罚。司法人员在适用这种多功能情节时，就需要根据案件的具体情况，在法律规定的不同功能中选择一种作出处理，这种选择有的是强制性的，例如对于犯罪中止情节，法律明确规定，没有造成损害的，应当免除处罚，已经造成损害的，应当减轻处罚，这种多功能情节的掌握也较简单。但法律对多数多功能情节的选择适用规定都是任意性的，允许司法机关在法定的几种功能中，根据案情自由选择某一功能。进行这种选择，必须以罪责刑相一致的刑法基本原则为指导。

在我国现行刑法中，凡是从严处罚的情节，都是单功能的，只能从重处罚。而从宽情节，则均属于多功能情节。

了解量刑情节的不同类型，有助于司法机关在量刑时，自觉地注意各种类型情节的性质、作用，根据法律规定，正确适用这些情节，对案件判处适当的刑罚。

（二）法定情节

法定情节是指刑法明文规定在量刑时必须予以考虑的各种犯罪事实情况。法定情节分总则性法定情节和分则性法定情节两大类。前者指由《刑法》总则明文规定，对分则各罪都可适用的情节；后者指由分则各条加以规定，只对该条所规定的犯罪适用的情节。

我国《刑法》中总则性法定情节包括以下内容：(1)《刑法》第 10 条规定：在外国已经受过刑罚处罚的，可以免除或者减轻处罚。(2)《刑法》第 17 条规定：已满 14 周岁不满 18 周岁的人犯罪，应当从轻处罚或者减轻处罚。(3)《刑法》第 18 条规定：尚未完全丧失辨认或者控制自己行为能力的精神病人犯罪的，可以从轻或者减轻处罚。(4)《刑法》第 19 条规定：又聋又哑的人或者盲人犯罪，可以从轻、减轻或者免除处罚。(5)《刑法》第 20 条规定：防卫过当的，应当减轻或者免除处罚。(6)《刑法》第 21 条规定：紧急避险过当的，应当减轻或者免除处罚。(7)《刑法》第 22 条规定：对预备犯，可以从轻、减轻处罚或者免除处罚。(8)《刑法》第 23 条规定：对未遂犯，可以从轻或者减轻处罚。(9)《刑法》第 24 条规定：对中止犯，没有造成损害的，应当免除处罚；造成损害的，应当减轻处罚。(10)《刑法》第 27 条规定：对于从犯，应当从轻、减轻处罚或者免除处罚。(11)《刑法》第 28 条规定：对胁从犯，应当按照他的犯罪情节减轻处罚或者免除处罚。(12)《刑法》第 29 条规定：教唆不满 18 周岁的人犯罪的，应当从重处罚。对于教唆未遂的教唆犯，可以从轻或者减轻处罚。(13)《刑法》第 37 条规定：对于犯罪情节轻微不需要判处刑罚的可以免予刑事处罚。(14)《刑法》第 65 条规定：对于累犯应当从重处罚。(15)《刑法》第 67 条规定：对自首的，可以从轻或者减轻处罚；其中犯罪较轻的，可以免除处罚。(16)《刑法》第 68 条规定：对立功者，可以从轻或者减轻处罚；有重大立功表现的，可以减轻或者免除处罚；犯罪后自首又有重大立功表现的，应当减轻或者免除处罚；等等。

分则性法定情节，在分则各条中有明确规定，例如，《刑法》第 109 条第 2 款规定：掌握国家秘密的国家工作人员犯叛逃罪的，依照该条第 1 款规定，从重处罚。再如《刑法》第 243 条规定，国家工作人员犯诬告陷害罪的，从重处罚。类似这种分则性情节，数量较多，难以一一列举，本教材刑法各论部分在对各罪进行论述时，对这些情节都将逐一涉及，且各种情节只对各该条规定的犯罪适用，不具有普遍适用意义，因此，这里就不再详细指明。

（三）酌定情节

酌定情节是指刑法中没有明文规定，但是根据刑事立法精神和有关刑事政策，由司法机关根据审判实践概括出来，在裁量刑罚时也需要予以考虑的各种犯罪事实情况。虽然这些情节未被法律规定，对这种情节的适用并不具有必然性、强制性，但是，它们对公正地量刑却同样具有重大价值，因而在量刑时也需要给予关注。一般情况下，对于酌定情节的适用往往在法定刑的幅度内予以考虑，但在特殊情况下，一些重要的酌定情节，具有《刑法》第 63 条第 2 款所规定性质时，甚至能够起到减轻处罚的作用。

酌定情节种类很多，无法全部举出。根据我国刑事司法实践看，经常适用的酌定情节主要有以下几种：

1. 犯罪动机。同种犯罪，不同的犯罪分子可能出于不同的犯罪动机。例如，同是故意杀人，有的图财害命，有的是出于一时冲动，有的是由于义愤。犯罪动机往往直接反映行为人的主观恶性。出于恶劣动机的犯罪分子，主观恶性往往比较大，而出于非恶劣动机的犯罪人，主观恶性相对较小。这在量刑时不能不予以重视。有时，犯罪动机甚至会对量刑结果产生重大影响。

2. 犯罪人罪前的一贯表现。犯罪行为社会危害性的重要方面是犯罪分子的主观恶性，这种恶性包含着犯罪人的反社会人格。通常情况下，犯罪行为就是一个人反社会人格的集中表现，正是这种反社会的人格，才支配着犯罪人不惜冒着受刑罚惩罚的危险而违反法律，因此，量刑时，必须对这种反社会人格情况予以重视。而这种人格的形成并不是突然产生的，往往有一个发展过程，因此，通过分析犯罪人犯罪前的一贯表现，就可以判断出犯罪人主观恶性的大小。对于一贯表现良好，只因偶尔失足而实施犯罪的犯罪人，主观恶性弱，处罚就可适当从宽，特别是对偶尔失足的青少年来说，更应如此，而对于一贯道德败坏，违法作恶，甚至多次犯罪的犯罪分子，由于其主观恶性大，就应从严惩处。

3. 犯罪人罪后的表现。例如是否主动坦白、认罪、悔罪，是否积极退赃，是否采取措施挽回、减少损失，是否积极协助司法机关侦破案件，等等。良好的罪后表现，不但能在客观上减少犯罪造成的危害后果，有利于国家对犯罪的及时处理，减少诉讼支出，更重要的是表明犯罪人主观恶性降低，社会危险性减小；而恶劣的罪后表现，例如抗拒交代，拒不认罪，甚至罪后逃逸，伪造现场，转移赃物，销毁证据，嫁祸于人，等等，不但会加重犯罪的危害，增加诉讼的困难，而且表明犯罪分子主观恶性深，并且持续存在，社会危险性大。对于这些事后表现，在量刑时当然应当加以考虑。

4. 犯罪结果。危害结果表明犯罪行为对犯罪客体实际损害的程度，因而是决定社会危害程度的重要因素，对于量刑具有重要的参考价值。同一犯罪，实际危害结果不同，量刑就应有差别。例如，故意伤害罪中，轻伤、重伤、致人死亡三种不同结果是决定适用三种不同法定刑的依据。此外，即使都是重伤结果，也有不同级别的程度之分，司法机关在量刑时，对不同程度的伤害后果，一定要给予充分的注意。同样，在财产、经济犯罪中，犯罪数额的多少，也是影响量刑的关键因素。

5. 犯罪手段。犯罪手段一般不是犯罪的构成要件，但是却是现实生活中多数犯罪分子实施犯罪不可缺少的。犯罪分子选择不同的手段实施犯罪，不但影响着行为在客观上对社会可能造成的危害程度，同时也表明犯罪人主观恶性的大小。凡用残忍手段犯罪的人，主观恶性一般都比较深。因此，犯罪手段如何，也是量刑时为司法机关经常注意的重要情节。

6. 犯罪对象。犯罪对象往往是影响犯罪行为客观上可能造成的危害结果程度的重要因素。犯罪分子选择何种犯罪对象进行侵害，表明他意图给社会造成的危害后果的性质和程度如何，因而也影响着他的主观恶性大小。同是盗窃未遂，针对金融机构的金库进行盗窃，和潜入一般家庭进行盗窃，行为指向的对象不同，犯罪分子主观恶性显然明显有别。同样，同是犯抢劫罪，有意识地选择老弱病残、孕妇等社会弱者进行侵害，罪犯主观恶性就重于一般的抢劫犯。因此，量刑时，也应注意犯罪对象的情况。

7. 犯罪时间、地点。犯罪的社会危害性，总是在特定的时空表现出来的，不能不受所处时空特点的制约。同一种行为发生的时间、地点不同，能够造成的危害结果的性质和程度就可能有所不同。例如，在自然灾害发生后的紧急时期进行抢劫、盗窃，其危害性就明显重于发生在正常时期；同样遗失军事机密的行为发生在战时，其可能造成的危害就明显重于和平时期。对这些不同时间、地点发生的犯罪，量刑轻重当然应有所区别。

除此以外，还可能有其他重要的酌定情节，需要在今后的司法实践中继续总结。需要指出的是，如果上述某一方面的犯罪事实已在刑法分则条文中被规定为犯罪构成要件，或者已被规定为适用不同法定刑幅度的法定标准，那么，一般情况下，这些事实就不应再同时作为酌定量刑情节对待。例如，根据《刑法》第 381 条，战时拒绝军事征用的，构成犯罪，在这里，“战时”这一特定时间，就成为构成本罪不可缺少的客观要件，那么，在对构成本罪的行为量刑时，就不能再把“战时”这种特定的时间作为酌定从重量刑情节对待。只有在同一种事实，不但能作为构成要件的事实，说明犯罪能够成立，同时在此基础上，还能表明犯罪行为的危害性在量上有差别时，对这种事实，仍可作为酌定情节对待。例如，盗窃公私财物价值 2 000 元，数额较大，依法构成盗窃罪。这里的 2 000 元数额不但应作为定罪要件对待，同时在量刑时，也应考虑与盗窃低于 2 000 元或者高于 2 000 元，但同样属于数额较大范畴的盗窃犯罪之间的差别。

（四）刑罚裁量情节的适用

如何准确、科学地将各种量刑情节适用于具体案件，以期最终对犯罪分子判处一个公正、适当的刑罚，这也是一个非常重要的问题，其中也有规律可循。具体来说，应根据不同情节的性质，采用不同的适用方法。

1. 法定情节的适用。法定情节是为法律明文规定的，因此，法定情节的适用必然要受法律规定制约。我国刑法中规定的法定情节有四种：从重处罚、从轻处罚、减轻处罚和免除处罚。它们的具体适用应依法进行。

（1）从重、从轻处罚情节的适用。《刑法》第 62 条规定：“犯罪分子具有本法规定的从重处罚、从轻处罚情节的，应当在法定刑的限度以内判处刑罚。”这一规定为在量刑时正确适用法定的从重、从轻处罚情节提供了法律依据。其基本要求就是，对于具有法定的从重或者从轻处罚情节的犯罪分子，在量刑时，要在法律规定的法定刑幅度内，判处相对不具有这一情节的犯罪较重或较轻的刑种或刑期。因此，不能将从重处罚理解为在法定刑内一律判处最高的，或者接近最高的刑罚，也不能理解为应当判处法定刑内超过“中线”刑罚以上的刑罚。同样，不能将从轻处罚理解为一律判处法定刑中最低的，或者接近最低的刑罚，也不能理解为判处法定刑内低于“中线”刑罚以下的刑罚。从重、从轻只能是相对没有这一情节的犯罪而言。例如，国家工作人员贪污公共财物，价值 10 万元以上，依照《刑法》第 383 条第 1 款第 1 项的规定，应判处 10 年以上有期徒刑、无期徒刑，可以并处没收财产；情节特别严重的，处死刑，并处没收财产。例如某人贪污财物 11 万元，通常依法应判 11 年有期徒刑，如果他属于累犯，依法从重处罚时，判处 12 年或 13 年有期徒刑，就是从重处罚；而不一定必须判处无期徒刑。同样，如果贪污 20 万元依法应当判处无期徒刑，如果罪犯自首，需要从轻处罚时，判处 15 年有期徒刑，也属于从轻。因此，在适用从重、从轻处罚情节时，一般先要根据这种犯罪的普通危害程度，确定对之应当适用的法定刑幅度，是选择基本法定刑，还是选择加重法定刑，或者选择减轻法定刑；然后，在已选择适用的法定刑幅度以内，确定一般情况下应当判处的刑罚，作为参照基准；最后，在此基础上，根据所具备的法定情节的性质、作用，对基准刑进行适当的修正，得出宣告刑。根据《刑法》第 99 条的规定，

“本法所称以上、以下、以内，包括本数”，因此，从重处罚、从轻处罚时，在法定刑以内判刑罚，是可以适用最低刑和最高刑的，但不能低于或超出法定刑幅度的上、下限。

(2) 减轻处罚情节的适用。《刑法》第 63 条规定：“犯罪分子具有本法规定的减轻处罚情节的，应当在法定刑以下判处刑罚。”该条第 2 款规定：“犯罪分子虽然不具有本法规定的减轻处罚情节，但是根据案件的特殊情况，经最高人民法院核准，也可以在法定刑以下判处刑罚。”根据这一规定，对减轻处罚情节的适用，应当注意以下方面：

第一，减轻处罚，必须是在法定刑以下适用刑罚。对于“法定刑以下”的含义应当作如下理解：首先，“法定刑”指与不具有该情节的同一犯罪的危害性相适应的法定刑幅度，而不是均指某一犯罪的最低法定刑幅度。例如，依照《刑法》第 263 条规定，犯抢劫罪的，一般判处 3 年以上 10 年以下有期徒刑，并处罚金；如果有法定的 8 种加重情节，例如冒充军警人员犯抢劫罪，则应当判处 10 年以上有期徒刑、无期徒刑或者死刑，并处罚金或者没收财产。如果某罪犯冒充军警人员抢劫，但是犯罪未遂，未抢到财物，又不具有其他特殊严重情节，需要减轻处罚时，就应以“10 年以上有期徒刑、无期徒刑或者死刑”这个法定刑幅度作为减轻法定刑幅度的参照标准，即在低一档的法定刑——3 年以上 10 年以下有期徒刑内判处刑罚，而不能以第 263 条整个条文规定的最低法定刑作为减轻参照标准。也就是说，对该罪犯减轻处罚时，不能判处低于 3 年有期徒刑的刑罚。其次，“法定刑以下”，指已被确定作为减轻处罚参照标准的“法定刑”幅度内的最低刑以下。如果该法定刑幅度内有多种主刑，那么最轻的主刑就是最低刑；如果最轻刑种还有不同幅度之分的，条文中规定的最低限度就是法定最低刑。再次，“法定刑以下”的刑罚，是仅就主刑而言的，不能包括附加刑。如果某一法定最低刑已是管制，那么对于这一法定刑，就不存在“减轻处罚”的余地了。如果判处法定最低刑仍然过重，就只能考虑免除处罚。最后，在“法定刑以下”判刑，允许低到什么程度，法律没有限制，严格依照法律，应当认为，对减轻处罚是没有最低限的，一直允许减轻到管制的最低刑期。不过，由于法律对法定最低刑的规定情况差别很大，有的罪法定刑非常高，如绑架致人死亡或者杀害人质的，只有死刑一个刑种，如果对符合这一规定，但又具备法定减轻处罚情节的犯罪行为，减轻处罚时不作一定限制，允许无限往下减，就可能导致量刑严重失衡。因此，我们认为，应当对这一问题进行研究，通过有权解释进行一定的限制。可考虑：对于在高一级法定刑幅度下减轻处罚的，应在低一级的法定刑幅度内量刑；对于法定最低刑为有期徒刑，但刑期高于 6 个月的，减轻处罚时，应在法定最低刑以下，6 个月以上的幅度内适用刑罚；如果最低刑是 6 个月有期徒刑的，减轻处罚可适用拘役；对于法定最低刑为拘役的，减轻处罚可适用管制。

还应指出，法律规定减轻处罚是在法定刑以下判处刑罚。由于“以下”也包括本数，因此，从法律上说，对罪犯判处法定最低刑，也属于减轻处罚的范围。而这样一来，就与“从轻处罚”重合了，因为从轻处罚在法定刑“以内”量刑时，由于“以内”也包含本数，所以，判处法定最低刑也可认为是“从轻处罚”。这是立法上的不严谨造成的。鉴于判处法定最低刑属于从轻处罚的范围，减轻处罚时实际上应当理解为必须判处低于法定最低刑的刑罚。

第二，减轻处罚有两种情况，一是符合刑法某一法定量刑情节规定的减轻处罚，可以称为法定减轻。例如自首、立功、未遂犯、预备犯、未成年人犯罪等，法律明确规定可以或者应当减轻处罚。对于符合这类法律规定允许减轻情节的，人民法院可以直接减轻处罚。二是虽然犯罪行为不具备任何法定减轻处罚情节，但是根据案件的特殊情况，判处法定最低刑仍然认为过重的，根据罪责刑相适应原则，也允许减轻处罚，但必须报经最高人民法院核准。

这就是指虽然不具备法定减轻情节，但如果具备某种特殊的酌定情节，使犯罪行为的危害性或者责任明显减低时的减轻处罚，可以称为酌定减轻。至于包括哪些情节，无法统一界定，需由人民法院在审判中根据不同情况具体分析。不过，对此应当严格掌握，不能随意适用。否则，就可能导致减轻的滥用，从而破坏法律的公正性。正因为如此，现行刑法要求适用这种减轻处罚时，必须报经最高人民法院核准，较以前作了更严格的限制。

（3）免除处罚情节的适用。免除刑罚是指对于构成犯罪的犯罪分子，如果具备法定情节，或者犯罪情节轻微，不需要判处刑罚时，只给予有罪宣告，同时免除其刑罚处罚。免除刑罚以有罪判决为适用前提，适用的对象是犯罪分子，因此，与宣告无罪不同；同时，不对犯罪分子实际判刑，因而又与定罪判刑有别。根据我国刑法规定，免除处罚也有两种情况：第一种情况是符合某法定情节的免除处罚。例如从犯、胁从犯、预备犯、中止犯、自首、立功等等。对于符合这种法定允许免除处罚情节的案件，人民法院如果认为需要对犯罪分子不需要实际判刑时，可以在判决时直接引用相关条文，予以免除处罚。第二种情况是虽然不具备免除处罚的法定情节，但是由于其他酌定情节的影响，也不需要对犯罪分子实际判刑的，人民法院可根据《刑法》第 37 条的规定，“对于犯罪情节轻微不需要判处刑罚的，可以免予刑事处罚”，对犯罪分子作出免除刑罚判决。不过，这时如果认为有必要，可以适用该条规定的非刑罚处理措施，例如予以训诫、责令具结悔过、赔礼道歉、赔偿损失、建议主管部门给予行政处分或者行政处罚等等。此外，根据最高人民法院《关于审理未成年人刑事案件具体应用法律若干问题的解释》第 17 条的规定，未成年罪犯根据其所犯罪行，可能被判处拘役、3 年以下有期徒刑，如果悔罪表现好，并具有下列情形之一的，应当依照《刑法》第 37 条的规定免予刑事处罚：1）系又聋又哑的人或者盲人；2）防卫过当或者避险过当；3）犯罪预备、中止或者未遂；4）共同犯罪中从犯、胁从犯；5）犯罪后自首或者有立功表现；6）其他犯罪情节轻微不需要判处刑罚的。

对于具有多功能性质的法定情节，适用时应根据犯罪的具体危害程度，以罪责刑相适应原则为指导，决定适用哪种功能。这时，应当特别注意不同功能在法律条文中的排列顺序。通常情况下，排在最前面的功能，往往是需要首先考虑选择的，只有在特殊情况下，才可选择后面的功能。

对于具有多个法定情节的，应当先分别判断各个情节对量刑的作用，然后综合进行分析。不能简单将两个相反性质的法定情节相互抵消，也不能将两个以上的从轻情节相加，作为一个减轻处罚情节对待。除非符合“情节加重犯”的加重情节要求，对于具有两个以上从重处罚情节，也不能合并起来作为适用上一级法定刑的条件。

2. 酌定情节的适用。酌定情节同样应在量刑时加以考虑。由于这类情节种类繁多，难以枚举，各种情节的性质、作用差别很大，而法律又没有对之加以明文规定，这就给适用酌定情节造成困难。根据司法实践经验，适用酌定情节量刑时，应当注意如下几个问题：

（1）客观分析酌定情节的性质。酌定情节也可分为从严、从宽情节两个类型，这由它们对犯罪危害性及犯罪人主观恶性的影响性质来决定。因此，遇到酌定情节，应实事求是地分析考察它的作用及程度，不能以个人好恶作为判断酌定情节的性质和作用的标准。

（2）应当全面掌握、综合分析各种情节。从实践情况看，往往一个案件中会同时具备多个酌定情节，有的作用方向相同，有的作用方向则完全相反，它们都应对量刑产生影响。因此，审判人员在量刑时，就一定要注意全面收集各种酌定情节，既注意那些对加重刑罚有意义的事实，也注意那些对减轻刑罚有意义的情节。然后，综合分析各种情节之间的关系及相互影响，为准确、全面地评价犯罪的危害程度，从而科学量刑奠定基础。

（3）应当以《刑法》第5条规定的罪责刑相适应原则和第4条规定的公民在适用刑法上一律平等原则为总指导，本着公正无私、合法合理的准则行使法律赋予自己的自由裁量权，公正地衡量酌定情节的作用，对犯罪人判处合适的刑罚。一般来说，酌定情节只在从重处罚、从轻处罚的意义上使用。只有对重大的酌定情节，或者具有明显多数的同一性质酌定情节，才可能影响到法定刑幅度的重新选择。由于重大酌定情节或者多个同一性质酌定情节的作用而重新选择法定刑的情况一般有以下几种：一是由于重大酌定情节或者多个同一性质酌定情节的特殊作用，而使犯罪行为超出基本构成，成为"情节加重构成"或者"情节减轻构成"的犯罪，从而需要适用加重或减轻的法定刑。二是由于具有特殊的酌定情节或者多个同一性质酌定情节，而使案件符合《刑法》第63条第2款酌定减轻的规定，从而需要减轻处罚。三是由于特殊酌定情节或者多个同一性质酌定情节的作用，使整个犯罪情节轻微，不需要判刑，符合第37条的规定，被免予刑罚处罚。

（4）注意与法定情节结合考虑，综合衡量它们的量刑意义。法定情节与酌定情节虽然属于两个类型，作用有差别，但是，在实际适用时，是不能将它们完全分开的，因为它们都是从某一方面表现犯罪的危害程度和责任大小，因而应将它们结合起来考虑。有时它们可能相互制约，有时则可能相互补充。在不少情况下，酌定情节对法定情节的适用起补充作用，影响到法定情节起作用方式及其程度。例如，对"可以"适用的法定情节，具体适用与否，往往就需要考察酌定情节的情况。再如，对于既可以从轻处罚，又可以减轻处罚，甚至还允许免除处罚的多功能情节，在适用时，到底如何掌握，也得考虑酌定情节的作用。

## 第二节　累　犯

### ■ 累犯的概念和意义

对累犯从严惩处，是当代世界各国重要的刑罚裁量制度之一。所谓累犯，是指因犯罪而受过一定的刑罚处罚，在刑罚执行完毕或者赦免以后，于法定期限内又犯一定之罪的罪犯。

1. 累犯与惯犯不同。累犯与惯犯虽然具有共同点，即都是多次实施犯罪行为，且主观上都是故意犯罪，但累犯与惯犯却存在着明显的差别。它们的区别主要表现为：第一，累犯一般只能由受过一定的刑罚处罚，并在刑罚执行完毕或者赦免以后的犯罪分子才能构成；而构成惯犯，并无此方面的限制性条件。第二，累犯一般必须是在前罪刑罚执行完毕或者赦免以后的法定期限内又犯一定之罪；而惯犯则是在一定时间内反复多次实施同种犯罪行为，且所犯之罪应是均未经过处理的。第三，累犯是法定的从重处罚情节，由于累犯所犯的前罪已受过一定的刑罚处罚，故对累犯的从重处罚是针对其所犯后罪而言的；对于惯犯应依照《刑法》分则有关条文规定的法定刑处罚，由于《刑法》分则有关条文根据惯犯的特征规定了相对较重的法定刑，故对惯犯无须在法定刑幅度内再予以从重处罚。

2. 累犯与再犯不同。一般意义上的再犯，是指再次犯罪的人，也即两次或两次以上实施犯罪的人。再犯的后犯之罪实施的时间并无限制，既可以是在前罪刑罚执行期间实施的，也可以是在刑满释放之后实施的。累犯与再犯的相同之处主要表现为：他们都是两次或两次以上实施犯罪行为。累犯与再犯的差别主要表现为：第一，累犯前后实施的犯罪必须是特定的犯罪，特定犯罪的性质是由法律明文规定的；而再犯前后实施的犯罪并无此方面的限制。第二，累犯一般必须以前后两罪被判处或应判处一定的刑罚为构成条件；而构成再犯，并不要求前后两罪必须被判处一定刑罚。第三，累犯所犯后罪，一般必须是在前罪刑罚执行完毕或赦免以后的法定期限内实施的；而再犯的前后两罪之间并无时间方面的限制。

在我国，受过刑罚处罚的大多数犯罪分子，能够改恶从善，重新做人，重返社会后成为守法公民。但是，也有一定数量受过刑罚处罚的犯罪分子，仍然不思悔改，在刑罚执行完毕或者赦免以后的一定时间内再次实施犯罪，从而构成累犯。累犯较之于初犯或者其他犯罪分子，其所实施的犯罪行为具有更为严重的社会危害性，并表明犯罪人具有更深的主观恶性和更大的人身危险性。故依据罪责刑相适应的基本原则和刑罚个别化原则，应当对累犯从严惩处，即将累犯作为法定的从重处罚情节。只有如此，才能有效地保证刑罚的特殊预防和一般预防目的的实现，增强惩罚犯罪、改造犯罪人的实际效果。这正是累犯制度的基本意义所在。

## ■ 累犯的种类和构成条件

西方国家刑法规定的累犯，通常可分为普通累犯、特殊累犯和混合累犯三种。其中，普通累犯是指曾经犯过罪而又再犯罪，不问其犯罪的种别如何，一概认定为累犯。特别累犯是指曾犯一定之罪再犯此一定之罪或同类之罪，就构成累犯。混合累犯是指刑法既规定普通累犯，又规定特别累犯，兼采普通累犯制和特别累犯制。苏联与东欧国家的刑法，一般将累犯分为普通累犯、特殊累犯和多次累犯或者特别危险的累犯等几种。

我国刑法规定的累犯，分为一般累犯和特别累犯两种，其构成条件各异。

（一）一般累犯的构成条件

根据我国《刑法》第 65 条的规定，一般累犯，是指因故意犯罪被判处有期徒刑以上刑罚并在刑罚执行完毕或者赦免以后，在 5 年内再犯应当判处有期徒刑以上刑罚的故意犯罪的犯罪分子。一般累犯的构成条件为：

1. 前罪与后罪都是故意犯罪。此为构成累犯的主观条件。如果行为人实施的前罪与后罪都为过失犯罪，或者前罪与后罪之一是过失犯罪，都不能构成累犯。我国刑法将过失犯罪排除在累犯之外，对累犯的主观构成条件作了严格的限制规定，主要是因为：首先，故意犯罪与过失犯罪相比，表现出犯罪人具有更深的主观恶性和更大的人身危险性，从而决定了犯罪的社会危害性也更为严重。对于那种具有较大再犯可能性的犯罪分子，理应予以相对严厉的刑罚处罚。其次，我国《刑法》分则所规定的犯罪，绝大多数只能由故意构成，而且，给国家、社会和公民造成重大危害的犯罪，也多是故意犯罪。故意犯罪，是刑事制裁的重点。以遏制犯罪人再次犯罪为目的的累犯制度，应当将构成累犯的主观条件限定为故意犯罪。

2. 前罪被判处有期徒刑以上刑罚，后罪应当被判处有期徒刑以上刑罚。此为构成累犯的刑种条件。也就是说，构成累犯的前罪被判处的刑罚和后罪应当判处的刑罚均须为有期徒刑以上的刑罚，如果前罪所判处的刑罚和后罪应当判处的刑罚均低于有期徒刑，或者其中之一低于有期徒刑，均不构成累犯。具体而言，若前罪被判处的刑罚是拘役、管制或者被单独判处某种附加刑，后罪虽然是应当判处有期徒刑以上的刑罚，也不构成累犯；反之，虽然前罪被判处有期徒刑以上刑罚，而后罪却应当判处拘役、管制或者单独判处某种附加刑，同样也不能构成累犯。其中，所谓被判处有期徒刑以上刑罚，是指人民法院最后确定的宣告刑是有期徒刑以上刑罚，包括被判处有期徒刑、无期徒刑和死刑缓期执行。所谓应当判处有期徒刑以上刑罚，是指所犯后罪根据其事实和法律规定应当判处有期徒刑以上刑罚，包括应当判处有期徒刑、无期徒刑和死刑，而不是指该罪的法定刑包括有期徒刑。因为《刑法》分则所规定的每一罪刑单位的法定刑均包含有期徒刑，如果将应当判处有期徒刑以上刑罚之罪，理解为所犯之罪的法定刑中包括有期徒刑以上刑罚，则势必无限制地扩大累犯的范围，这显然不符合我国刑法中累犯制度的基本精神。总之，构成累犯的刑度条件表明，犯罪人实施的前罪和后罪必须是较为严重、严重或特别严重的刑事犯罪。

3. 后罪发生在前罪的刑罚执行完毕或者赦免以后 5 年以内。这是构成累犯的时间条件。其中，所谓刑罚执行完毕，是指主刑执行完毕，不包括附加刑在内。主刑执行完毕 5 年内又犯罪，即使附加刑未执行完毕，仍构成累犯。所谓赦免，是指特赦减免。我国刑法以刑罚执行完毕或赦免后 5 年内再犯罪，作为构成累犯的时间界限。若后罪发生在前罪的刑罚执行期间，则不构成累犯，而应适用数罪并罚；若后罪发生在前罪的刑罚执行完毕或者赦免 5 年以后，也不构成累犯。

被假释的故意犯罪的犯罪分子，如果在假释考验期内又犯新罪，不构成累犯，而应在撤销假释之后，适用数罪并罚。被假释的犯罪分子，如果在假释考验期满 5 年以内又犯新罪，则构成累犯，因为假释考验期满就认为原判刑罚已经执行完毕。被假释的犯罪分子，如果在假释考验期满 5 年以后犯罪，同样不构成累犯。

被判处有期徒刑宣告缓刑的犯罪分子，如果在缓刑考验期满后又犯罪，不构成累犯，因为缓刑是附条件的不执行刑罚，考验期满原判的刑罚就不再执行了，而不是刑罚已经执行完毕，不符合累犯的构成条件。至于被判有期徒刑宣告缓刑的犯罪分子，如果在缓刑考验期内又犯新罪，同样不构成累犯，而应当在撤销缓刑之后，适用数罪并罚。

至于前罪已受外国刑罚处罚，能否作为构成累犯的条件的问题，我国刑法未作明确规定，刑法理论界存在着不同的认识。有学者认为，刑法规定的刑罚执行完毕，是指我国的有罪判决和刑罚执行完毕，我国刑法原则上不承认外国法院的审判，因此，行为人在外国受过有期徒刑以上刑罚判决或执行，以后又在我国犯罪的，不能认为具有构成累犯的条件。我们认为，对此问题，不可一概而论，应作具体分析并视情况区别对待。若行为人在国外实施的行为，并未触犯我国刑法，虽然经过外国审判并执行刑罚，也不能作为构成累犯的条件。若行为人受外国刑罚处罚并执行刑罚之罪，依照我国刑法规定也应当负刑事责任，我们可以承认其已受过刑罚执行，如其被判处并执行的为有期徒刑以上刑罚，即可作为构成累犯的条件；此外，也可依照我国刑法规定再行处理。如此解决问题，既具有立法根据，也比较切实可行。

根据 1997 年 9 月 25 日最高人民法院《关于适用刑法时间效力规定若干问题的解释》第 3 条的规定，前罪判处的刑罚已经执行完毕或者赦免，在 1997 年 9 月 30 日以前又犯应当判处有期徒刑以上刑罚之罪，是否构成累犯，适用修订前的《刑法》第 61 条的规定，1997 年 10 月 1 日以后又犯应当判处有期徒刑以上刑罚之罪的，是否构成累犯，适用现行《刑法》第 65 条的规定。

4. 前后两罪不都是危害国家安全罪。此为构成累犯的罪质条件。这是一般累犯与特别累犯的区别所在，即如果前后两罪均为危害国家安全罪，则不能再以一般累犯论处，而构成特别累犯即危害国家安全罪的累犯。

（二）特别累犯的构成条件

我国刑法规定的危害国家安全罪的累犯，相对于一般累犯而言，是特别累犯。根据《刑法》第 66 条的规定，危害国家安全罪的特别累犯，是指因犯危害国家安全罪受过刑罚处罚，刑罚执行完毕或者赦免以后，在任何时候再犯危害国家安全罪的犯罪分子。我国刑法所规定的危害国家安全罪的特别累犯，体现了对危害国家安全的特别累犯较之于一般累犯更加从严惩处的精神。这突出地表现在有别于一般累犯的危害国家安全罪的特别累犯的构成条件之中：

1. 前罪与后罪必须均为危害国家安全罪。如果行为人实施的前后两罪都不是危害国家安全罪，或者其中之一不是危害国家安全罪，就不能构成危害国家安全罪的特别累犯。至于是否能够构成一般累犯，则应当根据一般累犯的构成条件加以认定。

2. 前罪被判处的刑罚和后罪应判处的刑罚的种类及轻重不受限制。即使前后两罪或者其中之一被判处或者应当判处管制、拘役或者单处某种附加刑，也不影响危害国家安全罪的特别累犯的成立。

3. 前罪的刑罚执行完毕或者赦免以后，任何时候再犯危害国家安全罪，都构成危害国家安全罪的特别累犯，即构成危害国家安全罪的特别累犯，不受前后两罪相距时间长短的限制。

## 累犯的刑事责任

古今中外各国的刑法，无不对累犯处以严厉的刑罚。其根本原因就在于，累犯不仅具有比初犯或其他犯罪人更深的主观恶性和更大的人身危险性，而且其所实施的犯罪行为具有更为严重的社会危害性。所以，依据罪责刑相适应原则和刑罚个别化原则，对于累犯应当从严惩处。

各国刑法都规定对累犯从严处罚，但所采用的具体处罚方法和原则不尽相同，主要有以下几种：

1. 特别处罚主义。即对累犯处以特别的严厉之刑。所处之刑主要有无期放逐于殖民地和长期苦役刑。

2. 加重处罚主义。即对累犯予以加重处罚。具体的加重处罚有两种：一是确定加重，即刑法明确规定对累犯加重处罚某一确定的刑罚；二是不确定加重，即刑法并未规定对累犯应处以何种具体刑罚，而是规定对累犯应在原罪刑罚的基础上，加重若干倍处罚或者加重几分之几的处罚。

3. 刑罚与保安处分并科主义。即对于累犯不仅判处刑罚，而且同时科以保安处分。

4. 代替主义。即对累犯科以保安处分，以代替自由刑的适用。其中，有的国家规定对累犯处以定期的保安处分，有的国家则处以不定期的保安处分。

5. 不定期主义。即对累犯判决时，只宣布判处刑罚，但不确定其刑期，或者仅确定刑期的上限或下限，最终执行的刑期依犯罪人在行刑中的表现而定。

6. 从重或加重处罚与附加刑并科主义。即对累犯不仅从重或加重处以主刑，而且同时科以某种特定的附加刑。

新中国刑法规定的累犯处罚原则，经历了从加重处罚原则到从重处罚原则的变化过程。新中国成立之初的一些单行刑事法规，对于累犯就采用了加重处罚原则。我国现行《刑法》第 65 条规定了对累犯应当从重处罚的原则。据此，对累犯裁量刑罚，确定其应承担的刑事责任，应注意把握以下几方面的问题：

1. 对于累犯必须从重处罚。即无论具备一般累犯的构成条件者，还是具备特别累犯的构成条件者，都必须对其在法定刑的限度以内，判处相对较重的刑罚，即适用较重的刑种或较长的刑期。

2. 对于累犯应当比照不构成累犯的初犯或者其他犯罪人从重处罚。也即对于累犯的从重处罚，并不是无原则的、无限制的从重处罚，而应以不构成累犯的初犯或其他犯罪人为从重处罚的参照标准。具体而言，就是当累犯所实施的犯罪行为与某一不构成累犯者实施的犯罪行为在性质、情节、社会危害程度等方面基本相似的条件下，应比照对不构成累犯者应判处的刑罚再予以从重处罚。虽然我国刑法并未明文规定对于累犯应当比照不构成累犯者从重处罚，但基于刑法设置累犯制度的宗旨和累犯制度的基本精神，这本应是对于累犯采用从重处罚原则，以解决其刑事责任所须遵循的基本立法精神。

3. 对于累犯从重处罚，必须根据其所实施的犯罪行为的性质、情节和社会危害程度，确定具体应判处的刑罚，应切忌毫无事实根据地对累犯一律判处法定最高刑的做法。

### ■ 累犯与特别再犯的关系

再犯，可以分为一般再犯和特别再犯。我国现行刑法没有一般再犯的规定，但有特别再犯的规定。所谓特别再犯，是指因犯特定之罪而被判处过刑罚，又犯特定相同类别之罪的犯罪分子。我国刑法中特别再犯的立法根据为《刑法》第 356 条的规定，即“因走私、贩卖、运输、制造、非法持有毒品罪被判过刑，又犯本节[①]规定之罪的，从重处罚”。据此可以认为，我国刑法中同时并存着累犯制度（包括一般累犯和特别累犯）与特别再犯制度。而且，依据刑法规定，对于累犯和特别再犯适用的处罚原则相同，均为应当从重处罚。在这种法律条件下，处理累犯与特别再犯的相互关系，应特别注意以下问题。

1. 累犯尤其是一般累犯的构成条件与特别再犯的构成条件有所不同，切忌相互混淆。一般累犯与特别再犯的主要区别表现为：

（1）二者的犯罪性质有别。构成一般累犯的前后两罪，是除危害国家安全罪（指均为危害国家安全罪）以外的故意犯罪；而构成特别再犯的前后两罪，只限于毒品犯罪，其中，前罪仅为走私、贩卖、运输、制造、非法持有毒品罪，后罪必须是《刑法》分则第六章第七节规定的犯罪。

（2）二者的刑种刑度条件有别。构成一般累犯的前后两罪所判处和应判处的刑罚，必须为有期徒刑以上的刑罚；而构成特别再犯的前后两罪被判处的刑罚，并无最低限制，只要因前罪而判处过刑罚，无论后罪应当判处何种程度的刑罚，均应以特别再犯从重处罚。

（3）二者的时间条件有别。构成一般累犯的时间条件，是后罪必须发生在前罪的刑罚执行完毕或者赦免以后 5 年之内；而构成特别再犯，后罪可以是在前罪被判刑之后的任何时间内（包括在前罪的刑罚执行期间内）实施的。

（4）二者的法律属性有别。一般累犯制度规定于《刑法》总则，它是总则性、法定的从重处罚情节。特别再犯制度规定于刑法分则，它是分则性、法定的从重处罚情节。

2. 依据立法精神和《刑法》总则与分则的基本关系，在刑事司法实践中，对于构成累犯的犯罪分子，应按《刑法》总则关于累犯的规定从重处罚；对于不符合累犯构成条件，但符合特别再犯构成条件的犯罪分子，应按《刑法》分则关于特别再犯的规定从重处罚。尤其应当注意的是，对于同时符合一般累犯和特别再犯构成条件的犯罪分子，不应同时适用《刑法》第 65 条和第 356 条实行双重从重处罚，原则上对其仅按累犯予以从重处罚。

## 第三节　自首和立功

### ■ 自首的概念和意义

自首，是指犯罪分子犯罪以后自动投案，如实供述自己的罪行的行为，或者被采取强制措施的犯罪嫌疑人、被告人和正在服刑的罪犯，如实供述司法机关还未掌握的本人其他罪行的行为。我国刑法规定的自首制度，是以惩办与宽大相结合的刑事政策为根据的一种刑罚裁

---

① 这里的“本节”是指《刑法》分则第六章第七节。

量制度，表明我国刑法在惩罚犯罪的基础上，通过自首从宽原则的实施，获得有利于国家、社会的预防犯罪结果。

自首的本质，在于犯罪人出于自己的意志而将自己交付国家追诉。它与违背犯罪人意志的被动归案，以及犯罪人被动归案后的坦白行为，具有本质的差别。正是这种差别，表明自首犯的人身危险性相对较轻。由自首的本质所反映的自首犯罪人身危险性的特性出发，我国刑法根据惩办与宽大相结合的刑事政策和刑罚个别化的原则设置了自首制度，并确定了自首从宽的原则。

我国刑法设置的自首制度及其所确立的对自首犯从宽处罚的原则，具有重要的意义。首先，它对分化瓦解犯罪势力，感召犯罪分子主动投案，激励犯罪分子悔过自新，减少因犯罪而造成的社会不安定因素，起着积极的作用。其次，它有利于迅速侦破刑事案件，及时惩治犯罪，提高刑事法律在打击和预防犯罪中的作用。最后，它是兼顾惩罚犯罪和教育改造罪犯的重要刑罚裁量制度，使刑罚目的实现过程在一定程度上，因犯罪人的自动归案而拓展到犯罪行为实施之后、定罪量刑之前的阶段，促使罪犯的自我改造更早开始。

## ■ 自首的种类和成立条件

根据我国《刑法》第 67 条的规定，自首分为一般自首和特别自首两种。其中，一般自首，是指犯罪分子犯罪以后自动投案，如实供述自己罪行的行为。特别自首，亦称准自首，是指被采取强制措施的犯罪嫌疑人、被告人和正在服刑的罪犯，如实供述司法机关还未掌握的本人其他罪行的行为。根据刑法的规定，一般自首与特别自首的成立条件有所不同。

（一）一般自首的成立条件

根据《刑法》第 67 条第 1 款的规定，成立一般自首必须具备以下条件：

1. 自动投案。所谓自动投案，是指犯罪分子在犯罪之后、归案之前，出于本人的意志而向有关机关或个人承认自己实施了犯罪，并自愿置于有关机关或个人的控制之下，等待进一步交代犯罪事实，并最终接受国家的审查和裁判的行为。对此，可从以下几个方面加以把握：

（1）投案行为必须发生在犯罪人尚未归案之前。这是对自动投案的时间限定。根据 1998 年 4 月 6 日最高人民法院《关于处理自首和立功具体应用法律若干问题的解释》第 1 条的规定，自动投案，是指犯罪事实或者犯罪嫌疑人未被司法机关发觉，或者虽被发觉，但犯罪嫌疑人尚未受到讯问、未被采取强制措施时，主动、直接向公安机关、人民检察院或者人民法院投案。此外，犯罪嫌疑人向其所在单位、城乡基层组织或者其他有关负责人员投案的；犯罪嫌疑人因病、伤或者为了减轻犯罪后果，委托他人先代为投案，或者先以信电投案的；罪行尚未被司法机关发觉，仅因形迹可疑，被有关组织或者司法机关盘问、教育后，主动交代自己的罪行的；犯罪后逃跑，在被通缉、追捕过程中，主动投案的；经查实确已准备去投案，或者正在投案途中，被公安机关捕获的，应当视为自动投案。

（2）必须是基于犯罪分子本人的意志而自动归案。这是认定自动投案是否成立的关键条件。也即犯罪分子的归案，并不是违背犯罪分子的本意的原因所造成的。把握犯罪分子归案行为的自动性，必须注意自动投案的动机是多种多样的。有的出于真诚悔罪，有的慑于法律的威严，有的为了争取宽大处理，有的潜逃在外生活无着，有的经亲友规劝而醒悟，等等。但不同的动机，并不影响归案行为的自动性。根据最高人民法院《关于处理自首和立功具体应用法律若干问题的解释》第 1 条的规定，并非出于犯罪嫌疑人的主动，而是经亲友规劝、陪同投案的；公安机关通知犯罪嫌疑人的亲友，或者亲友主动报案后，将犯罪嫌疑人送去投案的，也应当视为自动投案。

（3）必须向有关机关或者个人承认自己实施了特定犯罪，此为自动投案的对象和具体性的条件。对此须从两方面加以把握：第一，自动投案，一般要求犯罪分子本人直接向公安机关、检察机关或者审判机关投案。对于犯罪分子向其所在单位、城乡基层组织或负责人投案的，也应视为投案。第二，投案之后必须向有关机关、单位、组织或个人承认自己犯有特定之罪。即不能仅空泛地承认犯罪，而是必须承认自己实施了特定犯罪或承认某一特定犯罪系自己所为。具体而言，在犯罪事实未被发觉的条件下，只要承认某一特定犯罪系自己所为即可；在犯罪事实和犯罪人均已被发觉，但犯罪人尚未归案的条件下，只要承认自己是某一特定犯罪的行为人即可。

（4）必须自愿置于有关机关或个人的控制之下，等待进一步交代犯罪事实，接受国家司法机关的审查和裁判。此为自动投案的基本构成要素，也是自首成立的其他条件的前提。所谓审查，主要是指公安机关、检察机关和人民法院针对刑事案件而进行的审理、查证等诉讼活动；所谓裁判，是指人民法院在审查的基础上对犯罪人定罪量刑所作的判决或裁定。犯罪分子自动投案后，必须听候、接受司法机关的侦查、起诉和审判，不能逃避，才能最终成立自首。犯罪分子将自己的人身置于司法机关的现实控制之下，是其悔罪的具体表现，也是国家对其从宽处理的重要根据。犯罪人归案之后，无论在刑事诉讼的侦查阶段、起诉阶段还是审判阶段逃避司法机关现实控制的，都是不接受国家审查、裁判的表现，不能成立自首。根据最高人民法院《关于处理自首和立功具体应用法律若干问题的解释》第 1 条的规定，犯罪嫌疑人自动投案后又逃跑的，不能认定为自首。

在认定自动投案的这一重要内容时，需要注意三方面的问题：

第一，犯罪人自动投案并供述罪行后又隐匿、脱逃的；或者自动投案并供述罪行后又推翻供述，意图避免制裁；或者委托他人代为自首而本人拒不到案的等等，都属于拒不接受国家审查和裁判的行为。

第二，犯罪分子自动投案并如实供述罪行后，为自己进行辩护，或者提出上诉，或者补充或更正某些事实，这都是法律赋予被告人的权利，应当允许，不能视为拒不接受国家审查和裁判。

第三，在司法实践中，有的犯罪人匿名将赃物送回司法机关或原主处，或者用电话、书信等方式匿名向司法机关报案指出赃物所在。此类行为并没有将自身置于司法机关的控制之下，没有接受国家审查和裁判的诚意，因而不能成立自首，但这种主动交出赃物的行为，是悔罪的表现之一，处理时可以考虑适当从宽。

2. 如实供述自己的罪行。犯罪分子自动投案之后，只有如实供述自己的罪行，才足以证明其认罪伏法，为司法机关追究其所犯罪行提供客观根据，使追究犯罪的刑事责任的诉讼活动得以顺利进行。因此，如实地供述自己的罪行，是自首成立的基本条件。把握自首成立的这一条件，应注意以下几方面的问题：

（1）投案人所供述的必须是犯罪的事实。投案人因法律认识错误而交代违法行为或违反道德规范行为的事实，不构成自首。

（2）投案人所供述的必须是自己的犯罪事实，也即自己实施并应当承担刑事责任的罪行。投案人所供述的犯罪，既可以是投案人单独实施的，也可以是与他人共同实施的；既可以是一罪，也可以是数罪。根据最高人民法院《关于处理自首和立功具体应用法律若干问题的解释》第 1 条的规定，犯有数罪的犯罪嫌疑人仅如实供述所犯数罪中部分犯罪的，只对如实供述部分犯罪的行为，认定为自首。共同犯罪案件中的犯罪嫌疑人，除如实供述自己的罪行，还应当供述所知道的同案犯，主犯则应当供述所知其他同案犯的共同犯罪事实，才能认定为自首。

(3) 投案人必须如实供述所犯罪行，即犯罪分子应按照实际情况彻底供述所实施的罪行。根据最高人民法院《关于处理自首和立功具体应用法律若干问题的解释》第1条的规定，如实供述自己的罪行，是指犯罪嫌疑人自动投案后，如实交代自己的主要犯罪事实。如果犯罪人在供述犯罪时推诿罪责，保全自己，意图逃避制裁；大包大揽，庇护同伙，意图包揽罪责；歪曲罪质，隐瞒情节，企图蒙混过关；掩盖真相，避重就轻，试图减轻罪责等等，均属于不如实供述自己的罪行，不能成立自首。此外，根据最高人民法院《关于处理自首和立功具体应用法律若干问题的解释》第1条的规定，犯罪嫌疑人自动投案并如实供述自己的罪行后又翻供的，不能认定为自首；但在一审判决前又能如实供述的，应当认定为自首。应当注意的是，根据最高人民法院《关于被告人对行为性质的辩解是否影响自首成立问题的批复》(2004年8月27日）的规定，行为人对行为性质的辩解不影响自首的成立。

（二）特别自首的成立条件

根据《刑法》第67条第2款的规定，成立特别自首，应当具备以下条件：

1. 成立特别自首的主体必须是被采取强制措施的犯罪嫌疑人、被告人和正在服刑的罪犯。其中，所谓强制措施，是指我国刑事诉讼法规定的拘传、拘留、取保候审、监视居住和逮捕；所谓正在服刑的罪犯，是指已经人民法院判决、正在执行所判刑罚的罪犯。除上述法律规定的三种人以外的犯罪分子，不能成立特别自首。

2. 必须如实供述司法机关还未掌握的本人其他罪行。这是成立特别自首的关键性条件，对此，应特别注意把握以下几点：

(1) 所供述的必须是司法机关还未掌握的罪行，也即司法机关不了解的犯罪事实。

(2) 所供述的必须是除司法机关已掌握的罪行以外的其他罪行，也即被采取强制措施的犯罪嫌疑人、被告人和正在服刑的罪犯，必须供述与司法机关已经掌握的罪行在性质或者罪名上不同的罪行。

(3) 所供述的必须是本人的罪行，也即必须供述犯罪人本人实施的犯罪事实。

(4) 所供述的罪行与司法机关已掌握的罪行在罪名上是否一致，其法律后果有所不同。根据最高人民法院《关于处理自首和立功具体应用法律若干问题的解释》第2条、第4条的规定，被采取强制措施的犯罪嫌疑人、被告人和正在服刑的罪犯，如实供述司法机关还未掌握的本人其他罪行的法律后果，分为两种：一是被采取强制措施的犯罪嫌疑人、被告人和已宣判的罪犯，如实供述司法机关尚未掌握的罪行，与司法机关已掌握的或者判决确定的罪行属不同罪行的，以自首论。二是被采取强制措施的犯罪嫌疑人、被告人和已宣判的罪犯，如实供述司法机关尚未掌握的罪行，与司法机关已掌握的或者判决确定的罪行属同种罪行的，可以酌情从轻处罚；如实供述的同种罪行较重的，一般应当从轻处罚。

判断犯罪人如实供述所犯罪的行为是否构成特别自首，除上述两个必备条件以外，还应特别注意的是，根据1997年9月25日最高人民法院《关于适用刑法时间效力规定若干问题的解释》第4条的规定，1997年9月30日以前犯罪，1997年10月1日以后仍在服刑的罪犯，如实供述司法机关还未掌握的本人其他罪行的，适用《刑法》第67条第2款的规定。

## ■ 自首的认定

（一）共同犯罪自首的认定

正确认定共同犯罪的人的自首，关键在于准确把握共同犯罪人“自己的罪行”的范围。

根据我国刑法的规定，各种共同犯罪人自首时所要供述的“自己的罪行”的范围，与其在共同犯罪中所起的作用和具体分工是相适应的。

1. 主犯应供述的罪行的范围。主犯可分为首要分子和其他主犯。其中，首要分子必须供述的罪行，包括其组织、策划、指挥作用所及或支配下的全部罪行；其他主犯必须供述的罪行，包括在首要分子的组织、策划、指挥作用的支配下单独实施的共同犯罪行为，以及与其他共同犯罪人共同实施的犯罪行为。

2. 从犯应供述的罪行的范围。从犯分为次要的实行犯和帮助犯。次要的实行犯应供述的罪行，包括犯罪分子自己实施的犯罪，以及与自己共同实施犯罪的主犯和胁从犯的犯罪行为；帮助犯应供述的罪行，包括自己实施的犯罪帮助行为，以及自己所帮助的实行犯的行为。

3. 胁从犯应供述的罪行的范围，包括自己在被胁迫的情况下实施的犯罪，以及所知道的胁迫自己犯罪的胁迫人所实施的犯罪行为。

4. 教唆犯应供述的罪行的范围，包括自己的教唆行为，以及所了解的被教唆人产生犯罪意图之后实施的犯罪行为。

总之，共同犯罪人在自首时供述的罪行，包括自己实施的犯罪，以及自己确实了解的、与自己的罪行密切相关的其他共同犯罪人的罪行。这是由共同犯罪的特性和自首的本质所决定的。

（二）数罪自首的认定

正确认定数罪的自首，关键在于判断犯罪人是否如实地供述了所犯数罪，区分不同情况予以处理。首先，就一般自首而言，对于犯罪人自动投案后如实供述所犯全部数罪的，应认定为全案均成立自首。对于犯罪人自投案后又如实供述所犯全部数罪的一部分，而未供述其中另一部分犯罪的，其所供述的犯罪成立自首，其未交代的犯罪不成立自首，即自首的效力仅及于如实供述之罪。若行为所犯数罪为同种数罪，则应根据犯罪人供述犯罪的程度，决定自首成立的范围。其中，犯罪人所供述的犯罪与未供述的犯罪在性质、情节、社会危害程度等方面大致相当的，只应认定所供述之罪成立自首，未供述之罪不成立自首，即自首的效力同样仅及于如实供述之罪。犯罪人确实由于主客观方面的原因，只如实供述了所犯数罪中的主要或基本罪行，应认定为全案成立自首，即自首的效力及于所犯全部罪行。其次，就特别自首而言，被司法机关依法采取强制措施的犯罪嫌疑人、被告人和正在服刑的罪犯，如实供述司法机关还未掌握的本人非同种罪的，以自首论；如实供述司法机关还未掌握的本人同种罪行的，分别不同情况，可以酌情或者一般应当从轻处罚。

（三）过失犯罪的自首

过失犯罪的自首问题，关键涉及过失犯罪能否成立自首。在我国刑法学界，有人以过失犯罪事实和犯罪人容易被发现为主要理由，主张刑法所规定的自首从宽制度不适用于过失犯罪，自首对于过失犯罪没有实际意义。我们认为，我国《刑法》第 67 条的规定，并未对可以成立自首的犯罪予以任何限制，也就是说，《刑法》分则规定的所有犯罪均未被排除在可以成立自首的犯罪之外。所以，行为人在实施过失犯罪之后，只要其行为符合自首成立的条件，就应认定为自首。

（四）正确区分自首与坦白的界限

正确区分自首与坦白的界限，是正确认定自首不可回避的问题。解决这一问题的关键，主要是如何界定坦白和如何把握坦白的特征。关于何为坦白，我国刑法学界存在多种不同的观点。我们认为，所谓坦白，是指犯罪分子被动归案后，自己如实交代所被指控的犯罪事实，并接受国家司法机关审查和裁判的行为。据此，自首与坦白存在着某些相同之处：(1) 两者均以自己实施了犯罪行为为前提；(2) 两者在犯罪人归案之后都是如实交代自己的犯罪事实；(3) 两者的犯罪人都有接受国家司法机关审查和裁判的行为；(4) 两者都是从宽处罚的情节。但是，自首与坦白也存在着明显的区别：首先，自首是犯罪人自动投案之后，主动如实供述自己犯罪事实的行为，或者被动归案后，如实供述司法机关还未掌握的本人其他罪行的行为；而坦白则是犯罪人被动归案之后，如实交代自己所被指控的犯罪事实的行为。其次，自首与坦白所反映的犯罪人的人身危险性程度不同，自首犯的人身危险性相对较轻，坦白者的人身危险性相对较重。最后，自首是法定的从宽处罚情节，而坦白只是酌定的从宽处罚情节；并且，在一般情况下，自首比坦白的从宽处罚幅度要大。

## ■ 自首犯的刑事责任

根据《刑法》第 67 条第 1 款的规定，对于自首的犯罪分子，可以从轻或者减轻处罚。其中，犯罪较轻的，可以免除处罚。对于自首犯适用该规定，具体确定从轻、减轻还是免除处罚，应当根据犯罪轻重，并考虑自首的具体情节。据此，对于自首犯罪分别不同情况予以从宽处罚。

1. 对于自首的犯罪分子，无论罪行轻重，均可以从轻处罚或者减轻处罚。但对于有少数罪行极其严重的犯罪分子，也可以不从轻或者减轻处罚。

2. 对于犯罪较轻的自首的犯罪分子，不仅可以从轻处罚或者减轻处罚，而且可以免除处罚。

此外，根据《刑法》第 68 条第 2 款的规定，犯罪后自首又有重大立功表现的，应当减轻或者免除处罚。

至于犯罪的轻重，应当根据犯罪的事实、性质、情节和对于社会的危害程度予以综合评判。而自首的具体情节，则应综合考虑投案时间、投案动机、投案的客观条件、交代罪行的程度等多种因素，得出判定结论。

除上述要点外，解决自首犯的刑事责任，还应注意下列问题：

1. 对于犯有数罪，投案后仅如实供述一罪的，只对这一罪按自首从宽处罚。如果如实地供述主要罪行的，也可以对全案按自首处理。

2. 在共同犯罪案件中，对自首的，按自首处理；对未自首的，按未自首依法处理。

3. 对于被采取强制措施的犯罪嫌疑人、被告人和正在服刑的罪犯，如实供述司法机关还未掌握的本人非同种或者同种罪行的，应依照有关司法解释，分别不同情况予以论处。

## ■ 立功

（一）立功的概念和意义

所谓立功，是指犯罪分子揭发他人犯罪行为，查证属实，或者提供重要线索，从而得以侦破其他案件等行为。我国《刑法》第 68 条规定的立功制度，是与自首制度、累犯制度、数罪并罚制度并列的一种重要的刑罚裁量制度。其存在的根据与自首制度相同或者基本一致。

我国刑法设置的立功制度及其所确立的对立功犯从宽处罚的原则，具有重要的意义。首先，它有利于犯罪分子以积极的态度协助司法机关工作，提高司法机关办理刑事案件的效率，其结果具有应予肯定的价值，有利于国家、有利于社会。其次，它对于瓦解犯罪势力，促使其他犯罪分子主动归案，减少因犯罪而造成的社会不安定因素，起着积极的作用。最后，它有助于通过对犯罪分子立功从宽的处罚结果，激励犯罪分子悔过自新、改恶从善，进而较好地协调、发挥刑罚的惩罚犯罪和教育改造罪犯的重要功能。

（二）立功的种类及表现形式

根据《刑法》第 68 条的规定，我国刑法中的立功分为一般立功和重大立功两种。一般立功与重大立功的直接法律后果是，两者依法受到的从宽处罚程度有所不同。

根据 1998 年 4 月 6 日最高人民法院《关于处理自首和立功具体应用法律若干问题的解释》第 5 条的规定，犯罪分子检举、揭发他人犯罪行为，包括共同犯罪案件中的犯罪分子揭发同案犯共同犯罪以外的其他犯罪，经查证属实；提供侦破其他案件的重要线索，经查证属实；阻止他人犯罪活动；协助司法机关抓捕其他犯罪嫌疑人（包括同案犯）；具有其他有利于国家和社会的突出表现的，应当认定为有立功表现。这是一般立功的表现形式。此外，有关司法解释还明确指出，共同犯罪案件中的犯罪分子到案后，揭发同案犯共同犯罪事实的，可以酌情予以从轻处罚。

根据最高人民法院《关于处理自首和立功具体应用法律若干问题的解释》第 7 条的规定，犯罪分子检举、揭发他人重大犯罪行为，经查证属实；提供侦破其他重大案件的重要线索，经查证属实；阻止他人重大犯罪活动；协助司法机关抓捕其他重大犯罪嫌疑人（包括同案犯）；对国家和社会有其他重大贡献等表现的，应当认定为有重大立功表现。前述所称“重大犯罪”、“重大案件”、“重大犯罪嫌疑人”的标准，一般是指犯罪嫌疑人、被告人可能被判处无期徒刑以上刑罚或者案件在本省、自治区、直辖市或者全国范围内有较大影响等情形。据此，可以判定重大立功的表现形式。

确定犯罪分子的行为是否立功（包括一般立功和重大立功），除须注意立功的表现形式外，还应特别注意的问题是，根据 1997 年 9 月 25 日最高人民法院《关于适用刑法时间效力规定若干问题的解释》的规定，1997 年 9 月 30 日以前犯罪的犯罪分子，有揭发他人犯罪行为，或者提供重要线索，从而得以侦破其他案件等立功表现的，适用《刑法》第 68 条的规定。

（三）立功犯的刑事责任

根据我国《刑法》第 68 条的规定，对于立功犯应分别依照以下不同情况予以从宽处罚：

1. 犯罪分子有一般立功表现的，可以从轻或者减轻处罚。

2. 犯罪分子有重大立功表现的，可以减轻或者免除处罚。

3. 犯罪分子犯罪后自首又有重大立功表现的，应当减轻或者免除处罚。

## 第四节　数罪并罚

### ■ 数罪并罚概述

（一）数罪并罚的概念

数罪并罚，是当代世界各国刑事法律制度的重要内容。它作为刑罚适用的基本制度之一，概言之，就是对一行为人所犯数罪合并处罚的制度。我国《刑法》基于其所遵循的基本原则，以及构建完整的刑事法律制度的需要，用三个条文对数罪并罚制度作出了具体规定。这些条文及其要旨为：第 69 条关于数罪并罚原则和判决宣告前一人犯数罪的并罚方法的规定；第 70 条关于判决宣告后发现漏罪的并罚方法的规定；第 71 条关于判决宣告后又犯新罪的并罚方法的规定。

根据上述法律规定，我国刑法中的数罪并罚，是指人民法院对一行为人在法定时间界限内所犯数罪分别定罪量刑后，按照法定的并罚原则及刑期计算方法决定其应执行的刑罚的制度。这种制度的实质在于，依循一定准则，解决或协调行为人所犯数罪的各个宣告刑（包括同一判决中的数个宣告刑或两个以上不同判决中的数个宣告刑）与执行刑之间的关系。因为，与一行为人犯一罪时的刑罚裁量不同，在一行为人犯数罪的情形下，审判机关所要处理的不仅是罪与刑的关系，即数种罪刑或数个罪行与数个宣告刑的关系，而且必须正确处理刑与刑之间的关系，即数个宣告刑与一个执行刑（主刑）的关系，以及主刑与附加刑的关系。受我国刑法所规定的刑罚种类及性质、特别适用和执行规则等因素的制约，以数罪为前提的数个宣告刑与罪犯的执行刑之间绝非简单的对应关系，两者之间的关系必须依照特定规则予以确定，方能使各个宣告刑转化为具有实施可能性、合理性的执行刑。可见，一人犯数罪时的刑罚适用过程的复杂程度，是一人犯单纯一罪时的刑罚适用过程的复杂程度所远不可及的。

（二）数罪并罚的特点

根据我国刑法规定，我国刑法中数罪并罚的特点，可以概括为以下三点：

1. 必须一行为人犯有数罪。此为适用数罪并罚的事实前提。所谓数罪，指实质上的数罪或独立的数罪，其必须均系行为人所为。亦即一行为人犯有一罪或非实质数罪，或者非共犯的数行为人犯有数罪（各个行为人分别犯有一罪），均不在并罚之列。就犯罪的罪过形式和故意犯罪的形态而言，一行为人所犯数罪，既可以是故意犯罪，也可以是过失犯罪；既可以单独犯形式为之，也可以共犯形式为之；既可表现为犯罪的完成形态（犯罪既遂），也可表现为犯罪的未完成形态（预备、犯罪未遂和犯罪中止）。至于何为应予并罚之数罪或实质数罪，我国刑法未作明确规定。目前我国刑法理论界借鉴古今中外刑事立法例和刑法学说，基本确定了以犯罪构成要件为标准确定罪数、划分一罪与数罪界限的理论地位。据此，一行为在刑法上规定为一罪或处理时作为一罪的情形，包括继续犯、想象竞合犯等；数行为在刑法上规定为一罪的情形，包括惯犯、结合犯等；数行为处理时作为一罪的情形，包括连续犯、牵连犯、吸收犯等；均不属于数罪的范畴。故一行为人所犯数罪，并不仅限于数个单纯一罪（实质一罪），也包括数个刑法上规定的和处断上的一罪。至于两者兼而有之的数罪，当然也在实行并罚之列。

2. 一行为人所犯的数罪必须发生于法定的时间界限之内。此为适用数罪并罚的时间条件。关于数罪并罚的范围，即适用并罚的数罪发生于何种期限之内，各国刑法的规定颇不相同。大致有三种规定：一是以判决宣告前所犯数罪为限；二是以判决确定前所犯数罪为限；三是以刑法执行完毕或赦免前所犯数罪为限。

我国刑法关于数罪并罚适用期限的规定，与上述三种规定有所区别。其特点在于，以刑罚执行完毕以前所犯数罪作为适用和并罚的最后时间界限，同时对于在不同的刑事法律关系发展阶段内所实施或发现的数罪，采用不尽一致的并罚方法。这充分体现了对于在不同阶段或法律条件下犯有数罪，并因此而表现出不同社会危害性的人身危险性的罪犯，国家法律对其予以谴责的程度有所差别，以贯彻罪刑相适应的刑法原则；在对犯有数罪者区别对待，使其承担不同刑事责任的政策前提下，实现惩罚与改造罪犯的刑罚目的。换言之，我国刑法对于刑罚执行完毕之前所犯数罪均实行并罚，但对其中不同阶段实施或被发现的数罪采用不同的并罚方法，这是我国刑法中罪责刑相适应、惩罚与教育相结合原则和有关刑事政策，在刑罚适用制度中的具体体现。

我国刑法关于数罪并罚适用期限及不同并罚方法的规定的基本内容为：

（1）判决宣告以前一人犯数罪的，依据《刑法》第 69 条规定的原则进行并罚。此阶段并罚之数罪的性质，刑法虽未明确规定，但刑法学界和刑事审判机关通常理解为以异种数罪为限。

（2）判决宣告以后，刑罚还没有执行完毕以前，发现被判刑的犯罪分子在判决宣告以前还有其他罪没有判决的，依据《刑法》第 70 条规定的“先并后减”方法进行并罚。由于判决宣告后发现漏罪的并罚范围，依法应包括异种数罪和同种数罪在内，故其合并处罚（主要是在同种数罪并罚的条件下）的结果可能实际重于前者。

（3）判决宣告以后，刑罚还没有执行完毕以前，被判刑的犯罪分子又犯罪的，依据《刑法》第 71 条规定的“先减后并”方法进行并罚。此种情形下的合并处罚，由于采用了处罚结果可能重于“先并后减”的“先减后并”的方法，并且依法应以异种数罪和同种数罪为范围，故实际处罚程度重于判决宣告前一人犯数罪和判决宣告后发现漏罪的并罚结果。

（4）被宣告缓刑的犯罪分子，在缓刑考验期限内再犯新罪的或者发现判决宣告以前还有其他罪没有判决的，依据《刑法》第 69 条和第 77 条的规定进行并罚。此种情形下的数罪并罚，因并罚范围当然包括异种数罪和同种数罪在内，并且因实际适用相应的并罚方法，故实际处罚程度显然重于判决宣告前一人犯数罪的并罚结果，类似前述第二种或第三种条件下的数罪并罚结果。

（5）被假释的犯罪分子，在假释考验期内再犯新罪的，依据《刑法》第 86 条和第 71 条的规定进行并罚。该种条件下的数罪并罚，由于实际采用《刑法》第 71 条规定的“先减后并”方法，并且依法应将异种数罪和同种数罪纳入合并处罚之列，因而其结果与上述第三种条件下的数罪并罚结果相同。被假释考验期限内发现判决宣告以前还有其他罪没有判决的，依据《刑法》第 86 条和第 70 条的规定进行并罚。该种条件下的数罪并罚，由于实际采用《刑法》第 70 条规定的“先并后减”方法，并且也应将异种数罪和同种数罪纳入合并处罚之列，所以其结果与上述第二种条件下的数罪并罚结果相同。

3. 必须在对数罪分别定罪量刑的基础上，依照法定的并罚原则、并罚范围和并罚方法（刑期计算方式），决定执行的刑罚。这是适用数罪并罚的程序规则和实际操作准则。倘若违反，轻者会给刑事诉讼造成困难，或者发生执行刑的计算错误等；重者会致使罪刑相适应等刑法基本原则遭受破坏，或者数罪并罚制度形同虚设。我国数罪并罚这一特征的实现，由以下两个步骤或要素构成：（1）必须对罪犯所犯数罪，依法逐一分别确定罪名并裁量、宣告其刑罚。在此过程中，须特别注意依法确定不同阶段或法律条件下应予以并罚的数罪属性，即所并罚之数罪是仅指异种数罪，还是也包括同种数罪在内。（2）应根据适用于不同刑罚种类及结构的法定并罚原则（即吸收原则、限制加重原则和并科原则），以及不同阶段或法律条件下合并处罚的方式（刑罚计算方法），将各数罪被判处的刑罚合并决定为应执行的刑罚。

（三）数罪并罚的意义

我国刑法中数罪并罚制度的意义主要表现为：首先，便于审判人员科学地对犯罪分子判处适当的刑罚，可以保证适用法律的准确性；其次，有利于保障被告人的合法权益；最后，有利于劳改机关对犯罪分子执行刑罚和适用减刑或假释。

## ■ 数罪并罚的原则

所谓数罪并罚的原则，是指对一人犯数罪合并处罚所依据的规则。其功能在于确定对于数罪如何实行并罚。数罪并罚的原则，是数罪并罚制度的核心和灵魂。它一方面体现着一国刑法所奉行的刑事政策的性质和特征，另一方面从根本上制约着该国数罪并罚制度的具体内容及适用效果。

（一）数罪并罚原则概述

了解各国刑法关于数罪并罚原则的规定，是充分认识我国刑法所规定的数罪并罚原则特点的前提。综观古今中外的刑事立法例，各国所采用的数罪并罚原则，主要可归纳为如下四种：

1. 并科原则，亦称相加原则、累加原则或合并原则等。是指将一人所犯数罪分别宣告的各罪刑罚绝对相加、合并执行的合并处罚规则。该原则在某种程度上实为报应刑主义或报应论刑罚思想的产物，其形似公允且持之有故，但实际弊端甚多。如对有期自由刑而言，采用绝对相加的方法决定执行的刑罚期限，往往超过犯罪人的生命极限，与无期徒刑的效果并无二致，已丧失有期徒刑的意义。再如，数罪中若有被判处死刑或无期徒刑者，则受刑种性质的限制，根本无法采用绝对相加的并科规则并予以执行；并且，逐一执行所判数个无期徒刑或死刑，也是极端荒诞之举。所以，并科原则作为单纯适用的数罪并罚原则，实际上既难以执行，且无必要，亦过于严酷，有悖于当代刑罚制度的基本原则和精神。故目前单独采用并科原则的国家较少。

2. 吸收原则。是指对一人所犯数罪采用重罪吸收轻罪或者重罪刑吸收轻罪刑的合并处罚规则。换言之，它是由一个所犯数罪中法定刑中最重的罪吸收其他较轻的罪，或者由最重宣告刑吸收其他较轻宣告刑，仅以最重的宣告刑或者已经宣告的最重刑罚作为执行刑罚的合并处罚规则。吸收原则虽然对于死刑、无期徒刑等刑种的并罚较为适宜，且适用颇为便利，但若普遍采用即适用于其他刑种（如有期徒刑、财产刑等），则弊端明显。其表现为：一是违背罪责刑相适应的刑法基本原则，有轻纵犯罪分子之嫌。因为，在绝对采用该原则实行数罪并罚的条件下，犯数罪者和犯一重罪者被判处的刑罚相同。二是导致刑罚的个别威慑和一般威慑功能丧失，不利于刑罚的特殊预防和一般预防目的的实现。因为，在犯数罪和犯一重罪承担相同刑事责任的条件下，无疑等于鼓励犯罪人或潜在犯罪人实施一重罪之后，去实施更多同等或较轻的罪。所以，当今单纯采用吸收原则的国家较少。

3. 限制加重原则，亦称限制并科原则。是指以一人所犯数罪中法定（应当判处）或已判处的最重刑罚为基础，再在一定程度之内对其予以加重作为执行刑罚的合并处罚规则。采用该原则的具体限制加重方法主要有两种类型：(1) 依数罪中最重犯罪的法定刑加重处罚。以法定刑为准，确定数罪中的最重犯罪（法定刑最重的犯罪），再就法定刑最重刑罚加重处罚并作为执行的刑罚。(2) 依数罪中被判决宣告的最重刑罚加重处罚。即在对数罪分别定罪量刑的基础上，以宣告刑为准，确定其中最重的刑罚，再就宣告的最高刑罚加重处罚作为执行的刑罚。此类限制加重的通常做法是，在数刑中最高刑期以上、总和刑期以下，决定执行的刑罚；同时规定应执行的刑罚不能超过的最高限度。

限制加重原则的特点是，克服了并科原则和吸收原则或失之于严酷且不便具体适用，或失之于宽纵而不足以惩罚犯罪的弊端，既使得数罪并罚制度贯彻了有罪必罚和罪刑相适应的原则，又采取了较为灵活、合乎情理的合并处罚方式。故其确为数罪并罚原则的一大进步，但该原则并非完美无缺，仍具有一定局限性。它虽然可以有效地适用于有期徒刑等自由刑刑种的合并处罚，却对于死刑、无期徒刑根本无法适用，因而当然不能作为普遍适用于各种刑罚的并罚原则，否则，便会产生以偏概全之弊。

4. 折中原则，亦称混合原则。是指对一人犯数罪的合并处罚不单纯采用并科原则、吸收原则或限制加重原则，而是根据法定的刑罚性质及特点兼采并科原则、吸收原则或限制加重原则，以分别适用于不同刑种和宣告刑组成结构的合并处罚规则。换言之，它是指以上述一种原则为主、他种原则为辅，将其分别适用于不同刑种或刑罚结构的数罪合并处罚方法。

鉴于上述前三种原则各有得失、难以概全，目前除极少数国家单纯采用某一种原则外，世界上绝大多数国家采用折中的原则。这种综合采用多种原则的做法，能够使上述各原则得以合理取舍、扬长避短、趋利除弊、互为补充、便于适用，在既合且分的体系内综合发挥统一的最优化功能。但各国法律规定的折中原则所包含的具体原则种类及其主次地位不尽一致。

（二）我国数罪并罚原则的特征

我国《刑法》第 69 条的规定，确立了以限制加重原则为主，以吸收原则和并科原则为补充的折中原则。我国刑法采用的数罪并罚原则，具有以下特征：

1. 全面兼采各种数罪并罚原则，包括吸收原则、限制加重原则、并科原则。

2. 所采用的各原则均无普遍适用效力，每一原则仅适用于特定的刑种即依据刑法的规定，吸收原则只适用于死刑和无期徒刑处罚规则；限制加重原则只适用于有期徒刑、拘役、管制三种有期自由刑；并科原则只适用于附加刑。但是数罪中判有数个附加刑的实际合并处罚规则另有其一定的特殊性。

3. 限制加重原则的适用居于主导地位，吸收原则和并科原则处于辅助或次要地位。我国数罪并罚原则的这一特点，是由我国刑罚体系的特点和各个刑种的实际适用状况或程度所决定的。

4. 吸收原则和限制加重原则的适用效力互相排斥；并科原则附加适用，其适用效力相对独立，不影响其他原则的适用。所谓吸收原则和限制加重原则适用效力的相互排斥，是指对一罪犯的各个宣告刑一次合并决定应执行的刑罚时，只能根据宣告刑的实际状况或结构状况依法选择适用其中一种原则，即吸收原则和限制加重原则择一适用，而不得同时适用两种原则。具体而言，在判决宣告的数个刑罚中有死刑或无期徒刑的条件下，不论罪犯是否还被判处有期自由刑，只能适用吸收原则；而在判决宣告的数个刑罚均为有期自由刑的条件下，只能适用限制加重原则。所谓并科原则的适用效力相对独立，是指不论判决宣告的数个刑罚中的主刑种类如何以及所适用的并罚原则如何，只要数刑中有附加刑，就应适用并科原则。换言之，无论对主刑的合并处罚适用吸收原则还是限制加重原则，只要数刑中有附加刑，就应适用并科原则决定应执行的附加刑。附加刑的并罚原则即并科原则，不排斥对吸收原则或限制加重原则的适用。

总之，我国刑法确立的以限制加重为主、以吸收和并科为补充的折中原则，是立足于我国实际国情和刑事法律状况的数罪并罚原则。它不仅有利于充分发挥刑法所规定的各种刑罚方法的作用，而且使各种具体的数罪并罚原则最大限度地趋利除弊、扬长避短，并形成最优化统一功能。因而，以折中原则为核心的我国数罪并罚制度是科学的，它对于确保我国刑罚目的的实现和各个刑种作用的发挥也是十分有效的。

（三）我国数罪并罚原则的基本适用规则

根据我国《刑法》第 69 条的规定，折中原则中所包含的吸收原则、限制加重原则和并科原则的具体适用范围及基本适用规则如下。

1. 由死刑剥夺罪犯生命权利的特征所决定，判决宣告的数个主刑中有数个死刑或者最重刑为死刑的，采用吸收原则，仅应决定执行一个死刑，而不得决定执行两个以上的死刑或其他主刑。

2. 判决宣告的数个主刑中有数个无期徒刑或最重刑为无期徒刑的，采用吸收原则，只应决定执行一个无期徒刑，而不得决定执行两个以上的无期徒刑，或者将两个以上的无期徒刑合并升格执行死刑，或者决定执行其他主刑。这是由无期徒刑的特性，以及无期徒刑无法与有期自由刑比较折算的特征所决定的。

3. 判决宣告的数个主刑为有期自由刑即有期徒刑、拘役、管制的，采取限制加重原则合并处罚。如前所述，对有期自由刑适用吸收原则或并科原则合并处罚弊端甚多，而唯有采用限制加重原则，最为适宜。根据我国《刑法》第 69 条的规定，具体的限制加重规则为：(1) 判决宣告的数个主刑均为有期徒刑的，应当在总和刑期以下，数刑中最高刑期以上，酌情决定执行的刑期，但是最高不能超过 20 年。(2) 判决宣告的数个主刑均为拘役的，应当在总和刑期以下，数刑中最高刑期以上，酌情决定执行的刑期，但是最高不能超过 1 年。(3) 判决宣告的数个主刑均为管制的，应当在总和刑期以下，数刑中最高刑期以上，酌情决定执行的刑期，但是最高不能超过 3 年。

可见，我国刑法所规定的限制加重原则的特点在于，一是采取双重的限制加重措施，即在数个同种有期自由刑的总和刑期未超过该种自由刑的法定最高期限时，受总和刑期的限制；在数个同种有期自由刑之总和刑期超过该种自由刑的法定最高期限时，受法定数罪并罚最高执行刑期的限制，即管制最高不能超过 3 年，拘役最高不能超过 1 年，有期徒刑最高不能超过 20 年。二是合并处罚时决定执行的刑期或最低执行刑期，必须在所判数刑中的最高刑期以上，而且可以超过各种有期自由刑的法定最高期限，即管制可以超过 2 年，拘役可以超过 6 个月，有期徒刑可以超过 15 年。三是不得将同种有期自由刑合并升格成另一种或更重的有期自由刑或者无期徒刑，即不得将数个管制合并升格为拘役或有期徒刑，不得将数个拘役合并升格为有期徒刑或无期徒刑，不得将数个有期徒刑合并升格为无期徒刑等。

有关同种有期自由刑的合并处罚规则，由于我国《刑法》第 69 条作出了明确规定，故在理论上没有分歧主张，具体执行中也无困难。但因《刑法》第 69 条对于不同种有期自由刑如何合并处罚决定执行的刑期未作出具体规定，故在刑法学界和司法部门主要存在五种不同主张：

一是折算说或折抵说。主张首先将不同种有期自由刑折算为同一种较重的刑种，即将管制、拘役折算为有期徒刑或者将管制折算为拘役，而后按限制加重原则决定应执行的刑期。

二是吸收说。主张对不同种有期自由刑的合并处罚，采用重刑吸收轻刑的规则决定执行的刑期，即有期徒刑吸收拘役或管制，只执行有期徒刑；或者拘役吸收管制，只执行拘役。

三是分别执行说。主张对判决宣告的不同种有期自由刑，应先执行较重的刑种，再执行较轻的刑种，即先执行有期徒刑，再执行拘役、管制；或者先执行拘役，再执行管制。

四是按比例分别执行部分刑期说。此种观点认为，对于不同种有期自由刑，应从重到轻分别予以执行，但并非分别执行不同种有期自由刑的全部刑期，而是分别执行不同种有期自由刑的一定比例的部分刑期。

五是有限酌情分别执行说。此种观点认为，对于不同种有期自由刑，仍应采用体现限制加重原则的方法予以并罚，即在不同种有期自由刑的总和刑以下、最高刑以上，酌情决定执行的刑罚，其结果是，或仅执行其中一种最高刑的刑期，或酌情分别执行不同种的自由刑。

上述五种主张虽各持己见，并以一定的法律规定或刑法学理论为依据，但均缺乏充实的立法根据和刑法学基础；虽各有利弊得失，但均弊大于利，得少而失多，故不甚理想，难以统一适用。该问题的最终解决，不仅有待理论上进一步探讨，而且须以新的刑事立法作出专门规定为基础。

4. 数罪中有判处附加刑的，采用并科原则，附加刑仍须执行。由附加刑的属性所决定，数罪中被判处的附加刑既不能被主刑所吸收，不同种附加刑之间通常也不能相互吸收，否则便会使刑法对某种犯罪专门规定附加刑的意义丧失。同理，因无法确定加重的标准以及不同种刑罚之间无可比性，附加刑与主刑之间，不同种附加刑之间也根本不能采用限制加重原则合并处罚。所以，吸收原则和限制加重原则均不适于主刑和附加刑之间的合并处罚，也不适于不同种附加刑之间的合并处罚（但吸收原则在某种情形下可适用于不同种附加刑的并罚），唯有采用并科原则进行并罚，才是最合乎附加刑自身特征的。根据最高人民法院《关于适用财产刑若干问题的规定》（2000 年 11 月 15 日）第 3 条的规定，依法对犯罪分子所犯数罪分别判处罚金的，应当实行并罚，将所判处的罚金数额相加，执行总和数额。一人犯数罪依法同时并处罚金和没收财产的，应当合并执行；但并处没收全部财产的，只执行没收财产刑。

## ■ 不同法律条件下适用数罪并罚原则的具体规则

前述我国刑法中数罪并罚原则的基本适用规则，是仅指在静态条件下或以判决宣告前一人犯数罪为标准，对于不同的数刑构成状况或结构应当如何适用刑法所规定的合并处罚原则的规则。之所以称其为适用数罪并罚原则的基本规则，主要是因为，无论在何种法律条件下或刑事法律关系的发展阶段中，适用数罪并罚原则对数罪合并处罚都必须严格遵循这些规则，不得有任何例外。如前所述，我国刑法以刑罚执行完毕作为适用数罪并罚制度的时间条件。然而，实施于或被发现于刑罚执行完毕之前不同法律条件下或刑事法律关系发展阶段的数罪，所体现的社会危害性程度和犯罪人身危险性程度是不尽一致的。为了在对数罪适用统一的规则进行合并处罚的前提下，有区别地对待不同危害程度的数罪和危险程度各异的实施数罪者，以表明国家对其予以法律谴责的程度差别，从而完整地贯彻罪刑相适应的刑法基本原则。我国《刑法》在第 69 条、第 70 条、第 71 条中，明确规定了在不同法律条件下或刑事法律关系发展阶段中，适用数罪并罚原则对数刑予以合并执行所应遵守的方法。就某种意义而言，这些方法实际是数罪并罚原则的基本适用规则在不同法律条件下的具体运用办法，或者说是在不同法律条件下适用数罪并罚原则的具体规则。

根据《刑法》第 69 条、第 70 条、第 71 条的规定，不同法律条件下适用数罪并罚原则的具体规则分为以下三种。

（一）判决宣告以前一人犯数罪的合并处罚规则

《刑法》第 69 条的规定表明，我国刑法规定的数罪并罚原则及由此而决定的基本适用规则，是以判决宣告以前一人犯数罪的情形为标准确立的。因此，就基本内容而言，判决宣告以前一人犯数罪的合并处罚规则，与前述我国刑法中数罪并罚原则的基本适用规则完全一致，故不再赘述。

对于判决宣告以前一人所犯数罪按照数罪并罚原则进行合并处罚，首先必须正视和解决的难题之一是，应予合并处罚的数罪性质。数罪依其性质或所触犯的罪名状况可以划分为两类：一类是同种数罪，指触犯同一罪名的数罪，即性质相同的数罪；另一类是异种数罪，指触犯不同罪名的数罪，即性质不同的数罪。对于异种数罪，以及判决宣告以后、刑罚尚未执行完毕以前发现的同种漏罪和再犯的同种新罪应当进行并罚，刑法学界和刑事审判机关均无异议。但是，对于判决宣告以前一人所犯的同种数罪是否应当进行合并处罚，刑法学界和刑事审判部门存在着明显的分歧意见。概括而论，这些分歧意见基本分为三类：其一为一罚说。主张对一人所实施的同种数罪无须并罚，只需按一罪酌情从重处罚，即只需将同种数罪作为一罪的从重情节或者加重构成情节处罚。此为我国刑法理论的传统主张，也是刑事审判实践的一贯做法。其二为并罚说。作为与一罚说直接对立的观点，它主张，对于同种数罪应当毫无例外地实行并罚。其主要论据为，我国刑法关于数罪并罚的规定并未限定只适用于异种数罪，既然同种数罪也是数罪的表现形式，则当然不能被排斥在并罚之外。其三为折中说。作为综合一罚说和并罚说而形成的观点，折中说认为，对于同种数罪是否应当实行并罚不能一概而论，而应当以能否达到罪刑相适应为标准，决定对具体的同种数罪是否实行并罚，即当能够达到罪刑相适应时，对于同种数罪无须并罚，相反，则应实行并罚。具体而言，折中说又分为两种，一是主张以刑法的规定为准决定是否进行并罚，二是主张以适用刑罚的效果为准决定是否进行并罚。

我们认为，对于判决宣告以前一人所犯同种数罪，原则上无须并罚，只需在足以使实际处罚结果符合罪刑相适应原则的特定犯罪的法定刑范围内作一罪从重处罚。但是，当特定犯罪的法定刑过轻且难以使实际处罚结果达到罪刑相适应时进行并罚。在法律未明文禁止的条件下，可以有限制地对同种数罪适当进行并罚。

对于判决宣告以前一人所犯同种数罪原则上不实行并罚，主要有如下根据：

1. 我国过去的刑事立法一般规定，应予并罚的数罪为异种数罪，对于同种数罪应按一罪的从重或加重构成情节判处刑罚。例如，1951 年《中华人民共和国惩治反革命条例》第 15 条、1952 年《中华人民共和国惩治贪污条例》第 4 条第 2 款，就有此类规定。

2. 在我国长期的刑事审判实践中，同种数罪均被作为一罪从重处罚，并未作数罪并罚。能够集中体现审判实践这一传统做法及其普遍性的，是最高司法机关所作出的有关对属于同种数罪的犯罪行为应作为一罪从重处罚的司法解释。在我国的刑事司法解释中，这种解释较为多见。由此可见，虽然我国现行刑事立法对应予并罚的数罪性质未作明确规定，但是，我国司法机关在刑事审判中实际默示并罚的数罪性质限于异种数罪，主张同种数罪应按一罪处罚。我国司法机关之所以坚持如此主张，其理由主要为：首先，如果对同种数罪一律实行并罚，在一定条件下有可能产生有罪不罚、重罪轻罚或者轻罪重罚的不良结果；其次，对于同种数罪“按一罪从重处罚”，简便易行，可避免不必要的烦琐，利于诉讼；最后，司法机关通过长期对同种数罪按一罪处罚的实践，积累了相应的经验，总结了许多切实可行的方法，且适用效果良好。

3. 我国刑法对绝大多数犯罪所规定的法定刑包含两个量刑幅度，从而为对同种数罪按一罪的从重或者加重构成情节处罚并达到罪刑相适应的标准，创造了必备的法律条件。此外，在刑法对某种犯罪只规定单一量刑幅度的条件下，对于同种数罪按一罪选择判处较重的刑罚，一般也能达到罪刑相适应的标准。

总之，根据以上理由，我们认为，对于绝大多数同种数罪，原则上只需在法定刑幅度之内作为一罪的从重或者加重构成情节处罚，无须实行数罪并罚。但是，在个别情况下，对于同种数罪不实行并罚的原则性不应当绝对化，而应当在法律许可的条件下有限制地对某些同种数罪实行并罚。主要理由为：

1. 我国《刑法》第 69 条规定的判决宣告以前一人所犯数罪，并未明确限定为异种数罪和排斥同种数罪。因此，刑法所规定的数罪并罚制度不仅适用于异种数罪，而且也适用于同种数罪。

2. 同种数罪既然无疑属于数罪的范畴，其社会危害性程度一般当然大于罪质相同的单纯一罪，而刑法针对各种具体犯罪所规定的法定刑，无论其量刑幅度的数量如何，在特定情况下，难免会发生无法容纳同种数罪的情形。在如此条件下，如果对不属于连续犯的情节十分严重的同种数罪一律不实行并罚，仅在极轻的法定刑幅度内按一罪论处，即便是判处法定最高刑，也显然会导致违背罪刑相适应原则的结果。因此，有限制地对某些同种数罪实行并罚，是将刑罚适用的原则性与灵活性相结合并体现对数罪从重处罚的立法精神的最佳选择方案。

综上所述，坚持对于同种数罪一般不实行并罚的原则性，并保留对于某些同种数罪进行并罚的可能性和灵活性，是完全必要和合理的，是与我国现行刑法规定的实际状况相符合的，两者的有机结合能够最大限度地体现对数罪较之一罪应从重处罚的立法精神，并且能够最有效地保障在数罪并罚的过程中避免罪刑轻重失当的错误，完整地贯彻罪刑相适应的刑法基本原则。

（二）刑罚未执行完毕以前发现漏罪的合并处罚规则

我国《刑法》第 70 条规定：判决宣告以后，刑罚执行完毕以前，发现被判刑的犯罪分子在判决宣告以前还有其他罪没有判决的，应当对新发现的罪作出判决，把前后两个判决所判处的刑罚，依照本法第六十九条的规定，决定执行的刑罚。已经执行的刑期，应当计算在新判决决定的刑期以内。根据该条规定，刑罚未执行完毕以前发现漏罪的合并处罚规则，具有如下特征：

1. 必须在判决宣告以后，刑罚执行完毕以前发现漏罪，且漏罪是指被判刑的犯罪分子在判决宣告以前实施的并未判决的罪。其中“判决宣告以后”，确切而言，应指判决业已宣告并发生法律效力之后，若漏罪被发现的时间不是在判决宣告以后至刑罚执行完毕以前的期限内，而是在刑罚执行完毕之后，或者所发现的罪行并非在判决宣告之前实施的，而是在刑罚执行期间实施的，则均不得适用该条规定的合并处罚规则。

2. 对于新发现的漏罪，无论其罪数如何（数罪应为异种数罪），或者与前罪之性质是否相同，都应当单独作出判决。这是此种法律条件下的合并处罚结果，可能重于判决宣告以前一人犯数罪的合并处罚的结果的原因。

3. 应当把前后两个判决所判处的刑罚，即前罪所判处的刑罚与漏罪所判处的刑罚，按照相应的数罪并罚原则，决定执行的刑罚。此种法律条件下的合并处罚与判决宣告以前一人犯数罪的合并处罚不同的是，后者是将同一判决中的数个宣告刑合并而决定执行的刑罚，前者是将两个判决所判处的刑罚合并而决定执行的刑罚。

4. 在计算刑期时，应当将已经执行的刑期，计算在新判决决定的刑期之内。换言之，前一判决已经执行的刑期，应当从前后两个判决所判处的刑罚合并而决定执行的刑期中扣除。故该种计算刑期的方法，依特点可概括为“先并后减”。

除以上特征之外，在刑事审判实践中，适用《刑法》第 70 条所规定的合并处罚规则，还有如下问题须特别注意：

1. 在原判决认定犯罪人犯有数罪且予以合并处罚的法律条件下，所发现的漏罪与原判之数罪合并处罚的方法。对此，有两种不同的处理意见：一种意见认为，应当将对漏罪所判处的刑罚与原判决决定执行的刑罚，依照相应原则决定执行的刑罚。另一种意见认为，应当将对漏罪所判处的刑罚与原判决所认定的数罪的刑罚即数个宣告刑，依照相应原则决定执行的刑罚。我们认为，《刑法》第 70 条并未明确规定漏判之罪与原判之数罪合并处罚所须遵守的规则，后种意见相对较为合理，可以采用。

2. 刑满释放后再犯罪并发现漏罪的合并处罚方法。有关司法解释指出，在处理被告人刑满释放后又犯罪的案件时，发现他在前罪判决宣告之前，或者在前罪判决的刑罚执行期间，犯有其他罪行，未经过处理，并且依照《刑法》总则第四章第八节的规定应当追诉的，如果漏罪与新罪分属于不同种罪，即应对漏罪与刑满释放后又犯的新罪分别定罪量刑，并依照《刑法》第 69 条的规定，实行数罪并罚；如果漏罪与新罪属于同一种罪，可以判处一罪从重处罚，不必实行数罪并罚。此种法律条件下发现漏罪的数罪并罚，与刑罚未执行完毕以前发现漏罪的数罪并罚有所区别，主要表现为：（1）前者是在刑满释放后发现有漏罪；后者是在判决宣告之后，刑罚执行完毕以前发现有漏罪。（2）前者之漏罪包括前罪判决宣告以前和前罪判处的刑罚执行期间所犯罪行；后者之漏罪仅指判决宣告以前所犯罪行。（3）前者之漏罪与新罪性质各异时才实行数罪并罚，而若属于同种罪则可判处一罪从重处罚，不必实行数罪并罚；后者之漏罪无论与前罪是否属于同种罪，都应实行数罪并罚。（4）前者之数罪并罚应当依照《刑法》第 69 条的规定进行；后者之数罪并罚则应当适用《刑法》第 70 条规定的方法进行。

3. 在缓刑考验期限内发现漏判之罪的并罚方法。根据《刑法》第 77 条的规定，被宣告缓刑的犯罪分子，在缓刑考验期限内发现判决宣告以前还有其他罪没有判决的，应当撤销缓刑，对新发现的罪作出判决，把前罪和后罪所判处的刑罚，依照《刑法》第 69 条的规定，决定执行的刑罚。

4. 在假释考验期限内发现漏判之罪的并罚方法。根据《刑法》第 86 条的规定，在假释考验期限内，发现被假释的犯罪分子在判决宣告以前还有其他罪没有判决的，应当撤销假释，依照《刑法》第 70 条的规定实行数罪并罚。

（三）刑罚执行期间又犯新罪的合并处罚规则

我国《刑法》第 71 条规定：判决宣告以后，刑罚执行完毕以前，被判刑的犯罪分子又犯罪的，应当对新犯的罪作出判决，把前罪没有执行的刑罚和后罪所判处的刑罚，依照本法第六十九条的规定，决定执行的刑罚。根据该条规定，刑罚执行期间又犯新罪的合并处罚规则具有如下特点：

1. 必须在判决宣告以后，刑罚执行完毕以前，被判刑的犯罪分子又犯新罪，即在刑罚执行期间犯罪分子又实施了新的犯罪。其中，从严格意义或法条含义的逻辑关系上理解，“判决宣告以后”应指判决已经宣告并发生法律效力之后。因为，此种法律条件下的合并处罚规则的基本特点，主要体现于“把前罪没有执行的刑罚和后罪所判处的刑罚”依照法定的数罪并罚原则决定执行的刑罚。若仅从文理上解释“判决宣告以后”，即将其理解为包括判决虽已宣告但尚未发生法律效力的情形，则无异于部分地否定刑法设置以“先减后并”为特点的并罚规则的根据及其严格的适用条件，并且可能导致法律适用的不统一和轻纵某些在判决生效前再犯新罪的罪犯。

2. 对于犯罪分子所实施的新罪，无论其罪数如何（数罪应为异种数罪）或者与前罪之性质是否相同，都应当单独作出判决。

3. 应当把前罪没有执行的刑罚和后罪所判处的刑罚，依照刑法规定的相应原则，决定执行的刑罚。即首先应从前罪判决决定执行的刑罚中减去已经执行的刑罚，然后将前罪未执行的刑罚与后罪所判处的刑罚并罚，故该种计算刑期的方法，依特点可概括为“先减后并”。

我国《刑法》第 71 条规定的“先减后并”的刑期计算方法，较之《刑法》第 70 条规定的“先并后减”的刑期计算方法，在一定条件下，可能给予犯罪分子程度更重的惩罚。“先减后并”的刑期计算方法的这一特点，主要体现于有期自由刑（特别是有期徒刑）的并罚之中，并且主要表现为如下几方面：

（1）决定执行刑罚的最低限度可能提高，并因此而导致实际执行的刑期也随之相应提高。即在新罪所判处的刑期比前罪尚未执行的刑期长的条件下，决定执行刑罚的最低期限，较之依“先并后减”的方法决定执行刑罚的最低期限有所提高。例如，某罪犯前罪被判处有期徒刑 10 年，执行 8 年以后又犯新罪，被判处有期徒刑 6 年。若适用“先减后并”的方法并罚，应当在 6 年以上 8 年以下决定执行的刑罚，加上已执行的刑期 8 年，实际执行的刑期最低是 14 年、最高为 16 年。而如采用“先并后减”的方法并罚，应当在 10 年以上 16 年以下决定执行的刑罚，实际执行的刑期最低只有 10 年最高为 16 年。前者实际执行的最低刑期比后者高 4 年，从而导致实际执行的刑期也随之相应提高。但是，在新罪所判处的刑期比前罪尚未执行的刑期短或者与其相等的条件下，则按“先减后并”方法并罚的最低实际执行刑期，并不比按“先并后减”方法决定的最低实际执行刑期长。

（2）实际执行的刑罚可能超过数罪并罚法定最高刑期的限制。即在前罪与新罪都被判处较长刑期的情况下，确切地说是在前罪与新罪被判处的有期自由刑的总和刑期超过数罪并罚法定最高刑期的限制时，采用“先减后并”的方法并罚，犯罪分子实际执行的刑期就可能超过数罪并罚法定有期自由刑最高刑期的限制。例如，某罪犯前罪被判处有期徒刑 14 年，执行 10 年以后又犯新罪，被判处有期徒刑 10 年。若采用《刑法》第 71 条规定的“先减后并”方法并罚，应当在 10 年以上 14 年以下决定执行的刑罚，加上已执行的刑期 10 年，实际执行的刑期最低是 20 年最高为 24 年。如按照《刑法》第 70 条规定的“先并后减”方法并罚，则实际执行的刑期绝对不可能也不允许超过 20 年。

（3）犯罪分子在刑罚执行期间又犯新罪的时间早晚程度，与数罪并罚时决定执行刑罚的最低期限，以及实际执行的刑期的最低限度成反比关系。即犯罪分子在刑罚执行期间所犯新罪的时间距离前罪所判刑罚执行完毕的期限越近，或者犯罪分子再犯新罪时前罪所判刑罚的残余刑期越少，数罪并罚时决定执行刑罚的最低期限，以及实际执行的刑期最低限度就越高。例如，某罪犯前罪被判处有期徒刑 7 年，假设其在刑罚分别执行 1 年、3 年、6 年后又犯新罪，新罪被判处有期徒刑 5 年。若依照《刑法》第 71 条规定的“先减后并”方法并罚，其实际执行的刑期的最低限度分别为 7 年、8 年、11 年，最高限度均为 12 年。如适用《刑法》第 70 条规定的“先并后减”方法并罚，则其实际执行的最低刑期都是 7 年，最高刑期均为 12 年。

综上所述，《刑法》第 71 条所规定的“先减后并”的刑期计算方法，具有两点明显的功能：

1. 被判刑的犯罪分子在刑罚执行期间所实施的新罪，具有比在其他环境或条件下实施的犯罪更大的社会危害性，并且表明犯罪分子的主观恶性较深、人身危险性严重，前罪被判处刑罚的事实和刑罚执行过程中的各种惩罚、教育措施未能对其产生改过从善、预防再犯的效用。因而采用与“先并后减”有所区别的并罚方法，能够通过给予再犯新罪者更为严厉的惩罚，为实现我国适用刑罚的基本目的创造新的法律条件，为贯彻我国刑法罪刑相适应的原则提供制度保障。

2. 以惩罚和矫正罪犯为双重特征的我国行刑制度，最终目的在于教育罪犯改过从善，培养其重新适应社会生活的基本能力，以便在由他律为主的监禁生活转为自律为主的自由生活的过程中不致重蹈覆辙。然而，刑罚越是临近执行完毕，巩固各种改造教育成果的任务就越繁重、艰难；犯罪分子再犯新罪的时间越是临近刑罚执行完毕的期限，就表明其重新适应社会生活的能力的自律程度越差，在恢复自由的条件下重新犯罪的可能性就越高。因此，采用与“先并后减”相区别的并罚方法，可以随刑罚执行期限的推移而不断提高对再犯新罪者的制裁程度，从而对受刑人构成一种以再犯新罪为条件的相对逐渐强化的威慑力量，以利于维护监所秩序和巩固改造教育成果，提高行刑活动的效能。

除以上所述《刑法》第 71 条规定的要旨和特点外，在刑事审判实践中适用《刑法》第 71 条规定的方法进行数罪并罚，还有以下几方面的问题应予以重视：

1. 判决宣告以后，刑罚执行完毕以前，被判刑的犯罪分子又犯数个新罪的合并处罚方法。《刑法》第 71 条所规定的数罪并罚规则，是以刑罚执行期间犯罪分子再犯一个新罪为标准而制定的。至于对在刑罚执行期犯罪分子又犯数个新罪应如何并罚，刑法规定不甚明确，刑法学界存在分歧意见。一种观点认为，应当首先对数个新罪分别定罪量刑，而后将判决所宣告的数个刑罚即数个宣告刑与前罪未执行的刑罚并罚。另一种观点主张，应当首先对数个新罪分别定罪量刑并实行并罚，然后将决定执行的刑罚与前罪未执行的刑罚再进行并罚。我们认为，该问题的合理解决，应以符合《刑法》第 71 条所确定的对再犯新罪者从严惩处的立法精神为标准。据此，把新犯数罪的各个宣告刑与前罪未执行的刑罚进行并罚的方法，不仅可以使总和刑期居于相对较高的水平，而且一般也不会使数刑中最高刑期因此而降至低于残余刑期的程度，从而保障前述"先减后并"方法的特征能够得以体现。相反，后种观点所主张的方法，则有可能因降低总和刑期和数刑中最高的刑期而导致实际执行的刑期也随之相应减少。

2. 判决宣告以后，刑罚执行完毕以前，被判刑的犯罪分子不仅犯有新罪，而且被发现有漏判罪行的合并处罚方法。此为同时涉及"先并后减"和"先减后并"的数罪并罚的方法的问题。刑法学界有人主张，应当首先对漏判之罪和新犯之罪分别定罪量刑，然后将其与前一判决或前罪未执行的刑罚进行并罚。这实际是采用《刑法》第 71 条规定的"先减后并"的数罪并罚方法，虽简单易行，但却明显违背法律规定。

我们认为，对于依法既应适用"先并后减"方法又应采用"先减后并"方法予以并罚的数罪，无论是只采用"先并后减"方法进行并罚，还是单纯适用"先减后并"方法进行并罚，都违背刑法规定，且有纵容犯罪之弊。对于此类数罪的合并处罚，应采取分别判决、顺应并罚的方法，即在对漏判之罪和新犯之罪分别定罪量刑的基础上，对漏罪和新罪分别适用"先并后减"和"先减后并"的方法作出判决，并按照漏罪在先、新罪在后的顺序进行两次数罪并罚，所得结果即为整个数罪并罚的结果。

3. 在缓刑考验期内又犯新罪的合并处罚方法。根据《刑法》第 77 条的规定，被宣告缓刑的犯罪分子，在缓刑考验期限内又犯新罪的，应当撤销缓刑，对新犯的罪作出判决，把前罪和后罪所判处的刑罚，依照《刑法》第 69 条的规定，决定执行的刑罚。

4. 在假释考验期限内再犯新罪的合并处罚方法。根据《刑法》第 86 条的规定，被假释的犯罪分子，在假释考验期内又犯新罪的，应当撤销假释，依照《刑法》第 71 条的规定实行数罪并罚。这实际是按照《刑法》第 71 条规定的"先减后并"方法并罚。其中，如果被判无期徒刑的犯罪分子被假释后，在考验期限内又犯新罪并且新罪被判处有期自由刑，则应按吸收原则，将后罪所判处的刑罚吸收，仍决定执行原判的无期徒刑；但若新罪被判处死刑（包括死缓），原判无期徒刑就被后者所吸收，应执行死刑或死缓。

## 第五节　缓　　刑

### ■ 缓刑的概念和意义

（一）缓刑的概念

缓刑制度自创立至今，各国刑法所规定的缓刑主要有刑罚暂缓宣告、刑罚暂缓执行和缓予起诉三种。我国刑法所规定的缓刑，属于刑罚暂缓执行，即对原判刑罚附条件不执行的一种刑罚制度。我国刑罚中的缓刑，是指人民法院对判处拘役、3 年以下有期徒刑的犯罪分子，根据其犯罪情节和悔罪表现，认为暂缓执行原判刑罚，确实不致再危害社会的，规定一定的考验期，暂缓其刑罚的执行，若犯罪分子在考验期内没有发生法定撤销缓刑的情形，原判刑罚就不再执行的制度。此为我国刑法中的一般缓刑制度。

缓刑不是刑种，而是刑罚具体运用的一种制度，是刑罚裁量制度的基本内容之一。判处缓刑必须以判处刑罚为先决条件。缓刑不能脱离原判刑罚的基础而独立存在。若犯罪人未被判处拘役、有期徒刑，就不能判处缓刑。缓刑的基本特征为：判处刑罚，同时宣告暂缓执行，但又在一定时期内保持执行所判刑罚的可能性。具体而言，缓刑的基本特征表现为：一是在犯罪分子的罪行较轻、社会危害性较小，具有悔罪表现，认为暂缓执行刑罚不致再危害社会的前提下，对犯罪人判处刑罚，同时宣告暂缓执行。二是在一定时期内保持执行原判刑罚的可能性，即在考验期内，犯罪分子不再犯新罪，或者未被发现漏罪，或者没有违反法律、法规或者有关规定，原判刑罚就不再执行；如果再犯新罪，或者发现漏罪，则应撤销缓刑，把前罪与后罪所判处的刑罚，依照数罪并罚的原则，决定执行的刑罚；如果违反法律、法规或者有关规定，则应撤销缓刑，执行原判刑罚。

1. 缓刑与免予刑事处罚不同。免予刑事处罚，是人民法院对已经构成犯罪的被告人作出有罪判决，但根据案件的具体情况，认为不需要判处刑罚，因而宣告免予刑事处罚，即只定罪不判刑。所以，被宣告免予刑事处罚的犯罪分子，不存在曾经被判过刑罚和仍有执行刑罚的可能性的问题。而缓刑则是在人民法院对犯罪分子作出有罪判决并判处刑罚的基础上，宣告暂缓执行刑罚，但同时保持执行刑罚的可能性。如果犯罪分子在缓刑考验期再犯新罪或者被发现漏罪，或者违反法律、法规或者有关规定，就要撤销缓刑，执行原判刑罚；即使犯罪分子在缓刑考验期内未再犯新罪，或者未被发现漏罪，或者未违反法律、法规或者有关规定，也属于被判处过刑罚者。

2. 缓刑与监外执行不同。其区别主要为：（1）性质不同。缓刑是附条件暂缓执行原判刑罚的制度；而监外执行是刑罚执行过程中的具体执行场所的问题，它并非不执行原判刑罚，只是对所判刑罚暂时予以监外执行。（2）适用对象不同。缓刑只适用于被判处拘役、3年以下有期徒刑的犯罪分子；监外执行可以适用于任何被判处拘役、有期徒刑的犯罪分子。（3）适用的条件不同。缓刑的适用，以犯罪分子的犯罪情节、悔罪表现和不致再危害社会为基本条件；监外执行的适用，须以犯罪分子患有严重疾病需要保外就医，以及怀孕或者正在哺乳自己的婴儿等不宜收监执行的特殊情形为条件。（4）适用方法不同。缓刑应在判处刑罚的同时予以宣告，并应依法确定缓刑的考验期；而监外执行是在判决确定以后适用的一种变通执行刑罚的方法，在宣告判决和刑罚执行过程中均可适用，且不需要确定考验期。此外，适用监外执行的过程中，一旦影响在监内执行的法定条件不复存在时，即便罪犯在监外未再犯新罪等，如果刑期未满，仍应收监执行。（5）适用的依据不同。适用缓刑的依据是刑法中的有关规定；适用监外执行的依据是我国刑事诉讼法的有关规定。

3. 缓刑与死刑缓期执行不同。其主要区别为：（1）适用前提不同。缓刑的适用，以犯罪分子被判处拘役、3年以下有期徒刑为前提。死刑缓期执行的适用，以犯罪分子被处死刑为前提。（2）执行方法不同。对于被宣告缓刑的犯罪分子不予关押，而是由公安机关考察，所在单位或者基层组织予以配合。对于被宣告死刑缓期执行的罪犯，必须予以关押，并实行劳动改造。（3）考验期限不同。缓刑的考验期，必须依所判刑种和刑期而确定，所判刑种和刑期的差别决定了其具有不同的法定考验期。死刑缓期执行的法定期限为2年。（4）法律后果不同。缓刑的法律后果，依犯罪分子在考验期内是否发生法定情形而分别为：原判的刑罚不再执行，或者撤销缓刑，把前罪与后罪所判处的刑罚，按照数罪并罚的原则处理，或者收监执行原判刑罚。死刑缓期执行的法律后果为：在缓期执行期限届满时，根据犯罪人的表现，或予以减刑，或执行死刑，在缓期执行期间也可因犯罪人违反法定条件而执行死刑。

我国刑法除规定了一般缓刑制度外，还规定了特殊缓刑制度，即战时缓刑制度。我国《刑法》第449条规定的战时缓刑制度，是对我国刑法中缓刑制度的重要补充，它与一般缓刑制度共同构成了我国刑法中缓刑制度的整体。根据该条规定，我国刑法中的战时缓刑，是指在战时对于被判处3年以下有期徒刑没有现实危险的犯罪军人，暂缓其刑罚执行，允许其戴罪立功，确有立功表现时，可以撤销原判刑罚，不以犯罪论处的制度。战时缓刑与一般缓刑的适用条件、适用方法和法律后果均有所不同。

（二）缓刑的意义

关于缓刑制度的意义，我国刑法学界普遍认为，我国刑法中的缓刑制度，是惩办与宽大相结合、惩罚与教育改造相结合的政策的重要表现，也是依靠专门机关与人民群众相结合的同犯罪作斗争的方针在刑罚具体运用中的体现。对犯罪人适用缓刑的重要意义，主要表现为有利于教育改造犯罪分子、有利于社会安定团结。我们认为，除此之外，缓刑制度的意义还表现为以下几个方面：

1. 缓刑有助于避免短期自由刑的弊端，最优化地发挥刑罚的功能。这是由缓刑制度的基本特征，即附条件地暂缓刑罚执行所决定的缓刑的积极作用之一。缓刑的具体适用，能够使犯罪分子在感受到刑罚的威慑力，畏惧暂缓执行的刑罚可能被实际执行的条件下，在不被关押、由特定机关予以考察的过程中，更自觉地检点行为、改恶从善、争取光明的前程。从而避免了被实际执行短期自由刑而带来的与社会隔绝、重返社会困难、罪犯间交互感染等诸项弊端，并能较好地实现惩罚与教育改造犯罪人的刑罚功能。

2. 缓刑有助于更好地实现刑罚的目的。刑罚的重要目的之一，是预防犯罪人重新犯罪。实现刑罚目的的途径，主要是对犯罪人判处并执行刑罚，但基于刑罚个别化的原则，对某些符合法定条件的犯罪人，在判处刑罚并保持执行可能性的条件下，暂缓刑罚的执行，同样是实现刑罚目的所不可忽视的途径之一。而且，这种主要取决于犯罪人的主观努力，在以自律为主的社会生活中获得的特殊预防效果，较之将犯罪收押于监禁设施内执行刑罚，在以他律为主的监禁生活中获得的特殊预防效果，相对更为可靠。

3. 缓刑是实现刑罚社会化的重要制度保障。被宣告缓刑的犯罪分子不脱离家庭和所从事的工作，可以使其不致因犯罪而影响履行自身负有的家庭和社会义务。所以，被宣告缓刑者避免了因实际执行刑罚而带来的各种不利影响。在不脱离社会的条件下，既感受到法律的威严，也亲身体会到法律和社会的宽容，从而较自觉地完成改造任务，收到实际执行刑罚之效，并避免了因实际执行刑罚而带来的种种不良影响。

## 二、缓刑的适用条件

缓刑是附条件暂缓刑罚执行的制度，故其适用必须符合一定的条件。我国刑法规定的一般缓刑和战时缓刑的适用条件不尽相同。

（一）一般缓刑的适用条件

根据我国《刑法》第72条、第74条的规定，适用一般缓刑必须具备下列条件：

1. 犯罪分子被判处拘役或者3年以下有期徒刑的刑罚。缓刑的附条件不执行原判刑罚的特点，决定了缓刑的适用对象只能是罪行较轻的犯罪分子。而罪行的轻重是与犯罪人被判处的刑罚轻重相适应的。我国刑法之所以将缓刑的适用对象规定为被判处拘役或3年以下有期徒刑的犯罪分子，就是因为这些犯罪分子的罪行较轻，社会危害性较小。相反，被判处3年以上有期徒刑的犯罪分子，因其罪行较重，社会危害性较大，而未被列为适用缓刑的对象。至于罪行相对更轻的被判处管制的犯罪分子，由于管制刑的特点即对犯罪人不予关押，仅限制其一定自由所决定，故无适用缓刑之必要。所谓“3 年以下有期徒刑”是指宣告刑而不是指法定刑。犯罪分子所犯之罪的法定刑虽然是 3 年以上有期徒刑，但他具有减轻处罚的情节，宣告刑为 3 年以下有期徒刑，也可以适用缓刑。对于一人犯数罪，犯罪人被数罪并罚的条件下能否适用缓刑的问题，刑法学界存在不同的认识。我们认为，犯罪人实施数罪，被适用数罪并罚，决定执行的刑罚后，如果仍符合缓刑的条件，仍可宣告缓刑。但其中必须注意两方面的问题：一是必须针对数罪并罚后决定执行的刑罚宣告缓刑，而不能针对尚未合并的各个宣告刑适用缓刑，即不能一部分刑罚宣告缓刑，一部分刑罚不宣告缓刑。二是必须以数罪并罚后决定执行的刑罚为标准决定并宣告缓刑，而不能以数罪分别判处的刑罚，或数罪的总和刑期为标准，决定是否适用并宣告缓刑。

2. 根据犯罪分子的犯罪情节和悔罪表现，认为适用缓刑不致再危害社会。这是适用缓刑的根本条件。也即有些犯罪分子虽然被判处拘役或 3 年以下有期徒刑，但是其犯罪情节和悔罪表现，不能表明不予关押也不致再危害社会，不能宣告缓刑。但必须注意的是，由于犯罪人尚未适用缓刑，因而确实不致再危害社会只能是审判人员的一种推测或预先判断，这种推测或判断的根据，依法只能是犯罪情节较轻、犯罪人悔罪表现较好。在这两个因素中，犯罪情节较轻属于已然之罪的范畴，主要表明犯罪的社会危害性较小，应当综合主观恶性与客观危害两个方面加以综合评判。犯罪人悔罪表现较好属于未然之罪的范畴，主要表明犯罪人的再犯可能性较小，应当根据犯罪人的罪后各种表现，并适当考虑犯罪人的一贯表现作出评判。

3. 犯罪分子不是累犯。累犯屡教不改、主观恶性较深，有再犯之虞，适用缓刑难以防止其再犯新罪。所以，即使累犯被判处拘役或 3 年以下有期徒刑，也不能适用缓刑。

适用缓刑必须同时具备上述三个条件，缺一不可。此外，根据最高人民法院《关于审理未成年人刑事案件具体应用法律若干问题的解释》第 16 条的规定，对未成年罪犯符合《刑法》第 72 条第 1 款规定的，可以宣告缓刑。如果同时具有下列情形之一，对其适用缓刑确实不致再危害社会的，应当宣告缓刑：（1）初次犯罪；（2）积极退赃或赔偿被害人经济损失；（3）具备监护、帮教条件。只有严格遵守法律明确规定的适用条件，才能充分发挥缓刑制度的积极作用。在刑事审判实践中，需要注意应当适用缓刑而不适用，以及不应当适用缓刑而适用缓刑两种错误的倾向。

（二）战时缓刑的适用条件

根据我国《刑法》第 449 条的规定，适用战时缓刑应当遵守以下条件：

1. 适用的时间必须是在战时。故在和平时期或非战时条件下，不能适用此种特殊缓刑。所谓战时，依据《刑法》第 451 条的规定，是指国家宣布进入战争状态、部队受领作战任务或者遭敌突然袭击时；部队执行戒严任务或者处置突发性暴力事件时，以战时论。

2. 适用的对象只能是被判处 3 年以下有期徒刑（依立法精神应含被判处拘役）的犯罪军人。不是犯罪的军人，或者虽是犯罪的军人，但被判处的刑罚为 3 年以上有期徒刑，均不能适用战时缓刑。至于构成累犯的犯罪军人能否适用战时缓刑，法律未作明确规定。但是，根据《刑法》第 74 条的规定，“对于累犯，不适用缓刑”的立法意图，应当同样适用于战时缓刑。

3. 适用战时缓刑的基本根据，是在战争条件下宣告缓刑没有现实危险。这是战时缓刑最关键的适用条件。即使是被判处 3 年以下有期徒刑的犯罪军人，若被判断为适用缓刑具有现实危险，也不能宣告缓刑。因为，战时缓刑的适用，是将犯罪军人继续留在部队，并在战时状态下执行军事任务，若宣告缓刑具有现实的危险，则会在战时状态下危害国家的军事利益，其后果不堪设想。至于宣告缓刑是否有现实危险，则应根据犯罪军人所犯罪行的性质、情节、危害程度，以及犯罪军人的悔罪表现和一贯表现作出综合评判。

## 缓刑的考验期

缓刑考验期，是指对被宣告缓刑的犯罪分子进行考察的一定期间。缓刑的考验期，是缓刑制度的重要组成部分。设立考验期的目的，在于考察被缓刑人是否接受改造、弃旧图新，以使缓刑制度发挥积极的效用。法院在宣告缓刑的同时，应当确定适当的考验期。

我国《刑法》第73条规定：拘役的缓刑考验期限为原判刑期以上1年以下，但是不能少于2个月。有期徒刑的缓刑考验期限为原判刑期以上5年以下，但是不能少于1年。根据这一规定，在确定考验期时应注意以下几点：

1. 缓刑考验期的长短应以原判刑罚的长短为前提，可以等于或适当长于原判刑期，但以不超过原判刑期一倍为宜，也不能短于原判刑期。过长或过短都不能充分发挥缓刑的作用。

2. 在确定具体的缓刑考验期时，应注意原则性与灵活性相结合，根据犯罪情节和犯罪分子个人的具体情况，在法律规定的范围内决定适当的考验期。

根据《刑法》第73条第3款的规定，缓刑的考验期限，从判决确定之日起计算。所谓“判决确定之日”，即判决发生法律效力之日。判决以前先行羁押的日期，不能折抵缓刑考验期。

## 缓刑考验期限内考察

缓刑考验期限内的考察，主要涉及以下内容。

（一）被宣告缓刑者应当遵守的规定

根据《刑法》第75条的规定，被宣告缓刑的犯罪分子应当遵守下列规定：

1. 遵守法律、行政法规，服从监督。
2. 按照考察机关的规定报告自己的活动情况。
3. 遵守考察机关关于会客的规定。
4. 离开所居住的市、县或者迁居，应当报经考察机关批准。

（二）缓刑的考察机关

根据《刑法》第76条的规定，被宣告缓刑的犯罪分子，在缓刑考验期限内，由公安机关考察，所在单位或者基层组织予以配合。据此，缓刑的考察机关是公安机关，被宣告缓刑的犯罪分子所在单位或者基层组织，只是对公安机关的缓刑考察工作予以配合。

（三）缓刑考察的内容

根据《刑法》第76条的规定，缓刑考察的内容，就是考察被宣告缓刑的犯罪分子，在缓刑考验期限内，是否具有《刑法》第77条规定的情形，即是否再犯新罪或者发现漏罪，以及是否违反法律、行政法规或者国务院公安部门有关缓刑的监督管理规定，且情节严重的。若没有发生第77条规定的情形，缓刑考验期满，原判的刑罚就不再执行，并公开予以宣告。

## 缓刑的法律后果

根据《刑法》第76条、第77条的规定，一般缓刑的法律后果有以下三种：

1. 被宣告缓刑的犯罪分子，在缓刑考验期限内，没有《刑法》第77条规定的情形，缓刑考验期满，原判的刑罚就不再执行。

2. 宣告缓刑的犯罪分子，在缓刑考验期限内犯罪或者发现判决宣告以前还有其他罪没有判决的，应当撤销缓刑，对新犯的罪或者新发现的罪作出判决，把前罪和后罪所判处的刑罚，依照《刑法》第 69 条的规定，决定执行的刑罚。新犯之罪和漏判之罪，不受犯罪性质、种类、轻重以及应当判处的刑种、刑期的限制。

3. 被宣告缓刑的犯罪分子，在缓刑考验期限内，违反法律、行政法规或者国务院公安部门有关缓刑的监督管理规定，情节严重的，应当撤销缓刑，执行原判刑罚。

把握缓刑的法律后果，应当注意以下几个问题：

1. 根据 1997 年 9 月 25 日最高人民法院《关于适用刑法时间效力规定若干问题的解释》的规定，1997 年 9 月 30 日以前犯罪被宣告缓刑的犯罪分子，在 1997 年 10 月 1 日以后的缓刑考验期间又犯新罪、被发现漏罪或者违反法律、行政法规或者国务院公安部门有关缓刑的监督管理规定，情节严重的，适用《刑法》第 77 条的规定，撤销缓刑。

2. 根据 1997 年 10 月 28 日最高人民法院《关于办理减刑、假释案件具体应用法律若干问题的规定》的规定，对被宣告缓刑的犯罪分子，一般不适用减刑。如果在缓刑考验期间有重大立功表现的，可以参照《刑法》第 78 条的规定，予以减刑，同时相应地缩减其缓刑考验期限。减刑后实际执行的刑期不能少于原判刑期的 1/2，相应缩减的缓刑考验期限不能低于减刑后实际执行的刑期。判处拘役的缓刑考验期限不能少于 2 个月，判处有期徒刑的缓刑考验期限不能少于 1 年。

3. 根据 2002 年 4 月 8 日最高人民法院《关于撤销缓刑时罪犯在宣告缓刑前羁押的时间能否折抵刑期问题的批复》的规定，对被宣告缓刑的犯罪分子撤销缓刑执行原判刑罚的，对其在宣告缓刑前羁押的时间应当折抵刑期。

此外，根据《刑法》第 72 条第 2 款的规定，缓刑的效力不及于附加刑，即被宣告缓刑的犯罪分子，如果被判处附加刑，附加刑仍须执行。因而，无论缓刑是否撤销，所判处的附加刑均须执行。

## ■ 一般缓刑与战时缓刑的区别

（一）适用对象不同

一般缓刑适用于除累犯以外的被判处拘役、3 年以下有期徒刑的犯罪分子；战时缓刑只适用于除累犯以外的被判处 3 年以下有期徒刑（含拘役）的犯罪军人。

（二）适用时间不同

一般缓刑的适用无时间方面的限制；战时缓刑只能在战时适用。

（三）适用的关键条件不同

一般缓刑适用的关键条件是“适用缓刑确实不致再危害社会”；战时缓刑适用的关键条件是在战时状态下适用缓刑“没有现实危险”。

（四）适用方法不同

一般缓刑的适用，必须在宣告缓刑的同时依法确定缓刑考验期，考验期内的考察内容为犯罪分子是否具有《刑法》第 77 条规定的情形；战时缓刑的适用，没有缓刑考验期，缓刑的考验内容为犯罪军人是否具有立功表现。

（五）法律后果不同

一般缓刑的法律后果为：在缓刑考验期限内，被宣告缓刑的犯罪分子如果没有《刑法》第 77 条规定的情形，在缓刑考验期满后，原判的刑罚就不再执行；如果再犯新罪或者发现漏罪，应当撤销缓刑，对新罪或者漏罪作出判决，把前罪和后罪所判处的刑罚，依照《刑法》第 69 条的规定，决定执行的刑罚；如果违反法律、行政法规或者有关缓刑的监督管理规定，情节严重的，应当撤销缓刑，执行原判刑罚。战时缓刑的法律后果为：犯罪军人确有立功表现时，可以撤销原判刑罚，不以犯罪论处。即一般缓刑在犯罪分子没有《刑法》第77条规定的情形的条件下，是不再执行原判刑罚而犯罪仍然成立；而战时缓刑在犯罪军人确有立功表现的条件下，是原判刑罚可以予以撤销，不以犯罪论处。

# 第十六章

# 刑罚执行制度

## 第一节 刑罚执行概述

### 一、刑罚执行的概念和特征

刑罚执行，简称行刑，是指有关司法机关将人民法院生效的刑事判决所确定的刑罚付诸实施的刑事司法活动。刑罚执行具有以下特征：

第一，刑罚执行的主体是有关司法机关。根据《监狱法》第 2 条的规定，监狱是国家的刑罚执行机关，负责死刑缓期 2 年执行、无期徒刑、有期徒刑的执行。根据《刑法》第 38 条、第 43 条及《刑事诉讼法》第 218 条的规定，管制、剥夺政治权利由公安机关执行。所以，公安机关也是刑罚执行的执行机关。根据《刑事诉讼法》第 220 条的规定，没收财产由人民法院执行。而且，根据有关文件，死刑立即执行也主要由人民法院执行。根据《刑事诉讼法》第 224 条的规定，人民检察院对执行机关执行刑罚的活动是否合法实行监督，可见，人民检察院是刑罚执行的监督机关。从以上所述可知，我国的刑罚执行，不是由一个司法机关执行，而是由数个司法机关执行。

第二，刑罚执行的内容是将刑罚付诸实施。刑罚执行是一种刑事司法活动，具有一般刑事司法活动的共性。刑事司法活动主要包括刑事审判和刑罚执行两个阶段。刑事审判阶段的主要内容是解决定罪与量刑的问题，而作为刑事审判结果的宣告刑，其法律效力还有待于通过刑罚执行活动得以实现。所以刑罚执行的内容是使人民法院的刑事判决所确定的刑罚付诸实施，这也是刑罚执行不同于其他刑事司法活动的主要特点。

第三，刑罚执行必须发生在人民法院判决生效以后。根据《刑事诉讼法》第 208 条的规定，判决和裁定在发生法律效力后执行。该条同时规定，发生法律效力的判决和裁定是指已过法定期限没有上诉、抗诉的判决和裁定、终审的判决和裁定以及最高人民法院（以及被授权的高级人民法院）核准的死刑判决和高级人民法院核准的死刑缓期 2 年执行的判决。只有上述判决和裁定所确定的刑罚才能执行。

刑法中的刑罚执行与刑事诉讼法中的执行是既有联系又有区别的两个概念。二者的区别是：（1）刑罚执行的外延小于刑事诉讼法中的执行。刑事诉讼法中的执行不限于刑罚的执行，而且包括无罪判决的执行和免除刑事处罚判决的执行。（2）从内容上看，刑事诉讼法中的执行主要是对执行机关、执行程序等问题的规定，而刑法中的刑罚执行主要是对执行方法的规定，它属于实体问题。所以，刑事诉讼法中的执行与刑法中的刑罚执行是两个不同的范畴，对二者的研究不可相互替代。

刑法中的刑罚执行也区别于监狱法中的刑罚执行。首先，监狱法涉及的刑罚执行范围小于刑法中刑罚执行的范围。监狱法中的刑罚执行仅指有期徒刑、无期徒刑和死刑缓期 2 年的执行，而刑法中的刑罚执行则指所有刑罚的执行，包括主刑和附加刑的执行。其次，从内容上看，刑法主要规定刑罚执行的方法，而监狱法则侧重于罪犯的教育改造和狱政管理等具体内容。

刑罚执行是定罪与量刑的自然延伸，它不是消极地执行刑罚，而是把罪犯改造成为新人，通过对犯罪分子执行其被判处的刑罚，消除其人身危险性，实现一般预防和特殊预防的目的。所以，刑罚执行关系到刑事司法活动最终目的的实现，具有非常重要的意义。

### ■ 刑罚执行的原则

刑罚执行的原则，是指在刑罚执行过程中应当遵循的基本原则。根据我国基本刑事政策，在刑罚执行中应当坚持惩罚与改造相结合的原则。

第一，刑罚执行体现了对罪犯的惩罚。刑罚执行的内容是将刑罚付诸实施，当然包含着惩罚的意义。刑罚执行就是把惩罚落实在罪犯身上，使犯罪分子感受到由于犯罪所得到的否定的法律评价。通过刑罚的惩罚，使罪犯认识到法律的严肃性以及自己的罪行对国家和人民利益所具有的危害性，使他们感到一定的压力和痛苦，从而使其认罪伏法、悔过自新。

第二，刑罚执行并非单纯地对罪犯予以惩罚，惩罚作为一种手段能促进罪犯的改造。将罪犯改造为新人，是刑罚执行的重要任务，离开了对罪犯的教育改造，就会导致惩办主义，不利于我国的刑罚目的的实现。我国刑法中规定的有期徒刑、无期徒刑、死刑缓期执行以及拘役的执行方法，都具有教育改造的性质。另外，刑法中规定的减刑、假释等刑罚制度，也说明我国的刑罚执行绝非实行惩办主义和报应主义，而是立足于将罪犯改造为新人。当然，刑罚执行中实行的教育改造，也不能离开惩罚而存在，是在强制下的教育改造，惩罚是罪犯完成从强迫改造到自觉改造的必不可少的手段。

由于刑罚的执行方法，已在“刑罚的体系和种类”一章中加以阐述，所以，本章仅涉及我国刑法规定的刑罚执行制度，即减刑、假释两种具体的刑罚执行制度。

## 第二节 减 刑

### ■ 减刑的概念

减刑，是对被判处管制、拘役、有期徒刑或者无期徒刑的犯罪分子，因其在刑罚执行期间认真遵守监规，接受教育改造，确有悔改或者立功表现，而适当减轻其原判刑罚的制度。所谓减轻原判刑罚，既可以是将较重的刑种减为较轻的刑种，也可以是将较长的刑期减为较短的刑期。

减刑是在我国长期改造罪犯的实践中建立并逐步完善的一种刑罚执行制度。将减刑作为一种刑罚执行制度规定于刑法之中，是我国刑事立法的创举。减刑制度充分体现了惩办与宽大相结合、惩罚与教育相结合的刑事政策，对于鼓励犯罪分子加速改造，化消极因素为积极因素，实现刑罚的目的，具有积极的作用。

减刑与改判不同。改判是原判决在认定事实或者适用法律上确有错误时，依照第二审程序或者审判监督程序，撤销原判决，重新判决。它主要是刑事诉讼程序问题，是对原判决错误的纠正。减刑则是在肯定原判决的基础上，根据犯罪分子在刑罚执行期间的表现，按照法定条件和程序，将原判刑罚予以适当减轻。它是一种刑罚执行制度。

减刑与减轻处罚不同。减轻处罚是人民法院根据犯罪分子所具有的法定或者酌定减轻处罚情节，依法在法定刑以下判处刑罚。它属于刑罚裁量情节及其适用规则问题，其适用对象为判决确定前的未决犯。减刑则是在判决确定以后的刑罚执行期间，对正在服刑的犯罪分子，依法对原判刑罚予以适当减轻。它是一种刑罚执行制度，其适用对象为判决确定以后的已决犯。

## ■ 减刑的条件

根据《刑法》第 78 条的规定，减刑分为可以减刑和应当减刑两种。可以减刑与应当减刑的对象条件和限度条件相同，只是实质条件有所区别。对于犯罪分子适用减刑，必须符合下列条件。

（一）对象条件

减刑的对象条件，是指减刑只适用于被判处管制、拘役、有期徒刑、无期徒刑的犯罪分子，它表明减刑的范围仅受刑罚种类的限制，而不受刑期长短和犯罪性质的限制。只要是被判处上述四种刑罚之一的犯罪分子，无论其犯罪行为是故意犯罪还是过失犯罪，是重罪还是轻罪，是危害国家安全罪还是其他刑事犯罪，只要具备了法定的减刑条件，都可以减刑。被判处死刑立即执行的犯罪分子不能适用减刑。死刑缓期执行的减刑，随主刑刑种的性质改变而引起的附加刑的相应改变，以及罚金刑的酌情减少或者免除，均不属于《刑法》第 78 条规定的减刑制度的范围。此外，根据最高人民法院《关于审理未成年人刑事案件具体应用法律若干问题的解释》第 18 条的规定，对未成年罪犯的减刑，在掌握标准上可以比照成年罪犯依法适度放宽。未成年罪犯能认罪伏法，遵守监规，积极参加学习、劳动的，即可视为"确有悔改表现"予以减刑，其减刑的幅度可以适当放宽，间隔的时间可以相应缩短。

（二）实质条件

减刑的实质条件，因减刑的种类不同而有所区别。

1. 可以减刑的实质条件，是犯罪分子在刑罚执行期间认真遵守监规，接受教育改造，确有悔改表现，或者有立功表现。根据 1997 年 10 月 28 日最高人民法院《关于办理减刑、假释案件具体应用法律若干问题的规定》的规定，同时具备以下四个方面情形之一的，应当视为是确有悔改表现，即：认罪伏法；认真遵守监规，接受教育改造；积极参加政治、文化、技术学习；积极参加劳动，完成劳动任务。有下列情形之一的，应当认为是确有立功表现，即：检举、揭发监内外犯罪分子的犯罪活动，或者提供重要的破案线索，经查证属实的；阻止他人犯罪活动的；在生产、科研中进行技术革新，成绩突出的；在抢险救灾或者排除重大事故中表现积极的；有其他有利于国家和社会的突出事迹的。

2. 应当减刑的实质条件，是犯罪分子在刑罚执行期间有重大立功表现。根据《刑法》第 78 条的规定，犯罪分子在刑罚执行期间有下列重大立功表现之一的，应当减刑：阻止他人重大犯罪活动的；检举监狱内外重大犯罪活动，经查证属实的；有发明创造或者重大技术革新的；在日常生产、生活中舍己救人的；在抗御自然灾害或者排除重大事故中，有突出表现的；对国家和社会有其他重大贡献的。

3. 把握适用减刑的实质条件。根据最高人民法院《关于办理减刑、假释案件具体应用法律若干问题的规定》的规定，还须特别注意以下问题：一是为了贯彻对未成年犯教育、感化、挽救的方针，对未成年犯的减刑在掌握标准上可按照成年犯依法适度放宽。未成年罪犯能认罪伏法，积极参加学习、劳动的，即可以视为确有悔改表现，予以减刑。二是对罪行严重的危害国家安全罪犯，犯罪集团的首要分子主犯、累犯、惯犯的减刑，主要是根据他们的改造表现，同时也要考虑原判的情况，应当特别慎重，严格掌握。三是除有特殊情况，假释的罪犯一般不得减刑，其假释考验期也不能缩短。

（三）限度条件

减刑的限度，是指犯罪分子经过减刑以后，应当实际执行的最低刑期。根据我国《刑法》第78条的规定，减刑的限度为减刑以后实际执行的刑期，判处管制、拘役、有期徒刑的，不能少于原判刑期的二分之一；判处无期徒刑的，不能少于10年。所谓实际执行的刑期，是指判决执行后犯罪分子实际服刑的时间。如果判决前先行羁押的，羁押期应当计入实际执行的刑期之内。此外，根据最高人民法院《关于办理减刑、假释案件具体应用法律若干问题的规定》的规定，对死缓犯减刑的，其实际执行的刑期不得少于12年。死缓犯实际执行的刑期自死缓2年考验期满第2日起计算。

与减刑的限度密切相关的是减刑的起始时间、减刑的间隔和减刑的幅度问题。减刑的起始时间，是指犯罪分子可以被初次适用减刑的最低服刑刑期。减刑的间隔，是指犯罪分子前后两次适用减刑之间的间隔时间。减刑的幅度，是指犯罪分子每一次被适用减刑可以减轻的刑期。

我国刑法未对减刑的起始时间、间隔和幅度作出明确规定，但最高人民法院《关于办理减刑、假释案件具体应用法律若干问题的规定》对于无期徒刑犯和有期徒刑犯的减刑起始时间、间隔和幅度等问题作出了具体规定。其基本内容如下：

1. 无期徒刑犯在执行期间，如果确有悔改或者立功表现的，服刑2年以后，可以减刑。为使无期徒刑犯的减刑，与死缓犯、有期徒刑长刑犯的减刑幅度相照应，对确有悔改或者立功表现的，一般可以减为18年以上20年以下有期徒刑。对有重大立功表现的，可以减为13年以上18年以下有期徒刑。无期徒刑犯在执行期间重新犯罪，被判有期徒刑以下刑罚的，自新罪判决确定之日起一般在2年内不予减刑；对新罪判处无期徒刑的，减刑的起始时间要适当延长。刑法关于无期徒刑犯的实际执行的刑期不能少于10年的规定，应当自无期徒刑判决确定之日起计算。

2. 被判处5年以上有期徒刑的罪犯，一般在执行1年半以上方可减刑，两次减刑之间一般间隔1年以上；被判处10年以上有期徒刑的罪犯，一次减2年或者3年有期徒刑之后，再减刑时，其间隔时间一般不得少于2年。被判处不满5年有期徒刑的罪犯，可以比照上述规定的时间适当缩短。对有重大立功表现的，可以不受上述时间的限制。有期徒刑犯在执行期间，如果确有悔改表现，或者有立功表现的，一般一次减刑不超过1年有期徒刑；如果确有悔改表现并有立功表现，或者有重大立功表现的，一般一次减刑不超过2年有期徒刑。被判处10年以上有期徒刑的罪犯，如果悔改表现突出，或有立功表现的，一次减刑不得超过2年有期徒刑；如果悔改表现突出并有立功表现，或者有重大立功表现的，一次减刑不得超过3年有期徒刑。在有期徒刑犯减刑时，对附加剥夺政治权利的刑期可以酌减，但酌减后的剥夺政治权利的期限，最短不得少于1年。

3. 为了贯彻对未成年犯教育、感化、挽救的方针，对未成年犯的减刑幅度可以适当放宽，间隔时间可以相应缩短。

减刑后刑期的计算方法，因原判刑罚的种类不同而有所区别：对于原判管制、拘役、有期徒刑的，减刑后的刑期自原判决执行之日起算；原判刑期已经执行的部分，应计入减刑以后的刑期之内。对于原判无期徒刑减为有期徒刑的，刑期自裁定减刑之日起算；已经执行的刑期，不计入减为有期徒刑以后的刑期之内。对于无期徒刑减为有期徒刑之后，再次减刑的，其刑期的计算，则应按照有期徒刑罪犯减刑的方法计算，即应当从前次裁定减为有期徒刑之日算起。对于曾被依法适用减刑，后因原判决有错误，经再审后改判为较轻刑罚的，原来的减刑仍然有效，所减刑期应从改判的刑期中扣除。

### ■ 减刑的程序

根据《刑法》第 79 条的规定，对于犯罪分子的减刑，由执行机关向中级以上人民法院提出减刑建议书。人民法院应当组成合议庭进行审理，对确有悔改或者立功事实的，裁定予以减刑。非经法定程序不得减刑。

## 第三节 假 释

### ■ 假释的概念

我国刑法规定的假释，是对被判处有期徒刑、无期徒刑的犯罪分子，在执行一定刑期后，因其认真遵守监规，接受教育改造，确有悔改表现，不致再危害社会，而附条件地将其予以提前释放的制度。

假释制度体现了惩办与宽大相结合、惩罚与教育相结合的刑事政策，对于实现我国刑法的任务和目的，促进犯罪分子改过自新，具有积极的作用。

假释与释放不同。虽然二者都在形式上解除监禁，恢复受押人的人身自由，但在性质上是有区别的。假释是有条件地提前释放，还存在着收监执行余刑的可能；而释放，无论是宣告无罪释放、刑罚执行完毕释放，还是赦免释放，都是无条件释放，不存在再执行的问题。

假释与减刑不同。二者虽然都是刑罚执行制度，且适用前提有相同之处，但仍存在许多方面的不同：(1) 适用范围不同。假释只适用于被判处无期徒刑和有期徒刑的犯罪分子；减刑适用于被判处管制、拘役、有期徒刑、无期徒刑的犯罪分子。(2) 适用次数不同。假释只能宣告一次；而减刑不受次数的限制，可以减刑一次，也可以减刑数次。(3) 适用的条件不同。假释附有考验期，如果发生法定情形，就撤销假释；减刑没有考验期，即使犯罪分子再犯新罪，已减的刑期也不恢复。(4) 结果不同。对被假释人当即解除监禁，予以附条件释放；对被减刑人则要视其减刑后是否有余刑，才能决定是否释放，有未执行完的刑期的，仍须继续执行。

假释与缓刑不同。二者虽有许多相同点，都是有条件地不执行原判刑罚，都有一定的考验期，都以发生法定情形为撤销条件。但仍有许多明显的区别：(1) 适用范围不同。假释适用于无期徒刑、有期徒刑；缓刑只适用于拘役和 3 年以下有期徒刑。(2) 适用时间不同。假释是在刑罚执行过程中，根据犯罪分子的表现，以裁定作出的；缓刑则是在判决的同时宣告的。(3) 适用根据不同。适用假释的根据，是犯罪分子在刑罚执行中的表现以及假释后不致再危害社会的可能性；适用缓刑的根据，是犯罪分子的犯罪情节和悔罪表现以及适用缓刑确实不致再危害社会的可能性。(4) 不执行的刑期不同。假释必须先执行原判刑期的一部分，而对尚未执行完的刑期，附条件不执行；缓刑是对原判决的全部刑期有条件地不执行。

假释与监外执行不同：(1) 适用对象不同。假释只适用于无期徒刑和有期徒刑；监外执行则适用于有期徒刑和拘役。(2) 适用条件不同。假释适用于执行了一定刑期，认真遵守监规，接受教育改造，确有悔改表现，不致再危害社会的犯罪分子。监外执行适用于因法定特殊情况不宜在监狱内执行的犯罪分子。(3) 收监条件不同，假释犯只有在假释考验期内发生法定情形，才能撤销假释；监外执行则在监外执行的法定条件消失，且刑期未满的情况下收监执行。(4) 期间计算不同。假释犯若被撤销假释，其假释的期间，不能计入原判执行的刑期之内。监外执行的期间，无论是否收监执行，均计入原判执行的刑期之内。

## ■ 假释的条件

根据《刑法》第 81 条的规定，对犯罪分子适用假释，必须符合下列条件。

(一) 对象条件

假释是对犯罪分子附条件地提前释放，并在一定时期内保持继续执行未执行的部分刑罚的可能性。正是基于假释的这一基本特点，决定了假释只能适用被判处有期徒刑、无期徒刑的犯罪分子。其他种类的刑罚，或因性质决定而不存在假释可能（死刑立即执行），或因执行方式决定而不能直接适用假释（死刑缓期执行），或因刑期较短决定而不具有适用假释的实际意义（拘役），或因仅在监外执行、限制部分自由决定而没有必要适用假释（管制）。根据 1997 年 10 月 28 日最高人民法院《关于办理减刑、假释案件具体应用法律若干问题的规定》的规定，对死缓犯减为无期徒刑或者有期徒刑后，符合假释条件的，可以适用假释。此外，根据最高人民法院《关于审理未成年人刑事案件具体应用法律若干问题的解释》第 18 条的规定，对未成年罪犯的假释，在掌握标准上可以比照成年罪犯依法适度放宽。未成年罪犯能认罪伏法，遵守监规，积极参加学习、劳动的，即可视为“确有悔改表现”，符合《刑法》第 81 条第 1 款规定的，可以假释。

(二) 限制条件

只有执行一定的刑罚，才能比较准确地考察、判断犯罪分子是否认真遵守监规，接受教育改造，确有悔改表现，不致再危害社会，以保证假释的效果；而且只有如此，才能保持判决的稳定性和法律的严肃性。根据我国《刑法》第 81 条和有关司法解释的规定，被判处有期徒刑的犯罪分子，执行原判刑期 1/2 以上，被判处无期徒刑的犯罪分子，实际执行 10 年以上，才可以适用假释。对无期徒刑减为有期徒刑的罪犯，仍应按原判无期徒刑实际执行 10 年以上，才可以适用假释。对死缓犯减刑后假释的，其实际执行的刑期不得少于 12 年。死缓犯实际执行的刑期自死缓 2 年期满第 2 日起计算。对判处有期徒刑的罪犯适用假释，执行原判刑期 1/2 以上的起始时间，应从羁押之日起计算。

我国刑法对于可以适用假释的最低刑期或余刑刑期，以及减刑后又假释的间隔时间未作具体规定，但在有关司法解释中对此作出了具体规定。在看守所服刑的必须是判处有期徒刑 1 年的罪犯，以及个别余刑 1 年以上，因特殊需要，经有关部门批准的罪犯。在司法实践中，对判处有期徒刑 1 年以下和判决生效后经折抵余刑不足 1 年的罪犯，一般不予假释。对余刑在 1 年以上的罪犯，符合法定条件的，应按法定程序裁定予以假释。根据最高人民法院《关于办理减刑、假释案件具体应用法律若干问题的规定》的规定，罪犯减刑后又假释的，一般以间隔 1 年以上为宜；对于一次减 2 年或者 3 年有期徒刑后，又适用假释的，其间隔时间一般不得少于 2 年。

为了使适用假释有必要的灵活性，我国《刑法》第 81 条规定：如果有特殊情况，经最高人民法院核准，可以不受上述执行刑期的限制。根据最高人民法院《关于办理减刑、假释案件具体应用法律若干问题的规定》的规定，所谓特殊情况，是指有国家政治、国防、外交等方面特殊需要的情况。

此外，根据《刑法》第 81 条第 2 款的规定，适用假释的限制条件还包括另一重要内容，即对累犯以及因杀人、爆炸、抢劫、强奸、绑架等暴力性犯罪被判处10年以上有期徒刑、无期徒刑的犯罪分子，不得假释。

（三）实质条件

根据《刑法》第81条的规定，只有在符合上述对象条件和限制条件的基础上，犯罪分子认真遵守监规，接受教育改造，确有悔改表现，假释后不致再危害社会的，才可以对其予以假释。这是适用假释的实质条件或者关键性条件。根据最高人民法院《关于办理减刑、假释案件具体应用法律若干问题的规定》的规定，不致再危害社会，是指同时具备以下四个方面情形之一的，应当认为是确有悔改表现，即：认罪伏法；认真遵守监规，接受教育改造；积极参加政治、文化、技术学习；积极参加劳动，完成劳动任务；不致违法、重新犯罪的，或者是老年、身体有残疾（不含自伤致残），并丧失作案能力的。

另外，根据1997年10月28日最高人民法院《关于办理减刑、假释案件具体应用法律若干问题的规定》的规定，把握适用假释的实质条件，还须特别注意以下问题：一是为了贯彻对未成年犯教育、感化、挽救的方针，对未成年犯的假释在掌握标准上可以比照成年犯依法适度放宽。未成年罪犯能认罪伏法，遵守监规，积极参加学习、劳动的，即可视为确有悔改表现，而又不致再危害社会的，可以假释。

## 假释的考验期及考察

假释是附条件地提前释放，因而需要设立一定的考验期限，以便对假释罪犯继续进行监督改造。根据《刑法》第83条的规定，有期徒刑的假释考验期限，为没有执行完毕的刑期；无期徒刑的假释考验期限为10年。假释考验期限，从假释之日起计算。在司法实践中，对有期徒刑犯罪假释考验期限的掌握，一般不少于6个月。

根据《刑法》第84条的规定，被宣告假释的犯罪分子，应当遵守下列规定：遵守法律、行政法规，服从监督；按照监督机关的规定报告自己的活动情况；遵守监督机关关于会客的规定；离开所居住的市、县或者迁居，应当报经监督机关批准。

根据《刑法》第85条的规定，被假释的犯罪分子，在假释考验期限内，由公安机关予以监督。

根据《刑法》第85条的规定，对于被假释的犯罪分子的考察，主要是考察其在假释考验期限内是否具有《刑法》第86条规定的情形，即是否再犯新罪或者发现漏罪，以及是否有违反法律、行政法规或者国务院公安部门有关假释的监督管理规定的行为。如果没有《刑法》第86条规定的情形，假释考验期满，就认为原判刑罚已经执行完毕，并公开予以宣告。如果有《刑法》第86条规定的情形，则撤销假释，依照数罪并罚的规定实行数罪并罚，或者收监执行未执行完毕的刑罚。

## 假释的法律后果

根据《刑法》第85条、第86条的规定，假释可能会出现以下法律后果：

1. 被假释的犯罪分子，在假释考验期限内没有《刑法》第86条规定的情形。即没有再犯新罪或者发现漏罪，或者违反法律、行政法规或者国务院公安部门有关假释的监督管理规定，假释考验期满，就认为原判刑罚已经执行完毕。

2. 被假释的犯罪分子，在假释考验期限内再犯新罪或者发现其在判决宣告以前还有其他罪没有判决的，应当撤销假释，分别依照《刑法》第71条、第70条的规定实行数罪并罚。

3. 被假释的犯罪分子，在假释考验期限内，有违反法律、行政法规或者国务院公安部门有关假释的监督管理规定的行为，尚未构成新的犯罪的，应当依照法定程序撤销假释，收监执行未执行完毕的刑罚。

犯罪分子被假释后，原判刑罚中有附加刑的，附加刑仍须继续执行。原判刑罚中有附加剥夺政治权利的，附加剥夺政治权利的刑期从假释之日起计算。

## ■ 假释的程序

根据《刑法》第 82 条、第 79 条的规定，对于犯罪分子的假释，由执行机关向中级以上人民法院提出假释建议书。人民法院应当组成合议庭进行审理，对符合法定假释条件的，裁定予以假释。非经法定程序不得假释。

# 第十七章

# 刑罚消灭制度

## 第一节　刑罚消灭概述

### 一、刑罚消灭的概念

刑罚消灭，是指由于一定的法定原因，针对特定的犯罪人的刑罚权归于消灭。首先，刑罚消灭是以犯罪的成立为前提的，无犯罪即无刑罚，无刑罚也就不存在刑罚的消灭。刑罚权是国家对犯罪人适用刑罚，借以惩罚犯罪人的权力，它包括制刑权、求刑权、量刑权与行刑权四个方面的内容。制刑权是国家创制刑罚的权力，属于国家刑事立法权的一部分；求刑权也称起诉权，是请求对犯罪人予以刑罚惩罚的权力，它主要表现为公诉形式，在个别犯罪中也表现为自诉形式；量刑权是国家审判机关裁量并决定刑罚的权力；行刑权就是国家对犯罪人执行刑罚的权力。刑罚消灭，是指求刑权、量刑权和行刑权的消灭。至于刑罚权中的制刑权，作为立法权的组成部分，对特定的犯罪人而言，是在任何情况下都不可能消灭的。

### 二、刑罚消灭的法定原因

刑罚消灭，必须以一定的法定事由为前提。从各国立法例来看，导致刑罚消灭的法定原因大致有以下几种情况：

1. 刑罚执行完毕。刑罚执行完毕后，因再无执行的理由，其行刑权便归于消灭。

2. 缓刑考验期满。被宣告缓刑的犯罪人，在缓刑考验期限内没有法定撤销缓刑的情形，缓刑考验期满后，原判刑罚不再执行，行刑权便归于消灭。

3. 假释考验期满。被假释的犯罪人，在假释考验期限内没有法定撤销假释的情形，假释考验期满，即视为刑罚执行完毕，行刑权归于消灭。

4. 犯罪人死亡。如果犯罪人起诉前死亡，求刑权消灭；如果犯罪人在判决确定前死亡，量刑权消灭；如果犯罪人在刑罚执行过程中死亡，行刑权一般也归于消灭。

5. 超过时效期限。犯罪发生后，司法机关超过追诉时效而未追诉，求刑权归于消灭。刑罚宣告后，超过行刑时效而未执行，行刑权归于消灭。

6. 赦免。赦免包括大赦和特赦，实行赦免可以导致行刑权的消灭。

我国的刑罚消灭制度，是指法律所规定的各种导致刑罚消灭事由的制度。它的具体内容较为分散。由于刑罚执行完毕而导致的刑罚消灭，主要属于监狱学研究的问题；由于犯罪人死亡而导致的刑罚消灭，一般属于刑事诉讼法研究的范围；至于缓刑和假释考验期满而导致的刑罚消灭，尽管是属于刑法学研究的范围，但因为分别与缓刑制度和假释制度联系紧密，故而通常为缓刑制度和假释制度所包容。所以，本章所要研究的内容，只是我国刑罚消灭制度中的一部分，即时效和赦免制度。

## 第二节 时 效

### ■ 时效的概念和意义

（一）时效的概念

时效，是指经过一定的期限，对犯罪不得追诉或者对所判刑罚不得执行的一项制度。时效分为追诉时效和行刑时效两种。追诉时效，是指依法对犯罪分子追究刑事责任的有效期限。在法定的期限内，司法机关有权追究犯罪分子的刑事责任；超过这个期限，除法定最高刑为无期徒刑、死刑并经最高人民检察院特别核准必须追诉的以外，都不得再追究犯罪分子的刑事责任；已经追究的，应当撤销案件，或者不起诉，或者终止审理。行刑时效，是指法律规定对被判处刑罚的犯罪分子执行刑罚的有效期限，超过法定执行期限刑罚就不得再执行。

我国刑法只规定了追诉时效，而未规定行刑时效。这是因为新中国成立以来审判机关判处刑罚而未予执行的现象未曾发生过，规定行刑时效没有现实意义。相反，不规定行刑时效，更有利于同犯罪作斗争。如果由于犯罪分子在判决宣告以后，刑罚开始执行以前逃跑或者因其他原因而导致刑罚不能执行，司法机关在任何时候都有权将其缉拿归案，执行原判的刑罚。

（二）时效的意义

我国刑法设立时效（即追诉时效）制度，具有以下几个重要意义：

1. 有利于实现刑罚的目的。对犯罪分子适用刑罚的目的在于预防犯罪。如果犯罪分子在犯罪后经过一定时期没有受到追诉并没有再犯罪，就说明他已经改恶从善，成为无害于社会的人。若此时再对他进行追诉，从特殊预防的角度来看，已无必要。从一般预防的角度来看，对犯罪惩办越快，警戒社会上不稳定分子的作用越大。如果在犯罪行为对社会的危害性已经消失的情况下，再对犯罪分子进行追诉，就很难收到适用刑罚的效果。

2. 有利于司法机关集中打击现行犯罪。现行犯罪直接危害着社会主义现代化建设和人民群众的生命、财产安全，因此，打击现行犯罪，历来是司法机关的头等重要任务。而历史上的案件随着时间的推移和环境的变迁，各种证据可能散失，某些反映案件事实情况的材料不易搜集，一些了解案情的人也因死亡或下落不明或记忆不清，不能准确地提供案件的有关情况，所有这些都给侦查、起诉和审判工作带来很大困难。刑法规定时效制度，就可以使司法机关摆脱难以查清而又现实意义不大的陈年老案的拖累，集中力量办理现行案件。

3. 有利于社会安定团结。在刑事案件中，有一部分是人民群众之间发生的轻微犯罪案件，其社会危害性较轻，而且经相当长时间没有提起诉讼，有的经过调解或因时过境迁，被害人和犯罪人之间的宿怨已经消释，重归于好，规定时效制度，就可以稳定这种社会关系。否则就可以使人民内部已经稳定的和睦关系再度陷于紧张，不利于人民内部的安定团结。

总之，我国刑法规定的时效制度，不仅不会放纵犯罪，而且可以更为有效地惩罚犯罪；不仅不会削弱法律的严肃性，而且能够增强法律的严肃性。所以，时效制度是从国家利益和人民利益出发，强化与犯罪有效斗争的制度。

## 追诉期限

追诉时效期限的长短，应当与犯罪的社会危害性程度、刑罚的轻重相适应。《刑法》第87条规定，犯罪经过下列期限不再追诉：(1) 法定最高刑为不满5年有期徒刑的，经过5年；(2) 法定最高刑为5年以上不满10年有期徒刑的，经过10年；(3) 法定最高刑为10年以上有期徒刑的，经过15年；(4) 法定最高刑为无期徒刑、死刑的，经过20年。如果20年以后认为必须追诉的，须报请最高人民检察院核准。

《刑法》第87条按照罪责刑相适应的原则，将追诉期限分别规定为长短不同的四档，因此，根据所犯罪行的轻重，应当分别适用刑法规定的不同条款或相应的量刑幅度，按其法定最高刑来计算追诉期限。具体而言，应分别按以下三种情况，具体计算追诉期限：(1) 如果所犯罪行的刑罚，分别规定有几条或几款时，即按其罪行应当适用的条或款的法定最高刑计算；(2) 如果是同一条文中有几个量刑幅度时，即按其罪行应当适用的量刑幅度的法定最高刑计算；(3) 如果只有单一的量刑幅度时，即按此条的法定最高刑计算。

虽然案件尚未开庭审判，但是，经过认真审查案卷材料和必要的核实案情，在基本事实查清的情况下，也可估量刑期，计算追诉期限。

根据最高人民法院、最高人民检察院《关于不再追诉去台人员在中华人民共和国成立前的犯罪行为的公告》和《关于不再追诉去台人员在中华人民共和国成立后当地人民政权建立前的犯罪行为的公告》，对去台人员过去所犯罪是否追诉，应分别以下不同情况办理：(1) 对去台人员在中华人民共和国成立前，或者在中华人民共和国成立后、犯罪地地方人民政权建立前所犯罪行，不再追诉。(2) 去台人员在中华人民共和国成立后、犯罪地地方人民政权建立前犯有罪行，并连续或继续到当地人民政权建立后的，追诉期从犯罪行为终了之日起计算。凡符合《刑法》第87条规定的，不再追诉。其中法定最高刑为无期徒刑、死刑的，经过20年，也不再追诉。如果认为必须追诉的，由最高人民检察院核准。(3) 对于去台湾以外其他地区和国家的人员在中华人民共和国成立前，或者在中华人民共和国成立后、犯罪地地方人民政权建立前所犯的罪行，分别按照上述两项的规定办理。

已过追诉期限的案件，不再追究犯罪分子的刑事责任，但是，对其非法所得或者因犯罪造成的经济损失，仍应按照《刑法》第64条和第37条规定的精神处理。

## 追诉期限的起算

关于追诉期限的起算，我国《刑法》第89条第1款规定：追诉期限从犯罪之日起计算。所谓“犯罪之日”，应理解为犯罪成立之日。具体而言，对行为犯应从犯罪行为实施之日起计算；对结果犯应从犯罪结果发生之日起计算；对结果加重应从加重后果发生之日起计算；对预备犯、未遂犯、中止犯，应分别从犯罪预备、犯罪未遂、犯罪中止成立之日起计算。所谓“犯罪行为有连续或者继续状态的”，是指连续犯和继续犯，其追诉期限从犯罪行为终了之日起计算。

为了防止犯罪分子利用时效制度逃避法律制裁，我国刑法规定了时效中断和时效延长。

关于时效中断，《刑法》第89条第2款规定：在追诉期限以内又犯罪的，前罪追诉的期限从犯后罪之日起计算。即只要犯罪分子在追诉期限内又犯罪，不论新罪的性质和刑罚轻重如何，前罪所经过的时效期间均归于无效。前罪的追诉期限从犯新罪之日起计算。这在刑法理论上称为时效中断。

关于时效延长，《刑法》第88条第1款规定：在人民检察院、公安机关、国家安全机关立案侦查或者在人民法院受理案件以后，逃避侦查或者审判的，不受追诉期限的限制。第

88 条第 2 款规定：被害人在追诉期限内提出控告，人民法院、人民检察院、公安机关应当立案而不予立案的，不受追诉期限的限制。也就是说，在司法机关立案侦查或者受理案件以后，犯罪分子逃避侦查或者审判的，或者被害人在追诉期限内提出控告，司法机关应当立案而不予立案的，不受追诉期限的限制，无论逃避状态持续多久，也无论应当立案而不予立案的状态持续多久，都可以对犯罪分子进行追诉。在刑法理论上称为时效延长。

## 第三节 赦 免

### ■ 赦免的概念

赦免，是国家对于犯罪分子宣告免予追诉或者免除执行刑罚的全部或者部分的法律制度。

赦免分为大赦和特赦两种，大赦，是指国家对不特定的多数犯罪分子的赦免。其效力及于罪与刑两个方面，即对宣布大赦的犯罪，不再认为是犯罪，对实施此类犯罪者，不再认为是犯罪分子，因而也不再追究其刑事责任。已受罪刑宣告，宣告归于无效；已受追诉而未受罪刑宣告的，追诉归于无效。特赦，是指国家对特定的犯罪分子的赦免，即对于受罪刑宣告的特定犯罪分子免除其刑罚的全部或部分的执行。这种赦免只赦其刑，不赦其罪。一般而言，大赦与特赦的主要区别是：(1) 大赦是赦免一定种类或不特定种类的犯罪，特赦是赦免特定犯罪人。(2) 大赦既可实行于法院判决之后，也可实行于法院判决之前；特赦只能实行于法院判决之后。(3) 大赦既可赦其罪，又可赦其刑；特赦只能赦其刑。(4) 大赦后再犯罪不构成累犯；特赦后再犯罪的，如果符合累犯条件，则构成累犯。

大赦、特赦通常由国家元首或最高权力机关以命令的形式宣布。这种命令称为大赦令、特赦令，大赦、特赦完毕，命令便自然失效。

### ■ 我国的特赦

我国 1954 年《宪法》规定了大赦和特赦，但在实践中并没有使用过大赦。1978 年《宪法》和 1982 年《宪法》都只规定特赦，没有规定大赦。因此，《刑法》第 65 条、第 66 条所说的赦免，都是指特赦减免。根据现行《宪法》第 67 条、第 80 条的规定，特赦由全国人民代表大会常务委员会决定，由国家主席发布特赦令。

自 1959 年至 1975 年，我国先后实行了 7 次特赦。从这 7 次实行特赦的情况来看，我国的特赦具有以下特点：

1. 特赦是以一类或几类犯罪分子为对象，而不是适用于个别的犯罪分子。除 1959 年第一次特赦是对战争罪犯、反革命罪犯和普通刑事犯实行外，其余 6 次都是对战争罪犯实行。

2. 特赦是对经过一定时期的关押改造，确已改恶从善的犯罪分子实行。

3. 特赦是根据犯罪分子的罪行轻重和悔改表现，区别对待，或者免除其刑罚尚未执行的部分，予以释放，或者减轻其原判的刑罚而不是免除其全部刑罚。

4. 特赦是由全国人大常委会决定，由中华人民共和国主席发布特赦令，再由最高人民法院予以执行，而不是由犯罪分子本人及其家属或者其他公民提出申请而实行。

我国的特赦，是惩办与宽大相结合、惩罚与教育相结合政策的一种具体体现，符合刑罚的目的。实践证明，实行特赦，对于鼓励犯罪分子努力改造，分化瓦解犯罪分子，化消极因素为积极因素，具有重要的作用。

# 第十八章 刑法各论概述

## 第一节　刑法各论与刑法总论的关系

### 一、刑法各论的研究范围

综观各国刑法典的规定，一般都分为总则和分则两大部分，其中刑法总则规定犯罪与刑罚的一般原理、原则，刑法分则则规定各种具体犯罪的罪状及其刑事责任。刑法各论（也称罪刑各论、罪刑分论）即是以刑法典分则作为其研究的主要内容。此外，规定具体犯罪及其刑事责任的分则性规范除了刑法典分则之外还有单行刑法与附属刑法，因此，后两者也是刑法各论研究的内容。具体说来，应当包括：

（一）刑法典分则

刑法典分则是分则性规范的主要组成部分，它较为系统地规定了具体犯罪及其刑事责任。我国刑法典第二编即是分则编，它分10章系统规定了400多种犯罪，是分则性规范的主体。

（二）单行刑法

在我国，单行刑法是指全国人大常委会颁布的有关惩治某种或某些犯罪的单行刑事法律。单行刑法一般只是规定具体犯罪及其刑事责任，较少有总则性规定。因此，单行刑法的分则性规范也是刑法各论的重要内容之一。

（三）附属刑法

附属刑法是指在民事、经济、行政等法律法规中规定的有关某种行为的刑事责任的条款，因为它也是关于具体犯罪及其刑事责任的规定，因而也属于分则性规范，也应该纳入刑法各论的研究范围。

### 二、刑法各论与刑法总论的关系

刑法总则与刑法分则是抽象与具体、一般与个别、普遍与特殊的关系。一方面，总则的规定对分则具有指导和制约作用，脱离或者违反总则的一般原理、原则，难以制定出科学的分则规范，执行分则的规定也绝不能违反总则的规定。另一方面，没有科学的分则规定，总则的一般原理、原则又难以得到具体贯彻与实现。因此，只有刑法总则与刑法分则紧密结合、相辅相成，才能充分和有效地实现刑法的各项功能与任务。

在刑法学的研究中，刑法总论和刑法各论也是其内容的两大部分，刑法总论研究总则中关于刑法、犯罪、刑罚的一般原理、原则和制度，刑法各论则研究刑法分则规定的各种具体犯罪的认定和处罚。二者的关系同刑法总则与分则的关系一样，也是抽象与具体、一般与个别、普遍性与特殊性的关系。

（一）刑法总论对刑法各论具有概括、指导和制约作用

刑法各论只研究具体犯罪的特殊性，而较少涉及共性。如果仅就具体犯罪而论具体犯罪，就难以从宏观上把握具体犯罪的实质。刑法总论通过对刑法各论阐述的各种具体犯罪问题进行科学的抽象和概括，提炼出有关的原理、原则和共性知识，从而使我们对具体犯罪问题获得更高层面的认识。而从刑法各论关于具体犯罪的理论中抽象、概括出来的刑法总论内容（即关于犯罪、刑事责任和刑罚的一般原理、原则），又反过来对刑法各论各种具体犯罪问题的研究具有指导作用，同时也具有一定的规范和约束作用，即罪刑各论的研究不能违背总论的原理、原则。例如，刑法总论关于犯罪构成的原理认为，任何犯罪的构成都是主观要件和客观要件的有机统一，因此，罪刑各论在研究任何具体犯罪时，都必须遵循这种主客观相统一的原理，否则就会得出错误的结论。

（二）刑法各论对刑法总论具有贯彻、体现和促进作用

刑法总论关于犯罪、刑事责任和刑罚的原理、原则较为抽象、概括，它们只有通过刑法各论对具体的罪刑的论述，才能得到实际的贯彻和体现，从而便于人们理解和把握。例如，刑法总论所阐述的犯罪构成的一般要件，能够使人们从总体上了解犯罪的构成需要具备哪些要件，但是，总论犯罪构成的一般理论如果不在各论具体罪的犯罪构成中加以体现和贯彻，不仅其作用得不到充分的发挥，理论和实践价值也会受到很大的削弱。实际上，刑法总论关于犯罪、刑事责任和刑罚的一般原理、原则，无论对定罪还是对量刑都具有重要的作用。但如果这种一般原理、原则不与具体的问题相结合，则是抽象的，无法发挥作用。正是刑法各论将刑法总论的原理、原则结合各类各种犯罪加以具体化，才使得刑法总论的原理、原则在司法实践中能够充分发挥作用，所以，刑法各论具有促进刑法总论实践效应的作用。

## ■ 研究刑法各论的意义

基于上述刑法各论与刑法总论的关系的认识，研究刑法各论就具有重要意义。

（一）对刑法理论的意义

从刑法理论上来看，研究刑法各论首先有助于丰富和加深对刑法总论的理解和把握。因为研究刑法各论要以总论的原理为指导，去认识具体犯罪的规律、特征及法律后果，因而，在此过程中能够加深对总论的理解。例如，在研究具体犯罪的概念、构成要件、形态等问题的时候，就能加深对总论中的犯罪概念、犯罪构成、犯罪形态等原理的理解；在研究具体犯罪的法定刑与量刑原则的时候，就能加深对总论中的刑罚体系、种类、量刑原则等原理的理解。

其次，研究刑法各论还有助于丰富、深化和发展刑法总论的一般原理、原理。总论本身本来就是在研究罪刑各论的基础上形成的，在以总论为指导进一步研究罪刑各论时，还可以继续将总论的内容进一步丰富、发展或引向深入，从而使整个刑法理论不断向前发展。例如，我国《刑法》总则对共犯与身份的问题没有规定，总论也缺乏研究。但由于分则具有这方面的规定（如第 382 条第 3 款规定，与国家工作人员“勾结，伙同贪污的，以共犯论处”），刑法各论对这些规定的研究，就形成了共犯与身份的理论，从而丰富和发展了刑法总论中有关共同犯罪的理论。

（二）对刑事司法的意义

通过研究刑法总论，可以掌握各种具体犯罪的定罪量刑标准，从而正确地适用刑法。

1. 有助于分清罪与非罪界限。刑法总则虽然对犯罪概念、犯罪构成作了一般规定，但仅仅根据总则的规定还不能完全区分罪与非罪的界限。因为案件总是具体的，必须把握各种具体犯罪的概念与特征，才能最终掌握具体犯罪与非罪的界限。例如，《刑法》第152条规定，以牟利或者传播为目的走私淫秽的影片、录音带或者其他淫秽物品的，构成走私淫秽物品罪。如果不是出于上述目的走私淫秽物品，则不构成犯罪。可见，研究刑法各论有助于掌握罪与非罪的具体标准，从而正确认定犯罪。

2. 有助于分清此罪与彼罪界限。刑法分则规定的形形色色的犯罪，有的差别明显，不易混淆，有的则极为相似，不易区分。而刑法总则又不可能规定区分此罪与彼罪的具体标准，因而只有研究刑法各论，明确各种具体犯罪的概念与构成要件，并且比较有关犯罪的构成要件的特点，才能正确区分此罪与彼罪之间的界限，从而正确地定罪。例如，故意杀人罪与故意伤害罪、盗窃罪与贪污罪、诈骗罪与假冒注册商标罪，在具体案件中非常容易混淆，这就需要我们利用刑法各论的知识分析其构成要件上的细微差别，从而划清二者之间的界限。另外，有的分则条文还对一些此罪与彼罪的区分作了特殊规定。如刑讯逼供行为，如果致人伤残、死亡的，就应认定为故意伤害罪、故意杀人罪；没有造成这种结果的，就认定为刑讯逼供罪。如果不研究刑法各论，就不可能正确地区分这些此罪与彼罪的界限。

3. 有助于对犯罪人正确适用刑罚。刑法总则只规定了刑罚的种类和量刑的一般原则，仅仅根据总则的规定还不能对具体犯罪正确裁量刑罚。而刑法分则则根据各种具体犯罪的社会危害性程度，规定了相应的法定刑；还有不少条文对一种犯罪规定了几个量刑幅度，并且指明了适用各个量刑幅度的基本条件。罪刑各论就是要研究分则对法定刑的规定、适用各个量刑幅度的基本条件，以及各种具体情节对量刑的意义。因此，只有研究罪刑各论，才能判处与犯罪相适应的刑罚。

（三）对刑事立法的意义

通过对刑法各论的学习和研究，可以发现刑事立法关于具体犯罪规定中的缺陷和不足，并提出修改和完善建议，从而有助于刑事立法的改革与健全。因为对刑法各论的研究，除了解释分则规范外，还包括研究各项规范的立法理由、哲学根据，指出现行立法的不当与疏漏，并进而提出修改完善的建议。事实上，1997年修订的刑法典分则的制定就采纳了许多刑法理论所提出的建议，刑法各论的研究成果对刑事立法的修改与完善所起的重要作用由此可见一斑。

## 第二节　刑法分则的体系

### 刑法分则体系的概念和意义

刑法分则体系，是指刑法分则根据一定的标准和规则，对所规定的各类犯罪及其所包含的各种具体犯罪，按照一定次序排列而形成的有机体。

建立科学的分则体系，不是简单的技术性问题，而是具有重要的理论意义和实践意义。如果不按一定标准进行分类和形成一定体系，刑法分则必然是杂乱无章的条文堆积，给刑法条文的理解和适用带来极大的不便。因此，建立科学的刑法分则体系，无论是从立法和司法实践来看，还是从刑法理论研究上来看，都具有重要的意义。

1. 从刑法立法上来看，建立科学的刑法分则体系，可以表明立法者对各类和各种具体社会关系进行刑事保护的价值取向，体现了刑法打击犯罪的重点所在。

2. 从刑事司法上来看，建立科学的刑法分则体系，有利于司法人员较为准确地认识各类犯罪的一般特征和各种犯罪的具体特征，把握各类及各种犯罪的危害程度，正确区分具体罪之间的界限，从而对犯罪准确适用刑罚。

3. 从刑法理论研究上来看，建立科学的刑法分则体系，有助于从理论上阐释和探讨各类各种犯罪的立法意图、构成特征和社会危害程度，从而正确地解决各类、各种犯罪的定罪量刑问题。

## ■ 我国刑法分则体系的特点

从总体上看，我国《刑法》分则共有 360 多个条文，规定了 400 余种犯罪。这些犯罪被分为 10 类，每一类为一章，即危害国家安全罪，危害公共安全罪，破坏社会主义市场经济秩序罪，侵犯公民人身权利、民主权利罪，侵犯财产罪，妨害社会管理秩序罪，危害国防利益罪，贪污贿赂罪，渎职罪，军人违反职责罪。概括起来说，我国刑法分则的体系具有如下特点：

第一，从分类标准上来看，原则上是以同类客体为标准对犯罪进行分类。

各国刑法对犯罪分类的标准不同，分则体系也不尽相同。在西方国家，有的把犯罪按照侵犯的法益不同分为“侵犯公法益的犯罪”与“侵犯私法益的犯罪”，或者分为“侵犯国家法益的犯罪”、“侵犯社会法益的犯罪”和“侵犯个人法益的犯罪”。在我国，国家利益、社会利益与个人利益在根本上是一致的，因而，不采用上述分类方法，而是以犯罪的同类客体即犯罪所侵犯的社会关系的范围为标准进行分类。这种分类方法既反映出了每一类犯罪的社会危害性，符合人们需要认识各类犯罪的不同危害性质的要求，也有利于理解惩治各类犯罪的立法精神，贯彻区别对待的政策。但是，以同类客体为标准也不是绝对的。有些犯罪划分为一类，是考虑到其他因素。例如，把军人违反职责罪规定为一章，主要考虑其主体为现役军人，有其特殊性。

第二，从排列顺序上看，无论是类罪的排列还是各类犯罪中具体犯罪的排列，原则上都以社会危害程度为标准由重到轻排列。

(1) 各类罪的排列一般主要是以社会危害程度的大小进行的，《刑法》分则共包括 10 类犯罪，这 10 类犯罪就是主要根据各类犯罪的社会危害性的大小，由重到轻依次排列。危害国家安全罪侵犯的是国家安全，而国家安全是我国的根本利益，是最重要的社会关系，这类犯罪的社会危害性最为严重，所以，将其排在各章之首。危害公共安全罪侵犯的是社会的公共安全，其社会危害程度仅次于危害国家安全罪，因此，这类犯罪紧随危害国家安全罪之后。《刑法》分则第三章至第十章的排列，基本上与上述原理相同。类罪的先后排列顺序所表明的社会危害程度的大小，是从总体上而言的，并不意味着排在前面的类罪中的每一种具体犯罪的社会危害性都大于排在后面的类罪中的所有具体犯罪的社会危害性。如危害公共安全罪的过失犯罪，就显然轻于侵犯人身权利、民主权利罪中的故意杀人、强奸等犯罪。

(2) 各类罪中的具体犯罪也大体上是根据社会危害程度的大小，并适当考虑犯罪与犯罪之间性质是否具有近似性，基本上由重到轻依次进行排列的。例如，在危害公共安全这一类犯罪中，放火、决水、爆炸、投放危险物质等罪，属于危害性最为严重的故意以危险方法危害公共安全的犯罪，因此，将它们排在该类犯罪的前面。而工程重大安全事故罪、教育设施重大安全事故罪、消防责任事故罪等罪，属于社会危害性相对较轻的过失危害公共安全的犯罪，因而，将它们排在该类犯罪的后面。当然，各类犯罪中每一种具体犯罪，并非是绝对按照社会危害性的大小进行排列的，有的则考虑了犯罪与犯罪之间性质是否具有近似性，兼顾罪与罪性质和相互间的逻辑联系。如在故意杀人罪之后紧接着规定过失致人死亡罪，就是照顾到它们之间的内在联系。因为单从社会危害程度上看，过失致人死亡罪显然要比规定在其后的强奸罪、奸淫幼女罪的社会危害性要小，但因为过失致人死亡罪和故意杀人罪一样都是侵犯公民生命权利的犯罪，因此将它们排在一起，这样既兼顾到犯罪的性质，也符合逻辑。

第三，对于复杂客体的犯罪，依据犯罪的主要客体进行归类。

复杂客体的犯罪是指侵犯了两种以上的合法权益的犯罪，对于这类犯罪，《刑法》分则是根据该犯罪的主要（较为重要的）客体将其归入不同的类罪中的。如抢劫罪既侵犯了公私财产的所有权，也侵犯了公民的人身权利，但立法者不可能在侵犯财产罪和侵犯公民人身权利、民主权利罪两章中对抢劫罪同时作出规定，因而，根据该种犯罪侵犯的主要客体即公私财产所有权而将其归入侵犯财产罪之中。将合同诈骗罪归入破坏社会主义市场经济秩序罪而没有归入侵犯财产罪之中也是基于同样的道理。

## 第三节　刑法分则条文的结构

根据法学基础理论，法律规范的条文结构一般分为假定、处理和制裁三个部分。就刑法分则的条文结构而言，一般仅包括假定和制裁两部分，这两部分被分别称为罪状和法定刑。例如，《刑法》第 237 条第 1 款规定：以暴力、胁迫或者其他方法强制猥亵妇女或者侮辱妇女的，处 5 年以下有期徒刑或者拘役。其中前半句就是罪状，后半句则是法定刑。因此，罪状和法定刑是本节的主要内容。但由于罪状与罪名密切相关，所以在研究罪状和法定刑的同时，对罪名问题附带予以说明。

### ■ 罪状

（一）罪状的含义

罪状是刑法分则规范对犯罪具体状况的描述，它指明适用该规范的条件，某一行为只有符合某一分则规范的罪状，才能适用该分则规范。

罪状只存在于刑法分则之中，但是并非每个分则条文都有罪状。只有与法定刑相联系，具体描述犯罪行为的部分才是罪状。

（二）罪状与犯罪构成的关系

罪状与犯罪构成是既有联系又有区别的两个概念。

一方面，罪状是犯罪构成的载体，或者说是犯罪构成的规范表现形式。只有通过对各罪状的剖析，才能掌握种种犯罪的构成特征，明确如何区分罪与非罪、此罪与彼罪的界限。由此也就产生了对立法者的严格要求，即应当十分注意对罪状规定的科学性、明确性。在理论上和实践中，对不少罪状的规定产生不同理解，众说纷纭，与罪状表述的模糊性有直接关系。

另一方面，罪状与犯罪构成又并非同义语，因为任何一个罪状都不可能、也不必要对每一种罪的全部构成特征加以描述，否则就会造成分则条文的过分繁杂。一般说来，罪状只是描述具体犯罪的客观要件。因为犯罪主体的一般要件在刑法总则中已有规定，分则只需规定特殊主体要件；犯罪的故意与过失的含义在总则中已有规定，人们可以根据总则的规定以及分则所描述的行为特征，概括出具体犯罪的主观要件的内容，分则只需就特定的目的进行规定；根据分则对具体犯罪客观要件的描述以及犯罪的分类，人们可以明确具体犯罪的客体要件。因此，必须把罪状的规定与刑法总则以及其他法律、法规的有关规定结合起来，才能确定每种罪的全部构成要件。

（三）罪状的分类

从不同的角度可以对罪状作不同的分类：

1. 叙明罪状、简单罪状、空白罪状和引证罪状。

这是根据罪状的表述方式及繁简程度的不同对罪状所作的划分。

叙明罪状，是指对具体犯罪构成特征作出较为具体描述的罪状。例如，《刑法》第 305 条对伪证罪的规定是“在刑事诉讼中，证人、鉴定人、记录人、翻译人对与案件有重要关系的情节，故意作虚假证明、鉴定、记录、翻译，意图陷害他人或者隐匿罪证的”，就是最典型的叙明罪状，其中对伪证罪的主体、主观与客观要件都作了明确的规定。由于叙明罪状对犯罪的特征有详细的描述，易于被人们理解和掌握，便于实践中正确定罪，因此，多数刑法条文均采用叙明罪状。

简单罪状，是指对犯罪构成的特征只作简单描述而没有超出罪名的概括的罪状。例如，《刑法》第 232 条规定“故意杀人的”，就是典型的简单罪状。简单罪状的优点是可以使分则条文简化，避免烦琐。采用简单罪状，一般限于特征比较明确，且为人们所熟知的犯罪，否则可能造成简而不明，导致理解和执行上的困难，成为立法缺陷。

空白罪状，又称参见罪状，是指在罪状中只规定某种犯罪行为，其具体特征要参照其他法律、法规的规定来确定的罪状。从它没有具体说明犯罪的构成特征来说，是空白罪状；从它指明了必须参照的法律、法令来说，则是参见罪状。例如，《刑法》第 332 条第 1 款规定，“违反国境卫生检疫规定，引起检疫传染病传播或者有传播严重危险的”，构成妨害国境卫生检疫罪。但是，妨害国境卫生检疫行为的客观表现是什么，条文没有写明，只能根据国境卫生检疫法规来确定。不了解上述法规，就不可能确定某人的行为是否属于妨害国境卫生检疫罪。采用空白罪状，往往是因为有关法律、法规的规定内容较多，而刑法条文又难以用简洁的语言对其特征作出具体表述，因而采用这种罪状，也能够简化刑法条文，只是认定该种犯罪的特征时必须与其他相关法律、法规相结合。

引证罪状，是指引用同一法律中的其他条款来说明或确定某一具体犯罪构成的特征。例如，《刑法》第 124 条第 1 款规定，“破坏广播电视设施、公用电信设施，危害公共安全的”，构成破坏广播电视设施、公用电信设施罪。第 2 款规定，“过失犯前款罪的”构成过失损坏广播电视设施、公用电信设施罪。此款只写明罪过形式是过失，其行为的客观表现、损坏的对象等，则要根据第 1 款的规定来确定。采用引证罪状，也是为了避免条文文字的重复，保持条文的简明性。

可见，刑法分则的罪状描述方式一般采用叙明罪状的方式，但是为了刑法条文的简约，在众所熟知、不易概括或者其他条款已有规定的情况下，部分条文又采用了简单罪状、引证罪状和空白罪状的描述方式。

2. 单一罪状和混合罪状。

单一罪状是指仅采用叙明罪状、简单罪状、引证罪状、空白罪状其中之一对犯罪的基本构成特征进行描述的罪状。分则条文中的绝大多数罪状都属于单一罪状。

混合罪状是指同时采用叙明罪状、简单罪状、引证罪状、空白罪状其中的两种方式对犯罪的基本构成特征进行描述的罪状。例如，《刑法》第 338 条规定：违反国家规定，向土地、水体、大气排放、倾倒或者处置有放射性的废物、含传染病病原体的废物、有毒物质或者其他危险废物，造成重大环境污染事故，致使公私财产遭受重大损失或者人身伤亡的严重后果的，处 3 年以下有期徒刑或者拘役，并处或者单处罚金；后果特别严重的，处 3 年以上 7 年以下有期徒刑，并处罚金。在该罪状中“违反国家规定”，属于空白罪状，指出确定重大环境污染事故罪的构成需要参照国家规定的有关法规，后半段的规定则属于叙明罪状，详细描述了构成重大环境污染事故罪的特定的环境、对象、行为方式以及后果的要件。刑法分则条文中采用混合罪状的只是少数，且主要表现为空白罪状与叙明罪状的混合。

3. 基本罪状与加重、减轻罪状。

这是根据复杂犯罪构成的特点对罪状所作的划分。

基本罪状是指对复杂犯罪构成中基本犯罪构成特征的描述[①]，加重、减轻罪状则是指对复杂犯罪构成中加重或减轻构成特征的描述。例如，《刑法》第 274 条规定：敲诈勒索公私财物，数额较大的，处三年以下有期徒刑、拘役或者管制；数额巨大或者有其他严重情节的，处三年以上十年以下有期徒刑。其中前一句的罪状属于基本罪状，后一句的罪状则属于加重罪状。又如《刑法》第 232 条规定：故意杀人的，处死刑、无期徒刑或者十年以上有期徒刑；情节较轻的，处三年以上十年以下有期徒刑。其中前一句的罪状属于基本罪状，后一句的罪状则属于减轻罪状。

## ■ 罪名

罪名，有广义和狭义之分。广义的罪名包括类罪名，狭义的罪名仅指具体罪名。这里讲的是狭义的罪名。

（一）罪名的概念和作用

罪名就是犯罪的名称，是对犯罪本质特征或者主要特征的高度概括。由于罪状对具体犯罪的本质或主要特征进行了描述，因而，罪名以罪状为基础，包括在罪状之中。在简单罪状的情况下，对罪状的表述就是罪名。

罪名虽是具体犯罪的称谓，但它并不仅仅起一种称呼作用，还具有其他方面的重要作用。

1. 罪名具有概括作用。犯罪现象形形色色、千姿百态。罪名将千姿百态的犯罪现象进行高度的概括，使人们能够明确刑法上规定了多少种类的犯罪，能够通过罪名来把握各种具体犯罪。

2. 罪名具有区分作用。罪名一方面将形形色色的犯罪行为概括成一个犯罪，同时，它又使各个罪名产生独特的含义，使罪与罪之间具有严格区别。不同的罪名所反映的犯罪行为的性质和特征不同，这就使得罪名具有区分作用。通过罪名所传递的信息，人们可以大致地区分罪与非罪、此罪与彼罪的界限。

3. 罪名具有评价作用。罪名能够表明国家对某种危害行为的否定评价以及对触犯该罪名的犯罪主体的谴责。

4. 罪名具有威慑作用。由于罪名体现了国家对犯罪的否定评价和对行为人的谴责，因而，为避免这种否定评价和谴责，就必须规范自己的行为，不触犯罪名。所以，罪名又具有威慑和预防犯罪的作用。

---

① 有人认为刑法分则对任何犯罪都规定了基本罪状，即把简单犯罪构成的罪状也看成是基本罪状（参见苏惠渔主编：《刑法学》，修订版，377 页，北京，中国政法大学出版社，1997）。我们不同意这种看法，因为没有与之相对应的加重、减轻罪状，也就无所谓基本罪状。

（二）罪名的分类

根据不同的标准，可以将罪名划分为以下一些种类：

1. 根据罪名是否具有法律效力，可分为立法罪名、司法罪名、学理罪名。

立法罪名，是指立法机关在刑法分则条文中明确规定的罪名。如贪污罪、受贿罪、挪用公款罪、行贿罪等都是由刑法分则条文明确规定的罪名。立法罪名具有普遍的法律效力，司法实践不能对有关犯罪使用与立法罪名不同的罪名。

司法罪名，是指最高司法机关通过司法解释所确定的罪名。如最高人民法院于1997年12月9日发布的《关于执行〈中华人民共和国刑法〉确定罪名的规定》所规定的罪名以及2002年3月最高人民法院、最高人民检察院共同发布的《关于执行〈中华人民共和国刑法〉确定罪名的补充规定》以及其后最高人民法院、最高人民检察院发布的《关于执行〈中华人民共和国刑法〉确定罪名的补充规定（二）、（三）》所确定的罪名都是司法罪名。司法罪名对司法机关办理刑事案件具有法律约束力。

学理罪名，是指理论上根据刑法分则条文规定的内容，对犯罪所概括出的罪名。学理罪名没有法律效力，但对司法实践确定罪名具有指导和参考作用。

2. 根据罪名包含构成内容数量之单、复，罪名可分为单一罪名和选择罪名。

单一罪名，是指罪状包含的犯罪构成的具体内容单一的罪名。如故意杀人罪、故意伤害罪等。

选择罪名，是指因罪状所包含的犯罪构成的具体内容比较复杂，罪名形式上表现为并列特点的罪名。例如，拐卖妇女、儿童罪是一个罪名，它包括了拐卖妇女的行为与拐卖儿童的行为，如果行为人只实施了拐卖妇女行为，应定拐卖妇女罪；如果行为人只实施了拐卖儿童行为，应定拐卖儿童罪；如果行为人既实施了拐卖妇女行为又实施了拐卖儿童行为，则应定为拐卖妇女、儿童罪，而不实行数罪并罚。选择罪名大致分三种情况：一是行为选择，即罪名中包括了多种行为，如引诱、容留、介绍他人卖淫罪，包括了三种行为。二是对象选择，即罪名中包括了多种对象，如拐卖妇女、儿童罪。三是行为与对象同时选择，即罪名中包括了多种行为与多种对象，如非法制造、买卖、运输、邮寄、储存枪支、弹药、爆炸物罪，包括五种行为和三种对象。

对于选择罪名而言，又可以分为概括罪名与实际罪名。选择罪名本身在应用于具体案件之前因为是对行为、对象等多种情形的概括，因而是概括罪名，但在具体案件中使用该罪名时则应根据案件事实的不同而确定不同的具体罪名，这种根据案件的具体事实所确定的罪名就是实际罪名。实际罪名可能是完全意义上的概括罪名，也可能是部分意义上的概括罪名。概括罪名所出现的可选择根据（行为、对象）的数量不同，可能出现的实际罪名的数量也多少不一。如上述拐卖妇女、儿童罪这一概括罪名可能出现拐卖妇女罪、拐卖儿童罪和拐卖妇女、儿童罪三种实际罪名。引诱、容留、介绍他人卖淫罪这一概括罪名可能出现引诱他人卖淫罪，容留他人卖淫罪，介绍他人卖淫罪，引诱、容留他人卖淫罪，引诱、介绍他人卖淫罪，容留、介绍他人卖淫罪和引诱、容留、介绍他人卖淫罪七种实际罪名。至于非法制造、买卖、运输、邮寄、储存枪支、弹药、爆炸物罪，由于存在五种行为和三种对象的选择，其可能出现的实际罪名更为复杂，可达217种之多。[①] 但是在各种可能出现的实际罪名中，只

① 有人仅按照可选择根据的数量计算可能出现的实际罪名的数量，认为拐卖妇女、儿童罪可以分解为两个罪名，引诱、容留、介绍他人卖淫罪，可以分解成三个罪名，非法制造、买卖、运输、邮寄、储存枪支、弹药、爆炸物罪可以分解成15个罪名（参见苏惠渔主编：《刑法学》，377页），恐怕这是将问题简单化了。

有一种是完全意义上的概括罪名，其余的都是部分意义上的概括罪名。

（三）罪名的确定

1. 罪名的确定的含义。罪名的确定有两个方面的含义：一是司法机关对已经发生的犯罪行为如何确定罪名，这实际上是定罪的问题，是刑法总论研究的内容，这里不作讨论。二是如何根据刑法分则的规定概括各种具体犯罪的罪名。例如，对《刑法》第238条的规定，是概括成非法拘禁罪，还是概括成非法剥夺人身自由罪？这是本节要讨论的问题。

2. 罪名确定的模式。现代各国刑法罪名确定的模式主要有两类：（1）明示式，即是在分则条文中明确规定罪名。其中具体又可分为两种，一种是标题明示式，即在分则条文中以标题方式载明罪名；另一种是定义明示式，即在分则条文中以定义的方式揭示罪名。（2）包含式，即在分则条文中不载明罪名，只是规定罪状，将罪名包含在罪状中，在确定罪名时则需要分析、概括罪状的规定。在这两类、三种方式中，标题明示式不仅简便易行，而且有利于司法操作和法制的统一，因而最为可取。

就我国刑法而言，这两类确定罪名方式都采用了。我国《刑法》分则中明示式是定义明示而非标题明示，如《刑法》第382条第1款、第384条第1款、第385条第1款、第389条第1款对贪污罪、挪用公款罪、受贿罪、行贿罪的规定即采用了定义明示式。但这种定义明示式的罪名在我国《刑法》分则中很少，除此之外大多数为包含式罪名，因此，实践中确定罪名需要分析、概括罪状的规定，由此也难免对罪名产生不一致的理解和认定。为了弥补刑法在罪名确定方面的缺憾，最高司法机关以司法解释的形式确定了分则犯罪的罪名，即前述的最高人民法院《关于执行〈中华人民共和国刑法〉确定罪名的规定》，最高人民法院、最高人民检察院《关于执行〈中华人民共和国刑法〉确定罪名的补充规定》，最高人民法院、最高人民检察院《关于执行〈中华人民共和国刑法〉确定罪名的补充规定（二）》，以及最高人民法院、最高人民检察院《关于执行〈中华人民共和国刑法〉确定罪名的补充规定（三）》。这四个司法解释虽然解决了司法实践中罪名不统一的问题，但因其是司法机关确定的，毕竟不如刑法的直接确定更具权威性。

3. 罪名确定的原则。正确确定罪名必须遵循一定的原则。根据刑法规定与司法实践，确定罪名时应遵循以下原则：

（1）合法性原则。所谓合法性原则，是指确定罪名时必须严格根据刑法分则规定具体犯罪的条文所描述的罪状，既不能超出罪状的内容，也不能片面地反映罪状的内容。例如，《刑法》第111条所描述的罪状是：为境外的机构、组织、人员窃取、刺探、收买、非法提供国家秘密或者情报的。有人将此种犯罪称为向境外非法提供国家秘密罪。这一罪名既遗漏了作为犯罪手段的窃取、刺探和收买，也遗漏了作为行为对象之一的情报，这就背离了合法性原则的要求。而将该种犯罪称为为境外窃取、刺探、收买、非法提供国家秘密、情报罪，紧扣刑法的规定，是一个遵守合法性原则的罪名。

（2）概括性原则。所谓概括性原则，是指罪名的确定必须是对罪状的高度概括，表述应力求简明。例如，《刑法》第145条规定的犯罪的罪状是：生产不符合保障人体健康的国家标准、行业标准的医疗器械、医用卫生材料，或者销售明知是不符合保障人体健康的国家标准、行业标准的医疗器械、医用卫生材料，足以严重危害人体健康的和生产不符合保障人体健康的国家标准、行业标准的医疗器械、医用卫生材料，或者销售明知是不符合保障人体健康的国家标准、行业标准的医疗器械、医用卫生材料，对人体健康造成严重危害的……后果特别严重的……如将该条犯罪称为生产、销售不符合保障人体健康的国家标准、行业标准的医疗器械、医用卫生材料罪，就显得缺乏概括性，冗长烦琐。将其称为生产、销售不符合标准的医用器材罪，既准确地反映了行为的性质，也高度地概括了对象的范围，符合对罪名的概括性原则。

(3) 科学性原则。所谓科学性，是指罪名要在合法性、概括性的基础上，明确地反映出犯罪行为最本质的特征以及此罪与彼罪的主要区别。在这方面需要注意的是，除法律有特别规定的以外，犯罪的情节只影响量刑，故不能根据情节确定罪名。如不能使用“报复杀人罪”、“抢劫致死罪”、“强奸未遂罪”之类的罪名。

## ■ 法定刑

(一) 法定刑的概念与意义

法定刑，是指刑法分则条文对具体犯罪所确定刑罚的种类和幅度。刑罚种类通常称为刑种，刑罚幅度通常称为刑度。

法定刑不同于宣告刑。法定刑是立法机关针对具体犯罪的性质和危害程度所确定的量刑标准，它着眼于该罪的共性；宣告刑是法定刑的实际运用，是审判机关对具体犯罪案件中的犯罪人依法判处并宣告的应当实际执行的刑罚，它着眼于具体犯罪案件及犯罪人的特殊性。

法定刑是刑法分则条文重要的组成部分，它表明罪与罚的质的因果性联系和量的相适应关系，是审判机关对犯罪人适用刑罚的依据。对犯罪人判处刑罚时，除其具备法定的减轻情节外，必须在法定刑的范围内进行。因此，研究法定刑问题，对正确地量刑具有重要的意义。

(二) 法定刑的种类

根据立法实践，在刑法理论上通常根据法定刑的刑种、刑度是否确定以及确定的程度为标准，将法定刑分为三种形式，即绝对确定的法定刑、绝对不确定的法定刑和相对确定的法定刑。

1. 绝对确定的法定刑。绝对确定的法定刑是指在条文中对某种犯罪或某种犯罪的某种情形只规定单一、固定的刑种和刑度的法定刑。例如，我国 1951 年颁布的《中华人民共和国惩治反革命条例》第 5 条规定，持械聚众叛乱的主谋者、指挥者及其罪恶重大者处死刑，就是绝对确定法定刑。规定这样的法定刑容易操作，但缺乏灵活性，审判机关无法适应具体犯罪案件的不同情节判处轻重适当的刑罚，不符合区别对待的刑事政策和立法精神。因此，包括我国在内的现代各国刑法一般都不采用。但是，我国现行刑法有针对某一犯罪的某种特定情节，规定绝对确定的单一死刑的情况，如《刑法》第 239 条规定，犯绑架罪，致使被害人死亡或者杀害被绑架人的，处死刑，并处没收财产。

2. 绝对不确定的法定刑。绝对不确定的法定刑是指在条文中对某种犯罪不规定具体的刑种和刑度，只规定对该种罪处以刑罚，具体如何处罚完全由法官掌握。这种法定刑由于没有统一的量刑标准，罪责刑相适应原则就无从体现和贯彻。实际上，“依法制裁”、“依法追究刑事责任”之类的规定，既无刑种又无刑度，从严格意义说来，能否称为法定刑是有疑问的。我国刑法分则中没有这种规定。

3. 相对确定的法定刑。相对确定的法定刑是指分则条文对某种犯罪规定了相对具体的刑种和刑度。这种形式的法定刑既有刑罚的限度，也有一定的自由裁量余地，因而，克服了前两种形式法定刑的弊端，便于法官在保证司法统一的基础上，根据具体案情和犯罪人的具体情况，选择适当的刑种和刑期，以实现罪责刑相适应原则，因而，这种法定刑被世界各国刑法广泛采用。我国《刑法》分则条文的法定刑绝大多数也采用这种方式。其表现方式又有以下两种：

（1）分则条文仅规定了一种主刑，即有期徒刑，并对其刑度作了具体限定。从《刑法》分则对刑度的限定方式来看，又有三种情形，第一种是对最高限度作出规定（如 3 年以下、5 年以下），其最低限度可以根据《刑法》总则的规定来确定（6 个月）。第二种是对最低限度作出限定（如 5 年以上、7 年以上），其最高限度则根据《刑法》总则的规定来确定（如 15 年）。第三种是同时对最高限度与最低限度作出限定（如 3 年以上 10 年以下、3 年以上 7 年以下）。

（2）分则条文规定两种以上的主刑或者规定两种以上主刑并附加刑。例如，《刑法》第 234 条第 1 款规定："故意伤害他人身体的，处三年以下有期徒刑、拘役或者管制。"这里规定了三种主刑，对其中的有期徒刑又规定了上限。法院可以根据案件的具体情况，在三种主刑中选择一种，然后再按照有关规定确定具体刑期。又如，《刑法》第 309 条规定的扰乱法庭秩序罪的法定刑为"三年以下有期徒刑、拘役、管制或者罚金"。该条规定了三种主刑和一种附加刑，法院可以根据案件情节选择其中的一种主刑或者附加刑。

在我国《刑法》分则条文对法定刑的规定方式中，还有几种情况值得注意。一是有的犯罪的法定刑与罪状不是规定在一个条文之中，而是在其后单立一个条文，专门规定法定刑，如《刑法》第 383 条规定的是第 382 条贪污罪的法定刑，《刑法》第 390 条规定的是第 389 条行贿罪的法定刑，这与大多数犯罪的罪状与法定刑规定在同一条文中的做法明显不同。二是有的犯罪的法定刑并没有直接规定具体的刑种与刑度，而是规定要援引其他条文的法定刑。例如，《刑法》第 386 条规定：对犯受贿罪的，根据受贿所得数额及情节，依照本法第三百八十三条的规定处罚。有人将这种形式称为援引法定刑或援引性的法定刑，并把它作为与上述方式并列的相对确定的法定刑的一种独立的方式。[①] 我们认为，虽然这种法定刑的规定方式有其特点，但从刑种与刑度的角度考察，它仍没有超出上述相对确定的法定刑的两种基本方式，因而不应将其与上述两种基本方式相提并论。[②] 三是所谓浮动法定刑的问题。所谓浮动法定刑，是指法定刑的具体期限或具体数量并非确定，而是根据一定的标准升降不居，处于一种相对不确定的游移状态。如《刑法》第 227 条规定，对犯倒卖车票、船票罪的，并处或单处票证价额 1 倍以上 5 倍以下罚金。有人把所谓浮动法定刑作为与上述方式并列的相对确定的法定刑的一种独立的方式来看待[③]，我们认为这种认识不妥。因为这种法定刑的规定方式仅限于附加刑中的罚金而不涉及主刑[④]，而且也不是所有的罚金刑都采用这种规定方式，而只是有个别条文采用这种方式，因而不具有共性和典型性，不宜将其作为与上述方式并列的相对确定的法定刑的一种独立的方式。

---

① 参见高铭暄、马克昌主编：《刑法学》，339 页。

② 对此，已有学者有见地地指出，援引法定刑不是根据刑种、刑度是否确定的标准而形成的概念，而是根据规定方式形成的概念（参见张明楷：《刑法学》下，529 页）。

③ 参见苏惠渔主编：《刑法学》，390～391 页。

④ 虽然该学者认为所谓浮动法定刑也包括法定刑的具体期限不确定的情形，但我国刑法中并没有此种规定。

# 第十九章

# 危害国家安全罪

## 第一节　危害国家安全罪概述

### ■ 危害国家安全罪的概念和特征

危害国家安全罪，是指故意实施危害中华人民共和国国家安全的行为。具体地说，就是危害中华人民共和国的主权、领土完整和安全，破坏国家统一，危害人民民主专政的国家政权和社会主义制度的行为。危害国家安全罪是我国《刑法》分则中规定的第一类犯罪，这类犯罪的社会危害性最为严重，对国家的安全和利益最有威胁，因而是刑法重点惩治的对象。

根据刑法的规定，在犯罪构成方面，危害国家安全罪有如下特征。

（一）犯罪客体

危害国家安全罪侵犯的客体是中华人民共和国的国家安全。国家安全是指中华人民共和国的主权、领土完整和安全，国家的统一，人民民主专政的国家政权和社会主义制度的安全。国家安全是国家利益中的最重要部分，是国家的根本利益。一个国家如果不能保证自身的安全，不能维护其独立主权和领土完整，不能保障其根本政治制度的存在，那么这个国家就不能有效地进行国家活动，最终将失去存在的根据。中华人民共和国是全体中国人民在中国共产党的领导下经过几十年的革命斗争而建立起来的社会主义国家。我国的国家安全是全国各族人民的根本利益之所在。只有保证我国的国家安全，我们才能进行社会主义现代化建设，才能使中国富强、繁荣，实现中华民族的伟大复兴。多年来，国内外一切敌对势力总是千方百计地采取各种手段企图破坏我们的社会主义国家，对中华人民共和国的国家安全构成威胁。因此，同危害我国国家安全的犯罪作斗争是刑法的一项重要任务。危害国家安全罪所侵害的是中华人民共和国的国家整体，这是其不同于其他各类犯罪的突出特点。在各类犯罪中，这类犯罪的社会危害性最为严重，因此，我国刑法将危害国家安全罪置于《刑法》分则之首，予以严厉制裁。

（二）犯罪客观方面

危害国家安全罪的客观方面表现为以各种方式实施危害中华人民共和国国家安全的行为。具体表现为《刑法》第 102 条至第 112 条规定的种种行为。背叛国家罪的行为表现是勾结外国或与境外机构、组织、个人相勾结，危害中华人民共和国的主权、领土完整和安全。分裂国家罪的行为表现是组织、策划、实施分裂国家、破坏国家统一的行为。煽动分裂国家罪的行为表现是煽动分裂国家、破坏国家的统一。武装叛乱、暴乱罪的行为表现是组织、策划、实施武装叛乱、武装暴乱或者策动、胁迫、勾引、收买国家机关工作人员、武装部队人员、人民警察、民兵进行武装叛乱、武装暴乱。颠覆国家政权罪的行为表现是组织、策划、实施颠覆国家政权、推翻社会主义制度的行为。煽动颠覆国家政权罪的行为表现是以造谣、诽谤或者其他方式煽动颠覆国家政权、推翻社会主义制度的行为。资助危害国家安全犯罪活动罪的行为表现是境内外机构、组织、个人资助境内组织或者个人实施背叛国家、分裂国家、煽动分裂国家、武装叛乱、暴乱、颠覆国家政权、煽动颠覆国家政权等犯罪活动。投敌叛变罪的行为表现是中国公民投奔敌方或者被捕、被俘后投降敌人，进行危害国家安全的活动。叛逃罪的行为表现是国家机关工作人员和掌握国家秘密的国家工作人员在履行公务期间，擅离岗位，叛逃境外，或者在境外叛逃，危害我国的国家安全。间谍罪的行为表现是参加间谍组织或者接受间谍组织及其代理人的任务，或者为敌人指示轰击目标。为境外窃取、刺探、收买、非法提供国家秘密、情报罪的行为表现是为境外的机构、组织、人员窃取、刺探、收买、非法提供国家秘密或者情报。资敌罪的行为表现是战时供给敌人武器装备、军用物资帮助敌人。

刑法是以犯罪行为作为处罚根据的，如果只有危害国家安全的犯意表示，但是没有实施具体的实行行为，就不能认定为危害国家安全罪。但是，应当注意的是，以言论方式作为犯罪实行行为不同于犯意表示。实行行为包括以言论方式危害国家安全的情况，比如煽动分裂国家罪即是以言论方式来实施的。危害国家安全的具体行为是区分危害国家安全罪的罪与非罪以及此罪与彼罪的依据。根据《刑法》第 102 条至第 112 条的具体规定，危害国家安全罪只能以作为的方式实施，不能以不作为的方式实施。

危害国家安全罪属于行为犯，即只要行为人故意实施了危害国家安全罪的各种具体行为，就构成犯罪既遂，不要求发生具体的危害结果。这类犯罪的客观方面，大部分条文没有特别限制，但是，有的要求特定的行为方法，如煽动颠覆国家政权罪只能是以造谣、诽谤或其他方式实施。有的要求一定的时间条件，如资敌罪只能是在战时实施。

（三）犯罪主体

危害国家安全罪的主体大部分是一般主体，少数是特殊主体。一般主体是指只要达到刑事责任年龄，具有刑事责任能力的人即可构成，如分裂国家罪、煽动分裂国家罪、武装叛乱、暴乱罪、颠覆国家政权罪、间谍罪等都是一般主体。特殊主体是指刑法规定要求以特殊身份作为要件的主体，如背叛国家罪的主体只能是中国公民，叛逃罪的主体只能是国家机关工作人员和掌握国家秘密的国家工作人员。另外，个别犯罪的主体可以是个人，也可以是机构或组织，如资助危害国家安全犯罪活动罪。

（四）犯罪主观方面

危害国家安全罪的主观方面是故意，即明知自己的行为会发生危害国家安全的结果，并且希望或者放任这种结果发生。其中，大多数犯罪是直接故意，个别犯罪既可能是直接故意，也可能是间接故意，如为境外窃取、刺探、收买、非法提供国家秘密、情报罪，行为人可能出于谋利等其他目的而放任危害国家安全的结果发生。本类犯罪的主观方面不可能是过失。至于行为人出于什么动机，不影响本类罪的构成。

## ■ 危害国家安全罪的种类

根据《刑法》第 102 条至第 112 条的规定，危害国家安全罪包括 12 种具体犯罪：背叛国家罪（第 102 条），分裂国家罪（第 103 条），煽动分裂国家罪（第 103 条），武装叛乱、暴乱罪（第 104 条），颠覆国家政权罪（第 105 条），煽动颠覆国家政权罪（第 105 条），资助危害国家安全犯罪活动罪（第 107 条），投敌叛变罪（第 108 条），叛逃罪（第 109 条），间谍罪（第 110 条），为境外窃取、刺探、收买、非法提供国家秘密、情报罪（第 111 条），资敌罪（第 112 条）。

## 第二节　本章重点论述的犯罪

### 一、背叛国家罪

（一）背叛国家罪的概念和特征

背叛国家罪，是指勾结外国或者与境外机构、组织、个人相勾结，危害中华人民共和国的主权、领土完整和安全的行为。本罪具有下列特征：

1. 本罪侵犯的客体是中华人民共和国的主权、领土完整和安全。国家的主权、领土完整和安全是国家独立的标志，是国家存在的基础。国家主权是国家独立自主地处理对内对外事务、管理国家的基本权力，包括对内统治权和对外独立权两个方面，如立法权、司法权、行政权、外交权等。国家主权的完整和安全关系国家的存亡和发展。领土包括领陆、领水和领空。领土是国家的物质基础，是国家行使权力的空间。国家领土与国家主权具有不可分离的关系，领土完整是主权独立的标志。危害国家的主权、领土完整和安全直接威胁着国家的存在、发展和稳定。维护我国的主权、领土完整和安全，是我国独立自主地处理对内对外事务、进行社会主义现代化建设的根本保证。背叛国家罪是一种社会危害性最大、性质最严重的危害国家安全罪。

2. 本罪的客观方面表现为勾结外国或与境外机构、组织、个人相勾结，危害中华人民共和国的主权、领土完整和安全的行为。具体包括两个要点：一是勾结外国或与境外机构、组织、个人相勾结。这里的“外国”是指外国政府、外国政党、外国政治集团以及敌视、破坏我国社会主义制度的外国敌对势力和他们的代表人物。“境外机构、组织、个人”是指隶属于外国的机构、组织、个人以及中国内地的境外机构、组织、个人。本罪的行为方式是勾结，具体表现形式多种多样，如公开联系、秘密接触、通谋策划、主动投靠、寻求支持等。二是危害我国的主权、领土完整和安全。这种犯罪的行为有多种表现，如策划对我国发动侵略战争，签订卖国条约，在我国国内组织非法政权，挑起国际争端，向我国提出领土要求，等等。以上两点是紧密联系的有机整体，前者是手段，后者是目的，二者缺一不可。这是本罪与其他危害国家安全罪相区别的重要特征。

3. 本罪的主体只能是中国公民，一般是窃据党和国家重要职务或者具有较高社会地位和较大社会影响的人物。但是，法律并没有规定本罪主体必须具有一定身份。外国人和无国籍人不能独立构成本罪，但可以成为本罪共犯。

4. 本罪的主观方面是故意，并且具有危害中华人民共和国的主权、领土完整和安全的目的。出于何种动机不影响本罪的构成。

（二）背叛国家罪的认定

1. 背叛国家罪的犯罪构成与阴谋的关系。阴谋是指二人以上就实行一定的犯罪共同进行谋议。背叛国家罪的客观要件中包括阴谋行为，行为人只要有勾结外国，阴谋危害中华人民共和国的主权、领土完整和安全的行为，不论行为是处在阴谋阶段，还是处在阴谋后的实施阶段，都构成本罪既遂。

2. 背叛国家罪与投敌叛变罪的区别。投敌叛变罪，是指中国公民投奔敌方，进行危害国家安全的活动，或者在被捕、被俘后投降敌人，进行危害国家安全活动的行为。两罪的区别是：（1）客观方面不同。背叛国家罪是行为人勾结外国或与境外机构、组织、个人相勾结，危害中华人民共和国的主权、领土完整和安全；投敌叛变罪是行为人投奔敌方或被捕、被俘后投降敌人，危害国家安全。这是二者最本质的区别。（2）直接客体不同。背叛国家罪侵犯的是国家的主权、领土完整和安全，危害国家和人民的整体利益；而投敌叛变罪侵犯的是国家的安全利益，一般不会使主权丧失。前者比后者的危害严重。（3）犯罪主体不完全相同。虽然两罪的主体都只能是中国公民，但背叛国家罪的主体通常是窃据国家重要职务或者有较高社会地位和较大社会影响的人物，普通公民难以实施；而投敌叛变罪的主体既包括具有特殊地位与身份的公民，也包括普通公民。

3. 背叛国家罪既遂的认定。本罪是行为犯，只要行为人有勾结外国或境外机构、组织、个人，危害中华人民共和国的主权、领土完整和安全的行为，不论其实施到何种程度，都成立本罪的既遂，不以发生实际的危害结果为构成既遂的条件。本罪不存在未遂和中止等停止形态。

（三）背叛国家罪的处罚

根据《刑法》第 102 条、第 113 条的规定，犯背叛国家罪的，处无期徒刑或者 10 年以上有期徒刑；对国家和人民危害特别严重、情节特别恶劣的，可以判处死刑。犯本罪的，可以并处没收财产。

## ■ 分裂国家罪

（一）分裂国家罪的概念和特征

分裂国家罪，是指组织、策划、实施分裂国家、破坏国家统一的行为。本罪具有下列特征：

1. 本罪侵犯的客体是国家的统一。中华人民共和国是在中国共产党领导下全国各族人民共同缔造的统一的多民族国家，国家的统一是我国各民族的共同利益，是进行社会主义现代化建设的根本保证。维护国家统一和全国各民族团结是我国公民的基本义务之一。刑法规定分裂国家罪，就是要严厉打击那些分裂国家、破坏国家统一的犯罪行为。

2. 本罪的客观方面表现为组织、策划、实施分裂国家、破坏国家统一的行为。分裂国家、破坏国家统一的主要表现有两种情况：一是民族分裂主义分子破坏民族团结，制造民族分裂；二是实行武装割据，另立伪政权，对抗中央政府，分裂国家。本罪的具体行为方式是组织、策划、实施。所谓组织，是指率先发起，纠集他人进行分裂国家的非法活动，或者组建旨在分裂国家的犯罪集团等。这里的组织行为应作广义理解，既可以是为首发起、召集他人，也可以是在实施过程中的操纵、指挥行为；既可以采取招募、雇佣方式，也可以采取强迫、贿赂等方式。所谓策划，是指秘密谋划如何进行分裂国家、破坏国家统一的活动，如商讨、制定分裂国家的计划、步骤、方案等。所谓实施，是指实际进行具体的犯罪活动，将犯罪计划付诸实施。行为人只要具备上述组织、策划、实施行为之一的，就可构成本罪。如果同时具备组织、策划、实施行为的，也只是构成一罪。本罪是行为犯，只要行为人实施了分裂国家、破坏国家统一的犯罪行为，即构成既遂，不要求发生实际的危害结果。

3. 本罪的主体是一般主体。无论中国人、外国人或无国籍人，都可以构成。根据《刑法》第 103 条的规定，分裂国家罪的主体有三种情况，即首要分子或者罪行重大者、积极参加者和其他参加者。其中，首要分子或者罪行重大者通常是一些身居要职的阴谋家、野心家以及有较大社会影响的地方分裂主义分子和民族分裂主义分子。

4. 本罪的主观方面是故意，并且具有分裂国家、破坏国家统一的目的。

（二）分裂国家罪的认定

1. 分裂国家罪与非罪的界限。区分的关键在于主客观两个方面：主观上看行为人是否具有分裂国家、破坏国家统一的故意；客观上看行为人是否具有组织、策划、实施分裂国家、破坏国家统一的行为。如果是出于狭隘的民族主义或地方主义情绪，或者是出于对党和国家某些民族政策的误解、不满，而说了一些过激的话，但没有任何实际的组织、策划、实施分裂国家、破坏国家统一的行为，就不构成分裂国家罪。

2. 分裂国家罪与背叛国家罪的区别。两罪的区别是：（1）侵犯的直接客体不同。分裂国家罪侵犯的是国家的统一；而背叛国家罪侵犯的是国家的主权、领土完整和安全。（2）客观方面不同。前罪不以"勾结外国"为要件，而后罪则将"勾结外国"作为客观方面的必要内容。两罪的具体行为方式也不同，分裂国家罪是通过将中华人民共和国的部分领土分离出去，脱离中央政府，制造地方独立的割据局面，破坏国家的领土完整；而背叛国家罪是通过勾结外国侵害国家的主权、领土完整和安全。（3）主体有所不同。分裂国家罪主体无论是中国公民，还是外国公民或无国籍人，均可构成；而背叛国家罪的主体只能是中国公民。（4）主观方面的故意内容不同。分裂国家罪的行为人具有分裂国家、破坏国家统一的直接故意；而背叛国家罪的行为人具有勾结外国，危害国家的主权、领土完整和安全的直接故意。

3. 分裂国家罪与煽动分裂国家罪的区别。两罪区别的关键是客观方面的行为表现不同。煽动分裂国家罪是行为人煽动他人而自己不去实施分裂国家的实行行为；而分裂国家罪是行为人直接进行组织、策划、实施分裂国家的行为。如果行为人煽动他人实施分裂国家的行为后，接着又组织他们实施分裂国家、破坏国家统一的行为，由于前后两行为之间的吸收关系，按照高度行为吸收低度行为的原则，应以分裂国家罪论处。

4. 分裂国家罪与颠覆国家政权罪的区别。两罪的主体均为一般主体，客观方面都有组织、策划、实施的行为，两罪均对国家的政权构成危害，但两罪的区别是明显的：（1）直接客体不同。分裂国家罪侵犯的是国家的统一；颠覆国家政权罪侵犯的是人民民主专政的国家政权和社会主义制度。（2）客观方面的行为内容不同。分裂国家罪的行为人组织、策划、实施的是分裂国家、破坏国家统一的行为；而颠覆国家政权罪的行为人组织、策划、实施的是颠覆人民民主专政的国家政权和推翻社会主义制度的行为。（3）主观故意的内容不同。分裂国家罪的故意内容是分裂国家、破坏国家统一；颠覆国家政权罪的故意内容是颠覆国家政权、推翻社会主义制度。

5. 分裂国家罪的罪数形态。分裂国家罪与颠覆国家政权罪的客观方面在某些情况下可能表现为相同的行为，如行为人首先占领、控制部分地方政权，这种行为既符合分裂国家罪的特征，又符合颠覆国家政权罪的特征，从而形成想象竞合犯，这种情况下根据行为人的最终目的来确定适用罪名。如果行为人的目的就是将已控制的地方政权独立出去，建立伪政权，与中央政权对抗，则构成分裂国家罪；如果行为人是想通过控制地方政权而最终颠覆中央政权，则构成颠覆国家政权罪。

分裂国家罪与煽动分裂国家罪之间的牵连关系。如果行为人首先煽动他人实施分裂国家、破坏国家统一的行为，接着又组织他人实施分裂国家的行为，则符合两个犯罪构成，即煽动分裂国家罪和分裂国家罪。但是，前后两行为之间存在着牵连关系，前行为是手段行为，后行为是目的行为，二者成立分裂国家罪与煽动分裂国家罪的牵连犯，应按照牵连犯从一重处断的原则，对之以分裂国家罪论处。

（三）分裂国家罪的处罚

根据《刑法》第103条第1款、第106条、第113条的规定，犯本罪的，对首要分子或者罪行重大者，处无期徒刑或者10年以上有期徒刑；对国家和人民危害特别严重、情节特别恶劣的，可以判处死刑；对积极参加者，处3年以上10年以下有期徒刑；对其他参加者，处3年以下有期徒刑、拘役、管制或者剥夺政治权利；与境外机构、组织、个人相勾结，实施分裂国家罪的，从重处罚。犯本罪的，可以并处没收财产。

## ■ 叛逃罪

（一）叛逃罪的概念和特征

叛逃罪，是指国家机关工作人员或者掌握国家秘密的国家工作人员，在履行公务期间，擅离岗位，叛逃境外或在境外叛逃，危害中华人民共和国国家安全的行为。本罪具有下列特征：

1. 本罪侵犯的客体是中华人民共和国的国家安全。

2. 本罪的客观方面表现为在履行公务期间，擅离岗位，叛逃境外，或者在境外叛逃，危害国家安全的行为。要正确把握本罪的客观方面，必须注意以下三点：（1）叛逃行为是发生在履行公务期间。履行公务期间是指国家机关工作人员或者掌握国家秘密的国家工作人员履行职责从事公务活动期间内。不仅指上班时间，即使在公休日期间叛逃也可构成本罪。（2）叛逃的具体行为表现有两种：其一是擅离岗位，叛逃境外；其二是擅离岗位，在境外叛逃。擅离岗位是指行为人未经批准，擅自离开自己的境内工作岗位或境外工作岗位。叛逃是行为人背叛对祖国忠诚的义务，投靠境外组织或机构。（3）行为人的叛逃行为危害中华人民共和国的国家安全。

3. 本罪的主体是特殊主体，即国家机关工作人员和掌握国家秘密的国家工作人员。

4. 本罪的主观方面是故意。犯罪动机可能多种多样，行为人出于什么动机，不影响本罪的构成。

（二）叛逃罪的认定

1. 叛逃罪与非罪的界限。叛逃罪的构成要件中要求行为人叛逃后为境外的机构、组织效力，危害我国的国家安全。如果行为人在履行公务期间，擅离岗位，投奔境外，但其目的只是投靠亲友或求职，而没有危害我国国家安全的行为，就不构成本罪。如果在境外的行为人只是贪图享乐、滞留不归，没有进行危害国家安全的活动，也不构成本罪。

2. 叛逃罪与背叛国家罪的区别。两罪的区别是：（1）客观行为表现不同。前罪是在境内或境外履行公务期间实施叛逃，危害国家安全；而后罪表现为勾结外国或境外机构、组织、个人，危害中华人民共和国的主权、领土完整和安全。两种行为的区别是明显的。（2）主体不同。前罪是特殊主体，只能是国家机关工作人员和掌握国家秘密的国家工作人员；后罪是一般主体即中国公民。

3. 叛逃罪与投敌叛变罪的区别。两罪的区别是：（1）主体不同。叛逃罪的主体只能是国家机关工作人员和掌握国家秘密的国家工作人员；而投敌叛变罪的主体是中国公民。（2）客观方面表现不同。叛逃罪只能是发生在履行公务期间，而投敌叛变罪无此限制；叛逃罪是主动投靠境外机构、组织，而投敌叛变罪既可以是主动投奔敌方，也可以是在被捕、被俘以后叛变；叛逃罪的行为人投靠的对象是境外机构、组织，而投敌叛变罪的行为人投奔的对象必须是敌方。

4. 叛逃罪与偷越国（边）境罪的区别。两罪的区别是：（1）侵犯的客体不同。前罪侵犯的客体是国家安全，后罪侵犯的客体是国家对出入国（边）境的管理制度。(2) 客观方面表现不尽相同。前罪的行为不仅包括偷越国（边）境叛逃境外的情况，也包括在境外叛逃的情况；后罪的行为只是偷越国（边）境，有偷出和偷入两种情形。(3) 犯罪主体不同。前罪的主体是特殊主体，后罪的主体是一般主体，包括中国人、外国人或无国籍人。(4) 主观方面的目的不同。前罪的行为人的目的是投靠境外机构、组织，危害我国的国家安全，而后罪的行为人的目的是偷越国（边）境。

5. 叛逃罪的罪数形态。行为人为了叛逃境外的目的而采取其他犯罪手段，而后又实施叛逃行为的，构成牵连犯，应根据不同情况分别处理。如行为人伪造公文、证件、印章，又蒙混出境的，应从一重罪处，以叛逃罪论。如果行为人劫持航空器或者劫持船只、汽车叛逃的，根据罪责刑相适应原则，应以劫持航空器罪论处。

行为人因贪污、贿赂等犯罪，为了逃避法律制裁而逃往境外或在境外潜逃，若未实施投靠境外机构、组织的叛变行为，不危害国家安全的，则不构成叛逃罪，应以其本来的犯罪予以相应处理。如果行为人潜逃后又实施了投靠境外机构、组织的叛变行为，危害国家安全的，应数罪并罚。行为人实施叛逃后，随即向境外的敌对组织、机构非法提供国家秘密、情报的，则不能按本罪和为境外窃取、刺探、收买、非法提供国家秘密、情报罪实行数罪并罚，因为后行为属于叛逃行为的有机组成部分。但是，如果行为人叛逃后，受境外的敌对组织、机构的指使、派遣又实施了其他危害国家安全罪的，应数罪并罚。

（三）叛逃罪的处罚

根据《刑法》第 109 条、第 113 条第 2 款的规定，犯叛逃罪的，处 5 年以下有期徒刑、拘役、管制或剥夺政治权利；情节严重的，处 5 年以上 10 年以下有期徒刑。可以并处没收财产。掌握国家秘密的国家工作人员犯叛逃罪的，从重处罚。

## ■ 间谍罪

（一）间谍罪的概念和特征

间谍罪，是指参加间谍组织或者接受间谍组织及其代理人的任务，或者为敌人指示轰击目标，危害国家安全的行为。本罪具有下列特征：

1. 本罪侵犯的客体是中华人民共和国的国家安全。

2. 本罪的客观方面表现为三种间谍行为：其一是参加间谍组织；其二是接受间谍组织及其代理人的任务；其三是为敌人指示轰击目标。只要行为人实施了这三种行为中的一种，即可构成间谍罪。“间谍组织”是指外国或敌对势力设立的专门进行窃取、刺探、收集我国国家秘密或情报，或者进行其他危害我国国家安全活动的组织。参加间谍组织，是指经过一定程序加入间谍组织成为其中的成员。只有行为人履行了一定的加入手续，无论这种手续是什么形式，才能认定为参加间谍组织。如果行为人要求加入间谍组织而未被接受，不能认为是已经参加间谍组织。接受间谍组织及其代理人的任务，是指行为人受间谍组织及其代理人的命令、委托而为其服务，进行危害我国国家安全的活动。这里的任务是指刺探、收集我国秘密、情报，进行颠覆、破坏活动，煽动我国公民对抗政府等。间谍组织代理人是指受间谍组织或者其成员的指使、委托、资助，进行或者授意、指使他人进行危害中华人民共和国国家安全活动的人。间谍组织和间谍组织代理人由中华人民共和国国家安全机关确认。行为人只要实施了接受间谍组织及其代理人的任务，不论其是否参加间谍组织，都不影响间谍罪的成立。为敌人指示轰击目标，是指以各种手段为敌人指明轰炸攻击的对象，以便于敌人轰击。如发射信号弹、设置标志物等。敌人的轰炸是否成功不影响本罪的成立。行为人只要实施了为敌人指示轰击目标的行为，不论其是否参加了间谍组织或者是否接受间谍组织及其代理人的任务，均不影响间谍罪的成立。

3. 本罪的主体是一般主体，包括中国公民、外国人或无国籍人。

4. 本罪的主观方面是故意，即明知是间谍组织而参加，明知是间谍组织及其代理人的任务而接受，或者明知是我国的敌人而为其指示轰击目标。

（二）间谍罪的认定

1. 间谍罪与非罪的界限。区分间谍罪与非罪的界限关键是看行为人是否有间谍犯罪的故意。如果行为人因受蒙骗不明真相，不知是间谍组织而误入，事后发现是间谍组织而立即退出的，就不构成本罪。如果行为人不知是间谍组织及其代理人交给的任务而接受，在了解真相后拒绝执行的，则不构成间谍罪。此外，对于在间谍组织中从事一般勤杂事务但不知道其是间谍组织的，不构成间谍罪。

2. 间谍罪与背叛国家罪的区别。间谍罪与背叛国家罪都是危害国家安全的犯罪，间谍罪的构成中包含危害中华人民共和国的主权、领土完整和安全的行为。两罪具有一定的相似性，但两罪毕竟是不同性质的犯罪，各有特定的构成要件，两罪的区别是：（1）主体不同。背叛国家罪的主体只能是中国公民，而且通常是身居要职和有较大政治影响的人，普通公民一般难以实施；间谍罪的主体是一般主体，中国公民、外国人或无国籍人均能成为本罪主体。（2）客观方面表现不同。间谍罪是行为人实施刑法明确规定的三种具体的间谍行为；而背叛国家罪是行为人勾结外国或境外机构、组织、个人，实施危害中华人民共和国的主权、领土完整和安全的行为，其行为方式是多种多样的。在背叛国家罪中，如果行为人勾结外国发动对我国的武装侵略，其危害是全局性的；而间谍罪中的为敌人指示轰击目标，则是在战争期间或者战争状态下实施的，其危害一般是局部性的。

3. 间谍罪与叛逃罪的区别。两罪的主要区别是：（1）主体不同。间谍罪的犯罪主体是一般主体，叛逃罪的犯罪主体是特殊主体。（2）客观要件的行为内容不同。叛逃罪限于行为人在履行公务期间实施，而间谍罪无此限制；叛逃罪必须是行为人逃往境外或在境外叛逃，危害国家安全，而间谍罪无此限制。如果国家机关工作人员实施间谍行为，而不具有叛逃性质的，只成立一个间谍罪。如果国家机关工作人员叛逃后参加间谍组织或者接受间谍任务的，应以间谍罪与叛逃罪二罪实行数罪并罚。

4. 间谍罪与故意泄露国家秘密罪的区别。故意泄露国家秘密罪，是指国家机关工作人员或非国家机关工作人员违反保守国家秘密法的规定，故意泄露国家秘密，情节严重的行为。两罪的区别是：（1）客体不同。间谍罪侵犯的是国家安全；而故意泄露国家秘密罪侵犯的是国家的保密制度。（2）客观方面不同。间谍罪的行为表现为刑法明确规定的三种方式；而故意泄露国家秘密罪表现为违反保守国家秘密法规定，故意泄露国家秘密的行为。（3）主体不同。间谍罪是一般主体；而故意泄露国家秘密罪的主体主要是国家机关工作人员。（4）主观故意的内容不同。间谍罪的行为人需明知其行为危害我国的国家安全，而故意实施；故意泄露国家秘密罪的行为人是明知其行为危害国家的保密制度，而故意实施。

5. 间谍罪与非法获取国家秘密罪的区别。非法获取国家秘密罪，是指以窃取、刺探、收买方法，非法获取国家秘密的行为。两罪的区别是：（1）侵犯的客体不同。间谍罪侵犯的是中华人民共和国的国家安全；非法获取国家秘密罪侵犯的是国家的保密制度。（2）客观方面不同。间谍罪表现为参加间谍组织、接受间谍组织及其代理人的任务、为敌人指示轰击目标三种行为；而非法获取国家秘密罪表现为窃取、刺探、收买国家秘密的行为。（3）主观方面的故意内容不同。间谍罪的行为人是基于危害国家安全的故意而实施间谍行为；而非法获取国家秘密罪的行为人是基于非法获取国家秘密的故意。

6. 间谍罪的停止形态。间谍罪是行为犯，只要行为人实施了刑法明确规定的三种行为之一，就构成犯罪既遂。至于行为人参加间谍组织后是否进一步实施了间谍活动，接受间谍任务后是否完成了任务，为敌人指示轰击目标是否导致目标被摧毁，均不影响犯罪既遂的成立。但是，由于三种间谍行为本身情况的复杂性，对于间谍罪是否存在未完成形态，应作具体分析。

行为人为参加间谍组织而向间谍组织投寄挂号信的行为属于预备行为，应以间谍罪的预备犯论处。行为人为了给敌人指示轰击目标而准备信号弹，尚未发射，即被抓获，也是一种预备行为。如果危害严重，应以间谍罪的预备犯论处。

参加间谍组织往往表现为通过一定的程序、履行一定的手续。间谍组织从开始着手接纳行为人到接纳完毕，需要经过一段时间。如果在这个过程中，由于行为人意志以外的原因而导致其最终未能加入间谍组织的，即构成间谍罪的未遂。接受间谍组织及其代理人的任务是一种即刻完成的行为，不存在未遂的可能。为敌人指示轰击目标在有些情况下表现为一个过程，可能存在未遂，例如行为人以燃烧草堆方式给敌人指示轰击目标，但刚一擦燃火柴，因突降大雨，而未能点燃草堆。这种情况构成间谍罪的未遂。

间谍罪的中止可能存在于行为人被间谍组织接纳之前的阶段，以及行为人为敌人指示轰击目标的预备和实行阶段。在行为人接受间谍组织及其代理人的任务的情况下不可能存在犯罪中止，因为行为人一经接受任务即完毕，而构成犯罪既遂。

7. 间谍罪的罪数形态。行为人参加间谍组织后，作为间谍从事其他危害国家安全的行为而触犯其他罪名，如实施窃取、刺探、收买、非法提供国家秘密、情报，或者行为人接受间谍组织及其代理人的任务后，进而实施完成任务的行为，从而触犯其他罪名，属于牵连犯，应按照处理牵连犯的原则，从一重处断，不实行数罪并罚。行为人为敌人指示轰击目标后导致我方的目标被炸毁，只能按间谍罪定罪，而将严重结果作为从重处罚的情节。

行为人在背叛国家罪中实施属于间谍罪的某种行为，如勾结外国发动对我国的侵略战争，同时又具体实施为敌人指示轰击目标的行为，应按照处理牵连犯的原则从一重处断。

（三）间谍罪的处罚

根据《刑法》第110条、第113条的规定，犯间谍罪的，处10年以上有期徒刑或者无期徒刑；情节较轻的，处3年以上10年以下有期徒刑。对国家和人民危害特别严重、情节特别恶劣的，可以判处死刑。犯本罪的，可以并处没收财产。

## ■ 为境外窃取、刺探、收买、非法提供国家秘密、情报罪

（一）为境外窃取、刺探、收买、非法提供国家秘密、情报罪的概念和特征

为境外窃取、刺探、收买、非法提供国家秘密、情报罪，是指为境外的机构、组织、人员窃取、刺探、收买、非法提供国家秘密或者情报的行为。本罪具有下列特征：

1. 本罪侵犯的客体是我国的国家安全。

2. 本罪的客观方面表现为为境外的机构、组织、人员窃取、刺探、收买、非法提供国家秘密或者情报的行为。“境外”是指中华人民共和国边境以外的国家或地区。“境外机构”是指我国境外的官方机构和非官方机构，如外国政府机构、军事机构、社会团体机构等，也包括在中国境内的分支机构或代表机构，如外国驻我国的大使馆、领事馆及办事处等。“境外组织”是指我国境外的政党组织、群众组织、经贸组织以及其他企业事业单位及其在中国境内的分支组织。“境外人员”是指不隶属于任何境外机构、组织的境外外国公民或无国籍

人。本罪的境外机构、组织、人员不限于非间谍机构、组织、人员。本罪的行为方式有窃取、刺探、收买、非法提供四种。“窃取”是指采取秘密手段盗窃国家秘密或情报。“刺探”是指以各种手段探知、打听国家秘密或情报。刺探不同于窃取，它是通过调查、询问等方式获取国家秘密或情报。“收买”是指用金钱、财物或其他物质利益换取国家秘密或情报。“非法提供”是指违反国家的有关法律规定，将国家秘密、情报提供给境外的机构、组织、人员。行为人只要实施了这四种行为方式中的一种，即可构成本罪。行为人实施上述两种以上行为的，也只构成一罪。

本罪的行为对象是国家秘密或情报。“国家秘密”，是指《中华人民共和国保守国家秘密法》（以下简称《保守国家秘密法》）所规定的，关系国家的安全和利益，依照法定程序确定，在一定时间内只限一定范围的人员知悉的事项。国家秘密具体包括：（1）国家事务的重大决策中的秘密事项；（2）国防建设和武装力量活动中的秘密事项；（3）外交和外事活动中的秘密事项以及对外承担保密义务的事项；（4）国民经济和社会发展中的秘密事项；（5）科学技术中的秘密事项；（6）维护国家安全活动和追查刑事犯罪中的秘密事项；（7）其他经国家保密工作部门确定应当保守的国家秘密事项。另外，政党的秘密事项中符合国家秘密的规定条件的，亦属于国家秘密。我国的国家秘密分为绝密、机密、秘密三级。绝密是最重要的国家秘密，机密是重要的国家秘密，秘密是一般的国家秘密。三个级别的国家秘密均能成为本罪的对象。“情报”，根据最高人民法院《关于审理为境外窃取、刺探、收买、非法提供国家秘密、情报案件具体应用法律若干问题的解释》（2000 年 11 月 20 日）第 1 条的规定，是指关系国家安全和利益、尚未公开或者依照有关规定不应公开的事项。

3. 本罪的主体是一般主体。中国公民、外国公民或无国籍人都可以成为本罪主体。

4. 本罪的主观方面是故意，包括直接故意和间接故意。本罪的故意内容在认识方面有两点：第一，行为人须明知是国家秘密或者情报而进行窃取、刺探、收买、非法提供。根据最高人民法院《关于审理为境外窃取、刺探、收买、非法提供国家秘密、情报案件具体应用法律若干问题的解释》第 5 条的规定，行为人知道或者应当知道没有标明密级的事项关系国家安全和利益，而为境外窃取、刺探、收买、非法提供的，以本罪论处。第二，行为人须明知是为境外的机构、组织、人员窃取、刺探、收买、非法提供国家秘密或情报。本罪故意的意志内容为希望或放任危害国家安全的结果发生。至于行为人出于何种动机，不影响本罪的成立。

（二）为境外窃取、刺探、收买、非法提供国家秘密、情报罪的认定

1. 为境外窃取、刺探、收买、非法提供国家秘密、情报罪与非罪的界限。区分本罪与非罪的界限，关键在于两点：一是应查明行为对象是否属于国家秘密或情报。如果是国家秘密或情报，就构成犯罪；如果不是国家秘密或情报，就不构成犯罪。二是应查明行为人的主观认识内容，即看行为人是否明知其行为对象是国家秘密或情报，以及是否明知对方是境外机构、组织或人员。如果行为人不知道其行为对象是国家秘密或情报，或者不知道是境外的机构、组织、人员，或者对二者均无认识，就不构成本罪。此外，根据《保守国家秘密法》第 21 条的规定，在对外交往与合作中经国家有关部门依照严格程序审批，有限度地将某些国家秘密予以开放，与境外机构、组织、人员互换、交流情报、资料，是合法行为，不构成本罪。

2. 为境外窃取、刺探、收买、非法提供国家秘密、情报罪与间谍罪的区别。两罪的区别主要是：（1）客观方面的行为方式不同。前罪的行为表现是为境外的机构、组织、人员窃取、刺探、收买、非法提供国家秘密或情报；而后罪的行为表现是参加间谍组织、接受间谍

组织及其代理人的任务、为敌人指示轰击目标。如果行为人参加间谍组织或接受间谍组织及其代理人的任务后，又实施了前罪行为的，应按照处理牵连犯的原则，从一重处断。(2) 主观方面的故意内容不同。前罪的故意内容是行为人明知是国家秘密或情报，明知是境外的机构、组织、人员而为之；后罪的故意内容是行为人明知是间谍组织而参加，明知是间谍组织及其代理人的任务而接受。二者的区别是明显的。如果行为人明知对方是间谍组织而为其窃取、刺探、收买、非法提供国家秘密、情报的，就构成间谍罪。

3. 为境外窃取、刺探、收买、非法提供国家秘密、情报罪与非法获取国家秘密罪的区别。非法获取国家秘密罪是指以窃取、刺探、收买方法，非法获取国家秘密的行为。两罪的区别是：(1) 犯罪客体不同。前罪侵犯的客体是我国的国家安全；后罪侵犯的客体是国家的保密制度。(2) 犯罪对象不同。前罪的犯罪对象是国家秘密、情报；而后罪的犯罪对象只是国家秘密。(3) 客观方面不同。在具体行为方式上，前罪有窃取、刺探、收买、非法提供四种方式；而后罪有窃取、刺探、收买三种方式。另外，前罪必须是行为人为境外的机构、组织、人员窃取、刺探、收买、非法提供国家秘密、情报；而后罪只要行为人具有窃取、刺探、收买国家秘密的行为即可构成。(4) 主观方面的故意内容不同。前罪的主体须明知是国家秘密、情报并且须明知对方是境外的机构、组织、人员；而后罪的主体只需明知是国家秘密即可。

4. 为境外窃取、刺探、收买、非法提供国家秘密、情报罪与故意泄露国家秘密罪的区别。两罪的区别是：(1) 犯罪客体不同。前罪侵犯的客体是国家安全；而后罪侵犯的客体是国家的保密制度。(2) 犯罪对象不同。前罪的犯罪对象是国家秘密或情报；而后罪的犯罪对象限于国家秘密。(3) 客观方面的行为表现不同。前罪的主体是为境外的机构、组织、人员窃取、刺探、收买、非法提供国家秘密和情报；而后罪的主体是故意泄露国家秘密让不应该知道的人知道。(4) 主体不同。前罪的主体是一般主体，即中国公民、外国人或无国籍人都可以成为本罪的主体；而后罪的主体主要是特殊主体，即国家工作人员，在少数情况下，非国家工作人员也可以成为本罪主体。(5) 主观方面的故意内容不同。前罪的行为人须明知是国家秘密、情报并且须明知对方是境外机构、组织、人员；而后罪的行为人须明知是国家秘密而故意泄露。

根据最高人民法院《关于审理为境外窃取、刺探、收买、非法提供国家秘密、情报案件具体应用法律若干问题的解释》第6条的规定，通过互联网将国家秘密或者情报非法发送给境外的机构、组织、个人的，以为境外窃取、刺探、收买、非法提供国家秘密、情报罪定罪处罚；将国家秘密通过互联网予以发布，情节严重的，以故意泄露国家秘密罪论处。

(三) 为境外窃取、刺探、收买、非法提供国家秘密、情报罪的处罚

根据《刑法》第111条、第113条的规定，犯本罪的，处5年以上10年以下有期徒刑；情节特别严重的，处10年以上有期徒刑或者无期徒刑；情节较轻的，处5年以下有期徒刑、拘役、管制或者剥夺政治权利；对国家和人民危害特别严重、情节特别恶劣的，可以判处死刑。犯本罪的，可以并处没收财产。

本罪的基本犯，即处5年以上10年以下有期徒刑的法定刑幅度，按照最高人民法院《关于审理为境外窃取、刺探、收买、非法提供国家秘密、情报案件具体应用法律若干问题的解释》第3条的规定，是指具有下列情形之一：(1) 为境外窃取、刺探、收买、非法提供机密级国家秘密的；(2) 为境外窃取、刺探、收买、非法提供3项以上秘密级国家秘密的；(3) 为境外窃取、刺探、收买、非法提供国家秘密或者情报，对国家安全和利益造成其他严重损害的。

前述“情节特别严重”，按照最高人民法院《关于审理为境外窃取、刺探、收买、非法提供国家秘密、情报案件具体应用法律若干问题的解释》第 2 条的规定，是指具有下列情形之一：(1) 为境外窃取、刺探、收买、非法提供绝密级国家秘密的；(2) 为境外窃取、刺探、收买、非法提供 3 项以上机密级国家秘密的；(3) 为境外窃取、刺探、收买、非法提供国家秘密或者情报，对国家安全和利益造成特别严重损害的。

前述“情节较轻”，按照最高人民法院《关于审理为境外窃取、刺探、收买、非法提供国家秘密、情报案件具体应用法律若干问题的解释》第 4 条的规定，是指为境外窃取、刺探、收买、非法提供秘密级国家秘密或者情报。

# 第二十章 危害公共安全罪

## 第一节 危害公共安全罪概述

### 危害公共安全罪的概念和特征

危害公共安全罪，是指故意或者过失地实施危害不特定多数人的生命、健康或者重大公私财产安全的行为。

危害公共安全罪严重破坏社会治安秩序，危害和威胁着广大公民的生命、健康和财产安全，是普通刑事犯罪中社会危害性最大的一类犯罪，因而紧随危害国家安全罪之后，被规定在《刑法》分则第二章。

危害公共安全罪具有如下构成特征：

1. 本类罪的客体是公共安全。所谓公共安全，是指不特定多数人的生命、健康或者重大公私财产的安全。本类罪客体方面突出的特征是不特定性。所谓不特定，是指本类罪的犯罪行为往往侵害的对象和可能造成的危害结果是事先无法确定的，行为人对此既无法预料，也难以控制。不特定是一种客观的判断，不依行为人主观上有无确定的侵犯对象为转移。例如，甲想杀死乙，于是在公用饮水的水井中投毒。在这种情形下，甲侵犯的不只是乙的生命健康权，更重要的是侵犯了饮用该井中水的不特定多数人的生命健康安全，因而甲构成了本类罪中的投放危险物质罪。

2. 本类罪的客观方面表现为行为人实施了危害公共安全的行为。对此可以从两方面加以把握：其一，危害公共安全的行为，大多以作为的方式实施，其中有的犯罪只能以作为方式实施，如盗窃、抢夺枪支、弹药、爆炸物、危险物质罪；但是也有些罪可以表现为不作为，有的个罪甚至只能由不作为构成，如丢失枪支不报罪。其二，危害公共安全的行为既包括已经造成了实际损害后果的行为，也包括尚未造成实际损害后果，但足以危及不特定多数人的生命、健康、重大公私财产安全和其他公共利益安全的行为。理论上一般将前者称为实害犯，后者称为危险犯。本类罪中的故意犯罪，只要行为足以危及公共安全即可构成，而本类罪中的过失犯罪，必须是已经造成了严重危害后果才能构成。

3. 本类罪的主体多数是一般主体，如爆炸罪、决水罪等；少数是特殊主体，即只能由从事特定业务或者有特定职务的人员构成，如非法出租、出借枪支罪的主体为依法配备、配置枪支的人员，重大飞行事故罪的主体为民用航空活动的空勤人员和地面人员。有些罪还可由单位构成，甚至只能由单位构成，前者如非法制造、买卖、运输、储存危险物质罪，后者如违规制造、销售枪支罪。另外，根据《刑法》第17条的规定，已满14周岁不满16周岁的未成年人，对本章中的放火、爆炸、投放危险物质罪，应当负刑事责任。

4. 本类罪的主观方面，有的是故意，有的是过失。故意犯罪又分为直接故意和间接故意，其中有些罪只能由直接故意构成，如组织、领导、参加恐怖组织罪，抢劫枪支、弹药、爆炸物、危险物质罪等；有些罪则既可以是直接故意，也可以是间接故意，如放火罪、爆炸罪、投放危险物质罪、破坏交通工具罪等。本类罪中的过失犯罪包括失火罪、过失爆炸罪、过失投放危险物质罪、过失损坏交通工具罪、交通肇事罪、重大责任事故罪等。过失犯罪的相对集中，是本类罪的一个特点。

## ■ 危害公共安全罪的种类

危害公共安全罪包括46种具体犯罪，根据这46种具体犯罪的行为方法、犯罪对象、罪过形式等方面的特征，可将它们分为五种类型。

（一）以危险方法危害公共安全的犯罪（10种）

包括：放火罪（第114条），决水罪（第114条），爆炸罪（第114条），投放危险物质罪（第114条，已经《刑法修正案（三）》修订），以危险方法危害公共安全罪（第114条），失火罪（第115条），过失决水罪（第115条），过失爆炸罪（第115条），过失投放危险物质罪（第115条，已经《刑法修正案（三）》修订），过失以危险方法危害公共安全罪（第115条）。

（二）破坏公共设备、设施危害公共安全的犯罪（10种）

包括：破坏交通工具罪（第116条），破坏交通设施罪（第117条），破坏电力设备罪（第118条），破坏易燃易爆设备罪（第118条），过失损坏交通工具罪（第119条），过失损坏交通设施罪（第119条），过失损坏电力设备罪（第119条），过失损坏易燃易爆设备罪（第119条），破坏广播电视设施、公用电信设施罪（第124条），过失损坏广播电视设施、公用电信设施罪（第124条）。

（三）具有恐怖性质的危害公共安全的犯罪（5种）

包括：组织、领导、参加恐怖组织罪（第120条，已经《刑法修正案（三）》修订），资助恐怖活动罪（第120条之一，已经《刑法修正案（三）》修订），劫持航空器罪（第121条），劫持船只、汽车罪（第122条），暴力危及飞行安全罪（第123条）。

（四）违反枪支、弹药、爆炸物、危险物质管理的犯罪（9种）

包括：非法制造、买卖、运输、邮寄、储存枪支、弹药、爆炸物罪（第125条），非法制造、买卖、运输、储存危险物质罪（第125条，已经《刑法修正案（三）》修订），违规制造、销售枪支罪（第126条），盗窃、抢夺枪支、弹药、爆炸物、危险物质罪（第127条，已经《刑法修正案（三）》修订），抢劫枪支、弹药、爆炸物、危险物质罪（第127条，已经《刑法修正案（三）》修订），非法持有、私藏枪支、弹药罪（第128条），非法出租、出借枪支罪（第128条），丢失枪支不报罪（第129条），非法携带枪支、弹药、管制刀具、危险物品危及公共安全罪（第130条）。

（五）重大责任事故的犯罪（12种）

重大飞行事故罪（第131条），铁路运营安全事故罪（第132条），交通肇事罪（第133条），重大责任事故罪（第134条第1款，已经《刑法修正案（六）》修订），强令违章冒险作业罪（第134条第2款，根据《刑法修正案（六）》增加），重大劳动安全事故罪（第135条，已经《刑法修正案（六）》修订），大型群众性活动重大安全事故罪（第135条之一，根据《刑法修正案（六）》增加），危险物品肇事罪（第136条），工程重大安全事故罪（第137条），教育设施重大安全事故罪（第138条），消防责任事故罪（第139条），不报、谎报安全事故罪（第139条之一，根据《刑法修正案（六）》增加）。

## 第二节　本章重点论述的犯罪

### ■ 放火罪

（一）放火罪的概念和特征

放火罪，是指故意放火焚烧公私财物，危害公共安全的行为。

放火罪的主要特征是：

1. 本罪的客体是公共安全，对象是公私财物。这里的财物，既可以是他人的财物，也可以是行为人自己或者家庭的财物。只要行为人放火烧毁财物，足以引起火灾、危及公共安全的，就应以放火罪论处。

2. 本罪的客观方面表现为实施了危害公共安全的放火行为。具体包括两个方面的内容：一是行为人实施了放火行为。放火行为既可以表现为用各种引火物直接将焚烧对象点燃的积极行为，也可以表现为消极的不作为，例如，负有电器设备维护义务的维修工因对单位不满，明知电器设备受损，存在发生火灾的危险，而故意不予维修，希望起火烧毁公共财物，以致发生了火灾。此案中维修工的行为就属于不作为的放火行为。这里应注意，以不作为方式实施的放火罪，行为人必须负有防止火灾发生的义务。二是行为人的行为危害到了公共安全。其或者已经造成了危害公共安全的结果，或者虽未造成危害结果，但已经对公共安全造成了严重威胁。上述两个方面的内容必须同时具备，才可成立放火罪。

3. 本罪的主体是一般主体。由于放火罪的社会危害性很大，《刑法》第17条第2款明确规定，已满14周岁不满16周岁的人犯放火罪的应当负刑事责任。

4. 本罪的主观方面是故意，即明知自己的放火行为会发生危害公共安全的结果，并且希望或者放任这种结果的发生。放火的动机如何可能影响量刑，但不影响本罪的成立。

（二）放火罪的认定

1. 放火罪与失火罪的界限。二者区别的关键在于行为人主观上对火灾发生的心理态度。如果行为人明知自己的行为会引起火灾，而希望或者放任火灾发生，就应定放火罪；如果行为人只是应当预见到火灾的发生，但由于疏忽大意而没有预见，或者行为人已经预见到会发生火灾，而轻信能够避免以致发生火灾，就应当定失火罪。这里要注意的是，由于过失而引起发生火灾的危险，能够及时扑灭但故意不予扑灭任其燃烧的，属于失火行为向放火行为的转化，应认定为放火罪。例如，某棉纺厂仓库值夜班的工人在值班时，由于停电而点燃火柴照明，无意中将未熄灭的火柴扔在仓库的棉花垛上，导致了棉花垛燃烧。该工人明知如果不及时灭火会发生火灾，但却怕被烧伤而仓皇逃去，以致仓库被烧毁，造成了重大经济损失。对此案中的值班工人应以放火罪论处。

2. 放火罪与以放火方法实施的其他犯罪的界限。司法实践中，常常有采用放火手段实施故意杀人、故意伤害或者故意毁坏他人财物行为的，对此，关键要看放火行为是否危害到公共安全。危害公共安全的，构成放火罪，没有危害到公共安全，而只侵犯特定人的生命、健康权利或者财产权利的，则构成故意杀人罪、故意伤害罪或者故意毁坏财物罪。

3. 放火罪既遂与未遂的界限。关于放火罪既遂与未遂的区分标准，理论上有不同的观点，主要有：（1）点火说。认为只要行为人实施了点火行为，即使要焚烧的对象还没有点着，其行为也构成放火罪的既遂。（2）独立燃烧说。认为必须是焚烧的对象开始独立地燃烧，才构成犯罪既遂，否则，就是犯罪未遂。（3）烧毁说。烧毁说又分为部分烧毁说和全部烧毁说。部分烧毁说认为，只有被焚烧的对象部分被烧毁时，才构成犯罪既遂。全部烧毁说认为，只有当被焚烧的对象全部被烧毁时，才构成犯罪既遂。[①] 我们认为，独立燃烧说是正确的。当放火行为已将焚烧对象点燃，使其开始独立燃烧时，就足以危害公共安全，即使火被及时扑灭，未达到烧毁焚烧对象的目的，也构成犯罪既遂。但在行为人还没有将火点燃即被制止时，或者焚烧对象一经点燃，旋即自行熄灭的情况下，其行为构成放火罪的未遂。

4. 放火罪一罪与数罪的界限。放火行为作为危害公共安全的行为，可能造成多种结果。当行为人在一个放火故意的支配下实施一个放火行为，造成多种危害结果时，按照想象竞合犯“从一重处罚”的原则，只认定一个放火罪。例如，甲为报复而放火烧毁乙的房屋，其明知乙的妻子就在屋内而仍实施了放火行为，结果不但烧毁了房屋，而且烧死了乙的妻子，并连带烧毁了乙邻居的房屋，造成邻居两名儿童的死亡（虽然造成他人死亡并非甲所愿）。本案中甲的放火行为不仅具备放火罪的构成要件，而且同时具备故意杀人罪（对乙妻子）和过失致人死亡罪（对邻居的两名儿童）的特征，但按照想象竞合犯的处理原则，只对甲以放火罪论处。但是，当行为人实施了其他犯罪行为后，又放火销毁罪证并危害公共安全的，则应按数罪实行并罚。另外，为了骗取保险金而放火烧毁自己的财物，从而危害公共安全的，根据《刑法》第 198 条第 2 款的规定，按放火罪和保险诈骗罪实行数罪并罚。

（三）放火罪的处罚

根据《刑法》第 114 条、第 115 条的规定，犯放火罪，尚未造成严重后果的，处 3 年以上 10 年以下有期徒刑；致人重伤、死亡或者使公私财产遭受重大损失的，处 10 年以上有期徒刑、无期徒刑或者死刑。

## 爆炸罪

（一）爆炸罪的概念和特征

爆炸罪，是指故意引发爆炸物，危害公共安全的行为。爆炸罪的主要特征是：

1. 本罪的客体是公共安全，即不特定多数人的生命、健康和重大公私财产的安全。

2. 本罪的客观方面表现为实施了引起爆炸物或者其他设备、装置爆炸，危害公共安全的行为。引起爆炸物爆炸，主要是指引发炸弹、手榴弹、雷管、炸药（包括黄色炸药、黑色炸药和化学炸药等）以及各种易爆的固体、液体、气体物品爆炸。引起其他设备、装置爆炸，主要是指利用各种手段，导致机器、锅炉等设备或装置爆炸。实施爆炸的地点，多数是在人群集中或者财产集中的公共场所、交通路线、财物堆放处等，如将爆炸物放在商场、车站、街道、影剧院等处制造爆炸。本罪行为一般表现为积极的作为，如主动引爆炸药、雷管、手榴弹等；也可以表现为消极的不作为，如锅炉工故意不给锅炉加水使其发生爆炸。爆炸行为无论采取何种表现形式，都要危害公共安全，即必须足以危害不特定多数人的生命、健康或者重大财产的安全，方可构成本罪。如果爆炸行为是针对特定个人的生命健康和财产安全，而没有危及公共安全，那就要根据具体情况定故意杀人罪、故意伤害罪或者故意毁坏财物罪，而不能按本罪处理。应注意，本罪的成立不要求发生具体的损害结果。

3. 本罪的主体是一般主体。根据《刑法》第 17 条第 2 款的规定，已满 14 周岁不满 16

① 转引自高铭暄、马克昌主编：《刑法学》（下编），613 页，北京，中国法制出版社，1999。

周岁的人犯本罪的，应当负刑事责任。

4. 本罪的主观方面必须是故意，即明知自己的行为会发生爆炸事故，危害公共安全，并且希望或者放任这种结果发生。

（二）爆炸罪的认定

1. 爆炸罪与过失爆炸罪的界限。二者的区别主要表现在三方面：（1）在客观方面，爆炸罪并不以发生严重后果为成立犯罪的要件，只要求行为足以危害公共安全即可。过失爆炸罪必须造成致人重伤、死亡或者使公私财产遭受重大损失的严重后果，才能构成犯罪。（2）在主体方面，已满 14 周岁不满 16 周岁的人可以成为爆炸罪的主体，但过失爆炸罪的主体必须是年满 16 周岁的人。（3）在主观方面，爆炸罪的罪过形式是故意，过失爆炸罪则是出于过失，这是两种犯罪在性质上的根本区别。

2. 爆炸罪的一罪与数罪。（1）爆炸罪与他罪发生想象竞合的情况。例如，甲欲杀害乙，遂向乙居住的房屋内扔入一自制炸弹，结果不但将乙炸死，而且造成乙及其两边邻居的房屋倒塌，导致了重大财产损失。在此案中，甲虽然是出于杀害特定某人的意图而实施爆炸行为，但该爆炸行为又危及其他人的生命、健康和财产安全，甲的行为就构成了爆炸罪与故意杀人罪的竞合，应按照从一重处罚的原则，以爆炸罪论处。（2）爆炸罪与他罪发生牵连的情况。这种情况往往是行为人为实施爆炸而先行盗窃、抢夺、抢劫或者非法制造爆炸物。实施爆炸是目的行为，盗窃、抢夺、抢劫或者非法制造爆炸物是手段行为，从而触犯了爆炸罪与盗窃、抢夺爆炸物罪或抢劫爆炸物罪或非法制造爆炸物罪，应按照牵连犯的处罚原则，从一重处断。

（三）爆炸罪的处罚

根据《刑法》第 114 条、第 115 条的规定，犯爆炸罪，尚未造成严重后果的，处 3 年以上 10 年以下有期徒刑；致人重伤、死亡或者使公私财产遭受重大损失的，处 10 年以上有期徒刑、无期徒刑或者死刑。

## ■ 投放危险物质罪

（一）投放危险物质罪的概念和特征

投放危险物质罪，是指故意投放毒害性、放射性、传染病病原体等物质，危害公共安全的行为。投放危险物质罪的主要特征是：

1. 本罪的客体是公共安全。

2. 本罪的客观方面表现为实施了投放毒害性、放射性、传染病病原体等物质，危害公共安全的行为。投放的危险物质的表现形式可以是多种多样的，包括危险性气体、危险性液体或危险性固体；投放的危险物质类型则主要包括三种，即毒害性、放射性、传染病病原体等物质。投放危险物质的方式，一般是将危险物质投放于供不特定多数人饮食的食品或饮料中，或者将危险物质投放于供人、畜使用的水井、池塘等中，或者在公共场所释放剧烈危险物。不管投放危险物质的方式、场所如何，只要其危害公共安全，就可构成投放危险物质罪。

3. 本罪的主体是一般主体，根据《刑法》第 17 条第 2 款的规定，已满 14 周岁不满 16 周岁的人犯本罪的，应当负刑事责任。

4. 本罪的主观方面是故意，即行为人明知自己的行为会发生中毒、辐射或传染病事故，危害公共安全，并且希望或者放任这种结果发生。投放危险物质的动机如何不影响本罪的成立。

（二）投放危险物质罪的认定

1. 投放危险物质罪与以投放危险物质手段实施的故意杀人罪、故意伤害罪、故意毁坏财物罪的界限。区分二者的关键在于看投放危险物质的行为是否危害公共安全，投放危险物质的行为危害不特定多数人的生命、健康、财产安全的，构成投放危险物质罪；针对特定的个人或者特定个人的牲畜、家禽投放危险物质，不危害公共安全的，则不能构成投放危险物质罪，应视具体情况按故意杀人罪、故意伤害罪或者故意毁坏财物罪处理。

2. 投放危险物质罪与危险物品肇事罪的界限。投放危险物质罪和危险物品肇事罪在客观方面都表现为不特定多数人的中毒伤亡和重大公私财产的毁损，但二者有本质区别：（1）在客体方面，危险物品肇事罪侵犯的是复杂客体，即行为人的行为不但危害公共安全，而且违反了国家对危险物品的管理制度。投放危险物质罪的客体是简单客体，即公共安全。（2）在客观方面，危险物品肇事罪是在生产、储存、运输、使用放射性、毒害性物品的过程中，因违反危险物品管理规定而发生重大事故。投放危险物质罪在客观方面则不受上述条件的限制。（3）在主观方面，危险物品肇事罪的行为人在主观上是出于过失，即其应当预见到自己违反危险物品管理规定的行为可能造成重大事故，但由于疏忽大意而没有预见，或者虽然已经预见但轻信能够避免。投放危险物质罪的行为人在主观方面表现为故意。

3. 投放危险物质罪与生产、销售有毒、有害食品罪的界限。在生产、销售的食品中掺入有毒、有害的非食品原料的行为，本质上也是一种投放危险物质的行为，此种行为也危害到了公共安全，其与投放危险物质罪的主要区别在于：（1）犯罪客体不尽相同。投放危险物质罪的客体为简单客体，即公共安全；生产、销售有毒、有害食品罪的客体为复杂客体，其中主要客体为食品卫生监督管理制度，次要客体为公共安全。（2）客观方面不同。生产、销售有毒、有害食品罪的客观方面表现为在生产、销售的食品中掺入有毒、有害的非食品原料的行为；而投放危险物质罪可以是在任何场合、以任何方式投放毒物。另外，投放危险物质罪一般使用杀伤力较大的剧毒物，如砒霜、氰化钾之类，而生产、销售有毒、有害食品罪使用的有毒、有害食品原料一般毒性没有前者剧烈。（3）犯罪主体不同。生产、销售有毒、有害食品罪的主体既可以是已满 16 周岁的自然人，也可以是单位。投放危险物质罪的主体只能由自然人构成，并且，已满 14 周岁不满 16 周岁的人犯该罪的，也要负刑事责任。（4）主观方面不同。生产、销售有毒、有害食品罪的目的是获取非法利润，行为人对在食品中掺入有毒、有害非食品原料虽然是明知的，但并不追求致人伤亡的危害结果的发生。投放危险物质罪的目的是造成不特定多数人的死亡或伤害，且一般是出于报复、泄愤等动机。

4. 投放危险物质罪与重大环境污染事故罪的界限。在实践中，一些单位和个人违反《中华人民共和国环境保护法》的规定，任意向土地、水体、大气排放、倾倒或者处置超过国家标准的有放射性的废物、含传染病病原体的废物、有毒物质或者其他危险废物，严重污染环境，危及人民健康和重大公私财产的安全。这种行为的危害后果往往与投放危险物质罪类似，二者的主要区别是：（1）客观方面不同。投放危险物质罪在行为方式与投放地点上没有限定，并且，行为只要足以危害公共安全，就构成犯罪的既遂。重大环境污染事故罪是违反国家规定，向土地、水体、大气排放超过国家标准的有毒、有害的危险废物，且必须造成重大环境污染事故，致使公私财产遭受重大损失或者人身伤亡的严重后果，才构成犯罪。前者是危险犯，后者是实害犯。（2）主体范围不同。投放危险物质罪是以自然人为主体的犯罪，且已满 14 周岁不满 16 周岁的人也可构成该罪。重大环境污染事故罪的主体既可由自然人构成，也可由单位构成。（3）主观方面不同。投放危险物质罪在主观上是出于危害公共安全的故意。重大环境污染事故罪则虽然是有意排放超过国家标准的有毒、有害物质，但对造成重大环境污染事故和人身伤亡、重大财产损失的严重后果，则是过失。如果行为人出于危害公共安全的故意向环境中排放有毒、有害的危险废物，则构成投放危险物质罪或者以危险方法危害公共安全罪。

5. 投放危险物质罪既遂与未遂的区分界限。区分投放危险物质罪既遂与未遂的关键在于看行为人是否已将危险物质投入一定的场所，且足以危害到公共安全。达到此标准，就构成投放危险物质罪的既遂。如果行为人已经到达一定场所，但正在投放危险物质时即被制止或者由于其他意志以外的原因而被迫停止犯罪，那就属于投放危险物质罪的未遂。

6. 投放危险物质罪的一罪与数罪。投放危险物质罪的行为人在实施投放危险物质的行为之前，往往会违反国家对危险物质的管理规定，先行私自制造、买卖、运输、储存毒害性、放射性、传染病病原体等危险物质，这就又触犯了非法制造、买卖、运输、储存危险物质罪。在这里，非法制造、买卖、运输、储存危险物质是手段行为，投放危险物质是目的行为，该种情况成立投放危险物质罪与非法制造、买卖、运输、储存危险物质罪的牵连犯，应依“从一重处断”的原则处理。

（三）投放危险物质罪的处罚

根据《刑法》第 114 条（根据 2001 年 12 月 29 日《刑法修正案（三）》第 1 条修改）、第 115 条（根据 2001 年 12 月 29 日《刑法修正案（三）》第 2 条修改）的规定，犯投放危险物质罪，尚未造成严重后果的，处 3 年以上 10 年以下有期徒刑；致人重伤、死亡或者使公私财产遭受重大损失的，处 10 年以上有期徒刑、无期徒刑或者死刑。

## 破坏交通工具罪

（一）破坏交通工具罪的概念和特征

破坏交通工具罪，是指故意破坏火车、汽车、电车、船只、航空器，足以使火车、汽车、电车、船只、航空器发生倾覆、毁坏危险的行为。

1. 本罪的客体是交通运输安全。犯罪对象仅限于火车、汽车、电车、船只、航空器，不包括马车、三轮车、摩托车、自行车等小型交通运输工具。因为破坏这些小型交通工具，其损失的规模和程度都是有限的，不构成对公共安全的危害。这里存在争议的问题是，本罪的犯罪对象是否包括用于交通运输的大型拖拉机。有的学者认为大型拖拉机不能成为本罪的犯罪对象，因为《刑法》第 116 条明确规定本罪犯罪对象只限于上述五种交通工具，没有使用“等”或“其他交通工具”的词语进行概括规定，基于罪刑法定原则，破坏作为交通工具的大型拖拉机的，不宜定本罪。① 大多数学者则认为，如果破坏的对象是用作交通运输的大型拖拉机，足以危害公共安全的，应以本罪论处。② 我们同意后一种观点，即不能机械地理解法条的规定，而应将法条作合理的、合目的性解释，应将用于交通运输的大型拖拉机包括在汽车的范围之内。

2. 本罪在客观方面表现为破坏火车、汽车、电车、船只、航空器，足以使其发生倾覆、毁坏危险或者造成严重后果的行为。所谓倾覆，是指翻车、翻船、船只沉没、航空器坠落等。所谓毁坏，是指交通工具性能丧失、报废或者其他重大损毁，以致不能继续使用。所谓足以，是指构成本罪并不要求实际上已经发生倾覆、毁坏的结果，只要对交通工具的破坏达

---

① 参见高铭暄主编：《新编中国刑法学》（上册），521～522 页。

② 参见赵秉志主编：《刑法新教程》，476 页；高铭暄、马克昌主编：《刑法学》，360 页，北京，北京大学出版社、高等教育出版社，2000。

到完全可以使其发生倾覆、毁坏的危险状态，就构成本罪的既遂。所谓危险，是指具有倾覆、毁坏的现实可能性。判断是否足以发生倾覆、毁坏的危险，主要从两个方面考察：一是看被破坏的交通工具是否正在使用期间。因为只有正在使用期间的交通工具遭到破坏，才可能危害到公共安全。“正在使用”的交通工具，不能简单地理解为正在行使或航运中的交通工具，它还包括停放在车站、码头、机场上的车辆、船只、飞机等已经交付使用，随时准备开动执行运输任务的交通工具。如果行为人破坏的是尚未检验出厂或待修、待售的交通工具，则不构成本罪。二是看破坏的方法和部位。破坏交通工具的方法多种多样，如拆卸、爆炸、打砸等，破坏的部位也可能各不相同。一般来说，只有对交通工具的整体或者重要装置和部件进行了严重破坏时，才能构成本罪。如果破坏的只是交通工具的一般辅助性设施，不影响行驶安全的，就不构成本罪。

3. 本罪主体是一般主体，即年满 16 周岁，具有刑事责任能力的自然人。

4. 本罪的主观方面是故意，既可以是直接故意，也可以是间接故意。其故意的具体内容表现为明知自己的破坏行为足以使交通工具发生倾覆、毁坏的危险，并且希望或者放任这种结果的发生。犯罪动机可能是多种多样的，如泄愤报复、贪财图利、嫁祸于人等，动机如何不影响本罪的成立。

（二）破坏交通工具罪的认定

1. 破坏交通工具罪与放火罪、爆炸罪的界限。在犯罪构成上，破坏交通工具罪与放火罪、爆炸罪的界限是不难区分的，问题在于当行为人以放火、爆炸方法破坏交通工具时，是按破坏交通工具罪论处，还是按放火罪、爆炸罪处罚。我们认为，这种情况属于想象竞合犯，即行为人虽然只实施了一个放火或者爆炸行为，但该行为却触犯了刑法中的数个罪名，包括放火罪或者爆炸罪、破坏交通工具罪以及故意毁坏财物罪。在这种情况下，应按照想象竞合犯“从一重处断”的原则，以放火罪、爆炸罪或者破坏交通工具罪论处，不实行数罪并罚。

2. 破坏交通工具罪与盗窃罪、故意毁坏财物罪的界限。当盗窃罪、故意毁坏财物罪的侵犯对象是交通工具时，容易与破坏交通工具罪发生混淆。区分二者的关键是：破坏交通工具罪的客体是交通运输安全，所以要求其侵犯对象是正在使用中的交通工具，而盗窃罪、故意毁坏财物罪的客体是公私财产的所有权，故其侵犯对象没有正在使用的限制。当交通工具未处于使用期间，即使盗窃或者毁坏交通工具上的重要设备，也不足以危害交通安全，因此应以盗窃罪或故意毁坏财物罪论处。如果交通工具处于正在使用期间，但行为人只是盗窃、毁坏交通工具上的一般设备或者辅助设施的，如门窗、桌椅、卧具等，其对交通工具的正常行驶不发生严重影响，不足以危害交通安全的，如果构成数额较大，也应以盗窃罪或故意毁坏财物罪处罚。当行为人盗窃、毁坏正在使用中的交通工具上的重要部件或装置，足以危害到公共交通安全时，其行为就构成了破坏交通工具罪与盗窃罪、故意毁坏财物罪的想象竞合犯，按照“从一重处断”的原则，一般以破坏交通工具罪处罚。但是也不绝对如此，当行为人盗窃交通工具上的重要设备价值数额特别巨大，但该破坏行为尚未造成交通工具倾覆、毁坏的严重后果时，由于在这种情况下盗窃罪的法定刑更高，所以应以盗窃罪论处，而不实行并罚。

3. 破坏交通工具罪的既遂与未遂。关于破坏交通工具罪是否存在未遂，刑法学界有两种不同的观点。否定未遂存在的观点认为，行为人着手实施犯罪就具备了造成交通工具发生倾覆、毁坏的危险性，即已达到了既遂状态，因而无既遂与未遂之分。肯定未遂存在的观点认为，破坏交通工具罪是以行为造成交通工具倾覆、毁坏的实际危险状态作为既遂的标志，通常行为实行终了才会产生这种实际危险状态。如果行为人虽已着手对交通工具进行破坏，但尚不足以造成交通工具倾覆、毁坏的实际危险状态，就构成破坏交通工具罪的未遂。[①] 我们认为，第二种观点于法有据，是可取的。

（三）破坏交通工具罪的处罚

根据《刑法》第116条、第119条的规定，犯破坏交通工具罪，尚未造成严重后果的，处3年以上10年以下有期徒刑；造成严重后果的，处10年以上有期徒刑、无期徒刑或者死刑。

## ■ 破坏交通设施罪

（一）破坏交通设施罪的概念和特征

破坏交通设施罪，是指故意破坏轨道、桥梁、隧道、公路、机场、航道、灯塔、标志或者进行其他破坏活动，足以使火车、汽车、电车、船只、航空器发生倾覆、毁坏危险的行为。破坏交通设施罪的主要特征是：

1. 本罪的客体是交通运输的安全。犯罪的对象是正在使用中的交通设施，即轨道、桥梁、隧道、公路、机场、航道、灯塔、标志等。这些正在使用中的交通设施直接关系着行车、航行和飞行安全，是交通运输安全的重要保证。如果破坏的不是正在使用中的交通设施，如破坏施工状态中的公路、轨道，正在修理的灯塔或废弃不用的机场等，因其对交通运输安全无直接威胁，所以不构成本罪。

2. 本罪的客观方面表现为破坏轨道、桥梁、隧道、公路、机场、航道、灯塔、标志或者进行其他破坏活动，足以使火车、汽车、电车、船只、航空器发生倾覆、毁坏危险的行为。具体要从两个方面考察：（1）实施了破坏轨道、桥梁、隧道、公路、机场、航道、灯塔、标志的行为或者进行其他破坏活动。所谓破坏，是指对交通设施的毁损、毁坏或者使其丧失正常功能。在实践中，破坏交通设施的方法可以有很多，如炸毁铁轨、堵塞航道、拆毁灯塔等，不管采取何种方法，只要行为足以使交通工具发生倾覆、毁坏危险，就构成本罪。所谓其他破坏活动，包括两方面内容：一是实施了破坏轨道、桥梁、隧道、公路、机场、航道、灯塔、标志这八种设备以外的其他交通设施的行为，如破坏铁路区间两侧和车站内外的信号机，虽然其不属于上述八种设施，但它是保障铁路运输安全的关键设备，破坏信号机的行为同样足以使火车发生倾覆、毁坏危险，因而也构成本罪；二是对交通设施本身没有直接损害，但其行为本身足以使交通工具发生倾覆、毁坏危险的破坏活动，如在铁轨上放置障碍物、挪动灯塔的位置、乱发指示信号等，这些行为也足以导致发生火车出轨、船只触礁及汽车倾覆、毁坏等危险，故也应构成本罪。（2）破坏行为足以使火车、汽车、电车、船只、航空器发生倾覆、毁坏危险。判断是否足以使交通工具发生倾覆、毁坏危险，应注意两个方面：一是要看交通设施是否处于正在使用的状态中，如果破坏的不是投入使用的交通设施，就不构成本罪。二是要看破坏的部位和程度，如果破坏的是交通设备上无关紧要的部分或者损坏交通设备的程度轻微，不影响其正常的使用功能，不足以使交通工具发生倾覆、毁坏危险的，就不能以本罪论处。

3. 本罪的主体是一般主体，凡已满16周岁具有刑事责任能力的人均可成为本罪的主体。

4. 本罪的主观方面是故意，即行为人明知自己的行为会使交通工具发生倾覆、毁坏的危险，并且希望或者放任这种结果的发生。犯罪动机可能是各种各样的，如图财作案、无知

---

① 参见鲜铁可：《新刑法中的危险犯》，193页，北京，中国检察出版社，1998。

取乐、泄愤报复等。动机如何，不影响本罪的成立。

（二）破坏交通设施罪的认定

1. 破坏交通设施罪与过失损坏交通设施罪的界限。过失损坏交通设施罪，是指过失损坏轨道、桥梁、隧道、公路、机场、航道、灯塔、标志等交通设施，造成严重后果，危害交通运输安全的行为。其与破坏交通设施罪的区别是：（1）客观方面有所不同。破坏交通设施罪的行为人实施破坏交通设施的行为，只要足以使火车、汽车、电车、船只、航空器发生倾覆、毁坏危险，即构成犯罪。过失损坏交通设施罪行为人的过失破坏行为只有造成了危害交通运输安全的严重后果，才构成犯罪。前者是危险犯，后者是实害犯。（2）主观罪过不同。破坏交通设施罪是故意犯罪，行为人对破坏行为造成的危害结果持希望或放任的态度。过失损坏交通设施罪是过失犯罪，行为人对行为所造成的严重后果持否定态度。

2. 破坏交通设施罪与破坏交通工具罪的界限。破坏交通设施罪与破坏交通工具罪都是足以使火车、汽车、电车、船只、航空器发生倾覆、毁坏危险的行为，其侵犯的客体都是交通运输安全，主观方面都是出于故意，主体都是一般主体。二者的区别主要在于犯罪对象不同。破坏交通工具罪的犯罪对象是火车、汽车、电车、船只、航空器这五种大型交通工具本身；破坏交通设施罪的犯罪对象是保证交通工具正常行驶的交通设施，如轨道、桥梁、隧道、公路、机场、航道、灯塔、标志等。这里应注意，行为人对交通设施所进行的破坏活动，不一定是要使交通设施本身受到毁损或毁坏，而是指破坏了该设施保障交通工具正常行驶的使用功能，如挪动航标、在公路上放置障碍物、在铁轨上抹油等，都是破坏交通设施的行为，如果这样的行为足以使交通工具发生倾覆、毁坏危险，就构成破坏交通设施罪。

（三）破坏交通设施罪的处罚

根据《刑法》第117条和第119条的规定，犯破坏交通设施罪，尚未造成严重后果的，处3年以上10年以下有期徒刑；造成严重后果的，处10年以上有期徒刑、无期徒刑或者死刑。

## 组织、领导、参加恐怖组织罪

（一）组织、领导、参加恐怖组织罪的概念和特征

组织、领导、参加恐怖组织罪，是指组织、领导或者参加恐怖活动组织的行为。本罪为选择性罪名。组织、领导、参加恐怖组织罪的主要特征是：

1. 本罪的客体是社会的公共安全。恐怖组织犯罪是当今世界上影响面大，社会危害性最为突出的一类犯罪。一般来讲，恐怖组织是为实施恐怖活动而组织起来的团体。恐怖活动，通常是指为了达到一定目的特别是政治目的，而对他人的生命、身体、自由、财产等使用暴力、胁迫等强迫手段以造成社会恐怖的犯罪行为的总称。[①] 恐怖活动以社会上不特定多数人的生命、健康、财产为犯罪对象，以引起社会的恐怖为特点，因此，组织、领导、参加恐怖活动组织的犯罪行为的客体自然是公共安全。

2. 本罪的客观方面表现为组织、领导、参加恐怖活动组织的行为。所谓恐怖活动组织，是指三人以上，出于政治或者报复社会的动机，为实施绑架、杀人、爆炸等恐怖性的犯罪活动而结成的具有稳定性的犯罪组织，包括国际恐怖活动组织与国内恐怖活动组织。要正确认识本罪的客观方面，应注意以下两点：首先，组织、领导、参加的必须是恐怖活动组织。如果组织、领导、参加的是恐怖活动组织以外的其他犯罪组织，如黑社会性质组织等，则不构成本罪，应根据刑法相应的犯罪处罚。其次，必须实施组织、领导、参加恐怖活动组织的行

---

① 参见张明楷：《刑法学》（下），571页，北京，法律出版社，1997。

为。所谓“组织”，是指发起成立恐怖活动组织，以及招募、网罗、雇佣、拉拢、纠集、鼓动他人参加恐怖组织的行为。所谓“领导”，是指制定恐怖活动组织的活动计划，指挥、策划和布置恐怖活动组织进行犯罪活动等行为。所谓“参加”，是指虽不是恐怖活动组织的组织者、领导者，但明知是恐怖性质的组织，而加入其中的行为。“参加”又分为“积极参加”和一般性的“参加”，前者是指积极主动地加入恐怖活动组织，行为人一般是恐怖活动组织中除组织者、领导者之外的骨干成员；后者是指一般加入恐怖活动组织的成员，其参与恐怖活动组织的程度较浅，通常是组织中的普通或外围成员。组织、领导、参加恐怖组织罪是选择性罪名，行为人只要实施了组织、领导、参加恐怖活动组织行为之一的，就构成本罪；其事实上是否开始实施恐怖活动，不影响本罪的成立。如果行为人在组织、领导、参加恐怖活动组织以后，又实施了杀人、爆炸、绑架等犯罪的，应依照数罪并罚的规定处理。

3. 本罪的主体是一般主体，凡是已满 16 周岁具有刑事责任能力的人均可成为本罪的主体。

4. 本罪的主观方面是故意，即明知自己组织、领导、参加的是恐怖活动组织而故意实施组织、领导、参加行为。如果行为人客观上参加的是恐怖活动组织，但主观上不知道该组织的恐怖性质，那就不能构成犯罪。但是，如果行为人虽然在参加之初不知道其恐怖性质，但在参加以后发现是恐怖活动组织而不退出的，则应按本罪处理。至于参加恐怖活动组织的动机如何，不影响本罪的成立。

（二）组织、领导、参加恐怖组织罪的认定

1. 组织、领导、参加恐怖组织罪与组织、领导、参加一般犯罪集团的界限。组织、领导、参加恐怖组织罪与组织、领导、参加一般犯罪集团的区别关键在于：作为行为对象的犯罪组织的性质不同。组织、领导、参加恐怖组织罪的行为对象是恐怖活动组织，它是指三人以上，出于政治或者报复社会的动机，为实施恐怖性犯罪活动而结成的具有稳定性的特殊犯罪组织。组织、领导、参加一般犯罪集团的行为对象则是一般犯罪组织，其虽然也是为长期实施犯罪而结成的较为固定的犯罪组织，但其并不以造成社会的恐怖为实施犯罪的目的。总的来说，恐怖活动组织对社会稳定及公民的人身权利具有极大的威胁性，所以刑法分则将组织、领导、参加恐怖组织的行为规定为独立的犯罪，而不以实际实施恐怖犯罪活动为要件。而一般的犯罪集团是由刑法总则加以规定，组织、领导、参加非恐怖性的一般犯罪组织不构成独立的犯罪，而应依据犯罪集团实际实施的具体犯罪行为确定罪名。

2. 组织、领导、参加恐怖组织罪与组织、领导、参加黑社会性质组织罪的界限。区分二者的关键在于其作为行为对象的犯罪组织的性质。前者的行为对象是恐怖活动组织，后者的行为对象是黑社会性质组织。根据《刑法》第 294 条的规定，所谓黑社会性质组织，是指以暴力、威胁或者其他手段，有组织地进行违法犯罪活动，称霸一方，为非作恶，欺压、残害群众，严重破坏经济、社会生活秩序的犯罪组织。黑社会性质组织不具有政治目的，其成立是为通过违法犯罪活动或者其他手段获取经济利益，故通常表现为在一定区域或者行业范围内，以暴力、威胁、滋扰等手段，大肆进行敲诈勒索、欺行霸市、聚众斗殴、寻衅滋事、故意伤害等违法犯罪活动，严重破坏经济、社会生活秩序。所以，刑法将组织、领导、参加黑社会性质组织罪规定在分则第六章“妨害社会管理秩序罪”中。黑社会性质组织虽然也可能实施杀人、绑架等犯罪行为，但行为的意图是为经济或其他利益。恐怖活动组织则是为政治或报复社会的目的而实施杀人、爆炸、绑架等犯罪行为，所以，其往往更频繁地实施此类严重暴力犯罪，并追求造成社会的恐怖，以达到其犯罪目的。

3. 组织、领导、参加恐怖组织罪既遂与未遂的界限。组织、领导、参加恐怖组织罪是行为犯，只要行为人实施了组织、领导、参加恐怖活动组织的行为，即构成犯罪既遂。至于组织、领导、参加恐怖活动组织以后是否进行了恐怖犯罪活动，则不影响组织、领导、参加恐怖组织罪既遂的成立。

4. 组织、领导、参加恐怖组织罪一罪与数罪的界限。根据《刑法》第 120 条第 2 款的规定，只实施了组织、领导、参加恐怖活动组织的行为，尚未实施其他犯罪的，按组织、领导、参加恐怖组织罪一罪处理。如果行为人在组织、领导、参加恐怖活动组织以后，又实施了杀人、爆炸、绑架等犯罪的，应依照数罪并罚的规定处理。

（三）组织、领导、参加恐怖组织罪的处罚

根据《刑法》第 120 条（根据 2001 年 12 月 29 日《刑法修正案（三）》第 3 条修改）的规定，组织、领导恐怖活动组织的，处 10 年以上有期徒刑或者无期徒刑；积极参加的，处 3 年以上 10 年以下有期徒刑；其他参加的，处 3 年以下有期徒刑、拘役、管制或者剥夺政治权利。犯组织、领导、参加恐怖组织罪并实施杀人、爆炸、绑架等犯罪的，依照数罪并罚的规定处罚。

## ■ 劫持航空器罪

（一）劫持航空器罪的概念和特征

劫持航空器罪，是指以暴力、胁迫或者其他方法劫持航空器、危害公共安全的行为。劫持航空器罪的主要特征是：

1. 本罪的客体是航空运输的公共安全，即航空器上不特定多数乘客的生命、财产及航空器的飞行安全。对象为正在使用中的航空器，其中主要是指飞机。至于这里的航空器是否专指民用航空器，刑法学界有不同观点。一种观点认为，根据《国际民用航空公约》（又称《芝加哥公约》）的规定，航空器分为国家航空器和民用航空器。凡用于军事、海关或者警察部门的航空器，是国家航空器。国家航空器以外的航空器是民用航空器，是指以载运乘客、货物、邮件等公共航空运输业务为宗旨的有人驾驶的航空器。根据我国加入的《东京公约》第 1 条、《海牙公约》第 3 条以及《蒙特利尔公约》第 4 条的规定，劫持航空器罪的对象不包括供军事、海关或者警用的航空器。所以，劫持航空器罪的对象仅限于民用航空器，对于劫持国家航空器的，不能构成本罪。[①] 另一种观点认为，这里的航空器既可以是民用的，也可以是供军事、海关或者警察使用的。理由是：虽然根据有关国际公约，劫持航空器犯罪中的航空器仅限于民用航空器，但不能完全根据国际公约来解释国内刑法。国内刑法并没有对航空器作出任何限定，劫持供军事、海关或者警察等使用的航空器的犯罪行为也可能发生，应依法惩治。但是，当外国人劫持外国的航空器进入我国领域后，我国行使刑事管辖权时，必须遵守国际公约的有关规定。[②] 我们认为，第一种观点是更可取的。从司法实践看，劫持航空器案件绝大多数都是劫持民用航空器。对于国家航空器，由于其劫持的难度，是极少发生的。并且，将航空器限定为民用航空器，有利于与国际刑法接轨，符合现代刑法的潮流。

另外，作为本罪对象的航空器还必须处于“正在使用中”。根据《蒙特利尔公约》的规定，从地面人员或机组人员为某一特定飞行而对航空器进行飞行前的准备时起，直到降落后 24 小时止，该航空器都被认为是正在使用中。具体讲，航空器从装载完毕，机舱外部各门

---

① 参见高铭暄、马克昌主编：《刑法学》（下编），636 页；高铭暄、马克昌主编：《刑法学》，365 页，北京，北京大学出版社、高等教育出版社，2000。

② 参见张明楷：《刑法学》（下），572～573 页。

均已关闭时起，直至打开任一机舱门以便卸载时止，均应被认为在飞行中。航空器被迫降落时，在主管当局接管该航空器及机上人员与财产责任以前，应视为仍在飞行中。

2. 本罪的客观方面表现为以暴力、胁迫或者其他方法劫持航空器的行为。所谓暴力，是指对航空器上的人员，特别是驾驶人员或其他机组人员采用杀伤、捆绑、扣押、禁闭等手段实施身体上的强制，使其不能反抗或不敢反抗的行为。所谓胁迫，是指犯罪分子以毁坏飞机、杀害人质等武力手段相威胁，对机组人员及机上其他人员进行精神恐吓，使其不敢反抗的行为。所谓其他方法，是指使用暴力、威胁方法以外的其他手段使航空器的驾驶人员和其他人员不能反抗或不知反抗的行为。例如，用药物将航空器的驾驶员麻醉后自己驾驶航空器外逃，即属于以其他方法劫持航空器的行为。所谓劫持，是指犯罪分子按照自己的意志，强行控制航空器的行为。至于犯罪分子是否实际上成功地劫夺了航空器或者控制了航空器的航行，不影响本罪的成立。

3. 本罪的主体是一般主体，凡已满 16 周岁具有刑事责任能力的人均能成为本罪的主体。其既可以是我国公民，也可以是外国公民或无国籍人。

4. 本罪的主观方面是故意，且只能是直接故意，即行为人明知劫持航空器的行为严重威胁着旅客和航空器的安全，而故意实施该种行为。劫机者的犯罪动机可能是多种多样的，如逃出国（边）境、逃避法律制裁、要挟政府满足其非法要求等，但动机如何不影响本罪的成立。

（二）劫持航空器罪的认定

1. 劫持航空器罪与破坏交通工具罪的界限。破坏交通工具罪与劫持航空器罪的犯罪对象都可能是正在使用中的航空器，都可能造成航空器的破坏，在主观方面也都出于故意。二者的区别在于：(1) 行为对象有所不同。破坏交通工具罪仅针对航空器，不直接针对航空器上的人员；劫持航空器罪虽然也可针对航空器本身进行破坏，但通常是针对航空器上的人员。(2) 客观行为方式不同。劫持航空器罪是公然地采用暴力、胁迫或者其他方法劫持正在使用中的飞机，而破坏交通工具罪则通常是采用秘密方法对正在使用中的飞机进行破坏。(3) 犯罪发生的场合不同。劫持航空器罪中的劫持行为一般发生在飞机起飞之后的飞行过程中，而破坏交通工具罪的破坏行为则通常发生在飞机停放之处，行为完成于飞机起飞之前。(4) 犯罪故意的内容不同。劫持航空器罪主观上是出于按照自己的意志，强行控制航空器的故意，其只能是直接故意；破坏交通工具罪主观上是出于使航空器本身倾覆、毁坏的故意，既可以是直接故意，也可以是间接故意，如为盗窃航空器上的零件，而放任危害公共安全的结果发生。

如果行为人通过破坏航空器的方法来劫持航空器，则符合想象竞合犯的特征，既触犯破坏交通工具罪，又触犯了劫持航空器罪，应依从一重处断的原则，按劫持航空器罪处罚。

2. 劫持航空器罪与暴力危及飞行安全罪的界限。暴力危及飞行安全罪，是指对飞行中的航空器上的人员使用暴力，危及飞行安全的行为。劫持航空器罪与暴力危及飞行安全罪侵害的客体都是飞行安全，犯罪行为都可能在飞行中的航空器内实施，犯罪主体均为一般主体，犯罪主观方面也均出于故意。二者的区别主要在于：(1) 主观目的不同。劫持航空器罪的行为人主观上具有强行控制航空器的目的，而暴力危及飞行安全罪则无此目的。对于以暴力方法实施的劫持航空器罪与暴力危及飞行安全罪来说，主观目的不同是二者根本的区别。(2) 客观行为表现不尽相同。劫持航空器罪既可以采用暴力手段，也可以采用胁迫或者其他方法。而暴力危及飞行安全罪只能采用暴力手段。(3) 犯罪对象不完全相同。劫持航空器罪采取的暴力手段既可以针对航空器上的人员，也可以针对航空器本身；而暴力危及飞行安全罪的暴力行为只能针对航空器上的人员。（4）犯罪既遂的标准不同。劫持航空器罪是行为犯，只要行为人实施了劫持航空器的行为，就构成犯罪的既遂；而暴力危及飞行安全罪是危险犯，只有对航空器上人员使用暴力的行为足以危及飞行安全时，才成立犯罪既遂。

3. 劫持航空器罪的既遂与未遂。关于劫持航空器罪既遂与未遂的标准，刑法学界有不同看法①：第一种观点认为，行为人劫持航空器的目的是劫机外逃，因此，只有将航空器劫持到其预定地点，劫机外逃获得成功，才成立劫持航空器罪的既遂，否则，就是未遂。第二种观点认为，行为人已将航空器劫持出境的，成立劫持航空器罪既遂，尚未劫持出境的，属于未遂。第三种观点认为，行为人着手实施劫持行为后，已经实际控制了航空器的，为劫持航空器罪的既遂，尚未控制航空器的，为未遂。第四种观点认为，劫持航空器罪是行为犯，只要行为人着手实行了劫持航空器的行为，就构成劫持航空器罪的既遂。劫持航空器罪不存在未遂形态。我们同意最后一种观点，只要行为人一开始实施劫持行为，无论其持续时间长短，是否最终控制了航空器，均构成劫持航空器罪的既遂，这是由劫持航空器罪严重的社会危害性决定的。

4. 劫持航空器罪一罪与数罪的界限。劫持航空器的行为人往往是非法携带枪支、弹药、管制刀具或者爆炸物等进入航空器后实施劫持行为，因此，行为人也触犯了非法携带枪支、弹药、管制刀具、危险物品危及公共安全罪。对此，应按牵连犯的原则以其中的一个重罪即劫持航空器罪从重处罚，而不实行数罪并罚。

（三）劫持航空器罪的处罚

根据《刑法》第121条的规定，犯劫持航空器罪的，处10年以上有期徒刑或者无期徒刑；致人重伤、死亡或者使航空器遭受严重破坏的，处死刑。

## ■ 非法制造、买卖、运输、邮寄、储存枪支、弹药、爆炸物罪

（一）非法制造、买卖、运输、邮寄、储存枪支、弹药、爆炸物罪的概念和特征

非法制造、买卖、运输、邮寄、储存枪支、弹药、爆炸物罪，是指违反国家枪支、弹药、爆炸物管理法规，非法制造、买卖、运输、邮寄、储存枪支、弹药、爆炸物的行为。

非法制造、买卖、运输、邮寄、储存枪支、弹药、爆炸物罪的主要特征是：

1. 本罪的客体是公共安全和国家对枪支、弹药、爆炸物的管理制度。犯罪对象是枪支、弹药、爆炸物。根据《枪支管理法》，这里的枪支，是指以火药或者压缩气体等为动力，利用管状器具发射金属弹丸或者其他物质，足以致人伤亡或者丧失知觉的各种枪支，如军用手枪、步枪、冲锋枪、机枪；射击用的各种枪支；狩猎用的有膛线枪、霰弹枪、火药枪；麻醉动物用的注射枪、电击枪，以及能发射金属弹丸的气枪等。弹药，是指用于上述枪支的弹药。爆炸物，是指《民用爆炸物品管理条例》中规定的各类炸药、雷管、导火索、导爆索、非电导爆系统、起爆药、爆破剂等。

关于本罪对象的具体范围，学界还有不同的认识，主要有广义说和狭义说两种观点。广义说认为，凡是《枪支管理法》和《民用爆炸物品管理条例》中规定的各种枪支、弹药及爆炸物品，都是该种犯罪的对象。除上述所说的枪支、爆炸物的范围以外，枪支被认为还包括气枪，爆炸物还包括烟花爆竹。狭义说认为，本罪对象应指军用的枪支、弹药，不包括民用

① 参见高铭暄、马克昌主编：《刑法学》（下编），637页；王作富主编：《刑法分则实务研究》（上），107页，北京，中国方正出版社，2001。

猎枪、火药枪等，更不能包括烟花爆竹在内。[①] 我们认为，根据 2001 年 5 月 15 日最高人民法院公布的《关于审理非法制造、买卖、运输、邮寄、储存枪支、弹药、爆炸物等刑事案件具体应用法律若干问题的解释》的规定，本罪的犯罪对象应当包括《枪支管理法》中规定的各种枪支、弹药和《民用爆炸物品管理条例》中规定的各类炸药及爆炸物品，还包括烟花爆竹的制作原料，即烟火药。

2. 本罪的客观方面表现为非法制造、买卖、运输、邮寄、储存枪支、弹药、爆炸物的行为。这里的非法制造，是指未经国家有关部门批准，私自制造枪支、弹药、爆炸物的行为。既可以用原材料制造新的枪支、弹药、爆炸物，也可以是修理已报废的枪支、再生已失效的弹药、爆炸物。所谓非法买卖，是指未经国家有关部门批准，私自购买或者销售枪支、弹药、爆炸物的行为，包括现金交易和以物易物。所谓非法运输，是指未经国家有关部门批准，私自将枪支、弹药、爆炸物从一地运往另一地的行为。其形式可以是陆运、水运、空运，也可以是随身携带，但运输的空间范围只限于国内。所谓非法邮寄，是指违反国家邮电部门的规定，以包裹邮件形式寄送枪支、弹药、爆炸物的行为。所谓非法储存，是指明知是他人非法制造、买卖、运输、邮寄的枪支、弹药、爆炸物而为其存放的行为。

本罪是选择性罪名，只要行为人实施了非法制造、买卖、运输、邮寄、储存枪支、弹药、爆炸物的行为之一的，即可构成本罪；如果行为人同时实施了其中两种以上的行为，也只构成一罪，不适用数罪并罚。

3. 本罪的主体是一般主体，即已满 16 周岁、具有刑事责任能力的自然人。单位也可构成本罪的主体。

4. 本罪的主观方面是故意，即行为人明知是枪支、弹药、爆炸物而故意予以非法制造、买卖、运输、邮寄、储存。如果行为人是受人蒙骗，不知是枪支、弹药、爆炸物而实施上述行为的，则不构成本罪。至于实施本罪行为的动机如何，不影响本罪的成立。

（二）非法制造、买卖、运输、邮寄、储存枪支、弹药、爆炸物罪的认定

1. 非法制造、买卖、运输、邮寄、储存枪支、弹药、爆炸物罪与非罪的界限。刑法条文虽然没有对非法制造、买卖、运输、邮寄、储存枪支、弹药、爆炸物罪的构成作出数量和情节上的要求，但前述的最高人民法院《关于审理非法制造、买卖、运输枪支、弹药、爆炸物等刑事案件具体应用法律若干问题的解释》则对此作出了规定。该解释第 1 条规定：个人或者单位非法制造、买卖、运输、邮寄、储存枪支、弹药、爆炸物，具有下列情形之一的，依照《刑法》第 125 条第 1 款的规定，以非法制造、买卖、运输、邮寄、储存枪支、弹药、爆炸物罪定罪处罚：（1）非法制造、买卖、运输、邮寄、储存军用枪支 1 支以上的；（2）非法制造、买卖、运输、邮寄、储存以火药为动力发射枪弹的非军用枪支 1 支以上或者以压缩气体等为动力的其他非军用枪支 2 支以上的；（3）非法制造、买卖、运输、邮寄、储存军用子弹 10 发以上、气枪铅弹 500 发以上或者其他非军用子弹 100 发以上的；（4）非法制造、买卖、运输、邮寄、储存手榴弹 1 枚以上的；（5）非法制造、买卖、运输、邮寄、储存爆炸装置的；（6）非法制造、买卖、运输、邮寄、储存炸药、发射药、黑火药 1 千克以上或者烟火药 3 千克以上、雷管 30 枚以上或者导火索、导爆索 30 米以上的；（7）具有生产爆炸物品资格的单位不按照规定的品种制造，或者具有销售、使用爆炸物品资格的单位超过限额买卖炸药、发射药、黑火药 10 千克以上或者烟火药 30 千克以上、雷管 300 枚以上或者导火索、导爆索 300 米以上的；（8）多次非法制造、买卖、运输、邮寄、储存弹药、爆炸物的；

① 参见高铭暄、马克昌主编：《刑法学》，368 页，北京，北京大学出版社、高等教育出版社，2000。

(9) 虽未达到上述最低数量标准，但具有造成严重后果等其他恶劣情节的。该解释还规定：介绍买卖枪支、弹药、爆炸物的，以买卖枪支、弹药、爆炸物罪的共犯论处。

2. 非法制造、买卖、运输、邮寄、储存枪支、弹药、爆炸物罪与违规制造、销售枪支罪的界限。非法制造、买卖枪支与违规制造、销售枪支在主观方面的罪过形式都是故意，客观上都有违反枪支管理规定而制造、交易枪支的行为。二者区别的关键在于主体不同：非法制造、买卖、运输、邮寄、储存枪支、弹药、爆炸物罪的主体是不具有生产、买卖枪支资格的个人和单位，而违规制造、销售枪支罪的主体是依法被指定的枪支制造企业、销售企业。

3. 非法制造、买卖、运输、邮寄、储存枪支、弹药、爆炸物罪一罪与数罪的界限。在司法实践中，非法制造、买卖、运输、邮寄、储存枪支、弹药、爆炸物的行为往往与其他犯罪行为相互联系，如走私进口枪支、弹药后进行运输、销售、储存的；制造枪支、弹药后又走私出口的；或者为实施杀人、抢劫等犯罪而制造、买卖枪支、弹药、爆炸物，而后又进行杀人、抢劫等犯罪的。这些情况构成非法制造、买卖、运输、邮寄、储存枪支、弹药、爆炸物罪与有关犯罪的牵连犯，应按牵连犯从一重处断的原则处理。

（三）非法制造、买卖、运输、邮寄、储存枪支、弹药、爆炸物罪的处罚

根据《刑法》第 125 条的规定，非法制造、买卖、运输、邮寄、储存枪支、弹药、爆炸物的，处 3 年以上 10 年以下有期徒刑；情节严重的，处 10 年以上有期徒刑、无期徒刑或者死刑。应注意，根据最高人民法院《关于审理非法制造、买卖、运输枪支、弹药、爆炸物等刑事案件具体应用法律若干问题的解释》的规定，这里的“情节严重”，是指具有下列情形之一的情况：(1) 非法制造、买卖、运输、邮寄、储存枪支、弹药、爆炸物的数量达到本解释第一条第（一）、（二）、（三）、（六）、（七）项规定的最低数量标准 5 倍以上的；(2) 非法制造、买卖、运输、邮寄、储存手榴弹 3 枚以上的；(3) 非法制造、买卖、运输、邮寄、储存爆炸装置，危害严重的；(4) 达到本解释第一条规定的最低数量标准，并具有造成严重后果等其他恶劣情节的。

## 非法持有、私藏枪支、弹药罪

（一）非法持有、私藏枪支、弹药罪的概念和特征

非法持有、私藏枪支、弹药罪是指违反枪支管理规定，非法持有、私藏枪支、弹药的行为。非法持有、私藏枪支、弹药罪的主要特征是：

1. 本罪的客体是公共安全和国家对枪支、弹药的管理制度。犯罪对象是枪支、弹药，包括各种公务用枪、民用枪支及其弹药。

2. 本罪的客观方面表现为违反枪支管理规定，非法持有、私藏枪支、弹药的行为。所谓违反枪支管理规定，主要是指违反《枪支管理法》的规定。《枪支管理法》第 3 条规定，国家严格管制枪支。禁止任何单位或者个人违反法律规定持有、制造（包括变造、装配）、买卖、运输、出租、出借枪支。该法对公务用枪和民用枪支配置的范围作了严格的规定，并规定凡配备公务用枪时，应由国务院公安部门或者省级人民政府公安机关发给公务用枪持枪证件，不再符合持枪条件时，由所在单位收回枪支和证件。配置民用枪支的，也应由相应的公安机关核发持枪证件，不符合持枪条件时，必须及时将枪支连同持枪证件上缴公安机关，等等。所谓非法持有，根据最高人民法院《关于审理非法制造、买卖、运输枪支、弹药、爆炸物等刑事案件具体应用法律若干问题的解释》第 8 条的规定，是指“不符合配备、配置枪支、弹药条件的人员，违反枪支管理法律、法规的规定，擅自持有枪支、弹药的行为”。所谓非法私藏，是指“依法配备、配置枪支、弹药的人员，在配备、配置枪支、弹药的条件消

除后，违反枪支管理法律、法规的规定，私自藏匿所配备、配置的枪支、弹药且拒不交出的行为”。非法持有与私藏的行为表现形式，既可以是非法随身携带，也可以是放置在自己的住处、办公地点等场所。另外应注意，本罪是选择性罪名，只要行为人实施了非法持有、私藏枪支、弹药的其中一种行为，就构成本罪，并以非法持有枪支、弹药罪或者非法私藏枪支、弹药罪定罪。

3. 在主体方面，非法持有枪支、弹药罪与非法私藏枪支、弹药罪是不同的。构成非法持有枪支、弹药罪的是一般主体，通常是不符合配备、配置枪支、弹药条件的人员。非法私藏枪支、弹药罪的主体是特殊主体，即在配备、配置枪支、弹药的条件消除后的原具有依法配备、配置枪支、弹药的合法身份的人员。非法私藏枪支、弹药罪的主体如果擅自持有非依法配备、配置的枪支、弹药，也可能构成非法持有枪支、弹药罪。

4. 本罪的主观方面是故意，即行为人明知是枪支、弹药而故意非法持有、私藏。犯罪动机如何，不影响本罪的成立。

（二）非法持有、私藏枪支、弹药罪的认定

1. 非法持有、私藏枪支、弹药罪与非罪的界限。非法持有、私藏枪支、弹药罪是一种故意犯罪，区分其罪与非罪的界限，关键看行为人是否明知是枪支、弹药而予以非法持有、私藏。如果行为人不知是枪支、弹药而持有、留藏，就不能构成犯罪。例如，行为人为他人保管物品，他人将托管物品包装后交给行为人，并说是一般物品，而实则是枪支、弹药。这种情况下，由于行为人不知是枪支、弹药，因此不构成非法持有枪支、弹药罪。另外，构成非法持有、私藏枪支、弹药罪还有数量与情节上的限制。根据最高人民法院《关于审理非法制造、买卖、运输枪支、弹药、爆炸物等刑事案件具体应用法律若干问题的解释》第 5 条的规定，具有下列情形之一的，以非法持有、私藏枪支、弹药罪定罪处罚：（1）非法持有、私藏军用枪支 1 支的；（2）非法持有、私藏以火药为动力发射枪弹的非军用枪支 1 支或者以压缩气体等为动力的其他非军用枪支 2 支以上的；（3）非法持有、私藏军用子弹 20 发以上，气枪铅弹 1 000 发以上或者其他非军用子弹 200 发以上的；（4）非法持有、私藏手榴弹 1 枚以上的；（5）非法持有、私藏的弹药造成人员伤亡、财产损失的。

2. 非法持有、私藏枪支、弹药罪与非法储存枪支、弹药、爆炸物罪的界限。在最高人民法院《关于审理非法制造、买卖、运输枪支、弹药、爆炸物等刑事案件具体应用法律若干问题的解释》颁布前，非法持有、私藏枪支、弹药罪与非法储存枪支、弹药的行为一般容易混淆，如有的学者认为，非法储存与非法持有、私藏都是非法保存枪支、弹药的行为，难以从行为本身及故意内容方面加以区分，非法储存是保存大量枪支、弹药的行为，非法持有、私藏是指占有、控制、隐藏少量枪支、弹药的行为。① 该解释颁布后，非法持有、私藏枪支、弹药罪与非法储存枪支、弹药、爆炸物罪有了明显的界分。

二者的区别在于：（1）行为主体要求不同。非法持有、私藏枪支、弹药罪的主体只能由自然人构成，且非法私藏枪支、弹药的主体是特殊主体，即在配备、配置枪支、弹药的条件消除后的原具有依法配备、配置枪支、弹药的合法身份的人员。而非法储存枪支、弹药罪的主体是一般主体，除自然人外，还包括单位。（2）犯罪对象的范围不同。非法持有、私藏枪支、弹药罪的犯罪对象只能是枪支、弹药，而非法储存枪支、弹药、爆炸物罪的对象除枪支、弹药外，还可以是爆炸物。且非法私藏枪支、弹药罪的对象必须是行为人原先依法配备、配置的枪支、弹药；非法储存枪支、弹药、爆炸物罪的对象必须是他人非法制造、买

---

① 参见张明楷：《刑法学》（下），579 页。

卖、运输、邮寄的枪支、弹药、爆炸物。(3) 客观行为表现不尽相同。非法储存与非法持有枪支、弹药的行为在客观方面区别不大，但非法私藏枪支、弹药的行为人除实施了私自藏匿所配备、配置的枪支、弹药的行为外，还要具备拒不交出枪支、弹药的行为特征。(4) 主观故意的明知内容不同。非法持有枪支、弹药罪只要求行为人明知是枪支、弹药而故意非法持有；非法私藏枪支、弹药罪还要求行为人明知自己所配备、配置枪支、弹药的条件已消除，即知道自己已不是所配枪支、弹药的合法持有人；非法储存枪支、弹药、爆炸物罪则要求行为人明知自己储存的是他人非法制造、买卖、运输、邮寄的枪支、弹药、爆炸物。

3. 非法持有、私藏枪支、弹药罪一罪与数罪的界限。非法持有、私藏枪支、弹药罪与其他一些涉枪犯罪有着密切的联系，它或者是其他涉枪犯罪的前提，或者是其他涉枪犯罪的自然延伸。如走私枪支、弹药以非法持有、私藏枪支、弹药为前提，而盗窃、抢夺、抢劫枪支、弹药后必然又非法持有。对于这类情况，应依刑法有关条文定罪处罚，而不以非法持有、私藏枪支、弹药罪论处，即不应将其他涉枪犯罪与非法持有、私藏枪支、弹药罪数罪并罚。司法实践中，常常是由于没有证据表明行为人犯了非法制造、买卖枪支、弹药，盗窃、抢夺、抢劫枪支、弹药或者走私武器、弹药等涉枪犯罪，而行为人又确实擅自持有了其本无权持有的枪支、弹药，所以以非法持有、私藏枪支、弹药罪处罚。如果能够查明行为人实施了其他涉枪犯罪的行为，则不以该罪论处。

实践中，有时还会出现这样的情况，行为人为了窃取一般财物而实际上窃取了枪支、弹药，而后又非法持有。对此，由于行为人在盗窃时不知道是枪支、弹药，所以不能认定是盗窃枪支、弹药罪，而应认定是盗窃罪；又由于将盗窃的枪支、弹药非法持有，所以也构成了非法持有枪支、弹药罪，应以盗窃罪与非法持有枪支、弹药罪实行数罪并罚。

(三) 非法持有、私藏枪支、弹药罪的处罚

根据《刑法》第 128 条的规定，犯非法持有、私藏枪支、弹药罪的，处 3 年以下有期徒刑、拘役或者管制；情节严重的，处 3 年以上 7 年以下有期徒刑。根据最高人民法院《关于审理非法制造、买卖、运输枪支、弹药、爆炸物等刑事案件具体应用法律若干问题的解释》第 5 条的规定，具有下列情形之一的，属于非法持有、私藏枪支、弹药罪的“情节严重”：(1) 非法持有、私藏军用枪支 2 支以上的；(2) 非法持有、私藏以火药为动力发射枪弹的非军用枪支 2 支以上或者以压缩气体等为动力的其他非军用枪支 5 支以上的；(3) 非法持有、私藏军用子弹 100 发以上，气枪铅弹 5 000 发以上或者其他非军用子弹 1 000 发以上的；(4) 非法持有、私藏手榴弹 3 枚以上的；(5) 达到本条第 1 款规定的最低数量标准，并具有造成严重后果等其他恶劣情节的。

## ■ 交通肇事罪

(一) 交通肇事罪的概念和特征

交通肇事罪，是指违反交通运输管理法规，因而发生重大事故，致人重伤、死亡或者使公私财产遭受重大损失的行为。交通肇事罪的构成特征是：

1. 本罪的客体是交通运输安全。这里的“交通运输”，是指航空、铁路运输以外的公路交通运输和水路交通运输。对航空运输和铁路运营中发生重大事故构成犯罪的，应依刑法有关条款定罪处理。

2. 本罪的客观方面表现为违反交通运输管理法规，因而发生重大事故，致人重伤、死亡或者使公私财产遭受重大损失的行为。具体包括三个方面的内容：首先，行为人实施了违反交通运输管理法规的行为。违反交通运输管理法规，是导致交通肇事的原因，也是构成本

罪的前提条件。所谓交通运输管理法规，是指国家为了保障交通运输的安全而制定的各种法律、法规、规章、制度等，如《中华人民共和国公路法》、《中华人民共和国道路交通安全法》、《公路管理条例》、《机动车管理办法》、《内河避碰规则》、《渡口守则》等。违反交通运输管理法规的行为可以是作为，也可以是不作为。例如，酒后开车、超速、超宽、超载行车、强行超车、错发信号等，即属于作为；通过交叉道口不鸣笛示警、不减速、夜间航行不开照明灯等，即属于不作为。其次，违反交通运输管理法规的行为造成了重大事故，发生了致人重伤、死亡或者使公私财产遭受重大损失的严重后果。如果行为人虽有违章行为，但没有造成上述严重后果，或者虽然发生了重大交通事故，造成了严重后果，但该后果不是由行为人的违章行为引起的，则行为人不构成交通肇事罪，即违章行为与致人重伤、死亡等严重后果之间必须有因果关系。最后，根据 2000 年 11 月 15 日最高人民法院公布的《关于审理交通肇事刑事案件具体应用法律若干问题的解释》第 8 条的规定，只有在实行公共交通管理的范围内发生重大交通事故的，才以本罪处理。

3. 本罪的主体是一般主体，凡已满 16 周岁具有刑事责任能力的人均能成为本罪的主体。可以是从事公路、水路交通运输人员，也可以是非交通运输人员。在实践中，实施本罪的主体主要是从事交通运输的人员，如机动车的驾驶人员等。

4. 本罪的主观方面是过失，既可以是疏忽大意的过失，也可以是过于自信的过失，即行为人应当预见自己违反交通运输管理法规的行为可能发生重大事故，导致严重后果，但由于疏忽大意而没有预见，或者虽已预见，但轻信能够避免。这里的过失是行为人对自己所造成的严重后果的心理态度而言，至于对违反交通运输管理法规来说，则可能是明知故犯。

（二）交通肇事罪的认定

1. 交通肇事罪与非罪的界限。

(1) 交通肇事罪与意外事故的界限。区分二者的关键在于查明行为人对所造成的重大事故及其严重后果在主观上是否有过失。如果不是由于行为人的过失，而是由于不能预见的原因而发生重大事故，则不构成交通肇事罪。一般来说，行为人主观上有过失是因为其客观上违反了交通运输管理法规，但却不能反过来认为只要行为人有违章行为的就认定为有过失，而是应根据行为人对危害结果是否有预见义务和预见能力来认定。从客观上来说，就是要看危害后果与行为人的违章行为之间是否存在因果关系。如果发生的重大事故并不是行为人的违章行为引起的，就不能将之归罪于该行为人。例如，甲超速行驶，撞死乙。但事后查明，乙是欲图自杀而向甲的汽车撞去，在如此近距离之下，即使甲以正常速度行驶，也会造成乙的死亡。也就是说，乙的死亡不是由甲的违章超速行驶行为造成的，二者之间没有因果关系，从主观上说，甲对乙的死亡根本无法预见，也没有预见义务，故甲对乙的死亡后果也不存在过失。因此，本案中甲的违章驾驶行为不构成交通肇事罪。

(2) 交通肇事罪与一般交通事故的界限。区分二者的关键在于危害后果的严重程度及行为人对该事故所应负的责任程度。根据最高人民法院《关于审理交通肇事刑事案件具体应用法律若干问题的解释》第 2 条的规定，交通肇事具有下列情形之一的，应以交通肇事罪定罪处罚：第一，死亡 1 人或者重伤 3 人以上，负事故全部或者主要责任的；第二，死亡 3 人以上，负事故同等责任的；第三，造成公共财产或者他人财产直接损失，负事故全部或者主要责任，无能力赔偿数额在 30 万元以上的。此外，交通肇事致 1 人以上重伤，负事故全部或者主要责任，并具有下列情形之一的，也以交通肇事罪论处：第一，酒后、吸食毒品后驾驶机动车辆的；第二，无驾驶资格驾驶机动车辆的；第三，明知是安全装置不全或者安全机件失灵的机动车辆而驾驶的；第四，明知是无牌证或者已报废的机动车辆而驾驶的；第五，严重超载驾驶的；第六，为逃避法律追究逃离事故现场的。

2. 交通肇事罪的其他责任主体的认定。一般来讲，对交通肇事罪承担刑事责任的人是肇事机动车的驾驶人员，但也不尽如此，根据最高人民法院《关于审理交通肇事刑事案件具体应用法律若干问题的解释》的规定，单位主管人员、机动车辆所有人或者机动车辆承包人指使、强令他人违章驾驶造成重大交通事故，具有该解释第2条规定的情形之一的，也以交通肇事罪定罪处罚。另外，交通肇事后，单位主管人员、机动车辆所有人、承包人或者乘车人指使肇事人逃逸，致使被害人因得不到救助而死亡的，以交通肇事罪的共犯论处。

3. 驾驶非机动车辆肇事能否构成交通肇事罪。关于驾驶非机动车辆（主要是自行车、三轮车、畜力车等）发生严重交通事故，是否以交通肇事罪论处的问题，在理论界争议较大，有否定说和肯定说两种观点。我们支持肯定的观点。首先，我国立法并未将驾驶非机动车肇事的情况排除在交通肇事罪的犯罪构成之外。交通肇事罪，是指违反交通运输管理法规，因而发生重大事故，造成严重损失的行为。驾驶非机动车辆同样可能违反交通运输管理法规，我国的交通管理法规，如道路交通安全法等，并未将非机动车排除在其管理的范围之外。其次，驾驶非机动车辆肇事同样可能危及公共安全，造成人员死伤、财产损失的严重后果。例如，行为人驾驶马车在禁行畜力车的公路上行驶，由于路上来往机动车较多，频繁的喇叭声使马受惊奔跑，结果撞死、撞伤多人，而其他车辆由于躲避马车而致相撞，又造成几十万元的经济损失。对于本案中的行为人，应以交通肇事罪论处。

4. 交通肇事罪与重大飞行事故罪、铁路运营安全事故罪的界限。重大飞行事故罪和铁路运营安全事故罪原本属于交通肇事罪的范畴，但现行刑法将它们从交通肇事罪中分离出来规定为独立的犯罪。交通肇事罪与此二罪的区别在于主体方面。航空人员、铁路职工违反规章制度，造成重大飞行事故或者铁路运营安全事故的，成立重大飞行事故罪或者铁路运营安全事故罪，不按交通肇事罪处理；航空人员、铁路职工以外的人员造成交通事故，导致严重后果的，构成交通肇事罪。因此，规定交通肇事罪的法条与规定重大飞行事故罪、铁路运营安全事故罪的法条是普通法条与特别法条的关系，应按法条竞合特别法优于普通法的原则处理。

5. 交通肇事罪与过失致人重伤罪、过失致人死亡罪的界限。交通肇事罪与过失致人重伤罪、过失致人死亡罪的主要区别在于其发生的场合和侵害的客体不同。交通肇事罪致人重伤与死亡是发生在实行公共交通管理的范围内，侵害的客体是交通运输的公共安全；过失致人重伤、过失致人死亡则发生在公共交通管理的范围外，侵害的客体是特定个人的生命权和健康权。

6. 交通肇事罪与利用交通工具的故意犯罪的界限。在司法实践中，有时会出现犯罪分子利用交通工具实施其他故意犯罪的情况，这些犯罪与交通肇事罪在形式上都表现为“交通事故”，所以容易混淆。在处理这类案件时，关键是要查清行为人在主观上是故意还是过失。如果是故意，就需要根据不同的具体情况作不同的处理。如果行为人故意开车朝人群冲撞的，就应按以危险方法危害公共安全罪定罪处罚，例如，甲出于报复社会的动机，驾驶汽车在公路上横冲直撞，撞死撞伤多人，后又冲入路旁商店，造成重大财产损失，对于本案中甲的行为，就应按以（驾车撞人的）危险方法危害公共安全罪论处。但如果行为人只是利用交通工具杀伤特定个人，没有危害到公共安全的，则应以故意杀人罪或故意伤害罪处罚。

（三）交通肇事罪的处罚

根据《刑法》第133条的规定，犯交通肇事罪的，分为三个量刑档次：

1. 犯交通肇事罪情节一般的，处3年以下有期徒刑或者拘役。

2. 交通运输肇事后逃逸或者有其他特别恶劣情节的，处 3 年以上 7 年以下有期徒刑。根据最高人民法院《关于审理交通肇事刑事案件具体应用法律若干问题的解释》的规定，所谓“交通运输肇事后逃逸”，是指行为人具有该解释第 2 条第 1 款和第 2 款第（1）至（5）项规定的情形之一（即行为已构成交通肇事罪），在发生交通事故后，为逃避法律追究而逃跑的行为。“有其他特别恶劣情节”，是指具有下列情形之一的情况：（1）死亡 2 人以上或者重伤 5 人以上，负事故全部或者主要责任的；（2）死亡 6 人以上，负事故同等责任的；（3）造成公共财产或者他人财产直接损失，负事故全部或者主要责任，无能力赔偿数额在 60 万元以上的。

3. 因逃逸致人死亡的，处 7 年以上有期徒刑。所谓“因逃逸致人死亡”，根据最高人民法院《关于审理交通肇事刑事案件具体应用法律若干问题的解释》第 5 条第 1 款的规定，是指行为人在交通肇事后为逃避法律追究而逃跑，致使被害人因得不到救助而死亡的情形。但是，根据该解释第 6 条的规定，行为人在交通肇事后为逃避法律追究，将被害人带离事故现场后隐藏或者遗弃，致使被害人无法得到救助而死亡或者严重残疾的，应当以故意杀人罪或者故意伤害罪定罪处罚。

## 重大责任事故罪

（一）重大责任事故罪的概念和特征

重大责任事故罪，是指在生产、作业中违反有关安全管理的规定，因而发生重大伤亡事故或者造成其他严重后果的行为。重大责任事故罪的主要特征是：

1. 本罪的客体是生产、作业安全。

2. 本罪的客观方面表现为在生产、作业中违反有关安全管理的规定，因而发生重大伤亡事故或者造成其他严重后果的行为。具体包括三方面的条件：

（1）行为人在生产、作业中违反安全管理的规定。所谓违反安全管理的规定，是指违反保障生产、作业安全的法律、法规，以及与生产、作业安全管理有关的劳动纪律、操作规程和安全管理方面的规章制度等。有关安全管理的规定包括诸如《安全生产法》、《劳动法》、《特种设备安全监察条例》等法律、法规中关于劳动纪律、技术操作规程、作业安全管理等方面的规定。这种行为只能是发生在生产、作业过程中并与生产、作业有直接联系。如果行为人违反规章制度的行为不是发生在生产、作业过程中，即使造成了严重后果，也不构成重大责任事故罪。

（2）必须发生重大伤亡事故或者造成其他严重后果，同时重大事故必须发生在生产、作业活动中。如果事故的发生与生产、作业没有关系，则不构成本罪。参照 2007 年 3 月 1 日最高人民法院、最高人民检察院颁布实施的《关于办理危害矿山生产安全刑事案件具体应用法律若干问题的解释》第 4 条的规定，具有下列情形之一的，属于重大伤亡事故或者其他严重后果：1）造成死亡 1 人以上，或者重伤 3 人以上的；2）造成直接经济损失 100 万元以上的；3）造成其他严重后果的情形。

（3）发生在生产、作业活动中的重大伤亡事故或者其他严重后果是由于行为人在生产、作业活动中违反有关安全管理的规定引起的。这要求有关违反安全管理规定的行为与重大伤亡事故或者其他严重后果之间必须有因果关系，如果违反安全管理规定的行为没有造成重大伤亡事故或者其他严重后果，或者重大伤亡事故或者其他严重后果不是由于违章行为造成的，则不能构成本罪。

3. 本罪的主体为一般主体，一般包括对生产、作业负有组织、指挥或者管理职责的负责人、管理人员、实际控制人、投资人等人员，以及直接从事生产、作业的人员。1997 年《刑法》第 134 条要求本罪的犯罪主体是“工厂、矿山、林场、建筑企业或者其他企业、事业单位的职工”，但实际发生的案件表明，本罪有关责任人员的情况比较复杂，并不都是企业、事业单位的职工，而且随着经营主体多元化趋势日益加剧，界定“职工”这一概念比较困难，司法实践中甚至存在一些个人在生产、作业活动中违反安全管理规定，因而发生重大事故的情况。为了适应惩治重大安全生产事故犯罪的需要，《刑法修正案（六）》将本罪的犯罪主体修改为一般主体。据此，企业或单位的性质如何，是否隶属于企业或单位的职工，均不影响本罪的成立。群众合作经营组织或个体经营户的从业人员实施了本罪客观方面行为的，也可构成本罪。

4. 本罪的主观方面表现为过失，既可以是疏忽大意的过失，也可以是过于自信的过失。这里的过失是指行为人对其行为所导致的重大伤亡事故或者其他严重后果的心理态度，即应当预见自己违反有关安全管理规定的行为可能发生重大事故，造成严重后果，但由于疏忽大意而没有预见，或者虽然已经预见但轻信能够避免。至于对违反有关安全管理规定，则可能是明知故犯。由于不能预见或者不能抗拒的原因引起的事故，以及因为技术条件或设备条件的限制而无法避免的事故，由于行为人主观上没有过失，不能认定为本罪。

（二）重大责任事故罪的认定

1. 重大责任事故与自然事故、技术事故及技术革新和科学试验失败的界限。所谓自然事故，是指行为人不能预见或者不能抗拒的自然灾害而造成的事故。所谓技术事故，是指由于技术条件、设备条件的限制而引发的且无法避免的事故。而技术革新和科学试验本身就包含着失败的可能。区分重大责任事故罪与这三种情况的关键是看：行为人主观上是否有过失，客观上是否有违反有关安全管理规定的行为，违反有关安全管理规定的行为与重大事故之间是否有因果关系。如果事故的发生是由违反有关安全管理规定而引起，行为人主观上有过失，重大责任事故罪就成立；否则视为自然事故、技术事故，不构成犯罪。

2. 本罪与一般责任事故的界限。二者的相同点在于行为人在生产、作业过程中都有违反有关安全管理规定的行为，而且都造成了一定的损害后果。区分二者的关键在于所造成事故后果的严重程度不同。如果行为造成了重大伤亡事故或者其他严重后果，就构成重大责任事故罪；如果造成的后果没有达到上述严重程度，就属于一般责任事故，不构成犯罪。

3. 本罪与失火罪、过失爆炸罪、过失投放危险物质罪等犯罪的界限。重大责任事故罪与失火罪、过失爆炸罪、过失投毒罪等在主观方面都是过失，在客观方面都可能发生火灾、爆炸、中毒等结果，并发生重大伤亡事故或者造成其他严重后果。其主要区别在于行为发生的场合或时空条件及违反的规范属性不同。重大责任事故罪的客观方面表现为行为人在生产、作业过程中，违反有关安全管理规定，不正确履行自己的职责，从而发生了重大伤亡事故或者造成其他严重后果，通常属于业务过失。失火罪、过失爆炸罪、过失投放危险物质罪等犯罪一般是在日常生活中，由于忽视安全，未尽注意义务，行为不慎而导致重大事故，与行为人的生产、作业及其应当承担的相关职责无关，属于普通过失。

4. 本罪与交通肇事罪的界限。重大责任事故罪与交通肇事罪在客观上都导致了重大事故，在主观上都表现为过失，二者的主要区别在于：（1）主体不同。两罪虽然都是一般主体，但是仍存在明显区别。重大责任事故罪的主体是在生产、作业的过程中从事生产、作业的人员或与生产、作业有关的人员；交通肇事罪的主体则通常是从事交通运输的参与人员。

(2) 违反的安全管理制度的基本类型不同。重大责任事故罪违反的是除交通运输管理法规以外的、保障生产、作业安全的法律、法规，以及与生产、作业安全管理有关的劳动纪律、操作规程和规章制度等；交通肇事罪违反的是交通运输管理法规。(3) 法定结果发生的场合不同。根据《刑法》第 133 条和修改后的第 134 条的规定，以及法条之间的逻辑关系，重大责任事故罪应发生在实行公共交通管理的范围之外的生产、作业的场合；交通肇事罪必须发生在实行公共交通管理的范围之内。

5. 本罪与危险物品肇事罪的界限。危险物品肇事罪，是指违反爆炸性、易燃性、放射性、毒害性、腐蚀性物品的管理规定，在生产、储存、运输、使用中，由于过失发生重大事故，造成严重后果的行为。重大责任事故罪与危险物品肇事罪在主观上都是过失，在客观上都要求有严重后果。二者的主要区别在于：(1) 主体上的要求不同。重大责任事故罪的主体是在生产、作业的过程中从事生产、作业的人员或与生产、作业有关的人员，而危险物品肇事罪主体并不限于此。(2) 客观方面的表现不同。重大责任事故罪在客观方面表现为在生产、作业活动中违反有关安全管理制度的行为，在生产、作业过程中发生重大伤亡事故或者造成其他严重后果的行为，而危险物品肇事罪在客观方面表现为违反爆炸性、易燃性、放射性、毒害性、腐蚀性物品的管理规定，在生产、储存、运输、使用危险物品中发生重大事故，造成严重后果的行为。值得注意的是，两罪的法条之间存在竞合关系，重大责任事故罪的规定为普通法条，危险物品肇事罪的规定为特别法条，按照特别法条优于普通法条的原则，当在生产、作业中违反有关危险品安全管理规定，因而发生重大伤亡事故或者造成其他严重后果的行为，应以危险物品肇事罪定罪处罚。

(三) 重大责任事故罪的处罚

根据《刑法》第 134 条第 1 款的规定，犯重大责任事故罪的，处 3 年以下有期徒刑或者拘役；情节特别恶劣的，处 3 年以上 7 年以下有期徒刑。参照最高人民法院、最高人民检察院 2007 年 3 月 1 日《关于办理危害矿山生产安全刑事案件具体应用法律若干问题的解释》的规定，造成死亡 3 人以上，或者重伤 10 人以上的，或者造成直接经济损失 300 万元以上的，或者具有其他特别恶劣的情节的，属于“情节特别恶劣”。

## ■ 强令违章冒险作业罪

(一) 强令违章冒险作业罪的概念与特征

强令违章冒险作业罪，是指强令他人违章冒险作业，因而发生重大伤亡事故或者造成其他严重后果的行为。本罪的主要特征是：

1. 本罪的客体是生产、作业安全。

2. 本罪的客观方面表现为在生产、作业中强行命令他人违章冒险进行生产、作业，因而发生重大伤亡事故或者造成其他严重后果的行为。

(1) 行为人强行命令他人违章冒险进行生产、作业。强令他人违章冒险作业的行为只能是作为，而不能是不作为。如果只是发现工人违章冒险作业而不加制止，则不能构成本罪。行为人强令他人违章冒险作业，必须违反有关安全管理规定。我们认为，对于安全管理规定，应作广义理解。这里的安全管理规定，包括但不限于诸如《安全生产法》、《劳动法》、《特种设备安全监察条例》等法律、法规中关于劳动纪律、技术操作规程、作业安全管理等方面的规定。除上述法律法规之外，有关安全管理规定还应当包括企业事业单位的内部规章或者管理制度，甚至包括在某一行业或者某一种具体的生产作业活动中长期形成的有关安全管理的习惯等。

（2）必须发生在生产、作业过程中，并且行为人决定的内容与经营单位的生产、作业活动有直接关联。如果行为人违反安全管理规定的行为不是发生在生产、作业过程中，即使造成了严重后果，也不构成本罪。

（3）强令他人违章冒险作业行为导致了重大伤亡事故或者造成其他严重后果，即强令他人违章冒险作业的行为与重大伤亡事故或者其他严重后果之间具有直接的因果关系。根据最高人民法院、最高人民检察院 2007 年 3 月 1 日《关于办理危害矿山生产安全刑事案件具体应用法律若干问题的解释》第 4 条第 1 款的规定，发生矿山生产安全事故，具有下列情形之一的，应当认定为《刑法》第 134 条、第 135 条规定的“重大伤亡事故或者其他严重后果”：1）造成死亡 1 人以上，或者重伤 3 人以上的；2）造成直接经济损失 100 万元以上的；3）造成其他严重后果的情形。在司法实践中，对于发生在矿山生产作业范围以外的其他重大责任事故构成本罪的标准，可参照上述规定办理。

3. 本罪的主体为一般主体，即任何达到刑事责任年龄，具有刑事责任能力的自然人均可构成本罪的主体。实践中多是对具体生产、作业负有组织、指挥、管理职权的人，但也不限于此。参照最高人民法院、最高人民检察院 2007 年 3 月 1 日《关于办理危害矿山生产安全刑事案件具体应用法律若干问题的解释》第 2 条规定，本罪的主体包括对生产、作业负有组织、指挥或者管理职责的负责人、管理人员、实际控制人、投资人等人员。

4. 本罪的主观方面是过失，通常表现为过于自信的过失，但也可以表现为疏忽大意的过失，即对法定结果的出现表现为过失。行为人对生产、作业安全规范的违反表现为故意。

（二）强令违章冒险作业罪的认定

1. 本罪与非罪的界限。在司法实践中，应当以行为人是否认识到其决定事项的违章性质及其可能造成的后果，是否存在强制他人违章作业的行为，实际发生的损害后果程度，以及违章作业行为与实际损害后果的因果关系等因素予以综合分析，进而界定强令违章冒险作业罪与非罪的界限。行为人仅仅是默认他人违章作业，造成重大事故的，不构成本罪。

2. 强令违章冒险作业罪与意外事故的界限。认定强令违章冒险作业罪，在司法实践中，要特别注意区分强令违章冒险作业罪与意外事故的界限。强令违章冒险作业罪，是指强令他人违章冒险作业，因而发生重大伤亡事故或者造成其他严重后果的行为；而意外事故则是由于自然原因和行为人不能预见、不能抗拒的原因造成的。区分两者的关键在于：一是确定事故发生的原因。如果重大伤亡事故或者其他严重后果不是由于行为人的行为造成的，而是由于自然条件的变化诸如地震、洪水、台风等造成的，则只能是意外事故。二是分析行为人是否不能预见或不能抗拒。司法实践中主要是区分“应当预见而没有预见”与“不能预见”两者之间的界限。“应当预见而没有预见”是指按行为人依自身职责应该知道自己的行为可能引起事故发生，而由于疏忽大意而没有预见，以致发生事故，在此情况下，行为人具备构成强令违章冒险作业罪的主观罪过要件。“不能预见”是指行为人对其行为发生损害结果不但没有预见，而且根据其当时的实际能力和当时的具体条件也根本无法预见，在此情况下，行为人对损害结果不具有构成强令违章冒险作业罪的主观罪过要件。

3. 强令违章冒险作业罪与玩忽职守罪的界限。玩忽职守罪是指国家机关工作人员玩忽职守，致使公共财产、国家和人民利益遭受重大损失的行为。强令违章冒险作业罪与玩忽职守罪在主观上都是出于过失，在客观上都造成了严重后果，但两者的区别较为明显：（1）侵犯的客体不同。强令违章冒险作业罪侵犯的客体是生产、作业的安全；玩忽职守罪侵犯的是国家机关的正常活动。（2）犯罪客观方面不同。强令违章冒险作业罪发生在与生产、作业安全相关的活动过程中，表现为强行命令他人违章冒险进行生产、作业；玩忽职守罪发生在国家机关工作人员履行职务的活动过程中，表现为行为人严重不负责任，不履行或不认真履行职责。(3) 犯罪主体不同。强令违章冒险罪是一般主体，包括对生产、作业负有组织、指挥或者管理职责的负责人、管理人员、实际控制人、投资人等人员；玩忽职守罪的主体是国家机关工作人员。

（三）强令违章冒险作业罪的处罚

根据《刑法》第 134 条第 2 款的规定，犯强令违章冒险作业罪的，处 5 年以下有期徒刑或者拘役；情节特别恶劣的，处 5 年以上有期徒刑。参照最高人民法院、最高人民检察院 2007 年 3 月 1 日《关于办理危害矿山生产安全刑事案件具体应用法律若干问题的解释》第 4 条的规定，重大伤亡事故或者其他严重后果是指：(1) 造成死亡 1 人以上，或者重伤 3 人以上的；(2) 造成直接经济损失 100 万元以上的；(3) 造成其他严重后果的情形。“情节特别恶劣”是指：(1) 造成死亡 3 人以上，或者重伤 10 人以上的；(2) 造成直接经济损失 300 万元以上的；(3) 其他特别恶劣的情节。

## 大型群众性活动重大安全事故罪

（一）大型群众性活动重大安全事故罪的概念和特征

大型群众性活动重大安全事故罪，是指举办大型群众性活动违反安全管理规定，因而发生重大伤亡事故或者造成其他严重后果的行为。

大型群众性活动重大安全事故罪是《刑法修正案（六）》增设《刑法》第 135 条之一所新增加的罪名，本罪的主要特征是：

1. 本罪的客体是策划、组织、实施公众聚集活动的正常管理秩序，以及公众的人身安全和财产安全。

2. 本罪在客观方面表现为在举办大型群众性活动中，违反安全管理规定，因而发生重大伤亡事故或者造成其他严重后果的行为。具体包括两个构成要素：(1) 行为人举办大型群众性活动违反安全管理规定。根据刑法关于本罪基本罪状的规定，本罪成立的前提条件必须发生在“举办大型群众性活动”过程之中。“举办”之意表明必须是在策划、组织、实施意图聚集公众的活动过程中，故排除了在公众自发形成的聚集活动中构成本罪的可能。“大型群众性活动”之意在于实际且可能聚集公众，并因公众聚集达到一定规模而可能存在或者引发安全事故的各类活动，主要是指面向社会公众或者相对特定的群体开放的活动，既包括官方组织的活动，也包括非官方组织的活动，故排除了在规模较小的特别是在单位内部举办的群众性活动中构成本罪的可能。(2) 因为违反安全管理规定而发生重大伤亡事故或者造成其他严重后果。也即违反安全管理规定与重大伤亡事故或者造成其他严重后果之间具有因果关系。行为人所违反的安全管理规定，包括策划、组织、实施公众聚集活动应当遵守的各项法律、法规和与之配套的各种规章制度，如既定防范措施、工作预案等。所谓重大伤亡事故或者其他严重后果，尚有待于司法解释规定。根据当前司法实践，重大伤亡事故一般是指造成 1 人以上死亡或者 3 人以上重伤的事故；其他严重后果主要是指造成重大经济损失、恶劣的社会影响等情况。对此，可适当参照最高人民法院、最高人民检察院 2007 年 2 月 28 日《关于办理危害矿山生产安全刑事案件具体应用法律若干问题的解释》第 4 条的规定理解、把握。

3. 本罪的主体为特殊主体。具体指策划、组织、实施大型群众性活动的单位（包括常设机构、临时机构）中对采取安全措施、防范安全事故直接负责的主管人员和其他直接责任人员。

4. 本罪的主观方面表现为过失，即行为人对发生重大伤亡事故或者造成其他严重后果持过失的心理态度。至于行为人对于违反安全管理规定的心理态度，则可以是故意即明知故犯。

（二）大型群众性活动重大安全事故罪的认定

准确认定大型群众性活动重大安全事故罪，主要应注意区分本罪与大型群众性活动一般安全事故的界限。区分两者的关键就在于大型群众性活动重大安全事故罪必须发生了重大伤亡事故或者造成其他严重后果，如果虽然产生了造成危害后果的严重危险，但客观上还没有造成严重后果，或者仅仅造成轻微危害后果的，则仅为大型群众性活动一般安全事故，不能以犯罪论。

准确认定大型群众性活动重大安全事故罪，还应当注意区分本罪与其他犯罪的界限。例如，对于在公众自发形成的聚集活动或者在依法举办的大型群众性活动中起哄闹事，造成公共秩序严重混乱的行为，可以寻衅滋事罪论处；对于在规模较小的或者单位内部举办的群众性活动中，因违反安全管理规定而过失造成人员重大伤亡的行为，可以根据案件具体情况，分别以侵犯人身权利罪的相关罪名、渎职罪中的玩忽职守罪等定罪处刑；对于虽未具体参与策划、组织、实施公众聚集活动，但对此类活动具有审批、决定、监管等行政职责者，因玩忽职守而致使公共财产、国家和人民利益遭受重大损失的行为，可以玩忽职守罪等罪名定罪处刑。此外，本罪与刑法所规定的有关犯罪（如玩忽职守罪等）存在法条竞合关系，应当注意按照处理法条竞合犯的规制决定对行为人具体适用的法条。

（三）大型群众性活动重大安全事故罪的处罚

根据《刑法》第 135 条之一的规定，犯大型群众性活动重大安全事故罪的，对直接负责的主管人员和其他直接责任人员，处 3 年以下有期徒刑或者拘役；情节特别恶劣的，处 3 年以上 7 年以下有期徒刑。

## 不报、谎报安全事故罪

（一）不报、谎报安全事故罪的概念与特征

不报、谎报安全事故罪，是指在安全事故发生后，负有报告职责的人员不报或者谎报事故情况，贻误事故抢救，情节严重的行为。

不报、谎报安全事故罪是《刑法修正案（六）》增设《刑法》第 139 条之一所新增加的罪名，具有以下构成特征：

1. 不报、谎报安全事故罪的客体是安全事故报告处理制度和他人的生命健康和财产安全。所谓安全事故，是指违反国家关于安全管理的规定，因而发生的重大人员伤亡和财产灭失事件。包括劳动安全事故、矿山安全事故、工程安全事故、食品药品安全事故、飞行安全事故、教育设施安全事故、危险物品安全事故等。安全事故发生后，如果能及时调动各方面的力量、采取有效措施抢救，往往可以将损失减少到最低限度。因此，《安全生产法》第 70 条明确规定，生产经营单位发生安全事故后，事故现场有关人员应当立即报告本单位负责人。单位负责人接到事故报告后，应当迅速采取有效措施，组织抢救，防止事故扩大，减少人员伤亡和财产损失，并按照国家有关规定立即如实报告当地负有安全生产监督管理职责的部门，不得隐瞒不报、谎报或者拖延不报，不得故意破坏事故现场。但是，在社会生活中，一些单位发生安全事故后，为了逃避责任，本应及时报告的不予报告或作虚假报告，结果贻误了事故的抢救时机，使事故后果进一步扩大，严重侵害了国家安全事故报告处理制度，也危及人民生命健康和重大公私财产的安全。

2. 不报、谎报安全事故罪在客观方面表现为安全事故发生后，负有报告职责的人员不报或者谎报事故情况，贻误事故抢救，情节严重的行为。不报或谎报事故情况是本罪的两种行为形式，只要具备其中之一，即可构成此罪。

(1) 必须是在安全事故发生之后。这是本罪成立的前提条件。这里的安全事故不限于哪一种安全事故，无论是生产安全事故、工程安全事故、大型群众性活动安全事故或是其他安全事故，只要是安全事故，均符合本罪的前提条件。

(2) 必须是负有报告职责的人员不报或者谎报事故情况。"不报"是指应该向有关地方人民政府或者政府部门报告安全事故而没有报告；"谎报"是指安全事故发生后，应当如实向有关地方人民政府或者政府部门报告安全事故，但却以编造、篡改的虚假事故情况予以报告。谎报在实践中主要表现为隐瞒事故严重后果等。

(3) 必须贻误了事故抢救。不报或者谎报安全事故情况的行为导致贻误了事故抢救的最佳时机，才能成立本罪，换言之，"不报或者谎报事故情况"必须与"贻误事故抢救"之间存在因果关系，是由于行为人不报或谎报事故情况，才导致贻误了事故的抢救。如果不是由于不报或谎报而贻误的，如果并未影响对事故的及时抢救，则不构成本罪。另外，如有关责任人虽然没有报告事故情况，但是有其他人及时报告了事故情况，有关负责人已准确掌握了事故情况，只是由于其漠不关心，才贻误了抢救时机，则不能构成此罪。

(4) 必须情节严重。不报或者谎报安全事故导致贻误事故抢救时机，只有情节严重的才构成犯罪。这里的情节严重，既包括报告失职行为导致贻误抢救时机，致使人民群众生命、财产遭受重大损失，也包括诸如虽然没有发生严重的人员伤亡或财产损失，但是安全事故的发生给环境造成了严重污染，或使抢救成本加大、难度增加，或者社会影响极为恶劣等情况。①

不报、谎报安全事故罪客观方面还有一个值得研究的问题是，此罪是作为犯、不作为犯，还是既有作为也有不作为的所谓混合犯？表面上看不报事故情况是不作为，谎报事故情况则是作为，但从实质而言，不报与谎报只有形式上的差异，并无实质的不同，即在实质上都是不如实报告事故情况，而法律和规章要求行为人如实申报，正是由于行为人有如实申报的义务而不如实申报，因而贻误了事故的抢救，才要求行为人负刑事责任。因此，应当认为本罪是一种不作为犯，并且是一种真正的（纯正的）不作为犯。②

3. 本罪的犯罪主体为特殊主体，即对安全事故负有报告职责的人员。"负有报告职责的人员"，通常是指生产经营单位的主要负责人，对安全生产、作业负有组织、监督、管理职责的部门直接负责的主管人员以及直接造成安全事故的负责人员。在司法实践中，由于危害矿山生产安全案件的特殊性和复杂性，实践中对不报、谎报安全事故罪的主体认定不明确而影响司法机关办理案件的情形也时有发生。因此，最高人民法院、最高人民检察院 2007 年 3 月 1 日《关于办理危害矿山生产安全刑事案件具体应用法律若干问题的解释》第 5 条规定，《刑法》第 139 条之一规定的"负有报告职责的人员"，是指矿山生产经营单位的负责人、实际控制人、负责生产经营管理的投资人以及其他负有报告职责的人员。司法实践中要注意实际控制人的刑事责任，所谓"实际控制人"是指虽然名义上不是法定代表人或者具体管理人员，但实际上指挥、控制矿山企业的生产、经营、安全、投资和人事任免等重大事项

---

① 参见刘艳红：《中华人民共和国〈刑法修正案（六）〉之解读》，载《法商研究》，2006 (6)。

② 参见刘明祥：《〈刑法修正案（六）〉对安全事故犯罪的修改与补充》，载《人民检察》，2006 (21)。

和重要事务，或者对重大决策起决定作用，是矿山企业实质意义上的负责人。

4. 本罪的主观方面是故意，且为直接故意。

（二）不报、谎报安全事故罪的认定

1. 本罪与非罪的界限。

应当根据以下几个方面区分本罪与非罪的界限：(1) 是否确有安全事故发生是构成本罪的前提。(2) 是否存在不报或者谎报的行为。(3) 是否因不报或者谎报而贻误事故抢救，致使本可避免的伤亡结果或经济损失发生。如果危害结果非因不报、谎报贻误抢救所致，而是事故本身所致，则不构成本罪。(4) 是否“贻误事故抢救，情节严重”，是构成罪与非罪的重要界限。“情节严重”主要是指安全事故发生后，由于不报或者谎报，耽误了抢救的最佳时机，使一些本可以抢救出来的人员未能救出，或者造成财产损失进一步扩大等情形。“情节特别严重”，主要是指负有报告职责的人在安全事故发生后，不仅自己不报、谎报，而且还指使、授意他人不报、谎报、伪造、破坏事故现场或者转移、藏匿、销毁遇难人员尸体或者其他事故证据，不仅贻误了事故抢救，而且还给事故调查处理设置障碍等情形。① 在司法实践中，最高人民法院、最高人民检察院 2007 年 3 月 1 日《关于办理危害矿山生产安全刑事案件具体应用法律若干问题的解释》第 6 条所确定的不报、谎报矿山安全事故的认定标准可以作为认定不报、谎报安全事故罪的参考标准：在矿山生产安全事故发生后，负有报告职责的人员不报或者谎报事故情况，贻误事故抢救，具有下列情形之一的，应当认定为《刑法》第 139 条之一规定的“情节严重”：1) 导致事故后果扩大，增加死亡 1 人以上，或者增加重伤 3 人以上，或者增加直接经济损失 100 万元以上的；2) 实施下列行为之一，致使不能及时有效开展事故抢救的：决定不报、谎报事故情况或者指使、串通有关人员不报、谎报事故情况的；在事故抢救期间擅离职守或者逃匿的；伪造、破坏事故现场，或者转移、藏匿、毁灭遇难人员尸体，或者转移、藏匿受伤人员的；毁灭、伪造、隐匿与事故有关的图纸、记录、计算机数据等资料以及其他证据的；3) 其他严重的情节。具有下列情形之一的，应当认定为《刑法》第 139 条之一规定的“情节特别严重”：导致事故后果扩大，增加死亡 3 人以上，或者增加重伤 10 人以上，或者增加直接经济损失 300 万元以上的；采用暴力、胁迫、命令等方式阻止他人报告事故情况导致事故后果扩大的；其他特别严重的情节。(5) 行为人是否属于依法负有报告职责的人员。(6) 行为人主观方面是否出于故意。如果系因疏忽大意而忘记报告、因条件限制而无法报告、因忙于抢险而未及时报告或者因统计疏忽而发生漏报、误报等，均不构成本罪。②

2. 不报、谎报安全事故罪共犯形态的认定。

实践中，不报、谎报安全事故罪往往表现为共同犯罪形态，需要准确把握。(1) 报告职责具有相对性，只需向特定的人员报告即视为完成报告职责，至于接受报告的人不依照有关规定向上一级部门报告的，先前已经报告的人员不再作为犯罪处理。但在报告职责完成后，又积极参与隐瞒的，也可以构成本罪的共犯。向有关人员报告后，在接受上一级有关人员询问时不如实说明事故真实情况的，也视为隐瞒。(2) 对于采取积极行为隐瞒的，要结合报告职责的不同区分主犯、从犯。对在整个隐瞒过程中，负有安全事故报告职责，又组织策划有关人员隐瞒安全事故的，要按照主犯进行处理，对不负有报告职责或已经履行报告职责，但在隐瞒过程中起次要或辅助作用的人员，按从犯处理。(3) 最高人民法院、最高人民检察院

---

① 参见黄太云：《〈刑法修正案（六）〉的理解与适用（上）》，载《人民检察》，2006 (14)。

② 参见何泽宏：《解读〈刑法修正案（六）〉》，载《现代法学》，2006 (6)。

2007年3月1日《关于办理危害矿山生产安全刑事案件具体应用法律若干问题的解释》第7条规定，在矿山生产安全事故发生后，帮助负有报告职责的人员不报或者谎报事故情况，贻误事故抢救的，对组织者或者积极参加者，依照《刑法》第139条之一的规定，以共犯论处。

（三）不报、谎报安全事故罪的处罚

根据《刑法》第139条之一的规定，犯不报、谎报安全事故罪的，处3年以下有期徒刑或者拘役；情节特别严重的，处3年以上7年以下有期徒刑。

# 第二十一章

# 破坏社会主义市场经济秩序罪

## 第一节 破坏社会主义市场经济秩序罪概述

### ■ 破坏社会主义市场经济秩序罪的概念和特征

（一）破坏社会主义市场经济秩序罪的概念

破坏社会主义市场经济秩序罪是指违反国家经济管理法规，在社会主义市场经济活动中从事非法经济活动，严重破坏社会主义市场经济秩序、使国民经济发展遭受损害的行为。破坏社会主义市场经济秩序的犯罪与通常所说的经济犯罪并不是完全一致的两个概念，经济犯罪有时所指更为广泛，除了本章破坏社会主义市场经济秩序的犯罪，还包括其他一些破坏经济领域的犯罪，如侵犯财产罪中的一些犯罪等，所以经济犯罪概念的外延要比破坏社会主义市场经济秩序罪的外延大。

市场经济是一种以市场机制为基础和主导的配置社会资源的经济运动形态，而社会主义市场经济是在生产资料公有制的基础上，通过市场组织经济、调节资源配置的最佳形式。实行市场经济是社会主义不可或缺的条件，市场经济可以极大地激发人们的积极性和创造力，充分发挥人们的智能和潜力；但是，当这种积极性和创造力被运用于追逐一己或一单位之私利，而置他人、社会、国家的合法利益于不顾，就会出现违法犯罪的现象。破坏社会主义市场经济秩序犯罪，就是在市场经济环境下，人们被激发出的积极性和创造力被一些私欲恶性膨胀的人违法滥用、导致合法利益遭受严重损害、社会经济发展遭受严重侵害的典型体现。同时，由于我国还处在社会主义市场经济初级阶段，市场经济法制尚不完备，市场主体立法、市场运行立法、国家宏观调控和经济管理立法等都有欠缺、滞后和不完善，使得司法实务部门在打击、治理犯罪上颇感不力。目前我国的破坏市场经济秩序的犯罪较为突出，涉及国家海关、公司企业、金融、税收、知识产权、商品贸易等经济领域，遍及农村、城市、沿海和内地，给国家带来巨大的损失，使社会经济秩序造成一定程度的混乱。

（二）破坏社会主义市场经济秩序罪的特征

1. 本章犯罪侵犯的客体是我国社会主义市场经济秩序。经济秩序，是指国家通过法律调节经济关系所形成的正常、协调和有序的状态。所谓社会主义市场经济秩序，是国家通过法律对由市场进行资源配置的经济运行过程进行调节所形成的正常、协调和有序的状态。以参与市场经济活动的主体为标准，市场经济秩序的内容可以分为三类：一是企业行为秩序，如生产决策过程、经营形式、成本核算、收益分配、认识制度以及各种内部管理制度等；二是市场秩序，包括各种要素市场（生产资料、生活消费品、资金、技术、劳动力）的规范和制度；三是政府对国民经济各个方面的管理，直接作用于经济生活的那些行政部门的工作制度和行为规范等。从市场经济活动看，市场经济秩序则包括商品的生产、流通、分配和管理四个基本环节。破坏社会主义市场经济秩序罪就表现为干扰、破坏或阻碍社会主义市场经济秩序的形成和发展，这些犯罪破坏公平公开、平等竞争的市场秩序，危害交易安全，扰乱经济秩序，妨碍国民经济的正常发展。

"破坏社会主义市场经济秩序罪"一章下设有八节，每节犯罪又有一个次同类客体。第一节"生产、销售伪劣商品罪"侵犯的是国家的产品质量监督管理制度和市场管理制度。第二节"走私罪"侵犯的是国家对外贸易管制活动。第三节"妨害对公司、企业的管理秩序罪"侵犯的是国家对公司、企业成立、运营、终止的管理制度。第四节"破坏金融管理秩序罪"侵犯的是国家的金融管理制度。第五节"金融诈骗罪"侵犯的是国家金融制度和公民、法人或其他非法人组织的财产权。第六节"危害税收征管罪"侵犯的是国家税收征收管理、发票管理制度。第七节"侵犯知识产权罪"侵犯的是国家对知识产权的管理制度以及权利人的知识产权。第八节"扰乱市场秩序罪"侵犯的是市场管理秩序。

2. 本章犯罪的客观方面表现为违反国家经济管理法规，在社会主义市场经济活动中从事非法经济活动，严重破坏社会主义市场经济秩序、使国民经济发展遭受损害的行为。

（1）违反国家经济管理法规。违反国家经济管理法规是本章犯罪违法性的体现，行为是否构成犯罪，首先以是否违反一定的国家经济管理法规为前提，如果行为没有违反相关的经济管理法规，就不发生此类违法问题，更谈不上犯罪了。

我国为了调整和规范市场经济活动，制定和颁布了各种经济管理法规，国家通过相应的行政管理部门具体负责实施或监督实施所颁布的经济管理法规，借以确立必要的市场经济秩序。经济管理法规主要包括三类：一是经济法，如《中华人民共和国产品质量法》、《中华人民共和国公司法》、《中华人民共和国中国人民银行法》、《中华人民共和国商业银行法》、《中华人民共和国票据法》、《中华人民共和国反不正当竞争法》等。二是民法，如《中华人民共和国著作权法》、《中华人民共和国商标法》、《中华人民共和国专利法》等。三是经济行政法规，如《中华人民共和国海关法》、《中华人民共和国税收征收管理法》、《工业产品质量责任条例》、《股票发行与交易管理暂行条例》、《中华人民共和国公司登记管理条例》等。这些经济管理法规，规范着市场经济的秩序，促进经济的发展；而破坏社会主义市场经济秩序的犯罪必然首先违反这些法律、法规。

（2）在社会主义市场经济活动中从事非法经济活动。破坏社会主义市场经济秩序的犯罪行为从形式上仍然表现为在市场经济生活中的一种经济活动，这是该类犯罪与其他类犯罪区别的要素之一。如贷款诈骗的犯罪行为从形式上仍然在进行着为发展经济从银行贷款的行为，签订、履行合同失职被骗罪在形式上仍然是在与对方签订合同，进行经济交易与往来；而刑法分则中的其他犯罪则与经济生活无关，或没有明显直接的关系，如妨害社会管理秩序的犯罪是发生在公共秩序、司法活动等之中，而渎职罪则是表现为一种公务活动。另外，此类犯罪从形式上表现为一种经济活动，还体现在这些行为如果是发生在其他领域中，可能构成他罪，如：发生在日常生活中的诈骗行为构成侵犯财产类罪中的诈骗罪，而不是贷款、票据、合同诈骗罪；不涉及合同行为、经济生活中的渎职行为构成第九章渎职类罪中的犯罪，不构成签订、履行合同失职被骗罪。

（3）严重破坏社会主义市场经济秩序、使国民经济发展遭受损害的行为。该类犯罪是对社会主义市场经济秩序、国民经济造成严重侵害的行为，这是划分经济违法行为和犯罪行为的重要区别之一。如果该行为没有达到严重破坏社会主义市场经济秩序、使国民经济发展遭受损害的，则该行为只构成经济违法，应当由相应的经济管理部门给予行政制裁或是接受民事制裁；只有行为达到相当的严重程度，才构成犯罪，承担刑事责任，受到刑事制裁。在破坏社会主义市场经济秩序罪中界定"严重"、区别经济违法行为与犯罪行为的界限主要有三种方式：

第一，规定一定的数额。在刑法条文中明确规定达到一定的数额的为破坏社会主义市场经济秩序的犯罪，没有达到法律规定数额的非法经济活动，则构成经济违法行为。在本章中有表述为"数额较大的"，如第 192 条"以非法占有为目的，使用诈骗方法非法集资，数额较大的"；有"数额巨大的"，如第 218 条"以营利为目的，销售明知是本法第二百一十七条规定的侵权复制品，违法所得数额巨大的"；有明文规定具体的数额的，如第 140 条生产销售伪劣产品，销售金额 5 万元以上不满 20 万元的。

第二，规定一定的行为后果。行为人的行为达到法律规定的后果的就构成犯罪，没有出现法律规定的后果的则只能构成一般违法行为。在本章中有表述为造成一定的严重后果的，如《刑法》第 142 条"……对人体健康造成严重危害的"；有表述为足以造成某种后果的，如《刑法》第 141 条"……足以严重危害人体健康的"。

第三，规定一定的行为情节。行为的情节如何、情节是否严重到一定的程度也是界定"严重"、区别经济违法行为和犯罪行为的一种方式。在本章中有以情节的严重程度作为界定标准的，如《刑法》第 225 条非法经营行为"扰乱市场秩序，情节严重的"；有以行为本身作为一种严重情节规定的，即其行为本身就体现出相当的社会危害性，应当由刑法作为犯罪来管辖，如《刑法》第 170 条规定"伪造货币的"，又如《刑法》第 174 条"未经国家有关主管部门批准，擅自设立商业银行、证券交易所、期货交易所、证券公司、期货经纪公司、保险公司或者其他金融机构的"。

还有一些刑法的规定选择性地规定了数额、行为后果、行为情节中两种或三种因素作为界定标准。如《刑法》第 158 条虚报注册资本罪，"……数额巨大、后果严重或者有其他严重情节的"，又如《刑法》第 217 条侵犯著作权罪，"……违法所得数额较大或者有其他严重情节的"，《刑法》第 221 条损害商业信誉、商品声誉罪，"……给他人造成重大损失或者有其他严重情节的"。这种规定，并不要求同时具备两种或三种因素，只要具备其中之一，就可以成为认定该行为在客观方面构成严重破坏社会主义市场经济秩序、使国民经济发展遭受损害。

3. 本章犯罪的主体有自然人和单位两大类，在多数犯罪中，为一般主体；有少数犯罪的主体构成为特殊主体，如非法经营同类营业罪，为亲友非法牟利罪，金融机构工作人员购买假币、以假币换取货币罪、内幕交易、泄露内幕信息罪、保险诈骗罪、偷税罪等。本章犯罪的主体特征上的一个特点在于可以由单位构成的犯罪占有较大比重，本章 103 种犯罪中有 85 种可以由单位作为犯罪主体，其中逃汇罪、提供虚假财务报告罪、妨碍清算罪等个别犯罪只能由单位作为犯罪主体。

4. 本章犯罪的主观方面一般都表现为故意，也有个别犯罪主观上是由过失构成的，如签订、履行合同失职被骗罪、非法出具金融票证罪等。本章故意犯罪中大多数具有非法营利或者牟取其他非法利益的目的，但是，除非刑法典有特别规定，行为人出于什么目的实施本章犯罪，并不影响犯罪的构成。

## ■ 破坏社会主义市场经济秩序罪的种类

本章犯罪包括《刑法》及其修正案、立法解释、司法解释的规定，目前共有 102 种个罪，其中有些在后文中重点论述，非重点的犯罪不展开论述。本章包括的具体罪名有：

1. 生产、销售伪劣商品罪。包括：生产、销售伪劣产品罪（第140条），生产、销售假药罪（第141条），生产、销售劣药罪（第142条），生产、销售不符合卫生标准的食品罪（第143条），生产、销售有毒、有害食品罪（第144条），生产、销售不符合标准的医用器材罪（第145条，已经《刑法修正案（四）》修订），生产、销售不符合安全标准的产品罪（第146条），生产、销售伪劣农药、兽药、化肥、种子罪（第147条），生产、销售不符合卫生标准的化妆品罪（第148条）。

2. 走私罪。包括：走私武器、弹药罪（第151条第1款），走私核材料罪（第151条第1款），走私假币罪（第151条第1款），走私文物罪（第151条第2款），走私贵重金属罪（第151条第2款），走私珍贵动物、珍贵动物制品罪（第151条第2款），走私国家禁止进出口的货物、物品罪（第151条第3款），走私淫秽物品罪（第152条），走私废物罪（第152条第2款，已经《刑法修正案（四）》修订），走私普通货物、物品罪（第153条）。

3. 妨害对公司、企业的管理秩序罪。包括：虚报注册资本罪（第158条），虚假出资、抽逃出资罪（第159条），欺诈发行股票、债券罪（第160条），违规披露、不披露重要信息罪（第161条，已经《刑法修正案（六）》修订），妨碍清算罪（第162条），隐匿、故意销毁会计凭证、会计账簿、财务会计报告罪（第162条之一，根据《刑法修正案》修订），虚假破产罪（第162条之二，根据《刑法修正案（六）》增加），非国家工作人员受贿罪（第163条，已经《刑法修正案（六）》修订），对非国家工作人员行贿罪（第164条，已经《刑法修正案（六）》修订），非法经营同类营业罪（第165条），为亲友非法牟利罪（第166条），签订、履行合同失职被骗罪（第167条），国有公司、企业、事业单位人员失职罪（第168条，已经《刑法修正案》修订），国有公司、企业、事业单位人员滥用职权罪（第168条，已经《刑法修正案》修订），徇私舞弊低价折股、出售国有资产罪（第169条），背信损害上市公司利益罪（第169条之一，已经《刑法修正案（六）》修订）。

4. 破坏金融管理秩序罪。包括：伪造货币罪（第170条），出售、购买、运输假币罪（第171条第1款），金融工作人员购买假币、以假币换取货币罪（第171条第2款），持有、使用假币罪（第172条），变造货币罪（第173条），擅自设立金融机构罪（第174条第1款，已经《刑法修正案》修订）、伪造、变造、转让金融机构经营许可证、批准文件罪（第174条第2款，已经《刑法修正案》修订）、高利转贷罪（第175条），骗取贷款、票据承兑、金融票证罪（第175条之一，根据《刑法修正案（六）》增加），非法吸收公众存款罪（第176条），伪造、变造金融票证罪（第177条），妨害信用卡管理罪（第177条之一第1款，根据《刑法修正案（五）》增加），窃取、收买、非法提供信用卡信息罪（第177条之一第2款，根据《刑法修正案（五）》增加），伪造、变造国家有价证券罪（第178条第1款），伪造、变造股票、公司、企业债券罪（第178条第2款），擅自发行股票、公司、企业债券罪（第179条），内幕交易、泄露内幕信息罪（第180条，已经《刑法修正案（七）》修订），编造并传播证券、期货交易虚假信息罪（第181条第1款，已经《刑法修正案》修订），诱骗投资者买卖证券、期货合约罪（第181条第2款，已经《刑法修正案》修订），操纵证券、期货市场罪（第182条，已经《刑法修正案（六）》修订），背信运用受托财产罪（第185条之一，根据《刑法修正案（六）》增加），违法运用资金罪（第185条之一，根据《刑法修正案（六）》增加），违法发放贷款罪（第186条，已经《刑法修正案（六）》修订），吸收客户资金不入账罪（第187条，已经《刑法修正案（六）》修订），违规出具金融票证罪（第188条，已经《刑法修正案（六）》修订），对违法票据承兑、付款、保证罪（第189条），逃汇罪（第190条，已经全国人大常委会《关于惩治骗购外汇、逃汇和非法买卖外汇犯罪的决定》修订），骗购外汇罪（全国人大常委会《关于惩治骗购外汇、逃汇和非法买卖外汇犯罪的决定》增加），洗钱罪（第 191 条，已经《刑法修正案（六）》修订）。

5. 金融诈骗罪。包括：集资诈骗罪（第 192 条），贷款诈骗罪（第 193 条），票据诈骗罪（第 194 条第 1 款），金融凭证诈骗罪（第 194 条第 2 款），信用证诈骗罪（第 195 条），信用卡诈骗罪（第 196 条，已经《刑法修正案（五）》修订），有价证券诈骗罪（第 197 条），保险诈骗罪（第 198 条）。

6. 危害税收征管罪。包括：逃税罪（第 201 条，已经《刑法修正案（七）》修订），抗税罪（第 202 条），逃避追缴欠税罪（第 203 条），骗取出口退税罪（第 204 条第 1 款），虚开增值税专用发票、用于骗取出口退税、抵扣税款发票罪（第 205 条），伪造、出售伪造的增值税专用发票罪（第 206 条），非法出售增值税专用发票罪（第 207 条），非法购买增值税专用发票、购买伪造的增值税专用发票罪（第 208 条第 1 款），非法制造、出售非法制造的用于骗取出口退税、抵扣税款发票罪（第 209 条第 1 款），非法制造、出售非法制造的发票罪（第 209 条第 2 款），非法出售用于骗取出口退税、抵扣税款发票罪（第 209 条第 3 款），非法出售发票罪（第 209 条第 4 款）。

7. 侵犯知识产权罪。包括：假冒注册商标罪（第 213 条），销售假冒注册商标的商品罪（第 214 条），非法制造、销售非法制造的注册商标标识罪（第 215 条），假冒专利罪（第 216 条），侵犯著作权罪（第 217 条），销售侵权复制品罪（第 218 条），侵犯商业秘密罪（第 219 条）。

8. 扰乱市场秩序罪。包括：损害商业信誉、商品声誉罪（第 221 条），虚假广告罪（第 222 条），串通投标罪（第 223 条），合同诈骗罪（第 224 条），组织、领导传销活动罪（第 224 条之一，根据《刑法修正案（七）》增加，非法经营罪（第 225 条，已经《刑法修正案（七）》修订），强迫交易罪（第 226 条），伪造、倒卖伪造的有价票证罪（第 227 条第 1 款），倒卖车票、船票罪（第 227 条第 2 款），非法转让、倒卖土地使用权罪（第 228 条），提供虚假证明文件罪（第 229 条第 1、2 款），出具证明文件重大失实罪（第 229 条第 3 款），逃避商检罪（第 230 条）。

## 第二节　本章重点论述的犯罪

### ■ 生产、销售伪劣产品罪

（一）生产、销售伪劣产品罪的概念和特征

生产、销售伪劣产品罪是指生产者、销售者以牟取非法利润为目的，违反国家产品质量法规，在产品中掺杂、掺假，以假充真，以次充好或者以不合格产品冒充合格产品，销售所得金额在 5 万元以上的行为。

生产、销售伪劣产品罪的构成特征为：

1. 本罪侵犯的客体是国家的产品质量监督管理制度和市场管理制度，同时也侵犯了广大消费者的合法权益。犯罪对象是伪劣产品。根据我国《产品质量法》的规定，产品的质量应符合下列要求：不存在危及人身、财产安全的不合理的危险，有保障人体健康和人身、财产安全的国家标准、行业标准的，应当符合该标准；具备产品应当具有的使用性能，但是对产品存在使用性能的瑕疵作出说明的除外；符合产品或其包装上注明采用的产品标准，符合以产品说明、实物样品等方式表明的质量状况。同时，产品质量法规还包括《药品管理法》、

《食品卫生法》、《锅炉压力容器安全监察暂行条例》等专门的行政法规。

2. 本罪在客观方面表现为生产者、销售者在产品中掺杂、掺假，以假充真，以次充好或者以不合格产品冒充合格产品并予以销售的行为。其中销售者的行为既包括生产后的销售行为，也包括未从事生产、只进行销售的行为。

根据最高人民法院、最高人民检察院2001年4月9日颁布的《关于办理生产、销售伪劣商品刑事案件具体应用法律若干问题的解释》第1条，所谓“在产品中掺杂、掺假”，是指在产品中掺入杂质或者异物，致使产品质量不符合国家法律、法规或者产品明示质量标准规定的质量要求，降低、失去应有使用性能的行为，如生产黄连素时，掺入超过比例的淀粉等。所谓“以假充真”，是指以不具有某种使用性能的产品冒充具有该种使用性能的产品的行为，如黑龙江省海伦市出现犯罪分子将黄土做成黄豆大小，冒充黄豆出售的行为等。所谓“以次充好”，是指以低等级、低档次产品冒充高等级、高档次产品，或者以残次、废旧零件组合、拼装后冒充正品或者新品的行为，如用处理的三等品衬衫冒充名牌衬衫等。所谓“不合格产品”，是指不符合《中华人民共和国产品质量法》第26条第2款规定的质量要求的产品。《中华人民共和国产品质量法》第26条第2款规定，产品质量应当符合下列要求：(1) 不存在危及人身、财产安全的不合理的危险，有保障人体健康和人身、财产安全的国家标准、行业标准的，应当符合该标准；(2) 具备产品应当具备的使用性能，但是，对产品存在使用性能的瑕疵作出说明的除外；(3) 符合在产品或者其包装上注明采用的产品标准，符合以产品说明、实物样品等方式表明的质量状况。最高人民法院、最高人民检察院《关于办理生产、销售伪劣商品刑事案件具体应用法律若干问题的解释》第1条中同时规定，对于难以确定的行为，应当委托法律、行政法规规定的产品质量检验机构进行鉴定。

3. 生产、销售伪劣产品罪的主体是生产者和销售者，属一般主体，包括单位和个人。根据最高人民法院、最高人民检察院2001年4月9日颁布的《关于办理生产、销售伪劣商品刑事案件具体应用法律若干问题的解释》第12条的规定，国家机关工作人员参与生产、销售伪劣商品犯罪的，从重处罚。

4. 生产、销售伪劣产品罪的主观方面是故意，同时具有牟取非法利润的目的。如果是基于过失或不知情而生产、销售的，不构成犯罪。

（二）生产、销售伪劣产品罪的认定

1. 生产、销售伪劣产品罪的一罪与数罪。

(1) 生产、销售伪劣产品罪与生产、销售伪劣药品、食品、医疗器材等特定种类的伪劣产品犯罪的界限。

《刑法》第140条关于本罪的规定，是一个概括性条文，因为《刑法》第141条至第148条中的生产、销售假药、劣药、不符合卫生标准的食品、有毒、有害食品、不符合标准的医用器材等也是生产、销售伪劣产品。这样就可能出现一个犯罪行为既构成第140条的生产、销售伪劣产品罪，又构成第141条至第148条的生产、销售各单项伪劣产品罪的情形。

这种情形构成刑法理论上的法条竞合，对法条竞合的一般处理原则，是按照特殊法优于普通法、实害法优于危险法或重法优于轻法的原则予以适用。根据《刑法》第149条第2款的规定，对于本节罪名中的法条竞合情形，适用重法优于轻法的原则。所以，在认定生产、销售伪劣产品罪与其他单项伪劣产品罪时应当注意：其一，生产、销售《刑法》第141条至第148条的各单项伪劣产品，符合刑法规定的各该条的犯罪构成的，则应按《刑法》第141条至第148条的规定论处。行为人实施生产、销售单项伪劣产品的行为，但未造成严重后果，不符合各该条规定的犯罪构成的，则不能以生产、销售单项伪劣产品犯罪论处；但是，如果销售金额达到 5 万元以上的，符合《刑法》第 140 条的规定，则构成本罪。其二，生产、销售法律规定的各单项伪劣产品，构成《刑法》第 141 条至第 148 条规定的各项犯罪，同时又构成本罪的，依照处刑较重的罪名定罪处罚。如销售工业酒精兑制的假酒，获得非法销售收入 250 万元，其行为构成生产、销售伪劣产品罪，并应当根据《刑法》第 140 条的规定，在 15 年以上有期徒刑或无期徒刑、并处销售金额 50%以上 2 倍以下罚金的幅度内量刑；而由于出售的假酒同时造成了一名消费者失明的严重后果，也构成了《刑法》第 144 条销售有毒、有害食品罪，根据法律规定，处 5 年以上 10 年以下有期徒刑，并处销售金额 50%以上 2 倍以下罚金的幅度内处刑。两相比较，就依销售伪劣产品罪定罪处罚。如果在上述例子中，销售者销售金额为 8 万元，根据《刑法》第 140 条的规定，应当判处 2 年以下有期徒刑或拘役，这种情况下，两相比较，就应当以销售有毒、有害食品罪论处。

(2) 实施生产、销售伪劣产品的犯罪行为，有时会同时构成其他犯罪，如行为人在进行制售伪劣产品的过程中，同时实施有假冒注册商标的犯罪行为，从理论上，这种情况构成想象竞合犯，应当从一重处断。最高人民法院、最高人民检察院颁布的《关于办理生产、销售伪劣商品刑事案件具体应用法律若干问题的解释》第 10 条对此也规定，实施本罪，同时构成侵犯知识产权、非法经营等其他犯罪的，依照处罚较重的规定定罪处罚。

(3) 根据最高人民法院、最高人民检察院颁布的《关于办理生产、销售伪劣商品刑事案件具体应用法律若干问题的解释》第 11 条的规定，实施本罪，又以暴力、威胁方法抗拒查处，构成其他犯罪的，依照数罪并罚的规定处罚。

2. 生产、销售伪劣产品罪未遂形态的认定。

生产、销售伪劣产品罪是结果犯，有生产、销售伪劣产品的行为，并且销售金额达到 5 万元以上的，构成犯罪既遂，应当追究刑事责任。已经实施上述行为，尚未予以销售或者销售金额尚未达到上述标准，根据最高人民法院、最高人民检察院 2001 年 4 月 9 日颁布的《关于办理生产、销售伪劣商品刑事案件具体应用法律若干问题的解释》第 2 条，货值金额达到本罪规定的销售金额 3 倍以上的，以生产、销售伪劣产品罪（未遂）定罪处罚。货值金额以违法生产、销售的伪劣产品的标价计算；没有标价的，按照同类合格产品的市场中间价格计算。货值金额难以确定的，按照国家计划委员会、最高人民法院、最高人民检察院、公安部 1997 年 4 月 22 日联合发布的《扣押、追缴、没收物品估价管理办法》的规定，委托指定的估价机构确定。

3. 生产、销售伪劣产品罪共犯形态的认定。

构成生产、销售伪劣产品罪的共犯，主观上应当具有共同实施该罪的直接故意，客观上共同实施有生产、销售伪劣产品的行为并导致销售金额 5 万元以上的结果。根据最高人民法院、最高人民检察院《关于办理生产、销售伪劣商品刑事案件具体应用法律若干问题的解释》第 9 条的规定，知道或者应当知道他人实施生产、销售伪劣商品犯罪，而为其提供贷款、资金、账号、发票、证明、许可证件，或者提供生产、经营场所或者运输、仓储、保管、邮寄等便利条件，或者提供制假生产技术的，以生产、销售伪劣商品犯罪的共犯论处。如甲将房屋出租给制售伪劣产品的犯罪分子，尽管犯罪分子从未向甲明确说明是在进行制售伪劣产品的行为，但是在日常相处中，甲对此是心知肚明的，但甲为了能获得出租的房钱，继续将房屋出租。根据上述规定，甲的行为就构成生产、销售伪劣产品罪的共犯。

（三）生产、销售伪劣产品罪的处罚

根据《刑法》第 140 条、第 150 条的规定，犯生产、销售伪劣产品罪，销售金额在 5 万元以上不满 20 万元的，处 2 年以下有期徒刑或者拘役，并处销售金额 50%以上 2 倍以下罚金；销售金额在20万元以上不满50万元的，处2年以上7年以下有期徒刑，并处销售金额50%以上2倍以下罚金；销售金额50万元以上不满200万元的，处7年以上有期徒刑，并处销售金额50%以上2倍以下罚金；销售金额200万元以上的，处15年有期徒刑或者无期徒刑，并处销售金额50%以上2倍以下罚金或者没收财产。单位犯本罪的，对单位判处罚金，并对其直接负责的主管人员和其他直接责任人员，依照上述规定处罚。根据最高人民法院、最高人民检察院《关于办理生产、销售伪劣商品刑事案件具体应用法律若干问题的解释》第2条的规定，"销售金额"，是指生产者、销售者出售伪劣产品后所得和应得的全部违法收入。

## ■ 生产、销售假药罪

（一）生产、销售假药罪的概念和特征

生产、销售假药罪，是指生产者、销售者以牟取非法利润为目的，违反国家关于药品管理的法规，生产、销售假药，足以或已经危害广大人民群众人身权益和其他合法权益的行为。本罪的特征如下：

1. 生产、销售假药罪侵犯的客体是国家的药品管理制度，同时也侵犯了不特定多数人的人体健康和生命安全。

2. 生产、销售假药罪的客观方面表现为生产、销售假药，危害广大人民群众人体健康的行为。假药是指依照《中华人民共和国药品管理法》的规定，属于假药和按假药处理的药品、非药品。具体包括：药品所含成分名称与国家药品标准或省、自治区、直辖市药品标准规定不符合的；以非药品冒充药品或者以他种药品冒充此种药品的；国务院卫生行政部门规定禁止使用的；未取得批准文号生产的；变质不能药用的；被污染不能药用的。假药仅限于人用药品，不包括兽用药品。

生产假药是指用不合规定标准的、无效的甚至有毒、有害的原料物质，经过加工制成药品，或者把未经加工的假货冒充药品等行为。

（1）用不符合《中华人民共和国药典》、卫生部规定的国家标准和各省、直辖市、自治区卫生厅（局）规定的药品标准的原料、成分，经过加工制成药品。如掺入氯隆、淀粉、白乳胶生产安乃近，掺入石膏粉生产板蓝根冲剂等。

（2）根本不是药品的物品，未经加工冒充药品。如用树根冒充中药材，用污水冒充清热解毒注射液等。

（3）以他种药品冒充此种药品，在实践中多表现为以低价药品冒充高价药品。如用兽药冒充人用药品等。

其他还包括生产国务院卫生行政部门禁止使用的药品，生产未取得批准文号的药品，用变质、受污染的原料生产药品的行为。

销售假药是指销售者直接销售假药的行为，包括销售自己生产的假药，也包括销售他人生产的假药。

本罪属于危险犯，只要实施上述行为有足以严重危害人体健康的危险，即构成犯罪。"足以严重危害人体健康"的标准在后文中有论述。实施上述行为没有达到"足以严重危害人体健康"的程度，如红糖制成的感冒冲剂、萝卜冒充的人参等，不构成生产、销售假药罪，因为患者实际服用这些假药后，不会对人体健康造成严重的危害后果；生产者、销售者因此获利5万元以上的，以生产、销售伪劣产品罪追究其刑事责任。

3. 生产、销售假药的主体是假药的生产者和销售者，包括单位和个人。《药品管理法》

规定，生产、经营药品的企业必须取得生产、经营许可证。由于实践中存在大量无证生产、经营假药的单位、个人，为有效地打击犯罪，生产、销售假药罪的主体仍为一般主体，不要求必须持有生产、经营许可证。

4. 生产、销售假药罪的主观方面是故意，并具有牟取非法利润的目的。出于过失或不知情而生产、销售了假药，不以犯罪论处。

（二）生产、销售假药罪的认定

1. 生产销售假药罪和非罪行为的界限。两者的区别主要可以从主观方面、客观方面进行界定：在主观上，对于基于过失或其他原因而生产、销售了名不副实的药品的行为，不具有主观上的犯罪故意的，应当认定为一般违法行为，不宜作为犯罪处理。在客观上，对于虽然实施了生产、销售假药的行为，但是情节轻微、不足以危害人体健康，或是数量很小，应当认定为一般违法行为，给予行政、经济处罚。

2. 生产、销售假药罪的一罪与数罪。行为人以假冒他人注册商标、伪造公文、证件、印章等其他犯罪行为作为手段行为，服务于实施生产、销售假药这一目的行为的，属于理论上的牵连犯；行为人在实施生产、销售假药的过程中，同时实施有假冒注册商标等其他犯罪行为的，构成理论上的想象竞合犯，在定罪量刑时，从一重罪处断。最高人民法院、最高人民检察院《关于办理生产、销售伪劣商品刑事案件具体应用法律若干问题的解释》第 10 条也对这种情况的处罚原则作有规定：实施生产、销售伪劣商品犯罪，同时构成侵犯知识产权、非法经营等其他犯罪的，依照处罚较重的规定定罪处罚。此外，根据最高人民法院、最高人民检察院《关于办理生产、销售伪劣商品刑事案件具体应用法律若干问题的解释》第 11 条的规定，实施本罪，又以暴力、威胁方法抗拒查处，构成其他犯罪的，依照数罪并罚的规定处罚。

（三）生产、销售假药罪的处罚

根据《刑法》第 141 条、第 150 条的规定，犯生产、销售假药罪，足以严重危害人体健康的，处 3 年以下有期徒刑或者拘役，并处或者单处销售金额 50%以上 2 倍以下罚金；对人体健康造成严重危害的，处 3 年以上 10 年以下有期徒刑，并处销售金额 50%以上 2 倍以下罚金；致人死亡或者对人体健康造成特别严重危害的，处 10 年以上有期徒刑、无期徒刑或者死刑，并处销售金额 50%以上 2 倍以下罚金或者没收财产。单位犯本罪的，对单位判处罚金，并对其直接负责的主管人员和其他直接负责人员依照上述规定处罚。

根据最高人民法院、最高人民检察院《关于办理生产、销售伪劣商品刑事案件具体应用法律若干问题的解释》第 3 条的规定，经省级以上药品监督管理部门设置或者确定的药品检验机构鉴定，生产、销售的假药具有下列情形之一的，应认定为本罪规定的“足以严重危害人体健康”：(1) 含有超标准的有毒、有害物质的；(2) 不含所标明的有效成分，可能贻误诊治的；(3) 所标明的适应症或者功能主治超出规定范围，可能造成贻误诊治的；(4) 缺乏标明的急救必需的有效成分的。

生产、销售的假药被使用后，致人严重残疾、三人以上重伤、十人以上轻伤或者造成其他特别严重后果的，应认定为“对人体健康造成特别严重危害”。

## 走私淫秽物品罪

（一）走私淫秽物品罪的概念和特征

走私淫秽物品罪是指违反海关法规，逃避海关监管，以牟利或者传播为目的，非法运输、携带、邮寄淫秽物品进出境的行为。本罪的构成特征如下：

1. 本罪侵犯的客体是国家的对外贸易管制，具体为国家对淫秽物品禁止进出口的管理制度和社会管理秩序。犯罪对象是淫秽物品。所谓“淫秽”是指整体上宣扬淫秽行为，挑逗人们的性欲，并足以导致普通人腐化堕落，而又没有艺术价值或科学价值。这里的物品包括《刑法》第 152 条列举的影片、录像带、录音带、图片、书刊或者其他物品。根据 2000 年 9 月 26 日颁布的《最高人民法院关于审理走私刑事案件具体应用法律若干问题的解释》第 5 条，“其他淫秽物品”，是指除淫秽的影片、录像带、录音带、图片、书刊以外的，通过文字、声音、形象等形式表现淫秽内容的影碟、音碟、电子出版物等物品。具体的认定可以参照国家新闻出版署 1988 年制定的《关于认定淫秽及色情出版物的暂行规定》。

2. 本罪的客观方面表现为违反海关法规，逃避海关监管，非法运输、携带、邮寄淫秽物品进出国（边）境的行为。所谓违反海关法规，是指违反《海关法》、《进出口关税管理条例》等法律、法规。所谓逃避海关监管，是指采取绕关、藏匿、伪装、伪报、欺骗、冒充、顶替、蒙混等方式方法，躲过海关监督、检查。根据刑法的有关规定，本罪的客观方面除了表现为进行运输、携带、邮寄淫秽物品之外，直接向走私淫秽物品的罪犯收购淫秽物品，或者在内海、领海运输、收购、贩卖淫秽物品的，也以走私淫秽物品罪论处。

3. 本罪的主体是一般主体，自然人和单位都可以构成本罪的主体。

4. 本罪的主观方面是故意，而且必须以牟利或者传播为目的。如果行为人因为过失或者根本不知是淫秽物品而进行了运输、携带或者邮寄行为的，不构成本罪；行为人主观上必须同时具有牟利或者传播的目的，如果行为人不具有这种目的，即使是故意实施了运输、携带、邮寄淫秽物品进出国（边）境的行为，也不构成本罪。

（二）走私淫秽物品罪的认定

对本罪的认定主要在于区分本罪与非罪的界限。首先，要看行为人主观上是否出于故意并具有牟利或者传播的目的。如果行为人为了自用、赠送或是为他人代买而携带、夹带少量淫秽物品入境的，不构成犯罪。其次，看对淫秽物品的界定。行为人所运输、携带或者邮寄的如果不属于法律规定的淫秽物品，而是一般的低级趣味的出版物等，则不构成犯罪。最后，尽管本罪没有情节上的要求，但是如果行为人虽然实施了走私淫秽物品的行为，却属于刑法总则中“显著轻微、危害不大”的行为，也应当认定为不构成犯罪。

（三）走私淫秽物品罪的处罚

根据《刑法》第 152 条的规定，犯本罪的，处 3 年以上 10 年以下有期徒刑，并处罚金；情节严重的，处 10 年以上有期徒刑或者无期徒刑，并处罚金或者没收财产；情节较轻的，处 3 年以下有期徒刑、拘役或者管制，并处罚金。

单位犯本罪的，对单位判处罚金，并对其直接负责的主管人员和直接责任人员依照自然人犯罪的规定处罚。

另外，与走私淫秽物品的罪犯通谋，为其提供贷款、资金、账号、发票、证明，或者为其提供运输、保管、邮寄等方便的，以走私淫秽物品罪的共犯论处。

根据 2000 年 9 月 26 日颁布的《最高人民法院关于审理走私刑事案件具体应用法律若干问题的解释》第 5 条的规定，走私淫秽物品达到下列数量之一的，属于走私淫秽物品罪“情节较轻”：（1）走私淫秽录像带、影碟 50 盘（张）以上至 100 盘（张）的；（2）走私淫秽录音带、音碟 100 盘（张）以上至 200 盘（张）的；（3）走私淫秽扑克、书刊、画册 100 副（册）以上至 200 副（册）的；（4）走私淫秽照片、画片 500 张以上至 1 000 张的；（5）走私其他淫秽物品相当于上述数量的。

走私淫秽物品在上述规定的最高数量以上不满最高数量 5 倍的，处 3 年以上 10 年以下有期徒刑，并处罚金。

走私淫秽物品在上述规定的最高数量5倍以上，或者虽不满最高数量5倍，但具有是犯罪集团的首要分子或者使用特种车进行走私等严重情节的，属于走私淫秽物品罪“情节严重”，处10年以上有期徒刑或者无期徒刑，并处罚金或者没收财产。

## ■ 走私普通货物、物品罪

（一）走私普通货物、物品罪的概念和特征

走私普通货物、物品罪，是指违反海关法规，逃避海关监管，走私武器、弹药、核材料等刑法已有规定的违禁品之外的普通货物、物品进出国（边）境，偷逃应缴关税数额较大的行为。本罪的构成特征如下：

1. 本罪侵犯的客体是国家的对外贸易管制，具体为对普通货物、物品进出国（边）境的监管和征收关税的制度。

2. 本罪的客观方面表现为违反海关法规，逃避海关监管，走私武器、弹药、核材料等刑法已有规定的违禁品之外的普通货物、物品进出国（边）境，偷逃应缴关税数额较大的行为。根据法律的规定，本罪的数额较大一般是指偷逃应缴税额5万元以上。

本罪的具体行为方式表现为以下三种：

（1）非法运输、携带或者邮寄武器、弹药、核材料、假币、文物、贵重金属、珍贵动物及其制品、珍稀植物及其制品、淫秽物品、毒品以外的货物、物品，这些货物、物品主要是国家限制进出口、应纳税的货物、物品和其他国家禁止进出口的货物、物品。国家限制进出口的货物、物品包括烟、酒、汽车、电视机、电冰箱、摩托车等；应纳税的货物、物品包括国外的玻璃制品、化妆品等；其他禁止进出口的货物、物品包括对我国政治、经济、文化、道德有害的物品，内容涉及国家秘密的物品，人民币以及侵犯知识产权的货物、物品等。值得注意的是，按照2006年11月16日起实施的最高人民法院关于《关于审理走私刑事案件具体应用法律若干问题的解释（二）》第5条规定：对在走私的普通货物、物品或者废物中藏匿《刑法》第151条、第152条、第347条、第350条规定的货物、物品，构成犯罪的，以实际走私的货物、物品定罪处罚；构成数罪的，实行数罪并罚。根据该规定，对在走私的普通货物、物品中藏匿武器、弹药、核材料、假币、文物、贵金属、珍稀动物、植物制品、淫秽物品、废物、毒品、制毒物品的，以实际走私的货物、物品定罪处罚；如果构成数罪的，实行数罪并罚。

（2）擅自出售保税货物、特定减免税货物、捐赠进口货物和物品，以及假借捐赠名义进口货物、物品。根据2000年9月26日颁布的《最高人民法院关于审理走私刑事案件具体应用法律若干问题的解释》第7条的规定，“保税货物”是指经海关批准，未办理纳税手续进境，在境内储存、加工、装配后应予复运出境的货物。保税货物包括通过加工贸易、补偿贸易等方式进口的货物，以及在保税仓库、保税工厂、保税区或者免税商店内等储存、加工、寄售的货物。如果保税货物不能复运出境而需转入国内市场的，必须经过海关批准并补缴关税。所谓特定减免税货物是指经济特区等特定地区进出口的货物和中外合资经营企业、中外合作经营企业、外资企业等特定企业进出口的货物，以及用于公益事业的捐赠物资和其他有特定用途的进出口货物。特定减免税的货物、物品只能用于特定地区、特定企业或按特定用途使用，所以擅自出售的行为也破坏了国家的对外贸易管制。

（3）间接走私普通货物、物品的行为。根据《刑法》第155条（已经《刑法修正案（四）》修订）的规定，直接向走私人非法收购国家禁止进出口的普通货物、物品的，或者直接向走私人非法收购走私进口的普通货物、物品，数额较大的；在内海、领海、界河、界湖运输、收购、贩卖国家禁止进出口的普通货物、物品的，或者运输、收购、贩卖国家限制进出口普通货物、物品，数额较大，没有合法证明的，也构成本罪的客观行为，以走私普通货物、物品罪论处。没有合法证明主要是指不符合我国的进出口许可证。根据《最高人民法院关于审理走私刑事案件具体应用法律若干问题的解释》第 8 条的规定，“直接向走私人非法收购走私进口的其他货物、物品，数额较大的”，是指明知是走私行为人而向其非法收购走私进口的其他货物、物品，应缴税额为 5 万元以上的。根据上述解释第 5 条，走私非淫秽的影片、影碟、录像带、录音带、音碟、图片、书刊、电子出版物等物品的，依照《刑法》第 153 条走私普通货物、物品罪定罪处罚。

3. 本罪的主体为一般主体，自然人和单位都可以构成。

4. 本罪的主观方面为故意，过失不构成本罪。

（二）走私普通货物、物品罪的认定

对本罪的认定主要在于区分本罪与非罪的界限，首先可以从行为人的主观方面进行区分，行为人由于不懂海关法规或者因疏忽大意等过失而未作申报、漏报或错报的，不构成本罪；其次可以从客观方面来把握，构成本罪，须达到相当的“情节严重”的程度，一般的，走私普通货物、物品偷逃应缴税额在 5 万元以上的，视为情节严重而追究行为人的刑事责任。偷逃应缴税额的具体数额可以通过将走私货物、物品的价额与该货物、物品的关税税率相乘计算出来。有走私普通货物、物品的行为，偷逃应缴税额未达到 5 万元的，如果没有其他法定的严重情节，则不构成犯罪。

（三）走私普通货物、物品罪的处罚

根据《刑法》第 153 条的规定，犯走私普通货物、物品罪的，根据不同的情形分别处罚。

1. 个人走私普通货物、物品罪的处罚。走私货物、物品偷逃应缴税额在 5 万元以上不满 15 万元的，处 3 年以下有期徒刑或者拘役，并处偷逃应缴税额 1 倍以上 5 倍以下罚金。

走私货物、物品偷逃应缴税额在 15 万元以上不满 50 万元的，处 3 年以上 10 年以下有期徒刑，并处偷逃应缴税额 1 倍以上 5 倍以下罚金；情节特别严重的，处 10 年以上有期徒刑或者无期徒刑，并处偷逃应缴税额 1 倍以上 5 倍以下罚金或者没收财产。这里的“情节特别严重”是指：行为人多次违反海关法规，逃避海关监管进行走私，偷逃应缴税额特别巨大的；武装掩护走私的；走私集团的首要分子等。

走私货物、物品偷逃应缴税额在 50 万元以上的，处 10 年以上有期徒刑或者无期徒刑，并处偷逃应缴税额 1 倍以上 5 倍以下罚金或者没收财产；情节特别严重的，依照《刑法》第 151 条第 4 款的规定判处无期徒刑或者死刑，并处没收财产。

2. 单位走私普通货物、物品罪的处罚。单位犯本罪的，对单位判处罚金，并对其直接负责的主管人员和其他直接责任人员，处 3 年以下有期徒刑或者拘役；情节严重的，处 3 年以上 10 年以下有期徒刑；情节特别严重的，处 10 年以上有期徒刑。

对多次走私未经处理的，按照累计走私货物、物品的偷逃应缴税额处罚。

根据《刑法》第 156 条的规定，与走私普通货物、物品的罪犯同谋、为其提供贷款、资金、账号、发票证明，或者为其提供运输、保管、邮寄或者其他方便的，以走私普通货物、物品罪的共犯论处。

根据《刑法》第 157 条的规定，以暴力、威胁方法抗拒缉私的，以本罪和妨害公务罪，依照数罪并罚的规定处罚。

根据2000年9月26日颁布的《最高人民法院关于审理走私刑事案件具体应用法律若干问题的解释》第6条的规定，“应缴税额”，是指进出口货物、物品应当缴纳的进出口关税和进口环节海关代征税的税额。走私货物、物品所偷逃的应缴税额，应当以走私行为案发时所适用的税则、税率、汇率和海关审定的完税价格计算，并以海关出具的证明为准。

所谓“对多次走私未经处理的”，是指对多次走私未经行政处罚处理的。

## ■ 违规披露、不披露重要信息罪

（一）违规披露、不披露重要信息罪的概念与特征

违规披露、不披露重要信息罪，是指依法负有信息披露义务的公司、企业向股东和社会公众提供虚假的或者隐瞒重要事实的财务会计报告，或者对依法应当披露的其他重要信息不按照规定披露，严重损害股东或者其他人利益，或者具有其他严重情节的行为。

违规披露、不披露重要信息罪的主要特征如下：

1. 违规披露、不披露重要信息罪的客体为国家对公司、企业的管理秩序以及股东或者其他利害关系人的合法利益。

2. 违规披露、不披露重要信息罪的客观方面表现为依法负有信息披露义务的公司、企业向股东和社会公众提供虚假的或者隐瞒重要事实的财务会计报告，或者对依法应当披露的其他重要信息不按照规定披露，严重损害股东或者其他人利益，或者具有其他严重情节的行为。本罪的客观方面的行为有两种表现形式：一是向股东和社会公众提供虚假的或者隐瞒重要事实的财务会计报告；二是对依法应当披露的其他重要信息不按照规定披露。所谓“不按照规定披露”，既包括依法应披露而不予披露，或者不按规定的时间、范围、方式等进行披露，也包括故意歪曲事实、隐瞒真相，进行虚假披露。

3. 违规披露、不披露重要信息罪的主体只能是单位，而且是单位特殊主体，即“依法负有信息披露义务的公司、企业”，因而本罪为纯正单位犯罪，但本罪又是“单罚制”单位犯罪，处罚的是直接负责的主管人员和其他直接责任人员。

4. 违规披露、不披露重要信息罪的主观方面为故意，包括直接故意和间接故意。

（二）违规披露、不披露重要信息罪的认定

区分罪与非罪的界限是司法实践中认定违规披露、不披露重要信息罪的重要问题。

1. 注意区分本罪客观方面中提供虚假的或者隐瞒重要事实的财务会计报告行为与编制错误财务会计报告行为，两者都表现为财务会计报表、表册内容错误或遗漏事实的特点。然而二者在主观上具有完全不同的特征，对前者而言，行为人是有意提供虚假的或隐瞒重要事实的财务会计报告；而后者是由于行为人业务能力、工作经验等方面有所欠缺，或工作疏忽大意等原因而使其制作的财务会计报告内容失实或有遗漏事项。[①]

2. 是否确有不按有关规定披露公司、企业信息之不作为或作为。

3. 其未按规定披露的信息是否确属“依法应当披露的重要信息”。

4. 是否严重损害了股东或者其他利害关系人的合法利益或者具有“其他严重情节”，其具体标准可参照最高人民检察院、公安部2001年4月18日颁布实施的《关于经济犯罪案件追诉标准的规定》第5条针对提供虚假财会报告罪所作“造成股东或者其他人直接经济损失数额在50万元以上的”，或者“致使股票被取消上市资格或者交易被停牌的”标准掌握。所谓“其他严重情节”，是指其他足以说明其危害相当严重，应受刑罚处罚的情形。

---

① 参见王作富主编：《刑法分则实务研究》（第3版），371页，北京，中国方正出版社，2007。

5. 主体是否属于“依法负有信息披露义务的公司、企业”，如果结论是肯定的，再看被追究者是否属于该公司、企业中负有披露信息法定职责的主管人员或其他直接责任人员。

6. 是否基于单位意志而故意不按规定披露。如果系有关工作人员个人疏忽大意而忘记披露、因对相关规定不熟而未按规定披露，或者因对工作不负责任而出现披露公司、企业重要信息失实等情况，均不应以本罪论处。[①]

（三）违规披露、不披露重要信息罪的处罚

根据《刑法》第161条的规定，犯违规披露、不披露重要信息罪的，对其直接负责的主管人员和其他直接责任人员，处3年以下有期徒刑或者拘役，并处或者单处2万元以上20万元以下罚金。

## ■ 虚假破产罪

（一）虚假破产罪的概念和特征

虚假破产罪，是指公司、企业通过隐匿财产、承担虚构的债务或者以其他方法转移、处分财产，实施虚假破产，严重损害债权人或者其他人利益的行为。

虚假破产罪是《刑法修正案（六）》增设《刑法》第162条之二所新增加的一个罪名，本罪的主要特征是：

1. 本罪侵犯的客体是复杂客体，具体为国家对公司、企业的破产制度管理秩序和债权人或者其他相关人员的合法权益。破产制度管理秩序主要是指国家破产法所保护的破产秩序，我国《公司法》、《破产法》、《民事诉讼法》等法律对企业破产规定了严格的管理制度。债权人或者其他人的合法权益则主要是指财产权利。

2. 本罪客观方面表现为公司、企业通过隐匿财产、承担虚构的债务或者以其他方式转移、处分财产，实施虚假破产，严重损害债权人和其他人利益的行为。具体包括三方面内容：

（1）必须实施了隐匿财产、承担虚构的债务或其他转移、处分财产的行为。隐匿财产，是指将公司、企业的资金、设备、产品、货物等财产全部或部分予以隐瞒、转移、藏匿，从而使之不被破产管理人或债权人知晓，从而不参与财产分配。承担虚构的债务是指捏造、承认不真实或不存在的债务，这种行为使破产人的债务数额虚假增大，因而减少了全部债权人应当分配的份额。以其他方式转移、处分财产是指《破产法》第35所规定的私分或者无偿转让财产、非正常压价出售财产、对原来没有财产担保的债务提供财产担保、提前清偿未到期的债务以及放弃自己的债权等行为。总之，行为人只要故意实施不当行为，致使破产财产受到减损，即可认定为非法转移、处分财产。

（2）必须实施了虚假破产。行为人实施的上述欺诈行为只有通过破产程序才能达到逃避债务、损害债权人或者其他人利益的目的。虚假破产是指出于损害债权的目的，不按照破产法律规定的要求和程序进行的破产活动。具体包括两种情形：一是实体上并没有真正破产，以假破产的方式严重损害债权人或者其他人的利益，具体是指债务人在未发生破产原因、企业未达到破产界限的情况下，通过抽逃、隐匿或转移财产等手段，虚构伪造破产原因，申请宣告破产，而非真实破产，以逃避债权人的追索，从而侵占他人财产的行为；二是实体上真实破产，但在破产程序中实施了严重损害债权人或者其他人利益的行为。

（3）行为人实施的虚假破产行为严重损害了债权人和其他人的利益。即必须是给债权人

---

① 参见何泽宏：《解读〈刑法修正案（六）〉》，载《现代法学》，2006（6）。

和其他人造成重大财产损失或者虚假破产数额巨大的行为，才构成本罪。这里的“债权人”是指因公司、企业举债而与公司、企业形成债权债务关系的金融机构，公司、企业债券持有人以及经济合同中享有债权的人等，“其他人”是指公司、企业的职工、国家税收部门等。

3. 本罪的主体是公司、企业。本罪是纯正的单位犯罪。

《刑法》第162条之二对虚假破产罪采取的是单罚制的处罚措施，即承担刑事责任的只是犯罪单位的直接负责的主管人员和其他直接责任人员。

4. 本罪在主观方面必须由故意构成。过失不构成本罪。本罪的犯罪动机和目的方面往往是为了逃债。但犯罪目的和动机不影响本罪的成立。

（二）虚假破产罪的认定

1. 本罪与非罪的界限。根据《刑法》第162条之二的规定，本罪属于结果犯，行为人实施的虚假破产行为必须达到严重损害债权人和其他人利益的法定程度，才构成本罪，因此，严重损害债权人或者其他人的利益是区分虚假破产罪与非罪的界限。至于“严重损害债权人或者其他人的利益”如何认定尚待有关司法解释明确规定。我们认为，在关于本罪的司法解释正式出台之前，可以参照妨碍清算罪的追诉标准作为区分虚假破产罪与非罪的标准。最高人民检察院、公安部2001年4月18日《关于经济犯罪案件追诉标准的规定》第6条对妨碍清算罪的追诉标准规定为：“造成债权人或者其他人直接经济损失数额在10万元以上的，应予追诉。”所以，实施虚假破产行为，造成债权人或者其他人直接经济损失在10万元以上的，应予以追诉。

2. 本罪中的一罪与数罪问题。在司法实践中，行为人往往会实施多个行为将大量资金隐匿或转移，然后伪造有关会计文件和商业账簿，掩盖资金的真实流向，通过不真实的会计资料等文件，制造企业资不抵债的假象，再申请破产。故其行为常常会与隐匿、故意销毁会计凭证、会计账簿、财务会计报告罪等其他犯罪相互牵连。在这种情况下，应按照牵连犯的处理原则，从一重罪处断。而如果本罪与其他犯罪之间不存在牵连关系，则应按数罪实行并罚。

3. 本罪与妨碍清算罪的界限。本罪与妨碍清算罪在犯罪客体、犯罪客观方面、侵犯对象等方面具有相同或相似之处。两罪的区别主要表现为四个方面：(1) 行为发生时间不同。妨碍清算罪必须发生在进入清算程序但尚未清算结束之前；而本罪必须发生在申请破产前至法院宣告破产之日的期间之内。(2) 犯罪行为手段不同。妨碍清算罪在客观上仅表现为隐瞒财产，对资产负债表或者财产清单做虚伪记载以及在未清偿债务前分配公司、企业财产等三种行为；而本罪客观方面表现除上述三种方式外，还以包括无偿转让财产、非正常压价出售财产、对原来没有财产担保的债务提供财产担保等多种其他转移和处分财产的行为。(3) 犯罪的主体不同。妨碍清算罪的主体是特殊主体，即只有正在进行清算的公司、企业才能成为该罪的主体；本罪的主体是一般主体，任何公司、企业都能构成。(4) 行为实施的背景不同。妨碍清算罪既可以存在于虚假破产过程中，也可以存在于真实破产中；本罪只能存在于实施虚假破产的过程中。

（三）虚假破产罪的处罚

根据《刑法》第162条之二的规定，犯虚假破产罪的，对直接负责的主管人员和其他直接责任人员，处5年以下有期徒刑或者拘役，并处或者单处2万元以上20万元以下的罚金。

## 非国家工作人员受贿罪

（一）非国家工作人员受贿罪的概念和特征

非国家工作人员受贿罪，是指公司、企业或者其他单位的工作人员利用职务上的便利，索取他人财物或者非法收受他人财物，为他人谋取利益，数额较大的行为。

本罪的构成特征是：

1. 本罪侵犯的客体是公司、企业或者其他单位的正常业务活动和公司、企业、其他单位职务行为的廉洁性。

2. 本罪的客观方面表现为利用职务上的便利，索取他人财物或者非法收受他人财物，为他人谋利益，数额较大的行为。具体表现为：

首先，行为人必须利用了职务的便利。所谓利用职务便利，是指公司企业或者其他单位的工作人员利用自己职务上主管、经管、负责或者参与某项工作的便利条件。如果行为人没有利用这种职务上的便利而实施了收受他人财物的行为，不构成本罪。

其次，行为人必须实施了索取他人财物或者非法收受他人财物、为他人谋取利益的行为。所谓索取他人财物，是指公司、企业或者其他单位工作人员以为他人谋取利益为条件，采取公开或暗示的方式，主动向他人索要财物。所谓非法收受他人财物，是指公司、企业或者其他单位工作人员乘为他人谋取利益之机，接受他人主动送予的财物。为他人谋取利益包括为他人谋取合法利益，也包括为他人谋取非法利益。只要行为人承诺、着手或者完成了为他人谋利的行为，不论他人是否已经实际地获取该利益，均可认定为具备了为他人谋取利益的要件。

最后，行为人实施上述索取或者非法收受贿赂的行为，还必须达到数额较大的程度，才能构成犯罪。

根据《刑法》第 163 条第 2 款的规定，公司、企业或者其他单位的工作人员在经济往来中，利用职务上的便利，违反国家规定，收受各种名义的回扣、手续费，归个人所有的，也属于受贿，应当以本罪论处。在这种情形中，如果收受的回扣、手续费都上交给了公司、企业、单位的，不构成本罪。所谓回扣，是指在商品或者劳务活动中，由销售商品或提供服务者（卖方）在账外暗中以现金、实物或者其他方式退给对方单位或个人的一定比例的商品价款。所谓手续费，是指在经济活动中，除回扣以外，违反国家规定支付给公司、企业或者其他单位工作人员的各种名义的钱款，如信息费、顾问费、劳务费等。值得注意的是，对收受回扣、手续费的，要求必须是利用职务上的便利，才能构成非国家工作人员受贿罪。

3. 本罪的主体是公司、企业或者其他单位的工作人员。公司的工作人员，具体是指有限责任公司、股份有限公司的董事、监事或者职工。所谓董事、监事，是指根据公司法的规定，经过有限责任公司的股东会、股份有限公司的创立大会、股东大会选举产生的董事会、监事会的成员。公司职工，则是指除董事、监事之外的包括公司经理、会计等行政人员、业务人员和其他受公司聘用从事公司事务的人员。企业的工作人员，是指公司以外企业中的非国家工作人员，包括各种所有制成分企业中的行政人员、业务人员和其他受聘从事企业事务的人员。其他单位的工作人员，是指公司、企业之外的事业单位、社会团体等单位中的工作人员，如非国有的医院、学校、科研机构、出版机构等单位的工作人员。

根据《刑法》第 163 条第 3 款的规定，国有公司、企业或者其他国有单位中从事公务的人员和国有公司、企业或者其他国有单位委派到非国有公司、企业以及其他单位从事公务的人员受贿的，应当按照《刑法》第 385 条、第 386 条受贿罪定罪处罚。此外，根据最高人民法院 2005 年 8 月 11 日《关于如何认定国有控股、参股股份有限公司中的国有公司、企业人员的解释》，国有公司、企业委派到国有控股、参股公司从事公务的人员，以国有公司、企业人员论。

4. 本罪的主观方面必须出于故意。

（二）非国家工作人员受贿罪的认定

对非国家工作人员受贿罪的认定主要在于区分罪与非罪的界限，首先，要区分本罪与合法行为之间的界限，凡是在政策、法律允许的范围内，通过自己的劳动换取合理报酬的，或者亲友之间交往中礼节性的馈赠，都是合法行为，不构成犯罪。区分时可以从双方当事人的主观意图、行为人是否利用职务便利为对方谋利等情节综合认定。其次，要区分本罪与违纪行为的界限，区别的关键在于行为人索取或者收受贿赂是否达到数额较大的标准，如果数额尚未达到数额较大，则不构成犯罪，可以按照违纪行为予以相关处理。

（三）非国家工作人员受贿罪的处罚

根据《刑法》第163条的规定，犯非国家工作人员受贿罪的，处5年以下有期徒刑或者拘役；数额巨大的，处5年以上有期徒刑，可以并处没收财产。根据最高人民检察院、公安部2001年4月18日《关于经济犯罪案件追诉标准的规定》第8条的规定，非国家工作人员受贿的，数额在5 000元以上的，应予追诉。此外，参照最高人民法院1995年12月25日《关于办理违反公司法受贿、侵占、挪用等刑事案件适用法律若干问题的解释》的规定，所谓数额巨大，一般是指索取或者收受贿赂在10万元以上。

## ■ 对非国家工作人员行贿罪

（一）对非国家工作人员行贿罪的概念和特征

对非国家工作人员行贿罪，是指行为人为谋取不正当利益，给予公司、企业、其他单位的工作人员以财物，数额较大的行为。本罪与非国家工作人员受贿罪是相对应的犯罪。本罪的主要特征是：

1. 本罪的客体是公司、企业或者其他单位的正常管理活动以及单位工作人员职务行为的廉洁性。

2. 本罪的客观方面表现为行为人为谋取不正当利益而给予公司、企业、其他单位的工作人员以财物，且数额较大的行为。行为人实施上述行为是为了谋取不正当利益。不正当利益是指非法利益，即法律禁止行贿人得到的利益，如为向公司、企业、其他单位人员行贿以销售国家明令淘汰的产品。如果行为人为了谋取正当利益而给予公司、企业、其他单位人员以财物的，不能构成本罪。例如，推销员李某为了搞好关系，有利于工作，向某百货公司副经理王某赠送了一台彩电。于是，该百货公司代为销售李某推销的瓷器，该瓷器是合格产品。在此案例中，李某虽然给予公司人员王某以财物，但他并不是为了谋取不正当利益，而是为了谋取正当利益，因而不构成本罪。但本案中的王某如果收受了该彩电，且金额达到了数额较大的标准，则构成了非国家工作人员受贿罪。因为非国家工作人员受贿罪并不以为他人谋取不正当利益为构成要件，只要收受了他人财物且数额较大，即使为他人谋取的是正当利益，也构成非国家工作人员受贿罪。

3. 构成本罪的主体是一般主体，既可以是个人，也可以是单位。

4. 构成本罪的主观方面是直接故意。

（二）对非国家工作人员行贿罪的认定

1. 对非国家工作人员行贿罪与非罪的界限。本罪是结果犯，只有当行为人给予公司、企业、其他单位工作人员财物的数额达到较大时，才能构成本罪，若数额较小，则不构成犯罪，可以认定为一般违法行为，予以行政处分。另外，行为人谋取利益的正当与否，也是罪与非罪的标准之一。若行为人为谋取正当利益而实施对公司、企业、其他单位人员给予财物的行为，不能以犯罪论处。

2. 对非国家工作人员行贿罪与行贿罪、对单位行贿罪的界限。本罪与行贿罪的区别主要在接受财物者的身份不同。本罪是以非国家工作人员论的公司、企业、其他单位的工作人员，行贿罪是国家工作人员。

对单位行贿罪是指自然人或者单位为谋取不正当利益，给予国家机关、国有公司、企业、事业单位、人民团体以财物，或者在经济往来中违反国家规定，给予各种名义的回扣、手续费的行为。与对非国家工作人员行贿罪不同的是，对单位行贿罪中接受财物的是国家机关等国有单位，而对公司、企业、其他单位人员行贿罪中接受财物的是公司、企业、其他单位中不属"以国家工作人员论"的工作人员。实践中，有的自然人或单位为谋取不正当利益给予非国有公司、企业、其他单位财物的，由于刑法未将之规定为犯罪，不得以犯罪论处。

（三）对非国家工作人员行贿罪的处罚

根据《刑法》第164条的规定，自然人犯本罪的，行贿数额较大的，处3年以下有期徒刑或者拘役；数额巨大的，处3年以上10年以下有期徒刑，并处罚金。单位犯本罪的，对单位判处罚金，并对其直接负责的主管人员和其他直接责任人员，依照自然人犯罪的规定处罚。

根据《刑法》第164条第3款的规定，行贿人在被追诉前主动交代行贿行为的，可以减轻处罚或者免除处罚。

根据2001年4月18日最高人民检察院、公安部颁布的《关于经济犯罪案件追诉标准的规定》第9条的规定，"数额较大"是指个人行贿数额在1万元以上，单位行贿数额在20万元以上。

## ■ 签订、履行合同失职被骗罪

（一）签订、履行合同失职被骗罪的概念和特征

签订、履行合同失职被骗罪，是指国有公司、企业、事业单位的直接负责的主管人员，在签订、履行合同过程中，因严重不负责任被诈骗，或者金融机构和从事对外贸易经营活动的公司、企业的工作人员严重不负责任，造成大量外汇被骗购或者逃汇，致使国家利益遭受重大损失的行为。本罪的主要特征是：

1. 本罪侵犯的客体是公司、企业、事业单位的管理制度、国有资产利益以及国家外汇管理制度。

2. 本罪的客观方面表现为行为人在签订、履行合同过程中，因严重不负责任被诈骗，或者严重不负责任，造成大量外汇被骗购或逃汇，致使国家利益遭受重大损失的行为。由此可见，本罪的客观方面表现为两种行为类型：

（1）在签订、履行合同过程中，因严重不负责任被诈骗，致使国家利益遭受重大损失的行为。首先，这种行为发生在签订、履行合同的过程中。其次，行为人是因为严重不负责任而被诈骗，所谓严重不负责任被诈骗，是指行为人不履行或不正确履行自己主管、分管合同签订和履行业务的职责或义务，滥用职权、放弃职守或者玩忽职守，致使他人利用合同的形式诈骗其单位财物的情形。最后，必须是造成了国家利益的重大损失。所谓重大损失，根据最高人民检察院、公安部《关于经济犯罪案件追诉标准的规定》第12条，是指国有公司、企业、事业单位直接负责的主管人员，在签订、履行合同过程中，因严重不负责任被诈骗、造成国家直接经济损失在50万元以上的，或者直接经济损失占注册资本30%以上的情形。

（2）严重不负责任，造成大量外汇被骗购或逃汇，致使国家利益遭受重大损失的行为。根据1998年12月29日施行的全国人大常委会《关于惩治骗购外汇、逃汇和非法买卖外汇

犯罪的决定》（以下简称《决定》），行为人不履行或不正确履行自己法定职责或特定义务，滥用职权、放弃职守或玩忽职守，致使他人得以骗购大量外汇或者逃汇，并使国家利益遭受重大损失的行为也构成本罪。

3. 本罪的主体是特殊主体，为国有公司、企业、事业单位的直接负责的主管人员，根据 1998 年 12 月 29 日的《决定》，金融机构和从事对外贸易经营活动的公司、企业的工作人员也构成本罪的主体。

4. 本罪的主观方面为过失，故意不能构成本罪。

（二）签订、履行合同失职被骗罪的认定

1. 签订、履行合同失职被骗罪与非罪的界限。首先，可以从主体上进行区分。本罪是特殊主体，即国有公司、企业、事业单位的直接负责的主管人员和金融机构、从事对外贸易经营活动的公司、企业的工作人员，如果是国有公司、企业、事业单位的一般工作人员，或是非金融机构、非外贸公司、企业的工作人员从事上述犯罪行为的，不构成本罪。其次，可以从客观方面进行区分。这是区别本罪与非罪的界限，如果行为人基于过失实施了上述客观行为，但并没有致使国家利益遭受损失，或损失不大的，可以不以犯罪论处。

2. 签订、履行合同失职被骗罪与违法发放贷款罪的界限。所谓违法发放贷款罪，是指银行或者其他金融机构的工作人员违反国家规定发放贷款，数额巨大或者造成重大损失的行为。二者在主体和客观方面均有区别：在犯罪主体上，本罪还包括国有公司、企业、事业单位的直接负责的主管人员。在客观行为表现上，本罪具体是指在签订、履行合同过程中，因严重不负责任被诈骗，或者严重不负责任，造成大量外汇被骗购或逃汇，致使国家利益遭受重大损失的行为，而违法发放贷款罪是发放贷款的犯罪。但两罪又有重合之处：在主体上，二者都可以由银行等国有金融机构的工作人员构成；在主观方面，二者都可以由过失构成；在客观方面，由于发放贷款须通过银行与借款人之间签订合同的方式进行，所以本罪完全有可能在客观行为表现上与违法发放贷款的犯罪行为发生竞合。出现这种情形，即构成刑法中的一行为同时触犯两罪的想象竞合犯，应当从一重论处。

（三）签订、履行合同失职被骗罪的处罚

根据《刑法》第 167 条的规定，犯签订、履行合同失职被骗罪的，处 3 年以下有期徒刑或者拘役，并处或者单处罚金；致使国家利益遭受特别重大损失的，处 3 年以上 7 年以下有期徒刑并处罚金。

## ■ 背信损害上市公司利益罪

（一）背信损害上市公司利益罪的概念和特征

背信损害上市公司利益罪，是指上市公司的董事、监事、高级管理人员违背对公司的忠实义务，利用职务便利，操纵上市公司从事损害公司利益的违法行为，致使上市公司利益遭受重大损失的行为。

背信损害上市公司利益罪是《刑法修正案（六）》增设《刑法》第 169 条之一所新增加的罪名，本罪的主要特征是：

1. 本罪侵犯的客体是国家对上市公司的管理制度和上市公司的利益。

2. 本罪在客观方面表现为行为人违背对公司的忠实义务，利用职务便利，以特定操纵上市公司的方法，致使上市公司利益遭受重大损失的行为。

（1）违背对公司的忠实义务。上市公司的董事、监事、高级管理人员与其任职的公司之间是一种法律上的信任关系。2005 年 10 月 27 日修订的《中华人民共和国公司法》第 148

条明确规定：董事、监事、高级管理人员应当遵守法律、行政法规和公司章程，对公司负有忠实义务和勤勉义务。这里的“忠实义务”，是指董事、监事、高级管理人员对公司事务应忠诚尽力、忠实于公司，当其自身利益与公司利益相冲突时，他们必须为公司的利益善意地处理公司事务、处置其所掌握的公司财产，并以公司的利益为重，不得将自身利益置于公司利益之上；上述人员行使权力的目的必须是为了公司的利益。

（2）利用职务便利。公司的董事、监事、高级管理人员都是对公司事务具有一定管理职责的人员，“利用职务便利”就是利用管理公司事务的职务便利。实践中判断行为人是否具有相应的职务便利，既要结合公司章程的规定，也要从行为人对公司事务的实际权能等角度进行综合分析并认定。

（3）实施操纵上市公司的行为。所谓“操纵上市公司的行为”，依照《刑法》第 169 条之一的规定具体包括下列特定情形：1）无偿向其他单位或者个人提供资金、商品、服务或其他资产的；2）以明显不公平的条件，提供或接受资金、商品、服务或其他资产的；3）向明显不具有清偿能力的单位或个人提供资金、商品、服务或其他资产的；4）为明显不具有清偿能力的单位或者个人提供担保，或者无正当理由为其他单位或者个人提供担保的；5）无正当理由放弃债权、承担债务的；6）采用其他方式损害上市公司利益的。

（4）致使上市公司利益遭受重大损失。这是构成本罪在结果方面的要求。至于致使上市公司利益遭受重大损失的具体标准，尚待有关司法解释予以明确规定。

3. 本罪的犯罪主体是特殊主体，具体是指上市公司的董事、监事、高级管理人员。根据《刑法》第 169 条之一第 2 款的规定，上市公司的控股股东或者实际控制人，指使上市公司董事、监事、高级管理人员实施前款行为的，依照本罪定罪处罚。《刑法》第 169 条之一第 3 款的规定，犯前款罪的上市公司的控股股东或者实际控制人是单位的，对单位判处罚金，并对其直接负责的主管人员和其他直接责任人员，依照第 1 款的规定处罚。因此本罪的主体也包括作为控股股东或实际控制人的自然人、单位及其直接负责的主管人员和其他直接责任人员。

4. 本罪的主观方面表现为故意，包括直接故意与间接故意。

（二）背信损害上市公司利益罪的认定

1. 本罪与非罪的界限。准确把握背信损害上市公司利益罪与非罪的界限，首先，应当注意区分本罪与工作失误的界限。在当前上市公司的经营活动中，导致其利益遭受重大损失的原因有很多，有些是由于行为人缺乏经验，操作失误而造成的经济损失。因此，在司法实践中，要把故意实施损害上市公司利益的行为与因经营管理不善、工作失误导致上市公司利益遭受损失区别开来，后者不具备构成背信损害上市公司利益罪的主观罪过要件。其次，应当注意区分行为所造成的损失程度属性。其中，依照《刑法》第 169 条之一的规定，操纵上市公司的行为只有达到致使上市公司利益遭受重大损失的程度，才符合以背信损害上市公司利益罪定罪处刑的条件。

2. 本罪与徇私舞弊低价折股、出售国有资产罪的区别。徇私舞弊低价折股、出售国有资产罪，是指国有公司、企业或者其上级主管部门直接负责的主管人员，徇私舞弊，将国有资产低价折股或者低价出售，致使国家利益遭受重大损失的行为。背信损害上市公司利益罪与徇私舞弊低价折股、出售国有资产罪在侵犯客体上有一定相似之处，犯罪主观方面均是故意。但两罪也具有明显区别：（1）客体方面，徇私舞弊低价折股、出售国有资产罪侵犯的客体是国家对国有公司、企业的管理制度和国家对国有资产的所有权；而背信损害上市公司利益罪侵犯的客体是国家对上市公司的管理制度和上市公司的利益。（2）主体方面，背信损害上市公司利益罪的主体是上市公司的董事、监事、高级管理人员，以及作为上市公司控股股东或实际控制人的自然人、单位及其直接负责的主管人员和其他直接责任人员；而徇私舞弊低价折股、出售国有资产罪的主体是国有公司、企业或者其上级主管部门直接负责的主管人员。(3) 客观方面，背信损害上市公司利益罪只能以上述法定的行为方式实施；而徇私舞弊低价折股、出售国有资产罪的行为手段只有低价折股、低价出售两种。

（三）背信损害上市公司利益罪的处罚

根据《刑法》第 169 条之一的规定，犯背信损害上市公司利益罪的，处 3 年以下有期徒刑或者拘役，并处或单处罚金；致使上市公司利益遭受特别重大损失的，处 3 年以上 7 年以下有期徒刑，并处罚金。上市公司的控股单位或实际控制单位犯本罪的，对单位判处罚金，并对其直接负责的主管人员和其他直接责任人员，依照自然人犯罪的规定处罚。

## ■ 伪造货币罪

（一）伪造货币罪的概念和特征

伪造货币罪，是指违反国家货币管理法规，按照现行流通的国家货币的式样、图案、颜色、质地等特征，用描绘、印刷、制版等方法，非法制作假币以冒充真币的行为。本罪的主要特征是：

1. 本罪侵犯的客体是国家的货币管理制度。犯罪对象是货币，根据 2000 年 9 月 8 日《最高人民法院关于审理伪造货币等案件具体应用法律若干问题的解释》第 7 条的规定，“货币”是指可在国内市场流通或者兑换的人民币和境外货币。所以本罪的对象既包括我国货币人民币，也包括外币。外币是指各个国家和地区正在流通使用中的货币，有些可以在我国兑换，如美元、英镑、日元、德国马克等，有些目前还不能在我国随意兑换，如卢布、加拿大元等。

在犯罪对象的认定上，应当注意对以下几种对象的认定：

第一，已经停止使用、退出流通的货币。伪造古币、古钱、废钞等已经停止使用、退出流通的货币不构成假币犯罪的对象，不能以本罪进行认定，因为对不具有流通性的货币进行伪造，没有侵害到国家的货币管理制度。行为人以此冒充真实的货币牟利的，如诈骗他人钱财，可以认定为诈骗罪。

第二，一国财政部门从未发行过的货币。如四川省杨某投入近 10 万元进行伪造假美元（用于购买设备、支付报酬等），杨某伪造有面额 100 元、500 元、1 万元、100 万元的假美元。事实上，美国财政部从未发行过面额为 1 万元和 100 万元的美元，这两种面额的美元也不可能在美国境内外实质地进行流通，起到货币的功能。所以伪造这两种面额的美元不应当作为伪造货币罪认定。造成有相当的社会危害性的，可以以诈骗犯罪认定。

第三，制作货币的版样。根据最高人民法院 2000 年 4 月 20 日《关于审理伪造货币等案件具体应用法律若干问题的解释》第 1 条的规定，“行为人制造货币版样或者与他人事前通谋，为他人伪造货币提供版样的，依照刑法第一百七十条（伪造货币罪）的规定定罪处罚”。所以，制作货币的版样也应当以伪造货币罪认定。

2. 本罪的客观方面表现为违反国家货币管理法规，伪造货币的行为。所谓伪造货币，是指按照现行流通的国家货币的式样、图案、颜色、质地等特征，非法制作假币以冒充真币的行为。非法制作的方法主要有如下几种：其一，复印，即行为人用单色复印机进行复印，而后进行着色，或直接通过彩色或多色复印机进行复制、加工假币。其二，具有绘画技能的人进行手工描绘。其三，手工制版，即按真币不同颜色的图案、文字、线条分别复制到版材上，再用刻刀进行雕刻，然后采用盖印方法印刷，或将若干块小印版固定以后，涂色滚印。如浙江省慈溪市两农民，购买了制假的工具和原材料，刻制壹元硬币的模具，伪造达5 000余枚，分别被判处有期徒刑 11 年和 10 年。其四，拓印，即以真币为本，通过药液的浸泡和外力的作用，将真币上的文字、图像、颜色印到其他纸面上，从而制成假币。其五，机制，机制伪造是指利用和印制真币相同的或相近的印刷机械、印刷技术方法印刷伪造，主要有照相平版胶印、分色加网照相制平版胶印等方法。如广东普宁曾经发生一起在深山山洞中采取制版方法印刷假币 5 000 多万元的大案。

3. 本罪的主体是一般主体，即任何达到法定刑事责任年龄、具有刑事责任能力的人都可以构成本罪。

4. 本罪的主观方面必须由故意构成，不论何种目的。实践中实施本罪的行为人多具有谋取非法利益的目的，但也有意图使所伪造的货币进入流通等目的，总之，出于何种目的，不影响本罪的构成。

（二）伪造货币罪的认定

1. 伪造货币罪与变造货币罪的区别。所谓变造货币罪，是指违反国家货币管理法规，对现行流通的国家货币采用涂改、拼接、挖补、剪贴等方法进行改制，改变原货币的数量、形态和面值，数额较大的行为。本罪与变造货币在侵犯的客体上都是国家的货币管理制度，犯罪对象都是货币，犯罪主观方面都表现为故意，犯罪主体都为一般主体。二者的区别主要在于客观方面，伪造是仿造真币进行制作，将非货币的一些物质“由无生有”地加工成“货币”；变造是在现有的货币基础上进行加工处理，从而使原货币有所改变的行为。此外，根据 2001 年 4 月 18 日发布的《关于经济犯罪案件追诉标准的规定》，伪造总面额在 2 000 元以上或者币量在 200 张（枚）以上的，构成伪造货币罪；构成变造货币罪，只需达到总面额在 2 000 元以上。

2. 伪造货币罪与出售、购买、运输假币罪和持有、使用假币罪的区别。出售、购买、运输假币罪是指明知是伪造的货币而进行出售、购买、运输，数额较大的行为；持有、使用假币罪是指明知是伪造的货币而持有、使用，数额较大的行为。伪造货币罪与这些犯罪在犯罪主体、主观方面、客体上都相同，区别主要是在具体的客观行为表现上。需要注意的是，如果行为人既进行了伪造货币的行为，又将所伪造的货币予以持有和使用的，由于持有和使用行为应当视为伪造行为的后续行为，所以，只以伪造货币罪论处即可；行为人既进行了伪造货币的行为，又将所伪造的货币予以出售、运输的，应当以伪造货币罪从重处罚，不构成数罪；而行为人购买不处于行为人控制下的、为其所伪造的假币的行为，法律没有规定如何处理，一般的，行为人在明知的情况下，以伪造货币罪从重论处为宜。

（三）伪造货币罪的处罚

根据《刑法》第 170 条的规定，犯伪造货币罪的，处 3 年以上 10 年以下有期徒刑，并处 5 万元以上 50 万元以下罚金。有下列情形之一的，处 10 年以上有期徒刑、无期徒刑或者死刑，并处 5 万元以上 50 万元以下罚金或者没收财产：（1）伪造货币集团的首要分子；（2）伪造货币数额特别巨大的；（3）有其他特别严重情节的。根据 2001 年 4 月 18 日最高人民检察院、公安部颁布的《关于经济犯罪案件追诉标准的规定》第 16 条的规定，伪造货币的总面额在 2 000 元以上或者币量在 200 张（枚）以上的，构成刑事犯罪，应予追诉。关于数额较大、数额巨大的标准可以参照《最高人民法院关于审理伪造货币等案件具体应用法律若干问题的解释》的有关规定：伪造货币的总面额在 3 万元以上的，属于“伪造货币数额特别巨大”。其他特别严重情节一般是指下列情形之一：暴力抗拒检查、拘留、逮捕，情节严重的；以机械印刷方法伪造货币的；金融、财会人员利用工作之便伪造货币总面值10 000元以上或者货币数量1 000张以上的；伪造货币并投放市场流通，总面值1 000元以上或者货币数量100张以上的；因犯伪造货币罪受过刑事处罚后，又实施伪造货币行为，并且伪造的货币总面值为500元以上不满15 000元或者货币数量为50张以上不满1 500张的。

## ■ 骗取贷款、票据承兑、金融票证罪

（一）骗取贷款、票据承兑、金融票证罪的概念和特征

骗取贷款、票据承兑、金融票证罪，是指以欺骗手段取得银行或者其他金融机构贷款、票据承兑、信用证、保函等，给银行或者其他金融机构造成重大损失或者有其他严重情节的行为。

骗取贷款、票据承兑、金融票证罪是《刑法修正案（六）》增设《刑法》第175条之一所新增加的罪名，本罪的主要特征是：

1. 本罪侵犯的客体，是国家对金融机构的正常管理秩序和金融机构的信用安全。

2. 本罪的客观方面，表现为以欺骗手段取得银行或者其他金融机构贷款、票据承兑、信用证、保函等，给银行或者其他金融机构造成重大损失或者有其他严重情节的行为。

（1）以欺骗手段取得银行或者其他金融机构贷款、票据承兑、金融票证。具体包括骗取贷款，骗取票据承兑，骗取信用证、保函等金融票证三种行为，行为人实施其中一种行为即符合本罪的行为要件。其中，"骗取贷款"，可参照《刑法》第193条的规定予以认定，包括编造引进资金、项目等虚假理由，使用虚假的经济合同，使用虚假的证明文件，使用虚假的产权证明作担保或者超出抵押物价值重复担保，以及以其他方法骗取贷款的行为。"骗取票据承兑"，是指采用各种手段骗取汇票付款人对无效、作废或违法的票据支付汇票金额的行为。"骗取金融票证"，是指骗取信用证、保函等金融票证，具体包括信用证、保函，以及与信用证、保函性质相似的金融票证如票据、存单、资信证明、银行结算凭证等其他金融票证。

（2）给银行或者其他金融机构造成重大损失或者有其他严重情节。如果行为未给银行或者其他金融机构造成重大损失或者不具有其他严重情节，不构成本罪。至于"重大损失"和"其他严重情节"的具体标准，尚待司法解释予以明确规定。

本罪为选择性罪名，行为人只要实施骗取贷款、骗取票据承兑或者骗取金融票证之一，即可构成犯罪，并应当根据行为人实施的具体行为认定其所构成的具体罪名，如骗取票据承兑罪等。

3. 本罪的犯罪主体是一般主体，包括自然人和单位。

4. 本罪的主观方面表现为故意。行为人的主观目的仅限于暂时使用所骗取的贷款等，而不具有非法占有的目的。此为本罪与贷款诈骗罪的根本区别。

（二）骗取贷款、票据承兑、金融票证罪的认定

1. 本罪与非罪的界限。区分本罪与非罪的界限，关键要准确把握以下问题：

首先，要准确区分骗取行为与差错行为。所谓骗取行为，是指行为人故意以虚构事实、隐瞒真相的方法，从银行或者其他金融机构骗取贷款、票据承兑、金融票证的行为。所谓差错行为，是指行为人在银行或者金融机构办理贷款、票据承兑、信用证、保函等相关业务的过程中，基于过失向银行或者金融机构提交了与客观情况不符的材料并取得贷款、票据承兑、信用证、保函等的行为。区分二者的决定性因素是甄别行为人在主观上是故意还是过失。基于故意的构成骗取行为，基于过失的则构成差错行为。差错行为即使导致银行或者金

融机构遭受实际损失，也不构成骗取贷款、票据承兑、金融票证罪。

其次，要准确认定行为是否给银行或者金融机构造成重大损失或者是否具有其他严重情节。只有给银行或者金融机构造成重大损失或者具有其他严重情节的行为，才应以骗取贷款、票据承兑、金融票证罪定罪处刑。其中，“造成重大损失”，一般而言，应是银行或者金融机构依法不能收回或者实际无法收回的贷款或信用数额巨大或者特别巨大。参照最高人民法院 2001 年 1 月 21 日《全国法院审理金融犯罪案件工作座谈会纪要》的相关精神，计算“造成重大损失”的数额，应当以行为人实际骗取的数额计算；对于行为人为实施犯罪而支付的中介费、手续费、回扣，或者用于行贿、赠与等费用，均应计入犯罪数额；但应当将案发前已归还的数额扣除。“其他严重情节”，一般而言，是指虽然没有给银行或者金融机构造成重大损失，但骗取银行或者金融机构的贷款或信用数额巨大或者特别巨大，次数较多等。

2. 本罪与贷款诈骗罪的界限。骗取贷款、票据承兑、金融票证罪与贷款诈骗罪的主要不同之处在于：(1) 主观目的不同。前者的主观目的仅限于暂时使用所骗取的贷款等，不具有非法占有的目的，后者的主观目的必须是以非法占有为目的。(2) 成立犯罪的基本定量要素不同。前者要求给银行或者其他金融机构造成重大损失或者有其他严重情节的，后者要求诈骗贷款数额较大。(3) 犯罪行为的具体指向不同。前者包括贷款、票据承兑、信用证、保函等，后者仅限于贷款。(4) 主体不同。前者的主体包括自然人和单位，后者的主体只能是自然人。

(三) 骗取贷款、票据承兑、金融票证罪的处罚

根据《刑法》第 175 条之一的规定，犯骗取贷款、票据承兑、金融票证罪，给银行或者其他金融机构造成重大损失或者有其他严重情节的，处 3 年以下有期徒刑，并处或者单处罚金；给银行或者其他金融机构造成特别重大损失或者有其他特别严重情节的，处 3 年以上 7 年以下有期徒刑，并处罚金。

单位犯本罪的，对单位判处罚金，并对其直接负责的主管人员和其他责任人员，依照上述规定处罚。

## ■ 妨害信用卡管理罪

(一) 妨害信用卡管理罪的概念和特征

妨害信用卡管理罪，是指明知是伪造的信用卡、伪造的空白信用卡而持有、运输，数量较大；非法持有他人信用卡，数量较大，或者使用虚假的身份证明骗领信用卡；出售、购买、为他人提供伪造的信用卡或者以虚假的身份证明骗领的信用卡的行为。

妨害信用卡管理罪是《刑法修正案（五）》增设《刑法》第 177 条之一第 1 款所新增加的罪名，其主要构成特征如下：

1. 妨害信用卡管理罪的客体特征。本罪侵犯的客体是国家对信用卡管理的制度。本罪的犯罪对象包括伪造的信用卡、伪造的空白信用卡、他人的信用卡或者使用虚假的身份证明骗领的信用卡。悉言之，持有、运输行为的对象是伪造的信用卡和伪造的空白信用卡，即假信用卡；非法持有行为的对象是他人的信用卡，即真卡；使用虚假身份证明骗领行为的对象是真信用卡。信用卡有广义、狭义之分。狭义的信用卡，主要是指由金融机构或者商业机构发行的贷记卡，即无须预先存款就可贷款消费的信用卡。广义的信用卡，是指能够为持卡人提供信用证明、消费信贷或者持卡人可凭卡购物、消费或者享受特定服务的特制卡片，包括贷记卡、准贷记卡、借记卡、储蓄卡、ATM 卡、支票卡及赊账卡等。在刑法理论和司法实践中，对于信用卡的含义，即刑法中规定的信用卡与银行或者其他金融机构业务工作中的信

用卡是否具有完全相同的含义，颇有争议。为了统一执法，更好地打击涉及信用卡的犯罪行为，2004 年 12 月 29 日全国人大常委会通过了《关于〈中华人民共和国刑法〉有关信用卡规定的解释》，明确了《刑法》中的“信用卡”的含义，指出《刑法》规定的“信用卡”是指由商业银行或者其他金融机构发行的具有消费支付、信用贷款、转账结算、存取现金等全部功能或者部分功能的电子支付卡。这一解释将实践中颇有争议的借记卡纳入到“信用卡”的范围之内。

2. 妨害信用卡管理罪的客观特征。本罪在客观方面表现为行为人实施了违反信用卡管理规定，严重妨害信用卡管理的行为。根据《刑法修正案（五）》第 1 条第 1 款的规定，其具体行为方式包括以下四种：

（1）明知是伪造的信用卡而持有、运输的，或者明知是伪造的空白信用卡而持有、运输，数量较大的。所谓持有，就是对伪造的信用卡或伪造的空白信用卡的控制，也就是事实上的一种占有和支配。所谓运输，是指将伪造的信用卡从一处带到另一处使其在空间上的转换。所谓伪造的信用卡，正是《刑法》第 177 条第 1 款第 4 项规定的内容，指模仿真卡的材料、标识、颜色等外观特征用先进的技术制作出来的，不是由真正发卡银行或其他金融机构制作的信用卡。[①] 值得注意的是，持有、运输伪造的空白信用卡的行为必须达到较大的数量，否则不构成本罪。

（2）非法持有他人信用卡，数量较大的。此处的“他人信用卡”是指真实有效的信用卡，但是，如果行为人误将他人伪造或者作废的信用卡当作真实有效的信用卡而非法持有，并且数量较大，则同样构成本罪。

（3）使用虚假的身份证明骗领信用卡的。所谓“虚假的身份证明”，包括虚构的身份证明和冒用他人的身份证明。而所谓“骗领信用卡”是指行为人在办理信用卡申领手续时，弄虚作假，使用伪造的或虚构的身份或资信等证明材料，骗取发卡银行发放信用卡的行为。

（4）出售、购买、为他人提供伪造的信用卡或者以虚假的身份证明骗领信用卡的。本项行为方式是出售、购买、为他人提供的行为，行为对象是伪造的信用卡和以虚假的身份证明骗领的信用卡。

3. 妨害信用卡管理罪的主体是一般主体，凡年满 16 周岁，具有刑事责任能力的自然人均可构成。

4. 妨害信用卡管理罪的主观特征。本罪在主观方面表现为故意，过失不构成本罪。其中“持有、运输伪造的信用卡”的，行为人还必须明知信用卡是伪造的；“持有、运输伪造的空白信用卡”的，行为人必须明知其持有、运输的是伪造的空白信用卡。行为人如果不知道其持有、运输的信用卡的具体性质，则不构成本罪。

（二）妨害信用卡管理罪的认定

1. 妨害信用卡管理罪与非罪的界限。妨害信用卡管理罪与非罪的认定主要是对一般违法行为与犯罪行为界定问题。根据刑法的规定，只有妨害信用卡管理秩序的，才构成犯罪，至于何种程度的损害行为才构成对信用卡管理秩序的妨害，刑法规定的并不明确，有待司法解释对此加以明确。

2. 妨害信用卡管理罪与信用卡诈骗罪的关系。所谓信用卡诈骗罪，是指用虚构事实或者隐瞒真相的方法，利用信用卡进行诈骗活动，且数额较大的行为。妨害信用卡管理罪与信用卡诈骗罪具有十分密切的联系，两罪的区别主要表现在：（1）犯罪客体不同。妨害信用卡

---

① 参见刘艳红、许强：《论〈刑法修正案（五）〉对信用卡犯罪的立法完善》，载《法学评论》，2006（1）。

管理罪是单纯的妨害信用卡管理的行为；而信用卡诈骗罪既侵犯了国家的信用卡管理制度，又侵犯了公私财产所有权。(2) 持有、运输伪造的信用卡而又实施了信用卡诈骗的行为，应认定为牵连犯，按照本罪与信用卡诈骗罪从一重处。(3) 非法持有他人信用卡并且冒用他人信用卡诈骗，数量较大的，同时触犯了两罪，由于两者存在牵连关系，应以后罪吸收本罪。(4) 行为人与使用伪造的或者作废的信用卡诈骗者事前通谋，为其出售或者提供伪造的信用卡或者以虚假的身份证明骗领的信用卡的，应以后罪的共犯论处；否则，应以本罪论处。

(三) 妨害信用卡管理罪的处罚

根据《刑法》第 177 条之一的规定，犯妨害信用卡管理罪的，处 3 年以下有期徒刑或者拘役，并处或者单处 1 万元以上 10 万元以下罚金；数量巨大或者有其他严重情节的，处 3 年以上 10 年以下有期徒刑，并处 2 万元以上 20 万元以下罚金。

## ■ 窃取、收买、非法提供信用卡信息罪

(一) 窃取、收买或者非法提供信用卡信息罪的概念与特征

窃取、收买、非法提供信用卡信息罪是指窃取、收买或者非法提供他人信用卡信息资料的行为。本罪是《刑法修正案（五）》增设《刑法》第 177 条之一第 2 款所新增加的罪名，具有以下构成特征：

1. 窃取、收买、非法提供他人信用卡信息罪的客体是国家对信用卡信息资料管理秩序。本罪的犯罪对象是他人的信用卡信息资料，是指信用卡的磁条信息即信用卡磁条的磁道上记载的有关信息。根据中国人民银行 2000 年 11 月 10 日发布的《银行卡磁条信息格式和使用规范》的规定，该信息主要包括：(1) 主账号，即 primary account number (PAN)；(2) 发卡机构标识号码，即 issuer identification number (IIN)；(3) 个人账户标识，即 individual account identification；(4) 校验位，即 check digit；(5) 个人标识代码，即 personal identification number (PIN)，也就是平常所说的密码。其中个人标识代码（密码）是最为重要的信用卡信息资料。信用卡信息资料作为银行与客户之间交流的信息，主要包括信用卡持有人姓名、账号、磁条信息以及密码等，只有银行和客户双方有权知悉和利用，且银行负有为客户保密的义务，任何第三方都无权知悉这些信息，更不能利用信息资料从事非法活动，否则将给信用卡信息资料管理秩序带来破坏，也会给合法持卡人带来经济损失。

2. 本罪的客观方面表现为窃取、收买和非法提供他人信用卡信息资料。所谓窃取，是指采用秘密手段占有他人信用卡信息资料。窃取方式多种多样，可以是直接窃取载有信息资料的文本文件，电脑存储资料等，也可以是通过拍照、摄像甚至可以是通过偷窥等方式窃取信息资料。所谓收买，是指用财物、金钱或其他财产性利益交换他人占有的信用卡信息资料。所谓非法提供是指掌握、了解他人信用卡信息资料者违反法律规定，将信用卡信息资料非法提供给银行和持卡人以外的第三人的行为。

3. 本罪的犯罪主体是一般主体，即达到刑事责任年龄，具备刑事责任能力的自然人，如果银行或其他金融机构工作人员犯本罪的，从重处罚，单位不能构成本罪。

4. 本罪的主观方面是故意，即行为人明知自己的窃取、收买和非法提供行为违反了有关法律的规定，会对信用卡信息资料管理秩序和持卡人合法利益带来损害，而仍决意为之的心态。

(二) 窃取、收买、非法提供信用卡信息罪的认定

1. 窃取、收买、非法提供信用卡信息罪与妨害信用卡管理罪的界限。妨害信用卡管理罪，是指明知是伪造的信用卡而持有、运输，或者明知是伪造的空白信用卡而持有、运输，

数量较大；非法持有他人信用卡，数量较大；使用虚假的身份证明骗领信用卡；出售、购买、为他人提供伪造的信用卡或者以虚假的身份证明骗领的信用卡，妨害信用卡管理的行为。该罪与窃取、收买、非法提供信用卡信息罪是《刑法修正案（五）》同一条文增设的罪名，并且适用同一法定刑，因而有必要加以区分。

两罪的区别主要表现在：（1）犯罪对象不同。本罪的犯罪对象为信用卡信息资料；而后罪为信用卡本身。（2）行为方式不同。本罪表现为窃取、收买或者非法提供他人信用卡信息资料的行为；而后罪则表现为上述四种妨害信用卡管理的行为。（3）犯罪客体不完全相同。本罪侵犯的客体主要是信用卡所有人的合法权益；而后罪侵犯的客体则主要是金融机构的信誉。

2. 窃取、收买、非法提供信用卡信息罪与伪造金融票证罪的界限。伪造金融票证罪，是指以行使为目的，采用各种方法制造假金融票证的行为。伪造信用卡属于伪造金融票证罪的表现形式之一，在本罪增设之前，实践中对窃取、收买或者非法提供他人信用卡信息资料的行为曾以伪造金融票证罪的共犯处理，可见，两罪具有十分密切的联系。

两罪的区别主要表现在：（1）从实质来看，本罪窃取、收买、非法提供他人信用卡信息资料的行为实际上是伪造信用卡行为的前奏，只是刑法将其单独提取出来作为一个独立的罪名而已。（2）本罪的犯罪对象为信用卡信息资料；而后罪的犯罪对象除了信用卡之外，还包括其他金融票证。（3）行为人为了伪造信用卡而实施窃取、收买、非法提供他人信用卡信息资料的行为，同时构成本罪和前罪，属于牵连犯，应择一重罪处罚。由于后罪法定刑的第一个量刑幅度为5年以下有期徒刑，高于本罪的3年以下有期徒刑，所以，应以后罪论处。（4）行为人与伪造信用卡者事前通谋，为其窃取、收买或者非法提供他人信用卡信息资料的，应以后罪的共犯论处；否则，应以本罪论处。

3. 窃取、收买、非法提供信用卡信息罪与信用卡诈骗罪的界限。信用卡诈骗罪，是指用虚构事实或者隐瞒真相的方法，利用信用卡进行诈骗活动，数额较大的行为。在本罪增设之前，实践中对窃取、收买或者非法提供他人信用卡信息资料的行为也曾以信用卡诈骗罪的共犯处理，可见，两罪也具有十分密切的联系。

两罪的区别主要表现在：（1）本罪是单纯窃取、收买或者非法提供他人信用卡信息资料的行为；而后罪则表现为利用信用卡诈骗的行为。如果行为人没有非法占有的目的，也没有实施诈骗行为，则只构成本罪。（2）行为人为了冒用他人信用卡诈骗而实施窃取、收买他人信用卡信息资料的行为，同时构成本罪和后罪，属于牵连犯，应择一重罪处罚。由于后罪法定刑的第一个量刑幅度为5年以下有期徒刑，高于本罪的3年以下有期徒刑，所以，应以后罪论处。（3）行为人与冒用他人信用卡诈骗者事前通谋，为其窃取、收买或者非法提供他人信用卡信息资料的，应以后罪的共犯论处；否则，应以本罪论处。

（三）窃取、收买、非法提供信用卡信息罪的处罚

根据《刑法》第177条之一的规定，犯窃取、收买、非法提供信用卡信息资料罪的，处3年以下有期徒刑或者拘役，并处或者单处1万元以上10万元以下罚金；数量巨大或者有其他严重情节的，处3年以上10年以下有期徒刑，并处2万元以上20万元以下罚金。

## 内幕交易、泄露内幕信息罪

（一）内幕交易、泄露内幕信息罪的概念和特征

所谓内幕交易、泄露内幕信息罪，是指证券、期货交易内幕信息的知情人员或者非法获取证券、期货交易内幕信息的人员，违反有关法规，在涉及证券的发行及证券、期货交易或其他对证券、期货交易价格有重大影响的信息尚未公开前，买入或卖出某种证券，或者从事

与该内幕信息有关的期货交易，或者泄露该信息，情节严重的行为。本罪的特征为：

1. 本罪侵犯的客体是国家对证券、期货市场的信息保密的管理制度和证券、期货市场其他参与人的合法权益。证券、期货市场的一个重要原则是重要信息在未公布之前任何人都不得泄露，即信息保密原则。任何泄露和利用内幕信息进行内幕交易的行为，都侵害了证券、期货市场的正常秩序和其他证券、期货市场参与人的合法利益，由于内幕人员或以其他方式获取该信息的人员获知信息的时间先后不同，使得这种交易实质上是一种不平等竞争，掌握内幕信息的人员实际上是在进行欺诈，使无辜的投资人遭受损失，扰乱了正常的证券交易秩序。因此在证券、期货管理上，首要任务是制止内幕交易。

2. 本罪的客观方面是违反规定，在涉及证券的发行，证券、期货交易或其他对证券、期货交易价格有重大影响的信息尚未公开前，买入或卖出某种证券，或者从事与该内幕信息有关的期货交易，或者泄露该信息，情节严重的行为。

所谓内幕信息，是指在证券、期货交易活动中，涉及公司的经营、财务、对该公司证券的市场价格或者期货交易价格有重大影响的尚未公开的信息。内幕信息有三个特点：

第一，相关性。是指该信息产生于因证券、期货发行交易及其相关活动中或是服务于上述活动，而对证券、期货发行、交易具有影响作用。

第二，重要性。是指该信息对证券、期货市场有较大影响作用，一旦被少数投资者知悉、利用或泄露，将会对证券、期货市场造成重大影响，导致证券、期货市场价格超常规波动。证券、期货市场对信息的反应非常敏感，一旦投资者知悉诸如国家宏观经济形势、企业营业状况、发行人发生重大债务、公司涉诉纠纷、公司的预期盈利变化、发行人资产遭到重大损失等重要信息，必然会重新决定资金的投资方向。根据《证券法》的规定，我国内幕信息主要是指尚未公开的、对上市公司股票交易价格产生较大影响的消息，可以分为三类，其一，上市公司的重大事件，包括公司的经营方针和经营范围的重大变化、公司的重大投资行为和重大购置财产的决定等。其二，涉及公司股权变化、债权债务变化的其他对该公司证券的市场价格有重大影响的信息。如公司股权结构的重大变化、公司债务担保的重大变更。其三，其他重要信息，如公司的董事、监事、经理、副经理或者其他高级管理人员的行为可能依法承担重大损害赔偿责任、国务院证券监督管理机构认定的对证券交易价格有显著影响的其他重要信息。

第三，秘密性。内幕信息是该信息尚未通过法定的方式向社会公众和投资者公开，只为内幕人员掌握的信息。在证券、期货市场中，尚未公开的信息具有较大的价值，对证券、期货的价格有着直接的影响，谁先利用谁先得益。但是究竟如何认定信息公开的标准，尚有争议。西方有一种理论叫做“有效市场理论”，即当某项消息对证券、期货市场能产生有效影响时，该消息便被认为已经属于公开的消息。在我国，有三种观点：一是以市场消化了该信息为标准；二是以公司召开了新闻发布会为标准；三是以公司通过全国性的新闻媒介公布该项消息为准。具体到信息公开多长时间后，内幕人员才能进行证券、期货交易而不属于内幕交易，在司法实践操作中也是一个难点。在美国法院的判决中，有的是在新闻发布会后10分钟内，有的是股票行情信息出现在股票行情显示器上2分钟之内。我国台湾地区则规定当消息公布之后，经过10个营业日，应可消化该消息。这样，“内部人”必须要等到第11个营业日开始，才可以安全地在市场上买卖相关公司的股票。在我国大陆，根据上海、深圳两市交易所的惯例，遇到上市公司有重大信息公布，该股票暂停一日，以使市场消化该信息。因为在很短的时间内，并非所有投资人都能知道、分析、消化这个消息，我们认为，可以以此为标准，作为认定信息公开的标准，即信息尚未公开和刚刚公开一天内进行交易的，属于内幕信息。总之，内幕信息是以秘密性作为特征要素的。

实施内幕交易、泄露内幕信息的犯罪行为具体可以表现为以下几种方式：

（1）内幕人员利用内幕信息买卖证券或者根据内幕信息建议他人买卖证券。如美国的德雷克塞尔投资银行董事丹尼斯·莱维恩利用自己掌握的经济情报，通过瑞士银行的秘密账户进行股票投机，7年来他靠经营此道已经成为千万富翁，被发现后被判处5年监禁，非法所得全部没收。又如某省证监会主任在北京开会期间获知：该省某公司获准公开上市。他在会议结束回到单位以后，找到那家公司购买了该公司7万多股原始股票，待该公司股票上市后，立即委托深圳某证券所将其中的6.2万股在深圳以每股16元的价格售出，非法获利近百万元。这也是典型的内幕交易的行为。

（2）内幕人员向他人泄露内幕信息，使他人利用该信息进行内幕交易。如美国政府在1995年曾指控美国电报电话公司前副总裁泄露公司计划收购其他公司的内部机密给亲朋好友，后接受回扣的行为。

（3）非内幕人员通过不正当手段或者其他途径获得内幕信息，并根据该信息买卖证券或者建议他人买卖证券。如某公司的业务人员在洽谈业务时，为获得合同的成功进行行贿，期间获知一只股票将被并购的内幕消息，于是三次大量购买这只股票，并购消息在市场正式披露后，将该股票高价抛出，从中获取差价利润1 670多万元。

（4）其他内幕交易行为。

行为人实施内幕交易、泄露内幕信息的犯罪，其交易行为必须是利用内幕信息进行的。如果行为人虽然知悉内幕信息并利用了该信息，但并没有进行证券交易，或者虽然进行了有关证券、期货交易，但与其所知悉的内幕信息无关，则行为人未实施内幕交易行为或其所进行的证券交易不属于内幕交易行为。在这些情况中，行为人的行为并没有损害其他投资者获取信息渠道的公平性，没有侵犯他们的平等竞争权，没有使他们的权益受损，所以不属于本罪的行为表现。

3. 本罪的主体是普通主体，包括个人和单位。有些论著主张该罪为特殊主体，认为本罪并非任何自然人或者单位都可构成，而只有具备法定条件的个人或单位才可能构成本罪。① 这种观点欠妥，因为虽然在本罪中涉及内幕人员，但同时本罪也可以由非内幕人员构成，所以应当为普通主体。

所谓内幕人员就是基于职务、业务或合同关系而合法获悉内幕信息的人员。内幕人员应当具备以下要件：第一，与证券发行人、期货交易人员有着职务、业务或合同关系；第二，他们是通过合法途径而知悉内幕信息，而不是通过非法方式获取的。

根据《证券法》第68条的规定，下列人员为知悉证券交易内幕信息的知情人员：（1）发行股票或者公司债券的公司董事、监事、经理、副经理及有关的高级管理人员；（2）持有公司5%以上股份的股东；（3）发行股票公司的控股公司的高级管理人员；（4）由于所任公司职务可以获取公司有关证券交易信息的人员（如打字员、秘书等）；（5）证券监督管理机构工作人员以及由于法定职责对证券交易进行管理的其他人员；（6）由于法定职责而参与证券交易的社会中介机构或者证券登记结算机构、证券交易服务机构的有关人员；（7）国务院证券监督管理机构规定的其他人员。期货交易内幕信息的知情人员可以适当予以比照认定。

同时，非内幕人员也可以成为内幕交易罪的主体。非内幕人员多通过违法手段，如盗窃、行贿等手段，获悉内幕信息，之后进行买卖该股票或泄露行为。至于是直接获取还是间

① 参见马克昌主编：《经济犯罪新论》，293页，武汉，武汉大学出版社，1997。

接获取不影响行为的认定。此外，非内幕人员还可以与内幕人员一道实施犯罪，成立共犯。

4. 本罪在主观上表现为故意犯罪，即明知其所掌握的信息为内幕信息，而利用该信息或予以泄露，如果行为人是在不知情的情况下作出买进、卖出、泄露等行为的，不构成本罪。行为人是否明知，可以从以下几个方面认定：(1) 他人证明曾告诉行为人内幕信息的；(2) 其他证据证明行为人出于明知，行为人无法反驳的。

(二) 内幕交易、泄露内幕信息罪的认定

1. 内幕交易、泄露内幕信息罪与一般违规交易行为的界限。两种行为的区别可以从主观、客观两个方面综合认定：

首先，主观上，一般违规交易行为不具有实施内幕交易、泄露内幕信息的主观故意，如行为人将内幕信息误当成非内幕信息，从而有泄露行为的，不构成本罪。因为本罪只能由故意构成，过失不构成本罪。

其次，一般违规行为在客观上没有达到"情节严重"的程度。根据最高人民检察院、公安部《关于经济犯罪案件追诉标准的规定》第29条的规定，"情节严重"是指内幕交易数额在20万元以上的；多次进行内幕交易、泄露内幕信息的；致使交易价格和交易量异常波动的；造成恶劣影响的。

2. 内幕交易、泄露内幕信息罪与正常交易行为的界限。两种行为在以下两种情形中容易发生混淆：

第一，当内幕人员进行交易时，其实施的正当交易行为容易与本罪发生混淆。

一般来说，内幕人员进行的正当交易有两种情况：其一是不知内幕信息的内幕人员所进行的允许进行的证券、期货交易行为；其二是内幕人员实施的证券、期货交易行为与其掌握的内幕信息无关。对于后一种情况，判断其行为与掌握的内幕信息是否具有因果关系的标准主要是交易的时间和证券、期货交易的种类。当然，特定人员持有、买卖股票、期货在特定的时间内是禁止的，在此期间实施的交易等行为是内幕交易。如我国《股票发行与交易管理暂行规定》中有规定：(1) 股份有限公司的董事、监事、高级管理人员和持有公司5%以上有表决权股份的法人股东，将其所持有的公司股票在买入后6个月内卖出或卖出6个月内买入，由此获得的利润归公司所有；(2) 证券从业人员、证券业管理人员和国家规定禁止买卖股票的其他人员，不得直接或间接持有或买卖股票；(3) 为股票发行出具审计报告、资产评估报告、法律意见书文件的有关专业人员，在该股票承销期内或期满后6个月内不得买卖股票，在上述报告、文件成为公开信息前或成为公开信息后5个工作日内也不得购买该公司股票。违反上述规定实施的交易行为，即认定为内幕交易行为。

第二，如果是非内幕人员，也未采用非法手段获取内幕信息，而是内幕人员或非法获取内幕信息的人员泄露出来后被行为人所知悉，又利用其进行证券、期货交易的，行为人不构成犯罪，也不与泄密人员构成共犯。

3. 内幕交易、泄露内幕信息罪与泄露国家秘密罪的界限。泄露国家秘密罪是指国家机关工作人员故意或过失泄露国家秘密，情节严重的行为。本罪中主管证券发行及证券、期货交易等国家机关的内幕人员如果泄露证券交易的内幕信息，则和泄露国家秘密罪有一定联系，主管证券、期货发行交易等经济管理的国家机关工作人员泄露内幕信息的，同时构成泄露国家秘密罪和泄露内幕信息罪，成立想象竞合犯，从一重处断。

两者的区别是：(1) 主体上，泄露国家秘密罪是特殊主体，为国家机关的工作人员，本罪为一般主体。(2) 主观方面，泄露国家秘密罪的主观方面既包括故意，也包括过失。(3) 对象上，泄露国家秘密罪主要是泄露了关系到国家安全和利益的事项，如政治、经济、国防、外交等国家政策等。而本罪泄露的主要是内幕信息，这种内幕信息，违反证券、期货管理法规，其中也包括政治、经济、国家政策等，但主要是涉及证券发行人的经营活动的重大事件和政府对证券、期货公司等管理上的政策性信息。根据《证券法》的规定，现在的内幕信息主要是发行人在财务、经营等方面的重大信息，而不像《证券法》颁布之前，将国家政策明确列举在内幕信息之中。

（三）内幕交易、泄露内幕信息罪的处罚

根据《刑法》第 180 条（已经《刑法修正案》修订）的规定，内幕交易、泄露内幕信息罪，情节严重的，处 5 年以下有期徒刑或者拘役，并处或者单处违法所得 1 倍以上 5 倍以下罚金；情节特别严重的，处 5 年以上 10 年以下有期徒刑，并处违法所得 1 倍以上 5 倍以下罚金。单位犯前款罪的，对单位判处罚金，并对其直接负责的主管人员和其他直接责任人员，处 5 年以下有期徒刑或者拘役。根据 2001 年 4 月 18 日最高人民检察院、公安部颁布的《关于经济犯罪案件追诉标准的规定》第 29 条的规定，实施内幕交易、泄露内幕信息行为，涉嫌下列情形之一的，应予追诉：（1）内幕交易数额在 20 万元以上的；（2）多次进行内幕交易、泄露内幕信息的；（3）致使交易价格和交易量异常波动的；（4）造成恶劣影响的。

## ■ 背信运用受托财产罪

（一）背信运用受托财产罪的概念与特征

背信运用受托财产罪，是指商业银行、证券交易所、期货交易所、证券公司、期货经纪公司、保险公司或者其他金融机构，违背受托义务，擅自运用客户资金或者其他委托、信托的财产，情节严重的行为。

背信运用受托财产罪是《刑法修正案（六）》增设《刑法》第 185 条之一第 1 款所新增加的罪名，具有以下特征：

1. 本罪侵犯的客体，是国家对金融市场的管理秩序，以及客户资金和其他委托、信托的财产安全。本罪的犯罪对象是客户资金和其他委托、信托的财产。

2. 本罪在客观方面表现为违背受托义务，擅自运用客户资金或者其他委托、信托的财产，情节严重的行为。

（1）违背受托义务，擅自运用客户资金或者其他委托、信托的财产。“违背受托义务”，是本罪客观行为的前置性条件。商业银行、证券交易所、期货交易所、证券公司、期货经纪公司、保险公司或者其他金融机构在依法从事相关受委托义务时，必须遵守有关法律法规的规定，按照严格的从业行为规则操作。不得利用对客户资金或者其他委托、信托的财产实际占有控制的条件，违背受托业务，不经客户授权，擅自运用客户资金或者其他委托、信托的财产。“擅自运用”，是指本应当在客户授权后行使某些权力，但却在未得到客户授权的情况下运用该客户资金或者其他委托、信托的财产。“运用”，应包括“动用”、“提取”、“动支”。从字面上看，也应包括“挪用”，但由于《刑法》第 185 条第 1 款、第 2 款已对国有和非国有商业银行、证券交易所、期货交易所、证券公司、期货经纪公司、保险公司或者其他金融机构的工作人员挪用客户资金的行为作出专门规定，因此，《刑法》第 185 条之一第 1 款所规定的“擅自运用”行为方式，理应与《刑法》第 185 条所规定的“挪用客户资金”之间存在一定的交叉关系，应根据行为主体、具体行为方式及行为对象等进行综合判断，以决定对行为人的行为具体适用的法条和最终定性。此外，这里的“运用”还应包括财产处分行为。①

① 参见顾肖荣：《〈刑法修正案（六）〉给惩治金融犯罪带来的新变化》，载《政治与法律》，2006（4）。

(2) 擅自运用客户资金或者其他委托、信托的财产的行为必须达到“情节严重”的程度。比如，给客户利益造成了重大损失，多次实施擅自运用客户财产的背信行为，背信行为造成极为恶劣的社会影响等，均属于情节严重的表现。

3. 本罪的主体是商业银行、证券交易所、期货交易所、证券公司、期货经纪公司、保险公司或者其他金融机构。本罪是纯正的单位犯罪。

4. 本罪主观方面表现为故意。

(二) 背信运用受托财产罪的认定

1. 本罪与非罪的界限。区分背信运用受托财产罪与非罪的界限，在司法实践中要着重注意区别擅自运作与不当运用。二者最根本的区别在于是否违背受托义务，是否得到客户的明确授权。至于是否违背受托义务，什么行为需要客户授权以及客户授权的具体形式，则应按照法律法规的具体规定予以判断。只要具体运用客户资金或者其他委托、信托的财产的行为经过了客户的明确授权，就不应作为本罪处理。特别是对于信托行为，由于一般授权较为概括，受托人的行为相对自由，只要不违反信托义务和目的，即使由于受托人的主观过失导致信托财产遭受损失，也不应以本罪定罪量刑。

2. 本罪与挪用公款罪、挪用资金罪的界限。对于商业银行、证券交易所、期货交易所、证券公司、期货经纪公司、保险公司或者其他金融机构内发生的擅自运用客户资金的行为，如果是单位决策实施的，构成背信运用受托财产罪；如果是国有和非国有商业银行、证券交易所、期货交易所、证券公司、期货经纪公司、保险公司或者其他金融机构的工作人员利用职务之便实施的，则分别构成挪用公款罪和挪用资金罪。

(三) 背信运用受托财产罪的处罚

根据《刑法》第 185 条之一第 1 款的规定，犯背信运用受托财产罪的，对单位判处罚金，并对其直接负责的主管人员和其他直接责任人员，处 3 年以下有期徒刑或者拘役，并处 3 万元以上 30 万元以下罚金；情节特别严重的，处 3 年以上 10 年以下有期徒刑，并处 5 万元以上 50 万元以下罚金。

## ■ 违法运用资金罪

(一) 违法运用资金罪的概念和特征

违法运用资金罪，是指社会保障基金管理机构、住房公积金管理机构等公众资金管理机构，以及保险公司、保险资产管理公司、证券投资基金管理公司，违反国家规定运用资金的行为。

本罪是《刑法修正案（六）》增设《刑法》第 185 条之一第 2 款所新增加的罪名，本罪具有以下构成特征：

1. 本罪的客体是国家关于公众资金和特定行业资金的管理秩序。为了确保资金安全，国家对社会保障基金管理机构、住房公积金管理机构等公众资金管理机构，以及保险公司、保险资产管理公司、证券投资基金管理公司运用资金的行为进行了严格规制。违反国家规定运用资金的行为，严重损害公众资金的安全，冲击正常的金融市场秩序，造成社会不稳定现象，依法应予惩处。违法运用资金罪的犯罪对象是社会保障基金、住房公积金等公众资金，以及保险资金和证券投资基金。

2. 本罪在客观方面表现为违反国家规定运用资金的行为。认定行为人的行为是否属于“违反国家规定运用资金”，关键在于明确国家法律法规的具体规定并据之作出关于行为违法性的具体判断：

《全国社会保障基金投资管理暂行办法》第 16 条规定，禁止社保基金投资管理人从事下列活动：(1) 以社保基金的名义使用不属于社保基金名下的资金从事投资活动，或以他人的名义使用属于社保基金名下的资金从事投资活动。(2) 不公平地对待社保基金账户的资产。(3) 挪用社保基金的委托资产。(4) 从事可能使社保基金委托资产承担无限责任的投资。(5) 用社保基金委托资产从事信用交易。(6) 法律、法规和社保基金委托资产管理合同规定禁止从事的其他活动。

根据《住房公积金管理条例》第二章的规定，住房公积金管理委员会是住房公积金管理的决策机构。住房公积金管理中心负责住房公积金的管理运作。住房公积金管理中心是直属城市人民政府的不以营利为目的的独立的事业单位。住房公积金管理中心在保证住房公积金提取和贷款的前提下，经住房公积金管理委员会批准，可以将住房公积金用于购买国债。住房公积金管理中心不得向他人提供担保。挪用住房公积金的，由国务院建设行政主管部门或者省、自治区人民政府建设行政主管部门依据管理职权，追回挪用的住房公积金，没收违法所得；对挪用或者批准挪用住房公积金的人民政府负责人和政府有关部门负责人以及住房公积金管理中心负有责任的主管人员和其他直接责任人员，依照刑法关于挪用公款罪或者其他罪的规定，依法追究刑事责任；尚不够刑事处罚的，给予降级或者撤职的行政处分。

根据《保险法》第 105 条的规定，保险公司的资金运用，限于在银行存款，买卖政府债券、金融债券和国务院规定的其他资金运用形式。保险公司的资金不得用于设立证券经营机构，不得用于设立保险业以外的企业。根据中国保险监督管理委员会 2004 年 6 月 1 日《保险资产管理公司管理暂行规定》第 30 条的规定，保险资金的管理运用限于银行存款、买卖政府债券、金融债券和国务院规定的其他资金运用形式。

根据《证券投资基金法》第 58 条的规定，基金财产应当用于下列投资：(1) 上市交易的股票、债券；(2) 国务院证券监督管理机构规定的其他证券品种。根据《证券投资基金法》第 59 条的规定，基金财产不得用于下列投资或者活动：(1) 承销证券；(2) 向他人贷款或者提供担保；(3) 从事承担无限责任的投资；(4) 买卖其他基金份额，但是国务院另有规定的除外；(5) 向其基金管理人、基金托管人出资或者买卖其基金管理人、基金托管人发行的股票或者债券；(6) 买卖与其基金管理人、基金托管人有控股关系的股东或者与其基金管理人、基金托管人有其他重大利害关系的公司发行的证券或者承销期内承销的证券；(7) 从事内幕交易、操纵证券交易价格及其他不正当的证券交易活动；(8) 依照法律、行政法规的有关规定，由国务院证券监督管理机构规定禁止的其他活动。

违反上述相关法律法规的规定，是行为具有刑事违法性、构成违法运用资金罪的前提。

3. 本罪的犯罪主体，是社会保障基金管理机构、住房公积金管理机构等公众资金管理机构，以及保险公司、保险资产管理公司、证券投资基金管理公司。

4. 本罪的罪过是故意。

(二) 违法运用资金罪的认定

1. 本罪与非罪的界限。根据《刑法》第 185 条之一第 2 款的罪状描述，构成违法运用资金罪似乎没有定量要素的限制，也即只要实施了违反国家规定运用资金的行为，就可以依照本罪定罪处刑。刑事立法的这一看似并非情节犯而属行为犯的规定，着重显示出立法者对公众资金安全有别于一般客户资金安全予以特别刑法保护的态度。然而，结合《刑法》第 185 条之一第 1 款的罪状描述及其与《刑法》第 185 条之一第 2 款的罪状描述的关系，我们认为，该条第 1 款和第 2 款所规定的犯罪均为情节犯，也即违反国家规定运用资金的行为必须达到“情节严重”的程度才能以违法运用资金罪定罪处刑。据此，在刑事司法中，依据

《刑法》第13条“但书”的授权性规定，司法官对于经判断确属“情节显著轻微危害不大的”、“违反国家规定运用资金”的行为，应当认定为非罪行为。

2. 本罪与挪用资金罪、挪用公款罪的界限。违法运用资金罪与挪用资金罪、挪用公款罪，特别是《刑法》第185条第1款、第2款所规定的挪用资金和挪用公款行为存在一定的法条交叉关系，在客观方面相似，都可以表现为将本单位管理的特定用途的资金挪作他用。但二者的区别也是明显的：(1) 主体要求有区别。违法运用资金罪的主体是单位，挪用资金罪、挪用公款罪的主体是自然人。(2) 侵犯的客体不同。违法运用资金罪侵犯的是国家关于公众资金和特定行业资金的管理秩序，挪用资金罪、挪用公款罪侵犯的是国家关于一般资金的管理制度。(3) 具体行为方式不同。违法运用资金罪的行为方式刑事立法未作限制，应根据国家相关法律法规的规定予以界定，呈多样性，而挪用资金罪、挪用公款罪的行为方式则由刑事立法、刑事司法解释予以明确规定，呈确定性。(4) 具体行为对象不同。违法运用资金罪的行为对象依法仅限于公众资金和特定行业资金，挪用资金罪、挪用公款罪的具体行为对象为本单位资金或公款。

(三) 违法运用资金罪的处罚

根据《刑法》第185条之一第2款的规定，犯违法运用资金罪的，对其直接负责的主管人员和其他直接责任人员，处3年以下有期徒刑或者拘役，并处3万元以上30万元以下罚金；情节特别严重的，处3年以上10年以下有期徒刑，并处5万元以上50万元以下罚金。

## 洗钱罪

(一) 洗钱罪的概念和特征

洗钱罪，是指行为人对明知是毒品犯罪、黑社会性质的组织犯罪、恐怖活动犯罪、走私犯罪、贪污贿赂犯罪、破坏金融管理秩序犯罪、金融诈骗犯罪的所得及其产生的收益，而以特定方法掩饰、隐瞒其来源和性质的行为。

本罪的构成特征如下：

1. 本罪的客体为复杂客体，侵犯了国家的金融管理制度和司法机关的正常活动。本罪的犯罪对象是毒品犯罪、黑社会性质的组织犯罪、恐怖活动犯罪、走私犯罪、贪污贿赂犯罪、破坏金融管理秩序犯罪、金融诈骗犯罪的所得及其产生的收益。如果犯罪对象不属于这七类犯罪的违法所得及其产生的收益，不构成本罪，但有可能构成其他犯罪。

2. 本罪的客观方面表现为行为人实施了掩饰、隐瞒毒品犯罪、黑社会性质的组织犯罪、恐怖活动犯罪、走私犯罪、贪污贿赂犯罪、破坏金融管理秩序犯罪、金融诈骗犯罪的所得及其产生的收益的来源和性质的行为。

洗钱罪的本质在于使非法资金表面上“合法化”，消灭犯罪线索和证据，使罪犯逃避法律追究和制裁。根据刑法规定，构成洗钱罪的客观行为有：

(1) 提供资金账户。即为上游犯罪人开立银行账户，或者将自己拥有的合法账户提供给上游犯罪分子使用，使其将赃款存入金融机构，从而取得合法形式。

(2) 协助将财产转换为现金、金融票据、有价证券的。即协助上游犯罪分子将所获得的赃物变卖，使其转换为现金、金融票据、有价证券，或者协助上游犯罪分子将现金转换为金融票据、有价证券或者将金融票据、有价证券转换为现金，或者协助上游犯罪分子将此种现金与彼种现金、此种票据与彼种票据、此种有价证券与彼种有价证券互换，以掩盖赃款的性质和来源。

(3) 通过转账或者其他结算方式协助资金转移。即协助上游犯罪分子将违法所得及其产生的收益通过银行等金融机构转账或者承兑、委托付款等结算方式，混入合法收入，将赃款转换为合法资金。

(4) 协助将资金汇往境外。即享有将资金调往境外权利的单位或者个人，通过自己在银行或者其他金融机构开立的账户，协助上游犯罪分子将赃款汇往境外。

(5) 以其他方法掩饰、隐瞒犯罪所得及其收益的来源和性质。指将犯罪所得及其收益投资于服务性行业、娱乐业等大量使用现金的行业、领域；将非法所得混合于合法收入中，或者用犯罪所得购买不动产、有价证券，然后再转手卖出等手段，掩饰、隐瞒犯罪违法所得及其收益的来源和性质的行为。

上述洗钱行为的共同特点在于，使犯罪所得及其产生的收益的非法来源和非法性质被隐瞒、掩饰，甚至直接使其合法化。

3. 本罪的犯罪主体既可以是自然人，也可以是单位。

4. 本罪在主观上要求行为人出于故意，即行为人明知是毒品犯罪、黑社会性质的组织犯罪、恐怖活动犯罪、走私犯罪、贪污贿赂犯罪、破坏金融管理秩序犯罪、金融诈骗犯罪的所得及其产生的收益，仍决意对其来源和性质加以掩饰、隐瞒。行为人在主观上具有掩饰、隐瞒上述犯罪的所得及其产生的收益的非法来源和性质的目的，有时还具有谋取非法利益之目的。

（二）洗钱罪的认定

1. 本罪与掩饰、隐瞒犯罪所得、犯罪所得收益罪的界限。掩饰、隐瞒犯罪所得、犯罪所得收益罪，是指明知是犯罪所得及其产生的收益而予以窝藏、转移、收购、代为销售或者以其他方法掩饰、隐瞒的行为。从法条关系上说，《刑法》第 312 条所规定的掩饰、隐瞒犯罪所得、犯罪所得收益罪与《刑法》第 191 条所规定的洗钱罪构成一般法条与特别法条的关系。由于《刑法》第 191 条将明知是毒品犯罪、黑社会性质的组织犯罪、恐怖活动犯罪、走私犯罪、贪污贿赂犯罪、破坏金融管理秩序犯罪、金融诈骗犯罪的所得及其产生的收益而对其性质和来源加以掩饰、隐瞒的行为予以专门规定，以洗钱罪予以定罪量刑，因此，《刑法》第 312 条所规定的掩饰、隐瞒犯罪所得、犯罪所得收益罪的犯罪对象则不再包括毒品犯罪、黑社会性质的组织犯罪、恐怖活动犯罪、走私犯罪、贪污贿赂犯罪、破坏金融管理秩序犯罪、金融诈骗犯罪的所得及其产生的收益。对于窝藏、转移、收购、代为销售或者以其他方法掩饰、隐瞒明知是毒品犯罪、黑社会性质的组织犯罪、恐怖活动犯罪、走私犯罪、贪污贿赂犯罪、破坏金融管理秩序犯罪、金融诈骗犯罪的所得及其产生的收益的，应以洗钱罪论处，而不应以掩饰、隐瞒犯罪所得、犯罪所得收益罪论处。总之，洗钱罪与掩饰、隐瞒犯罪所得、犯罪所得收益罪的主要区别表现于犯罪对象的不同，此外，两罪在犯罪客体、犯罪客观方面的具体行为方式、犯罪主体、犯罪主观认识要素的明知内容等构成要素方面也有所区别。

2. 本罪与包庇毒品犯罪分子罪的区别。(1) 从犯罪侵犯的客体上看，本罪是破坏金融管理秩序和司法机关正常活动的犯罪，后罪是一种毒品犯罪，所侵犯的客体是司法机关惩治毒品犯罪的正常活动。(2) 从客观方面看，本罪是以特定方式，掩饰、隐瞒毒品犯罪、黑社会性质的组织犯罪、恐怖活动犯罪、走私犯罪、贪污贿赂犯罪、破坏金融管理秩序犯罪、金融诈骗犯罪的所得及其产生的收益的性质和来源的行为；而后罪是向司法机关作假证明以掩盖毒品犯罪分子的罪行，或帮助其湮灭罪迹、隐匿罪证的行为。(3) 若行为人既实施了包庇毒品犯罪分子的行为，又实施了洗钱行为，则同时构成两罪，应予数罪并罚。

3. 本罪与包庇罪的区别。(1) 从犯罪侵犯的客体上看，本罪是破坏金融管理秩序和司法机关正常活动的犯罪，后罪是妨害司法机关正常活动的犯罪。(2) 从客观方面看，本罪是以特定方式，掩饰、隐瞒毒品犯罪、黑社会性质的组织犯罪、恐怖活动犯罪、走私犯罪、贪污贿赂犯罪、破坏金融管理秩序犯罪、金融诈骗犯罪的所得及其产生的收益的性质和来源的行为；而后罪是明知系犯罪的人而作假证明包庇的行为。(3) 若行为人既实施了包庇行为，又实施了洗钱行为，则构成两罪，应予并罚。

(三) 洗钱罪的处罚

根据《刑法》第191条的规定，犯洗钱罪的，没收实施毒品犯罪、黑社会性质的组织犯罪、恐怖活动犯罪、走私犯罪、贪污贿赂犯罪、破坏金融管理秩序犯罪、金融诈骗犯罪的所得及其产生的收益，处5年以下有期徒刑或者拘役，并处或者单处洗钱数额5%以上20%以下罚金；情节严重的，处5年以上10年以下有期徒刑，并处洗钱数额5%以上20%以下罚金。

单位犯本罪的，对单位判处罚金，并对其直接负责的主管人员和其他直接责任人员，处5年以下有期徒刑或者拘役；情节严重的，处5年以上10年以下有期徒刑。

## ■ 贷款诈骗罪

(一) 贷款诈骗罪的概念和特征

贷款诈骗罪，是指以非法占有为目的，以编造引进资金、项目等虚假理由，使用虚假的经济合同、证明文件，使用虚假的产权证明作担保或者超出抵押物价值重复担保等手段，骗取银行或者其他金融机构的贷款，数额较大的行为。本罪的构成特征如下：

1. 本罪侵犯的客体是国家对贷款的管理制度和公私财产所有权。犯罪对象是银行等金融机构的贷款。金融机构是指依法设立的经营金融业务的各类信用机构的总称。[①]

2. 本罪的客观方面表现为行为人捏造、虚构或编造某些虚假事实，采取欺诈的手段骗取贷款，数额较大的行为。根据《刑法》第193条的规定，具体的行为表现主要是：

(1) 编造引进资金、项目等虚假理由骗取贷款的。随着经济建设的发展，资金问题成为最重要的问题。各地政府为了引进外资、利用外资，纷纷出台许多优惠政策、奖励政策，以鼓励资金的流入。犯罪分子通常打着发展地方经济的幌子，乘虚而入。如某县一个乡镇企业老板，声称自己的公司与台湾某公司合作兴办年产20万吨净水剂、总投资为300万元的项目，请银行放贷100万元，并伪造合作意向书骗取银行信任，银行在第一次贷出50万元后，即发现引资和合作项目是一个骗局。利用虚假项目诈骗银行等金融机构的贷款也很常见，如邓诗钰以虚构的三峡工程诈骗银行贷款案。犯罪行为人邓诗钰编造了一个根本不具备法人资格、无注册资金、无引资实际能力的皮包公司，谎称拥有50亿美元的资金可向三峡工程投资，并成立了所谓的“中华通天运河国际投资开发集团总公司三峡分公司”，以三峡工程的名义，诈骗银行贷款以及其他企事业单位的合资款、投资款共计59万余元。

(2) 使用虚假的经济合同诈骗贷款的。虚假的经济合同，主要是指伪造、变造的假合同、逾期合同、无效合同、他人的合同等。金融机构向企业单位或个人发放各种贷款时，离不开对贷款用途或投向的审查，经济合同也是金融机构发放贷款的依据之一。刘金彪贷款诈骗案就是利用虚假合同进行诈骗的典型案件。海南省海口市飞驰实业有限公司法定代表人刘金彪以欺骗手段与黑龙江哈尔滨市体委兴体房地产开发公司签订了合作兴建、经营哈尔滨飞驰健康城合同。此后，刘金彪以建设飞驰健康城为由，采取伪造“意向性售房合同”及其补

---

① 参见刘廷焕、徐孟洲：《中国金融法律制度》，42页，北京，中信出版社，1996。

充协议等虚假文件的方法，先后从黑龙江投资银行、国泰证券公司哈尔滨营业部骗取贷款36笔，总额高达2.8亿元，除以新贷还旧贷外，其实际得贷款1.9亿余元，而刘金彪直接用于飞驰健康城的资金仅为1 975万元。这起贷款诈骗案件给被害单位造成直接经济损失达1.366亿元。

（3）使用虚假的证明文件诈骗贷款的。虚假的证明文件主要有：虚假的批准立项文件、虚假的营业执照、虚假的法人代表委托书、虚假的担保书、虚假的财务报告、虚假的债权凭证等等。这些证明文件用以证明借款人具有相应的借款条件。如某公司的法定代表人张某将借来的200万元存入某银行，并要求该银行开具存款证明。待存款证明开出后，张某分几次将存款全部提出归还他人，然后用银行开具的这份200万元的存款证明到某信托投资公司申请贷款360万元用于个人挥霍。

（4）使用虚假的产权证明作担保或者超出抵押物价值重复担保的。我国的商业贷款业务以担保贷款为原则，以信用贷款为例外。《贷款通则》将担保贷款分为保证贷款、抵押贷款和质押贷款三种。所谓“产权证明”，是指能够证明行为人对房屋等不动产或汽车、货币、可即时兑付的票据等动产具有所有权的一切文件，如房产证、银行存单、股权证等。使用虚假的产权证明作担保，造成产权的完全或部分虚构。如个体户蒋某来到县农行申请贷款10万元，农行同意以抵押的方式放贷。蒋某称自己在县城有一幢房子，价值10多万元，并出示了房产证。农行在看到房产证后便放贷10万元。后贷款到期，蒋某拒不偿还，农行此时才发现房子根本不存在，房产证是伪造的，遂向公安机关报案。

重复抵押，即指超出抵押物价值重复担保。1988年最高人民法院《关于执行〈中华人民共和国民法通则〉若干问题的意见（试行）》第15条对重复抵押作了原则禁止，而《担保法》第35条则完全否定了重复抵押。所以行为人对抵押物拥有真实的所有权，但超出抵押物价值进行重复担保，是法律所禁止的，这种做法本质上是在虚构财产，因为权利人无法以抵押物实现或全部实现自己的债权。以这种方式实施诈骗银行贷款的，构成贷款诈骗罪。在实践中，比较常见的是犯罪行为人采用互相担保、连环担保、超标准重复担保等方式，以形式上的有效担保骗取银行及其他金融机构贷款并非法占有。有的犯罪分子利用金融机构担保贷款一般不互相通气的漏洞，以同一担保单位到多家金融机构贷款。一些经营不善或资不抵债的企业，由于找不到有经济实力的单位为其贷款担保，而采取互相担保；一些“母子公司”、“兄弟公司”则常采用甲为乙、乙为丙、丙为甲的连环担保，以骗取银行贷款。

（5）以其他方法诈骗贷款的。包括伪造单位公章、印鉴、货物存放栈单骗取贷款的，以假货币为抵押骗取贷款的，以贿赂为工具骗取贷款的，等等。实践中犯罪分子诈骗采用的工具多种多样，上述几种工具也常常被犯罪行为人在一个案件中结合使用。

3. 本罪的主体为一般主体，只包括自然人，实践中多为从事生产、经营等经济活动的人。但是实践中存在大量的单位实施的贷款诈骗犯罪，如某单位虚构财务记录或经济合同等进行骗贷的行为，这种情况，由于法律对于单位实施的贷款诈骗犯罪没有直接的规定，如何对这种行为适用法律，有两种观点：一种观点认为如果数额巨大，影响恶劣的，一般以个人犯罪追究主要负责人或直接责任人员的刑事责任。另一种观点主张依照罪刑法定原则，不应以犯罪论处。[①] 对于这种情况，根据最高人民法院下发的《全国法院审理金融犯罪案件工作座谈会纪要》的规定，在司法实践中，对于单位十分明显地以非法占有为目的，利用签订、履行借款合同诈骗银行或金融机构贷款，符合《刑法》第224条规定的合同诈骗罪构成要件

---

① 参见《贷款诈骗罪的认定与处理》，载http://www.jcrb.com。

的，应当以合同诈骗罪定罪处罚。当然，不符合合同诈骗罪构成的，如没有借款合同的形式，只能以无罪论。

4. 本罪的主观方面是直接故意，并具有非法占有的主观目的。根据最高人民法院下发的《全国法院审理金融犯罪案件工作座谈会纪要》，有以下七种情形之一的，应当认定为具有非法占有的主观目的：(1) 明知没有归还能力而大量骗取资金的；(2) 非法获取资金后逃跑的；(3) 肆意挥霍骗取资金的；(4) 使用骗取的资金进行违法犯罪活动的；(5) 抽逃、转移资金、隐匿财产，以逃避返还资金的；(6) 隐匿、销毁账目，或者搞假破产、假倒闭，以逃避返还资金的；(7) 其他非法占有资金、拒不返还的行为。同时，应当坚持主客观相一致的原则，既要避免单纯根据损失结果客观归罪，也不能仅凭被告人自己的供述，而应当根据案件具体情况具体分析。

（二）贷款诈骗罪的认定

1. 贷款诈骗罪与一般借贷违法行为的区别。两者的区别主要体现在以下两点：第一，在主观故意方面是否具有谋取非法利益的目的。将自己的贷款改变用途的，或是受他人委托，以自己的名义向金融机构贷款，再借给他人使用，没有从中获利的，不构成犯罪，应当认定为一般违法行为。第二，在客观方面行为人是否通过不正当手段获取贷款（即在申请贷款时有提供虚假信息或是隐瞒了重要事实的行为），并转贷从中获取非法利益数额较大的。行为人没有通过不正当的手段套取金融机构贷款，或是套取后没有获得非法利益或所得尚未达到“数额较大”刑事追诉标准的，应当认定为一般违法行为。

2. 贷款诈骗罪和合同诈骗罪的区别。合同诈骗罪是以非法占有为目的，在签订、履行经济合同过程中，骗取对方当事人财物、数额较大的行为。贷款诈骗罪与合同诈骗罪在主观方面相同，主要的区别在客观方面，贷款诈骗罪是以“贷款”的方式实施诈骗，合同诈骗罪是以合同为载体实施的诈骗。如果贷款诈骗在实施中同样具有合同这一载体，即具有借款合同，这种情况下是集资诈骗罪和合同诈骗罪的法条竞合，贷款诈骗罪是特殊犯罪，合同诈骗罪是普通犯罪，根据法条竞合犯特别法条优于普通法条的处断原则，以贷款诈骗罪定罪量刑。当贷款诈骗在实施中没有合同这一形式载体，或者难以认定为合同的，不构成与合同诈骗罪的竞合，直接以贷款诈骗罪予以认定。

3. 贷款诈骗罪的共犯。由二人以上共同故意实施可以构成贷款诈骗共同犯罪。在贷款诈骗共同犯罪中，特别要注意对冒名贷款的认定。在信贷制度中，如果发放的贷款不是由申请人使用，或虽由申请人使用却未用于申请贷款时提出的用途的，就称为冒名贷款。具体来讲，冒名贷款主要表现为以下几种形式：

(1) 顶名贷款。一般是指银行或其他金融机构工作人员，在自己的亲朋好友来贷款时，因对象不符合条件，不能按正当手续办理贷款，遂经过有贷款条件的单位或个人同意以其名义申请贷款，交由亲朋好友使用的行为。

(2) 搭名贷款。指银行或其他金融机构的工作人员因自己或亲友要使用贷款，但又无法贷出时，在正当贷款户贷款时，要求该贷款者多申请一部分贷款，将多贷出的部分供自己或亲友使用的行为。

(3) 盗名贷款。指银行或其他金融机构的工作人员利用自己的职务便利，在他人（单位）不知道的情况下，使用其名义贷款归个人使用的行为。

(4) 假名贷款。指银行或金融机构的工作人员利用职务便利，编造根本不存在的假人名、假单位进行贷款，然后将贷款归个人使用的行为。

对于金融机构的工作人员上述冒名贷款行为的性质认定，应具体分析：

(1) 金融机构的工作人员单独作案，利用职务之便以挪用为目的进行冒名贷款，归个人使用或借贷给他人使用，数额较大，超过3个月未还的，或者数额较大、进行营利活动或进行非法活动的，根据刑法的规定，可构成挪用公款罪或挪用资金罪。如果在主观上具有非法占有的目的或取得贷款后不退还的，根据刑法的规定，依法构成贪污罪或职务侵占罪。

(2) 金融机构的工作人员，如果与金融机构以外的人员相互串通、共同勾结，没有利用职务之便，采取上述冒名贷款手段骗取贷款的，共同构成贷款诈骗罪，以共犯论处。

(3) 金融机构的工作人员利用职务之便，与非银行工作人员内外勾结，共同实施贷款诈骗犯罪的，金融机构工作人员的行为又完全符合贪污罪或职务侵占罪的构成。对于这种情形，有观点主张应当充分考虑银行工作人员利用职务便利实施相关行为的特殊性，在认定犯罪时，采取"特殊身份说"，即无特殊身份者教唆、帮助或利用有特殊身份者共同实施犯罪时，有特殊身份者为实行犯，应当以其犯罪的基本特征来认定共同犯罪的性质，而不能根据主犯犯罪的基本特征认定犯罪性质。①

(三) 贷款诈骗罪的处罚

根据《刑法》第193条的规定，实施贷款诈骗罪，数额较大的，处5年以下有期徒刑或者拘役，并处2万元以上20万元以下罚金；数额巨大或者有其他严重情节的，处5年以上10年以下有期徒刑，并处5万元以上50万元以下罚金；数额特别巨大或者有其他特别严重情节的，处10年以上有期徒刑或者无期徒刑，并处5万元以上50万元以下罚金或者没收财产。

根据2001年4月18日最高人民检察院、公安部颁布的《关于经济犯罪案件追诉标准的规定》第42条的规定，"数额较大"是指诈骗所得1万元以上。根据1996年12月16日最高人民法院《关于审理诈骗案件具体应用法律的若干问题的解释》第4条的规定，"其他严重情节"是指：(1) 为骗取贷款，向银行或者金融机构的工作人员行贿，数额较大的；(2) 挥霍贷款，或者用贷款进行违法活动，致使贷款到期无法偿还的；(3) 隐匿贷款去向，贷款期限届满后，拒不偿还的；(4) 提供虚假的担保申请贷款，贷款期限届满后拒不偿还的；(5) 假冒他人名义申请贷款，贷款期限届满后，拒不偿还的。"其他特别严重情节"是指：(1) 为骗取贷款，向银行或者金融机构的工作人员行贿，数额较大的；(2) 携带贷款逃跑的；(3) 使用贷款进行犯罪活动的。

## ■ 信用卡诈骗罪

(一) 信用卡诈骗罪的概念和特征

信用卡诈骗罪，是指使用伪造的信用卡、使用作废的信用卡、冒用他人的信用卡或者恶意透支，进行信用卡诈骗的活动，数额较大的行为。2005年2月28日第十届人民代表大会常务委员会第十四次会议通过的《刑法修正案(五)》，对1997年《刑法》第196条的信用卡诈骗罪进行了修改。本罪的构成特征如下：

1. 本罪侵犯的客体是国家的信用卡管理制度和公私财产所有权。本罪的犯罪对象为信用卡，根据2004年12月29日全国人民代表大会常务委员会《关于〈中华人民共和国刑法〉有关信用卡规定的解释》的规定，《刑法》规定的"信用卡"，是指由商业银行或者其他金融机构发行的具有消费支付、信用贷款、转账结算、存取现金等全部功能或者部分功能的电子支付卡。

2. 本罪的客观方面表现为使用伪造的信用卡、使用作废的信用卡、冒用他人的信用卡

---

① 参见张明楷：《刑法学》(上)，309页。

或者恶意透支，进行信用卡诈骗的活动，数额较大的行为。信用卡是一种消费贷款，它提供一个有明确信用额度的循环信贷账户，借款人可支取部分或全部额度；一旦已使用余额得到偿还，该信用额度又重新恢复使用。[①] 信用卡和借记卡都是银行、金融机构发行给特定的用户用于支付结算、存取现金等。信用卡是"先消费，后还钱"，具备透支功能；借记卡是"先存钱，后消费"，不具有透支消费的信用功能。我国银行自 20 世纪 70 年代末 80 年代初开始发行信用卡，在不长的时间内发展迅速；信用卡成为一种新的结算工具，发挥着越来越重要的作用。与此同时，利用信用卡进行的犯罪活动也不断出现。

根据刑法的规定，信用卡诈骗罪的客观行为表现具体有下列几种：

（1）使用伪造的信用卡，或者使用以虚假的身份证明骗领的信用卡的。伪造的信用卡既包括无权制作信用卡的单位或个人，模仿信用卡的质地、模式、版块、图样以及磁条密码等，非法制造信用卡的行为，也包括在真卡的基础上进行伪造，即信用卡本身是合法制造的，通过非法制作、涂改、修改等手段重新制作信用卡所需的账号、姓名、密码等信息。这种行为俗称"烧卡"。[②]

所谓"使用以虚假的身份证明骗领的信用卡进行诈骗"，是指行为人所持有、使用的信用卡是由发卡银行发行的，而并非伪造的，但是行为人在领取该信用卡时是以虚假的身份证明骗领的方式领取的。信用卡是以持卡人的信用为基础的，行为人使用以虚假的身份骗领的信用卡，将会对发卡银行或者特约商户的利益造成损失，在性质上属于诈骗行为。因此，《刑法修正案（五）》将这种行为增设为信用卡诈骗罪的一种行为方式。

这里的"使用"，必须是以能够实现法定的信用卡功能、用途的方式进行使用的行为。换句话说，只有可以用信用卡进行交付结算的经济行为才属于这里的"使用"，包括用信用卡在特约商户购买商品、在银行或者自动柜员机上取现以及接受信用卡进行支付结算的各种服务，比如购买机票、车船票、支付宾馆饭店的住宿费、餐费等。使用伪造的信用卡或者以虚假的身份证明骗领的信用卡私下作质押担保骗取钱财的行为不宜作为信用卡诈骗罪意义上的"使用"行为，行为人以此骗取贷款的可以根据贷款诈骗罪处理，骗取合同标的的，可以按合同诈骗罪处理；骗取他人财物的可以按照诈骗罪处理。未进入信用卡法律关系中，使用行为并未体现信用卡的法定功能，从而未构成对信用卡管理秩序破坏的"使用"，并非这里意义上的"使用"。

（2）使用作废的信用卡的。作废的信用卡是指因法定原因失去效用的信用卡，主要包括三种：一是超过使用期限而自动失效的信用卡。信用卡一般都规定有使用期限，超过期限就自动失效，持卡人在信用卡到期日如要继续使用，应到发卡银行办理换卡。二是持卡人中途停止使用信用卡，并在发卡机构办理了退卡手续的。此时虽然信用卡尚在有效期限内，但由于持卡人中途退卡而归于作废。三是挂失的信用卡。发卡银行或公司都对丢失信用卡的情形规定有挂失制度，以切实保护持卡人的利益；经挂失的信用卡就失去使用效力，成为作废的信用卡。使用上述作废的信用卡进行诈骗，数额较大的，就构成本罪。

（3）冒用他人的信用卡的。冒用他人的信用卡，是指非持卡人未经持卡人同意或授权，以持卡人的名义使用持卡人的信用卡骗取钱财的行为。信用卡是以持卡人的信用为基础，信用卡必须由持卡人本人使用而不得转借或赠与他人，这是世界各国之通例，否则，就会使持卡人的资金置于极大的风险中，也会给发卡银行带来风险。

---

① 参见张积慧编著：《走近信用卡》，2 页，成都，西南财经大学出版社，2002。

② 参见刘华：《信用卡犯罪中若干疑难问题探讨》，载《法学》，1996（9）。

实践中，冒用他人的信用卡常常表现为以下几种：1）捡拾他人的信用卡而冒用。持卡人遗失信用卡后，应当立即向发卡银行申请挂失，否则就可能被他人冒用，损失的承担者可能是原合法持卡人，也可能是发卡银行。2）擅自使用为持卡人代为保管的信用卡。持卡人如果因业务关系或朋友关系等将信用卡暂时委托给行为人保管，行为人未经持卡人同意，擅自使用其信用卡进行消费、取现等，如果行为人事后隐瞒真相，也未将透支款项偿还的，即构成冒用。3）以欺骗手段取得他人的信用卡、身份证后进行取现或消费。比如乌鲁木齐水晶宫夜总会歌手王某，骗取新疆维吾尔自治区水利电力研究所劳动服务公司副总经理朱某所持的长城信用卡与身份证后，通过夜总会吧台小姐提取现金和限额内消费，仅半个月其透支额竟达 6 万余元。这种行为即属冒用他人的信用卡的行为。4）接受非法持卡人转手的信用卡而冒用。这是指行为人接受他人转手出让或出售的他人的信用卡而使用。转手者可能通过盗窃、诈骗、捡拾等方法获取他人信用卡。5）通过与受害人接触获取其身份资料后，伪造被害人身份证到银行进行挂失，再办理新卡进行冒用。6）在交易中乘人不备，将事先准备好的伪卡调换真卡，再进行冒用。

（4）恶意透支的。所谓透支，是指持卡人在发卡银行或者公司的信用卡账户上资金不足或者已无资金的情况下，经过发卡银行或者公司的批准，可以在超过信用卡上余留资金的一定额度内继续使用该信用卡，并在一定期限内补足差额的制度。透支是信用卡的一项重要功能，一般的，各发卡银行、公司都规定有透支制度。所谓恶意透支，是指持卡人以非法占有为目的，超过规定限额、规定期限透支，并且经发卡银行、公司催收后仍不归还的行为。恶意透支是一种违法行为，与正常的透支行为，即善意透支相比，根本区别在于持卡人主观上具有非法占有所透支的资金的目的。

构成恶意透支的信用卡诈骗罪，主观上要求持卡人对超过规定限额或期限透支是明知的，而且必须具有非法占有的目的，“经发卡银行催收后仍不归还”实际上也是对“非法占有目的”的一种认定，但还不能简单等同，如果行为人是出于客观原因不能归还的，不能认定具有非法占有目的；从司法实践看，一般持卡人具有下列透支行为的，可以认定具有非法占有的目的：持卡人巨额透支后携款逃跑的；透支用于违法犯罪活动，致使透支款项无法返还的；将透支款项用于挥霍、购买奢侈品，大大超过其实际支付能力的；等等。

在客观上，具有超过规定限额或期限透支，经发卡银行催收后仍不归还，数额较大的行为。持卡人恶意透支的行为表现有两种：一种是超过规定的限额透支，另一种是超过规定的期限透支。二者是选择要件，而非同时具备的要件。

比较常见的手法是行为人在短时间内，持信用卡在不同的特约商户、网点频繁使用、取现，每次都在银行规定的限额内，以使银行不能及时发现其真实企图，积少成多，造成巨额透支，然后携款物潜逃；等到银行发现时，巨额损失已成既成事实。

此外，根据刑法的规定，盗窃信用卡并使用的，构成盗窃罪，而不构成本罪。

3. 本罪的主体只能为自然人，单位不能构成本罪。

4. 本罪的主观方面为直接故意，并具有非法占有他人财物的目的。

（二）信用卡诈骗罪的认定

1. 信用卡诈骗罪与非罪的界限。

首先，从主观方面进行区分，本罪为故意犯罪且为目的犯，如果行为人基于过失或不知情实施了使用作废的信用卡、使用他人信用卡或是透支等行为，都不构成犯罪。其次，可以从客观方面进行区分，构成本罪须达到数额较大的程度。根据 2001 年 4 月 18 日最高人民检察院、公安部颁布的《关于经济犯罪案件追诉标准的规定》第 46 条的规定，本罪的刑事追诉标准为诈骗所得或恶意透支数额5 000元以上。最后，可以从主体上进行区分，刑法未规定单位主体的信用卡诈骗犯罪，所以，如果是由单位实施的行为，则不构成本罪，可以通过其他途径处理。

2. 信用卡诈骗罪与伪造金融票证罪的界限。使用伪造的信用卡进行诈骗行为的，不仅构成本罪，实际上也构成《刑法》第177条规定的伪造金融票证罪。这种情形下，行为人诈骗数额未达到本罪的，以伪造金融票证罪论处；行为人的行为同时符合本罪和伪造金融票证罪的，应当认定为牵连犯，从一重论处。

（三）信用卡诈骗罪的处罚

根据《刑法》第196条的规定，犯信用卡诈骗罪的，处5年以下有期徒刑或者拘役，并处2万元以上20万元以下罚金；数额巨大或者有其他严重情节的，处5年以上10年以下有期徒刑，并处5万元以上50万元以下罚金；数额特别巨大或者有其他特别严重情节的，处10年以上有期徒刑或者无期徒刑，并处5万元以上50万元以下罚金或者没收财产。根据最高人民法院1996年12月16日《关于审理诈骗案件具体应用法律的若干问题的解释》以及最高人民检察院、公安部《关于经济犯罪案件追诉标准的规定》，该处的“数额较大”是指数额在5 000元以上的，“数额巨大”是指诈骗数额或恶意透支在5万元以上的，“数额特别巨大”是指诈骗数额或恶意透支在20万元以上的。

## ■ 保险诈骗罪

（一）保险诈骗罪的概念和特征

保险诈骗罪，是指投保人、被保险人或者受益人，以非法占有为目的，违反保险法律、法规，采取虚构事实、隐瞒真相的方法骗取数额较大的保险金的行为。

1. 本罪侵犯的客体是复杂客体，为国家的保险制度及保险人的财产所有权。

2. 本罪的客观方面表现为违反保险法律、法规，采取虚构事实、隐瞒真相的方法骗取数额较大的保险金的行为。其具体的行为表现为以下五种：

第一，投保人故意虚构保险标的，骗取保险金的。所谓投保人是指对保险标的有相关的利益（在保险法律关系中即为保险利益），向保险人申请订立保险合同，并负有交纳保险费义务的人。所谓保险标的，是指作为保险对象的物质财富及其有关利益、人的生命或身体。保险标的是保险合同的核心，可以说保险法律关系当事人都是围绕保险标的开展保险活动的。故意虚构保险标的，是指行为人为了骗取保险金，在订立保险合同时，故意虚构根本不存在的保险标的，企图制造保险事故，以非法获取保险金。如甲谎称自己有一辆汽车，并拿来他人的有关证明文件，与保险公司订立了保险合同，后谎称汽车被偷，骗取保险金。

第二，投保人、被保险人或者受益人对发生的保险事故编造虚假的原因或者夸大损失的程度，骗取保险金的。所谓被保险人，是指在保险事故发生或者约定的保险期间届满时，依据保险合同，有权向保险人请求补偿损失或者领取保险金的人。所谓受益人是指投保人或者被保险人在保险合同中明确指定或者依照法律规定有权取得保险金的人。投保人、被保险人、受益人可能是一个人，也可能根据法律的规定或约定，将被保险人或受益人另外指定为他人，从而为不同的两个人或三个人。保险事故发生后，保险人要进行理赔，给付保险金，但并非任何原因引起的保险事故都会获得理赔，只有基于法定或约定的原因、并被排除在免责条款之外而发生的保险事故才会获得赔偿。所谓“对发生的保险事故编造虚假的原因”，就是指投保人、被保险人或者受益人为了达到骗取保险金的目的，在发生保险事故后，对事故原因作虚假的陈述或者隐瞒事故发生的真实原因，企图把不符合赔偿责任范围的事故编造成赔偿责任范围内的事故的行为。如将因为操作不当导致的机器爆炸，行为人予以伪装，并编造为机器自身电路短路导致的，以获取产品质量保险金；所谓“夸大损失的程度”是指投保人、被保险人或者受益人在保险事故发生后，故意夸大保险事故造成保险标的损失的程度，企图取得超过损失程度的保险金的行为。如发生电路短路的爆炸事故后，夸大由此造成的人员、物质损失的行为。

第三，投保人、被保险人、受益人编造未曾发生的保险事故，骗取保险金的。如某甲在取得动产保险后，自己设法转移该动产，之后向保险公司谎称被盗，以骗取保险金的行为。

第四，投保人、被保险人故意造成财产损失的保险事故，骗取保险金的。如行为人故意造成被保险的房屋被烧毁，谎称为保险事故，或是故意将某件动产遗弃，谎称被盗，要求保险人理赔，从而非法获取保险金的行为。这种情形限定在财产保险合同中。

第五，投保人、受益人故意造成被保险人死亡、伤残或者疾病，骗取保险金的。这种情形限定在人身保险中，人身保险是以人的健康和生命作为保险标的的。投保人、受益人为获取保险金而故意实施致使被保险人死亡、伤残或者发生疾病的行为，如杀害、伤害、摧残、虐待、遗弃、传播传染病、投毒等。由此骗取保险金数额较大的，符合本罪的该款客观构成。

根据《刑法》第 198 条第 2 款的规定，行为人在实施本罪上述第四、五项行为时同时构成其他犯罪的，应当认定为数罪。如行为人为骗取保险金，将某处房屋焚烧，或将被保险人杀害，获取数额较大的保险金；这些行为在构成保险诈骗犯罪的同时，也构成了纵火犯罪和杀人罪，并且纵火和杀人的行为与保险诈骗犯罪之间存在着手段行为与目的行为的关系，但根据刑法的规定，应当数罪并罚，而不是作为牵连犯以一罪从重论处。

3. 本罪的主体是特殊主体，即具有保险利益的人，包括投保人、被保险人或者受益人。自然人和单位均可以构成本罪。另外，保险事故的鉴定人、证明人、财产评估人故意提供虚假的证明文件，为他人诈骗提供条件的，以保险诈骗的共犯论处。

4. 本罪的主观方面为故意，并且具有骗取并非法占有保险金的目的。

（二）保险诈骗罪的认定

1. 保险诈骗罪与非罪的界限。首先，根据刑法的规定，构成本罪，需要达到数额较大的程度。因此，是否骗取了数额较大的保险金，就成为区分保险诈骗罪与非罪的重要标准。究竟何为“数额较大”，在下文中论述。未达到“数额较大”的标准，则不构成犯罪。其次，行为人主观上是否具有骗取保险金的目的也是区分的标准之一，如果行为人因为不清楚保险的具体规定，或是由于事故本身难以认定误报的，不属于以非法占有保险金为目的实施的行为，都不构成本罪。

2. 保险诈骗罪与贪污罪、职务侵占罪的区别。随着保险业的发展，保险公司工作人员利用职务之便，故意编造未曾发生的保险事故进行虚假理赔、骗取保险金的现象日渐增多，这种行为不仅严重妨碍正常保险业务、破坏国家保险秩序，而且影响了保险公司的信誉，因此必须对这种行为进行严厉打击。根据法律的规定，这种行为应分别按照贪污罪和职务侵占罪定罪处罚。即国有保险公司工作人员和国有保险公司委派到非国有保险公司从事公务的人员虚假理赔的，构成贪污罪；除此之外的保险公司的工作人员虚假理赔的构成职务侵占罪。

保险诈骗罪与贪污罪、职务侵占罪都可以是通过骗取的方式非法占有他人财产，在主观上都是以非法占有为目的的犯罪。它们的区别主要在犯罪主体上，保险诈骗罪的犯罪主体是具有保险利益的人，包括投保人、被保险人或者受益人，自然人和单位均可以构成本罪；贪污罪主体主要是国有保险机构的工作人员，职务侵占罪的主体主要是非国有保险机构的工作人员。同时，贪污罪、职务侵占罪必须是通过利用职务便利的方式实施的犯罪，保险诈骗罪则不具有这一要件。

3. 冒名骗赔行为的认定。所谓冒名骗赔行为，是指自己不参加投保，出现事故后冒用已参加投保的单位或个人的户名向保险公司骗赔的行为。对这种行为应如何定性，人们认识不一。有的认为，刑法中虽然没有将这种情形列入保险诈骗行为中，但这种冒名骗赔行为与刑法所列举的几种行为在性质上是相同的，完全可以按保险诈骗罪定罪处罚；有人则认为根据罪刑法定原则，既然刑法对此没有明确列出，就不能以保险诈骗罪定罪处罚；也有人认为，由于法律规定保险诈骗罪的主体仅限于投保人、被保险人和受益人，而冒名骗赔行为的主体则与此完全不相符合，所以不宜以保险诈骗罪定性处罚，但可以诈骗罪定性。①

对于这种行为，冒名者采取伪造有关证件及材料等手段进行骗赔的，这种情况下行为人虽然具有诈骗意图，客观上实施的行为也具有诈骗的性质，但不符合保险诈骗罪的构成要件，故不能以保险诈骗罪论处，对其可以按诈骗罪定罪。冒名者与保险公司工作人员勾结共同骗取保险公司保险金的，则因保险公司工作人员利用职务上的便利，具有虚假理赔的性质，根据法律的规定构成贪污罪或职务侵占罪。这种情况下冒名者因具有与保险工作人员共同的犯意而构成贪污罪或职务侵占罪的共犯。当然，冒名者与被冒名者共同实施骗取保险金的，被冒名者具有与冒名者诈骗保险金的共同犯意，客观上实施了保险诈骗罪的部分实行行为，同时被冒名者具备保险诈骗罪的主体要件，被冒名者构成保险诈骗罪，冒名者则构成保险诈骗罪的共犯。

（三）保险诈骗罪的处罚

根据《刑法》第 198 条的规定，犯保险诈骗罪的，处 5 年以下有期徒刑或者拘役，并处 1 万元以上 10 万元以下罚金；数额巨大或者有其他严重情节的，处 5 年以上 10 年以下有期徒刑，并处 2 万元以上 20 万元以下罚金；数额特别巨大或者有其他特别严重情节的，处 10 年以上有期徒刑，并处 2 万元以上 20 万元以下罚金或者没收财产。单位犯本罪的，对单位判处罚金，并对其直接负责的主管人员和其他直接责任人员，处 5 年以下有期徒刑或者拘役；数额巨大或者有其他严重情节的，处 5 年以上 10 年以下有期徒刑；数额特别巨大或者有其他特别严重情节的，处 10 年以上有期徒刑。根据 2001 年 4 月 18 日最高人民检察院、公安部颁布的《关于经济犯罪案件追诉标准的规定》第 48 条的规定，个人进行保险诈骗，数额在 1 万元以上，单位进行保险诈骗，数额在 5 万元以上的，构成犯罪，予以刑事追诉。根据最高人民法院 1996 年 12 月 16 日《关于审理诈骗案件具体应用法律的若干问题的解释》的规定，个人进行保险诈骗数额在 5 万元以上的，属于“数额巨大”，单位进行保险诈骗数额在 25 万元以上的，属于“数额巨大”；个人进行保险诈骗数额在 20 万元以上的，属于“数额特别巨大”，单位进行保险诈骗数额在 100 万元以上的，属于“数额特别巨大”。

此外，根据《刑法》第 198 条第 4 款的规定，保险事故的鉴定人、证明人、财产评估人故意提供虚假的证明文件，为他人诈骗提供条件的，以保险诈骗的共犯论处。

## ■ 偷税罪

（一）偷税罪的概念和特征

偷税罪是指纳税人或扣缴义务人故意违反税收法律、法规，采取伪造、变造、隐匿、擅自销毁账簿、记账凭证，在账簿上多列支出或少列、不列收入，经税务机关通知申报而拒不

① 参见刘宪权：《金融犯罪惩治与风险防范》，242 页，上海，立信会计出版社，1998。

申报或者进行虚假的纳税申报的手段，不缴或者少缴应纳税款，数额较大或者情节严重的行为。本罪的构成特征如下：

1. 本罪侵犯的客体是国家的税收征管制度。

2. 本罪的客观方面表现为违反税收法律、法规，采取欺瞒等手段，不缴或者少缴应纳税款，数额较大或者情节严重的行为。

违反税收法律、法规是构成偷税罪的前提。这些法律、法规包括自新中国成立以来仍然有效的、具体规定了纳税义务人的范围、征税对象、税目、税率、税收的减免、纳税的环节、期限、税收的征管以及法律责任等内容的一系列法律、法规。

根据最高人民法院 2002 年 11 月 4 日颁布的《关于审理偷税、抗税刑事案件具体应用法律若干问题的解释》第 1 条的规定，行为人偷税的具体行为表现有：

（1）伪造、变造、隐匿、擅自销毁账簿、记账凭证。所谓伪造账簿、记账凭证，是指为了偷税，平时不按税法规定设置账簿，为了应付税务机关的检查而编造假账簿、假凭证；所谓变造账簿和记账凭证，是指把已有的真实账簿和记账凭证进行篡改、合并或者删除，以少充多或者以多充少，或者账外设账、真假并存，从而使人对其经营数额和应税项目产生误解；所谓隐匿账簿和记账凭证，是指将真实的账簿和记账凭证隐藏起来，躲避税务人员的检查；所谓擅自销毁账簿和记账凭证，是指未经税务机关批准，私自将账簿和记账凭证销毁，使税务人员无法检查其应纳税额。根据最高人民法院《关于审理偷税、抗税刑事案件具体应用法律若干问题的解释》第 1 条的规定，纳税人伪造、变造、隐匿、擅自销毁用于记账的发票等原始凭证的行为，应当认定为伪造、变造、隐匿、擅自销毁记账凭证的行为。

（2）在账簿上多列支出或不列、少列收入。如将产品直接作价抵债后不记账、在多个银行开户并同时使用等。

实施上述行为，应当达到数额较大或者情节严重的程度，才构成刑事犯罪。根据最高人民法院《关于审理偷税、抗税刑事案件具体应用法律若干问题的解释》的规定，实施上述两种行为，偷税数额在 5 万元以下，纳税人或者扣缴义务人在公安机关立案侦查以前已经足额补缴应纳税款和滞纳金，犯罪情节轻微，不需要判处刑法的，可以免予刑事处罚。

（3）经税务机关通知申报而拒不申报。所谓“经税务机关通知申报”，根据最高人民法院《关于审理偷税、抗税刑事案件具体应用法律若干问题的解释》第 2 条的规定，是指下列情形之一：第一，纳税人、扣缴义务人已经依法办理税务登记或者扣缴税款登记的；第二，依法不需要办理税务登记的纳税人，经税务机关依法书面通知其申报的；第三，尚未依法办理税务登记、扣缴税款登记的纳税人、扣缴义务人，经税务机关依法书面通知其申报的。

（4）进行虚假纳税申报。根据最高人民法院《关于审理偷税、抗税刑事案件具体应用法律若干问题的解释》第 2 条的规定，“虚假的纳税申报”，是指纳税人或者扣缴义务人向税务机关报送虚假的纳税申报表、财务报表和代扣代缴、代收代缴税款报告表或者其他纳税申报资料，如提供虚假申请，编造减税、免税、抵税、先征收后退还税款等虚假资料等。

另外，根据最高人民法院《关于审理偷税、抗税刑事案件具体应用法律若干问题的解释》第 4 条的规定，两年内因偷税受过两次行政处罚，又偷税且数额在 1 万元以上的，应当以偷税罪定罪处罚。

3. 本罪的主体是特殊主体，即纳税人和扣缴义务人。根据《中华人民共和国税收征收管理法》的规定，纳税人是指法律和行政法规规定负有纳税义务的单位和个人；扣缴义务人是指法律和行政法规规定负有代扣代缴、代收代缴义务的单位和个人。非纳税人和非扣缴义务人不能独立成为偷税罪的主体，但是可以成为本罪的共犯。

4. 本罪的主观方面为故意，并且具有逃避缴纳应缴税款以获取非法利益的目的。

（二）偷税罪的认定

1. 偷税罪与非罪的界限。非罪的行为包括漏税、欠税以及一般偷税行为。首先，从主观方面来区分，如果没有故意逃避缴纳税款获取非法利益的目的，只是因为业务不熟、管理混乱、账目不清、漏报税目等原因未缴或少缴应纳税款（漏税），或是存在客观原因，如水灾、地震的影响，而超过税务机关核定的纳税期限，未缴或者少缴应纳税款（欠税）的，由于欠缺构成本罪的主观要件，因此，都不构成本罪。其次，从客观方面来区分，构成偷税罪的，需要具备数额较大或者情节严重的要件，如果纳税人或者扣缴义务人没有达到数额较大或者情节严重的要件，则只能构成一般偷税行为，由税务机关给予行政处罚。

2. 偷税罪与逃避追缴欠税罪的界限。所谓逃避追缴欠税罪是指纳税人故意违反税收管理法规，欠缴应纳税款，采取转移或者隐匿财产的手段，致使税务机关无法追缴欠缴的税款，数额较大的行为。二者的主要区别是：

（1）前提不同。在构成逃避追缴欠税罪中，必须存在欠缴税款的事实，这是构成该罪的前提；而在偷税罪中，不存在这样的前提。

（2）客观行为表现不同。逃避追缴欠税罪的客观行为是针对纳税人所有的财产实施的，这些财产本应当因为其欠缴税款而为国家税务机关强制执行追缴的；而本罪的客观行为是针对账簿、记账凭证、申报材料等文书实施的，目的是为了掩饰应缴纳的真实税款。

（3）主体不同。本罪的主体为一般纳税人，而逃避追缴欠税罪的主体只能是欠税人；另外，本罪的主体还可以是扣缴义务人，逃避追缴欠税罪则没有这一主体。

（三）偷税罪的处罚

根据《刑法》第201条、第211条的规定，犯偷税罪的，偷税数额占应纳税额的10%以上不满30%并且偷税数额在1万元以上不满10万元的，或者因偷税被税务机关给予二次行政处罚又偷税的，处3年以下有期徒刑或者拘役，并处偷税数额1倍以上5倍以下罚金；偷税数额占应纳税额的30%以上并且偷税数额在10万元以上的，处3年以上7年以下有期徒刑，并处偷税数额1倍以上5倍以下罚金。扣缴义务人犯本罪，不缴或者少缴已扣、已收税款，数额占应缴税款的10%以上并且数额在1万元以上的，依照上述规定处罚。单位犯本罪的，对单位判处罚金，并对其直接负责的主管人员和其他直接责任人员，依照上述规定处罚。

根据2001年4月18日最高人民检察院、公安部颁布的《关于经济犯罪案件追诉标准的规定》第49条的规定，偷税数额在1万元以上，并且偷税数额占各税种应纳税总额的10%以上；或者虽未达到上述数额标准，但因偷税受过行政处罚两次以上，又偷税的，构成偷税刑事犯罪，应予追诉。

《刑法》第201条第3款规定，对多次犯有偷税行为未经处理的，应当按照累计数额计算。根据最高人民法院《关于审理偷税、抗税刑事案件具体应用法律若干问题的解释》第2条的规定，“未经处理”，是指纳税人或者扣缴义务人在5年内多次实施偷税行为，但每次偷税数额均未达到偷税罪的数额标准，且未受行政处罚的情形。纳税人、扣缴义务人因同一偷税犯罪行为受到行政处罚，又被移送起诉的，人民法院应当依法受理。依法定罪并判处罚金的，行政罚款折抵罚金。

此外，根据最高人民法院《关于审理偷税、抗税刑事案件具体应用法律若干问题的解释》第3条的规定，偷税数额，是指在确定的纳税期间，不缴或者少缴各税种税款的总额。

偷税数额占应纳税额的百分比，是指一个纳税年度中的各税种偷税总额与该纳税年度应纳税总额的比例。不按纳税年度确定纳税期的其他纳税人，偷税数额占应纳税额的百分比，按照行为人最后一次偷税行为发生之日前一年中各税种偷税总额与该年纳税总额的比例确定。纳税义务存续期间不足一个纳税年度的，偷税数额占应纳税额的百分比，按照各税种偷税总额与实际发生纳税义务期间应当缴纳税款总额的比例确定。

偷税行为跨越若干个纳税年度，只要其中一个纳税年度的偷税数额及百分比达到本罪的标准，即构成偷税罪。各纳税年度的偷税数额应当累计计算，偷税百分比应当按照最高的百分比确定。

## 抗税罪

（一）抗税罪的概念和特征

抗税罪，是指纳税人、扣缴义务人以暴力、威胁办法拒不缴纳应缴税款的行为。本罪的构成特征如下：

1. 本罪侵犯的客体是复杂客体，即不仅破坏了国家税收监督管理，妨碍了税务机关依法征税，而且侵犯了依法执行税务的税务人员的人身权利。

2. 本罪的客观方面表现为以暴力、威胁办法拒不缴纳应缴税款的行为。所谓暴力的方法是指对执行税收职务的国家机关工作人员实施袭击或者其他强暴手段，如殴打、伤害、捆绑等危及他人人身安全、健康的方法；所谓威胁的方法是指对执行税收职务的国家机关工作人员进行恐吓，实行精神上的强制。威胁的内容既可以是现实的、即刻兑现的，也可以是未来的、日后兑现的；既可以是直接针对工作人员本人实施的，也可以是对其亲属实施的、间接的威胁。

根据最高人民法院 2002 年 11 月 5 日颁布的《关于审理偷税、抗税刑事案件具体应用法律若干问题的解释》第 6 条的规定，实施抗税行为致人重伤、死亡，构成故意伤害罪、故意杀人罪的，分别依照《刑法》第 234 条第 2 款、第 232 条的规定，以故意伤害罪、故意杀人罪定罪处罚。

3. 本罪的主体是特殊主体，即负有纳税义务的纳税人或者负有代扣代缴、代收代缴义务的扣缴义务人。本罪主体只能由自然人构成，单位不能成为本罪的主体。

4. 本罪的主观方面为故意，目的是拒不缴纳税款。

（二）抗税罪的认定

1. 抗税罪与非罪的界限。区分本罪与非罪，主要在于对本罪客观行为的理解上，刑法并没有要求构成抗税罪应当具备一定的情节，但这并不意味着不论行为情节轻重，一律构成抗税犯罪。一般来说，行为人在抗税过程中，如果仅有轻微的抗拒行动，如对税务工作人员进行推搡举动，或者在争辩、口角中的一些带有威胁性的话语，尚不足以妨害税务机关的正常工作的，都不构成犯罪；而应当由税务机关批评教育或作为一般违法行为进行行政处罚。

2. 抗税罪与偷税罪的界限。两罪都是侵害国家税收监管制度的犯罪，区别在于：(1) 主体上，本罪只能由自然人构成，偷税罪的主体既可以是自然人，也可以是单位。(2) 客观行为表现上，本罪表现为以暴力、威胁方法拒不缴纳税款的行为，而偷税罪则表现为采取伪造、变造、隐匿、擅自销毁账簿、记账凭证，在账簿上多列支出或少列、不列收入，经税务机关通知申报而拒不申报或者进行虚假的纳税申报的手段，不缴或者少缴应纳税款的行为。(3) 客观情节上，构成本罪不需要达到情节严重的标准，而偷税罪以偷税行为情节严重为构成要件。

（三）抗税罪的处罚

根据《刑法》第202条的规定，犯抗税罪的，处3年以下有期徒刑或者拘役，并处拒缴税款1倍以上5倍以下罚金；情节严重的，处3年以上7年以下有期徒刑，并处拒缴税款1倍以上5倍以下罚金。

根据2001年4月18日最高人民检察院、公安部颁布的《关于经济犯罪案件追诉标准的规定》第50条，抗税犯罪属于行为犯，只要实施该行为，就构成犯罪。根据最高人民法院2002年11月5日颁布的《关于审理偷税、抗税刑事案件具体应用法律若干问题的解释》第5条，“情节严重”是指：（1）聚众抗税的首要分子；（2）抗税数额在10万元以上的；（3）多次抗税的；（4）故意伤害致人轻伤的；（5）具有其他严重情节的。

## ■ 虚开增值税专用发票、用于骗取出口退税、抵扣税款发票罪

（一）虚开增值税专用发票、用于骗取出口退税、抵扣税款发票罪的概念和特征

虚开增值税专用发票、用于骗取出口退税、抵扣税款发票罪，是指为牟取非法经济利益，违反国家税收及发票管理法规，虚开增值税专用发票或者用于骗取出口退税、抵扣税款的其他发票的行为。本罪的构成特征如下：

1. 本罪侵犯的客体是复杂客体，即国家的税收管理制度和对发票的监管制度。本罪的对象是增值税专用发票及用于出口退税、抵扣税款的其他发票。所谓增值税专用发票，是指以产品的增值税为征税对象，并具有直接抵扣税款功能的专门用于增值税的收付款凭证。所谓用于出口退税、抵扣税款的其他发票，根据2005年12月29日第十届全国人民代表大会常务委员会通过的《关于〈中华人民共和国刑法〉有关出口退税、抵扣税款的其他发票规定的解释》，是指除增值税专用发票以外的，具有出口退税、抵扣税款功能的收付款凭证或完税凭证。

2. 本罪的客观方面表现为虚开增值税专用发票或者用于骗取出口退税、抵扣税款的其他发票的行为。所谓“虚开”，是指没有提供货物销售或者没有提供应税劳务，而为其开具能够骗取出口退税、抵扣税款的发票，或者虽然有货物销售或提供有应税劳务，但为其开具内容不实的能够骗取出口退税、抵扣税款的发票。本罪的客观方面包括四种情况：为他人虚开、为自己虚开、让他人为自己虚开、介绍他人虚开。

3. 本罪的主体为一般主体，包括自然人和单位。

4. 本罪的主观方面为故意，并具有骗取出口退税、抵扣税款、牟取非法经济利益的目的。

（二）虚开增值税专用发票、用于骗取出口退税、抵扣税款发票罪的认定

1. 虚开增值税专用发票、用于骗取出口退税、抵扣税款发票罪与非罪的界限。本罪原则上没有情节或数额上的要求，只要以牟取非法经济利益为目的，实施了虚开增值税专用发票、用于骗取出口退税、抵扣税款发票的行为的，就构成本罪。但是，属于刑法中“情节显著轻微、危害不大”的行为，不认为是犯罪，如虚开增值税专用发票、用于骗取出口退税、抵扣税款发票数额很小，尚未造成实际危害后果的，只进行了本罪的预备行为尚未实际实施的，等等。

2. 虚开增值税专用发票、用于骗取出口退税、抵扣税款发票罪与诈骗罪、骗取出口退税罪的界限。行为人实施虚开增值税专用发票、用于骗取出口退税、抵扣税款发票的行为后，往往还可能利用这些发票从事诈骗、骗取出口退税款的行为，这种情况下，应当认定虚开增值税专用发票、用于骗取出口退税、抵扣税款发票的行为为诈骗、骗取出口退税的行

为，构成刑法中的牵连犯，按照对牵连犯的处断原则进行处理，即从一重论处。

（三）虚开增值税专用发票、用于骗取出口退税、抵扣税款发票罪的处罚

根据《刑法》第205条第1、2、3款的规定，犯虚开增值税专用发票、用于骗取出口退税、抵扣税款发票罪的，处3年以下有期徒刑或者拘役，并处2万元以上20万元以下罚金；虚开的税款数额较大或者有其他严重情节的，处3年以上10年以下有期徒刑，并处5万元以上50万元以下罚金或者没收财产。

实施本罪的行为骗取国家税款，数额特别巨大、情节特别严重、给国家利益造成特别重大损失的，处无期徒刑或者死刑，并处没收财产。

单位犯本罪的，对单位判处罚金，并对其直接负责的主管人员和其他直接责任人员，处3年以下有期徒刑或者拘役；虚开的税款数额较大或者有其他严重情节的，处3年以上10年以下有期徒刑；虚开的税款数额巨大或者有其他特别严重情节的，处10年以上有期徒刑或者无期徒刑。

根据2001年4月18日最高人民检察院、公安部颁布的《关于经济犯罪案件追诉标准的规定》第53条的规定，虚开的税款数额在1万元以上或者致使国家税款被骗数额在5 000元以上的，构成犯罪，应予追诉。

## ■ 假冒注册商标罪

（一）假冒注册商标罪的概念和特征

假冒注册商标罪是指违反国家商标管理法规，未经注册商标所有人的许可，在同一种商品上使用与注册商标相同的商标，情节严重的行为。本罪的构成特征如下：

1. 本罪侵犯的客体是国家商标管理制度和他人的注册商标专用权。本罪的犯罪对象是他人的注册商标。这里的注册商标应当作广义的理解，既包括商品商标，又包括服务商标。服务商标是指金融、运输、广播、建筑、旅馆等服务行业为把自己的服务业务与他人的服务业务区别开来而使用的商标。我国1993年2月修订的《商标法》，把服务商标列为保护对象，规定“服务商标注册后享有商品专用权”，并且“本法有关商品商标的规定适用于服务商标”。所以，本罪在犯罪对象上也应当包括服务商标。

2. 本罪的客观方面表现为违反国家商标管理法规，未经注册商标所有人许可，在同种商品上使用与他人注册商标相同的商标、情节严重的行为。所谓“同种”，是指根据《商品和服务国际分类尼斯协定及商品和服务分类表》，处于同一“种”的商品。根据2004年12月8日最高人民法院、最高人民检察院颁布的《关于办理侵犯知识产权刑事案件具体应用法律若干问题的解释》第8条的规定，“相同的商标”，是指与被假冒的注册商标完全相同，或者与被假冒的注册商标在视觉上基本无差别、足以对公众产生误导的商标。前者如在假冒凤凰牌自行车商标中的凤凰的图案中，与注册商标完全一致；后者如将注册商标的凤凰图案上12根羽毛的尾巴假冒为11根或是13根，也应当认定为构成“相同”的要件。

3. 本罪的主体是一般主体，个人和单位都可以成为本罪的主体。

4. 本罪的主观方面只能由故意构成，行为人通常具有营利或者牟取非法利益的目的，但有些案件中，也有出于为了破坏他人注册商标信誉的目的。所以，行为人具有何种目的，不是构成本罪的必备要件。

（二）假冒注册商标罪的认定

1. 假冒注册商标罪与非罪的界限。

（1）对象不同。商标权是商标所有人依法所享有的权利。由于商标包括注册商标和非注

册商标两种，刑事犯罪只管辖注册商标，假冒非注册商标的行为属于行政违法，只能由行政管理机关管辖。

(2) 行为严重程度不同。假冒商标的犯罪是违法行为已经达到一定的严重程度，即达到法律规定的立案标准；而侵权纠纷则是在数额上或情节上未达到法定的标准。

(3) 行为的具体表现不同。侵犯商标专用权的行为有多种多样，但只有在同一种商品上使用与他人注册商标相同的商标才构成假冒注册商标罪。所以，其他的侵犯商标专用权的行为构成侵犯商标专用权的纠纷，这些行为包括擅自在同种商品上使用与他人注册商标相似的商标，或在类似商品上使用与他人注册商标相同乃至相似的商标的行为。

2. 假冒注册商标罪与生产、销售伪劣产品罪的界限。在实践中，行为人有时会在同一种商品上既假冒了他人的注册商标，同时该商品又构成伪劣产品的情形，所以两罪可能会发生交织、重合。上述情况符合刑法中牵连犯的构成，从一重论处。本罪与生产、销售伪劣产品罪存在着以下主要区别：

(1) 假冒注册商标罪是侵犯国家的商标管理制度和注册商标所有人对其注册商标的专用权；生产、销售伪劣产品罪是侵犯国家对生产销售商品的质量监督管理制度和消费者的合法权益。

(2) 在生产、销售伪劣产品犯罪中，犯罪人所生产、销售的产品一定是假、次、不合格产品；而本罪则不尽然，犯罪人在假冒他人注册商标时可能其产品本身是合格的产品。

3. 假冒注册商标罪与销售假冒注册商标的商品罪的界限。实质上，假冒注册商标罪包括了销售假冒注册商标的商品这一行为，所以当行为人既进行了生产、制作假冒注册商标的行为，又实施了销售，则该销售行为被假冒行为吸收，以假冒注册商标罪立案；但是当行为人在甲种商品上假冒他人注册商标，同时又销售他人假冒注册商标的乙种商品，则构成假冒注册商标罪与销售假冒注册商标的商品罪两罪，应当以两罪立案。两罪的区别主要是在客观方面上，销售假冒注册商标的商品罪在客观方面表现为实施非法销售活动，其核心在销售。即一般商品流通领域里的买进卖出，只有买进后又卖出假冒注册商标的商品的行为，但不包括制作。而假冒注册商标罪在客观方面表现为在同一种商品上使用与他人注册商标相同的商标，而且包括将该商品销售以牟利的行为。

4. 假冒注册商标罪与非法制造、销售非法制造的注册商标标识罪的界限。如果行为人既非法制造注册商标标识，又将此商标标识用于假冒他人注册商标的商品上，此时，非法制造注册商标标识的行为是假冒注册商标犯罪的手段行为，这种情形构成刑法中的牵连犯，应当从一重论处。两罪的区别主要为：

(1) 对象不同。假冒注册商标罪的对象是他人的注册商标，非法制造、销售非法制造的注册商标标识罪的对象是商标标识。

(2) 客观行为表现不同。假冒注册商标罪是进行以假充真的假冒行为，非法制造、销售非法制造的注册商标标识罪是进行伪造、擅自制造以及销售伪造、擅自制造注册商标标识的行为。

(三) 假冒注册商标罪的处罚

根据《刑法》第213条、第220条的规定，犯假冒注册商标罪的，处3年以下有期徒刑或者拘役，可以并处或者单处罚金；情节特别严重的，处3年以上7年以下有期徒刑，并处罚金。单位犯本罪的，对单位判处罚金，并对其直接负责的主管人员和其他直接责任人员，依照上述规定处罚。

根据2004年12月8日最高人民法院、最高人民检察院颁布的《关于办理侵犯知识产权刑事案件具体应用法律若干问题的解释》第 1 条的规定，未经注册商标所有人许可，在同一种商品上使用与其注册商标相同的商标，具有下列情形之一的，属于《刑法》第 213 条规定的“情节严重”，应当以假冒注册商标罪判处 3 年以下有期徒刑或者拘役，并处或者单处罚金：

（1）非法经营数额在 5 万元以上或者违法所得数额在 3 万元以上的；

（2）假冒两种以上注册商标，非法经营数额在 3 万元以上或者违法所得数额在 2 万元以上的；

（3）其他情节严重的情形。

具有下列情形之一的，属于《刑法》第 213 条规定的“情节特别严重”，应当以假冒注册商标罪判处 3 年以上 7 年以下有期徒刑，并处罚金：

（1）非法经营数额在 25 万元以上或者违法所得数额在 15 万元以上的；

（2）假冒两种以上注册商标，非法经营数额在 15 万元以上或者违法所得数额在 10 万元以上的；

（3）其他情节特别严重的情形。

单位犯本罪的，按照上述个人犯罪的定罪量刑标准的 3 倍定罪量刑，对单位判处罚金，并对其直接负责的主管人员和其他直接责任人员，依照《刑法》第 213 条的有关规定处罚。

根据最高人民法院、最高人民检察院《关于办理侵犯知识产权刑事案件具体应用法律若干问题的解释（二）》第 4 条的规定，对于侵犯知识产权犯罪的，人民法院应当综合考虑犯罪的违法所得、非法经营数额、给权利人造成的损失、社会危害性等情节，依法判处罚金。罚金数额一般在违法所得的一倍以上五倍以下，或者按照非法经营数额的 50%以上一倍以下确定。

## ■ 假冒专利罪

### （一）假冒专利罪的概念和特征

假冒专利罪是指违反国家专利管理法规，在法律规定的专利有效期内未经专利权人许可，假冒他人专利，情节严重的行为。本罪的构成特征如下：

1. 本罪侵犯的客体为国家的专利管理制度和专利权人的专利权，犯罪对象是他人的专利。

2. 本罪的客观方面表现为违反国家专利管理法规，在法律规定的专利有效期内未经专利权人许可，假冒他人专利，情节严重的行为。所谓在法律规定的专利有效期内是指专利处于法律保护的有效期限内，根据法律的规定，发明专利权的期限为 20 年，实用新型和外观设计专利权的期限为 10 年。根据最高人民法院、最高人民检察院《关于办理侵犯知识产权刑事案件具体应用法律若干问题的解释》第 10 条的规定，“假冒他人专利的行为”主要包括以下四种：（1）未经许可，在其制造或者销售的产品、产品的包装上标注他人专利号的；（2）未经许可，在广告或者其他宣传材料中使用他人的专利号，使人将所涉及的技术误认为是他人专利技术的；（3）未经许可，在合同中使用他人的专利号，使人将合同涉及的技术误认为是他人专利技术的；（4）伪造或者变造他人的专利证书、专利文件或者专利申请文件的。行为人如果不是假冒他人的专利，而是把自己生产的非专利产品冒充为根本不存在的专利产品进行经营、销售，这种行为构成《专利法》中规定的“冒充”行为，属于专利管理机关管辖的行政违法行为，而不是假冒专利的犯罪行为。

构成假冒专利罪的还要求“情节严重”，如果行为情节一般，后果不严重，则不构成犯罪。所谓“情节严重”，是指假冒他人专利，非法获得额较大的、造成较严重后果的、在国际上造成恶劣影响的、手段恶劣的等。

3. 本罪的主体为一般主体，自然人和单位都可构成本罪。

4. 本罪的主观方面为故意，包括直接故意和间接故意，过失不构成本罪。

（二）假冒专利罪的认定

1. 假冒专利罪与非罪的界限。主要是假冒专利犯罪和专利侵权纠纷的界限，二者的区别为：

（1）针对的对象不同。假冒专利的犯罪仅仅是对一个合法有效的专利权的侵犯；而专利侵权行为不限于此，还包括其他行为，如采用欺骗手段在专利局骗取专利的行为、在专利权已经终止或被宣告无效后仍然使用原专利标记或专利号、将未申请专利的产品冒充已申请专利的产品、将非专利产品冒充专利产品转让他人的行为等。

（2）行为的危害程度不同。即危害行为情节严重、数额较大的则构成犯罪；情节轻微、数额较小的就是侵权纠纷。

（3）行为的主观方面不同。假冒专利犯罪只能由故意构成，而专利侵权行为可以是主观上的故意，也可能是因为过失导致的。

2. 假冒专利罪与假冒注册商标罪的界限。在 1997 年《刑法》颁布之前，假冒专利的行为是比照假冒注册商标罪处罚的；在 1997 年《刑法》专门规定了假冒专利罪后，应当在实践中重视对两罪的认定。当犯罪分子基于一个故意，在假冒他人专利（如外观设计）的同时也假冒了他人的注册商标，就是一行为触犯数罪名，属于想象竞合犯，从一重论处。二者的区别主要在于：

（1）客体不同。假冒注册商标罪是侵犯他人的注册商标权和国家的注册商标管理制度，假冒专利罪是侵犯他人的专利权和专利管理制度。

（2）客观行为表现不同。假冒专利罪表现为未经专利权人许可，用非专利产品冒充为他人的专利产品、侵犯他人的专利权的行为。而假冒注册商标罪则是未经注册商标所有人的许可，在同一种商品上使用与他人注册商标相同的商标。

（三）假冒专利罪的处罚

根据《刑法》第 216 条的规定，犯假冒专利罪的，处 3 年以下有期徒刑或者拘役，并处或者单处罚金。单位犯本罪的，对单位判处罚金，并对其直接负责的主管人员和其他直接责任人员，依照上述规定处罚。

根据最高人民法院、最高人民检察院《关于办理侵犯知识产权刑事案件具体应用法律若干问题的解释》第 4 条的规定，假冒他人专利，具有下列情形之一的，属于《刑法》第 216 条规定的“情节严重”，应当以假冒专利罪判处 3 年以下有期徒刑或者拘役，并处或者单处罚金：（1）非法经营数额在 20 万元以上或者违法所得数额在 10 万元以上的；（2）给专利权人造成直接经济损失 50 万元以上的；（3）假冒两项以上他人专利，非法经营数额在 10 万元以上或者违法所得数额在 5 万元以上的；（4）其他情节严重的情形。

## ■ 侵犯著作权罪

（一）侵犯著作权罪的概念和特征

侵犯著作权罪，是指以营利为目的，违反著作权法的规定，未经著作权人或与著作权有关的权益人的许可，复制发行其作品，出版他人享有专有出版权的图书，复制发行其制作的音像制品，或者制售假冒他人署名的美术作品，违法所得数额较大或者有其他严重情节的行为。本罪的构成特征如下：

1. 本罪侵犯的客体是复杂客体，即著作权人对其作品享有的著作权和国家对文化市场的管理秩序。

2. 本罪的客观方面表现为违反著作权法的规定，实施下列侵犯著作权行为之一，违法所得数额较大或者有其他严重情节的行为：

（1）未经著作权人许可，复制发行其文字作品、音乐、电影、电视、录像作品、计算机软件及其他作品。根据《最高人民法院、最高人民检察院关于办理侵犯知识产权刑事案件具体应用法律若干问题的解释》第 11 条的规定，“未经著作权人许可”，是指没有得到著作权人授权或者伪造、涂改著作权人授权许可文件或者超出授权许可范围的情形。所谓“复制”，根据 1998 年 12 月 11 日最高人民法院《关于审理非法出版物刑事案件具体应用法律若干问题的解释》第 3 条的规定，是指行为人以营利为目的，未经著作权人许可而实施的复制、发行或者既复制又发行其文字作品、音乐、电影、录像作品、计算机软件及其他作品的行为。根据最高人民法院、最高人民检察院《关于办理侵犯知识产权刑事案件具体应用法律若干问题的解释》第 11 条的规定，通过信息网络向公众传播他人文字作品、音乐、电影、电视、录像作品、计算机软件及其他作品的行为，应当视为《刑法》第 217 条规定的“复制发行”。2007 年 4 月 5 日最高人民法院、最高人民检察院公布施行的《最高人民法院、最高人民检察院关于办理侵犯知识产权刑事案件具体应用法律若干问题的解释（二）》第 2 条对“复制发行”作出了进一步的解释，根据该规定，所谓“复制发行”包括复制、发行或者既复制又发行的行为。侵权产品的持有人通过广告、征订等方式推销侵权产品的，属于《刑法》第 217 条规定的“发行”。非法出版、复制、发行他人作品，侵犯著作权构成犯罪的，按照侵犯著作权罪定罪处罚。

（2）出版他人享有专有出版权的图书。所谓专有出版权是指出版者根据出版合同而享有的、由著作权人转让或许可使用的、在合同有效期和约定地区内独家享有并排除他人出版某一作品的权利，又称为独占出版权。擅自出版他人非专有出版权的图书，可以构成第（1）种情形。

（3）未经录音录像制作者的许可，复制发行其制作的录音录像。该款中的录音录像是录音录像制作者为传播他人作品所制作的，享有的是著作邻接权。

（4）制作、出售假冒他人署名的美术作品。这种情形具体包括：临摹他人的画、署名为他人并假冒他人的画出售牟利的；以自己的画署名为他人并假冒他人的画出售牟利的；以他人的画署名为他人假冒后者的名出售牟利的。

上述侵犯著作权的行为，必须是违法所得数额较大或者有其他严重情节的，才能构成侵犯著作权罪。根据最高人民法院、最高人民检察院《关于办理侵犯知识产权刑事案件具体应用法律若干问题的解释》以及最高人民法院、最高人民检察院《关于办理侵犯知识产权刑事案件具体应用法律若干问题的解释（二）》的规定，以营利为目的，实施《刑法》第 217 条所列侵犯著作权行为之一，违法所得数额在 3 万元以上的，属于“违法所得数额较大”；具有下列情形之一的，属于“有其他严重情节”：（1）非法经营数额在 5 万元以上的；（2）未经著作权人许可，复制发行其文字作品、音乐、电影、电视、录像作品、计算机软件及其他作品，复制品数量合计在 500 张（份）以上的；（3）其他严重情节的情形。

3. 本罪的主体是一般主体，自然人和单位都可以成为本罪的主体。

4. 本罪的主观方面是故意，并且具有牟利的目的。

（二）侵犯著作权罪的认定

1. 侵犯著作权罪与非罪的界限。我国《著作权法》第 47 条规定了 8 种侵权行为，它们是：

（1）未经著作权人许可，复制、发行、表演、放映、广播、汇编、通过信息网络向公众传播其作品的，本法另有规定的除外；

（2）出版他人享有专有出版权的图书的；

（3）未经表演者许可，复制、发行录有其表演的录音录像制品，或者通过信息网络向公众传播其表演的，本法另有规定的除外；

（4）未经录音录像制作者许可，复制、发行、通过信息网络向公众传播其制作的录音录像制品的，本法另有规定的除外；

（5）未经许可，播放或者复制广播、电视的，本法另有规定的除外；

（6）未经著作权人或者与著作权有关的权利人许可，故意避开或者破坏权利人为其作品、录音录像制品等采取的保护著作权或者与著作权有关的权利的技术措施的，法律、行政法规另有规定的除外；

（7）未经著作权人或者与著作权有关的权利人许可，故意删除或者改变作品、录音录像制品等的权利管理电子信息的，法律、行政法规另有规定的除外；

（8）制作、出售假冒他人署名的作品的。

以上侵权行为，根据情况，承担民事责任和行政责任；构成犯罪的，才依法追究刑事责任。

2. 侵犯著作权罪与销售侵权复制品罪的界限。所谓销售侵权复制品罪，是指以营利为目的，销售明知是侵犯他人著作权、邻接权的复制品，违法所得数额巨大的行为。根据最高人民法院《关于审理非法出版物刑事案件具体应用法律若干问题的解释》第5条的规定，行为人既实施了侵犯著作权行为，又销售该侵权复制品，违法所得数额巨大的，只构成侵犯著作权罪，不实行数罪并罚；行为人实施侵犯著作权的犯罪行为，又明知是他人的侵权复制品而予以销售，构成销售侵权复制品罪的，应当实行数罪并罚。

侵犯著作权罪与销售侵权复制品罪的区别主要有：

（1）客观方面不同。销售侵权复制品罪在行为表现上仅仅表现为销售明知是侵犯他人著作权或著作邻接权的复制品，是一种“单纯销售型”的犯罪；而侵犯著作权罪既可以是复制发行、出版、制作，也可以是复制发行、出版、制作并销售的行为。

（2）对象不同。本罪的对象是各种作品、制品；销售侵权复制品罪的对象是各种作品、制品的复制品。

（3）适用刑罚的不同。构成销售侵权复制品罪只有在销售数额达到法律规定的“违法所得数额巨大”的情形才能追究刑事责任；而侵犯著作权罪除了违法所得数额较大之外，有其他严重情节也可构成该罪。

（三）侵犯著作权罪的处罚

根据《刑法》第217条、第220条的规定，犯侵犯著作权罪的，处3年以下有期徒刑或者拘役，并处或者单处罚金；违法所得数额巨大或者有其他特别严重情节的，处3年以上7年以下有期徒刑，并处罚金。单位犯本罪的，对单位判处罚金，并对其直接负责的主管人员和其他直接责任人员，依照上述规定处罚。

根据最高人民法院、最高人民检察院《关于办理侵犯知识产权刑事案件具体应用法律若干问题的解释》第5条以及《关于办理侵犯知识产权刑事案件具体应用法律若干问题的解释（二）》第1条的规定，“违法所得数额巨大”是指违法所得数额在15万元以上，“有其他特别严重情节”，是指具有下列情形之一的：（1）非法经营数额在25万元以上的；（2）未经著作权人许可复制发行其文字作品、音乐、电影、电视、录像作品、计算机软件及其他作品，复制品数量合计在 2 500 张（份）以上的；(3) 其他特别严重情节的情形。

根据最高人民法院、最高人民检察院《关于办理侵犯知识产权刑事案件具体应用法律若干问题的解释》第 15 条的规定，单位实施《刑法》第 217 条规定的行为，按照个人犯本罪认定标准的 3 倍认定犯罪和判处罚金。对单位判处罚金，并对其直接负责的主管人员和其他直接责任人员，依照个人犯本罪的规定处罚。

## ■ 侵犯商业秘密罪

（一）侵犯商业秘密罪的概念和特征

侵犯商业秘密罪是指采取不正当手段，获取、披露、使用或者允许他人使用权利人的商业秘密，给商业秘密权利人造成重大损失的行为。本罪的构成特征如下：

1. 本罪侵犯的客体是国家对商业秘密的管理秩序和商业秘密权利人的合法权益。该罪的对象是他人的商业秘密。所谓商业秘密，是指不为公众所知悉，能为权利人带来经济利益，具有实用性并经权利人采取保密措施的技术信息和经营信息。商业秘密应当具备以下四个要素：其一，秘密性，指技术信息和经营信息不为公众所知悉、尚未公开，如美国可口可乐公司的饮料配方一直不为人知。其二，价值性，指该技术信息和经营信息具有使用价值和价值，不能带来任何经济利益的信息不构成商业秘密，如个人的隐私是有秘密性的，但是这种信息本身没有任何商业上可应用的价值，因而不构成商业秘密，侵犯这种信息，也就无从谈起侵犯商业秘密罪。其三，实用性，指该信息能够在经营中运用，能够实际操作，而这种可运用性应当包括潜在的、能够在将来的商业和经营中被使用的特性。其四，保密性，是指商业秘密权利人采取了一定的保密措施，从而使一般人不易从公开渠道直接获取。具有以上四个要件的，为商业秘密，构成本罪的对象要件；欠缺任何一个要件的，不能被认定为商业秘密，行为人以这样的信息作为侵权的对象的，不构成本罪。

2. 本罪的客观方面表现为采取不正当手段，获取、披露、使用或者允许他人使用权利人的商业秘密，给商业秘密权利人造成重大损失的行为。具体表现为四种形式：

第一，非法获取商业秘密的行为，即“以盗窃、利诱、胁迫或者其他不正当手段获取权利人的商业秘密”。所谓盗窃是指以秘密窃取的方式，包括直接偷窃商业秘密的文件、采用不为他人知悉的方式监听、模拟、照相、复印等手段获取他人的商业秘密。所谓利诱是指以给予某种利益为引诱获取商业秘密的行为手段。所谓胁迫是指行为人采取给予他人现实的或是将来的、精神的或是肉体的威胁、强制，使他人不得不交出商业秘密的行为手段。其他不正当手段是指在以上三种列举之外的采用非法的手段获取商业秘密的行为手段，如利用电脑、电磁波、照相机、摄像机等，或利用暴力、侵占的方法等。如 1999 年 4 月，浙江省乐清市万家电器厂发生的利用电子邮件盗窃商业秘密的案件。乐清市万家电器厂是浙江省知名企业，很早就开始利用互联网，通过电子邮件与客户进行业务往来，万家电器厂的电子信箱成为给企业带来巨大商机和利润的来源，其中不少信息都是该企业的商业秘密。公司电脑操作员章某在公司总经理出差时，通过改变电子邮件传送路径等手段，将公司所有商业贸易往来的电子邮件转到自己设立的信箱里，并同俄罗斯一家客户签订了价值 50 万美元的经济合同，收取该客户 6 500 多美元的定金，之后将该业务自行委托当地一家企业加工，造成万家电器厂 10 余万美元损失。

第二，滥用非法获取的商业秘密的行为，即“披露、使用或者允许他人使用以前项手段获取的权利人的商业秘密”。本项规定实际上是对前款规定的补充，因为行为人在非法获取商业秘密后，如果不经过披露、使用或允许他人使用是难以获得利益的。所谓“披露”，是指通过口头、书面或者其他方法，将商业秘密公之于众，使不该知道的人获知该秘密，从而使信息不再处于秘密的状态。但公开化的程度不影响对“披露”的认定，即无论实际披露的后果是一个人知道或是多数人知道，都构成“披露”。所谓使用，是指行为人处于不正当竞争或营利的目的，将商业秘密运用于生产、经营活动的行为。所谓允许他人使用，是指以不正当手段获取商业秘密的人，允许他人使用其非法获取的商业秘密的行为。

第三，滥用合法获取的商业秘密的行为，即“违反约定或者违反权利人有关保守商业秘密的要求，披露、使用或者允许他人使用其所掌握的商业秘密的”。与第二种情形的区别在于行为人所披露、使用或者允许他人使用的商业秘密是其合法获知而不是通过非法手段得到的。可能通过合法手段获知商业秘密的人可以是公司企业的内部人员，也可以是对公司、企业有监督、检查、调查和管理等权限的人员。

第四，是以侵犯商业秘密论的行为，即“明知或者应知前述三种行为，获取、使用或者披露他人的商业秘密”。本款是一种间接侵犯商业秘密的行为。如1994年7月至8月，甲旅行社欧美部的10余名员工未办理调动手续，分别以出国留学、探亲、陪读等虚假事实为理由，擅自离社，相继携带工作中使用、保管的甲旅行社的客户档案投奔乙旅行社，乙旅行社以这些人员组建成立了该社欧美二部，随即沿用甲旅行社的这些客户档案进行经营，致使甲旅行社遭受重大损失。乙旅行社的行为即属于间接侵犯甲旅行社商业秘密的行为。

3. 本罪的主体是一般主体，包括自然人和单位。

4. 本罪的主观方面主要是故意，在第四种间接侵犯商业秘密的犯罪行为中，可以由过失构成犯罪。行为人实施本罪，一般出于牟取非法利益的目的，但也有出于其他目的而实施的。

（二）侵犯商业秘密罪的认定

1. 侵犯商业秘密罪与一般侵犯商业秘密行为的界限。

二者的区别主要是：（1）行为方式不同。根据法律的规定，侵犯商业秘密罪包括三种严重的直接侵权行为和一种间接侵权行为，其他的侵权行为都不构成犯罪，只承担民事或行政、经济责任。（2）主观要件不尽相同。对于直接侵犯商业秘密的犯罪行为，刑法规定只能由故意构成，如果行为人基于过失违反约定、披露其所掌握的权利人的商业秘密的，其行为只能构成一般侵权行为。（3）对侵权行为所造成的损失程度要求不同。侵犯商业秘密的行为必须给权利人造成了重大的损失，否则不构成犯罪，如果行为给权利人造成的损失不大，则构成一般违法行为。

2. 侵犯商业秘密罪与盗窃罪的区别。盗窃罪是指以非法占有为目的，秘密窃取数额较大的公私财物或者多次秘密窃取公私财物的行为，其侵犯的对象是国家、集体和个人所有的各种财物。侵犯商业秘密的犯罪也可以是通过盗窃的方式实施，以这一行为方式实施的侵犯商业秘密的犯罪，实际上是同时符合盗窃罪和侵犯商业秘密罪，根据最高人民法院《关于审理盗窃案件具体应用法律若干问题的解释》第12条第6项的规定，应当认定为侵犯商业秘密罪。

侵犯商业秘密罪与盗窃罪的区别主要是：

第一，客体不同。盗窃罪侵犯的客体是公私财物所有权，属于侵犯财产罪的犯罪；侵犯商业秘密罪侵犯的客体是国家对商业秘密的保护管理制度和商业秘密权利人的合法权利，属于破坏社会主义市场经济秩序罪的犯罪。

第二，对象不同。盗窃罪的对象是国家、集体或公民个人所有的各种财物；侵犯商业秘密的犯罪的对象是他人的商业秘密。

第三，客观方面的行为表现不同。盗窃罪表现为秘密窃取；侵犯商业秘密罪包括两种四类行为，即直接侵权和间接侵权两种行为表现，其中直接侵权又分为三类情形。

第四，主观方面不同。盗窃罪只能是直接故意，并以非法占有公私财物为目的；侵犯商业秘密罪的主观方面包括故意与过失。

第五，主体不同。盗窃罪的主体只能为自然人，侵犯商业秘密的犯罪主体可以是自然人或单位。

3. 侵犯商业秘密罪与侵犯国家秘密罪的区别。侵犯国家秘密的犯罪主要有三种行为：一是《刑法》第 111 条危害国家安全犯罪中规定的为境外窃取、刺探、收买、非法提供国家秘密、情报罪；二是《刑法》第 282 条妨害社会管理秩序罪中规定的非法获取国家秘密罪，指用窃取、刺探、收买等的方法非法获取国家秘密的行为；三是《刑法》第 398 条渎职罪中规定的故意泄露国家秘密罪，指国家机关工作人员违反保守国家秘密法的规定，故意或过失泄露国家秘密，情节严重的行为。

侵犯商业秘密罪与侵犯国家秘密罪在客观方面可能都表现为窃取、利诱、非法获取、泄露等行为。同时，由于国家秘密中包括国民经济和社会发展及科学技术中的秘密事项，而这些秘密事项中可能包括商业秘密，所以可能出现行为人的行为同时侵犯国家秘密和侵犯商业秘密的情形。在这种情形下，如果两罪都构成立案的标准，可以以处刑较重的一个罪立案。二者的主要区别为：

第一，犯罪客体不尽相同。在侵犯国家秘密的犯罪中，为境外窃取、刺探、收买、非法提供国家秘密、情报罪侵犯的是国家的安全和利益；非法获取国家秘密罪侵犯的是对国家秘密的正常管理活动；泄露国家秘密罪侵犯的是国家的保密制度且主要是针对国家工作人员的渎职行为。而侵犯商业秘密罪侵犯的客体则主要是商业秘密权利人的合法权益和国家商业秘密保护管理制度。

第二，犯罪对象不同。商业秘密和国家秘密的内涵和外延都不相同，能被确定为国家秘密的商业秘密仍然是少数。

（三）侵犯商业秘密罪的处罚

根据《刑法》第 219 条、第 220 条的规定，犯侵犯商业秘密罪的，处 3 年以下有期徒刑或者拘役，并处或者单处罚金；造成特别严重后果的，处 3 年以上 7 年以下有期徒刑，并处罚金。单位犯本罪的，对单位判处罚金，并对其直接负责的主管人员和其他直接责任人员，依照上述规定处罚。根据最高人民法院、最高人民检察院《关于办理侵犯知识产权刑事案件具体应用法律若干问题的解释》的规定，给商业秘密权利人造成损失数额在 50 万元以上的，属于“给权利人造成重大损失”，应当以侵犯商业秘密罪判处 3 年以下有期徒刑或者拘役，并处或者单处罚金。已给商业秘密的权利人造成损失数额在 250 万元以上的，属于《刑法》第 219 条规定的“造成特别严重后果”，应当以侵犯商业秘密罪判处 3 年以上 7 年以下有期徒刑，并处罚金。

单位犯侵犯商业秘密罪的，按照相应个人犯罪的定罪量刑标准的 3 倍定罪量刑，对单位判处罚金，并对直接负责的主管人员和其他直接责任人员，依照个人犯本罪的规定处罚。

## 虚假广告罪

（一）虚假广告罪的概念和特征

虚假广告罪是指广告主、广告经营者、广告发布者违反广告管理规定，利用广告对商品或服务进行虚假宣传，情节严重的行为。

1. 本罪侵犯的客体是国家对广告的管理制度和竞争秩序，同时也侵犯了消费者的合法权益。

2. 本罪在客观方面表现为违反国家规定，利用广告对商品或者服务作虚假宣传，情节严重的行为。

虚假广告的犯罪是通过广告实施的犯罪，如何界定广告的含义直接影响对本罪的理解。广告作为商品经济社会中的产品与服务的传媒，在我国的社会经济生活中起着重要的作用，人们所理解的广告大致有三种含义：

第一，广义的广告。是为了某种特定的需要，通过一定的媒介，公开而广泛地向公众传递信息的一种宣传手段。在这种意义上，广告往往与宣传一词连用，具体形式包括政党宣言、政府公告、宗教声明、文化通讯、教育启示、社会救济等社会广告和商业广告，由此可见，广义的广告实质上是在信息社会里各种信息的公开传播。

第二，中义的广告。是相对于广义的广告而言，仅指商业广告，不包括社会广告。其法律根据在于 1987 年 10 月 26 日国务院颁布的《广告管理条例》第 2 条的规定，即广告是通过报刊、广播、电视、电影、路牌、橱窗、印刷品、霓虹灯等媒介或者形式，进行刊播、设置、张贴、散发的商业性宣传活动。在争夺市场的激烈竞争中，商家总是挖空心思，利用多种形式宣传自己的产品，所有的这些商业性的宣传都属于中义的广告。

第三，狭义的广告。比起中义的广告，其范围更狭窄。一是主体限制，即广告主体必须是广告主、广告经营者、广告发布者，只有他们才具有广告活动的主体资格。二是广告主必须承担费用，这种费用不仅是广告制作的成本费用，还有广告的影响范围决定的广告宣传活动的费用。法律根据是 1994 年 10 月 27 日全国人大常委会颁布的《中华人民共和国广告法》（以下简称《广告法》）第 2 条：本法所称广告是指商品经营者或者服务提供者承担费用，通过一定媒介和形式直接或者间接地介绍自己所推销的商品或者所提供的服务的商业广告；而不包括商标广告、包装广告，甚至油印的四处散发的个人广告等。

究竟哪一种广告是广告犯罪的犯罪对象？广义的广告既包括了社会广告，也包括商业广告，如果虚假广告的社会危害性特别严重，达到了犯罪的程度，可构成其他犯罪，如诽谤罪等，而不是广告犯罪。中义的广告，依据的是《广告管理条例》，狭义的广告，依据的是《广告法》，根据这两个法律文件的法律效力的不同与通过时间的先后，都应以狭义的广告为对象。从社会危害性角度上讲，也应当是狭义的广告，广告活动要借助于电视、电台、报纸、书刊等媒介，这些媒介的影响范围广泛，也享有很高的公共信誉，一旦出问题，其社会危害性往往就能达到犯罪的程度。相比之下，个人四处张贴的小广告，没有借助公共信誉，大多数人对之也有一定的警惕，涉及的范围也相对较小，这样的广告自身危害性不是很大，如果出现严重后果，只能是其他行为的犯罪，而不是广告行为的犯罪。

虚假广告犯罪的客观行为表现如下：

首先应当具有“违反国家规定”的要件。“违反国家规定”是指行为人实施的行为违反了有关的广告管理的法律、法规、规章，包括《刑法》、《广告法》、《药品广告管理办法》、《化妆品广告管理办法》、《食品广告管理办法》、《医疗器械广告管理办法》以及《消费者权益保护法》、《反不正当竞争法》等相关法规和规章。这些法律、法规对于广告的内容、发布等方面都有规定，如在《广告法》第 7 条规定了广告内容的禁止情形，即广告不得有下列情形：(1) 使用中华人民共和国国旗、国徽、国歌；(2) 使用国家机关和国家工作人员的名义；(3) 使用国家级、最高级、最佳等用语；(4) 妨害社会安定和危害人身、财产安全，损害社会公共利益；（5）妨害社会公共秩序和违背社会良好风尚；（6）含有淫秽、迷信、恐怖、暴力、丑恶的内容；（7）含有民族、种族、宗教、性别歧视的内容；（8）妨碍环境和自然资源保护；（9）法律和行政法规规定禁止的其他情形。

其次，行为人实施了利用广告对商品或者服务作虚假宣传的行为。广告主进行虚假宣传的方式大致可以分为以下几种方式：（1）消息虚假，即广告宣传中声称能提供的商品或者服务根本不存在。这种形式的虚假广告纯粹以骗取他人财物为目的，其欺诈性质在主观和客观上都很明显，如谎称能提供某种商品或服务，待取得定金或贷款后即携款逃匿。（2）功能虚假，即经营者所提供的商品或服务不具备或者不完全具备广告中所宣传的用途或功能。当前，尤以对药品、滋补品、化妆品、家用电器等商品的功能作虚假广告宣传的最为突出。（3）价格虚假，即经营者所提供商品或者服务的价格与广告宣称的价格不符。如在广告中谎称降价，但实际上并未降价；在广告中标明低价，却持高价进行交易；在广告声称的价格之外，又收取事先并未声明的费用。（4）品质虚假，即经营者所提供的商品或服务未能达到广告中所宣称的质量标准。当前，通过这种形式的虚假广告推销伪劣商品的犯罪较为突出。（5）证明虚假，即广告假借虚假的证明材料（如统计数据、调查结论、其他报刊的宣传等）以渲染其商品的质量、功能等。如未经有关行政主管部门或者授权单位检验鉴定或审查批准，就谎称产品质量已达到规定标准，认证合格，甚至获得有关奖项等。

另外还有来源（产地、原材料来源地、生产者）虚假、时间（生产日期、有效期）虚假等类型的虚假广告存在。

本罪中的广告经营者和广告发布者是指未按照法律法规的规定查验有关证明文件、核实广告内容，对内容虚假的广告仍提供设计、制作、代理服务或发布广告。

最后，行为人实施上述行为达到了情节严重的程度。根据最高人民检察院、公安部颁布的《关于经济犯罪案件追诉标准的规定》第 67 条的规定，“情节严重”是指违法所得数额在 10 万元以上的，给消费者造成的直接经济损失数额在 50 万元以上的；虽未达到上述数额标准，但因利用广告作虚假宣传，受过行政处罚二次以上，又利用广告作虚假宣传的，造成人身伤残或者其他严重后果的。

3. 虚假广告罪的主体是特殊主体，即广告主、广告经营者、广告发布者。根据《广告法》第 2 条的规定，广告主是指为推销商品或者提供服务，自行或者委托他人设计、制作、发布广告的法人、其他经济组织或者个人。广告经营者是指受委托提供广告设计、制作、代理服务的法人、其他经济组织或者个人。广告发布者是指为广告主或者广告主委托的广告经营者发布广告的法人，或者其他经济组织。自然人和单位都可以成为本罪主体。

4. 虚假广告罪的主观方面是故意，包括直接故意和间接故意。

（二）虚假广告罪的认定

1. 虚假广告罪与诈骗罪的界限。虚假广告的犯罪容易与诈骗罪发生混淆，常见的利用虚假广告进行诈骗犯罪的情况主要有三种：

一是行为人本没有某种商品或服务，主观上也没有提供某种商品或服务的意图，却作虚假广告，谎称自己可以提供某种商品或服务，使他人相信而交付钱款，但行为人收到钱款后，并不提供某种商品或服务，并拒不返还或逃匿，这种行为属于用虚假广告进行诈骗的犯罪，应当根据牵连犯的理论构成诈骗罪。

二是行为人能够提供某种商品或服务，事实上也提供了某种商品或服务，但采用广告明显抬高或夸大其商品或服务的质量、性能、用途等，从而抬高商品或服务的价格，使他人相信，进而交付钱款，行为人从中获利。这种行为的行为人主观上是希望通过虚假广告获得其所提供的商品或服务为高的违法收入，如商品或服务价值只值100元，但行为人通过虚假广告标价1 000元，行为人主观上意在骗取900元。因此在这种行为中，行为人主观上是非法牟利，不具有非法占有的故意。从客观上尽管行为人采取了虚构事实、隐瞒真相的手段，但是从性质上仍然是一种严重的不正当竞争的行为，而且在主观上不具备诈骗罪的特征，因而不构成诈骗罪而构成虚假广告罪。

三是能够提供、事实上也提供了某种价格相当的商品或服务，但采取虚假广告夸大其性能、质量、用途等，使人相信进而购买，情节严重的，应当按照虚假广告罪立案。如行为人经营的羊毛衫本来是混纺的，其真实价格是80元一件，行为人作虚假广告，将其羊毛衫说成是纯羊毛的，但事实上还是以每件80元的价格出售。

虚假广告罪与诈骗罪在构成特征上的主要区别为：

第一，主体不同。虚假广告罪为特殊主体，即广告主、广告经营者、广告发布者，自然人和单位都可以成为本罪主体；诈骗罪为一般主体，只有自然人可以构成本罪。

第二，主观方面不同。虚假广告罪的主观上为故意，既包括直接故意，也包括间接故意，行为人的动机、目的多种多样；而诈骗罪的主观方面为直接故意，并以非法占有为目的。

第三，客体不同。虚假广告罪侵犯的是国家的经济秩序，具体地说，虚假广告罪侵犯了国家的广告管理秩序和社会主义市场中的正常竞争关系，也侵犯了公民、法人的财产、人身等合法权益；诈骗罪侵犯的是公私财产所有权。

第四，对象不同。虚假广告犯罪的对象不特定，视其广告涉及的内容而定，部分虚假广告犯罪侵犯广告市场的管理，没有特定的对象；诈骗罪的对象是特定的，即公私财物。

第五，犯罪的行为方式不同。诈骗罪的行为方式表现为“以无骗有”，即虚构事实、隐瞒真相；虚假广告罪的行为方式多种多样，可以是广告主提供虚假证明文件或者伪造、变造或者转让广告审查决定文件，还可能是广告经营者、发布者明知或者应知广告虚假，仍设计、制作、发布的行为等。

2. 虚假广告罪与损害商业信誉、商品声誉罪的区别。损害商业信誉、商品声誉罪是指捏造并散布虚构事实，损害他人商业信誉、商品声誉，给他人造成重大损失或者有其他严重情节的行为。所谓商业信誉是指经营者从事市场交易、参与市场竞争，在消费者、公众以及其他经营者中获得的好的评价和赞誉。所谓商品声誉是指经营者提供的商品因其价格、质量、售后服务等的可信赖程度，在消费者及社会上获得的好的评价和赞誉。

虚假广告罪与损害商业信誉、商品声誉罪的主要区别在于：

第一，行为人的直接目的不同。虚假广告罪是以获取某种非法利益为直接目的的，而损害商业信誉、商品声誉罪是以损害他人商业信誉、商品声誉为直接目的的。

第二，行为方式不同。首先，虚假广告罪是采用虚构、夸大、误导的方式“以劣称优”、“以次充好”；而损害商业信誉、商品声誉罪是采用贬低、抹杀、破坏的方式“将优称劣”、“将好称次”。其次，虚假广告罪只有通过发布广告才能构成，而损害商业信誉、商品声誉罪则可以通过发布广告之外的方式也可以构成。

（三）虚假广告罪的处罚

根据《刑法》第222条、第231条的规定，犯虚假广告罪的，处2年以下有期徒刑或者拘役，并处或者单处罚金。单位犯虚假广告罪的，对单位判处罚金，并对其直接负责的主管人员和其他直接责任人员，依照上述规定处罚。

根据2001年4月18日最高人民检察院、公安部颁布的《关于经济犯罪案件追诉标准的规定》第67条的规定，实施虚假广告的行为，涉嫌下列情形之一的，应予追诉：（1）违法所得数额在10万元以上的；（2）给消费者造成的直接经济损失数额在50万元以上的；（3）虽未达到上述数额标准，但因利用广告作虚假宣传，受过行政处罚两次以上，又利用广告作虚假宣传的；（4）造成人身伤残或者其他严重后果的。

## ■ 合同诈骗罪

（一）合同诈骗罪的概念和特征

合同诈骗罪是指以非法占有为目的，在签订、履行合同过程中，骗取对方当事人财物，数额较大的行为。本罪的构成特征如下：

1. 本罪侵犯的客体是国家对合同的管理秩序，同时也侵害了他人的财产所有权。

2. 本罪的客观方面表现为在签订、履行合同过程中，骗取对方当事人财物，数额较大的行为。根据刑法的规定，其行为的具体表现为：

（1）合同主体身份虚假——以虚构的单位或者冒用他人名义签订合同，以骗取对方当事人的定金、购货款付款、材料费或者工程预付款等财物。

（2）担保虚假——以伪造、变造、作废的票据或者其他虚假的产权证明作担保，骗取对方当事人的信任，从而得以签订经济合同并骗取财物。

（3）履行虚假——没有实际履行能力，以先履行小额合同或者部分合同，取信对方后，诱骗对方当事人继续签订和履行合同，最终达到非法占有他人财物的目的。

（4）收受对方给付的货物、货款、预付款或担保的财产后逃匿的。

（5）以其他方法骗取对方当事人财物的。如行为人通过订立联销合同，骗取中间单位或个人的巨额财物；在报纸、杂志、电视、广播上做虚假广告，引人上钩，或发行虚假信息小报到边远地区等手段利用媒介进行诈骗；等等。行为人利用合同进行诈骗的，客观上还需要具备“数额较大”的要件，何谓“数额较大”，法律尚无明确的规定。

3. 本罪的主体是一般主体，既可以是单位，也可以是自然人。

4. 本罪的主观方面是故意，并且具有非法占有的目的。

（二）合同诈骗罪的认定

对合同诈骗进行认定时，主要是区分合同诈骗罪与合同纠纷的界限。二者的区别如下：

1. 主观故意不同。合同纠纷体现为双方为了各自的经济利益，通过签订合同，确认双方义务，双方均无非法占有另一方财物之目的，不能履约也确有理由，且出现了不能履约的情形后，能够及时通知对方。而合同诈骗犯罪中，行为人抱有非法占有的主观故意，具体表现有：第一，当事人明知自己只有部分履约能力，却仍与对方签订经济合同，并拒不履行的。第二，当事人明知自己无实际履约能力或明知自己无论如何努力也不能履约，仍诱骗对方签订合同以骗取财物的。第三，当事人虚构主体或冒用他人名义签订合同，不具备履行合同的资格的。第四，行为人在签订经济合同时，使用伪造、变造的无效印章、印鉴或其他明知不能兑现的票据、结算凭证作为合同履行担保的。第五，签约时虽无明确、明显的骗取他人财物的目的，之后也履行了合同的部分义务，由于各种原因或客观因素，无力继续履行全部合同，从而在主观上产生了非法占有他人财物的目的，客观上转移或隐匿了他人财物的。

2. 签约手法不同。即签约时有无欺骗性。经济纠纷中所签订的合同真实、有效，双方当事人所签订的合同是基于经济权益的互补，并非一方想无偿占有另一方的财物。而合同诈骗是采用虚构事实、隐瞒真相的手法签约。在进行经济往来中，有时为了促进交易成功，一方会夸大自己的履约实力，对于这种情形，要具体分析，不能一概认定为诈骗。如果行为人确实出于履行的目的，而无恶意占有的故意，在实际履行中也确实能努力履约的，不能认定为诈骗。

3. 履约的诚意和实际行为表现不同。从行为表现上，合同纠纷双方当事人都通过一定的途径设法履行义务，互惠互利地实现各自的经济利益，而诈骗犯罪的行为人在合同签订后，基本不履行合同义务。合同交易中有时会出现一部分履行的现象，对于部分履行，也可以从履约的诚意和实际行为表现上区分经济纠纷和诈骗犯罪的性质。合同诈骗罪的行为人没有履行合同的诚意，其部分履行的行为只是作为诱饵或代价，以便取得对方的充分信任，最终骗取他人的财物；而合同纠纷的当事人主观上不具有非法占有的故意，所以，行为人主观上是希望能够履行合同的，只是由于主、客观的原因，对自己的履行能力估计不足，或是客观情况发生了变化，而使合同无法继续履行。

4. 财物的处理不同。纠纷的双方当事人是将对方财物进行正当的运作，去向清晰。如将对方货款用于购买原材料，组织生产、加工制作等。所以即使到期未全部履行也不能定为诈骗。而合同诈骗中，行为人将对方财物或用于为自己还债，或挥霍、携款潜逃，并隐瞒财物的真实去向，表现出非法占有的故意。

（三）合同诈骗罪的处罚

根据《刑法》第 224 条、第 231 条的规定，犯合同诈骗罪的，处 3 年以下有期徒刑或者拘役，并处或者单处罚金；数额巨大或者有其他严重情节的，处 3 年以上 10 年以下有期徒刑，并处罚金；数额特别巨大或者有其他特别严重情节的，处 10 年以上有期徒刑或者无期徒刑，并处罚金或者没收财产。单位犯本罪的，对单位判处罚金，并对其直接负责的主管人员和其他直接责任人员，依照上述规定处罚。

根据 2001 年 4 月 18 日最高人民检察院、公安部颁布的《关于经济犯罪案件追诉标准的规定》第 69 条的规定，个人实施合同诈骗，数额在 5 000 元至 20 000 元以上，单位实施合同诈骗，数额在 50 000 元至 200 000 元以上的，构成刑事犯罪，应予追诉。

## 非法经营罪

（一）非法经营罪的概念和特征

非法经营罪是指行为人违反国家规定，进行非法经营，扰乱市场秩序，情节严重的行为。本罪的构成特征如下：

1. 本罪的客体是国家市场管理法规所确立的正常的社会主义市场管理秩序。

2. 本罪的客观方面表现为违反国家规定，进行非法经营的行为，具体表现为以下四个方面：

（1）未经许可经营法律、行政法规规定的专营、专卖物品或者其他限制买卖的物品。国家根据国民经济发展和社会公共利益需要对某些重要商品实行专营、专卖。所谓专营是指对某些重要商品由物资部门或经批准的商业部门实行统一经销的垄断性经营方式。对于国家实行专营的商品，非经国家许可，任何单位和个人不得擅自经销，以保证专营商品的正常供应，减少流通环节，防止价格上涨，维护正常市场秩序。目前，我国实行专营管理的商品主要是极少数市场供应紧张的重要工农业生产资料，如紧缺钢材、化肥、农药、地膜等。对于关系到国计民生的种子、药品、盐等重要的物资由国家指定的部门经营，实际上也属于专营管理。另外，国家还在一定时期，根据形势需要，对一些特定商品实行专营管理。

所谓专卖，是指对重要商品的生产、经营以及生产所需要的原材料、机械设备的供应等实行统一管理的垄断性经营方式，对国家实行专卖的商品，不但经销环节实行垄断，而且生产领域也纳入垄断管理之列，目的在于有计划地发展生产、提高质量、调节消费，保证国家财政收入。专卖的对象主要是高利税而又需要对其消费进行调节的烟、酒等商品。由于专卖将生产领域纳入垄断管理，因而专卖的垄断程度比专营更高。

除了专营、专卖以外，国家还对一些重要物资的经营实行限制，符合条件的企业经过批准才能经营。国家限制经营的物资包括木材、天然橡胶、原油、成品油、汽车（进口汽车、小轿车）、煤炭、化学危险品、特种劳保用品等。

专营、专卖和限制买卖的物品的确定是依据特定的法律、法规，如《烟草专卖法》、国务院《关于化肥、农药、农膜实行专营的决定》、《盐业管理条例》、《药品管理法》、《种子管理条例》等。根据 2002 年 8 月 16 日颁布的《最高人民法院、最高人民检察院关于办理非法生产、销售、使用禁止在饲料和动物饮用水中使用的药品等刑事案件具体应用法律若干问题的解释》中的有关规定，未取得药品生产、经营许可证件和批准文号，非法生产、销售盐酸克仑特罗等禁止在饲料和动物饮用水中使用的药品，扰乱药品市场秩序，情节严重的，依照《刑法》第 225 条第 1 项的规定，以非法经营罪追究刑事责任。

(2) 买卖进出口许可证、进出口原产地证明以及其他法律、行政法规规定的经营许可证或者批准文件。

进出口许可证是指国家外贸主管部门或由其会同有关部门必须发给外贸经营者的准许其进出口某项货物、技术的证明文件。它不仅是外贸经营者进出口国家限制进出口的货物、技术的合法凭证，而且是海关查验放行的重要依据。进出口原产地证书是指进出口货物附带的确认货物原产地国家或地区的证明文件，是进出口国家和地区对货物征收差别关税和实行其他差别待遇的凭证。其他法律、行政法规规定的经营许可证或者批准文件包括关于医药卫生和文化出版的许可证或批准文件，关于调整经济活动的许可证或批准文件，关于公共安全和公共秩序的许可证或批准文件，关于自然资源和生态保护的许可证和批准文件等。

(3) 未经国家有关主管部门批准，非法经营证券、期货或者保险业务的。本项是 1999 年 12 月 25 日《刑法修正案》第 8 条增加的一项内容，证券、期货和保险公司都属于非银行金融机构，其设立都必须经过有关主管部门的批准，取得该行业的金融业务经营许可证，才能从事相关业务；未经批准，擅自经营的，依法按照非法经营罪定罪处罚。

(4) 其他严重扰乱市场秩序的非法经营活动。其中包括：最高人民法院 1998 年 12 月 17 日颁布的《关于审理非法出版物刑事案件具体应用法律若干问题的解释》第 11 条规定，违反国家规定，出版、印刷、复制、发行本解释第 1 至第 10 条规定以外的其他严重危害社会秩序和扰乱市场秩序的非法出版物，情节严重的，以非法经营罪论处。非法从事出版物的出版、印刷、复制、发行业务，严重扰乱市场秩序，情节特别严重，构成犯罪的，构成非法经营罪。出版单位与他人事前通谋，向其出售、出租或者以其他形式转让该出版单位的名称、书号、刊号、版号，他人实施非法经营行为，构成犯罪的，以非法经营罪论处，对该出版单位应当以共犯论处。

1998 年 12 月 29 日颁布的全国人大常委会《关于惩治骗购外汇、逃汇和非法买卖外汇犯罪的决定》第 4 条规定，在国家规定的交易场所以外非法买卖外汇，扰乱市场秩序，情节严重的，以非法经营罪论处。

2000 年 5 月 12 日颁布的最高人民法院《关于审理扰乱电信市场管理秩序案件具体应用法律若干问题的解释》第 1 条规定，违反国家规定，采取租用国际专线、私设转接设备或者其他方法，擅自经营国际电信业务或者涉港澳台电信业务进行营利活动，扰乱电信市场管理秩序，情节严重的，以非法经营罪处罚。

2001年4月10日颁布的《最高人民法院关于情节严重的传销或者变相传销行为如何定性问题的答复》的规定，对于1998年4月18日国务院《关于禁止传销经营活动的通知》发布以后，仍然从事传销或者变相传销活动，扰乱市场秩序，情节严重的，尚不构成刑法规定的其他犯罪的，以非法经营罪定罪处罚。

2002年8月16日颁布的《最高人民法院、最高人民检察院关于办理非法生产、销售、使用禁止在饲料和动物饮用水中使用的药品等刑事案件具体应用法律若干问题的解释》第2条规定，在生产、销售的饲料中添加盐酸克仑特罗等禁止在饲料和动物饮用水中使用的药品，或者销售明知是添加有该类药品的饲料，情节严重的，依照《刑法》第225条第4项的规定，以非法经营罪追究刑事责任。

2003年5月15日施行的最高人民法院、最高人民检察院《关于办理妨害预防、控制突发传染病疫情等灾害的刑事案件具体应用法律若干问题的解释》第6条规定，违反国家在预防、控制突发传染病疫情等灾害期间有关市场经营、价格管理等规定，哄抬物价、牟取暴利，严重扰乱市场秩序，违法所得数额较大或者有其他严重情节的，以非法经营罪定罪，依法从重处罚。

2004年7月19日最高人民法院、最高人民检察院《关于依法开展打击淫秽色情网站专项行动有关工作的通知》规定，对于违反国家规定，擅自设立互联网上网服务营业场所，或者擅自从事互联网上网服务经营活动，情节严重，构成犯罪的，以非法经营罪追究刑事责任。

2005年5月13日施行的最高人民法院、最高人民检察院《关于办理赌博刑事案件具体应用法律若干问题的解释》第6条规定，未经国家批准擅自发行、销售彩票，构成犯罪的，以非法经营罪定罪处罚。

同时需要注意的是，刑法已经另外单独作出规定的非法经营行为，就以该罪名定罪，如走私行为、买卖枪支、弹药、爆炸物罪等，不再定为非法经营罪。

非法经营行为情节严重的，才构成非法经营罪。情节严重主要从三个方面进行衡量，即经营数额、违法所得额及经营数量。其具体的标准，应当根据最高人民检察院、公安部《关于经济犯罪追诉标准的规定》第70条以及其他相关司法解释具体规定认定。

（二）非法经营罪的认定

1. 非法经营罪与非罪的界限。非法经营的行为是否构成犯罪，主要从两个方面把握：

第一，这种行为违反了国家的有关经营规定，如根据国家的经济政策、经济法规，有些物品属于专营、专卖、限制买卖的，行为人擅自进行经营买卖。再如必须获得国家颁发的许可证、有关证明才可以经营的行业、物品，行为人未取得有关证照即予以经营，等等。当然，国家的经济政策和经济法规是处在不断调整、变动之中的，我国曾经规定属于限制买卖的物品，随着社会经济的发展，完全可能已经成为可以自由买卖的物品。所以，认定行为的违法性，应当依据适时的政策和法规，不能用过时的、已经被废止的政策和法律去认定行为的性质，从而造成罪与非罪的混淆。

第二，是否构成非法经营的犯罪行为，还取决于行为是否达到情节严重的程度。行为违反国家有关的经营规定，具有违法性，但是情节轻微，尚未达到一定的社会危害性，不构成犯罪。不应当适用刑事处罚。

2. 非法经营罪与生产、销售伪劣产品罪的区别。非法经营罪和生产、销售伪劣产品罪的犯罪行为都是一般主体作为犯罪主体，既包括单位，也包括个人；在主观方面，都只能是直接故意；都可以是针对生产领域中的产品实施犯罪。故两者容易发生混淆。两罪的主要区别为：第一，犯罪的客体不同。非法经营罪侵犯的客体是国家市场管理法规所确立的正常的社会主义市场管理秩序；生产、销售伪劣产品罪侵犯的是国家对产品质量的管理制度和消费者的合法权益。[①] 第二，行为对象不同。非法经营罪的行为对象既可以是物品，也可以是经营行为；生产、销售伪劣产品罪的犯罪对象是伪劣产品，不包括经营行为。第三，行为方式不同。非法经营罪的行为方式多种多样，包括在经济领域中产、供、销的所有的方式；生产、销售伪劣产品罪的行为方式为生产和销售。

（三）非法经营罪的处罚

根据《刑法》第 225 条、第 231 条的规定，实施非法经营行为，情节严重的，处 5 年以下有期徒刑或者拘役，并处或者单处违法所得 1 倍以上 5 倍以下罚金；情节特别严重的，处 5 年以上有期徒刑，并处违法所得 1 倍以上 5 倍以下罚金或者没收财产。单位犯本罪的，对单位判处罚金，并对其直接负责的主管人员和其他直接责任人员，依照上述规定处罚。所谓"情节严重"，根据最高人民检察院、公安部《关于经济犯罪案件追诉标准的规定》第 70 条的规定，为下述情形：

违反国家规定，采取租用国际专线、私设转接设备或者其他方法，擅自经营国际电信业务或者涉港澳台电信业务进行营利活动，涉嫌下列情形之一的，应予追诉：（1）经营去话业务数额在 100 万元以上的；（2）经营来话业务造成电信资费损失数额在 100 万元以上的；（3）虽未达到上述数额标准，但因非法经营国际电信业务或者涉港澳台电信业务，受过行政处罚两次以上，又进行非法经营活动的。

非法经营外汇，涉嫌下列情形之一的，应予追诉：（1）在外汇指定银行和中国外汇交易中心及其分中心以外买卖外汇，数额在 20 万美元以上的，或者违法所得数额在 5 万元人民币以上的；（2）公司、企业或者其他单位违反有关外贸代理业务的规定，采用非法手段，或者明知是伪造、变造的凭证、商业单据，为他人向外汇指定银行骗购外汇，数额在 500 万美元以上的，或者违法所得数额在 50 万元人民币以上的；（3）居间介绍骗购外汇，数额在 100 万美元以上或者违法所得数额在 10 万元人民币以上的。

违反国家规定，出版、印刷、复制、发行非法出版物，涉嫌下列情形之一的，应予追诉：（1）个人非法经营数额在 5 万元以上的，单位非法经营数额在 15 万元以上的；（2）个人违法所得数额在 2 万元以上的，单位违法所得数额在 5 万元以上的；（3）个人非法经营报纸 5 000 份或者期刊 5 000 本或者图书 2 000 册或者音像制品、电子出版物 500 张（盒）以上的，单位非法经营报纸 15 000 份或者期刊 15 000 本或者图书 5 000 册或者音像制品、电子出版物 1 500 张（盒）以上的。

未经国家有关主管部门批准，非法经营证券、期货或者保险业务，非法经营数额在 30 万元以上，或者违法所得数额在 5 万元以上的，应予追诉。

从事其他非法经营活动，涉嫌下列情形之一的，应予追诉：（1）个人非法经营数额在 5 万元以上，或者违法所得数额在 1 万元以上的；（2）单位非法经营数额在 50 万元以上，或者违法所得数额在 10 万元以上的。

对于"情节特别严重"，最高人民法院 1998 年 12 月 17 日颁布的《关于审理非法出版物刑事案件具体应用法律若干问题的解释》第 12 条中就非法经营出版物的行为作有规定，在尚未有新的立法解释之前，这一规定具有参照意义。"情节特别严重"是指：（1）经营数额在 15 万元至 30 万元以上的；（2）违法所得数额在 5 万元至 10 万元以上的；（3）经营报纸

---

① 参见肖扬主编：《中国新刑法学》，364 页，北京，中国人民公安大学出版社，1997。

15 000份或者期刊15 000本或者图书5 000册或者音像制品、电子出版物1 500张（盒）以上的。

单位为主体的，“情节特别严重”是指：（1）经营数额在50万元至100万元以上的；（2）违法所得数额在15万元至30万元以上的；（3）经营报纸5万份或者期刊5万本或者图书15 000册或者音像制品、电子出版物5 000张（盒）以上的。

经营数额、违法所得数额或者经营数量接近非法经营行为“情节特别严重”的数额、数量起点标准，并具有下列情形之一的，可以认定为非法经营行为“情节特别严重”：（1）两年内因出版、印刷、复制、发行非法出版物受过行政处罚两次以上的；（2）因出版、印刷、复制、发行非法出版物造成恶劣社会影响或者其他严重后果的。以上所称“经营数额”，是指以非法出版物的定价数额乘以行为人经营的非法出版物数量所得的数额。“违法所得数额”，是指获利数额。非法出版物没有定价或者以境外货币定价的，其单价数额应当按照行为人实际出售的价格认定。

# 第二十二章

# 侵犯公民人身权利、民主权利罪

## 第一节　侵犯公民人身权利、民主权利罪概述

### ■ 侵犯公民人身权利、民主权利罪的概念和特征

对于侵犯公民人身权利、民主权利罪的概念有不同的表述，如有学者认为，所谓侵犯公民人身权利、民主权利罪，是指侵犯公民人身和与人身直接有关的权利，非法剥夺或者妨害公民自由行使依法享有的管理国家事务和参加社会政治活动权利以及妨害婚姻家庭的行为。[①] 还有学者又将侵犯公民人身权利、民主权利的犯罪分为两类犯罪[②]，一是侵犯公民人身权利罪，即故意或者过失侵犯公民人身及其他与公民人身直接有关的权利的行为；二是侵犯公民民主权利罪，即非法剥夺或妨碍公民行使依法享有的管理国家和参加社会活动及其他民主权利的行为。以上关于侵犯公民人身权利、民主权利罪的概念都从不同程度上揭示了该罪的内涵，有助于我们理解。1997 年新《刑法》把 1979 年《刑法》第 7 章规定的“妨害婚姻、家庭罪”的内容也纳入到第 4 章中来了，事实上婚姻家庭权本身也属于与人身不可分离的权利。因此，所谓侵犯公民人身权利、民主权利罪，是指故意或者过失地侵犯公民的人身权利、与人身直接有关的其他权利以及民主权利，依法应当受到刑罚处罚的行为。

世界各国刑法无不对于公民的人身权利、民主权利加以特别保护，有的国家刑法典将对公民人身权利的保护放在分则之首以凸显其重要的地位。例如，《法国刑法典》第一卷规定的总则，第二卷即分则的第一章就是“侵犯人身之重罪、轻罪”[③]；《瑞士联邦刑法典》的分则第一章就是“针对身体和生命的犯罪”[④]。

我国一向重视对于侵犯公民人身权利、民主权利犯罪的打击。在新中国第一部刑法典即 1979 年《刑法》中，分则第 4 章规定了“侵犯公民人身权利、民主权利罪”，此后随着社会发展和社会生活的变化，侵犯公民人身权利、民主权利的新型犯罪也不断涌现，针对上述情况，全国人大常委会又制定了一些单行刑法，最高人民法院、最高人民检察院等部门也做出了相关的司法解释，从而更加有效地保护了公民人身权利、民主权利。1997 年修订后的

---

① 参见何秉松主编：《刑法教科书》（据 1997 年刑法修订），770 页，北京，中国法制出版社，1997。

② 参见苏惠渔主编：《刑法学》（修订版），577 页；张明楷：《刑法学》（下），691 页。

③ 参见罗结珍译、高铭暄专业审校：《法国刑法典》，48 页，北京，中国人民公安大学出版社，1995。

④ 参见徐久生译：《瑞士联邦刑法典》（1996 年修订），45 页，北京，中国法制出版社，1999。

《刑法》分则第 4 章更加全面地对公民人身权利、民主权利进行保护。

我们认为，构成侵犯公民人身权利、民主权利罪，必须具备以下基本特征：

1. 侵犯公民人身权利、民主权利罪的犯罪客体是公民的人身权利、民主权利。人身权利作为人的最基本权利之一，是人得以生存和发展的基础。所谓人身权利，就是指那些为法律规定的与公民的人身具有不可分离性的权利。它是人的其他权利的基础，包括生命权、健康权、人身自由权、婚姻家庭权、人格权、名誉权等等。所谓民主权利，是指法律规定的为公民所享有的参与国家管理以及参加社会政治活动的权利，一个国家公民民主权利是否得到保障，是这个国家文明发展程度的重要标准之一。民主权利包括选举权和被选举权、批评权、控告权、申诉权、通信自由权、宗教信仰自由权等等。

侵犯公民人身权利、民主权利罪的犯罪对象，总的说来，是针对一般自然人。但是有些犯罪针对的对象具有特殊性，例如，煽动民族仇恨、民族歧视罪（第 249 条）和出版歧视、侮辱少数民族作品罪（第 250 条）的犯罪对象就必须是针对少数民族，刑讯逼供罪（第 247 条）、暴力取证罪（第 247 条）、虐待被监管人罪（第 248 条）等的犯罪对象都具有特殊性。

2. 侵犯公民人身权利、民主权利罪的犯罪客观方面，表现为通过各种非法手段侵犯公民人身权利、民主权利或者其他与人身权利有关的权利。在行为的表现方式上，绝大多数犯罪表现为作为，例如绑架罪（第 239 条）、暴力干涉婚姻自由罪（第 257 条）等等；但有些犯罪既可以是作为，也可以表现为不作为，例如故意杀人罪（第 232 条）、虐待罪（第 260 条）等；还有的犯罪表现为不作为，例如遗弃罪（第 261 条）等。

3. 侵犯公民人身权利、民主权利罪的犯罪主体，大多数情况下是一般主体，但是有些犯罪的构成要求是特殊主体，例如报复陷害罪（第 254 条）、非法剥夺公民宗教信仰自由罪（第 251 条）、侵犯少数民族风俗习惯罪（第 251 条）的犯罪主体就要求必须是国家机关工作人员，私自开拆、隐匿、毁弃邮件、电报罪（第 253 条）的犯罪主体只能是邮政工作人员，等等。

此外，根据我国《刑法》第 17 条第 2 款之规定，对于已满 14 周岁不满 16 周岁的人犯故意杀人罪、故意伤害致人重伤或者死亡罪、强奸罪等犯罪应当负刑事责任。对于奸淫幼女的行为，根据 2002 年 3 月 15 日最高人民法院、最高人民检察院《关于执行〈中华人民共和国刑法〉确定罪名的补充规定》，第 236 条规定为强奸罪，取消了奸淫幼女罪罪名，所以已满 14 周岁不满 16 周岁的人实施奸淫幼女的行为应当以强奸罪定罪处罚。

4. 侵犯公民人身权利、民主权利罪的犯罪主观方面，大多数犯罪都是故意，但是也有些犯罪的主观方面是过失，例如过失致人死亡罪（第 233 条）、过失致人重伤罪（第 235 条）等等。

## ■ 侵犯公民人身权利、民主权利罪的种类

根据我国刑法和最高人民法院《关于执行〈中华人民共和国刑法〉确定罪名的规定》、最高人民法院、最高人民检察院《关于执行〈中华人民共和国刑法〉确定罪名的补充规定》、《关于执行〈中华人民共和国刑法〉确定罪名的补充规定（二）》以及最高人民法院、最高人民检察院《关于执行〈中华人民共和国刑法〉确定罪名的补充规定（三）》，侵犯公民人身权利、民主权利罪中共包含以下 39 种具体罪名：

故意杀人罪（第 232 条），过失致人死亡罪（第 233 条），故意伤害罪（第 234 条），过失致人重伤罪（第 235 条），强奸罪（第 236 条第 1 款），强制猥亵、侮辱妇女罪（第 237 条

第1款)，猥亵儿童罪（第237条第3款)，非法拘禁罪（第238条)，绑架罪（第239条)，拐卖妇女、儿童罪（第240条)，收买被拐卖的妇女、儿童罪（第241条第1款)，聚众阻碍解救被收买的妇女、儿童罪（第242条第2款)，诬告陷害罪（第243条)，强迫职工劳动罪（第244条)，雇佣童工从事危重劳动罪（第244条之一，已经《刑法修正案（四)》修订)，非法搜查罪（第245条)，非法侵入住宅罪（第245条)，侮辱罪（第246条)，诽谤罪（第246条)，刑讯逼供罪（第247条)，暴力取证罪（第247条)，虐待被监管人罪（第248条)，煽动民族仇恨、民族歧视罪（第249条)，出版歧视、侮辱少数民族作品罪（第250条)，非法剥夺公民宗教信仰自由罪（第251条)，侵犯少数民族风俗习惯罪（第251条)，侵犯通信自由罪（第252条)，私自开拆、隐匿、毁弃邮件、电报罪（第253条第1款)，报复陷害罪（第254条)，打击报复会计、统计人员罪（第255条)，破坏选举罪（第256条)，暴力干涉婚姻自由罪（第257条)，重婚罪（第258条)，破坏军婚罪（第259条第1款)，虐待罪（第260条)，遗弃罪（第261条)，拐骗儿童罪（第262条)，组织残疾人、儿童乞讨罪（第262条之一，根据《刑法修正案（六)》增加)，组织未成年人进行违反治安管理活动罪（第262条之二，根据《刑法修正案（七)》增加)。

## 第二节　本章重点论述的犯罪

### ■ 故意杀人罪

（一）故意杀人罪的概念和特征

故意杀人罪，是指故意非法剥夺他人生命的行为。即通过非法手段消灭了一个人存在的自然属性和作为人存在的社会价值。人的生命权是人最为重要和宝贵的权利，对他人生命权的非法剥夺是刑事犯罪中最为严重的犯罪。构成故意杀人罪的特征是：

1. 故意杀人罪的客体是他人的生命权。故意杀人罪的犯罪对象应当是有生命的自然人。任何人的生命都应当平等地受到法律保护，不受民族、性别、地位、职业、年龄、健康状况等影响，除了法律规定外，任何人都不能非法剥夺他人的生命权。

对于故意杀人罪中的犯罪对象——人，应当如何理解，存在不同的争论，即刑法上确定的“人”应当以什么为标准，目前法律上尚未作出统一规定。

首先，关于刑法上“出生”的标准问题。民法上所讨论的出生问题，是确定自然人成为权利义务主体的开始时间，而刑法上的出生问题，则是关系到自然人生命权受到保护的起点，所以，刑法上关于出生的标准不一定与民法的标准同一。刑法理论关于出生的标准，归纳起来大致有以下几种观点：（1）阵痛说。该种观点认为，以孕妇生产前感觉到阵痛时为标准，此时，标志着新生命的开始。（2）一部分露出说。该种学说认为，只有当胎儿有一部分露出母体之外，才能标志该婴儿为刑法上的“人”的概念。（3）全部露出说。持该种观点的学者认为，应当以胎儿全部露出母体为标志。（4）断带说。该说认为，应当以剪断胎儿的脐带为标准。（5）独立呼吸说。该种观点认为，只有胎儿脱离母体，并能够独立呼吸才能够成为刑法上杀人罪的犯罪对象。独立呼吸说是我国刑法理论通说，根据我国实际情况，独立呼吸说较之其他几种观点相对合理，但是，该种观点也存在一定的缺陷，因此对于生命开始的标志还有待于进一步深入研究。

其次，关于刑法理论生命死亡的标准问题。有学者认为，对于“死亡”的标准不是法律上可以确定的概念，而应当需要医学和生物学的专业知识。[①] 按照传统的观点，自然人的死亡应当以心脏停止跳动，呼吸和脉搏也停止为标准。但是，随着科学技术的发展，最近，在医学界提出了"脑死亡"的标准，即认为，只有当人的大脑不可逆转地完全丧失功能，才能认为人确已经死亡。我国目前刑法学界基本上按照停止呼吸说的标准来确定人的死亡。

此外，对于不同犯罪对象，有的国家或地区（尤其是英美法系），对于故意杀人的对象不同还规定了不同的罪名。在我国台湾地区，把故意杀人罪分为普通杀人罪、杀直系血亲尊亲属罪、生母杀婴罪等。[②] 在我国大陆按照传统的立法规定，用故意杀人罪来涵盖所有的故意杀人行为，而不把"人"再作区分。但是不同的犯罪对象会影响量刑，例如"溺婴"行为，通常在处理上就相对比较轻。

2. 故意杀人罪的客观方面表现为行为人实施了非法剥夺他人生命的行为。首先，故意杀人的行为必须具有非法性。在行为形式上主要表现为作为方式，使用各种手段例如枪杀、刀杀等。但有时也表现为不作为方式杀人。例如，甲有一个三岁女孩，但是受重男轻女传统观念的影响，想再生一个男孩，于是他就萌发了"杀死该女孩，然后就可以再生一胎"的邪念。一日，甲休假在家照看孩子，看见孩子爬上自家阳台，他就故意躲进卫生间，结果导致该女孩从五层楼的阳台掉下摔死。甲的这种不作为导致了孩子的死亡，同样构成故意杀人罪。此外，故意杀人罪的成立，不以出现被害人死亡为构成标准，只要行为人实施了杀人行为，即构成故意杀人罪。但是如果被害人没有死亡，可能构成故意杀人罪预备、未遂、中止等犯罪形态。

3. 故意杀人罪的主体是一般主体，即年满 14 周岁、具有辨认和控制自己行为能力的自然人。对于单位雇凶杀人的行为，由于我国刑法没有规定单位可以成为杀人罪的主体，所以，可以对单位的负责人或者直接责任人员以故意杀人罪定罪处罚。

4. 故意杀人罪的主观方面只能是故意。从学理上可以分为直接故意杀人罪和间接故意杀人罪。所谓直接故意杀人罪是指行为人明知自己的行为会导致他人死亡，并且希望这种危害结果的发生；所谓间接故意杀人罪，是指行为人明知自己的行为会导致他人的死亡，并且放任这种危害结果的发生。但是，无论是直接故意杀人罪还是间接故意杀人罪都是故意杀人罪。故意杀人罪的犯罪动机可以是多种多样的，例如情杀、报复杀人、义愤杀人、激情杀人等，这些都不影响故意杀人罪的成立，但是不同的故意杀人动机会导致量刑上的差别。在我国台湾地区还规定了单独的义愤杀人罪。

（二）故意杀人罪的认定

1. 故意杀人罪与非罪的认定。相约自杀，即二人以上相互约定自愿共同自杀的行为。如果相约的双方各自实施自杀行为，其中一方死亡，而另一方没有自杀成功，此时，对于自杀未遂的一方不能以故意杀人罪定罪量刑；如果行为人的一方杀死另外一方，然后自杀未遂，对于自杀未遂的一方应当以故意杀人罪定罪量刑。

如果行为人所实施的正当的行为、错误的行为或者轻微的违法行为引起了他人自杀身亡，该行为人不应当负故意杀人罪的刑事责任。对于教唆或者帮助被害人自杀身亡的，其教唆或者帮助行为和共同犯罪中的教唆或者帮助行为是有区别的。这里的教唆或者帮助被害人自杀的行为实质是借被害人之手实施行为人的行为，所以，对于这种教唆或者帮助行为，应当按照故意杀人罪定罪量刑。在司法实践中还有行为人逼迫被害人自杀的情况。"所谓逼迫

---

① 参见林山田：《刑法特论》（上），34 页，台北，三民书局有限公司，1978。

② 同上，35 页。

他人自杀，是指利用某种权利、经济或者亲属关系上的优势，利用被害人自身愚昧等弱点，故意强迫他人自杀的行为。"[①] 对于这种情况应当具体分析，如果行为人使用强暴的手段，将被害人置于走投无路的境地，则应当以故意杀人罪定罪量刑；如果使用诱骗或者愚弄性质的手段逼迫被害人自杀的，对于情节严重的，应当依法惩处。

对于"大义灭亲"行为的处理。在我国一些地区，传统上存在所谓的"家法"，并有以此来规制本"家族"成员的行为，对于有些行为甚至仅仅是违背伦理道德的行为（例如通奸行为），他们往往依据所谓的"家法"将其处死。我国是不承认所谓的"家法"的，所以，即使被害人确实是应当被处以刑罚处罚的，也只能由国家机关通过正当合法的程序，才能对其适用刑罚。因此，对于这种"大义灭亲"的行为，应当以故意杀人罪来定罪量刑。

对于"安乐死"案件的处理。[②] 所谓"安乐死"，是指对于身患绝症，没有医治可能，而处于极其痛苦状态之中濒临死亡的病人，根据其本人或者在本人已经不能表达情况下其近亲属的要求，采取医学上的措施，以加速其死亡。采取"安乐死"的方法通常是采取积极的措施加速其死亡，或者是停止对其用药或停止使用医疗辅助设备。对于实施"安乐死"的行为，在法学界、医学界和其他社会科学领域都曾引起很多争论。争论的焦点主要在以下几个方面：(1) 实行"安乐死"是否违背人道主义；(2) 实施"安乐死"是否有利于医学的发展；(3) 允许医生为患者实行"安乐死"，是否违背医生的职业道德；(4) 允许"安乐死"，是否能防止医生的轻率行为以及患者家属"甩包袱"等弊端，等等。[③] 目前，有少数国家例如荷兰通过了"安乐死"合法化的立法，但是，世界上大多数国家都没有批准实行"安乐死"。我国对于"安乐死"案件，一般仍应当定故意杀人罪，在量刑时可以考虑从轻处罚。

2. 故意杀人罪与以危险方法危害公共安全罪[④]的区别。故意杀人罪在客观方面的表现形式多种多样，在我国《刑法》分则第二章规定的危害公共安全罪中危害公共安全的危险方法，例如放火、投放有害物质、爆炸、决水等，同样可以成为故意杀人罪的客观行为。但是，故意杀人罪和以危险方法危害公共安全罪之间存在本质上的区别。其根本区别就在于它们的犯罪客体不同，具体来说，根据以危险方法危害公共安全罪的本质特征，它所侵犯的是不特定多数人的人身安全和重大的财产安全。而故意杀人罪所侵犯的是特定人的生命权。此外，以危险方法危害公共安全罪的犯罪对象也较为宽泛，不仅可以针对人身安全，还可以是财产等，而故意杀人罪的犯罪对象只能是特定的人的生命权。在司法认定上，可以从犯罪实施的时间、地点等因素综合具体分析。

（三）故意杀人罪的处罚

根据我国《刑法》第232条的规定，犯故意杀人罪，处死刑、无期徒刑或者10年以上有期徒刑；情节较轻的，处3年以上10年以下有期徒刑。从我国刑法的规定上看，对于故意杀人罪规定了两个法定刑幅度，因此，认定故意杀人罪的情节轻重相当重要，应主要从杀人的手段、对象包括被害人的数量、杀人动机，被害人是否有过错、行为人的主观恶性及人身危险性等因素综合加以考虑，真正做到罪责刑相适应。

---

① 参见赵秉志主编：《中国刑法适用》，770页，郑州，河南人民出版社，2001。

② 对于安乐死案件的处理实际上涉及法学和伦理学的冲突问题，如何认识和解决此类问题具有重大的社会意义，应当深入研究。

③ 参见高铭暄主编：《新编中国刑法学》（下册），687页。

④ 这里所述的"以危险方法危害公共安全罪"，是指包括放火罪、投放危险物质罪、爆炸罪、决水罪和以其他危险方法危害公共安全罪等犯罪。

## 过失致人死亡罪

（一）过失致人死亡罪的概念和特征

过失致人死亡罪，是指行为人由于自己的过失而导致他人死亡的行为。过失致人死亡罪的构成特征是：

1. 过失致人死亡罪的客体与故意杀人罪的客体相同，是他人的生命权。过失致人死亡罪的犯罪对象也是任何有生命的自然人，至于该自然人的生命开始和生命结束的标准也同故意杀人罪中的犯罪对象相同，这里不再赘述。

2. 过失致人死亡罪的客观方面也表现为作为和不作为两种形式。我国刑法是以处罚故意为原则，以处罚过失为例外，所以，过失致人死亡罪的构成必须以出现他人死亡的危害结果为要件。被害人可以是当场死亡，也可以是在离开案发现场后死亡，但是，要求被害人死亡的结果和行为人的作为或者不作为之间存在刑法上的因果关系。

3. 过失致人死亡罪的主体要求行为人的年龄已经满 16 周岁，同时具有辨认和控制自己行为的能力。

4. 过失致人死亡罪是过失犯罪。所以构成过失致人死亡罪的主观方面只能是过失，当然，过失包括疏忽大意的过失和过于自信的过失。

（二）过失致人死亡罪的认定

1. 过失致人死亡罪与故意杀人罪的区别。过失致人死亡罪主观方面是过失，包括疏忽大意过失和过于自信过失。其中，过于自信过失导致他人死亡，是指行为人已经预见到自己的行为可能造成他人死亡的结果，但是，行为人过于自信，认为凭借自己的各种条件可以避免这种危害结果的发生。故意杀人罪的主观方面是故意，包括直接故意和间接故意。其中，间接故意杀人，是指行为人明知自己的行为可能发生他人死亡的危害结果，但是对于这种危害结果行为人持放任的态度，从而导致被害人死亡的危害结果发生。行为人的过于自信导致他人死亡和行为人间接故意杀人之间存在相似之处，同时两者之间又存在本质区别。

两者相同之处是：都出现了他人死亡的危害结果；对行为人而言，都预见到了危害结果，且都不是希望危害结果的发生。

两者的区别是：(1) 从认识因素上看，过于自信导致他人死亡的行为人在主观上认为，他凭借自己的能力、经验、技术和外部条件等因素，可以控制他人死亡结果的出现，对于可能性转化为现实性的客观事实发生了错误认识，在他人死亡结果发生的情况下，其主观与客观是不一致的；而间接故意杀人的行为人对可能性转化为现实性的客观事实没有发生错误认识，在他人死亡结果发生的情况下，其主观与客观是一致的。(2) 从意志因素上看，过于自信导致他人死亡的行为人在意志因素上是希望能够避免他人死亡的危害结果发生；而间接故意杀人的行为人在意志因素上对被害人的死亡持放任态度，听之任之，即被害人死亡的危害结果出现并不违背行为人的意志。

2. 过失致人死亡罪和过失引起被害人死亡的其他犯罪的区别。我国《刑法》分则还有很多条文规定了由于过失犯罪导致被害人死亡的情形。例如《刑法》第 115 条第 2 款规定的过失以危险方法导致被害人死亡的，《刑法》第 133 条规定的交通肇事罪中“因逃逸致人死亡的”等等。实际上这些犯罪的规定和过失致人死亡罪的规定形成了特别条款和普通条款的关系，所以，在这种情况下，就按照特别条款优于普通条款的原则，按照特别条款规定的犯罪定罪处罚。《刑法》第 233 条也规定，“过失致人死亡的……本法另有规定的，依照规定”。例如，交通肇事罪中“因逃逸致人死亡的”，就应当按照交通肇事罪定罪处罚，而不能以过失致人死亡罪定罪量刑。

3. 过失致人死亡罪和意外事件的区别。过失致人死亡罪中行为人在主观上如果是疏忽大意的过失导致他人死亡，在司法实践中有时容易和意外事件相混淆，这里实际上涉及如何理解“应当预见而没有预见的”问题。意外事件中导致他人死亡，是指行为人实施某一行为时，因为在客观上不可能预见或者不应当预见而导致他人死亡的结果出现。我们认为，应当根据行为人的知识水平、行为本身的危险性以及当时的客观情况，同时根据在当时的情况下，按照一般人的标准综合考虑来确定行为人主观上有无可能预见，从而判断行为人主观上有无犯罪过失，最终来区分疏忽大意过失致人死亡和意外事件。

（三）过失致人死亡罪的处罚

根据我国《刑法》第 233 条的规定，犯过失致人死亡罪的，处 3 年以上 7 年以下有期徒刑；情节较轻的，处 3 年以下有期徒刑。这里规定了两个法定刑幅度，根据行为的社会危害性和行为人的人身危险性确定不同的适用幅度。

## ■ 故意伤害罪

（一）故意伤害罪的概念和特征

故意伤害罪，是指行为人故意非法对他人身体健康实施损害的行为。即行为人明知自己的行为会对他人身体造成伤害，并且希望或者放任该种危害结果的发生。故意伤害罪的构成特征如下：

1. 故意伤害罪的客体是他人的健康权。所谓健康，是指“不仅没有疾病，而且个体在身体上、精神上和社会上的完满状态”。这里健康的外延宽泛，它是人类追求的理想状态。在刑法上，对健康的理解，应当适当缩小健康的外延。我们认为，刑法上对于他人的伤害，是指对他人生理上所造成的损害。对于被害人的精神伤害或者感情伤害，不宜作为刑法调整的范畴。

此外，对于经被害人承诺的“自残”行为，即行为人应被害人的要求对其身体进行伤害的，我们认为，也应当以故意伤害罪定罪处罚，但是，在量刑时，可以考虑和一般意义上的故意伤害罪有所区别。

针对未出生的胎儿实施伤害行为，导致胎儿出生后伤残的，能否定故意伤害罪，在理论上存在争论：第一种观点认为应当认定对出生后的“人”的伤害；第二种观点认为应当认定对母亲的伤害；第三种观点认为无罪。[①] 我们认为，对于这种行为以故意伤害罪定罪比较合适，至于伤害的对象，还有待于进一步研究。

2. 故意伤害罪的客观方面必须存在非法的伤害行为，具体表现为两个方面：一是对他人身体组织的完整性所造成的破坏，例如导致他人肢体残缺等；二是对他人身体器官机能的损害，使其丧失一部分或者全部机能，例如使他人丧失视力、丧失听力等等。对于伤害的程度，只要达到轻伤即可构成故意伤害罪既遂。所谓轻伤，是指物理、化学及生物等各种外界因素作用于人体，造成组织、器官结构的一定程度的损害或部分功能障碍，尚未构成重伤又不属于轻微伤害的损伤。

3. 故意伤害罪的主体是一般主体，即年满 16 周岁的具有刑事责任能力的人都可以成为故意伤害罪的主体。根据我国《刑法》第 17 条第 2 款的规定，年满 14 周岁不满 16 周岁的未成年人对故意伤害致人重伤或者死亡的故意伤害罪应当负刑事责任。

---

① 参见苏惠渔主编：《刑法学》（修订版），585 页；张明楷：《刑法学》（下），699 页。

4. 故意伤害罪的主观方面只能是故意，包括直接故意和间接故意，即行为人明知自己的行为会造成他人身体伤害的结果，并且希望或者放任伤害结果的发生。故意伤害罪的动机是多种多样的，有的是为了发泄个人私愤，有的是出于其他动机，但是，所有这些都不影响故意伤害罪的成立。

（二）故意伤害罪的认定

1. 故意伤害罪和故意杀人罪的区别。故意伤害罪和故意杀人罪在行为方式上有很多相似之处，如果故意伤害致使被害人死亡，此时，对于故意伤害罪和故意杀人罪的界限往往很难划清，这也是一直困扰着司法实践部门的难题，在理论界也存在着不同的争论。有人认为，区分这两个罪的关键是要查清犯罪目的，证明有杀人目的，就是故意杀人罪，有伤害目的，就是故意伤害罪，这种观点可以称为目的论；有人认为，应从犯罪行为来认定故意杀人罪和故意伤害罪之间的区别，例如从行为人使用的工具、打击的部位等，该种观点可以称为客观事实论；还有人从行为人的主观故意的内容来区分故意伤害罪和故意杀人罪。① 近年来，有人提出从以下几个方面来综合考虑，从而划分故意伤害罪和故意杀人罪的区别：(1) 案件的起因；(2) 被告人和被害人平时的关系；(3) 犯罪有无预谋和准备，以及是怎样预谋和准备的；(4) 伤害的部位；(5) 犯罪行为有无节制；(6) 犯罪人的一贯表现；(7) 犯罪后的态度和表现等等。② 我们认为，这种综合方法有利于我们区分故意伤害罪和故意杀人罪。通过如此细致划分这些事实情况，最终判断行为人主观方面的内容中究竟是故意伤害的故意还是故意杀人的故意，因此，行为人主观方面的内容应该是判断故意伤害罪和故意杀人罪的标准，但又不是唯一标准，因为主观内容也要通过客观情况来反映。所以，主客观一致原则是判断故意伤害罪和故意杀人罪的最终标准。

2. 轻微伤、轻伤和重伤的标准。为了给轻伤鉴定提供客观标准，最高人民法院、最高人民检察院、公安部、司法部于 1990 年 4 月 20 日颁布了《人体轻伤鉴定标准（试行）》。其中第 2 条指出，所谓轻伤，是指物理、化学及生物等各种外界因素作用于人体，造成组织、器官结构的一定程度的损害或部分功能障碍，尚未构成重伤又不属于轻微伤害的损伤。轻微伤，是指损伤仅仅引起肌体暂时和轻微的反映，基本不影响器官功能，如表皮擦伤等，区分轻微伤和轻伤的标准之一就是看其是否能自行修复。1990 年 3 月 29 日最高人民法院、最高人民检察院、司法部、公安部颁布的《人体重伤鉴定标准》为重伤的鉴定提供了科学依据和统一标准。我国《刑法》第 95 条规定，本法所称重伤，是指有下列情形之一的伤害：(1) 使人肢体残废或者毁人容貌的；(2) 使人丧失听觉、视觉或者其他器官机能的；(3) 其他对于人身健康有重大伤害的。

（三）故意伤害罪的处罚

根据我国《刑法》第 234 条的规定，犯故意伤害罪的，处 3 年以下有期徒刑、拘役或者管制。犯前款罪，致人重伤的，处 3 年以上 10 年以下有期徒刑；致人死亡或者以特别残忍手段致人重伤造成严重残疾的，处 10 年以上有期徒刑、无期徒刑或者死刑。本法另有规定的，依照规定。其中要注意对于“以特别残忍手段致人重伤造成严重残疾”的含义的理解，“特别残忍手段”，主要是指那些挖眼、割耳朵等残酷手段，“身体严重残疾”，是指肢体残废。此外，只有“手段特别残忍”和“造成身体严重残疾”两个要件同时具备，才能适用处 10 年以上有期徒刑、无期徒刑或者死刑。

---

① 参见高铭暄主编：《新中国刑法学研究综述（1949—1985）》，581～582 页，郑州，河南人民出版社，1986。

② 参见王作富主编：《刑法分则实务研究》（上），882～883 页。

## ■ 强奸罪

（一）强奸罪的概念和特征

强奸罪，是指违背女性意志，以暴力、胁迫或者其他方法，强行与其发生性交或者与不满 14 周岁的幼女发生性交的行为。强奸罪具有以下特征：

1. 强奸罪的客体，在我国刑法学界存在以下几种观点：（1）强奸罪的客体是妇女的性的不可侵犯的权利[①]；（2）强奸罪的客体是妇女的性的自由权利[②]；（3）强奸罪的客体是复杂客体，主要客体是妇女的性的不可侵犯的权利，也就是妇女拒绝与任何男子发生性行为的权利，对这一权利的侵犯，同时也严重侵犯妇女的人格尊严，因此，强奸罪的客体还包括妇女的其他权利，例如健康权、人身自由权或居住安全等。[③] 我们认为，上述种种观点，在一定程度上都揭示了强奸罪的客体特征，但是，2000 年 2 月 13 日最高人民法院《关于审理强奸案件有关问题的解释》中指出：对于已满 14 周岁不满 16 周岁的人，与幼女发生性关系构成犯罪的，依照《刑法》第 17 条、第 236 条第 2 款的规定，以强奸罪定罪处罚；对于行为人既实施了强奸妇女行为又实施了奸淫幼女行为的，依照《刑法》第 236 条的规定，以强奸罪从重处罚。最高人民法院、最高人民检察院于 2002 年 3 月 15 日颁布的《关于执行〈中华人民共和国刑法〉确定罪名的补充规定》中规定，《刑法》第 236 条的罪名为强奸罪，取消奸淫幼女罪罪名。从这两个司法解释来看，幼女也可以称为强奸罪的对象，而由于幼女无论是在身体发育还是在心理承受能力上都与妇女有很大的区别，所以，我们认为，强奸罪的客体不仅是女性的性的不可侵犯的权利，还应当包括幼女的身心健康。

强奸罪的对象是任何女性。女性的精神状况、生活作风等不影响该罪的构成。从最高人民法院《关于审理强奸案件有关问题的解释》、《关于执行〈中华人民共和国刑法〉确定罪名的补充规定》等两个司法解释的内容上看，不满 14 周岁的幼女也是强奸罪的对象。此外，行为人如果使用暴力、胁迫或者其他方法，违背女性的意志，即使是针对卖淫妇女，也一样可以构成强奸罪。

妻子能否成为丈夫强奸的对象，各国刑法对此规定不同。有的国家明确规定强奸罪的对象不包括配偶，例如瑞士、泰国等大多数国家未在刑法中明确规定，而在司法实践中一般也倾向于妻子不能成为丈夫强奸的对象。在我国刑法中，虽然在强奸罪条文的规定中未明确将"妻子"排除在强奸罪的对象以外，但在司法实践中，普遍的做法是将"婚内强奸"排除在强奸罪之外，但也有将丈夫对妻子"施暴"的行为，以强奸罪对其定罪量刑的。[④] 在刑法学界，我国大多数学者认为，在合法的婚姻关系成立之后和存续期间，丈夫强行对妻子实施性行为是不能构成强奸罪的；如果这一强行行为构成其他犯罪，则以其他罪论处，但与强奸罪相去甚远。[⑤] 我们同意这种观点。

2. 强奸罪的客观方面表现为行为人以暴力、胁迫或者其他手段，违背女性意志，强行与被害人性交的行为。而以"暴力、胁迫或者其他手段"是强奸罪外在的表现形式。

1984 年 4 月 26 日最高人民法院、最高人民检察院、公安部《关于当前办理强奸案件中具体应用法律的若干问题的解答》中对于强奸罪的手段行为进行了解释：

---

① 参见高铭暄主编：《新编中国刑法学》（下册），695 页，北京，中国人民大学出版社，1998；苏惠渔主编：《刑法学》（修订版），590 页；张明楷：《刑法学》（下），704 页。

② 赵秉志主编：《刑法新教程》，625 页。

③ 参见何秉松主编：《刑法教科书》（根据 1997 年刑法修订），781 页。

④⑤ 参见杨兴培：《夫妻关系成立之后和存续期间，丈夫强行与妻子同居能否构成强奸罪?》，转自苏惠渔、杨兴培主编：《刑事疑难案例法理评析》，139～157 页，北京，法律出版社，2000。

“暴力手段”，是指犯罪分子直接对被害妇女采用殴打、捆绑、卡脖子、按倒等危害人身安全或者人身自由的方式，使妇女不能抗拒的手段。

“胁迫手段”，是指犯罪分子对被害妇女威胁、恫吓，达到精神上的强制的手段。如：扬言行凶报复、揭发隐私、加害亲属等相威胁，利用迷信进行恐吓、欺骗，利用教养关系、从属关系、职权以及孤立无援的环境条件，进行挟制、迫害等，迫使妇女忍辱屈从，不敢抗拒。

有教养关系、从属关系和利用职权与妇女发生性行为的，不能都视为强奸。行为人利用其与被害妇女之间特定的关系，迫使就范，如养（生）父以虐待、克扣生活费迫使养（生）女容忍其奸淫的；或者行为人利用职权，乘人之危，奸淫妇女的，都构成强奸罪。行为人利用职权引诱女方，女方基于互相利用与之发生性行为的，不定为强奸罪。

“其他手段”，是指犯罪分子用暴力、胁迫以外的手段，使被害妇女无法抗拒。例如：利用妇女患重病、熟睡之机，进行奸淫；以醉酒、药物麻醉，以及利用或者假冒治病等方法对妇女进行奸淫。最高人民法院、最高人民检察院《关于办理组织和利用邪教组织犯罪案件具体应用法律若干问题的解释》（1999 年 10 月 9 日）第 5 条规定：组织和利用邪教组织，以迷信邪说引诱、胁迫、欺骗或者其他手段，奸淫妇女、幼女的，依照《刑法》第 236 条的规定，以强奸罪定罪处罚。

对于不满 14 周岁的幼女实施奸淫行为的，不要求行为人实施上述的手段行为。

“违背女性的意志”是强奸罪内在的本质特征，凡是女性不敢、不能、不知反抗的，都应当视为“违背女性意志”。对于丧失了辨认或者控制自己行为能力的精神病人或者严重痴呆的女性，她们不能真正表达自己的意志，所以，不论她们是否同意，也不论行为人是否使用了上述方法，都应当以强奸罪定罪量刑。最高人民法院、最高人民检察院、公安部《关于当前办理强奸案件中具体应用法律的若干问题的解答》中也指出：明知妇女是精神病患者或者痴呆者（程度严重的）而与其发生性行为的，不管犯罪分子采取什么手段，都应以强奸罪论处。与间歇性精神病患者在未发病期间发生性行为，妇女本人同意的，不构成强奸罪。对于不满 14 周岁的幼女，因为她们年幼无知，不能正确分辨行为的性质，因此，即使行为人的奸淫行为得到幼女的同意，也被认为是违背妇女意志，以强奸罪论处。

3. 强奸罪的主体是特殊主体，即年满 14 周岁、具有刑事责任能力的男性。

对于年满 14 周岁不满 16 周岁的人对不满 14 周岁的幼女实施奸淫行为如何处理？根据《最高人民法院关于审理强奸案件有关问题的解释》，对于已满 14 周岁不满 16 周岁的人，与幼女发生性关系构成犯罪的，依照《刑法》第 17 条、第 236 条第 2 款的规定，以强奸罪定罪处罚；对于与幼女发生性关系，情节轻微、尚未造成严重后果的，不认为是犯罪。此外，最高人民法院《关于审理未成年人刑事案件具体应用法律若干问题的解释》第 6 条也规定，已满 14 周岁不满 16 周岁的人偶尔与幼女发生性行为，情节轻微、未造成严重后果的，不认为是犯罪。

强奸罪的主体通常是男子。女子是否可以成为强奸罪的主体？我国台湾学者认为，强奸罪的主体原则上以男性为限，女性可以成为强奸罪的共犯或者共同正犯或者间接正犯。① 最高人民法院、最高人民检察院、公安部《关于当前办理强奸案件中具体应用法律的若干问题的解答》第 7 条规定：妇女教唆或帮助男子实施强奸犯罪的，是共同犯罪，应当按照她在强奸犯罪活动中所起的作用，分别定为教唆犯或从犯，依照刑法有关条款论处。

---

① 参见林山田：《刑法特论》中，645 页，台北，三民书局有限公司，1978。

4. 强奸罪的主观方面是故意。针对年龄未满 14 周岁的幼女实施奸淫行为的，行为人是否要“明知”对方是未满 14 周岁的幼女，概括起来大致有两种对立的观点：一种观点认为奸淫幼女罪的成立要求行为人必须知道被害人是幼女；另一种观点则认为奸淫幼女罪的成立并不要求行为人必须知道被害人是幼女。[①] 按照传统的刑法理论，这种观点似乎没有正确处理好刑法分则与总则的关系，违背了主客观相统一的原则。[②] 2003 年 1 月 8 日最高人民法院发布的《关于行为人不明知是不满 14 周岁的幼女，双方自愿发生性关系是否构成强奸罪问题的批复》中规定：行为人明知是不满 14 周岁的幼女而与其发生性关系，不论幼女是否自愿，均应依照《刑法》第 236 条第 2 款的规定，以强奸罪定罪处罚；行为人确实不知对方是不满 14 周岁的幼女，双方自愿发生性关系，未造成严重后果，情节显著轻微的，不认为是犯罪。根据上述规定，奸淫幼女构成强奸罪要求行为人主观上必须明知奸淫的是幼女，有证据证明行为人确实不知对方是不满 14 周岁的幼女，双方自愿发生性关系，不能构成本罪。这一司法解释可以说为该争论问题给出了一定的结论。当然，这里所谓的“明知”，只要行为人认识到可能是幼女的，就符合本罪对认识因素的要求，而不是要求必须确知。

（二）强奸罪的认定

1. 要把强奸同未婚男女在恋爱过程中自愿发生的不正当性行为加以区别。有的未婚男子以“恋爱”为名，玩弄女性，这种情况通常是女性自愿的，一般不以强奸罪定罪量刑。奸淫多名未婚妇女，情节严重、影响恶劣，构成其他犯罪的，以其他犯罪处理。

2. 要把强奸同通奸加以区别。对此问题，需要注意的是：

（1）有的妇女与人通奸后，双方关系恶化，或者怕事情暴露后丢面子，或者为推卸责任、嫁祸于人等情况，把通奸说成强奸，这时不能定为强奸罪。在办案中，对于所谓半推半就的问题，要对双方平时的关系如何，性行为是在什么环境和情况下发生的，事情发生后女方的态度怎样，在什么情况下告发等事实和情节，认真审查清楚，作全面的分析，不是确系违背妇女意志的，一般不宜按强奸罪论处。如果确系违背妇女意志的，以强奸罪惩处。

（2）第一次性行为违背妇女的意志，但事后并未告发，后来女方又多次自愿与该男子发生性行为的，一般不宜以强奸罪论处。

（3）犯罪分子强奸妇女后，对被害妇女实施精神上的威胁，迫使其继续忍辱屈从的，应以强奸罪论处。

（4）男女双方先是通奸，后来女方不愿继续通奸，而男方纠缠不休，并以暴力或以败坏名誉等进行胁迫，强行与女方发生性行为的，以强奸罪论处。

（三）强奸罪的处罚

根据我国《刑法》第 236 条的规定，犯强奸罪的，处 3 年以上 10 年以下有期徒刑。奸淫不满 14 周岁的幼女的，以强奸论，从重处罚。强奸妇女、奸淫幼女，有下列情形之一的，处 10 年以上有期徒刑、无期徒刑或者死刑：（1）强奸妇女、奸淫幼女情节恶劣的；（2）强奸妇女、奸淫幼女多人的；（3）在公共场所当众强奸妇女的；（4）二人以上轮奸的；（5）致使被害人重伤、死亡或者造成其他严重后果的。2000 年 2 月 13 日最高人民法院《关于审理强奸案件有关问题的解释》规定：对于行为人既实施了强奸妇女行为又实施了奸淫幼女行为的，依照《刑法》第 236 条的规定，以强奸罪从重处罚。

---

① 参见何秉松主编：《刑法教科书》（据 1997 年刑法修订），213 页。

② 参见苏惠渔主编：《刑法学》（修订版），596 页。

## 强制猥亵、侮辱妇女罪

（一）强制猥亵、侮辱妇女罪的概念和特征

强制猥亵、侮辱妇女罪，是指以暴力、胁迫或者其他手段，违背妇女意志，强制猥亵、侮辱妇女的行为。强制猥亵、侮辱妇女罪的基本特征如下：

1. 对于强制猥亵、侮辱妇女罪的客体，存在不同的观点：有人认为，强制猥亵、侮辱妇女罪的客体，是妇女的人身权利，具体指妇女的人格尊严和性的健康权利①；也有学者认为，强制猥亵、侮辱妇女罪的客体是妇女的人格尊严权利②；我们认为，强制猥亵、侮辱妇女罪的犯罪客体是妇女的人格尊严和性自由的权利。强制猥亵、侮辱妇女罪的犯罪对象只能是年满 14 周岁的女性，如果对于 14 周岁以下的幼女实施上述行为的应当按照猥亵儿童罪定罪处罚。

2. 强制猥亵、侮辱妇女罪的客观方面表现为以暴力、胁迫或者其他手段，违背妇女意志，强制猥亵、侮辱妇女的行为。其中“暴力手段”，是指犯罪分子直接对被害妇女采用殴打、捆绑、卡脖子、按倒等危害人身安全或者人身自由，使妇女不能抗拒的手段。“胁迫手段”，是指犯罪分子对被害妇女威胁、恫吓，达到精神上的强制的手段。如：以扬言行凶报复、揭发隐私、加害亲属等相威胁，利用迷信进行恐吓、欺骗，利用教养关系、从属关系、职权以及孤立无援的环境条件，进行挟制、迫害等，迫使妇女忍辱屈从，不敢抗拒。“其他手段”，是指犯罪分子用暴力、胁迫以外的手段，使被害妇女无法抗拒。

对于“猥亵”、“侮辱”的含义目前法律并未作出明确规定，也没有相应的司法解释，我们认为可以对其作如下理解：所谓“猥亵”，是指除了性交以外的强制性的性接触，具体指那些针对妇女实施的，能够刺激、兴奋、满足行为人或者第三人的性欲，损害公序良俗，违背良好的性道德观念的行为。表现为强迫妇女对自己的性敏感区或者行为人在妇女的性敏感区抚摸、吮吸、手淫等。所谓“侮辱”，是指那些具有挑衅性有损人格的行为。具体可以参照 1984 年 11 月 2 日最高人民法院、最高人民检察院《关于当前办理流氓案件中具体应用法律的若干问题的解答》中的规定，例如：追逐、堵截妇女造成恶劣影响，或者结伙、持械追逐、堵截妇女的；在公共场所多次偷剪妇女的发辫、衣服，向妇女身上泼洒腐蚀物，涂抹污物，或者在侮辱妇女时造成轻伤的；在公共场所故意向妇女显露生殖器或者用生殖器顶擦妇女身体，屡教不改的等等行为。

3. 强制猥亵、侮辱妇女罪的主体是特殊主体，即年满 16 周岁的男子，但是女子如果教唆或者帮助强制猥亵、侮辱妇女的，可以成为强制猥亵、侮辱妇女罪的共犯。

4. 强制猥亵、侮辱妇女罪的主观方面是故意，并且通常是直接故意。行为人在实施强制猥亵、侮辱妇女行为的时候，一般具有满足自己的性欲或者他人非正常的性欲的目的，或者是为了侮辱妇女的人格。其动机往往是为了寻求非常规的精神刺激或者变态畸形的欲望。

（二）强制猥亵、侮辱妇女罪的认定

强制猥亵、侮辱妇女罪和强奸罪都表现为对女性的身心健康的侵犯，在客观方面都表现为使用暴力、胁迫或者其他手段。强制猥亵、侮辱妇女罪和强奸罪具有如下的区别：（1）犯罪客体不同，强制猥亵、侮辱妇女罪的客体是妇女的人格尊严和性自由的权利；而强奸罪的客体不仅是女性的性的不可侵犯的权利，还应当包括幼女的身心健康。（2）犯罪对象不完全相同，强制猥亵、侮辱妇女罪的犯罪对象只能是 14 周岁以上的女性；而强奸罪的犯罪对象

---

① 参见赵秉志主编：《刑法新教程》，629 页。

② 参见高铭暄主编：《新编中国刑法学》，下册，695 页。

不仅仅是14周岁以上的女性，还可以是14周岁以下的幼女。(3) 犯罪主体不完全相同，强制猥亵、侮辱妇女罪的犯罪主体只能是年满16周岁的人（通常是男性）；而强奸罪的主体是年满14周岁的人（也通常为男性）。(4) 犯罪主观方面不同，强制猥亵、侮辱妇女罪的主观方面不是以奸淫为目的；而强奸罪的主观方面就是为了奸淫的目的。

（三）强制猥亵、侮辱妇女罪的处罚

根据《刑法》第237条第1款、第2款的规定，犯强制猥亵、侮辱妇女罪的，处5年以下有期徒刑或者拘役；聚众或者在公共场所当众强制猥亵、侮辱妇女的，处5年以上有期徒刑。

## ■ 非法拘禁罪

（一）非法拘禁罪的概念和特征

所谓非法拘禁罪，是指行为人故意非法拘禁他人或者以其他方法非法剥夺他人人身自由的行为。构成非法拘禁罪的特征是：

1. 非法拘禁罪的客体是他人的人身自由。根据我国法律规定，任何人的人身自由非经法定程序不得被任意限制或者剥夺，非法拘禁罪的主体通过非法手段对被害人进行人身自由的限制或者剥夺，侵犯了他人人身自由。

2. 非法拘禁罪在客观方面表现为非法拘禁他人或者以其他方法非法剥夺他人人身自由。所谓“拘禁”，是指使用捆绑、禁闭等方法使被害人无法离开一定的处所，致使被害人在一定时间内失去行动的自由。非法拘禁是指没有法律根据，不依法定程序而非法拘留、逮捕、监禁或者以其他方法剥夺他人人身自由的行为。对于非法拘禁的方法，不一定要求行为人使用强制的方法。例如，甲将正在洗澡的女被害人的衣服拿走，使其出于害羞而无法走出洗澡的地方，以致被害人的人身自由受到限制，甲的行为同样符合非法拘禁罪的客观方面。

3. 非法拘禁罪的主体是一般主体，即年满16周岁，具有刑事责任能力的人都可以成为非法拘禁罪的主体。对于国家机关工作人员利用职权犯非法拘禁罪的，从重处罚。

4. 非法拘禁罪的主观方面是故意。非法拘禁罪的主体往往出于对被害人的人身自由非法剥夺的目的。非法拘禁罪的动机可能是多方面的，例如有的是为了发泄私愤，有的是为了索要债务等等，这些都不影响非法拘禁罪的构成。

（二）非法拘禁罪的认定

非法拘禁罪是一种典型的继续犯，行为人的“非法拘禁”行为在一定时间内处于持续的状态，也就是说，被害人所处的“不自由”状态会持续一段时间。对于非法拘禁罪的既遂状态是否在时间上有要求，刑法学界存在不同的观点，例如有的学者认为，非法拘禁罪属于继续犯，只要行为人以剥夺他人人身自由为目的将他人拘禁起来，不论时间长短，都是本罪既遂。[①] 我们认为，这种观点值得商榷，“时间”在非法拘禁罪当中应当有一定的限制，否则，有扩大犯罪圈的倾向。至于限制自由的持续时间，可以参照2006年7月26日最高人民检察院公布实施的《关于渎职侵权犯罪案件立案标准的规定》中关于国家机关工作人员利用职权实施的非法拘禁案的规定，国家机关工作人员利用职权非法拘禁，涉嫌下列情形之一的，应予立案：(1) 非法剥夺他人人身自由24小时以上的；(2) 非法剥夺他人人身自由，并使用械具或者捆绑等恶劣手段，或者实施殴打、侮辱、虐待行为的；(3) 非法拘禁，造成被拘禁人轻伤、重伤、死亡的；(4) 非法拘禁，情节严重，导致被拘禁人自杀、自残造成重伤、死

① 参见赵秉志主编：《刑法新教程》，629页。

亡，或者精神失常的；（5）非法拘禁3人次以上的；（6）司法工作人员对明知是没有违法犯罪事实的人而非法拘禁的；（7）其他非法拘禁应予追究刑事责任的情形。

对于为索取高利贷、赌债等法律不予保护的债务而非法拘禁他人的行为如何定罪，2000年6月30日《最高人民法院关于对为索取法律不予保护的债务，非法拘禁他人行为如何定罪问题的解释》中规定，行为人为索取高利贷、赌债等法律不予保护的债务，非法扣押、拘禁他人的，依照《刑法》第238条的规定，以非法拘禁罪定罪处罚。

非法拘禁罪与故意杀人罪、故意伤害罪在竞合时如何处理？根据我国《刑法》第238条第2款的规定，使用暴力致人伤残、死亡的，依照本法第232条、第234条的规定定罪处罚，即非法拘禁罪与故意杀人罪、故意伤害罪在竞合时，分别按照故意杀人罪和故意伤害罪定罪处罚。

（三）非法拘禁罪的处罚

根据《刑法》第238条的规定，犯非法拘禁罪的，处3年以下有期徒刑、拘役、管制或者剥夺政治权利。具有殴打、侮辱情节的，从重处罚。非法拘禁，致人重伤的，处3年以上10年以下有期徒刑；致人死亡的，处10年以上有期徒刑。使用暴力致人伤残、死亡的，以故意伤害罪、故意杀人罪定罪处罚。

为索取债务非法扣押、拘禁他人的，以非法拘禁罪定罪处罚。

国家机关工作人员利用职权犯非法拘禁罪的，从重处罚。

## ■ 绑架罪

（一）绑架罪的概念和特征

绑架罪，是指以勒索财物为目的绑架他人的，或者绑架他人作为人质的行为。具体是指行为人利用被绑架人的近亲属或者其他人对被绑架人安危的忧虑，以勒索财物或者满足其他非法要求为目的，使用暴力、胁迫或者其他方法劫持或者以实力控制被害人的行为。绑架罪的构成特征是：

1. 绑架罪的客体为复杂客体，既侵犯了他人人身权利，同时又侵犯了他人的公私财产所有权和其他权利。由于绑架罪是属于暴力型犯罪，所以主要侵犯了被害人的人身权利；但是，绑架罪往往又以勒索财物或者满足其他非法要求为目的，所以除侵犯了公民人身权利以外，还侵犯了公私财产所有权和其他权利。

2. 绑架罪的客观方面表现为行为人使用暴力、胁迫、麻醉或者其他方法劫持他人作为人质或者勒索财物的行为。1991年9月4日全国人民代表大会常委会《关于严惩拐卖、绑架妇女、儿童的犯罪分子的决定》第2条和1992年12月24日最高人民法院、最高人民检察院《关于执行全国人民代表大会常务委员会〈关于严惩拐卖、绑架妇女、儿童的犯罪分子的决定〉的若干问题的解答》都将绑架罪的行为方法限定在“暴力、胁迫和麻醉”方法。但是，1997年修订后的《刑法》第239条没有限定绑架罪的具体行为方法，因此，对于绑架罪的行为方法不应当限定在以上这三种方法。不可否认，“暴力、胁迫和麻醉”方法是最为常见的绑架罪方法，但是，如果行为人使用欺骗等方法，实际上以实力控制被害人，也一样成为绑架罪的客观行为方法，所以，只要行为人以实力控制被害人即可，而不局限于某几种方法。

此外，绑架罪不要求行为人一定要将被害人劫持离开原来地点，即使在原来地点，只要行为人以实力控制被害人即可。

3. 绑架罪的主体是一般主体，即年满16周岁的具有刑事责任能力的人。对于年满14

周岁不满16周岁的未成年人是否可以成为绑架罪的主体，存在争论。有人认为，从绑架罪的性质和它的法定刑上看，年满14周岁不满16周岁的未成年人应当对绑架罪负刑事责任。我们认为，从罪刑法定原则出发，不能任意扩大刑事责任的适用范围。[①] 对于绑架并杀害被绑架人的，有人认为，其行为也完全符合杀人罪的构成要件，所以可以以故意杀人罪对其追究刑事责任。对此，最高人民法院《关于审理未成年人刑事案件具体应用法律若干问题的解释》第5条规定：已满14周岁不满16周岁的人实施《刑法》第17条第2款规定以外的行为，如果同时触犯了《刑法》第17条第2款规定的，应当依照《刑法》第17条第2款的规定确定罪名，定罪处罚。这一规定表明，如果已满14周岁不满16周岁的未成年人绑架并杀害被绑架人的，应以故意杀人罪定罪处罚。

4. 绑架罪的主观方面是故意。并且行为人以勒索财物或者获取其他非法利益为目的。

（二）绑架罪的认定

1. 绑架罪与非法拘禁罪的区别。以勒索财物为目的的绑架罪和以索取债务为目的的非法拘禁罪，有很多相似之处。两罪的犯罪主体都可以由一般公民构成，犯罪所侵害的客体都包括人身自由权，犯罪的客观方面都表现为以强制的方法剥夺他人人身自由权的行为，犯罪的主观方面都以得到财物为目的。两罪的区别在于：以取得财物为目的的绑架罪勒索的财物为他人所有，通常为被害人及其亲属所有，犯罪人在实施犯罪行为前，一般与被害人或者其亲属不存在财物往来的关系。非法拘禁罪索取的债务，则是被害人或者其亲属所欠犯罪人的债务，犯罪人在实施犯罪行为前，与被害人或者其亲属存在着债权债务关系。

2. 绑架罪的既遂标准。对于以勒索财物为目的绑架罪的既遂标准存在以下几种争论：一种观点认为，应当以是否实际取得财物为标准；另一种观点认为，应当以是否实施了绑架行为和勒索财物的行为为标准；还有一种观点认为，只要行为人实施了绑架行为并在实际上控制了被害人，就应当认定为绑架罪既遂。我们认为，只要行为人以勒索财物为目的，实施了绑架行为并在实际上控制了被害人，就应当认定为绑架罪既遂。因为，绑架罪侵犯的主要客体就是被害人的人身权利，而行为人一旦实施了绑架行为并在实际上控制了被害人，就已经对被害人的人身权利构成了侵犯。对于其主观上的“以勒索财物为目的”并不一定要求有与之对应的客观事实，通过其他方面能够加以证明也可以认定。

3. 绑架罪的一罪与数罪问题。在行为人实施绑架行为的过程中，由于绑架行为通常具有暴力特征，所以常常造成被害人重伤、死亡等等法律后果。根据我国《刑法》第239条的规定，下列情况应当以一罪即绑架罪定罪处罚：(1) 在绑架过程中，因为使用暴力造成被绑架人死亡，或者引起被绑架人自杀死亡的，这种情况属于绑架罪的结果加重犯，刑法规定仍然以绑架罪一罪定罪，但是刑罚加重了对其处罚，即处死刑；(2) 对于因被绑架人反抗或者被绑架人家属报案等等行为，行为人故意杀害被绑架人的，虽然行为人的这一杀害行为完全符合刑法规定的故意杀人罪的犯罪构成，但是，仍然只定绑架罪，在量刑上处死刑；(3) 行为人在实施绑架过程中还有非法拘禁的行为，但是非法拘禁行为被绑架行为所吸收，所以仍然只定绑架罪一罪。

此外，如果行为人在实施绑架行为的过程中，对被绑架人实施强奸等行为的，应当对其实行数罪并罚。根据最高人民法院《关于对在绑架过程中以暴力、胁迫等手段当场劫取被害人财物的行为如何适用法律问题的答复》（2001年11月8日）的规定，行为人在绑架过程中，又以暴力、胁迫等手段当场劫取被害人财物，构成犯罪的，择一重罪处罚。

---

① 参见李翔：《论相对负刑事责任年龄——兼评我国刑法第17条第2款之规定》，载《中国刑事法》，2000 (5)。

4. 绑架罪与抢劫罪的界限。根据最高人民法院《关于审理抢劫、抢夺刑事案件适用法律若干问题的意见》的规定，绑架罪与抢劫罪的区别在于：第一，主观方面不尽相同。抢劫罪中，行为人一般出于非法占有他人财物的故意实施抢劫行为，绑架罪中，行为人既可能为勒索他人财物而实施绑架行为，也可能出于其他非经济目的实施绑架行为。第二，行为手段不尽相同。抢劫罪表现为行为人劫取财物一般应在同一时间、同一地点，具有"当场性"；绑架罪表现为行为人以杀害、伤害等方式向被绑架人的亲属或其他人或单位发出威胁，索取赎金或提出其他非法要求，劫取财物一般不具有"当场性"。

（三）绑架罪的处罚

根据我国《刑法》第 239 条的规定，犯绑架罪的，处 10 年以上有期徒刑或者无期徒刑，并处罚金或者没收财产；致使被绑架人死亡或者杀害被绑架人的，处死刑，并处没收财产。

## ■ 拐卖妇女、儿童罪

（一）拐卖妇女、儿童罪的概念和特征

拐卖妇女、儿童罪，是指以出卖为目的，拐骗、绑架、收买、贩卖、接送、中转妇女、儿童，以及以出卖为目的，偷盗婴儿的行为。拐卖妇女、儿童罪的特征是：

1. 关于拐卖妇女、儿童罪的客体。大多数学者认为，拐卖妇女、儿童罪的客体是妇女、儿童的人身自由权利和人格尊严。[①] 我们认为，拐卖妇女、儿童罪的客体是人身的不可买卖性。把人作为"商品"来买卖进行牟利，不仅给被害人精神和肉体上带来痛苦，同时也给被害人家属及其家庭带来巨大的不幸。在旧社会中，由于强烈的人身依附关系，妇女、儿童的地位被轻视，常常被作为"商品"买卖，究其本质体现了人与人之间地位上的不平等，该种行为侵犯了人身的不可买卖性。因此，新中国成立以来，拐卖妇女、儿童的行为一直是重点打击的对象。

拐卖妇女、儿童罪的对象只能是妇女、儿童和婴儿。即年满 14 周岁以上的女性和未满 14 周岁的未成年人，包括婴儿。最高人民法院 2000 年 1 月 25 日《关于审理拐卖妇女案件适用法律有关问题的解释》第 1 条规定，拐卖妇女罪中的"妇女"，既包括具有中国国籍的妇女，也包括具有外国国籍和无国籍的妇女。被拐卖的外国妇女没有身份证明的，不影响对犯罪分子的定罪处罚。

2. 拐卖妇女、儿童罪的客观方面表现。拐卖妇女、儿童是指以出卖为目的，有拐骗、绑架、收买、贩卖、接送、中转妇女、儿童的行为之一的。所谓拐骗，是指以欺骗、利诱等非暴力方法将妇女、儿童拐走；绑架是指使用暴力、胁迫或者麻醉等方法劫持、控制妇女、儿童；贩卖是指将已经控制在自己手中的妇女、儿童转手卖给他人以获取非法利益；收买是指以财物等买取妇女、儿童；接送是指接应或者运送妇女、儿童，即接受并控制被害人后，将其转送到另外地点；中转是指为拐卖妇女、儿童的行为人提供中途场所或者机会。除此之外，拐卖妇女、儿童罪的客观方面还表现为行为人偷盗婴儿的行为。对于行为人同时实施上述几个行为的，只定一罪，而不实行数罪并罚。

拐卖妇女、儿童罪是否以被害人同意为客观要件？我们认为，刑法在拐卖妇女、儿童罪的规定中并未以违背被害人意志为要件，相反，在普遍重视人权、尊重人格的现代，并不能否定被害人同意的出卖行为不具有社会危害性。

---

① 参见高铭暄主编：《新编中国刑法学》（下册），712 页。

3. 拐卖妇女、儿童罪的主体是一般主体，即年满 16 周岁、具有刑事责任能力的自然人。

4. 拐卖妇女、儿童罪的主观方面是故意，并且以出卖为目的。出卖又往往具有营利的目的，但是行为人是否因实施拐卖妇女、儿童的行为获得利润不影响拐卖妇女、儿童罪的成立。

（二）拐卖妇女、儿童罪的认定

1. 拐卖妇女、儿童罪与绑架罪的联系与区别。以绑架妇女、儿童或者偷盗婴儿的方式实行的拐卖妇女、儿童罪与以妇女、儿童或者婴儿为绑架对象的绑架罪之间有相似之处。但是拐卖妇女、儿童罪和绑架罪之间的区别还是比较明显的，主要表现在行为人的目的不同：拐卖妇女、儿童罪中行为人将妇女、儿童或者婴儿控制的目的是为了将其出卖，而后从中获得非法利益；而绑架罪的行为人将妇女、儿童或者婴儿控制的目的是为了向被绑架人的近亲属或者其他人勒索财物或者提出其他非法要求。

2. 拐卖妇女、儿童罪中一罪与数罪的认定。从司法实践中看，行为人在实施拐卖妇女、儿童罪的同时还伴随有其他各种犯罪情况，对行为人如何定罪量刑应当具体分析。例如有奸淫被拐卖的妇女的，诱骗、强迫被拐卖的妇女卖淫或者将被拐卖的妇女卖给他人迫使其卖淫的，造成被拐卖的妇女、儿童或者其亲属重伤、死亡或者其他严重后果的等等情况，根据我国《刑法》第 240 条的规定，对于这些情况，对行为人只定拐卖妇女、儿童罪，而不以数罪并罚；但是，如果行为人在实施拐卖妇女、儿童行为过程中遇到被害人的反抗而故意对被害人实施伤害或者杀害行为的，则应当对行为人实行数罪并罚来处理。

3. 拐卖妇女、儿童罪的既遂与未遂。对于拐卖妇女、儿童罪的既遂标准，有人认为，既然拐卖妇女、儿童罪的行为人有出卖营利的目的，那么拐卖妇女、儿童罪的既遂就应当以行为人是否实际获得非法利益为标准；还有人认为，拐卖妇女、儿童罪的既遂标准应当以行为人是否实际上将被害人已经出卖为标准。我们认为，上述观点值得商榷，拐卖妇女、儿童罪的行为人只要实施有拐骗、绑架、收买、贩卖、接送、中转妇女、儿童的行为之一的，并且以出卖为目的，即可认为是拐卖妇女、儿童罪的既遂，至于行为人以出卖为目的，不要求行为人有与之相对应的刑法上的客观方面行为，通过其他证据能够证明其具有以出卖为目的即可。

（三）拐卖妇女、儿童罪的处罚

根据我国《刑法》第 240 条的规定：犯拐卖妇女、儿童罪的，处 5 年以上 10 年以下有期徒刑，并处罚金。有下列情形之一的，处 10 年以上有期徒刑或者无期徒刑，并处罚金或者没收财产；情节特别严重的，处死刑，并处没收财产：（1）为拐卖妇女、儿童集团的首要分子；（2）拐卖妇女、儿童三人以上的；（3）奸淫被拐卖的妇女的；（4）诱骗、强迫被拐卖的妇女卖淫或者将被拐卖的妇女卖给他人迫使其卖淫的；（5）以出卖为目的，使用暴力、胁迫或者麻醉方法绑架妇女、儿童的；（6）以出卖为目的，偷盗婴幼儿的；（7）造成被拐卖的妇女、儿童或者其亲属重伤、死亡或者其他严重后果的；（8）将妇女、儿童卖往境外的。

## 诬告陷害罪

（一）诬告陷害罪的概念和特征

诬告陷害罪，是指捏造犯罪事实诬告陷害他人，意图使他人受到刑事追究，情节严重的行为。诬告陷害罪的构成特征是：

1. 诬告陷害罪的客体是他人的人身权利和司法机关的正常活动。诬告陷害罪的实质就是行为人企图利用国家司法机关的权力，使他人遭受刑事追究，从而达到对他人人身权利的侵害。诬告陷害罪首先是通过捏造犯罪事实将他人的人身权利置于刑事追究的危险境地，然后使公安司法机关投入大量的人力、物力等，从而影响公安司法机关的正常司法活动。

诬告陷害罪的对象是自然人，诬告陷害某单位而未针对某具体的自然人的不构成诬告陷害罪。诬告陷害无刑事责任能力的自然人能否构成诬告陷害罪？我们认为，虽然诬告陷害的对象是无刑事责任能力的自然人，但是诬告陷害的犯罪构成并未将无刑事责任能力的自然人排除在外，行为人一旦实施了诬告陷害的行为，司法机关就要启动刑事追究的程序，从而对司法机关的正常司法活动已经造成了侵害；至于被害人的人身权利，无论是具有刑事责任能力的自然人还是无刑事责任能力的自然人，其人身权利都被置于一种危险状态，即面临刑事追究的可能性。

2. 诬告陷害罪的客观方面表现为，行为人通过捏造犯罪事实，无中生有，并向国家司法机关或者其他有关单位告发，情节严重。

所谓捏造，就是行为人无中生有，虚构出根本不存在的事实。犯罪事实是司法机关对行为人进行刑事追究的基本根据，如果行为人无犯罪事实，司法机关就不会启动刑事程序。行为人所捏造的犯罪事实是否要求符合我国刑法规定的犯罪构成，以及是否达到应受刑罚处罚的程度，刑法学界存在争论，有人认为如果行为人所捏造的犯罪事实出现认识错误，即所捏造的犯罪事实并未触犯刑法，就不可能引起对被害人的刑事追究，因此，不能成立诬告陷害罪。[①] 我们认为，行为人所捏造的犯罪事实并不一定要求必须符合刑法所规定的犯罪构成。因为，某一行为是否符合我国刑法规定的犯罪构成，某人的行为是否犯罪，必须要经过司法机关通过一定的司法程序才可确认，而即使行为人所捏造的犯罪事实不符合我国刑法规定的犯罪构成，即被害人没有犯罪，司法机关的刑事追究程序也已经启动，行为人的行为已经对国家司法机关正常的司法活动造成了损害。所以，行为人捏造的犯罪事实即使不符合刑法规定的犯罪构成也同样可以成立诬告陷害罪。

捏造的犯罪事实必须是针对特定的对象，如果没有特定的对象，就不可能导致司法机关追究某人的刑事责任，甚至刑事追究程序也不会启动，也就不存在对他人的人身权利的侵害。至于诬告陷害的对象是遵纪守法的公民还是品行不端的人则不影响诬告陷害罪的成立。

行为人捏造犯罪事实以后必须向司法机关或者有关单位告发才能构成诬告陷害罪。如果仅仅是捏造犯罪事实而没有向司法机关或者有关单位告发，则不可能引起刑事司法程序的启动，被害人也就不可能受到刑事追究的可能。至于行为人是以书面或者口头形式，或者署名还是匿名的形式，则均不影响行为人诬告陷害罪的构成。此外，我国刑法并未规定行为人必须向什么单位告发或者向什么人告发，我们知道，司法机关是专门承担打击犯罪的任务的，所以，行为人向司法机关告发不存在争议，但是如果行为人向其他单位告发，其他单位要具备什么样的资格，我国刑法对此并未给出规定。我们认为，即使行为人是向其他单位告发，而根据我国相关的法律规定，任何单位都负有向司法机关检举、揭发犯罪嫌疑人的义务，同样不影响诬告陷害罪的成立。

3. 诬告陷害罪的主体，是一般主体，即年满16周岁的具有刑事责任能力的自然人，都可以成为诬告陷害罪的主体。此外，我国《刑法》第243条第2款规定，国家机关工作人员犯诬告陷害罪的，从重处罚。

4. 诬告陷害罪的主观方面是故意，即行为人通过实施捏造犯罪事实，并向司法机关或者有关单位告发，意图陷害他人，使他人受到刑事追究。

---

① 参见高铭暄主编：《新编中国刑法学》（下册），719页。

（二）诬告陷害罪的认定

1. 诬告陷害罪与非罪的认定。诬告陷害罪，是以追究被害人刑事责任为目的，而故意捏造犯罪事实，并向司法机关告发的行为。在司法实践中常常出现行为人错告或者检举失实的情况，这种错告或者检举失实与诬告陷害罪之间存在着本质上的差别。首先，错告或者检举失实的行为人在主观上并无意欲陷害他人之目的，而诬告陷害罪的行为人在主观上就是要假借国家司法机关的权力，意图使他人受到刑事追究。其次，在客观方面，错告或者检举失实的行为人往往是由于告发的犯罪事实与实际情况不相符合，造成这种错告或者检举失实的原因往往又是行为人认识不清、判断不准确等因素造成的；而诬告陷害罪的行为人却是故意通过捏造犯罪事实，无中生有、栽赃陷害、借题发挥，把杜撰的或者他人的犯罪事实强加于被害人。所以，在司法实践中要正确区分诬告陷害罪和错告或者检举失实的界限，通过对告发的事实、行为人与被告发人之间的关系、告发的原因与背景等等情况进行全面了解，一方面坚决打击诬告陷害人的行为，同时又不能挫伤广大人民群众检举、揭发犯罪的积极性。

诬告陷害罪的犯罪构成还必须要求情节严重。所谓情节严重的诬告陷害行为，通常是指行为人故意捏造犯罪事实以及告发的方式足以引起司法机关启动刑事司法追究的程序；如果行为人所故意捏造的犯罪事实以及告发的方式不足以引起司法机关启动刑事司法追究的程序，则认为是情节轻微的情况。

2. 诬告陷害罪与报复陷害罪的区别。诬告陷害罪和报复陷害罪都表现为陷害他人，但是二者之间存在着区别：（1）客体不同。报复陷害罪侵犯的是公民的民主权利；而诬告陷害罪侵犯的是公民人身权利和国家司法机关的正常司法活动。（2）对象不同。报复陷害罪的犯罪对象是控告人、申诉人、批评人和举报人；而诬告陷害罪的犯罪对象是一切公民。（3）主体不同。报复陷害罪的犯罪主体只能是国家机关工作人员；而诬告陷害罪的犯罪主体是一般主体。（4）客观方面不同。报复陷害罪在客观方面表现为行为人滥用职权、假公济私，进行打击报复陷害；而诬告陷害罪的客观方面表现为捏造犯罪事实，向国家司法机关或者其他有关单位告发。（5）犯罪目的不同。报复陷害罪是国家机关工作人员为了报复的目的而实施的犯罪；而诬告陷害罪则是行为人意图陷害他人，使他人受到刑事追究。

3. 诬告陷害罪的既遂与未遂。对于诬告陷害罪的既遂标准，我们认为，只要行为人捏造犯罪事实并向国家司法机关或者其他有关单位告发，就构成诬告陷害罪的既遂。

（三）诬告陷害罪的处罚

根据我国《刑法》第243条的规定，犯诬告陷害罪的，处3年以下有期徒刑、拘役或者管制；造成严重后果的，处3年以上10年以下有期徒刑。

国家机关工作人员犯诬告陷害罪的，从重处罚。

## 雇用童工从事危重劳动罪

（一）雇用童工从事危重劳动罪的概念与特征

雇用童工从事危重劳动罪是指违反劳动管理及未成年人保护法规，雇用未满16周岁的未成年人从事超强度体力劳动，或者从事高空、井下作业，或者在爆炸性、易燃性、放射性、毒害性等危险环境下从事劳动，情节严重的行为。

本罪是《刑法修正案（四）》增设的新罪。本罪主要的构成特征是：

1. 雇用童工从事危重劳动罪侵犯的客体是未成年人的身心健康和国家的劳动管理秩序。

2. 雇用童工从事危重劳动罪的客观方面表现为违反劳动管理法规，雇用未满16周岁的未成年人从事超强度体力劳动的，或者从事高空、井下作业的，或者在爆炸性、易燃性、放射性、毒害性等危险环境下从事劳动，情节严重的行为。所谓“劳动管理法规”，主要是指《劳动法》和国务院《关于禁止使用童工规定》；这里的“雇用”既包括《劳动法》中所指的“用人单位”招用不满16周岁的未成年人旨在与之建立劳动关系的情形，也包括不具备《劳动法》中“用人单位”条件的个人或单位有偿使用不满16周岁未成年人进行劳动的情形。本罪中的童工所从事的劳动特指超强度体力劳动、高空、井下作业，或者是在爆炸性、易燃性、放射性、毒害性等危险环境下从事的劳动。雇用未成年人从事一般劳动的，不成立犯罪。

3. 本罪的主体是一般主体，但是本罪的主体不包括单位。

4. 本罪在主观方面是故意。即行为人明知被雇用的人是或者可能是不满16周岁的未成年人，而让其从事的劳动是超强体力劳动，或者是高空、井下作业，或者是属于爆炸性、易燃性、放射性、毒害性等危险环境下的劳动。

（二）雇用童工从事危重劳动罪的认定

1. 雇用童工从事危重劳动罪与非罪的区别。构成本罪是以违反劳动管理法规为前提的。根据劳动管理法律规定，文艺、体育和法律所规定的特种工作单位，可以依法招用未满16周岁的未成年人，即使其从事的文艺、体育活动或特种工作的劳动强度超过一定限度，也不构成犯罪。①

本罪在客观方面要求达到“情节严重”时才构成犯罪。因此，情节是否严重是罪与非罪的一个分界线。对仅具有一般情节的雇用童工从事危重劳动的行为，只能依照劳动法相关条款予以处罚。

2. 雇用童工从事危重劳动罪与虐待罪的区别。在一些家庭中，家长或者其他监护人指使其不满16周岁的子女或其他被监护人在家庭劳动中从事超强体力劳动和危险性劳动，由于不存在雇用行为，因而不可能构成本罪。但如果较长时期指使其子女或其他被监护人从事超强体力劳动或从事危险环境下的劳动，对不满16周岁的未成年人身体健康造成一定损害，则符合虐待罪的特征，对这种情况应以虐待罪定罪量刑。

3. 雇用童工从事危重劳动罪与强迫职工劳动罪的区别。雇用童工从事危重劳动罪与强迫职工劳动罪都是违反劳动管理法规的犯罪，二者的区别主要是：(1) 犯罪对象有别。雇用童工从事危重劳动罪的犯罪对象仅限于未满16周岁的未成年人；而强迫职工劳动罪的犯罪对象则没有该限制。(2) 犯罪手段有别。雇用童工从事危重劳动罪采取的是一般的雇用手段，主要是以付给劳动报酬的手段实施的；而强迫职工劳动罪采取的是限制人身自由的方式实施的。(3) 所从事的劳动有别。雇用童工从事危重劳动罪中的劳动仅仅限于超强度体力劳动，或者是高空、井下作业，或者是在爆炸性、易燃性、放射性、毒害性等危险环境下所从事的劳动；而强迫职工劳动罪中的劳动性质则没有限制。(4) 犯罪主体有别。雇用童工从事危重劳动罪的主体仅仅限于自然人，不包括单位；强迫职工劳动罪的主体则为用人单位，但承担刑事责任的还是直接责任人员。

4. 雇用童工从事危重劳动罪的罪数问题。用人一方在雇用不满16周岁的未成年人从事超强体力劳动，或者从事高空、井下作业或者在爆炸性、易燃性、放射性、毒害性等危险环境下从事劳动时，往往也伴随着强迫行为，这时如用人一方和不满16周岁的未成年人也符合形式上的劳动关系，其强迫劳动的行为也构成强迫职工劳动罪，但强迫劳动作为情节严重的情形也构成了雇用童工劳动罪，这种情形属于想象竞合犯，应择一重处罚，因为强迫职工

---

① 参见王作富主编：《刑法分则实务研究》(第3版)，963页。

劳动罪的最高法定刑是3年，而雇用童工从事危重劳动罪的最高法定刑是7年，因此在这种情况下以雇用童工从事危重劳动罪定罪量刑为宜。

此外，根据《刑法》第244条之一第2款的规定，实施雇用童工从事危重劳动的行为，又造成事故，构成其他犯罪的，如重大责任事故罪、强令违章冒险作业罪等，应当数罪并罚。

（三）雇用童工从事危重劳动罪的处罚

根据《刑法》第244条之一的规定，犯雇用童工从事危重劳动罪的，对直接责任人员，处3年以下有期徒刑或者拘役，并处罚金；情节特别严重的，处3年以上7年以下有期徒刑，并处罚金。

## ■ 侮辱罪

（一）侮辱罪的概念和特征

所谓侮辱罪，是指以暴力或者其他方法，公然贬低他人人格尊严，破坏他人名誉，情节严重的行为。侮辱罪的犯罪构成特征是：

1. 侮辱罪的客体是他人的人格尊严和名誉权。我国《宪法》第38条明确规定：中华人民共和国公民的人格尊严不受侵犯。禁止用任何方法对公民进行侮辱、诽谤和诬告陷害。名誉包括三种含义：一是外部的名誉（社会的名誉），指社会对人的价值评判；二是内部的名誉，指客观存在的人的内部价值；三是主观的名誉（名誉感情），指本人对于自己所具有的价值意识、感情。侮辱罪与后面将要讲述的诽谤罪的客体的名誉都是仅仅指外部的名誉。[①]

侮辱罪的犯罪对象是特定的自然人，被侮辱的自然人的社会地位、思想品德和其他状况的差异不影响侮辱罪的成立。此外，单位不能成为侮辱罪的犯罪对象。

2. 侮辱罪的客观方面表现为行为人使用暴力或者其他方法，公然败坏他人的名誉，侮辱他人的人格。具体表现如下：

（1）侮辱方式可以是多种多样，例如使用暴力对被害人进行侮辱，其中暴力并非构成刑法上规定的其他犯罪，主要是指使用暴力并以此达到侮辱他人人格的目的，比如使用暴力强迫他人在公众场合做出难堪的动作等等；或者使用言辞侮辱，即使用言辞对被害人进行辱骂、当众诋毁等；或者使用文字对被害人进行当众侮辱，即用书写传阅等方式对被害人进行人格诋毁等。

（2）侮辱行为必须是当众公然进行。具体指在有他人在场的情况下实施侮辱行为，或者利用特定的方式使不特定的多数人知道。因为，只有在第三人在场的情况下或者使他人知道才能对被害人形成社会名誉的诋毁和破坏。至于在实施侮辱行为的时候，被害人是否在场则不是侮辱罪的构成要件。

（3）侮辱行为必须针对特定的自然人。所谓特定，是指行为人在实施侮辱行为的时候一定要针对具体的人，如果行为人是泛泛而谈，没有针对某一个或者几个具体的人，则不构成侮辱罪。此外，特定的对象，并不一定是一个人，可以是几个或者多人。另外，对于死者的侮辱，其实质是对死者家属的侮辱，所以，可以构成侮辱罪。

（4）侮辱罪必须是在情节严重的情况下才能构成。

3. 侮辱罪的主体是一般主体，即年满16周岁的具有刑事责任能力的自然人都可以成为侮辱罪的主体。

---

① 参见苏惠渔主编：《刑法学》（修订版），612页。

4. 侮辱罪的主观方面是故意，即明知自己的行为会造成贬低或者损害他人人格和名誉的危害结果，并且希望这种结果发生。如果行为人不是故意损害他人名誉，则不构成侮辱罪。

（二）侮辱罪的认定

1. 以暴力实施侮辱行为的定性。侮辱罪的侮辱方法多种多样，其中包括使用暴力的方法，而使用暴力侮辱他人时往往会造成被害人的身体伤害，此时，很容易将侮辱罪和故意伤害罪相混淆。这里的暴力仅仅是指行为人为使他人人格尊严和名誉受到损害而采取的强制手段，不包括对被害人故意杀害或者故意伤害的行为。我们认为，区分侮辱罪和故意伤害罪的界限就在于行为人实施其行为时的目的何在。如果行为人使用暴力的目的是为了侮辱他人名誉，则即使造成了被害人的轻伤等结果，也不能定数罪。但是有人认为，在强令被害人做难堪动作的过程中，无意中造成伤害的，应当按照想象竞合犯处理①，我们赞同这种观点。

2. 侮辱罪与强制猥亵、侮辱妇女罪的区别。侮辱罪与强制猥亵、侮辱妇女罪之间具有很多相似之处。但是，侮辱罪和强制猥亵、侮辱妇女罪之间的差别也是比较明显的：第一，从犯罪客体上看，侮辱罪的犯罪客体是他人的人格和名誉权，而强制猥亵、侮辱妇女罪的犯罪客体主要是妇女的人身自由权；第二，从犯罪对象上看，侮辱罪的犯罪对象可以是任何自然人，而强制猥亵、侮辱妇女罪的犯罪对象则只能是妇女；第三，从犯罪客观方面看，侮辱罪和强制猥亵、侮辱妇女罪的行为表现方式不同，侮辱罪的行为方式可以是暴力也可以是其他方法，即在行为方式上没有什么特别的限制，而强制猥亵、侮辱妇女罪的行为方式只能是使用暴力手段；第四，从犯罪目的上看，侮辱罪的犯罪目的是为了侮辱他人人格和名誉，而强制猥亵、侮辱妇女罪的犯罪目的则是为了满足行为人或者其他人变态的性满足和精神刺激；第五，从情节要求上看，侮辱罪的犯罪构成要求必须是情节严重的行为，而强制猥亵、侮辱妇女罪的犯罪构成则没有情节严重的要求；第六，从诉讼程序的启动上看，侮辱罪是告诉才处理的案件，除了严重危害社会秩序和国家利益的情况以外，必须是被害人自己提起诉讼（如果被害人因受强制、威吓无法告诉的，人民检察院和被害人的近亲属也可以告诉），而强制猥亵、侮辱妇女罪则是公诉案件。

3. 在出版物等中刊印有侮辱他人名誉的行为的定性。根据 1998 年 12 月 11 日《最高人民法院关于审理非法出版物刑事案件具体应用法律若干问题的解释》第 6 条的规定，在出版物中公然侮辱他人或者捏造事实诽谤他人，情节严重的，依照《刑法》第 246 条的规定，分别以侮辱罪或者诽谤罪定罪处罚。

根据最高人民法院、最高人民检察院 2001 年 6 月 11 日《关于办理组织和利用邪教组织犯罪案件具体应用法律若干问题的解释（二）》第 3 条的规定，制作、传播邪教宣传品，公然侮辱他人或者捏造事实诽谤他人的，依照《刑法》第 246 条的规定，以侮辱罪或者诽谤罪定罪处罚。

（三）侮辱罪的处罚

根据《刑法》第 246 条的规定，犯侮辱罪的，处 3 年以下有期徒刑、拘役、管制或者剥夺政治权利。

侮辱罪，告诉的才处理，但是严重危害社会秩序和国家利益的除外。

所谓“严重危害社会秩序”，是指行为人的侮辱行为导致被害人精神失常或者自杀身亡等严重后果；“严重危害国家利益”是指侮辱国家主要领导人、外国元首、外交使节等，这

① 参见高铭暄主编：《新编中国刑法学》（下册），725 页。

种侮辱行为不仅损害被侮辱人的人格和名誉，而且严重损害国家利益，因为上述的特定对象，在一定程度上又代表了国家。所以，对于严重危害社会秩序和国家利益的侮辱行为，不是告诉才处理的案件，而是公诉案件。

根据我国《刑法》第98条的规定，本法所称告诉才处理，是指被害人告诉才处理。如果被害人因受强制、威吓无法告诉的，人民检察院和被害人的近亲属也可以告诉。

## ■ 诽谤罪

（一）诽谤罪的概念和特征

诽谤罪，是指捏造并散布某种事实，足以败坏他人名誉，情节严重的行为。诽谤罪的构成特征如下：

1. 诽谤罪的客体是公民的人格和名誉。诽谤罪的对象只能是特定的自然人，包括具有中华人民共和国国籍的公民或者无国籍人和外国人，单位不能成为诽谤罪的犯罪对象。

2. 诽谤罪的客观方面表现为捏造并散布败坏他人名誉的事实。首先，行为人无中生有，凭空捏造某种“事实”，至于行为人所捏造的虚假的事实是否可信或者可信的程度如何并不影响诽谤罪的成立。其次，行为人对于所捏造的犯罪事实必须予以散布，即行为人要让一定范围内的人知道和了解这种捏造的事实，因为只有一部分人知道，这种捏造的犯罪事实才能发挥一定的消极影响，同时也才能构成对于他人名誉的损害，因此，行为人必须将其所捏造的事实公布于众是构成诽谤罪客观方面不可或缺的方面。最后，这种捏造并公布于众的事实必须是针对特定的犯罪对象。这种特定的犯罪对象不仅仅是针对一个人，也可以是几个人。对于这些特定的人，行为人不一定要指名道姓，而是只要让他人能够知道或者判断出来是谁即可。

3. 诽谤罪的主体是一般主体，即年满16周岁，具有刑事责任能力的任何自然人都可以成为诽谤罪的主体。

4. 诽谤罪的主观方面表现为故意。对于是直接故意还是直接故意和间接故意都可以，刑法学界存在不同的争论。一种观点认为，只有直接故意才能成为诽谤罪的主观方面。① 还有一种观点认为，行为人明知自己散布的可能是虚假的事实，同时明知这种事实的散布会给别人造成名誉损害而放任这种结果发生的情形属于诽谤罪的间接故意。② 我们认为，行为人的目的在于诽谤他人，败坏他人的名誉，所以，只有直接故意才能构成诽谤罪。

（二）诽谤罪的认定

1. 诽谤罪和侮辱罪的区别。诽谤罪和侮辱罪之间有很多相似之处，例如，在客体上都是对他人的名誉造成损害；在主体上，都表现为一般主体；在犯罪的主观方面都是故意。但是诽谤罪和侮辱罪之间也存在很大的不同：首先，诽谤罪必须具有捏造并散布事实的行为，而侮辱罪则不要求行为人必须表现为这样，即侮辱罪的主体可以通过事实对他人名誉造成侮辱；其次，诽谤罪的方法只能是用口头或者文字等方式对被害人进行诽谤，但是不能使用暴力等手段。

2. 诽谤罪与诬告陷害罪的区别。诽谤罪和诬告陷害罪都是针对特定的对象，实施了捏造的行为。但是诽谤罪和诬告陷害罪之间的区别也是比较明显的。首先，诽谤罪和诬告陷害罪所侵害的客体不尽相同，诽谤罪侵犯的客体是他人的人格、名誉权利，而诬告陷害罪侵犯

---

① 参见王作富主编：《刑法分则实务研究》（上），986～987页。

② 参见赵秉志：《刑法各论问题研究》，87～88页，北京，中国法制出版社，1996。

的客体则是他人的人身权利和国家司法机关的正常活动；其次，犯罪目的不同，诽谤罪的犯罪目的是为了诋毁损害他人的人格、名誉等，而诬告陷害罪则是为了陷害他人，使他人受到刑事司法追究；再次，客观方面的表现形式也不相同，诽谤罪在客观方面表现为捏造并散布败坏他人名誉的事实，而诬告陷害罪的客观方面则表现为行为人捏造犯罪事实，并向司法机关或者有关单位进行告发，如果行为人捏造了犯罪事实，只是进行散布而并未向司法机关或者有关单位进行告发，则构成诽谤罪而不构成诬告陷害罪。

3. 在出版物等中刊印有诽谤他人名誉的行为的定性。根据 1998 年 12 月 11 日《最高人民法院关于审理非法出版物刑事案件具体应用法律若干问题的解释》第 6 条的规定，在出版物中公然侮辱他人或者捏造事实诽谤他人，情节严重的，依照《刑法》第 246 条的规定，分别以侮辱罪或者诽谤罪定罪处罚。

根据最高人民法院、最高人民检察院 2001 年 6 月 11 日《关于办理组织和利用邪教组织犯罪案件具体应用法律若干问题的解释（二）》第 3 条的规定，制作、传播邪教宣传品，公然侮辱他人或者捏造事实诽谤他人的，依照《刑法》第 246 条的规定，以侮辱罪或者诽谤罪定罪处罚。

（三）诽谤罪的处罚

根据《刑法》第 246 条的规定，犯诽谤罪的，处 3 年以下有期徒刑、拘役、管制或者剥夺政治权利。

诽谤罪，告诉的才处理，但是严重危害社会秩序和国家利益的除外。

## ■ 刑讯逼供罪

（一）刑讯逼供罪的概念和特征

刑讯逼供罪是指司法工作人员对犯罪嫌疑人、被告人使用肉刑或者变相肉刑，逼取口供的行为。刑讯逼供罪的构成特征是：

1. 刑讯逼供罪侵犯的客体是公民人身权利和司法机关的正常活动。我国《刑事诉讼法》第 43 条规定，审判人员、检察人员、侦查人员必须依照法定程序，收集能够证实犯罪嫌疑人、被告人有罪或者无罪、犯罪情节轻重的各种证据。严禁刑讯逼供和以威胁、引诱、欺骗以及其他非法的方法收集证据。必须保证一切与案件有关或者了解案情的公民，有客观地充分地提供证据的条件，除特殊情况外，并且可以吸收他们协助调查。这一规定明确指出取证严禁刑讯逼供，司法工作人员使用刑讯手段获得的证据不仅侵犯犯罪嫌疑人、被告人的人身权利，而且获得的证据可靠性较小。

刑讯逼供罪的犯罪对象是犯罪嫌疑人或者被告人，除此之外，对于其他人实施刑讯逼供行为的，不构成刑讯逼供罪，如果构成其他犯罪，则以其他犯罪定罪处罚。

2. 刑讯逼供罪的客观方面表现为行为人使用肉刑或者变相肉刑，逼取犯罪嫌疑人或者被告人的口供的行为。具体表现是：第一，行为人刑讯的对象是特定的，即犯罪嫌疑人或者被告人，至于犯罪嫌疑人或者被告人最后是否真的构成犯罪，不影响刑讯逼供罪的成立；第二，行为人必须使用殴打、捆绑等折磨他人身体的行为，行为人也可以使用诸如不让被害人睡觉、不给被告人喝水等变相肉刑手段折磨被害人，所以，在司法实践中要注意不是仅仅使用暴力的行为才是刑讯行为，即使是非暴力的手段也一样可以成为刑讯手段；第三，行为人必须有逼供的行为，即行为人使用肉刑或者变相肉刑对犯罪嫌疑人或者被告人进行刑讯就是要获得口供。如果行为人仅仅就是对犯罪嫌疑人或者被告人进行肉刑或者变相肉刑折磨，而无取得口供的行为，则不构成刑讯逼供罪，如果构成其他犯罪则以其他犯罪定罪量刑。

3. 刑讯逼供罪的主体是特殊主体，即只有司法工作人员才能成为刑讯逼供罪的主体。所谓司法工作人员，根据我国《刑法》第 94 条的规定，是指有侦查、检察、审判、监管职责的工作人员。

4. 刑讯逼供罪的主观方面是故意，并且具有逼取犯罪嫌疑人或者被告人口供的目的。行为人最终是否获得自己想要的口供并不影响刑讯逼供罪的成立。在司法实践部门有人认为，如果行为人是为了迅速结案或者在非常时期，例如“严打”时期，对犯罪嫌疑人或者被告人使用刑讯的方法以获取口供，通常不应当认定为刑讯逼供罪。我们认为，这种观点值得商榷，因为，根据我国刑法学原理，行为人的犯罪动机并不是定罪的依据，因此，无论行为人是为了迅速结案还是夹带有私人恩怨都不影响刑讯逼供罪的成立。

（二）刑讯逼供罪的认定

1. 刑讯逼供罪与非罪的认定。

首先，根据有关法律规定或者实际需要，对犯罪嫌疑人或者被告人使用械具进行审问的，是合法行为，不是刑讯逼供行为，当然不构成刑讯逼供罪。

其次，在司法实践中，有行为人使用错误的审讯方式，例如，很多地方的司法工作人员为了获得口供等证据，对犯罪嫌疑人或者被告人采取具有诱导性的问话或者指供等方式，这种行为是不合法的，所取得的证据效力也有待进一步研究，但是行为人并不因此而构成刑讯逼供罪。

最后，使用比较轻微的刑讯手段获取口供的行为。在司法实践部门有人采取显著轻微的刑讯方式对待犯罪嫌疑人或者被告人，不构成刑讯逼供罪。根据最高人民检察院 2006 年 7 月 26 日《关于渎职侵权犯罪案件立案标准的规定》中关于刑讯逼供罪的规定，司法工作人员对犯罪嫌疑人、被告人使用肉刑或者变相肉刑逼取口供的行为，涉嫌下列情形之一的，应予立案：（1）以殴打、捆绑、违法使用械具等恶劣手段逼取口供的；（2）以较长时间冻、饿、晒、烤等手段逼取口供，严重损害犯罪嫌疑人、被告人身体健康的；（3）刑讯逼供造成犯罪嫌疑人、被告人轻伤、重伤、死亡的；（4）刑讯逼供，情节严重，导致犯罪嫌疑人、被告人自杀、自残造成重伤、死亡，或者精神失常的；（5）刑讯逼供，造成错案的；（6）刑讯逼供 3 人次以上的；（7）纵容、授意、指使、强迫他人刑讯逼供，具有上述情形之一的；（8）其他刑讯逼供应予追究刑事责任的情形。

所以在司法实践中务必要严格区分一般的刑讯逼供行为和刑讯逼供罪之间的界限，一方面不能挫伤行为人的工作积极性，另一方面又要对刑讯逼供罪依法进行定罪处罚。

2. 刑讯逼供罪与非法拘禁罪的区别。刑讯逼供罪与非法拘禁罪的区别如下：第一，犯罪对象不同。刑讯逼供罪的犯罪对象是犯罪嫌疑人或者被告人；而非法拘禁罪的犯罪对象则没有任何限制，可以是任何自然人。第二，客观方面的具体表现形式不同。刑讯逼供罪的具体行为表现为行为人针对犯罪嫌疑人使用肉刑或者变相肉刑逼取口供；而非法拘禁罪的具体表现是行为人采取剥夺他人人身自由的行为。第三，犯罪目的不同。刑讯逼供罪的犯罪目的是行为人意欲通过对犯罪嫌疑人或者被告人使用肉刑或者变相肉刑的方法逼取自己想要得到的口供；而非法拘禁罪则不要求行为人以获得口供为目的。第四，犯罪客体不同。刑讯逼供罪所侵犯的客体是复杂客体，即公民人身权利和司法机关的正常活动；而非法拘禁罪的犯罪客体则是他人的人身自由。第五，犯罪主体不同。刑讯逼供罪的犯罪主体是特殊主体，即只有司法工作人员才能成为刑讯逼供罪的主体。所谓司法工作人员，根据我国《刑法》第 94 条的规定，是指有侦查、检察、审判、监管职责的工作人员。而非法拘禁罪的主体是一般主体，即年满 16 周岁的、具有刑事责任能力的自然人。

3. 对刑讯逼供罪中“致人伤残、死亡的”行为如何定性的问题。行为人在使用刑讯逼供手段时往往造成犯罪嫌疑人或者被告人伤残或者死亡的危害结果。《刑法》第 247 条规定：致人伤残、死亡的，依照本法第 234 条、第 232 条的规定定罪从重处罚。但是，条文并未明确规定“致人伤残、死亡的”行为人罪过。我们认为，“致人伤残、死亡的”罪过形式只能是故意，如果对于过失地造成被害人伤残或者死亡的以故意伤害罪或者故意杀人罪定罪量刑的话，那么就违背了我国刑法定罪主客观一致的原则。行为人使用刑讯逼供手段过失地造成犯罪嫌疑人或者被告人伤残或者死亡的危害结果的，我们认为应当按照想象竞合犯处理。

4. 关于刑讯逼供获得的证据能否作为指控犯罪的根据。根据最高人民检察院《关于严禁将刑讯逼供获取的犯罪嫌疑人供述作为定案依据的通知》的规定，各级人民检察院要严格贯彻执行有关法律关于严禁刑讯逼供的规定，明确非法证据的排除规则。我国《刑事诉讼法》第 43 条规定，严禁刑讯逼供和以威胁、引诱、欺骗以及其他非法的方法收集证据。《人民检察院刑事诉讼规则》第 140 条也再次重申了这一原则，并在第 256 条明确指出，以刑讯逼供或者威胁、引诱、欺骗等非法的方法收集的犯罪嫌疑人供述、被害人陈述、证人证言，不能作为指控犯罪的根据。各级人民检察院必须严格贯彻执行这些规定，发现犯罪嫌疑人供述、被害人陈述、证人证言是侦查人员以非法方法收集的，应当坚决予以排除，不能给刑讯逼供等非法取证行为留下任何余地，同时，要依法提出纠正意见，要求侦查机关另行指派侦查人员重新调取证据，必要时也可以自行调查取证。

（三）刑讯逼供罪的处罚

根据《刑法》第 247 条的规定，犯刑讯逼供罪的，处 3 年以下有期徒刑或者拘役。致人伤残、死亡的，以故意伤害罪、故意杀人罪定罪从重处罚。

## 破坏选举罪

（一）破坏选举罪的概念和特征

破坏选举罪，是指在选举各级人民代表大会代表和国家机关领导人员时，以暴力、威胁、欺骗、贿赂、伪造选举文件、虚报选举票数等手段破坏选举或者妨害选民和代表自由行使选举权和被选举权，情节严重的行为。

破坏选举罪的构成特征是：

1. 破坏选举罪侵犯的客体是公民的选举权、被选举权以及国家的选举制度。我国是社会主义国家，公民是国家的主人，根据我国宪法规定，公民行使选举权和被选举权是其参与国家管理的一项最重要的、最基本的政治权利。破坏选举的行为不仅侵犯了公民自由行使选举权和被选举权，而且侵犯了我国选举法关于选举的有关制度。

2. 破坏选举罪的客观方面表现为在选举各级人民代表大会代表和国家机关领导人员时，以暴力、威胁、欺骗、贿赂、伪造选举文件、虚报选举票数等手段破坏选举或者妨害选民和代表自由行使选举权和被选举权，情节严重的行为。具体包括以下几个方面：

第一，破坏选举罪发生的时间只能是在选举各级人民代表大会代表和国家机关领导人时。如果时间上不是发生在上述时间内，则不构成破坏选举罪。此外，其中的“选举”只能是选举各级人民代表大会代表和国家机关领导人的“选举”，否则也不构成破坏选举罪，例如在企业选举或者其他人民团体的选举中，行为人有破坏选举的行为，都不构成破坏选举罪。

第二，破坏选举的具体行为，我国刑法规定了暴力、威胁、欺骗、贿赂、伪造选举文件、虚报选举票数等手段。暴力，是指行为人使用殴打、捆绑等手段对选民、候选人或者各级人大代表进行人身打击的行为；威胁，是指行为人以杀害、伤害、破坏名誉等手段要挟选民、候选人或者各级人大代表，迫使其违背自己意志放弃选举权或者按照行为人的意志进行选举的行为；欺骗，是指行为人捏造事实、颠倒黑白，使选民或者各级人大代表对于候选人产生错误认识，从而在客观上造成了选民或者各级人大代表违背自己意志行使选举权；贿赂，是指行为人利用金钱或者其他物质利益收买选民或者各级人大代表，操纵选举；伪造选举文件，是指行为人伪造选民证、选票、选民名单、候选人名单、代表审查资格报告等选举文件进行破坏选举的行为，选民证、选票、选民名单、候选人名单、代表审查资格报告等对于选举至关重要，如果行为人伪造这些选举文件，对于选举的破坏是显而易见的；虚报选票票数，是指行为人对于选举工作人员统计出来的选票数、赞成票、反对票、弃权票、有效票数、无效票数等进行虚假报告。除了刑法规定的这些破坏选举的行为以外，如果行为人使用性质相似的手段对选举进行破坏的，也可以以破坏选举罪定罪量刑。

第三，破坏选举罪的构成还要求行为人的性质达到情节严重。根据最高人民检察院于2006年7月26日公布施行的《关于渎职侵权犯罪案件立案标准的规定》，国家机关工作人员利用职权破坏选举，涉嫌下列情节的，应予立案，这些情节可以作为破坏选举罪构成的“情节严重”的参考：

（1）以暴力、威胁、欺骗、贿赂等手段，妨害选民、各级人民代表大会代表自由行使选举权和被选举权，致使选举无法正常进行，或者选举无效，或者选举结果不真实的；

（2）以暴力破坏选举场所或者选举设备，致使选举无法正常进行的；

（3）伪造选民证、选票等选举文件，虚报选举票数，产生不真实的选举结果或者强行宣布合法选举无效、非法选举有效的；

（4）聚众冲击选举场所或者故意扰乱选举场所秩序，使选举工作无法进行的；

（5）其他情节严重的情形。

3. 破坏选举罪的主体是一般主体，即年满16周岁的具有刑事责任能力的自然人都可以成为破坏选举罪的主体。至于行为人是否具有选举权并不影响破坏选举罪的成立。

4. 破坏选举罪的主观方面是故意，但是对于破坏选举罪的主观方面是否仅仅限于直接故意，在刑法学界存在不同的观点。一种观点认为破坏选举罪的主观方面只能由直接故意构成[①]；另一种观点认为，破坏选举罪只能由故意构成，过失不构成，这里的故意就包括了直接故意和间接故意两种情况。[②] 我们认为，间接故意也可以构成破坏选举罪。即行为人明知自己的行为会侵犯公民选举权、被选举权和我国的选举制度，而对这种危害结果持放任态度。如果把破坏选举罪的主观方面仅仅限于直接故意，将会放纵对破坏选举的犯罪行为的惩罚。

（二）破坏选举罪的认定

1. 破坏选举罪与非罪的认定。破坏选举罪的构成要以破坏选举行为达到情节严重为要件，这在前面已经论述。选民针对被提名或者被推荐的候选人发表自己的看法和意见，有时甚至言辞偏颇，在司法实践中不能将此种情况列入破坏选举罪的情形。因为选民对于提名的候选人有权发表自己的看法，这也是正常行使选举权。此外，选民对于选举委员会公布的选民名单不服，可以有权提出申诉，甚至可以提起诉讼，这些都是选民正当行使自己的权利，

---

① 参见赵秉志主编：《新刑法教程》，598页；邓又天主编：《中华人民共和国刑法释义与司法适用》，472页，北京，中国人民公安大学出版社，1997。

② 参见高铭暄主编：《新编中国刑法学》（下册），745～746页；肖扬主编：《中国新刑法学》，489页。

不能因为这种行为给选举工作带来困难和增加难度而对其以破坏选举罪进行定罪处罚。

2. 破坏选举罪的一罪与数罪。行为人实施破坏选举的行为，在构成破坏选举罪的同时也可能构成其他犯罪，例如行为人利用金钱或者其他财物行贿具有国家工作人员身份的选举工作人员时，其行为也符合行贿罪的构成要件，对于这种情况，有人认为应当以行贿罪和破坏选举罪实行并罚[①]；也有人认为此种行为构成行贿罪和破坏选举罪的牵连犯，按照刑法理论上的通说，应依照从一重罪处断原则以行贿罪论处。[②] 我们认为，行为人是基于一个犯罪意图所支配的数个不同的罪过而实施的犯罪行为，同时行为人只实施了一个犯罪行为，而这一个犯罪行为同时触犯了两个不同的罪名，基于此，对于上述行为应当认定为想象竞合犯，按照刑法理论的通说，对想象竞合犯无须实行数罪并罚，而应当按照其犯罪行为所触犯的数罪中最重的犯罪论处。

（三）破坏选举罪的处罚

根据我国《刑法》第 256 条的规定，犯破坏选举罪的，处 3 年以下有期徒刑、拘役或者剥夺政治权利。

## ■ 重婚罪

（一）重婚罪的概念和特征

重婚罪，是指有配偶而重婚的，或者明知他人有配偶而与之结婚的行为。重婚罪的构成特征是：

1. 对于重婚罪的客体，我国刑法学界有不同的争议，一种观点认为，重婚罪的客体是我国婚姻法规定的一夫一妻制度[③]；还有一种观点认为，重婚罪的客体是他人的婚姻家庭关系和我国的一夫一妻制度。[④] 我们认为，重婚罪的客体应当是我国一夫一妻制度的婚姻关系。

2. 重婚罪的客观方面表现为有配偶而重婚的，或者明知他人有配偶而与之结婚的行为。具体表现为两种情况，第一种情况是已经结婚的人和第三者登记结婚，或者未婚的人明知他人有配偶而与之登记结婚；第二种情况是已经结婚的人和第三者建立事实婚姻，或者未结婚的人明知他人有配偶而与之建立事实婚姻的情形。这里要注意婚姻法中“有配偶与他人同居的”含义，根据 2001 年 12 月 24 日最高人民法院《关于适用〈中华人民共和国婚姻法〉若干问题的解释（一）》第 2 条的规定，“有配偶者与他人同居”，是指有配偶者与婚外异性，不以夫妻名义，持续、稳定地共同居住。

3. 重婚罪的主体是一般主体。重婚罪的主体分为两种人[⑤]：一是重婚者，即已有配偶并且没有解除婚姻关系，又与他人结婚的人。所谓有配偶，是指男子有妻、女子有夫，而且这种夫妻关系还处在存续期间。这种夫妻关系既包括经过合法的登记结婚而取得的夫妻关系，也包括事实上形成的夫妻关系。二是明知对方有配偶而与之结婚的人。后一种主体就其本身而言，并没有“重婚”，因此有人认为不应将其定为重婚罪。

4. 重婚罪的主观方面是故意。即重婚罪的主体明知自己有配偶而又故意与他人结婚或明知他人有配偶而故意与之结婚，如果行为人认为他人没有配偶或者被欺骗不知道他人有配

---

① 参见《检察日报》，2000-04-06。

② 参见王作富主编：《刑法分则实务研究》（上），1 030 页。

③ 同上书，1 031 页；赵秉志主编：《刑法新教程》，654 页。

④ 参见高铭暄主编：《新编中国刑法学》（下册），747 页。

⑤ 参见苏惠渔主编：《刑法学》（修订版），626～627 页。

偶而与之登记结婚的，不能认定为重婚罪。

（二）重婚罪的认定

事实婚姻能否构成重婚罪？关于事实婚姻的问题，目前我国刑法理论界存在以下几种解释，一种观点认为，所谓事实婚姻，是指那些没有配偶的男女，符合结婚条件而未进行结婚登记便以夫妻关系公开同居生活；另一种观点认为，事实婚姻，是指没有配偶的男女未进行结婚登记而以夫妻名义公开同居生活；还有一种观点认为，凡是男女违反结婚程序而以夫妻名义公开同居生活，群众也公认他们是夫妻的，都应当认定为事实婚姻。[①] 最高人民法院《关于适用〈中华人民共和国婚姻法〉若干问题的解释（一）》第 5 条的规定，未按《婚姻法》第 8 条规定办理结婚登记而以夫妻名义共同生活的男女，起诉到人民法院要求离婚的，应当区别对待：

(1) 1994 年 2 月 1 日民政部《婚姻登记管理条例》公布实施以前，男女双方已经符合结婚实质要件的，按事实婚姻处理。

(2) 1994 年 2 月 1 日民政部《婚姻登记管理条例》公布实施以后，男女双方符合结婚实质要件的，人民法院应当告知其在案件受理前补办结婚登记；未补办结婚登记的，按解除同居关系处理。

从以上的解释可以看出，对于事实婚姻是分情况处理，不是一概而论的。关于事实婚姻能否构成重婚罪，我国刑法学界存在以下争论：一种观点认为，事实重婚仅仅限于前婚是法律婚，后婚为事实婚的情形；先后两个事实婚的，或者前婚为事实婚而后婚为法律婚的，不能构成重婚罪。[②] 另一种观点认为，事实重婚既指前婚是法律婚，后婚是事实婚的重婚，也包括前婚是事实婚，后婚是法律婚或者事实婚的重婚。[③]

我们认为，对于前婚为事实婚的，不论后婚为事实婚或者是法律婚，都不宜以重婚罪来定罪量刑，即重婚罪的前婚只能是法律婚；而对于前婚为法律婚，后婚不论是事实婚或者法律婚的，都应当按照重婚罪来定罪量刑。

根据最高人民法院《关于〈婚姻登记管理条例〉施行后发生的以夫妻名义非法同居的重婚案件是否以重婚罪定罪处罚的批复》的规定，新的《婚姻登记管理条例》（1994 年 1 月 12 日国务院批准，1994 年 2 月 1 日民政部发布）发布施行后，有配偶的人与他人以夫妻名义同居生活的，或者明知他人有配偶而与之以夫妻名义同居生活的，仍应按重婚罪定罪处罚。

（三）重婚罪的处罚

根据《刑法》第 258 条的规定，犯重婚罪的，处 2 年以下有期徒刑或者拘役。

## ■ 破坏军婚罪

（一）破坏军婚罪的概念和特征

破坏军婚罪，是指明知是现役军人的配偶而与之同居或者结婚的行为。破坏军婚罪的构成特征是：

1. 破坏军婚罪的客体是现役军人的婚姻家庭关系。我国是人民民主专政的社会主义国家，国家的武装力量是捍卫我国政权的保障，承担着保卫国家安全和社会主义现代化建设的神圣使命。军人为保家卫国常常夫妻不能团聚，而破坏军人婚姻家庭关系会直接导致军人分

---

① 参见苏常青：《侵犯公民民主权利和妨害婚姻家庭罪》，326 页，北京，中国人民公安大学出版社，1999。

② 参见陈苇：《简析事实重婚的构成》，载《现代法学》，1991 (1)。

③ 参见何恩光等：《也谈事实重婚罪》，载《江西法学》，1991 (3)。

心，士气低落，意志消沉，战斗力下降。因此，我国刑法将这种破坏现役军人婚姻家庭关系的行为，规定为犯罪，是十分必要的。

破坏军婚罪的对象只限于现役军人的婚姻家庭关系。所谓“现役军人”，是指具有军籍并正在中国人民解放军或者人民武装警察部队服役的军人，不包括复员军人、退伍军人、转业军人、人民警察以及在部队、人民武装警察部队中工作但没有军籍的工作人员。

2. 破坏军婚罪的客观方面表现为行为人明知是现役军人的配偶而与之同居或者结婚。在破坏军婚罪的客观行为方面表现为两种情况：第一种情况是指与现役军人的配偶结婚，即使用欺骗或者其他手段与现役军人的配偶结婚登记的行为。第二种情况是指虽然没有和现役军人的配偶登记结婚而与之同居的情况。对于“同居”的理解，刑法学界有不同的观点，第一种观点认为，同居是指与有配偶的异性在较长的时间里公开地、秘密地或者以夫妻名义共同生活，其不仅有不正当的两性关系，而且还有共同的经济生活关系[①]。第二种观点认为，同居一词不能仅仅理解为通奸，也不能只理解为公开或者秘密以夫妻关系长期生活在一起。同居是指长期或者在较长时间里共同生活在一起，或者长期通奸或者姘居的情形[②]。第三种观点认为，同居既不是通奸，也不是形成事实上的婚姻关系，应当理解为一定时期内姘居且共同生活在一起的行为，它以两性关系为基础，同时还有经济上和其他生活方面的特殊关系。第四种观点认为，同居是介于事实婚姻和通奸之间的一种行为。[③] 我们认为，破坏军婚罪中的“同居”，是指行为人与现役军人的配偶在一定时期内，以两性关系为基础，并在此基础上形成一定的经济生活方面的关系，它包括秘密和公开两种方式。“同居”应当包括以夫妻名义共同生活的事实婚姻的情况，还应当包括不以夫妻名义，持续、稳定地共同居住的情况。同时要注意和“通奸”行为相区别。最高人民法院认为，对长期与现役军人配偶通奸而给军人婚姻造成严重破坏后果的行为，直接以破坏军婚罪论处。[④]

3. 破坏军婚罪的主体是一般主体。包括现役军人与其他现役军人的配偶结婚或者同居的情形。如果行为人与现役军人的配偶登记结婚的，那么对于行为人以破坏军婚罪定罪量刑，而对于现役军人的配偶则应当以重婚罪定罪量刑。

4. 破坏军婚罪的主观方面是故意，即行为人明知对方为现役军人的配偶而与之结婚或者同居。如果行为人确实不知道对方是现役军人的配偶而与之结婚或同居的，不构成本罪。

（二）破坏军婚罪的认定

1. 破坏军婚罪与重婚罪的区别。破坏军婚罪，是指明知是现役军人的配偶而与之同居或者结婚的行为；重婚罪，是指有配偶而重婚的，或者明知他人有配偶而与之结婚的行为。破坏军婚罪和重婚罪有时在行为方式上具有重合之处。但是两者之间的区别是很明显的，其不同之处就在于我国刑法加强了对破坏军婚罪的惩罚和对现役军人婚姻的特殊保护的立法精神。首先，破坏军婚罪与重婚罪的客体不同，破坏军婚罪的客体是现役军人的婚姻家庭关系，而重婚罪的客体则是我国婚姻法规定的一夫一妻制度；其次，破坏军婚罪和重婚罪在行为表现上不同，破坏军婚罪的行为包括与现役军人的配偶结婚或者同居的行为，重婚罪的行为则表现为有配偶而重婚或者明知他人有配偶而与之结婚；再次，破坏军婚罪和重婚罪的主体有所不同，破坏军婚罪中现役军人的配偶不构成破坏军婚罪，重婚罪中的对方只要符合构

---

① 参见梁华仁主编：《刑法分论》，313页，北京，中国政法大学出版社，1988。

② 参见王作富：《中国刑法研究》，714页。

③ 参见高铭暄主编：《刑法学》，727页，北京，中央广播电视大学出版社，1993。

④ 参见最高人民法院《印发〈关于破坏军人婚姻罪的四个案例〉的通知》，1985-07-18。

成要件也构成重婚罪；最后，破坏军婚罪的法定刑重于重婚罪，体现了我国设立破坏军婚罪的立法精神。

2. 破坏军婚罪与强奸罪的区别。破坏军婚罪，是军人配偶自愿与行为人同居或者结婚的行为，因此，破坏军婚罪中的军人配偶大多也都有一定的过错，负有一定的责任。依据我国《刑法》第236条第2款的规定，利用职权、从属关系，以胁迫手段奸淫现役军人的妻子的，以强奸罪定罪处罚。

（三）破坏军婚罪的处罚

根据我国《刑法》第259条的规定，犯破坏军婚罪的，处3年以下有期徒刑或者拘役。

## ■ 虐待罪

（一）虐待罪的概念和特征

虐待罪，是指对于共同生活的家庭成员，经常以打骂、冻饿、禁闭、强迫过度劳动、有病不给治疗、限制自由、凌辱人格等手段，从肉体上和精神上进行摧残、折磨，情节恶劣的行为。

虐待罪的构成特征如下：

1. 虐待罪的客体是共同生活的家庭成员在家庭生活中的平等权利与被害人的人身权利。我国是社会主义国家，男女平等，尊老爱幼，是我国婚姻、家庭关系中的重要特征，同时它也是体现社会主义精神文明的重要方面和中华民族的传统美德。而在现代家庭生活中，由于种种原因，经常出现对于家庭成员虐待的情况，有的情节达到相当严重的程度，此时，这种行为已经不仅仅是社会道德的问题了，而需要刑法来调整。

虐待罪的犯罪对象只能是行为人的家庭成员，如果是对非家庭成员进行侵犯，则不构成虐待罪。

2. 虐待罪的客观方面表现为对于共同生活的家庭成员，经常以打骂、冻饿、禁闭、强迫过度劳动、有病不给治疗、限制自由、凌辱人格等手段，从肉体上和精神上进行摧残、折磨，情节恶劣的行为。

（1）虐待行为可以是针对肉体上的虐待，也可以是精神上的虐待。肉体上的虐待例如殴打、冻饿、禁闭、强迫过度劳动等等，精神上的虐待例如歧视、讽刺、咒骂侮辱等等。

（2）虐待行为必须具备以下两个特征：一是痛苦性，虐待行为一般都会给被害人造成很大的肉体痛苦，尤其是对体弱多病的老人或者幼小的儿童，对他们实行虐待行为，他们没有任何反抗的能力，只能忍受这种痛苦；二是长期性，如果行为人只是偶尔一次或几次对被害人进行虐待，并不能构成虐待罪。

（3）虐待行为的行为方式可以是作为，也可以由不作为构成。虐待行为通常情况下都是由作为构成，但在有些情况下，不作为也可以构成，但是纯粹的不作为不能构成虐待罪，例如单纯的有病不给治疗、不提供饮食等等行为，只能构成遗弃罪。①

（4）虐待行为必须是情节恶劣的行为。所谓情节恶劣，通常是指虐待手段残酷，持续时间长，犯罪动机和犯罪目的卑鄙，被害人年迈或者年幼、体弱多病、有生理缺陷或者残疾，虐待行为导致出现严重的后果，等等。

3. 虐待罪的主体是特殊主体，即与被害人共同生活的同一家庭成员。其中包括父母与

---

① 参见王作富：《中国刑法研究》，717页。

子女之间的虐待，丈夫与妻子之间的虐待，公婆与儿媳之间的虐待，岳父母与女婿之间的虐待，养父母与被收养人之间的虐待，等等。

4. 虐待罪的主观方面是故意，即行为人有意识地对被害人实施肉体或者精神上的折磨和摧残。虐待罪的犯罪动机多种多样，但其不影响虐待罪的成立，而会影响虐待罪的量刑。

（二）虐待罪的认定

1. 虐待罪与故意杀人罪、故意伤害罪的界限。虐待罪的客观行为往往给被害人造成身体健康上的伤害甚至导致被害人死亡的危害结果出现，根据我国《刑法》第 260 条第 2 款的规定，致使被害人重伤、死亡的，处 2 年以上 7 年以下有期徒刑。因此，在司法实践中必须注意区分虐待罪和故意杀人罪、故意伤害罪之间的界限。我们认为，对于虐待罪和故意杀人罪、故意伤害罪之间的界限可以从以下几个方面加以区分：

（1）主观故意的内容不同。虐待罪中“致被害人重伤或者死亡”的危害结果并不是行为人在实施虐待行为时主观故意的内容，被害人重伤或者死亡结果的出现是由于被害人长期受到虐待、身体健康逐步恶化的结果或者是被害人不堪忍受这种虐待而自杀自残的结果；而故意杀人罪或者故意伤害罪中被害人死亡或者受伤的结果是行为人主观故意的内容，即实施故意杀人罪或者故意伤害罪的行为人，在主观上积极追求这种危害结果的出现或者是放任这种危害结果的出现。

（2）从客观行为上看，虐待罪表现为对于共同生活的家庭成员，经常以打骂、冻饿、禁闭、强迫过度劳动、有病不给治疗、限制自由、凌辱人格等手段，从肉体上和精神上进行摧残、折磨，情节恶劣的行为。虐待罪中的虐待行为可以是针对肉体上的虐待，也可以是精神上的虐待，虐待行为必须具有长期性、反复性、痛苦性等特征；而故意杀人罪或者故意伤害罪的客观行为往往是一次行为就造成被害人死亡或者伤害的结果。

（3）从行为侵害的对象上看，虐待罪的客观行为所针对的对象只能是行为人的家庭成员，如果是对非家庭成员进行侵犯，则不构成虐待罪；而故意伤害罪或者故意杀人罪则在犯罪对象上无此限制。

（4）虐待罪的成立有情节恶劣的要求；而故意杀人罪或者故意伤害罪则没有这种要求。

2. 虐待罪是告诉才处理的案件。根据我国《刑法》第 260 条第 3 款的规定，虐待罪属于告诉才处理的案件，但是如果行为人造成被害人死亡或者重伤的结果的，不适用告诉才处理的规定。告诉才处理的案件属于自诉案件，根据 1998 年 6 月 29 日最高人民法院《关于执行〈中华人民共和国刑事诉讼法〉若干问题的解释》，人民法院受理的自诉案件必须符合下列条件：（1）属于《中华人民共和国刑事诉讼法》第 170 条、本解释第 1 条规定的案件；（2）属于本院管辖的；（3）刑事案件的被害人告诉的；（4）有明确的被告人、具体的诉讼请求和能证明被告人犯罪事实的证据。人民法院受理《刑事诉讼法》第 170 条第 3 项规定的自诉案件，还应当符合《刑事诉讼法》第 86 条、第 145 条的规定。如果被害人死亡、丧失行为能力或者因受强制、威吓等原因无法告诉，或者是限制行为能力人以及由于年老、患病、盲、聋、哑等原因不能亲自告诉，其法定代理人、近亲属代为告诉的，人民法院应当依法受理。因前款规定的原因，被告人不能告诉，由其法定代理人、近亲属代为告诉的，代为告诉人应当提供与被害人关系的证明和被害人不能亲自告诉的原因的证明。

（三）虐待罪的处罚

根据我国《刑法》第 260 条的规定，犯虐待罪的，处 2 年以下有期徒刑、拘役或者管制；致使被害人重伤、死亡的，处 2 年以上 7 年以下有期徒刑。

## 组织残疾人、儿童乞讨罪

（一）组织残疾人、儿童乞讨罪的概念与特征

组织残疾人、儿童乞讨罪，是指以暴力、胁迫手段组织残疾人或不满 14 周岁的未成年人乞讨的行为。

组织残疾人、儿童乞讨罪是《刑法修正案（六）》增设《刑法》第 262 条之一所新增的罪名，本罪的主要特征是：

1. 本罪的客体是残疾人和不满 14 周岁未成年人的人身自由权和人格权。本罪的犯罪对象是残疾人和不满 14 周岁的未成年人。根据全国人大常委会 1990 年通过的《中华人民共和国残疾人保障法》第 2 条的规定，残疾人是指在心理、生理、人体结构上，某种组织、功能丧失或者不正常，全部或者部分丧失以正常方式从事某种活动能力的人，具体包括视力残疾、听力残疾、言语残疾、肢体残疾、智力残疾、精神残疾、多重残疾和其他残疾的人。

2. 本罪在客观方面表现为行为人以暴力、胁迫手段组织残疾人或者不满 14 周岁的未成年人乞讨的行为。以利诱、欺骗等非强制性手段组织他人乞讨的，不成立本罪。"暴力、胁迫手段"是指使用殴打、捆绑、拘禁或者以告知被害人其自身或者亲属的生命、健康、自由、名誉、财产将受到侵害等方法对被害人人身安全与自由进行强制，或者采用暴力或非暴力的精神强制方法逼使被害人屈服。无论"暴力"还是"胁迫"都是违背被害人意志的强迫方法。"组织"是指控制、安排、指挥、策划、领导多人从事乞讨活动。本罪属于行为犯。即只要求行为人具有以暴力、胁迫手段组织残疾人、不满 14 周岁的未成年人进行乞讨的行为就可成立本罪，并不要求物质性的和有形的犯罪结果。

3. 本罪的犯罪主体是一般主体，即达到 16 周岁、具备刑事责任能力的自然人都可以构成本罪的犯罪主体。

4. 本罪的主观方面是故意犯罪，至于组织者是否通过被害人的乞讨行为牟利，不影响本罪的成立。

（二）组织残疾人、儿童乞讨罪的认定

1. 组织残疾人、儿童乞讨罪与非罪的界限。

根据《刑法修正案（六）》的规定，"组织"的对象只能是残疾人或者不满 14 周岁的未成年人。如果行为人强迫组织 14 周岁以上的非残疾人即"正常人"从事乞讨活动的，不能构成本罪。

利用欺骗、引诱以及利用其他非暴力组织未成年人、残疾人乞讨，而没有使用暴力、胁迫手段的，不构成本罪。在司法实践中，对既实施了欺骗、引诱等非暴力手段，又实施了暴力、胁迫手段组织残疾人、未成年人乞讨的，也应按本罪处理。此外根据刑法规定，本罪须以"组织"为其行为方式要件。这就要求乞讨者的行为需受组织者的意思支配，且被支配的乞讨者须达到多人（3 人或 3 人以上），否则既无所谓"组织"，也不能成立本罪。

2. 组织残疾人、儿童乞讨罪与拐骗儿童罪的界限。

依《刑法》第 262 条的规定，拐骗儿童罪是指以蒙骗、利诱或者其他方法，使不满 14 周岁的未成年人脱离家庭或者监护人的行为。在司法实践中，本罪与拐骗儿童罪一般不会发生适用疑难。但若行为人拐骗不满 14 周岁的未成年人，并迫使其乞讨，构成何罪，不易认定。一般分为三种情况：（1）行为人拐骗不满 14 周岁的未成年人脱离家庭或者监护人，并以非暴力、非胁迫手段使他们乞讨，则行为人的行为因不符合本罪的行为手段特征而直接构成拐骗儿童罪；（2）行为人拐骗不满 14 周岁的未成年人脱离家庭或者监护人，并以暴力、胁迫手段迫使不足 3 人的未成年人乞讨，则行为人的行为因不符合本罪要求的"组织"这一

行为方式特征而直接构成拐骗儿童罪；（3）行为人拐骗不满 14 周岁的未成年人脱离家庭或者监护人，并以暴力、胁迫手段“组织”3 人以上未成年人乞讨，则行为人的行为同时触犯了拐骗儿童罪和本罪两个罪名。

理论上对于第一、第二种情节争议不大，但是对第三种情节如何认定存在争议，刑法理论通说认为，拐骗儿童的目的是为了收养或役使。[①] 有学者认为可将本罪行为方式视为“役使或者奴役”的表现情形之一。如果行为人不以暴力、胁迫手段控制、组织被拐骗的多名儿童从事乞讨的，则应以拐骗儿童罪定罪处罚。如果行为人以胁迫手段控制、组织多名被拐骗的儿童从事乞讨的，则同时构成了拐骗儿童罪和强迫组织儿童乞讨罪，且它们属于想象竞合犯。[②] 还有论者认为，因为强迫乞讨罪的客观方面包括两点：一是组织乞讨，二是使用暴力、胁迫手段，二者作为一个整体构成组织乞讨罪的客观行为方式，而拐骗儿童的行为显然不能成为这一整体行为的手段行为。行为人实施上述两个行为的，应当数罪并罚。[③] 笔者认为，如果行为人拐骗儿童后，又出于牟利或者其他目的组织其乞讨的，这实际上是数个行为触犯数个刑法上并没有包容关系的罪名，应该按照拐骗儿童罪、组织乞讨罪实行数罪并罚。但如果行为人以组织乞讨为目的，拐骗儿童的，行为人先前的行为其实是组织乞讨的准备行为，即先行行为是手段，其目的是为了组织乞讨，这符合牵连犯的特征，应从一重罪处罚。

（三）组织残疾人、儿童乞讨罪的处罚

根据《刑法》第 262 条之一的规定，犯组织残疾人、儿童乞讨罪的，处 3 年以下有期徒刑或者拘役，并处罚金；情节严重的，处 3 年以上 7 年以下有期徒刑，并处罚金。

① 参见高铭暄、马克昌主编：《刑法学》，503 页，北京，北京大学出版社、高等教育出版社，2000。

② 参见孟庆华：《组织残疾人、未成年人乞讨罪适用解读》，载《山东警察学院学报》，2007（1）。

③ 参见王作富主编：《刑法分则实务研究》（第 3 版），1 047 页，北京，中国方正出版社，2007。

# 第二十三章 侵犯财产罪

## 第一节 侵犯财产罪概述

### 一、侵犯财产罪的概念和特征

（一）侵犯财产罪的概念

侵犯财产罪，是指以非法占有为目的，攫取公私财物，以及挪用、毁坏公私财物或者破坏生产经营的行为。在我国，财产依所有制性质分为国有财产、集体财产以及私人所有的财产。前二者统称为公共财产。我国《宪法》第 12 条规定：社会主义的公共财产神圣不可侵犯。国家保护社会主义公共财产。禁止任何组织和个人用任何手段侵占或者破坏国家和集体的财产。公民私人所有的财产，是公民的合法所得，又是个人从事生产、工作和生活的物质条件。我国《宪法》第 13 条规定：国家保护公民的合法的收入、储蓄、房屋和其他合法财产的所有权。以刑法规范作为后盾立法形成财产权保护的严密法网，对于保证广大人民群众安心投入国家现代化建设，维护社会的安定，具有重要意义。

侵犯财产罪是以公私财产所有权为直接客体的并以公私财产为犯罪对象的犯罪，但并非一切侵犯公私财产的犯罪都属于此类犯罪。有些侵犯公私财产的犯罪虽然也侵犯公私财产，但立法者根据它们的特殊性质和特点，分别将它们归入其他类罪中。例如，集资诈骗罪、合同诈骗罪、保险诈骗罪等，规定在破坏社会主义市场经济秩序罪中；贪污罪、挪用公款罪，规定在贪污贿赂罪中；等等。

自新中国成立以来，在我国发生的刑事犯罪中，侵犯财产罪一直是发案率最高的一类犯罪。特别是改革开放以来，随着生产力的发展，社会物质财富的积累，公民收入普遍提高，不法分子的抢劫、盗窃、诈骗等犯罪案件，同时呈现上升的趋势，给社会造成了巨大危害。因此，同侵犯财产犯罪作斗争，切实保护公私财产，维护社会安定，促进我国经济建设发展，是我国刑法面临的艰巨任务。

（二）侵犯财产罪的特征

侵犯财产罪，具有下列构成特征：

1. 侵犯财产罪侵犯的主要客体是公私财产所有权。财产所有权是指所有人依法对自己的财产享有占有、使用、收益和处分的权利，包括占有、使用、收益和处分四项权能。最核心的是处分权，即按照所有人自己的意志对财产进行自由处置的权利。一般而言，对任何一种权能的侵犯，都是对所有权不同程度的侵犯，而对处分权的侵犯，则是对所有权整体的最严重的侵犯，也是绝大部分侵犯财产罪的最本质的特征。

侵犯财产罪对公私财产所有权的侵犯，从法律意义上而言，并非都表现为被害人对合法财产的所有权的丧失。我国《民法通则》第72条规定：财产所有权的取得，不得违反法律规定。抢劫、盗窃、诈骗等等犯罪分子非法占有公私财物，并当成自己的东西任意处置，他们并不享有法律意义上的所有权，被害人也未丧失对被非法占有的财物主张所有权的权利。根据刑法规定，侵犯财产所有权可以表现为如下几种形式：(1) 行为人以非法占有为目的，攫取公私财物，使被害人事实上丧失财物所有权；(2) 行为人擅自挪用单位的财物，但并非使所有人永久丧失行使所有权的可能；(3) 行为人故意毁坏公私财物，使其价值全部或部分丧失。

侵犯财产罪的对象是公私财产所有权的物质表现，即公共财产和公民私人所有的财产。根据《刑法》第91条第1款的规定，公共财产是指：(1) 国有财产；(2) 劳动群众集体所有的财产；(3) 用于扶贫和其他公益事业的社会捐助或专项资金的财产。此外，根据该条第2款的规定，在国家机关、国有公司、企业、事业单位、人民团体管理、使用、运输中的私人财产，以公共财产论。根据《刑法》第92条的规定，公民私人所有财产是指：(1) 公民的合法收入、储蓄、房屋和其他生活资料；(2) 依法归个人、家庭所有的生产资料；(3) 个体户和私营企业的合法财产；(4) 依法归个人所有的股份、股票、债券和其他财产。

在司法实践中，对无主物、所有权不明财物、违法所得的财物和违禁品是否可以构成侵犯财产罪的对象存在争议。我们认为，无主物不能构成侵犯财产罪的对象，例如，野生动物、阳光和空气。物主不明的地下埋藏物和隐藏物，以及地下的矿产资源，依照法律规定，应归国家所有，也并非都可以构成侵犯财产罪的对象。例如，盗掘古墓葬并盗窃珍贵文物的，构成盗掘古文化遗址、古墓葬罪，不属于侵犯财产罪。违反矿产资源法规，未取得采矿许可证擅自采矿，责令停止开采而拒不停止开采，造成矿产资源破坏的，构成非法采矿罪，也不属于侵犯财产罪。公民死后无人继承的遗产，归国家和集体所有。这种财产受法律保护，可以成为侵犯财产罪的对象。例如，无继承人的公民死后，有人从其家中窃取财物，数额较大的，应以盗窃罪论处。

违法所得的财物和违禁品，是否可以成为侵犯财产罪的对象？例如，抢劫或者盗窃赃物、私货、赌资等，是否构成抢劫罪？回答是肯定的。理由如下：

(1) 行为人具有非法占有他人财物的意图。

(2) 违法所得的财物应当依法没收归公或者发还被害人，并非没有合法所有权人。因此，上述行为本质上仍是对合法财产所有权的侵犯，符合侵犯财产罪的本质特征。违禁品，即法律禁止私人持有的物品。例如，军用枪支、弹药、伪造的货币、鸦片、淫秽光盘等。例如，盗窃他人持有的毒品，构成盗窃罪。除法律另外有规定外，违禁品可以成为侵犯财产罪的犯罪对象。有关司法解释也支持这一观点。最高人民法院《关于审理抢劫、抢夺刑事案件适用法律若干问题的意见》(2005年6月8日) 第7条规定：以毒品、假币、淫秽物品等违禁品为对象，实施抢劫的，以抢劫罪定罪；抢劫的违禁品数量作为量刑情节予以考虑。

2. 侵犯财产罪的客观方面，表现为以暴力或非暴力、公开或者秘密的方法，攫取公私财物，挪用或者毁坏公私财物以及破坏生产经营的行为。根据刑法规定，侵犯财产的行为主要有以下几种客观表现形式：

(1) 以作为方式非法转归己有。即采用各种非法方法和手段，将他人控制之下的财物，转移到行为人的控制之下，并据为己有。例如，抢劫、抢夺、盗窃、诈骗等。

(2) 以不作为方式非法转归己有。即将合法持有的他人财物，应当退还而拒不退还，非法据为己有。例如侵占罪。

(3) 故意毁损财物。即擅自动用自己经手、管理的财物，使财物的价值全部或部分丧失。例如，故意毁坏财物、破坏生产经营等。

一般而言，财物损失数额大小是决定一般侵犯财产罪社会危害程度的主要标准，但不可绝对化。处理侵犯财产刑事案件，要研究和掌握不同犯罪的定罪量刑的不同数额标准，并且和其他情节相结合，综合判断。对侵犯财产罪社会危害程度的评估，应以直接损失为标准，间接损失不应计算在作为定罪量刑标准的数额之内，例如，企业资金被盗而减少利润收入，只是间接损失，不能计算在盗窃数额之内。直接损失有两种具体表现：一是被害人财物直接减少；二是被害人预期获得的财物未能获得，例如，汇款被他人冒领。需要注意的是，挪用型犯罪的危害结果一般表现为暂时影响对被挪用的财物行使占有、使用、收益和处分的权利。

3. 侵犯财产罪的主体，大多数是一般主体，即年满 16 周岁、具有刑事责任能力的自然人。已满 14 周岁不满 16 周岁的人犯抢劫罪，应当负刑事责任。少数犯罪是特殊主体，如职务侵占罪的主体，只能是公司、企业或其他单位的工作人员。

4. 侵犯财产罪的主观方面是故意。侵犯财产罪的犯罪目的不同，具体包括三种：

(1) 非法占有，即以将公私财物非法转为自己或者第三者不法所有为目的。例如抢劫罪、盗窃罪、诈骗罪等。

(2) 挪用的目的，并非意图转归己有，而是暂时非法使用。例如挪用资金罪、挪用特定款物罪。

(3) 毁损财物的目的，即行为人并非意图占有财物，而是意图毁损财物。

### ■ 侵犯财产罪的种类

侵犯财产罪，包括 12 个具体罪名。依故意内容的不同，可以分为三种类型：

1. 占有型。即以非法占有为目的的侵犯财产罪。其中又可以按照犯罪的方式分为以下 4 种具体类型：

(1) 公然强取型犯罪，包括抢劫罪（第 263 条）、抢夺罪（第 267 条）、聚众哄抢罪（第 268 条）、敲诈勒索罪（第 274 条）。

(2) 秘密窃取型犯罪，即盗窃罪（第 264 条）。

(3) 骗取型犯罪，即诈骗罪（第 266 条）。

(4) 侵占型犯罪，包括侵占罪（第 270 条）、职务侵占罪（第 271 条）。

2. 挪用型。即以挪用为目的的侵犯财产罪。包括挪用资金罪（第 272 条）、挪用特定款物罪（第 273 条）。

3. 毁损型。即以毁损财物为故意内容的侵犯财产罪。包括故意毁坏财物罪（第 275 条）、破坏生产经营罪（第 276 条）。

## 第二节　本章重点论述的犯罪

### ■ 抢劫罪

(一) 抢劫罪的概念和特征

抢劫罪，是指以非法占有为目的，以暴力、胁迫或其他令被害人不能抗拒的方法，当场强行劫取公私财物的行为。

抢劫罪具有如下构成特征：

1. 本罪的客体为复杂客体，即公私财产所有权和人身权。这是由本罪暴力、胁迫或其他人身强制方法决定的。抢劫罪的社会危害性大大高于其他侵犯财产罪，因而，抢劫罪历来是刑法严厉打击的重点。

犯罪对象为公私财物。从司法实践看，抢劫对象多为有形动产，是否应包括不动产，理论上存在争议。例如，甲采用暴力、胁迫方法，强占乙的住房，是否构成抢劫罪？有学者认为，不能构成抢劫罪。其理由是：抢劫罪以当场占有公私财物为特点，不动产不可能当场占有。另有学者认为，应当构成抢劫罪。强占他人住房，事实上已经将他人的房屋转移到自己的支配之下，完成了抢劫过程，构成抢劫罪。我国台湾地区“刑法”规定，抢劫罪（在台湾称强盗罪）的对象包括“财产上不法之利益”，即包括不动产。我们认为，从有利于保护公私财产和人身安全出发，不宜将不动产一概排除在抢劫罪的对象之外。

2. 本罪的客观方面，表现为以暴力、胁迫或其他令被害人不能抗拒的方法，当场强行劫取公私财物的行为。抢劫行为实质上是一种双重行为，由方法行为和目的行为构成。方法行为，是指为了能劫取财物，而实施的暴力、胁迫或其他人身强制行为。目的行为，是指劫取公私财物的行为，即当场夺取财物，或者使他人当场交付财物的行为。二者紧密结合，不可或缺，方能构成完整的抢劫行为。正确理解抢劫行为，关键在于理解其方法行为。抢劫罪的方法行为包括：

（1）暴力方法。暴力，通常是指为达到某种目的，而采取的具有攻击性的强烈行动，包括对人身的暴力和对财物的暴力。就抢劫罪而言，暴力方法，主要是指对人身实施强烈的打击或强制，包括殴打、捆绑、伤害等。作为抢劫方法的暴力，是行为人为了排除或者压制被害人的抗拒，以便当场占有财物而采取的。如果先行出于其他目的对被害人实施暴力，之后临时起意当场占有被害人财物，即使该暴力行为在客观上为当场占有财物提供了方便条件，对后一行为也不应定抢劫罪。例如，甲为了强奸将妇女乙打昏，在强奸之后，见乙带有高档手表，遂起意将表摘下据为己有。甲打乙的目的是强奸乙，与占有乙的手表没有主观联系，故对甲应分别定强奸罪和盗窃罪，不能定抢劫罪。

抢劫罪暴力程度有无限制，理论上存在争议，立法上亦规定各异。俄罗斯、朝鲜等国家规定限于“足以危害他人健康、生命的暴力”，日本刑法虽无明文规定，但其判例表明，这种暴力必须达到压制任何相对人抵抗的程度。我们认为，只要行为人有抢劫的意图，并且为了占有财物而对被害人施加暴力，原则上应以抢劫罪论处。但在司法实践中，也应具体案件具体分析，综合全案情节作适当处理。例如，未成年人之间的以轻微的暴力强索小量财物，往往不应以抢劫罪论处。因而，最高人民法院《关于审理未成年人刑事案件具体应用法律若干问题的解释》第 7 条规定：已满 14 周岁不满 16 周岁的人使用轻微暴力或者威胁，强行索要其他未成年人随身携带的生活、学习用品或者钱财数量不大，且未造成被害人轻微伤以上或者不敢正常到校学习、生活等危害后果的，不认为是犯罪。已满 16 周岁不满 18 周岁的人具有前款规定的情形的，一般也不认为是犯罪。

抢劫罪的暴力方法，是否包括故意杀人，换言之，为占有他人财物而当场故意杀死被害人，是否应以抢劫罪论处？这涉及对《刑法》第 263 条作为抢劫罪的严重情节的抢劫“致人死亡”的理解。理论上存在较大争议：有观点认为，“抢劫致人死亡”是指因抢劫而过失致人死亡，不包括故意杀人。如果为占有他人财物，而当场故意致人死亡，应以故意杀人罪和抢劫罪实行并罚。有观点认为，“抢劫致人死亡”可以包括过失或间接故意致人死亡，不包括直接故意致人死亡。如果是为占有他人财物而直接故意致人死亡，应分别定抢劫罪和故意杀人罪，实行并罚。还有观点认为，“抢劫致人死亡”包括因过失和故意致人死亡。因此，为了占有他人财物而当场杀死他人的，应定抢劫罪一罪。我们赞同第三种观点，“致人死亡”的罪过形式包括故意和过失。理由是：第一，暴力应当包含暴力杀人，排除故意杀人没有明确的法律根据。第二，《刑法》第263条“致人死亡”，只是表明实施的犯罪行为与死亡的因果关系，并不能直接说明行为人对死亡的态度限于过失。第三，以杀人作为当场占有他人财物的手段，其手段行为与目的行为紧密结合不可分割。如果把杀人行为定为故意杀人罪，又把占有财物的行为定为抢劫罪，显然是把杀人行为作为抢劫的手段行为认定的，违反一事不再理原则。

司法解释也赞同第三种观点。2001年5月22日最高人民法院《关于抢劫过程中故意杀人案件如何定罪问题的批复》规定，行为人为劫取财物而预谋故意杀人，或者在劫取财物的过程中，为了制服被害人的反抗而故意杀人的，以抢劫罪定罪处罚。行为人在实施抢劫行为之后，为了灭口而故意杀人的，以抢劫罪和故意杀人罪定罪，实行数罪并罚。

（2）胁迫方法。抢劫罪的胁迫方法，是指行为人为了使被害人不敢反抗，以便当场占有其财物，以当场实施暴力相威胁。胁迫的内容是以立即实施暴力相威胁，如有反抗，胁迫随即转为暴力。认定以胁迫方法构成抢劫罪，必须注意两个条件：第一，必须是行为人以立即实施侵害行为相威胁，例如殴打、伤害、当场杀害等。威胁的方式，可以是口头的、文字的或者是动作的，等等。如果没有任何胁迫的表现，只是被害人自己感到恐惧，眼见行为人盗窃其财物而不敢制止，不能认为是抢劫，只能是盗窃。第二，威胁的目的是当场夺取财物或者迫使被害人当场交付财物。如果采用胁迫方法，是要求被害人答应日后交付财物，也不能构成抢劫罪，只能构成敲诈勒索罪。

（3）其他方法。抢劫罪的其他方法是指为了当场占有财物，而采用的暴力、胁迫之外使被害人的身体处于不能反抗状态的方法，例如，用酒灌醉、用药物麻醉等。行为人的其他方法和被害人处于不能反抗的状态，必须有着直接因果关系。如果不是行为人以某种行为使被害人处于不能反抗或不知反抗的状态，而是行为人利用由被害人自己的原因（自己喝醉、正在熟睡、因病昏迷等）或其他原因（被他人打昏、撞伤等）所致不能反抗的状态乘机掠夺其财物的，只能构成盗窃罪或其他犯罪，不能构成抢劫罪。

此外，《刑法》第269条规定，犯盗窃、诈骗、抢夺罪，为窝藏赃物、抗拒抓捕或者毁灭罪证而当场使用暴力或者以暴力相威胁的，应以抢劫罪定罪处罚。在刑法理论上，通常称为准抢劫罪或转化型抢劫罪。认定准抢劫罪，应当把握三个构成条件：

第一，实施了盗窃、诈骗、抢夺的犯罪行为。这是准抢劫罪的前提条件。根据最高人民法院发布的《关于审理抢劫、抢夺刑事案件适用法律若干问题的意见》规定，行为人实施盗窃、诈骗、抢夺行为，未达到“数额较大”，为窝藏赃物、抗拒抓捕或者毁灭罪证当场使用暴力或者以暴力相威胁，情节较轻、危害不大的，一般不以犯罪论处；但具有下列情节之一的，可依照《刑法》第269条的规定，以抢劫罪定罪处罚：（1）盗窃、诈骗、抢夺接近“数额较大”标准的；（2）入户或在公共交通工具上盗窃、诈骗、抢夺后在户外或交通工具外实施上述行为的；（3）使用暴力致人轻微伤以上后果的；（4）使用凶器或以凶器相威胁的；（5）具有其他严重情节的。因而，盗窃、诈骗、抢夺行为不要求达到犯罪程度也可构成本罪。

第二，当场实施暴力或者以暴力相威胁。这是准抢劫罪的客观条件。“当场”是指实施盗窃、诈骗、抢夺罪的现场，或者刚一逃离现场即被人发现和追捕的过程中。“暴力或者以暴力相威胁”，是指当场对被害人或其他抓捕人的身体实施打击或强制，或者以当场实施打击或强制相威胁。

第三，当场实施暴力或者以暴力相威胁，目的是窝藏赃物、抗拒抓捕或者毁灭罪证。这是准抢劫罪的主观条件。窝藏赃物，是指为保护已经到手的赃物不被追回；抗拒，是指抗拒公安机关的逮捕和公民的扭送；毁灭罪证，是指销毁自己遗留在犯罪现场的痕迹、物品和其他证据。暴力、威胁的对象，可以是财物的所有人、公安人员或其他任何参与抓捕的人。但是，非出于上述目的而对他人实施暴力或以暴力相威胁的，不构成准抢劫罪。例如，盗窃财物得手后，为了灭口当场杀死被害人，应分别定盗窃罪和故意杀人罪，实行数罪并罚，不能定抢劫罪。应当注意的是，对于未成年人能否构成准抢劫罪，应当根据未成年人的年龄予以不同的认定。最高人民法院《关于审理未成年人刑事案件具体应用法律若干问题的解释》第10条规定：已满14周岁不满16周岁的人盗窃、诈骗、抢夺他人财物，为窝藏赃物、抗拒抓捕或者毁灭罪证，当场使用暴力，故意伤害致人重伤或者死亡，或者故意杀人的，应当分别以故意伤害罪或者故意杀人罪定罪处罚。已满16周岁不满18周岁的人犯盗窃、诈骗、抢夺罪，为窝藏赃物、抗拒抓捕或者毁灭罪证而当场使用暴力或者以暴力相威胁的，应当依照《刑法》第269条的规定定罪处罚；情节轻微的，可不以抢劫罪定罪处罚。

3. 本罪的主体是一般主体。根据《刑法》第17条的规定，已满14周岁不满16周岁的人犯抢劫罪的，应当负刑事责任。

4. 本罪的主观方面是直接故意，且以非法占有公私财物为目的。出于何种动机，一般不影响定罪，但可以作为量刑情节考虑。

（二）抢劫罪的认定

1. 抢劫罪与非罪的界限。抢劫罪侵犯双重客体，对于公民人身及公私财产安全均具有极大危害性。因此，立法未规定本罪的数额起刑点。但是，对抢劫罪定罪量刑时并非全然不考虑数额大小。例如，未成年人以轻微暴力抢劫少量财物，情节显著轻微危害不大的，应不以本罪论处。

抢劫罪是以非法占有公私财物为目的的犯罪。因借贷或其他财产纠纷，而使用暴力、胁迫或其他方法夺取对方的财物，以抵债款或者作为抵押本人之财物的，是否构成本罪，存在争议。我们认为，既然行为人不具备非法占有他人财物的目的，只是维护自己的合法利益的方法不当，一般不宜定罪。但如果行为人的手段行为触犯故意伤害等其他罪名，应以故意伤害罪等罪论处。对此，最高人民法院发布的《关于审理抢劫、抢夺刑事案件适用法律若干问题的意见》规定：行为人为索取债务，使用暴力、暴力威胁等手段的，一般不以抢劫罪定罪处罚。构成故意伤害等其他犯罪的，依照《刑法》第234条等规定处罚。

2. 抢劫罪既遂与未遂的界限。关于区分抢劫罪既遂与未遂的标准，理论上存在不同主张。有的学者主张，抢劫罪侵犯的主要客体是财产所有权，因而抢劫罪既遂与未遂的界限应当以行为人是否占有公私财物为标准。有的学者主张，抢劫罪侵犯双重客体，包括财产权和人身权，人身权是更重要的权利。虽未抢到财物但已给被害人的人身造成危害的，也应认定为抢劫罪既遂；既未抢到财物，又未造成人身损害的，才可以认定为抢劫罪未遂。① 还有学者主张，犯罪的既遂与未遂，只是针对犯罪的基本构成要件是否齐备来区分。结果加重犯或情节加重犯，只要具备了法定的加重结果或情节，就是齐备了全部要件，成立既遂。因此，就《刑法》第263条第1款规定的抢劫罪的基本构成而言，抢劫罪既遂与未遂的区分，应以

---

① 参见赵秉志主编：《刑法争议问题研究》（下卷），350页，郑州，河南人民出版社，1996。

行为人是否实际占有公私财物为标准。虽然抢劫行为侵犯人身权利和财产权利，但是，刑法将它规定为侵犯财产罪，表明其主要客体是财产权利，侵犯人身只是非法占有公私财物的手段。因此，不能以人身权利是否被侵犯为标准。抢劫财物到手方能成立既遂。对于具有《刑法》第263条规定的8种情节之一的抢劫罪，属于结果加重犯或情节加重犯，无论财物是否抢劫到手，都应认为成立抢劫既遂。

最高人民法院2005年6月8日《关于审理抢劫、抢夺刑事案件适用法律若干问题的意见》规定，抢劫罪侵犯的是复杂客体，既侵犯财产权利又侵犯人身权利，具备抢劫财物或者造成他人轻伤以上后果两者之一的，均属于抢劫既遂；既未劫取财物，又未造成他人人身伤害后果的，属抢劫未遂。该司法解释基本采用了上述第二种观点的主张，据此，《刑法》第263条规定的8种处罚情节中除"抢劫致人重伤、死亡的"这一结果加重情节之外，其余7种处罚情节同样存在既遂、未遂问题，其中属抢劫未遂的，应当根据刑法关于加重情节的法定刑规定，结合未遂犯的处理原则量刑。

3. 抢劫罪罪数的认定。最高人民法院《关于审理抢劫、抢夺刑事案件适用法律若干问题的意见》第8条规定，行为人实施伤害、强奸等犯罪行为，在被害人未失去知觉，利用被害人不能反抗、不敢反抗的处境，临时起意劫取他人财物的，应以此前所实施的具体犯罪与抢劫罪实行数罪并罚；在被害人失去知觉或者没有发觉的情形下，以及实施故意杀人犯罪行为之后，临时起意拿走他人财物的，应以此前所实施的具体犯罪与盗窃罪实行数罪并罚。

（三）抢劫罪的处罚

根据《刑法》第263条的规定，犯抢劫罪的，处3年以上10年以下有期徒刑，并处罚金；具有加重情节的，处10年以上有期徒刑、无期徒刑或者死刑，并处罚金或者没收财产。法定的加重情节包括：(1) 入户抢劫的；(2) 在公共交通工具上抢劫的；(3) 抢劫银行或者其他金融机构的；(4) 多次抢劫或者抢劫数额巨大的；(5) 抢劫致人重伤、死亡的；(6) 冒充军警人员抢劫的；(7) 持枪抢劫的；(8) 抢劫军用物资或者抢险、救灾、救济物资的。

在理解抢劫罪的处罚时，有以下几点值得注意：

1. 入户抢劫。根据2000年11月17日最高人民法院《关于审理抢劫案件具体应用法律若干问题的解释》第1条的规定，"入户抢劫的"，是指为实施抢劫行为而进入他人生活的与外界相对隔离的住所，包括封闭的院落、牧民的帐篷、渔民作为家庭生活场所的渔船、为生活租用的房屋等进行抢劫的行为。进入机关、团体、企业、事业单位的办公场所以及公共娱乐场所抢劫的，不属于"入户抢劫"。另外，对于入户盗窃，因被发现而当场使用暴力或者以暴力相威胁的行为，应当认定为入户抢劫。

此外，根据2005年6月8日最高人民法院《关于审理抢劫、抢夺刑事案件适用法律若干问题的意见》的规定，认定"入户抢劫"时应注意以下三个问题：(1) 关于"户"的范围。"户"在这里是指住所，其特征表现为供他人家庭生活和与外界相对隔离两个方面，前者为功能特征，后者为场所特征。一般情况下，集体宿舍、旅店宾馆、临时搭建工棚等不应认定为"户"，但在特定情况下，如果确实具有上述两个特征的，也可以认定为"户"。(2)"入户"目的的非法性。进入他人住所须以实施抢劫等犯罪为目的。抢劫行为虽然发生在户内，但行为人不以实施抢劫等犯罪为目的进入他人住所，而是在户内临时起意实施抢劫的，不属于"入户抢劫"。(3) 暴力或者暴力胁迫行为必须发生在户内。入户实施盗窃被发现，行为人为窝藏赃物、抗拒抓捕或者毁灭罪证而当场使用暴力或者以暴力相威胁的，如果暴力或者暴力胁迫行为发生在户内，可以认定为"入户抢劫"；如果发生在户外，不能认定为"入户抢劫"。

2. 在公共交通工具上抢劫。“在公共交通工具上抢劫”，是指在从事旅客运输的各种公共交通工具，如公共汽车、火车、轮船、飞机上实施抢劫。在公共交通工具上抢劫，一般是数人结伙，手持凶器公然洗劫旅客，危害性极大。根据最高人民法院《关于审理抢劫案件具体应用法律若干问题的解释》第 2 条的规定，在公共交通工具上抢劫，既包括在从事旅客运输的各种公共汽车，大、中型出租车，火车，船只，飞机等正在运营中的机动公共交通工具上对旅客、司售、乘务人员实施的抢劫，也包括对运行途中的机动公共交通工具加以拦截后，对公共交通工具上的人员实施的抢劫。最高人民法院《关于审理抢劫、抢夺刑事案件适用法律若干问题的意见》在此基础上进一步强调，在未运营中的大、中型公共交通工具上针对司售、乘务人员抢劫的，或者在小型出租车上抢劫的，不属于“在公共交通工具上抢劫”。

3. 抢劫银行或者其他金融机构。这里的“银行”，包括国有银行、民营银行以及外国在我国设立的银行。“其他金融机构”，是指银行以外的从事货币资金的融通和信用业务的机构，包括证券公司、保险公司、信托投资公司、信用社等。抢劫银行或其他金融机构，不仅指进入银行或其他金融机构内部抢劫其所有的货币、金银等财物，也包括抢劫它们在运输途中的货币、金银等财物。但抢劫银行或者其他金融机构的交通工具、生活用品的，不属于本项情形。根据最高人民法院《关于审理抢劫案件具体应用法律若干问题的解释》第 3 条的规定，“抢劫银行或者其他金融机构”是指抢劫银行或者其他金融机构的经营资金、有价证券和客户资金等；抢劫正在使用中的银行或者其他金融机构的运钞车的，视为“抢劫银行或者其他金融机构”。

4. 多次抢劫或者抢劫数额巨大。何谓“多次抢劫”，对此最高人民法院《关于审理抢劫、抢夺刑事案件适用法律若干问题的意见》作出了明确规定，所谓“多次抢劫”是指抢劫 3 次以上。对于“多次”的认定，应以行为人实施的每一次抢劫行为均已构成犯罪为前提，综合考虑犯罪故意的产生、犯罪行为实施的时间、地点等因素，客观分析、认定。对于行为人基于一个犯意实施犯罪的，如在同一地点同时对在场的多人实施抢劫的；或基于同一犯意在同一地点实施连续抢劫犯罪的，如在同一地点连续地对途经此地的多人进行抢劫的；或在一次犯罪中对一栋居民楼房中的几户居民连续实施入户抢劫的，一般应认定为一次犯罪。何为“数额巨大”，根据最高人民法院《关于审理抢劫案件具体应用法律若干问题的解释》第 3 条的规定，“抢劫数额巨大”的认定标准，参照各地确定的盗窃数额巨大的认定标准执行。根据 1997 年 11 月 4 日最高人民法院《关于审理盗窃案件具体应用法律若干问题的解释》第 3 条的规定，个人盗窃公私财物价值人民币 5 000 元至 2 万元以上的，为“数额巨大”，各省、自治区、直辖市高级人民法院可以根据本地区经济发展状况，并考虑社会治安状况，在这一规定的数额幅度内，分别确定本地区执行的“数额巨大”的标准。

5. 抢劫致人重伤、死亡的。“抢劫致人重伤、死亡的”，是指为抢劫财物使用暴力或其他强制方法，包括过失造成重伤或者死亡以杀人手段实施抢劫致人重伤、死亡。

根据《最高人民法院关于抢劫过程中故意杀人案件如何定罪问题的批复》的规定，行为人为劫取财物而预谋故意杀人，或者在劫取财物过程中，为制服被害人反抗而故意杀人的，以抢劫罪定罪处罚。行为人实施抢劫后，为灭口而故意杀人的，以抢劫罪和故意杀人罪定罪，实行数罪并罚。

6. 冒充军警人员抢劫。这里的“军警人员”，指现役军人、武装警察和公安民警，不包括一般执法人员和其他国家机关工作人员。严格的罪行法定原则要求，对于军警人员实施抢劫行为的一般也不能适用这一加重情节。“冒充”是指通过着装、出示假证件或者口头宣称等形式以假充真的行为。只要行为人有冒充军警人员的表示，无论被害人是否确信，冒充行为即告成立。对于“冒充军警人员抢劫”的认定，应当注意查明行为人的手段行为是否使用暴力或者以暴力相威胁，对此，最高人民法院《关于审理抢劫、抢夺刑事案件适用法律若干问题的意见》规定：行为人冒充正在执行公务的人民警察“抓赌”、“抓嫖”，没收赌资或者罚款的行为，构成犯罪的，以招摇撞骗罪从重处罚；在实施上述行为中使用暴力或者暴力威胁的，以抢劫罪定罪处罚。行为人冒充治安联防队员“抓赌”、“抓嫖”、没收赌资或者罚款的行为，构成犯罪的，以敲诈勒索罪定罪处罚；在实施上述行为中使用暴力或者暴力威胁的，以抢劫罪定罪处罚。

7. 持枪抢劫。“持枪抢劫”，是指行为人手持枪支实施抢劫。“枪”的范围，主要是指《中华人民共和国枪支管理办法》规定的军用的枪支、射击运动用的枪支、狩猎用的有膛线枪、散弹枪、火药枪等具有较大杀伤力的枪支。私人非法制造的能发射金属弹丸、具有杀伤力的枪支，也应包括在内。根据最高人民法院《关于审理抢劫案件具体应用法律若干问题的解释》第 5 条的规定，“持枪抢劫”是指行为人使用枪支或者向被害人显示持有、佩带的枪支进行抢劫的行为。换言之，持枪抢劫并不要求行为人事实上使用枪支。但是如果行为人并未实际持有枪支，只是口头宣称有枪支或者虽然随身携带枪支，但并未使用，也没有向被害人显示的，均不是刑法规定的“持枪抢劫”的情形。

8. 抢劫军用物资或者抢险、救灾、救济物资。这里“军用物资”，不包括军用的枪支、弹药、爆炸物。抢劫这些军用物品的，应以抢劫枪支、弹药、爆炸物罪论处。“抢险、救灾、救济物资”，是指即将用于或者正在用于抢险、救灾、救济的物资。对于抢劫上述特定用途物资的情形，应当查明行为人是否明知是具有特定用途的物资而实施；如果行为人事前或者事中并不知情，则不能适用该项专门规定。

## ■ 盗窃罪

（一）盗窃罪的概念和特征

盗窃罪，是指以非法占有为目的，秘密窃取公私财物，数额较大，或者多次盗窃公私财物的行为。

盗窃罪具有下列构成特征：

1. 本罪的客体，是公私财产所有权。犯罪对象可以是任何一种公私财物，但是刑法另有规定的，应依规定处理。关于盗窃罪对象的外延范围，学界多有争议。

本罪的对象，一般是动产，即可以移动位置转移到行为人手中的财物，包括不动产上可移动之部分，如房屋上的门窗。不动产（例如，土地、房屋）是否可成为盗窃的对象，国内外学者观点不一。肯定论者认为，刑法规定盗窃公私财物，没有限定为动产，而且不动产也可以用秘密的方法占为己有。例如，盗卖他人的不动产，应以盗窃罪论处。否定论者认为，窃取是指将他人控制下的财物秘密转移到行为人手中，不动产不能移动，故不能成为盗窃的对象。各国刑法对此问题的规定也不尽相同。有些国家明文规定为动产，如瑞士、意大利、奥地利等国刑法。有些国家规定为他人财物，如日本刑法、西班牙刑法，但实践中一般认为是指动产。也有些国家把盗窃与窃占不动产分别加以规定，前者定盗窃罪，后者定窃占不动产罪，如意大利刑法。我们认为，在没有明文规定的情况下，从有利于保护公私财产所有权出发，不对财物作限制解释为宜。

作为盗窃对象的财物，不仅指有体物，而且包括无体物，如电力、煤气、天然气等。这些无体物都是具有经济价值的特殊商品，盗用电力、煤气、天然气等无体物给所有人造成的损失，与盗窃有体物没有本质区别。此外，近年来，许多地方都发生盗用他人电信码号打长途电话或国际电话，给他人造成重大财产损失的案件。1992年12月11日最高人民法院、最高人民检察院曾作出司法解释，规定对此以盗窃罪论处。自此以后，电信码号资源也可成为盗窃罪的对象。

同财共居的亲属之间，既有共有财产，又有个人财产，有的亲属虽然分居，但亲属关系不同于一般社会关系，因此，亲属相盗不同于社会上的盗窃。1997年11月4日最高人民法院《关于审理盗窃案件具体应用法律若干问题的解释》规定：偷拿自己家的财物或者近亲属的财物，一般可不按犯罪处理；对确有追究刑事责任必要的，处理时也应与社会上作案的有所区别。自己的财物，不能成为自己盗窃的对象。但是，窃取本人已被依法扣押的财物，或者偷回本人已交付他人合法持有或保管的财物，以致他人因负赔偿责任而遭受财产损失的，应以盗窃罪论处。

根据《刑法》第196条、第210条的规定，盗窃信用卡后使用的，以盗窃罪定罪处罚；盗窃增值税专用发票或者可以用于骗取出口退税、抵扣税款的其他发票的，以盗窃罪定罪处罚。

2. 本罪的客观方面，一般表现为以秘密窃取的方法，将公私财物转移到自己的控制之下，并非法占有的行为。秘密窃取是指行为人采用自认为不使他人发觉的方法占有他人财物。只要行为人主观上是意图秘密窃取，即使客观上已被他人发觉或者注视，也不影响盗窃性质的认定。秘密窃取，可以是被害人不在场时实施，也可以是物主在场，乘其不备时实施。对象不同，秘密窃取形式不同。概括起来，主要包括三种表现形式：

（1）盗窃有形物。表现为将可移动的财物，秘密转移到行为人控制之下，并且脱离财物所有人或持有人的控制范围。例如，将他人口袋里的钱包窃取到自己的口袋里，把单位的钢材秘密搬运到单位以外，等等。

（2）盗窃无形能源。表现为通过传输系统加以使用和消耗。只要行为人启动开关，电力、煤气、天然气等即开始消耗，所有人的损失就立即产生，盗窃行为即告完成。多次盗用，累计数额较大，构成盗窃罪。

（3）盗窃电信码号资源。表现为以牟利为目标，盗接他人通信线路、复制他人电信码号或者明知是盗接、复制的电信设备、设施而使用。这是一种特殊形式的盗窃罪。这种盗窃行为的具体表现形式包括：

第一，偷接他人的电话线路，利用他人的电话号码，偷打电话。

第二，盗用他人移动电话码号，进行非法并机。

第三，明知自己使用的电话盗接他人电话线路，或者移动电话是非法并机，而继续使用。不知是盗接、复制的电信设备、设施而使用的，不构成犯罪。

3. 本罪的主体是一般主体，即年满16周岁、具有刑事责任能力的自然人。邮政工作人员私自开拆邮件，从中窃取财物的，以盗窃罪论处，从重处罚。

4. 本罪的主观方面是直接故意，且以非法占有为目的。误认他人的财物为自己的财物而取走，因不具有非法占有他人财物的目的，不构成盗窃罪。

（二）盗窃罪的认定

1. 盗窃罪与非罪的界限。《刑法》第264条规定，盗窃公私财物数额较大或者多次盗窃的，构成犯罪。根据1997年11月4日最高人民法院《关于审理盗窃案件具体应用法律若干问题的解释》的规定，个人盗窃公私财物价值500元至2 000元以上的，为“数额较大”；个人盗窃公私财物价值5 000元至2万元以上的，为“数额巨大”；个人盗窃公私财物价值3万元至10万元以上，为“数额特别巨大”。同时规定，各省、自治区、直辖市高级人民法院可以根据本地区的经济发展状况，并考虑社会治安状况，在上述数额幅度内，分别确定本地区执行的数额，并报最高人民法院备案。“多次盗窃”，是指 1 年内入户盗窃或者在公共场所扒窃 3 次以上。对于盗窃不足 3 次，且窃取财物数额较小的，不应认为是犯罪，必要时可给予治安行政处罚。

需要指出的是，盗窃公私财物数额大小、次数多少，是决定盗窃行为社会危害程度的主要因素，但不可绝对化。区分罪与非罪界限，必须把上述因素同作案的原因、手段、社会影响、行为人的一贯表现、作案动机等情节相结合，综合分析判断。根据 1997 年 11 月 4 日最高人民法院《关于审理盗窃案件具体应用法律若干问题的解释》第 6 条的规定，盗窃公私财物数额接近“数额较大”的起点，具有下列情节之一的，可以追究刑事责任：(1) 以破坏性手段盗窃造成公私财产损失的；(2) 盗窃残疾人、孤寡老人或者丧失劳动能力人的财物的；(3) 造成严重后果或者具有其他恶劣情节的。反之，盗窃公私财物虽已达到“数额较大”的起点，但情节轻微，并具有下列情节之一的，可以不作为犯罪处理：(1) 已满 16 周岁不满 18 周岁的人作案的；(2) 全部退赃、退赔的；(3) 主动投案的；(4) 被胁迫参加盗窃活动，没有分赃或者获赃较少的；(5) 其他情节轻微、危害不大的。根据该司法解释第 1 条的规定，盗窃未遂，情节轻微的，一般不定罪处罚。但如果以数额巨大的财物，或者国家珍贵文物等为目标，即使盗窃未遂，也构成盗窃罪应予追究刑事责任。

此外，根据最高人民法院《关于审理未成年人刑事案件具体应用法律若干问题的解释》第 9 条的规定，已满 16 周岁不满 18 周岁的人实施盗窃行为未超过 3 次，盗窃数额虽已达到“数额较大”标准，但案发后能如实供述全部盗窃事实并积极退赃，且具有下列情形之一的，可以认定为“情节显著轻微危害不大”，不认为是犯罪：(1) 系又聋又哑的人或者盲人；(2) 在共同盗窃中起次要或者辅助作用，或者被胁迫；(3) 具有其他轻微情节的。

2. 盗窃财物的数额计算方法。窃取公私财物数额的大小，是一般情况下定罪量刑的主要标准。因此，如何认定被盗窃财物的数额，直接关系到能否正确定罪与合理量刑。但司法实践中，被盗财物种类繁多、情况复杂。确定一套财物价值的计算标准与方法，是准确认定被盗财物数额、正确定罪量刑的前提。为了统一对各种财物价值的计算标准与方法，1997 年 11 月 4 日最高人民法院《关于审理盗窃案件具体应用法律若干问题的解释》作了详细的规定：

(1) 关于被盗物品的数额计算，应当区别情况，根据作案当时、当地的同类物品的价值，并依下列核价方法，以人民币分别计算：第一，流通领域的商品，按市场零售价的中等价格计算；属于国家定价的，按国家定价计算；属于国家指导价的，按指导价的最高限价计算。第二，生产领域的产品，成品按“第一”规定的办法计算，半成品，比照成品价格进行折算。第三，单位和公民的生产资料、生活资料等物品，原则上按购进价计算，但作案当时市场价高于原购进价的，按当时市场价的中等价格计算。第四，农副产品，按农贸市场同类产品的中等价格计算。大牲畜，按交易市场同类同等大牲畜的中等价格计算。第五，进出口货物、物品，按上述“第一”规定的办法计算。第六，金、银、珠宝等制作的工艺品，按国有商店零售价格计算；国有商店没有出售的，按国家主管部门核定的价格计算。黄金、白银，按国家定价计算。第七，外币，按照被盗当日国家外汇管理局公布的外汇卖出价计算。第八，不属于馆藏三级以上的一般文物（古玩、古书画等），按照国有文物商店的一般零售价计算，或者按国家文物主管部门核定的价格计算。

(2) 关于盗接他人通信线路、复制他人电信码号或者明知是盗接、复制的电信设备、设施而使用的，数额计算方法为：第一，盗接他人通信线路、复制他人电信码号的，盗窃数额按当地邮电部门规定的电话初装费、移动电话入网费计算；销赃数额高于电话初装费、移动电话入网费的，盗窃数额按销赃数额计算。移动电话的销赃数额，按减去裸机成本价格计算。第二，明知是盗接他人通信线路、复制他人电信码号的电信设备、设施而使用的，盗窃数额按合法用户为其支付的电话费计算。盗窃数额无法直接确认的，应当以合法用户的电信设备、设施被盗接、复制后的月缴费额减去被复制前 6 个月的平均电话费推算，合法用户使用电信设备、设施不足 6 个月的，按实际使用的月平均电话费计算。第三，盗接他人通信线路后自己使用的，盗窃数额按上述“第二”的规定计算；复制他人电信码号后自己使用的，按上述“第一、第二”的规定计算。

(3) 关于被盗的有价支付凭证、有价证券、有价票证，数额计算方法为：第一，不记名、不挂失的有价支付凭证、有价证券、有价票证，不论能否即时兑现，均按票面数额和案发时应得的孳息、奖金或奖品等可得收益一并计算。股票应按照被盗当时证券交易所公布的该种股票成交的平均价格计算。第二，记名的有价支付凭证、有价证券、有价票证，如果票面价格已定并能即时兑现的，如活期存折、已到期的定期存折和已填好金额的支票，以及不需要证明手续即可提取货物的提单等，按票面数额和案发时应得的利息或者可提取的货物的价值计算。如果是票面数额未定，但已经兑现的，按实际兑现的财物价值计算；尚未兑现的，可作为定罪量刑情节。不能即时兑现的记名有价支付凭证、有价票证已被销毁、丢弃，而失主可以通过挂失、补领、补办手续等方式避免实际损失的，票面数额不作为定罪量刑的标准，但可作为定罪量刑的情节。

(4) 关于几种特别物品和特殊情况下财物数额的计算：第一，邮票、纪念币等收藏品、纪念品，按国家有关部门核定的价格计算。第二，同种类的大宗被盗物品，失主以多种价格购进，能够分清的，分别计算；难以分清的，应当按此类物品的中等价格计算。第三，被盗物品已被销赃、挥霍、丢弃、毁坏的，无法追缴或者几经转手，最初形态被破坏的，应当根据失主、证人的陈述、证言和提供的有效凭证以及被告人的供述，按照前述“(1) 关于被盗物品的数额计算”之“第一”规定的核价方法，确定原被盗物品的价值。第四，失主以明显低于被盗当时、当地市场零售价购进的物品，应当按前述“(1) 关于被盗物品的数额计算”之“第一”规定的核价方法计算。第五，销赃数额高于按前述计算的盗窃数额的，盗窃数额按销赃数额计算。第六，盗窃违禁品，按盗窃罪处理的，不计数额，根据情节轻重量刑。第七，被盗物品价格不明或者价格难以确定的，应当按国家计划委员会、最高人民法院、最高人民检察院、公安部《扣押、追缴、没收物品估价管理办法》的规定，委托指定的估价机构估价。第八，对已陈旧、残损或者使用过的被盗物品，应当结合作案当时、当地同类物品的价格和被盗时的残损程度，按上述“第七”的规定办理。第九，残次品，按主管部门核定的价格计算；废品，按物资回收利用部门的收购价格计算；假劣物品，有价值的，按上述“第七”的规定办理，以实际价值计算。第十，多次盗窃构成犯罪，依法应当追诉的，或者最后一次盗窃构成犯罪，前次盗窃行为在一年以内的，应当累计其盗窃数额。第十一，盗窃行为给失主造成的损失大于盗窃数额的，损失数额可作为量刑的情节。

3. 盗窃罪与其他犯罪的界限。根据刑法规定，盗窃某种特定财物，侵犯其他客体，可能构成其他罪或者牵连触犯盗窃罪。司法实践中应注意区分它们与盗窃罪的界限，并且正确认定一罪或数罪的问题。

(1) 盗窃广播电视设备、公用电信设施价值数额不大，但是构成危害公共安全犯罪的，以破坏广播电视设施、公用电信设施罪定罪处罚。盗窃广播电视设施、公用电信设施同时构成盗窃罪和破坏广播电视设施、公用电信设施罪的，应从一重罪处断。最高人民法院 2005

年1月11日《关于审理破坏公用电信设施刑事案件具体应用法律若干问题的解释》第3条规定，盗窃公用电信设施价值数额不大，但是构成危害公共安全犯罪的，依照《刑法》第124条的规定定罪处罚；盗窃公用电信设施同时构成盗窃罪和破坏公用电信设施罪的，依照处罚较重的规定定罪处罚。

(2) 盗窃使用中的电力设备，同时构成盗窃罪和破坏电力设备罪，应从一重罪处断。

(3) 为盗窃其他财物，盗窃机动车作为工具使用的，被盗机动车辆的价值计入盗窃数额；为实施其他犯罪盗窃机动车辆的，以盗窃罪和所实施的其他犯罪实行数罪并罚。为实施其他犯罪，盗开机动车辆当犯罪工具使用后，将偷开的机动车辆送回原地或者停放在原处附近，车辆未丢失的，以其所实施的犯罪从重处罚，不构成盗窃罪。

(4) 为练习开车、游乐等目的，多次偷开机动车辆，并将机动车辆丢失的，以盗窃罪论处；在偷开机动车辆过程中发生交通肇事构成犯罪，又构成其他罪的，应当以交通肇事罪和其他罪实行数罪并罚。

(5) 实施盗窃犯罪，造成公私财物损毁的，以盗窃罪从重处罚；因毁坏公私财物又构成其他罪的，择一重罪从重处罚。盗窃公私财物未构成盗窃罪，但因采用破坏性手段造成公私财物损毁数额较大的，以故意毁坏财物罪论处。盗窃后，为掩盖盗窃罪行或者报复等，故意破坏公私财物构成犯罪的，应当以盗窃罪和构成的其他罪实行数罪并罚。

(6) 盗窃技术成果等商业秘密的，以侵犯商业秘密罪论处。

4. 盗窃罪既遂与未遂的界限。关于盗窃罪既遂与未遂划分的标准，中外刑法理论均存在不同观点。主要有以下几种观点：

(1)“接触说”，认为应以行为人是否接触到被盗财物为标准，接触到财物就是既遂。

(2)“转移说”，认为应以行为人是否将被盗财物转移到安全地带为标准，已转移到安全地带的为既遂。

(3)“控制说”，认为应以行为人是否已经取得对被盗财物的实际控制为标准，已实际控制的为既遂。

(4)“移动说”，认为应以行为人是否移动被盗财物为标准，已移动的为既遂。

(5)“失控说”，认为应以被害人是否失去对财物的控制为标准，失去控制的为既遂。

(6)“失控加控制说”，认为应以被害人是否失去对财物的控制，并且该财物已置于行为人的实际控制之下为标准，被害人对财物失去控制，且该财物置于行为人实际控制之下的为既遂。

我们认为，盗窃罪是结果犯，应以给公私财产所有权造成直接损害结果为构成要件齐备的标志。所有权的损害结果表现在所有人或持有人控制之下的财物因被盗窃而脱离了其实际控制，一般而言，也意味着被盗财物已被行为人控制，二者是一致的。因此，从对客体的损害着眼，以财物的所有人或持有人失去对被盗财物的控制作为既遂的标准，符合盗窃罪既遂的本质特征。至于行为人是否最终达到了非法占有并任意处置该财物的目的，不影响既遂的成立。例如，甲、乙、丙三人深夜潜入某厂仓库，偷出6箱货物，扔出墙外。丁驾驶卡车从墙外路过，发现货物无人看管，遂装上卡车拉走。等甲、乙、丙来到墙外，发现赃物已无踪影。就此例而言，赃物被扔到厂外，即是脱离了厂方的控制，财产损失已经造成，虽然甲、乙、丙最终未能将赃物置于自己的实际控制之下并加以占有，也应当认定为盗窃既遂，而不是未遂。

(三) 盗窃罪的处罚

根据《刑法》第264条的规定，犯盗窃罪的，处3年以下有期徒刑、拘役或者管制，并处或者单处罚金；数额巨大或者有其他严重情节的，处3年以上10年以下有期徒刑，并处罚金；数额特别巨大或者有其他特别严重情节的，处10年以上有期徒刑或者无期徒刑，并处罚金或者没收财产。具有下列情形之一的，处无期徒刑或者死刑，并处没收财产：（1）盗窃金融机构，数额特别巨大的；（2）盗窃珍贵文物，情节严重的。

“盗窃金融机构”，是指盗窃金融机构的经营资金、有价证券和客户的资金等，不包括盗窃金融机构的办公用品、生活用品、交通工具等财物。

“盗窃珍贵文物，情节严重”，是指盗窃国家一级文物后造成损毁、流失、无法追回，盗窃国家二级文物3件以上或者是国家一级文物1件以上并有下列情节之一的：（1）犯罪集团首要分子或共同犯罪中的情节严重的主犯；（2）流窜作案危害严重的；（3）累犯；（4）造成其他重大损失的。

关于盗窃罪罚金的判处，刑法未规定具体数额，根据1997年11月4日最高人民法院《关于审理盗窃案件具体应用法律若干问题的解释》的规定，对盗窃犯罪分子应当判处罚金的，应在1 000元以上盗窃数额的2倍以下判处罚金；对于应当判处罚金，但没有盗窃数额或者无法计算盗窃数额的，应在1 000元以上10万元以下判处罚金。

## ■ 诈骗罪

（一）诈骗罪的概念和特征

诈骗罪，是指以非法占有为目的，用虚构事实或者隐瞒真相的方法，骗取公私财物，数额较大的行为。

本罪具有下列构成特征：

1. 本罪的客体是公私财产的所有权。犯罪对象可以是各种财物，包括动产和不动产。用欺骗方法骗取公私财物，刑法另有规定的，应依规定定罪处罚。例如，以非法占有为目的骗取集资款、贷款、保险金，分别构成集资诈骗罪、贷款诈骗罪、保险诈骗罪，对此应按特别法优于一般法的原则，适用特别法的规定定罪处罚。用欺骗方法骗取其他非法利益的，不构成诈骗罪。

2. 本罪的客观方面，表现为用虚构事实或者隐瞒真相的欺骗方法，骗取公私财物，数额较大的行为。诈骗行为的最明显特征是行为人设法使被害人在认识上产生错觉，以致“自愿地”将自己所有或持有的财物交付给行为人或者放弃自己的所有权，或者免除行为人交还财物的义务。诈骗的手段多种多样，千奇百怪，概括起来无非两种基本表现形式：

（1）虚构事实，即编造某种根本不存在的或者不可能发生的、足以使他人受蒙蔽的事实骗取他人财物。例如，谎称能代被害人购买某种廉价商品或提供某种服务；谎称能代被害人疏通关系，打赢官司；谎称能为被害人治病；等等。这类诈骗，常常是利用有些人缺乏警惕，或愚昧无知，或贪财图利等不健康心理而得逞。

（2）隐瞒真相，即隐瞒客观上存在的事实情况，既可以是隐瞒部分事实真相，也可以是隐瞒全部事实真相。行为人往往通过隐瞒真相的方法，使公私财物所有人、管理人陷入错误，从而“自愿”交付财物。

此外，根据最高人民法院2000年4月《关于审理扰乱电信市场管理秩序案件具体应用法律若干问题的解释》的规定，以虚假、冒用的身份证办理入网手续并使用移动电话，造成电信资费损失数额较大的，以诈骗罪定罪处罚。

必须是诈骗财物数额较大，方能构成诈骗罪。数额较大是构成诈骗罪的一个必要要件。何谓“数额较大”，目前尚无司法解释，我们认为可以参照最高人民法院1996年12月16日颁发的《关于审理诈骗案件具体应用法律的若干问题的解释》的规定。根据该解释，个人诈骗公私财物 2 000 元至 4 000 元的为数额较大；单位直接负责的主管人员和其他直接责任人员以单位名义实施诈骗行为，诈骗所得归单位所有的，以 5 万元至 10 万元以上的为数额较大。各省、自治区、直辖市高级人民法院可根据本地区经济发展状况，考虑社会治安状况，在上述幅度内，确定本地区执行的标准。

3. 本罪的主体为一般主体，即年满 16 周岁，具有刑事责任能力的自然人。

4. 本罪的主观方面是直接故意，且以非法占有为目的。

（二）诈骗罪的认定

1. 诈骗罪与非罪的界限。区分诈骗罪与非罪的界限，关键在于如何界定诈骗罪与借贷纠纷的界限。所谓借贷纠纷，是指因借用他人财物不能按时归还，在借用人与出借人之间产生的纠纷。借贷纠纷是一种民事法律关系，属民事法律调整范围，不产生刑事责任。但是，有的人以借贷为名，行诈骗财物之实，则应以诈骗罪论处。界定诈骗罪与借贷纠纷的界限，一般应注意分析以下事实：

（1）借贷关系的前提。一般借贷关系多发生在互相了解、互有往来的亲友之间，即建立在相互信任的基础之上。而以借贷为名进行诈骗则往往发生在双方虽然相互认识，但离别多年久未联系的人之间，有的甚至是初次谋面，编造姓名、地址，以借贷为名骗取对方财物。

（2）借贷关系发生的原因。借贷关系中，借用人确实遇到了困难，一时无力解决，才向他人借贷。而以借贷为名诈骗则往往是编造虚假的困难事实，骗取他人的同情与信任。需要指出的是，有的借用人虽然有不诚实之处，并不能证明是诈骗，例如，为了较容易地将财物借到手，夸大自己的偿还能力，但债务到期时并不赖账并积极争取归还的，不构成诈骗。

（3）借用人不能按期归还的原因。一般借贷关系中，借用人不能按期归还的原因往往是遇到了不以其意志为转移的客观困难，例如，发生了天灾人祸，以致无法按期归还。而以借贷为名诈骗往往表现为携款潜逃、大肆挥霍或者进行吸毒、赌博等违法活动，根本不可能归还，同时也根本无归还意图。

（4）借用人的偿债态度和实际行动。一般借贷关系中，借用人会积极争取按期归还，即使确实无力按时归还，也会继续努力，履行偿还义务。而以借贷为名诈骗则根本没有归还的意图，也不可能有偿还债务的实际行动。

2. 诈骗罪与其他特殊诈骗罪的界限。我国《刑法》分则第三章“破坏社会主义市场经济秩序罪”的第五节和第八节，还规定了包括 8 种罪名的金融诈骗罪及合同诈骗罪。诈骗罪与上述犯罪是一般与特殊的关系。它们的区别是：

（1）侵犯的客体不同。前者只侵犯财产所有权，是单一客体；而后者既侵犯他人财产权利，又侵犯金融管理制度或合同行为管理制度。

（2）犯罪客观方面表现不尽相同。前者可以表现为虚构任何事实或隐瞒真相，以骗取财物；而后者的欺骗只是发生在集资、贷款、保险等特定的活动范围，或者是信用卡、信用证、有价证券等特定物的使用活动中，或者是经济合同的签订、履行过程中，因而其诈骗手段都有其特定范围内的特殊性。

（3）犯罪主体不尽相同。前者限于自然人主体；后者有部分犯罪的主体包括单位，如集资诈骗罪、金融票据诈骗罪、合同诈骗罪等。

（三）诈骗罪的处罚

根据《刑法》第 266 条的规定，犯诈骗罪的，处 3 年以下有期徒刑、拘役或者管制，并处或者单处罚金；数额巨大或者有其他严重情节的，处 3 年以上 10 年以下有期徒刑，并处罚金；数额特别巨大或者有其他特别严重情节的，处 10 年以上有期徒刑或者无期徒刑，并处罚金或者没收财产。根据最高人民法院 1996 年 12 月 16 日颁发的《关于审理诈骗案件具体应用法律的若干问题的解释》的规定，个人诈骗公私财物 3 万元以上的，为“数额巨大”，20 万元以上的，为“数额特别巨大”。“数额特别巨大”，是“情节特别严重”的一个重要内容，但不是唯一情节。诈骗 10 万元以上，又具有下列情形之一的，属于情节特别严重：(1) 诈骗集团的首要分子或者共同诈骗犯罪中情节严重的主犯；(2) 惯犯或者流窜作案危害严重的；(3) 诈骗法人、其他组织或者个人急需的生产资料，严重影响生产或者造成其他严重损失的；(4) 诈骗救灾、抢险、防汛、优抚、救济、医疗款物，造成严重后果的；(5) 挥霍诈骗的财物，致使诈骗的财物无法返还的；(6) 使用诈骗的财物进行违法犯罪活动的；(7) 曾因诈骗受过刑事处罚的；(8) 导致被害人死亡、精神失常或者其他严重后果的；(9) 具有其他严重情节的。

根据最高人民法院《关于审理诈骗案件具体应用法律的若干问题的解释》的规定，对共同诈骗犯罪，应当以行为人参与共同诈骗的数额认定其犯罪数额，并结合行为人在共同犯罪中的地位、作用和非法所得数额等情节依法处罚。

## ■ 抢夺罪

(一) 抢夺罪的概念和特征

抢夺罪，是指以非法占有为目的，不使用暴力、胁迫等强制方法，公然夺取公私财物，数额较大的行为。

本罪具有如下构成特征：

1. 犯罪客体是公私财物所有权。犯罪对象只能是动产，并且是有形物。值得注意的是，如果抢夺的对象是特定财物，例如枪支、弹药、爆炸物或者公文、证件、印章等，则不构成抢夺罪。根据特别法优于一般法适用的原则，对于抢夺枪支、弹药、爆炸物的，按照抢夺枪支、弹药、爆炸物罪定罪处罚；对于抢夺公文、证件、印章的，按照抢夺公文、证件、印章罪定罪处罚。

2. 犯罪客观方面表现为公然夺取公私财物的行为。公然夺取是指采用可以使被害人立即发觉的方式，公开夺取其持有或管理下的财物。例如，乘被害人不备突然夺走其手中的提包，当面公开夺走他人摊位上的商品。抢夺与抢劫都具有公然性，二者最根本的区别在于，抢夺不使用暴力、胁迫或其他人身强制的方法。在抢夺时，偶然造成被害人身体伤害的，例如，因为用力夺他人手中提包，致他人摔倒受伤，因无伤害故意，不构成抢劫罪。

抢夺罪客观方面要求达到数额较大。根据 2002 年 7 月 15 日最高人民法院《关于审理抢夺刑事案件具体应用法律若干问题的解释》规定，抢夺公私财物价值人民币 500 元至 2 000 元以上的，为“数额较大”；抢夺公私财物价值人民币 5 000 元至 2 万元以上的，为“数额巨大”；抢夺公私财物价值人民币 3 万元至 10 万元以上的，为“数额特别巨大”。各省、自治区、直辖市高级人民法院可以根据本地区经济发展状况，并考虑社会治安状况，在上述规定的数额幅度内，分别确定本地区执行的具体标准，并报最高人民法院备案。

3. 犯罪主体为一般主体。

4. 犯罪主观方面限于直接故意，且具有非法占有的目的。不具有非法占有的目的的，不构成抢夺罪。

(二) 抢夺罪的认定

1. 抢夺罪与非罪的界限。抢夺公私财物，构成抢夺罪必须要求数额较大，即数额较大是成立抢夺罪的法定条件。因此，如果行为人抢夺的数额很小，一般归于情节显著轻微、危害不大之列，不认为构成犯罪，应当视为违反治安管理法规的行为。

根据2002年7月15日最高人民法院《关于审理抢夺刑事案件具体应用法律若干问题的解释》第3条的规定，抢夺公私财物虽然达到"数额较大"的标准，但具有下列情形之一的，可以视为《刑法》第37条规定的"犯罪情节轻微不需要判处刑罚"的情形，免予刑事处罚：(1) 已满16周岁不满18周岁的未成年人作案，属于初犯或者被教唆犯罪的；(2) 主动投案、全部退赃或者退赔的；(3) 被胁迫参加抢夺，没有分赃或者获赃较少的；(4) 其他情节轻微，危害不大的。

抢夺罪是目的犯，要求行为人必须具有非法占有的目的，如果行为人没有非法占有的目的，那么行为人的行为不可能构成抢夺罪。例如，债权人为抵债而夺取债务人的财物的行为，或者为了临时急用夺取他人的财物而用后归还的行为等，都属于民事财产纠纷，不宜以抢夺罪论处。

2. 抢夺罪与抢劫罪的界限。抢夺罪和抢劫罪都是行为人当着被害人的面公然实施夺取财物的行为；主观上都是出于非法占有的目的，为直接故意；主体都是一般主体。两者的区别主要有以下几点：

(1) 侵犯的客体不同。抢夺罪侵犯的客体是简单客体，即公私财产所有权。而抢劫罪侵犯的客体是复杂客体，即公私财产所有权和他人的人身权利。因此，抢劫罪的社会危害性要大于抢夺罪，抢劫罪的法定刑要高于抢夺罪。

(2) 侵犯的客观方面的表现不同。抢夺罪是趁人不备公然夺取财物，而抢劫罪则是行为人采取暴力、胁迫或者其他手段迫使被害人交出财物或者直接将财物抢走。值得注意的是，应当注意区分行为人在抢夺财物的过程中造成被害人伤害的情况，例如行为人趁人不备夺取他人的项链而造成被害人颈部动脉血管受伤或者夺取他人手中财物而致使被害人跌倒摔伤。在这种情况下是认定为抢劫罪还是认定为抢夺罪，应当从以下几个方面加以把握：

第一，要看强力行为的作用对象和使用的目的。抢夺罪的抢夺财物虽然也使用一定强力，但是这种强力不是暴力，它直接作用于被抢夺的财物，目的是将财物夺到手中；而抢劫罪中使用的暴力直接指向被害人人身，具有排除被害人反抗的性质和目的。

第二，要看伤害是否犯罪分子有意为之。在构成抢夺罪的场合，造成伤害的结果往往是行为人在抢夺财物过程中，由于用力过猛等原因无意造成的。而在构成抢劫罪的场合，行为人则是有意实施暴力行为，造成伤害一般是在行为人的认知范围之内的。

第三，如果行为人行为前本来并没有计划使用暴力手段夺取财物，但是在夺取财物的过程中，遭到被害人的反抗，转而使用暴力、威胁方法强行夺取财物，此时应当直接按照抢劫罪定罪处罚。因为，此时行为人的犯意已经发生了转化，其行为完全符合抢劫罪的构成要件。

值得探讨的是，携带凶器抢夺的问题。《刑法》第267条第2款规定，携带凶器抢夺的，应按抢劫罪处罚。"凶器"主要指枪支、匕首、刮刀等管制刀具，以及具有一定杀伤力的菜刀、斧头等器具。根据2000年11月17日最高人民法院《关于审理抢劫案件具体应用法律若干问题的解释》第6条的规定，携带凶器抢夺是指行为人随身携带枪支、爆炸物、管制刀具等国家禁止个人携带的器械进行抢夺或者为了实施犯罪而携带其他器械进行抢夺的行为。2005年6月8日最高人民法院发布的《关于审理抢劫、抢夺刑事案件适用法律若干问题的意见》又进一步规定，行为人随身携带国家禁止个人携带的器械以外的其他器械抢夺，但有证据证明该器械确实不是为了实施犯罪准备的，不以抢劫罪定罪；行为人将随身携带的凶器有意加以显示、能为被害人察觉到的，直接适用《刑法》263条规定以抢劫罪定罪处罚；行为人携带凶器抢夺后，在逃跑过程中为窝藏赃物或者毁灭罪证而当场使用暴力或者以暴力相威胁的，适用《刑法》第267条第2款的规定以抢劫罪定罪处罚。

在抢夺罪与抢劫罪的界限问题中，还应注意“飞车抢夺”问题的认定。所谓“飞车抢夺”，一般是指行为人驾驶机动车辆或者非机动车辆夺取他人财物的情形。对于“飞车抢夺”的认定，最高人民法院《关于审理抢劫、抢夺刑事案件适用法律若干问题的意见》规定：对于驾驶机动车、非机动车（以下简称驾驶车辆）夺取他人财物的，一般以抢夺罪从重处罚。但具有下列情形之一，应当以抢劫罪定罪处罚：（1）驾驶车辆，逼挤、撞击或强行逼倒他人以排除他人反抗，乘机夺取财物的；（2）驾驶车辆强抢财物时，因被害人不放手而采取强拉硬拽方法劫取财物的；（3）行为人明知其驾驶车辆强行夺取他人财物的手段会造成他人伤亡的后果，仍然强行夺取并放任造成财物持有人轻伤以上后果的。

（三）抢夺罪的处罚

根据《刑法》第267条第1款的规定，犯抢夺罪的，处3年以下有期徒刑、拘役或者管制，并处或者单处罚金；数额巨大或者有其他严重情节的，处3年以上10年以下有期徒刑，并处罚金；数额特别巨大或者有其他特别严重情节的，处10年以上有期徒刑或者无期徒刑，并处罚金或者没收财产。

根据2002年7月15日最高人民法院《关于审理抢夺刑事案件具体应用法律若干问题的解释》第2条的规定，抢夺公私财物达到“数额较大”的标准，具有下列情形之一的，可以依照《刑法》第267条第1款的规定，以抢夺罪从重处罚：（1）抢夺残疾人、老年人、不满14周岁未成年人的财物的；（2）抢夺救灾、抢险、防汛、优抚、扶贫、移民、救济等款物的；（3）1年内抢夺3次以上的；（4）利用行驶的机动车辆抢夺的。

根据2002年7月15日最高人民法院《关于审理抢夺刑事案件具体应用法律若干问题的解释》第4条的规定，抢夺公私财物，数额接近“数额巨大”、“数额特别巨大”的标准，并具有上述从重处罚的情形之一的，可以分别认定为“其他严重情节”或者“其他特别严重情节”。

抢夺公私财物，未经行政处罚处理，依法应当追诉的，抢夺数额累计计算。

## ■ 侵占罪

（一）侵占罪的概念和特征

侵占罪，是指以非法占有为目的，将代为保管的他人财物，或者合法持有的他人遗忘物、埋藏物非法据为己有，数额较大，拒不退还的行为。

本罪具有下列构成特征：

1. 本罪的客体是公私财产所有权。犯罪对象可以是动产和不动产；可以是有体物，也可以是电力、煤气、天然气等无体物。至于是否限于私人财物，理论上存在不同观点。我们认为对“他人财物”不应作限制解释。排除公共财物，不利于对公共财物的刑法保护。在公共财物临时委托私人保管的情况下，侵占公共财物是可能发生的。例如，某国有企业采购员携带巨款外出采购，借住在朋友家，为防止遗失，暂托朋友保管，该朋友拒不退还，即构成侵占罪。

2. 本罪的客观方面表现为将代为保管的他人财物或者合法持有的他人遗忘物、埋藏物非法转归已有，拒不退还的行为。具体分析客观方面的要件，应当把握如下几个方面：

（1）侵占行为的前提是行为人业已合法持有他人财物。这是构成侵占罪的前提条件。所谓“持有”，是指对财物的事实上的控制或支配状态，包括存放在自己家中或行为人能够控制的其他地方。“合法持有”，则是指以合法的方式，取得对他人财物暂时的占有权，但无处分权。根据《刑法》第270条的规定，作为侵占行为前提的“合法持有他人财物”，包括以下两种情况：

第一，以合法的方式代为保管他人的财物。“代为保管”，不应过于狭隘地理解为仅指受他人委托暂时代为保管或看护财物。事实上，财物的所有人、持有人以合法方式将财物的占有权转移给行为人，具有多种多样的法律上和事实上的原因或根据。例如，委托他人代购商品、代售物品、代转财物，或者委托他人代收财物等。在以合法的方式代为保管他人财物的情况下，行为人合法取得占有权，而无所有权，其有交还财物的义务。如果拒不交还或交付，非法据为己有，就是侵占他人财物。在无因管理情况下，行为人为避免他人的利益受损失而自动为他人保管财物，也是以合法方式持有他人财物，如果非法据为己有，拒不返还，也是侵占。例如，甲因车祸受重伤，被送入医院抢救。乙见甲家中无人，代为饲养其家中动物。但数月后甲仍未出院，乙产生了占为己有的意图，将饲养动物卖掉，所得归己，则构成侵占罪。

第二，合法占有他人的遗忘物或者埋藏物。所谓遗忘物，通常是指财物的所有人或持有人有意识地将自己持有的财物放置在某处，因一时疏忽忘记拿走，而暂时失去控制的财物。理论上一般认为，遗忘物与遗失物不同，前者物主一经回忆较容易找回，而后者则很难知道遗失在什么地方，故难以找回。刑法只规定侵占遗忘物，而未规定侵占遗失物。《民法通则》第79条规定，拾得遗失物，应当归还失主。因此侵占遗失物拒不退还的，只能追究其民事责任。但也有学者认为，遗忘物与遗失物没有区别。甚至还有学者认为，对遗忘物应作广义理解，包括遗失物。究竟应当如何理解，还有待进一步研究。所谓埋藏物，一般指埋藏于地下的财物。根据《民法通则》第79条的规定，所有人不明的埋藏物，归国家所有。侵占埋藏物，构成对国家所有权的侵犯。从司法实践看，侵占埋藏物的行为，以合法持有该埋藏物为前提，一般主要表现为行为人在进行地面挖掘时，偶然发现地下埋藏物，不知物主是谁，而将其据为已有。如果行为人明知某处埋藏有某人的财物，或者明知某古墓埋藏有古代珍贵文物，以非法占有为目的进行挖掘，将所有财物据为已有，则应分别以盗窃罪或盗掘古墓葬罪论处。

(2) 侵占行为是将合法持有的财物非法据为已有且据不退还（包括拒不交出）。这是构成侵占罪的实质性条件。拒不退还，是指物主或者有关机关要求退还或交出财物，而拒不退还或交出。拒不退还，包括将保管物、遗忘物或埋藏物消费、出卖、毁灭、赠与他人，等等。如果行为人并不拒绝退还，只是要求延期退还，因而引起纠纷的，或者虽然口头表示拒不退还，经过说服教育当即退还的，一般不应以侵占罪论处。

(3) 侵占他人财物，必须是数额较大。数额较小的，即使拒不退还，也不能以侵占罪论处。

3. 本罪的主体为一般主体，即年满16周岁、具有刑事责任能力的自然人。

4. 本罪的主观方面是直接故意，且以非法占有为目的。如无非法占有的目的，只因某种原因一时不能退还而引起纠纷的，不构成本罪。

（二）侵占罪的认定

1. 侵占罪与非罪的界限。区分侵占罪与非罪的关键在于划定借贷纠纷与侵占罪的界限。应当特别注意区分借用关系中借用特定物拒不退还与借用种类物拒不退还两类不同情况。前者可以构成侵占罪，后者则纯属民事纠纷，不构成犯罪。特定物，是指具有固有的特性，不能以其他物替代的物。借用他人的特定物，即以合法方式，但未取得所有权，借用人负有归还原物的义务。如其日后拒不退还，数额较大，即构成侵占罪。种类物，是指具有共同属性，可以用品种、规格、度量衡加以计算确定的物，例如，水泥、煤油、钢材等。借用他人的种类物，债务人取得该物的所有权，同时负有偿还同种类、同质量的物的义务。因此，借用种类物，事后拒不退还的，只能作为借贷纠纷处理，不构成侵占罪。例如，甲向乙借1万元用于结婚，甲取得对1万元货币的所有权，同时负有偿还1万元货币的义务。事后甲拒不偿还，属于债务纠纷，不构成侵占罪。因此，在借用关系中，区分借贷纠纷与侵占罪的界限，关键在于行为人是否取得对财物的所有权。换言之，即借用的是特定物还是种类物。

2. 侵占罪既遂与未遂的界限。刑法理论上一般认为，犯罪既遂是指犯罪行为具备了某种犯罪构成的全部要件。因此，认定侵占罪的既遂应以犯罪构成要件说为标准。侵占罪是结果犯，法定的犯罪结果发生是结果犯既遂成立的标志。行为人非法占有他人财物，经要求拒不退还或交出，这种法定结果的发生就是侵占罪既遂的标志。《刑法》第270条把“拒不退还”、“拒不交出”规定为侵占罪的一个要件，因此它既是罪与非罪的界限，又是犯罪既遂成立的标准。这一规定实际上排除了侵占罪未遂存在的可能性。要么退还或交出，则不构成侵占罪；要么拒绝退还或交出，则成立侵占罪既遂。理论界有观点提出侵占罪未遂成立仍有可能，这值得思考。

（三）侵占罪的处罚

根据《刑法》第270条的规定，犯侵占罪的，处2年以下有期徒刑、拘役或者罚金；数额巨大的或者有其他严重情节的，处2年以上5年以下有期徒刑，并处罚金。犯本罪的，告诉才处理。

## ■ 职务侵占罪

（一）职务侵占罪的概念和特征

职务侵占罪，是指公司、企业或者其他单位的人员，利用职务上的便利，将本单位的财物非法占为己有，数额较大的行为。

本罪具有如下构成特征：

1. 本罪的客体，是公司、企业或其他单位的财物所有权。犯罪对象，是单位所有的各种财物，包括有体物与无体物，已在单位控制之中的财物与应归单位收入的财物。在本单位管理、使用或者运输中的私人财产，应以本单位财产论。

2. 本罪的客观方面表现为利用职务上的便利，将自己主管、经手或者管理的单位财物，非法占为己有，数额较大的行为。“利用职务上的便利”，是构成职务侵占罪的必要条件。职务上的便利，是指本人的职权范围内，或者因执行职务而产生的主管、经手、管理单位财物的便利条件。主管财物，主要指领导人员在职务上具有对单位的财物的购置、调配、流向等决定权力。经手财物，主要指因执行职务而具有领取、使用、支配单位的财物等权力。例如，采购员在采购中经手单位的货款和物资，单位工作人员被指派出差经手差旅费等。管理财物，主要是指对单位财物的保管与管理，例如，财务会计、出纳员对单位现金的管理，物资保管员对单位购入的物资的管理等。如果只是利用在本单位工作，熟悉作案环境等条件，不能视为利用职务上的便利，也不能构成本罪。

如何理解侵占的内涵。我们认为，此“侵占”与侵占罪中的侵占一词，含义不同。后者是狭义的，即仅指非法占有本人业已合法持有的财物；而前者是广义的，即非法占有的意思，并不以合法持有为前提。侵占的手段包括多种：窃取财物；以涂改账目、伪造单据等方法骗取财物；经手财物，应上交的不上交，加以侵吞；等等。

利用职务上的便利侵占单位财物，必须是数额较大的，才能构成职务侵占罪。根据最高人民检察院、公安部《关于经济犯罪案件追诉标准的规定》第75条的规定，公司、企业或者其他单位的人员，利用职务上的便利，将本单位的财物非法占为己有，数额在5 000元至1万元以上的，应当追诉。

3. 本罪的主体是特殊主体，即限于公司、企业或者其他单位的人员。公司是指依照公司法，经过国家主管机关批准设立的各种有限责任公司和股份有限公司。企业是指依照我国企业登记法规，经过国家主管机关批准设立的，以营利为目的的各种经济组织。其他单位，是指公司、企业以外的其他组织。例如，医院、学校、文艺单位等等。

国有公司、企业以及其他国有单位的人员能否构成职务侵占罪，理论上存在分歧。否定论者认为，国有公司、企业或者其他国有单位中从事公务的人员和国有公司、企业或者其他国有单位委派到非国有公司、企业以及其他单位从事公务的人员有前款行为的，应以贪污罪论处。肯定论者认为，国有公司、企业以及其他国有单位中从事公务的国家工作人员不能成为职务侵占罪的主体，但不能由此得出结论说，国有单位中的非从事公务的人员都不能成为职务侵占罪的主体，例如，国有商场的售货员，可以成为职务侵占罪的主体。我们赞同后一种观点。在刑法修订以前，因为1979年《刑法》未规定侵占罪，实践中一直把国有或集体商店售货员纳入贪污罪主体的范围。事实上，售货员从事的是服务性的劳务，而不是带有管理性的公务，不宜把他们与从事公务的国家工作人员同等看待。因此，刑法修订以后，把他们纳入到职务侵占罪主体的范围，较为妥当。

值得注意的是村民小组组长利用职务的便利侵吞公共财物的定性问题。根据1999年6月18日最高人民法院《关于村民小组组长利用职务便利非法占有公共财物如何定性问题的批复》的规定，对村民小组组长利用职务上的便利，将村民小组集体财产非法占为己有，数额较大的行为，应当以职务侵占罪定罪处罚。

4. 本罪的主观方面为直接故意，即明知是本单位所有的财物，而希望利用职务之便非法占为己有的心理态度。

（二）职务侵占罪的认定

1. 职务侵占罪共犯的认定问题。在司法实践中，应当正确处理行为人与公司、企业或者其他单位的人员相勾结侵占本单位财物的案件。根据最高人民检察院2000年6月30日《关于审理贪污、职务侵占案件如何认定共同犯罪几个问题的解释》第2条的规定，行为人与公司、企业或者其他单位的人员勾结，利用公司、企业或者其他单位人员的职务便利，共同将本单位财物非法占为己有，数额较大的，以职务侵占罪共犯论处。

2. 职务侵占罪与盗窃罪、诈骗罪的界限。职务侵占罪与盗窃罪、诈骗罪，都具有非法占有的目的，都侵犯公私财产权利。它们的主要区别在于：其一，职务侵占罪侵犯的对象只能是公司、企业或其他单位的财物；而盗窃罪、诈骗罪侵犯的可以是任何公私财物。其二，职务侵占罪只能是利用职务上的便利实施，行为方式包括窃取、骗取、侵吞等多种；而盗窃罪、诈骗罪的实施与职务无关，行为方式分别只能是窃取或骗取。其三，职务侵占罪的主体是特殊主体，而盗窃罪、诈骗罪是一般主体。

3. 职务侵占罪与侵占罪的界限。职务侵占罪与侵占罪同属以非法占有为目的，侵犯公私财产权利的犯罪。二者的区别在于：其一，职务侵占罪侵犯的对象是公司、企业或其他单位的财物；而侵占罪侵犯的是代为保管的他人财物以及他人的遗忘物、埋藏物。其二，职务侵占罪只能是利用职务上的便利实施，行为方式包括窃取、骗取、侵吞等多种；而侵占罪的实施与职务无关，行为方式只是将自己合法持有的财物，据为己有，拒不交出。其三，职务侵占罪的主体是特殊主体；而侵占罪是一般主体。

（三）职务侵占罪的处罚

根据《刑法》第 271 条的规定，犯职务侵占罪的，处 5 年以下有期徒刑或者拘役；数额较大的，处 5 年以上有期徒刑，可以并处没收财产。

## 挪用资金罪

（一）挪用资金罪的概念和特征

挪用资金罪，是指公司、企业或者其他单位的人员，利用职务上的便利，挪用本单位资金归个人使用或者借贷给他人，数额较大，超过 3 个月未还的，或者虽未超过 3 个月，但数额较大、进行营利活动的，或者进行非法活动的行为。

挪用资金罪具有如下构成特征：

1. 挪用资金罪的客体是公司、企业或其他单位的财产权，具体侵犯的只是单位对财产的占有权、使用权和收益权。犯罪对象限于本单位的资金。在司法实践中比较棘手的问题是，行为人挪用尚未成立的公司的资金是否可以构成挪用资金罪。司法机关持肯定的态度。根据 2000 年 10 月 9 日最高人民检察院《关于挪用尚未注册成立公司资金的行为适用法律问题的批复》的规定，筹建公司的工作人员在公司登记注册前，利用职务上的便利，挪用准备设立公司在银行开设的临时账户上的资金，归个人使用或者借贷给他人，数额较大，超过 3 个月未还的，或者虽未超过 3 个月，但数额较大、进行营利活动的，或者进行非法活动的，应当按照挪用资金罪定罪处罚。

2. 挪用资金罪的客观方面表现为利用职务上的便利，挪用单位资金归个人使用或者借贷给他人使用。

挪用是指利用职务上的便利，非法擅自动用单位资金归本人或他人使用，但准备日后退还。利用职务上的便利，是指利用本人在职务上主管、经管或经手单位资金的方便条件，例如单位领导人利用主管财务的职务，出纳员利用保管现金的职务，以及其他工作人员利用经手单位资金的便利条件。不利用职务上的便利，不可能挪用单位资金，也不可能构成挪用资金罪。

挪用单位资金归个人使用或者借贷给他人使用。所谓挪用单位资金归个人使用或者借贷给他人使用，根据 2000 年 6 月 30 日最高人民法院《关于如何理解刑法第二百七十二条规定的“挪用单位资金归个人使用或者借贷给他人”问题的批复》规定，挪用单位资金归个人使用或者借贷给他人使用是指公司、企业或者其他单位的非国家工作人员，利用职务上的便利，挪用本单位资金归本人或者其他自然人使用，或者挪用人以个人名义将挪用的资金借给其他自然人和单位的行为。

挪用资金的具体表现形式包括：

（1）挪用本单位资金，进行非法活动的。非法活动是指国家法律禁止的一切活动，包括一般违法行为和犯罪行为，如走私、贩毒、倒卖车船票、赌博、嫖娼等。非法活动型挪用资金罪没有挪用数额和挪用时间的限制。但是，根据最高人民检察院、公安部《关于经济犯罪案件追诉标准的规定》第 76 条的规定，进行非法活动，挪用本单位资金 5 000 元至 2 万元以上的，应当追诉。

（2）挪用本单位资金，数额较大，进行营利活动的。营利活动是指挪用本单位资金进行经营或者其他谋取利润的行为，如经商、投资、炒股等。营利活动型挪用资金罪必须是挪用资金数额较大，但没有挪用时间和是否归还的规定。根据最高人民检察院、公安部《关于经济犯罪案件追诉标准的规定》第 76 条的规定，此处数额较大，是指 1 万元至 3 万元以上。未达此数额标准的，一般应作为违反财经纪律处理。

（3）挪用本单位资金，数额较大，超过 3 个月未还的。此项所说的挪用，是指将资金用于生活开支等其他方面，如购买生活资料、旅游观光、偿还私人债务等。超期未还型挪用资金罪必须符合以下两个条件：其一，挪用资金数额较大。根据最高人民检察院、公安部《关于经济犯罪案件追诉标准的规定》第 76 条的规定，以 1 万元至 3 万元以上为数额较大。其二，挪用资金超过 3 个月未还。"未还"，是指超过 3 个月，在被司法机关、主管部门或者有关单位发现前，尚未归还。如果挪用期限未超过 3 个月，或者虽然超过 3 个月，但在案发前已自动归还的，不构成本罪，应由单位内部作为违反财经纪律处理。

3. 挪用资金罪的主体是特殊主体，即公司、企业或其他单位中从事一定管理性职务的人员。单纯劳务人员，不能成为本罪的主体。国有公司、企业或单位中从事公务的国家工作人员，或者国有单位委派到非国有单位从事公务的国家工作人员，利用职务之便挪用本单位财物的，应以挪用公款罪论处。但是，根据 2000 年 2 月 13 日最高人民法院《关于对受委托管理、经营国有财产人员挪用国有资金行为如何定罪问题的批复》的规定，对于受国家机关、国有公司、企业、事业单位、人民团体委托，管理、经营国有财产的非国家工作人员，利用职务上的便利，挪用国有资金归个人使用构成犯罪的，应当依照挪用资金罪定罪处罚。此外，值得注意的是，根据最高人民检察院 2000 年 10 月 9 日《关于挪用尚未注册成立公司资金的行为适用法律问题的批复》的规定，筹建公司的工作人员在公司登记注册前，利用职务上的便利，挪用准备设立的公司在银行开设的临时账户上的资金，归个人使用或者借贷给他人，数额较大、超过 3 个月未还的，或者虽未超过 3 个月，但数额较大、进行营利活动的，或者进行非法活动的，应当根据《刑法》第 272 条的规定，追究刑事责任。据此，筹建公司的工作人员也可以构成挪用资金罪的主体。

4. 挪用资金罪的主观方面是直接故意，且具有非法使用单位资金的目的。

（二）挪用资金罪的认定

1. 挪用资金罪与职务侵占罪的界限。挪用资金罪与职务侵占罪，都是公司、企业或者其他单位内部人员，利用职务上的便利，侵犯本单位财产的行为。挪用资金罪与职务侵占罪的区别主要在于：其一，犯罪客体和犯罪的对象不同。挪用资金罪的客体只是侵犯了本单位财产的占有权、使用权，而没有侵犯本单位财产的处分权，而职务侵占罪是侵犯单位财产的整体所有权。挪用资金罪的犯罪对象是资金，而职务侵占罪的犯罪对象除了资金之外，还包括其他具有经济价值的有形和无形的财物。其二，犯罪的客观方面不同。挪用资金罪的构成，刑法条文作了较为详细的规定，不同的挪用有不同的定罪标准；职务侵占罪只是对侵占行为作出了概括性的规定，定罪是以数额较大为标准。其三，犯罪的主观方面不同。挪用资金罪的目的是暂时使用本单位的财物，不存在非法占有的目的；职务侵占罪则是以非法占有为目的，将本单位的财物，非法占为己有。

2. 挪用资金罪的既遂与未遂的界限。"挪用"一词是由"挪"和"用"两种行为结合而成的。"挪"就是利用职务上的便利，将本单位的资金转移到本人或者他人的控制之下。"用"就是将资金用于本人或者他人的某种需要。"挪"是前提，而"用"是目的。但是就挪用资金罪而言，并不是行为人实现了"用"的目的，才构成既遂。因为，挪用资金罪侵犯的客体，是单位对资金的占有权和使用权，只要行为人已经将资金转移到本人或者他人控制之下，单位失去了对资金的控制，即标志其占有权、使用权已经实际遭到侵犯，行为人是否使用，对此并没有实际的影响。因此，我们认为，挪用资金罪应当是以行为人或者他人对资金的实际控制为既遂的标准。行为人已经着手实施，因为其意志以外的原因而没有能够控制资金的，那么只能构成挪用资金罪的未遂。

（三）挪用资金罪的处罚

根据《刑法》第272条的规定，犯挪用资金罪的，处3年以下有期徒刑或者拘役；挪用资金数额巨大的，或者数额较大不退还的，处3年以上10年以下有期徒刑。"不退还"，是指因客观原因在一审宣判前不能退还的，例如，因天灾人祸或因从事非法活动被没收，而无力退还。有能力退还而携款潜逃的，应以职务侵占罪论处。

## 敲诈勒索罪

（一）敲诈勒索罪的概念和特征

敲诈勒索罪，是指以非法占有为目的，以威胁或者要挟的方法，强索公私财物的行为。

本罪具有以下特征：

1. 敲诈勒索罪的客体为复杂客体，主要客体是公私财产所有权，次要客体是他人的人身权。犯罪对象是公私财物，包括动产和不动产、生产资料和生活资料。司法实践中，以勒索钱财居多。有学者主张，敲诈勒索罪的对象除财物外，也可以是"财产性利益"。例如，用威胁或要挟方法强迫他人为自己无偿提供劳务。我们认为，用勒索的方法迫使他人交付具有经济价值的财物，和用同样的方法迫使他人无偿提供劳务，占有其劳动价值相比较，二者没有本质区别。鉴于我国刑法对此无明文规定，从贯彻罪刑法定原则考虑，"财产性利益"一说是否妥当，还值得研究。

2. 敲诈勒索罪的客观方面表现为以威胁或者要挟的方法，向公私财物的所有人或持有人强索财物的行为。威胁和要挟，都是能够引起他人心理恐惧的精神强制方法。二者没有本质区别。略有不同的是，威胁可以是用任何侵害他人的方法相恐吓；而要挟通常是指抓住他人的把柄，以揭露其隐私相恐吓，例如，尚未暴露的贪污、盗窃等违法犯罪事实或生活作风腐败等。威胁和要挟的方式可以多种多样，例如，可以当着被害人的面用口头、书面或其他方式表示，也可以通过电话、书信方式表示；可以是行为人亲自发出，也可以是委托第三者转达，都不影响本罪的构成。

采用威胁或要挟的方法敲诈勒索财物，敲诈勒索行为与他人交付财物之间，可以表现为三种不同情况：其一，行为人要求在指定日期、时间和地点交付财物，如有违则将在日后将其威胁的内容付诸实现。其二，行为人当面以当场实施暴力相威胁，要求答应在规定的日期、时间和地点交付财物。其三，行为人以日后实施侵害行为相威胁，要求当场交付财物。这表明，对于敲诈勒索罪来说，行为人绝对不可能以当场实现威胁的内容相恐吓从而当场占有他人财物，否则构成抢劫罪。

敲诈勒索罪要求行为人敲诈勒索的财物的价值达到数额较大。根据最高人民法院2000年4月28日《关于敲诈勒索罪数额认定标准问题的规定》的规定，敲诈勒索公私财物"数额较大"，以1 000元至3 000元为起点。各省、自治区、直辖市高级人民法院可以根据本地区的实际情况，在上述的数额幅度内，确定本地区数额较大、数额巨大的具体数额标准。

3. 敲诈勒索罪的主体为一般主体，即年满16周岁、具有刑事责任能力的自然人。

4. 敲诈勒索罪的主观方面是直接故意，且以非法占有为目的。如果不是为了非法占有公私财物，而是债权人以将要向法院控告相威胁，迫使债务人尽快还债，不构成敲诈勒索罪。

（二）敲诈勒索罪的认定

1. 敲诈勒索罪与非罪的界限。敲诈勒索罪侵犯的是复杂客体。敲诈勒索公私财物，数额较大的，才构成犯罪。当然，“数额较大”不仅指实际占有的数额。勒索的数额较大，情节严重，即使未遂也应定罪判刑，勒索数额不大，情节显著轻微危害不大的，不构成犯罪。

2. 敲诈勒索罪与其他犯罪的界限。

（1）敲诈勒索罪与抢劫罪的界限。敲诈勒索罪的威胁、要挟方法同抢劫罪的胁迫方法，同属精神强制方法，因此，必须注意分清它们的界限。二者的区别在于：其一，抢劫罪必须是行为人当着被害人的面发出威胁；而敲诈勒索罪可以当面威胁，也可以不当面威胁，可以由自己发出，也可由第三者转达威胁。其二，抢劫罪必须是以当场实现威胁的内容相恐吓；而敲诈勒索罪则可以是以当场实现或日后实现威胁内容相恐吓。其三，抢劫罪必须是当场夺取财物或使被害人交付财物；而敲诈勒索罪则可以是使被害人当场也可以是日后交付财物。

（2）敲诈勒索罪与诈骗罪的界限。敲诈勒索罪与诈骗罪犯罪主体都是一般主体，犯罪主观方面都是直接故意，且以非法占有为目的。两罪的根本区别在于犯罪客体和犯罪客观方面的不同：其一，敲诈勒索罪侵犯的是复杂客体，即公私财产所有权和公民人身权利；诈骗罪侵犯的是单一客体，即公私财产所有权。其二，敲诈勒索罪表现为以威胁或要挟方法，迫使被害人因恐惧而被迫交付财物；诈骗罪表现为以虚构事实或隐瞒真相的方法，使被害人受蒙蔽而“自愿地”交付财物。在敲诈勒索案件中，有的可能包含有欺诈因素，但并非构成本罪的要件。

（三）敲诈勒索罪的处罚

根据《刑法》第 274 条的规定，犯敲诈勒索罪的，处 3 年以下有期徒刑、拘役或者管制；数额巨大或者有其他严重情节的，处 3 年以上 10 年以下有期徒刑。根据最高人民法院 2000 年 4 月 28 日《关于敲诈勒索罪数额认定标准问题的规定》，敲诈勒索公私财物“数额巨大”，以 1 万元至 3 万元为起点；各省、自治区、直辖市高级人民法院可以根据本地区的实际情况，在上述的数额幅度内，确定本地区数额较大、数额巨大的具体数额标准。

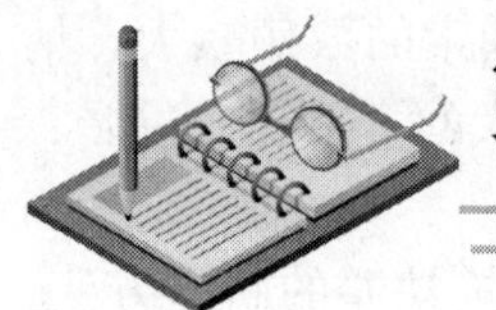

# 第二十四章

# 妨害社会管理秩序罪

## 第一节　妨害社会管理秩序罪概述

### ■ 妨害社会管理秩序罪的概念和特征

所谓妨害社会管理秩序罪，是指妨害国家对社会的管理活动，破坏社会秩序，依法应当受到刑罚处罚的行为。

妨害社会管理秩序罪具有以下构成特征：

1. 妨害社会管理秩序罪侵犯的同类客体，是国家对社会的管理活动与社会管理秩序。

我们通常所指的“社会管理秩序”，有广义和狭义的区分。广义的社会管理秩序，与社会秩序同义，是掌握国家政权的统治阶级根据自己的意志和统治需要，通过国家机关对社会的各种正常管理活动而形成的整个社会有条不紊的状态。经济秩序、财产秩序、生产秩序、工作秩序、教学科研秩序和社会成员的正常生活秩序等，都属于广义的社会秩序。从本质上讲，一切犯罪都侵害了广义的社会秩序。但是，由于立法者对侵害或破坏国家安全、社会公共安全、市场经济、人身权利、家庭婚姻、公私财产、国防与军事利益以及国家机关正常活动等社会秩序的行为专门在刑法分则中作了规定，即危害国家安全罪，破坏社会主义市场经济秩序罪，侵犯公民人身权利、民主权利罪，侵犯财产罪，危害国防利益罪，贪污贿赂罪，渎职罪等，所以，本章犯罪所侵犯的同类客体“社会管理秩序”只是狭义的社会秩序，即社会管理秩序是指国家对社会的日常管理活动和秩序，亦即《刑法》分则其他各章规定之罪所侵犯的同类客体以外的，由国家对社会生活进行管理所形成的有序状态。因此，正确理解本章犯罪的同类客体“社会管理秩序”的具体含义，是区分本类犯罪和其他类型犯罪的关键。

即使是在狭义的意义上理解本章犯罪的同类客体“社会管理秩序”，也由于国家对社会生活的管理活动包罗万象，由此而产生的社会管理秩序也各不相同。如果仅仅将本类犯罪所侵犯的犯罪客体笼统地称为“社会管理秩序”，仍然不利于划清本类犯罪中的具体各个犯罪之间的区别，所以，《刑法》分则第六章规定的本类犯罪在同类客体“社会管理秩序”之下，根据犯罪行为所侵犯的具体社会管理秩序的不同，以节为区分标志，还划分出 9 个次同类客体，即公共秩序、司法秩序、国家对国（边）境的管理秩序、国家对文物的管理秩序、公共卫生秩序、国家对环境资源的管理和保护所形成的秩序、国家的毒品管制秩序、国家对文化娱乐业的管理秩序和国家对淫秽物品管制秩序等。在每类侵犯次同类客体的犯罪中，又分别包含若干个具体的犯罪。这些具体的犯罪行为所侵犯的直接客体，有的犯罪与此类犯罪所侵犯的次同类客体相同，例如，《刑法》第 348 条规定的非法持有毒品罪的直接客体就是国家对毒品的管理制度，这与非法持有毒品罪所侵犯的次同类客体是相同的；有的犯罪的直接客体是此类犯罪所侵犯的次同类客体的具体细化和展开，例如，《刑法》第 315 条规定的破坏监管秩序罪的直接客体是国家的监管秩序，其次同类客体是国家的司法秩序，而国家的监管秩序是国家的司法秩序的一个组成部分。

妨害社会管理秩序罪中的具体犯罪，有的犯罪所侵犯的直接客体是单一客体，即犯罪行为只具体侵害一种社会关系，如《刑法》第 282 条规定的非法获取国家秘密罪的直接客体是单一客体，即国家的保密制度；有的犯罪所侵犯的直接客体是复杂客体，如《刑法》第 333 条规定的强迫卖血罪的直接客体就是复杂客体，即不但侵犯了国家对血液采集、供应的管理秩序，而且还侵犯了被害人的人身权利。

2. 妨害社会管理秩序犯罪的客观方面，表现为行为人实施了妨害国家管理社会活动、破坏社会管理秩序、依法应当受到刑罚处罚的行为。

妨害社会管理秩序的行为形形色色，但无论这种行为的表现形式如何纷繁复杂，归根结底都严重妨害或者破坏了国家对日常社会生活的管理秩序，这是妨害社会管理秩序罪各种具体犯罪的共同特征。国家对社会生活实施的有效管理是国家机关依据有关的行政管理法律法规而实现的，因此，一般而言，妨害社会管理秩序罪以违反相应的社会管理法律法规为前提，例如，《刑法》第 336 条规定的非法行医罪，行为人的非法行医行为构成犯罪，以违反我国的《执业医师法》的有关规定为前提，认定行为人行医行为的非法性，也要依据我国的《执业医师法》的有关规定。同时，因为妨害社会管理秩序的行为形形色色，所以并非所有的妨害社会管理秩序行为都能构成妨害社会管理秩序罪。只有那些严重妨害社会管理秩序的行为，不动用刑罚不足以惩戒和预防此种行为的才被刑法规定为犯罪。不构成犯罪的妨害社会管理秩序的违法行为，应根据《刑法》第 13 条“但书”的规定，认为是“情节显著轻微”，不以犯罪论处。例如，《刑法》第 293 条规定的寻衅滋事罪，要求构成犯罪的寻衅滋事行为包括“随意殴打他人，情节恶劣的；追逐、拦截、辱骂他人，情节恶劣的；强拿硬要或者任意损毁、占用公私财物，情节严重的；在公共场所起哄闹事，造成公共场所秩序严重混乱的”几种，如果寻衅滋事行为情节一般的，就不能构成寻衅滋事罪。因此，应当注意划清妨害社会管理秩序罪与一般违法行为的界限，防止刑罚处罚的不适当扩张。

妨害社会管理秩序罪的犯罪行为具体可以划分为以下九类：（1）扰乱公共秩序的行为；（2）妨害司法的行为；（3）妨害国（边）境管理的行为；（4）妨害文物管理的行为；（5）危害公共卫生的行为；（6）破坏环境资源保护的行为；（7）走私、贩卖、运输、制造毒品的行为；（8）组织、强迫、引诱、容留、介绍卖淫的行为；（9）制造、贩卖、传播淫秽物品的行为。这九类犯罪的构成要件各不相同。它们有的是行为犯，有的是结果犯，有的是危险犯，有的是情节犯，有的要求必须利用特定的方法、手段实施，有的还要求必须在特定的时间、地点实施，否则，该种犯罪不能成立。

3. 妨害社会管理秩序罪的主体，多数是一般主体，也有少数是特殊主体；多数犯罪的主体限于自然人，也有少数犯罪既可以由自然人实施，也可以由单位实施（如非法向外国人出售、赠送珍贵文物罪等）；还有个别犯罪的主体只能是单位（如非法出售、私赠文物藏品罪）。

4. 妨害社会管理秩序罪的主观方面，绝大多数表现为故意，也有少数犯罪表现为过失。

在故意犯罪中，有的犯罪还要求具有特定的犯罪目的，如《刑法》第 303 条规定的赌博罪要求以“营利为目的”，第 326 条规定的倒卖文物罪要求以“牟利为目的”等。

## 妨害社会管理秩序罪的种类

根据《刑法》分则第六章的规定，妨害社会管理秩序罪分为九类：

1. 扰乱公共秩序罪。这一类犯罪共有38个罪名，包括：妨害公务罪（第277条），煽动暴力抗拒法律实施罪（第278条），招摇撞骗罪（第279条），伪造、变造、买卖国家机关公文、证件、印章罪（第280条第1款），盗窃、抢夺、毁灭国家机关公文、证件、印章罪（第280条第1款），伪造公司、企业、事业单位、人民团体印章罪（第280条第2款），伪造、变造居民身份证罪（第280条第3款），非法生产、买卖警用装备罪（第281条），非法获取国家秘密罪（第282条第1款），非法持有国家绝密、机密文件、资料、物品罪（第282条第2款），非法生产、销售间谍专用器材罪（第283条），非法使用窃听、窃照专用器材罪（第284条），非法侵入计算机信息系统罪（第285条），破坏计算机信息系统罪（第286条），扰乱无线电通讯管理秩序罪（第288条），聚众扰乱社会秩序罪（第290条第1款），聚众冲击国家机关罪（第290条第2款），聚众扰乱公共场所秩序、交通秩序罪（第291条），投放虚假危险物质罪（第291条之一，根据《刑法修正案（三）》增加），编造、故意传播虚假恐怖信息罪（第291条之一，根据《刑法修正案（三）》增加），聚众斗殴罪（第292条），寻衅滋事罪（第293条），组织、领导、参加黑社会性质组织罪（第294条第1款），入境发展黑社会组织罪（第294条第2款），包庇、纵容黑社会性质组织罪（第294条第3款），传授犯罪方法罪（第295条），非法集会、游行、示威罪（第296条），非法携带武器、管制刀具、爆炸物参加集会、游行、示威罪（第297条），破坏集会、游行、示威罪（第298条），侮辱国旗、国徽罪（第299条），组织、利用会道门、邪教组织、利用迷信破坏法律实施罪（第300条第1款），组织、利用会道门、邪教组织、利用迷信致人死亡罪（第300条第2款），聚众淫乱罪（第301条第1款），引诱未成年人聚众淫乱罪（第301条第2款），盗窃、侮辱尸体罪（第302条），赌博罪（第303条第1款，已经《刑法修正案（六）》修订），开设赌场罪（第303条第2款，根据《刑法修正案（六）》增加），故意延误投递邮件罪（第304条）。

2. 妨害司法罪。本类犯罪有17个罪名，包括：伪证罪（第305条），辩护人、诉讼代理人毁灭证据、伪造证据、妨害作证罪（第306条），妨害作证罪（第307条第1款），帮助毁灭、伪造证据罪（第307条第2款），打击报复证人罪（第308条），扰乱法庭秩序罪（第309条），窝藏、包庇罪（第310条），拒绝提供间谍犯罪证据罪（第311条），掩饰、隐瞒犯罪所得、犯罪所得收益罪（第312条，已经《刑法修正案（七）》修订），拒不执行判决、裁定罪（第313条），非法处置查封、扣押、冻结的财产罪（第314条），破坏监管秩序罪（第315条），脱逃罪（第316条第1款），劫夺被押解人员罪（第316条第2款），组织越狱罪（第317条第1款），暴动越狱罪（第317条第2款），聚众持械劫狱罪（第317条第2款）。

3. 妨害国（边）境管理罪。本类犯罪有8个罪名，包括：组织他人偷越国（边）境罪（第318条），骗取出境证件罪（第319条），提供伪造、变造的出入境证件罪（第320条），出售出入境证件罪（第320条），运送他人偷越国（边）境罪（第321条），偷越国（边）境罪（第322条），破坏界碑、界桩罪（第323条），破坏永久性测量标志罪（第323条）。

4. 妨害文物管理罪。本类犯罪有10个罪名，包括：故意损毁文物罪（第324条第1款），故意损毁名胜古迹罪（第324条第2款），过失损毁文物罪（第324条第3款），非法向外国人出售、赠送珍贵文物罪（第325条），倒卖文物罪（第326条），非法出售、私赠文物藏品罪（第327条），盗掘古文化遗址、古墓葬罪（第328条第1款），盗掘古人类化石、古脊椎动物化石罪（第 328 条第 2 款），抢夺、窃取国有档案罪（第 329 条第 1 款），擅自出卖、转让国有档案罪（第 329 条第 2 款）。

5. 危害公共卫生罪。本类犯罪有 11 个罪名，包括：妨害传染病防治罪（第 330 条），传染病菌种、毒种扩散罪（第 331 条），妨害国境卫生检疫罪（第 332 条），非法组织卖血罪（第 333 条），强迫卖血罪（第 333 条），非法采集、供应血液、制作、供应血液制品罪（第 334 条第 1 款），采集、供应血液、制作、供应血液制品事故罪（第 334 条第 2 款），医疗事故罪（第 335 条），非法行医罪（第 336 条第 1 款），非法进行节育手术罪（第 336 条第 2 款），妨害动植物防疫、检疫罪（第 337 条，已经《刑法修正案（七）》修订）。

6. 破坏环境资源保护罪。本类犯罪有 15 个罪名，包括：重大环境污染事故罪（第 338 条），非法处置进口的固体废物罪（第 339 条第 1 款），擅自进口固体废物罪（第 339 条第 2 款），非法捕捞水产品罪（第 340 条），非法猎捕、杀害珍贵、濒危野生动物罪（第 341 条第 1 款），非法收购、运输、出售珍贵、濒危野生动物、珍贵、濒危野生动物制品罪（第 341 条第 1 款），非法狩猎罪（第 341 条第 2 款），非法占用农用地罪（第 342 条，已经《刑法修正案（二）》修订），非法采矿罪（第 343 条第 1 款），破坏性采矿罪（第 343 条第 2 款），非法采伐、毁坏国家重点保护植物罪（第 344 条，已经《刑法修正案（六）》修订），非法收购、运输、加工、出售国家重点保护植物、国家重点保护植物制品罪（第 344 条，已经《刑法修正案（六）》修订），盗伐林木罪（第 345 条第 1 款，已经《刑法修正案（四）》修订），滥伐林木罪（第 345 条第 2 款，已经《刑法修正案（四）》修订），非法收购、运输盗伐、滥伐的林木罪（第 345 条第 3 款，已经《刑法修正案（四）》修订）。

7. 走私、贩卖、运输、制造毒品罪。本类犯罪有 12 个罪名，包括：走私、贩卖、运输、制造毒品罪（第 347 条），非法持有毒品罪（第 348 条），包庇毒品犯罪分子罪（第 349 条第 1、2 款），窝藏、转移、隐瞒毒品、毒赃罪（第 349 条第 1 款），走私制毒物品罪（第 350 条），非法买卖制毒物品罪（第 350 条），非法种植毒品原植物罪（第 351 条），非法买卖、运输、携带、持有毒品原植物种子、幼苗罪（第 352 条），引诱、教唆、欺骗他人吸毒罪（第 353 条第 1 款），强迫他人吸毒罪（第 353 条第 2 款），容留他人吸毒罪（第 354 条），非法提供麻醉药品、精神药品罪（第 355 条）。

8. 组织、强迫、引诱、容留、介绍卖淫罪。本类犯罪有 7 个罪名，包括：组织卖淫罪（第 358 条第 1、2 款），强迫卖淫罪（第 358 条第 1、2 款），协助组织卖淫罪（第 358 条第 3 款），引诱、容留、介绍卖淫罪（第 359 条第 1 款），引诱幼女卖淫罪（第 359 条第 2 款），传播性病罪（第 360 条第 1 款），嫖宿幼女罪（第 360 条第 2 款）。

9. 制作、贩卖、传播淫秽物品罪。本类犯罪有 5 个罪名，包括：制作、复制、出版、贩卖、传播淫秽物品牟利罪（第 363 条第 1 款），为他人提供书号出版淫秽书刊罪（第 363 条第 2 款），传播淫秽物品罪（第 364 条第 1 款），组织播放淫秽音像制品罪（第 364 条第 2 款），组织淫秽表演罪（第 365 条）。

## 第二节　本章重点论述的犯罪

### 妨害公务罪

（一）妨害公务罪的概念和特征

根据《刑法》第 277 条的规定，妨害公务罪是指以暴力、威胁的方法，阻碍国家机关工作人员、人大代表、红十字会工作人员依法执行职务或履行职责，或者故意阻碍国家安全机关、公安机关依法执行国家安全工作任务，虽未使用暴力、胁迫方法，但造成严重后果的行为。

妨害公务罪的构成特征为：

1. 妨害公务罪所侵犯的客体为复杂客体。其主要客体为国家对社会的正常管理秩序；次要客体为国家机关工作人员、红十字会工作人员的人身权利。妨害公务罪的犯罪对象为国家机关工作人员、全国人民代表大会和地方各级人民代表大会代表以及红十字会工作人员。此外，根据最高人民检察院《关于以暴力、威胁方法阻碍事业编制人员依法执行行政执法职务是否可以对侵害人以妨害公务罪论处的批复》（2000 年 3 月 21 日）的规定，对于以暴力、威胁方法阻碍国有事业单位人员依照法律、行政法规的规定执行行政执法职务的，或者以暴力、威胁方法阻碍国家机关中受委托从事行政执法活动的事业编制人员执行行政执法职务的，可以对侵害人以本罪追究刑事责任。除此之外的其他人，都不能成为本罪的犯罪对象。

2. 妨害公务罪的客观方面表现为：（1）以暴力、威胁方法阻碍国家机关工作人员依法执行职务的行为；（2）以暴力、威胁方法阻碍全国人民代表大会和地方各级人民代表大会代表依法执行代表职务的行为；（3）在自然灾害和突发事件中以暴力、威胁方法阻碍红十字会工作人员依法履行职责的行为；（4）故意阻碍国家安全机关、公安机关依法执行国家安全工作任务，虽未使用暴力、威胁方法，但造成严重后果的行为。行为人只要具有这四种情形之一的，就可构成本罪。

在妨害公务罪前述四种行为表现中，第（1）、（2）、（3）种行为表现方式与第（4）种行为表现方式明显不同：前者要求行为人必须使用暴力、威胁方法阻碍依法执行职务或者履行职责，才能构成本罪的既遂，但不要求行为人阻碍依法执行职务或者履行职责的行为造成严重后果；后者则并不要求行为人必须使用暴力、威胁方法阻碍国家安全机关、公安机关依法执行国家安全工作任务，但要求行为人故意阻碍国家安全机关、公安机关依法执行国家安全工作任务的行为造成严重后果，才能构成本罪的既遂。即本罪的前三种行为表现实际上是行为犯，而第四种行为表现则是结果犯。

此外，本罪的第（3）种行为具有特定的具体时空条件要求，即以暴力、威胁方法阻碍红十字会工作人员依法履行职责的行为必须要在自然灾害和突发事件中，才能构成本罪。

所谓暴力，是指对正在依法执行职务的国家机关工作人员、人大代表和正在依法履行职责的红十字会工作人员实施殴打、捆绑或者其他人身强制行为，致使其不能正常履行职务或者职责。所谓威胁，是指以侵犯人身权、财产权、名誉权相胁迫，对国家机关工作人员、各级人大代表和红十字会工作人员进行精神强制，意图使其产生畏惧感，如以杀害、伤害相威胁，或者以毁坏财产、破坏名誉等相恐吓，迫使国家机关工作人员、人大代表和红十字会工作人员放弃职守或者使其无法履行正常的职务或者职责。行为人对国家机关工作人员、各级人大代表和红十字会工作人员的亲友采取暴力或威胁手段的，其目的仍然在于胁迫国家机关工作人员等，迫使其怠于或违法执行公务，仍可认为是以威胁手段实施妨害公务行为。

3. 妨害公务罪的主体是一般主体，即已满 16 周岁、具有刑事责任能力的自然人均可成为本罪的主体，单位不能构成本罪。

4. 妨害公务罪的主观方面表现为故意。具体而言，行为人明知自己妨害国家机关工作人员、各级人大代表、红十字会工作人员依法执行职务、履行职责、执行任务的行为会发生扰乱国家对社会正常管理秩序的危害后果，仍希望或放任这一结果的发生。犯罪动机如何，不影响犯罪的成立。

（二）妨害公务罪的认定

1. 妨害公务罪与非罪的区分。妨害公务罪与非罪的界限主要在于行为方式和危害后果上，对于《刑法》第 277 条第 1、2、3 款之妨害公务罪而言，使用暴力、威胁方法是其必备要件，如果行为人未使用暴力、威胁方法而只是采用顶撞、争执等方法或者使用显著轻微的暴力、威胁方法的，应认为是一般的妨害公务行为，不能以本罪论处；对于《刑法》第 277 条第 4 款之妨害公务罪，造成严重后果是其必备要件，如果行为人的行为未造成任何后果或者造成的后果不严重的，亦应认为是一般的妨害公务行为，不能以本罪论处。

在妨害公务罪与非罪的区分上，还应当把妨害公务行为与人民群众同国家机关工作人员的违法乱纪现象作斗争的行为区别开来。妨害公务行为只能是对依法执行的职务或者职责进行阻碍，对于国家机关工作人员等的非法行为进行阻碍的，不能以犯罪论处。对于国家机关工作人员等执行职务或者履行职责行为是否"依法"，应采取"实质加形式说"，即认为公务人员的执行职务合法不仅在内容上合法，而且形式上也合法；不仅实体上合法，而且程序上也合法。①

2. 妨害公务罪与近似犯罪的区分。由于妨害公务罪的犯罪客体为国家对社会的正常管理秩序，其内容包罗万象，加之其犯罪对象包括国家机关工作人员、各级人大代表和红十字会工作人员，其犯罪手段为使用暴力、威胁方法，因而妨害公务罪与其他扰乱公共秩序的犯罪以及某些侵犯公民人身权利的犯罪之间存在着大量的法条竞合、想象竞合的情况，例如，妨害公务罪与拒不执行判决、裁定罪，扰乱法庭秩序罪，破坏选举罪，聚众阻碍解救被收买的妇女、儿童罪等犯罪之间即为法条竞合的关系，前者包容后者，后者显然是立法者为了对某些职务活动进行特殊保护所制定的特别法，因此应按照特别法优于普通法的原则处理。再如，妨害公务罪与故意杀人罪、故意伤害罪之间即可能存在想象竞合的情况，即行为人使用故意杀人、故意伤害等暴力方法妨害公务的，构成本罪与故意杀人罪、故意伤害罪的想象竞合犯，应按照择一重处断的原则处理，如果造成国家机关工作人员等人员死亡、重伤后果的，以故意杀人罪、故意伤害罪论处，如果造成国家机关工作人员等人员轻伤后果的，以妨害公务罪论处。

在妨害公务罪的认定中，还应注意本罪与《刑法》第 368 条规定的阻碍军人执行职务罪的区分。两罪的关键区别在于：前者的犯罪对象主要是国家机关工作人员、全国人民代表大会和地方各级人民代表大会代表以及红十字会工作人员；而后者的犯罪对象则只能是军人。

在妨害公务罪的认定中，还应注意本罪与《刑法》第 426 条规定的阻碍执行军事职务罪的区分。两罪的关键区别在于：前者的犯罪主体是一般主体，行为表现为以暴力、威胁方法阻碍国家机关工作人员依法执行职务的行为，或者以暴力、威胁方法阻碍全国人民代表大会和地方各级人民代表大会代表依法执行代表职务的行为，或者在自然灾害和突发事件中以暴力、威胁方法阻碍红十字会工作人员依法履行职责的行为，或者故意阻碍国家安全机关、公安机关依法执行国家安全工作任务，虽未使用暴力、威胁方法，但造成严重后果的行为；而后者的犯罪主体是特殊主体，只能是军人，其行为表现为以暴力、威胁方法阻碍军事指挥人员或者值班、值勤人员执行职务的行为。

3. 妨害公务罪的罪数形态的认定。前文我们已经对妨害公务罪与其他犯罪的想象竞合犯、法条竞合犯的情形做了讨论，因此，此处我们仅对妨害公务罪与其他犯罪的牵连犯情形

---

① 参见赵秉志主编：《扰乱公共秩序罪》，32～33 页，北京，中国人民公安大学出版社，1999；张明楷：《刑法学》（下），797～798 页；陈兴良、曲新久：《案例刑法教程》（下卷），402 页，北京，中国政法大学出版社，1994。

做一小结。毋庸置疑，妨害公务罪与其他犯罪存在着大量的构成牵连犯的情形，对于一般牵连犯的情形，应当按照牵连犯择一重处断的原则处理，但有以下三种情况需加以特别注意：(1)《刑法》第157条第2款规定，以暴力、威胁方法抗拒缉私的，以走私罪和本法第277条规定的阻碍国家机关工作人员依法执行职务罪，依照数罪并罚的规定处罚。以暴力、威胁方法抗拒缉私的情形，构成手段行为与目的行为的牵连犯，但是根据《刑法》第157条的规定，不再适用择一重处断的原则，而应当对走私罪和妨害公务罪进行数罪并罚。(2)《刑法》第318条第1款第5项规定，“以暴力、威胁方法抗拒检查的”，处7年以上有期徒刑或者无期徒刑，并处罚金或者没收财产。第321条第2款规定，在运送他人偷越国（边）境中，以暴力、威胁方法抗拒检查的，处7年以上有期徒刑，并处罚金。以暴力、威胁方法抗拒检查与组织他人偷越国（边）境及运送他人偷越国（边）境之间构成手段行为与目的行为的牵连犯，但上述这两项规定实际上是以组织他人偷越国（边）境罪和运送他人偷越国（边）境罪的情节加重犯处罚，因此，应直接按照《刑法》第318条及第321条的规定处罚，不应再在法定刑范围内从重处罚。(3)《刑法》第347条第2款第4项规定，在走私、贩卖、运输、制造毒品的过程中，“以暴力抗拒检查、拘留、逮捕，情节严重的”，以走私、贩卖、运输、制造毒品罪，处15年有期徒刑、无期徒刑或者死刑，并处没收财产。这种情形实际上也构成了妨害公务罪与走私、贩卖、运输、制造毒品罪的牵连犯，但刑法明确规定要以走私、贩卖、运输、制造毒品罪的加重犯定罪处罚，既不实行择一重处断，也不实行数罪并罚。

（三）妨害公务罪的处罚

根据《刑法》第277条的规定，犯妨害公务罪的，处3年以下有期徒刑、拘役、管制或者罚金。

## 招摇撞骗罪

（一）招摇撞骗罪的概念和构成特征

根据《刑法》第279条的规定，招摇撞骗罪，是指行为人为谋取非法利益，假冒国家机关工作人员的身份或职称，进行诈骗，损害国家机关的威信及其正常活动的行为。

招摇撞骗罪的主要特征是：

1. 招摇撞骗罪所侵犯的客体是国家机关的威信及对社会的正常管理秩序。

2. 招摇撞骗罪在客观方面，行为人具有冒充国家机关工作人员的身份或职称，进行诈骗的行为。招摇撞骗罪的客观方面包含两方面的内容：

(1) 行为人必须具有冒充国家机关工作人员的身份或者职务的行为。所谓“冒充”，是指不具有特定的国家机关工作人员的身份或职务的人员，对外假称其具有国家机关工作人员的身份或职务并以此身份或职务进行活动。具体而言，冒充国家机关工作人员又包括三种情形：一是非国家机关工作人员冒充国家机关工作人员的身份；二是此种国家机关工作人员冒充彼种国家机关工作人员的身份；三是职级较低的国家机关工作人员冒充职级较高的国家机关工作人员的职务，或者同种类的下级国家机关工作人员冒充上级国家机关工作人员的身份或职务以及同种类同级国家机关工作人员冒充其他地区国家机关工作人员的身份或职务。冒充国家机关工作人员的方式，既可采用明示的方式，也可采用默示的方式。所谓“国家机关工作人员”包括各级国家权力机关，即全国与地方各级人民代表大会及其常务委员会的工作人员；各级行政机关工作人员，各级人民法院工作人员，各级人民检察院工作人员等。根据我国社会政治生活的实际，中国共产党的各级机关工作人员、各级人民政治协商会议工作人员，一般也属于国家机关工作人员。除上述人员以外，冒充非国家机关工作人员进行招摇撞骗的，不能构成本罪，例如，冒充《刑法》第93条规定的国有公司、企业、事业单位、人民团体工作人员、高干子女、社会名流的，不构成本罪。

（2）行为人必须具有招摇撞骗的行为。所谓“招摇撞骗”，是指行为人以其假冒的国家机关工作人员的身份或职务，炫耀并骗取非法利益。“非法利益”，一般认为，既包括骗取财物，也包括骗取信任，骗取职位，骗取政治荣誉及政治待遇等。但有观点认为，招摇撞骗不包括骗取财物。①

3. 招摇撞骗罪的主体为一般主体，即已满16周岁，具有刑事责任能力的自然人都可以成为本罪的主体，单位不能构成本罪。

4. 招摇撞骗罪的主观方面，表现为故意，过失不构成本罪。本罪的故意内容包括两方面：一是故意地冒充国家机关工作人员，即明知自己的行为是冒充国家机关工作人员而为之；二是故意地以冒充的国家机关工作人员的身份而到处炫耀，进行欺骗。本罪行为人犯罪的目的是为了谋取非法利益。

（二）招摇撞骗罪的认定

1. 招摇撞骗罪与非罪的区分。招摇撞骗罪在客观方面有两个不可缺少的条件，一是冒充国家机关工作人员，二是骗取非法利益。如果缺少了这两个条件之一，就不能构成本罪。例如，甲目睹他人正在行凶，遂大喊一声“我是警察”，同时上前制止，将行凶者扭送到公安机关。这种情况就因甲没有谋取非法利益而不构成犯罪。

2. 招摇撞骗罪与近似犯罪的区分。

（1）招摇撞骗罪与诈骗罪的区分。招摇撞骗罪与诈骗罪的犯罪手段都是“骗”，因此，划清这两罪的界限对正确认定招摇撞骗罪有着特别重要的意义。从犯罪构成特征上看，两罪的区别为：

第一，招摇撞骗罪所侵犯的客体是国家机关的威信和国家对社会的正常管理秩序；诈骗罪所侵犯的客体为简单客体，即公私财产所有权。

第二，招摇撞骗罪所采取的手段必须是冒充国家机关工作人员；诈骗罪则无此限制，行为人只要采取虚构事实、隐瞒真相的方法，就符合诈骗罪的客观方面特征。

第三，招摇撞骗罪中行为人的目的是骗取非法利益，其内容既包括骗取财物又包括骗取其他非法利益；诈骗罪中行为人以非法占有他人财物为目的。

第四，招摇撞骗罪是行为犯，并无骗取财物数额的限制；诈骗罪是数额犯，刑法典要求诈骗数额较大的，才构成诈骗罪。

规定招摇撞骗罪的《刑法》第279条与规定诈骗罪的《刑法》第266条，存在着交叉关系，构成法条竞合，即行为人以冒充国家机关工作人员的手段诈骗他人财物数额较大的行为既触犯了第279条又触犯了第266条，而这种交叉关系是由于刑法的直接规定所引起的。招摇撞骗罪与诈骗罪之间存在的法条竞合，应按照重法优于轻法的原则处理。

（2）招摇撞骗罪与冒充军人招摇撞骗罪的区分。根据《刑法》第372条的规定，冒充军人招摇撞骗罪是指以谋取非法利益为目的，冒充军人招摇撞骗的行为。冒充军人招摇撞骗罪与招摇撞骗罪的区别在于：第一，二者所侵犯的客体不同。前者所侵犯的客体为军队的声誉及正常活动，同时侵犯社会管理秩序；后者所侵犯的客体为国家机关的威信及对社会的正常管理秩序。第二，二者冒充的对象不同。前者冒充的是军人；后者冒充的是国家机关工作人员。

① 参见张明楷：《刑法学》（下），803页。

3. 招摇撞骗罪的罪数形态。

(1) 行为人如果是在招摇撞骗的犯罪活动中，某次未冒充国家机关工作人员而骗取了财物的，应定为普通诈骗行为；如果行为人多次冒充国家机关工作人员招摇撞骗，又有诈骗行为并达到犯罪程度的，应定为诈骗罪，并与招摇撞骗罪实行数罪并罚。

(2) 实施招摇撞骗犯罪，往往牵连触犯伪造类犯罪的相关罪名。这种情况下，应当按照处理牵连犯的原则，从一重罪处断。

(三) 招摇撞骗罪的处罚

根据《刑法》第279条的规定，犯招摇撞骗罪的，处3年以下有期徒刑、拘役、管制或者剥夺政治权利；情节严重的，处3年以上10年以下有期徒刑。冒充人民警察招摇撞骗的，从重处罚。

## ■ 伪造、变造、买卖国家机关公文、证件、印章罪

(一) 伪造、变造、买卖国家机关公文、证件、印章罪的概念和特征

根据《刑法》第280条第1款的规定，伪造、变造、买卖国家机关公文、证件、印章罪，是指故意伪造、变造、买卖国家机关公文、证件、印章，扰乱公共秩序的行为。

伪造、变造、买卖国家机关公文、证件、印章罪的构成特征为：

1. 本罪所侵犯的客体为国家对社会的正常管理秩序。国家机关是代表国家行使管理社会职能的机构。国家机关的公文、证件、印章是国家机关管理社会的重要手段，伪造、变造、买卖国家机关公文、证件、印章的行为，严重扰乱了国家机关管理社会的秩序，具有相当严重的社会危害性，应予以刑罚处罚。

2. 本罪的客观方面为伪造、变造、买卖国家机关公文、证件、印章的行为。

所谓“伪造”，是指无权制作、发布、颁发国家机关公文、证件、印章的人制造假的公文、证件、印章。所谓“变造”，是指对原本真实的公文、证件、印章用涂改、挖补、拼接、填充内容等方法进行加工改制。所谓“买卖”，是指购买或出售真实的或伪造变造的公文、证件、印章的行为。“国家机关”，是指全国人大及其常委会、地方各级人大及其常委会、国务院和地方各级人民政府及其所属的各部、委、厅、局、办等行政机关、最高人民法院及地方各级人民法院、最高人民检察院及地方各级人民检察院、国家中央军事委员会等。根据我国政治生活的实际情况，中国共产党的中央及地方各级机关、中国人民政治协商会议全国委员会及地方各级委员会也应被认为是在本罪的“国家机关”范畴内。

所谓“公文”，是指有权的国家机关制作的并以国家机关的名义发布的用以管理社会事务、指导工作、处理问题的书面文件。根据《国家行政机关公文处理办法》(国务院办公厅1987年2月28日发布，1993年11月21日修订) 第9条的规定，行政机关的公文种类包括：命令(令)、议案决定、指示、公告、通告、通知、通报、报告、请示、批复、函、会议纪要十二类。行政机关之外的其他国家机关的公文范围，也应基本以此为标准并增加不同的国家机关所特有的公文种类，如人民法院的公文就应包括判决书、裁定书等。所谓“证件”，是指国家机关制作并颁发的用以证明身份、职务、权利义务关系或其他有关事项的证明文件，如结婚证、工作证、护照、户口本、营业执照、驾驶执照等。所谓“印章”，是指国家机关刻制的文字与图记表明主体同一性的公章、专用章等。印章应包括印形与印影两部分。印形，是指固定了国家机关名称等内容并可以通过一定方式表示在其他物体上的图章；印影，是指印形加盖于纸张等物体上所呈现的形象。

3. 本罪的主体特征为一般主体，即只要年满16周岁，具有刑事责任能力的自然人均可

成为本罪的主体，单位不能成为本罪的主体。

4. 本罪的主观特征为故意，而且一般为直接故意，即行为人明知其行为是伪造、变造、买卖国家机关的公文、证件、印章，而决意为之。

（二）伪造、变造、买卖国家机关公文、证件、印章罪的认定

1. 伪造、变造、买卖国家机关公文、证件、印章罪与非罪的区分。

区分本罪与非罪，应主要考察以下几个方面：

（1）注意考察行为人的行为是否情节显著轻微，危害不大。本罪情节一般的，其法定最高刑为3年有期徒刑。因此，对情节显著轻微，危害不大的，可适用《刑法》第13条“但书”的规定，不认为是犯罪。

（2）注意考察国家机关有无滥用职权或玩忽职守的情况。在实践中，有些国家机关不履行或不正确履行其法定职责，有意刁难，故意拖延，或对群众所申办的事务漠不关心，对符合有关条件的申请人无理拒绝颁发有关证件，行为人出于被迫而伪造、变造或购买国家机关公文、证件印章的，不宜以本罪处理。例如，申请人完全符合法定结婚条件，而有关婚姻登记机关无理拒绝颁发结婚证，申请人出于无奈购买了伪造的结婚证的，就不宜以本罪论处。

2. 伪造、变造、买卖国家机关公文、证件、印章罪与近似犯罪的区分。

（1）伪造、变造、买卖国家机关公文、证件、印章罪与伪造、变造、买卖武装部队公文、证件、印章罪。其区别在于前者侵犯的对象为国家机关而后者侵犯的对象为武装部队。

（2）伪造、变造、买卖国家机关公文、证件、印章罪与伪造、变造居民身份证罪，伪造、变造、转让金融机构经营许可证罪，伪造、变造金融票证罪，伪造、变造国家有价证券罪，伪造、出售伪造的增值税发票罪，其区别在于前者伪造、变造、买卖的为普通的公文、证件、印章，而后者伪造、变造的为特定的票证或印章。

事实上，伪造、变造、买卖国家机关公文、证件、印章罪与上述有关特定犯罪存在着法条竞合关系，属于包容竞合，即一法条的外延完全被另一法条所包容。在包容竞合中，被包容的法条叫做特别法，包容的法条叫做普通法，例如，规定伪造、变造居民身份证罪的《刑法》第280条第3款所包含的内容，就被规定伪造、变造、买卖国家机关公文、证件、印章罪的《刑法》第280条第1款的内容所包含。在这一包容竞合中，《刑法》第280条第3款就是特别法，第280条第1款就是普通法。对于包容竞合，应按照特别法优于普通法的原则处理，以特定的罪名论处，不能以普通法规定之罪论处。所以，行为人伪造居民身份证的，应直接以伪造居民身份证罪论处。

（3）伪造、变造、买卖国家机关公文、证件、印章罪与伪造公司、企业、事业单位、人民团体印章罪的区分。二者的区别主要在于：第一，犯罪手段不同。前者的手段为伪造、变造、买卖；而后者的手段仅为伪造。第二，对象不同并由此所侵犯的客体亦不同。前者的犯罪对象为国家机关，其行为对象为公文、证件、印章，所侵犯的客体为国家机关的信誉和正常活动及国家对社会的正常管理秩序；后者的犯罪对象为公司、企业、事业单位、人民团体，其行为对象为印章，所侵犯的客体为公司、企业、事业单位的信誉和正常活动。

3. 伪造、变造、买卖国家机关公文、证件、印章罪的罪数形态的认定。

本罪是选择性罪名，行为人只要实施了伪造、变造、买卖国家机关公文、证件、印章行为之一的，就构成本罪，但行为人既伪造、变造、买卖国家机关公文、证件，又伪造、变造、买卖国家机关印章的仍以一罪论处。

行为人伪造、变造、买卖国家机关公文、证件、印章进行其他犯罪活动，触犯了其他罪名的，构成了本罪与其他犯罪的牵连犯，应按照牵连犯择一重处断的原则处理。

行为人为进行其他犯罪活动而伪造、变造、买卖国家机关公文、证件、印章的，其伪造、变造、买卖的行为同时是其他犯罪的“为犯罪准备工具，制造条件”的犯罪预备行为，如果行为人在实施伪造、变造、买卖行为之后实施了其他犯罪行为的，如前文所述，构成本罪与其他犯罪的牵连犯，但如果在实施完毕伪造、变造、买卖行为之后未及进行其他犯罪行为即被抓获或自动停止犯罪的情况，我们认为，构成本罪与其他犯罪的想象竞合犯，因为此时行为人只实施了一个行为，却触犯了两个罪名，是本罪实行行为与其他犯罪预备行为或预备中的中止行为在观念上的竞合，按照刑法学理论的通说，应构成想象竞合犯，以重罪从重论处。

（三）伪造、变造、买卖国家机关公文、证件、印章罪的处罚

根据《刑法》第 280 条第 1 款的规定，犯伪造、变造、买卖国家机关公文、证件、印章罪的，处 3 年以下有期徒刑、拘役、管制或者剥夺政治权利；情节严重的，处 3 年以上 10 年以下有期徒刑。

## ■ 聚众扰乱社会秩序罪

（一）聚众扰乱社会秩序罪的概念和特征

根据《刑法》第 290 条的规定，聚众扰乱社会秩序罪，是指纠集众人扰乱社会秩序，情节严重，致使工作、生产、营业、教学、科研无法进行，造成严重损失的行为。

聚众扰乱社会秩序罪的构成特征为：

1. 本罪侵犯的客体为社会公共秩序。这里的社会秩序是指狭义的社会秩序，即公司、企业、事业单位、社会团体的正常的工作、生产、营业、教学、科研秩序，《刑法》第 290 条第 2 款将聚众冲击国家机关的行为单独规定为聚众冲击国家机关罪，因此，本罪所侵犯的社会秩序中不再包括党政机关的工作秩序。但是，也有观点认为，作为本罪的直接客体的社会公共秩序，不仅包括公司、企业、事业单位、社会团体的正常的工作、生产、营业、教学、科研秩序，而且还包括党政机关的正常活动（仅限于非暴力性的聚众扰乱行为）。①

2. 本罪的客观方面表现为聚众扰乱社会秩序，情节严重，致使工作、生产、营业、教学、科研无法进行，造成严重损失的行为。本罪的客观方面特征可分为两个方面：

（1）必须以聚众的方式实施扰乱社会秩序的行为。对本罪客观方面的这一特征又可分为以下两方面：

第一，聚众的行为。所谓“聚众”，一般是指在首要分子的组织、策划、指挥下，聚集特定或不特定的多人同时同地参加扰乱社会秩序的违法犯罪活动。我国刑法规定的聚众犯罪除聚众扰乱社会秩序罪之外，还有聚众冲击国家机关罪、聚众扰乱公共场所秩序罪、交通秩序罪、聚众斗殴罪等，在这些犯罪中，“聚众”是犯罪成立的一个必备要件，也是区别聚众犯罪与其他犯罪的重要界限之一。所谓聚众，是指聚集多人。多人应为三人以上（包括纠集者本人在内）。聚众的众人或多人中既有犯罪分子，即首要分子或其他积极参加者，也有其他不属于犯罪分子的参加者。在聚众犯罪中，参与者人数的多少是不固定的，往往处于随时增多与减少的状态，这是聚众犯罪的特点之一。

第二，实施扰乱社会秩序的行为。所谓“扰乱社会秩序”，是指造成社会秩序的混乱与社会心理的不安，具体表现为：使社会秩序的有序性变为无序性，使社会秩序的稳定性变为动乱性，使社会秩序的连续性变为间断性。

---

① 参见高铭暄、马克昌主编：《刑法学》（下编），956 页。

对于扰乱社会秩序的行为方式，《刑法》第 290 条没有具体规定，刑法学理论一般认为，只要聚众扰乱社会秩序的各种行为达到情节严重，致使公司、企业、事业单位、社会团体的正常工作、生产、营业、教学、科研无法进行，造成严重损失的程度，就构成本罪。

对于扰乱社会秩序行为的手段，刑法亦没有作具体的规定，一般认为，既可以是暴力性的扰乱，也可以是非暴力性的扰乱。在实践中，扰乱社会秩序的行为手段主要有：聚众冲击公司、企业、事业单位、社会团体所在地；在公司、企业、事业单位、社会团体的门前、院内大肆吵闹；强占办公、生产、营业、教学、科研场所；封锁大门、通道，阻止人员进出；围攻、辱骂、殴打工作人员；等等。

（2）聚众扰乱社会秩序的行为必须达到情节严重，致使工作、生产、营业、教学、科研无法进行，造成严重损失的程度。

情节严重，致使工作、生产、营业、教学、科研无法进行，造成严重损失是本罪的三个构罪条件。这三者之间的关系是互相平行并列的，还是互相有所包容，或者互相有所交叉，目前尚有争议。有观点认为，所谓情节严重是指由于行为人的聚众扰乱行为，企事业单位、社会团体的正常活动无法进行，并造成严重损失。致使工作、生产、营业和教学、科研无法进行与造成严重损失二者必须同时具备。或者认为，所谓情节严重，主要指行为后果严重，即致使工作、生产、营业和教学、科研无法进行，国家和社会遭受严重损失的结果。[①] 也就是说，这种观点认为情节严重包括致使工作、生产、营业、教学、科研无法进行和造成严重损失在内，而后两者是并列关系。但有学者对此持反对意见，认为本罪的情节严重，是指聚众扰乱的时间长；纠集的人数多；具有人身侵害；造成恶劣影响等。[②] 这种观点实际上认为，情节严重不包括致使工作、生产、营业、教学、科研无法进行和造成严重损失在内。我们认为，在本罪中，情节严重是刑法对构成本罪所作的情节限制，而致使工作、生产、营业和教学、科研无法进行，造成严重损失则是刑法典对构成本罪所作的结果限制，即本罪既是情节犯，又是结果犯。在聚众扰乱社会秩序罪中，由于《刑法》第 290 条明确将情节严重和致使工作、生产、营业和教学、科研无法进行，造成严重损失的犯罪结果并列在一起，所以，情节严重不包括犯罪结果。所谓情节严重，是指除致使工作、生产、营业和教学、科研无法进行，造成严重损失之外的其他严重的情节。

3. 本罪的主体为一般主体，即只要年满 16 周岁，具有刑事责任能力的自然人都可成为本罪的主体，根据《刑法》第 290 条的规定，只有聚众扰乱社会秩序的首要分子和积极参加者才能构成本罪。

所谓“首要分子”，根据《刑法》第 97 条的规定，是指在聚众犯罪中起组织、策划、指挥作用的犯罪分子。在司法实践中，聚众犯罪的首要分子，一般是聚众的纠集者和直接危害行为的实施者，即集聚众行为与犯罪行为于一身，但也有的首要分子只是在幕后组织、策划、指挥和操纵其他人实施聚众扰乱行为，并不一定在现场直接实施扰乱社会秩序的危害行为。对这类行为人，只要能够证明其在聚众犯罪中起组织、策划、指挥作用，就应认定其为聚众犯罪的首要分子。在聚众犯罪中，由于首要分子是起组织、策划、指挥作用的犯罪分子，所以，聚众犯罪必有首要分子，而且聚众犯罪的首要分子既可以是一人也可以是数人。

所谓“积极参加者”，是指主动参加扰乱社会秩序活动并起主要作用的人。一般而言，积极参加者在聚众犯罪中或是协助首要分子实施聚众行为，或是积极参加扰乱社会秩序的行

---

① 参见赵秉志主编：《扰乱公共秩序罪》，255 页；何秉松主编：《刑法教科书》（据 1997 年刑法修订），879 页。

② 参见高铭暄主编：《新编中国刑法学》（下册），829 页。

为。积极参加者与首要分子在聚众犯罪中的作用是不同的，积极参加者虽在聚众犯罪中起主要作用，但其所起的作用弱于直接引发聚众犯罪并在其中起着组织、策划、指挥作用的首要分子。

4. 本罪的主观方面特征为故意，即行为人明知聚集多人扰乱社会秩序具有社会危害性而希望或放任危害结果的发生。

在行为人主观心理态度的认识因素上，只要行为人认识到自己的行为会扰乱正常的社会秩序，就已达到犯罪故意所要求的“明知”。至于行为是否情节严重，是否致使工作、生产、营业和教学、科研无法进行，是否造成严重损失，不要求行为人在主观上对此有所认识。在意志因素上，行为人对自己的行为可能造成的结果持希望或放任的态度，即本罪的故意既可以是直接故意又可以是间接故意。不同的行为人之间既可以都是直接故意，也可以都是间接故意，或者有的是直接故意，有的是间接故意。

（二）聚众扰乱社会秩序罪的认定

1. 聚众扰乱社会秩序罪与非罪的区分。聚众扰乱社会秩序的行为是否构成犯罪，应从以下几个方面把握：

（1）注意区分情节一般与情节严重。本罪是情节犯，《刑法》第 290 条要求聚众扰乱社会秩序的行为“情节严重”的，才构成犯罪，因此，在认定聚众扰乱社会秩序行为是否构成犯罪时，应注意考察行为人的行为是否“情节严重”，如果行为人聚众扰乱的行为只是情节一般的，不应以本罪论处。

（2）注意考察行为人的行为是否致使工作、生产、营业和教学、科研无法进行，造成严重损失。《刑法》第 290 条要求聚众扰乱社会秩序的行为“致使工作、生产、营业和教学、科研无法进行，造成严重损失”才构成本罪，不符合上述条件的，不能以本罪论处。

（3）注意考察行为人是否属于首要分子或者积极参加者。为体现区别对待的政策，《刑法》第 290 条规定只处罚首要分子和积极参加者。在司法实践中，要特别注意区别行为人是否属于首要分子和积极参加者，对于一般参加者或者围观者不能以本罪论处。

2. 聚众扰乱社会秩序罪与近似犯罪的区分。

（1）聚众扰乱社会秩序罪与聚众冲击国家机关罪的区分。聚众冲击国家机关罪，是指聚集多人冲击国家机关，致使国家机关工作无法进行，造成严重损失的行为。聚众扰乱社会秩序罪与聚众冲击国家机关罪的区别主要在于犯罪对象不同，前者的犯罪对象是除国家机关外的公司、企业、事业单位、社会团体，后者是各级国家机关。

（2）聚众扰乱社会秩序罪与聚众扰乱公共场所、交通秩序罪的区分。聚众扰乱公共场所、交通秩序罪是指聚众扰乱车站、码头、民用航空站、商场、公园、影剧院、展览会、运动场或者其他公共场所秩序，聚众堵塞交通或者破坏交通秩序，抗拒、阻碍国家治安管理工作人员依法执行职务，情节严重的行为。聚众扰乱社会秩序罪与聚众扰乱公共场所、交通秩序罪的区分主要在于：其一，犯罪行为发生的场所不同，前者的犯罪对象为公司、企业、事业单位、社会团体，后者的犯罪行为发生在车站、码头、公园、影剧院、展览会等公共场所或者交通要道等人员集结、车辆通行的地方；其二，两者处罚对象不同，前者的主体为首要分子和积极参加者，后者的主体只有首要分子。

3. 聚众扰乱社会秩序罪的罪数形态的认定。在本罪中，行为人在实施聚众扰乱行为的同时，又实施了其他犯罪行为，符合两个以上犯罪构成的，应以数罪进行并罚，但如果其他行为与本罪之间具有手段行为与目的行为或者方法行为与结果行为的牵连关系，构成本罪与其他犯罪之间的牵连犯，应按照牵连犯择一重处断的原则处理。

（三）聚众扰乱社会秩序罪的处罚

根据《刑法》第 290 条第 1 款的规定，犯聚众扰乱社会秩序罪的，对首要分子，处 3 年以上 7 年以下有期徒刑；其他积极参加者，处 3 年以下有期徒刑、拘役、管制或者剥夺政治权利。

## ■ 投放虚假危险物质罪

（一）投放虚假危险物质罪的概念与特征

投放虚假危险物质罪，是指投放虚假爆炸性、毒害性、放射性、传染病病原体等物质，严重扰乱社会秩序的行为。

投放虚假危险物质罪是《刑法修正案（三）》增设《刑法》第 291 条之一所新增加的罪名，本罪的构成特征是：

1. 本罪侵犯的客体是正常的社会公共秩序。爆炸性、毒害性、放射性、传染病病原体等物质本身具有极大的危险性，一旦被恐怖犯罪分子投放到环境中，必然会产生危害公共安全的危险甚至发生危害公共安全的严重后果。但是从本罪的实行行为看，既然所投放的是虚假的而非真实的危险物质，当然不可能对公共安全即“不特定多数人的生命、健康和重大公私财产安全”造成现实侵害或者构成威胁。所以，本罪犯罪客体并非公共安全，但是该行为很容易发生社会动荡，干扰人们的正常工作、生活环境，从而对公共秩序造成严重破坏。

2. 本罪的客观方面表现为投放虚假的爆炸性、毒害性、放射性、传染病病原体等物质，严重扰乱社会秩序的行为。

首先，行为人必须实施了投放虚假的爆炸性、毒害性、放射性、传染病病原体等物质的行为。“虚假”，指本来不是爆炸性、毒害性、放射性、传染病病原体物质，而宣称其所投放的是真实的爆炸性、毒害性、放射性、传染病病原体等物质，或者通过其他方式使一般人误以为其投放的是真实的爆炸性、毒害性、放射性、传染病病原体等物质。“投放”，是指将虚假的爆炸性、毒害性、放射性、传染病病原体等物质放置在单位、公共场所、交通工具等处，或者向机关、团体、企事业单位或者个人邮寄虚假的爆炸性、毒害性、放射性、传染病病原体等物质的行为。

其次，行为人的该种行为严重扰乱了社会秩序，即投放虚假的爆炸性、毒害性、放射性、传染病病原体等物质的行为只有严重扰乱社会秩序的，才能构成犯罪。

3. 本罪的主体是一般主体，只要达到 16 周岁、具有刑事责任能力的人均可以成为该罪的主体。单位不可以成为该类犯罪的主体。

4. 本罪的主观方面是故意，即行为人明知自己实施的投放虚假危险物质的行为会发生扰乱社会秩序的结果，而希望或者放任这种结果发生。行为人实施本罪的犯罪动机多种多样，有的是报复、仇视社会，有的是牟取非法经济利益，还有的是为了满足变态心理的需要等，犯罪动机的不同并不影响本罪的定性。

（二）投放虚假危险物质罪的认定

1. 投放虚假危险物质罪与近似犯罪的区分。

（1）本罪与投放危险物质罪的区分。投放危险物质罪是指故意投放毒害性、放射性、传染病病原体等物质，危害公共安全的行为。投放虚假危险物质罪与投放虚假危险物质罪的区别在于：其一，二者侵犯的客体不同。投放虚假危险物质罪侵犯的客体是社会管理秩序；而投放危险物质罪侵犯的客体是社会公共安全，即不特定多数人的生命、健康和重大公私财产的安全。其二，二者的主观方面不同。投放虚假危险物质罪在主观上具有扰乱社会秩序的故意；而投放危险物质罪在主观上具有危害公共安全的故意。其三，客观方面表现不同。本罪行为人所投放的是虚假的危险物质；而投放危险物质罪行为人所投放的是真实的危险物质。二者所造成的危害结果也因此而不同，这是两罪最明显的区别。其四，本罪的既遂形态属于结果犯既遂；而投放危险物质罪的既遂形态属于危险犯既遂。

(2) 本罪与编造、故意传播虚假恐怖信息罪的区分。二者在客体、主观方面、主体等构成要件的内容上均相同，区分之处在于客观方面不同。前者的犯罪手段是对虚假危险物质的投放，后者的犯罪手段则是对虚假恐怖信息的编造、故意传播。一个是利用物质制造恐怖，另一个是利用信息制造恐怖。

2. 投放虚假危险物质罪的罪数形态。

如果行为人在客观上实施了投放虚假危险物质的行为，同时，又以所投放的虚假危险物质为内容，编造、故意传播与此相关的虚假恐怖信息，严重扰乱社会秩序，对于行为人的行为应如何定性？是属于牵连犯，还是适用数罪并罚？笔者认为，行为人的行为不符合牵连犯的特征。所谓牵连犯，是指以实施某一犯罪为目的，其方法或结果行为又触犯其他罪名的犯罪形态。牵连犯的构成要求有两个以上的构成犯罪的行为，而且行为之间具有牵连关系，即存在着目的行为与方法行为或者是原因行为与结果行为的相对应关系。在前述行为中，虽然包含了投放虚假危险物质和编造、故意传播虚假恐怖信息两个行为，但它们之间不存在牵连犯所要求的对应关系。两个行为都是为了一个犯罪目的而实施的方法行为，不存在方法行为与目的行为的区别；对于造成的危害结果而言，两个行为又都是原因行为，无所谓哪个是因，哪个是果，两个行为都会引起严重扰乱社会秩序的结果。再者，很难判定两个行为是否都构成了犯罪，因为它们都以严重扰乱社会秩序为要件。由于两罪名的法定刑相同，按牵连犯处理也不具有现实意义。笔者认为，对此种情况，不能按牵连犯处理，也不宜适用数罪并罚。可以具体情况具体分析，分清两个行为的主次关系，如果其中一个行为对于严重扰乱社会秩序结果的造成起主要作用，是主行为；而另一行为只起渲染粉饰、"添油加醋"的作用，则是次行为，在这样的情况下，按主行为罪名定罪。如果对两行为难分主次，宜按编造、故意传播虚假恐怖信息罪定罪。因为从本质上看，投放虚假危险物质的行为是为编造、故意传播虚假恐怖信息制造条件的，虚假危险物质就是虚假恐怖信息的物质载体，对于虚假恐怖信息起着证明、加强的作用。

(三) 投放虚假危险物质罪的处罚

根据《刑法》第 291 条之一的规定，犯投放虚假危险物质罪的，处 5 年以下有期徒刑、拘役或者管制；造成严重后果的，处 5 年以上有期徒刑。

## ■ 编造、故意传播虚假恐怖信息罪

(一) 编造、故意传播虚假恐怖信息罪的概念与特征

编造、故意传播虚假恐怖信息罪，是指编造爆炸威胁、生化威胁、放射威胁等恐怖信息，或明知是编造的恐怖信息而故意传播，严重扰乱社会秩序的行为。

编造、故意传播虚假恐怖信息罪是《刑法修正案（三）》增设《刑法》第 291 条之一所新增加的罪名，本罪的构成特征是：

1. 本罪侵犯的客体是正常的社会公共秩序。爆炸威胁、生化威胁、放射威胁等虚假恐怖信息，虽然对社会的公共安全不会造成实际影响，可是这种虚假恐怖信息的传播可能引起大面积的恐慌，势必干扰社会正常的运转，严重破坏到人们正常的生产、生活、教学、科研秩序，影响社会稳定。

2. 本罪的客观方面表现为编造爆炸威胁、生化威胁、放射威胁等虚假恐怖信息，或者明知是恐怖信息而故意传播，严重扰乱社会秩序的行为。

首先，所谓“编造”，不仅包括完全凭空捏造的行为，而且包括对某些信息进行加工、修改的行为。“传播”是指以语言、文字等方式，通过散布、在新闻媒体上刊登、播发或者以发送手机短信等传播手段，将虚假恐怖信息传达至不特定或者多数人的行为，向特定人传达但怂恿其向其他人传达的行为，也应认定为传播。[①]

其次，编造、故意传播的必须是虚假的爆炸威胁、生化威胁、放射威胁等恐怖信息。这类恐怖信息具有如下特征：(1) 内容的恐怖性。一旦该信息所包含的爆炸威胁、生化威胁、放射威胁等内容变成现实，将会使不特定多数人的生命、健康受到重大损害，其内容足以使不特定的多数人产生恐怖。(2) 内容的虚假性。即为虚构的、编造的，并没有现实的根据。(3) 内容的具体性。恐怖信息的内容必须是具体的，应该具有时间、地点、具体的威胁方式等。如果内容不具体，就难以使一般人相信这种信息，也难以对正常的社会秩序造成破坏，而正因为恐怖信息的内容比较具体，才会使一般人认为是真实的、即将发生的，从而造成大众心理恐慌，破坏社会稳定的局面。不过，这种具体不要求将时间、地点、方法全部确定在某一个点，只要有大致具体的一个范围的威胁内容即可。[②]《刑法》第 291 条之一对“恐怖信息”只是一种列举性规定，并不意味恐怖信息仅限于“爆炸威胁、生化威胁、放射威胁”这三类信息。只要能使人产生恐惧并在一定范围内引起公众恐慌，严重扰乱社会秩序的虚假信息，都应属于恐怖信息的范畴。

3. 本罪的犯罪主体为一般主体。凡年满 16 周岁且具有刑事责任能力的自然人均能构成本罪。单位不可以成为该类犯罪的主体。

4. 本罪的主观方面是故意。即明知编造或者传播虚假的恐怖信息的行为会严重扰乱正常的社会秩序，并且希望或放任这种结果发生的主观心态。

(二) 编造、故意传播虚假恐怖信息罪的认定

1. 编造、故意传播虚假恐怖信息罪与非罪的界限。

区分编造、故意传播虚假恐怖信息罪与非罪的界限时，应注意以下几个方面：其一，信息是否属于虚假信息，如果该信息的内容是真实的，传播该信息的行为不构成犯罪。其二，信息是否属于恐怖信息，如果该信息虽然是虚假的但不属于恐怖信息，编造、传播该类信息不构成犯罪。其三，行为人主观上是否明知，实践中办理相关案件时，要注意将由于不明真相，出于善意关心和提醒等原因而发布和传播虚假信息的行为与蓄意编造、传播虚假恐怖信息的行为加以严格区分。行为人虽然传播了虚假的恐怖信息，但如果行为人误以为该信息的内容是真实的，不构成犯罪。其四，编造、传播恐怖信息的行为是否使多数人产生了惶恐心理，造成严重破坏社会秩序的结果。没有产生这种结果的，不构成犯罪。

2. 编造、故意传播虚假恐怖信息罪与煽动分裂国家罪、煽动颠覆国家罪的界限。

两罪的主要区别在于：(1) 犯罪客体不同。前罪侵犯的是公共秩序，后者侵犯的是国家安全。(2) 主观方面不同。在主观上前罪的行为人是为了制造混乱，扰乱公共秩序。(3) 犯罪既遂构成类型不同。编造、故意传播虚假恐怖信息罪是结果犯，只有造成严重扰乱社会秩序的后果才构成犯罪既遂，而煽动分裂国家罪、煽动颠覆国家罪是行为犯，只要行为人实施了刑法分则规定的行为即构成犯罪既遂。

---

① 参见张明楷：《刑法学》，第 2 版，831 页，北京，法律出版社，2003。

② 参见王作富主编：《刑法分则实务研究》，1 263 页。

（三）编造、故意传播虚假恐怖信息罪的处罚

根据《刑法》第 291 条之一的规定，犯编造、故意传播虚假恐怖信息罪的，处 5 年以下有期徒刑、拘役或者管制；造成严重后果的，处 5 年以上有期徒刑。

## ■ 聚众斗殴罪

（一）聚众斗殴罪的概念和特征

根据《刑法》第 292 条的规定，聚众斗殴罪，是指为了报复他人、争霸一方或者其他不正当目的，纠集众人成帮结伙地互相进行殴斗，破坏公共秩序的行为。

聚众斗殴罪的构成特征为：

1. 本罪所侵犯的客体为公共秩序。所谓公共秩序，是指统治阶级赖以存在的并依靠制定或认可的法律制度、社会公共道德规则、风俗习惯来建立和维持的包括社会生产、经营、管理、生活等方面在内有条理的正常的社会运行状态。在这里，公共秩序是指社会成员共同生活于社会中的共同生活体的秩序，因此既包括公共场所秩序，又包括非公共场所秩序。

2. 本罪的客观方面特征表现为纠集众人结伙殴斗的行为。纠集众人结伙殴斗的行为又可分为两个方面：

（1）纠集众人的行为。所谓纠集众人，也就是聚众。所谓聚众，是指聚集多人同时同地进行违法犯罪活动。多人，是指包括纠集者在内的三人以上。但是，应当注意的是，本罪的主体只包括首要分子和积极参加者，因此，结伙的三人以上是泛指包括所有的参加者在内的三人以上，并非是特指构成本罪必须有三个以上的犯罪人。有的论著在论述本罪的“聚众”特征时认为，聚众斗殴是指双方或多方人数均在三人以上的相互施加暴力攻击人身的行为。[①] 这种观点实际上是认为构成本罪，参与斗殴行为的人数至少应在六人以上。还有观点认为，“只被告人一方人数为三人以上进行斗殴，方符合‘聚众’的基本要求”[②]。也就是说，本罪的成立并不需要斗殴双方人数均在三人以上，只要斗殴一方人数在三人以上，就可构成本罪。我们同意第二种观点。

（2）结伙殴斗的行为。所谓“结伙殴斗”，是指双方或多方以暴力互相攻击的行为。双方或多方进行结伙殴斗行为，应要求以暴力互相攻击，如果行为人仅仅用言语互相辱骂、威胁，不能认为是殴斗行为，也就不能认定为本罪。至于殴斗所采用的暴力的方式，既可以是互相搏击；也可以是身体互不接触，而以所持的凶器互相击打；还包括一方逃离现场，另一方追逐；等等。只要双方或一方采用暴力方式进行殴斗，不论采用何种暴力方式都是结伙殴斗行为。

3. 本罪的主体为一般主体，即只要年满 16 周岁，具有刑事责任能力的自然人均可成为本罪主体，根据《刑法》第 292 条的规定，只有聚众斗殴中的首要分子和积极参加者才能构成本罪。

4. 本罪的主观方面特征为故意，而且为直接故意。行为人一般具有流氓动机。所谓流氓动机，是指行为人具有寻求精神刺激、填补精神上的空虚的动机。

（二）聚众斗殴罪的认定

1. 聚众斗殴罪与非罪的区分。在司法实践中，认定行为人聚众斗殴行为是否构成本罪时应注意以下几个问题：

---

① 参见何秉松主编：《刑法教科书》（据 1997 年刑法修订），882 页。

② 赵秉志主编：《扰乱公共秩序罪》，302 页。

（1）本罪作为扰乱公共秩序罪之一，行为人主观上应具有流氓动机和通过聚众斗殴行为寻求精神刺激的犯罪目的，客观上其行为扰乱了社会秩序，这是本罪与非罪区分的关键之处。因此，应注意区分因民事纠纷而起的一般械斗活动与本罪的区别，对于前者而言，由于行为人不具有流氓动机和流氓的犯罪目的，不能以本罪论处。

（2）要把聚众斗殴罪与一般打群架的行为严格区别开来。虽然二者都表现为有多人参与，但一般打群架的行为在斗殴规模、所用暴力强度等方面远远不如聚众斗殴的犯罪。因此，对于既没有使用器械，又没有造成人身伤亡或财产损失或其他严重后果的一般打群架的行为，仍应作为《刑法》第13条“但书”所规定的“情节显著轻微危害不大的”情况来处理，即“不认为是犯罪”。

（3）本罪的犯罪主体只包括聚众斗殴行为的首要分子和积极参加者，因此，在司法实践中，应注意根据具体案情认真分析行为人在聚众斗殴活动中是否起组织、策划、指挥或其他主要作用，对于在其中只起次要或辅助作用的行为人不能以犯罪论处。

2. 聚众斗殴罪与近似犯罪的区分。

（1）聚众斗殴罪与聚众扰乱社会秩序罪的区分。二者的明显区别在于：其一，客观方面表现不同。本罪的客观方面表现为行为人实施了“聚众斗殴”的行为；而聚众扰乱社会秩序罪的客观方面表现为行为人实施了“聚众扰乱社会秩序”的行为。其二，犯罪对象不同。本罪的对象是相互斗殴的对方或普通群众；而聚众扰乱社会秩序罪的对象则是不特定的公司、企业、事业单位、人民团体等。其三，犯罪形态不同。本罪为行为犯，原则上只要行为人实施了聚众斗殴的行为，便成立犯罪；而聚众扰乱社会秩序罪既要求“情节严重”，又要求“致使工作、生产、营业和教学、科研无法进行，造成严重损失”才构成犯罪。

（2）聚众斗殴罪与故意伤害罪、故意杀人罪的区分。《刑法》第292条第2款规定：聚众斗殴，致人重伤、死亡的，依照本法第234条、第232条的规定处罚。按照这一规定，如果在聚众斗殴中造成重伤、死亡结果的，应按照故意伤害罪、故意杀人罪论处。

（三）聚众斗殴罪的处罚

根据《刑法》第292条的规定，犯聚众斗殴罪的，对首要分子和其他积极参加者处3年以下有期徒刑、拘役或者管制。有下列情形之一的，对首要分子和其他积极参加者，处3年以上10年以下有期徒刑：（1）多次聚众斗殴的；（2）聚众斗殴人数多，规模大，社会影响恶劣的；（3）在公共场所或者交通要道聚众斗殴，造成社会秩序严重混乱的；（4）持械聚众斗殴的。

## ■ 寻衅滋事罪

（一）寻衅滋事罪的概念和特征

根据《刑法》第293条的规定，寻衅滋事罪，是指肆意挑衅，随意殴打、骚扰他人或者任意损毁、占用公私财物，情节严重或者情节恶劣的，或者在公共场所起哄闹事，造成公共场所秩序严重混乱的行为。

寻衅滋事罪的构成特征为：

1. 本罪所侵犯的客体为社会秩序。和聚众斗殴罪一样，寻衅滋事罪所侵犯的社会秩序，不仅包括公共场所秩序，而且不限于公共场所秩序，其实质是社会成员所组成的共同生活体的秩序。寻衅滋事罪所侵犯的社会秩序，不仅是社会成员所组成的共同生活体的秩序，而且明显与社会成员的道德观念紧密相连。

2. 本罪的客观方面表现为肆意挑衅，无事生非，无理取闹，横行霸道，破坏公共秩序，情节严重或者情节恶劣或者造成公共场所秩序严重混乱的行为。

本罪的客观方面又可分为四个方面：

(1) 随意殴打他人，情节恶劣的行为。所谓"随意殴打他人"，是指在耍威风、取乐发泄、填补精神空虚、寻求精神刺激等流氓动机的支配下，无故、无理殴打他人。这种行为的显著特点是以强凌弱，即凭借自己或自己一方人多势众、力气强壮、凶狠残暴或自己以往凶狠残暴的"威名"，随意殴打他人，以显示自己的强悍和无所顾忌，满足填补自己精神空虚的需要。

随意殴打他人，情节恶劣，是指殴打他人，致人轻伤；殴打他人手段恶劣；多次殴打他人的，既包括多次殴打同一人，也包括多次殴打不同的人；随意殴打他人，造成被殴打人自杀等严重后果的；随意殴打他人，造成社会秩序严重混乱，群众心理严重不安等恶劣影响的；等等。

(2) 追逐、拦截、辱骂他人，情节恶劣的行为。所谓"追逐、拦截、辱骂他人"，是指在寻求不正当的精神刺激等流氓动机的支配下，无故、无理追赶、拦挡、侮辱、谩骂他人。追逐、拦截、辱骂他人，同随意殴打他人一样，都是在流氓动机的支配下，恃强凌弱，凭借自己身强体壮或者对社会公德满不在乎的态度无事生非骚扰他人的一种表现。追逐、拦截、辱骂他人在许多以暴力、胁迫或者其他方法为手段的犯罪中都存在，因此在司法实践中，把握行为人追逐、拦截、辱骂他人的流氓动机，是认定寻衅滋事罪与其他犯罪的关键。

所谓追逐、拦截、辱骂他人，情节恶劣，一般是指多次追逐、拦截、辱骂他人的，这既包括多次追逐、拦截、辱骂不同的人，也包括多次追逐、拦截、辱骂同一个人；追逐、拦截、辱骂他人，造成恶劣影响的，等等。

(3) 强拿硬要或者任意损毁、占用公私财物，情节严重的行为。所谓"强拿硬要"，一般是指在显示威风、寻求精神刺激等流氓动机以及蔑视公德的心态的支配下，以蛮不讲理的流氓手段强行索要市场、商店或者他人财物。所谓"任意损毁、占用公私财物"，一般是指随心所欲毁坏、占用公私财物，既包括任意损毁、占用机关、企业、事业单位、社会团体专用的物品，也包括任意损毁、占用社会公共设施。强拿硬要或者任意损毁、占用公私财物的行为，也即日常生活中较为常见的所谓"村霸"、"乡霸"、"街霸"等情况。

所谓"强拿硬要或者任意损毁、占用公私财物，情节严重"，是指多次强拿硬要或者任意损毁、占用公私财物的；强拿硬要或者任意损毁、占用公私财物造成严重后果的，这里的造成严重后果，既包括造成引起被害人自杀等有形结果，也包括造成一般社会群众心理严重恐慌，严重影响了群众正常生活等无形结果。

(4) 在公共场所起哄闹事，造成公共场所秩序严重混乱的行为。所谓"公共场所"，是指车站、码头、民用航空站、商场、公园、影剧院、展览会、运动场馆等社会公众聚集在一起进行公众性活动的场所。"造成公共场所秩序严重混乱"，一般是指公共场所的秩序受到严重破坏，发生群众恐慌、逃离等严重混乱局面，甚至出现公共场所的秩序脱离公共场所工作人员或者公安干警的控制，在混乱中发生人员伤亡等严重后果。

上述寻衅滋事罪的客观特征的四种行为，按照《刑法》第293条的规定，行为人只要有其中之一的，就构成本罪，不需要实施全部的这四种行为才构成本罪。

3. 本罪的主体为一般主体，即只要年满16周岁，具有刑事责任能力的自然人均可成为本罪主体。单位不能成为本罪主体。

4. 本罪的主观方面只能由故意构成，而且只能由直接故意构成。行为人一般具有流氓动机。行为人具有寻求精神刺激、发泄不良情绪、耍威风、取乐等流氓动机，并在此动机的支配下实施了寻衅滋事行为，表明了行为人主观上具有公然向社会公德挑战、向社会成员应共同遵守的社会秩序挑战的故意。

（二）寻衅滋事罪的认定

1. 寻衅滋事罪与非罪的区分。

根据《刑法》第293条的规定，寻衅滋事行为构成寻衅滋事罪必须达到情节恶劣、情节严重或者造成公共场所秩序严重混乱的程度，因此，本罪与非罪的区分主要在于行为人的行为是否相应达到情节恶劣、情节严重或者造成公共场所秩序严重混乱的程度，对于情节显著轻微、危害不大的一般寻衅滋事行为，不能以犯罪论处，应按照治安管理处罚法的有关规定给予行政处罚。

2. 寻衅滋事罪与近似犯罪的区分。

（1）寻衅滋事罪与故意伤害罪、故意杀人罪的区分。本罪客观方面行为方式之一的“随意殴打他人”与故意伤害罪、故意杀人罪的行为方式有相似之处，都是对他人人身进行打击。在司法实践中，本罪与故意伤害罪、故意杀人罪的区别除了所侵犯的客体不同之外，还有以下两点：

第一，在主观方面，寻衅滋事罪的行为人具有流氓动机，并在此动机支配下实施了寻衅滋事行为，以达到满足填补精神空虚的犯罪目的；故意伤害罪、故意杀人罪则无此动机和目的。如前所述，寻衅滋事罪的动机和目的是本罪与相关犯罪如故意伤害罪、故意杀人罪区分的关键。

第二，在客观方面，寻衅滋事罪的行为人随意殴打他人的起因往往是因为小事或根本没有任何原因，行为人是为了寻求精神刺激而无事生非，即行为人是在“寻衅”——以某种并不成立的理由为借口殴打他人；在殴打他人的过程中，从行为人所采用的手段、器物、击打的部位来看，并无明显的伤害他人健康、造成他人伤害或者非法剥夺他人生命的迹象；而故意伤害罪、故意杀人罪则一般能从行为的手段上较为明显的反映出其具有故意伤害、故意杀人的故意。也就是说，寻衅滋事罪的“随意殴打他人”在起因上、对象上、殴打的手段上都具有一定的随意性，而故意伤害罪、故意杀人罪则无此随意性。

寻衅滋事罪不能包容重伤、死亡结果，对在寻衅滋事中致人重伤、死亡的应按照故意伤害罪、故意杀人罪定罪。

（2）寻衅滋事罪与抢劫罪、抢夺罪、毁坏财物罪的区分。根据2005年6月8日发布的最高人民法院《关于审理抢劫、抢夺刑事案件适用法律若干问题的意见》的规定，寻衅滋事罪是严重扰乱社会秩序的犯罪，行为人实施寻衅滋事的行为时，客观上也可能表现为强拿硬要公私财物的特征。这种强拿硬要的行为与抢劫罪的区别在于：前者行为人主观上还具有逞强好胜和通过强拿硬要来填补其精神空虚等目的，后者行为人一般只具有非法占有他人财物的目的；前者行为人客观上一般不以严重侵犯他人人身权利的方法强拿硬要财物，而后者行为人则以暴力、胁迫等方式作为劫取他人财物的手段。司法实践中，对于未成年人使用或威胁使用轻微暴力强抢少量财物的行为，一般不宜以抢劫罪定罪处罚。其行为符合寻衅滋事罪特征的，可以寻衅滋事罪定罪处罚。由此可见，寻衅滋事罪客观方面的第三种行为方式“强拿硬要或者任意损毁、占用公私财物”与抢劫罪、抢夺罪、毁坏财物罪的行为方式之间有一定的相似之处，区别寻衅滋事罪与这些犯罪的关键在于寻衅滋事罪具有流氓动机和通过寻衅滋事行为要达到的犯罪目的，而抢劫罪、抢夺罪、毁坏财物罪均无此动机和目的。

（3）寻衅滋事罪与聚众哄抢罪的区分。二者的显著区别在于：其一，侵害客体不同。本罪侵犯的客体是复杂客体，不仅侵犯了公共秩序，同时也侵犯了公私财产权与公民人身权；

而聚众哄抢罪侵犯的只是公私财产所有权。其二，犯罪客观方面不完全相同。本罪中的“强拿硬要或者任意占用公私财物”只是本罪的表现之一，此外本罪还有其他表现形式；而聚众哄抢罪只有“聚众哄抢”公私财物一种形式。其三，对犯罪主体要求不同。本罪主体为一般主体，凡参与寻衅滋事者，均可成为本罪主体；而聚众哄抢罪的主体则限于实施聚众哄抢行为的首要分子和其他积极参加者。其四，行为人的故意内容不同。本罪行为人常常是出于卖弄淫威、逗乐开心等目的与动机而实施犯罪；而聚众哄抢罪的行为人通常是出于非法占有公私财物的目的而实施犯罪。

（三）寻衅滋事罪的处罚

根据《刑法》第 293 条的规定，犯寻衅滋事罪的，处 5 年以下有期徒刑、拘役或者管制。

## ■ 组织、领导、参加黑社会性质组织罪

（一）组织、领导、参加黑社会性质组织罪的概念和特征

根据《刑法》第 294 条第 1 款的规定，组织、领导、参加黑社会性质组织罪，是指组织、领导、参加以暴力、威胁或者其他手段，有组织地进行违法犯罪活动，称霸一方，为非作歹，欺压、残害群众，严重破坏经济、社会生活秩序的黑社会性质组织的行为。

组织、领导、参加黑社会性质组织罪的构成特征为：

1. 本罪侵犯的客体是社会生活秩序。

2. 本罪的客观方面表现为组织、领导、参加黑社会性质组织的行为。黑社会性质组织，是指以暴力、威胁或者其他手段，有组织地进行违法犯罪活动，称霸一方，为非作恶，欺压、残害群众，严重破坏经济、社会生活秩序的反社会组织。黑社会性质组织，是已经具有黑社会犯罪的某些痕迹和性质，但还不具备黑社会犯罪的完整特征，属于介于犯罪集团和黑社会犯罪之间的，向黑社会犯罪过渡的一个中间形态。换言之，黑社会性质组织是黑社会犯罪的初级阶段，是具有黑社会的一些组织特征和行为特征，初步具备了黑社会属性的犯罪组织。根据全国人大常委会《关于刑法第 294 条第 1 款的解释》（2002 年 4 月 28 日）的规定，黑社会性质的组织应当同时具备以下特征：（1）形成较稳定的犯罪组织，人数较多，有明确的组织者、领导者，骨干成员基本固定；（2）有组织地通过违法犯罪活动或者其他手段获取经济利益，具有一定的经济实力，以支持该组织的活动；（3）以暴力、威胁或者其他手段，有组织地多次进行违法犯罪活动，为非作恶，欺压、残害群众；（4）通过实施违法犯罪活动，或者利用国家工作人员的包庇或者纵容，称霸一方，在一定区域或者行业内，形成非法控制或者重大影响，严重破坏经济、社会生活秩序。

所谓组织黑社会性质组织，是指倡导、发起、策划、组建黑社会性质组织的行为，具体表现为创建组织，确定其名称、宗旨、人员安排、活动方式、组织纪律和行为规则，发展组织成员等。组织黑社会性质组织的行为是整个黑社会性质组织犯罪的源头行为，使黑社会性质组织从无到有，各成员之间形成协调一致的犯罪“合力”，是形成黑社会性质组织的关键行为。所谓领导黑社会性质组织，是指在黑社会性质组织中处于领导地位，对组织的犯罪活动进行谋划、决策、指挥、协调的行为，以及协调处理组织内部重大问题等行为。领导黑社会性质组织的行为在黑社会性质组织犯罪行为中处于中心地位，统摄组织的整体犯罪计划和具体犯罪的实施。所谓参加黑社会性质组织，包括积极参加和一般参加黑社会性质组织。积极参加，是指主动参加黑社会性质组织，在组织者、领导者的指挥下特别卖力地参与犯罪活动，死心塌地地效忠于犯罪组织，并在实施具体犯罪中起主要作用的犯罪分子所实施的行为。积极参加者是黑社会性质组织的骨干分子、中坚分子。一般参加，是指处于黑社会性质

组织底层的一般成员所实施的加入行为。这些犯罪分子在具体犯罪中往往实施次要的实行行为或者帮助行为。

3. 本罪的主体为一般主体，包括黑社会性质组织的组织者、领导者、积极参加者和一般参加者。

4. 本罪的主观方面为故意，即明知是黑社会性质组织而决意组织、领导、积极参加或者参加。

（二）组织、领导、参加黑社会性质组织罪的认定

1. 组织、领导、参加黑社会性质组织罪与非罪的界限。组织、领导、参加黑社会性质组织罪的成立要求行为人主观上具有组织、领导、参加黑社会性质组织的故意，如果行为人不知道所参加的组织为黑社会性质组织，了解真相后又主动退出的，不能以本罪论处。对此，最高人民法院《关于审理黑社会性质组织犯罪的案件具体应用法律若干问题的解释》（2000 年 12 月 4 日）第 3 条第 2 款规定：对于参加黑社会性质组织，没有实施其他违法犯罪活动的，或者受蒙蔽、胁迫参加黑社会性质组织，情节轻微的，可以不作为犯罪处理。

2. 组织、领导、参加黑社会性质组织罪与犯罪集团的区分。从一般意义上讲，组织、领导、参加黑社会性质组织罪也是一种集团犯罪，但由于刑法分则将此种集团犯罪规定为一种特定的罪行，在实践中就应当将二者加以区别。(1) 犯罪集团是一种总则性的概念，适用于各种具体的犯罪；而组织、领导、参加黑社会性质组织罪是一个分则性罪种，是一种特定的犯罪。(2) 目的不完全相同。黑社会性质组织多以获取非法的经济、社会利益为目的；普通刑事犯罪集团除了追求非法的经济利益外，还往往具有通过犯罪寻求寄托、满足精神刺激方面的目的。(3) 组织程度不同。黑社会性质组织比普通刑事犯罪集团具有更严密的组织结构和更严格的组织戒律。(4) 黑社会性质组织比普通刑事犯罪集团具有更强的反刑事追诉能力。黑社会性质组织结构严密，且多披着某种合法的外衣，因此反侦破能力较强，建立其强大的保护网，这一点是普通刑事犯罪集团所无法比拟的。

3. 组织、领导、参加黑社会性质组织罪的罪数形态。根据《刑法》第 294 条第 3 款的规定，犯组织、领导、参加黑社会性质组织罪又有其他罪行的，依照数罪并罚的规定处罚。

（三）组织、领导、参加黑社会性质组织罪的处罚

根据《刑法》第 294 条第 1 款的规定，犯组织、领导、参加黑社会性质组织罪的，对组织者、领导者和积极参加者处 3 年以上 10 年以下有期徒刑；对其他参加者处 3 年以下有期徒刑、拘役、管制或者剥夺政治权利。犯本罪又有其他犯罪行为的，依照数罪并罚的规定处罚。最高人民法院《关于审理黑社会性质组织犯罪的案件具体应用法律若干问题的解释》第 3 条第 1 款规定：对于黑社会性质组织的组织者、领导者，应当按照其所组织、领导的黑社会性质组织所犯的全部罪行处罚；对于黑社会性质组织的参加者，应当按照其所参与的犯罪处罚。第 4 条规定：国家机关工作人员组织、领导、参加黑社会性质组织的，从重处罚。

根据最高人民法院、最高人民检察院发布的《关于办理赌博刑事案件具体应用法律若干问题的解释》第 5 条的规定，实施赌博犯罪，有下列情形之一的，以赌博罪从重处罚：(1) 具有国家工作人员身份的；(2) 组织国家工作人员赴境外赌博的；(3) 组织未成年人参与赌博，或者开设赌场吸引未成年人参与赌博的。[①]

---

① 由于《刑法修正案（六）》已经将开设赌场行为从赌博罪中分离出来，独立规定为犯罪。所以，本解释中第 3 项“开设赌场吸引未成年人参与赌博”的行为实际上已经不属于赌博罪的客观方面，而应将其归于开设赌场罪的客观方面之中。

## ■ 赌博罪

（一）赌博罪的概念和特征

根据《刑法》第303条的规定，赌博罪，是指以营利为目的，聚众赌博、以赌博为业的行为。赌博罪的构成特征为：

1. 本罪所侵犯的客体是社会风尚和社会管理秩序。

2. 本罪的客观方面表现为聚众赌博、以赌博为业的行为。

聚众赌博，是指为赌博提供场所、赌具，组织、招引他人参与赌博，从中抽头渔利的行为。这种人俗称"赌头"。至于行为人本人是否参加赌博，不影响本罪的成立。按照2005年5月11日最高人民法院、最高人民检察院发布的《关于办理赌博刑事案件具体应用法律若干问题的解释》第1条的规定，以营利为目的，并具有下列情形之一，属于"聚众赌博"：（1）组织3人以上赌博，抽头渔利数额累计达到5 000元以上的；（2）组织3人以上赌博，赌资数额累计达到5万元以上的；（3）组织3人以上赌博，参赌人数累计达到20人以上的；（4）组织中华人民共和国公民10人以上赴境外赌博，从中收取回扣、介绍费的。

所谓以赌博为业，是指以赌博为常业，并以赌博所得为其生活或者挥霍的基本或主要来源的行为。这种人俗称"赌棍"。赌博者是否具有正当职业，可以不问。

根据最高人民法院、最高人民检察院发布的《关于办理赌博刑事案件具体应用法律若干问题的解释》第4条的规定，明知他人实施赌博犯罪活动，而为其提供资金、计算机网络、通讯、费用结算等直接帮助的，以赌博罪共犯论处。

3. 本罪的主体是一般主体，即只要年满16周岁，具有刑事责任能力的自然人均可成为本罪主体。单位不能成为本罪主体。

4. 本罪的主观方面表现为故意，并且具有营利目的，但是不要求行为人一定赢得钱财。只要主观上具有营利目的，即使实际上赔钱，也不影响本罪的成立。

（二）赌博罪的认定

1. 赌博罪与诈骗罪的区别。赌博罪与诈骗罪的区别主要在于：（1）犯罪客体不同。赌博罪的犯罪客体为社会风尚和社会管理秩序；诈骗罪的犯罪客体为公私财产所有权。（2）犯罪的客观方面不同。赌博罪的客观方面表现为聚众赌博、以赌博为业或者开设赌场的行为；诈骗罪的客观方面表现为虚构事实或者隐瞒事实真相，骗取数额较大的公私财物的行为。（3）犯罪的主观方面不同。赌博罪的主观方面要求行为人具有营利目的；诈骗罪的主观方面要求行为人具有非法占有目的。

在现实生活中，赌博活动往往伴随着欺骗活动，但这种欺骗与诈骗罪中的欺骗不同。赌博罪中的欺骗是制造虚假事实，引诱他人参加赌博，但是赌博依然是依偶然定输赢，其目的是营利不是非法占有。按照最高人民法院《关于对设置圈套诱骗他人参赌又向索还钱财的受骗者施以暴力或暴力威胁的行为应如何定罪问题的批复》（1995年11月6日）的规定，行为人设置圈套诱骗他人参赌骗取钱财，属赌博行为，构成犯罪的，应以赌博罪定罪处罚。参赌者识破骗局要求退还所输钱财，设赌者又使用暴力或者以暴力相威胁，拒绝退还的，应以赌博罪从重处罚。

2. 赌博活动中抢劫行为的认定。在社会中，经常出现抢劫赌场的行为。这种行为有两种情况：一是未参加赌博的人抢劫赌场；二是赌博输钱后抢劫赌场。对于第一种情况，只要行为人实施了暴力或者胁迫手段进行抢劫，就构成抢劫罪。对于第二种情况，如果行为人抢回的仅是自己的赌资，则不构成抢劫罪；如果抢回自己赌资的同时又抢劫了别人的钱财的，则构成抢劫罪。有关司法解释也支持这一观点。最高人民法院《关于审理抢劫、抢夺刑事案件适用法律若干问题的意见》规定：抢劫赌资、犯罪所得的赃款赃物的，以抢劫罪定罪，但行为人仅以其所输赌资或所赢赌债为抢劫对象，一般不以抢劫罪定罪处罚。构成其他犯罪的，依照刑法的相关规定处罚。

3. 赌博活动中非法拘禁行为的认定。按照最高人民法院《关于对为索取法律不予保护的债务非法拘禁他人行为如何定罪问题的解释》（2000 年 6 月 30 日）的规定，行为人为索取赌债等法律不予保护的债务，非法扣押、拘禁他人的，依照《刑法》第 238 条非法拘禁罪的规定定罪处罚。

4. 赌博罪的罪数形态的认定。行为人如果在赌博中打架斗殴而致人重伤、死亡或者杀人的，如果赌博行为构成赌博罪，应以赌博罪和故意杀人罪或故意伤害罪并罚。对于因赌博输钱而盗窃、贪污、挪用公款的，也应实行数罪并罚。

（三）赌博罪的处罚

按照《刑法》第 303 条的规定，以营利为目的，聚众赌博或者以赌博为业的，处 3 年以下有期徒刑、拘役或者管制，并处罚金。

## 开设赌场罪

（一）开设赌场罪的概念和特征

开设赌场罪是指设立相对固定的场所，或者在计算机网络上建立赌博网站，或者为赌博网站担任代理，在较长时间内吸引不特定多人或者公众参与赌博，非法经营赌博的活动达到较大规模的行为。

开设赌场的行为在 1979 年《刑法》所规定的赌博罪中并没有被单独规定，1997 年《刑法》所规定的赌博罪新增加了开设赌场的行为，而《刑法修正案（六）》增设《刑法》第 303 条第 2 款从赌博罪中分离出开设赌场罪。

1. 本罪的客体是复杂客体，包括正常的社会管理秩序以及社会风尚。

2. 本罪的客观方面表现为设立相对固定的场所，或者在计算机网络上建立赌博网站，或者为赌博网站担任代理，在较长时间内吸引不特定多人或者公众参与赌博，非法经营赌博的活动达到较大规模的行为。

换言之，经营场所（包括网站）较为固定，持续活动时间较长，面向公众或者不特定多人开放，非法经营规模稳定或者较大，是开设赌场罪的客观特征，也是本罪区别于赌博罪中的聚众赌博行为的标志。

最高人民法院、最高人民检察院 2005 年 5 月 11 日《关于办理赌博刑事案件具体应用法律若干问题的解释》规定，以营利为目的，在计算机网络上建立赌博网站，或者为赌博网站担任代理，接受投注的，属于《刑法》第 303 条规定的“开设赌场”。

3. 本罪的主体是一般主体，凡年满 16 周岁，具备刑事责任能力的人都可以成为本罪主体。

4. 本罪的主观方面表现为故意。行为人一般具有营利目的，但法律没有将其规定为构成要件。

（二）开设赌场罪的认定

司法实践中，要注意区分本罪与非罪的界限。根据最高人民法院、最高人民检察院 2005 年 5 月 11 日《关于办理赌博刑事案件具体应用法律若干问题的解释》的规定，提供棋牌室等娱乐场所只收取正常的场所和服务费用的经营行为等，不以犯罪论处。

认定开设赌场罪，还要注意区分本罪与聚众赌博行为所构成的赌博罪的界限。两者的主要区分在于犯罪的客观方面，开设赌场罪的客观方面以经营场所（包括网站）较为固定，持续活动时间较长，面向公众或者不特定多人开放，非法经营规模稳定或者较大为基本特征。据此，凡符合这些特征的行为，应认定为构成开设赌场罪；凡不具有这些特征的行为，以认定为聚众赌博行为所构成的赌博罪为宜。

（三）开设赌场罪的处罚

根据《刑法》第 303 条第 2 款的规定，犯开设赌场罪的，处 3 年以下有期徒刑、拘役或者管制，并处罚金；情节严重的，处 3 年以上 10 年以下有期徒刑，并处罚金。

## ■ 伪证罪

（一）伪证罪的概念和特征

根据《刑法》第 305 条的规定，伪证罪，是指在刑事诉讼中，证人、鉴定人、记录人、翻译人对与案件有重要关系的情节，故意作虚假证明、鉴定、记录、翻译，意图陷害他人或者隐匿罪证的行为。

本罪的构成特征是：

1. 本罪的客体是复杂客体，即本罪既妨害了国家的正常司法秩序，又侵犯了公民的人身权利。

2. 本罪的客观方面，表现为行为人在刑事诉讼中，实施了伪证行为。本罪的客观方面必须具备两个要件：

第一，伪证行为必须发生在刑事诉讼中。所谓刑事诉讼中，指刑事案件的侦查、起诉、审判的活动进行过程中，包括公安机关、国家安全机关、检察机关对刑事案件的立案侦查活动，检察机关的审查起诉活动，直至人民法院的一审、二审、审判监督程序的全过程。

第二，行为人在刑事诉讼中实施了伪证行为。伪证行为，是指行为人对与案件有重要关系的情节故意作虚假证明、鉴定、记录、翻译。与案件有重要关系的情节，是指对犯罪嫌疑人、被告人的行为，是否构成犯罪、犯罪的性质、刑罚的轻重有重大影响的情节。伪证行为因为伪证行为主体的不同而有所不同：证人、鉴定人的伪证行为表现为违背客观事实作虚假的证明或鉴定结论，记录人、翻译人的伪证行为表现为不按照诉讼参与人的原意和陈述做虚假的记录和翻译。

上述两个要件必须同时具备，才能构成伪证罪。

3. 本罪的主体为特殊主体，即只有刑事诉讼中的证人、鉴定人、记录人、翻译人才能成为本罪主体。所谓证人，是指经司法机关要求或者同意，陈述自己所知道的案件事实的人；鉴定人，是指司法机关为了鉴别案件中某些事实情节的真伪和事实真相，指派或者聘请的具有某种专门知识或者特殊技能的人；记录人为案件的调查取证，询问证人、被害人，讯问犯罪嫌疑人、被告人而做文图声像记录的人；翻译人，是指受司法机关的指派或者聘请，为案件中的外国人、少数民族或者聋哑人等诉讼参与人充当翻译的人，以及为案件中的法律文书或者证据材料等有关资料进行翻译的人。在刑事诉讼中，证人、鉴定人、记录人、翻译人都是诉讼参与人，不是这四种人之一的，不能成为本罪的主体。

4. 本罪的主观方面为故意，且行为人具有陷害他人或者隐匿罪证的意图。

（二）伪证罪的认定

1. 伪证罪与非罪的界限。关于本罪与非罪，主要应划清“伪证”与“误证”界限。其关键在于查明行为人是否故意作伪证和有无陷害他人或者隐匿罪证的意图。如果行为人故意作伪证，且具有陷害他人或者隐匿罪证的意图，便成立本罪；如果行为人记忆错误而证词失实，或者鉴定人、记录人、翻译人因业务水平低下，或因粗心大意而导致鉴定、记录、翻译出现差错，又没有陷害他人或者隐匿罪证的意图，便不能认定为犯罪。

2. 伪证罪与诬告陷害罪的区别。根据《刑法》第243条的规定，诬告陷害罪，是指捏造他人的犯罪事实向有关机关告发，意图陷害他人，使其受刑事追究，情节严重的行为。由于诬告陷害罪的行为人为了达到陷害他人的目的，常常虚构事实、伪造证据，因此就有可能在表现形式上与伪证罪相同。但二者的显著区别在于：其一，侵犯的客体不同。伪证罪侵犯的客体是复杂客体，即既妨害了国家的正常司法秩序，又侵犯了公民的人身权利；而诬告陷害罪侵犯的客体是公民的人身权利。其二，犯罪主体不同。伪证罪的主体是特殊主体，限于证人、鉴定人、记录人、翻译人；而诬告陷害罪的主体为一般主体。其三，犯罪发生的时间不同。伪证罪只能是发生在刑事诉讼过程中；而诬告陷害罪则发生在刑事诉讼活动开始之前。其四，行为所针对的对象不同。伪证罪行为针对的对象是进入诉讼程序的犯罪嫌疑人；而诬告陷害罪所针对的对象则是不特定的。其五，犯罪意图有所不同。伪证罪行为人的犯罪意图既可能是陷害无罪之人，也可能是包庇有罪之人；而诬告陷害罪的行为人之犯罪意图只能是陷害他人。其六，犯罪客观方面表现不同。伪证罪是在刑事诉讼开始之后，作虚假的证明、鉴定、记录和翻译，而且伪证罪中行为人作虚假证明的范围要更为广泛，一般是针对认定案件事实的某一环节，即在个别与案件有重要关系的情节上作虚假证明；诬告陷害罪是捏造他人的犯罪事实，并向有关机关告发，告发是构成诬告陷害罪的前提，告发只能发生在刑事诉讼之前，即由于告发而引起对被诬陷人的刑事追究活动，诬告陷害罪中的行为人捏造的是他人犯罪的事实，而且通常是捏造整个犯罪事实。

（三）伪证罪的处罚

根据《刑法》第305条的规定，犯伪证罪的，处3年以下有期徒刑或者拘役；情节严重的，处3年以上7年以下有期徒刑。

## ■ 窝藏、包庇罪

（一）窝藏、包庇罪的概念和特征

根据《刑法》第310条的规定，窝藏、包庇罪，是指明知是犯罪的人而为其提供隐藏处所、财物，帮助其逃匿或者作假证明包庇的行为。

窝藏、包庇罪的构成特征为：

1. 本罪的客体为司法机关的正常活动。本罪的犯罪对象是犯罪的人，即触犯刑法行为构成犯罪的人，其中既包括犯罪后尚未抓获畏罪潜逃的犯罪人，也包括被逮捕、关押后脱逃的未决犯、已决犯。

2. 本罪的客观方面表现为窝藏、包庇犯罪人的行为。所谓窝藏，是指为犯罪的人提供隐藏处所、财物，帮助其逃匿的行为，如将犯罪的人藏匿于家中、山洞、地窖等处，以使其不被司法机关发现；为犯罪的人提供钱财、衣物、食物或者其他物品，以利于犯罪人逃匿；为犯罪人提供交通工具，帮助其逃匿。所谓包庇，是指为犯罪的人向司法机关作虚假证明，以使其逃避法律制裁的行为，包括伪造证据、隐匿证据和毁灭证据等等。

3. 本罪的犯罪主体为一般主体，但犯罪人本人不能成为本罪主体，共同犯罪人相互之间也不能成为本罪主体。

4. 本罪的主观方面为故意，即行为人明知是犯罪的人而予以窝藏、包庇。在这里，明知不仅限于确实知道，还包括可能知道，即明知的内容仅以行为人知道被窝藏、包庇的对象是或者可能是犯罪的人即可，并不要求行为人确知被窝藏、包庇者犯罪的性质、事实和危害程度等。认定行为人是否明知，不能仅凭行为人自己的供述，应根据案件的客观事实进行分析判断。对于确实不知，轻信犯罪人的花言巧语而为其逃避刑罚惩治和打击提供帮助的人，不能以本罪论处。

（二）窝藏、包庇罪的认定

1. 窝藏、包庇罪与非罪的界限。

（1）本罪是故意犯罪，即明知是犯罪的人而予以窝藏、包庇，过失不构成本罪。认定行为人是否故意，关键在于：在认识因素上，行为人是否知道或者应当知道对方是犯罪的人。所谓知道，即对方明确告知，或者通过其他方法确知。所谓应当知道，是指对方虽未明确告知，行为人也没有通过其他方法确知对方的犯罪人身份，但是根据对方的举止言谈及其向行为人提出的要求等，行为人完全能够并且已经意识到对方可能是犯罪的人。

（2）单纯的知情不举行为一般不构成犯罪，但是刑法有明确规定的除外。《刑法》第311条规定的拒绝提供间谍犯罪证据罪，如果行为人在国家安全机关向其调查有关情况、收集有关证据时，明知他人有间谍犯罪行为而拒绝提供，情节严重的，就应以拒绝提供间谍犯罪证据罪论处。

虽然“知情不举”的行为在客观上有利于犯罪分子逃匿，但与窝藏、包庇罪显然有显著的区别。二者的关键区别在于：窝藏、包庇罪的行为人是以积极的窝藏、包庇行为帮助犯罪分子逃避刑事制裁，而知情不举的行为人只是消极地不提供有关犯罪事实和犯罪分子的信息。由于我国刑法没有关于知晓一般犯罪事实或犯罪人情况的人必须举报的强制性规定，因此，对于知情不举的行为一般不能以犯罪论处。但可对行为人给予批评教育或某种纪律处分。

2. 包庇罪与特殊的包庇犯罪的关系。

在我国刑法中，有一些包庇犯罪的行为被单独规定为独立的犯罪，这些犯罪包括：《刑法》第294条第4款规定的包庇、纵容黑社会性质组织罪，即国家机关工作人员包庇黑社会性质的组织的行为；《刑法》第349条规定的包庇毒品犯罪分子罪，即包庇走私、贩卖、运输、制造毒品犯罪分子的行为。包庇黑社会性质组织罪和包庇毒品犯罪分子罪与包庇罪之间明显构成法条竞合关系，属于包容竞合，应按照特别法优于普通法的原则处理。

3. 窝藏、包庇罪与伪证罪的区别。

窝藏、包庇罪与伪证罪仅在帮助犯罪分子掩盖罪行，逃避法律制裁上有一致性。其主要区别是：（1）本罪是一般主体，可以是一切达到责任年龄、具有责任能力的自然人；而伪证罪是特殊主体，只有证人、鉴定人、记录人和翻译人能够成为伪证罪的主体。（2）在犯罪时间上，本罪可以发生在犯罪分子被抓获、关押之前，也可以发生在被抓获、关押之后又脱逃之后，即窝藏、包庇罪可以发生在刑事诉讼之前、之中或者之后；而伪证罪只能发生在刑事诉讼中，即对刑事案件作出有效判决之前的侦查、起诉、审判阶段。（3）本罪的犯罪对象可能是未经逮捕判刑的，也可能是已经判刑的犯罪分子；而伪证罪的犯罪对象只能是尚未判决的犯罪分子。（4）行为人故意内容不同。伪证罪行为人的犯罪故意内容既可以是隐匿罪证从而使犯罪分子逃避法律制裁的意图，也可以是为了陷害他人使无罪者受到刑事追究意图；而包庇罪的故意内容只是意图使犯罪分子逃避法律制裁。

4. 窝藏、包庇罪与共同犯罪的区分。

根据《刑法》第310条第2款的规定，如果事先通谋，事后实施窝藏、包庇行为的，应以共同犯罪论处，即按照行为人所窝藏、包庇的犯罪分子所犯的罪，与被窝藏、包庇的犯罪人构成共同犯罪。

所谓“事先通谋”，根据最高人民法院《关于窝藏、包庇罪中“事先通谋的，以共同犯罪论处”如何理解的请示答复》（1986 年 1 月 15 日）的规定，是指窝藏、包庇犯与被窝藏、包庇的犯罪分子，在犯罪活动之前，就谋划或合谋，答应犯罪分子作案后给以窝藏或者包庇的，这和刑法总则规定共同犯罪的主客观要件是一致的。例如，危害国家安全的犯罪分子或者其他刑事犯罪分子，在犯罪之前，与行为人进行策划，行为人分工承担窝藏或者答应在追究刑事责任时提供虚假证明来掩盖罪行等等。因此，如果只是知道犯罪的人要去实施犯罪，事后予以窝藏、包庇或者事先知道犯罪的人要去实施犯罪，未去报案，犯罪发生之后又窝藏、包庇犯罪分子的，都不应以共同犯罪论处，而单独构成窝藏、包庇罪。

（三）窝藏、包庇罪的处罚

按照《刑法》第 310 条的规定，犯窝藏、包庇罪的，处 3 年以下有期徒刑、拘役或者管制；情节严重的，处 3 年以上 10 年以下有期徒刑。

根据《刑法》第 362 条的规定，旅馆业、饮食服务业、文化娱乐业、出租汽车业等单位的人员，在公安机关查处卖淫、嫖娼活动时，为违法犯罪分子通风报信，情节严重的，依照包庇罪定罪处罚。

## ■ 掩饰、隐瞒犯罪所得、犯罪所得收益罪

（一）掩饰、隐瞒犯罪所得、犯罪所得收益罪的概念和特征

掩饰、隐瞒犯罪所得、犯罪所得收益罪，是指行为人明知是犯罪所得及其产生的收益而予以窝藏、转移、收购、代为销售或者以其他方法掩饰、隐瞒的行为。本罪是选择性罪名，诉讼中应根据行为人实际构成犯罪的行为状况，决定具体罪名的适用。

掩饰、隐瞒犯罪所得、犯罪所得收益罪的主要特征是：

1. 本罪侵犯的客体是司法机关查证犯罪、追缴犯罪所得及其收益的正常活动。本罪的犯罪对象是犯罪所得及其产生的收益。“犯罪所得”即他人以犯罪行为非法取得的物品，其基本特征是：第一，须是犯罪所得的财物。不是犯罪行为所得的物品，不是本罪中所说的犯罪所得。用于犯罪活动的犯罪工具和供犯罪所用的财物，也不是本罪所说的犯罪所得。第二，须是他人（即本犯）的犯罪行为所得。行为人以自己实施的犯罪行为取得的财物，不能成为本罪的对象。

2. 本罪的客观方面，表现为行为人实施了窝藏、转移、收购、代为销售或者以其他方法掩饰、隐瞒犯罪所得及收益的行为。所谓窝藏，是指提供隐藏犯罪所得及其产生的收益的场所，或者实施其他藏匿犯罪所得及其产生的收益的行为。所谓转移，是指搬移、运输犯罪所得及其产生的收益，即通过搬移、运送行为使犯罪所得及其产生的收益实现空间位移。所谓收购，是指有偿地购买，既包括购买后自用，也包括为给他人使用而购买。所谓代为销售，是指行为人受本犯委托代为销售犯罪所得。代为销售犯罪所得的行为，主要包括推销犯罪所得、代销犯罪所得和介绍买卖犯罪所得三种形式。所谓掩饰，主要是指以上述手段之外的其他手段掩盖犯罪所得及其产生的收益的事实真相不让他人知晓的行为。所谓隐瞒，主要是指在司法机关或者其他执法机构查证有关犯罪所得及其产生的收益时，对事实真相予以隐瞒的行为。总之，其他掩饰、隐瞒的方法，包括除窝藏、转移、收购、代为销售以外的能够掩饰、隐瞒犯罪所得及其收益的来源、性质、存在的所有方法。

3. 本罪的犯罪主体为一般主体，凡是达到刑事责任年龄、具有刑事责任能力的自然人，均可成为本罪的主体。但本犯不能成为本罪的主体，共同犯罪人相互之间也不能成为本罪的主体。

4. 本罪的主观方面为故意，要求行为人对犯罪对象的性质必须明知，否则不构成本罪。

（二）掩饰、隐瞒犯罪所得、犯罪所得收益罪的认定

1. 本罪与非罪的界限。区分掩饰、隐瞒犯罪所得、犯罪所得收益罪与非罪的界限，应注意以下两个问题：第一，本罪以行为人在主观上明知行为对象是犯罪所得及其收益作为必要要件，如果行为人不知行为对象是犯罪所得及其收益而实施保管、购买或者代为销售等行为的，不能构成本罪。第二，本罪的犯罪对象必须是他人犯罪行为的所得及其收益，如果行为人掩饰、隐瞒本人犯罪行为的所得及其收益的，不能构成本罪。

2. 本罪与特定赃物犯罪的关系。在我国刑法中，有一些涉及犯罪所得的赃物、或者犯罪所得及其收益的犯罪被规定为独立的罪名，这些犯罪包括：《刑法》第 191 条规定的洗钱罪，《刑法》第 345 条第 3 款规定的非法收购、运输盗伐、滥伐林木罪，《刑法》第 349 条规定的窝藏、转移、隐瞒毒品、毒赃罪等。这些犯罪与掩饰、隐瞒犯罪所得、犯罪所得收益罪之间构成特别法条与普通法条的法条竞合关系，应按照特别法优于普通法的原则处理其彼此关系。

3. 本罪与窝藏罪的区别。两罪的主要区别是：（1）窝藏的对象不同。前者所含窝藏行为的对象是犯罪所得及其产生的收益；而后者窝藏的对象是实施犯罪的人。（2）行为的目的不同。前者所含窝藏行为是使犯罪所得及其产生的收益不被司法机关或者其他执法机关发现；而后者是帮助犯罪分子逃匿。（3）犯罪客体不同。本罪的客体是司法机关查证犯罪、追缴犯罪所得及其收益的正常活动；而窝藏罪侵犯的客体则是司法机关抓捕罪犯、查证犯罪的正常活动。

如果行为人对身带犯罪所得及其收益的犯罪人予以窝藏，则构成窝藏罪与掩饰、隐瞒犯罪所得、犯罪所得收益罪的想象竞合犯，应从一重处。

4. 掩饰、隐瞒犯罪所得、犯罪所得收益罪与共同犯罪的区别。在共同犯罪的场合，因为分工的不同，可能有的共同犯罪人专门负责犯罪所得及其收益的窝藏、转移、收购、销售或者掩饰、隐瞒。此种共犯中的窝藏、转移、收购、销售或者以其他方法掩饰、隐瞒犯罪所得及其收益的行为就与本罪的客观表现十分类似。对此，必须予以区别，区别的关键在于：共同犯罪中负责窝藏、转移、收购、销售或者以其他方法掩饰、隐瞒犯罪所得及其收益的人与其他共同犯罪人事先有共谋，只是分工不同而已；而本罪的行为人虽然明知自己窝藏、转移、收购、代为销售或者以其他方法掩饰、隐瞒的是犯罪所得及其收益，但始终没有与其他犯罪人通谋。如果行为人与其他犯罪人事先通谋，即按照分工不同来窝藏、转移、收购、销售或者以其他方法掩饰、隐瞒犯罪所得及其收益，就应对其按共同犯罪论处。

（三）掩饰、隐瞒犯罪所得、犯罪所得收益罪的处罚

根据《刑法》第 312 条的规定，犯本罪的，处 3 年以下有期徒刑、拘役或者管制，并处或者单处罚金；情节严重的，处 3 年以上 7 年以下有期徒刑，并处罚金。

## ■ 拒不执行判决、裁定罪

（一）拒不执行判决、裁定罪的概念和特征

根据《刑法》第 313 条的规定，拒不执行判决、裁定罪，是指对人民法院的判决、裁定等有执行内容已经发生法律效力的裁判文书有能力执行而拒不执行，情节严重的行为。拒不执行判决、裁定罪的构成特征是：

1. 本罪侵犯的客体是司法机关的正常活动。根据全国人大常委会《关于刑法第三百一十三条的解释》（2002 年 8 月 29 日）的规定，本罪的犯罪对象“人民法院的判决、裁定”，是指人民法院依法作出的具有执行内容并已发生法律效力的判决、裁定。人民法院为依法执

行支付令、生效的调解书、仲裁裁决、公证债权文书等所作的裁定属于《刑法》第313条规定的裁定。

2. 本罪在客观方面表现为对人民法院发生法律效力的判决、裁定有能力执行而拒不执行，情节严重的行为。所谓有能力执行而拒不执行，情节严重的行为，根据全国人大常委会《关于刑法第三百一十三条的解释》的规定，是指下列情形：(1) 被执行人隐藏、转移、故意毁损财产或者无偿转让财产、以明显不合理的低价转让财产，致使判决、裁定无法执行的；(2) 担保人或者被执行人隐藏、转移、故意毁损或者转让已向人民法院提供担保的财产，致使判决、裁定无法执行的；(3) 协助执行义务人接到人民法院协助执行通知书后，拒不协助执行，致使判决、裁定无法执行的；(4) 被执行人、担保人、协助执行义务人与国家机关工作人员通谋，利用国家机关工作人员的职权妨害执行，致使判决、裁定无法执行的；(5) 其他有能力执行而拒不执行，情节严重的情形。如果行为人确实没有可供执行的财产，或者丧失履行特定义务的能力，不构成本罪。

3. 本罪的主体是特殊主体，即负有执行人民法院的判决、裁定义务的，已满16周岁且具有刑事责任能力的当事人。单位不构成本罪。但是根据最高人民法院《关于审理拒不执行判决、裁定案件具体应用法律若干问题的解释》(1998年4月25日) 的规定，负有执行人民法院的判决、裁定义务的单位的主管人员和其他直接责任人员，为了本单位的利益而拒不执行判决、裁定，情节严重并且造成严重后果的，应当以本罪定罪处罚。此外，根据全国人大常委会《关于刑法第三百一十三条的解释》的规定，国家机关工作人员与被执行人、担保人、协助执行义务人通谋，利用国家机关工作人员的职权妨害执行，致使判决、裁定无法执行的，以拒不执行判决、裁定罪的共犯追究刑事责任。

4. 本罪在主观方面为故意，即行为人具有明知自己负有执行人民法院判决、裁定的义务，有能力执行而故意拒不执行的心理态度，目的在于逃避判决、裁定所规定的执行义务。

（二）拒不执行判决、裁定罪的认定

1. 拒不执行判决、裁定罪与非罪的界限。

区分罪与非罪的关键，要看行为人是否有可供执行的财产和履行特定义务的能力，以及抗拒执行是否情节严重。在实施中应当注意如下五个问题：(1) 要把一般抗拒执行与抗拒执行情节严重的行为区别开来。如果行为人抗拒执行不具有情节严重六种情形之一的，不构成本罪。(2) 如果因为原判决、裁定不当或者当事人客观上确实无履行执行义务能力的，应按审判监督程序对原判决、裁定依法作适当变更或者变通执行措施，不应对当事人以本罪论处。(3) 要把当事人不服判决、裁定的申诉行为与拒不执行判决、裁定的犯罪行为区别开来。当事人在申诉中言行过激，行为失当，顶撞执行人员是错误的，应当进行批评教育，使其知道对于发生法律效力的判决、裁定有权进行申诉，但在没有裁定中止执行以前，不影响执行规定，不要轻率地以犯罪论处。(4) 对于因执行人员手续不完备、态度蛮横粗暴等工作错误，导致当事人产生抵触情绪，进而抵制执行判决、裁定的，切忌感情用事而混淆罪与非罪的界限。(5) 行为人对于错误的判决、裁定不予执行的，一般不宜按照犯罪处理。

2. 拒不执行判决、裁定罪的共同犯罪问题。

本罪的主体是被执行人，即负有执行人民法院的判决、裁定义务的人。但是，根据最高人民法院《关于审理拒不执行判决、裁定案件具体应用法律若干问题的解释》的规定，如果非被执行人与被执行人共同故意实施如下行为之一的，情节严重的，应以本罪共犯论处：(1) 以暴力、威胁方法妨害或者抗拒执行，致使执行工作无法进行的；(2) 聚众哄闹、冲击执行现场，围困、扣押、殴打执行人员，致使执行工作无法进行的；(3) 毁损、抢夺执行案件材料、执行公务车辆和其他执行器械、执行人员服装以及执行公务证件，造成严重后果的；(4) 其他妨害或者抗拒执行造成严重后果的。

3. 拒不执行判决、裁定罪的想象竞合犯问题。

在暴力抗拒执行人民法院判决、裁定中，杀害、重伤执行人员的，构成拒不执行判决、裁定罪和故意杀人罪、故意伤害罪的想象竞合犯，根据最高人民法院《关于审理拒不执行判决、裁定案件具体应用法律若干问题的解释》的规定，应按从一重处断的原则，以故意杀人罪、故意伤害罪的重罪定罪处罚；如果暴力抗拒执行、殴打或轻伤执行人员，致使执行工作无法进行的，应按拒不执行判决、裁定罪适当从重处罚。

(三) 拒不执行判决、裁定罪的处罚

根据《刑法》第313条的规定，犯拒不执行判决、裁定罪的，处3年以下有期徒刑、拘役或者罚金。

## ■ 脱逃罪

(一) 脱逃罪的概念和特征

根据《刑法》第316条第1款的规定，脱逃罪，是指依法被关押的罪犯、被告人、犯罪嫌疑人逃脱司法机关的羁押和监管的行为。

脱逃罪的主要特征是：

1. 本罪侵犯的直接客体是国家监管机关的监押管理秩序。

2. 本罪在客观方面表现为脱逃行为。所谓脱逃，是指行为人逃离司法机关的监管场所，如从看守所、监狱逃跑；或者摆脱司法机关依法对其人身羁押的行为，如在押解途中逃跑。行为人既可以是从看守所、监狱逃跑，也可以是从其他临时被关押的场所或者从被押解的交通工具上逃逸。逃逸的方法多种多样，可以是砸开门窗逃逸，也可以是乘看守人员睡着后偷偷逃逸，等等。

3. 本罪的主体是特殊主体，即根据刑法、刑事诉讼法的有关规定，依法被关押的犯罪嫌疑人、被告人和罪犯。犯罪嫌疑人，是指在公安机关、国家安全机关、检察机关立案侦查、审查起诉期间被认为实施了犯罪的人。被告人，是指人民检察院已经向人民法院起诉，人民法院正在进行审理的人。罪犯，是指已经受到有罪宣判且判决已经生效的已决犯。依法被关押，是指被司法机关依法剥夺人身自由，并羁押于一定场所的罪犯、被告人、犯罪嫌疑人。只有依法被关押的罪犯、被告人、犯罪嫌疑人才能成为本罪的主体，被行政拘留和劳动教养的人员、被司法机关采用拘传、监视居住、取保候审等强制措施的被告人、犯罪嫌疑人和被判处管制、宣告缓刑或者已经假释的罪犯，因其没有依法被关押，所以不能成为本罪的主体。

4. 本罪在主观方面为故意，目的是逃脱司法机关的羁押和监管。至于脱逃的动机，不影响本罪的认定。

(二) 脱逃罪的认定

1. 脱逃罪与非罪的区分。对于脱逃罪与非罪的区分问题，主要在于行为人虽被依法关押但事实上无罪的人从关押场所逃跑的，是否成立脱逃罪。对此，学术界有两种不同的见解。一种认为，对事实上无罪的人拘留、逮捕、判刑，是违反法律的，不具有依法关押的性质，因而无辜被羁押、监管的人逃离监管场所或摆脱受羁押状态的行为，不成立犯罪。[1] 另一种观点认为，被依照司法程序拘留、逮捕、判刑的人即使事实上无罪，也只能通过法律规

① 参见高铭暄主编：《刑法学》，434页，北京，北京大学出版社，2000。

定的程序进行辩护和申诉，而不能采用脱逃这种破坏司法机关监管秩序的手段恢复自由，否则，也应成立脱逃罪。解决这一问题不能从抽象的理念出发，而应以法条的规定及其所反映的立法意图为出发点。从法条规定上看，既然被告人与犯罪嫌疑人和罪犯一起被列为本罪的主体，而根据刑事诉讼法的规定，被告人与犯罪嫌疑人并不等于罪犯，可见规定本罪的立法意图并不在于行为人必须是犯了罪的人，而在于其摆脱依法被关押状态的行为破坏了司法机关的监管秩序。这里的“依法关押”中的“依法”固然包括了形式上依法与实质上依法两个方面，但主要是指形式上合乎法律规定。换言之，对这里的依法与否不能通过事后的判断来下结论，而应根据当时的状况来判断。因此，只要司法机关的关押行为在当时来看是合法的，就应该认为被关押者符合本罪主体条件，如果他们脱逃的，就应当以脱逃罪追究其刑事责任。当然，考虑到行为人系无罪而被关押这一情节，可以适用刑法的有关规定对其脱逃行为从轻、减轻处罚或者免予刑事处罚。[①] 我们赞同第二种观点。

2. 脱逃罪与组织越狱罪、暴动越狱罪的区分。根据《刑法》第 317 条第 1 款的规定，组织越狱罪，是指依法被关押的犯罪分子、犯罪嫌疑人、被告人相互组织起来进行越狱的行为。根据《刑法》第 317 条第 2 款的规定，暴动越狱罪，是指在押的犯罪分子、犯罪嫌疑人、被告人相互勾结，使用暴力手段集体越狱逃跑的行为。脱逃罪和组织越狱罪、暴动越狱罪的主要区别在于：组织越狱罪在客观方面表现为有组织、有计划地进行，有明显的首要分子，而脱逃罪可以是单人实施，即使在共同犯罪的情况下有共谋，但仍缺乏严密的组织性；暴动越狱罪在客观方面表现为采用集体武力暴动的对抗方式，而脱逃罪有时也使用暴力，但并非是集体的暴动。

3. 脱逃罪与故意伤害罪、故意杀人罪的区分。如果行为人使用暴力手段脱逃，造成监管人员或其他制止其行为的人轻伤以下结果的，仍成立脱逃罪。但是，如果其暴力手段造成监管人员或其他人重伤、死亡的，则属于本罪与故意伤害罪或故意杀人罪的牵连犯，应依照从一重罪处断的原则对其以故意伤害罪或故意杀人罪论处。

4. 脱逃罪犯罪未遂的认定。对于脱逃罪的既遂与未遂的区别标准，应当按照犯罪人脱逃时所处的具体环境确定脱逃罪的既遂与未遂。(1) 脱逃行为发生在看守所、监狱、少管所内的，凡逃离上述监管机关的具体固定的警戒标志的，即为脱逃罪既遂。(2) 脱逃行为发生在院外劳动或作业的空旷地带，凡逃离监管机关设置的警戒线的，即为脱逃罪既遂。(3) 脱逃行为发生在押解途中，如果押解采用汽车、火车等具有特定空间的器具，凡逃离此空间的，即为脱逃罪既遂；如果被押解者单纯地处于看守人的监视中，凡足以摆脱看守人的羁押，即为脱逃罪既遂。

(三) 脱逃罪的处罚

根据《刑法》第 316 条第 1 款的规定，犯脱逃罪的，处 5 年以下有期徒刑或者拘役。

## 组织他人偷越国（边）境罪

(一) 组织他人偷越国（边）境罪的概念和特征

根据《刑法》第 318 条的规定，组织他人偷越国（边）境罪，是指非法组织他人偷越国（边）境的行为。组织他人偷越国（边）境罪的构成特征为：

1. 本罪侵犯的直接客体是指国家对出入国（边）境的管理制度。所谓国（边）境管理制度，既指我国与邻国的国境出入管理制度，又指我国大陆与台、港、澳地区的边境出入境

① 参见赵秉志主编：《刑法新教程》，740 页。

管理制度。本罪的行为对象是国（边）境，包括国境和边境。国境是指我国与邻国划定的疆界，边境一般是指大陆与香港、澳门、台湾地区在行政区划上的交界，有时也指我国与邻国尚未划定而双方实际控制的边界线。

2. 本罪在客观方面表现为违反国家有关出入国（边）境的管理规定，非法组织他人偷越国（边）境的行为。所谓非法，即指行为人违反国家国（边）境管理规定，擅自组织他人偷越国（边）境。所谓组织，一般表现为采取动员、串联、拉拢、煽动、诱骗甚至胁迫等手段和方法，策划、领导、指挥他人偷越国（边）境，也包括为他人偷越国（边）境出谋划策，确定偷越的时间、地点、人员、方式的行为。不论采取什么手段和方法，以及组织者本人是否偷越国（边）境，都是组织他人偷越国（边）境的行为。所谓偷越国（边）境，既可以是组织境内人员偷渡至境外，也可以是组织境外人员偷渡至境内。

3. 本罪的主体是一般主体，即已满16周岁，具有刑事责任能力的人。单位不能成为本罪的主体。本罪的主体既包括中国人，也包括外国人和无国籍人。

4. 本罪在主观方面为故意。

（二）组织他人偷越国（边）境罪的认定

1. 组织他人偷越国（边）境罪与结伙偷越国（边）境的行为的区别。

(1) 行为性质不同。组织他人偷越国（边）境罪是组织他人偷越国（边）境的行为，行为人是他人偷越国（边）境的组织者，在他人偷越国（边）境中起策划、领导、指挥作用；而后者则是相互串通、相互支持，共同偷越国（边）境的行为，在共同偷越国（边）境的过程中，可能有起主要作用的分子，但其实施的不是组织他人偷越国（边）境的行为。

(2) 犯罪目的不同。组织他人偷越国（边）境罪行为人实施犯罪的目的，通常是以营利为目的或其他目的，但本人不具有非法出入国（边）境的目的；后者的行为人的目的在于非法出入国（边）境，不存在营利的目的。

2. 组织他人偷越国（边）境罪与近似犯罪的区别。

(1) 组织他人偷越国（边）境罪与骗取出境证件罪的区别。根据《刑法》第319条的规定，骗取出境证件罪，是指以劳务输出、经贸往来或者其他名义，弄虚作假，骗取护照、签证等出境证件，为组织他人偷越国（边）境使用的行为。组织他人偷越国（边）境罪，其犯罪方法是多种多样的，骗取出境证件只是其中的一种犯罪方法；而骗取出境证件罪，其所骗取的出境证件只能是为组织他人偷越国（边）境使用，因此这两种犯罪有交叉重合之处。但是，两者的立法角度是不同的。前者强调的是组织他人偷越国（边）境的行为，后者强调的是骗取出境证件的行为，它实际上是前者的预备行为，鉴于这种行为易于使组织他人偷越国（边）境犯罪得逞，故刑法将它规定为一个独立的罪名，予以严厉的处罚。

在实践中，组织他人偷越国（边）境罪与骗取出境证件罪的界限在于：1）行为人只要实施组织他人偷越国（边）境的行为，无论是采取骗取出境证件方法还是采取其他方法，都构成组织他人偷越国（边）境罪。2）行为人实施骗取出境证件行为，只要是为组织他人偷越国（边）境使用，无论是自己使用还是提供给他人使用，无论行为人是否他人偷越国（边）境的组织者，如果尚未实行组织他人偷越国（边）境的行为，都应认定为骗取出境证件罪，不可按组织他人偷越国（边）境罪的预备行为处罚。3）如果单位既实施骗取出境证件的行为，又实行了组织他人偷越国（边）境的行为，应定骗取出境证件罪，因为单位不能成为组织他人偷越国（边）境罪的主体。

(2) 组织他人偷越国（边）境罪与运送他人偷越国（边）境罪的区别。根据《刑法》第321条的规定，运送他人偷越国（边）境罪，是指违反国家边境管理规定，运送他人偷越国

（边）境的行为。组织他人偷越国（边）境罪与运送他人偷越国（边）境罪的主要区别在于：1）行为性质不同。组织他人偷越国（边）境罪是组织他人偷越国（边）境的行为，组织行为中包括运送被组织者非法出入国（边）境的行为；运送他人偷越国（边）境罪仅是运送他人偷越国（边）境的行为，不包括组织他人偷越国（边）境的行为。2）偷越人的主观方面不完全相同。组织他人偷越国（边）境罪中的被组织人，既有决意偷越国（边）境的人，也有本无偷越国（边）境意愿的人，甚至还有被诱骗、被胁迫偷越国（边）境的人；运送他人偷越国（边）境罪中的被运送偷越国（边）境的人，只能是具有非法偷越国（边）境意志的人。

3. 组织他人偷越国（边）境罪的罪数形态的认定。

《刑法》第 318 条第 1 款第 3 项规定，“造成被组织人重伤、死亡的”，是本罪的加重构成，不能进行数罪并罚；而在第 2 款又规定，犯本罪“对被组织人有杀害、伤害”行为的，依照数罪并罚的规定处罚。从表面上看，两者好像是矛盾的，其实存在着本质上的差别：前者规定的是危害结果，指行为人在实施组织他人偷越国（边）境过程中，过失地“造成被组织人重伤、死亡”结果；而后者规定的是危害行为，指行为人在实施组织他人偷越国（边）境过程中，对被组织人故意实施杀害、伤害行为。所以，对过失造成被组织人“重伤、死亡”的，按重罪处罚；而对被组织人有“杀害、伤害”行为的，以组织他人偷越国（边）境罪和故意杀人罪或者故意伤害罪实行数罪并罚。

《刑法》第 318 条第 1 款第 5 项规定，“以暴力、威胁方法抗拒检查的”，处 7 年以上有期徒刑或者无期徒刑，并处罚金或者没收财产。在这里，以暴力、威胁方法抗拒检查与组织他人偷越国（边）境之间构成手段行为与目的行为的牵连犯，但上述这两项规定实际上是以组织他人偷越国（边）境罪和运送他人偷越国（边）境罪的情节加重犯处罚，因此，应直接按照《刑法》第 318 条及第 321 条的规定处罚，不应再在法定刑范围内从重处罚。

（三）组织他人偷越国（边）境罪的处罚

根据《刑法》第 318 条第 1 款的规定，犯组织他人偷越国（边）境罪的，处 2 年以上 7 年以下有期徒刑，并处罚金。有下列情形之一的，处 7 年以上有期徒刑或者无期徒刑，并处罚金或者没收财产：（1）组织他人偷越国（边）境集团的首要分子；（2）多次组织他人偷越国（边）境或者组织他人偷越国（边）境人数众多的；（3）造成被组织人重伤、死亡的；（4）剥夺或者限制被组织人人身自由的；（5）以暴力、威胁方法抗拒检查的；（6）违法所得数额巨大的；（7）有其他特别严重情节的。

根据《刑法》第 318 条第 2 款规定，犯本罪并对被组织人有杀害、伤害、强奸、拐卖等犯罪行为，或者对检查人员有杀害、伤害等犯罪行为的，依照数罪并罚的规定处罚。

## 倒卖文物罪

（一）倒卖文物罪的概念和特征

根据《刑法》第 326 条的规定，倒卖文物罪，是指以牟利为目的，倒卖国家禁止经营的文物，情节严重的行为。倒卖文物罪的构成特征是：

1. 本罪客体为国家对文物保护的正常管理活动。本罪的行为对象是国家禁止经营的一切文物，如果不是国家禁止经营的文物，不构成本罪。本罪的犯罪对象既可能是珍贵文物也可能是一般文物。根据全国人大常委会《关于〈中华人民共和国刑法〉有关文物的规定适用于具有科学价值的古脊椎动物化石、古人类化石的解释》的规定，刑法有关文物的规定，适用于具有科学价值的古脊椎动物化石、古人类化石。

2. 本罪在客观方面表现为违反国家文物保护法规，倒卖国家禁止经营的文物的行为。所谓“倒卖”，是指为赚取买入卖出之间的差价而买进、运输、卖出的行为。在这里，所谓“倒卖”既包括收购他人所有的珍贵文物然后出卖的行为，也包括将本人收藏或占有的珍贵文物予以出卖的行为。如果收购或出卖文物不是为了赚取利润，不构成本罪。按照我国《文物保护法》的规定，国有博物馆、图书馆和其他文物单位收藏的珍贵文物禁止出卖；社会上流散在私人手里的文物所有权受法律保护，但严禁倒卖牟利，如果要出卖，只能卖给文化行政管理部门指定的收购单位。经营文物购销业务的单位必须经国家和省级文化行政管理部门批准，除此之外，其他任何单位和个人都不能经营文物购销业务。凡是违反上述规定，擅自收买或出卖文物的行为都是非法的。如果行为人违反国家有关法律，倒卖文物，情节严重，构成倒卖文物罪。

3. 本罪的主体是一般主体，既包括自然人，也包括单位。

4. 本罪的主观方面只能是直接故意，并且具有牟利目的。因此，如果买进文物是为了个人欣赏与收藏，则不构成本罪。

（二）倒卖文物罪的认定

1. 倒卖文物罪与非罪的界限。对于不以牟利为目的的行为，买卖国家允许自由买卖的文物的行为，以及倒卖国家禁止经营的文物但情节显著轻微危害不大的行为，均不能以犯罪论处。

2. 倒卖文物罪与近似犯罪的界限。

（1）倒卖文物罪与走私文物罪的区分。根据《刑法》第 151 条第 2 款的规定，走私文物罪，是指违反海关法律、法规，逃避海关监管，非法运输、携带、邮寄国家禁止出口文物出国（边）境的行为。两罪的主要区别在于：第一，犯罪目的不完全相同。成立倒卖文物罪，主观上必须是出于牟利目的；走私文物罪的构成在主观方面则不以牟利目的为限。第二，犯罪对象不同。倒卖文物罪的对象为国家禁止经营的文物；走私文物罪的对象是国家禁止出口的文物。第三，行为的客观表现不同。倒卖文物罪表现为违反文物保护法规，倒卖国家禁止经营的文物，情节严重的行为；走私文物罪表现为违反海关法规，逃避海关监管，运输、携带、邮寄国家禁止出口的文物出境的行为。

（2）倒卖文物罪与非法向外国人出售珍贵文物罪的区分。根据《刑法》第 325 条的规定，非法向外国人出售、赠送珍贵文物罪，是指违反文物保护法规，将收藏的国家禁止出口的珍贵文物私自出售给外国人的行为。倒卖文物罪与非法向外国人出售珍贵文物罪的区别在于：第一，犯罪客体不同。倒卖文物罪侵犯的客体是国家对珍贵文物的流通管制制度；而非法向外国人出售珍贵文物罪侵犯的客体是国家对珍贵文物的保护制度。第二，文物的受买人不同。倒卖文物罪的受买人可以是本国人，可以是外国人；而非法向外国人出售珍贵文物罪的受买人是外国人。第三，犯罪主体不同。倒卖文物罪的犯罪主体是一般主体，包括单位和个人；非法向外国人出售珍贵文物罪的主体不仅要符合构成犯罪主体具备的一般条件，还必须符合本罪的特定条件，即行为人持有或占有珍贵文物。第四，犯罪主观故意内容不同。倒卖文物罪中的行为人主观上具有非法牟利的目的；而非法向外国人出售珍贵文物罪行为人主观上不具有牟利的目的。

（3）倒卖文物罪与非法出售文物藏品罪的区分。根据《刑法》第 327 条的规定，非法出售、私赠文物藏品罪，是指国有博物馆、图书馆等单位违反文物保护法规，将国家保护的文物藏品出售给非国有单位或个人的行为。倒卖文物罪与非法出售文物藏品罪的区别在于：第一，犯罪客体不同。倒卖文物罪的客体是国家对文物的流通管制制度，非法出售文物藏品罪的客体是国家对馆藏珍贵文物的处置管制制度和国家对文物的所有权。第二，犯罪对象不同。倒卖文物罪的犯罪对象是国家禁止经营的文物，包括国有博物馆等单位收藏的珍贵文物和社会上流散的珍贵文物及其他国家禁止经营的文物。非法出售文物藏品罪的犯罪对象只限于国有博物馆、图书馆等单位收藏的珍贵文物。第三，倒卖文物罪的主体是一般主体，包括单位和个人。非法出售文物藏品罪的主体是特殊主体，即只限于国有博物馆、图书馆等国有单位。第四，主观方面不同。倒卖文物罪主观上具有非法牟利的目的，非法出售文物藏品罪主观上不具有牟利的目的。

（三）倒卖文物罪的处罚

根据《刑法》第326条的规定，犯倒卖文物罪的，处5年以下有期徒刑或者拘役，并处罚金；情节特别严重的，处5年以上10年以下有期徒刑，并处罚金。单位犯本罪的，对单位判处罚金，并对其直接负责的主管人员和其他直接责任人员，依照自然人犯罪的规定处罚。

## ■ 医疗事故罪

（一）医疗事故罪的概念和特征

根据《刑法》第335条的规定，医疗事故罪，是指医务人员在诊疗护理工作中由于严重不负责任，造成就诊人死亡或者严重损害就诊人身体健康的行为。

医疗事故罪的主要特征是：

1. 本罪所侵犯的客体是国家对医疗工作的管理秩序和就诊人的生命健康权利。

2. 本罪的客观方面必须具备两个要件：首先，在医疗护理工作中实施了严重不负责任的行为。违反规章制度，是造成重大医疗责任事故的原因，也是行为人承担刑事责任的前提条件。其次，必须造成了就诊人死亡或者严重损害就诊人身体健康的危害后果。如果行为人严重不负责任，虽在诊疗中具有过错，但没有造成上述特定危害后果，不能认为构成本罪。也就是说，医务人员的严重不负责任行为与上述特定危害后果之间，必须具有因果关系。上述两个要件必须同时具备，缺少其中一个要件，不能构成本罪。

3. 本罪由特殊主体即医务人员构成。所谓医务人员，是指经过卫生行政机关批准、承认，或者经过各级机构、医药院校培养训练经考核合格，取得相应资格并从事医疗实践工作的各级各类医务人员，包括医疗人员、防疫人员、药剂人员、护理人员、医疗管理人员、医疗工程技术人员、医疗后勤服务人员以及其他医疗技术人员。既包括全民所有制和集体所有制医疗单位的医务人员，也包括一切具有合法行医执照的个体开业者。只有上述合法医务人员才能成为本罪的主体，其他人员即使是非法行医的人员也不能构成本罪。

4. 本罪在主观方面为过失，即行为人对造成就诊人死亡或者严重损害就诊人身体健康的后果，在主观上持否定的态度。具体表现为行为人应当预见到自己严重不负责任的行为会造成就诊人死亡或严重损害就诊人身体健康，因为疏忽大意而没有预见，或者已预见但轻信可以避免的心理态度。如果行为人在医疗护理工作中故意致死就诊人或故意严重损害就诊人身体健康，则应以故意杀人罪或故意伤害罪论处。

（二）医疗事故罪的认定

1. 医疗事故罪与非罪的区分。医疗事故罪与非罪的区分，主要应注意以下几个问题：

（1）医疗事故罪与一般医疗事故的界限。两者的相同之处是，医务人员在诊疗护理工作中都有违反医疗规章制度和不负责任的行为，区分的关键在于是否发生了重大医疗事故。重大医疗事故是指下列情形之一：1）造成病员死亡；2）造成病员严重残废或者严重功能障碍；3）造成病员残废或者功能障碍。如果医务人员严重不负责任，造成的危害结果没有达到这种程度，只能算一般医疗事故。造成一般医疗事故的行为，不能认为是犯罪，只能由医疗单位依法给予行政处分。

(2) 医疗事故罪与医疗技术事故的界限。医疗事故罪是医务人员在诊疗护理过程中，违反规章制度，严重不负责任，造成就诊人死亡或严重损害就诊人身体健康的行为；而医疗技术事故是指医务人员在诊疗护理工作过程中，由于个人业务水平有限，经验不足，或者单位技术设备条件限制等原因，造成就诊人功能障碍、残废或死亡事件。

(3) 医疗事故罪与医疗意外的界限。所谓医疗意外，是指在诊疗护理工作中由于病情或者病人体质特殊而发生了医务人员难以预料和防范的不良后果。医疗事故罪与医疗意外的区别，主要在于医务人员主观上是否存有过失。如果造成就诊人死亡或身体健康严重损害，是由于医务人员严重不负责任，疏忽大意或过于自信所致，则构成本罪；假如就诊人死亡或身体健康遭受严重损害的结果，是由于医务人员不能预见或不能抗拒的原因引起的，则属于医疗意外，根据《刑法》第16条规定，不能认为是犯罪。

2. 医疗事故罪与重大责任事故罪的区分。

医疗事故罪与重大责任事故罪的区别主要在于：第一，医疗事故罪的主体是医务人员，即经过卫生行政机关批准、承认，或者经过各级机构、医药院校培养训练经考核合格，取得相应资格并从事医疗实践工作的各级各类医务人员；重大责任事故罪的主体是一般主体。第二，医疗事故罪的客观方面表现为医务人员在诊疗护理工作中，由于严重不负责任，造成就诊人死亡或者严重损害就诊人身体健康的行为；重大责任事故罪的客观方面表现为在生产、作业中，违反有关安全管理的规定，因而发生重大伤亡事故或者造成其他严重后果的行为。第三，医疗事故罪危害结果仅限于就诊人死亡或身体健康受到严重损害；重大责任事故罪的危害结果除了包括重大伤亡，还包括重大财产损失。

(三) 医疗事故罪的处罚

根据《刑法》第335条的规定，犯医疗事故罪的，处3年以下有期徒刑或者拘役。

## ■ 非法行医罪

(一) 非法行医罪的概念和特征

根据《刑法》第336条第1款的规定，非法行医罪，是指未取得医生执业资格的人非法行医，情节严重的行为。非法行医罪的构成特征为：

1. 本罪所侵犯的客体为复杂客体，既侵犯了国家对医疗机构和医务从业人员的管理秩序，同时也侵犯了就诊人的生命健康权利。在这两种客体中，国家对医疗机构和医务从业人员的管理秩序是主要客体，公共卫生是次要客体。

2. 本罪在客观方面表现为非法行医，情节严重的行为。所谓非法行医，是指未取得医生执业资格，擅自开展诊疗活动。非法行医的方式是多种多样的，有的自己挂牌行医，有的在药店坐堂看病，有的挂靠某个单位开业行医，有的冒充医生在医疗单位从业，有的在集市摆摊看病或在城乡游串行医等等，无论以何种方式非法行医，均不影响本罪的成立。此外，构成本罪，还必须是非法行医情节严重的行为。

3. 本罪的主体为未取得医生执业资格的人。只要未取得医生执业资格而非法行医的，都可能成为本罪的主体。根据我国《执业医师法》的规定，从事医师执业活动，应当首先参加医师资格考试，取得执业医师资格，然后进行注册，取得执业证书。取得执业医师资格和取得医师执业证书是本罪所谓“取得医生执业资格”的两个必不可少的程序和步骤。仅仅通过医师资格考试，取得执业医师资格，没有在卫生行政管理部门进行注册，取得医师执业证书，就擅自开展医疗业务，仍然属于非法行医行为。

4. 本罪在主观方面为直接故意，但对非法行医所造成的危害结果，则是出于过失，即行为人不希望危害结果发生，也不是放任危害结果发生。否则，可能构成其他犯罪。

（二）非法行医罪的认定

1. 非法行医罪与非罪的区分。在实践中，区分非法行医罪与非罪行为，主要应当看非法行医是否达到情节严重的程度。情节严重是成立非法行医罪不可缺少的构成要件。如果非法行医尚未达到情节严重的程度，不能构成本罪。

2. 非法行医罪与近似犯罪的区分。

（1）非法行医罪与医疗事故罪的区分。非法行医罪与医疗事故罪的区别主要在于：首先，犯罪的主体不同。非法行医罪的主体，为未取得医生执业资格的人；医疗事故罪为特殊主体，即合法从业的医务人员。其次，主观方面不同。尽管两者对危害结果都持否定态度，但非法行医罪的基本犯在主观上表现为直接故意，即行为人明知自己没有取得医生执业资格而非法行医；医疗事故罪在主观上则表现为过失，即行为人应当预见到其严重不负责任的行为可能会造成危害结果，因疏忽大意没有预见，或者已预见但是轻信能够避免的心理态度。

（2）非法行医罪与故意伤害罪、故意杀人罪的区分。在非法行医过程中，经常伴有就诊人伤害、死亡的结果。《刑法》第 336 条第 1 款对非法行医罪有三个量刑档次，其中第二个量刑档次是“严重损害就诊人身体健康的，处 3 年以上 10 年以下有期徒刑，并处罚金”；第三个量刑档次是“造成就诊人死亡的，处 10 年以上有期徒刑，并处罚金”。在这里，行为人主观上对于严重损害就诊人身体健康和造成就诊人死亡的非法行医罪的这两种加重结果，均持过失的心理态度，即行为人对于严重损害就诊人身体健康和造成就诊人死亡都是过失的。所以，对于行为人非法行医，造成就诊人死亡或者严重损害就诊人身体健康的结果，应当直接以非法行医罪定罪处罚。如果行为人对于严重损害就诊人身体健康和造成就诊人死亡的危害结果持故意的心理态度，构成非法行医罪与故意杀人罪或者故意伤害罪的想象竞合犯，应当按照想象竞合犯从一重处断的原则处理。

（3）非法行医罪与以非法行医的方式实施的诈骗罪的区分。非法行医罪与以非法行医的方式实施的诈骗罪的区别是明显的。其一，非法行医罪行为人一般有相对固定的行医场所，而以行医为名实施的诈骗犯罪，其行为人常常无固定场所，多以走街串巷的游医形式出现。其二，非法行医罪行为人虽然没有取得国家认可的行医资格，但他们通常具有一定的医疗知识，而以行医为名实施的诈骗犯罪，其行为人可能缺乏基本的医疗常识。其三，非法行医罪行为人为了行医往往备置相应的医疗必需器材、设备等，而以行医为名实施的诈骗犯罪，其行为人通常不会投资购买医疗设施。

（4）非法行医罪与非法进行节育手术罪的区分。根据《刑法》第 336 条第 2 款的规定，非法进行节育手术罪，是指未取得医生执业资格的人擅自为他人进行节育复通手术、假节育手术、终止妊娠手术或摘取宫内节育器，情节严重的行为。非法行医罪与非法进行节育手术罪的区别在于：第一，犯罪侵犯的客体不同。前罪侵犯的客体是国家对医疗工作的管理秩序和就诊人的生命健康权利；后罪侵犯的客体是国家的计划生育制度及就诊人的身体健康和生命安全。第二，犯罪的客观方面不同。前罪的行医，不包括为他人进行节育复通手术、假节育手术、终止妊娠手术或摘取宫内节育器的行为；后罪的客观方面表现为未取得医生执业资格的人擅自为他人进行节育复通手术、假节育手术、终止妊娠手术或摘取宫内节育器，情节严重的行为。第三，犯罪对象不同。前罪的犯罪对象没有特别要求；后罪的犯罪对象是育龄妇女。

实际上，非法进行节育手术罪和非法行医罪构成包容竞合的法条竞合关系，前罪为特别法，后罪为普通法。如果行为人未取得医生执业资格，而为他人实施节育手术的，应直接按照非法进行节育手术罪定罪处罚。

（三）非法行医罪的处罚

根据《刑法》第336条第1款的规定，犯本罪的，处3年以下有期徒刑、拘役或者管制，并处或者单处罚金；严重损害就诊人身体健康的，处3年以上10年以下有期徒刑，并处罚金；造成就诊人死亡的，处10年以上有期徒刑，并处罚金。

## ■ 非法猎捕、杀害珍贵、濒危野生动物罪

（一）非法猎捕、杀害珍贵、濒危野生动物罪的概念和特征

根据《刑法》第341条第1款的规定，非法猎捕、杀害珍贵、濒危野生动物罪，是指猎捕、杀害国家重点保护的珍贵、濒危野生动物的行为。非法猎捕、杀害珍贵、濒危野生动物罪的构成特征为：

1. 本罪侵犯的直接客体是国家对珍贵、濒危野生动物资源的重点保护制度。行为对象是国家重点保护的珍贵、濒危野生动物。所谓“珍贵、濒危野生动物”，根据最高人民法院《关于审理破坏野生动物资源刑事案件具体应用法律若干问题的解释》（2000年11月17日）第1条的规定，包括列入国家重点保护野生动物名录的国家一、二级保护野生动物，列入《濒危野生动植物种国际贸易公约》附录一、附录二的野生动物以及驯养繁殖的上述物种。如果捕杀上述范围以外野生动物的，不能成立本罪。

2. 本罪在客观方面表现为非法猎捕、杀害国家重点保护的珍贵、濒危野生动物的行为。行为的非法性是构成本罪的前提。所谓非法，是指违反我国《野生动物保护法》及其他相关法律、法规。本罪的行为方式包括猎捕和杀害两种行为，只要实施一种便构成犯罪。应当注意的是，本罪的行为只有猎捕和杀害两种，不包括伤害。行为人故意伤害国家重点保护的珍贵、濒危野生动物的，不能构成本罪。根据我国《野生动物保护法》的规定，因科学研究、驯养繁殖、展览或者其他特殊需要而捕捉、捕捞国家一级保护野生动物的，必须向国务院野生动物行政主管部门申请特许猎捕证；需猎捕国家二级保护野生动物的，必须向省、自治区、直辖市政府野生动物行政主管部门申请特许猎捕证。凡没有取得特许猎捕证，或者虽然取得特许猎捕证但未按照特许猎捕证所规定的种类、数量、地点、期限实施猎捕行为的，均为非法猎捕、杀害行为。

3. 犯罪主体是一般主体，可以是个人，也可以是单位。

4. 在主观方面为故意，即行为人明知是珍贵、濒危野生动物而故意进行猎捕或杀害。

（二）非法猎捕、杀害珍贵、濒危野生动物罪的认定

1. 非法猎捕、杀害珍贵、濒危野生动物罪与非法狩猎罪的区分。根据《刑法》第341条第2款的规定，非法狩猎罪，是指违反狩猎法规，在禁猎区、禁猎期或者使用禁用的工具、方法进行狩猎，破坏野生动物资源，情节严重的行为。非法猎捕、杀害珍贵、濒危野生动物罪与非法狩猎罪的区别在于：（1）犯罪对象不同。非法猎捕、杀害珍贵、濒危野生动物罪的犯罪对象是指国家重点保护的珍贵、濒危野生动物，即列入国家重点保护野生动物名录的国家一、二级保护野生动物，列入《濒危野生动植物种国际贸易公约》附录一、附录二的野生动物以及驯养繁殖的上述物种；非法狩猎罪的犯罪对象是指上述国家重点保护的珍贵、濒危野生动物以外的其他野生动物资源。（2）非法狩猎罪的狩猎行为，必须是在特定时间（禁猎期）、特定地点（禁猎区）、使用特定工具（禁用的工具）或者特定方法（禁用的方法）实施；非法猎捕、杀害珍贵、濒危野生动物罪的非法猎杀行为，对危害行为实施的时间、地

点、工具和方法，不作特别限制。(3) 非法狩猎罪必须是情节严重的行为，才能成立犯罪；非法猎捕、杀害珍贵、濒危野生动物罪只要实施非法猎杀珍贵、濒危野生动物行为，不论情节是否严重都成立犯罪。

2. 非法猎捕、杀害珍贵、濒危野生动物罪的罪数形态。根据最高人民法院《关于审理破坏野生动物资源刑事案件具体应用法律若干问题的解释》，本罪的罪数形态问题应当注意以下几点：(1) 使用爆炸、投毒、设置电网等危险方法破坏野生动物资源，构成非法猎捕、杀害珍贵、濒危野生动物罪，同时构成《刑法》第 114 条或者第 115 条规定之罪的，依照处罚较重的规定定罪处罚。(2) 实施《刑法》第 341 条规定的犯罪，又以暴力、威胁方法抗拒查处，构成其他犯罪的，依照数罪并罚的规定处罚。(3) 伪造、变造、买卖国家机关颁发的野生动物允许进出口证明书、特许猎捕证、狩猎证、驯养繁殖许可证等公文、证件构成犯罪的，依照《刑法》第 280 条第 1 款的规定，以伪造、变造、买卖国家机关公文、证件、印章罪定罪处罚。(4) 实施非法猎捕、杀害珍贵、濒危野生动物罪，同时构成《刑法》第 225 条第 2 项规定的非法经营罪的，依照处罚较重的规定定罪处罚。

（三）非法猎捕、杀害珍贵、濒危野生动物罪的处罚

根据《刑法》第 341 条的规定，犯非法猎捕、杀害珍贵、濒危野生动物罪的，处 5 年以下有期徒刑或者拘役，并处罚金；情节严重的，处 5 年以上 10 年以下有期徒刑，并处罚金；情节特别严重的，处 10 年以上有期徒刑，并处罚金或者没收财产。根据《刑法》第 346 条的规定，单位犯本罪的，对单位判处罚金，并对其直接负责的主管人员和其他直接责任人员，依照个人犯本罪的规定处罚。

所谓“情节严重”，按照最高人民法院《关于审理破坏野生动物资源刑事案件具体应用法律若干问题的解释》的有关规定，是指下列情形之一：(1) 犯罪集团的首要分子；(2) 严重影响对野生动物的科研、养殖等工作顺利进行的；(3) 以武装掩护方法实施犯罪的；(4) 使用特种车、军用车等交通工具实施犯罪的；(5) 造成其他重大损失的；(6) 达到该解释附表所列相应数量标准的，或者非法猎捕、杀害不同种类的珍贵、濒危野生动物，其中两种以上分别达到该解释附表所列“情节严重”数量标准一半以上的。

所谓“情节特别严重”，按照最高人民法院《关于审理破坏野生动物资源刑事案件具体应用法律若干问题的解释》的有关规定，是指下列情形之一：(1) 达到该解释附表所列相应数量标准的，或者非法猎捕、杀害不同种类的珍贵、濒危野生动物，其中两种以上分别达到该解释附表所列“情节严重”数量标准一半以上的；并且符合“情节严重”第 1 种至第 5 种情形之一的。(2) 达到该解释附表所列相应数量标准的，或者非法猎捕、杀害不同种类的珍贵、濒危野生动物，其中两种以上分别达到该解释附表所列“情节特别严重”数量标准一半以上的。

## ■ 盗伐林木罪

（一）盗伐林木罪的概念和特征

根据《刑法》第 345 条第 1 款的规定，盗伐林木罪，是指盗伐森林或者其他林木，数量较大的行为。盗伐林木罪的主要特征是：

1. 本罪侵犯的直接客体是国家对林业的管理制度和国家、集体或他人对林木的所有权。行为对象特指正在生长中的森林和其他林木。森林是指大片树木，包括原始森林和人造林；其他林木主要是指小片树木，包括个人承包的属于国家或集体所有的荒山荒地上种植的林木及公民个人自留山上的成片林木等。已被伐倒的树木和个人房前屋后种植的零星树木，不是

本罪的犯罪对象。

2. 本罪在客观方面表现为违反保护森林法规，盗伐森林、林木数量较大的行为。根据最高人民法院《关于审理破坏森林资源刑事案件具体应用法律若干问题的解释》第3条的规定，以非法占有为目的，具有下列情形之一，数量较大的，以盗伐林木罪定罪处罚：(1) 擅自砍伐国家、集体、他人所有或者他人承包经营管理的森林或者其他林木的；(2) 擅自砍伐本单位或者本人承包经营管理的森林或者其他林木的；(3) 在林木采伐许可证规定的地点以外采伐国家、集体、他人所有或者他人承包经营管理的森林或者其他林木的。至于行为人是偷偷砍伐还是公开砍伐，对于成立本罪并不重要。盗伐林木"数量较大"，以2立方米至5立方米或者幼树100株至200株为起点。

3. 本罪的主体是一般主体，可以是个人，也可以是单位。

4. 本罪在主观方面表现为故意，而且行为人具有非法占有他人林木的目的。这种非法占有，可以是自用或销售牟利，也可以是转归他人或单位占有等。

（二）盗伐林木罪的认定

1. 盗伐林木罪与非罪的区分。构成本罪必须是盗伐林木数量较大，如果没有达到数量较大，或者相当于这种损失的，不能认为是犯罪，只能由林业主管部门或其他部门给予行政处罚。在司法实践中，对于连续多次盗伐林木的，可以累计其未经处理的盗伐数量，如果达到数量较大的标准，则以盗伐林木罪定罪处罚。

2. 盗伐林木罪与近似犯罪的区分。

(1) 盗伐林木罪与盗窃罪的区别。盗伐林木罪与盗窃罪最主要的区别在于：侵犯的客体和犯罪对象不同。第一，盗伐林木罪侵犯的直接客体主要是国家对林业的管理活动，同时在这一过程中也必然侵犯国家、集体或他人对林木的所有权；而盗窃罪侵犯的客体只是公私财产所有权。第二，由于盗伐林木罪侵犯的主要是国家对林业的管理活动，所以其犯罪对象也只限于属于森林资源保护和林政管理范围的、正在生长中的森林或其他成片的林木。合法采伐的树木或农民自留山、房前屋后的零星树木，则不属于林政管理的范围。按照最高人民法院《关于审理破坏森林资源刑事案件具体应用法律若干问题的解释》的规定，如果将国家、集体、他人所有并已伐倒的树木偷走或者偷砍他人房前屋后及自留山、地种植的零星树木的，应按盗窃罪的规定处理。非法实施采种、采脂、挖笋、掘根、剥树皮等行为，牟取经济利益数额较大的，依照《刑法》第264条的规定，以盗窃罪定罪处罚。同时构成其他犯罪的，依照处罚较重的规定定罪处罚。

此外，盗伐林木罪与盗窃罪在犯罪主体上也有显著差别，盗伐林木罪的主体既可以是自然人，也可以是单位；而盗窃罪的主体只能是自然人，不包括单位。

(2) 盗伐林木罪与滥伐林木罪的区分。根据《刑法》第345条第2款的规定，滥伐林木罪，是指违反森林法的规定，滥伐森林或者其他林木，数量较大的行为。滥伐林木罪与盗伐林木罪同列于《刑法》第345条，由此表明这两种犯罪无论是在侵害客体上，还是在主体、主观罪过形式上都具有相同的特性。

实际上，滥伐林木罪与盗伐林木罪的客观行为方式存有实质性的区别。滥伐林木行为以违反森林法规为前提，客观行为包括有采伐许可证而不按照其规定要求的采伐行为，以及无证任意采伐具有所有权的森林或其他林木的行为；盗伐林木行为则纯属是无采伐许可证的采伐行为，行为人是在林木所有人、看管人或主管机关不知的情况下，私自秘密采伐不具有所有权的森林或其他林木，因此，盗伐林木行为本身具有非法占有林木的性质。

在犯罪侵害对象方面两罪同样存有差异。整体上看两罪的对象虽都包括森林和其他林木的内容，但于具体内容上却不完全一致。滥伐林木的对象是具有所有权或者采伐权的森林和其他林木；而盗伐林木的对象是既无所有权也无采伐权的森林和其他林木。从林木所有权的性质上区分，集体或者个人承包全民所有和集体所有的宜林荒山荒地种植的林木归承包的集体或个人所有；承包合同另有规定的，按照承包合同规定执行。由此可知，个人承包林木的所有权有两种形式，即承包人个人所有或国家、集体所有。如果承包人本人擅自砍伐国家或集体所有的承包林木，应视为盗伐林木罪，如果承包人擅自砍伐所有权归承包人本人的林木，则应视为滥伐林木罪。同时，根据最高人民法院《关于审理破坏森林资源刑事案件具体应用法律若干问题的解释》的规定，在林木采伐许可证规定的地点以外采伐国家、集体、他人所有或者他人承包经营管理的森林或者其他林木的，构成盗伐林木罪。而超过林木采伐许可证规定的数量采伐他人所有的森林或者其他林木的，以及林木权属争议一方在林木权属确定之前，擅自砍伐森林或者其他林木，数量较大的，以滥伐林木罪论处。

此外，滥伐林木罪与盗伐林木罪在定罪的林木数量标准上也存有差异。滥伐林木罪的数量标准高于盗伐林木罪，根据最高人民法院《关于审理破坏森林资源刑事案件具体应用法律若干问题的解释》，构成滥伐林木罪的“数量较大”，以 10 立方米至 20 立方米或者幼树 500 株至 1 000 株为起点；而构成盗伐林木罪的“数量较大”，以 2 立方米至 5 立方米或者幼树 100 株至 200 株为起点。

（3）盗伐林木罪与非法采伐、毁坏国家重点保护植物罪的区分。根据《刑法》第 344 条（已经《刑法修正案（四）》修订）的规定，非法采伐、毁坏国家重点保护植物罪，是指违反森林法的规定，非法采伐、毁坏珍贵树木或者国家重点保护的其他植物的行为。盗伐林木罪与非法采伐、毁坏国家重点保护植物罪的区分在于：盗伐林木罪的对象为一般林木，而非法采伐、毁坏国家重点保护植物罪的对象为珍贵树木和国家重点保护的其他植物。因此，盗伐珍贵树木的行为可能同时符合本罪与非法采伐、毁坏国家重点保护植物罪的犯罪构成，根据最高人民法院《关于审理破坏森林资源刑事案件具体应用法律若干问题的解释》的规定，盗伐、滥伐珍贵树木，同时触犯《刑法》第 344 条、第 345 条规定的，依照处罚较重的规定定罪处罚。但是，如果行为人既盗伐一般林木数量较大，另外又实施了盗伐珍贵树木的行为的，则应对其数罪并罚。

3. 认定盗伐林木罪的其他相关问题。

根据最高人民法院《关于审理破坏森林资源刑事案件具体应用法律若干问题的解释》的规定，对于本罪的认定还应当注意以下几点：（1）对于伪造、变造、买卖林木采伐许可证，木材运输证件，森林、林木、林地权属证书，占用或者征用林地审核同意书，育林基金等缴费收据以及其他国家机关批准的林业证件构成犯罪的，依照《刑法》第 280 条第 1 款的规定，以伪造、变造、买卖国家机关公文、证件、印章罪定罪处罚。（2）对于买卖允许进出口证明书等经营许可证明，同时触犯《刑法》第 225 条、第 280 条规定之罪的，依照处罚较重的规定定罪处罚。（3）聚众哄抢林木 5 立方米以上的，属于聚众哄抢“数额较大”；聚众哄抢林木 20 立方米以上的，属于聚众哄抢“数额巨大”，对首要分子和积极参加的，依照《刑法》第 268 条的规定，以聚众哄抢罪定罪处罚。

（三）盗伐林木罪的处罚

根据《刑法》第 345 条第 1 款和第 4 款的规定，犯盗伐林木罪的，处 3 年以下有期徒刑、拘役或者管制，并处或者单处罚金；数量巨大的，处 3 年以上 7 年以下有期徒刑，并处罚金；数量特别巨大的，处 7 年以上有期徒刑，并处罚金。盗伐林木“数量巨大”，以 20 立方米至 50 立方米或者幼树 1 000 株至 2 000 株为起点；盗伐林木“数量特别巨大”，以 100

立方米至200立方米或者幼树5 000株至10 000株为起点。盗伐国家级自然保护区内的森林或者其他林木的，从重处罚。根据《刑法》第346条的规定，单位犯本罪的，对单位判处罚金，并对其直接负责的主管人员和其他直接责任人员，依照个人犯本罪的规定处罚。

## ■ 走私、贩卖、运输、制造毒品罪

（一）走私、贩卖、运输、制造毒品罪的概念和特征

根据《刑法》第347条的规定，走私、贩卖、运输、制造毒品罪，是指违反国家毒品管制法规，走私、贩卖、运输、制造毒品的行为。走私、贩卖、运输、制造毒品罪的构成特征是：

1. 本罪所侵犯的直接客体是国家对毒品的管理制度和公民的身心健康。行为对象必须是毒品。所谓毒品，是指鸦片、海洛因、甲基苯丙胺（冰毒）、吗啡、大麻、可卡因以及国家规定管制的其他能够使人形成瘾癖的麻醉药品和精神药品。

2. 本罪在客观方面表现为走私、贩卖、运输、制造毒品的行为。所谓走私毒品，是指违反海关法规，不经海关、边防检查站非法偷运、携带毒品进出国（边）境，或者虽经海关、边防检查站但采用伪装、藏匿、谎报等方法逃避检查，将毒品偷运进出国（边）境的行为。直接向走私人非法收购走私进口的毒品，或者在我国的内海、领海、界河、界湖运输、收购、贩卖毒品的行为，也应当以走私毒品罪论处。所谓贩卖毒品，是指为销售而非法收购毒品或者明知是毒品而非法销售的行为。销售行为，既可以是主动兜售，也可以是应对方要求而有偿转让；既可以是以货币为代价而转让，也可以是以毒品换取其他物质利益；既可以是零售，也可以是批发；既可以是自制自销，也可以是转手倒卖。所谓运输毒品，是指明知是毒品而采取携带、邮寄、利用他人或者使用交通工具等方法非法将毒品从一个地方运送到另一个地方的行为。运输毒品，应当是在一国境内由甲地运往乙地，否则，构成走私毒品。所谓制造毒品，是指违反国家关于毒品的管制法规，非法用毒品原料提炼、加工、配制成为可供人吸食、注射的毒品的行为。这四种行为，只要实施其中一种，即可构成本罪。走私、贩卖、运输或制造毒品，无论数量多少，都构成犯罪。

3. 本罪的主体是一般主体，既可以是个人，也可以是单位。对于自然人主体而言，走私、运输、制造毒品罪的主体是已满16周岁且具有刑事责任能力的人；贩卖毒品罪的主体，是已满14周岁且具有刑事责任能力的人。

4. 本罪在主观方面必须是故意，即行为人明知是毒品，而决意进行走私、贩卖、运输或者制造。

（二）走私、贩卖、运输、制造毒品罪的认定

1. 走私、贩卖、运输、制造毒品罪与非罪的区分。

首先，凡根据医疗、教学、科研等的需要，经政府有关部门特许从事买卖、运输、制造麻醉药品和精神药品的是合法行为，只有未经批准而非法买卖、运输、制造毒品的行为，才能认为是犯罪。其次，行为人只要实施了走私、贩卖、运输、制造毒品的行为，不论其数量多少，都构成犯罪，但是，如果确实属于情节显著轻微危害不大的，依照《刑法》第13条“但书”的规定，不能以犯罪论处。

2. 关于毒品的数量计算问题。

首先，根据《刑法》第347条第7款的规定，对多次走私、贩卖、运输、制造毒品，未经处理的，毒品数量累计计算；其次，根据《刑法》第357条第2款的规定，毒品的数量以查证属实的走私、贩卖、运输、制造、非法持有毒品的数量计算，不以纯度折算。

3. 走私、贩卖、运输、制造毒品罪与近似犯罪的区分。

（1）贩卖、运输、制造毒品罪与诈骗罪的区分。对于故意制造假毒品出售，或明知是非毒品而冒充毒品贩卖的行为，由于行为人主观上不具有制造、贩卖毒品的故意，客观上所制造、贩卖的对象也不是毒品，而是利用假毒品诈骗他人钱财，如果数额较大符合诈骗罪构成要件的，应当按诈骗罪论处。对于行为人不知所获得的是假毒品，将其以真毒品贩卖获利的，由于其主观上具有贩毒的故意，应以贩卖毒品罪未遂论处。如果行为人在非毒品中掺入毒品贩卖，只要贩卖物中含有毒品，应以贩卖毒品罪论处。

（2）制造毒品罪与非法种植毒品原植物罪的区分。根据《刑法》第351条的规定，非法种植毒品原植物罪，是指违反国家毒品原植物种植管制法规，私自种植罂粟、大麻等毒品原植物，情节严重的行为。制造毒品罪与非法种植毒品原植物罪的区别主要在于：第一，犯罪客体不同。后者侵犯的客体是单一客体，即是国家对毒品原植物种植的管制；前者侵犯的是复杂客体，既侵犯了国家对毒品的管理制度又危害公民的身心健康。第二，犯罪对象不同。后者的犯罪对象专指罂粟、大麻等毒品原植物；前者的犯罪对象是指鸦片、吗啡、海洛因等毒品。第三，实施的行为不同。后者在客观方面表现为种植毒品原植物的行为；前者则表现为制造毒品的行为，即用毒品原植物提炼、加工、配制成可供吸食、注射的毒品。

对于非法种植毒品原植物后，又加工、提炼成鸦片等毒品出售的，可按重行为吸收轻行为的原则，以制造、贩卖毒品罪处罚，不实行并罚。

（3）贩卖、制造毒品罪与生产、销售假药罪及生产、销售劣药罪的区分。根据《刑法》第141条、第142条的规定，生产、销售假药罪，是指违反药品管理法规，生产、销售假药，足以严重危害人体健康的行为；生产、销售劣药罪，是指故意生产、销售劣药，对人体健康造成严重危害的行为。贩卖、制造毒品罪与生产、销售假药罪及生产、销售劣药罪的区分在于：1）侵害的客体不同。前者侵犯的主要客体是国家对毒品的管理制度；后者侵犯的是国家的药政管理制度。2）犯罪对象不同。前者的犯罪对象是毒品；后者的犯罪对象则是假药、劣药。

4. 走私、贩卖、运输、制造毒品罪的共同犯罪的认定。

根据《刑法》第349条第3款的规定，包庇毒品犯罪和窝藏、转移、隐瞒毒品、毒赃事先通谋的，以走私、贩卖、运输、制造毒品罪的共犯论处。

根据《刑法》第350条第2款的规定，明知他人制造毒品而为其提供制毒物品的，以制造毒品罪的共犯论处。

5. 走私毒品罪的罪数形态的认定。

如果行为人在走私活动中，其走私的对象既包括毒品，也包括走私罪规定的其他物品，如假币、贵重金属等，因其只实施了一个走私行为，触犯了数个罪名，构成想象竞合犯，应当从一重处断。

6. 关于毒品犯罪的再犯制度。

《刑法》第356条规定：因走私、贩卖、运输、制造、非法持有毒品罪被判过刑，又犯本节规定之罪的，从重处罚。这是我国刑法规定的毒品再犯制度。对毒品再犯制度，应当注意的是，前罪是特定之罪，即走私、贩卖、运输、制造毒品罪和非法持有毒品罪，后罪是《刑法》第六章第七节规定的所有的犯罪。前罪与后罪之间的时间间隔无论多长，都应当对后罪从重处罚。应当将毒品再犯制度与累犯制度区别开来。

（三）走私、贩卖、运输、制造毒品罪的处罚

根据《刑法》第347条第1款的规定，走私、贩卖、运输、制造毒品的，无论数量多

少，都应当追究刑事责任，予以刑罚处罚。

根据《刑法》第 347 条第 2 款的规定，犯走私、贩卖、运输、制造毒品罪，有下列情形之一的，处 15 年有期徒刑、无期徒刑或者死刑，并处没收财产：（1）走私、贩卖、运输、制造鸦片 1 000 克以上、海洛因或者甲基苯丙胺 50 克以上或者其他毒品数量大的；（2）走私、贩卖、运输、制造毒品集团的首要分子；（3）武装掩护走私、贩卖、运输、制造毒品的；（4）以暴力抗拒检查、拘留、逮捕，情节严重的；（5）参与有组织的国际贩毒活动的。

根据最高人民法院《关于审理毒品案件定罪量刑标准有关问题的解释》（2000 年 6 月 6 日），这里的“其他毒品数量大”是指：（1）苯丙胺类毒品（甲基苯丙胺除外）100 克以上；（2）大麻油 5 千克、大麻脂 10 千克、大麻叶及大麻烟 150 千克以上；（3）可卡因 50 克以上；（4）吗啡 100 克以上；（5）度冷丁（杜冷丁）250 克以上（针剂 100mg/支规格的 2 500 支以上，50mg/支规格的5 000支以上；片剂 25mg/片规格的 1 万片以上，50mg/片规格的 5 000片以上）；（6）盐酸二氢埃托啡 10 毫克以上（针剂或者片剂 20ug/支，片规格的 500 支、片以上）；（7）咖啡因 200 千克以上；（8）罂粟壳 200 千克以上；（9）上述毒品以外的其他毒品数量大的。

根据《刑法》第 347 条第 3 款的规定，走私、贩卖、运输、制造鸦片 200 克以上不满 1 000克、海洛因或者甲基苯丙胺 10 克以上不满 50 克或者其他毒品数量较大的，处 7 年以上有期徒刑，并处罚金。

根据最高人民法院《关于审理毒品案件定罪量刑标准有关问题的解释》，这里的“其他毒品数量较大”是指：（1）苯丙胺类毒品（甲基苯丙胺除外）20 克以上不满 100 克；（2）大麻油 1 千克以上不满 5 千克、大麻脂 2 千克以上不满 10 千克，大麻叶及大麻烟 30 千克以上不满 150 千克；（3）可卡因 10 克以上不满 50 克；（4）吗啡 20 克以上不满 100 克；（5）度冷丁（杜冷丁）50 克以上不满 250 克（针剂 100mg/支规格的 500 支以上不满 2 500 支，50mg/支规格的 1 000 支以上不满 5 000 支；片剂 25mg/片规格的 2 000 片以上不满 1 万片，50mg/片规格的 1 000 片以上不满 5 000 片）；（6）盐酸二氢埃托啡 2 毫克以上不满 10 毫克（针剂或片剂 20ug/支，片规格的 100 支、片以上不满 500 支、片）；（7）咖啡因 50 千克以上不满 200 千克；（8）罂粟壳 50 千克以上不满 200 千克；（9）上述毒品以外的其他毒品数量较大的。

根据《刑法》第 347 条第 4 款的规定，走私、贩卖、运输、制造鸦片不满 200 克，海洛因或者甲基苯丙胺不满 10 克或者其他少量毒品的，处 3 年以下有期徒刑、拘役或者管制，并处罚金；情节严重的，处 3 年以上 7 年以下有期徒刑。

根据上述司法解释，这里的“情节严重”是指：（1）走私、贩卖、运输、制造鸦片 140 克以上不满 200 克，海洛因或者甲基苯丙胺 7 克以上不满 10 克或者其他数量相当毒品的；（2）国家工作人员走私、制造、运输、贩卖毒品的；（3）在戒毒监管场所贩卖毒品的；（4）向多人贩毒或多次贩毒的；（5）其他情节严重的。

根据《刑法》第 347 条第 5 款的规定，单位犯走私、贩卖、运输、制造毒品罪的，对单位判处罚金，并对其直接负责的主管人员和其他直接责任人员，依照个人犯本罪的规定处罚。

根据《刑法》第 347 条第 6 款的规定，利用、教唆未成年人走私、贩卖、运输、制造毒品，或者向未成年人出售毒品的，从重处罚。

根据《刑法》第 347 条第 7 款的规定，对多次走私、贩卖、运输、制造毒品，未经处理的，毒品数量累计计算。此外，根据《刑法》第 357 条第 2 款的规定，毒品数量以查证属实的走私、贩卖、运输、制造毒品的数量计算，不以纯度折算。

根据《刑法》第356的规定，因走私、贩卖、运输、制造、非法持有毒品罪被判过刑，又犯走私、贩卖、运输、制造毒品罪的，从重处罚。

## 非法持有毒品罪

（一）非法持有毒品罪的概念和特征

根据《刑法》第348条的规定，非法持有毒品罪，是指违反国家毒品管理法规，非法持有毒品且数量较大的行为。非法持有毒品罪的构成特征是：

1. 本罪所侵犯的直接客体是国家对毒品的管理制度和公民的身心健康。犯罪对象是毒品。

2. 本罪在客观方面要求必须具备三个条件：一是持有毒品必须是非法的。所谓非法，是指违反《中华人民共和国药品管理法》、《麻醉药品管理法》和《精神药品管理法》及刑法有关规定，表现为未经国家有关主管机关批准的情况下持有毒品。二是在客观上非法持有毒品。所谓非法持有毒品，是指以藏匿、携带、保管、支配等方式掌握、控制毒品。“非法持有毒品”，应作广义理解，既可以是暗藏于自己家中，也可以是委托他人代为收藏；既可以是随身携带，也可以是置于车船之内。总之，持有是对毒品的实际占有或支配，至于毒品的来源以及是否对该毒品拥有所有权，在所不问。三是非法持有的毒品必须数量较大。所谓数量较大，是指非法持有鸦片200克以上不满1 000克 、海洛因或者甲基苯丙胺10克以上不满50克或者其他毒品数量较大的。

3. 本罪的主体是一般主体，单位不构成本罪。

4. 本罪在主观方面为故意。只有在没有证据证明行为人非法持有毒品是为了实施本节其他毒品犯罪的情况下，才能认定为本罪。

（二）非法持有毒品罪的认定

1. 非法持有毒品罪与非罪的区分。非法持有毒品罪以非法持有的毒品数量较大作为犯罪成立的条件，没有达到数量较大的界限，属于一般违法行为，不能构成本罪。此外，本罪的主观方面是故意，即行为人必须明知是毒品而非法持有，如果行为人主观上对毒品不知道，不能构成本罪。

2. 非法持有毒品罪与其他毒品犯罪的关系。行为人持有毒品总有一定的来源、目的和用途，只有持有毒品的人拒不说明毒品的来源、目的和用途，而司法机关根据现有的证据，又无法认定行为人非法持有较大数量的毒品是否用于走私、贩卖、运输或者进行窝藏的，就是说无法认定行为人的行为构成其他毒品犯罪的，才能以本罪论处。

3. 非法持有假毒品的问题。行为人误将假毒品当做真毒品而持有的构成本罪，因为行为人明知持有毒品是违法的，在主观上具有非法持有毒品的故意，在客观上实施了非法持有的行为，这属于事实上的认识错误，不影响本罪的成立，但应以未遂处罚。

4. 非法持有毒品罪与近似犯罪的区分。

（1）非法持有毒品罪与走私、贩卖、运输、制造毒品罪的区别。非法持有毒品罪与走私、贩卖、运输、制造毒品罪的显著区别在于：第一，客观表现不同。非法持有毒品罪的行为特点是各种形式的“持有”；而走私、贩卖、运输、制造毒品罪的行为方式限于“走私、贩卖、运输、制造”四种。虽然走私、贩卖、运输、制造毒品的过程中行为人也可能有“持有”毒品的行为，但该种附带的持有行为被“走私、贩卖、运输、制造”毒品的行为所吸收，不能独立成罪。第二，成立犯罪的标准不同。非法持有毒品罪属于数额犯，须行为人持有法定数量的毒品才构成犯罪；而走私、贩卖、运输、制造毒品罪属于行为犯，只要行为人实施了走私、贩卖、运输、制造毒品的行为之一，不论数量多少，便足以成立犯罪。

（2）非法持有毒品罪与窝藏毒品罪的区别。行为人窝藏毒品必然要持有毒品，窝藏毒品的过程本身就是持有毒品的过程。非法持有毒品罪与窝藏毒品罪构成法条竞合关系。当行为人在主观上为走私、贩卖、运输、制造毒品的犯罪分子管理、私藏毒品，构成窝藏毒品罪，当行为人不是为了进行其他毒品犯罪而持有毒品，应认定为非法持有毒品罪。如果行为人可能是为了进行其他毒品犯罪而持有毒品，但行为人拒不说明的，应认定为非法持有毒品罪。

（三）非法持有毒品罪的处罚

根据《刑法》第348条的规定，非法持有鸦片1 000克以上、海洛因或者甲基苯丙胺50克以上或者其他毒品数量大的，处7年以上有期徒刑或者无期徒刑，并处罚金；非法持有鸦片200克以上不足1 000克、海洛因或者甲基苯丙胺10克以上不满50克或其他毒品数量较大的，处3年以下有期徒刑、拘役或者管制，并处罚金；情节严重的，处3年以上7年以下有期徒刑，并处罚金。

## ■ 组织卖淫罪

（一）组织卖淫罪的概念和特征

根据《刑法》第358条第1款的规定，组织卖淫罪，是指以招募、雇用、强迫、引诱、容留等手段控制多人卖淫的行为。组织卖淫罪的构成特征是：

1. 本罪所侵犯的直接客体是社会治安管理秩序、社会主义的社会风尚。本罪的行为对象是他人，既包括女性也包括男性。

2. 本罪在客观上表现为组织他人卖淫的行为，所谓组织他人卖淫，是指以招募、雇用、强迫、引诱、容留等手段，策划、控制多人从事卖淫活动。所谓策划，是指发起组织他人卖淫，制订组织他人卖淫的活动计划。所谓控制，是指掌握一些卖淫人员，安排、布置或调度他们从事卖淫活动。组织卖淫的行为，一般有两种形式：一是设置卖淫场所，包括设置变相的卖淫场所；二是没有固定的场所，而是通过控制卖淫人员来组织卖淫。

3. 本罪的主体是一般主体。单位不能成为本罪的主体，如果旅馆业、饮食服务业、文化娱乐业、出租汽车业等单位利用本单位的条件，组织他人卖淫的，亦应按自然人犯罪处理，即对直接负有责任的主管人员或其他直接责任人员按本罪论处。

4. 本罪在主观方面由故意构成。

（二）组织卖淫罪的认定

1. 组织卖淫罪与非罪的界限。

（1）要严格区分组织卖淫的犯罪分子与卖淫人员的界限。在组织卖淫中，既有组织他人卖淫的分子，也有为获得报酬而卖淫的人员。前者是组织、策划、部署、控制他人卖淫的犯罪分子，在卖淫组织活动中居于核心地位。后者是自愿或被胁迫、诱骗参与卖淫的人员，在组织卖淫中处于被支配的地位，是犯罪分子实现其营利目的的工具，刑法没有将卖淫行为本身规定为犯罪，所以应将两者严加区分。

（2）要将组织卖淫行为与结伙卖淫行为区别开来。所谓结伙卖淫，是指卖淫者相互串通、相互支持，共同从事卖淫的行为。由于在结伙卖淫过程中，结伙人都是卖淫人员，其中没有固定的组织策划人，相互之间也不存在控制与被控制的关系，所以不应以犯罪论处。如果自己卖淫又组织他人卖淫的，应定组织卖淫罪。

2. 组织卖淫罪与近似犯罪的区分。

(1) 组织卖淫罪与协助组织卖淫罪的区分。根据《刑法》第 358 条第 3 款的规定，协助组织卖淫罪，是指为他人组织卖淫提供协助的行为。组织卖淫罪与协助组织卖淫罪都是犯罪，但协助组织卖淫者是在组织他人卖淫活动中被雇用来充当保镖、管账等或提供相应的服务，在犯罪活动中只起辅助或次要作用的人员，刑法将它规定为独立的罪名并配置相对较轻的法定刑，因此，应当将犯罪活动中的组织者和协助组织者严格区分开来。对于协助组织卖淫者，不能认定为组织卖淫罪的从犯，而应当以协助组织卖淫罪单独定罪量刑。

(2) 组织卖淫罪与引诱、容留、介绍卖淫罪的区分。根据《刑法》第 359 条第 1 款的规定，引诱、容留、介绍卖淫罪，是指以金钱、物质或其他利益诱使他人卖淫，或为他人卖淫提供场所，或为卖淫进行介绍的行为。组织他人卖淫的活动，有时是通过引诱、容留、介绍他人卖淫方式进行的，后者容易与前者混淆。两者区分的关键，在于是否有组织、策划和控制多人从事卖淫活动的行为，如果引诱、容留、介绍他人卖淫的行为人，实施了组织、策划行为并控制多人从事卖淫，应定组织卖淫罪，否则只能构成引诱、容留、介绍卖淫罪。如果行为人实施的引诱、容留、介绍卖淫行为是对被组织者以外的其他人实施的，应当分别定罪，实行数罪并罚。

(3) 组织卖淫罪与强迫卖淫罪的区分。根据《刑法》第 358 条第 1 款的规定，强迫卖淫罪，是指以暴力、胁迫或者其他强制手段，迫使他人卖淫的行为。组织卖淫罪与强迫卖淫罪在犯罪客体、行为手段、主观内容等方面均有不同，一般不易混淆。但是，根据相关司法解释的规定，即最高人民法院、最高人民检察院《关于执行〈全国人民代表大会常务委员会关于严禁卖淫嫖娼的决定〉的若干问题的解答》，组织卖淫罪的手段中包括强迫，如果组织者以强迫为手段组织他人卖淫，就发生了两罪之间的交叉。在这种情况下，应当视为想象竞合犯，按照组织卖淫罪定罪处罚。

(4) 组织卖淫罪与传播性病罪的区分。组织卖淫的行为人明知被组织者患有严重性病仍然组织其卖淫，行为人在构成组织卖淫罪的同时，又构成了传播性病罪，应当数罪并罚。

(5) 组织卖淫罪与强奸罪的区分。在组织卖淫罪中，有的行为人为使被害妇女从心理上消除贞操观念，进而顺从其意志去卖淫，而对妇女实行强奸。《刑法》第 358 条将"强奸后迫使卖淫"作为组织卖淫罪的加重情节之一，在这种情况下，强奸行为与组织卖淫行为之间具有密切联系，强奸行为是组织他人卖淫的一种手段。因而，只按组织卖淫罪定罪处罚。如果强奸行为与组织卖淫行为之间没有联系，应当分别定罪，实行并罚。

(6) 组织卖淫罪与聚众淫乱罪的区分。根据《刑法》第 301 条第 1 款的规定，聚众淫乱罪，是指聚众进行淫乱活动的行为。组织卖淫罪与聚众淫乱罪的主要区别是：组织卖淫罪是在卖淫者与嫖娼者之间进行的，而且卖淫者一方面本身具有明确的牟利目的，另一方面又是受组织者控制的人员。聚众淫乱罪则不同，是在男女多人之间的群奸群宿，没有卖淫者与嫖客的区分，而且非以牟利为目的，聚众淫乱活动的一般参加者也不是受首要分子控制的人员。

(三) 组织卖淫罪的处罚

根据《刑法》第 358 条第 1 款、第 2 款的规定，犯本罪的，处 5 年以上 10 年以下有期徒刑，并处罚金。有下列情形之一的，处 10 年以上有期徒刑或者无期徒刑，并处罚金或者没收财产：(1) 组织他人卖淫、情节严重的；(2) 强迫不满 14 周岁的幼女卖淫的；(3) 强迫多人卖淫或者多次强迫他人卖淫的；(4) 强奸后迫使卖淫的；(5) 造成被强迫卖淫的人重伤、死亡或者其他严重后果的。情节特别严重的，处无期徒刑或者死刑，并处没收财产。

根据《刑法》第 361 条的规定，旅馆业、饮食服务业、文化娱乐业、出租汽车业等单位的主要负责人，利用本单位的条件犯本罪的，从重处罚。

## ■ 传播性病罪

（一）传播性病罪的概念和特征

根据《刑法》第360条第1款的规定，传播性病罪，是指明知自己患有梅毒、淋病等严重性病而卖淫或者嫖娼的行为。传播性病罪的构成特征为：

1. 本罪侵犯的客体为复杂客体，既破坏社会治安管理秩序，同时又危害公民的人身健康权利。

2. 本罪在客观上表现为行为人患有严重性病而卖淫、嫖娼的行为。构成本罪，客观上须具备以下两个要件：一是行为人必须患有严重性病。严重性病，是指严重的性传染病，或称性传播疾病，其主要的传染途径是性交。严重性病的范围，包括梅毒、淋病、软性下疳、性病性淋巴肉芽肿、腹股沟肉芽肿、性病疣以及艾滋病等。二是行为人必须实施了卖淫、嫖娼行为。嫖娼，是指以付出各种物质利益和非物质利益为代价，要求他人与自己发生不正当性关系的行为。不管行为人是卖淫或是嫖娼，只要具有其中之一种行为，即可构成本罪。应明确的是，本罪为行为犯，只要严重性病患者实施了卖淫、嫖娼行为，即使客观上没有将性病传染给他人，也可构成犯罪。

3. 本罪的主体为特殊主体，即患有严重性病的人。

4. 本罪在主观上只能是故意，即明知自己患有严重性病而仍进行卖淫、嫖娼，希望或放任这种性病通过自己的卖淫、嫖娼行为传染给他人。

（二）传播性病罪的认定

传播性病罪的行为人在主观上首先要“明知”自己患有严重的性病，才能构成本罪的故意。行为人对自己患有严重的性病的“明知”，在司法实践中，往往成为认定本罪罪与非罪的关键。行为人对自己患有严重性病的明知，既可以是确切知道，也可以是明知可能。需注意的是，对行为人明知的内容不可作机械的理解，不管是行为人仅知自己患有梅毒、淋病等具体病名而不知其为严重性病，还是行为人仅知自己患有某种严重性病而不知其病名，均应认定为是明知自己患有严重性病。在司法实践中，只要具备下列情形之一的，均可认定行为人“明知”：（1）有证据证明行为人曾到医院就医，被诊断为患有严重性病的；（2）根据行为人本人的知识和经验，能够知道自己患有严重性病的；（3）通过其他方法能够证明行为人是“明知”的。

（三）传播性病罪的处罚

根据《刑法》第360条第1款的规定，犯本罪的，处5年以下有期徒刑、拘役或者管制，并处罚金。

## ■ 制作、复制、出版、贩卖、传播淫秽物品牟利罪

（一）制作、复制、出版、贩卖、传播淫秽物品牟利罪的概念和特征

根据《刑法》第363条第1款的规定，制作、复制、出版、贩卖、传播淫秽物品牟利罪，是指以牟利为目的，制作、复制、出版、贩卖、传播淫秽物品的行为。制作、复制、出版、贩卖、传播淫秽物品牟利罪的构成特征为：

1. 本罪所侵犯的客体是国家对与性道德风尚有关的文化市场的管理秩序。本罪的犯罪对象是淫秽物品。所谓淫秽物品，是指具体描绘性行为或露骨宣扬色情的淫秽性的书刊、影片、录像带、图片及其他淫秽物品。根据最高人民法院、最高人民检察院2004年9月3日

颁布实施的《关于办理利用互联网、移动通讯终端、声讯台制作、复制、出版、贩卖、传播淫秽电子信息刑事案件具体应用法律若干问题的解释》第9条的规定，"其他淫秽物品"包括具体描绘性行为或者露骨宣扬色情的淫秽性的视频文件、音频文件、电子刊物、图片、文章、短信息等互联网、移动通讯终端电子信息和声讯台语音信息。

2. 本罪在客观方面表现为实施制作、复制、出版、贩卖或者传播淫秽物品的行为。制作是指生产、录制、编写、绘画、翻译、印刷、摄制等制造、创作淫秽物品的行为。复制，是指采用翻印、翻拍、复印、转录等方法对原已存在的淫秽物品重复制作的行为。出版，是指将淫秽物品编辑加工后，予以复制、发行的行为。贩卖，是指以批发、零售或倒卖等方法有偿转让淫秽物品的行为。传播，是指通过播放、出租、邮寄、运输等手段使淫秽物品流传的行为。实施了上述五种行为之一的，即可成立本罪；实施其中两种以上行为的，也只能以一罪论处，不能数罪并罚。

3. 本罪主体是一般主体，既可以是已满16周岁并具有刑事责任能力的自然人，也可以是单位。

4. 本罪在主观方面为故意，成立本罪必须以牟利为目的。所谓牟利，就是进行非法经营，谋取利益。如果不是以牟利为目的而实施制作、复制、出版、贩卖、传播淫秽物品的行为，不能构成本罪。行为人的牟利目的是否实现，不影响本罪的成立。

（二）制作、复制、出版、贩卖、传播淫秽物品牟利罪的认定

1. 制作、复制、出版、贩卖、传播淫秽物品牟利罪与非罪的区分。制作、复制、出版、贩卖、传播淫秽物品牟利罪与非罪的区分，主要应当注意以下两点：

（1）淫秽物品与非淫秽物品的区别。《刑法》第367条规定，有关人体生理、医学知识的科学著作不是淫秽物品；包含有色情内容的有艺术价值的文学、艺术作品不视为淫秽物品。

（2）制作、复制、出版、贩卖、传播淫秽物品牟利罪与一般违法行为的区别。制作、复制、出版、贩卖、传播淫秽物品牟利罪与一般违法行为区别的关键在于以牟利为目的制作、复制、出版、贩卖、传播淫秽物品的数量和获利数额。根据最高人民法院《关于审理非法出版物刑事案件具体应用法律若干问题的解释》（1998年12月11日）第8条的规定，以牟利为目的，实施制作、复制、出版、贩卖、传播淫秽物品行为，具有下列情形之一的，以制作、复制、出版、贩卖、传播淫秽物品牟利罪定罪处罚：1）制作、复制、出版淫秽影碟、软件、录像带50张（盒）至100张（盒）以上，淫秽音碟，录音带100张（盒）至200张（盒）以上，淫秽扑克、书刊、画册100副（册）至200副（册）以上，淫秽照片、画片500张至1 000张以上的；2）贩卖淫秽影碟、软件、录像带100张（盒）至200张（盒）以上，淫秽音碟、录音带200张（盒）至400张（盒）以上，淫秽扑克、书刊、画册200副（册）至400副（册）以上，淫秽照片、画片1 000张至2 000张以上的；3）向他人传播淫秽物品达200人次至500人次以上，或者组织播放淫秽影像达10场次至20场次以上的；4）制作、复制、出版、贩卖、传播淫秽物品，获利5 000元至1万元以上的。

此外，根据最高人民法院、最高人民检察院2004年9月3日《关于办理利用互联网、移动通讯终端、声讯台制作、复制、出版、贩卖、传播淫秽电子信息刑事案件具体应用法律若干问题的解释》第1条的规定，以牟利为目的，利用互联网、移动通讯终端制作、复制、出版、贩卖、传播淫秽电子信息，具有下列情形之一的，依照《刑法》第363条第1款的规定，以制作、复制、出版、贩卖、传播淫秽物品牟利罪定罪处罚：1）制作、复制、出版、贩卖、传播淫秽电影、表演、动画等视频文件20个以上的；2）制作、复制、出版、贩卖、

传播淫秽音频文件100个以上的；3）制作、复制、出版、贩卖、传播淫秽电子刊物、图片、文章、短信息等200件以上的；4）制作、复制、出版、贩卖、传播的淫秽电子信息，实际被点击数达到1万次以上的；5）以会员制方式出版、贩卖、传播淫秽电子信息，注册会员达200人以上的；6）利用淫秽电子信息收取广告费、会员注册费或者其他费用，违法所得1万元以上的；7）数量或者数额虽未达到第1）项至第6）项规定标准，但分别达到其中两项以上标准一半以上的；8）造成严重后果的，利用聊天室、论坛、即时通信软件、电子邮件等方式，实施第1款规定行为的，依照《刑法》第363条第1款的规定，以制作、复制、出版、贩卖、传播淫秽物品牟利罪定罪处罚。

2. 制作、复制、出版、贩卖、传播淫秽物品牟利罪与传播淫秽物品罪的区分。

《刑法》第364条第1款规定的传播淫秽物品罪，是指不以牟利为目的，传播淫秽的书刊、影片、音像、图片或者其他淫秽物品，情节严重的行为。制作、复制、出版、贩卖、传播淫秽物品牟利罪与传播淫秽物品罪的主要区别就在于主观方面有无牟利的目的：传播行为具有牟利性质的，以传播淫秽物品牟利罪定罪处罚；不具有牟利性质的，以传播淫秽物品罪定罪处罚。

（三）制作、复制、出版、贩卖、传播淫秽物品牟利罪的处罚

根据《刑法》第363条的规定，个人犯制作、复制、出版、贩卖、传播淫秽物品牟利罪的，处3年以下有期徒刑、拘役或者管制，并处罚金；情节严重的，处3年以上10年以下有期徒刑，并处罚金；情节特别严重的，处10年以上有期徒刑或者无期徒刑，并处罚金或者没收财产。

根据最高人民法院《关于审理非法出版物刑事案件具体应用法律若干问题的解释》第8条的规定，以牟利为目的，具有下列情形之一的，应当认定属于制作、复制、出版、贩卖、传播淫秽物品牟利罪情节严重：（1）制作、复制、出版淫秽影碟、软件、录像带250张（盒）至500张（盒）以上；淫秽音碟、录音带500张（盒）至1 000张（盒）以上，淫秽扑克、书刊、画册500副（册）至1 000副（册）以上，淫秽照片、画片2 500张至5 000张以上的；（2）贩卖淫秽影碟、软件、录像带500张（盒）至1 000张（盒）以上，淫秽音碟、录音带1 000张（盒）至2 000张（盒）以上，淫秽扑克、书刊、画册1 000副（册）至2 000副（册）以上，淫秽照片、画片5 000张至1万张以上的；（3）向他人传播淫秽物品达1 000人次至2 000人次以上，或者组织播放淫秽影像达50场次至100场次以上的；（4）制作、复制、出版、贩卖、传播淫秽物品，获利3万元至5万元以上的。制作、复制、出版、贩卖、传播淫秽物品的数量（数额）达到前述情节严重要求的数量（数额）5倍以上，属于情节特别严重的情形。

《关于办理利用互联网、移动通讯终端、声讯台制作、复制、出版、贩卖、传播淫秽电子信息刑事案件具体应用法律若干问题的解释》第2条规定，实施第1条规定的行为，数量或者数额达到第1条第1款第（1）项至第（6）项规定标准5倍以上的，应当认定为《刑法》第363条第1款规定的“情节严重”；达到规定标准25倍以上的，应当认定为“情节特别严重”。

根据《刑法》第366条的规定，单位犯制作、复制、出版、贩卖、传播淫秽物品牟利罪的，对单位判处罚金，并对其直接负责的主管人员和其他直接责任人员，依照个人犯本罪的规定处罚。

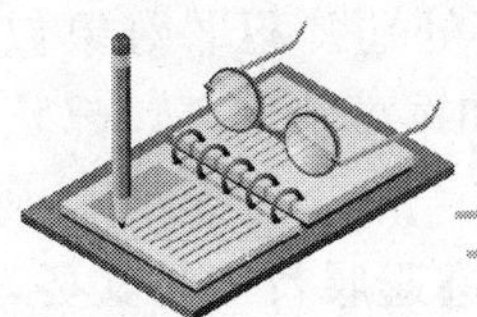

# 第二十五章

# 危害国防利益罪

## 第一节　危害国防利益罪概述

### 危害国防利益罪的概念和特征

（一）危害国防利益罪的概念

危害国防利益罪，是指违反国防法律、法规，拒绝或者逃避履行国防义务，危害作战和军事行动，危害国防物质基础和国防建设活动，妨害国防管理秩序，损害部队声誉依法应受刑罚处罚的行为。

危害国防利益罪是《刑法》1997 年修订新增的类罪。之所以要增加这一章，目的是保障第八届全国人民代表大会第五次会议通过的《中华人民共和国国防法》的贯彻实施。近年来，危害国防利益的犯罪活动在一些地方日益突出。例如，有些地方军事设施遭到破坏，军事禁区被冲闯、骚扰，军事活动受到阻拒，军人依法执行军务的行为受到阻碍，军事活动受到破坏，军需品供应和军事运输遭到拒绝、延误，军品质量严重不合格，有的造成严重的后果，军人及其军事单位的名称、番号、牌照被不法分子冒充、伪造，进行招摇撞骗，等等。这些犯罪，严重影响了部队的征兵、作战、训练、管理、战备工作，不仅给武装力量的建设带来严重的危害，而且也损害了国家的国防安全与利益。由于我国刑事立法不够完善，1979 年《刑法》未明确规定此类犯罪，实践中遇到此类案件时，无法追究行为人的刑事责任。为了有效地惩治与防范此类犯罪，充分运用刑法手段来保障有关军事法律的实施，加强国防建设，增强全民的国防意识，完善我国社会主义法制，刑法修订增加了危害国防利益罪的内容。考虑到危害国防利益罪侵犯的同类客体是国防利益，同《刑法》分则其他各章的同类客体有本质区别，不宜纳入《刑法》分则其他章中，为保证刑法罪名分类的科学性，《刑法》分则将本类罪单列为一章，作为一类独立的犯罪。

（二）危害国防利益罪的特征

危害国防利益罪具有如下构成特征：

1. 危害国防利益罪侵害的客体是国防利益。国防是国家生存和发展的安全保障。国防利益是指国家为捍卫国家主权、领土完整和安全，防备和抵御侵略与颠覆，维护部队声誉而进行的军事及与军事有关的建设和斗争等活动的利益，具体包括国防物质基础、作战与军事行动、国防自身安全、武装力量建设、国防管理秩序等方面利益。国防利益是关系到国家生存、发展和安全保障的重要利益。任何人（主要指非军人）实施的破坏武器装备、军事设施行为，冲击军事禁区行为，拒绝、逃避服兵役的行为，都会危及国防利益。为维护国家利益，国家对情节严重或造成重大后果的上述行为均作为犯罪，予以刑事处罚。犯罪对象包括：武装部队，军人，军用武器装备，军事设施，军事通信，军事禁区和军事管理区，部队的公文、证件、印章、部队专用标志等。

2. 危害国防利益罪客观方面表现为违反国防法律、法规，拒绝或者逃避履行国防义务，危害作战和军事行动，危害国防物质基础和国防建设活动，妨害国防管理秩序，损害部队声誉的行为。其中，所谓拒绝、逃避履行国防义务，是指预备役人员战时拒绝、逃避征召或者军事训练，以及公民战时拒绝、逃避服役等具有严重危害性的行为。所谓危害作战和军事行动，是指以暴力、威胁方法阻碍军人依法执行职务，战时故意向武装部队提供假敌情，战时造谣惑众扰乱军心，战时拒绝或者故意延误军事订货，战时拒绝军事征用等具有严重危害性的行为。所谓危害国防物质基础和国防建设活动，是指破坏武器装备、军事设备、军事通讯，向武装部队提供不合格武器装备、军事设施，伪造、变造、买卖或者盗窃、抢夺武装部队公文、证件、印章以及非法生产、买卖武装部队制式服装、车辆牌照等专用标志等具有严重危害性的行为。所谓妨害国防管理秩序，是指聚众冲击军事禁区或扰乱军事管理区，煽动军人逃离部队，或者明知是逃离部队的军人而雇用，在征兵工作中徇私舞弊，接送不合格兵员等具有严重危害性的行为。所谓损害部队声誉，是指冒充军人招摇撞骗等行为。

3. 危害国防利益罪的主体多为一般主体，即年满 16 周岁、具备刑事责任能力的自然人，且一般都是非军人。但也有少数罪，只能由特殊主体构成。例如，《刑法》第 374 条规定的接送不合格兵员罪。此外，单位也可成为某些危害国防利益罪的犯罪主体。例如，第 370 条规定的故意提供不合格武器装备、军事设施罪等。

4. 危害国防利益罪主观方面多为故意。有的犯罪还要求行为人具有营利的目的，如《刑法》第 375 条第 2 款规定的非法生产、买卖军用标志罪。只有个别犯罪由过失构成，如《刑法》第 369 条第 2 款规定的过失损坏武器装备、军事设施、军事通信罪，《刑法》第 370 条第 2 款规定的过失提供不合格武器装备、军事设施罪。

## ■ 危害国防利益罪的种类

《刑法》分则第 7 章共分 14 条规定了危害国防利益的各种犯罪，包括危害作战和军事行动方面的犯罪，危害国防建设方面的犯罪，危害国防管理秩序方面的犯罪和拒不履行国防义务方面的犯罪。具体包括：阻碍军人执行职务罪（第 368 条），阻碍军事行动罪（第 368 条），破坏武器装备、军事设施、军事通信罪（第 369 条第 1 款），过失损坏武器装备、军事设施、军事通信罪（第 369 条第 2 款），故意提供不合格武器装备、军事设施罪（第 370 条），过失提供不合格武器装备、军事设施罪（第 370 条），聚众冲击军事禁区罪（第 371 条），聚众扰乱军事管理区秩序罪（第 371 条），冒充军人招摇撞骗罪（第 372 条），煽动军人逃离部队罪（第 373 条），雇用逃离部队军人罪（第 373 条），接送不合格兵员罪（第 374 条），伪造、变造、买卖武装部队公文、证件、印章罪（第 375 条），盗窃、抢夺武装部队公文、证件、印章罪（第 375 条），非法生产、买卖武装部队制式服装罪（第 375 条），伪造、盗窃、买卖、非法提供、非法使用武装部队专用标志罪（第 375 条），战时拒绝、逃避征召、军事训练罪（第 376 条），战时拒绝、逃避服役罪（第 376 条），战时故意提供虚假敌情罪（第 377 条），战时造谣扰乱军心罪（第 378 条），战时窝藏逃离部队军人罪（第 379 条），战时拒绝、故意延误军事订货罪（第 380 条），战时拒绝军事征收、征用罪（第 381 条）。

## 第二节　本章重点论述的犯罪

### 阻碍军人执行职务罪

（一）阻碍军人执行职务罪的概念和特征

阻碍军人执行职务罪，是指以暴力、威胁方法对依法执行军事职务的军人进行妨碍、阻挠的行为。本罪具有如下构成特征：

1. 本罪的直接客体是军人依法执行职务的活动。依法执行职务，是指军人依照上级合法军事命令而执行职务。

2. 本罪客观方面表现为以暴力、威胁方法妨碍、阻挠军人依法执行职务的行为。所谓暴力，是指行为人对依法执行职务的军人的身体实施打击或强制，例如对军人棍棒殴打、皮带捆绑，等等。所谓威胁，是指行为人用伤害身体、毁坏财物、破坏名誉、揭穿隐私等手段相胁迫，实行精神强制，使军人产生恐惧心理，不能或无法履行职责、执行任务。至于威胁是直接还是间接，不影响本罪的成立。所谓阻碍军人依法执行职务，是指对军人依法执行职务造成障碍，使其不能顺利地执行职务。

3. 本罪的主体为一般主体。凡年满16周岁、具备刑事责任能力的自然人均可成为本罪主体。

4. 本罪主观方面是故意，即明知是正在依法执行军事职务的军人而对其使用暴力、威胁，迫使其停止、放弃、变更执行职务或者无法正常执行职务。行为人阻碍军人执行职务的动机、目的如何，不影响定罪。过失不构成本罪。

（二）阻碍军人执行职务罪的认定

1. 阻碍军人执行职务罪与非罪的界限。司法实践中，虽然阻碍了军人依法执行职务，但未采用暴力、威胁方法的，或者对军人执行职务中的违法行为予以抵制的，均不能认定为犯罪。

2. 阻碍军人执行职务罪与其他犯罪的界限。

(1) 阻碍军人执行职务罪与妨害公务罪的界限。两罪在犯罪客观方面、犯罪主体、犯罪主观方面均存在相同或相似之处。其区别关键在于侵犯的客体与对象不同：其一，阻碍军人执行职务罪侵犯的同类客体是国防利益，直接客体是军人依法执行职务的活动；妨害公务罪的同类客体是社会管理秩序，直接客体是国家工作人员依法执行职务的活动。其二，阻碍军人执行职务罪的犯罪对象是正在依法执行职务的军人，妨害公务罪的犯罪对象则是正在执行职务的国家工作人员。

(2) 阻碍军人执行职务罪与阻碍执行军事职务罪的界限。两罪在直接客体、客观方面、主观方面均存在相同或相似之处。区别主要在于：其一，同类客体不同。阻碍军人执行职务罪的同类客体是国防利益，阻碍执行军事职务罪的同类客体是军事利益。其二，犯罪对象不同。阻碍军人执行职务罪侵害的是正在依法执行职务的现役军人，包括指挥人员和普通士兵；阻碍执行军事职务罪侵害的是正在执行职务的军事指挥人员或者正在值班、值勤的军人。其三，犯罪主体不同。阻碍军人执行职务罪的主体是一般主体，阻碍执行军事职务罪的主体是特殊主体，即军人。

（三）阻碍军人执行职务罪的处罚

根据《刑法》第368条第1款的规定，犯阻碍军人执行职务罪的，处3年以下有期徒刑、拘役、管制或者罚金。

## 阻碍军事行动罪

（一）阻碍军事行动罪的概念和特征

阻碍军事行动罪，是指故意阻碍武装部队的军事行动，造成严重后果的行为。本罪具有如下构成特征：

1. 本罪的直接客体是武装部队的军事行动。根据我国《兵役法》第 4 条的规定，我国武装部队包括中国人民解放军现役部队、预备役部队、武装警察部队和民兵组织。所谓军事行动，是指为达到一定政治目的而有组织地使用武装力量的活动。军事行动，在平时关系到国防现代化的建设成败，在战时关系到国家防务能否得到保证，阻碍军事行动后果严重，必将关系到国家防务能否得到保证。

2. 本罪在客观方面表现为行为人实施了阻碍军事行动，造成严重后果的行为。所谓军事行动，既指战时的军事行动，也指平时的军事行动，如国家在和平时期的特定情况下，命令军队平定叛乱、暴乱或者戒严等。所谓严重后果，一般是指造成重大政治影响或者重大经济损失，或者造成武装部队人员伤亡、装备较大损失，战时造成战役和战斗失利，军事任务完成受影响等情况。必须指出的是，如果行为人虽然实施了阻碍武装部队军事行动的行为，但没有造成严重后果，只能按阻碍军人执行职务罪定罪处罚。

3. 本罪的主体为一般主体。凡年满 16 周岁、具备刑事责任能力的自然人，均可成为本罪的主体。

4. 本罪主观方面是故意，即明知是武装部队的军事行动而予以阻碍。过失不构成本罪。

（二）阻碍军事行动罪的认定

1. 阻碍军事行动罪与非罪的界限。本罪是故意犯罪，故过失阻碍军事行动的，不构成犯罪。此外，阻碍军事行动罪是结果犯，即必须是阻碍军事行动造成严重后果的才构成本罪。因此，虽然故意阻碍了军事行动，但未造成严重后果的，不能成立阻碍军事行动罪。

2. 阻碍军事行动罪与其他犯罪的界限。

（1）阻碍军事行动罪与武装叛乱、暴乱罪的界限。以武装叛乱或者武装暴乱的方式阻碍军事行动的，属想象竞合犯，应按从一重处断的原则，以武装叛乱、暴乱罪定罪处罚。

（2）阻碍军事行动罪与危害公共安全罪、妨害社会管理秩序罪中某些犯罪的界限。以放火、爆炸、决水、投毒等危险方法或者以破坏交通、通信工具和设施，破坏电力、易燃、易爆设备，扰乱公共场所秩序，冲击军事机关或以侵入军用计算机信息系统的手段阻碍军事行动的，属于想象竞合犯，应从一重罪处断。

（3）阻碍军事行动罪与阻碍执行军事职务罪的界限。两罪在犯罪主观方面相似，区别主要在于：其一，侵犯的直接客体不同。阻碍军事行动罪侵犯的直接客体是军队战斗小组以上组织的军事行动，阻碍执行军事职务罪侵犯的直接客体是军人依法执行职务的活动。其二，客观方面的表现形式不同。阻碍军事行动罪阻碍的是军队 3 人以上战斗组织的军事行动，阻碍执行军事职务罪阻碍的是军人依法执行职务的行为。

（三）阻碍军事行动罪的处罚

根据《刑法》第 368 条第 2 款的规定，犯阻碍军事行动罪的，处 5 年以下有期徒刑或者拘役。

## 破坏武器装备、军事设施、军事通信罪

（一）破坏武器装备、军事设施、军事通信罪的概念和特征

破坏武器装备、军事设施、军事通信罪是指故意破坏武器装备、军事设施、军事通信，危害国防利益的行为。本罪具有如下构成特征：

1. 本罪侵犯的直接客体，是军队战斗力的物质保障。犯罪对象是武器装备、军事设施、军事通信。

2. 本罪在客观方面表现为行为人实施了破坏武器装备、军事设施、军事通信的行为。武器装备，是指直接用于武装部队实施和保障作战行动的武器、武器系统和军事技术器材。军事设施是指国家直接用于军事目的的建筑、场地和设备，如军需仓库、射击场、教练飞机、军事禁区的围墙等。军事通信是指军队运用各种通信手段，为实施指挥和武器控制而进行的信息传送。破坏武器装备、军事设施、军事通信是指故意使前述武器装备、军事设施毁损，以及使军事信息传送不能正常进行。破坏的手段可分为公开的或秘密的、作为的或不作为的，具体包括两种方式：（1）危险手段，如放火、爆炸、决水、投毒等；（2）技术手段，如摧毁、砸压、撞击、挖掘等。

3. 本罪的主体是一般主体。凡年满 16 周岁、具备刑事责任能力的自然人，均能成为本罪主体。

4. 本罪主观方面是故意，即明知是武器装备、军事设施、军事通信而破坏。过失不构成本罪。

（二）破坏武器装备、军事设施、军事通信罪的认定

1. 破坏武器装备、军事设施、军事通信罪与破坏交通设施罪、破坏易燃易爆设备罪及破坏广播电视设施、公用电信设施罪的界限。破坏武器装备、军事设施、军事通信罪同后三罪在主观、客观方面以及犯罪主体上相同。区别主要在于：其一，同类客体不同。破坏武器装备、军事设施、军事通信罪侵犯的客体是国防利益，后三罪侵犯的同类客体是公共安全。其二，犯罪对象不同。破坏武器装备、军事设施、军事通信罪的犯罪对象仅限于武器装备、军事设施和军事通信，后三罪则应是非武器装备、军事设施和军事通信。

2. 破坏武器装备、军事设施、军事通信罪与盗窃罪的界限。在司法实践中，应注意区别以盗窃固定在军事设施上的设备、器材为表现形式的破坏军事设施罪与以盗窃军事设施内的军用物资为表现形式的盗窃罪的界限。两罪在犯罪主体、主观方面和犯罪手段上相同。主要区别在于：所盗设备、器材是否固定在军事设施上作为军事设施的一个不可缺少的组成部分。盗窃固定在军事设施上作为军事设施组成部分的设备、器材的，应以破坏武器装备、军事设施、军事通信罪论处，盗窃军事设施内存放的器材、物资的，应定为盗窃罪。

（三）破坏武器设备、军事设施、军事通信罪的处罚

根据《刑法》第 369 条的规定，犯破坏武器设备、军事设施、军事通信罪的，处 3 年以下有期徒刑、拘役或者管制；破坏重要武器装备、军事设施、军事通信的，处 3 年以上 10 年以下有期徒刑；情节特别严重的，处 10 年以上有期徒刑、无期徒刑或者死刑，战时从重处罚。所谓重要的武器装备、军事设施、军事通信，是指价值重大、用途重要的武器装备、军事设施以及具有特别意义的军事通信，例如军用飞机、舰艇、导弹基地、军用港口与机场、战时军事指挥通信等。所谓情节特别严重，是指破坏行为引起了重大军事损失，或者破坏了大量武器装备和军事设施、军事通信等。

## ■ 冒充军人招摇撞骗罪

（一）冒充军人招摇撞骗罪的概念和特征

冒充军人招摇撞骗罪，是指以谋取非法利益为目的，冒充军人招摇撞骗的行为。本罪具有如下构成特征：

1. 犯罪客体是军队的良好威信及正常活动。

2. 犯罪客观方面表现为实施了冒充军人招摇撞骗的行为。所谓招摇撞骗，是指假冒军人名义，进行炫耀，实施欺骗活动。具体表现形式多种多样，如穿戴军人服饰行骗，使用伪造的军人证件行骗，等等。

3. 犯罪主体为一般主体。即任何年满 16 周岁、具备刑事责任能力的自然人，都可以成为本罪的主体。

4. 主观方面为故意，且具有谋取非法利益的目的。所谓非法利益，既包括金钱、财物等物质利益，也包括荣誉待遇、异性的性爱等非物质利益。若行为人谋取的不是非法利益，例如，行为人为了顺利住宿或购买车船票而冒充军人的，单纯为了达到与他人结婚的目的而冒充军人的等等，不构成本罪。

（二）冒充军人招摇撞骗罪的认定

1. 冒充军人招摇撞骗罪与招摇撞骗罪的界限。

冒充军人招摇撞骗罪与招摇撞骗罪的区别主要是：(1) 侵犯的客体不同。冒充军人招摇撞骗罪侵犯的客体是军队的良好威信和信誉；而招摇撞骗罪侵犯的客体是国家机关的威信和信誉。(2) 冒充的对象不同。冒充军人招摇撞骗罪冒充的对象是军人；而招摇撞骗罪冒充的对象是国家机关工作人员。(3) 犯罪主体有所不同。冒充军人招摇撞骗罪的犯罪主体只能是除了军人之外的一般公民；而招摇撞骗罪的犯罪主体是包括军人在内的所有公民。

2. 冒充军人招摇撞骗罪与诈骗罪的界限。

冒充军人招摇撞骗罪与诈骗罪的区别主要表现为：(1) 侵犯的客体不同。冒充军人招摇撞骗罪侵犯的客体是军队的良好威信和信誉；而诈骗罪侵犯的客体则是公私财产的所有权。(2) 客观表现不同。冒充军人招摇撞骗罪的客观方面表现为冒充军人行骗；而诈骗罪的客观方面的表现形式可以是任何形式的欺骗活动。(3) 成立犯罪要求的数额标准不同。冒充军人招摇撞骗罪没有数额的要求；而诈骗罪则要求数额较大才能构成犯罪。(4) 故意的内容不同。冒充军人招摇撞骗罪中行为人意图骗取的既有物质利益也有非物质利益；而诈骗罪中行为人意图骗取的只能是物质利益，即公私财物。

（三）冒充军人招摇撞骗罪的处罚

根据《刑法》第 372 条的规定，犯冒充军人招摇撞骗罪的，处 3 年以下有期徒刑、拘役、管制或者剥夺政治权利；情节严重的，处 3 年以上 10 年以下有期徒刑。

# 第二十六章

# 贪污贿赂罪

## 第一节　贪污贿赂罪概述

### ■ 贪污贿赂罪的概念和特征

（一）贪污贿赂罪的概念

贪污贿赂罪，是指国家工作人员或国有单位实施的贪污、受贿或者拥有不能说明与合法收入差额巨大的财产或者支出的合法来源，或者私分国有资产或罚没财物，以及其他人员或单位行贿、介绍贿赂的行为。

贪污贿赂罪主要是国家工作人员实施的一类严重的经济犯罪，它不仅严重侵犯公共财产所有权，而且极大地败坏国家工作人员的声誉，损害党和政府在人民心目中的威信，因而具有严重的社会危害性。贪污贿赂犯罪的最大特征是对廉政建设制度的破坏。我国历来重视对贪污贿赂犯罪的惩治，近些年来，更是将打击这类犯罪作为廉政建设的重要任务。在1979年《刑法》中，贪污罪属于侵犯财产罪，贿赂罪属于渎职罪。这与当时社会的经济、政治形势是基本相适应的。但随着社会的发展，贪污贿赂犯罪出现了一系列新情况、新问题，原有刑法规范已不能适应反腐倡廉的需要。1988年1月21日全国人大常委会《关于惩治贪污贿赂罪的补充规定》对贪污罪和贿赂罪作了重大修改，增设了挪用公款罪、巨额财产来源不明罪、隐瞒境外存款罪、单位行贿罪、单位受贿罪等罪名。1997年修改《刑法》时为突出对贪污贿赂犯罪的打击，将其规定为独立的类罪，并增设对单位行贿罪、私分国有资产罪和私分罚没财物罪等罪名。

（二）贪污贿赂罪的特征

贪污贿赂罪具有如下特征：

1. 贪污贿赂罪侵犯的客体是国家廉政建设制度。国家廉政建设制度是以恪尽职守、廉洁奉公、吏治清明、反对腐败为主要内容的。反腐倡廉是我们党和国家一项长期的政治任务。贪污贿赂犯罪不仅破坏了党群良好关系，而且妨碍了国家廉政建设制度，进一步威胁到社会主义建设事业的顺利进行。

2. 贪污贿赂罪客观方面表现为侵害国家廉政建设制度情节严重的行为。其中多为国家工作人员利用职务上的便利贪污、受贿，或者拥有不能说明与合法收入差额巨大的财产或者支出的合法来源，或者私分国有资产或罚没财物的行为。也包括其他人员介绍贿赂、行贿等行为。

3. 贪污贿赂罪主体，绝大多数是特殊主体。如贪污罪、受贿罪、挪用公款罪、巨额财产来源不明罪、隐瞒境外存款罪、私分国有资产罪、私分罚没财物罪等，其主体都是特殊主体，即国家工作人员。少数犯罪是一般主体，如行贿罪、对单位行贿罪和介绍贿赂罪即是。

4. 贪污贿赂罪的主观方面均为故意，过失不能构成本类犯罪。

### ■ 贪污贿赂罪的种类

根据《刑法》分则第八章的规定，贪污贿赂罪共有 12 个具体罪名，包括贪污罪（第 382 条）、挪用公款罪（第 384 条）、受贿罪（第 385 条）、单位受贿罪（第 387 条）、行贿罪（第 389 条）、对单位行贿罪（第 391 条）、介绍贿赂罪（第 392 条）、单位行贿罪（第 393 条）、巨额财产来源不明罪（第 395 条）、隐瞒境外存款罪（第 395 条）、私分国有资产罪（第 396 条）、私分罚没财物罪（第 396 条）。

从犯罪主体角度，贪污贿赂罪可分为以下三类：一是作为自然人的国家工作人员实施的犯罪，具体包括贪污罪、挪用公款罪、受贿罪、巨额财产来源不明罪、隐瞒境外存款罪；二是作为自然人的一般主体实施的犯罪，具体包括行贿罪、对单位行贿罪和介绍贿赂罪；三是单位主体实施的犯罪，具体包括单位受贿罪、单位行贿罪、私分国有资产罪和私分罚没财物罪。

## 第二节　本章重点论述的犯罪

### ■ 贪污罪

（一）贪污罪的概念和特征

贪污罪，是指国家工作人员和受国家机关、国有公司、企业、事业单位、人民团体委托管理、经营国有财产的人员，利用职务上的便利，侵吞、窃取、骗取或者以其他手段非法占有公共财物的行为。

贪污罪具有如下构成特征：

1. 贪污罪的客体是复杂客体，即本罪既侵犯国家工作人员的职务廉洁性，也侵犯公共财产的所有权。其中，国家工作人员的职务廉洁性是本罪的主要客体。本罪的犯罪对象是公共财物。根据《刑法》第 91 条第 1 款的规定，公共财产是指：（1）国有财产；（2）劳动群众集体所有的财产；（3）用于扶贫和其他公益事业的社会捐助或专项资金的财产。此外，根据该条第 2 款的规定，在国家机关、国有公司、企业、事业单位、人民团体管理、使用、运输中的私人财产，以公共财产论。至于在多种所有制形式混合的经济类型特别是股份制企业中的财产性质如何认定，刑法理论界和司法实务界意见不一，有待深入研究。

2. 贪污罪的客观方面表现为行为人利用职务上的便利，侵吞、窃取、骗取或者以其他手段非法占有公共财物的行为。在这里，利用职务上的便利和非法占有公共财物二者缺一不可。首先，必须利用职务上的便利。利用职务上的便利，是指利用本人职务范围内的权力和地位所形成的主管、经手、管理财物的便利条件，而不是指利用因工作关系熟悉作案环境、凭工作人员身份便于进出某些单位，较易接近作案目标或对象等与职权无关的方便条件。例如，会计利用管账这一职务上的便利，做假账骗取公共财物，出纳利用管钱所形成的便利条件非法占有公款等，均属于贪污行为。如果会计利用与出纳一起工作的便利条件，趁机配制了出纳所掌管的保险柜的钥匙，将保险柜中的现金盗走，这就不属于利用会计的职务上的便利贪污公款的行为，而是属于盗窃行为。其次，必须侵吞、窃取、骗取或以其他手段非法占有公共财物。侵吞，是指行为人利用职务上的便利，将自己主管、经手、管理的公共财物，非法占为己有。例如，将自己合法管理或使用的公共财物加以扣留，应交而隐匿不交，应支付而不支付，应入账而不入账，从而占为己有。窃取，是指行为人利用职务上的便利，采取秘密方式将自己合法管理的公共财物占为己有。例如，保管员将自己管理的公共财物秘密拿回家予以占有。骗取，是指行为人利用职务上的便利，采用虚构事实或者隐瞒真相的方法非法占有公共财物。例如，采购人员谎报出差费或者多报出差费骗取公款。至于其他手段，是指行为人利用职务上的便利，采用侵吞、窃取、骗取以外的方法，非法占有公共财物。例如，利用职权，巧立名目，在几个领导人中私分大量公款、公物等。

根据《刑法》第183条的规定，国有保险公司工作人员和国有保险公司委派到非国有保险公司从事公务的人员，利用职务上的便利，故意编造未曾发生的保险事故进行虚假理赔，骗取保险金归自己所有的，以贪污罪论处；根据《刑法》第394条的规定，国家工作人员在国内公务活动或对外交往中接受礼物，依照国家规定应当交公而不交公，数额较大的，以贪污罪论处。

3. 贪污罪的主体是特殊主体。具体包括两类人员：

一类是国家工作人员。根据《刑法》第93条的规定，国家工作人员包括：(1) 国家机关从事公务的人员。即各级国家权力机关、行政机关、审判机关、检察机关、军事机关中从事公务的人员。中国共产党各级机关、中国人民政治协商会议的各级机关中从事公务的人员，应当视为国家机关工作人员。(2) 国有公司、企业、事业单位、人民团体中从事公务的人员。国有公司是指公司财产完全属于国家所有的公司、股份有限公司以及国家控股的股份有限公司；国有企业是指财产完全属于国家所有的从事生产、经营活动的经济组织；国有事业单位是指国家投资兴办管理的科研、教育、文化、卫生、体育、新闻、广播、出版等单位；人民团体是指各民主党派、各级工会、共青团、妇联等群众性组织。(3) 国家机关、国有公司、企业、事业单位委派到非国有公司、企业、事业单位、社会团体从事公务的人员。即受国家机关、国有公司、国有企事业单位委任、派遣，在非国有公司、企业、事业、社会团体中从事公务的人员。至于其原来是否具备国家工作人员的身份在所不问。(4) 其他依照法律从事公务的人员。即依照法律规定选举或者任命产生，从事某项公共事务管理的人员。以上四种人员中，除国家机关工作人员外，其余均“以国家工作人员论”，刑法理论上称之为“准国家工作人员”。根据2000年4月29日全国人大常委会通过的《关于〈中华人民共和国刑法〉第九十三条第二款的解释》的规定，村民委员会等村基层组织人员协助人民政府从事下列行政管理工作，属于《刑法》第93条第2款规定的“其他依照法律从事公务的人员”：第一，救灾、抢险、防汛、优抚、扶贫、移民、救济款物的管理；第二，社会捐助公益事业款物的管理；第三，国有土地的经营和管理；第四，土地征用补偿费用的管理；第五，代征、代缴税款；第六，有关计划生育、户籍、征兵工作；第七，协助人民政府从事的其他行政管理工作。

另一类是受国家机关、国有公司、企业、事业单位、人民团体委托管理、经营国有财产的人员。这类人员不属于国家工作人员，而是受国家机关、国有公司、企业、事业单位、人民团体委托，以承包、租赁等方式管理、经营国有财产的人员。

4. 贪污罪的主观方面是直接故意，并且以非法占有为目的。即行为人明知自己的行为侵犯了职务行为的廉洁性，会发生侵害公共财产的结果，并且希望这种结果发生的心理态度。

（二）贪污罪的认定

1. 贪污罪与非罪的界限。

（1）贪污罪与错款、错账行为的界限。司法实践中，多发生因业务不精或工作疏忽而导致的错款、错账现象。错款、错账行为，因行为人主观上不具有贪污故意，也不具备非法占有公共财物的目的，故不应认定为贪污罪。

（2）贪污罪与一般贪污行为的界限。区分二者的界限应根据贪污数额和情节予以认定。根据《刑法》第383条的规定，个人贪污5 000元以上的，构成犯罪；贪污不满5 000元的，一般不构成犯罪，情节较重的，才构成犯罪。司法实践中，对数额不大的侵占公共财物的行为，滥发奖金、福利费、补助费的行为等，均不宜按贪污罪处理。对责任人员应按有关规章制度进行纪律处分或行政处罚，并责令赔偿对公共财物造成的损失。

2. 贪污罪与其他犯罪的界限。

（1）贪污罪与盗窃罪、诈骗罪、侵占罪的界限。贪污罪客观方面包括窃取、骗取、侵占的行为。贪污罪与盗窃罪、诈骗罪、侵占罪的区别主要表现在：其一，犯罪客体和犯罪对象不同。本罪的客体是复杂客体，即国家工作人员的职务廉洁性和公共财产所有权，对象是公共财物。盗窃罪、诈骗罪、侵占罪的客体是简单客体，即公私财产所有权。盗窃罪、诈骗罪的对象是公私财物，侵占罪的对象是保管物、遗忘物和埋藏物。其二，客观方面不尽相同。本罪的窃取、骗取、侵占，是利用职务上的便利进行的；而盗窃罪、诈骗罪及侵占罪的窃取、骗取、侵占则不存在利用职务上的便利问题。其三，犯罪主体不同。本罪的主体为特殊主体，即国家工作人员和受国家机关、国有公司、企业、事业单位、人民团体委托管理、经营国有财产的人员；而盗窃罪、诈骗罪、侵占罪的主体为一般主体。

（2）贪污罪与职务侵占罪的界限。职务侵占罪是指公司、企业或者其他单位的人员，利用职务上的便利，将本单位财物非法占为己有，数额较大的行为。本罪与职务侵占罪在主观上都是故意，并且都以非法占有为目的，在客观上都以利用职务上的便利为必备内容，因而两罪较容易混淆。但二者区别亦较为明显，具体表现在以下两个方面：其一，犯罪客体不同。本罪是复杂客体，即既侵犯国家工作人员的职务廉洁性，也侵犯公共财产所有权；而职务侵占罪的客体则是简单客体，即只侵犯单位财物所有权。其二，犯罪主体不同。本罪的主体是国家工作人员和受国家机关、国有公司、企业、事业单位、人民团体委托管理、经营国有财产的人员；而职务侵占罪的主体则是公司、企业中不具有国家工作人员身份的工作人员。

值得注意的是，对于国有资本控股、参股的股份有限公司中从事管理工作的人员利用职务上的便利非法占有本公司财物如何定罪，理论界存在两种观点：观点一认为应当认定为贪污罪；观点二认为应当认定为职务侵占罪。2001年5月22日最高人民法院《关于国有资本控股、参股的股份有限公司中从事管理工作的人员利用职务的便利非法占有本公司财物如何定罪问题的批复》采用折中说。该批复认为应当分为两种情况进行讨论。第一种情况，如果国有资本控股、参股的股份有限公司中从事管理工作的人员是受国家机关、国有公司、企业、事业单位委派从事公务的，利用职务上的便利非法占有本公司财物，符合贪污罪的其他条件，则认定为贪污罪。第二种情况，如果国有资本控股、参股的股份有限公司中从事管理工作的人员不是受国家机关、国有公司、企业、事业单位委派从事公务的，利用职务上的便利非法占有本公司财物，符合职务侵占罪的其他条件，则应当认定为职务侵占罪。

3. 贪污罪共犯的认定问题。正确认定贪污罪，应正确处理不具有国家工作人员身份的人员与国家工作人员或委托管理、经营国有财产的人员相勾结侵占本单位财物的案件。

司法实践中，不具有国家工作人员身份的人员与具有国家工作人员身份的人员相勾结共同侵占本单位财物的案件时有发生，对此应具体情况具体分析：不具有国家工作人员身份的人员与具有国家工作人员身份的人员勾结，利用具有国家工作人员身份的人员职务上的便利共同非法占有本单位财物的，按贪污罪的共同犯罪处理；具有国家工作人员身份的人员与不具有国家工作人员身份的人员相勾结，利用不具有国家工作人员身份的人员职务上的便利共同非法占有本单位财物的，按职务侵占罪的共同犯罪处理；具有国家工作人员身份的人员与不具有国家工作人员身份的人员勾结，分别利用各自的职务便利，共同将本单位财物非法占为己有的，按照主犯的犯罪性质定罪，即在共同犯罪中主犯的犯罪性质是贪污，则按照贪污罪定罪，主犯的犯罪性质是职务侵占，则按照职务侵占罪定罪。

（三）贪污罪的处罚

根据《刑法》第 383 条的规定，贪污罪依贪污数额和情节轻重，分别按四个量刑幅度进行处罚：

1. 个人贪污数额在 10 万元以上的，处 10 年以上有期徒刑或者无期徒刑，可以并处没收财产；情节特别严重的，处死刑，并处没收财产。贪污罪的死刑适用条件是个人贪污数额在 10 万元以上，且情节特别严重。

2. 个人贪污数额在 5 万元以上不满 10 万元的，处 5 年以上有期徒刑，可以并处没收财产；情节特别严重的，处无期徒刑，并处没收财产。此处，无期徒刑的适用条件是个人贪污数额在 5 万元以上不满 10 万元，且情节特别严重。在最高司法机关做出司法解释以前，一般可以理解为：贪污的款物接近于 10 万元以及前述所列情形。

3. 个人贪污数额在 5 000 元以上不满 5 万元的，处 1 年以上 7 年以下有期徒刑；情节严重的，处 7 年以上 10 年以下有期徒刑。个人贪污数额在 5 000 元以上不满 1 万元，犯罪后有悔改表现、积极退赃的，可以减轻处罚或者免予刑事处罚，由其所在单位或者上级主管机关给予行政处分。至于此处“情节严重”，是指贪污数额接近 5 万元，且贪污数额大部分被挥霍的；为掩盖罪行而毁灭证据或嫁祸他人造成一定社会影响的；因贪污造成其他较为严重社会后果的，等等。“可以减轻处罚或者免予刑事处罚”是指个人贪污数额在 5 000 元以上不满 1 万元，且犯罪后有悔改表现、积极退赃的。两个条件必须同时具备，缺一不可。

4. 个人贪污不满 5 000 元，情节较重的，处 2 年以下有期徒刑或者拘役；情节较轻的，由其所在单位或者上级主管机关给予行政处分。此处情节较重与情节较轻的理解，涉及罪与非罪的界限问题，必须严格把握。情节较重可以理解为个人贪污数额接近 5 000 元，且具有下列情形：贪污手段恶劣；贪污特定款物且造成一定社会影响；贪污累犯；因贪污造成其他较为严重社会后果。情节较轻可以理解为：个人贪污数额较少；具有自首、立功情节等。

此外，对多次贪污未经处理的，应按照累计贪污数额处罚。“多次贪污未经处理”是指贪污行为未被发现或虽已被发现，但未给予刑事处罚或任何行政纪律处分。对贪污罪的共同犯罪，应按以下原则处罚：对贪污集团的首要分子，按集团贪污的总数额处罚；对其他主犯，按照其参与的或者组织、指挥的全部贪污犯罪的数额处罚。根据最高人民法院 1998 年 5 月 9 日施行的《关于审理挪用公款案件具体应用法律若干问题的解释》第 6 条的规定，携带挪用公款潜逃的，按照贪污罪的规定定罪处罚。

## 挪用公款罪

（一）挪用公款罪的概念和特征

挪用公款罪，是指国家工作人员利用职务上的便利，挪用公款归个人使用，进行非法活动，或者挪用公款数额较大进行营利活动，或者挪用公款数额较大，超过3个月未还的行为。

挪用公款罪具有以下构成特征：

1. 挪用公款罪的客体是复杂客体，既侵犯国家工作人员的职务廉洁性，也侵犯公共财产的占有使用收益权。挪用公款罪作为贪污贿赂罪的一种，必有侵犯国家廉政建设制度的一面，因而挪用公款罪的直接客体应当包括国家工作人员的职务廉洁性。财产的所有权包括4项权能：占有权、使用权、收益权、处分权。挪用公款罪的“挪用”是指改变公款用途，侵犯的并非所有权的全部权能，而是包括占有权、使用权、收益权在内的所有权部分权能。

本罪的犯罪对象是公款，即公共财产中呈货币或者有价证券形态的部分。根据1997年10月13日最高人民检察院《关于挪用国库券如何定性问题的批复》和2003年1月28日最高人民检察院《关于挪用失业保险基金和下岗职工基本生活保障资金的行为适用法律问题的批复》的规定，国家工作人员利用职务上的便利，挪用公有或者本单位的国库券或者挪用失业保险基金和下岗职工基本生活保障资金的行为以挪用公款罪论。换言之，国库券、失业保险基金和下岗职工基本生活保障资金都是挪用公款罪的犯罪对象。根据《刑法》第384条第2款的规定，挪用用于救灾、抢险、防汛、优抚、扶贫、救济款物归个人使用的，从重处罚。依此规定，挪用公款罪的犯罪对象并不限于公款，还包括特定物。但除上述特定物外的一般公物，不属于挪用公款罪的犯罪对象，对此，2000年3月6日最高人民检察院《关于国家工作人员挪用非特定公物能否定罪的请示的批复》已经作了明确的规定。

2. 挪用公款罪的客观方面表现为行为人利用职务上的便利，挪用公款归个人使用，进行非法活动，或者挪用公款数额较大进行营利活动，或者挪用公款数额较大超过3个月未还的行为。

(1) 利用职务上的便利。所谓利用职务上的便利，是指行为人利用主管、经手、管理公款的便利条件。既包括行为人直接经手、管理公款的便利条件，也包括行为人因其职务关系而具有的调拨、支配、使用公款的便利条件。

(2) 挪用公款归个人使用。这是本罪的基本特征。但是何谓挪用公款归个人使用，刑法理论界存在诸多争议，司法实践中也不统一。2001年10月2日最高人民法院《关于如何认定挪用公款归个人使用有关问题的解释》第1条规定，国家工作人员利用职务上的便利，以个人名义将公款借给其他自然人或者不具有法人资格的私营独资企业、私营合伙企业等使用的，属于挪用公款归个人使用。最高人民法院《关于如何认定挪用公款归个人使用有关问题的解释》第2条规定，国家工作人员利用职务上的便利，为谋取个人利益，以个人名义将公款借给其他单位使用的，属于挪用公款归个人使用。这一司法解释强调行为人必须是以个人的名义并且是为了谋求个人的利益。换言之，行为人以单位的名义将公款挪给其他单位使用的，则不构成挪用公款罪。但是根据2002年4月28日全国人民代表大会常委会通过的《关于〈中华人民共和国刑法〉第三百八十四条第一款的解释》的规定，有下列情形之一的，属于挪用公款“归个人使用”：第一，将公款供本人、亲友或者其他自然人使用的；第二，以个人名义将公款供其他单位使用的；第三，个人决定以单位名义将公款供其他单位使用，谋取个人利益的。由于立法解释的法律效力高于司法解释的法律效力，而且立法解释是新法，司法解释是旧法，根据新法优于旧法的原则，应当适用立法解释，即2002年4月28日第九届全国人民代表大会常委会通过的《关于〈中华人民共和国刑法〉第三百八十四条第一款的解释》。

(3) 挪用公款行为的具体表现形式包括：其一，挪用公款进行非法活动。非法活动是指国家法律、法规所禁止的活动，包括犯罪活动和一般违法活动，例如，挪用公款走私、贩毒、洗钱、骗汇、赌博等。这种挪用公款行为构成犯罪，无挪用数额与挪用时间的限制。挪用公款给他人使用，不知道使用人用于非法活动，数额较大、超过3个月未还的，构成挪用公款罪。明知使用人用于非法活动的，应当认定为挪用公款进行非法活动。尽管这种情形下未规定数额较大的标准，但不可认为没有数额的限制。为此，1998年4月6日最高人民法院《关于审理挪用公款案件具体应用法律若干问题的解释》以挪用公款5 000元至1万元作为追究刑事责任的数额起点。同时，该解释还规定，挪用公款进行非法活动构成其他犯罪的，依照数罪并罚的规定处罚。其二，挪用公款归个人使用进行营利活动，且数额较大。营利活动是指国家法律所允许的牟利活动，例如，挪用公款存入银行、用于集资、购买股票等。这种挪用公款行为构成犯罪，要求挪用数额较大，但不受挪用时间和是否归还的限制。挪用公款给他人使用，不知道使用人用于营利活动的，构成挪用公款罪。明知使用人用于营利活动的，应当认定为挪用人挪用公款进行营利活动。挪用公款进行营利活动数额较大的标准，1998年4月6日最高人民法院《关于审理挪用公款案件具体应用法律若干问题的解释》确定了一个较具弹性的起刑点，即挪用公款1万元至3万元。各高级人民法院可以根据本地实际情况按照这一数额幅度，确定本地区执行的具体数额标准，并报最高人民法院备案。其三，挪用公款归个人使用，数额较大且超过3个月未还。这种挪用公款行为是指挪用公款用于非法活动、营利活动以外的事情，如还债、购置家具、修建私人住宅等。"超过3个月未还"是指案发前（被司法机关、主管部门或者有关单位发现前）未予归还。

3. 挪用公款罪的主体是特殊主体，即只由国家工作人员构成。至于受国家机关、国有公司、企业、事业单位、人民团体委托管理、经营国有财产的人员可否构成本罪主体，理论上存在争议。我们认为，这类人员不属于国家工作人员，而是受国家机关、国有公司、企业、事业单位、人民团体委托，以承包、租赁等方式管理、经营国有财产的人员。刑事立法上未明确规定这类人员可以构成挪用公款罪的主体。因而，受委托管理、经营国有财产的非国家工作人员如果利用职务之便，挪用本单位公款归个人使用数额较大的，可以构成挪用资金罪，而不构成本罪。此外，根据最高人民法院《关于审理挪用公款案件具体应用法律若干问题的解释》的规定，挪用公款给他人使用，使用人与挪用人共谋，指使或者参与策划取得挪用款的，以挪用公款罪的共犯定罪处罚。

4. 挪用公款罪的主观方面是直接故意，即明知是公款而有意违反有关规定予以挪用，其目的是非法取得公款的使用权。

（二）挪用公款罪的认定

1. 挪用公款罪与非罪的界限。司法实践中，挪用公款罪与合法借贷行为、一般挪用公款行为难以区分。关于挪用公款罪与合法借贷行为的界限问题，理论界一直存在争议。我们认为，必须根据挪用公款罪的三种类型即非法活动型、营利活动型、超期未还型具体分析，区别对待。在非法活动型、营利活动型中，不存在与合法借贷行为的明确界限，即使行为人办理了借贷审批手续，实质上也并非合法借贷。在超期未还型中，由于行为人挪用公款是正当需要，只要经过了单位领导审批，且办理了借贷手续，便不宜按挪用公款罪处理。对挪用公款罪与一般挪用公款行为的界限，应当从挪用数额、挪用用途、挪用时间、挪用对象、使用主体、主观因素等多方面进行分析，予以综合认定。

2. 挪用公款罪与其他犯罪的界限。

（1）挪用公款罪与贪污罪的界限。两罪的客体都是复杂客体，既侵犯国家公职人员职务的廉洁性，也侵犯公共财产所有权。客观方面的要件都包含利用职务上的便利的内容。主观方面的罪过形式都是直接故意。二者的区别在于：其一，次要客体存在一定区别。挪用公款罪次要客体限于公共财产的占有、使用、收益权；贪污罪次要客体是公共财产所有权。其二，客观方面的行为方式不同。挪用公款罪表现为利用职务上的便利挪用公款进行非法活动，或者挪用公款数额较大进行营利活动，或者挪用公款数额较大超过 3 个月未还；贪污罪的客观方面表现为利用职务上的便利，以侵吞、窃取、骗取或者以其他手段非法占有公共财物的行为。实施本罪的行为人不存在做假账、虚报账目等行为，而实施贪污罪的行为人往往有做假账、虚报账目等行为。其三，主体范围不同。挪用公款罪主体限于国家工作人员；贪污罪的主体除了国家工作人员外，还包括受国有单位委托管理、经营国有财产的人员。其四，主观目的不同。本罪以非法取得公款使用权为目的；而贪污罪则以非法占有公共财物为目的。

（2）挪用公款罪与挪用资金罪的界限。本罪与挪用资金罪在主客观方面都有相同之处。主观方面的罪过形式都是故意，并且都以使用单位资金为目的。客观方面都表现为行为人利用职务上的便利，挪用单位资金的行为，行为的表现形式也是一样的。二者的区别主要表现在：其一，犯罪客体与对象不同。挪用公款罪的客体是复杂客体，既侵犯公共财产的所有权，也侵犯国家工作人员的职务廉洁性，犯罪对象是公款；而挪用资金罪的客体是简单客体，即只侵犯单位资金的所有权，犯罪对象是非国有单位的资金。其二，犯罪主体不同。挪用公款罪的主体是国家工作人员，而挪用资金罪的主体则是非国有公司、企业的人员。

（3）挪用公款罪与挪用特定款物罪的界限。挪用公款罪与挪用特定款物罪在行为方式上均表现为挪用，在犯罪对象与主观要件上也有诸多相似之处。当挪用对象同为救灾、抢险、防汛、优抚等特定款物时，两罪的主要区别在于：其一，犯罪客体不同。侵犯的客体都是复杂客体，都有侵犯公共财产的一面，但挪用公款罪同时还侵犯国家工作人员的职务廉洁性，挪用特定款物罪则同时还侵犯国家的财经管理制度。其二，犯罪主体不同。挪用公款罪的主体是国家工作人员，而挪用特定款物罪的主体则是管理、支配、经手特定款物的直接责任人员。其三，挪用用途不同。挪用公款罪一般是挪用公款归个人或他人使用，实质上是"公款私用"；挪用特定款物罪是将特定款物挪归单位其他事项使用，未能专款专用，实质上具有"公款公用"的性质。

（三）挪用公款罪的处罚

根据《刑法》第 384 条的规定，犯挪用公款罪的，处 5 年以下有期徒刑或者拘役；情节严重的，处 5 年以上有期徒刑；挪用公款数额巨大不退还的，处 10 年以上有期徒刑或者无期徒刑。情节严重，主要是指挪用公款数额巨大；或者数额虽未达到巨大，但挪用公款手段恶劣；多次挪用公款；因挪用公款严重影响生产、经营，造成严重损失等情形。关于数额巨大的标准，根据 1998 年 4 月 6 日最高人民法院《关于审理挪用公款案件具体应用法律若干问题的解释》的规定，营利活动型和超期未还型为 15 万元至 20 万元以上，非法活动型为 5 万元至 10 万元以上。"挪用公款数额巨大不退还的"，是指挪用公款数额巨大，因客观原因在一审宣判前不能退还的。多次挪用公款不还，挪用公款数额累计计算；多次挪用公款，并以后次挪用的公款归还前次挪用的公款，挪用公款数额以案发时未还的实际数额认定。

此外，因挪用公款索取、收受贿赂构成犯罪的，依照数罪并罚的规定处罚。挪用公款进行非法活动构成其他犯罪的，同样依照数罪并罚的规定处罚。携带挪用公款潜逃的，依照《刑法》第 382 条、第 383 条的规定以贪污罪论处。

## ■ 受贿罪

（一）受贿罪的概念和特征

受贿罪，是指国家工作人员利用职务上的便利，索取他人财物或者非法收受他人财物，为他人谋取利益的行为。

受贿罪具有如下构成特征：

1. 受贿罪的客体是国家工作人员的职务廉洁性。对此，我国刑法学界颇有争议，归纳起来有简单客体说、复杂客体说、基本客体说与选择客体结合说等三种观点。我们认为，受贿罪是腐败的一种主要表现形式，禁止受贿是我国廉政建设的基本内容。受贿行为严重腐蚀国家肌体，妨碍国家职能的正常履行。因而，将受贿罪的直接客体界定为国家工作人员的职务廉洁性更有利于把握受贿罪的本质特征。本罪的犯罪对象是贿赂。从字面意义理解，贿赂即行为人索取或收受的他人财物。然而就贿赂的外延，刑法理论界存在分歧，主要有财物说、财产性利益说、利益说三种不同观点。我们认为，关于贿赂的范围问题，应严格执行刑法的规定，以财产性利益说较妥，即贿赂除包括金钱和可以用金钱计算的财物外，还应当包括其他物质性利益。

2. 受贿罪的客观方面表现为利用职务上的便利，索取他人财物或者非法收受他人财物，为他人谋取利益的行为。具体包括以下方面的内容：(1) 利用职务上的便利。利用职务上的便利，是指利用行为人现有职务范围内的权利或者与职务相关的便利条件。根据 2003 年 11 月 13 日《全国法院审理经济犯罪案件工作座谈会纪要》关于受贿罪的规定，受贿罪中“利用职务上的便利”既包括利用本人职务上主管、负责、承办某项公共事务的职权，也包括利用职务上有隶属、制约关系的其他国家工作人员的职权。担任单位领导职务的国家工作人员通过不属自己主管的下级部门的国家工作人员的职务为他人谋取利益的，应当认定为“利用职务上的便利”为他人谋取利益。至于职务上的便利是否限于现在，是否还包括过去和将来的职务上的便利，理论界存在不同看法。但是根据 2000 年 6 月 30 日最高人民法院《关于国家工作人员利用职务上的便利为他人谋取利益离退休后收受财物行为如何处理问题的批复》的规定，司法实践是承认事后受贿的。最高人民法院《关于国家工作人员利用职务上的便利为他人谋取利益离退休后收受财物行为如何处理问题的批复》规定，国家工作人员利用职务上的便利为请托人谋取利益，并与请托人事先约定，在其离退休后收受请托人的财物，构成犯罪的，以受贿罪定罪处罚。(2) 索取或者非法收受他人财物。受贿罪的行为表现形式包括两种：一是索取贿赂，即行为人主动向他人索要、勒索并收受财物。基本特征是索要行为的主动性和交付财物行为的被动性。二是收受贿赂，即行为人对他人给付的财物予以接受。基本特征是给付财物行为的主动性、自愿性和收受财物行为的被动性。(3) 为他人谋取利益。收受贿赂者构成犯罪，必须同时具备收受他人财物和为他人谋取利益两方面的内容。只收受他人财物而没有为他人谋取利益的，不能构成犯罪。我们认为，不能将“为他人谋取利益”简单地理解为已经为他人谋取到了利益。一般而言，为他人谋取利益包括四种情况：其一，已经许诺为他人谋取利益，但尚未实际进行；其二，已经着手为他人谋取利益，但尚未谋取到利益；其三，已经着手为他人谋取利益，但尚未完全实现；其四，为他人谋取利益，已经完全实现。许诺包括明示与默许。对于司法实践中有的人主动向国家工作人员给付财物，但并没有提出要求，国家工作人员收受财物的行为，不能按受贿罪处理。谋取的利益，包括正当利益与不正当利益，物质性利益与非物质性利益。

针对司法实践中受贿罪的一些新形式，2007 年 7 月 8 日最高人民法院、最高人民检察院发布《关于办理受贿刑事案件适用法律若干问题的意见》，明确了以下行为应以受贿罪论处：

(1) 以交易形式收受贿赂。国家工作人员利用职务便利为请托人谋取利益，以交易形式收受请托人财物的，以受贿论处：第一，以明显低于市场的价格向请托人购买房屋、汽车等物品的；第二，以明显高于市场的价格向请托人出手房屋、汽车等物品的；第三，以其他交易形式非法收受请托人财物的。

(2) 收受干股。干股是指未出资而获得的股份。国家工作人员利用职务上的便利为请托人谋取利益，收受请托人提供的干股的，以受贿论处。

(3) 以开办公司等合作投资名义收受贿赂。国家工作人员利用职务上的便利为请托人谋取利益，由请托人出资，"合作"开办公司或者进行其他"合作"投资的，以受贿论处。国家工作人员利用职务上的便利为请托人谋取利益，以合作开办公司或者其他合作投资的名义获取"利润"，没有实际出资和参与管理、经营的，以受贿论处。

(4) 以委托请托人投资证券、期货或者其他委托理财的名义收受贿赂。国家工作人员利用职务上的便利为请托人谋取利益，以委托请托人投资证券、期货或者其他委托理财的名义，未实际出资而获取"收益"，或者虽然实际出资，但获取的"收益"明显高于出资应得收益的，以受贿论处。

(5) 以赌博形式收受贿赂。国家工作人员利用职务上的便利为请托人谋取利益，通过赌博方式收受请托人财物的，构成受贿。

(6) 特定关系人"挂名"领取薪酬。国家工作人员利用职务上的便利为请托人谋取利益，要求或者接受请托人以给特定关系人安排工作为名，使特定关系人不实际工作却获取所谓薪酬的，以受贿论处。所谓特定关系人，是指与国家工作人员有近亲属、情妇（夫）以及其他共同利益关系的人。

(7) 由特定关系人收受贿赂。国家工作人员利用职务上的便利为请托人谋取利益，授意请托人以上述方式，将有关财物给予特定关系人的，以受贿论处。

此外，《刑法》第388条还规定了受贿罪客观方面的一种特殊表现形式：斡旋受贿。斡旋受贿是指国家工作人员利用本人职权或者地位形成的便利条件，通过其他国家工作人员职务上的行为，为请托人谋取不正当利益，索取或者收受请托人财物的行为。斡旋受贿，符合受贿罪的数额和情节要求的，按受贿罪定罪处罚。构成斡旋受贿，需要具备以下条件：(1) 利用其他国家工作人员的职务行为。如果行为人利用的是其他不具有国家工作人员身份的公司、企业管理人员职务上的行为，则不能构成斡旋受贿。(2) 利用本人职权或者地位形成的便利条件。利用本人职权或者地位形成的便利条件，是指行为人利用因其职权或者地位对其他国家工作人员形成的政治上或经济上的制约条件。如果行为人利用与其他国家工作人员之间的单纯亲友关系，则不能成立斡旋受贿。(3) 为请托人谋取不正当利益。不正当利益是指根据法律及政策不应当得到的利益。如果行为人通过其他国家工作人员职务上的行为为请托人谋取的是正当利益，从中索取或者收受请托人的财物，则不能构成斡旋受贿。

除一般索取、收受贿赂和斡旋受贿之外，《刑法》第385条第2款还规定，国家工作人员在经济往来中，违反国家规定，收受各种名义的回扣、手续费归个人所有的，以受贿论处。《刑法》第387条第2款规定，国有公司、企业、事业单位、人民团体在经济往来中在账外暗中收受各种名义的回扣、手续费的，以受贿论处。所谓违反国家规定，是指违反全国人大及其常委会制定的法律、国务院制定的行政法规和行政措施、发布的决定和命令。例如，《反不正当竞争法》、国务院办公厅1986年发布的《关于严禁在社会经济活动中牟取非法利益的通知》等，对在经济往来中禁止收受回扣以及各种名义的手续费都作了规定。所谓回扣，是指在商品交易中，卖方在收取的价款中扣出一部分返还给买方或者买方经办人的现金。所谓手续费，是指多种费用的统称，如好处费、介绍费、活动费、信息费等。所谓账外暗中收受各种名义的回扣、手续费的，是指未按照财务会计制度在依法设立的财务账目上如实记载。

3. 受贿罪的主体是特殊主体，即只能由国家工作人员构成。这里所说的国家工作人员，限于在职的国家工作人员。已经离退休的国家工作人员，利用原有职权或者地位形成的便利条件，通过在职国家工作人员的职务行为，为请托人谋取利益，而本人从中收取请托人财物的，不能构成本罪。但是值得注意的是，根据2000年6月30日最高人民法院《关于国家工作人员利用职务上的便利为他人谋取利益离退休后收受财物行为如何处理问题的批复》的规定，国家工作人员利用职务上的便利为请托人谋取利益，并与请托人事先约定，在其离退休后收受请托人的财物，构成犯罪的，以受贿罪定罪处罚。

4. 受贿罪的主观方面是直接故意，即行为人明知利用职务上的便利索取他人财物或者非法收受他人财物并为他人谋取利益的行为会损害国家工作人员的职务廉洁性，仍希望并追求该结果发生的心理态度。

（二）受贿罪的认定

1. 受贿罪与非罪的界限。

（1）受贿罪与接受亲友财物的界限。接受亲友财物通常包括两种情况：一是亲友出于亲情或友谊，单方面、无条件地赠与财物；二是单纯利用亲友关系，为请托人办事，收受了请托人的答谢礼物。前者属于馈赠行为，后者属于亲友间的礼尚往来，均是正常合法行为。区别馈赠行为、礼尚往来与受贿罪界限的关键在于：行为人接受亲友的财物是否利用职务上的便利为亲友谋取利益。利用职务上的便利为亲友谋取利益，从而接受亲友财物的，构成受贿罪，否则，不应以受贿罪论处。

（2）受贿罪与取得合法报酬的界限。取得合法报酬与受贿罪具有本质的区别。行为人在法律、政策允许的范围内，利用自己的知识和劳动，在业余时间为他人提供服务而获得的报酬是合法收入，不属于受贿。例如，科技人员利用业余时间为他人提供技术服务，按协议获取酬金，即属于取得合法报酬的行为。取得合法报酬的行为，不存在行为人利用职务上的便利为他人谋取利益的问题。

（3）受贿罪与一般受贿行为的界限。区别二者应从数额和情节两个方面把握。个人受贿，一般以5 000元为构成犯罪的数额起点；受贿数额不到5 000元，情节严重的，也构成受贿罪。个人受贿的数额没有达到5 000元，情节也不严重的，则属于一般受贿行为。所谓情节严重主要包括：索取他人财物，数额虽然不到5 000元，但接近5 000元的；收受他人贿赂，为他人谋取私利，造成国家和人民利益重大损失的等。

（4）经济往来中受贿罪的认定。《刑法》第385条第2款规定，国家工作人员在经济往来中，违反国家规定，收受各种名义的回扣、手续费归个人所有的，以受贿罪论处。因收受回扣、手续费而构成受贿罪的，应符合如下条件：其一，必须是国家工作人员；其二，必须是在经济往来中；其三，必须是违反国家有关规定；其四，必须是收受的回扣、手续费归个人所有。

2. 受贿罪与其他犯罪的界限。

（1）受贿罪与贪污罪的界限。受贿罪与贪污罪都侵犯国家廉政建设制度，都是特殊主体，主观方面都是故意。二者的区别表现在：其一，犯罪客体和对象不同。受贿罪的客体是单一客体，即国家工作人员的职务廉洁性；贪污罪的客体则是复杂客体，既侵犯国家工作人员的职务廉洁性，也侵犯公共财产所有权。其二，客观行为表现不同。受贿罪的客观方面表现为行为人利用职务上的便利，索取他人财物或者非法收受他人财物并为他人谋取利益的行为；后者则表现为行为人利用职务上的便利，使用侵吞、窃取、骗取或者其他方法非法占有公共财物的行为。其三，主体的范围不同。受贿罪的主体只能是国家工作人员；而贪污罪的主体除了国家工作人员外，还可以由受国家机关、国有公司、企业、事业单位、人民团体委托管理、经营国有财产的人员构成。其四，犯罪目的不同。受贿罪的目的是非法获取他人财物；贪污罪的目的则是非法占有自己合法主管、经营的公共财物。

(2) 受贿罪与敲诈勒索罪的界限。受贿罪与敲诈勒索罪的界限一般不难区分，容易混淆的是表现为索贿形式的受贿罪与敲诈勒索罪的界限。二者除了客体、主体不同外，关键在于客观方面也不同。受贿罪中的索贿行为，是以职务上的便利，在他人有求于自己时，主动向对方索要财物，并不采取暴力、胁迫等进行勒索。敲诈勒索罪中的勒索行为，表现为使用暴力、胁迫手段，使被害人产生精神上的恐惧，被迫交出财物。

(3) 受贿罪与非国家工作人员受贿罪的界限。受贿罪与非国家工作人员受贿罪存在诸多相同之处：主观方面的罪过形式都是故意，客观方面都是利用职务上的便利索取或者非法收受他人财物。二者的区别主要表现在：其一，客体不同。受贿罪的客体是国家工作人员的职务廉洁性，而非国家工作人员受贿罪的客体是公司、企业或者其他单位的管理秩序。其二，客观方面有所不同。受贿罪客观方面的索贿不以为他人谋取利益为要件，只有收受贿赂以为他人谋取利益为要件；而非国家工作人员受贿罪无论索取贿赂还是收受贿赂，都以为他人谋取利益为要件。其三，犯罪主体不同。受贿罪的主体是国家工作人员，而非国家工作人员受贿罪的主体是非国有公司、企业或者其他单位中不具有国家工作人员身份的人员。

(三) 受贿罪的处罚

根据《刑法》第 386 条的规定，对自然人犯受贿罪的，依照《刑法》第 383 条关于贪污罪的处罚规定处罚：

1. 个人受贿数额在 10 万元以上的，处 10 年以上有期徒刑或者无期徒刑，可以并处没收财产；情节特别严重的，处死刑，并处没收财产。

2. 个人受贿数额在 5 万元以上不满 10 万元的，处 5 年以上有期徒刑，可以并处没收财产；情节特别严重的，处无期徒刑，并处没收财产。

3. 个人受贿数额在 5 000 元以上不满 5 万元的，处 1 年以上 7 年以下有期徒刑；情节严重的，处 7 年以上 10 年以下有期徒刑。个人受贿数额在 5 000 元以上不满 1 万元，犯罪后有悔改表现、积极退赃的，可以减轻处罚或者免予刑事处罚，由其所在单位或者上级主管机关给予行政处分。

4. 个人受贿不满 5 000 元，情节较重的，处 2 年以下有期徒刑或者拘役；情节较轻的，由其所在单位或者上级主管机关给予行政处分。

5. 多次受贿未经处理的，按照累计数额处罚。

## ■ 行贿罪

(一) 行贿罪的概念和特征

行贿罪是指为谋取不正当利益，给予国家工作人员以财物的行为。行贿罪具有如下构成特征：

1. 行贿罪的客体是国家工作人员的职务廉洁性。犯罪对象仅限于国家工作人员。行贿与受贿是对向性行为，是引发受贿犯罪的温床。因而，在惩处受贿罪的同时，必须严厉打击行贿犯罪活动。

2. 行贿罪的客观方面表现为行为人给予国家工作人员以财物的行为。根据法律的规定，行贿罪的构成没有财物数额方面的要求，但是，如果行为人为谋取不正当利益而给予国家工作人员少量财物，又不具有其他严重情节的，则不能按行贿罪处理。此外，刑法还规定了行贿罪的特殊表现形式，即在经济往来中，违反国家规定，给予国家工作人员以各种名义的回扣、手续费的，以行贿论处。

3. 行贿罪的主体是一般主体，凡是年满16周岁具有刑事责任能力的自然人均能成为本罪的主体。

4. 行贿罪主观方面是直接故意，且具有谋取不正当利益的目的。所谓不正当利益，既包括非法利益，如为偷税而给予税务机关工作人员以财物，为顺利骗汇而给予外汇管理机关工作人员以财物等；也包括违背政策、规章、制度而得到的利益，如不具备升学、提干、就业、入伍条件的人，得以升学、提干、就业、入伍。行为人是否具有谋取不正当利益的目的，是区分本罪与非罪界限的重要标志。为获取正当利益给予国家工作人员财物的，不能构成本罪。

（二）行贿罪的认定

1. 行贿罪与非罪的界限。

（1）行贿罪与馈赠行为的界限。二者的区别表现在：其一，目的、动机不同。行贿是行为人为了让对方利用职务之便为自己谋取不正当的利益；馈赠行为则是为了增加亲友的情谊，不是以财物收买权力。其二，内容和方式不同。行贿往往是秘密进行的，给付财物是附条件的；馈赠行为则是公开的，给付财物是无条件的。

（2）行贿罪与送礼不正之风的界限。区分二者的关键在于，行为人主观上是否具有利用收受财物者的职务行为以达到为自己谋取不正当利益的目的。送礼不正之风包括：其一，行为人给有关人员送钱送物，以解决某种正当利益。其二，行为人为答谢他人的帮助而送其少量财物。其三，行为人为谋取不正当利益，因对方勒索而给予对方财物的，但未获得不正当利益。

（3）行贿罪与一般行贿行为的界限。区分二者的界限应从数额、情节等方面来把握。其一，一般情况下，自然人为谋取不正当利益给予国家工作人员以财物，数量较小，又不具有其他严重情况的，属于一般行贿行为；数额较大或者具有其他严重情节的，构成行贿罪。其二，在经济往来中，违反国家规定，给予国家工作人员以财物，数额没有达到较大标准，属于一般行贿违法行为；数额较大的，构成行贿罪。

2. 行贿罪一罪与数罪的界限。司法实践中，有的行为人在实施犯罪后，为逃脱或者减轻刑事责任，而给予有关国家工作人员以财物，或者在实施犯罪之前或者在犯罪过程中，为使犯罪得以顺利实施而给予有关国家工作人员以财物，又构成行贿罪的，应按行贿罪与行为人实施的其他犯罪实行数罪并罚。

（三）行贿罪的处罚

根据《刑法》第390条的规定，犯行贿罪的，处5年以下有期徒刑或者拘役；因行贿谋取不正当利益，情节严重的，或者使国家利益遭受重大损失的，处5年以上10年以下有期徒刑；情节特别严重的，处10年以上有期徒刑或者无期徒刑，可以并处没收财产。行贿人在被追诉前主动交代行贿行为的，可以减轻或者免除处罚。

# 第二十七章 渎职罪

## 第一节 渎职罪概述

### 渎职罪的概念和特征

渎职罪，是指国家机关工作人员滥用职权、玩忽职守或者徇私舞弊，危害国家机关的正常管理秩序，给公共财产或者国家和人民利益造成重大损失的行为。渎职犯罪是国家机关工作人员亵渎职务的犯罪，对国家机关以及国家机关工作人员的威信和形象具有极大的破坏性，因而我们国家非常重视同此类犯罪作斗争，并将惩治此类犯罪作为国家廉政建设的一项重要内容。

渎职罪作为一类非常典型的职务犯罪，具有如下构成特征：

1. 渎职罪侵犯的客体是国家机关的正常管理秩序。渎职罪在犯罪客体上的这一特点是由现行刑法将渎职罪的犯罪主体规定为国家机关工作人员所决定的。这里所谓的国家机关的管理秩序，是指国家机关履行职责、行使职权、实现职能等工作活动的制度和纪律。国家机关，是指行使国家权力的各级各类国家机关，主要包括国家的各级行政机关、权力机关、审判机关、检察机关、军事机关。由于中国共产党的中央和地方（乡以上）各级机关以及中国人民政治协商会议各级机关在我国政治生活中的特殊地位和作用，刑法理论上和司法实践中也把它们作为国家机关来认定。根据全国人大常委会于 2002 年 12 月 28 日作出的《关于刑法第九章渎职罪主体适用问题的解释》的规定，依照法律、法规行使国家行政管理职能的组织，以及依法受国家机关委托代表国家机关行使职权的组织，也应当属于国家机关的范畴。

2. 渎职罪的客观方面，表现为国家机关人员滥用职权、玩忽职守、徇私舞弊，致使公共财产、国家和人民利益遭受重大损失的行为。综观刑法在渎职罪中规定的各种具体的犯罪，其在客观方面的具体表现形式各不相同，比如有的是私放罪犯，有的是不征或者少征税款，有的是徇私舞弊不移交刑事案件，但是归纳起来，这些渎职行为就其本质而言，或者属于滥用职权，或者属于玩忽职守，或者属于徇私舞弊。比如《刑法》第 417 条规定的帮助犯罪分子逃避处罚罪，负有查禁犯罪活动职责的国家机关工作人员向犯罪分子通风报信、提供便利、帮助犯罪分子逃避处罚的行为，就其本质而言，仍然属于滥用职权。

一般来讲，渎职犯罪除了在客观方面需要具备滥用职权、玩忽职守或者徇私舞弊的行为以外，还需要行为给公共财产、国家和人民利益造成重大损失才构成犯罪。但是，这里的“给公共财产、国家和人民利益造成重大损失”，并不是说渎职罪的成立均需要造成法定的危害后果。实际上，除了玩忽职守罪等过失犯罪以外，其他的渎职犯罪并不是必须以造成具体的、有形的危害结果作为成立犯罪的条件。比如《刑法》第400条规定的私放在押人员罪，只要司法工作人员实施了私放在押人员的行为，犯罪即告成立。实际上，只要实施了私放罪犯的行为，国家和人民利益就已经遭受了重大损失。

3. 渎职罪的犯罪主体，除《刑法》第398条规定的故意泄露国家秘密罪和过失泄露国家秘密罪外，都是特殊主体，必须是国家机关工作人员。国家机关工作人员是指在各级各类国家机关中从事公务的人员。根据我国宪法和法律的规定，在各级国家行政机关、权力机关、审判机关、检察机关、军事机关中从事公务的人员，都属于国家机关工作人员。考虑到我国的具体国情和政治制度，在中国共产党的中央和地方（乡以上）机关及中国人民政治协商会议各级机关中从事公务的人员，也应当属于国家机关工作人员。上述国家机关工作人员，除了军事机关从事公务的军人以外，在履行公务时有渎职行为的，都可以成为渎职罪的犯罪主体。之所以将在军事机关从事公务的军人排除在渎职罪的主体以外，是因为对军人的渎职犯罪在《刑法》分则第10章“军人违反职责罪”中另行作了规定。此外，根据全国人大常委会于2002年12月28日作出的《关于刑法第九章渎职罪主体适用问题的解释》的规定，在依照法律、法规规定行使国家行政管理职权的组织中从事公务的人员，或者在受国家机关委托代表国家机关行使职权的组织中从事公务的人员，或者虽未列入国家机关人员编制但在国家机关中从事公务的人员，在代表国家机关行使职权时，有渎职行为，构成犯罪的，应当依照刑法关于渎职罪的规定追究刑事责任。

应当注意的是，现行刑法既然规定渎职罪主体为国家机关工作人员，就表明立法者区分了国家机关工作人员和国家工作人员的概念。在我们看来，国家机关工作人员只是国家工作人员中的一部分。根据《刑法》第93条的规定，国家工作人员除了包括国家机关工作人员以外，还包括“以国家工作人员论”的在国有公司、企业、事业单位、人民团体中从事公务的人员，国家机关、国有公司、企业、事业单位委派到非国有公司、企业、事业单位、社会团体从事公务的人员和其他依照法律从事公务的人员。这些人员也称为准国家工作人员。准国家工作人员可以成为刑法规定以“国家工作人员”为主体条件的犯罪的主体，比如贪污罪、受贿罪；但是不能成为以“国家机关工作人员”为主体条件的渎职罪或者其他犯罪的犯罪主体。

4. 渎职罪的主观方面，多数犯罪由故意构成，少数犯罪则是由过失构成。一般来讲，具有徇私枉法、以权谋私性质的犯罪都属于故意犯罪，刑法在条文的表述中有“严重不负责任”、“过失”的用语的，则属于过失犯罪。在我们看来，本章规定的犯罪中，玩忽职守罪，过失泄露国家秘密罪，失职致使在押人员脱逃罪，国家机关工作人员签订、履行合同失职被骗罪，环境监管失职罪，传染病防治失职罪，商检失职罪，动植物检疫失职罪，失职造成珍贵文物损毁、流失罪等9个罪名属于过失犯罪，其他27种犯罪都属于故意犯罪。

## ■ 渎职罪的种类

我国《刑法》在分则第9章规定了渎职罪。这一章规定了36个罪名。它们分别是：滥用职权罪（第397条），玩忽职守罪（第397条），故意泄露国家秘密罪（第398条），过失泄露国家秘密罪（第398条），徇私枉法罪（第399条，已经《刑法修正案（四）》修订），民事、行政枉法裁判罪（第399条，已经《刑法修正案（四）》修订），执行判决、裁定失职罪（第 399 条，已经《刑法修正案（四）》修订），执行判决、裁定滥用职权罪（第 399 条，已经《刑法修正案（四）》修订），枉法仲裁罪（第 399 条之一，根据《刑法修正案（六）》增加），私放在押人员罪（第 400 条第 1 款），失职致使在押人员脱逃罪（第 400 条第 2 款），徇私舞弊减刑、假释、暂予监外执行罪（第 401 条），徇私舞弊不移交刑事案件罪（第 402 条），滥用管理公司、证券职权罪（第 403 条），徇私舞弊不征、少征税款罪（第 404 条），徇私舞弊发售发票、抵扣税款、出口退税罪（第 405 条第 1 款），违法提供出口退税凭证罪（第 405 条第 2 款），国家机关工作人员签订、履行合同失职被骗罪（第 406 条），违法发放森林采伐许可证罪（第 407 条），环境监管失职罪（第 408 条），传染病防治失职罪（第 409 条），非法批准征收、征用、占用土地罪（第 410 条），非法低价出让国有土地使用权罪（第 410 条），放纵走私罪（第 411 条），商检徇私舞弊罪（第 412 条第 1 款），商检失职罪（第 412 条第 2 款），动植物检疫徇私舞弊罪（第 413 条第 1 款），动植物检疫失职罪（第 413 条第 2 款），放纵制售伪劣商品犯罪行为罪（第 414 条），办理偷越国（边）境人员出入境证件罪（第 415 条），放行偷越国（边）境人员罪（第 415 条），不解救被拐卖、绑架妇女、儿童罪（第 416 条第 1 款），阻碍解救被拐卖、绑架妇女、儿童罪（第 416 条第 2 款），帮助犯罪分子逃避处罚罪（第 417 条），招收公务员、学生徇私舞弊罪（第 418 条），失职造成珍贵文物损毁、流失罪（第 419 条）。

## 第二节　本章重点论述的犯罪

### ■ 滥用职权罪

（一）滥用职权罪的概念和特征

滥用职权罪，是指国家机关工作人员不依法正当行使职权或者任意扩大自己的职务权限，致使公共财产、国家和人民利益遭受重大损失的行为。

滥用职权罪具有如下构成特征：

1. 本罪侵犯的客体是国家机关的正常的管理秩序。

2. 本罪在客观方面表现为滥用职权，致使公共财产、国家和人民利益遭受重大损失的行为。具体而言，包括两个方面的内容：

（1）行为人有滥用职权的行为。滥用职权的表现形式大致可以归纳为三种情形：第一种情形是擅权妄为，即行为人不正当地行使自己职务范围内的权力，对有关事项作出不符合法律、法规规定的决定或者处理。具体而言，擅权妄为类型的滥用职权罪具有这样的特点：一是形式上的合法性，即行为人处理的事项性质，都是其本人职权范围内有权处理的事项，比如工商管理机关工作人员对申请人开办公司的要求和条件进行审查；二是实质的非法性，即行为的处理结果实际上不符合有关法律、法规的规定，例如明知申请人不符合开办公司的条件，而仍然予以批准成立公司。第二种情形是超越职权，即行为人超出了职务权限，处理了其无权处理的事项。但是这里的超越职权，必须是以行为人现有的职权为基础，而不是任意处理与其本人职权毫无关系的事项，例如，侦查人员在未经公安局长批准的情况下进行侦查实验，以致造成重大损失的，即属于超越职权，构成滥用职权罪。但是，工商人员以个体工商户偷税为名对其处以罚款就不属于这里的超越职权了，因为税收和工商人员的职责没有关系。第三种情形是不履行自己的职责，即表现为职务上的不作为，比如税务机关领导人在接到对某私营企业主偷税的举报后，故意不安排人员前往调查。①

(2) 行为人滥用职权的行为造成了公共财产、国家和人民利益的重大损失。在这里需要强调的是，因滥用职权与致使公共财产、国家和人民利益遭受重大损失之间要求有因果关系，所以，如果发生了公共财产、国家机关人民利益遭受重大损失的结果，但不是由于行为人滥用职权的行为造成的，其行为也不能构成犯罪。

3. 本罪的主体必须是国家机关工作人员。

4. 本罪的主观方面只能由故意构成。

(二) 滥用职权罪的认定

1. 滥用职权罪与非罪的界限。一般的滥用职权行为与滥用职权犯罪的区别在于滥用职权行为是否给公共财产、国家和人民利益造成了重大损失。如果行为人虽然有滥用职权的行为，但其行为并没有导致公共财产、国家和人民利益重大损失的后果，则对行为人的行为就不应按犯罪论处。根据最高人民检察院 2006 年 7 月 26 日颁布并施行的《关于渎职侵权犯罪案件立案标准的规定》，国家机关工作人员滥用职权涉嫌下列情形之一的，应予立案：(1) 造成死亡 1 人以上，或者重伤 2 人以上，或者重伤 1 人、轻伤 3 人以上，或者轻伤 5 人以上的；(2) 导致 10 人以上严重中毒的；(3) 造成个人财产直接经济损失 10 万元以上，或者直接经济损失不满 10 万元，但间接经济损失 50 万元以上的；(4) 造成公共财产或者法人、其他组织财产直接经济损失 20 万元以上，或者直接经济损失不满 20 万元，但间接经济损失 100 万元以上的；(5) 虽未达到 (3)、(4) 两项数额标准，但 (3)、(4) 两项合计直接经济损失 20 万元以上，或者合计直接经济损失不满 20 万元，但合计间接经济损失 100 万元以上的；(6) 造成公司、企业等单位停业、停产 6 个月以上，或者破产的；(7) 弄虚作假，不报、缓报、谎报或者授意、指使、强令他人不报、缓报、谎报情况，导致重特大事故危害结果继续、扩大，或者致使抢救、调查、处理工作延误的；(8) 严重损害国家声誉，或者造成恶劣社会影响的；(9) 其他致使公共财产、国家和人民利益遭受重大损失的情形。

2. 滥用职权罪与其他犯罪的区分。

(1) 滥用职权罪与报复陷害罪的区分。这两种犯罪的主体都是国家机关工作人员，在客观方面都有滥用职权的行为。二者的主要区别是：第一，客体不同。滥用职权罪侵犯的是国家对公务活动的管理制度；报复陷害罪侵犯的主要是公民的控告权、申诉权、批评监督权。第二，客观方面不尽相同。滥用职权罪表现为滥用职权，并造成了公共财产、国家和人民利益的重大损失的行为；报复陷害罪则表现为滥用职权，假公济私，对控告人、申诉人、批评人实施报复陷害的行为。第三，主观目的不同。滥用职权罪对犯罪目的无特别要求；报复陷害罪只能由直接故意构成，并具有报复陷害他人的目的。

(2) 滥用职权罪与其他滥用职权的犯罪的区分。《刑法》分则条文在规定滥用职权罪的同时，还规定了其他一些滥用职权的犯罪行为。这些犯罪主要集中在《刑法》分则第 9 章之中，在其他章节有少量罪名，比如《刑法》分则第 4 章中规定的司法工作人员滥用职权犯《刑法》第 245 条规定的非法搜查罪和非法侵入住宅罪，司法工作人员指使被监管人殴打或者体罚虐待其他被监管人，等等。由于《刑法》第 397 条明文规定了"本法另有规定的，依照规定"，因此，对第 397 条以外的滥用职权的犯罪行为不应定滥用职权罪，而应按各具体条文规定的罪名定罪。事实上，《刑法》第 397 条规定的滥用职权罪的规定属于普通法，其他特定主体滥用职权犯罪的规定属于特别法。根据特别法优于普通法的处理原则，当行为人

---

① 参见高铭暄主编：《刑法专论》(下编)，885～887 页，北京，高等教育出版社，2002。

的行为同时触犯第 397 条的规定和其他法条的规定时，应对行为人按其他法条即特别法条所规定的犯罪论处。这样就使得在司法实践中适用法律时，更加明确、具体。例如，《刑法》第 410 条规定的非法批准征用、占用土地罪也是一种滥用职权的行为，行为人在触犯《刑法》第 410 条规定的同时，自然也就触犯了第 397 条的规定，但是司法机关在追究行为人的刑事责任时，只能按《刑法》第 410 条规定的非法批准征用、占用土地罪定罪量刑，而不能按第 397 条规定的滥用职权罪去定罪量刑。

（三）滥用职权罪的处罚

根据《刑法》第 397 条第 1 款的规定，犯滥用职权罪的，处 3 年以下有期徒刑或者拘役；情节特别严重的，处 3 年以上 7 年以下有期徒刑。根据《刑法》第 397 条第 2 款的规定，国家机关工作人员徇私舞弊，犯滥用职权罪的，处 5 年以下有期徒刑或者拘役；情节特别严重的，处 5 年以上 10 年以下有期徒刑。

## ■ 玩忽职守罪

（一）玩忽职守罪的概念和特征

玩忽职守，是指国家机关工作人员严重不负责任，不履行或者不认真履行职责，致使公共财产、国家和人民利益遭受重大损失的行为。玩忽职守罪具有如下特征：

1. 玩忽职守罪侵犯的客体是国家机关的正常管理活动。

2. 玩忽职守罪在客观方面表现为行为人实施了玩忽职守的行为，并使公共财产、国家和人民利益遭受了重大损失。所谓玩忽职守，是指行为人严重不负责任，不履行职责、义务或者不正确履行职责、义务的行为。不履行职责，是指行为人应当履行职责而没有履行。不履行职责的玩忽职守表现为行为人完全没有履行其应当履行的职责，因而表现为不作为的方式。不正确履行职责，是指不认真、不严格地履行职责。不正确履行职责的玩忽职守，表现为形式上具有履行职责的行为，但是却没有完全按照职责的要求去做。其行为方式可表现为作为或者不作为。

3. 玩忽职守罪的主体必须是国家机关工作人员。

4. 玩忽职守罪的主观方面是过失，即行为人应当预见自己对工作严重不负责任可能造成公共财产、国家和人民利益的重大损失，由于疏忽大意而没有预见或者虽然已经预见但轻信能够避免的一种心理态度。

（二）玩忽职守罪的认定

1. 玩忽职守罪与非罪的界限。

（1）工作失误与玩忽职守罪的区别。工作失误，是指行为人因业务水平和工作能力不足，从而决策不当，导致了公共财产、国家和人民利益的损失。就主观心态而言，行为人并无玩忽职守的心理意识，反而常常是力求把事情做好，只是因为力不从心而出现工作失误。在这种情况下，行为人的工作失误虽然造成了一定损失，但不能以犯罪论处。

（2）一般的玩忽职守行为与玩忽职守罪的区别。二者的区别在于是否给公共财产、国家和人民利益造成了“重大损失”。只有行为人的玩忽职守行为已造成“重大损失”，才能对行为人按玩忽职守罪定罪量刑。根据最高人民检察院 2006 年 7 月 26 日颁布并施行的《关于渎职侵权犯罪案件立案标准的规定》，国家机关工作人员玩忽职守涉嫌下列情形之一的，应予立案：1）造成死亡 1 人以上，或者重伤 3 人以上，或者重伤 2 人、轻伤 4 人以上，或者重伤 1 人、轻伤 7 人以上，或者轻伤 10 人以上的；2）导致 20 人以上严重中毒的；3）造成个人财产直接经济损失 15 万元以上，或者直接经济损失不满 15 万元，但间接经济损失 75 万元以上的；4）造成公共财产或者法人、其他组织财产直接经济损失30万元以上，或者直接经济损失不满30万元，但间接经济损失150万元以上的；5）虽未达到3）、4）两项数额标准，但3）、4）两项合计直接经济损失30万元以上，或者合计直接经济损失不满30万元，但合计间接经济损失150万元以上的；6）造成公司、企业等单位停业、停产1年以上，或者破产的；7）海关、外汇管理部门的工作人员严重不负责任，造成100万美元以上外汇被骗购或者逃汇1 000万美元以上的；8）严重损害国家声誉，或者造成恶劣社会影响的；9）其他致使公共财产、国家和人民利益遭受重大损失的情形。

2. 玩忽职守罪与其他犯罪的区分。

（1）玩忽职守罪与滥用职权罪的区别。玩忽职守罪与滥用职权罪规定在同一条文中，犯罪主体都是国家机关工作人员；侵犯的客体均是国家机关正常的管理秩序；客观方面都实施了背离职责、职务要求的行为，并且都要求致使公共财产、国家和人民利益遭受重大损失。因此，二者容易混淆。但是，二者毕竟是两种性质不同的犯罪，有着本质的区别。具体而言，二者的区别主要表现在主观罪过形式不同。玩忽职守罪的主观罪过是过失，即行为人应当预见自己的玩忽职守行为可能会造成危害社会的结果，因为疏忽大意而没有预见，或者虽然已经预见，但是轻信能够避免这种危害结果的发生；而滥用职权的主观罪过是故意，即行为人明知自己滥用职权的行为会发生危害社会的结果，但是他希望或者放任这种危害结果的发生。在此需要强调的是，判断行为人在主观上是故意还是过失，不仅要看行为人是否认识到自己的行为违反职责的要求，而且还要看行为人是否认识到这种违背职责要求的行为可能会造成危害社会的结果，以及行为人对这种可能发生的结果持怎样的心理态度。

（2）玩忽职守罪与重大责任事故罪的区别。玩忽职守罪与重大责任事故罪在主客观方面都有相同之处，例如，在主观方面都是过失，在客观方面都要求造成严重的危害后果。但是二者的区别还是比较明显的。二者的区别在于：1）犯罪主体不同。玩忽职守罪的主体是国家机关工作人员，重大责任事故罪的主体是一般主体。2）客观行为实施的环境不同。玩忽职守罪是在国家机关人员履行管理职责时实施，重大责任事故罪则是在从事生产、作业过程中实施。3）犯罪的客体不同。玩忽职守罪侵犯的是国家机关管理秩序，重大责任事故罪侵犯的是公共安全。

（3）玩忽职守罪与其他玩忽职守犯罪的区别。《刑法》在第397条规定玩忽职守罪的同时，又在本章的其他条文中将一些由特定的国家机关工作人员在特定的领域所实施的玩忽职守的行为规定为独立的犯罪。如第406条规定的国家机关工作人员签订、履行合同失职被骗罪；第412条第2款规定的商检失职罪等。由于《刑法》第397条关于玩忽职守罪的规定属于普通法，其他条文中对其他特定主体玩忽职守犯罪的规定属于特别法，二者之间形成了法条竞合关系，因此，《刑法》第397条第2款规定，“本法另有规定的，依照规定”。也就是说，当行为人的行为同时触犯第397条和其他法条时，应当对行为人按其他法条即特别法条所规定的犯罪定罪处刑。

（三）玩忽职守罪的处罚

根据《刑法》第397条第1款的规定，犯玩忽职守罪的，处3年以下有期徒刑或者拘役；情节特别严重的，处3年以上7年以下有期徒刑。

## ■ 故意泄露国家秘密罪

（一）故意泄露国家秘密罪的概念和特征

故意泄露国家秘密罪，是指国家机关工作人员或者非国家机关工作人员违反保守国家秘密法律、法规，故意泄露国家秘密，情节严重的行为。

故意泄露国家秘密罪具有如下特征：

1. 故意泄露国家秘密罪侵犯的客体是国家的保密制度。根据我国宪法的规定，一切公民，特别是国家工作人员，必须严格遵守国家的保密制度。所谓国家保密制度，是指有关保守国家秘密的法律、法规、规章、办法、措施所规定的国家秘密事项、保密范围以及有关制度的总称。本罪的犯罪对象是国家秘密。根据《保守国家秘密法》的规定，"秘密"是指关系到国家的安全和利益，依照法律程序确定的，在一定时期内只限于一定范围的人知悉的事项。国家秘密包括国家事务和重大的决策中的秘密事项、国防建设和武装力量活动中的秘密事项、外交和外事活动中的秘密事项以及对外承担保密义务的事项、国民经济和社会发展中的秘密事项、科学技术中的秘密事项、维护国家安全活动和追查刑事犯罪的秘密事项、其他经国家保密工作部门确定应当保守的国家秘密事项。依照秘密的重要程度，国家秘密分为"绝密"、"机密"、"秘密"三级，它们均是故意泄露国家秘密罪侵犯的对象。

2. 故意泄露国家秘密罪在客观方面表现为违反保守国家秘密法规的规定，泄露国家秘密，情节严重的行为。违反保守国家秘密法的规定，是指违反《中华人民共和国保守国家秘密法》和《中华人民共和国保守国家秘密法实施细则》的规定。泄露国家秘密，是指使国家秘密让不应当知悉的人知悉。泄露国家秘密的行为方式，分为作为的泄露和不作为的泄露两种。作为的泄露，是指用积极的行为实施保守国家秘密法所禁止的泄露国家秘密行为。不作为的泄露，是指有义务实施并且能够实施保守国家秘密法规定的保密行为而没有实施的泄露国家秘密的行为。

3. 故意泄露国家秘密罪的主体主要是国家机关工作人员。但这并不意味着非国家机关工作人员就不可能实施泄露国家秘密的行为。因为非国家机关工作人员也有可能了解和掌握国家秘密，从而也可能予以泄露。因此，根据刑法的规定，非国家工作机关人员故意泄露国家秘密，情节严重的，也要按照故意泄露国家秘密罪酌情处罚。应当明确，对非国家机关工作人员应作广义理解，它是指除国家机关工作人员以外的一切知悉或了解国家秘密的人员。

4. 故意泄露国家秘密罪在主观方面由故意构成，即行为人明知是国家秘密而故意加以泄露。行为人的犯罪目的和动机一般不影响犯罪的成立。但行为人如果出于危害国家安全的目的而故意将国家秘密提供给境外的机构、组织或人员，则应按《刑法》第 111 条规定的为境外窃取、刺探、收买、非法提供国家秘密、情报罪定罪处罚。

（二）故意泄露国家秘密罪的认定

1. 故意泄露国家秘密罪与非罪的界限。

（1）故意泄露国家秘密罪与一般泄露秘密行为的区别。根据《刑法》第 398 条的规定，并不是一切泄露国家秘密的行为都构成犯罪，而是只有"情节严重的"才构成犯罪。因此，对于并非"情节严重的"一般泄密行为，不能按犯罪来处理。根据最高人民检察院 2006 年 7 月 26 日颁布并施行的《关于渎职侵权犯罪案件立案标准的规定》，国家机关工作人员故意泄漏国家秘密涉嫌下列情形之一的，应予立案：1）泄露绝密级国家秘密 1 项（件）以上的；2）泄漏机密级国家秘密 2 项（件）以上的；3）泄露秘密级国家秘密 3 项（件）以上的；4）向非境外机构、组织、人员泄漏国家秘密，造成或者可能造成危害社会稳定、经济发展、国防安全或者其他严重危害后果的；5）通过口头、书面或者网络等方式向公众散布、传播国家秘密的；6）利用职权指使或者强迫他人违反国家保守秘密法的规定泄漏国家秘密的；7）以牟取私利为目的泄漏国家秘密的；8）其他情节严重的情形。

（2）故意泄露国家秘密罪与意外事件的区别。故意泄露国家秘密罪的主观过错形式必须是故意。意外事件是由于不能预见的原因泄露了国家秘密，例如，行为人依法护送国家秘密的途中，因遭遇水灾，文件被水冲散而致使该国家秘密泄露。由于行为人对泄密现象的发生在主观方面既没有故意，也没有过失，因而其行为不能构成犯罪。

2. 故意泄露国家秘密罪与其他犯罪的区分。

（1）故意泄露国家秘密罪和间谍罪的区别。故意泄露国家秘密罪和间谍罪都是故意犯罪，间谍罪在客观方面也可以表现为向间谍组织及其代理人提供国家秘密的行为，因而二者具有相似之处。但是二者的区别也是明显的，这主要表现在：1）犯罪客体不同。泄露国家秘密罪侵犯的客体是国家的保密制度，而间谍罪侵犯的客体是国家安全。2）犯罪主体不尽相同。泄露国家秘密罪的犯罪主体主要是国家机关工作人员，其他通过合法途径或者说不是通过违法手段知悉国家秘密的人也可以成为该罪的犯罪主体。而间谍罪的犯罪主体是一般主体，不仅中国人可以构成，外国人（含无国籍人）也可以构成。3）在客观方面的表现存有差异。间谍罪在客观上的表现方式可以是参加间谍组织，或者接受间谍组织及其代理人的任务，也可以是为敌人指示轰击目标。在前两种情况下，行为人泄露国家秘密的行为成立间谍罪必须以其参加间谍组织或者接受间谍组织及其代理人的任务为前提，而且提供秘密的对象只能是间谍组织。在为敌人指示轰击目标的情况下，行为人泄露国家秘密的行为成立间谍罪的条件必须是其所泄露的国家秘密的内容是特定的，即轰击目标的位置；泄露秘密的对象是特定的，即必须向敌人泄露。而泄露国家秘密罪在客观方面只是实施了泄露国家秘密的行为，并没有前述的背景和条件。

（2）故意泄露国家秘密罪与为境外窃取、刺探、收买、非法提供国家秘密、情报罪的区别。二者的主要区别在于：1）犯罪的客观表现不同。具体而言，首先，故意泄露国家秘密罪只是表现为行为人实施了泄露国家秘密的行为，而为境外窃取、刺探、收买、非法提供国家秘密、情报罪在客观方面则不限于泄露国家秘密的行为，还包括为了取得国家秘密而实施的窃取、刺探、收买国家秘密或者情报的行为。其次，故意泄露国家秘密罪没有特定的服务对象，而为境外窃取、刺探、收买、非法提供国家秘密、情报罪则必须是为境外机构、组织、人员服务。也正是由于二者存在这一区别，最高人民法院于2001年1月17日发布的《关于审理为境外窃取、刺探、收买、非法提供国家秘密、情报案件具体应用法律若干问题的解释》第6条规定，在互联网上发布国家秘密，情节严重的，以故意泄露国家秘密罪定罪处罚；通过互联网将国家秘密或者情报非法发送给境外的机构、组织、个人的，以为境外窃取、刺探、收买、非法提供国家秘密、情报罪定罪处罚。最后，故意泄露国家秘密罪要求必须情节严重才构成犯罪，为境外窃取、刺探、收买、非法提供国家秘密、情报罪则不以情节严重作为犯罪构成要件。2）犯罪客体和犯罪对象的范围不同。故意泄露国家秘密罪侵犯的是国家保密制度，犯罪对象是国家秘密；为境外窃取、刺探、收买、非法提供国家秘密、情报罪侵犯的是国家安全和利益，犯罪对象除国家秘密外，还包括有关我国国家安全的情况、资料、报告和消息等情报。

（3）故意泄露国家秘密罪和泄露内幕信息罪的区别。泄露国家秘密罪和泄露内幕信息罪都是故意犯罪，在客观上都表现为将一定的秘密事项泄露给不该知悉的人，因而这两者具有相同之处。但是二者的区别也是明显的，主要表现在：1）犯罪主体不同。泄露国家秘密罪的犯罪主体只能是自然人，并且大多数情况下是国家机关工作人员；而泄露内幕信息罪的犯罪主体是证券、期货交易内幕信息的知情人，或者非法获取证券、期货交易内幕信息的人，既可以是单位，也可以是自然人。2）犯罪对象不同。泄露国家秘密罪的犯罪对象是国家秘密，而泄露内幕信息罪的犯罪对象则是涉及证券、期货的发行、交易或者其他对证券、期货价格有重大影响，且尚未公开的信息，未必是国家秘密。3）犯罪的客体不同，泄露国家秘密罪侵犯的是国家的保密制度，而泄露内幕信息罪侵犯的是金融管理秩序。泄露国家秘密罪和泄露内幕信息罪的这一区别决定了，即使行为人所泄露的国家秘密对证券的、期货的交易价格有重大影响，但是这一秘密不是一般的证券、期货交易的内幕信息，而是具有全局性的国家秘密，仍然应当以泄露国家秘密罪定罪处罚。

（4）故意泄露国家秘密罪与侵犯商业秘密罪的区别。二者的区别为：1）犯罪客体不同。故意泄露国家秘密罪侵犯的是国家的保密制度，侵犯商业秘密罪侵犯的则是知识产权。2）犯罪主体不同。故意泄露国家秘密罪的犯罪主体主要是国家机关工作人员，其他知悉国家秘密的人也可以成为故意泄露国家秘密罪的犯罪主体。侵犯商业秘密罪的主体则可以是任何具有刑事责任能力的人。3）犯罪对象不同。侵犯商业秘密罪侵犯的对象仅限于商业秘密，而故意泄露国家秘密罪的犯罪对象是国家保密法所规定的国家秘密，其内涵远远大于前者。如果国家机关工作人员将自己知悉的属于国家秘密范畴的商业秘密泄露出去，则是一行为触犯数罪名，成立想象竞合犯，应按从一重罪处断的原则处理。

（5）故意泄露国家秘密罪与非法获取国家秘密罪和非法持有国家绝密、机密文件、资料、物品罪的区别。它们的主要区别在于：1）主体不同。故意泄露国家秘密罪的主体主要是国家机关工作人员，其他知悉国家秘密的人也可以成为故意泄露国家秘密罪的犯罪主体。而非法获取国家秘密罪以及非法持有国家绝密、机密文件、资料、物品罪的主体可以是任何具有刑事责任能力的人。2）客观表现不同。故意泄露国家秘密罪在客观方面表现为泄露国家秘密，即将自己知道的（一般是通过合法途径知道的）国家秘密传递出去。非法获取国家秘密罪以及非法持有国家绝密、机密文件、资料、物品罪则表现为窃取、刺探、收买国家秘密或者非法持有属于国家绝密、机密的文件、资料或者其他物品，拒不说明来源与用途。假如行为人将非法获取的国家秘密又泄露出去的，成立吸收犯，应从一重罪处断。至于非法持有国家绝密、机密文件、资料、物品罪，由于是和非法获取国家秘密罪规定在同一个条文之中，我们认为，它实际上是一个堵截型的下游犯罪，即在不能证明行为人所持有的国家绝密、机密文件、资料、物品是通过非法途径获取以及行为人的意图，而行为人又不能证明自己是合法持有的情况下，以非法持有国家绝密、机密文件、资料、物品罪定罪处罚。

（三）故意泄露国家秘密罪的处罚

根据《刑法》第 398 条第 1 款的规定，国家机关工作人员犯故意泄露国家秘密罪的，处 3 年以下有期徒刑或者拘役；情节特别严重的，处 3 年以上 7 年以下有期徒刑。根据《刑法》第 398 条第 2 款的规定，非国家机关工作人员犯故意泄露国家秘密罪的，依照《刑法》第 398 条第 1 款的规定酌情处罚。我们认为，对非国家机关工作人员而言，这里所谓的酌情处罚，意指对非国家工作人员的处罚一般应当轻于对国家机关工作人员犯故意泄露国家秘密罪的处罚。

## 徇私枉法罪

（一）徇私枉法罪的概念和特征

徇私枉法罪，是指司法工作人员徇私枉法、徇情枉法，对明知是无罪的人而使他受追诉，对明知是有罪的人而故意包庇不使他受追诉，或者在刑事审判活动中故意违背事实和法律作枉法裁判的行为。徇私枉法罪具有如下特征：

1. 徇私枉法罪侵犯的客体是国家司法机关的工作秩序。国家司法机关，是指国家依据宪法设置的行使侦查职能、检察职能、审判职能和监管职能的机关，具体包括公安机关、检察机关、审判机关和监狱机关。国家司法机关工作秩序，是指由法律规定的为保障司法活动正常进行的制度和纪律。

2. 徇私枉法罪在客观方面表现为行为人在刑事诉讼活动中徇私枉法的行为。具体而言，表现为以下几种行为：(1) 对明知无罪的人而使他受追诉。追诉，是指追究刑事责任，包括采取立案侦查、强制措施、移送起诉、提起公诉、开庭审判等司法行为。(2) 对明知是有罪的人故意包庇不使他受追诉。包括对明知有犯罪事实需要追究刑事责任的人采取伪造、隐匿、毁灭证据或者其他隐瞒事实、违背法律的手段，故意包庇使其不受立案、侦查（含采取强制措施）、起诉、审判，或者在立案后，故意违背事实和法律，应该采取强制措施而不采取强制措施，或者虽然采取强制措施，但无正当理由中断侦查或者超过法定期限不采取任何措施，实际放任不管，以及违法撤销、变更强制措施，致使犯罪嫌疑人、被告人实际脱离司法机关的侦控等情形。(3) 在刑事审判活动中故意违背事实和法律作枉法裁判。即是指有罪判无罪、无罪判有罪，或者重罪轻判、轻罪重判等情形。只要实施了上述三种行为之一的，就可构成徇私枉法罪。

根据最高人民检察院2006年7月26日颁布并施行的《关于渎职侵权犯罪案件立案标准的规定》，司法工作人员徇私枉法、徇情枉法涉嫌下列情形之一的，应予立案：(1) 对明知是没有犯罪事实或者其他依法不应当追究刑事责任的人，采取伪造、隐匿、毁灭证据或者其他隐瞒事实、违反法律的手段，以追究刑事责任为目的立案、侦查、起诉、审判的；(2) 对明知是有犯罪事实需要追究刑事责任的人，采取伪造、隐匿、毁灭证据或者其他隐瞒事实、违反法律的手段，故意包庇使其不受立案、侦查、起诉、审判的；(3) 采取伪造、隐匿、毁灭证据或者其他隐瞒事实、违反法律的手段，故意使罪重的人受较轻的追诉，或者使罪轻的人受较重的追诉的；(4) 在立案后，采取伪造、隐匿、毁灭证据或者其他隐瞒事实、违反法律的手段，应当采取强制措施而不采取强制措施，或者虽然采取强制措施，但中断侦查或者超过法定期限不采取任何措施，实际放任不管，以及违法撤销、变更强制措施，致使犯罪嫌疑人、被告人实际脱离司法机关侦控的；(5) 在刑事审判活动中故意违背事实和法律，作出枉法判决、裁定，即有罪判无罪、无罪判有罪，或者重罪轻判、轻罪重判的；(6) 其他徇私枉法应予追究刑事责任的情形。

3. 徇私枉法罪的主体是特殊主体，即只能由司法工作人员构成。所谓司法工作人员，根据《刑法》第94条的规定，是指有侦查、检察、审判、监管职责的工作人员。在这里需要说明的是，并非只要行为人具有司法工作人员的身份，就可以成为徇私枉法罪的犯罪主体。成立徇私枉法罪的前提是司法工作人员利用职权枉法，如果司法工作人员对于特定案件没有相应的职权，则不成立徇私枉法罪。例如，甲是A省某市的公安局副局长，其儿子乙在B省因贩卖毒品而被一审判处死刑。B省高级人民法院二审审理该案期间，甲为了其儿子被改判，遂指使下属为其儿子篡改户籍档案，将其儿子的年龄由21岁改为不满18岁，并将篡改后的户籍档案作为证据向法庭提交，致使该案被B省高级人民法院发回原审法院重新审理。在这里，甲虽然具有司法工作人员的身份，但是他对他儿子乙的案件无权处理，因而他的行为就不能构成徇私枉法罪，只能以妨害司法罪中的相关罪名定罪处罚。

4. 本罪的主观方面只能是故意。如果行为人因业务能力不足而造成对有罪者作无罪判决，对无罪者作有罪判决，或者重罪轻判，轻罪重判以及将此罪判为彼罪，将彼罪判为此罪的，不能作为犯罪处理。

（二）徇私枉法罪的认定

1. 徇私枉法罪与非罪的界限。司法工作人员在实际工作中发生错捕、错诉、错判等情况的，是否构成徇私枉法罪，要从两个方面综合判断。首先，应当看其主观上是否有故意。即明知是无罪人而追诉，明知是有罪的人而故意包庇不追诉，或者故意违背事实和法律枉法裁判。其次，应当看其客观上是否确有徇私枉法或者徇情枉法的行为。这里所谓的徇私枉法、徇情枉法，是指司法工作人员出于个人私利或者私人感情，在处理刑事案件时，故意利用职权实施违背法律规定的行为。如果行为人不是出于徇私或者徇情而枉法，仅是因责任心不强，工作不认真、不细致，业务水平低等原因而未能正确适用法律，从而造成错捕、错诉、错判的，其行为就不能认定为徇私枉法罪。但是如果是由于对工作严重不负责任，造成冤假错案，给国家和公民的利益造成重大损失的，则应当以玩忽职守罪定罪处罚。

2. 徇私枉法罪与其他犯罪的区分。

（1）徇私枉法罪与报复陷害罪的区别。两者的主要区别表现为：1）犯罪客体不同。徇私枉法罪侵犯的是司法机关的正常活动；报复陷害罪侵犯的主要是公民的民主权利。2）客观方面的表现不同。徇私枉法罪表现为利用司法职权徇私枉法。报复陷害罪则表现为在日常工作中，滥用职权、假公济私，实施报复陷害，如以裁撤冗员为名让批评人下岗、克扣工资等。3）犯罪对象不同。徇私枉法罪侵犯的对象可以是任何公民；报复陷害罪侵犯的对象则限于控告人、申诉人、批评人和举报人。4）犯罪主体不同。徇私枉法罪的犯罪主体只能是司法工作人员；报复陷害罪的犯罪主体则是包括司法工作人员在内的所有的国家机关工作人员。

（2）徇私枉法罪与诬告陷害罪的区别。两者的主要区别表现为：1）犯罪主体不同。徇私枉法罪的犯罪主体是司法工作人员，属于特殊主体；诬告陷害罪的犯罪主体是一般主体。2）客观方面的表现不同。徇私枉法罪表现为司法工作人员利用职权进行枉法追诉、枉法不追诉或者枉法裁判；诬告陷害罪的客观方面表现为捏造他人犯罪事实并实施告发的行为，一般不存在利用职权的问题。3）主观故意的内容不同。诬告陷害罪的行为人在主观上只是具有使无罪人受到刑事追究的意图；而徇私枉法罪的行为人在主观上则既可以是意图使无罪的人受到刑事追究，也可以是意图使有罪的人不受追究，即也可以是出于包庇的动机。

（3）徇私枉法罪与伪证罪的区别。两者的主要区别表现为：1）犯罪主体不同。徇私枉法罪的主体是司法工作人员，伪证罪的主体是证人、鉴定人、记录人、翻译人。2）客观方面的表现不同。徇私枉法罪是利用司法职权实施徇私枉法、徇情枉法行为；伪证罪中的鉴定人、记录人、翻译人是利用其具体工作职务的便利条件，对与案件有重要关系的情节作虚假鉴定、记录、翻译或者隐匿证据的行为。

（4）徇私枉法罪与包庇罪的区别。徇私枉法罪与包庇罪都发生在刑事司法活动中，在主观方面都是故意，两者的主体具有交叉关系，即包庇罪的主体也可以是司法工作人员，徇私枉法罪在客观方面也包括包庇的内容，因此，两者容易混淆。两者的区别主要表现在：1）犯罪主体的范围不同。徇私枉法罪的主体只能是司法工作人员；而包庇罪的主体是一般主体，既可以是司法工作人员，也可以是其他任何达到刑事责任年龄具有刑事责任能力的人。2）主观故意的内容不尽相同。徇私枉法罪的意图既可以是使他人受到不应有的刑事追诉或受到冤判、错判，也可以是为了放纵犯罪分子；包庇罪的意图则仅限于放纵犯罪分子。3）客观方面的表现不同。徇私枉法罪表现为行使职权枉法追诉无罪的人或者枉法不使有罪人受到刑事追究，因而徇私枉法罪就其本质而言，实际上是一种特殊的滥用职权的行为；包庇罪则表现为为犯罪人提供隐藏处所、财物，帮助其逃匿或者作虚假证明包庇。徇私枉法罪和包庇罪在客观方面的这一差异，是区别两者的关键。

（5）徇私枉法罪与妨害作证罪及帮助毁灭、伪造证据罪的区别。司法工作人员在徇私枉法的情况下，为了最终达到枉法的目的，在客观方面也可能表现为以威胁、贿买方法阻止证人提供证明犯罪分子有罪或者无罪的证据，威胁、引诱证人改变证言等行为，这是其与妨害作证罪及帮助毁灭、伪造证据罪的相似之处。徇私枉法罪与妨害作证罪及帮助毁灭、伪造证据罪的区别在于：1）犯罪客体不同。徇私枉法罪的犯罪客体是司法机关的正常活动，妨害作证罪及帮助毁灭、伪造证据罪的犯罪客体为社会管理秩序中的司法秩序。2）客观方面的表现不同。徇私枉法罪在客观方面的各种表现都与行为人的职务有关，而妨害作证罪及帮助毁灭、伪造证据罪的行为与行为人职务并无关系。如果司法工作人员在职务活动以外实施妨害作证行为或者帮助毁灭、伪造证据行为的，则应按《刑法》第307条规定的妨害作证罪或者帮助毁灭、伪造证据罪从重处罚；如果司法工作人员在其职权范围内为达到枉法目的，实施妨害作证行为或者帮助毁灭、伪造证据行为的，则属于一行为触犯数罪名的情况，应按从一重罪处断的原则处理。3）犯罪主体的范围不尽相同。徇私枉法罪的犯罪主体限于司法工作人员，妨害作证罪及帮助毁灭、伪造证据罪的犯罪主体则没有此种限制。

（6）徇私枉法罪与徇私舞弊不移交刑事案件罪的区别。根据《刑法》第402条的规定，徇私舞弊不移交刑事案件罪，是指行政执法人员在行政执法过程中，徇私舞弊，对依法应当移交司法机关追究刑事责任的案件不移交司法机关，情节严重的行为。徇私枉法罪与徇私舞弊不移交刑事案件罪都是故意犯罪，而且都具有徇私的动机，都存在枉法的行为。但是两者的区别也比较明显，这主要体现在：1）犯罪主体不同。徇私枉法罪的犯罪主体是司法工作人员，而徇私舞弊不移交刑事案件罪的主体是行政执法人员。但是，在有的情况下，行政执法人员和司法工作人员并不是泾渭分明的，比如公安机关的基层派出机构的工作人员，他们一方面负责维护社会治安，属于行政执法人员；另一方面，他们同时也负责查禁犯罪活动，属于司法工作人员。如果他们在执法过程中对于构成犯罪的案件，仅仅是以罚代刑，不向司法机关移交的，如何定罪，恐怕就不能仅仅根据犯罪主体这一点来区分了。对于这种情况，我们认为，应当作为交叉类型的法条竞合来处理，选择处罚较重的罪名对行为人定罪处刑。2）犯罪的客观方面存有差异。徇私枉法罪在客观上可以表现为对无罪的人利用职权枉法追诉，也可以表现为对有罪的人枉法不追诉，还可以表现为故意违背事实和法律，枉法裁判。而徇私舞弊不移交刑事案件罪在客观方面则只能表现为对构成犯罪、应当追究刑事责任的案件不向司法机关移交。3）犯罪目的不尽相同。徇私枉法罪的犯罪目的既可以是陷害被害人，也可是包庇犯罪人。徇私舞弊不移交刑事案件罪的目的只能是包庇犯罪人。

（三）徇私枉法罪的处罚

根据《刑法》第399条第1款的规定，犯徇私枉法罪的，处5年以下有期徒刑或者拘役；情节严重的，处5年以上10年以下有期徒刑；情节特别严重的，处10年以上有期徒刑。根据《刑法》第399条第3款的规定，司法工作人员因收受贿赂而犯徇私枉法罪，其收受贿赂的行为又构成《刑法》第385条规定的受贿罪的，不实行数罪并罚，而应依照处罚较重的规定定罪处罚。

## ■ 民事、行政枉法裁判罪

（一）民事、行政枉法裁判罪的概念和特征

民事、行政枉法裁判罪，是指人民法院的审判人员在民事、行政审判活动中，故意违背事实和法律作枉法裁判，情节严重的行为。民事、行政枉法裁判罪具有如下构成特征：

1. 民事、行政枉法裁判罪侵犯的客体是人民法院的正常审判活动。

2. 民事、行政枉法裁判罪的客观方面表现为审判人员在民事、行政审判活动中，故意歪曲事实真相，曲解法律规定，作出不符合法律规定的错误判决或者裁定，情节严重的行为。

3. 民事、行政枉法裁判罪的主体是特殊主体，即司法工作人员，确切地讲，只能是在人民法院中具体从事民事、行政审判工作的人员和有关主管人员。

4. 民事、行政枉法裁判罪在主观上是故意，即行为人故意违背事实和法律作枉法裁判。

（二）民事、行政枉法裁判罪的认定

1. 民事、行政枉法裁判罪与非罪的界限。

根据《刑法》第 399 条第 2 款的规定，实施民事、行政枉法裁判行为，只有情节严重的才构成犯罪。因而情节是否严重是区分一般民事、行政枉法行为和民事、行政枉法罪的界限。根据最高人民检察院 2006 年 7 月 26 日颁布并施行的《关于渎职侵权犯罪案件立案标准的规定》，司法工作人员在民事、行政审判活动中枉法裁判涉嫌下列情形之一的，应予立案：(1) 枉法裁判，致使当事人或者其近亲属自杀、自残造成重伤、死亡，或者精神失常的；(2) 枉法裁判，造成个人财产直接经济损失 10 万元以上，或者直接经济损失不满 10 万元，但间接经济损失 50 万元以上的；(3) 枉法裁判，造成法人或者其他组织财产直接经济损失 20 万元以上，或者直接经济损失不满 20 万元，但间接经济损失 100 万元以上的；(4) 伪造、变造有关材料、证据，制造假案枉法裁判的；(5) 串通当事人制造伪证，毁灭证据或者篡改庭审笔录而枉法裁判的；(6) 徇私情、私利，明知是伪造、变造的证据予以采信，或者故意对应当采信的证据不予采信，或者故意违反法定程序，或者故意错误适用法律而枉法裁判的；(7) 其他情节严重的情形。

2. 民事、行政枉法裁判罪和徇私枉法罪的区别。

民事、行政枉法裁判罪和徇私枉法罪的区别主要体现在如下三点：(1) 主体的范围不尽一致。民事、行政枉法裁判罪的犯罪主体只能是人民法院中负责民事、行政审判的审判人员和有关主管人员，而徇私枉法罪的主体则是负有侦查、检察、审判和监管职责的司法工作人员。(2) 犯罪行为发生的环节不同。民事、行政枉法裁判罪只能发生在民事诉讼和行政诉讼中，而徇私枉法罪则只能发生在刑事诉讼中，且不限于审判阶段。(3) 情节方面的要求不同。对于民事、行政枉法裁判罪，其成立犯罪要求情节严重，而徇私枉法罪的成立则没有这样的要求。

（三）民事、行政枉法裁判罪的处罚

根据《刑法》第 399 条第 2 款、第 4 款（根据《刑法修正案（四）》修订）的规定，犯民事、行政枉法裁判罪的，处 5 年以下有期徒刑或者拘役；情节特别严重的，处 5 年以上 10 年以下有期徒刑。审判人员因收受贿赂而犯民事、行政枉法裁判罪，其收受贿赂的行为又构成《刑法》第 385 条规定的受贿罪的，不实行数罪并罚，而应依照处罚较重的规定定罪处罚。

## ■ 执行判决、裁定滥用职权罪

（一）执行判决、裁定滥用职权罪的概念和特征

执行判决、裁定滥用职权罪，是指司法工作人员在执行判决、裁定活动中，滥用职权，不依法采取诉讼保全措施、不履行法定执行职责，或者违法采取保全措施、强制执行措施，致使当事人或者其他人的利益遭受重大损失的行为。

执行判决、裁定滥用职权罪具有如下构成特征：

1. 执行判决、裁定滥用职权罪侵犯的客体是人民法院判决、裁定的执行秩序。

2. 执行判决、裁定滥用职权罪在客观方面表现为在执行判决、裁定活动中滥用职权，违反法律规定的条件和程序采取诉讼保全措施或者强制执行措施，不履行法定执行职责或者不依法采取诉讼保全措施，致使当事人或者其他人的利益遭受重大损失的行为。

(1) 从时空条件上说，执行判决、裁定滥用职权的行为只能发生在执行判决、裁定的活动中。"执行判决、裁定的活动中"是指人民法院已经受理了当事人的执行申请，开始为执行工作进行准备，采取相应执行措施且执行工作尚未结束的整个过程。是否"在执行判决、裁定活动中"，实践中可从以下方面予以判断：1) 正在依法执行某种具体的判决、裁定活动的过程中；2) 处于与执行某种具体的判决、裁定活动密切相关的准备过程和具体执行行为结束后，但在整个执行活动正式完毕之前的过程中；3) 已经接受对某种判决、裁定的执行任务，因其他原因尚未开始直至其正式执行完毕前，可认为一直处于判决、裁定的执行过程中。[①]

(2) 滥用职权行为的对象是对判决、裁定执行活动。执行必须有执行根据，否则不能开始执行程序。执行根据是指申请执行人据以申请和人民法院据以交付执行的各种生效的法律文书。"人民法院的判决、裁定"，根据全国人大常委会关于《刑法》第313条的解释，是指人民法院依法作出的具有执行内容并已发生法律效力的判决、裁定。人民法院为依法执行支付令、生效的调解书、仲裁裁决、公证债权文书等所作的裁定属于该条规定的裁定。执行人员在执行活动中如果不认真履行自己的职责，滥用职权，必然使正常的执行秩序受到破坏，使当事人和其他人的利益遭受重大损失。

(3) 从行为表现上看，行为人实施了滥用职权的行为。"滥用职权"，是指行为人违反法律规定的权限和程序，非法地行使本人职务范围内的权力或者超越其职权实施有关危害社会的行为。

(4) 从后果上看，滥用职权的行为必须是致使当事人或者其他人的利益遭受重大损失的后果。"当事人"是指申请执行人和被执行人，包括自然人、法人和其他组织。"其他人"是指当事人外与被执行的判决、裁定有关的自然人、法人和其他组织。根据最高人民检察院2006年7月26日《关于渎职侵权犯罪案件立案标准的规定》的规定，涉嫌下列情形之一的，应予立案：1) 致使当事人或者其近亲属自杀、自残造成重伤、死亡，或者精神失常的；2) 造成个人财产直接经济损失10万元以上，或者直接经济损失不满10万元，但间接经济损失50万元以上的；3) 造成法人或者其他组织财产直接经济损失20万元以上，或者直接经济损失不满20万元，但间接经济损失100万元以上的；4) 造成公司、企业等单位停业、停产6个月以上，或者破产的；5) 其他致使当事人或者其他人的利益遭受重大损失的情形。

(5) 从因果关系上看，滥用职权的行为与致使当事人或其他人利益遭受重大损失之间具有刑法上的因果关系，才能构成本罪。

3. 执行判决、裁定滥用职权罪的主体为特殊主体，即法院工作人员，包括审判人员、执行人员以及主管领导。

4. 执行判决、裁定滥用职权罪主观方面是故意。

(二) 执行判决、裁定滥用职权罪的认定

1. 执行判决、裁定滥用职权罪与非罪的界限。

按照法律规定，行为人在执行活动中滥用职权的行为，只有致使当事人或者其他人的利益遭受重大损失的，才构成犯罪；否则不构成犯罪。此外，执行难的原因是多方面的，既有执行人员严重不负责任、滥用职权导致的，也有外界因素干扰特别是地方和部门保护主义的

---

① 参见赵秉志主编：《刑法争议问题研究》(下卷)，454～455页，郑州，河南人民出版社，1996。

干扰导致的；甚至有的被执行人以种种理由为借口抗拒执行。对此，在涉及本罪的案件侦查、起诉、审判过程中，要全面了解案情，充分听取当事人、其他人和涉案执行人员的意见、辩解，分清有无责任、罪过的有无和大小，严格依法作出决定和判决。

2. 执行判决、裁定滥用职权罪与徇私枉法罪以及民事、行政枉法裁判罪的界限。

三种罪的区分表现在以下几个方面：（1）犯罪主体不同。虽然这三种犯罪都是特殊主体，但前者的主体是执行人员，徇私枉法罪的主体是在刑事诉讼活动中的侦查、检察、审判人员，民事、行政枉法裁判罪的主体是民事、行政审判人员。（2）侵犯的客体不完全相同。前者侵犯的是人民法院正常的执行活动，后者侵犯的是国家司法机关刑事诉讼的正常活动或者民事、行政审判的正常活动。（3）客观方面的表现形式不同。前者表现为在执行活动中滥用职权的行为，后者表现为违背事实和法律，在追诉或者刑事审判活动中作枉法决定或者裁判的行为，或者在民事、行政审判活动中作枉法裁判的行为。①

3. 执行判决、裁定滥用职权罪与执行判决、裁定失职罪的区别。

执行判决、裁定失职罪，是指司法工作人员在执行判决、裁定活动中，严重不负责任，不依法采取诉讼保全措施、不履行法定执行职责，或者违法采取保全措施、强制执行措施，致使当事人或者其他人的利益遭受重大损失的行为。它们在犯罪客体、犯罪主体上是相同的，在客观方面也有相同之处，如都发生“在执行判决、裁定活动中”，构成犯罪时均要求达到“致使当事人或者其他人的利益遭受重大损失”。但它们也具有明显区别，主要有：（1）客观行为表现不同。本罪是滥用职权；执行判决、裁定失职罪是玩忽职守。“玩忽职守”，是指行为人严重不负责任，工作中草率马虎，不履行或者不正确履行公职。（2）主观罪过形式不同。本罪主观上只能是故意，执行判决、裁定失职罪则只能是过失。实践中，如果行为人在执行同一个判决、裁定过程中，既有滥用职权的行为，又有玩忽职守的行为，共同造成了当事人或其他人的利益重大损失的，如何定罪处罚是一个值得考虑的问题。如果两种行为都分别达到了致使当事人或其他人的利益重大损失的程度，则应以本罪和执行、判决、裁定失职罪实行数罪并罚；如果只有其中的一种行为达到了致使当事人或其他人的利益重大损失的程度，另一行为并没有达到该程度的，则以达到犯罪程度的行为所触犯的罪名定罪；如果两种行为分开看都没有达到致使当事人或其他人的利益重大损失的程度，但结合起来却达到了该程度的，依据罪刑法定原则，不能以犯罪论处。②

4. 划清执行判决、裁定滥用职权罪一罪与数罪的界限。

依照《刑法》第 399 条第 4 款的规定，司法工作人员收受贿赂，在执行判决、裁定活动中滥用职权，同时又构成本法第 385 条规定的受贿罪的，应当按照处理牵连犯的原则，依照处罚较重的规定定罪处罚。

（三）执行判决、裁定滥用职权罪的处罚

根据《刑法》第 399 条第 3 款的规定，处 5 年以下有期徒刑或者拘役；致使当事人或者其他人的利益遭受特别重大损失的，处 5 年以上 10 年以下有期徒刑。

## 枉法仲裁罪

（一）枉法仲裁罪的概念和特征

枉法仲裁罪是指依法承担仲裁职责的人员，在仲裁活动中故意违背事实和法律作枉法裁

---

① 参见周道鸾：《执行判决、裁定失职罪和执行判决、裁定滥用职权罪探析》，载《法学杂志》，2005（6）。

② 参见刘杰：《试论执行判决、裁定滥用职权罪——兼谈执行判决、裁定失职罪》，载《时代法学》，2004（1）。

决，情节严重的行为。

本罪是《刑法修正案（六）》增设《刑法》第399条之一所新增加的罪名，具有如下构成特征：

1. 枉法仲裁罪侵犯的客体为仲裁机构的正常活动与仲裁公信力。

2. 枉法仲裁罪在客观方面表现为，仲裁人员在仲裁活动中故意违背事实和法律作枉法裁决，情节严重的行为。具体来说，本罪在客观方面包含以下三个要件：

（1）枉法裁决的行为必须发生在仲裁活动中。根据我国《仲裁法》的规定，仲裁是指发生争议的双方当事人，根据其在争议发生前或争议发生后所达成的协议，自愿将该争议提交中立的第三者进行裁判的争议解决制度和方式。所以，发生于仲裁活动中的枉法裁决与发生于审判活动中的枉法裁判性质有别，构成的罪名也有所不同：如果是在刑事审判活动中故意违背事实和法律作枉法裁判的，可能构成徇私枉法罪；如果是在民事、行政审判活动中故意违背事实和法律作枉法裁判的，则可能构成民事、行政枉法裁判罪。

（2）行为人必须是故意违背事实和法律作枉法裁决。所谓违背事实，既可以是对有确实、充分证据证明的事实不予以认定，也可以是对证据不确实、不充分的事实予以认定，甚至可以是伪造、毁灭证据以虚构、混淆事实。所谓违背法律，是指依法承担仲裁职责的人员在仲裁活动中故意曲解法律或违背法律。在国际或涉外仲裁中，当事人有权选择处理争议适用的实体法，如果当事人选择适用外国法，那么违背该外国法做出裁决也构成本罪；如果仲裁庭适用交易习惯或国际惯例或者公平原则裁决案件，那么违背该交易习惯或国际惯例或者公平原则的行为亦构成本罪。所谓枉法裁决，是指依照事实和法律本应裁决当事人胜诉或败诉的，行为人却故意颠倒黑白地裁决该当事人败诉或胜诉，或者本应承担较重责任的当事人违法判定减轻其责任，对本应承担较轻责任的当事人违法判定加重其责任，等等。

（3）枉法裁决的行为须达到“情节严重”的程度。

3. 本罪的犯罪主体是特殊主体，即依法承担仲裁职责的人员。根据《仲裁法》的规定，仲裁员的聘请和任职有严格的程序和条件，一经聘请就应按照《仲裁法》的规定行使权利、承担义务，对仲裁事务作出公平合理的裁决；违反其规定枉法裁决，情节严重的，构成本罪。

4. 枉法仲裁罪主观方面为故意，且为直接故意。

（二）枉法仲裁罪的认定

1. 本罪与非罪的界限。

（1）本罪是故意犯罪，即行为人明知违背事实和法律，仍故意作出枉法裁决。如果行为人不是出于故意，而是因为责任心不强，工作不认真、不细致，业务水平低等原因而做出错误裁决的，不构成本罪。

（2）根据《刑法》第399条之一的规定，实施枉法仲裁的行为，只有情节严重的才构成犯罪。因而，情节严重与否是区分一般枉法仲裁行为与枉法仲裁罪的界限。关于本罪“情节严重”的具体认定标准尚无司法解释明确，在此之前，可以酌情参考最高人民检察院2006年6月27日《关于渎职侵权犯罪案件立案标准的规定》中关于民事、行政枉法裁判罪的立案标准予以判断：

1）枉法裁判，致使当事人或者其近亲属自杀、自残造成重伤、死亡，或者精神失常的；

2）枉法裁判，造成个人财产直接经济损失10万元以上，或者直接经济损失不满10万元，但间接经济损失50万元以上的；

3）枉法裁判，造成法人或者其他组织财产直接经济损失20万元以上，或者直接经济损失不满 20 万元，但间接经济损失 100 万元以上的；

4）伪造、变造有关材料、证据，制造假案枉法裁判的；

5）串通当事人制造伪证，毁灭证据或者篡改庭审笔录而枉法裁判的；

6）徇私情、私利，明知是伪造、变造的证据予以采信，或者故意对应当采信的证据不予采信，或者故意违反法定程序，或者故意错误适用法律而枉法裁判的；

7）其他情节严重的情形。

2. 本罪与徇私枉法罪和民事、行政枉法裁判罪的界限。

徇私枉法罪，是指司法工作人员徇私枉法、徇情枉法，对明知是无罪的人而使他受追诉、对明知是有罪的人而故意包庇不使他受追诉，或者在刑事审判活动中故意违背事实和法律作枉法裁判的行为。民事、行政枉法裁判罪，是指审判人员在民事、行政审判活动中故意违背事实和法律作枉法裁判，情节严重的行为。三者的区别主要在于：（1）侵犯的客体不同。徇私枉法罪和民事、行政枉法裁判罪侵犯的客体都可归结为司法机关的正常活动和司法公信力，具体来说，前者侵犯的客体是刑事诉讼活动的正常秩序和司法公信力，后者侵犯的是民事、行政审判活动的正常秩序和司法公信力；而枉法仲裁罪所侵犯的客体是仲裁活动的正常秩序和仲裁公信力。（2）时空条件不同。枉法仲裁罪只能发生在仲裁活动中；徇私枉法罪只能发生在刑事诉讼活动中，包括立案、侦查、审查起诉以及审判四个阶段；民事、行政枉法裁判罪则只能发生在民事、行政审判过程中。（3）行为所指对象不同。枉法仲裁罪针对的是涉及仲裁活动的公民、法人和其他组织；徇私枉法罪针对的是一般公民或单位和刑事案件的犯罪嫌疑人或被告人；民事、行政枉法裁判罪则针对涉及民事、行政诉讼的当事人。（4）犯罪主体不同。三者的主体虽都是特殊主体，但是枉法仲裁罪的主体是依法承担仲裁职责的人员；徇私枉法罪的主体是司法工作人员，根据《刑法》第 94 条的规定，司法工作人员是指有侦查、检察、审判、监管职责的工作人员，根据最高人民检察院 1996 年 6 月 4 日《关于办理徇私舞弊犯罪案件适用法律若干问题的解释》的规定，司法机关专业技术人员也可以成为徇私枉法罪主体；民事、行政枉法裁判罪的主体是审判人员，限于在民事、行政审判活动中参与审判活动、行使审判权的审判人员。

（三）枉法仲裁罪的处罚

根据《刑法》第 399 条之一的规定，犯枉法仲裁罪的，处 3 年以下有期徒刑或拘役；情节特别严重，处 3 年以上 7 年以下有期徒刑。

## ■ 私放在押人员罪

（一）私放在押人员罪的概念和特征

私放在押人员罪，是指司法工作人员私放在押的犯罪嫌疑人、被告人或者罪犯的行为。私放在押人员罪具有如下特征：

1. 私放在押人员罪侵犯的客体是司法机关的监管制度。

2. 私放在押人员罪在客观方面表现为行为人实施了私放在押的犯罪嫌疑人、被告人或者罪犯的行为。其表现形式可以是作为，也可以是不作为。所谓在押的犯罪嫌疑人、被告人或者罪犯，是指已被羁押于监所的犯罪嫌疑人、被提起公诉的被告人以及已被审判终结的犯罪分子。这里的监所应作广义理解，既指监狱、看守所，也指其他关押犯罪嫌疑人、被告人或者罪犯的场所，还可以是押解犯罪嫌疑人、被告人或者罪犯的途中和对犯罪分子行刑的场所。此外，构成私放在押人员罪必须是利用职务之便。所谓利用职务之便，是指利用监管、押解、提审在押的犯罪嫌疑人、被告人或者罪犯的便利条件，将上述人员非法释放，使之脱离司法机关监管。根据最高人民检察院2006年7月26日颁布并施行的《关于渎职侵权犯罪案件立案标准的规定》，司法工作人员私放在押人员涉嫌下列情形之一的，应予立案：(1) 私自将在押的犯罪嫌疑人、被告人、罪犯放走，或者授意、指使、强迫他人将在押的犯罪嫌疑人、被告人、罪犯放走的；(2) 伪造、变造有关法律文书、证明材料，以使在押的犯罪嫌疑人、被告人、罪犯逃跑或者被释放的；(3) 为私放在押的犯罪嫌疑人、被告人、罪犯，故意向其通风报信、提供条件，致使该在押的犯罪嫌疑人、被告人、罪犯脱逃的；(4) 其他私放在押的犯罪嫌疑人、被告人、罪犯应予追究刑事责任的情形。

3. 本罪的主体是特殊主体，即必须是司法工作人员。所谓司法工作人员，根据《刑法》第94条的规定，是指有侦查、检察、审判、监管职责的工作人员。

4. 本罪的主观方面是故意，即故意私自释放在押的犯罪嫌疑人、被告人和罪犯。

（二）私放在押人员罪的认定

1. 私放在押人员罪与失职致使在押人员脱逃罪的区别。私放在押人员罪与失职致使在押人员脱逃罪，在主体方面都是司法工作人员，在客观结果上都是使在押人员脱离羁押、看守，因而有相似之处。两者的区别主要在于主观罪过形式不同。私放在押人员罪是故意使在押人员逃离羁押、看守场所；而失职致使在押人员脱逃罪则是因为疏忽大意或者过于自信致使在押人员脱逃。

2. 私放在押人员罪与脱逃罪帮助犯的区别。所谓脱逃罪帮助犯，是指给犯罪嫌疑人、被告人、罪犯提供机会或者其他帮助使其脱逃的共犯人。两者的区别主要表现为：1) 主体不同。私放在押人员罪的主体只能是司法工作人员；脱逃罪共犯人则不限于司法工作人员，还包括任何具备刑事责任能力达到刑事责任年龄的人。2) 私放在押人员罪的行为人必须利用司法工作人员职务上的便利；而脱逃罪共犯人一般是利用自己熟悉的环境、了解的内情，寻机帮助上述三种人员逃跑，不存在利用职务之便的情形。

3. 私放在押人员罪与徇私枉法罪的区别。两者都是司法工作人员的渎职行为，而且都发生在司法活动过程中。但两者也有明显的不同，其区别主要体现在客观行为的不同上。私放在押人员罪表现为行为人利用职务便利或职权直接将在押人员放走，徇私枉法罪则往往假借法律的名义，假借或者利用合法的刑事诉讼程序对有罪的人故意包庇，使他不受到追诉，因而一般具有貌似合法的外在表现方式。

4. 私放在押人员罪与徇私舞弊减刑、假释、暂予监外执行罪的区别。根据《刑法》第401条的规定，徇私舞弊减刑、假释、暂予监外执行罪，是指司法工作人员徇私舞弊，对不符合减刑、假释、暂予监外执行条件的罪犯，予以减刑、假释、暂予监外执行的行为。私放在押人员罪和徇私舞弊减刑、假释、暂予监外执行罪都是司法工作人员的渎职犯罪，而且都是故意犯罪，在客观上都会导致罪犯脱离监管的状态，这是两者的相似之处。两者的区别在于，在徇私舞弊减刑、假释、暂予监外执行罪中，罪犯被事实上解除监管具有形式上的合法性，即它是以假释或者暂予监外执行的名义被解除监管的，而且事实上也经过了相应的审批程序。而在私放在押人员罪中，罪犯被事实上解除监管是没有形式上的合法性这一特点的。因此，如果司法工作人员谎称罪犯已经被批准假释或者监外执行而将罪犯释放的，或者伪造、变造有关法律文书而将在押人员释放的，应当构成私放在押人员罪，而不是徇私舞弊减刑、假释、暂予监外执行罪。

（三）私放在押人员罪的处罚

根据《刑法》第400条第1款的规定，犯私放在押人员罪的，处5年以下有期徒刑或者拘役；情节严重的，处5年以上10年以下有期徒刑；情节特别严重的，处10年以上有期徒刑。

# 第二十八章 军人违反职责罪

## 第一节 军人违反职责罪概述

“军人违反职责罪”是《刑法》分则中结构特殊、内容相对独立的一章，32 个条文中有 28 个属于分则性条文，规定了 31 个罪名，另外 4 个条文是总则性条文，分别规定了军人违反职责罪的概念、本章适用的主体范围、战时缓刑制度和战时的界定。

### ■ 军人违反职责罪的概念和特征

军人违反职责罪，是指军人违反职责，危害国家军事利益，依照法律应当受刑罚处罚的行为。这是《刑法》第 420 条对军人违反职责罪规定的概念。它从总体上明确了军人违反职责罪的性质和构成要件，从而为划分军人违反职责罪与违反军纪行为以及与《刑法》分则规定的其他犯罪的界限提供了法律依据。

军人违反职责罪在犯罪构成上具有如下特征：

1. 这类犯罪的客体，是国家的军事利益。所谓国家的军事利益，是指国家在国防建设、作战行动、军队物质保障、军事科学研究等方面的利益。国家军事利益体现在武装力量建设、战争的准备与实施等一系列国防和军事活动之中，如作战行动、设防部署、战备值班、演习训练、设施建设、武器装备管理、物资保障、军事科研、军工生产、部队管理等。军人违反职责的行为，必然危害国家的军事利益。这种危害既可以表现为已造成了一定的损害结果，如作战失利、武器装备毁损、人员伤亡等，也可以表现为足以造成这些损害结果，如违抗命令、谎报军情、临阵脱逃、泄露军事秘密等都可能导致作战失利的结果。

危害国家军事利益，是军人违反职责罪区别于《刑法》分则其他各类犯罪的最本质的特征。对国家军事利益危害程度的大小，是区别军人违反职责罪的犯罪行为与违纪行为、重罪与轻罪的主要标准。

2. 这类犯罪的客观方面表现为行为人具有违反军人职责，危害国家军事利益的行为。军人职责包括一般职责和具体职责。军人的一般职责，是指每一个军人都具有的职责，主要规定在中国人民解放军《内务条令》中。军人的具体职责，是指军队中各种不同人员有执行各种不同任务的职责，规定在中央军委、中国人民解放军各总部和各军兵种的各种条例和条令如《战斗条令》、《舰艇条令》、《飞行条令》、《保守国家军事机密条例》等之中。军人违反职责罪的行为方式，多数犯罪表现为作为，如逃离部队罪，阻碍执行军事职务罪，盗窃、抢夺武器装备、军用物资罪等；也有少数犯罪表现为不作为，如遗弃伤病军人罪等；还有少数犯罪既可以由作为形式构成，也可以由不作为形式构成，如战时违抗命令罪等。

犯罪的时间和地点，对于军人违反职责罪的定罪量刑，具有极其重要的意义。一方面，“战时”、“在战场上”、“在军事行动地区”等时间或地点，是许多军职罪（如战时自伤罪，战时临阵脱逃罪，遗弃伤病军人罪，战时违抗命令罪，战时残害居民、掠夺居民财物罪等犯罪）的构成要件，不具备这些特定的时间或地点条件就不构成这些犯罪；另一方面，对于时间、地点不是犯罪构成要件的军人违反职责罪来说，特定的时间、地点往往也是影响量刑的重要情节，如有的条文规定了“战时从重处罚”。

3. 这类犯罪的主体为特殊主体，即军职人员。具体可以分为两类：其一，现役军人，即中国人民解放军和中国人民武装警察部队的正在服役的军官、警官、文职干部、士兵以及具有军籍的学员。其二，执行军事任务的预备役人员和其他人员。预备役人员是指编入民兵组织或者经过登记服预备役的人员；其他人员是指军内在编职工等。执行军事任务是指执行作战、支前、战场救护等任务。

军人这一特殊的主体身份是有时间性的。其中现役军人自兵役机关批准征集其服现役或者办理其他入伍手续之日起，直至部队批准其退出现役或者被除名、开除军籍之日止，具有军人违反职责罪的主体资格。军队管理的离休、退休人员虽然其人事行政关系仍在部队，犯罪案件由军队司法机关管辖，但因其已退出现役，不再履行军人职责，因而不能成为军人违反职责罪的犯罪主体。正在服刑的犯罪军人和被劳动教养的军人虽然暂时被撤销职务，不能履行由其职务而产生的具体职责，但其仍具有军籍，仍须履行军人的共同职责，所以仍属于军人违反职责罪的犯罪主体。比如他们泄露军事秘密或者盗窃武器装备，仍须适用本章的有关规定定罪处刑。预备役人员和其他人员一般是从其开始执行军事任务起至完成军事任务止，具有军人违反职责罪的主体资格。

军人违反职责罪的主体资格应以犯罪行为人实施犯罪时的身份而定。即使其事后身份有所变化，如现役军人退出现役，预备役人员退出预备役或者完成军事任务，只要所犯罪行未超过追诉时效，仍应以军人违反职责罪追究其刑事责任。

4. 这类犯罪的主观方面多数是故意，少数是过失。刑法还对某些故意犯罪的动机作了具体描述和限定，如战时自伤罪是出于逃避军事义务的动机，投降罪是出于贪生怕死的动机等。

## ■ 军人违反职责罪的种类

在《刑法》分则第十章的 32 个条文中，28 个分则性条文共规定了 31 个罪名，依次为：战时违抗命令罪（第 421 条），隐瞒、谎报军情罪（第 422 条），拒传、假传军令罪（第 422 条），投降罪（第 423 条），战时临阵脱逃罪（第 424 条），擅离、玩忽军事职守罪（第 425 条），阻碍执行军事职务罪（第 426 条），指使部属违反职责罪（第 427 条），违令作战消极罪（第 428 条），拒不救援友邻部队罪（第 429 条），军人叛逃罪（第 430 条），非法获取军事秘密罪（第 431 条第 1 款），为境外窃取、刺探、收买、非法提供军事秘密罪（第 431 条第 2 款），故意泄露军事秘密罪（第 432 条），过失泄露军事秘密罪（第 432 条），战时造谣惑众罪（第 433 条），战时自伤罪（第 434 条），逃离部队罪（第 435 条），武器装备肇事罪（第 436 条），擅自改变武器装备编配用途罪（第 437 条），盗窃、抢夺武器装备、军用物资罪（第 438 条），非法出卖、转让武器装备罪（第 439 条），遗弃武器装备罪（第 440 条），遗失武器装备罪（第 441 条），擅自出卖、转让军队房地产罪（第 442 条），虐待部属罪（第443条），遗弃伤病军人罪（第444条），战时拒不救治伤病军人罪（第445条），战时残害居民、掠夺居民财物罪（第446条），私放俘虏罪（第447条），虐待俘虏罪（第448条）。

对于军人违反职责罪，通常从两个不同的角度予以分类：

其一，根据犯罪所侵犯的客体不同将军人违反职责罪分为如下几类：（1）违反部队管理制度的犯罪；（2）违反兵役法规和国（边）境管理的犯罪；（3）侵犯部属人身权利、阻碍执行职务的犯罪；（4）损害武器装备、军用物资、军事设施的犯罪；（5）危害作战利益的犯罪；（6）危害平民、战俘的犯罪。

其二，按犯罪发生的时间、地点不同进行分类。按照犯罪发生的时间可以把军人违反职责罪分为战时才能构成的犯罪和战时或平时均能构成的犯罪；按照犯罪的地点可以把军人违反职责罪分为在军事行动地区才能构成的犯罪和在军事行动地区或非军事行动地区均能构成的犯罪。①

## 第二节　本章重点论述的犯罪

### ■ 战时违抗命令罪

（一）战时违抗命令罪的概念和特征

战时违抗命令罪，是指军人在战时对上级的命令、指示故意违抗、拒不执行，对作战造成危害的行为。

战时违抗命令罪的构成特征是：

1. 本罪的客体为作战指挥秩序。所谓作战指挥秩序，是指在战时部队在上级指挥下有条不紊地各司其职，各就各位，相互配合，顺利完成战斗任务的状况。而这种“状况”正是通过下级服从上级的严明军纪来体现的。《中国人民解放军内务条令》第47条、第48条规定：首长有权对部属下达命令；部属对命令必须坚决执行，并将执行情况及时报告首长。下级服从上级是作战指挥秩序的具体体现，也是战斗胜利的重要纪律保障。而违抗作战命令严重扰乱了作战指挥秩序，因此理当受到刑罚处罚。

2. 本罪在客观方面表现为战时违抗命令，对作战造成危害的行为。

首先，必须有违抗命令的行为。其行为表现可以是作为，也可以是不作为。如拒不执行上级命令，拖延执行命令，或故意实施与命令内容相反的行为等等。

其次，违抗命令的行为必须发生在战时。所谓战时，根据《刑法》第451条的规定，是指国家宣布进入战争状态、部队受领作战任务或者遭敌突然袭击时；部队执行戒严任务或者处置突发性暴力事件时，以战时论。

最后，违抗命令的行为必须对作战造成了危害。如果行为人虽然违抗了命令，但尚没有

① 有人认为，按犯罪发生的时间、地点来划分可把军人违反职责罪分为：（1）战时的犯罪；（2）平时的犯罪；（3）在军事行动地区才能构成的犯罪；（4）战时、平时以及在非军事行动地区均能构成的犯罪。参见高铭暄、马克昌主编《刑法学》（第3版），766页，北京，北京大学出版社、高等教育出版社，2007。但这里分类的标准有两个，将按照不同的标准划分出的类别并列在一起，不符合对事物分类的一般要求。另外，即使按照一个标准如犯罪时间来划分，将其分为战时的犯罪、平时的犯罪和战时、平时均能构成的犯罪是否妥当也值得研究，即其中是否存在只有平时才能构成而战时不能构成的犯罪？至少从法律的直接规定来看，不存在这种情形。虽然有些犯罪一般情况下发生在平时，但也不能排除在战时发生的可能性。

对作战造成危害，不能以本罪论处。所谓对作战造成危害，是指由于行为人违抗命令而扰乱了战斗部署，贻误了战机，影响了作战任务的完成等。

3. 本罪的主体是应接受命令或指示的部属人员。本罪的主体不应理解为仅指参加战斗的人员，也包括为战斗服务的救护人员、勤务人员等。但违抗命令的行为人与该命令的发布人之间必须具有行政职务上的隶属关系，行为人才有义务执行该命令。这种隶属关系既可以是直接的隶属关系，也可以是越级的隶属关系。

4. 本罪的主观方面是故意，即明知是上级的命令而予以违抗，拒不执行。违抗命令的动机是多种多样的，有的是贪生怕死，畏敌怯战；有的是对上级部署不满，自以为是；也有的是居功自傲，不服从指挥；还有的是杀敌心切，不顾大局。不同的动机对故意的认定没有影响。但如果行为人是由于错误理解命令或者执行命令失误，而导致未能正确执行命令，对作战造成危害的，因其主观上并非希望或者放任这种危害的发生，所以不能认为其有违抗命令的主观故意。

（二）战时违抗命令罪的认定

1. 战时违抗命令罪与非罪的界限。区分战时违抗命令罪与非罪的界限要注意以下两个方面的问题：

一是要根据战时违抗命令的情节和危害区分罪与非罪。根据《刑法》第 13 条的规定，战时违抗命令，情节显著轻微危害不大的，属于违反军纪的问题，不应以犯罪论处。对于具体案件，应全面分析案件的事实、情节和造成的实际危害，综合评定是否构成犯罪。如行为人是指挥人员还是一般士兵，违抗命令的动机是畏敌怯战还是报仇心切，违抗命令的时机是在作战的紧要关头还是在一般作战间隙，违抗命令的地点是在主要方向还是在次要方向、是在前方还是在后方，所违抗的是重要命令还是一般命令，违抗命令是否造成了实际的危害后果，危害后果是否严重，违抗命令后经批评教育是否有所悔悟等。

二是要区分战时违抗命令与战时机断行事的界限。战场情况是复杂多变的，如果军人在执行命令中，发现情况发生变化，或者命令的内容与客观实际不符，原封不动地执行该命令会造成严重后果，而又来不及或者无法请示报告时，以高度负责的精神，从当时当地的实际情况出发，积极主动地机断行事，坚决完成任务，事后迅速向首长报告的，因其主观上是为了争取更好的作战结果，而不是希望或者放任对作战造成危害，所以不具有违抗命令的主观故意，不属于违抗命令的行为，不应以犯罪论处。

2. 战时违抗命令罪与其他犯罪的界限。区分战时违抗命令罪与其他犯罪的界限要注意以下几个方面的问题：

一是要划清战时违抗命令罪与战时临阵脱逃罪的界限。战时违抗命令罪与战时临阵脱逃罪都是发生在战时的故意犯罪，而且都不同程度地涉及执行命令的问题，在定罪上可能发生混淆。其区别主要有以下几点：（1）在犯罪侵害的直接客体上，战时违抗命令罪侵害的是作战指挥秩序，而战时临阵脱逃罪侵害的是军人参战秩序。（2）在犯罪的客观方面，战时违抗命令罪表现为违背并抗拒执行命令，其行为一般发生在接受上级命令时，行为人公然抗拒执行上级的命令，但并不需要采取脱离岗位的方式；而战时临阵脱逃罪表现为脱离岗位逃避参加作战，其行为一般发生在已受领了具体的作战任务后，而且必须表现为脱离岗位。（3）在犯罪的主观方面，虽然这两种犯罪都是故意犯罪，但其犯罪的目的不同，战时违抗命令罪是为了达到不执行命令的目的，而战时临阵脱逃罪是为了达到不参加作战的目的。当然，在具体案件中，战时违抗命令的行为与战时临阵脱逃的行为可能出现竞合，即以临阵脱逃的方式抗拒执行上级的命令，对此应按想象竞合犯的原则处理，从一重处断，即以战时违抗命令罪论处。

二是要划清战时违抗命令罪与投降罪的界限。战时违抗命令罪与投降罪都是发生在战时的故意犯罪，而且投降敌人的行为在某种意义上也带有违抗命令的因素，在定罪上可能发生混淆。其区别主要有以下几点：(1) 在犯罪侵害的直接客体上，战时违抗命令罪所侵害的是作战指挥秩序，而投降罪侵害的是国防安全秩序和军人参战秩序。(2) 在犯罪的客观方面，战时违抗命令罪表现为违背并抗拒执行上级的命令，但并不一定必须在面临敌人时，而投降罪表现为自动放下武器，向敌人投降，所以必须是在面临敌人时。(3) 在犯罪的主观方面，两种犯罪虽然都是故意犯罪，但行为人的主观目的不同，战时违抗命令罪是为了不执行上级命令，而投降罪是为了保全性命。当然，在具体案件中，战时违抗命令罪与投降罪也可能出现竞合，即行为人是在拒不执行命令的同时向敌人投降，对此也应按想象竞合犯的原则处理，即应以战时违抗命令罪论处。

三是要划清战时违抗命令罪与擅离、玩忽军事职守罪的界限。战时违抗命令罪和擅离、玩忽军事职守罪在行为的客观表现上有时很相似，侵害的直接客体也有相同之处，在定罪上可能发生混淆。其主要区别是：(1) 在犯罪侵害的直接客体上，战时违抗命令罪所侵害的是作战指挥秩序，而擅离、玩忽军事职守罪侵害的是指挥和值班、值勤秩序；(2) 在犯罪的客观方面，战时违抗命令罪以违背并抗拒执行上级命令为特征，而且这种行为只能发生在战时，而擅离、玩忽军事职守罪则以擅自离开正在履行职责的岗位，或者在履行职责的岗位上不履行职责及不正确履行职责为特征，而且行为并不一定发生在战时；(3) 在犯罪主体上，战时违抗命令罪是军人违反职责罪中的一般主体，即所有军人，而擅离、玩忽军事职守罪是军人违反职责罪中的一种特殊主体，即指挥人员和值班、值勤人员；(4) 在犯罪的主观方面，战时违抗命令罪是出于故意，而擅离、玩忽军事职守罪是出于过失。

(三) 战时违抗命令罪的处罚

根据《刑法》第421条的规定，战时违抗命令，对作战造成危害的，处3年以上10年以下有期徒刑；致使战斗、战役遭受重大损失的，处10年以上有期徒刑、无期徒刑或者死刑。

## ■ 武器装备肇事罪

(一) 武器装备肇事罪的概念和特征

武器装备肇事罪，是指违反武器装备使用规定，情节严重，因而发生责任事故，致人重伤、死亡或者造成其他严重后果的行为。

武器装备肇事罪的构成特征是：

1. 本罪的客体是部队武器装备的管理和使用制度。所谓“武器装备”，是指用于杀伤敌人的武器和军事技术装备，如枪、炮、弹药、战车、飞机、船舰、化学武器、核武器和通讯、侦察、工程、防化等军事技术设备。对于这些武器装备，军队有关部门都分别制定有使用规定和操作规程。本罪的行为违反了这些使用规定和操作规程。

2. 本罪的客观方面表现为违反武器装备使用规定，情节严重，因而发生责任事故，致人重伤、死亡或者造成其他严重后果的行为。对此应从三个方面加以把握：一是行为人实施了违反武器装备使用规定的行为；二是行为的情节严重，这主要是指行为人故意违反武器装备的使用规定或者在使用过程中严重不负责任，以及擅自使用武器装备等情况；三是行为发生了重大事故，致人重伤、死亡或者造成了其他严重后果。

3. 本罪的主体是军职人员。

4. 本罪的主观方面是过失，包括疏忽大意的过失和过于自信的过失，但要注意这种过失是相对于所造成的危害后果而言的，至于行为人违反武器装备使用规定也可能是明知故犯。

（二）武器装备肇事罪的认定

正确认定武器装备肇事罪，应注意以下问题：

1. 区分武器装备肇事罪与非罪的界限。区分武器装备肇事罪与非罪的界限主要应当注意以下两方面的问题：

一是要区分武器装备肇事罪与一般违反武器装备使用规定行为的界限。两者区分的关键在于行为人违反武器装备使用规定行为的情节是否严重，是否造成人员重伤、死亡或其他严重后果。如果行为人虽有违反武器装备使用规定的行为，但行为情节不严重，并且也未造成人员重伤、死亡或其他严重后果的，只能按一般违反武器装备使用规定的违纪行为处理。

二是要区分武器装备肇事罪与意外事件的界限。如果行为人在使用武器装备的过程中，并未违反有关使用规定，而是由于其不能预见的原因，如机械故障，从而客观上造成了严重损害结果，这种情况因行为人不存在过失，应当认定为意外事件。

2. 武器装备肇事罪与其他犯罪的界限。在这方面主要是要注意区分以下几个方面的界限：

一是武器装备肇事罪与过失致人重伤罪、过失致人死亡罪的界限。武器装备肇事罪中的致人重伤、死亡与过失致人重伤罪、过失致人死亡罪在主观罪过形式和客观危害后果上完全一样。但前者是由军职人员在违反武器装备使用规定的情况下造成的，后者则无此要求。实际上，两者之间是一种特别法条与普通法条的竞合关系，应按照特别法优于普通法的原则来处理。

二是要区分武器装备肇事罪与交通肇事罪的界限。尽管军用车辆属于武器装备的范围，但一般的军用车辆交通肇事的，应按交通肇事罪处理，而不应按武器装备肇事罪处理。对于军用炮车、坦克、装甲运兵车、导弹牵引车等机动车辆在训练、作战、执行任务中发生重大责任事故的，则应以武器装备肇事罪论处。

三是要区分武器装备肇事罪与重大责任事故罪、危险物品肇事罪的界限。二者虽都是行为人违反某种规定，造成人员重伤、死亡或其他严重后果的犯罪，但也有明显的区别：(1) 武器装备肇事罪的主体是军职人员，而重大责任事故罪的主体是厂矿企业等单位的生产作业人员、生产指挥人员，危险物品肇事罪的主体是生产、储存、运输、使用爆炸性、易燃性、放射性、毒害性、腐蚀性物品的人员。(2) 武器装备肇事罪的客观方面表现为军职人员违反武器装备使用规定，因而发生严重后果的行为；重大责任事故罪的客观方面表现为生产人员不服管理、违反规章制度，或者生产指挥人员强令工人违章冒险作业，因而造成严重后果的行为；危险物品肇事罪的客观方面表现为在生产、储存、运输、使用中违反爆炸性、易燃性、放射性、毒害性、腐蚀性物品的管理规定发生重大事故，造成严重后果的行为。

（三）武器装备肇事罪的处罚

根据《刑法》第 436 条的规定，违反武器装备使用规定，情节严重，因而发生责任事故，致人重伤、死亡或者造成其他严重后果的，处 3 年以下有期徒刑或者拘役；后果特别严重的，处 3 年以上 7 年以下有期徒刑。

# 参考文献


1. 高铭暄，马克昌．刑法学（第二版）．北京：中国法制出版社，2007

2. 高铭暄，马克昌．刑法学（第三版）．北京：北京大学出版社，高等教育出版社，2007

3. 李希慧．刑法解释论．北京：中国人民公安大学出版社，1995

4. 陈兴良．刑法适用总论（上、下卷）（第二版）．北京：中国人民大学出版社，2006

5. 李洁．论罪刑法定的实现．北京：清华大学出版社，2006

6. 赵秉志．犯罪主体论．北京：中国人民大学出版社，1989

7. 姜伟．犯罪故意与犯罪过失．北京：群众出版社，1992

8. 黎宏．不作为犯研究．武汉：武汉大学出版社，1997

9. 田宏杰．刑法中的正当化行为．北京：中国检察出版社，2003

10. 姜伟．犯罪形态通论．北京：法律出版社，1994

11. 金泽刚．犯罪既遂的理论与实践．北京：人民法院出版社，2001

12. 阴建峰，周加海．共同犯罪适用中疑难问题研究．长春：吉林人民出版社，2001

13. 樊凤林．刑罚通论．北京：中国政法大学出版社，1994

14. 胡云腾．死刑通论．北京：中国政法大学出版社，1995

15. 李贵方．自由刑比较研究．长春：吉林人民出版社，1992

16. 孙力．罚金刑研究．北京：中国人民公安大学出版社，1995

17. 张明楷．刑法分则的解释原理．北京：中国人民大学出版社，2004

18. 王作富．刑法分则实务研究．北京：中国方正出版社，2007

19. 于志刚．危害国家安全罪．北京：中国人民公安大学出版社，2003

20. 鲍遂献，雷东生．危害公共安全罪．北京：中国人民公安大学出版社，2003

21. 莫开勤，颜茂昆．走私罪．北京：中国人民公安大学出版社，2003

22. 黄京平．破坏市场经济秩序罪研究．北京：中国人民大学出版社，1999

23. 熊选国．生产、销售伪劣商品罪．北京：中国人民公安大学出版社，2003

24. 孙力．妨害对公司、企业的管理秩序罪．北京：中国人民公安大学出版社，2003

25. 张军．破坏金融管理秩序罪．北京：中国人民公安大学出版社，2003

26. 孙军工．金融诈骗罪．北京：中国人民公安大学出版社，2003

27. 党建军．侵犯知识产权罪．北京：中国人民公安大学出版社，2003

28. 曹康，黄河．危害税收征管罪．北京：中国人民公安大学出版社，2003
29. 黄京平．扰乱市场秩序罪．北京：中国人民公安大学出版社，2003
30. 肖中华．侵犯公民人身权利罪．北京：中国人民公安大学出版社，2003
31. 苏长青，阴建峰．侵犯公民民主权利和妨害婚姻家庭罪．北京：中国人民公安大学出版社，2003
32. 赵秉志．侵犯财产罪．北京：中国人民公安大学出版社，2003
33. 鲍遂献．妨害风化罪．北京：中国人民公安大学出版社，2003
34. 赵秉志，于志刚．毒品犯罪．北京：中国人民公安大学出版社，2003
35. 赵秉志．扰乱公共秩序罪．北京：中国人民公安大学出版社，2003
36. 刘远．危害公共卫生罪．北京：中国人民公安大学出版社，2003
37. 黄京平．妨害证据犯罪新论．北京：中国人民大学出版社，2007
38. 王秀梅，杜澎．破坏环境资源保护罪．北京：中国人民公安大学出版社，2003
39. 谢望原．妨害文物管理罪．北京：中国人民公安大学出版社，2003
40. 赵秉志，田宏杰，于志刚．妨害司法罪．北京：中国人民公安大学出版社，2003
41. 田宏杰．妨害国（边）境管理罪．北京：中国人民公安大学出版社，2003
42. 刘生荣，张相军，许道敏．贪污贿赂罪．北京：中国人民公安大学出版社，1999
43. 敬大力．渎职罪．北京：中国人民公安大学出版社，2003
44. 黄林异．危害国防利益罪．北京：中国人民公安大学出版社，2003
45. 黄林异，王小鸣．军人违反职责罪．北京：中国人民公安大学出版社，2003
46. 赵秉志．刑法教学参考书．北京：中国人民大学出版社，2006
47. 黄京平．刑法案例教程．上海：复旦大学出版社，2007
48. 屈学武．刑法各论．北京：社会科学文献出版社，2005
49. 赵秉志．刑法新教程．北京：中国人民大学出版社，2001
50. 高铭暄．新编中国刑法学（上、下）．北京：中国人民大学出版，1998
51. 张明楷．刑法学（上、下）．北京：法律出版社，1997
52. 陈兴良．本体刑法学．北京：商务印书馆，2001
53. 苏惠渔．刑法学．北京：中国政法大学出版社，1997
54. 黄京平．刑法．北京：中国人民大学出版社，2008
55. 陈兴良．规范刑法学．北京：中国政法大学出版社，2003

图书在版编目（CIP）数据

刑法学（第二版）/黄京平主编
北京：中国人民大学出版社，2010
21 世纪远程教育精品教材·法学系列
ISBN 978-7-300-11901-4

Ⅰ.①刑…
Ⅱ.①黄…
Ⅲ.①刑法-法的理论-中国-远距离教育-教材
Ⅳ.①D924.01

中国版本图书馆 CIP 数据核字（2010）第 048695 号

21 世纪远程教育精品教材·法学系列
**刑法学（第二版）**
主　编　黄京平

---

| | | | |
|---|---|---|---|
| 出版发行 | 中国人民大学出版社 | | |
| 社　址 | 北京中关村大街 31 号 | 邮政编码 | 100080 |
| 电　话 | 010－62511242（总编室） | | 010－62511398（质管部） |
| | 010－82501766（邮购部） | | 010－62514148（门市部） |
| | 010－62515195（发行公司） | | 010－62515275（盗版举报） |
| 网　址 | http://www.crup.com.cn | | |
| | http://www.ttrnet.com（人大教研网） | | |
| 经　销 | 新华书店 | | |
| 印　刷 | 北京东方圣雅印刷有限公司 | 版　次 | 2003 年 4 月第 1 版 |
| 规　格 | 185 mm×260 mm　16 开本 | | 2011 年 1 月第 2 版 |
| 印　张 | 32 | 印　次 | 2016 年 8 月第 4 次印刷 |
| 字　数 | 825 000 | 定　价 | 58.00 元 |

---